朱子全書外編

朱子全書

外編

朱傑人　嚴佐之　劉永翔　主编

華東師範大學出版社

圖書在版編目(CIP)數據

朱子全書外編/朱傑人，嚴佐之，劉永翔主編.—上海：華東師範大學出版社，2010

ISBN 978-7-5617-7650-6

Ⅰ.①朱… Ⅱ.①朱…②嚴…③劉… Ⅲ.朱熹(1130-1200)—全集 Ⅳ.①B244.71

中國版本圖書館CIP數據核字(2010)第062747號

全國高等學校古籍整理研究工作委員會
重點規劃項目

本書爲中華人民共和國教育部…

朱子全書外編

〔宋〕蔡沈 撰
〔宋〕朱熹授旨 嚴文儒 校點

書集傳

前言

朱子全書的編修從一九九四年開始，在制定「全書」的編修體例時確定：「全書」只收編朱子本人之著作（包括自著、合著、注釋、考訂及語録等），而朱子整理編修的他人著作，則另出爲「外編」。二〇〇二年「全書」出版，又經八年，「外編」成書付梓。

朱子全書外編計收各類著作凡七種，包括：

書集傳
中庸輯略
程氏遺書
程氏外書
上蔡語録
南軒先生文集
韋齋集附玉瀾集

其中韋齋集乃朱子親手整理編訂其父朱松的文集，玉瀾集則爲其叔父朱槔遺著，因篇幅較小，附於韋齋集之後。程氏遺書、程氏外書、上蔡語録則是理學先賢程顥、程頤，謝良佐的著作，這些著作都經朱子親手裒輯、整理、編定。張栻是朱子同時代人，與朱子齊名，兩人有很深的私人與學術友誼。南軒先生文集是朱子在張栻去世後爲其整理編訂的著作集。書集傳是蔡沈之著，但這部書是在朱子一手規劃、指導、删定下完成，有些内容甚至是直接引用朱子之説。中庸輯略是朱子將石憝中庸集解重新删定而成。

如朱子全書前言所述，朱子著作呈現出形式多樣的特點，其中整理編輯前賢的著作即是其中很重要的一類。這些著述的著作人雖不是朱子本人，但却是經朱子之手編選、整理、輯録而成。這一過程不可避免地反映出朱子的學術與文化、政治思想，所以，這些著作同樣成爲認識與研究朱子不可或缺的文獻，其價值絶不在朱子自著之下。

「外編」之體例一仍「全書」，詳見「全書」前言。

朱子全書從編修到出版歷經十年，出版以後一則以喜，一則以憂。喜者，一代儒宗朱子終於有了一部堪稱「全集」的著作集; 憂者,「全書」依然是一部從嚴格意義上説的「不全之書」。現在,擺在讀者面前的這部「外編」終於彌補了我們心中的一大缺憾。自此,我們可以説,中國歷史上第一部真正名副其實的「朱子全書」問世了。

「外編」的出版,正值朱文公誕辰八百八十周年,我們謹以此書獻給這位偉大的文化、學術先驅者。文公有知,當可含笑九泉矣。

二零一零年六月十六日時值端午　朱傑人

目録

書集傳卷二

書集傳卷三

書集傳卷四

書集傳卷五

書集傳卷六……二三一

校點説明

書集傳六卷，宋蔡沈撰。蔡沈（一一六七—一二三〇），字仲默，號九峰，學者稱九峰先生。蔡元定次子，南宋建州建陽（今福建建陽）人。蔡沈少承家學，師事朱熹。尤精於洪範之數，深得朱熹賞識。

探求「本義」是朱熹經學追求的最高目標。朱熹晚年欲仿詩集傳而著書集傳，雖做了大量準備，但「書豈易言哉」（蔡沈書集傳序，載南宋淳祐十年呂遇龍上饒郡學刻本卷首）！直至朱熹去世前一年，即慶元五年（一一九九），書集傳仍没有完成。朱熹自知垂暮力衰，將不久人世，没有精力再整理書集傳，遂將此事囑託給蔡沈。次年，朱熹去世。蔡沈又以十年時間，沉潛其義，參考衆説，融會貫通，至嘉定己巳（一二〇九），始克成編。

雖説書集傳由蔡沈完成，但朱熹對他的傳授與指點，蔡沈在書集傳序中一一作了説明：「二典、禹謨，先生蓋嘗是正。」「先生改本已附文集中，其間亦有經承先生口授指畫，而未及盡改者，今悉更定見本篇。」「集傳本先生所命，故凡引用師説，不復識别。」淳祐七年

（一二四七）八月，蔡沈之子蔡抗在回答宋理宗時也説：「先臣此書，皆是朱熹之意。朱熹晚年訓傳諸經，獨書未有訓解。以先臣從遊最久，遂授以大意，令具稿而自訂正之。今朱熹删改親筆一一具存。」（蔡抗面對延和殿所得聖語，載書集傳南宋淳祐十年吕遇龍上饒郡學刻本卷首）因此可以説，從思想到材料，朱熹爲蔡沈作書集傳做了充分的準備，而蔡沈則代朱熹建立起了一個完整的尚書學體系。

蔡沈書集傳問世後，即受到廣泛重視。宋理宗也曾對蔡抗説：「卿前日所進尚書解（即書集傳）朕常看，其間甚好。」（蔡抗面對延和殿所得聖語）正因爲統治者的好評和推崇，使書集傳得到迅速推廣和流行。書集傳初刻於何時，今已不可考。但據蔡抗淳祐七年所説：書集傳「坊中板行已久，蜀中亦曾板行。」（蔡抗面對延和殿所得聖語）此時距蔡沈完成書集傳僅三十餘年。此後吕遇龍倚席上饒，亦將書集傳鋟梓學宫。此即爲現存最早的南宋淳祐十年（一二五〇）吕遇龍上饒郡學刻本（藏國家圖書館）。元明清三代，書集傳屢有刻印，流傳至今的刻本即不下數十種。

此次校點整理，以南宋淳祐十年吕遇龍上饒郡學刻本爲底本，校以元至正十四年日新堂刻本（藏上海圖書館，簡稱元至正本）、元刻本（藏上海圖書館）、明正統十二年内府刻本（藏上海圖書館，簡稱明内府本）、明官刻本（藏上海辭書出版社）、清劉氏傳經堂叢書本

（簡稱清傳經堂本）。標點以蔡沈所詁而定。如卷三微子篇經文：「我舊云刻子。」蔡沈訓「刻」爲「害」。而清人焦循尚書補疏、孫詒讓尚書駢枝均以「刻子」爲箕子。今標點即以蔡沈所訓爲是，餘不枚舉。

南宋吕遇龍上饒郡學刊本卷首載有蔡沈九峰蔡先生書集傳序、書序、蔡抗進書集傳表、蔡抗淳祐丁未八月二十六日臣抗面對延和殿所得聖語、後省看詳、書傳問答（朱熹與蔡沈手帖、陳淳安卿記朱熹語、黄義剛毅然記朱熹語）等，現將蔡沈書集傳序、書序仍冠於卷首，其餘作爲附録，載於卷末。原刊將僞孔序作爲書後序載於卷末，今一仍其舊。

校點過程中，我的幾個研究生汪家華、郁輝、笪桂如等幫助我做了不少工作，在此一併表示感謝。

二〇〇六年十二月　嚴文儒

九峯蔡先生書集傳序

慶元己未冬，先生文公令沈作書集傳。明年，先生殁。又十年，始克成編，總若干萬言。嗚呼！書豈易言哉！二帝三王治天下之大經大法皆載此書，而淺見薄識，豈足以盡發蘊奥。且生於數千載之下，而欲講明於數千載之前，亦已難矣。然二帝三王之治，本於道；二帝三王之道，本於心。得其心，則道與治固可得而言矣。何者？精一執中，堯、舜、禹相授之心法也。建中、建極，商湯、周武相傳之心法也。曰德、曰仁、曰敬、曰誠，言雖殊而理則一，無非所以明此心之妙也。至於言天，則嚴其心之所自出；言民，則謹其心之所由施。禮樂教化，心之發也；典章文物，心之著也；家齊國治而天下平，心之推也。心之德其盛矣乎。二帝三王，存此心者也；夏桀、商受，亡此心者也；太甲、成王，困而存此心者也。存則治，亡則亂。治亂之分，顧其心之存不存如何耳。後世人主有志於二帝三王之治，不可不求其道；有志於二帝三王之道，不可不求其心。求心之要，舍是書何以哉！沈自受讀以來，沈潛其義，參考衆説，融會貫通，迺敢折衷微辭奥旨，多述舊聞。二典、禹謨[一]，先生蓋嘗是正[二]，手澤尚新，嗚呼，惜哉！先生改本已附文集中，其間亦有經承先生口授指畫，而未及盡改者，今悉更定見本篇。集傳本先生所命，故凡引用師説，不復識别。四代之書，分爲六卷。文以時異，治以道同。聖人之心見於書，猶化工之妙著於物，非精深不能識也。是傳也，於堯、舜、禹、湯、文、武、周公之心，雖未必能造其微；於堯、舜、禹、湯、文、武、周公之書，因是訓詁，亦可得其指意之大略矣。嘉定己巳三月既望武夷蔡沈序。

校勘記

〔一〕禹謨　「禹」，元刻本、明内府本、明刻本、清傳經堂本作「三」。

〔二〕先生蓋嘗是正　「是正」原作「正是」，據元刻本、明内府本、清傳經堂本乙正。

書序

漢孔安國曰：古者伏犧氏之王天下也，始畫八卦，造書契，以代結繩之政，由是文籍生焉。陸氏曰：伏犧，風姓，以木德王，即太皞也。書契，刻木而書其側，以約事也。易繫辭云：上古結繩而治，後世聖人易之以書契。文，文字也。籍，書籍也。伏犧、神農、黃帝之書，謂之三墳，言大道也。少昊、顓頊、高辛、唐、虞之書，謂之五典，言常道也。至于夏、商、周之書，雖設教不倫，雅誥奧義，其歸一揆。是故歷代寶之，以爲大訓。陸氏曰：神農，炎帝也。姜姓，以火德王。黃帝，軒轅也。姬姓，以土德王。一號有熊氏。墳，大也。少昊，金天氏，名摯，己姓，黃帝之子，以金德王。顓頊，高陽氏，姬姓，黃帝之孫，以水德王。高辛，帝嚳也。黃帝之曾孫，姬姓，以木德王。唐，帝堯也。姓伊耆氏，帝嚳之子。初爲唐侯，後爲天子，都陶，故號陶唐氏，以火德王。虞，帝舜也，姓姚氏，國號有虞，顓頊六世孫，以土德王。夏禹，有天下之號也，以金德王。商湯，有天下之號也，亦號殷，以水德王。周文王、武王，有天下之號也，以木德王。揆，度也。八卦之說，謂之八索，求其義也。九州之志，謂之九丘。丘，聚也。言九州所有、土地所生、風氣所宜，皆聚此書也。春秋左氏傳曰：楚左史倚相「能讀三墳、五典、八索、九丘」。即謂上世帝王遺書也。陸氏曰：索，求也。倚相，楚靈王時史官也。先君孔子，生於周末。覩史籍之煩文，懼覽之者不一，遂乃定禮、樂，明舊章，删詩爲三百篇，約史記而修春秋，讚易道以黜八索，述職方以除九丘。討論墳、典，斷自唐、虞以下，訖于周。芟夷煩亂，翦截浮辭，舉其宏綱，撮其機要，足以垂世立教，典、謨、訓、誥、誓、命之文凡百篇，所以恢弘至道，示人主以軌範也。帝王之制，坦然明白，可舉而行。三千之徒，並受其義。程子曰：所謂大道，若性與天道之説，聖人豈得而去之哉。若言陰陽、四時、七政、五行之道，亦必至要之理，非如後世之繁衍末術也。固亦常道，聖人所以不去也。或者所謂義、農之書，乃後人稱述當時之事，失其義理。如許行爲神農之言及陰陽、權變、醫方，稱黄帝之説耳。此聖人所以去之也。五典既皆常道，又去其三，蓋上古雖已有文字，而制立法度，爲治有迹，得以紀載，有史官以識其事，自堯始耳。○今按周禮，外史掌三皇五帝之書，周公所録，必非僞妄，而春秋時三墳、五典、八索、九丘之書，猶有存者。若果全備，孔子亦不應悉删去之。或其簡編脱落，不可通曉；或是孔子所見，止自唐、虞以下，不可知耳。今亦不必深究其説也。及秦始皇滅先代典籍，焚書坑儒，天下學士逃難解散，我先人用藏其家書于屋壁。秦，國名。始皇，名政。并六國爲天子，自號始皇帝。焚詩書在三十四年，坑儒在三十五年。顔師古曰：家語云：孔騰字子襄，畏秦法峻急，藏尚書、孝經、論語於夫子舊堂壁中。而漢記尹敏傳云：孔鮒所藏。二説不同，未知孰是。漢室龍興，開設學校，旁求儒雅，以闡大猷。濟南伏生年過九十，失其本經，口以傳授，裁二十餘篇。以其上古之書，謂之尚書。百篇之義，世莫得聞。漢藝文志云：尚書經二十九卷。注云：伏生所授者。儒林傳云：伏生名勝，爲秦博士。以秦時禁書，伏生壁藏之。其後大兵起，流亡。漢定，伏生求其書，亡數十篇，獨得二十九篇，即以教于齊魯之間。孝文時求能治尚書者，天下無有。聞伏生治之，欲召，時伏生年九十餘，老不能行，於是詔太常使掌故鼂錯往受之。顏師古曰：「衛宏定古文尚書序云：伏生老，不能正言，言不可曉，使其女傳言教錯。齊人語多與潁川異，錯所不知凡十二三，略以其意屬讀而已。」陸氏曰：二十餘篇，即馬、鄭所注二十九篇是也。孔穎達曰：泰誓本非伏生所傳，武帝之世始出而得行，史因以入於伏生所傳之内，故云二十九篇也。○今按此序言伏生失其本經，口以傳授。漢書乃言初亦壁藏，而後亡數十篇。其説與此序不同，蓋傳聞異辭爾。至於篇數，亦復不同者。伏生本但有堯典、臯陶謨、禹貢、甘誓、湯誓、盤庚、高宗肜日、西伯戡黎、微子、牧誓、洪範、金縢、大誥、康誥、酒誥、梓材、召誥、洛誥、多方、多士、立政、無逸、君奭、顧命、呂刑、文侯之命、費誓、秦誓，凡二十八篇。今加泰誓一篇，故爲二十九篇耳。其泰誓真僞之説，詳見本篇，此未暇論也。至魯共王，好治宮室，壞孔子舊宅以廣其居，於壁中得先人所藏古文虞、夏、商、周之書及傳，論語、孝經，皆科斗文字。王又升孔子堂，聞金石絲竹之音，乃不壞宅，悉以書還孔氏。科斗書廢已久，時人無能知者，以所聞伏生之書考論文義，定其可知者爲隸古定，更以竹簡寫之，增多伏生二十五篇。伏生又以舜典合於堯典，益稷合於臯陶謨，盤庚三篇合爲一，康王之誥合於顧命。復出此篇，并序，凡五十九篇，爲四十六卷。其餘錯亂摩滅，弗可復知，悉上送官，藏之書府，以待能者。陸氏曰：共王，漢景帝子，名餘。傳，謂春秋也。一云周易十翼非經，謂之傳。科斗，蟲名，蝦蟇子，書形似之。爲隸古定，謂用隸書以易古文。吴氏曰：伏生傳於既耄之時，而安國爲隸古，又特定其所可知者，而一篇之中、一簡之内，其不可知者蓋不無矣。乃欲以是盡求作書之本意，與夫本末先後之義，其亦可謂難矣。而安國所增多之書，今篇目具在，皆文從字順，非若伏生之書詰曲聱牙，至有不可讀者。夫四代之書，作者不一，乃至二人之手而遂定爲二體乎？其亦難言矣。二十五篇者，謂大禹謨、五子之歌、胤征、仲虺之誥、湯誥、伊訓、太甲三篇、咸有一德、説命三篇、泰誓三篇、武成、旅獒、微子之命、蔡仲之命、周官、君陳、畢命、君牙、冏命也。復出者，舜典、益稷、盤庚三篇、康王之誥，凡五篇。又，百篇之序，自爲一篇，共五十九篇，即今所行五十八篇，而以序冠篇首者也。爲四十六卷者，孔疏以爲同序者同卷，異序者異卷。同序者太甲、盤庚、説命、泰誓，皆三篇共序，凡十二篇，只四卷。又大禹、皋陶謨、益稷、康誥、酒誥、梓材亦各三篇共序，凡六篇，只二卷。外四十篇，篇各有序，凡四十卷，通共序者六卷，故爲四十六卷也。其餘錯亂摩滅者汩作、九共九篇、槀飫、帝告、釐沃、湯征、汝鳩、汝方、夏社、疑至、臣扈、典寶、明居、肆命、徂后、沃丁、咸乂四篇、伊陟、原命、仲丁、河亶甲、祖乙、高宗之訓、分器、旅巢命、歸禾、嘉禾、成王政、將蒲姑、賄肅慎之命、亳姑凡四十二篇，今亡。承詔爲五十九篇作傳，於是遂研精覃思，博考經籍，採摭羣言，以立訓傳。約文申義，敷暢厥旨，庶幾有補於將來。

書序，序所以爲作者之意。昭然義見，宜相附近，故引之各冠其篇首，定五十八篇。詳此章雖說書序序所以爲作者之意，而未嘗以爲孔子所作，至劉歆、班固始以爲孔子所作。既畢，會國有巫蠱事，經籍道息，用不復以聞。傳之子孫，以貽後代。若好古博雅君子與我同志，亦所不隱也。陸氏曰：漢武帝末征和中，江充造蠱敗戾太子。○今按安國此序不類西京文字，疑或後人所託。然無據，未敢必也。以其本末頗詳，故備載之，讀者宜考焉。

漢書藝文志云：「書者，古之號令。號令於衆，其言不立具，則聽受施行者弗曉。古文讀應爾雅，故解古今語而可知也。」括蒼葉夢得曰：尚書文皆奇澁，非作文者故欲如此，蓋當時語自爾也。今按此說，是也。大抵書文訓誥多奇澁，而誓命多平易，蓋訓誥皆是記録當時號令於衆之本語，故其間多有方言及古語，在當時則人所共曉，而於今世反爲難知。誓命則是當時史官所撰，檃括潤色，粗有體製。故在今日亦不難曉耳。孔穎達曰：孔君作傳，值巫蠱不行以終。前漢諸儒知孔本五十八篇，不見孔傳，遂有張霸之徒僞作舜典、汨作、九共九篇、大禹謨、益稷、五子之歌、胤征、湯誥、咸有一德、典寶、伊訓、肆命、原命、武成、旅獒、冏命二十四篇，除九共九篇，共卷爲十六卷，蓋亦略見百篇之序。故以伏生二十八篇者，復出舜典、益稷、盤庚二篇、庚王之誥及泰誓，共爲三十四篇。而僞作此二十四篇十六卷附以求合於孔氏之五十八篇四十六卷之數也。劉向、班固、劉歆、賈逵、馬融、鄭玄之徒皆不見真古文，而誤以此爲古文之書。服虔、杜預亦不之見，至晉王肅始似竊見。而晉書又云：鄭沖以古文授蘇愉，愉授梁柳，柳之内兄皇甫謐，又從柳得之。而柳又以授臧曹，曹始授梅賾，賾乃於前晉奏上其書而施行焉。漢書所引泰誓云：誣神者殃及三世。又云：立功立事，惟以永年。疑即武帝之世所得者。律曆志所引伊訓、畢命，字畫有與古文略同者，疑伏生口傳而鼂錯所屬讀者。其引武成，則伏生無此篇，必張霸所僞作者也。今按漢儒以伏生之書爲今文，而謂安國之書爲古文。以今考之，則今文多艱澁，而古文反平易。或者以爲今文自伏生女子口授鼂錯時失之，則先秦古書所引之文皆已如此，恐其未必然也。或者以爲記録之實語難工，而潤色之雅詞易好，故訓誥誓命有難易之不同，此爲近之。然伏生倍文暗誦，乃偏得其所難。而安國考定於科斗古書錯亂摩滅之餘，反專得其所易，則又有不可曉者。至於諸序之文，或頗與經不合，而安國之序又絶不類西京文字，亦皆可疑。獨諸序之本不先經，則賴安國之序而見，故今定此本壹以諸篇本文爲經，而復合序篇於後，使覽者得見聖經之舊，而又集傳其所可知，姑闕其所不可知者云。

書集傳卷一

虞書

虞，舜氏，因以爲有天下之號也。書凡五篇，堯典雖紀唐堯之事，然本虞史所作，故曰虞書。其舜典以下，夏史所作，當曰夏書。春秋傳亦多引爲夏書，此云虞書，或以爲孔子所定也。

堯典

堯，唐帝名。説文曰：典，從册，在丌上，尊閣之也。此篇以簡册載堯之事，故名曰堯典。後世以其所載之事可爲常法，故又訓爲常也。今文、古文皆有。

曰若稽古，帝堯曰放勳。欽明文思安安，允恭克讓，光被四表，格于上下。

曰，粤、越通。古文作「粤」。曰若者，發語辭。周書「越若來三月」，亦此例也。稽，考也。史臣將叙堯事，故先言考古之帝堯者，其德如下文所云也。曰者，猶言其説如此也。放，至也。猶孟子言「放乎四海」是也。勳，功也。言堯之功大而無所不至也。欽，恭敬也。明，通明也。敬體而明用也。文，文章也。思，意思也。文著見而思深遠也。安安，無所勉強也。言其德性之美，皆出於自然而非勉強，所謂性之者也。允，信。

克，能也。常人德非性有，物欲害之，故有強爲恭而不實，欲爲讓而不能者。惟堯性之，是以信恭而能讓也。光，顯。被，及。表，外。格，至。上，天。下，地也。言其德之盛如此，故其所及之遠如此也。蓋放勳者，總言堯之德業也。欽明文思安安，本其德性而言也。允恭克讓，以其行實而言也。至於被四表，格上下，則放勳之所極也。孔子曰：「惟天爲大，惟堯則之。」故書叙帝王之德，莫盛於堯。而其贊堯之德，莫備於此。且又首以「欽」之一字爲言，此書中開卷第一義也。讀者深味而有得焉，則一經之全體，不外是矣。其可忽哉！克明俊德，以親九族。九族既睦，平章百姓。百姓昭明，協和萬邦，黎民於變時雍。明，明之也。俊，大也。堯之大德，上文所稱是也。九族，高祖至玄孫之親。舉近以該遠，五服異姓之親，亦在其中也。睦，親而和也。平，均。章，明也。百姓，畿内民庶也。昭明，皆能自明其德也。萬邦，天下諸侯之國也。黎，黑也。民首皆黑，故曰黎民。於，歎美辭。變，變惡爲善也。時，是。雍，和也。此言堯推其德，自身而家、而國、而天下，所謂放勳者也。乃命羲、和，欽若昊天，曆象日月星辰，敬授人時。乃者，繼事之辭。羲氏、和氏，主曆象授時之官。若，順也。昊，廣大之意。曆，所以紀數之書。象，所以觀天之器，如下篇璣衡之屬是也。日，陽精，一日而繞地一周。月，陰精，一月而與日會。星，二十八宿。衆星爲經，金、木、水、火、土五星爲緯，皆是也。辰，以日月所會，分周天之度，爲十二次也。人時，謂耕穫之候。凡民事早晚之所關也。其説詳見下文。分命羲仲，宅嵎夷，曰暘谷。寅賓出日，平秩東作。日中，星鳥，以殷仲春。厥民析，鳥獸孳尾。此下四節，言曆既成，而分職以頒布，且考驗之，恐其推步之或差也。或曰上文所命，蓋羲伯、和伯，此乃分命其仲叔，未詳是否也。宅，居也。嵎夷，即禹貢「嵎夷既略」者也。曰暘谷者，取日出之義，羲仲所居官次之名。蓋官在國都，而測候之所，則在於嵎夷東表之地也。寅，敬也。賓，禮接之如賓客也。亦帝嚳「曆日月而迎送」之意。出日，方出之日。蓋以春分之旦，朝方出之日，而識其初出之景也。平，均。秩，序。作，起也。東作，春月歲功方興，所當作起之事也。蓋以曆之節氣早晚，均次其先後之宜，以授有司也。日中者，春分之刻，於夏永冬短爲適中也。晝夜皆五十刻，舉晝以見夜，故曰日。星鳥，南方朱鳥七宿，唐一行推以鶉火爲春分昏之中星也。殷，中也。春分，陽之中也。析，分散也。先時冬寒，民聚於隩，至是則以民之散處而驗其氣之温也。乳化曰孳，交接曰尾，以物之生育而驗其氣之和也。

申命羲叔，宅南交。平秩南訛，敬致。日永，星火，以正仲夏。厥民因，鳥獸希革。

申，重也。南交，南方交趾之地。陳氏曰：「『南交』下當有『曰明都』三字。」訛，化也。謂夏月時物長盛，所當變化之事也。史記索隱作「南爲」，謂所當爲之事也。敬致，周禮所謂「冬夏致日」[一]。蓋以夏至之日中，祠日而識其景，如所謂「日至之景，尺有五寸，謂之地中」者也。永，長也。日永，晝六十刻也。星火，東方蒼龍七宿。火，謂大火。夏至昏之中星也。正者，夏至陽之極，午爲正陽位也。因，析而又析。以氣愈熱而民愈散處也。希革，鳥獸毛希而革易也。

分命和仲，宅西，曰昧谷。寅餞納日，平秩西成。宵中，星虛，以殷仲秋。厥民夷，鳥獸毛毨。

西，謂西極之地也。曰昧谷者，以日所入而名也。餞，禮送行者之名。納日，方納之日也。蓋以秋分之莫，夕方納之日而識其景也。西成，秋月物成之時，所當成就之事也。宵，夜也。宵中者，秋分夜之刻，於夏、冬爲適中也。晝夜亦各五十刻，舉夜以見日，故曰宵。星虛，北方玄武七宿之虛星，秋分昏之中星也。亦曰殷者，秋分陰之中也。夷，平也。暑退而人氣平也。毛毨，鳥獸毛落更生，潤澤鮮好也。申命和叔，宅朔方，曰幽都。平在朔易。日短，星昴，以正仲冬。厥民隩，鳥獸氄毛。朔方，北荒之地。謂之朔者，朔之爲言蘇也。萬物至此死而復蘇，猶月之晦而有朔也。日行至是，則淪於地中，萬象幽暗，故曰幽都。在，察也。朔易，冬月歲事已畢，除舊更新，所當改易之事也。日短，晝四十刻也。星昴，西方白虎七宿之昴宿。冬至昏之中星也。亦曰正者，冬至陰之極，子爲正陰之位也。隩，室之内也。氣寒而民聚於内也。氄毛，鳥獸生耎毳細毛以自温也。蓋既命羲、和造曆制器，而又分方與時，使各驗其實，以審夫推步之差。聖人之敬天勤民，其謹如是。是以術不違天，而政不失時也。又按此冬至日在虛，昏中昴。今冬至日在斗，昏中壁。中星不同者，蓋天有三百六十五度四分度之一，歲有三百六十五日四分日之一，天度四分之一而有餘，歲日四分之一而不足。故天度常平運而舒，日道常内轉而縮，天漸差而西，歲漸差而東，此歲差之由。唐一行所謂歲差者是也。古曆簡易，未立差法，但隨時占候修改，以與天合。至東晉虞喜始以天爲天，以歲爲歲，乃立差以追其變，約以五十年退一度。何承天以爲太過，乃倍其年而又反不及。至隋劉焯取二家中數七十五年爲近之，然亦未爲精密也。因附著于此。帝曰：「咨，汝羲暨和，朞三百有六旬有六日，以閏月定四時，成歲。允釐百工，庶績咸熙。」咨，嗟也。嗟嘆而告之也。暨，及也。朞，猶周也。允，信。釐，治。工，官。庶，衆。績，功。咸，皆。熙，廣也。天體至圓，周圍三百六十五度四分度之一，繞地左旋，常一日一周而過一度。日麗天而少遲，故日行一日亦繞地一周，而在天爲不及一度。積三百六十五日九百四十分日之二百三十五而與天會，是一歲日行之數也。月麗天而尤遲，一日常不及天十三度十九分度之七。積二十九日九百四十分日之四百九十九而與日會。十二會，得全日三百四十八，餘分之積，五千九百八十八。如日法九百四十而得六，不盡三百四十八。通計得日三百五十四九百四十分日之三百四十八，是一歲月行之數也。歲有十二月，月有三十日，三百六十者，一歲之常數也。故日與天會，而多五日九百四十分日之二百三十五者，爲氣盈。月與日會，而少五日九百四十分日之五百九十二者，爲朔虛。合氣盈朔虛而閏生焉。故一歲閏，率則十日九百四十分日之八百二十七。三歲一閏，則三十二日九百四十分日之六百一。五歲再閏，則五十四日九百四十分日之三百七十五。十有九歲七閏，則氣朔分齊，是爲一章也。故三年而不置閏，則春之一月入于夏，而時漸不定矣。子之一月入于丑，而歲漸不成矣。積之之久，至於三失閏，則春皆入夏，而時全不定矣。十二失閏，子皆入丑，歲全不成矣。其名實乖戾，寒暑反易，農桑庶務皆失其時。故必以此餘日置閏月於其間，然後四時不差，而歲功得成。以此信治百官，而衆功皆廣也。帝曰：「疇咨，若時登庸？」放齊曰：「胤子朱，啓明。」帝曰：「吁！嚚訟，可乎？」此下至鯀「績用弗成」皆爲禪舜張本也。疇，誰。咨，訪問也。若，順。庸，用也。堯言誰爲我訪問能順時爲治之人而登用之乎。放齊，臣名。胤，嗣也。胤子朱，堯之嗣子丹朱也。啓，開也。言其性開明，可登用也。吁者，歎其不然之辭。嚚，謂口不道忠信之言。訟，争辯也。朱，蓋以其開明之才，用之於不善，故嚚訟。禹所謂傲虐是也。此見堯之至公至明，深知其子之惡，而不以一人病天下也。或曰胤，國；子，爵；堯時諸侯也。夏書有胤侯，周書有胤之舞衣，今亦未見其必不然，姑存於此云。帝曰：「疇咨若予采？」驩兜曰：「都！共工方鳩僝功。」帝曰：「吁！靜言庸違，象恭，滔天。」

采，事也。都，歎美之辭也。驩兜，臣名。共工，官名。蓋古之世官族也。方，且。鳩，聚。僝，見也。言共工方且鳩聚而見其功也。静言庸違者，静則能言，用則違背也。象恭，貌恭而心不然也。「滔天」二字未詳，與下文相似，疑有舛誤。上章言順時，此言順事，職任大小可見。

帝曰：「咨！四岳，湯湯洪水方割，蕩蕩懷山襄陵，浩浩滔天。下民其咨，有能俾乂？」僉曰：「於，鯀哉！」帝曰：「吁！咈哉，方命圮族。」岳曰：「异哉！試可乃已。」帝曰：「往，欽哉！」九載，績用弗成。

四岳，官名。一人而總四岳諸侯之事也。湯湯，水盛貌。洪，大也。孟子曰：「水逆行謂之洚水。」洚水者，洪水也。蓋水涌出而未洩，故汎濫而逆流也。割，害也。蕩蕩，廣貌。懷，包其四面也。襄，駕出其上也。大阜曰陵。浩浩，大貌。滔，漫也。極言其大，勢若漫天也。俾，使。乂，治也。言有能任此責者，使之治水也。僉，衆共之辭。四岳與其所領諸侯之在朝者，同辭而對也。於，歎美辭。鯀，崇伯名。歎其美而薦之也。咈者，甚不然之之辭。方命者，逆命而不行也。王氏曰：圓則行，方則止。方命，猶今言廢閣詔令也。蓋鯀之爲人，悻戾自用，不從上令也。圮，敗。族，類也。言與衆不和，傷人害物，鯀之不可用者以此也。楚辭言鯀婞直，是其方命圮族之證也。岳曰，四岳之獨言也。异，義未詳。疑是已廢而復強舉之之意。試可乃已者，蓋廷臣未有能於鯀者，不若姑試用之，取其可以治水而已。言無預它事，不必求其備也。堯於是遣之往治水，而戒以欽哉。蓋任大事不可以不敬聖人之戒。辭約而意盡也。載，年也。九載三考，功用不成，故黜之。

帝曰：「咨！四岳，朕在位七十載，汝能庸命巽朕位。」

岳曰：「否德，忝帝位。」曰：「明明揚側陋。」師錫帝曰：「有鰥在下，曰虞舜。」帝曰：「俞！予聞，如何？」岳曰：「瞽子。父頑，母嚚，象傲，克諧。以孝烝烝，乂不格姦。」帝曰：「我其試哉！」女于時，觀厥刑于二女，釐降二女于嬀汭，嬪于虞。帝曰：「欽哉！」

朕，古人自稱之通號。吴氏曰：巽、遜，古通用。言汝四岳能用我之命而可遜以此位乎？蓋丹朱既不肖，羣臣又多不稱，故欲舉以授人，而先之四岳也。否，不通。忝，辱也。明明，上明，謂明顯之。下明，謂已在顯位者。揚，舉也。側陋，微賤之人也。言惟德是舉，不拘貴賤也。師，衆。錫，與也。四岳羣臣諸侯同辭以對也。鰥，無妻之名。虞，氏。舜，名也。俞，應許之辭。予聞者，我亦嘗聞是人也。如何者，復問其德之詳也。岳曰，四岳獨對也。瞽，無目之名。言舜乃瞽者之子也。舜父號瞽叟，心不則德義之經爲頑。母，舜後母也。象，舜異母弟名。傲，驕慢也。諧，和。烝，進也。言舜不幸遭此，而能和以孝，使之進進以善自治，而不至於大爲姦惡也。女，以女與人也。時，是。刑，法也。二女，堯二女，娥皇、女英也。此堯言其將試舜之意也。莊子所謂「二女事之，以觀其内」是也。蓋夫婦之間，隱微之際，正始之道，所繫尤重。故觀人者於此爲尤切也。釐，理。降，下也。嬀，水名。在今河中府河東縣。出歷山，入河。爾雅曰：「水北曰汭。」亦小水入大水之名，蓋兩水合流之内也，故從水從内。蓋舜所居之地。嬪，婦也。虞，舜氏也。史言堯治裝下嫁二女于嬀水之北，使爲舜婦于虞氏之家也。欽哉，堯戒二女之辭。即禮所謂往之女家，必敬必戒者。況以天子之女嫁於匹夫，尤不可不深戒之也。

舜典今文、古文皆有。今文合于堯典，而無篇首二十八字。○唐孔氏曰：東晉梅賾上孔傳，闕舜典。自「乃命以位」以上二十八字，世所不傳，多用王、范之注補之，而皆以「慎徽五典」以下爲舜典之初。至齊蕭鸞建武四年，姚方興於大航頭得孔氏傳古文舜典乃上之，事未施行，而方興以罪致戮。至隋開皇初，購求遺典，始得之。今按古文孔傳尚書有「曰若稽古」以下二十八字，伏生以舜典合於堯典，只以「慎徽五典」以上接「帝曰欽哉」之下，而無此二十八字。梅賾既失孔傳舜典，故亦不知有此二十八字。而「慎徽五典」以下，則固具於伏生之書，故傳者用王、范之注以補之。至姚方興乃得古文孔傳舜典，於是始知有此二十八字。或者由此乃謂古文舜典一篇皆盡亡失，至是方全得之，遂疑其僞，蓋過論也。

曰若稽古，帝舜曰重華，協于帝。濬哲文明，温恭允塞，玄德升聞，乃命以位。華，光華也。協，合也。帝，謂堯也。濬，深。哲，智也。温，和粹也。塞，實也。玄，幽潛也。升，上也。言堯既有光華，而舜又有光華，可合於堯。因言其目，則深沈而有智，文理而光明，和粹而恭敬，誠信而充實。有此四者幽潛之德，上聞于堯，堯乃命之以職位也。慎徽五典，五典克從。納于百揆，百揆時叙。賓于四門，四門穆穆。納于大麓，烈風雷雨弗迷。徽，美也。五典，五常也。父子有親，君臣有義，夫婦有别，長幼有序，朋友有信是也。從，順也。左氏所謂無違教也。此蓋使爲司徒之官也。揆，度也。百揆者，揆度庶政之官。惟唐、虞有之，猶周之冢宰也。時叙，以時而叙。左氏所謂無廢事也。四門，四方之門。古者以賓禮親邦國，諸侯各以方至而使主焉，故曰賓。穆穆，和之至也。左氏所謂無凶人也。此蓋又兼四岳之官也。麓，山足也。烈，迅。迷，錯也。史記曰：堯使舜入山林川澤，暴風雷雨，舜行不迷。蘇氏曰：洪水爲害，堯使舜入山林相視原隰，雷雨大至，衆懼失常，而舜不迷。其度量有絶人者，而天地鬼神亦或有以相之歟？愚謂遇烈風雷雨非常之變，而不震懼失常，非固聰明誠智，確乎不亂者，不能也。易「震驚百里，不喪匕鬯」，意爲近之。帝曰：「格！汝舜。詢事考言，乃言厎可績，三載。汝陟帝位。」舜讓于德，弗嗣。格，來。詢，謀。乃，汝。厎，致。陟，升也。堯言詢舜所行之事而考其言，則見汝之言，致可有功，於今三年矣。汝宜升帝位也。讓于德，讓于有德之人也。或曰謙遜，自以其德不足爲嗣也。正月上日，受終于文祖。上日，朔日也。葉氏曰：上旬之日。曾氏曰：如上戊、上辛、上丁之類。未詳孰是。受終者，堯於是終帝位之事，而舜受之也。文祖者，堯始祖之廟，未詳所指爲何人也。在璿璣玉衡，以齊七政。在，察也。美珠謂之璿。璣，機也。以璿飾璣，所以象天體之轉運也。衡，横也。謂衡簫也。以玉爲管，横而設之，所以窺璣而齊七政之運行，猶今之渾天儀也。七政，日、月、五星也。七者運行於天，有遲有速，有順有逆，猶人君之有政事也。此言舜初攝位，整理庶務，首察璣衡，以齊七政。蓋曆象授時所當先也。○按渾天儀者，天文志云：言天體者三家，一曰周髀，二曰宣夜，三曰渾天。宣夜絶無師説，不知其狀如何。周髀之術，以爲天似覆盆，蓋以斗極爲中，中高而四邊下，日、月旁行遶之。日近而見之爲晝，日遠而不見爲夜。蔡邕以爲考驗天象，多所違失。渾天説曰天之形狀似鳥卵，地居其中，天包地外，猶卵之裹黄，圓如彈丸，故曰渾天。言其形體渾渾然也。其術以爲天半覆地上，半在地下，其天居地上，見者一百八十二度半强，地下亦然。北極出地上三十六度，南極入地下亦三十六度，而嵩高正當天之中，極南五十五度，當嵩高之上。又其南十二度，爲夏至之日道。又其南二十四度，爲春、秋分之日道。又其南二十四度，爲冬至之日道。南下去地三十一度而已，是夏至日。北去極六十七度，春、秋分去極九十一度，冬至去極一百一十五度，此其大率也。其南、北極，持其兩端，其天與日、月、星宿斜而廻轉，此必古有其法，遭秦而滅。至漢武帝時，落下閎始經營之，鮮于妄人又量度之。至宣帝時，耿壽昌始鑄銅而爲之象。宋錢樂之又鑄銅作渾天儀〔二〕，衡長八尺，孔徑一寸。璣徑八尺，圓周二丈五尺強。轉而望之，以知日、月、星辰之所在，即璿璣玉衡之遺法也。歷代以來，其法漸密，本朝因之，爲儀三重，其在外者曰六合儀。平置黑單環，上刻十二辰八干四隅在地之位，以準地面而定四方。側立黑雙環，背刻去極度數，以中分天脊，直跨地平。使其半入地下，而結於其子午，以爲天經。斜倚赤單環，背刻赤道度數，以平分天腹。橫繞天經，亦使半出地上，半入地下，而結於其卯酉，以爲天緯。三環表裏相結不動其天經之環，則南北二極皆爲圓軸，虚中而内向，以挈三辰四遊之環，以其上下四方於是可考。故曰六合。次其内曰三辰儀。側立黑雙環，亦刻去極度數，外貫天經之軸，内挈黄、赤二道。其赤道則爲赤單環，外依天緯，亦刻宿度，而結於黑雙環之卯酉。其黄道則爲黄單環，亦刻宿度，而又斜倚於赤道之腹，以交結於卯酉，而半入其内，以爲春分後之日軌。半出其外，以爲秋分後之日軌。又爲白單環以承其交，使不傾墊。下設機輪，以水激之，使其日夜隨天東西運轉，以象天行。以其日月星辰，於是可考。故曰三辰。其最在内者曰四遊儀。亦爲黑雙環，如三辰儀之制，以貫天經之軸。其環之内，則兩面當中各施直距，外指兩軸。而當其要中之内面，又爲小竅，以受玉衡要中之小軸。使衡既得隨環東西運轉，又可隨處南北低昂，以待占候者之仰窺焉。以其東西南北無不周徧，故曰四遊。此其法之大略也。沈括曰：舊法，規環一面刻周天度，一面加銀丁。蓋以夜候天晦，不可目察，則以手切之也。古人以璿飾璣，疑亦爲此。今太史局、秘書省銅儀制極精緻，亦以銅丁爲之。曆家之説，又以北斗魁四星爲璣，杓三星爲衡。今詳經文簡質，不應北斗二字，乃用寓名，恐未必然。姑存其説，以廣異聞。肆類于上帝，禋于六宗，望于山川，徧于羣神。肆，遂也。類、禋、望，皆祭名。周禮肆師：「類造于上帝。」注云：郊祀者，祭昊天之常祭，非常祀而祭告于天，其禮依郊祀爲之，故曰類。如泰誓武王伐商，王制言天子將出，皆云「類于上帝」是也。禋，精意以享之謂。宗，尊也。所尊祭者，其祀有六。祭法曰：埋少牢於泰昭，祭時也。相近於坎壇，祭寒暑也。王宫，祭日也。夜明，祭月也。幽宗，祭星也。雩宗，祭水旱也。山川，名山大川，五嶽四瀆之屬。望而祭之，故曰望。徧，周徧也。羣神，謂丘陵墳衍，古昔聖賢之類。言受終觀象之後，即祭祀上下神祇，以攝位告也。輯五瑞。既月乃日，覲四岳羣牧，班瑞于羣后。輯，斂。瑞，信也。公執桓圭，侯執信圭，伯執躬圭，子執穀璧，男執蒲璧，五等諸侯執之，以合符於天子，而驗其信否也。周禮：「天子執冒，以朝諸侯。」鄭氏注云：名玉以冒，以德覆冒天下也。諸侯始受命，天子錫以圭。圭頭斜鋭，其冒下斜刻，小大長短廣狹如之。諸侯來朝，天子以刻處冒其圭頭，有不同者，即辨其僞也。既，盡。覲，見。四岳，四方之諸侯。羣牧，九州之牧伯也。程子曰：輯五瑞，徵五等諸侯也。此以上皆正月事，至盡此月，則四方諸侯有至者矣。遠近不同，來有先後，故日日見之，不如它朝會之同期於一日。蓋欲以少接之，則得盡其詢察禮意也。班，頒同。羣后，即侯牧也。既見之後，審知非僞，則又頒還其瑞，以與天下正始也。歲二月，東巡守，至于岱宗，柴。望秩于山川，肆覲東后，協時月正日，同律度量衡。修五禮、五玉、三帛、二生、一死贄。如五器，卒乃復。五月南巡守，至于南岳，如岱禮。八月西巡守，至于西岳，如初。十有一月朔巡守，至于北岳，如西禮。歸，格于藝祖，用特。孟子曰：「天子適諸侯曰巡守。」巡守者，巡所守也。歲二月，當巡守之年二月也。岱宗，太山也。柴，燔柴以祀天也。望，望秩以祀山川也。秩者，其牲幣祝號之次第，如五岳視三公，四瀆視諸侯，其餘視伯子男者也。東后，東方之諸侯也。時，謂四時。月，謂月之大小。日，謂日之甲乙。其法略見上篇。諸侯之國，其有不齊者，則協而正之也。律，謂十二律。黄鍾、太簇、姑洗、蕤賓、夷則、無射、大吕、夾鍾、仲吕、林鍾、南吕、應鍾也。六爲律，六爲吕。凡十二管，皆徑三分有奇，空圍九分。而黄鍾之長九寸。大吕以下〔三〕，律吕相間，以次而短，至應鍾而極焉。以之制樂而節聲音，則長者聲下，短者聲高。下者則重濁而舒遲，上者則輕清而剽疾。以之審度而度長短，則九十分黄鍾之長，一爲一分。而十分爲寸，十寸爲尺，十尺爲丈，十丈爲引。以之審量而量多少。則黄鍾之管，其容子穀秬黍中者，一千二百以爲龠。而十龠爲合，十合爲升，十升爲斗，十斗爲斛。以之平衡而權輕重，則黄鍾之龠，所容千二百黍，其重十二銖，兩龠則二十四銖爲兩，十六兩爲斤，三十斤爲鈞，四鈞爲石。此黄鍾所以爲萬事根本。諸侯之國，其有不一者，則審而同之也。時月之差，由積日而成，其法則先粗而後精。度量衡受法於律，其法則先本而後末。故言正日在協時月之後，同律在度量衡之先。立言之叙，蓋如此也。五禮，吉、凶、軍、賓、嘉也。修之，所以同天下之風俗。

五玉，五等諸侯所執者，即五瑞也。三帛，諸侯世子執纁，公之孤執玄，附庸之君執黃。二生，卿執羔，大夫執鴈。一死，士執雉。五玉、三帛、二生、一死，所以爲贄而見者。此九字當在「肆覲東后」之下，「協時月正日」之上，誤脱在此。言東后之覲，皆執此贄也。如五器，劉侍講曰：如，同也。五器，即五禮之器也。周禮六器六贄，即舜之遺法也。卒乃復者，舉祀禮，覲諸侯，一正朔，同制度，修五禮，如五器。數事皆畢，則不復東行而遂西向，且轉而南行也。故曰「卒乃復」。南岳，衡山。西岳，華山。北岳，恒山。二月東，五月南，八月西，十一月北，各以其時也。格，至也。言至于其廟而祭告也。藝祖，疑即文祖。或曰文祖、藝祖之所自出，未有可考也。特，特牲也。謂一牛也。古者君將出，必告于祖禰。歸，又至其廟而告之。孝子不忍死其親，出告反面之義也。王制曰：「歸格于祖禰。」鄭注曰：祖下及禰皆一牛。程子以爲但言藝祖，舉尊爾，實皆告也。但止就祖廟，共用一牛，不如時祭各設主於其廟也。二説未知孰是，今兩存之。**五載一巡守。羣后四朝，敷奏以言，明試以功，車服以庸。**五載之内，天子巡守者一，諸侯來朝者四。蓋巡守之明年，則東方諸侯來朝于天子之國。又明年，則南方之諸侯來朝。又明年，則西方之諸侯來朝。又明年，則北方之諸侯來朝。又明年，則天子復巡守。是則天子諸侯雖有尊卑，而一往一來，禮無不答，是以上下交通，而遠近洽和也。敷，陳。奏，進也。周禮曰：「民功曰庸。」程子曰：敷奏以言者，使各陳其爲治之説。言之善者，則從而明考其功。有功則賜車服以旌異之。其言不善，則亦有以告飭之也。林氏曰：天子巡守，則有協時月以下等事。諸侯來朝，則有敷奏以言以下等事。**肇十有二州，封十有二山，濬川。**肇，始也。十二州，冀、兖、青、徐、荆、揚、豫、梁、雍、幽、并、營也。中古之地，但爲九州，曰冀、兗、青、徐、荆、揚、豫、梁、雍。禹治水作貢，亦因其舊。及舜即位，以冀、青地廣，始分冀東恒山之地爲并州，其東北醫無閭之地爲幽州。又分青之東北遼東等處爲營州。而冀州止有河内之地，今河東一路是也。封，表也。封十二山者，每州封表一山，以爲一州之鎮。如職方氏言揚州其山鎮曰會稽之類。濬川，濬導十二州之川也。然舜既分十有二州，而至商時，又但言九圍九有。周禮職方氏亦止列爲九州，有揚、荆、豫、青、兗、雍、幽、冀、并，而無徐、梁、營也。則是爲十二州蓋不甚久。不知其自何時復合爲九也。吴氏曰：此一節在禹治水之後，其次叙不當在四罪之先。蓋史官泛記舜所行之大事，初不計先後之序也。象以典刑，流宥五刑，鞭作官刑，扑作教刑，金作贖刑。眚災肆赦，怙終賊刑。欽哉，欽哉，惟刑之恤哉！象，如天之垂象以示人。而典者，常也。示人以常刑，所謂墨、劓、剕、宫、大辟，五刑之正也。所以待夫元惡大憝、殺人、傷人、穿窬、淫放，凡罪之不可宥者也。流宥五刑者，流，遣之使遠去，如下文流放竄殛之類也。宥，寛也。所以待夫罪之稍輕，雖入於五刑，而情可矜，法可疑，與夫親貴勳勞而不可加以刑者，則以此而寛之也。鞭作官刑者，木末垂革，官府之刑也。朴作教刑者，夏、楚二物，學校之刑也。皆以待夫罪之輕者。金作贖刑者，金，黄金。贖，贖其罪也。蓋罪之極輕，雖入於鞭扑之刑，而情法猶有可議者也。此五句者，從重入輕，各有條理，法之正也。肆，縱也。眚災肆赦者，眚，謂過誤。災，謂不幸。若人有如此而入於刑，則又不待流宥金贖而直赦之也。賊，殺也。怙終賊刑者，怙，謂有恃。終，謂再犯。若人有如此而入於刑，則雖當宥當贖，亦不許其宥，不聽其贖，而必刑之也。此二句者，或由重而即輕，或由輕而即重，蓋用法之權衡，所謂法外意也。

聖人立法制刑之本末，此七言者大略盡之矣。雖其輕重取舍，陽舒陰慘之不同，然「欽哉，欽哉，惟刑之恤」之意，則未始不行乎其間也。蓋其輕重毫釐之間，各有攸當者，乃天討不易之定理，而欽恤之意行乎其間，則可以見聖人好生之本心也。據此經文，則五刑有流宥而無金贖。周禮秋官亦無其文。至呂刑乃有五等之罰，疑穆王始制之，非法之正也。蓋當刑而贖，則失之輕。疑赦而贖，則失之重。且使富者幸免，貧者受刑，又非所以爲平也。

流共工于幽洲，放驩兜于崇山，竄三苗于三危，殛鯀于羽山，四罪而天下咸服。

流，遣之遠去，如水之流也。放，置之於此，不得他適也。竄，則驅逐禁錮之。殛，則拘囚困苦之。隨其罪之輕重而異法也。共工、驩兜、鯀，事見上篇。三苗，國名。在江南荆、揚之間，恃險爲亂者也。幽洲，北裔之地。水中可居曰洲。崇山，南裔之山，在今澧州。三危，西裔之地，即雍之所謂「三危既宅」者。羽山，東裔之山，即徐之「蒙羽其藝」者。服者，天下皆服其用刑之當罪也。程子曰：舜之誅四凶，怒在四凶，舜何與焉。蓋因是人有可怒之事而怒之，聖人之心本無怒也。聖人以天下之怒爲怒，故天下咸服之。春秋傳所記四凶之名與此不同，説者以窮奇爲共工，渾敦爲驩兜，饕餮爲三苗，檮杌爲鯀，不知其果然否也。

二十有八載，帝乃殂落。百姓如喪考妣，三載，四海遏密八音。

殂落，死也。死者魂氣歸于天，故曰殂；體魄歸于地，故曰落。喪，爲之服也。遏，絶。密，静也。八音，金、石、絲、竹、匏、土、革、木也。言堯聖德廣大，恩澤隆厚，故四海之民思慕之深，至於如此也。儀禮：「圻内之民，爲天子齊衰三月。圻外之民，無服。」今應服三月者，如喪考妣；應無服者，遏密八音。堯十六即位，在位七十載，又試舜三載，老不聽政二十八載乃崩。在位通計百單一年。

月正元日，舜

格于文祖。月正，正月也。元日，朔日也。漢孔氏曰：舜服堯喪三年畢，將即政，故復至文祖廟告。蘇氏曰：受終告攝，此告即位也。然春秋國君皆以遭喪之明年正月即位於廟而改元，孔氏云喪畢之明年，不知何所據也。詢于四岳，闢四門，明四目，達四聰。詢，謀。闢，開也。舜既告廟即位，乃謀治于四岳之官，開四方之門，以來天下之賢俊，廣四方之視聽，以決天下之壅蔽。咨十有二牧，曰：「食哉惟時！柔遠，能邇，惇德，允元，而難任人，蠻夷率服。」牧，養民之官。十二牧，十二州之牧也。王政以食爲首，農事以時爲先。舜言足食之道，惟在於不違農時也。柔者，寬而撫之也。能者，擾而習之也。遠近之勢如此，先其略而後其詳也。惇，厚。允，信也。德，有德之人也。元，仁厚之人也。難，拒絶也。任，古文作「壬」，包藏凶惡之人也。言當厚有德，信仁人，而拒姦惡也。凡此五者，處之各得其宜，則不特中國順治，雖蠻夷之國，亦相率而服從矣。舜曰：「咨！四岳。有能奮庸熙帝之載，使宅百揆，亮采惠疇？」僉曰：「伯禹作司空。」帝曰：「俞！咨禹，汝平水土，惟時懋哉！」禹拜稽首，讓于稷、契暨皋陶。帝曰：「俞！汝往哉。」奮，起。熙，廣。載，事。亮，明。惠，順。疇，類也。一説：亮，相也。舜言有能奮起事功，以廣帝堯之事者，使居百揆之位，以明亮庶事而順成庶類也。僉，衆也。四岳所領四方諸侯有在朝者也。禹，姒姓，崇伯鯀之子也。平水土者，司空之職。時，是。懋，勉也。指百揆之事以勉之也。蓋四岳及諸侯言伯禹見作司空，可宅百揆。帝然其舉，而咨禹使仍作司空，而兼行百揆之事，録其舊績，而勉其新功也。以司空兼百揆，如周以六卿兼三公，後世以它官平章事知政事，亦此類也。稽首，首至地。稷，田正官。稷名棄，姓姬氏，封於邰。契，臣名，姓子氏，封於商。稷、契皆帝嚳之子。暨，及也。皋陶，亦臣名。俞者，然其舉也。汝往哉者，不聽其讓也。此章稱「舜曰」，此下方稱「帝曰」者，以見堯老舜攝。堯在時舜未嘗稱帝，此後舜方真即帝位而稱帝也。帝曰：「棄，黎民阻飢，汝后稷，播時百穀。」阻，厄。后，君也，有爵土之稱。播，布也。穀非一種，故曰百穀。此因禹之讓而申命之，使仍舊職，以終其事也。帝曰：「契，百姓不親，五品不遜，汝作司徒，敬敷五教，在寬。」親，相親睦也。五品，父子、君臣、夫婦、長幼、朋友五者之名位等級也。遜，順也。司徒，掌教之官。敷，布也。五教，父子有親，君臣有義，夫婦有別，長幼有叙，朋友有信。以五者當然之理而爲教令也。敬，敬其事也。聖賢之於事，雖無所不敬，而此又事之大者，故特以敬言之。寬裕以待之也。蓋五者之理，出於人心之本然，非有強而後能者。自其拘於氣質之偏，溺於物慾之蔽，始有昧於其理，而不相親愛，不相遜順者。於是因禹之讓，又申命契仍爲司徒，使之敬以敷教，而又寬裕以待之。使其優柔浸漬，以漸而入，則其天性之真，自然呈露，不能自已，而無無恥之患矣。孟子所引堯言勞來正直輔翼，「使自得之，又從而振德之」，亦此意也。帝曰：「皋陶，蠻夷猾夏，寇賊姦宄，汝作士，五刑有服，五服三就。五流有宅，五宅三居。惟明克允。」猾，亂。夏，明而大也。曾氏曰：中國文明之地，故曰華夏。四時之夏，疑亦取此義也。刼人曰寇，殺人曰賊，在外曰姦，在内曰宄。士，理官也。服，服其罪也。呂刑所謂上服下服是也。三就，孔氏以爲大罪於原野，大夫於朝，士於市。不知何據。竊恐惟大辟棄之於市，宮辟則下蠶室，餘刑亦就屏處。蓋非死刑，不欲使風中其瘡，誤而至死，聖人之仁也。五流，五等象刑之當宥者也。五宅三居者，流雖有五，而宅之但爲三等之居。如列爵惟五，分土惟三也。孔氏以爲大罪居於四裔，次則九州之外，次則千里之外。雖亦未見其所據，然大槩當略近之。此亦因禹之讓而申命之。又戒以必當致其明察，乃能使刑當其罪，而人無不信服也。

帝曰：「疇若予工？」僉曰：「垂哉！」帝曰：「俞！咨垂。汝共工。」垂拜稽首，讓于殳、斨暨伯與。帝曰：「俞！往哉，汝諧。」若，順其理而治之也。曲禮六工：有土工、金工、石工、木工、獸工、草工。周禮有攻木之工，攻金之工，攻皮之工，設色之工，搏埴之工，皆是也。帝問誰能順治予百工之事者。垂，臣名，有巧思。莊子曰「攦工垂之指」，即此也。殳、斨、伯與，三臣名也。殳，以積竹爲兵，建兵車者。斨，方鑿斧也。古者多以其所能爲名，殳、斨豈能爲二器者歟？往哉汝諧者，往哉汝和其職也。帝曰：「疇若予上下草木鳥獸？」僉曰：「益哉。」帝曰：「俞！咨益。汝作朕虞。」益拜稽首，讓于朱、虎、熊、羆。帝曰：「俞！往哉，汝諧。」上下，山林澤藪也。虞，掌山澤之官。周禮分爲虞衡，屬於夏官。朱、虎、熊、羆，四臣名也。高辛氏之子，有曰仲虎、仲熊，意以獸爲名者，亦以其能服是獸而得名歟。史記曰：「朱、虎、熊、羆，爲伯益之佐。」前殳、斨、伯與，當亦爲垂之佐也。帝曰：「咨！四岳。有能典朕三禮？」僉曰：「伯夷。」帝曰：「俞！咨伯，汝作秩宗。夙夜惟寅，直哉惟清。」伯拜稽首，讓于夔、龍。帝曰：「俞！往，欽哉！」典，主也。三禮：祀天神，享人鬼，祭地祇之禮也。伯夷，臣名。姜姓。秩，叙也。宗，祖廟也。秩宗，主叙次百神之官，而專以「秩宗」名之者，蓋以宗廟爲主也。周禮亦謂之宗伯。而都家皆有宗人之官，以掌祭祀之事，亦此意也。夙，早。寅，敬畏也。直者，心無私曲之謂。人能敬以直內，不使少有私曲，則其心潔清，而無物慾之污，可以交於神明矣。夔、龍，二臣名。帝曰：「夔！命汝典樂，教胄子，直而温，寬而栗，剛而無虐，簡而無傲。詩言志，歌永言，聲依永，律和聲。八音克諧，無相奪倫，神人以和。」夔曰：「於！予擊石拊石，百獸率舞。」胄，長也。自天子至卿大夫之適子也。栗，莊敬也。上二「無」字，與「毋」同。凡人直者必不足於温，故欲其温。寬者必不足於栗，故欲其栗。所以慮其偏而輔翼之也。剛者必至於虐，故欲其無虐。簡者必至於傲，故欲其無傲。所以防其過而戒禁之也。教胄子者，欲其如此。而其所以教之之具，則又專在於樂。如周禮大司樂：「掌成均之法，以教國子弟。」而孔子亦曰：「興於詩，成於樂。」蓋所以蕩滌邪穢，斟酌飽滿，動盪血脉，流通精神，養其中和之德，而救其氣質之偏者也。心之所之謂之志，心有所之，必形於言。故曰「詩言志」。既形於言，則必有長短之節，故曰「歌永言」。既有長短，則必有高下清濁之殊，故曰「聲依永」。聲者，宫、商、角、徵、羽也。大抵歌聲長而濁者爲宫，以漸而清且短則爲商、爲角、爲徵、爲羽，所謂「聲依永」也。既有長短清濁，則又必以十二律和之，乃能成文而不亂。假令黄鍾爲宫，則大簇爲商，姑洗爲角，林鍾爲徵，南吕爲羽。蓋以三分損益，隔八相生而得之，餘律皆然。即禮運所謂五聲六律十二管，還相爲宫，所謂「律和聲」也。人聲既和，乃以其聲被之八音而爲樂，則無不諧協，而不相侵亂失其倫次。可以奏之朝廷，薦之郊廟，而神人以和矣。聖人作樂以養情性，育人材，事神祇，和上下，其體用功效，廣大深切乃如此。今皆不復見矣，可勝歎哉！「夔曰」以下，蘇氏曰：「舜方命九官，濟濟相讓，無緣夔於此獨言其功。此益、稷之文，簡編脱誤，復見於此。」帝曰：「龍！朕堲讒説殄行，震驚朕師。命汝作納言，夙夜出納朕命，惟允。」堲，疾。殄，絶也。殄行者，謂傷絶善人之事也。師，衆也。謂其言之不正，而能變亂黑白，以駭衆聽也。納言，官名。命令政教，必使審之。既允而後出，則讒説不得行，而矯僞無所託矣。敷奏復逆，必使審之。既允而後入，則邪僻無自進，而功緒有所稽矣。周之内史，漢之尚書，魏晉以來所謂中書門下者，皆此職也。

帝曰：「咨！汝二十有二人，欽哉，惟時亮天功。」二十二人，四岳、九官、十二牧也。周官言内有百揆四岳，外有州牧侯伯。蓋百揆者，所以統庶官；而四岳者，所以統十二牧也。既分命之，又總告之，使之各敬其職以相天事也。曾氏曰：舜命九官，新命者六人，命伯禹，命伯夷，咨四岳而命者也。命垂，命益，泛咨而命者也。命夔，命龍，因人之讓，不咨而命者也。夫知道而後可宅百揆，知禮而後可典三禮，知道知禮，非人人所能也，故必咨於四岳。若予工，若上下草木鳥獸，則非此之比，故泛咨而已。禮樂命令，其體雖不若百揆之大，然其事理精微，亦非百工庶物之可比。伯夷既以四岳之舉而當秩宗之任，則其所讓之人，必其中於典樂納言之選可知，故不咨而命之也。若稷、契、皋陶之不咨者，申命其舊職而已。又按此以平水土，若百工，各爲一官，而周制同領於司空。此以士一官兼兵刑之事，而周禮分爲夏、秋兩官。蓋帝王之法，隨時制宜，所謂「損益可知」者如此。

三載考績，三考，黜陟幽明。庶績咸熙。分北三苗。考，核實也。三考，九載也。九載，則人之賢否、事之得失可見。於是陟其明而黜其幽，賞罰明信，人人力於事功，此所以「庶績咸熙」也。北，猶背也。其善者留，其不善者竄徙之，使分背而去也。此言舜命二十二人之後，立此考績黜陟之法，以時舉行，而卒言其效如此也。按三苗見於經者，如典、謨、益稷、禹貢、吕刑詳矣。蓋其負固不服，乍臣乍叛。舜攝位而竄逐之。禹治水之時，三危已宅，而舊都猶頑不即工。禹攝位之後，帝命徂征，而猶逆命。及禹班師而後來格，於是乃得考其善惡而分北之也。呂刑之言遏絶，則通其本末而言，不可以先後論也。舜生三十徵庸，三十在位，五十載，陟方乃死。徵，召也。陟方，猶言升遐也。韓子曰：竹書紀年，帝王之没皆曰陟。陟，昇也，謂昇天也。書曰「殷禮陟配天」，言以道終其德協天也。故書紀舜之没云陟，其下言「方乃死」者，所以釋陟爲死也。地之勢東南下，如言舜巡守而死，宜言下方，不得言陟方也。按此得之，但不當以陟爲句絶耳。方，猶「雲徂乎方」之方。陟方乃死，猶言徂落而死也。舜生三十年，堯方召用。歷試三年，居攝二十八年，通三十年乃即帝位，又五十年而崩，蓋於篇末總叙其始終也。史記言舜巡守，崩于蒼梧之野。孟子言舜卒於鳴條，未知孰是。今零陵九疑有舜冢云。

大禹謨

謨，謀也。林氏曰：虞史既述二典，其所載有未備者，於是又叙其君臣之間嘉言善政，以爲大禹、皋陶謨、益稷三篇，所以備舜典之未備者[四]。今文無，古文有。

曰若稽古。大禹曰：「文命敷于四海，祗承于帝。」命，教。祗，敬也。帝，謂舜也。文命敷于四海者，即禹貢所謂東漸西被，朔南暨，聲教訖于四海者是也。史臣言禹既已布其文教於四海矣，於是陳其謨以敬承于舜，如下文所云也。文命，史記以爲禹名。蘇氏曰：「以文命爲禹名，則敷于四海者爲何事耶？」曰：「后克艱厥后，臣克艱厥臣。政乃乂，黎民敏德。」「曰」以下即禹祗承于帝之言也。艱，難也。孔子曰：「爲君難，爲臣不易。」即此意也。乃者，難辭也。敏，速也。禹言君而不敢易其爲君之道，臣而不敢易其爲臣之職，夙夜祇懼，各務盡其所當爲者。則其政事乃能修治而無邪慝，下民自然觀感速化於善，而有不容已者矣。帝曰：「俞！允若兹，嘉言罔攸伏，野無遺賢，萬邦咸寧。稽于衆，舍己從人，不虐無告，不廢困窮，惟帝時克。」嘉，善。攸，所也。舜然禹之言，以爲信能如此，則必有以廣延衆論，悉致羣賢，而天下之民咸被其澤，無不得其所矣。然非忘私順理，愛民好士之至，無以及此。而惟堯能之，非常人所及也。蓋爲謙辭以對，而不敢自謂其必能。舜之克艱，於此亦可見矣。程子曰：舍己從人，最爲難事。己者，我之所有，雖痛舍之，猶懼守己者固，而從人者輕也。益曰：「都！帝德廣運，乃聖乃神，乃武乃文，皇天眷命，奄有四海，爲天下君。」廣者，大而無外。運者，行之不息。大而能運，則變化不測。故自其大而化之而言，則謂之聖。自其聖而不可知而言，則謂之神。自其威之可畏而言，則謂之武。自其英華發外而言，則謂之文。眷，顧。奄，盡也。堯之初起，不見於經。傳稱其自唐侯特起爲帝，觀益之言，理或然也。或曰：舜之所謂帝者，堯也。羣臣之言帝者，舜也。如「帝德罔愆」、「帝其念哉」之類，皆謂舜也。蓋益因舜尊堯，而遂美舜之德以勸之，言不特堯能如此，帝亦當然也。今按此説所引，此類固爲甚明。但益之語，接連上句「惟帝時克」之下，未應遽舍堯而譽舜。又徒極口以稱其美，而不見其有勸勉規戒之意，恐唐、虞之際，未遽有此諛佞之風也。依舊説贊堯爲是。禹曰：「惠迪吉，從逆凶，惟影響。」惠，順。迪，道也。逆，反道者也。惠迪從逆，猶曰順善從惡也。禹言天道可畏，吉凶之應於善惡，猶影響之出於形聲也。以見不可不艱者，以此而終上文之意。益曰：「吁！戒哉！儆戒無虞。罔失法度，罔遊于逸，罔淫于樂。任賢勿貳，去邪勿疑，疑謀勿成，百志惟熙。罔違道以干百姓之譽，罔咈百姓以從己之欲。無怠無荒，四夷來王。」先吁後戒，欲使聽者精審也。儆，與警同。虞，度。罔，勿也。法度，法則制度也。淫，過也。當四方無可虞度之時，法度易至廢弛，故戒其失墜。逸樂易至縱恣，故戒其遊淫。言此三者所當謹畏也。任賢以小人間之謂之貳，去邪不能果斷謂之疑。謀，圖爲也。有所圖爲，揆之於理而未安者，則不復成就之也。百志，猶易所謂「百慮」也。咈，逆也。九州之外，世一見曰王。帝於是八者，朝夕戒懼，無怠於心，無荒於事，則治道益隆，四夷之遠，莫不歸往；中土之民，服從可知。今按益言八者，亦有次第。蓋人君能守法度，不縱逸樂，則心正身修，義理昭著。而於人之賢否，孰爲可任，孰爲可去；事之是非，孰爲可疑，孰爲不可疑，皆有以審其幾微，絶其蔽惑。故方寸之間，光輝明白。而於天下之事，孰爲道義之正而不可違，孰爲民心之公而不可咈，皆有以處之不失其理，而毫髮私意不入於其間。此其儆戒之深旨，所以推廣大禹克艱惠迪之謨也。苟無其本，而是非取舍，决於一己之私，乃欲斷而行之無所疑惑，則其爲害，反有不可勝言者矣。可不戒哉！禹曰：「於，帝念哉！德惟善政，政在養民。水、火、金、木、土、穀，惟修正德，利用厚生，惟和。九功惟叙，九叙惟歌。戒之用休，董之用威，勸之以九歌，俾勿壞。」益言儆戒之道，禹歎而美之，謂帝當深念益之所言也。且德非徒善而已，惟當有以善其政。政非徒法而已，在乎有以養其民。下文六府三事，即養民之政也。水、火、金、木、土、穀惟修者，水克火，火克金，金克木，木克土而生五穀。或相制以洩其過，或相助以補其不足，而六者無不修矣。正德者，父慈，子孝，兄友，弟恭，夫義，婦聽，所以正民之德也。利用者，工作什器，商通貨財之類，所以利民之用也。厚生者，衣帛食肉、不飢不寒之類，所以厚民之生也。六者既修，民生始遂，不可以逸居而無教，故爲之惇典敷教以正其德，通工易事以利其用，制節謹度以厚其生，使皆當其理而無所乖，則無不和矣。九功，合六與三也。叙者，言九者各順其理而不汩陳以亂其常也。歌者，以九功之叙而詠之歌也。言九者既已修和，各由其理，民享其利，莫不歌詠而樂其生也。然始勤終怠者，人情之常。恐安養既久，怠心必生，則已成之功，不能保其久而不廢，故當有以激勵之，如下文所云也。董，督也。威，古文作「畏」。其勤於是者，則戒喻而休美之。其怠於是者，則督責而懲戒之。然又以事之出於勉強者不能久，故復即其前日歌詠之言，協之律呂，播之聲音，用之鄉人，用之邦國，以勸相之。使其歡欣鼓舞，趨事赴功，不能自已，而前日之成功，得以久存而不壞。此周禮所謂「九德之歌，九韶之舞」；而太史公所謂「佚能思初，安能惟始，沐浴膏澤而歌詠勤苦」者也。葛氏曰：洪範五行，水、火、木、金、土而已。穀本在木行之數，禹以其爲民食之急，故別而附之也。帝曰：「俞！地平天成，六府三事允治，萬世永賴，時乃功。」水土治曰平。言水土既平，而萬物得以成遂也。六府，即水、火、金、木、土、穀也。六者財用之所自出，故曰府。三事，正德、利用、厚生也。三者人事之所當爲，故曰事。舜因禹言養民之政，而推其功以美之也。帝曰：「格汝禹。朕宅帝位，三十有三載，耄期倦于勤，汝惟不怠，總朕師。」九十曰耄，百年曰期。舜至是年已九十三矣。總，率也。舜自言既老，血氣已衰，故倦於勤勞之事。汝當勉力不怠，而總率我衆也。蓋命之攝位之事，堯命舜曰「陟帝位」，舜命禹曰「總朕師」者，蓋堯欲使舜真宅帝位，舜讓弗嗣，後惟居攝，亦若是而已。禹曰：「朕德罔克，民不依。皋陶邁種德，德乃降，黎民懷之。帝念哉，念茲在茲，釋茲在茲，名言茲在茲，允出茲在茲，惟帝念功。」邁，勇往力行之意。種，布。降，下也。禹自言其德不能勝任，民不依歸。惟皐陶勇往力行以布其德，德下及於民，而民懷服之，帝當思念之而不忘也。茲，指皐陶也。禹遂言念之而不忘，固在於皐陶。舍之而他求，亦惟在於皐陶。名言於口，固在於皐陶。誠發於心，亦惟在於皐陶也。蓋反覆思之而卒無有易於皐陶者，惟帝深念其功而使之攝位也。帝曰：「皐陶，惟茲臣庶，罔或干予正。汝作士，明于五刑，以弼五教，期于予治。刑期于無刑，民協于中。時乃功，懋哉！」干，犯。正，政。弼，輔也。聖人之治以德爲化民之本，而刑特以輔其所不及而已。期者，先事取必之謂。舜言惟此臣庶，無或有干犯我之政者，以爾爲士師之官，能明五刑，以輔五品之教，而期我以至於治。其始雖不免於用刑，而實所以期至於無刑之地。故民亦皆能協於中道，初無有過不及之差，則刑果無所施矣。凡此皆汝之功也。懋，勉也。蓋不聽禹之讓，而稱皐陶之美以勸勉之也。皐陶曰：「帝德罔愆。臨下以簡，御衆以寬。罰弗及嗣〔五〕，賞延于世。宥過無大，刑故無小。罪疑惟輕，功疑惟重。與其殺不辜，寧失不經。好生之德，洽于民心，茲用不犯于有司。」愆，過也。簡者，不煩之謂。上煩密，則下無所容。御者急促，則衆擾亂。嗣、世，皆謂子孫，然嗣親而世疏也。延，遠及也。父子罪不相及，而賞則遠延于世，其善善長而惡惡短如此。過者，不識而誤犯也。故者，知之而故犯也。過誤所犯，雖大必宥；不忌故犯，雖小必刑。即上篇所謂「眚災肆赦，怙終賊刑」者也。罪已定矣，而於法之中有疑其可重可輕者，則從輕以罰之。功已定矣，而於法之中有疑其可輕可重者，則從重以賞之。辜，罪。

經，常也。謂法可以殺，可以無殺，殺之則恐陷於非辜，不殺之恐失於輕縱，二者皆非聖人至公至平之意，而殺不辜者，尤聖人之所不忍也。故與其殺之而害彼之生，寧姑全之而自受失刑之責。此其仁愛忠厚之至，皆所謂好生之德也。蓋聖人之法有盡，而心則無窮。故其用刑行賞，或有所疑，則常屈法以伸恩，而不使執法之意，有以勝其好生之德。此其本心所以無所壅遏，而得行於常法之外。及其流衍洋溢，漸涵浸漬，有以入于民心，則天下之人，無不愛慕感悦，興起於善，而自不犯于有司也。皋陶以舜美其功，故言此以歸功於其上，蓋不敢當其褒美之意而自謂己功也。帝曰：「俾予從欲以治，四方風動，惟乃之休。」民不犯法而上不用刑者，舜之所欲也。汝能使我如所願欲以治，教化四達，如風鼓動，莫不靡然，是乃汝之美也。舜又申言以重歎美之。帝曰：「來禹。降水儆予，成允成功，惟汝賢。克勤于邦，克儉于家，不自滿假，惟汝賢。汝惟不矜，天下莫與汝争能。汝惟不伐，天下莫與汝争功。予懋乃德，嘉乃丕績。天之曆數在汝躬，汝終陟元后。洚水，洪水也。古文作「降」。孟子曰：「水逆行謂之洚水。」蓋山崩水渾，下流淤塞，故其逝者輒復反流，而泛濫决溢，洚洞無涯也。其災所起，雖在堯時，然舜既攝位，害猶未息，故舜以爲天警懼於己，不敢以爲非己之責而自寬也。允，信也。禹奏言而能踐其言，試功而能有其功，所謂成允成功也。禹能如此，則既賢於人矣，而又能勤於王事，儉於私養，此又禹之賢也。有此二美，而又能不矜其能，不伐其功，然其功能之實，則自有不可掩者，故舜於此復申命之，必使攝位也。懋，楙，古通用。楙，盛大之意。丕，大。績，功也。懋乃德者，禹有是德，而我以爲盛大。嘉乃丕績者，禹有是功，而我以爲嘉美也。曆數者，帝王相繼之次第，猶歲時氣節之先後。汝有盛德大功，故知曆數當歸於汝，汝終當升此大君之位，不可辭也。是時舜方命禹以居攝，未即天位，故以終陟言也。「人心惟危，道心惟微，惟精惟一，允執厥中。」心者，人之知覺，主於中而應於外者也。指其發於形氣者而言，則謂之人心。指其發於義理者而言，則謂之道心。人心易私而難公，故危；道心難明而易昧，故微。惟能精以察之，而不雜形氣之私；一以守之，而純乎義理之正，道心常爲之主，而人心聽命焉。則危者安，微者著，動静云爲，自無過不及之差，而信能執其中矣。堯之告舜，但曰「允執其中」。今舜命禹，又推其所以而詳言之。蓋古之聖人將以天下與人，未嘗不以其治之之法并而傳之，其見於經者如此。後之人君，其可不深思而敬守之哉。「無稽之言勿聽，弗詢之謀勿庸。無稽者，不考於古。弗詢者，不咨於衆。言之無據，謀之自專，是皆一人之私心，必非天下之公論，皆妨政害治之大者也。言謂泛言，勿聽可矣。謀謂計事，故又戒其勿用也。上文既言存心出治之本，此又告之以聽言處事之要，内外相資，而治道備矣。「可愛非君，可畏非民。衆非元后何戴？后非衆罔與守邦？欽哉！慎乃有位，敬修其可願。四海困窮，天禄永終。惟口出好興戎，朕言不再。」可愛非君乎，可畏非民乎？衆非君，則何所奉戴；君非民，則誰與守邦？欽哉，言不可不敬也。可願，猶孟子所謂可欲。凡可願欲者，皆善也。人君當謹其所居之位，敬修其所可願欲者。苟有一毫之不善，生於心，害於政，則民不得其所者多矣。四海之民至於困窮，則君之天禄，一絶而不復續，豈不深可畏哉！此又極言安危存亡之戒，以深警之。雖知其功德之盛，必不至此。然猶欲其戰戰兢兢，無敢逸豫，而謹之於毫釐之間，此其所以爲聖人之心也。好，善也。戎，兵也。言發於口，則有二者之分。利害之幾，可畏如此。吾之命汝，蓋已審矣，豈復更有他說。蓋欲禹受命而不復辭避也。禹曰：「枚卜功臣，惟吉之從。」帝曰：「禹，官占，惟先蔽志，昆命于元龜。朕志先定，詢謀僉同，鬼神其依，龜筮協從。卜不習吉。」禹拜稽首固辭。帝曰：「毋惟汝諧。」枚卜，歷卜之也。帝之所言，人事已盡，禹不容復辭，但請歷卜有功之臣而從其吉，冀自有以當之者，而已得遂其辭也。官占，掌占卜之官也。蔽，斷。昆，後。龜，卜。筮，蓍。習，重也。帝言官占之法，先斷其志之所向，然後令之於龜。今我志既先定，而衆謀皆同，鬼神依順，而龜筮已協從矣，又何用更枚卜乎？況占卜之法，不待重吉也。固辭，再辭也。毋者，禁止之辭〔六〕。言惟汝可以諧此元后之位也。正月朔旦，受命于神宗，率百官若帝之初。神宗，堯廟也。蘇氏曰：「堯之所從受天下者曰文祖，舜之所從受天下者曰神宗。受天下於人，必告於其人之所從受者。禮曰：『有虞氏禘黃帝而郊嚳，祖顓頊而宗堯。』則神宗爲堯明矣。」正月朔旦，禹受攝帝之命于神宗之廟，總率百官，其禮一如帝舜受終之初等事也。帝曰：「咨，禹。惟時有苗弗率，汝徂征。」禹乃會羣后，誓于師曰：「濟濟有衆，咸聽朕命。蠢茲有苗，昏迷不恭。侮慢自賢，反道敗德，君子在野，小人在位，民棄不保，天降之咎。肆予以爾衆士，奉辭伐罪。爾尚一乃心力，其克有勳。」徂，往也。舜咨嗟言今天下，惟是有苗之君，不循教命，汝往征之。征，正也。往正其罪也。會，徵會也。誓，戒也。軍旅曰誓，有會有誓，自唐、虞時已然。禮言商作誓，周作會，非也。禹會諸侯之師，而戒誓以征討之意。濟濟，和整衆盛之貌。蠢，動也。蠢蠢然無知之貌。昏，闇。迷，惑也。不恭，不敬也。言苗民昏迷不敬，侮慢於人，妄自尊大，反戾正道，敗壞常德，用舍顛倒，民怨天怒。故我以爾衆士，奉帝之辭，罰苗之罪。爾衆士庶幾同心同力，乃能有功。此上禹誓衆之辭也。林氏曰：「堯老而舜攝者二十有八年，舜老而禹攝者十有七年。其居攝也，代總萬幾之政，而堯、舜之爲天子，蓋自若也。故國有大事，猶稟命焉。禹征有苗，蓋在夫居攝之後，而稟命於舜，禹不敢專也。以征有苗推之，則知舜之誅四凶，亦必稟堯之命無疑。」

三旬，苗民逆命。益贊于禹曰：「惟德動天，無遠弗届。滿招損，謙受益，時乃天道。帝初于歷山，往于田，日號泣于旻天，于父母，負罪引慝，祗載見瞽瞍，夔夔齋慄，瞽亦允若。至誠感神，矧茲有苗。」禹拜昌言曰：「俞。」班師振旅，帝乃誕敷文德，舞干羽于兩階。七旬，有苗格。

三旬，三十日也。以師臨之閲月，苗頑猶不聽服也。贊，佐。届，至也。是時益蓋從禹出征，以苗負固恃强，未可威服，故贊佐於禹，以爲惟德可以動天，其感通之妙，無遠不至，蓋欲禹還兵而增修其德也。滿損謙益，即易所謂天道虧盈而益謙者。帝，舜也。歷山，在河中府河東縣。仁覆閔下謂之旻。日，非一日也。言舜耕歷山，往于田之時，以不獲順於父母之故，而日號呼于旻天，于其父母，蓋怨慕之深也。負罪，自負其罪，不敢以爲父母之罪。引慝，自引其慝，不敢以爲父母之慝也。祗，敬。載，事也。瞍，長老之稱。言舜敬其子職之事，以見瞽瞍也。齋，莊敬也。慄，戰慄也。夔夔，莊敬戰慄之容也。舜之敬畏小心，而盡於事親者如此。允，信。若，順也。言舜以誠孝感格，雖瞽瞍頑愚，亦且信順之，即孟子所謂「厎豫」也。誠感物曰誠。益又推極至誠之道，以爲神明亦且感格，而況於苗民乎？昌言，盛德之言。拜，所以敬其言也。班，還。振，整也。謂整旅以歸也。或謂出曰班師，入曰振旅，謂班師於有苗之國，而振旅於京師也。誕，大也。文德，文命德教也。干，楯。羽，翳也。皆舞者所執也。兩階，賓主之階也。七旬，七十日也。格，至也。言班師七旬，而有苗來格也。舜之文德，非自禹班師而始敷；苗之來格，非以舞干羽而後至。史臣以禹班師而歸，弛其威武，專尚德教。干羽之舞，雍容不迫，有苗之至，適當其時。故作史者，因即其實以形容有虞之德，數千載之下，猶可以是而想其一時氣象也。

臯陶謨今文、古文皆有。

曰若稽古。臯陶曰：「允迪厥德，謨明弼諧。」禹曰：「俞！如何？」臯陶曰：「都！慎厥身，修思永。惇叙九族，庶明勵翼，邇可遠在兹。」禹拜昌言曰：「俞！」「稽古」之下即記臯陶之言者，謂考古臯陶之言如此也。臯陶言爲君而信蹈其德，則臣之所謀者無不明，所弼者無不諧也。俞如何者，禹然其言，而復問其詳也。都者，臯陶美其問也。慎者，言不可不致其謹也。身修，則無言行之失。思永，則非淺近之謀。厚叙九族，則親親恩篤而家齊矣。庶明勵翼，則羣哲勉輔而國治矣。邇，近。兹，此也。言近而可推之遠者，在此道也。蓋身修家齊國治而天下平矣。臯陶此言，所以推廣允迪謨明之義，故禹復俞而然之也。○又按典、謨皆稱稽古，而下文所記則異。典主記事，故堯、舜皆載其實。謨主記言，故禹、臯陶則載其謨。后克艱厥后，臣克艱厥臣，禹之謨也。「允迪厥德，謨明弼諧」，臯陶之謨也。然禹謨之上增「文命敷于四海，祗承于帝」者，禹受舜天下，非盡臯陶比例。立言輕重，於此可見。皋陶曰：「都！在知人，在安民。」禹曰：「吁！咸若時，惟帝其難之。知人則哲，能官人。安民則惠，黎民懷之。能哲而惠，何憂乎驩兜，何遷乎有苗，何畏乎巧言令色孔壬？」皋陶因禹之俞，而復推廣其未盡之旨，歎美其言，謂在於知人，在於安民二者而已。知人，智之事；安民，仁之事也。禹曰吁者，歎而未深然之辭也。時，是也。帝，謂堯也。言既在知人，又在安民，二者兼舉，雖帝堯亦難能之。哲，智之明也。惠，仁之愛也。能哲而惠，猶言能知人而安民也。遷，竄。巧，好。令，善。孔，大也。好其言，善其色，而大包藏凶惡之人也。言能哲而惠，則智仁兩盡，雖黨惡如驩兜者，不足憂；昏迷如有苗者，不足遷；與夫好言善色、大包藏姦惡者，不足畏。是三者舉不足害吾之治，極言仁智功用如此其大也。或曰巧言令色孔壬，共工也。禹言三凶而不及鯀者，爲親者諱也。○楊氏曰：「知人安民，此皋陶一篇之體要也。九德而下，知人之事也。天叙有典而下，安民之道也。非知人而能安民者，未之有也。」皋陶曰：「都！亦行有九德，亦言其人有德，乃言曰，載采采。」禹曰：「何？」皋陶曰：「寬而栗，柔而立，愿而恭，亂而敬，擾而毅，直而温，簡而廉，剛而塞，彊而義，彰厥有常，吉哉！亦，總也。亦行有九德者，總言德之見於行者，其凡有九也。亦言其人有德者，總言其人之有德也。載，行。采，事也。總言其人有德，必言其行某事，某事爲可信驗也。禹曰何者，問其九德之目也。寬而栗者，寬弘而莊栗也。柔而立者，柔順而植立也。愿而恭者，謹愿而恭恪也。亂，治也。亂而敬者，有治才而敬畏也。擾，馴也。擾而毅者，馴擾而果毅也。直而温者，徑直而温和也。簡而廉者，簡易而廉隅也。剛而塞者，剛健而篤實也。彊而義者，彊勇而好義也。而，轉語辭也。

正言而反應者，所以明其德之不偏，皆指其成德之自然，非以彼濟此之謂也。彰，著也。成德著之於身，而又始終有常，其吉士矣哉。「日宣三德，夙夜浚明有家。日嚴祗敬六德，亮采有邦。翕受敷施，九德咸事，俊乂在官。百僚師師，百工惟時，撫于五辰，庶績其凝。」宣，明也。三德六德者，九德之中有其三，有其六也。浚，治也。亮，亦明也。有家，大夫也。有邦，諸侯也。浚明亮采，皆言家邦政事明治之義，氣象則有小大之不同。三德而爲大夫，六德而爲諸侯，以德之多寡，職之大小，槩言之也。夫九德有其三，必日宣而充廣之，而使之益以著。九德有其六，尤必日嚴而祗敬之，而使之益以謹也。翕，合也。德之多寡雖不同，人君惟能合而受之，布而用之，如此，則九德之人，咸事其事。大而千人之俊，小而百人之乂，皆在官使。以天下之才，任天下之治，唐、虞之朝，下無遺才，而上無廢事者，良以此也。師師，相師法也。言百僚皆相師法，而百工皆及時以趨事也。百僚百工，皆謂百官。言其人之相師，則曰百僚；言其人之趨事，則曰百工，其實一也。撫，順也。五辰，四時也。木、火、金、水，旺於四時，而土則寄旺於四季也。禮運曰「播五行於四時」者是也。凝，成也。言百工趨時，而衆功皆成也。「無教逸欲有邦，兢兢業業，一日二日萬幾。無曠庶官，天工，人其代之。」無，與毋通，禁止之辭。教，非必教令，謂上行而下效也。言天子當以勤儉率諸侯，不可以逸欲導之也。兢兢，戒謹也。業業，危懼也。幾，微也。易曰：「惟幾也，故能成天下之務。」蓋禍患之幾，藏於細微，而非常人之所豫見。及其著也，則雖智者不能善其後。故聖人於幾，則兢業以圖之，所謂圖難於其易，爲大於其細者，此也。一日二日者，言其日之至淺，萬幾者，言其幾事之至多也。蓋一日二日之間，事幾之來，且至萬焉，是可一日而縱欲乎？曠，廢也。言不可用非才，而使庶官曠廢厥職也。天工，天之工也。人君代天理物，庶官所治，無非天事。苟一職之或曠，則天工廢矣。可不深戒哉！「天叙有典，勑我五典五惇哉！天秩有禮，自我五禮有庸哉！同寅協恭，和衷哉！天命有德，五服五章哉！天討有罪，五刑五用哉！政事懋哉！懋哉！」叙者，君臣、父子、兄弟、夫婦、朋友之倫叙也。秩者，尊卑、貴賤等級隆殺之品秩也。勑，正。惇，厚。庸，常也。「有庸」，馬本作「五庸」。衷，降衷之衷。即所謂典禮也。典禮雖天所叙秩，然正之使叙倫而益厚，用之使品秩而有常，則在我而已。故君臣當同其寅畏，協其恭敬，誠一無間，融會流通，而民彝物則，各得其正，所謂和衷也。章，顯也。五服，五等之服。自九章以至一章是也。言天命有德之人，則五等之服以彰顯之。天討有罪之人，則五等之刑以懲戒之。蓋爵賞刑罰，乃人君之政事，君主之，臣用之，當勉勉而不可怠者也。○楊氏曰：「典禮自天子出，故言『勑我』『自我』。若夫爵人於朝，與衆共之；刑人於市，與衆棄之，天子不得而私焉。此其立言之異也。」「天聰明，自我民聰明。天明畏，自我民明威。達于上下，敬哉有土。」威，古文作「畏」，二字通用。明者，顯其善。畏者，威其惡。天之聰明，非有視聽也。因民之視聽以爲聰明。天之明畏，非有好惡也。因民之好惡以爲明畏。上下，上天下民也。敬，心無所慢也。有土，有民社也。言天人一理，通達無間，民心所存，即天理之所在，而吾心之敬，是又合天民而一之者也。有天下者，可不知所以敬之哉！皐陶曰：「朕言惠可厎行。」禹曰：「俞！乃言厎可績。」皐陶曰：「予未有知，思曰贊贊襄哉！」「思曰」之「曰」，當作「日」。襄，成也。皐陶謂我所言順於理，可致之於行。禹然其言，以爲致之於行，信可有功。皋陶謙辭我未有所知，言不敢計功也。惟思日賛助於帝，以成其治而已。

益稷今文、古文皆有。但今文合於皋陶謨。「帝曰來禹汝亦昌言」，正與上篇末文勢接續。古者簡册以竹爲之，而所編之簡，不可以多，故釐而二之，非有意於其間也。以下文禹稱益、稷二人佐其成功，因以名篇。

帝曰：「來，禹！汝亦昌言。」禹拜曰：「都！帝，予何言？予思日孜孜。」皋陶曰：「吁！如何？」禹曰：「洪水滔天，浩浩懷山襄陵，下民昏墊。予乘四載，隨山刊木，暨益奏庶鮮食。予決九川，距四海，濬畎澮距川。暨稷播，奏庶艱食鮮食。懋遷有無化居，烝民乃粒，萬邦作乂。」皋陶曰：「俞！師汝昌言。」孜孜者，勉力不怠之謂。帝以皋陶既陳知人安民之謨，因呼禹使陳其言。禹拜而歎美，謂皋陶之謨至矣，我更何所言，惟思日勉勉以務事功而已。觀此，則上篇禹、皋陶答問者，蓋相與言於帝舜之前也。如何者，皋陶問其孜孜者何如也。禹言往者洪水泛溢，上漫于天，浩浩盛大，包山上陵，下民昏瞀墊溺，困於水災，如此之甚也。四載，水乘舟，陸乘車，泥乘輴，山乘樏也。輴，史記作「橇」，漢書作「毳」，以板爲之，其狀如箕，擿行泥上。樏，史記作「橋」，漢書作「梮」，以鐵爲之，其形似錐，長半寸，施之履下，以上山不蹉跌也。蓋禹治水之時，乘此四載，以跋履山川，踐行險阻者。隨，循。刊，除也。左傳云「井堙木刊」。刊，除木之義也。蓋水涌不洩，泛濫瀰漫，地之平者無非水也。其可見者山耳，故必循山伐木，通蔽障，開道路，而後水工可興也。奏，進也。血食曰鮮。水土未平，民未粒食，與益進衆鳥獸魚鼈之肉於民，使食以充飽也。九川，九州之川也。距，至。濬，深也。周禮：一畝之間，廣尺深尺曰畎。一同之間〔七〕，廣二尋，深二仞曰澮。畎澮之間，有遂有溝有洫，皆通田間水道，以小注大。言畎澮而不及遂溝洫者，舉小大以包其餘也。先決九川之水，使各通于海。次濬畎澮之水，使各通于川也。播，布也。謂布種五穀也。艱，難也。水平播種之初，民尚艱食也。懋，勉也。懋勉其民，徙有於無，交易變化其所居積之貨也。烝，衆也。米食曰粒。蓋水患悉平，民得播種之利，而山林川澤之貨，又有無相通，以濟匱乏，然後庶民粒食，萬邦興起治功也。禹因孜孜之義，述其治水本末先後之詳，而警戒之意，實存於其間。蓋欲君臣上下，相與勉力不怠，以保其治於無窮而已。師，法也。皋陶以其言爲可師法也。

禹曰：「都！帝，慎乃在位。」帝曰：「俞！」禹曰：「安汝止，惟幾惟康。其弼直，惟動丕應。徯志以昭受上帝，天其申命用休。」

禹既歎美，又特稱帝以告之，所以起其聽也。慎乃在位者，謹其在天子之位也。天位惟艱，一念不謹，或以貽四海之憂；一日不謹，或以致千百年之患。帝深然之，而禹又推其所以謹在位之意，如下文所云也。止者，心之所止也。人心之靈，事事物物，莫不各有至善之所而不可遷者。人惟私欲之念，動摇其中，始有昧於理而不得其所止者。安之云者，順適乎道心之正，而不陷於人欲之危，動静云爲，各得其當，而無有止而不得其止者。惟幾，所以審其事之發；惟康，所以省其事之安，即下文「庶事康哉」之義。至於左右輔弼之臣，又皆盡其繩愆糾繆之職，内外交修，無有不至。若是，則是惟無作，作則天下無不丕應。固有先意而徯我者，以是昭受于天。天豈不重命而用休美乎！帝曰：「吁！臣哉鄰哉，鄰哉臣哉！」禹曰：「俞！」鄰，左右輔弼也。臣以人言，鄰以職言。帝深感上文弼直之語，故曰：「吁！臣哉鄰哉，鄰哉臣哉！」反復嘆詠，以見弼直之義，如此其重而不可忽。禹即俞而然之也。帝曰：「臣作朕股肱耳目。予欲左右有民，汝翼。予欲宣力四方，汝爲。予欲觀古人之象，日、月、星辰、山、龍、華蟲作會，宗彝、藻、火、粉米、黼、黻、絺繡，以五采彰施于五色，作服，汝明。予欲聞六律、五聲、八音，在治忽，以出納五言，汝聽。此言臣所以爲鄰之義也。君，元首也。君資臣以爲助，猶元首須股肱耳目以爲用也。下文「翼」「爲」「明」「聽」，即作「股肱耳目」之義。左右者，輔翼也。猶孟子所謂「輔之翼之，使自得之」也。宣力者，宣布其力也。言我欲左右有民，則資汝以爲助；欲宣力四方，則資汝以有爲也。象，像也。日月以下，物象是也。易曰：「黄帝、堯、舜垂衣裳而天下治。」蓋取諸乾坤，則上衣下裳之制創自黄帝，而成於堯、舜也。日、月、星辰，取其照臨也。山，取其鎮也。龍，取其變也。華蟲，雉，取其文也。會，繪也。宗彝，虎蜼，取其孝也。藻，水草，取其潔也。火，取其明也。粉米，白米，取其養也。黼，若斧形，取其斷也。黻，爲兩己相背，取其辨也。絺，鄭氏讀爲「黹」，紩也。紩，以爲繡也。日也，月也，星辰也，山也，龍也，華蟲也，六者繪之於衣。宗彝也，藻也，火也，粉米也，黼也，黻也，六者繡之於裳。所謂十二章也。衣之六章，其序自上而下；裳之六章，其序自下而上。采者，青、黄、赤、白、黑也。色者，言施之於繒帛也。繪於衣，繡於裳，皆雜施五采以爲五色也。汝明者，汝當明其小大尊卑之差等也。又按周制，以日月星辰畫於旂，冕服九章，登龍於山，登火於宗彝，以龍、山、華蟲、火、宗彝五者繪於衣，以藻、粉、黼、黻四者繡於裳。衮冕九章，以龍爲首。鷩冕七章，以華蟲爲首。毳冕五章，以虎蜼爲首。蓋亦增損有虞之制而爲之耳。六律，陽律也。不言六呂者，陽統陰也。有律而後有聲，有聲而後八音得以依據，故六律、五聲、八音，言之叙如此也。在，察也。忽，治之反也。聲音之道與政通，故審音以知樂，審樂以知政，而治之得失可知也。五言者，詩歌之協於五聲者也。自上達下謂之出，自下達上謂之納。汝聽者，言汝當審樂而察政治之得失者也。「予違汝弼，汝無面從，退有後言。欽四鄰。違，戾也。言我有違戾於道，爾當弼正其失。爾毋面諛以爲是，而背毀以爲非。不可不敬爾鄰之職也。申結上文「弼直」、「鄰哉」之義，而深責之禹者如此。「庶頑讒説，若不在時，侯以明之，撻以記之，書用識哉，欲並生哉。工以納言，時而颺之，格則承之庸之，否則威之。」此因上文而慮庶頑讒説之不忠不直也。讒説，即舜所聖者。時，是也。在是，指忠直爲言。侯，射侯也。明者，欲明其果頑愚讒説與否也。蓋射所以觀德，頑愚讒説之人，其心不正，則形乎四體，布乎動静，其容體必不能比於禮，其節奏必不能比於樂，其中必不能多。審如是，則其爲頑愚讒説也必矣。周禮王大射，則供虎侯、熊侯、豹侯，諸侯供熊侯、豹侯，卿大夫供麋侯，皆設其鵠。又梓人爲侯，廣與崇方，三分其廣而鵠居一焉。應古制亦不相遠也。撻，扑也。即扑作教刑者，蓋懲之，使記而不忘也。識，誌也。録其過惡以識于册，如周制鄉黨之官，以時書民之孝悌睦婣有學者也。聖人不忍以頑愚讒説而遽棄之，用此三者之教，啓其憤，發其悱，使之遷善改過，欲其並生於天地之間也。工，掌樂之官也。格，「有耻且格」之格，謂改過也。承，薦也。聖人於庶頑讒説之人，既有以啓發其憤悱遷善之心，而又命掌樂之官，以其所納之言，時而颺之，以觀其改過與否。如其改也，則進之用之；如其不改，然後刑以威之，以見聖人之教，無所不極其至，必不得已焉而後威之，其不忍輕於棄人也如此。此即龍之所典，而此命伯禹總之也。禹曰：「俞哉！帝光天之下，至于海隅蒼生，萬邦黎獻，共惟帝臣，惟帝時舉。敷納以言，明庶以功，車服以庸，誰敢不讓，敢不敬應。帝不時，敷同日奏，罔功。」俞哉者，蘇氏曰：「與春秋傳『公曰諾哉』意同。口然而心不然之辭也。」隅，角也。蒼生者，蒼蒼然而生，視遠之義也。獻，賢也。黎獻者，黎民之賢者也。共，同。時，是也。敷納者，下陳而上納也。明庶者，明其衆庶也。禹雖俞帝之言，而有未盡然之意。謂庶頑讒説，加之以威，不若明之以德，使帝德光輝達於天下海隅蒼生之地，莫不昭灼，德之遠著如此，則萬邦黎民之賢，孰不感慕興起，而皆有帝臣之願，惟帝時舉而用之爾。敷納以言而觀其藴，明庶以功而考其成，旌能命德以厚其報，如此，則誰敢不讓於善，敢不精白一心敬應其上，而庶頑讒説豈足慮乎？帝不如是，則今任用之臣，遠近敷同，率爲誕慢，日進於無功矣。豈特庶頑讒説爲可慮哉！

「無若丹朱傲，惟慢遊是好，傲虐是作。罔晝夜頟頟，罔水行舟。朋淫于家，用殄厥世。予創若時，娶于塗山，辛壬癸甲。啓呱呱而泣，予弗子，惟荒度土功。弼成五服，至于五千。州十有二師，外薄四海，咸建五長，各迪有功。苗頑弗即工，帝其念哉。」帝曰：「迪朕德，時乃功惟叙。」皋陶方祇厥叙，方施象刑，惟明。漢志：堯處子朱於丹淵爲諸侯。丹，朱之國名也。頟頟，不休息之狀。罔水行舟，如奡盪舟之類。朋淫者，朋比小人而淫亂于家也。殄，絶也。世者，世堯之天下也。丹朱不肖，堯以天下與舜而不與朱，故曰殄世。程子曰：「夫聖莫聖於舜，而禹之戒舜，至曰無若丹朱好慢遊，作傲虐。且舜之不爲慢遊傲虐，雖愚者亦當知之，豈以禹而不知乎？蓋處崇高之位，所以儆戒者當如是也。」創，懲也。禹自言懲丹朱之惡而不敢以慢遊也。塗山，國名，在今壽春縣東北。禹娶塗山氏之女也。辛、壬、癸、甲，四日也。禹娶塗山，甫及四日，即往治水也。啓，禹之子。呱呱，泣聲。荒，大也。言娶妻生子，皆有所不暇顧念，惟以大相度平治水土之功爲急也。孟子言禹八年於外，三過其門而不入是也。五服，甸、侯、綏、要、荒也。言非特平治水土，又因地域之遠近，以輔成五服之制也。疆理宇內，乃人君之事，非人臣之所當專者，故曰弼成也。五千者，每服五百里，五服之地，東西南北相距五千里也。十二師者，每州立十二諸侯以爲之師，使之相牧以糾羣后也。薄，迫也。九州之外，迫於四海，每方各建五人以爲之長而統率之也。聖人經理之制，其詳內略外者如此。即，就也。謂十二師五長，內而侯牧，外而蕃夷，皆蹈行有功。惟三苗頑慢不率，不肯就工，帝當憂念之也。帝言四海之內，蹈行我之德教者，是汝功惟叙之故。其頑而弗率者，則皋陶方敬承汝之功叙，方施象刑惟明矣。曰明者，言其刑罰當罪，可以畏服乎人也。上文禹之意，欲舜弛其鞭扑之威，益廣其文教之及。而帝以禹之功叙，既已如此，而猶有頑不即功如苗民者，是豈刑法之所可廢哉！或者乃謂苗之凶頑，六師征之，猶且逆命，豈皋陶象刑之所能致，是未知聖人兵刑之叙，與帝舜治苗之本末也。帝之此言乃在禹未攝位之前，非徂征後事。蓋威以象刑，而苗猶不服，然後命禹征之。征之不服，以益之諫，而又增修德教，及其來格，然後分北之。舜之此言雖在三謨之末，而實則禹未攝位之前也。夔曰：「戛擊鳴球，搏拊琴瑟，以詠。」祖考來格，虞賓在位，羣后德讓。下管鼗鼓，合止柷敔，笙鏞以間，鳥獸蹌蹌；簫韶九成，鳳凰來儀。戛擊，考擊也。鳴球，玉磬名也。搏，至。拊，循也。樂之始作，升歌於堂上，則堂上之樂惟取其聲之輕清者，與人聲相比，故曰以詠。蓋戛擊鳴球，搏拊琴瑟，以合詠歌之聲也。格，「神之格思」之格。虞賓，丹朱也。堯之後，爲賓於虞，猶微子作賓於周也。丹朱在位，與助祭羣后，以德相讓，則人無不和可知矣。下，堂下之樂也。管，猶周禮所謂「陰竹之管」、「孤竹之管」、「絲竹之管」也。鼗鼓，如鼓而小，有柄，持而搖之，則旁耳自擊。柷敔，郭璞云：柷如漆桶，方二尺四寸，深一尺八寸，中有椎柄，連底撞之，令左右擊。敔，狀如伏虎，背上有二十七鉏鋙刻，以籈櫟之。籈，長一尺，以木爲之。始作也，擊柷以合之。及其將終也，則櫟敔以止之。蓋節樂之器也。笙，以匏爲之，列管於匏中，又施簧於管端。鏞，大鍾也。葉氏曰：「鍾與笙相應者曰笙鍾，與歌相應者曰頌鍾。」頌，或謂之鏞。詩「賁鼓維鏞」是也。大射禮：「樂人宿縣于阼階東，笙磬西面，其南笙鍾。」「西階之西，頌磬東面，其南頌鍾。」頌鍾，即鏞鍾也。上言「以詠」，此言「以間」，相對而言，蓋與詠歌迭奏也。鄉飲酒禮云「歌鹿鳴」，「笙南陔」，「間歌魚麗，笙由庚」，或其遺制也。蹌蹌，行動之貌。言樂音不獨感神人，至於鳥獸無知，亦且相率而舞，蹌蹌然也。簫，古文作「箾」，舞者所執之物。説文云：樂名箾韶。「季札觀周樂，見舞韶箾者」。則箾韶蓋舜樂之總名也。今文作「簫」，故先儒誤以簫管釋之。九成者，樂之九成也。功以九叙，故樂以九成。九成，猶周禮所謂九變也。孔子曰：「樂者，象成者也，故曰成。」鳳凰，羽族之靈者，其雄爲鳳，其雌爲凰。來儀者，來舞而有容儀也。戛擊鳴球，搏拊琴瑟以詠，堂上之樂也。下管鼗鼓，合止柷敔，笙鏞以間，堂下之樂也。唐孔氏曰：樂之作也，依上下而遞奏，間合而後曲成。祖考尊神，故言於堂上之樂。

鳥獸微物，故言於堂下之樂。九成致鳳，尊異靈瑞，故别言之。非堂上之樂，獨致神格；堂下之樂，偏能舞獸也。或曰笙之形如鳥翼，鏞之虡爲獸形，故於笙鏞以間言鳥獸蹌蹌。風俗通曰：「舜作簫笙以象鳳。」蓋因其形聲之似，以狀其聲樂之和，豈真有鳥獸鳳凰而蹌蹌來儀者乎？曰：是未知聲樂感通之妙也。瓠巴鼓瑟而游魚出聽，伯牙鼓琴而六馬仰秣，聲之致祥召物，見於傳者多矣。況舜之德致和於上，夔之樂召和於下。其格神人、舞獸鳳，豈足疑哉！今按季札觀周樂，見舞韶箾者，曰：「德至矣，盡矣！如天之無不覆，如地之無不載，雖甚盛德，蔑以加矣。」夫韶樂之奏，幽而感神，則祖考來格；明而感人，則羣后德讓；微而感物，則鳳儀獸舞。原其所以能感召如此者，皆由舜之德，如天地之無不覆燾也。其樂之傳，歷千餘載，孔子聞之於齊，尚且三月不知肉味，曰：「不圖爲樂之至於斯。」則當時感召，從可知矣。又按此章夔言作樂之效，其文自爲一段，不與上下文勢相屬。蓋舜之在位五十餘年，其與禹、皐陶、夔、益相與答問者多矣。史官取其尤彰明者以詔後世，則是其所言者自有先後，史官集而記之，非其一日之言也。諸儒之説，自皐陶謨至此篇末，皆謂文勢相屬，故其説牽合不通，今皆不取。夔曰：「於！予擊石拊石，百獸率舞。」庶尹允諧。重擊曰擊，輕擊曰拊。石，磬也。有大磬，有編磬，有歌磬。磬有小大，故擊有輕重。八音獨言石者，蓋石音屬角，最難諧和。記曰：磬以立辨。夫樂以合爲主，而石聲獨立辨者，以其難和也。石聲既和，則金、絲、竹、匏、土、革、木之聲無不和者矣。詩曰：「既和且平，依我磬聲。」則知言石者，總樂之和而言之也。或曰玉振之也者終條理之事，故舉磬以終焉。上言鳥獸，此言百獸者，考工記曰：「天下大獸五，脂者、膏者、臝者、羽者、鱗者，羽鱗總可謂之獸也。」百獸舞，則物無不和可知矣。尹，正也。庶尹者，衆百官府之長也。允諧者，信皆和諧也。庶尹諧，則人無不和可知矣。

帝庸作歌曰：「勑天之命，惟時惟幾。」乃歌曰：「股肱喜哉！元首起哉！百工熙哉！」皋陶拜手稽首，颺言曰：「念哉！率作興事，愼乃憲，欽哉！屢省乃成，欽哉！」乃賡載歌曰：「元首明哉！股肱良哉！庶事康哉！」又歌曰：「元首叢脞哉！股肱惰哉！萬事墮哉！」帝拜曰：「俞，往，欽哉！」庸，用也。歌，詩歌也。勑，戒勑也。幾，事之微也。惟時者，無時而不戒勑也。惟幾者，無事而不戒勑也。蓋天命無常，理亂安危，相爲倚伏。今雖治定功成，禮備樂和，然頃刻謹畏之不存，則怠荒之所自起，毫髮幾微之不察，則禍患之所自生，不可不戒也。此舜將欲作歌，而先述其所以歌之意也。股肱，臣也。元首，君也。人臣樂於趨事赴功，則人君之治爲之興起，而百官之功皆廣也。拜手稽首者，首至手，又至地也。大言而疾曰颺。率，總率也。皋陶言人君當總率羣臣以起事功，又必謹其所守之法度。蓋樂於興事者，易至於紛更，故深戒之也。屢，數也。興事而數考其成，則有課功覈實之效，而無誕謾欺蔽之失。兩言欽哉者，興事考成，二者皆所當深敬而不可忽者也。此皋陶將欲賡歌，而先述其所以歌之意也。賡，續。載，成也。續帝歌以成其義也。皋陶言君明則臣良，而衆事皆安，所以勸之也。叢脞，煩碎也。惰，懈怠也。墮，傾圮也。言君行臣職，煩瑣細碎，則臣下懈怠，不肯任事，而萬事廢壞，所以戒之也。舜作歌而責難於臣，皋陶賡歌而責難於君，君臣之相責難者如此，有虞之治，茲所以爲不可及也歟。帝拜者，重其禮也。重其禮，然其言，而曰汝等往治其職，不可以不敬也。林氏曰：「舜、禹、皋陶之賡歌，三百篇之權輿也。學詩者當自此始。」

校勘記

〔一〕周禮所謂冬夏致日　「冬」原作「春」，據明内府本、清傳經堂本及周禮馮相氏改。

〔二〕宋錢樂之又鑄銅作渾天儀　「之」字原脱，據宋書卷十二律曆中、卷二十三天文補。

〔三〕大吕以下　「大」原作「夫」，據元刻本、明内府本、清傳經堂本改。

〔四〕所以備舜典之未備者　「舜」，明官刻本、清傳經堂本作「二」。

〔五〕罰弗及嗣　「弗及」原作「及弗」，據元刻本、明内府本、清傳經堂本乙正。

〔六〕禁止之辭　「之」原作「其」，據元刻本、明内府本、清傳經堂本改。

〔七〕一同之間　「一同之間」四字原脱，據元刻本、清傳經堂本補。

書集傳卷二

夏書

夏，禹有天下之號也。書凡四篇。禹貢作於虞時，而係之夏書者，禹之王以是功也。

禹貢

上之所取謂之賦，下之所供謂之貢。是篇有貢有賦，而獨以貢名篇者，孟子曰：「夏后氏五十而貢。」貢者較數歲之中以爲常，則貢又夏后氏田賦之總名。今文、古文皆有。

禹敷土，隨山刊木，奠高山大川。敷，分也。分別土地以爲九州也。奠，定也。定高山大川以別州境也。若兗之濟、河，青之海岱[一]，揚之淮海[二]，雍之黑水、西河，荆之荆、衡，徐之岱、淮，豫之荆、河，梁之華陽、黑水是也。方洪水橫流，不辨區域。禹分九州之地，隨山之勢，相其便宜，斬木通道以治之。又定其山之高者，與其川之大者，以爲之紀綱。此三者，禹治水之要，故作書者首述之。○曾氏曰：「禹別九州，非用其私智。天文地理，區域各定。故星土之法，則有九野，而在地者，必有高山大川爲之限隔，風氣爲之不通。民生其間，亦各異俗。故禹因高山大川之所限者，別爲九州。又定其山之高峻，水之深大者，爲其州之鎮，秩其祭，而使其國主之也。」

冀州：冀州，帝都之地。三面距河，兗河之

西，雍河之東，豫河之北。周禮職方「河内曰冀州」是也。八州皆言疆界，而冀不言者，以餘州所至可見。晁氏曰：「亦所以尊京師，示王者無外之意。」**既載壺口**，經始治之謂之載。壺口，山名。漢地志：在河東郡北屈縣東南。今隰州吉鄉縣也。○今按「既載」云者，冀州，帝都之地。禹受命治水所始，在所當先，經始壺口等處，以殺河勢，故曰「既載」。然禹治水施功之序，則皆自下流始。故次兗、次青、次徐、次揚、次荆、次豫、次梁、次雍。兗最下，故所先；雍最高，故獨後。禹言：「予決九川，距四海，濬畎澮，距川。」即其用工之本末。先決九川之水以距海，則水之大者有所歸。又濬畎澮以距川，則水之小者有所泄。皆自下流以疏殺其勢。讀禹貢之書，求禹功之序，當於此詳之。**治梁及岐**。梁、岐皆冀州山。梁山，呂梁山也，在今石州離石縣東北。爾雅云：梁山晉望。即冀州呂梁也。呂不韋曰：「龍門未闢，呂梁未鑿，河出孟門之上。」又春秋「梁山崩」，左氏、穀梁皆以爲晉山，則亦指呂梁矣。酈道元謂呂梁之石崇竦，河流激盪，震動天地。此禹既事壺口，乃即治梁也。岐山在今汾州界休縣。狐岐之山，勝水所出，東北流注于汾。酈道元云：後魏於胡岐置六壁，防離石諸胡，因爲大鎮。今六壁城在勝水之側，實古河逕之險阨。二山，河水所經，治之所以開河道也。先儒以爲雍州、梁、岐者，非是。**既修太原，至于岳陽**。修，因鯀之功而修之也。廣平曰原，今河東路太原府也。岳，太岳也。周職方：冀州其山鎮曰霍山。地志謂霍太山即太岳，在河東郡彘縣東，今晉州霍邑也。山南曰陽，則今岳陽縣地也，堯之所都。揚子雲冀州箴曰「岳陽是都」是也。蓋汾水出於太原，經於太岳，東入于河。此則導汾水也。**覃懷厎績，至于衡漳**。覃懷，地名。地志：河内郡有懷縣。今懷州也。曾氏曰：覃懷，平地也。當在孟津之東，太行之西，淶水出乎其西，淇水出乎其東。方洪水懷山襄陵之時，而平地致功爲難，故曰「厎績」。衡漳，水名。衡，古横字。地志：漳水二，一出上黨沾縣大黽谷，今平定軍樂平縣少山也，名爲清漳；一出上黨長子縣鹿谷山，今潞州長子縣發鳩山也，名爲濁漳。酈道元謂之衡水，又謂之横水，東至鄴合清漳，東北至阜城入北河。鄴，今潞州涉縣也。阜城，今定遠軍東光縣也。○又按桑欽云：二漳異源，而下流相合，同歸于海。唐人亦言：漳水能獨達于海。請以爲瀆，而不云入河者。蓋禹之導河，自洚水大陸至碣石入于海，本隨西山下東北去。周定王五年，河徙砱礫，則漸遷而東。漢初漳猶入河。其後河徙日東，而取漳水益遠。至欽時，河自大伾而下，已非故道，而漳自入海矣。故欽與唐人所言者如此。

厥土惟白壤。漢孔氏曰：無塊曰壤。顔氏曰：柔土曰壤。夏氏曰：周官大司徒：「辨十有二壤之物而知其種，以教稼穡樹藝。」以土均之法辨五物九等，制天下之地征，則夫教民樹藝，與因地制貢，固不可不先於辨土也。然辨土之宜有二：白以辨其色，壤以辨其性也。蓋草人糞壤之法，騂剛用牛，赤緹用羊，墳壤用麋，渴澤用鹿，糞治田疇，各因色性而辨其所當用也。曾氏曰：「冀州之土，豈皆白壤，云然者，土會之法，從其多者論也。」

厥賦惟上上錯。厥田惟中中。賦，田所出穀米兵車之類。錯，雜也。賦第一等，而錯出第二等也。田第五等也。賦高於田四等者，地廣而人稠也。林氏曰：冀州先賦後田者，冀，王畿之地，天子所自治，併與場圃園田漆林之類而征之，如周官載師所載，賦非盡出於田也。故以賦屬于厥土之下。餘州皆田之賦也，故先田而後賦。又按九州九等之賦，皆每州歲入總數，以九州多寡相較而爲九等，非以是等田而責其出是等賦也。冀獨不言貢篚者。冀，天子封内之地，無所事於貢篚者。

恒、衛既從，大陸既作。恒、衛二水名。恒水，地志：出常山郡上曲陽縣恒山北谷，在今定州曲陽縣西北恒山也，東入滱水。薛氏曰：東流合滱水，至瀛州高陽縣入易水。晁氏曰：今之恒水，西南流至真定府行唐縣，東流入于滋水，又南流入于衡水，非古逕矣。衛水，地志：出常山郡靈壽縣東北，即今真定府靈壽縣也，東入滹沱河。薛氏曰：東北合滹沱河，過信安軍入易水。從，從其道也。大陸，孫炎曰：鉅鹿北廣阿澤〔三〕，河所經也。程氏曰：鉅鹿去古河絶遠，河未嘗逕邢以行鉅鹿之廣阿，非是。按爾雅：「高平曰陸。」大陸云者，四無山阜，曠然平地。蓋禹河自澶相以北，皆行西山之麓，故班、馬、王横皆謂載之高地。則古河之在貝、冀以及枯洚之南，率皆穿西山踵趾以行。及其已過信洚之北，則西山勢斷，曠然四平，蓋以此地謂之大陸，乃與下文「北至大陸」者合。故隋改趙之昭慶以爲大陸縣，唐又割鹿城置陸渾縣，皆疑鉅鹿之大陸不與河應，而亦求之向北之地。杜佑、李吉甫以爲邢、趙、深三州爲大陸者得之。作者，言可耕治。水患既息，而平地之廣衍者，亦可耕治也。恒、衛水小而地遠，大陸地平而近河，故其成功於田賦之後。

島夷皮服。海曲曰島。海島之夷以皮服來貢也。

夾右碣石，入于河。碣石，地志：在北平郡驪城縣西南河口之地，今平州之南也。冀州北方貢賦之來，自北海入河，南向西轉，而碣石在其右轉屈之間，故曰夾右也。程氏曰：冀爲帝都，東、西、南三面距河，他州貢賦皆以達河爲至，故北三方亦不必書。而其北境，則漢遼東、西右北平、漁陽、上谷之地，其水如遼、濡、滹、易，皆中高不與河通，故必自北海，然後能達河也。又按酈道元言：驪城枕海，有石如甬道數十里，當山頂有大石如柱形，韋昭以爲碣石。其山昔在河口海濵，故以誌其入貢河道。歷世既久，爲水所漸，淪入于海，已去岸五百餘里矣。戰國策以碣石在常山郡九門縣者，恐名偶同。而鄭氏以爲九門無此山也。濟、河惟兗州。兗州之域東南據濟，西北距河。濟、河見導水。蘇氏曰：「河、濟之間，相去不遠。兗州之境，東南跨濟，非止於濟也。」愚謂河昔北流兗州之境，北盡碣石河右之地。後碣石之地淪入於海，河益徙而南。濟、河之間〔四〕，始相去不遠。蘇氏之說，未必然也。○林氏曰：「濟，古文作『泲』。說文注云：此兗州之濟也。其從水從齊者，說文注云：出常山房子縣贊皇山。則此二字音同義異，當以古文爲正。」九河既道。九河，爾雅：一曰徒駭、二曰太史、三曰馬頰、四曰覆鬴、五曰胡蘇、六曰簡潔、七曰鉤盤、八曰鬲津，其一則河之經流也。先儒不知河之經流，遂分簡潔爲二。既道者，既順其道也。○按徒駭河，地志云：滹沱河。寰宇記云：在滄州清池南。許商云：在平成。馬頰河，元和志：在德州安德平原南東。寰宇記云：在棣州滴河北。輿地記云：即篤馬河也。覆鬴河，通典云：在德州安德。胡蘇河，寰宇記云：在滄之饒安、無棣、臨津三縣。許商云：在東光。簡潔河，輿地記云：在臨津。鉤盤河，寰宇記云：在樂陵東南，從德州平昌來。輿地記云：在樂陵。鬲津河，寰宇記云：在樂陵東，西北流入饒安。許商云：在鬲縣。輿地記云：在無棣。太史河，不知所在。自漢以來，講求九河者甚詳，漢世近古，止得其三。唐人集累世積傳之語，遂得其六。歐陽忞輿地記又得其一。或新河而載以舊名，或一地而互爲兩說，要之皆似是而非，無所依據。至其顯然謬誤者，則班固以滹沱爲徒駭，而不知滹沱不與古河相涉。樂史馬頰乃以漢篤馬河當之。鄭氏求之不得，又以爲九河。齊威塞其八流以自廣〔五〕。夫曲防，齊之所禁，塞河宜非威公之所爲也。河水可塞，而河道果能盡平乎？皆無稽攷之言也。惟程氏以爲九河之地，已淪於海，引碣石爲九河之證，以謂今滄州之地，北與平州接境，相去五百餘里，禹之九河當在其地。後爲海水淪没，故其迹不存。方九河未没於海之時，從今海岸東北更五百里平地，河播爲九，在此五百里中。又上文言夾右碣石，則九河入海之處，有碣石在其西北岸。九河水道變遷，難於推考，而碣石通趾頂皆石，不應仆没。今兖、冀之地，既無此石，而平州正南有山而名碣石者，尚在海中，去岸五百餘里，卓立可見。則是古河自今已爲海處，向北斜行，始分爲九，其河道已淪入於海明矣。漢王横言昔天嘗連雨，東北風，海水溢，西南出浸數百里，九河之地已爲海水所漸。酈道元亦謂九河碣石苞淪於海。後世儒者知求九河於平地，而不知求碣石有無以爲之證，故前後異説，竟無歸宿。蓋非九河之地，而強鑿求之，宜其支離而不能的也。

雷夏既澤。澤者，水之鍾也。雷夏，地志：在濟陰郡城陽縣西北。今濮州雷澤縣西北也。山海經云：澤中有雷神，龍身而人頰，鼓其腹則雷。然則本夏澤也，因其神，名之曰雷夏也。洪水横流而入于澤，澤不能受，則亦泛濫奔潰，故水治而後雷夏爲澤。

灉、沮會同。灉、沮，二水名。灉水，曾氏曰：爾雅：「水自河出爲灉。」許慎云：河灉水在宋。又曰：汳水受陳留、浚儀、陰溝，至蒙爲灉水，東入于泗。水經：汳水出陰溝，東至蒙爲狙獾。則灉水即汳水也。灉之下流入于睢水。沮水，地志：睢水出沛國芒縣。睢水其沮水歟？晁氏曰：爾雅云：自河出爲灉，濟出爲濋。求之於韻，沮有楚音。二水，河、濟之別也。二説未詳孰是。會者，水之合也。同者，合而一也。

桑土既蠶，是降丘宅土。桑土，宜桑之土。既蠶者，可以蠶桑也。蠶性惡濕，故水退而後可蠶。然九州皆賴其利，而獨於兖言之者，兖地宜桑，後世之濮上桑間，猶可驗也。地高曰丘。兖地多在卑下，水害尤甚，民皆依丘陵以居，至是始得下居平地也。厥土黑墳，厥草惟繇，厥木惟條。墳，土脉墳起也，如左氏所謂祭之地，地墳是也。繇，茂。條，長也。○林氏曰：九州之勢，西北多山，東南多水。多山則草木爲宜，不待書也。兖、徐、揚三州最居東南下流，其地卑濕沮洳，洪水爲患，草木不得其生。至是或繇、或條、或夭、或喬，而或漸苞，故於三州特言之，以見水土平，草木亦得遂其性也。厥田惟中下，厥賦貞，作十有三載，乃同。田第六等，賦第九等。貞，正也。兖賦最薄，言君天下者，以薄賦爲正也。作十有三載乃同者，兖當河下流之衝，水激而湍悍，地平而土疎，被害尤劇。今水患雖平，而卑濕沮洳，未必盡去。土曠人稀，生理鮮少，必作治十有三載，然後賦法同於他州。此爲田賦而言，故其文屬於厥賦之下。先儒以爲禹治水所歷之年，且謂此州治水最在後畢，州爲第九成功，因以上文「厥賦貞」者，謂賦亦第九，與州正爲相當。殊無意義，其説非是。厥貢漆絲，厥篚織文。貢者，下獻其土所有於上也。兖地宜漆、宜桑，故貢漆絲也。篚，竹器。筐，屬也。古者幣帛之屬，則盛之以筐篚而貢焉。經曰「篚厥玄黄」是也。織文者，織而有文，錦綺之屬也。以非一色，故以織文總之。林氏曰：「有貢又有篚者，所貢之物入於篚也。」浮于濟、漯，達于河。舟行水曰浮。漯者，河之枝流也。兖之貢賦，浮濟浮漯以達於河也。帝都冀州，三面距河，達河即達帝都矣。又按地志曰：漯水出東郡東武陽，至千乘入海。程氏以爲此乃漢河，與漯殊異。然亦不能明言漯河所在，未詳其地也。海岱惟青州。青州之域，東北至海，西南距岱。岱，泰山也，在今襲慶府奉符縣西北三十里。嵎夷既略，嵎夷，薛氏曰：今登州之地。略，經略，爲之封畛也。即堯典之嵎夷。濰、淄其道。濰、淄，二水名。濰水，地志云：出琅琊郡箕縣。今密州莒縣東北濰山也。北至都昌入海，今濰州昌邑也。淄水，地志云：出泰山郡萊蕪縣原山。今淄州淄川縣東南七十里原山也〔六〕。東至博昌縣入濟，今青州壽光縣也。其道者，水循其道也。上文言既道者，禹爲之道也。此言其道者，泛濫既去，水得其故道也。林氏曰：「河、濟下流，兖受之；淮下流，徐受之；江、漢下流，揚受之。青雖近海，然不當衆流之衝，但濰、淄二水順其故道，則其功畢矣。比之他州，用力最省者也。」厥土白墳，海濱廣斥。濱，涯也。海涯之地，廣漠而斥鹵。許慎曰：東方謂之斥，西方謂之鹵。斥鹵鹹地，可煑爲鹽者也。厥田惟上下，厥賦中上。田第三，賦第四也。厥貢鹽絺，海物惟錯。岱畎絲、枲、鉛、松、怪石，萊夷作牧。厥篚檿絲。鹽，斥地所出。絺，細葛也。錯，雜也。海物非一種，故曰錯。林氏曰：既總謂之海物，則固非一物矣。此與揚州齒革、羽毛、惟木，文勢正同。錯蓋别爲一物，如錫貢磬錯之錯，理或然也。畎，谷也。岱山之谷也。枲，麻也。怪石，怪異之石也。林氏曰：怪石之貢，誠爲可疑，意其必須以爲器用之飾而有不可闕者，非特貢其怪異之石以爲玩好也。萊夷，顔師古曰：萊山之夷。齊有萊侯、萊人，即今萊州之地。作牧者，言可牧放，夷人以畜牧爲生也。檿，山桑也。山桑之絲，其韌中琴瑟之絃。蘇氏曰：「惟東萊爲有此絲，以之爲繒，其堅韌異常，萊人謂之山璽。」浮于汶，達于濟。汶水出泰山郡萊蕪縣原山，今襲慶府萊蕪縣也。西南入濟，在今鄆州中都縣也。蓋淄水出萊蕪原山之陰，東北而入海。汶水出萊蕪原山之陽，西南而入濟。不言達河者，因於兖也。海岱及淮惟徐州。徐州之域，東至海，南至淮，北至岱，而西不言濟者，岱之陽，濟東爲徐；岱之北，濟東爲青。言濟不足以辨，故略之也。爾雅「濟東曰徐州」者，商無青，并青於徐也。周禮「正東曰青州」者，周無徐，并徐於青也。林氏曰：一州之境，必有四至。七州皆止二至，蓋以鄰州互見。至此州獨載其三邊者，止言海岱，則嫌於青；止言淮海，則嫌於揚，故必曰海岱及淮，而後徐州之疆境始别也。淮、沂其乂。淮、沂，二水名。淮，見導水。曾氏曰：淮之源出于豫之境，至揚、徐之間始大，其泛溢爲患，尤在於徐，故淮之治，於徐言之也。沂水，地志云：出泰山郡蓋縣艾山，今沂州沂水縣也。南至于下邳，西南而入于泗。曾氏曰：徐州水以沂名者非一，酈道元謂水出尼丘山西北，徑魯之雩門，亦謂之沂水。水出太山武陽之冠石山，亦謂之沂水。而沂水之大，則出於泰山也。又按徐之水，有泗、有汶、有汴、有滁，而獨以淮、沂言者，周職方氏青州，其川淮、泗，其浸沂、沭。周無徐州，兼之於青。周之青，即禹之徐。則徐之川，莫大於淮。淮乂，則自泗而下，凡爲川者可知矣。徐之浸，莫大於沂。沂乂，則自沭而下，凡爲浸者可知矣。蒙、羽其藝，蒙、羽，二山名。蒙山，地志：在泰山郡蒙陰縣西南。今沂州費縣也。羽山，地志：在東海郡祝其縣南。今海州朐山縣也。藝者，言可種藝也。大野既豬，大野，澤名。地志：在山陽郡鉅野縣北，今濟州鉅野縣也。鉅，即大也。水蓄而復流者謂之豬。按水經，濟水至乘氏縣分爲二，南爲菏，北爲濟。酈道元謂一水東南流，一水東北流，入鉅野澤。則大野爲濟之所絶，其所聚也大矣。何承天曰：鉅野廣大，南導洙、泗，北連清、濟。徐之有濟，於是乎見。又鄆州中都西南，亦有大野陂，或皆大野之地也。東原厎平。東原，漢之東平國，今之鄆州也。晁氏曰：東平自古多水患，數徙其城。咸平中，又徙城於東南，則其下濕可知。厎平者，水患已去而厎於平也。後人以其地之平，故謂之東平。又按東原在徐之西北，而謂之東者，以在濟東故也。東平國在景帝亦謂濟東國云。益知大野東原，所以志濟也。厥土赤埴墳，草木漸包。土黏曰埴。埴，膩也。黏泥，如脂之膩也。周有摶埴之工。老氏言：埏埴以爲器。惟土性黏膩細密，故可摶可埏也。漸，進長也。如易所謂木漸，言其日進於茂而不已也。包，叢生也。如詩之所謂「如竹包矣」，言其叢生而稹也。厥田惟上中，厥賦中中。田第二等，賦第五等也。厥貢惟土五色，羽畎夏翟，嶧陽孤桐，泗濱浮磬，淮夷蠙珠暨魚，厥篚玄纖縞。徐州之土雖赤，而五色之土亦間有之，故制以爲貢。周書作雒曰：諸侯受命于周，乃建大社于國中。其壝東青土、南赤土、西白土、北驪土、中央疊以黄土。將建諸侯，鑿取其方面之土，苞以黄土，苴以白茅，以爲土封。故曰受削土于周室。此貢土五色，意亦爲是用也。羽畎，羽山之谷也。夏翟，雉具五色，其羽中旌旄者也。染人之職，秋染夏。鄭氏曰：「染夏者，染五色也。」林氏曰：「古之車服器用，以雉爲飾者多，不但旌旄也。」曾氏曰：「山雉具五色，出于羽山之畎，則其名山以羽者以此歟。」嶧，山名。地志云：東海郡下邳縣西有葛嶧山。古文以爲嶧山。下邳，今淮陽軍下邳縣也。陽者，山南也。孤桐，特生之桐，其材中琴瑟。詩曰：「梧桐生矣，于彼朝陽。」蓋草木之生，以向日者爲貴也。泗，水名。出魯國卞縣桃墟西北陪尾山。源有泉四，四泉俱導，因以爲名。西南過彭城，又東南過下邳入淮。卞縣，今襲慶府泗水縣也。濱，水旁也。浮磬，石露水濱，若浮於水然。或曰非也，泗濱非必水中。泗水之旁近浮者，石浮生土中，不根着者也。今下邳有石磬山，或以爲古取磬之地。曾氏曰：「不謂之石者，成磬而後貢也。」淮夷，淮之夷也。蠙，蚌之別名也。暨，及也。珠爲服飾，魚用祭祀，今濠、泗、楚皆貢淮白魚，亦古之遺制歟？夏翟之出于羽畎，孤桐之生於嶧陽，浮磬之出於泗濱，珠魚之出於淮夷，各有所產之地，非它處所有，故詳其地而使貢也。玄，赤黑色幣也。武成曰：「篚厥玄黃〔七〕。」纖、縞，皆繒也。禮曰：「又期而大祥〔八〕，素縞麻衣，中月而禫，禫而纖。」記曰：有虞氏縞衣而養老。則知纖、縞皆繒之名也。曾氏曰：玄，赤而有黑色，以之爲衮，所以祭也。以之爲端，所以齋也。以之爲冠，以爲首服也。黑經白緯曰纖。纖也，縞也，皆去凶即吉之所服也。浮于淮、泗，達于河。許慎曰：汳水受陳留、浚儀陰溝，至蒙爲灉水，東入于泗，則淮、泗之可以達于河者，以灉至于泗也。許慎又曰：泗受泲水東入淮。蓋泗水至大野而合泲。然則泗之上源自泲亦可以通河也。淮海惟揚州。揚州之域，北至淮，東南至于海。彭蠡既豬，彭蠡，地志：在豫章郡彭澤縣東，合江西、江東諸水，跨豫章、饒州、南康軍三州之地。所謂鄱陽湖者是也。詳見導水。陽鳥攸居。陽鳥，隨陽之鳥，謂鴈也。今惟彭蠡洲渚之間，千百爲羣。記陽鳥所居，猶夏小正記鴈北鄉也。言澤水既豬，州渚既平，而禽鳥亦得其居止而遂其性也。三江既入，唐仲初吴都賦注：松江下七十里分流，東北入海者爲婁江，東南流者爲東江，併松江爲三江。其地今亦名三江口。吴越春秋所謂范蠡乘舟出三江之口者是也。○又按蘇氏謂岷山之江爲中江，嶓冢之江爲北江，豫章之江爲南江，即導水所謂東爲北江，東爲中江者。既有中、北二江，則豫章之江爲南江可知。今按此爲三江若可依據，然江、漢會於漢陽，合流數百里至湖口而後與豫章江會，又合流千餘里而後入海，不復可指爲三矣。蘇氏知其說不通，遂有味别之說。禹之治水，本爲民去害，豈如陸羽輩辨味烹茶爲口腹計耶？亦可見其說之窮矣。以其說易以惑人，故并及之。或曰江、漢之水，揚州巨浸，何以不書？曰：禹貢書法，費疏鑿者，雖小必記。無施勞者，雖大亦略。

江、漢、荆州而下，安於故道，無俟濬治，故在不書。況朝宗于海，荆州固備言之，是亦可以互見矣。此正禹貢之書法也。震澤厎定。震澤，太湖也。周職方：揚州藪曰具區。地志：在吴縣之西南五十里。今蘇州吴縣也。曾氏曰：震如三川震之震，若今湖翻是也。具區之水，多震而難定，故謂之震澤。厎定者，言厎於定而不震蕩也。篠簜既敷，厥草惟夭，厥木惟喬，厥土惟塗泥。篠，箭竹。簜，大竹。郭璞曰：竹闊節曰簜。敷，布也。水去竹已布生也。少長曰夭。喬，高也。塗泥，水泉濕也。下地多水，其土淖。厥田惟下下，厥賦下上上錯。田第九等，賦第七等，雜出第六等也。言下上上錯者，以本設賦九等，分爲三品，下上與中下異品，故變文言下上上錯也。厥貢惟金三品，瑶琨篠簜，齒革羽毛惟木，島夷卉服。厥篚織貝，厥包橘柚錫貢。三品，金、銀、銅也。瑶琨，玉石名。詩曰：「何以舟之，惟玉及瑶。」琨，説文云：石之美似玉者，取之可以爲禮器。篠之材，中於矢之笴；簜之材，中於樂之管。簜亦可爲符節。周官：掌節有英簜。象有齒，犀兕有革，鳥有羽，獸有毛。木，楩、梓，豫章之屬。齒革可以成車甲，羽毛可以爲旌旄，木可以備棟宇器械之用也。島夷，東南海島之夷。卉，草也。葛，越木綿之屬。織貝，錦名。織爲貝文。詩曰貝錦是也。今南夷木綿之精好者，亦謂之吉貝。海島之夷以卉服來貢，而織貝之精者，則入篚焉。包，裹也。小曰橘，大曰柚。錫者，必待錫命而後貢，非歲貢之常也。張氏曰：「必錫命乃貢者，供祭祀。燕賓客，則詔之。口腹之欲，則難於出令也。」沿于江海，達于淮、泗。順流而下曰沿。沿江入海，自海而入淮、泗。不言達于河者，因於徐也。禹時江、淮未通，故沿於海。至吴始開邗溝，隋人廣之，而江、淮舟船始通也。孟子言排淮、泗而注之江，記者之誤也。荆及衡陽惟荆州。荆州之域,北距南條、荆山,南盡衡山之陽。荆、衡各見導山。唐孔氏曰:荆州以衡山之陽爲至者,蓋南方惟衡山爲大。以衡陽言之,見其地不止此山,而猶包其南也。江、漢朝宗于海。江、漢,見導水。春見曰朝,夏見曰宗。朝宗,諸侯見天子之名也。江、漢合流于荆,去海尚遠,然水道已安而無有壅塞横决之患,雖未至海,而其勢已奔趨於海,猶諸侯之朝宗于王也。九江孔殷,九江,即今之洞庭也。水經言:九江在長沙下雋西北。楚地記曰:巴陵、瀟湘之淵,在九江之間。今岳州巴陵縣即楚之巴陵,漢之下雋也。洞庭正在其西北,則洞庭之爲九江,審矣。今沅水、漸水、元水、辰水、敘水、酉水、澧水、資水、湘水皆合於洞庭,意以是名九江也。孔,甚。殷,正也。九江水道甚得其正也。○按漢志:九江在廬江郡之尋陽縣。尋陽記:九江之名:一曰烏江、二曰蚌江、三曰烏白江、四曰嘉靡江、五曰畎江、六曰源江、七曰廩江、八曰提江、九曰箘江。今詳漢九江郡之尋陽,乃禹貢揚州之境,而唐孔氏又以爲九江之名起於近代,未足爲據。且九江派别取之耶?亦必首尾短長、大略均布,然後可目之爲九。然其一水之間,當有一洲。九江之間,沙水相間,乃爲十有七道。而今尋陽之地,將無所容。况沙洲出没,其勢不常,果可以爲地理之定名乎?設使派别爲九,則當曰九江既道,不應曰孔殷,於導江當曰播九江,不應曰過九江。反復參孜,則九江非尋陽明甚。本朝胡氏以洞庭爲九江者,得之。曾氏亦謂導江曰過九江至于東陵。東陵,今之巴陵。今巴陵之上,即洞庭也。因九水所合,遂名九江。故下文導水曰過九江。經之例,大水合小水,謂之過。則洞庭之爲九江,益以明矣。沱、潛既道,爾雅曰:水自江出爲沱,自漢出爲潛。凡水之出於江、漢者,皆有此名。此則荆州江、漢之出者也。今按南郡枝江縣有沱水，然其流入江，而非出於江也。華容縣有夏水，首出于江，尾入于沔，亦謂之沱。若潛水，則未有見也。雲土夢作乂。雲夢，澤名。周官職方：荆州其澤藪曰雲夢，方八九百里，跨江南北，華容、枝江、江夏、安陸，皆其地也。左傳：楚子濟江入于雲中，又楚子以鄭伯田于江南之夢，合而言之，則爲一。別而言之，則二澤也。雲土者，雲之地土見而已。夢作乂者，夢之地已可耕治也。蓋雲夢之澤，地勢有高卑，故水落有先後，人工有早晚也。厥土惟塗泥，厥田惟下中，厥賦上下。荆州之土與揚州同，故田比揚只加一等。而賦爲第三等者，地闊而人工修也〔九〕。厥貢羽毛齒革，惟金三品，杶幹栝柏，礪砥砮丹，惟箘簵楛。三邦底貢厥名，包匭菁茅，厥篚玄纁璣組，九江納錫大龜。荆之貢，與揚州大抵多同。然荆先言羽毛者，漢孔氏所謂善者爲先也。按職方氏，揚州其利金錫，荆州其利丹銀齒革，則荆、揚所産，不無優劣矣。杶、栝、柏，三木名也。杶木，似樗而可爲弓幹。栝木，柏葉松身。礪、砥皆磨石，砥以細密爲名，礪以麤糲爲稱。砮者，中矢鏃之用，肅慎氏貢石砮者是也。丹，丹砂也。箘簵，竹名。楛，木名。皆可以爲矢。董安于之治晉陽也，公宮之垣，皆以荻蒿苫楚廧之，其高丈餘。趙襄子發而試之，其堅則箘簵不能過也。則箘簵蓋竹之堅者，其材中矢之笴。楛，肅慎氏貢楛矢者是也。三邦，未詳其地。底，致也。致貢箘簵楛之有名者也。匭，匣也。菁茅，有刺而三脊，所以供祭祀縮酒之用，既包而又匣之，所以示敬也。齊桓公責楚貢包茅不入，王祭不供，無以縮酒。又管子云：江、淮之間，一茅而三脊，名曰菁茅。菁茅，一物也。孔氏謂菁以爲菹者，非是。今辰州麻陽縣苞茅山出苞茅，有刺而三脊。纁，周禮染人：「夏纁玄纁。」絳色幣也。璣，珠不圓者。組，綬類。大龜，尺有二寸，所謂國之守龜，非可常得，故不爲常貢。若偶得之，則使之納錫於上。謂之納錫者，下與上之辭，重其事也。浮于江、沱、潛、漢，逾于洛，至于南河。江、沱、潛、漢，其水道之出入不可詳，而大勢則自江、沱而入潛、漢也。逾，越也。漢與洛不通，故舍舟而陸，以達于洛，自洛而至于南河也。程氏曰：不徑浮江、漢，兼用沱、潛者，隨其貢物所出之便。或由經流，或循枝派，期於便事而已。荆河惟豫州。豫州之域，西南至南條荆山，北距大河。伊、洛、瀍、澗既入于河。伊水，山海經曰：熊耳之山，伊水出焉。東北至洛陽縣南，北入于洛。郭璞云：熊耳在上洛縣南。今商州上洛縣也。地志言：伊水出弘農盧氏之熊耳者，非是。洛水，地志云：出弘農郡上洛縣冢領山。水經謂之讙舉山，今商州洛南縣冢領山也。至鞏縣入河，今河南府鞏縣也。瀍水，地志云：出河南郡穀城縣替亭北。今河南府河南縣西北有古穀城縣，其北山實瀍水所出也。至偃師縣入洛，今河南府偃師縣也。澗水，地志云：出弘農郡新安縣東，南入于洛。新安在今河南府新安、澠池之間，今澠池縣東二十三里新安城是也。城東北有白石山，即澗水所出。酈道元云：世謂之廣陽山。然則澗水出今之澠池，至新安入洛也。伊、瀍、澗水入于洛，而洛水入于河。此言伊、洛、瀍、澗入于河，若四水不相合而各入河者，猶漢入江，江入海，而荆州言江、漢朝宗于海意同。蓋四水並流，小大相敵故也。詳見下文。滎、波既豬。滎、波，二水名。濟水自今孟州温縣入河，潛行絶河，南溢爲滎，在今鄭州滎澤縣西五里敖倉東南。敖倉者，古之敖山也。按今濟水但入河，不復過河之南。滎瀆水受河水有石門，謂之滎口石門也。鄭康成謂滎今塞爲平地。滎陽民猶謂其處爲滎澤。酈道元曰：禹塞淫水於滎陽，下引河東南以通淮、泗、濟水，分河東南流。漢明帝使王景即滎水故瀆，東注浚儀，謂之浚儀渠。漢志謂滎陽縣有狼蕩渠，首受濟者是也。南曰狼蕩，北曰浚儀，其實一也。波水，周職方：豫州其川滎、雒，其浸波、溠。爾雅云：水自洛出爲波。山海經曰：婁涿之山，波水出其陰，北流注于穀。二説不同，未詳孰是。孔氏以滎、波爲一水者，非也。導菏澤，被孟豬。菏澤，地志在濟陰郡定陶縣東，今興仁府濟陰縣南三里，其地有菏山，故名其澤爲菏澤也。蓋濟水所經，水經謂南濟，東過冤句縣南，又東過定陶縣南，又東北菏水東出焉，是也。被，及也。孟豬，爾雅作「孟諸」。地志在梁國睢陽縣東北，今南京虞城縣西北孟諸澤是也。曾氏曰：被，覆也。菏水衍溢，導其餘波入于孟豬，不常入也，故曰被。厥土惟壤，下土墳壚。土不言色者，其色雜也。壚，疏也。顔氏曰：玄而疏者謂之壚。其土有高下之不同，故別言之。厥田惟中上，厥賦錯上中。田第四等，賦第二等，雜出第一等也。厥貢漆、枲、絺、紵，厥篚纖纊，錫貢磬錯。林氏曰：周官載師：漆林之征二十有五。周以爲征，而此乃貢者，蓋豫州在周爲畿内，故載師掌其征而不制貢。禹時豫在畿外，故有貢也。推此義，則冀不言貢者可知。顔師古曰：織紵以爲布及練。然經但言貢枲與紵，成布與未成布，不可詳也。纊，細綿也。磬錯，治磬之錯也。非所常用之物，故非常貢，必待錫命而後納也〔一〇〕，與揚州橘柚同。然揚州先言橘柚，而此先言錫貢者，橘柚言包，則於厥篚之文無嫌，故言錫貢在後。磬錯，則與厥篚之文嫌於相屬，故言錫貢在先，蓋立言之法也。浮于洛，達于河。豫州去帝都最近，豫之東境，徑自入河；豫之西境，則浮于洛而後至河也。華陽、黑水惟梁州。梁州之境，東距華山之南，西據黑水。華山，即太華，見導山。黑水，見導水。岷、嶓既藝，岷、嶓，二山名。岷山，地志在蜀郡湔氏道西徼外，在今茂州汶山縣，江水所出也。晁氏曰：蜀以山近江源者，通爲岷山，連峯接岫，重疊險阻，不詳遠近。青城、天彭諸山之所環遶，皆古之岷山。青城廼其第一峯也。嶓冢山，地志云：在隴西郡氐道縣，漾水所出。又云在西縣，今興元府西縣、三泉縣也。蓋嶓冢一山跨于兩縣云。川原既滌，水去不滯，而無泛溢之患，其山已可種藝也。沱、潛既道，此江、漢別流之在梁州者。沱水，地志：蜀郡郫縣。江沱在東，西入大江。郫縣，今成都府郫縣也。又地志云：蜀郡汶江縣，江沱在西南，東入江。汶江縣，今永康軍導江縣也。潛水，地志云：巴郡宕渠縣。潛水西南入江。宕渠，今渠州流江縣也。酈道元謂宕渠縣有大穴，潛水入焉，通罡山下，西南潛出，南入于江。又地志：漢中郡安陽縣灊谷水，出西南入漢。灊音潛。安陽縣，今洋州真符縣也。○又按梁州廼江、漢之原，此不志者，岷之藝，導江也；嶓之藝，導漾也。道沱則江悉矣；道潛則漢悉矣。上志岷、嶓，下志沱、潛，江、漢原流於是而見。蔡、蒙旅平，蔡、蒙，二山名。蔡山，輿地記：在今雅州嚴道縣。蒙山，地志：蜀郡青衣縣，今雅州名山縣也。酈道元謂山上合下開，沬水逕其間，溷崖水脉漂疾，歷代爲患。蜀郡太守李冰發卒鑿平溷崖，則此二山在禹爲用功多也。祭山曰旅。旅平者，治功畢而旅祭也。和夷厎績。和夷，地名。嚴道以西有和川，有夷道，或其地也。又按晁氏曰：和、夷，二水名。和水，今雅州滎經縣北和川，水自蠻界羅嵒州東，西來逕蒙山，所謂青衣水而入岷江者也。夷水，出巴郡魚復縣東，南過佷山縣南，又東過夷道縣北，東入于江。今詳二說，皆未可必。但經言「厎績」者三：覃懷、原隰既皆地名，則此恐爲地名。或地名因水，亦不可知也。厥土青黎。黎，黑也。厥田惟下上，厥賦下中三錯。田第七等，賦第八等，雜出第七、第九等也。按賦雜出他等者，或以爲歲有豐凶，或以爲户有增減，皆非也。意者地力有上下年分不同，如周官田一易再易之類，故賦之等第，亦有上下年分。冀之正賦第一等，而間歲第二等也。揚之正賦第七等，而間歲第六等也。豫之正賦第二等，而間歲第一等也。梁之正賦第八等，而間歲出第七、第九等也。當時必有條目詳具，今不存矣。書之所載，特凡例也。若謂歲之豐凶、户之增減，則九州皆然，何獨於冀、揚、豫、梁四州言哉。**厥貢璆鐵銀鏤砮磬，熊羆狐狸織皮。**璆，玉磬。鐵，柔鐵也。鏤，剛鐵，可以刻鏤者也。磬，石磬也。言鐵而先於銀者，鐵之利多於銀也。後世蜀之卓氏、程氏以鐵冶富擬封君，則梁之利尤在於鐵也。織皮者，梁州之地，山林爲多，獸之所走，熊羆狐狸四獸之皮，製之可以爲裘，其毳毛織之可以爲罽也。○林氏曰：「徐州貢浮磬。此州既貢玉磬，又貢石磬。豫州又貢磬錯，以此觀之，則知當時樂器，磬最爲重。豈非以其聲角，而在清濁小大之間，最難得其和者哉！」**西傾因桓是來，浮于潛，逾于沔，入于渭，亂于河。**西傾，山名。地志：在隴西郡臨洮縣西。今洮州臨潭縣西南。桓，水名。水經曰：西傾之南，桓水出焉。蘇氏曰：漢始出爲漾，東南流爲沔，至漢中東行爲漢沔。酈道元曰：自西傾而至葭萌，浮于西漢，西漢即潛水也。自西漢遡流而届于晉壽界，阻漾枝津，南歷岡北，迤邐接漢沔，歷漢川，至于褒水。逾褒而暨于衙嶺之南溪，灌于斜川，届于武功，而北以入于渭。漢武帝時，人有上書欲通褒斜道及漕，事下張湯問之，云褒水通沔，斜水通渭，皆可以漕。從南陽上沔入褒，褒絶水至斜間百餘里，以車轉從斜下渭，如此，則漢中穀可致。經言沔渭而不言褒斜者，因大以見小也。褒斜之間絶水百餘里，故曰逾。然於經文，則當曰逾于渭。今曰逾于沔，此又未可曉也。絶河而渡曰亂。**黑水、西河惟**

雍州。雍州之域，西據黑水，東距西河。謂之西河者，主冀都而言也。弱水既西，柳宗元曰：西海之山有水焉，散渙無力，不能負芥，投之則委靡墊没，及底而後止，故名曰弱。既西者，導之西流也。地志云：在張掖郡删丹縣。薛氏曰：弱水出吐谷渾界窮石山，自删丹西至合黎山，與張掖縣河合。又按通鑑，魏太武擊柔然至栗水西，行至菟園水，分軍收討。又循弱水西行至涿邪山，則弱水在菟園水之西，涿邪山之東矣。北史載太武至菟園水，分軍搜討，東至瀚海，西接張掖水，北度燕然山，與通鑑小異。豈瀚海、張掖水於弱水爲近乎？程氏據西域傳，以弱水爲在條支，援引甚悉。然長安西行一萬二千二百里，又百餘日，方至條支，其去雍州如此之遠，禹豈應窮荒而導其流也哉！其説非是。涇屬渭、汭。涇、渭、汭，三水名。涇水，地志：出安定郡涇陽縣西。今原州百泉縣岍頭山也。東南至馮翊陽陵縣入渭，今永興軍高陵縣也。渭水，地志：出隴西郡首陽縣西南。今渭州渭源縣鳥鼠山西北南谷山也。東至京兆舡司空縣入河，今華州華陰縣也。汭水，地志作「芮」，扶風汧縣弦蒲藪，芮水出其西北，東入涇。今隴州汧源縣弦蒲藪有汭水焉。周職方：雍州其川涇、汭。詩曰「汭鞫之即」，皆謂是也。屬，連屬也。涇水連屬渭、汭二水也。漆、沮既從，漆、沮，二水名。漆水，寰宇記：自耀州同官縣東北界來，經華原縣合沮水。沮水，地志：出北地郡直路縣東。今坊州宜君縣西北境也。寰宇記：沮水自坊州昇平縣北子午嶺出，俗號子午水。下合榆谷、慈馬等川，遂爲沮水。至耀州華原縣合漆水，至同州朝邑縣東南入渭。二水相敵，故並言之。既從者，從於渭也。又按地志謂漆水出扶風縣，晁氏曰：此豳之漆也。水經：漆水出扶風杜陽縣。程氏曰：杜陽，今岐山普潤縣之地，亦漢漆縣之境。其水入渭，在灃水之上，與經序渭水節次不合，非禹貢之漆水也。灃水攸同。灃水，地志作酆，出扶風鄠縣終南山，今永興軍鄠縣山也。東至咸陽縣入渭。同者，同於渭也。渭水自鳥鼠而東，灃水南注之，涇水北注之，漆、沮東北注之。曰屬，曰從，曰同，皆主渭而言也。荆、岐既旅，終南、惇物，至于鳥鼠。荆、岐，二山名。荆山，即北條之荆。地志：在馮翊懷德縣南。今耀州富平縣掘陵原也。岐山，地志：在扶風美陽縣西北。今鳳翔府岐山縣東北十里也。終南、惇物、鳥鼠，亦皆山名。終南，地志：古文以太一山爲終南山，在扶風武功縣。今永興軍萬年縣南五十里也。惇物，地志：古文以垂山爲惇物。在扶風武功縣。今永興軍武功縣也。鳥鼠，地志：在隴西郡首陽縣西南。今渭州渭源縣西也，俗呼爲青雀山。舉三山而不言所治者，蒙上既旅之文也。原隰厎績，至于豬野。廣平曰原，下濕曰隰。詩曰「度其隰原」，即指此也。鄭氏曰：其地在豳。今邠州也。豬野，地志云：武威縣東北有休屠澤，古文以爲豬野〔一二〕，今涼州姑臧縣也。治水成功，自高而下，故先言山，次原隰，次陂澤也。三危既宅，三苗丕叙。三危，即舜竄三苗之地。或以爲燉煌，未詳其地。三苗之竄，在洪水未平之前。及是三危已既可居，三苗於是大有功叙。今按舜竄三苗，以其惡之尤甚者遷之，而立其次者於舊都。今既竄者已丕叙，而居於舊都者尚桀驁不服。蓋三苗舊都，山川險阻，氣習使然。今湖南傜洞時猶竊發，俘而詢之，多爲猫姓，豈其遺種歟？

厥土惟黄壤。黄者，土之正色。林氏曰：物得其常性者最貴。雍州之土黄壤，故其田非他州所及。

厥田惟上上，厥賦中下。田第一等，而賦第六等者，地狹而人功少也。厥貢惟球琳琅玕。球琳，美玉也。琅玕，石之似珠者。爾雅曰：「西北之美者，有昆侖虚之球琳琅玕。」今南海有青琅玕，珊瑚屬也。

浮于積石，至于龍門西河，會于渭汭。積石，地志：在金城郡河關縣西南羌中。今鄯州龍支縣界也。龍門山，地志：在馮翊夏陽縣。今河中府龍門縣也。西河，冀之西河也。雍之貢道有二：其東北境則自積石至于西河；其西南境則會于渭汭。言渭汭不言河者，蒙梁州之文也。他州貢賦亦當不止一道，發此例以互見耳。○按邢恕奏：「乞下熙河路打造船五百隻，於黄河順流放下，至會州西小河内藏放。」熙河路漕使李復奏：「竊知邢恕欲用此船載兵，順流而下，去取興州。契勘會州之西小河，鹹水，其闊不及一丈，深止於一二尺，豈能藏船？黄河過會州入韋精山，石峽險窄，自上垂流直下，高數十丈，船豈可過？至西安州之東，大河分爲六七道，散流渭之南山，逆流數十里，方再合。逆溜水淺灘磧，不勝舟載。此聲若出，必爲夏國侮笑。」事遂寢。邢恕之策如李復之言，可謂謬矣。然此言貢賦之路，亦曰浮于積石，至于龍門西河，則古來此處河道固通舟楫矣。而復之言乃如此，何也？姑録之以備參攷云。織皮崐崘、析支、渠搜，西戎即叙。崐崘即河源所出，在臨羌。析支，在河關西千餘里。渠搜，水經曰：河自朔方東轉，經渠搜縣故城北。蓋近朔方之地也。三國皆貢皮衣，故以織皮冠之。皆西方戎落，故以西戎總之。即，就也。雍州水土既平，而餘功及於西戎，故附于末。○蘇氏曰：青、徐、揚三州皆萊夷、淮夷、島夷所篚，此三國亦篚織皮，但古語有顛倒詳略爾。其文當在「厥貢惟球琳琅玕」之下，「浮于積石」之上。簡編脱誤，不可不正。愚謂梁州亦篚織皮，恐蘇氏之説爲然。導岍及岐，至于荆山，逾于河。壺口雷首至于太岳。厎柱、析城至于王屋。太行、恒山至于碣石，入于海。此下隨山也。岍、岐、荆三山皆雍州山。岍山，地志：扶風岍縣西吴山。古文以爲岍山，今隴州吴山縣吴嶽山也。周禮：雍州山鎮曰嶽山。又按寰宇記：隴州汧源有岍山，岍水所出。禹貢所謂岍山也。晁氏以爲今之隴山、天井、金門、秦嶺山者，皆古之岍也。岐、荆，見雍州。壺口、雷首、太岳、厎柱、析城、王屋、太行、恒山，皆冀州山。壺口、太岳、碣石，見冀州。雷首，地志：在河東郡蒲坂縣南。今河中府河東縣也。厎柱，石在大河中流，其形如柱。今陝州陝縣三門山是也。析城，地志：在河東郡濩澤縣西。今澤州陽城縣也。晁氏曰：山峯四面如城。王屋，地志：在河東郡垣縣東北。今絳州垣曲縣也。晁氏曰：山狀如屋。太行山，地志：在河内郡山陽縣西北。今懷州河内也。恒山，地志：在常山郡上曲陽縣西北。今定州曲陽也。逾者，禹自荆山而過于河也。孔氏以爲荆山之脉，逾河而爲壺口、雷首者，非是。蓋禹之治水，隨山刊木，其所表識諸山之名，必其高大可以辨疆域，廣博可以奠民居，故謹而書之，以見其施功之次第，初非有意推其脉絡之所自來，若今之葬法所言也。若必實以山脉言之，則尤見其説之謬妄。蓋河北諸山，根本脊脉，皆自代北、寰、武、嵐、憲諸州乘高而來，其脊以西之水，則西流以入龍門西河之上流。其脊以東之水，則東流而爲桑乾、幽、冀以入于海。其西一支爲壺口、太岳，次一支包汾晉之源，而南出以爲析城、王屋，而又西折以爲雷首，又次一支乃爲太行，又次一支乃爲恒山。其間各隔沁、潞諸川，不相連屬，豈自岍、岐跨河而爲是諸山哉！山之經理者已附于逐州之下，於此又條列而詳記之，而山之經緯皆可見矣。王、鄭有三條四列之名，皆爲未當。今據導字分之以爲南北二條，而江、河以爲之紀，於二之中又分爲二焉。此北條大河北境之山也。西傾、朱圉、鳥鼠，至于太華，熊耳、外方、

桐柏，至于陪尾。西傾、朱圉、鳥鼠、太華，雍州山也。熊耳、外方、桐柏、陪尾，豫州山也。西傾，見梁

州。朱圉，地志：在天水郡冀縣南。今秦州大潭縣也。俗呼爲白巖山。鳥鼠，見雍州。太華，地志：在京兆華陰縣南。今華州華陰縣二十里也。熊耳在商州上洛縣，詳見豫州。外方，地志：潁川郡崈高縣有崈高山。古文以爲外方，在今西京登封縣也。桐柏，地志：在南陽郡平氏縣東南。今唐州桐柏縣也。陪尾，地志：江夏郡安陸縣東北有横尾山。古文以爲陪尾，今安州安陸也。西傾不言導者，蒙導岍之文也。此北條大河南境之山也。導嶓冢，至于荆山；内方至于大别。嶓冢，即梁州之嶓也。山形如冢，故謂之嶓冢。詳見梁州。荆山，南條荆山，地志：在南郡臨沮縣北。今襄陽府南章縣也。内方、大别，亦山名。内方，地志：章山。古文以爲内方山，在江夏郡竟陵縣東北。今荆門軍長林縣也。左傳：吴與楚戰，楚濟漢而陳，自小别至于大别。蓋近漢之山。今漢陽軍漢陽縣北大别山是也。地志、水經云在安豐者，非是。此南條江、漢北境之山也。岷山之陽，至于衡山，過九江，至于敷淺原。岷山見梁州。衡山，南嶽也。地志：在長沙國湘南縣。今潭州衡山縣也。九江見荆州。敷淺原，地志云：豫章郡歷陵縣南有傅易山。古文以爲敷淺原。今江州德安縣博陽山也。晁氏以爲在鄱陽者，非是。今按晁氏以鄱陽有博陽山，又有歷陵山，爲應地志歷陵縣之名。然鄱陽，漢舊縣地，不應又爲歷陵縣。山名偶同，不足據也。江州德安雖爲近之，然所謂敷淺原者，其山甚小而卑，亦未見其爲在所表見者。惟廬阜在大江彭蠡之交，最高且大，宜所當紀志者，而皆無攷據，恐山川之名，古今或異，而傳者未必得其真也，姑俟知者。過，經過也。與導岍逾于河之義同。孔氏以爲衡山之脉，連延而爲敷淺原者，亦非是。蓋岷山之脉，其北一支爲衡山，而盡於洞庭之西。其南一支，度桂嶺，北經袁、筠之地至德安，所謂敷淺原者。二支之間，湘水間斷。衡山在湘水西南，敷淺原在湘水東北，其非衡山之脉連延過九江而爲敷淺原者明甚。且其山川岡脊源流，具在眼前，而古今異説如此。況殘山斷港，歷數千百年者，尚何自取信哉？岷山不言導者，蒙導嶓冢之文也。此南條江、漢南境之山也。導弱水，至于合黎，餘波入于流沙。此下濬川也。弱水見雍州。合黎，山名。隋地志在張掖縣西北，亦名羌谷。流沙，杜佑云：在沙州西八十里，其沙隨風流行，故曰流沙。水之疏導者已附于逐州之下，於此又派别而詳記之，而水之經緯皆可見矣。濬川之功，自隨山始，故導水次於導山也。又按山水皆原於西北，故禹叙山叙水，皆自西北而東南。導山則先岍、岐，導水則先弱水也。導黑水，至于三危，入于南海。黑水，地志：出犍爲郡南廣縣汾關山。水經：出張掖雞山，南至燉煌，過三危山，南流入于南海。唐樊綽云：西夷之水，南流入于南海者凡四：曰區江，曰西珥河，曰麗水，曰瀰渃江，皆入于南海。其曰麗水者，即古之黑水也。三危山臨峙其上。按梁、雍二州西邊皆以黑水爲界，是黑水自雍之西北而直出梁之西南也。中國山勢岡脊，大抵皆自西北而來，積石、西傾、岷山岡脊以東之水，既入于河、漢、岷江。其岡脊以西之水，即爲黑水而入于南海。地志、水經、樊氏之説，雖未詳的實，要是其地也。程氏曰：樊綽以麗水爲黑水者，恐其狹小，不足爲界。其所稱西珥河者，却與漢志葉榆澤相貫，廣處可二十里。既足以界别二州，其流又正趨南海。又漢滇池，即葉榆之地。武帝初開滇、嶲時，其地古有黑水舊祠，夷人不知載籍，必不能附會。而綽及道元皆謂此澤以榆葉所積得名，則其水之黑似榆葉積漬所成。且其地乃在蜀之正西，又東北距宕昌不遠。宕昌，即三苗種裔，與三苗之叙于三危者，又爲相應，其證驗莫此之明也。

導河積石，至于龍門，南至于華陰，東至于底柱。又東至于孟津，東過洛汭，至于大伾。北過洚水，至于大陸，又北播爲九河，同爲逆河，入于海。積石、龍門，見雍州。華陰，華山之北也。底柱，見導山。孟，地名。津，渡處也。杜預云：在河内郡河陽縣南。今孟州河陽縣也。武王師渡孟津者，即此。今亦名富平津。洛汭，洛水交流之内，在今河南府鞏縣之東。洛之入河，實在東南，河則自西而東過之，故曰「東過洛汭」。大伾，孔氏曰：山再成曰伾。張揖以爲在成皋，鄭玄以爲在修武、武德，臣瓚以爲修武、武德無此山。成皋山又不一成。今通利軍黎陽縣臨河有山，蓋大伾也。按黎陽山，在大河垂欲趨北之地，故禹記之。若成皋之山，既非從東折北之地，又無險礙如龍門、底柱之須疏鑿，西去洛汭，既已太近，東距洚水、大陸又爲絶遠，當以黎陽者爲是。洚水，地志：在信都縣。今冀州信都縣枯洚渠也。程氏曰：周時河徙砱礫，至漢又改向頓丘東南流，與禹河迹大相背戾。地志：魏郡鄴縣有故大河在東北，直達于海，疑即禹之故河。孟康以爲王莽河，非也。古洚瀆自唐貝州經城北入南宫，貫穿信都。大抵北向而入故河，於信都之北爲合。北過洚水之文，當以信都者爲是。大陸，見冀州。九河，見兗州。逆河，意以海水逆潮而得名。九河既淪于海，則逆河在其下流固不復有矣。河上播而爲九，下同而爲一，其分播合同，皆水勢之自然，禹特順而導之耳。今按漢西域傳：張騫所窮河源，云河有兩源，一出葱嶺，一出于闐。于闐，在南山下，其河北流，與葱嶺河合，東注蒲昌海。蒲昌海，一名鹽澤，去玉門、陽關三百餘里，其水停居，冬夏不增減，潛行地中，南出積石。又唐長慶中，劉元鼎使吐蕃〔一二〕，自隴西成紀縣西南出塞二千餘里，得河源於莫賀延積尾，曰悶磨黎山。其山中高四下，所謂崐崘也。東北流與積石河相連，河源澄瑩，冬春可涉。下稍合流，色赤，益遠，他水并注，遂濁。吐蕃亦自言崐崘在其國西南。二説恐劉氏爲是。河自積石三千里而後至于龍門，經但一書積石，不言方向，荒遠在所略也。龍門而下，因其所逕，記其自北而南，則曰南至華陰。記其自南而東，則曰東至底柱。又詳記其東向所經之地，則曰孟津，曰洛汭，曰大伾。又記其自東而北，則曰北過洚水。又詳記其北向所經之地，則曰大陸、曰九河。又記其入海之處，則曰逆河。自洛汭而上，河行於山，其地皆可考。自大伾而下，垠岸高於平地，故決齧流移，水陸變遷，而洚水、大陸、九河、逆河皆難指實。然上求大伾，下得碣石，因其方向，辨其故迹，則猶可考也。其詳悉見上文。○又按李復云：同州韓城北有安國嶺，東西四十餘里，東臨大河，瀕河有禹廟，在山斷河出處。禹鑿龍門，起於唐張仁愿所築東受降城之東，自北而南，至此山盡。兩岸石壁峭立，大河盤束於山峽間千數百里，至此山開岸闊，豁然奔放，怒氣噴風，聲如萬雷。今按舊説，禹鑿龍門，而不詳其所以鑿，誦説相傳，但謂因舊修闢，去其齟齬，以決水勢而已。今詳此説，則謂受降以東，至於龍門，皆是禹新開鑿。若果如此，則禹未鑿時，河之故道，不知却在何處。而李氏之學極博，不知此説又何所考也。

嶓冢道漾，東流爲漢，又東爲滄浪之水，過三澨，至于大別，南入于江。東匯澤爲彭蠡，東爲北江，入于海。

漾，水名。水經曰：漾水出隴西郡氐道縣嶓冢山，東至武都。常璩曰：漢水有兩源，此東源也，即禹貢所謂「嶓冢導漾」者。其西源出隴西嶓冢山會泉，始源曰沔，逕葭萌入漢。東源在今西縣之西，西源在今三泉縣之東也。酈道元謂東西兩川俱出嶓冢，而同爲漢水者是也。水源發于嶓冢爲漾，至武都爲漢，又東流爲滄浪之水。酈道元云：武當縣北四十里，漢水中有洲曰滄浪洲，水曰滄浪水，是也。蓋水之經歷，隨地得名，謂之爲者，明非他水也。三澨，水名。今郢州長壽縣磨石山發源，東南流者名澨水，至復州景陵縣界來，又名汉水，疑即三澨之一。然據左傳漳澨薳澨〔一三〕，則爲水際，未可曉也。大別，見導山。入江，在今漢陽軍漢陽縣。匯，迴也。彭蠡，見揚州。北江，未詳。入海在今通州靜海縣。〇今按彭蠡，古今記載皆謂今之番陽。然其澤在江之南，去漢水入江之處已七百餘里。所蓄之水，則合饒、信、徽、撫、吉、贛、南安、建昌、臨江、袁、筠、隆興、南康數州之流，非自漢入而爲匯者。又其入江之處，西則廬阜，東則湖口，皆石山峙立，水道狹甚，不應漢水入江之後，七百餘里，乃橫截而南入于番陽，又橫截而北流爲北江。且番陽合數州之流，豬而爲澤，泛溢壅遏，初無仰於江、漢之匯而後成也。不惟無所仰於江、漢，而衆流之積，日過月高，勢亦不復容江、漢之來入矣。今湖口橫渡之處，其北則江、漢之濁流，其南則番陽之清漲，不見所謂漢水匯澤而爲彭蠡者。番陽之水，既出湖口，則依南岸與大江相持以東，又不見所謂橫截而爲北江者。又以經文考之，則今之彭蠡，既在大江之南，於經則宜曰「南匯彭蠡」，不應曰「東匯」。於導江，則宜曰「南會于匯」，不應曰「北會于匯」。匯既在南，於經則宜曰「北爲北江」，不應曰「東爲北江」。以今地望參校，絕爲反戾。今廬江之北有所謂巢湖者，湖大而源淺，每歲四五月間，蜀嶺雪消，大江泛溢之時，水淤入湖。至七八月，大江水落，湖水方洩，隨江以東，爲合東匯、北會之文。然番陽之湖，方五六百里，不應舍此而録彼，記其小而遺其大也。蓋嘗以事理情勢考之，洪水之患，惟河爲甚。意當時龍門九河等處事急民困，勢重役煩，禹親涖而身督之。若江、淮，則地偏水急，不待疏鑿，固已通行，或分遣官屬往視亦可。況洞庭、彭蠡之間，乃三苗所居，水澤山林，深昧不測，彼方負其險阻，頑不即工，則官屬之往者，亦未必遽敢深入。是以但知彭蠡之爲澤，而不知其非漢水所匯。但意如巢湖江水之淤，而不知彭蠡之源爲甚衆也。以此致誤，謂之爲匯，謂之北江，無足怪者。然則番陽之爲彭蠡，信矣。**岷山導江，東別爲沱。又東至于澧，過九江，至于東陵。東迆北，會于匯，東爲中江，入于海。**沱，江之别流於梁者也。澧，水名。水經：出武陵充縣西，至長沙下雋縣西北入江。鄭氏云：經言過言會者〔一四〕，水也；言至者，或山或澤也。澧宜山澤之名。按下文九江，澧水既與其一，則非水明矣。九江，見荆州。東陵，巴陵也。今岳州巴陵縣也。地志：在廬江西北者。非是。會，匯。中江，見上章。**導沇水，東流爲濟。入于河，溢爲滎，東出于陶丘北，又東至于菏，又東北會于汶，又北東入于海。**沇水，濟水也。發源爲沇，既東爲濟。地志云：濟水出河東郡垣縣王屋山東南。今絳州垣曲縣山也。始發源王屋山頂崖下，曰沇水。既見而伏，東出於今孟州濟源縣。二源：東源周廻七百步，其深不測。西源周廻六百八十五步，其深一丈。合流至温縣，是爲濟水。歷虢公臺西南入于河。溢，滿也。復出河之南，溢而爲滎。滎，即滎波之滎，見豫州。又東出於陶丘北。陶丘，地名。再成曰陶，在今廣濟軍西。又東至于菏。菏，即菏澤，亦見豫州。謂之至者，濟陰縣自有菏泒，濟流至其地爾。汶，北汶也，見青州。又東北至于東平府壽張縣安民亭，合汶水，至今青州博興縣入海。唐李賢謂濟自鄭以東，貫滑、曹、鄆、濟、齊、青以入于海。本朝樂史謂今東平、濟南、淄川、北海界中有水流入海，謂之清河。酈道元謂濟水當王莽之世，川瀆枯竭，其後水流逕通津渠，勢改尋梁脉，水不與昔同。然則滎澤濟河雖枯，而濟水未甞絶流也。程氏曰：滎水之爲濟，本無他義。濟之入河，適會河滿，溢出南岸。溢出者非濟水，因濟而溢，故禹還以元名命之。按程氏言「溢」之一字，固爲有理。然出於河南者，既非濟水，則禹不應以河枝流而冒稱爲濟。蓋溢者指滎而言，非指河也。且河濁而滎清，則滎之水非河之溢明矣。況經所書，單立導沇條例，若斷若續，而實有源流。或見或伏，而脉絡可考。先儒皆以濟水性下勁疾，故能入河穴地，流注顯伏。南豐曾氏齊州二堂記云〔一五〕：「泰山之北，與齊之東南諸谷之水，西北匯于黑水之灣，又西北匯于柏崖之灣，而至于渴馬之崖。蓋水之來也衆，其北折而西也悍疾尤甚，及至于崖下，則泊然而止。而自崖以北至于歷城之西，蓋五十里而有泉湧出，高或致數尺，其旁之人名之曰趵突之泉。齊人皆謂嘗有棄糠於黑水之灣者，而見之於此。蓋泉自渴馬之崖潛流地中，而至此復出也。其注而北，則謂之濼水，達于清河以入于海。舟之通於濟者，皆於是乎達也。齊多甘泉，其顯名者十數，而色味皆同。以余驗之，蓋皆濼水之旁出者也。」然則水之伏流地中，固多有之，奚獨於滎澤疑哉？吴興沈氏亦言古説濟水伏流地中，今歷下凡發地皆是流水，世謂濟水經過其下。東阿亦濟所經，取其井水煑膠，謂之阿膠。用攪濁水則清，人服之下膈疎痰，蓋其水性趨下，清而重故也。濟水伏流絶河，乃其物性之常，事理之著者。程氏非之，顧弗深考耳。

導淮自桐柏，東會于泗、沂，東入于海。水經云：淮水出南陽平氏縣胎簪山。禹只自桐柏導之耳。桐柏，見導山。泗、沂，見徐州。沂入于泗，泗入于淮。此言會者，以二水相敵故也。入海，在今淮浦。

導渭自鳥鼠同穴，東會于灃，又東會于涇，又東過漆、沮，入于河。同穴，山名。地志云：鳥鼠山者，同穴之枝山也。餘並見雍州。孔氏曰：鳥鼠共爲雌雄，同穴而處。其説怪誕不經，不足信也。酈道元云：渭水出南谷山，在鳥鼠山西北，禹只自鳥鼠同穴導之耳。導洛自熊耳，東北會于澗、瀍。又東會于伊，又東北入于河。熊耳，盧氏之熊耳也。餘並見豫州。洛水，出冢嶺山。禹只自熊耳導之耳。○按經言嶓冢導漾，岷山導江者，漾之源出於嶓，江之源出於岷，故先言山而後言水也。言導河積石，導淮自桐柏，導渭自鳥鼠同穴，導洛自熊耳，皆非出於其山，特自其山以導之耳。故先言水而後言山也。河不言自者，河源多伏流，積石其見處，故言積石而不言自也。沇水不言山者，沇水伏流，其出非一，故不誌其原也。弱水、黑水不言山者，九州之外，蓋略之也。小水合大水謂之入，大水合小水謂之過，二水勢均相入謂之會。天下之水莫大於河，故於河不言會。此禹貢立言之法也。九州攸同，四隩既宅。九山刊旅，九川滌源，九澤既陂，四海會同。隩，隈也。李氏曰：「涯内近水爲隩。」陂，障也。會同，與「灉沮會同」同義。四海之隩，水涯之地，已可奠居。九州之山，槎木通道，已可祭告。九州之川，濬滌泉源而無壅遏。九州之澤，已有陂障而無决潰。四海之水，無不會同而各有所歸。此蓋總結上文，言九州四海水土無不平治也。六府孔修，庶土交正，厎慎財賦。咸則三壤，成賦中邦。孔，大也。水、火、金、木、土、穀，皆大修治也。土者，財之自生，謂之庶土，則非特穀土也。庶土有等，當以肥瘠高下名物交相正焉，以任土事。厎，致也。因庶土所出之財，而致謹其財賦之入。如周大司徒以土宜之法，辨十有二土之名物，以任土事之類。咸，皆也。則，品節之也。九州穀土，又皆品節之以上、中、下三等。如周大司徒辨十有二壤之名物，以致稼穡之類。中邦，中國也。蓋土賦或及於四夷，而田賦則止於中國而已，故曰成賦中邦。錫土、姓。錫土、姓者，言錫之土以立國，錫之姓以立宗。左傳所謂天子建德，因生以賜姓，胙之土而命之氏者也。祗台德先，不距朕行。台，我。距，違也。禹平水土，定土賦，建諸侯，治已定，功已成矣。當此之時，惟敬德以先天下，則天下自不能違越我之所行也。五百里甸服。百里賦納總，二百里納銍，三百里納秸，服，四百里粟，五百里米。甸服，畿内之地也。甸，田。服，事也。以皆田賦之事，故謂之甸服。五百里者，王城之外，四面皆五百里也。禾本全曰總。刈禾曰銍，半藁也。半藁去皮曰秸。謂之服者，三百里内，去王城爲近，非惟納總銍秸，而又使之服輸將之事也。獨於秸言之者，總前二者而言也。粟，穀也。内百里爲最近，故并禾本總賦之。外百里次之，只刈禾半藁納也。外百里又次之，去藁麤皮納也。外百里爲遠，去其穗而納穀。外百里爲尤遠，去其穀而納米。蓋量其地之遠近，而爲納賦之輕重精麤也。此分甸服五百里而爲五等者也。五百里侯服。百里采，二百里男邦，三百里諸侯。侯服者，侯國之服。甸服外，四面又各五百里也。采者，卿大夫邑地。男邦，男爵，小國也。諸侯，諸侯之爵，大國、次國也。先小國而後大國者，大可以禦外侮，小得以安内附也。此分侯服五百里而爲三等也。五百里綏服。三百里揆文教，二百里奮武衛。綏，安也。謂之綏者，漸遠王畿而取撫安之義。侯服外，四面又各五百里也。揆，度也。綏服内取王城千里，外取荒服千里，介於内外之間，故以内三百里揆文教，外二百里奮武衛。文以治内，武以治外，聖人所以嚴華夏之辨者如此。此分綏服五百里而爲二等也。五百里要服。三百里夷，二百里蔡。要服，去王畿已遠，皆夷狄之地，其文法略於中國。謂之要者，取要約之義，特羈縻之而已。綏服外，四面又各五百里也。蔡，放也。左傳云：「蔡，蔡叔是也。」流放罪人於此也。此分要服五百里而爲二等也。五百里荒服。三百里蠻，二百里流。荒服，去王畿益遠，而經略之者，視要服爲尤略也。以其荒野，故謂之荒服。要服外，四面又各五百里也。流，流放罪人之地。蔡與流，皆所以處罪人，而罪有輕重，故地有遠近之别也。此分荒服五百里而爲二等也。○今按每服五百里，五服則二千五百里，南北東西相距五千里，故益稷篇言弼成五服，至于五千。然堯都冀州，冀之北境并雲中、涿、易，亦恐無二千五百里。藉使有之，亦皆沙漠不毛之地。而東南財賦所出，則反棄於要荒，以地勢考之，殊未可曉。但意古今土地盛衰不同，當舜之時，冀北之地未必荒落如後世耳。亦猶閩、浙之間，舊爲蠻夷淵藪，而今富庶繁衍，遂爲上國。土地興廢，不可以一時槩也。周制九畿，曰侯、甸、男、采、衛、蠻、夷、鎮、藩，每畿亦五百里，而王畿又不在其中，併之則一方五千里，四方相距爲萬里，蓋倍禹服之數也。漢地志亦言東西九千里，南北一萬二千里。先儒皆疑禹服之狹，而周、漢地廣，或以周服里數皆以方言，或以古今尺有長短，或以爲禹直方計，而後世以人迹屈曲取之。要之皆非的論。蓋禹聲教所及，則地盡四海，而其疆理則止以五服爲制。至荒服之外，又别爲區畫，如所謂咸建五長是已。若周、漢，則盡其地之所至而疆畫之也。東漸于海，西被于流沙，朔南暨聲教訖于四海。禹錫玄圭，告厥成功。漸，漬。被，覆。暨，及也。地有遠近，故言有淺深也。聲，謂風聲。教，謂教化。林氏曰：「振舉於此而遠者聞焉，故謂之聲。軌範於此而遠者效焉，故謂之教。上言五服之制，此言聲教所及，蓋法制有限，而教化無窮也。」錫，與師錫之錫同。水土既平，禹以玄圭爲贄，而告成功于舜也。水色黑，故圭以玄云。

甘誓甘，地名。有扈氏國之南郊也。在扶風鄠縣。誓，與禹征苗之誓同義，言其討叛伐罪之意，嚴其坐作進退之節，所以一衆志而起其怠也。誓師于甘，故以「甘誓」名篇。書有六體，誓其一也。今文、古文皆有。〇按有扈，夏同姓之國。史記曰：啓立，有扈不服，遂滅之。唐孔氏因謂堯、舜受禪，啓獨繼父，以是不服，亦臆度之耳。左傳昭公元年，趙孟曰：虞有三苗，夏有觀扈，商有姺邳，周有徐奄。則有扈亦三苗、徐奄之類也。

大戰于甘，乃召六卿。六卿，六鄉之卿也。按周禮鄉大夫：每鄉卿一人，六鄉六卿。平居無事，則各掌其鄉之政教禁令，而屬於大司徒。有事出征，則各率其鄉之一萬二千五百人，而屬於大司馬，所謂軍將皆卿者是也。意夏制亦如此。古者四方有變，專責之方伯。方伯不能討，然後天子親征之。天子之兵，有征無戰。今啓既親率六軍以出，而又書大戰于甘，則有扈之怙強稔惡，敢與天子抗衡，豈特孟子所謂六師移之者。書曰「大戰」，蓋所以深著有扈不臣之罪，而爲天下後世諸侯之戒也。**王曰：「嗟！六事之人，予誓告汝：**重其事，故嗟嘆而告之。六事者，非但六卿，有事於六軍者皆是也。**有扈氏威侮五行，怠棄三正，天用勦絶其命。今予惟恭行天之罰。**威，暴殄之也。侮，輕忽之也。鯀汩五行而殛死，況於威侮之者乎！三正，子、丑、寅之正也。夏正建寅。怠棄者，不用正朔也。有扈氏暴殄天物，輕忽不敬，廢棄正朔，虐下背上，獲罪于天，天用勦絶其命。今我伐之，惟敬行天之罰而已。

今按此章，則三正迭建，其來久矣。舜協時月正日，亦所以一正朔也。子丑之建，唐、虞之前當已有之。

「左不攻于左，汝不恭命。右不攻于右，汝不恭命。御非其馬之正，汝不恭命。左，車左。右，車右也。攻，治也。古者車戰之法，甲士三人，一居左以主射，一居右以主擊刺，御者居中以主馬之馳驅也。左傳宣公十二年：楚許伯御，樂伯、攝叔爲右，以致晉師。樂伯曰：「吾聞致師者，左射以菆，是車左主射也。」攝叔曰：「吾聞致師者，右入壘折馘執俘而還，是車右主擊刺也。」御非其馬之正，猶王良所謂詭御也。蓋左右不治其事，與御非其馬之正，皆足以致敗。故各指其人以責其事，而欲各盡其職而不敢忽也。用命，賞于祖。不用命，戮于社。予則孥戮汝。」戮，殺也。禮曰：天子巡狩，以遷廟主行。左傳：軍行祓社釁鼓。然則天子親征，必載其遷廟之主與其社主以行，以示賞戮之不敢專也。祖左，陽也，故賞于祖。社右，陰也，故戮于社。孥，子也。孥戮，與上戮字同義，言若不用命，不但戮及汝身，將併汝妻子而戮之。戰，危事也。不重其法，則無以整肅其衆而使赴功也。或曰：戮，辱也。孥戮，猶秋官司厲孥男子以爲罪隸之孥。古人以辱爲戮，謂戮辱之以爲孥耳。古者罰弗及嗣，孥戮之刑，非三代之所宜有也。按此說固爲有理，然以上句考之，不應一戮而二義。蓋罰弗及嗣者，常刑也。「予則孥戮」者，非常刑也。常刑，則愛克厥威；非常刑，則威克厥愛。盤庚遷都，尚有「劓殄滅之無遺育」之語，則啓之誓師，豈爲過哉！

五子之歌

五子，太康之弟也。歌，與帝舜作歌之歌同義。今文無，古文有。

太康尸位，以逸豫滅厥德。黎民咸貳，乃盤遊無度，畋于有洛之表，十旬弗反。太康，啓之子。尸，如祭祀之尸，謂居其位而不爲其事，如古人所謂尸禄尸官者也。豫，樂也。夏諺曰：「吾王不遊，吾何以休。吾王不豫，吾何以助。一遊一豫，爲諸侯度。」夏之先王，非不遊豫，蓋有其節，皆所以爲民，非若太康以逸豫而滅其德也。民咸貳心，而太康猶不知悔，乃安於遊畋之無度。言其遠，則至于洛水之南；言其久，則十旬而弗反。是則太康自棄其國矣。有窮后羿，因民弗忍，距于河。窮，國名。羿，窮國君之名也。或曰：羿，善射者之名。賈逵説文：羿，帝嚳射官，故其後善射者皆謂之羿。有窮之君亦善射，故以羿目之也。羿因民不堪命，距太康于河北，使不得返，遂廢之。厥弟五人，御其母以從，徯于洛之汭。五子咸怨。述大禹之戒以作歌。御，侍也。怨，如孟子所謂小弁之怨，親親也。小弁之詩，父子之怨；五子之歌，兄弟之怨。親之過大而不怨，是愈踈也。五子知宗廟社稷危亡之不可救，母子兄弟離散之不可保，憂愁鬱悒，慷慨感厲，情不自已，發爲詩歌。推其亡國敗家之由，皆原於荒棄皇祖之訓。雖其五章之間，非盡述皇祖之戒。然其先後終始，互相發明。史臣以其作歌之意，序於五章之首。後世序詩者，每篇皆有小序，以言其作詩之義，其原蓋出諸此。其一曰：「皇祖有訓：民可近，不可下。民惟邦本，本固邦寧。此禹之訓也。皇，大也。君之與民，以勢而言，則尊卑之分，如胥壞之不侔。以情而言，則相須以安，猶身體之相資以生也。故勢疎則離，情親則合。以其親，故謂之近；以其疎，故謂之下，言其可親而不可疎之也。且民者國之本，本固而後國安。本既不固，則雖強如秦，富如隋，終亦滅亡而已矣。其一、其二，或長幼之序，或作歌之序，不可知也。予視天下，愚夫愚婦，一能勝予。一人三失，怨豈在明，不見是圖。予臨兆民，凛乎若朽索之馭六馬。爲人上者，奈何不敬？」予，五子自稱也。君失人心，則爲獨夫。獨夫，則愚夫愚婦，一能勝我矣。三失者，言所失衆也。民心怨背，豈待其彰著而後知之，當於事幾未形之時而圖之也。朽，腐也。朽索易絶，六馬易驚。朽索固非可以馭馬也，以喻其危懼可畏之甚，爲人上者，奈何而不敬乎？前既引禹之訓言，此則以己之不足恃，民之可畏者，申結其義也。其二曰：「訓有之，內作色荒，外作禽荒，甘酒，嗜音，峻宇，雕墻，有一於此，未或不亡。」此亦禹之訓也。色荒，惑嬖寵也。禽荒，耽遊畋也。荒者，迷亂之謂。酣、嗜，皆無厭也。峻，高大也。宇，棟宇也。雕，繪飾也。言六者有其一，皆足以致滅亡也。禹之訓昭明如此，而太康獨不念之乎？此章首尾意義已明，故不復申結之也。其三曰：「惟彼陶唐，有此冀方。今失厥道，亂其紀綱，乃底滅亡。」堯初爲唐侯，後爲天子都陶，故曰陶唐。堯授舜，舜授禹，皆都冀州，言冀方者，舉中以包外也。大者爲綱，小者爲紀。底，致也。堯、舜、禹相授一道以有天下，今太康失其道而紊亂其紀綱，以致滅亡也。○又按左氏所引「惟彼陶唐」之下，有「帥彼天常」一語。「厥道」，作「其行」。「乃底滅亡」，作「乃滅而亡」。其四曰：「明明我祖，萬邦之君。有典有則，貽厥子孫。關石和鈞，王府則有。荒墜厥緒，覆宗絶祀。」明明，明而又明也。我祖，禹也。典，猶周之六典；則，猶周之八則，所以治天下之典章法度也。貽，遺。關，通。和，平也。百二十斤爲石，三十斤爲鈞，鈞與石，五權之最重者也。關通，以見彼此通同，無折閱之意。和平，以見人情兩平，無乖争之意。言禹以明明之德，君臨天下，典則法度，所以貽後世者如此。至於鈞石之設，所以一天下之輕重而立民信者，王府亦有之，其爲子孫後世慮，可謂詳且遠矣。奈何太康荒墜其緒，覆其宗而絶其祀乎！○又按法度之制，始於權。權與物鈞而生衡，衡運生規，規圓生矩，矩方生繩，繩直生準。是權衡者，又法度之所自出也，故以鈞石言之。其五曰：「嗚呼曷歸？予懷之悲。萬姓仇予，予將疇依？鬱陶乎予心，顔厚有忸怩。弗慎厥德，雖悔可追？」曷，何也。嗚呼曷歸，歎息無地之可歸也。予將疇依，彷徨無人之可依也。爲君至此，亦可哀矣。仇予之予，指太康也。指太康而謂之予者，不忍斥言，忠厚之至也。鬱陶，哀思也。顔厚，愧之見於色也。忸怩，愧之發於心也。可追，言不可追也。

胤征

胤，國名。孟子曰：「征者，上伐下也。」此以征名，實即誓也。仲康丁有夏中衰之運，羿執國政，社稷安危，在其掌握。而仲康能命胤侯以掌六師，胤侯能承仲康以討有罪。是雖未能行羿不道之誅，明羲和黨惡之罪。猶爲禮樂征伐之自天子出也，夫子所以録其書者以是歟？今文無，古文有。○或曰：蘇氏以爲羲和貳於羿，忠於夏者，故羿假仲康之命，命胤侯征之。今按篇首言「仲康肇位四海，胤侯命掌六師」，又曰「胤侯承王命徂征」，詳其文意，蓋史臣善仲康能命將遣師，胤侯能承命致討。未見貶仲康不能制命，而罪胤侯之爲專征也。若果爲篡羿之書，而亂臣賊子所爲，孔子亦取之爲後世法乎？

惟仲康肇位四海，胤侯命掌六師。羲和廢厥職，酒荒于厥邑，胤后承王命徂征。仲康，太康之弟。胤侯，胤國之侯。命掌六師，命爲大司馬也。仲康始即位，即命胤侯以掌六師，次年方有征羲和之命。必本始而言者，蓋史臣善仲康肇位之時，已能收其兵權，故羲和之征，猶能自天子出也。林氏曰：羿廢太康而立仲康，然其篡也，乃在相之世。仲康不爲羿所篡，至其子相，然後見篡，是則仲康猶有以制之也。羿之立仲康也，方將執其禮樂征伐之權以號令天下。而仲康即位之始，即能命胤侯掌六師，以收其兵權。如漢文帝入自代邸，即皇帝位，夜拜宋昌爲衛將軍，鎮撫南、北軍之類。羲和之罪，雖曰沈亂于酒，然黨惡於羿，同惡相濟，故胤侯承王命往征之，以翦羿羽翼。故終仲康之世，羿不得以逞。使仲康盡失其權，則羿之篡夏，豈待相而後敢耶？羲氏、和氏，夏合爲一官。曰胤后者，諸侯入爲王朝公卿，如禹、稷、伯夷謂之后也。告于衆曰：「嗟予有衆，聖有謨訓，明徵定保。先王克謹天戒，臣人克有常憲，百官修輔，厥后惟明明。徵，驗。保，安也。聖人謨訓，明有徵驗，可以定安邦國也。下文即謨訓之語。天戒，日蝕之類。謹者，恐懼修省以消變異也。常憲者，奉法修職以供乃事也。君能謹天戒於上，臣能有常憲於下，百官之衆，各修其職以輔其君，故君內無失德，外無失政，此其所以爲明明后也。又按日蝕者，君弱臣強之象。后羿專政之戒也。羲和掌日月之官，黨羿而不言，是可赦乎！「每歲孟春，遒人以木鐸徇于路。官師相規，工執藝事以諫。其或不恭，邦有常刑。遒人，宣令之官。木鐸，金口木舌，施政教時振以警衆也。周禮小宰之職，正歲帥治官之屬，徇以木鐸曰：不用法者，國有常刑。亦此意也。官以職言，師以道言。規，正也。相規云者，胥教誨也。工，百工也。百工技藝之事，至理存焉。理無往而不在，故言無微而可畧也。孟子曰：「責難於君謂之恭。」官師百工，不能規諫，是謂不恭。不恭之罪，猶有常刑，而況於畔官離次，俶擾天紀者乎？「惟時羲和，顛覆厥德。沈亂于酒，畔官離次，俶擾天紀，遐棄厥司。乃季秋月朔，辰弗集于房。瞽奏鼓，嗇夫馳，庶人走。羲和尸厥官，罔聞知，昏迷于天象，以干先王之誅。政典曰：先時者殺無赦，不及時者殺無赦。次，位也。官以職言，次以位言。畔官，則亂其所治之職。離次，則舍其所居之位。俶，始。擾，亂也。天紀，則洪範所謂歲月日星辰曆數是也。蓋自堯、舜命羲和曆象日月星辰之後，爲羲和者，世守其職，未嘗紊亂。至是始亂其天紀焉。遐，遠也。遠棄其所司之事也。辰，日月會次之名。房，所次之宿也。集，漢書作輯。集、輯通用。言日月會次，不相和輯，而掩蝕於房宿也。按唐志日蝕在仲康即位之五年。瞽，樂官，以其無目而審於音也。奏，進也。古者日蝕，則伐鼓用幣以救之。春秋傳曰：惟正陽之月則然，餘則否。今季秋而行此禮，夏禮與周異也。嗇夫，小臣也。漢有上林嗇夫。庶人，庶人之在官者。周禮庭氏救日之弓矢，嗇夫庶人，蓋供救日之百役者。曰馳曰走者，以見日蝕之變。天子恐懼于上，嗇夫庶人奔走于下，以助救日如此其急。羲和爲曆象之官，尸居其位，若無聞知。則其昏迷天象，以干先王之誅，豈特不恭之刑而已哉！政典，先王政治之典籍也。先時後時，皆違制失時，當誅而不赦者也。今日蝕之變如此，而羲和罔聞知，是固干先王後時之誅矣[一六]。

「今予以爾有衆，奉將天罰。爾衆士同力王室，尚弼予欽承天子威命。將，行也。我以爾衆士奉行天罰，爾其同力王室，庶幾輔我以敬承天子之威命也。蓋天子討而不伐，諸侯伐而不討。仲康之命胤侯，得天子討伐之權。胤侯之征羲和，得諸侯敵愾之義。其辭直，其義明，非若五霸摟諸侯以伐諸侯，其辭曲，其義迂也。

火炎崐岡，玉石俱焚。天吏逸德，烈于猛火。殲厥渠魁，脅從罔治。舊染汙俗，咸與惟新。崐，出玉山名。岡，山脊也。逸，過。渠，大也。言火炎崐岡，不辨玉石之美惡而焚之。苟爲天吏而有過逸之德，不擇人之善惡而戮之，其害有甚於猛火不辨玉石也。今我但誅首惡之魁而已，脅從之黨則罔治之。舊染污習之人，亦皆赦而新之。其誅惡宥善，是猶王者之師也。今按胤征始稱羲和之罪，止以其畔官離次，俶擾天紀，至是有脅從舊染之語，則知羲和之罪，當不止於廢時亂日。是必聚不逞之人，崇飲私邑，以爲亂黨，助羿爲惡者也。胤后徂征，隱其畔逆而不言者，蓋正名其罪。則必鋤根除源，而仲康之勢，有未足以制后羿者。故止責其曠職之罪，而實誅其不臣之心也。

嗚呼！威克厥愛，允濟；愛克

厥威！允罔功。其爾衆士懋戒哉！」威者，嚴明之謂。愛者，姑息之謂。記曰：軍旅主威。蓋軍法不可以不嚴。嚴明勝，則信其事之必濟；姑息勝，則信其功之無成。誓師之末，而復嗟歎，以是深警之，欲其勉力戒懼而用命也！

校勘記

〔一〕青之海岱 「青之海岱」四字原脱，據元至正本、明内府本、明官刻本及清傳經堂本補。

〔二〕揚之淮海 「海」字原脱，據明内府本、明官刻本、清傳經堂本補。

〔三〕鉅鹿北廣阿澤 「阿」字原作「河」，據元至正本、明内府本、清傳經堂本改。

〔四〕濟河之間 「濟」原作「兖」，據上文及清傳經堂本改。

〔五〕齊威塞其八流以自廣 「威」，明内府本、明官刻本、清傳經堂本作「桓」。下同。

〔六〕今淄州淄川縣東南七十里原山也 「川」字原作「州」，據元刻本、明内府本、清傳經堂本改。

〔七〕篚厥玄黄 「篚厥」原作「厥篚」，據明内府本、明官刻本、清傳經堂本及本書武成篇乙正。

〔八〕又期而大祥 「又」原作「及」，據元刻本、清傳經堂本及儀禮士虞禮改。

〔九〕地闊而人工修也 「而」字原脱，據明官刻本、清傳經堂本補。

〔一〇〕必待錫命而後納也 「錫」原作「錯」，據元刻本、元至正本、明内府本、清傳經堂本改。

〔一一〕古文以爲豬野　「文」原作「今」，據元刻本、元至正本、明内府本、清傳經堂本改。

〔一二〕劉元鼎使吐蕃　「劉」原作「薛」，據各本及舊唐書卷一百九十六吐蕃下改。下徑改。

〔一三〕左傳漳澨薳澨　「薳」原作「蓬」，據各本及左傳昭公二十三年改。

〔一四〕經言過言會者　「過」原作「道」，據元刻本、元至正本、明内府本、清傳經堂本改。

〔一五〕南豐曾氏齊州二堂記云　「州」字原脱，據明官刻本、清傳經堂本補。

〔一六〕是固干先王後時之誅矣　「干」原作「于」，據明内府本、明官刻本、清傳經堂本改。

書集傳卷三

商書

契始封商，湯因以爲有天下之號。書凡十七篇。

湯誓

湯，號也。或曰謚。湯名履，姓子氏。夏桀暴虐，湯往征之，亳衆憚於征役，故湯諭以弔伐之意。蓋師興之時而誓于亳都者也。今文、古文皆有。

王曰：「格爾衆，庶悉聽朕言。非台小子，敢行稱亂。有夏多罪，天命殛之。王曰者，史臣追述之稱也。格，至。台，我。稱，舉也。以人事言之，則臣伐君可謂亂矣。以天命言之，則所謂天吏，非稱亂也。今爾有衆，汝曰：『我后不恤我衆，舍我穡事而割正夏。』予惟聞汝衆言，夏氏有罪。予畏上帝，不敢不正。穡，刈穫也。割，斷也。亳邑之民，安於湯之德政，桀之虐焰所不及。故不知夏氏之罪，而憚伐桀之勞，反謂湯不恤亳邑之衆，舍我刈穫之事，而斷正有夏。湯言我亦聞汝衆論如此。然夏桀暴虐，天命殛之。我畏上帝，不敢不往正其罪也。今汝其曰：『夏罪其如台？』夏王率遏衆力，率割夏邑。有衆率怠弗協。曰：『時日曷喪？予及汝皆亡。』夏德若茲，今朕必往。遏，絶也。割，剿割夏邑之割。時，是也。湯又舉商衆言桀雖暴虐，其如我何？湯又應之曰夏王率爲重役以窮民力，嚴刑以殘民生。民厭夏德，亦率皆怠於奉上，不和於國。疾視其君，指日而曰：「是日何時而亡乎！若亡，則吾寧與之俱亡！」蓋苦桀之虐，而欲其亡之甚也。桀之惡德如此，今我之所以必往也。桀嘗自言：「吾有天下，如天之有日。日亡，吾乃亡耳。」故民因以日目之。爾尚輔予一人，致天之罰，予其大賚汝。爾無不信，朕不食言。爾不從誓言，予則孥戮汝，罔有攸赦。」賚，與也。食言，言已出而反吞之也。禹之征苗，止曰：「爾尚一乃心力，其克有勳。」至啓，則曰：「用命賞于祖，不用命戮于社，予則孥戮汝。」此又益以「朕不食言，罔有攸赦」，亦可以觀世變矣。

仲虺之誥 仲虺，臣名。奚仲之後，爲湯左相。誥，告也。周禮：出師以立先後刑罰[一]：一曰誓，用之於軍旅。二曰誥，用之於會同，以喻衆也。此但告湯而亦謂之誥者，唐孔氏謂仲虺亦必對衆而言，蓋非特釋湯之慙，而且以曉其臣民衆庶也。古文有，今文無。

成湯放桀于南巢，惟有慙德。曰：「予恐來世以台爲口實。」武功成，故曰成湯。南巢，地名。廬江六縣有居巢城，桀奔于此，因以放之也。湯之伐桀，雖順天應人，然承堯、舜、禹授受之後，於心終有所不安，故愧其德之不古若，而又恐天下後世藉以爲口實也。◯陳氏曰：堯、舜以天下讓，後世好名之士，猶有不知而慕之者。湯、武征伐而得天下，後世嗜利之人，安得不以爲口實哉？此湯之所以恐也歟？仲虺乃作誥曰：「嗚呼！惟天生民有欲，無主乃亂。惟天生聰明時乂。有夏昏德，民墜塗炭。天乃錫王勇智，表正萬邦，纘禹舊服。茲率厥典，奉若天命。仲虺恐湯憂愧不已，乃作誥以解釋其意。歎息言民生有耳目口鼻愛惡之欲，無主則爭且亂矣。天生聰明，所以爲之主而治其爭亂者也。墜，陷也。塗，泥。炭，火也。桀爲民主，而反行昏亂，陷民於塗炭，既失其所以爲主矣。然民不可以無主也。故天錫湯以勇智之德，勇足以有爲，智足以有謀，非勇智則不能成天下之大業也。表正者，表正於此而影直於彼也。天錫湯以勇智者，所以使其表正萬邦，而繼禹舊所服行也。此但率循其典常，以奉順乎天而已。天者，典常之理所自出。而典常者，禹之所服行者也。湯革夏而纘舊服，武革商而政由舊，孔子所謂百世可知者，正以是也。林氏曰：梁惠王問孟子曰[二]：湯放桀，武王伐紂，有諸？孟子曰：「賊仁者謂之賊，賊義者謂之殘。殘賊之人，謂之一夫。聞誅一夫紂矣，未聞弑君也。」夫立之君者，懼民之殘賊而無以主之。爲之主而自殘賊焉，則君之實喪矣，非一夫而何？孟子之言，則仲虺之意也。夏王有罪，矯誣上天，以布命于下。帝用不臧，式商受命，用爽厥師。矯，與矯制之矯同。誣，罔。臧，善。式，用。爽，明。師，衆也。天以形體言，帝以主宰言。桀知民心不從，矯詐誣罔，託天以惑其衆。天用不善其所爲，用使有商受命，用使昭明其衆庶也。○王氏曰：夏有昏德，則衆從而昏。商有明德，則衆從而明。○吴氏曰：用爽厥師，續下文「簡賢附勢」，意不相貫，疑有脱誤。簡賢附勢，寔繁有徒。肇我邦于有夏，若苗之有莠，若粟之有秕。小大戰戰，罔不懼于非辜。矧予之德，言足聽聞。簡，略。繁，多。肇，始也。戰戰，恐懼貌。言簡賢附勢之人，同惡相濟，寔多徒衆。肇我邦於有夏，爲桀所惡，欲見翦除，如苗之有莠，如粟之有秕，鋤治簸揚，有必不相容之勢。商衆小大震恐，無不懼陷于非罪。況湯之德，言則足人之聽聞，尤桀所忌疾者乎？以苗粟喻桀，以莠秕喻湯，特言其不容於桀，而迹之危如此。史記言桀囚湯於夏臺，湯之危屢矣。無道而惡有道，勢之必至也。

惟王不邇聲色，不殖貨利。德懋懋官，功懋懋賞。用人惟己，改過不吝。克寬克仁，彰信兆民。

邇，近。殖，聚也。不近聲色，不聚貨利，若未足以盡湯之德。然此本原之地，非純乎天德，而無一毫人欲之私者，不能也。本原澄澈，然後用人處己，而莫不各得其當。懋，茂也。繁多之意，與時乃功懋哉之義同。言人之懋於德者，則懋之以官；人之懋於功者，則懋之以賞。用人惟己，而人之有善者，無不容。改過不吝，而己之不善者，無不改。不忌能於人，不吝過於己，合併爲公，私意不立，非聖人其孰能之？湯之用人處己者如此，而於臨民之際，是以能寬能仁。謂之能者，寬而不失於縱，仁而不失於柔。易曰：「寬以居之，仁以行之，君德也。」君德昭著，而孚信於天下矣。湯之德足人聽聞者如此。

乃葛伯仇餉，初征自葛。東征西夷怨，南征北狄怨，曰：『奚獨後予？』攸徂之民，室家相慶，曰：『徯予后，后來其蘇。』民之戴商，厥惟舊哉！

葛，國名。伯，爵也。餉，饋也。仇餉，與餉者爲仇也。葛伯不祀，湯使問之，曰：「無以供粢盛。」湯使亳衆往耕，老弱饋餉，葛伯殺其童子，湯遂征之。湯征自葛始也。奚，何。徯，待也。蘇，復生也。西夷北狄，言遠者如此，則近者可知也。湯師之未加者，則怨望其來，曰「何獨後予」。其所往伐者，則妻孥相慶，曰「待我后久矣，后來我其復生乎」。他國之民，皆以湯爲我君，而望其來者如此。天下之愛戴歸往於商者，非一日矣。商業之興，蓋不在於鳴條之役也。○呂氏曰：「夏、商之際，君臣易位，天下之大變。然觀其征伐之時，唐虞都俞揖遜氣象，依然若存。蓋堯、舜、禹、湯以道相傳，世雖降而道不降也。」佑賢輔德，顯忠遂良。兼弱攻昧，取亂侮亡。推亡固存，邦乃其昌。前既釋湯之慙，此下因以勸勉之也。諸侯之賢德者，佑之輔之；忠良者，顯之遂之，所以善善也。侮，說文曰：傷也。諸侯之弱者兼之，昧者攻之，亂者取之，亡者傷之，所以惡惡也。言善則由大以及小，言惡則由小以及大。推亡者，兼攻取侮也。固存者，佑輔顯遂也。推彼之所以亡，固我之所以存，邦國乃其昌矣。德日新，萬邦惟懷。志自滿，九族乃離。王懋昭大德，建中于民。以義制事，以禮制心，垂裕後昆。予聞曰：能自得師者王。謂人莫己若者亡。好問則裕，自用則小。德日新者，日新其德而不自已也。志自滿者反是。湯之盤銘曰：「苟日新〔三〕，日日新，又日新。」其廣日新之義歟。德日新，則萬邦雖廣而無不懷；志自滿，則九族雖親而亦離。萬邦，舉遠以見近也。九族，舉親以見疎也。王其勉明大德，立中道於天下。中者，天下之所同有也。然非君建之，則民不能以自中。而禮義者，所以建中者也。義者，心之裁制。禮者，理之節文。以義制事，則事得其宜。以禮制心，則心得其正。內外合德，而中道立矣。如此，則非特有以建中於民，而垂諸後世者，亦綽乎有餘裕矣。然是道也，必學焉而後至，故又舉古人之言，以爲隆師好問，則德尊而業廣，自賢自用者反是。謂之自得師者，真知己之不足。人之有餘，委心聽順，而無拂逆之謂也。孟子曰：「湯之於伊尹，學焉而後臣之，故不勞而王，其湯之所以自得者歟？」仲虺言懷諸侯之道，推而至於修德檢身，又推而至於能自得師。夫自天子至于庶人，未有舍師而能成者。雖生知之聖，亦必有師焉。後世之不如古，非特世道之降，抑亦師道之不明也。仲虺之論，遡流而源，要其極而歸諸能自得師之一語，其可爲帝王之大法也歟？

嗚呼！慎厥終，惟其始。殖有禮，覆昏暴。欽崇天道，永保天命。」上文既勸勉之，於是歎息言謹其終之道，惟於其始圖之。始之不謹，而能謹終者，未之有也。伊尹亦言謹終于始。事雖不同，而理則一也。欽崇者，敬畏尊奉之意。有禮者封殖之，昏暴者覆亡之，天之道也。欽崇乎天道，則永保其天命矣。按仲虺之誥，其大意有三，先言天立君之意，桀逆天命，而天之命湯者不可辭。次言湯德足以得民，而民之歸湯者非一日。末言爲君艱難之道，人心離合之機，天道福善禍淫之可畏，以明今之受夏，非以利己，乃有無窮之恤，以深慰湯而釋其慙。仲虺之忠愛，可謂至矣。然湯之所慙，恐來世以爲口實者，仲虺終不敢謂無也。君臣之分，其可畏如此哉！

湯誥

湯伐夏歸亳，諸侯率職來朝，湯作誥以與天下更始。今文無，古文有。

王歸自克夏，至于亳，誕告萬方。誕，大也。亳，湯所都，在宋州穀熟縣。王曰：「嗟爾萬方有衆，明聽予一人誥。惟皇上帝，降衷于下民，若有恒性。克綏厥猷惟后。皇，大。衷，中。若，順也。天之降命，而具仁義禮智信之理，無所偏倚，所謂衷也。人之稟命，而得仁義禮智信之理，與心俱生，所謂性也。猷，道也。由其理之自然，而有仁義禮智信之行，所謂道也。以降衷而言，則無有偏倚，順其自然，固有常性矣。以稟受而言，則不無清濁純雜之異，故必待君師之職，而後能使之安於其道也。故曰「克綏厥猷惟后」。夫天生民有欲，以情言也；上帝降衷于下民，以性言也。仲虺即情以言人之欲，成湯原性以明人之善，聖賢之論，互相發明。然其意則皆言君道之係於天下者，如此之重也。夏王滅德作威，以敷虐于爾萬方百姓。爾萬方百姓，罹其凶害，弗忍荼毒，並告無辜于上下神祇。天道福善禍淫，降灾于夏，以彰厥罪。言桀無有仁愛，但爲殺戮，天下被其凶害，如荼之苦，如毒之螫，不可堪忍。稱冤於天地鬼神，以冀其拯己。屈原曰：「人窮則反本。」故勞苦倦極，未嘗不呼天也。天之道，善者福之，淫者禍之。桀既淫虐，故天降災以明其罪。意當時必有災異之事，如周語所謂「伊洛竭而夏亡」之類。肆台小子，將天命明威，不敢赦。敢用玄牡，敢昭告于上天神后，請罪有夏。聿求元聖，與之戮力，以與爾有衆請命。肆，故也。故我小子，奉將天命明威，不敢赦桀之罪也。玄牡，夏尚黑，未變其禮也。神后，后土也。聿，遂也。元聖，伊尹也。上天孚佑下民，罪人黜伏。天命弗僭，賁若草木，兆民允殖。孚，允，皆信也。僭，差也。賁，文之著也。殖，生也。上天信佑下民，故夏桀竄亡而屈服。天命無所僭差，燦然若草木之敷榮，兆民信乎其生殖矣。俾予一人，輯寧爾邦家。兹朕未知獲戾于上下，慄慄危懼，若將隕于深淵。輯，和。戾，罪。隕，墜也。天使我輯寧爾邦家，其付予之重，恐不足以當之，未知已得罪於天地與否，驚恐憂畏，若將墜于深淵。蓋責愈重，則憂愈大也。凡我造邦，無從匪彝，無即慆淫。各守爾典，以承天休。夏命已黜，湯命惟新，侯邦雖舊，悉與更始，故曰造邦。彝，法。即，就。慆，慢也。非彝，指法度言。慆淫，指逸樂言。典，常也。各守其典常之道，以承天之休命也。爾有善，朕弗敢蔽；罪當朕躬，弗敢自赦，惟簡在上帝之心。其爾萬方有罪，在予一人；予一人有罪，無以爾萬方。簡，閲也。人有善，不敢以不達；己有罪，不敢以自恕，簡閲一聽於天。然天以天下付之我，則民之有罪，實君所爲。君之有罪，非民所致。非特聖人厚於責己而薄於責人，是乃理之所在，君道當然也。嗚呼！尚克時忱，乃亦有終。」忱，信也。歎息言庶幾能於是而忱信焉，乃亦有終也。吴氏曰：「此兼人己而言。」

伊訓

訓，導也。太甲嗣位，伊尹作書訓導之，史録爲篇。今文無，古文有。

惟元祀十有二月乙丑，伊尹祠于先王，奉嗣王祗見厥祖。侯甸羣后咸在，百官總己以聽冢宰。伊尹乃明言烈祖之成德，以訓于王。夏曰歲，商曰祀，周曰年，一也。元祀者，太甲即位之元年。十二月者，商以建丑爲正，故以十二月爲正也。乙丑，日也。不繫以朔者，非朔日也。三代雖正朔不同，然皆以寅月起數。蓋朝覲會同，班曆授時，則以正朔行事。至於紀月之數，則皆以寅爲首也。伊，姓。尹，字也。伊尹名摯。祠者，告祭於廟也。先王，湯也。冢，長也。禮有冢子冢婦之名。周人亦謂之冢宰。古者王宅憂，祠祭則冢宰攝而告廟，又攝而臨羣臣。太甲服仲壬之喪，伊尹祠于先王，奉太甲以即位改元之事。祗見厥祖，則攝而告廟也。侯服、甸服之羣后咸在，百官總己之職以聽冢宰，則攝而臨羣臣也。烈，功也。商頌曰「衎我烈祖」。太甲即位改元，伊尹於祠告先王之際，明言湯之成德，以訓太甲，此史官叙事之始辭也。○或曰：孔氏言湯崩踰月，太甲即位，則十二月者，湯崩之年，建子之月也，豈改正朔而不改月數乎？曰：此孔氏惑於序書之文也。太甲繼仲壬之後，服仲壬之喪，而孔氏曰湯崩，奠殯而告，固已誤矣。至於改正朔而不改月數，則於經史尤可攷。周建子矣，而詩言「四月維夏」，「六月徂暑」，則寅月起數，周未嘗改也。秦建亥矣，而史記始皇三十一年十二月更名臘曰嘉平。夫臘必建丑月也，秦以亥正，則臘爲三月。云十二月者，則寅月起數，秦未嘗改也。至三十七年，書十月癸丑始皇出游，十一月行至雲夢，繼書七月丙寅始皇崩，九月葬酈山。先書十月、十一月，而繼書七月、九月者，知其以十月爲正朔，而寅月起數，未嘗改也。且秦史制書謂改年始朝賀，皆自十月朔。夫秦繼周者也。若改月數，則周之十月爲建酉月矣，安在其爲建亥乎？漢初史氏所書，舊例也。漢仍秦正，亦書曰元年冬十月，則正朔改而月數不改，亦已明矣。且經曰元祀十有二月乙丑，則以十二月爲正朔而改元何疑乎？惟其以正朔行事也，故後乎此者，復政厥辟，亦以十二月朔奉嗣王歸于亳。蓋祠告復政，皆重事也，故皆以正朔行之。孔氏不得其説，而意湯崩踰月，太甲即位，奠殯而告，是以崩年改元矣。蘇氏曰：「崩年改元，亂世事也，不容在伊尹而有之，不可以不辨。」又按孔氏以爲湯崩，吴氏曰：殯有朝夕之奠，何爲而致祠主喪者不離於殯側，何待於祇見，蓋太甲之爲嗣王，嗣仲壬而王也。太甲，太丁之子。仲壬，其叔父也。嗣叔父而王，而爲之服三年之喪，爲之後者爲之子也。太甲既即位於仲壬之柩前，方居憂於仲壬之殯，則伊尹乃至商之祖廟，徧祠商之先王，而以立太甲告之。不言太甲祠而言伊尹，喪三年不祭也。奉太甲徧見商之先王，而獨言祇見厥祖者，雖徧見先王，而尤致意於湯也。亦猶周公金縢之册，雖徧告三王，而獨眷眷於文王也。湯既已祔于廟，則是此書初不廢外丙、仲壬之事。但此書本爲伊尹稱湯以訓太甲，故不及外丙、仲壬之事爾。餘見書序。

曰：「嗚呼！古有夏先后方懋厥德，罔有天災。山川鬼神，亦莫不寧。暨鳥獸魚鱉咸若。于其子孫弗率，皇天降災，假手于我有命。造攻自鳴條，朕哉自亳。詩曰：「殷監不遠，在夏后之世。」商之所宜監者，莫近於夏，故首以夏事告之也。率，循。假，借也。有命，有天命者，謂湯也。桀不率循先王之道，故天降災，借手于我成湯以誅之。夏之先后，方其懋德，則天之眷命如此。及其子孫弗率，而覆亡之禍又如此。太甲不知率循成湯之德，則夏桀覆亡之禍，亦可監矣。哉，始也。鳴條，夏所宅也。亳，湯所宅也。言造可攻之釁者，由桀積惡於鳴條，而湯德之修，則始於亳都也。惟我商王，布昭聖武，代虐以寬，兆民允懷。布昭，敷著也。聖武，猶易所謂神武而不殺者。湯之德威敷著于天下，代桀之虐以吾之寬，故天下之民信而懷之也。今王嗣厥德，罔不在初。立愛惟親，立敬惟長。始于家邦，終于四海。初，即位之初。言始不可以不謹也。謹始之道，孝悌而已。孝悌者，人心之所同，非必人人教詔之。立，植也。立愛敬於此，而形愛敬於彼。親吾親以及人之親，長吾長以及人之長，始于家，達于國，終而措之天下矣。孔子曰：「立愛自親始，教民睦也。立敬自長始，教民順也。」嗚呼！先王肇修人紀，從諫弗咈，先民時若。居上克明，爲下克忠。與人不求備，檢身若不及。以至于有萬邦，茲惟艱哉。人紀，三綱五常，孝敬之實也。上文欲太甲立其愛敬，故此言成湯之所修人紀者，如下文所云也。綱常之理，未嘗泯沒，桀廢棄之，而湯始修復之也。咈，逆也。先民，猶前輩舊德也。從諫不逆，先民是順，非誠於樂善者不能也。居上克明，言能盡臨下之道；爲下克忠，言能盡事上之忠。呂氏曰：湯之克忠，最爲難看。湯放桀，以臣易君，豈可爲忠。不知湯之心最忠者也。天命未去，人心未離，事桀之心，曷嘗斯須替哉！與人之善，不求其備，檢身之誠，有若不及，其處上下人己之間又如此。是以德日以盛，業日以廣，天命歸之，人心戴之，由七十里而至于有萬邦也。積累之勤，玆亦難矣。伊尹前既言夏失天下之易，此又言湯得天下之難，太甲可不思所以繼之哉！敷求哲人，俾輔于爾後嗣。敷，廣也。廣求賢哲，使輔爾後嗣也。制官刑，儆于有位。曰：『敢有恒舞于宫，酣歌于室，時謂巫風。敢有殉于貨色，恒于遊畋，時謂淫風。敢有侮聖言，逆忠直，遠耆德，比頑童，時謂亂風。惟玆三風十愆，卿士有一于身，家必喪；邦君有一於身，國必亡。臣下不匡，其刑墨，具訓于蒙士。』官刑，官府之刑也。巫風者，常歌常舞，若巫覡然也。淫，過也。過而無度也。比，昵也。倒置悖理曰亂，好人之所惡，惡人之所好也。風，風化也。三風，愆之綱也；十愆，風之目也。卿士諸侯十有其一，已喪其家，亡其國矣。墨，墨刑也。臣下而不能匡正其君，則以墨刑加之。具，詳悉也。童蒙始學之士，則詳悉以是訓之，欲其入官而知所以正諫也。異時太甲欲敗度，縱敗禮，伊尹先見其微，故拳拳及此。劉侍講曰：墨，即叔向所謂夏書昏墨賊殺，臯陶之刑，貪以敗官爲墨。嗚呼！嗣王祇厥身，念哉！聖謨洋洋，嘉言孔彰。惟上帝不常，作善，降之百祥；作不善，降之百殃。爾惟德罔小，萬邦惟慶；爾惟不德罔大，墜厥宗。」歎息言太甲當以三風十愆之訓，敬之於身，念而勿忘也。謨，謂其謀。言，謂其訓。洋，大。孔，甚也。言其謀訓大明，不可忽也。不常者，去就無定也。爲善則降之百祥，爲惡則降之百殃，各以類應也。勿以小善而不爲，萬邦之慶積於小。勿以小惡而爲之，厥宗之墜不在大。蓋善必積而後成，惡雖小而可懼。此總結上文，而又以天命人事禍福申戒之也。

太甲上

商史録伊尹告戒節次，及太甲往復之辭，故三篇相屬成文。其間或附史臣之語以貫篇意，若史家紀傳之所載也。唐孔氏曰：伊訓、肆命、徂后、太甲、咸有一德，皆是告戒太甲，不可皆名伊訓，故隨事立稱也。林氏曰：此篇亦訓體。今文無，古文有。

惟嗣王不惠于阿衡。惠，順也。阿，倚。衡，平也。阿衡，商之官名，言天下之所倚平也，亦曰保衡。或曰伊尹之號。史氏録伊尹之書，先此以發之。伊尹作書曰：「先王顧諟天之明命，以承上下神祇，社稷宗廟，罔不祗肅。天監厥德，用集大命，撫綏萬方。惟尹躬克左右，厥辟宅師。肆嗣王丕承基緒。顧，常目在之也。諟，古是字。明命者，上天顯然之理，而命之我者。在天爲明命，在人爲明德。伊尹言成湯常目在是天之明命，以奉天地神祇、社稷宗廟，無不敬肅。故天視其德，用集大命，以有天下，撫安萬邦。我又身能左右成湯以居民衆，故嗣王得以大承其基業也。惟尹躬先見于西邑夏，自周有終，相亦惟終。其後嗣王，罔克有終，相亦罔終。嗣王戒哉，祗爾厥辟。辟不辟，忝厥祖。」夏都安邑，在亳之西，故曰西邑夏。周，忠信也。國語曰：「忠信爲周。」施氏曰：作僞心勞日拙，則缺露而不周；忠信則無僞，故能周而無缺。夏之先王以忠信有終，故其輔相者，亦能有終。其後夏桀不能有終，故其輔相者，亦不能有終。嗣王其以夏桀爲戒哉！當敬爾所以爲君之道，君而不君，則忝辱成湯矣。太甲之意，必謂伊尹足以任天下之重，我雖縱欲，未必遽至危亡。故伊尹以相亦罔終之言，深折其私，而破其所恃也。王惟庸罔念聞。庸，常也。太甲惟若尋常於伊尹之言，無所念聽。此史氏之言。伊尹乃言曰：「先王昧爽丕顯，坐以待旦。旁求俊彦，啓迪後人。無越厥命以自覆。昧，晦。爽，明也。昧爽云者，欲明未明之時也。丕，大也。顯，亦明也。先王於昧爽之時，洗濯澡雪，大明其德，坐以待旦而行之也。旁求者，求之非一方也。彦，美士也。言湯孜孜爲善，不遑寧處如此。而又旁求俊彦之士，以開導子孫。太甲毋顛越其命，以自取覆亡也。慎乃儉德，惟懷永圖。太甲欲敗度，縱敗禮，蓋奢侈失之，而無長遠之慮者。伊尹言當謹其儉約之德，惟懷永久之謀，以約失之者鮮矣。此太甲受病之處，故伊尹特言之。若虞機張，往省括于度則釋，欽厥止，率乃祖攸行。惟朕以懌，萬世有辭。」虞，虞人也。機，弩牙也。括，矢括也。度，法度，射者之所準望者也。釋，發也。言若虞人之射，弩機既張，必往察其括之合於法度，然後發之，則發無不中矣。欽者，肅恭收斂。止，見虞書。率，循也。欽厥止者，所以立本。率乃祖者，所以致用。所謂省括于度則釋也。王能如是，則動無過舉，近可以慰悦尹心，遠可以有譽於後世矣。安汝止者，聖君之事，生而知者也。欽厥止者，賢君之事，學而知者也。王未克變。不能變其舊習也。此亦史氏之言。伊尹曰：「茲乃不義，習與性成，予弗狎于弗順。營于桐宫，密邇先王其訓，無俾世迷。」狎，習也。弗順者，不順義理之人也。桐，成湯墓陵之地。伊尹指太甲所爲，廼不義之事，習惡而性成者也，我不可使其狎習不順義理之人。於是營宫于桐，使親近成湯之墓，朝夕哀思，興起其善，以是訓之，無使終身迷惑而不悟也。王徂桐宫居憂，克終允德。徂，往。允，信也。有諸己之謂信，實有其德於身也。凡人之不善，必有從臾以導其爲非者。太甲桐宮之居，伊尹既使其密邇先王陵墓，以興發其善心。又絶其比昵之黨，而革其污染，此其所以克終允德也。次篇伊尹言「嗣王克終厥德」，又曰「允德協于下」，故史氏言「克終允德」結此篇，以發次篇之義。

太甲中

惟三祀十有二月朔，伊尹以冕服奉嗣王歸于亳。太甲終喪明年之正朔也。冕，冠也。唐孔氏曰：周禮：天子六冕，備物盡文，惟袞冕耳。此蓋袞冕之服，義或然也。奉，迎也。喪既除，以袞冕吉服奉迎以歸也。作書曰：「民非后，罔克胥匡以生；后非民，罔以辟四方。皇天眷佑有商，俾嗣王克終厥德，實萬世無疆之休。」民非君，則不能相正以生；君非民，則誰與爲君者。言民固不可無君，而君尤不可失民也。太甲改過之初，伊尹首發此義，其喜懼之意深矣。夫太甲不義，有若性成，一旦翻然改悟，是豈人力所至。蓋天命眷商，陰誘其衷，故嗣王能終其德也。向也湯緒幾墜，今其自是有永，豈不爲萬世無疆之休乎！王拜手稽首曰：「予小子不明于德，自厎不類。欲敗度，縱敗禮，以速戾于厥躬。天作孽，猶可違。自作孽，不可逭。既往皆師保之訓，弗克于厥初，尚賴匡救之德，圖惟厥終。」拜手，首至手也。稽首，首至地也。太甲致敬於師保，其禮如此不類，猶不肖也。多欲，則興作而亂法度，縱肆，則放蕩而隳禮儀。度，就事言之也。禮，就身言之也。速，召之急也。戾，罪。孽，災。逭，逃也。既，往，已往也。已往既不信伊尹之言，不能謹之于始，庶幾正救之力，以圖惟其終也。當太甲不惠阿衡之時，伊尹之言，惟恐太甲不聽。及太甲改過之後，太甲之心，惟恐伊尹不言。夫太甲固困而知之者，然昔之迷，今之復；昔之晦，今之明。如日月昏蝕，一復其舊，而光采炫耀，萬景俱新。湯武不可及已，豈居成王之下乎！伊尹拜手稽首曰：「修厥身，允德協于下，惟明后。伊尹致敬以復太甲也。修身，則無敗度敗禮之事。允德，則有誠身誠意之實。德誠於上，協和于下，惟明后然也。先王子惠困窮，民服厥命，罔有不悦，並其有邦厥鄰，乃曰：『徯我后，后來無罰。』此言湯德所以協下者，困窮之民，若己子而惠愛之。惠之若子，則心之愛者誠矣，未有誠而不動者也。故民服其命，無有不得其懽心。當時諸侯並湯而有國者，其鄰國之民乃以湯爲我君，曰：待我君，我君來其無罰乎？言除其邪虐。湯之得民心也如此，即仲虺后來其蘇之事。王懋乃德，視乃厥祖〔四〕，無時豫怠。湯之盤銘曰：「苟日新，日日新，又日新。」湯之所以懋其德者如此，太甲亦當勉於其德，視烈祖之所爲，不可頃刻而逸豫怠惰也。奉先思孝，接下思恭，視遠惟明，聽德惟聰。朕承王之休無斁。」思孝，則不敢違其祖。思恭，則不敢忽其臣。惟，亦思也。思明，則所視者遠，而不蔽於淺近。思聰，則所聽者德，而不惑於憸邪。此懋德之所從事者，太甲能是，則我承王之美而無所厭斁也。

太甲下

伊尹申誥于王曰：「嗚呼！惟天無親，克敬惟親。民罔常懷，懷于有仁。鬼神無常享，享于克誠。天位艱哉！申誥，重告也。天之所親，民之所懷，鬼神之所享，皆不常也。惟克敬有仁克誠，而後天親之，民懷之，鬼神享之也。曰敬、曰仁、曰誠者，各因所主而言。天謂之敬者，天者，理之所在，動静語默，不可有一毫之慢。民謂之仁者，民非元后何戴，鰥寡孤獨，皆人君所當恤。鬼神謂之誠者，不誠無物，誠立於此，而後神格於彼。三者所當盡如此，人君居天之位，其可易而爲之哉！分而言之則三，合而言之，一德而已。太甲遷善未幾，而伊尹以是告之，其才固有大過人者歟？德惟治，否德亂。與治同道，罔不興；與亂同事，罔不亡。終始慎厥與，惟明明后。德者，合敬仁誠之稱也。有是德則治，無是德則亂。治固古人有行之者矣，亂亦古人有行之者也，與古之治者同道，則無不興；與古之亂者同事，則無不亡。治而謂之道者，蓋治因時制宜，或損或益，事未必同，而道則同也。亂而謂之事者，亡國喪家，不過貨色、遊畋、作威、殺戮等事。事同，道無不同也。治亂之分，顧所與如何耳。始而與治，固可以興；終而與亂，則亡亦至矣。謹其所與，終始如一，惟明明之君爲然也。上篇言「惟明后」，此篇言「惟明明后」，蓋明其所已明，而進乎前者矣。先王惟時懋敬厥德，克配上帝。今王嗣有令緒，尚監兹哉。敬，即克敬惟親之敬，舉其一以包其二也。成湯勉敬其德，德與天合，故克配上帝。今王嗣有令緒，庶幾其監視此也。若升高，必自下。若陟遐，必自邇。此告以進德之序也。中庸論君子之道，亦謂譬如行遠必自邇，譬如登高必自卑。進德脩業之喻，未有如此之切者。呂氏曰：自此乃伊尹畫一以告太甲也。無輕民事，惟難。無安厥位，惟危。無，毋通。毋輕民事而思其難，毋安君位而思其危。慎終于始。人情孰不欲善終者，特安於縱欲，以爲今日姑若是，而他日固改之也。然始而不善，而能善其終者寡矣。桐宫之事往已，今其即政臨民，亦事之一初也。有言逆于汝心，必求諸道；有言遜于汝志，必求諸非道。鯁直之言，人所難受。巽順之言，人所易從。於其所難受者，必求諸道，不可遽以逆于心而拒之。於其所易從者，必求諸非道，不可遽以遜于志而聽之。以上五事，蓋欲太甲矯乎情之偏也。嗚呼！弗慮胡獲，弗爲胡成？一人元良，萬邦以貞。胡，何也。弗慮何得，欲其謹思之也。弗爲何成，欲其篤行之也。元，大。良，善。貞，正也。一人者，萬邦之儀表。一人元良，則萬邦以正矣。君罔以辯言亂舊政，臣罔以寵利居成功，邦其求孚于休。」弗思弗爲，安於縱弛，先王之法廢矣。能思能爲，作其聰明，先王之法亂矣。亂之爲害，甚於廢也。成功非寵利之所可居者。至是太甲德已進，伊尹有退休之志矣。此咸有一德之所以繼作也。君臣各盡其道，邦國永信其休美也。〇吴氏曰：上篇稱嗣王不惠于阿衡〔五〕，必其言有與伊尹背違者，辯言亂政，或太甲所失在此。罔以寵利居成功，已之所自處者已素定矣。下語既非泛論，則上語必有爲而發也。

咸有一德

伊尹致仕而去，恐太甲德不純一，及任用非人，故作此篇。亦訓體也。史氏取其篇中「咸有一德」四字以爲篇目。今文無，古文有。

伊尹既復政厥辟，將告歸，乃陳戒于德。伊尹已還政太甲，將告老而歸私邑，以一德陳戒其君，此史氏本序。曰：「嗚呼！天難諶，命靡常。常厥德，保厥位。厥德靡常，九有以亡。諶，信也。天之難信，以其命之不常也。然天命雖不常，而常於有德者。君德有常，則天命亦常而保厥位矣。君德不常，則天命亦不常而九有以亡矣。九有，九州也。夏王弗克庸德，慢神虐民，皇天弗保。監于萬方，啓迪有命，眷求一德，俾作神主。惟尹躬暨湯，咸有一德，克享天心，受天明命。以有九有之師，爰革夏正。上文言天命無常，惟有德則可常。於是引桀之所以失天命，湯之所以得天命者證之。一德，純一之德，不雜不息之義，即上文所謂常德也。神主，百神之主。享，當也。湯之君臣，皆有一德，故能上當天心，受天明命，而有天下。於是改夏建寅之正，而爲建丑正也。非天私我有商，惟天佑于一德。非商求于下民，惟民歸于一德。上言一德，故得天得民。此言天佑民歸，皆以一德之故，蓋反復言之。德惟一，動罔不吉。德二三，動罔不凶。惟吉凶不僭在人，惟天降災祥在德。二三，則雜矣。德之純，則無往而不吉。德而雜，則無往而不凶。僭，差也。惟吉凶不差在人者，惟天之降災祥在德故也。今嗣王新服厥命，惟新厥德。終始惟一，時乃日新。太甲新服天子之命，德亦當新。然新德之要，在於有常而已。終始有常而無間斷，是乃所以日新也。任官惟賢才，左右惟其人。臣爲上爲德，爲下爲民，其難其慎，惟和惟一。賢者，有德之稱。才者，能也。左右者，輔弼大臣，非賢才之稱可盡，故曰惟其人。夫人臣之職，爲上爲德，左右厥辟也。爲下爲民，所以宅師也。不曰君而曰德者，兼君道而言也。臣職所係，其重如此，是必其難其慎。難者，難於任用；慎者，慎於聽察，所以防小人也。惟和惟一，和者，可否相濟；一者，終始如一，所以任君子也。德無常師，主善爲師。善無常主，協于克一。上文言用人，因推取人爲善之要。無常者，不可執一之謂師法。協，合也。德者，善之總稱。善者，德之實行。一者，其本原統會者也。德兼衆善，不主於善，則無以得一本萬殊之理。善原於一，不協于一，則無以達萬殊一本之妙。謂之克一者，能一之謂也。博而求之於不一之善，約而會之於至一之理。此聖學始終條理之序，與夫子所謂一貫者幾矣。太甲至是而得與聞焉，亦異乎常人之改過者歟？張氏曰：虞書精一數語之外，惟此爲精密。俾萬姓咸曰：『大哉王言。』又曰：『一哉王心。』克綏先王之祿，永底烝民之生。人君惟其心之一，故其發諸言也大。萬姓見其言之大，故能知其心之一。感應之理，自然而然，以見人心之不可欺，而誠之不可掩也。祿者，先王所守之天祿也。烝，衆也。天祿安，民生厚，一德之效驗也。嗚呼！七世之廟，可以觀德。萬夫之長，可以觀政。天子七廟，三昭三穆，與太祖之廟七。七廟親盡則遷。必有德之主，則不祧毁，故曰「七世之廟，可以觀德」。天子居萬民之上，必政教有以深服乎人，而後萬民悦服，故曰「萬夫之長，可以觀政」。伊尹歎息言德政修否，見於後世，服乎當時，有不可掩者如此。后非民罔使，民非后罔事。無自廣以狹人，匹夫匹婦，不獲自盡，民主罔與成厥功。」罔使、罔事，即上篇「民非后罔克胥匡以生，后非民罔以辟四方」之意。申言君民之相須者如此，欲太甲不敢忽也。無，毋同。伊尹又言君民之使事，雖有貴賤不同，至於取人爲善，則初無貴賤之間。蓋天以一理賦之於人，散爲萬善，人君合天下之萬善而後理之一者可全也。苟自大而狹人，匹夫匹婦有一不得自盡於上，則一善不備，而民主亦無與成厥功矣。伊尹於篇終，致其警戒之意，而言外之旨，則又推廣其所謂一者如此。蓋道體之純全，聖功之極致也。嘗因是言之，以爲精粹無雜者一也，終始無間者一也，該括萬善者一也。一者，通古今，達上下，萬化之原，萬事之幹。語其理則無二，語其運則無息，語其體則并包而無所遺也。咸有一德之書，而三者之義悉備。前乎伏犧、堯、舜、禹、湯，後乎文、武、周公、孔子，同一揆也。

盤庚上

盤庚，陽甲之弟。自祖乙都耿，圮于河水。盤庚欲遷于殷，而大家世族安土重遷，胥動浮言。小民雖蕩析離居，亦惑於利害，不適有居。盤庚喻以遷都之利，不遷之害。上、中二篇〔六〕，未遷時言。下篇，既遷後言。王氏曰：上篇告羣臣，中篇告庶民，下篇告百官族姓。左傳爲盤庚之誥，實誥體也。三篇，今文、古文皆有，但今文三篇合爲一。

盤庚遷于殷，民不適有居，率籲衆慼，出矢言。殷在河南偃師。適，往。籲，呼。矢，誓也。史臣言盤庚欲遷于殷，民不肯往適有居，盤庚率呼衆憂之人，出誓言以喻之，如下文所云也。周氏曰：商人稱殷自盤庚始，自此以前惟稱商。自盤庚遷都之後，於是殷商兼稱，或只稱殷也。曰：「我王來，既爰宅于兹。重我民，無盡劉。不能胥匡以生，卜稽曰：其如台？曰，盤庚之言也。劉，殺也。盤庚言我先王祖乙來都于耿，固重我民之生，非欲盡致之死也。民適不幸，蕩析離居，不能相救以生。稽之於卜，亦曰此地無若我何，言耿不可居，决當遷也。先王有服，恪謹天命。兹猶不常寧，不常厥邑，于今五邦。今不承于古，罔知天之斷命，矧曰其克從先王之烈？服，事也。先王有事，恪謹天命，不敢違越。先王猶不敢常安，不常其邑，于今五遷厥邦矣。今不承先王而遷，且不知上天之斷絶我命，況謂其能從先王之大烈乎？詳此言，則先王遷徙，亦必有稽卜之事。仲丁、河亶甲篇，逸不可攷矣。五邦，漢孔氏謂湯遷亳，仲丁遷囂，河亶甲居相，祖乙居耿，并盤庚遷殷爲五邦。然以下文「今不承于古」文勢攷之，則盤庚之前，當自有五遷。史記言祖乙遷邢，或祖乙兩遷也。若顛木之有由蘖，天其永我命于兹新邑，紹復先王之大業，底綏四方。」顛，仆也。由，古文作甹，木生條也。顛木譬耿，由蘖譬殷也。言今自耿遷殷，若已仆之木而復生也。天其將永我國家之命於殷，以繼復先王之大業而致安四方乎！盤庚斆于民，由乃在位，以常舊服，正法度。曰：「無或敢伏小人之攸箴。」王命衆，悉至于庭。斆，教。服，事。箴，規也。耿地潟鹵墊隘，而有沃饒之利，故小民苦於蕩析離居，而巨室則總于貨寶，惟不利於小民，而利於巨室，故巨室不悦，而胥動浮言，小民眩於利害，亦相與咨怨。間有能審利害之實而欲遷者，則又往往爲在位者之所排擊阻難，不能自達於上。盤庚知其然，故其教民必自在位始。而其所以教在位者，亦非作爲一切之法以整齊之，惟舉先正舊常遷都之事〔七〕，以正其法度而已。然所以正法度者，亦非有他焉，惟曰使在位之臣，無或敢伏小人之所箴規焉耳。蓋小民患瀉鹵墊隘，有欲遷而以言箴規其上者，汝毋得遏絶，而使不得自達也。衆者，臣民咸在也。史氏將述下文盤庚之訓語，故先發此。王若曰：「格汝衆，予告汝訓，汝猷黜乃心，無傲從康。若曰者，非盡當時之言，大意若此也。汝猷黜乃心者，謀去汝之私心也。無，與毋同。毋得傲上之命，從己之安。蓋傲上則不肯遷，從康則不能遷，二者所當黜之私心也。此雖盤庚對衆之辭，實爲羣臣而發，以數民由在位故也。古我先王，亦惟圖任舊人共政。王播告之修，不匿厥指，王用丕欽。罔有逸言，民用丕變。今汝聒聒，起信險膚，予弗知乃所訟。逸，過也。盤庚言先王亦惟謀任舊人共政。王播告之修，則奉承于内，而能不隱匿其指意，故王用大敬之。宣化于外，又無過言以惑衆聽，故民用大變。今爾在内，則伏小人之攸箴，在外則不和吉言于百姓。譊譊多言，凡起信於民者，皆險陂膚淺之説，我不曉汝所言果何謂也。詳此所謂舊人者，世臣舊家之人，非謂老成人也。蓋沮遷都者，皆世臣舊家之人，下文「人惟求舊」一章可見。非予自荒兹德，惟汝含德，不惕予一人。予若觀火，予亦拙謀作乃逸。荒，廢也。逸，過失也。盤庚言非我輕易遷徙，自荒廢此德，惟汝不宣布德意，不畏懼於我。我視汝情，明若觀火。我亦拙謀，不能制命，而成汝過失也。若網在綱，有條而不紊。若農服田，力穡乃亦有秋。紊，亂也。綱舉則目張，喻下從上，小從大，申前無傲之戒。勤於田畝，則有秋成之望，喻今雖遷徙勞苦，而有永建乃家之利，申前從康之戒。汝克黜乃心，施實德于民，至于婚友，丕乃敢大言汝有積德。蘇氏曰：商之世家大族，造言以害遷者，欲以苟悦小民爲德也。故告之曰：「是何德之有，汝曷不去汝私心，施實德于民，與汝婚姻僚友乎？」勞而有功，此實德也。汝能勞而有功，則汝乃敢大言曰：「我有積德。」曰積德云者，亦指世家大族而言，申前「汝猷黜乃心」之戒。乃不畏戎毒于遠邇，惰農自安，不昬作勞，不服田畝，越其罔有黍稷。戎，大。昬，強也。汝不畏沈溺大害於遠近，而憚勞不遷，如怠惰之農，不強力爲勞苦之事，不事田畝，安有黍稷之可望乎？此章再以農喻，申言從康之害。汝不和吉言于百姓，惟汝自生毒，乃敗禍姦宄，以自災于厥身。乃既先惡于民，乃奉其恫，汝悔身何及！相時憸民，猶胥顧于箴言，其發有逸口，矧予制乃短長之命？汝曷弗告朕，而胥動以浮言，恐沈于衆？若火之燎于原，不可嚮邇，其猶可撲滅？則惟汝衆，自作弗靖，非予有咎。吉，好也。先惡，爲惡之先也。奉，承。恫，痛。相，視也。憸民，小民也。逸口，過言也。逸口尚可畏，況我制爾生殺之命，可不畏乎？恐，謂恐動之以禍患。沈，謂沈陷之於罪惡。不可嚮邇，其猶可撲滅者，言其勢焰雖盛，而殄滅之不難也。靖，安。咎，過也。則惟爾衆自爲不安，非我有過也。此章反復辯論，申言傲上之害。遲任有言曰：『人惟求舊，器非求舊，惟新。』遲任，古之賢人。蘇氏曰：人舊則習，器舊則敝，當常使舊人，用新器也。今按盤庚所引，其意在「人惟求舊」一句。而所謂求舊者，非謂老人，但謂求人於世臣舊家云爾，詳下文意可見。若以舊人爲老人，又何侮老成人之有？古我先王，暨乃祖乃父，胥及逸勤，予敢動用非罰？世選爾勞，予不掩爾善。茲予大享于先王，爾祖其從與享之。作福作災，予亦不敢動用非德。胥，相也。敢，不敢也。非罰，非所當罰也。世，非一世也。勞，勞于王家也。掩，蔽也。言先王及乃祖乃父，相與同其勞逸，我豈敢動用非罰以加汝乎？世簡爾勞，不蔽爾善。茲我大享于先王，爾祖亦以功而配食於廟。先王與爾祖父臨之在上，質之在旁，作福作災，皆簡在先王與爾祖父之心，我亦豈敢動用非德以加汝乎？予告汝于難，若射之有志。汝無侮老成人，無弱孤有幼。各長于厥居，勉出乃力，聽予一人之作猷。難，言謀遷徙之難也。蓋遷都固非易事，而又當時臣民傲上從康，不肯遷徙。然我志決遷，若射者之必於中，有不容但已者。弱，少之也。意當時老成孤幼，皆有言當遷者，故戒其老成者不可侮，孤幼者不可少之也。爾臣各謀長遠其居，勉出汝力，以聽我一人遷徙之謀也。無有遠邇，用罪伐厥死，用德彰厥善。邦之臧，惟汝衆；邦之不臧，惟予一人有佚罰。用罪，猶言爲惡。用德，猶言爲善也。伐，猶誅也。言無有遠近親疎，凡伐死彰善，惟視汝爲惡爲善如何爾。邦之善，惟汝衆用德之故；邦之不善，惟我一人失罰其所當罰也。凡爾衆，其惟致告：自今至于後日，各恭爾事，齊乃位，度乃口，罰及爾身，弗可悔。」致告者，使各相告戒也。自今以往，各敬汝事，整齊汝位，法度汝言。不然，罰及汝身，不可悔也。

盤庚中

盤庚作，惟涉河以民遷。乃話民之弗率，誕告用亶，其有衆咸造，勿褻在王庭。盤庚乃登進厥民。作，起而將遷之辭。殷在河南，故涉河。誕，大。亶，誠也。咸造，皆至也。勿褻，戒其毋得褻慢也。此史氏之言。蘇氏曰：民之弗率，不以政令齊之，而以話言曉之，盤庚之仁也。曰：「明聽朕言，無荒失朕命。荒，廢也。嗚呼！古我前后，罔不惟民之承。保后胥慼，鮮以不浮于天時。承，敬也。蘇氏曰：古謂過爲浮〔八〕，浮之言勝也。后既無不惟民之敬，故民亦保后，相與憂其憂，雖有天時之災，鮮不以人力勝之也。林氏曰：憂民之憂者，民亦憂其憂。罔不惟民之承，憂民之憂也，保后胥慼，民亦憂其憂也。殷降大虐，先王不懷，厥攸作，視民利用遷。汝曷弗念我古后之聞？承汝俾汝，惟喜康共。非汝有咎，比于罰。先王以天降大虐，不敢安居。其所興作，視民利當遷而已。爾民何不念我以所聞先王之事，凡我所以敬汝使汝者，惟喜與汝同安爾。非爲汝有罪，比于罰而謫遷汝也。予若籲懷茲新邑，亦惟汝故，以丕從厥志。我所以招呼懷來于此新邑者，亦惟以爾民蕩析離居之故，欲承汝俾汝康共，以大從爾志也。或曰：盤庚遷都，民咨胥怨，而此以爲「丕從厥志」，何也？蘇氏曰：古之所謂從衆者，非從其口之所不樂，而從其心之所不言而同然者。夫趨利而避害，捨危而就安，民心同然也。殷亳之遷，實斯民所利，特其一時爲浮言摇動，怨咨不樂。使其即安危利害之實，而反求其心，則固其所大欲者矣。今予將試以汝遷，安定厥邦，汝不憂朕心之攸困，乃咸大不宣乃心，欽念以忱，動予一人。爾惟自鞠自苦，若乘舟，汝弗濟，臭厥載。爾忱不屬，惟胥以沈。不其或稽，自怒曷瘳？上文言先王惟民之承，而民亦保后胥慼。今我亦惟汝故，安定厥邦，而汝乃不憂我心之所困，乃皆不宣布腹心，欽念以誠，感動於我。爾徒爲此紛紛，自取窮苦，譬乘舟不以時濟，必敗壞其所資。今汝從上之誠，間斷不屬，安能有濟，惟相與以及沈溺而已。詩曰：「其何能淑，載胥及溺。」正此意也。利害若此，爾民而罔或稽察焉。是雖怨疾忿怒，何損於困苦乎？汝不謀長，以思乃災，汝誕勸憂。今其有今罔後，汝何生在上？汝不爲長久之謀，以思其不遷之災，是汝大以憂而自勸也。孟子曰：「安其危而利其菑，樂其所以亡。」勸憂之謂也。有今，猶言有今日也。罔後，猶言無後日也。上，天也。「今其有今罔後」，是天斷棄汝命，汝有何生理於天乎？下文言「迓續乃命于天」，蓋相首尾之辭。今予命汝一，無起穢以自臭。恐人倚乃身，迂乃心。爾民當一心以聽上，無起穢惡以自臭敗。恐浮言之人，倚汝之身，迂汝之心，使汝邪僻而無中正之見也。予迓續乃命于天，予豈汝威，用奉畜汝衆。我之所以遷都者，正以迎續汝命于天。予豈以威脅汝哉，用以奉養汝衆而已。予念我先神后之勞爾先，予丕克羞爾，用懷爾然。神后，先王也。羞，養也，即上文畜養之意。言我思念我先神后之勞爾先人，我大克羞養爾者，用懷念爾故也。失于政，陳于兹。高后丕乃崇降罪疾，曰：『曷虐朕民！』陳，久。崇，大也。耿圮而不遷，以病我民，是失政而久于此也。高后，湯也。湯必大降罪疾于我，曰何爲而虐害我民。蓋人君不能爲民圖安，是亦虐之也。汝萬民乃不生生，暨予一人猷同心。先后丕降與汝罪疾，曰：『曷不暨朕幼孫有比？』故有爽德，自上其罰汝，汝罔能迪。樂生興事，則其生也厚，是謂生生。先后，泛言商之先王也。幼孫，盤庚自稱之辭。比，同事也。爽，失也。言汝民不能樂生興事，與我同心以遷，我先后大降罪疾於汝，曰汝何不與朕幼小之孫同遷乎！故汝有失德，自上其罰汝，汝無道以自免也。古我先后，既勞乃祖乃父，汝共作我畜民。汝有戕，則在乃心，我先后綏乃祖乃父。乃祖乃父乃斷棄汝，不救乃死。既勞乃祖乃父者，申言勞爾先也。汝共作我畜民者，汝皆爲我所畜之民也。戕，害也。綏，懷來之意。謂汝有戕害在汝之心，我先后固已知之，懷來汝祖汝父，汝祖汝父亦斷棄汝，不救汝死也。茲予有亂政同位，具乃貝玉。乃祖先父丕乃告我高后曰：『作丕刑于朕孫！』迪高后，丕乃崇降弗祥。亂，治也。具，多取而兼有之謂。言若我治政之臣，所與共天位者，不以民生爲念，而務富貝玉者。其祖父亦告我成湯，作丕刑于其子孫。啓成湯丕乃崇降弗祥而不赦也。此章先儒皆以爲責臣之辭，然詳其文勢，曰「茲予有亂政同位」，則亦對民庶責臣之辭，非直爲羣臣言也。按上四章，言君有罪，民有罪，臣有罪，我高后與爾民臣祖父，一以義斷之，無所赦也。王氏曰：先王設教，因俗之善而導之，反俗之惡而禁之。方盤庚時，商俗衰，士大夫棄義即利。故盤庚以具貝玉爲戒，此反其俗之惡而禁之者也。自成周以上，莫不事死如事生，事亡如事存，故其俗皆嚴鬼神。以經考知，商俗爲甚。故盤庚特稱先后與臣民之祖父崇降罪疾爲告，此因其俗之善而導之者也。嗚呼！今予告汝不易，永敬大恤，無胥絶遠。汝分猷念以相從，各設中于乃心。告汝不易，即上篇「告汝于難」之意。大恤，大憂也。今我告汝以遷都之難，汝當永敬我之所大憂念者。君民一心，然後可以有濟。苟相絶遠而誠不屬，則殆矣。分猷者，分君之所圖而共圖之。分念者，分君之所念而共念之。相從，相與也。中者，極至之理。

各以極至之理存于心，則知遷徙之議爲不可易，而不爲浮言横議之所動摇也。乃有不吉不迪，顛越不恭，暫遇姦宄。我乃劓殄滅之，無遺育，無俾易種于茲新邑。乃有不善不道之人，顛隕踰越，不恭上命者；及暫時所遇爲姦爲宄，劫掠行道者，我小則加以劓，大則殄滅之，無有遺育，毋使移其種于此新邑也。遷徙道路艱關，恐姦人乘隙生變，故嚴明號令以告勅之。往哉生生。今予將試以汝遷，永建乃家。」往哉，往新邑也。方遷徙之時，人懷舊土之念，而未見新居之樂，故再以生生勉之。扼起其怠惰，而作其趨事也。試，用也。今我將用汝遷，永立乃家，爲子孫無窮之業也。

盤庚下

盤庚既遷，奠厥攸居，乃正厥位，綏爰有衆。盤庚既遷新邑，定其所居，正君臣上下之位，慰勞臣民遷徙之勞，以安有衆之情也。此史氏之言。曰：「無戲怠，懋建大命。曰，盤庚之言也。大命，非常之命也。遷國之初，臣民上下，正當勤勞盡瘁，趨事赴功，以爲國家無窮之計。故盤庚以無戲怠戒之，以建大命勉之。今予其敷心腹腎腸，歷告爾百姓于朕志。罔罪爾衆，爾無共怒，協比讒言予一人〔九〕。歷，盡也。百姓，畿内民庶，百官族姓，亦在其中。古我先王，將多于前功，適于山，用降我凶德，嘉績于朕邦。古我先王，湯也。適于山，往于亳也。契始居亳，其後屢遷，成湯欲多於前人之功，故復往居亳。按立政三亳，鄭氏曰：東成皋，南轘轅，西降谷。以亳依山，故曰適于山也。降，下也。依山地高水下而無河圮之患，故曰「用下我凶德」。嘉績，美功也。今我民用蕩析離居，罔有定極，爾謂朕『曷震動萬民以遷』？今耿爲河水圮壞，沈溺墊隘，民用蕩析離居，無有定止，將陷於凶德而莫之救，爾謂我何故震動萬民以遷也。肆上帝將復我高祖之德，亂越我家。朕及篤敬，恭承民命，用永地于新邑。乃上天將復我成湯之德，而治及我國家。我與一二篤敬之臣，敬承民命，用長居于此新邑也。肆予冲人，非廢厥謀，弔由靈。各非敢違卜，用宏兹賁。冲，童。弔，至。由，用。靈，善也。宏、賁，皆大也。言我非廢爾衆謀，乃至用爾衆謀之善者。指當時臣民有審利害之實以爲當遷者言也。爾衆亦非敢固違我卜，亦惟欲宏大此大業爾。言爾衆亦非有他意也，蓋盤庚於既遷之後，申彼此之情，釋疑懼之意，明吾前日之用謀，略彼既往之傲惰。委曲忠厚之意，藹然於言辭之表。大事以定，大業以興，成湯之澤，於是而益永，盤庚其賢矣哉！嗚呼！邦伯、師長、百執事之人，尚皆隱哉。隱，痛也。盤庚復歎息言爾諸侯公卿百執事之人，庶幾皆有所隱痛於心哉。予其懋簡相爾，念敬我衆。相，爾雅：導也。我懋勉簡擇導汝，以念敬我之民衆也。朕不肩好貨，敢恭生生。鞠人謀人之保居，叙欽。肩，任。敢，勇也。鞠人謀人，未詳。或曰：鞠，養也。我不任好賄之人，惟勇於敬民，以其生生爲念。使鞠人謀人之保居者，吾則叙而用之，欽而禮之也。今我既羞告爾于朕志，若否，罔有弗欽。羞，進也。若者，如我之意，即敢恭生生之謂。否者，非我之意，即不肩好貨之謂。二者爾當深念，無有不敬我所言也。無總于貨寶，生生自庸。無，毋同。總，聚也。庸，民功也。此則直戒其所不可爲，勉其所當爲也。式敷民德，永肩一心。」式，敬也。敬布爲民之德，永任一心，欲其久而不替也。盤庚篇終戒勉之意，一節嚴於一節，而終以無窮期之，盤庚其賢矣哉！蘇氏曰：民不悦而猶爲之，先王未之有也。祖乙圮于耿，盤庚不得不遷。然使先王處之，則動民而民不懼，勞民而民不怨。盤庚德之衰也，其所以信於民者未至，故紛紛如此。然民怨誹逆命，而盤庚終不怒，引咎自責，蓋聞衆言，反復告諭，以口舌代斧鉞，忠厚之至，此殷之所以不亡而復興也。後之君子，厲民以自用者，皆以盤庚藉口，予不可以不論。

説命上

説命，記高宗命傅説之言，「命之曰」以下是也。猶蔡仲之命、微子之命，後世命官制詞，其原蓋出於此。上篇記得説命相之辭，中篇記説爲相進戒之辭，下篇記説論學之辭。總謂之命者，高宗命説，實三篇之綱領，故總稱之。今文無，古文有。

王宅憂亮陰三祀，既免喪，其惟弗言。羣臣咸諫于王曰：「嗚呼！知之曰明哲，明哲實作則。天子惟君萬邦，百官承式。王言惟作命，不言臣下罔攸稟令。」亮，一作諒。陰，古作闇。按喪服四制，高宗諒闇三年，鄭氏注云：諒，古作梁。楣謂之梁。闇，讀如鶉鵪之鵪。闇，謂廬也，即倚廬之廬。儀禮「翦屏柱楣」，鄭氏謂柱楣，所謂梁闇是也。宅憂亮陰，言居喪於梁闇也。先儒以亮陰爲信默不言，則於諒陰三年不言，爲語複而不可解矣。君薨，百官總己聽於冢宰，居憂亮陰不言，禮之常也。高宗喪父小乙，惟既免喪而猶弗言，羣臣以其過於禮也，故咸諫之。歎息言有先知之德者，謂之明哲，明哲實爲法於天下。今天子君臨萬邦，百官皆奉承法令，王言則爲命，不言則臣下無所稟令矣。王庸作書以誥曰：「以台正于四方。台恐德弗類，玆故弗言。恭默思道，夢帝賚予良弼，其代予言。」庸，用也。高宗用作書告喻羣臣以不言之意。言以我表正四方，任大責重，恐德不類于前人，故不敢輕易發言。而恭敬淵默以思治道，夢帝與我賢輔，其將代我言矣。蓋高宗恭默思道之心，純一不二，與天無間，故夢寐之間，帝賚良弼。其念慮所孚，精神所格，非偶然而得者也。乃審厥象，俾以形旁求于天下，説築傅巖之野，惟肖。審，詳也。詳所夢之人，繪其形象，旁求于天下。旁求者，求之非一方也。築，居也。今言所居，猶謂之卜築。傅巖，在虞、虢之間。肖，似也，與所夢之形相似。爰立作相，王置諸其左右。於是立以爲相。按史記，高宗得説，與之語，果聖人，乃舉以爲相。書不言，省文也。未接語而遽命相，亦無此理。置諸左右，蓋以冢宰兼師保也。荀卿曰：學莫便乎近其人。置諸左右者，近其人以學也。史臣將記高宗命説之辭，先叙事始如此。命之曰：「朝夕納誨，以輔台德。此下命説之辭。朝夕納誨者，無時不進善言也。孟子曰：「仁不足與適也，政不足與間也，惟大人爲能格君心之非。」高宗既相説，處之以師傅之職，而又命之朝夕納誨，以輔台德，可謂知所本矣。呂氏曰：高宗見道明，故知頃刻不可無賢人之言。若金，用汝作礪；若濟巨川，用汝作舟楫；若歲大旱，用汝作霖雨。三日雨爲霖。高宗託物以喻，望説納誨之切。三語雖若一意，然一節深一節也。啓乃心，沃朕心。啓，開也。沃，灌溉也。啓乃心者，開其心而無隱。沃朕心者，溉我心而厭飫也。若藥弗瞑眩，厥疾弗瘳；若跣弗視地，厥足用傷。方言曰：「飲藥而毒，海岱之間，謂之瞑眩。」瘳，愈也。弗瞑眩，喻臣之言不苦口也。弗視地，喻我之行無所見也。惟暨乃僚，罔不同心，以匡乃辟。俾率先王，迪我高后，以康兆民。匡，正。率，循也。先王，商先哲王也。説既作相總百官，則卿士而下，皆其僚屬。高宗欲傅説暨其僚屬，同心正救，使循先王之道，蹈成湯之迹，以安天下之民也。嗚呼！欽予時命，其惟有終。」敬我是命，其思有終也。是命，上文所命者。説復于王曰：「惟木從繩則正，后從諫則聖。后克聖，臣不命其承，疇敢不祗若王之休命。」答「欽予時命」之語。木從繩，喻后從諫，明諫之決不可不受也。然高宗當求受言於己，不必責進言於臣。君果從諫，臣雖不命，猶且承之，況命之如此，誰敢不敬順其美命乎！

説命中

惟説命總百官。説受命總百官，冢宰之職也。乃進于王曰：「嗚呼！明王奉若天道，建邦設都，樹后王君公，承以大夫師長。不惟逸豫，惟以亂民。后王，天子也。君公，諸侯也。治亂曰亂。明王奉順天道，建邦設都，立天子諸侯，承以大夫師長。制爲君臣上下之禮，以尊臨卑，以下奉上，非爲一人逸豫之計而已也。惟欲以治民焉耳。惟天聰明，惟聖時憲，惟臣欽若，惟民從乂。天之聰明，無所不聞，無所不見，無他，公而已矣。人君法天之聰明，一出於公，則臣敬順，而民亦從治矣。惟口起羞，惟甲胄起戎，惟衣裳在笥，惟干戈省厥躬。王惟戒茲，允茲克明，乃罔不休。言語，所以文身也。輕出則有起羞之患。甲胄，所以衛身也。輕動則有起戎之憂。二者所以爲己，當慮其患於人也。衣裳，所以命有德，必謹於在笥者，戒其有所輕予。干戈，所以討有罪，必嚴於省躬者，戒其有所輕動。二者所以加人，當審其用於己也。王惟戒此四者，信此而能明焉，則政治無不休美矣。惟治亂在庶官。官不及私昵，惟其能，爵罔及惡德，惟其賢。庶官，治亂之原也。庶官得其人則治，不得其人則亂。王制曰：「論定而後官之，任官而後爵之。」六卿百執事，所謂官也。公卿大夫士，所謂爵也。官以任事，故曰能。爵以命德，故曰賢。惟賢惟能，所以治也。私昵惡德，所以亂也。○按古者公、侯、伯、子、男，爵之於侯國；公卿、大夫、士，爵之於朝廷，此言庶官，則爵爲公卿、大夫、士也。○吴氏曰：惡德，猶凶德也。人君當用吉士。凶德之人，雖有過人之才，爵亦不可及。慮善以動，動惟厥時。善，當乎理也。時措之宜也。慮固欲其當乎理，然動非其時，猶無益也。聖人酬酢斯世，亦其時而已。有其善，喪厥善。矜其能，喪厥功。自有其善，則已不加勉而德虧矣。自矜其能，則人不效力而功隳矣。惟事事，乃其有備，有備無患。惟事其事，乃其有備，有備故無患也。張氏曰：修車馬，備器械，事乎兵事，則兵有其備，故外侮不能爲之憂。簡稼器，修稼政，事乎農事，則農有其備，故水旱不能爲之害。所謂事事有備無患者如此。無啓寵納侮，無恥過作非。毋開寵幸而納人之侮，毋恥過誤而遂己之非。過誤出於偶然，作非出於有意。惟厥攸居，政事惟醇。居，止而安之義，安於義理之所止也。義理出於勉強，則猶二也；義理安於自然，則一矣。一，故政事醇而不雜也。黷于祭祀，時謂弗欽，禮煩則亂，事神則難。」祭不欲黷，黷則不敬；禮不欲煩，煩則擾亂，皆非所以交鬼神之道也。商俗尚鬼，高宗或未能脱於流俗，事神之禮，必有過焉。祖己戒其祀無豐昵，傅説蓋因其失而正之也。王曰：「旨哉！説乃言惟服，乃不良于言，予罔聞于行。」旨，美也。古人於飲食之美者，必以旨言之，蓋有味其言也。服，行也。高宗贊美説之所言，謂可服行，使汝不善於言，則我無所聞而行之也。蘇氏曰：説之言，譬如藥石，雖散而不一，然一言一藥，皆足以治天下之公患，所謂古之立言者。説拜稽首曰：「非知之艱，行之惟艱。王忱不艱，允協于先王成德。惟説不言有厥咎。」高宗方味説之所言，而説以爲得於耳者非難，行於身者爲難。王忱信之，亦不爲難，信可合成湯之成德。説於是而猶有所不言，則有其罪矣。上篇言后克聖，臣不命其承，所以廣其從諫之量，而將告以爲治之要也。此篇言允協先王成德，惟説不言有厥咎，所以責其躬行之實，將進其爲學之説也。皆引而不發之義。

説命下

王曰：「來，汝説。台小子舊學于甘盤，既乃遯于荒野，入宅于河，自河徂亳，暨厥終罔顯。甘盤，臣名。君奭言：「在武丁，時則有若甘盤。」遯，退也。高宗言我小子舊學於甘盤，已而退于荒野，後又入居于河，自河往亳，遷徙不常。歷叙其廢學之因，而嘆其學終無所顯明也。無逸言高宗舊勞于外，爰暨小人，與此相應。國語亦謂武丁入于河，自河徂亳。唐孔氏曰：高宗爲王子時，其父小乙欲其知民之艱苦，故使居民間也。蘇氏謂甘盤遯于荒野。以「台小子」語脉推之，非是。爾惟訓于朕志，若作酒醴，爾惟麴蘖；若作和羹，爾惟鹽梅。爾交修予，罔予棄，予惟克邁乃訓。」心之所之謂之志。邁，行也。范氏曰：酒非麴蘖不成，羹非鹽梅不和，人君雖有美質，必得賢人輔導，乃能成德。作酒者，麴多則太苦，蘖多則太甘，麴蘖得中，然後成酒。作羹者，鹽過則鹹，梅過則酸，鹽梅得中，然後成羹。臣之於君，當以柔濟剛，可濟否，左右規正以成其德。故曰爾交修予，爾無我棄，我能行爾之言也。孔氏曰：交者，非一之義。說曰：「王，人求多聞，時惟建事。學于古訓，乃有獲。事不師古，以克永世，匪說攸聞。求多聞者，資之人。學古訓者，反之己。古訓者，古先聖王之訓，載修身治天下之道。二典、三謨之類是也。說稱王而告之曰「人求多聞」者，是惟立事。然必學古訓，深識義理，然後有得。不師古訓，而能長治久安者，非說所聞，甚言無此理也。○林氏曰：傅說稱王而告之，與禹稱舜曰帝光天之下，文勢正同。惟學遜志，務時敏，厥修乃來。允懷于兹，道積于厥躬。遜，謙抑也。務，專力也。時敏者，無時而不敏也。遜其志，如有所不能；敏於學，如有所不及。虛以受人，勤以勵己，則其所修，如泉始達，源源乎其來矣。兹，此也。篤信而深念乎此，則道積於身，不可以一二計矣。夫修之來，來之積，其學之得於己者如此。惟斅學半，念終始典于學，厥德修罔覺。斅，教也，言教人居學之半。蓋道積厥躬者，體之立；斆學于人者，用之行。兼體用，合內外，而後聖學可全也。始之自學，學也；終之教人，亦學也。一念終始，常在於學，無少間斷，則德之所修，有不知其然而然者矣。或曰：受教亦曰斆，斆於爲學之道半之，半須自得。此說極爲新巧，但古人論學，語皆平正的實，此章句數非一，不應中間一語獨爾險巧。此蓋後世釋教機權，而誤以論聖賢之學也。監于先王成憲，其永無愆。憲，法。愆，過也。言德雖造於罔覺，而法必監于先王。先王成法者，子孫之所當守者也。孟子言「遵先王之法而有過者，未之有也」，亦此意。惟說式克欽承，旁招俊乂，列于庶位。」式，用也。言高宗之德，苟至於無愆，則說用能敬承其意，廣求俊乂，列於衆職。蓋進賢雖大臣之責，然高宗之德未至，則雖欲進賢，有不可得者。王曰：「嗚呼！說，四海之內，咸仰朕德，時乃風。風，教也。天下皆仰我德，是汝之教也。股肱惟人，良臣惟聖。手足備而成人，良臣輔而君聖。高宗初以舟楫霖雨爲喻，繼以麴糵鹽梅爲喻，至此又以股肱惟人爲喻，其所造益深，所望益切矣。昔先正保衡，作我先王，乃曰：『予弗克俾厥后惟堯舜。』其心愧恥，若撻于市。一夫不獲，則曰：『時予之辜。』佑我烈祖，格于皇天。爾尚明保予，罔俾阿衡專美有商。先正，先世長官之臣。保，安也。保衡，猶阿衡。作，興起也。撻于市，恥之甚也。不獲，不得其所也。高宗舉伊尹之言，謂其自任如此，故能輔我成湯，功格于皇天。爾庶幾明以輔我，無使伊尹專美於我商家也。傅說以成湯望高宗，故曰「協于先王成德，監于先王成憲」。高宗以伊尹望傅說，故曰「罔俾阿衡，專美有商」。惟后非賢不乂，惟賢非后不食。其爾克紹乃辟于先王，永綏民。」説拜稽首曰：「敢對揚天子之休命。」君非賢臣，不與共治；賢非其君，不與共食。言君臣相遇之難如此。克者，責望必能之辭。敢者，自信無慊之辭。對者，對以己。揚者，揚于衆。休命，上文高宗所命也。至是高宗以成湯自期，傅説以伊尹自任，君臣相勉勵如此。異時高宗爲商令王，傅説爲商賢佐，果無愧於成湯、伊尹也，宜哉！

高宗肜日

高宗肜祭，有雊雉之異，祖己訓王，史氏以爲篇，亦訓體也。不言訓者，以既有高宗之訓，故只以篇首四字爲題。今文、古文皆有。

高宗肜日，越有雊雉。肜，祭明日又祭之名。殷曰肜，周曰繹。雊，鳴也。於肜日有雊雉之異，蓋祭禰廟也。序言湯廟者，非是。祖己曰：「惟先格王，正厥事。」格，正也，猶格其非心之格。詳下文高宗祀豐于昵。昵者，禰廟也。豐於昵，失禮之正，故有雊雉之異。祖己自言當先格王之非心，然後正其所失之事。「惟天監民」以下，格王之言。「王司敬民」以下，正事之言也。乃訓于王曰：「惟天監下民，典厥義。降年有永有不永，非天夭民，民中絶命。典，主也。義者，理之當然，行而宜之之謂。言天監視下民，其禍福予奪，惟主義如何爾。降年有永有下永者，義則永，不義則不永，非天夭折其民，民自以非義而中絶其命也。意高宗之祀，必有祈年請命之事，如漢武帝五時祀之類。祖己言永年之道，不在禱祠，在於所行義與不義而已，禱祠非永年之道也。言民而不言君者，不敢斥也。民有不若德、不聽罪，天既孚命正厥德，乃曰其如台。不若德，不順於德；不聽罪，不服其罪，謂不改過也。孚命者，以妖孽爲符信而譴告之也。言民不順德、不服罪，天既以妖孽爲符信而譴告之，欲其恐懼修省以正德。民乃曰：「孽祥其如我何？」則天必誅絶之矣。祖己意謂高宗當因雊雉以自省，不可謂適然而自恕。夫數祭豐昵，徼福於神，不若德也。瀆於祭祀，傅説嘗以進戒，意或吝改，不聽罪也。雊雉之異，是天既孚命正厥德矣，其可謂妖孽其如我何耶！嗚呼！王司敬民，罔非天胤，典祀無豐于昵。」司，主。胤，嗣也。王之職，主於敬民而已。徼福於神，非王之事也。況祖宗莫非天之嗣，主祀其可獨豐於昵廟乎？

西伯戡黎西伯，文王也，名昌，姓姬氏。戡，勝也。黎，國名，在上黨壺關之地。按史記，文王脱羑里之囚，獻洛西之地，紂賜弓矢鈇鉞，使得專征伐爲西伯。文王既受命，黎爲不道，於是舉兵伐而勝之。祖伊知周德日盛，既已戡黎，紂惡不悛，勢必及殷，故恐懼奔告于王，庶幾王之改之也。史録其言，以爲此篇，誥體也。今文、古文皆有。○或曰：西伯，武王也。史記嘗載紂使膠鬲觀兵，膠鬲問之曰：「西伯曷爲而來？」則武王亦繼文王爲西伯矣。

西伯既戡黎，祖伊恐，奔告于王，下文無及戡黎之事，史氏特標此篇首，以見祖伊告王之因也。祖，姓。伊，名。祖己後也。奔告，自其邑奔走來告紂也。曰：「天子，天既訖我殷命，格人元龜，罔敢知吉。非先王不相我後人，惟王淫戲用自絶。祖伊將言天訖殷命，故特呼天子以感動之。訖，絶也。格人，猶言至人也。格人元龜，皆能先知吉凶者。言天既已絶我殷命，格人元龜，皆無敢知其吉者，甚言凶禍之必至也。非先王在天之靈不佑我後人，我後人淫戲用自絶於天耳。故天棄我，不有康食，不虞天性，不迪率典。康，安。虞，度也。典，常法也。紂自絶於天，故天棄殷。不有康食，饑饉荐臻也。不虞天性，民失常心也。不迪率典，廢壞常法也。今我民罔弗欲喪，曰：『天曷不降威？大命不摯。』今王其如台？」大命，非常之命。摯，至也。史記云：大命胡不至？民苦紂虐，無不欲殷之亡，曰：天何不降威於殷，而受大命者何不至乎？今王其無如我何，言紂不復能君長我也。上章言天棄殷，此章言民棄殷，祖伊之言，可謂痛切明著矣。王曰：「嗚呼！我生不有命在天。」紂歎息，謂民雖欲亡我，我之生，獨不有命在天乎！祖伊反，曰：「嗚呼！乃罪多參在上，乃能責命于天？紂既無改過之意，祖伊退而言曰：爾罪衆多參列在上，乃能責其命於天耶？呂氏曰：責命於天，惟與天同德者方可。殷之即喪，指乃功，不無戮于爾邦。」功，事也。言殷即喪亡矣，指汝所爲之事，其能免戮於商邦乎？蘇氏曰：祖伊之諫，盡言不諱，漢、唐中主所不能容者。紂雖不改而終不怒，祖伊得全，則後世人主有不如紂者多矣。愚讀是篇而知周德之至也。祖伊以西伯戡黎不利於殷，故奔告於紂，意必及西伯戡黎不利於殷之語。而入以告后，出以語人，未嘗有一毫及周者，是知周家初無利天下之心。其戡黎也，義之所當伐也，使紂遷善改過，則周將終守臣節矣。祖伊，殷之賢臣也。知周之興，必不利於殷。又知殷之亡，初無與於周。故因戡黎告紂，反覆乎天命民情之可畏，而略無及周者。文、武公天下之心，於是可見。

微子 微，國名。子，爵也。微子名啓，帝乙長子，紂之庶母兄也。微子痛殷之將亡，謀於箕子、比干。史録其問答之語，亦誥體也。以篇首有「微子」二字，因以名篇。今文、古文皆有。

微子若曰：「父師、少師，殷其弗或亂正四方。我祖底遂陳于上。我用沈酗于酒，用亂敗厥德于下。父師，太師，三公，箕子也。少師，孤卿，比干也。弗或者，不能或如此也。亂，治也。言紂無道，無望其能治正天下也。底，致。陳，列也。我祖成湯致功陳列於上，而子孫沈酗于酒，敗亂其德於下。沈酗言我而不言紂者，過則歸己，猶不忍斥言之也。殷罔不小大，好草竊姦宄，卿士師師非度。凡有辠罪，乃罔恒獲。小民方興，相爲敵讎。今殷其淪喪，若涉大水，其無津涯。殷遂喪，越至于今。」殷之人民，無小無大，皆好草竊姦宄。上而卿士，亦皆相師非法。上下容隱，凡有冒法之人，無有得其罪者。小民無所畏懼，强陵弱，衆暴寡，方起讎怨，爭鬭侵奪。綱紀蕩然，淪喪之形，茫無畔岸，若涉大水，無有津涯。殷之喪亡，乃至於今日乎！微子上陳祖烈，下述喪亂，哀怨痛切，言有盡而意無窮。數千載之下，猶使人傷感悲憤，後世人主觀此，亦可深監矣。曰：「父師、少師，我其發出狂，吾家耄遜于荒。今爾無指告予，顛隮，若之何其？」曰者，微子更端之辭也。何其，語辭。言紂發出顛狂，暴虐無道，我家老成之人，皆逃遁于荒野。危亡之勢如此，今爾無所指示，告我以顛隕隮墜之事，將若之何哉？蓋微子憂危之甚，特更端以問救亂之策，言我而不言紂者，亦上章「我用沈酗」之義。

父師若曰：「王子，天毒降災荒殷邦，方興沈酗于酒。此下箕子之答也。王子，微子也。自紂言之，則紂無道，故天降災。自天下言之，則紂之無道，亦天之數。箕子歸之天者，以見其忠厚敬君之意，與小旻詩言「旻天疾威，敷于下土」意同。方興者，言其方興而未艾也。此答微子「沈酗于酒」之語，而有甚之之意。下同。乃罔畏畏，咈其耇長，舊有位人。乃罔畏畏者，不畏其所當畏也。孔子曰：「君子有三畏：畏天命，畏大人，畏聖人之言。」咈，逆也。耇長，老成之人也。紂惟不畏其所當畏，故老成舊有位者，紂皆咈逆而棄逐之，即武王所謂播棄黎老者。此答微子發狂耄遜之語，以上文特發問端，故此先答之。今殷民乃攘竊神祇之犧牷牲，用以容，將食無災。色純曰犧，體完曰牷，牛羊豕曰牲。犧牷牲，祭祀天地之物，禮之最重者，猶爲商民攘竊而去。有司用相容隱，將而食之，且無災禍，豈特草竊姦宄而已哉！此答微子「草竊姦宄」之語。降監殷民，用乂讎斂，召敵讎不怠，罪合于一，多瘠罔詔。讎斂，若仇敵掊斂之也。不怠，力行而不息也。詔，告也。下視殷民，凡上所用以治之者，無非讎斂之事。夫上以讎而斂下，則下必爲敵以讎上，下之敵讎，實上之讎斂以召之。而紂方且召敵讎不怠，君臣上下，同惡相濟，合而爲一，故民多飢殍而無所告也。此答微子「小民相爲敵讎」之語。商今其有災，我興受其敗。商其淪喪，我罔爲臣僕。詔王子出迪。我舊云刻子。王子弗出，我乃顛隮。商今其有災，我出當其禍敗。商若淪喪，我斷無臣僕他人之理。詔，告也。告微子以去爲道。

蓋商祀不可無人，微子去，則可以存商祀也。刻，害也。箕子舊以微子長且賢，勸帝乙立之。帝乙不從，卒立紂，紂必忌之。是我前日所言，適以害子。子若不去，則禍必不免，我商家宗祀，始隕墜而無所託矣。箕子自言其義，決不可去；而微子之義，決不可不去也。此答微子「淪喪顛隮」之語。自靖！人自獻于先王，我不顧行遯。」上文既答微子所言，至此則告以彼此去就之義。靖，安也。各安其義之所當盡，以自達其志於先王，使無愧於神明而已。如我則不復顧行遯也。按此篇，微子謀於箕子、比干，箕子答如上文，而比干獨無所言者，得非比干安於義之當死而無復言歟？孔子曰：「殷有三仁焉！」三人之行雖不同，而皆出乎天理之正，各得其心之所安，故孔子皆許之以仁，而所謂「自靖」者即此也。○又按左傳：楚克許，許公面縛銜璧衰絰輿櫬以見楚子。楚子問諸逢伯，逢伯曰：「昔武王克商，微子啓如是，武王親釋其縛，受其璧而祓之，焚其櫬，禮而命之。」然則微子適周，乃在克商之後，而此所謂去者，特去其位而逃遯於外耳。論微子之去者，當詳於是。

校勘記

〔一〕周禮出師以立先後刑罰　「出」，明官刻本、清傳經堂本作「士」，「立」，明官刻本、清傳經堂本作「五戒」。

〔二〕梁惠王問孟子曰「梁惠」，明官刻本、清傳經堂本作「齊宣」。孟子梁惠王下亦作「齊宣」，原文偶誤。

〔三〕苟日新　「苟」原作「德」，據元至正本、明内府本、明官刻本、清傳經堂本改。

〔四〕視乃厥祖　「厥」，明内府本、明官刻本、清傳經堂本作「烈」。

〔五〕上篇稱嗣王不惠于阿衡　「不」，原作「下」，據明官刻本、明内府本、清傳經堂本及上文改。

〔六〕上中二篇　「二」原作「一」，據本文及明内府本、清傳經堂本改。

〔七〕惟舉先正舊常遷都之事　「正」，清傳經堂本作「王」。

〔八〕古謂過爲浮　「古」字下原有「者」字，「過」字下原無「爲」字，據元刻本、元至正本、明内府本、明官刻本、清傳經堂本删補。

〔九〕協比讒言予一人　「予」原作「于」，據元刻本、明内府本、明官刻本、清傳經堂本改。

書集傳卷四

周書

周，文王國號，後武王因以爲有天下之號。書凡三十二篇。

泰誓上

泰，大同，國語作大。武王伐殷，史録其誓師之言，以其大會孟津，編書者因以「泰誓」名之。上篇未渡河作，後二篇既渡河作。今文無，古文有。○按伏生二十八篇，本無泰誓。武帝時，僞泰誓出，與伏生今文書合爲二十九篇。孔壁書雖出，而未傳於世，故漢儒所引皆用僞泰誓。如曰白魚入于王舟，有火覆于王屋，流爲烏，太史公記周本紀亦載其語。然僞泰誓雖知剽竊經傳所引，而古書亦不能書見，故後漢馬融得疑其僞，謂泰誓按其文若淺露。吾又見書傳多矣，所引泰誓而不在泰誓者甚多。至晋，孔壁古文書行，而僞泰誓始廢。○吴氏曰：湯、武皆以兵受命。然湯之辭裕，武王之辭迫。湯之數桀也恭，武之數紂也傲。學者不能無憾，疑其書之晚出，或非盡當時之本文也。

惟十有三年春，大會于孟津。十三年者，武王即位之十三年也。春者，孟春建寅之月也。孟津，見禹貢。○按漢孔氏言虞芮質成，爲文王受命改元之年。凡九年而文王崩，武王立，二年而觀兵，三年而伐紂，合爲十有三年。此皆惑於僞書泰誓之文，而誤解「九年大統未集」與夫「觀政于商」之語也。古者人君即位，則稱元年，以計其在位之久近，常事也。自秦惠文始改十四年爲後元年，漢文帝亦改十七年爲後元年。自後説春秋因以改元爲重。歐陽氏曰：果重事歟？西伯即位，已改元年，中間不宜改元而又改元。至武王即位，宜改元而反不改元。乃上冒先君之元年，并其居喪稱十一年。及其滅商而得天下，其事大於聽訟遠矣，而又不改元。由是言之，謂文王受命改元，武王冒文王之元年者，皆妄也。歐陽氏之辨，極爲明著。但其曰十一年者，亦惑於書序十一年之誤也。詳見序篇。又按漢孔氏以春爲建子之月，蓋謂三代改正朔，必改月數。改月數，必以其正爲四時之首。序言一月戊午，既以一月爲建子之月，而經又係之以春，故遂以建子之月爲春。夫改正朔，不改月數，於太甲辯之詳矣。而四時改易，尤爲無藝。冬不可以爲春，寒不可以爲暖，固不待辯而明也。或曰：鄭氏箋詩「維暮之春」，亦言周之季春，於夏爲孟春。曰：此漢儒承襲之誤耳。且臣工詩言「維暮之春，亦又何求？如何新畬？於皇來牟，將受厥明」。蓋言暮春，則當治其新畬矣。今如何哉！然牟麥將熟，可以受上帝之明賜。夫牟麥將熟，則建辰之月，夏正季春審矣。鄭氏於詩且不得其義，則其攷之固不審也。不然，則商以季冬爲春，周以仲冬爲春，四時反逆，皆不得其正，豈三代聖人奉天之政乎？

王曰：「嗟我友邦冢君，越我御事庶士，明聽誓。王曰者，史臣追稱之也。友邦，親之也。冢君，尊之也。越，及也。御事，治事者。庶士，衆士也。告以伐商之意，且欲其聽之審也。

惟天地萬物父母，惟人萬物之靈，亶聰明作元后，元后作民父母。亶，誠實無妄之謂。言聰明出於天性然也。大哉乾元，萬物資始；至哉坤元，萬物資生。天地者，萬物之父母也。萬物之生，惟人得其秀而靈，具四端，備萬善，知覺獨異於物，而聖人又得其最秀而最靈者。天性聰明，無待勉強，其知先知，其覺先覺，首出庶物，故能爲大君於天下。而天下之疲癃殘疾得其生，鰥寡孤獨得其養，舉萬民之衆，無一而不得其所焉。則元后者，又所以爲民之父母也。夫天地生物而厚於人，天地生人而厚於聖人，其所以厚於聖人者，亦惟欲其君長乎民，而推天地父母斯民之心而已。天之爲民如此，則任元后之責者，可不知所以作民父母之義乎？商紂失君民之道，故武王發此，是雖一時誓師之言，而實萬世人君之所當體念也。

今商王受弗敬上天，降災下民。受，紂名也。言紂慢天虐民，不知所以作民父母也。慢天虐民之實，即下文所云也。

沈湎冒色，敢行暴虐，罪人以族，官人以世，惟宫室臺榭陂池侈服，以殘害于爾萬姓。焚炙忠良，刳剔孕婦。皇天震怒，命我文考，肅將天威，大勳未集。沉湎，溺於酒也。冒色，冒亂女色也。族，親族也。一人有罪，刑及親族也。世，子弟也。官使不擇賢才，惟因父兄而寵任子弟也。土高曰臺，有木曰榭，澤障曰陂，停水曰池。侈，奢也。焚炙，炮烙刑之類。刳剔，割剥也。皇甫謐云：紂剖比干妻以視其胎。未知何據。紂虐害無道如此，故皇天震怒，命我文王敬將天威，以除邪虐。大功未集，而文王崩。愚謂大勳在文王時，未嘗有意。至紂惡貫盈，武王伐之。叙文王之辭，不得不爾。學者當言外得之。

肆予小子發，以爾友邦冢君，觀政于商。惟受罔有悛心，乃夷居，弗事上帝神祇，遺厥先宗廟弗祀。犧牲粢盛，既于凶盗。乃曰：『吾有民有命。』罔懲其侮。肆，故也。觀政，猶伊尹所謂萬夫之長，可以觀政。八百諸侯，背商歸周，則商政可知。先儒以觀政爲觀兵，誤矣。悛，改也。夷，蹲踞也。

武王言故我小子，以爾諸侯之向背，觀政之失得於商。今諸侯背叛，既已如此，而紂無有悔悟改過之心，夷踞而居，廢上帝百神宗廟之祀，犧牲粢盛以爲祭祀之備者，皆盡于凶惡盜賊之人，即箕子所謂攘竊神祇之犧牷牲者也。受之慢神如此，乃謂我有民社，我有天命，而無有懲戒其侮慢之意。天佑下民，作之君，作之師，惟其克相上帝，寵綏四方。有罪無罪，予曷敢有越厥志。佑，助。寵，愛也。天助下民，爲之君以長之，爲之師以教之。君師者，惟其能左右上帝，以寵安天下。則夫有罪之當討，無罪之當赦，我何敢有過用其心乎！言一聽於天而已。同力度德，同德度義。受有臣億萬，惟億萬心；予有臣三千，惟一心。度，量度也。德，得也。行道有得於身也。義，宜也。制事達時之宜也。同力度德，同德度義，意古者兵志之詞，武王舉以明伐商之必克也。林氏曰：左氏襄三十一年，魯穆叔曰：「年鈞擇賢，義鈞以卜。」昭二十六年，王子朝曰：「年鈞以德，德鈞以卜。」蓋亦舉古人之語，文勢正與此同。百萬曰億。紂雖有億萬臣，而有億萬心。衆叛親離，寡助之至。力且不同，況德與義乎？商罪貫盈，天命誅之。予弗順天，厥罪惟鈞。貫，通。盈，滿也。言紂積惡如此，天命誅之。今不誅紂，是長惡也。其罪豈不與紂鈞乎？如律故縱者，與同罪也。予小子夙夜祗懼，受命文考，類于上帝，宜于冢土，以爾有衆，底天之罰。底，致也。冢土，大社也。祭社曰宜。上文言縱紂不誅，則罪與紂鈞。故此言予小子畏天之威，早夜敬懼，不敢自寧。受命于文王之廟，告于天神地祇，以爾有衆，致天之罰於商也。王制曰：「天子將出，類乎上帝〔一〕，宜乎社，造乎禰。」受命文考，即造乎禰也。王制以神尊卑爲序，此先言受命文考者，以伐紂之舉，天本命之文王。武王特稟文王之命，以卒其伐功而已。天矜于民，民之所欲，天必從之。爾尚弼予一人，永清四海，時哉弗可失。」天矜憐於民，民有所欲，天必從之。今民欲亡紂如此，則天意可知。爾庶幾輔我一人，除其邪穢，永清四海，是乃天人合應之時，不可失也。

泰誓中

惟戊午，王次于河朔，羣后以師畢會，王乃徇師而誓。次，止。徇，循也。河朔，河北也。戊午，以武成考之，是一月二十八日。曰：「嗚呼！西土有衆，咸聽朕言。周都豐、鎬，其地在西，從武王渡河者，皆西方諸侯，故曰「西土有衆」。我聞吉人爲善，惟日不足；凶人爲不善，亦惟日不足。今商王受力行無度，播棄犂老，昵比罪人，淫酗肆虐。臣下化之，朋家作仇，脅權相滅。無辜籲天，穢德彰聞。惟日不足者，言終日爲之而猶爲不足也。將言紂力行無度，故以古人語發之。無度者，無法度之事。播，放也。犂，黧通，黑而黄也。微子所謂「耇遜于荒」是也。老成之臣，所當親近者，紂乃放棄之。罪惡之人，所當斥逐者，紂乃親比之。酗，醉怒也。肆，縱也。臣下亦化紂惡，各立朋黨，相爲仇讎，脅上權命，以相誅滅。流毒天下，無辜之人，呼天告冤，腥穢之德，顯聞于上。呂氏曰：「爲善至極，則至治馨香；爲惡至極，則穢德彰聞。」惟天惠民，惟辟奉天。有夏桀，弗克若天，流毒下國。天乃佑命成湯，降黜夏命。言天惠愛斯民，君當奉承天意。昔桀不能順天，流毒下國，故天命成湯降黜夏命。惟受罪浮于桀，剥喪元良，賊虐諫輔，謂己有天命，謂敬不足行，謂祭無益，謂暴無傷。厥鑒惟不遠，在彼夏王。天其以予乂民，朕夢協朕卜，襲于休祥，戎商必克。浮，過。剥，落。喪，去也。古者去國爲喪。元良，微子也。諫輔，比干也。謂己有天命，如荅祖伊「我生不有命在天」之類。下三句亦紂所嘗言者。鑒，視也。其所鑒視，初不在遠，有夏多罪，天既命湯黜其命矣。今紂多罪，天其以我乂民乎？襲，重也。言我之夢，協我之卜，重有休祥之應，知伐商而必勝之也。此言天意有必克之理。受有億兆夷人，離心離德；予有亂臣十人，同心同德。雖有周親，不如仁人。夷，平也。夷人，言其智識不相上下也。治亂曰亂。十人，周公旦、召公奭、太公望、畢公、滎公、太顛、閎夭、散宜生、南宫适，其一文母。孔子曰：「有婦人焉，九人而已。」劉侍讀以爲子無臣母之義，蓋邑姜也。九臣治外，邑姜治内。言紂雖有夷人之多，不如周治臣之少而盡忠也。周，至也。紂雖有至親之臣，不如周仁人之賢而可恃也。此言人事有必克之理。天視自我民視，天聽自我民聽，百姓有過，在予一人。今朕必往。過，廣韻：責也。武王言天之視聽，皆自乎民。今民皆有責于我，謂我不正商罪。以民心而察天意，則我之伐商，斷必往矣。蓋百姓畏紂之虐，望周之深，而責武王不即拯己於水火也。如湯東面而征西夷怨，南面而征北狄怨之意。我武惟揚，侵于之疆，取彼凶殘。我伐用張，于湯有光。揚，舉。侵，入也。凶殘，紂也。猶孟子謂之殘賊。武王弔民伐罪，於湯之心，爲益明白於天下也。自世俗觀之，武王伐湯之子孫，覆湯之宗社，謂之湯讎可也。然湯放桀，武王伐紂，皆公天下爲心，非有私於己者。武之事，質之湯而無愧；湯之心，驗之武而益顯。是則伐商之舉，豈不於湯爲有光也哉！勖哉夫子！罔或無畏，寧執非敵。百姓懍懍，若崩厥角。嗚呼！乃一德一心，立定厥功，惟克永世。」勖，勉也。夫子，將士也。勉哉將士，無或以紂爲不足畏，寧執心以爲非我所敵也。商民畏紂之虐，懍懍若崩摧其頭角然。言人心危懼如此，汝當一德一心，立定厥功，以克永世也。

泰誓下

時厥明，王乃大巡六師，明誓衆士。厥明，戊午之明日也。古者天子六軍，大國三軍。是時武王未備六軍，牧誓叙三卿可見。此曰六師者，史臣之詞也。王曰：「嗚呼！我西土君子，天有顯道，厥類惟彰。今商王受狎侮五常，荒怠弗敬，自絶于天，結怨于民。天有至顯之理，其義類甚明。至顯之理，即典常之理也。紂於君臣、父子、兄弟、夫婦典常之道，褻狎侮慢，荒棄怠惰，無所敬畏，上自絶于天，下結怨于民。結怨者，非一之謂，下文「自絶」、「結怨」之實也。斮朝涉之脛，剖賢人之心，作威殺戮，毒痛四海。崇信姦回，放黜師保，屏棄典刑，囚奴正士，郊社不修，宗廟不享，作奇技淫巧以悦婦人。上帝弗順，祝降時喪。爾其孜孜，奉予一人，恭行天罰。斮，斫也。孔氏曰：冬月見朝涉水者，謂其脛耐寒，斫而視之。史記云：比干强諫，紂怒曰：「吾聞聖人心有七竅。」遂剖比干，觀其心。痡，病也。作刑威以殺戮爲事，毒病四海之人，言其禍之所及者遠也。回，邪也。正士，箕子也。郊，所以祭天；社，所以祭地。奇技，謂奇異技能。淫巧，爲過度之巧。列女傳：紂膏銅柱，下加炭，令有罪者行，輒墮炭中，妲己乃笑。夫欲妲己之笑，至爲炮烙之刑，則其奇技淫巧以悦之者，宜無所不至矣。祝，斷也。言紂於姦邪則尊信之，師保則放逐之，屏棄先王之法，囚奴忠正之士，輕廢奉祀之禮，專意污褻之行，悖亂天常，故天弗順而斷然降是喪亡也。爾衆士其勉力不怠，奉我一人，而敬行天罰乎？古人有言曰：『撫我則后，虐我則讎。』獨夫受，洪惟作威，乃汝世讎。樹德務滋，除惡務本。肆予小子，誕以爾衆士，殄殲乃讎。爾衆士其尚迪果毅，以登乃辟。功多有厚賞，不迪有顯戮。洪，大也。獨夫，言天命已絶，人心已去，但一獨夫耳。孟子曰：「殘賊之人，謂之一夫。」武王引古人之言，謂撫我則我之君也，虐我則我之讎也。今獨夫受大作威虐，以殘害于爾百姓，是乃爾之世讎也。務，專力也。植德則務其滋長，去惡則務絶根本，兩句意亦古語，喻紂爲衆惡之本，在所當去。故我小子大以爾衆士，而殄絶殲滅汝之世讎也。迪，蹈。登，成也。殺敵爲果，致果爲毅。爾衆士其庶幾蹈行果毅，以成汝君。若功多則有厚賞，非特一爵一級而已。不迪果毅，則有顯戮。謂之顯戮，則必肆諸市朝以示衆庶。嗚呼！惟我文考，若日月之照臨，光于四方，顯于西土。惟我有周，誕受多方。若日月照臨，言其德之輝光也。光于四方，言其德之遠被也。顯于西土，言其德尤著於所發之地也。文王之地，止於百里；文王之德，達于天下。多方之受，非周其誰受之。文王之德，實天命人心之所歸，故武王於誓師之末，歎息而言之。予克受，非予武，惟朕文考無罪。受克予，非朕文考有罪，惟予小子無良。」無罪，猶言無過也。無良，猶言無善也。商、周之不敵久矣，武王猶有勝負之慮，恐爲文王羞者。聖人臨事而懼也如此。

牧誓

牧，地名，在朝歌南，即今衛州治之南也。武王軍於牧野，臨戰誓衆。前既有泰誓三篇，因以地名別之。今文、古文皆有。

時甲子昧爽，王朝至于商郊牧野，乃誓。王左杖黄鉞，右秉白旄以麾，曰：「逖矣，西土之人。」甲子，二月四日也。昧，冥。爽，明也。昧爽，將明未明之時也。鉞，斧也，以黄金爲飾。王無自用鉞之理，左杖以爲儀耳。旄，軍中指麾，白則見遠。麾非右手不能，故右秉白旄也。按武成言「癸亥陳于商郊」，則癸亥之日，周師已陳牧野矣。甲子昧爽，武王始至而誓師焉。曰者，武王之言也。逖，遠也。以其行役之遠，而慰勞之也。王曰：「嗟我友邦冢君，御事：司徒、司馬、司空、亞旅、師氏、千夫長、百夫長，司徒、司馬、司空，三卿也。武王是時尚爲諸侯，故未備六卿。唐孔氏曰：司徒主民，治徒庶之政令。司馬主兵，治軍旅之誓戒。司空主土，治壘壁以營軍。亞，次。旅，衆也。大國三卿，下大夫五人，士二十七人。亞者，卿之貳，大夫是也。旅者，卿之屬，士是也。師氏，以兵守門者，猶周禮師氏王舉則從者也。千夫長，統千人之帥。百夫長，統百人之帥也。及庸、蜀、羌、髳、微、盧、彭、濮人，左傳：庸與百濮伐楚。庸、濮在江漢之南。羌在西蜀，髳、微在巴蜀，盧、彭在西北。武王伐紂，不期會者八百國。今誓師獨稱八國者，蓋八國近周西都，素所服役，乃受約束以戰者。若上文所言友邦冢君，則泛指諸侯而誓者也。稱爾戈，比爾干，立爾矛，予其誓。」稱，舉。戈，戟。干，楯。矛，亦戟之屬，長二丈。唐孔氏曰：戈短，人執以舉之，故言稱。楯則並以扞敵，故言比。矛長，立之於地，故言立。器械嚴整，則士氣精明，然後能聽誓命。王曰：「古人有言曰：『牝雞無晨。牝雞之晨，惟家之索。』索，蕭索也。牝雞而晨，則陰陽反常，是爲妖孽，而家道索矣。將言紂惟婦言是用，故先發此。今商王受惟婦言是用，昏棄厥肆祀弗答，昏棄厥遺王父母弟不迪。乃惟四方之多罪逋逃，是崇是長，是信是使，是以爲大夫卿士，俾暴虐于百姓，以姦宄于商邑。肆，陳。答，報也。婦，妲己也。列女傳云：紂好酒淫樂，不離妲己。妲己所舉者貴之，所憎者誅之，惟妲己之言是用，故顛倒昏亂。祭，所以報本也。紂以昏亂，棄其所當陳之祭祀而不報。昆弟，先王之胤也。紂以昏亂，棄其王父母弟而不以道遇之。廢宗廟之禮，無宗族之義，乃惟四方多罪逃亡之人，尊崇而信使之，以爲大夫卿士，使暴虐于百姓，姦宄于商邑。蓋紂惑於妲己之嬖，背常亂理，遂至流毒如此也。今予發惟恭行天之罰。今日之事，不愆于六步七步，乃止，齊焉。夫子勗哉！愆，過。勗，勉也。步，進趨也。齊，齊整也。今日之戰，不過六步七步，乃止而齊。此告之以坐作進退之法，所以戒其輕進也。不愆于四伐五伐六伐七伐，乃止，齊焉。勗哉夫子！伐，擊刺也。少不下四五，多不過六七而齊。此告之以攻殺擊刺之法，所以戒其貪殺也。上言「夫子勗哉」，此言「勗哉夫子」者，反覆成文，以致其丁寧勸勉之意。下倣此。尚桓桓，如虎如貔，如熊如羆，于商郊。弗迓克奔，以役西土。勗哉夫子！桓桓，威武貌。貔，執夷也，虎屬。欲將士如四獸之猛，而奮擊于商郊也。迓，迎也。能奔來降者，勿迎擊之，以勞役我西土之人。此勉其武勇，而戒其殺降也。爾所弗勗，其于爾躬有戮！」弗勗，謂不勉於前三者。愚謂此篇嚴肅而温厚，與湯誓、誥相表裏，真聖人之言也。泰誓、武成，一篇之中，似非盡出於一人之口，豈獨此爲全書乎？讀者其味之。

武成

史氏記武王往伐，歸獸，祀羣神，告羣后與其政事，共爲一書。篇中有「武成」二字，遂以名篇。今文無，古文有。

惟一月壬辰旁死魄。越翼日癸巳，王朝步自周，于征伐商。一月，建寅之月。不曰正而曰一者，商建丑，以十二月爲正朔，故曰一月也。詳見太甲、泰誓篇。壬辰，以泰誓戊午推之，當是一月二日。死魄，朔也。二日，故曰旁死魄。翼，明也。先記壬辰旁死魄，然後言癸巳伐商者，猶後世言某日必先言某朔也。周，鎬京也。在京兆鄠縣上林，即今長安縣昆明池北鎬陂是也。厥四月哉生明，王來自商，至于豐。乃偃武修文，歸馬于華山之陽，放牛於桃林之野，示天下弗服。哉，始也。始生明，月三日也。豐，文王舊都也。在京兆鄠縣，即今長安縣西北靈臺。豐水之上，周先王廟在焉。山南曰陽。桃林，今華陰縣潼關也。樂記曰：武王勝商，渡河而西，馬散之華山之陽而弗復乘，牛放之桃林之野而弗復服，車甲衅而藏之府庫，倒載干戈，包以虎皮，天下知武王之不復用兵也。○此當在「萬姓悅服」之下。丁未，祀于周廟，邦甸侯衛，駿奔走，執豆籩。越三日庚戌，柴望，大告武成。駿，爾雅曰：速也。周廟，周祖廟也。武王以克商之事祭告祖廟，近而邦甸，遠而侯衛，皆駿奔走執事以助祭祀。豆，木豆；籩，竹豆，祭器也。既告祖廟，燔柴祭天，望祀山川，以告武功之成。由近而遠，由親而尊也。○此當在「百工受命于周」之下。既生魄，庶邦冢君暨百工，受命于周。生魄，望後也。四方諸侯及百官皆於周受命。蓋武王新即位，諸侯百官皆朝見新君，所以正始也。○此當在「示天下弗服」之下。王若曰：「嗚呼！羣后，惟先王建邦啓土，公劉克篤前烈。至于太王，肇基王迹。王季其勤王家。我文考文王，克成厥勳，誕膺天命，以撫方夏。大邦畏其力，小邦懷其德。惟九年，大統未集，予小子其承厥志。」羣后，諸侯也。先王，后稷，武王追尊之也。后稷始封於邰，故曰「建邦啓土」。公劉，后稷之曾孫。史記云：能脩后稷之業。太王，古公亶父也。避狄去邠，居岐，邠人仁之，從之者如歸市。詩曰：「居岐之陽，實始翦商。」太王雖未始有翦商之志，然太王始得民心，王業之成，實基於此。王季能勤以繼其業。至於文王，克成厥功，大受天命，以撫安方夏，大邦畏其威而不敢肆，小邦懷其德而得自立，自爲西伯專征，而威德益著於天下。凡九年崩，大統未集者，非文王之德不足以受天下，是時紂之惡未至於亡天下也。文王以安天下爲心，故予小子亦以安天下爲心。○此當在「大告武成」之下。厎商之罪，告于皇天后土，所過名山大川，曰：「惟有道曾孫周王發，將有大正于商。今商王受無道，暴殄天物，害虐烝民，爲天下逋逃主，萃淵藪。予小子既獲仁人，敢祗承上帝，以遏亂略，華夏蠻貊，罔不率俾。

底，致也。后土，社也。勾龍爲后土。周禮太祝云：王過大山川，則用事焉。孔氏曰：名山謂華，大川謂河。蓋自豐鎬往朝歌，必道華涉河也。曰者，舉武王告神之語。有道，指其父祖而言。周王二字，史臣追增之也。正，即湯誓「不敢不正」之正。萃，聚也。紂殄物害民，爲天下逋逃罪人之主，如魚之聚淵，如獸之聚藪也。仁人，孔氏曰：太公、周、召之徒。略，謀略也。俾，廣韻曰：從也。仁人既得，則可以敬承上帝，而遏絶亂謀。内而華夏，外而蠻貊，無不率從矣。或曰：太公歸周，在文王之世。周、召，周之懿親，不可謂之獲。此蓋仁人自商而來者，愚謂獲者，得之云爾，即泰誓之所謂仁人，非必自外來也。不然，經傳豈無傳乎？○此當在「于征伐商」之下。

恭天成命，肆予東征，綏厥士女。惟其士女，篚厥玄黃，昭我周王。天休震動，用附我大邑周。

成命，黜商之定命也。篚，竹器也。玄黃，色幣也。敬奉天之定命，故我東征安其士女。士女喜周之來，篚篚盛其玄黃之幣，明我周王之德者，是蓋天休之所震動，故民用歸附我大邑周也。或曰：玄黃，天地之色。篚厥玄黃者，明我周王有天地之德也。○此當在「其承厥志」之下。

惟爾有神，尚克相予，以濟兆民，無作神羞。既戊午，師渡孟津。癸亥，陳于商郊，俟天休命。甲子昧爽，受率其旅若林，會于牧野，罔有敵于我師，前徒倒戈，攻于後以北，血流漂杵。一戎衣，天下大定。乃反商政，政由舊。釋箕子囚，封比干墓，式商容閭。散鹿臺之財，發鉅橋之粟，大賚于四海，而萬姓悦服。休命，勝商之命也。武王頓兵商郊，雍容不迫，以待紂師之至而克之。史臣謂之「俟天休命」，可謂善形容者矣。若林，即詩所謂「其會如林」者。紂衆雖有如林之盛，然皆無有肯敵我師之志。紂之前徒倒戈，反攻其在後之衆以走。自相屠戮，遂至血流漂杵。史臣指其實而言之。蓋紂衆離心離德，特刼於勢而未敢動耳。一旦因武王弔伐之師，始乘機投隙，奮其怨怒，反戈相戮，其酷烈遂至如此。亦足以見紂積怨于民，若是其甚。而武王之兵，則蓋不待血刃也。此所以一被兵甲，而天下遂大定乎。乃者，繼事之辭。反紂之虐政，由商先王之舊政也。式，車前横木。有所敬，則俯而憑之。商容，商之賢人。閭，族居里門也。賚，予也。武王除殘去暴，顯忠遂良，賑窮賙乏，澤及天下。天下之人，皆心悦而誠服之。帝王世紀云：殷民言王之於仁人也，死者猶封其墓，況生者乎？王之於賢人也，亡者猶表其閭，況存者乎？王之於財也，聚者猶散之，況其復藉之乎？唐孔氏曰：「是爲悦服之事。」〇此當在「罔不率俾」之下。列爵惟五，分土惟三，建官惟賢，位事惟能。重民五教，惟食喪祭。惇信明義，崇德報功，垂拱而天下治。列爵惟五，公、侯、伯、子、男也。分土惟三，公、侯百里，伯七十里，子男五十里之三等也。建官惟賢，不肖者不得進。位事惟能，不才者不得任。五教，君臣、父子、夫婦、兄弟、長幼五典之教也。食以養生，喪以送死，祭以追遠，五教三事，所以立人紀而厚風俗，聖人之所甚重焉者。惇，厚也。厚其信，明其義，信義立而天下無不勵之俗。有德者尊之以官，有功者報之以賞，官賞行而天下無不勸之善。夫分封有法，官使有要，五教修而三事舉，信義立而官賞行。武王於此復何爲哉？垂衣拱手而天下自治矣！史臣述武王政治之本末，言約而事博也如此哉！○此當在「大邑周」之下，而上猶有闕文。按此篇簡編錯亂，先後失序，今考正其文于後。

今考定武成

惟一月壬辰旁死魄。越翼日，癸巳，王朝步自周，于征伐商。底商之罪，告于皇天后土，所過名山大川，曰：「惟有道曾孫周王發，將有大正于商。今商王受無道，暴殄天物，害虐烝民，爲天下逋逃主，萃淵藪。予小子既獲仁人，敢祇承上帝，以遏亂略。華夏蠻貊，罔不率俾。惟爾有神，尚克相予，以濟兆民，無作神羞。」既戊午，師逾孟津。癸亥，陳于商郊，俟天休命。甲子昧爽，受率其旅若林，會于牧野，罔有敵于我師，前徒倒戈，攻于後以北，血流漂杵。一戎衣，天下大定。乃反商政，政由舊。釋箕子囚，封比干墓，式商容閭。散鹿臺之財，發鉅橋之粟，大賚于四海，而萬姓悦服。厥四月哉生明，王來自商，至于豐，乃偃武修文，歸馬于華山之陽，放牛於桃林之野，示天下弗服。既生魄，庶邦冢君暨百工，受命于周。丁未，祀于周廟，邦甸侯衛，駿奔走，執豆籩。越三日庚戌，柴望，大告武成。王若曰：「嗚呼！羣后，惟先王建邦啓土，公劉克篤前烈。至于太王，肇基王迹，王季其勤王家。我文考文王，克成厥勳，誕膺天命，以撫方夏。

大邦畏其力，小邦懷其德。惟九年，大統未集，予小子其承厥志。恭天成命，肆于東征，綏厥士女。惟其士女，篚厥玄黄，昭我周王。天休震動，用附我大邑周。列爵惟五，分土惟三，建官惟賢，位事惟能。重民五教，惟食喪祭，惇信明義。崇德報功，垂拱而天下治。」按劉氏、王氏、程子皆有改正次序，今參考定讀如此，大略集諸家所長。獨四月、生魄、丁未、庚戌一節，今以上文及漢志日辰推之，其序當如此耳。疑先儒以「王若曰」宜繫「受命于周」之下，故以生魄在丁未、庚戌之後。蓋不知生魄之日，諸侯百工雖來請命，而武王以未祭祖宗，未告天地，未敢發命，故且命以助祭。乃以丁未、庚戌祀于郊廟，大告武功之成，而後始告諸侯。上下之交，人神之序，固如此也。劉氏謂：「予小子其承厥志」之下當有闕文。以今考之，固所宜有。而程子徙「恭天成命」以下三十四字屬于其下〔二〕，則已得其一節。而「用附我大邑周」之下，劉氏所謂闕文，猶當有十數語也。蓋武王革命之初，撫有區夏，宜有退託之詞，以示不敢遽當天命，而求助於諸侯，且以致其交相警勑之意，略如湯誥之文，不應但止自序其功而已也。「列爵惟五」以下，又史官之詞，非武王之語，讀者詳之。

洪範漢志曰：禹治洪水，錫洛書，法而陳之，洪範是也。史記：武王克殷，訪問箕子以天道，箕子以洪範陳之。

按篇内曰、而曰、汝者，箕子告武王之辭，意洪範發之於禹，箕子推衍增益以成篇歟。今文、古文皆有。

惟十有三祀，王訪于箕子。商曰祀，周曰年，此曰祀者，因箕子之辭也。箕子嘗言商其淪喪，我罔爲臣僕。史記亦載箕子陳洪範之後，武王封于朝鮮而不臣也。蓋箕子不可臣，武王亦遂其志而不臣之也。訪，就而問之也。箕，國名。子，爵也。○蘇氏曰：箕子之不臣周也，而曷爲爲武王陳洪範也。天以是道畀之禹，傳至於我，不可使自我而絶。以武王而不傳，則天下無可傳者矣。故爲箕子之道者，傳道則可，仕則不可。王乃言曰：「嗚呼！箕子，惟天陰騭下民，相協厥居，我不知其彝倫攸叙。」乃言者，難辭，重其問也。箕子稱舊邑爵者，方歸自商，未新封爵也。騭，定。協，合。彝，常。倫，理也。所謂秉彝人倫也。武王之問，蓋曰：「天於冥冥之中，默有以安定其民，輔相保合其居止。而我不知其彝倫之所以叙者如何也。」箕子乃言曰：「我聞在昔，鯀陻洪水，汨陳其五行。帝乃震怒，不畀洪範九疇，彝倫攸斁。鯀則殛死，禹乃嗣興。天乃錫禹洪範九疇，彝倫攸叙。乃言者〔三〕，重其答也。陻，塞。汨，亂。陳，列。畀，與。洪，大。範，法。疇，類。斁，敗。錫，賜也。帝，以主宰言；天，以理言也。洪範九疇，治天下之大法，其類有九，即下文初一至次九者。箕子之答，蓋曰：「洪範九疇，原出於天。鯀逆水性，汨陳五行，故帝震怒，不以與之，此彝倫之所以敗也。禹順水之性，地平天成，故天出書于洛，禹别之以爲洪範九疇，此彝倫之所以叙也。」彝倫之叙，即九疇之所叙者也。○按孔氏曰：天與禹神龜，負文而出，列於背，有數至九。禹遂因而第之，以成九類。易言河出圖，洛出書，聖人則之。蓋治水功成，洛龜呈瑞，如簫韶奏而鳳儀，春秋作而麟至，亦其理也。世傳戴九履一，左三右七，二四爲肩，六八爲足，即洛書之數也。初一曰五行，次二曰敬用五事，次三曰農用八政，次四曰協用五紀，次五曰建用皇極，次六曰乂用三德，次七曰明用稽疑，次八曰念用庶徵，次九曰嚮用五福、威用六極。此九疇之綱也。在天惟五行，在人惟五事，以五事參五行，天人合矣。八政者，人之所以因乎天；五紀者，天之所以示乎人。皇極者，君之所以建極也。三德者，治之所以應變也。稽疑者，以人而聽於天也。庶徵者，推天而徵之人也。福極者，人感而天應也。五事曰敬，所以誠身也。八政曰農，所以厚生也。五紀曰協，所以合天也。皇極曰建，所以立極也。三德曰乂，所以治民也。稽疑曰明，所以辨惑也。庶徵曰念，所以省驗也。五福曰嚮，所以勸也。六極曰威，所以懲也。五行不言用，無適而非用也。皇極不言數，非可以數明也。本之以五行，敬之以五事，厚之以八政，協之以五紀，皇極之所以建也。乂之以三德，明之以稽疑，驗之以庶徵，勸懲之以福極，皇極之所以行也。人君治天下之法，是孰有加於此哉！

一，五行：一曰水，二曰火，三曰木，四曰金，五曰土。水曰潤下，火曰炎上，木曰曲直，金曰從革，土爰稼穡。潤下作鹹，炎上作苦，曲直作酸，從革作辛，稼穡作甘。此下九疇之目也。水、火、木、金、土者，五行之生序也。天一生水，地二生火，天三生木，地四生金，天五生土。唐孔氏曰：萬物成形，以微著爲漸，五行先後，亦以微著爲次。五行之體，水最微爲一，火漸著爲二，木形實爲三，金體固爲四，土質大爲五。潤下，炎上，曲直，從革，以性言也。稼穡，以德言也。潤下者，潤而又下也。炎上者，炎而又上也。曲直者，曲而又直也。從革者，從而又革也。稼穡者，稼而又穡也。稼穡獨以德言者，土兼四行〔四〕，無正位，無成性，而其生之德，莫盛於稼穡，故以稼穡言也。稼穡不可以爲性也，故不曰曰而曰爰。爰，於也。於是稼穡而已，非所以名也。作，爲也。鹹、苦、酸、辛、甘者，五行之味也。五行有聲色氣味，而獨言味者，以其功於民用也。

一，五事：

一曰貌，二曰言，三曰視，四曰聽，五曰思。貌曰恭，言曰從，視曰明，聽曰聰，思曰睿。恭作肅，從作乂，明作哲，聰作謀，睿作聖。貌、言、視、聽、思者，五事之叙也。貌澤，水也。言揚，火也。視散，木也。聽收，金也。思通，土也。亦人事發見先後之叙。人始生，則形色具矣。既生，則聲音發矣。既發而後能視〔五〕，而後能聽，而後能思也。恭、從、明、聰、睿者，五事之德也。恭者，敬也。從者，順也。明者，無不見也。聰者，無不聞也。睿者，通乎微也。肅、乂、哲、謀、聖者，五德之用也。肅者，嚴整也。乂者，條理也。哲者，知也。謀者，度也。聖者，無不通也。三，八政：一曰食，二曰貨，三曰祀，四曰司空，五曰司徒，六曰司寇，七曰賓，八曰師。食者，民之所急。貨者，民之所資。故食爲首，而貨次之。食貨，所以養生也。祭祀，所以報本也〔六〕。司空掌土，所以安其居也。司徒掌教，所以成其性也。司寇掌禁，所以治其姦也。賓者，禮諸侯遠人，所以往來交際也。師者，除殘禁暴也。兵非聖人之得已，故居末也。四，五紀：一曰歲，二曰月，三曰日，四曰星辰，五曰曆數。歲者，序四時也。月者，定晦朔也。日者，正躔度也。星，經星緯星也。辰，日月所會十二次也。曆數者，步占之法，所以紀歲月日星辰也。五，皇極：皇建其有極。斂時五福，用敷錫厥庶民。惟時厥庶民于汝極，錫汝保極。皇，君。建，立也。極，猶北極之極，至極之義，標準之名，中立而四方之所取正焉者也。言人君當盡人倫之至。語父子，則極其親，而天下之爲父子者於此取則焉。語夫婦，則極其別，而天下之爲夫婦者於此取則焉。語兄弟，則極其愛，而天下之爲兄弟者於此取則焉。以至一事一物之接，一言一動之發，無不極其義理之當然，而無一毫過不及之差，則極建矣。極者，福之本。福者，極之效。極之所建，福之所集也。人君集福於上，非厚其身而已，用敷其福以與庶民，使人人觀感而化，所謂敷錫也。當時之民，亦皆於君之極，與之保守，不敢失墜，所謂錫保也。言皇極君民，所以相與者如此也。凡厥庶民，無有淫朋，人無有比德，惟皇作極。淫朋，邪黨也。人，有位之人。比德，私相比附也。言庶民與有位之人，而無淫朋比德者，惟君爲之極，而使之有所取正耳。重言君不可以不建極也。凡厥庶民，有猷有爲有守，汝則念之。不協于極，不罹于咎，皇則受之。而康而色，曰：『予攸好德。』汝則錫之福。時人斯其惟皇之極。此言庶民也。有猷，有謀慮者。有爲，有施設者。有守，有操守者。是三者，君之所當念也。念之者，不忘之也。帝念哉之念，不協于極，未合於善也。不罹於咎，不陷於惡也。未合於善，不陷於惡，所謂中人也。進之則可與爲善，棄之則流於惡，君之所當受也。受之者，不拒之也。歸斯受之之受，念之受之，隨其才而輕重以成就之也。見於外而有安和之色，發於中而有好德之言，汝於是則錫之以福，而是人斯其惟皇之極矣。福者，爵禄之謂。或曰：錫福，即上文斂福錫民之福，非自外來也。曰禄，亦福也。上文指福之全體而言，此則爲福之一端而發。苟謂非禄之福，則於下文于其無好德，汝雖錫之福，其作汝用咎，爲不通矣。無虐煢獨，而畏高明。煢獨，庶民之至微者也。高明，有位之尊顯者也。各指其甚者而言。庶民之至微者，有善則當勸勉之；有位之尊顯者，有不善則當懲戒之。此結上章而起下章之義。人之有能有爲，使羞其行，而邦其昌。凡厥正人，既富方穀。汝弗能使有好于而家，時人斯其辜。于其無好德，汝雖錫之福，其作汝用咎。此言有位者也。有能，有材智者。羞，進也。使進其行，則官使者皆賢才，而邦國昌盛矣。正人者，在官之人，如康誥所謂「惟厥正人」者。富，禄之也。穀，善也。在官之人，有禄可仰，然後可責其爲善。廩禄不繼，衣食不給，不能使其和好于而家，則是人將陷於罪戾矣。於其不好德之人，而與之以禄，則爲汝用咎惡之人也。此言禄以與賢，不可及惡德也。必富之而後責其善者，聖人設教，欲中人以上，皆可能也。

無偏無陂，遵王之義；無有作好，遵王之道；無有作惡，遵王之路。無偏無黨，王道蕩蕩；無黨無偏，王道平平；無反無側，王道正直。會其有極，歸其有極。

偏，不中也。陂，不平也。作好作惡，好惡加之意也。黨，不公也。反，倍常也。側，不正也。偏陂好惡，己私之生於心也。偏黨反側，己私之見於事也。王之義，王之道，王之路，皇極之所由行也。蕩蕩，廣遠也。平平，平易也。正直，不偏邪也。皇極，正大之體也。遵義、遵道、遵路，會其極也。蕩蕩、平平、正直，歸其極也。會者，合而來也。歸者，來而至也。此章蓋詩之體，所以使人吟詠而得其性情者也。夫歌詠以叶其音，反復以致其意，戒之以私，而懲創其邪思；訓之以極，而感發其善性。諷詠之間，怳然而悟，悠然而得，忘其傾斜狹小之念，達乎公平廣大之理，人欲消熄，天理流行，會極歸極，有不知其所以然而然者。其功用深切，與周禮太師教以六詩者，同一機而尤要者也。後世此意不傳，皇極之道，其不明於天下也宜哉！

曰皇極之敷言，是彝是訓，于帝其訓。

曰，起語辭。敷言，上文敷衍之言也。言人君以極之理，而反復推衍爲言者，是天下之常理，是天下之大訓，非君之訓也，天之訓也。蓋理出乎天，言純乎天，則天之言矣。此贊敷言之妙如此。

凡厥庶民，極之敷言，是訓是行，以近天子之光。曰：天子作民父母，以爲天下王。

光者，道德之光華也。天子之於庶民，性一而已。庶民於極之敷言，是訓是行，則可以近天子道德之光華也。曰者，民之辭也。謂之父母者，指其恩育而言，親之之意。謂之王者，指其君長而言，尊之之意。言天子恩育君長乎我者，如此其至也。言民而不言人者，舉小以見大也。六，三德：一曰正直，二曰剛克，三曰柔克。平康正直，強弗友剛克，爕友柔克。沈潛剛克，高明柔克。克，治。友，順。爕，和也。正直、剛、柔，三德也。正者，無邪。直者，無曲。剛克柔克者，威福予奪，抑揚進退之用也。強弗友者，強梗弗順者也。爕友者，和柔委順者也。沈潛者，沈深潛退，不及中者也。高明者，高亢明爽，過乎中者也。蓋習俗之偏，氣稟之過者也。故平康正直，無所事乎矯拂，無爲而治是也。強弗友剛克，以剛克剛也；爕友柔克，以柔克柔也。沈潛剛克，以剛克柔也。高明柔克，以柔克剛也。正直之用一，而剛柔之用四也。聖人撫世酬物，因時制宜，三德乂用，陽以舒之，陰以斂之，執其兩端，用其中于民，所以納天下民俗於皇極者蓋如此。惟辟作福，惟辟作威，惟辟玉食。臣無有作福、作威、玉食。福威者，上之所以御下。玉食者，下之所以奉上也。曰惟辟者，戒其權不可下移。曰無有者，戒其臣不可上僭也。臣之有作福、作威、玉食，其害于而家，凶于而國。人用側頗僻，民用僭忒。頗，不平也。僻，不公也。僭，踰。忒，過也。臣而僭上之權，則大夫必害于而家，諸侯必凶于而國。有位者，固側頗僻而不安其分；小民者，亦僭忒而踰越其常。甚言人臣僭上之患如此。七，稽疑：擇建立卜筮人，乃命卜筮。稽，考也。有所疑，則卜筮以考之。龜曰卜，蓍曰筮。蓍龜者，至公無私，故能紹天之明。卜筮者，亦必至公無私，而後能傳蓍龜之意。必擇是人而建立之，然後使之卜筮也。曰雨，曰霽，曰蒙，曰驛，曰克，此卜兆也。雨者，如雨，其兆爲水。霽者，開霽，其兆爲火。蒙者，蒙昧，其兆爲木。繹者，絡繹不屬，其兆爲金。克者，交錯，有相勝之意，其兆爲土。曰貞，曰悔，此占卦也。内卦爲貞，外卦爲悔。左傳「蠱之貞風」，「其悔山」是也。又有以遇卦爲貞，之卦爲悔。國語貞屯、悔豫皆八，是也。凡七。卜五，占用二，衍忒。凡七，雨、霽、蒙、驛、克、貞、悔也。卜五，雨、霽、蒙、驛、克也，占二，貞、悔也。衍，推。忒，過也。所以推人事之過差也。立時人作卜筮，三人占，則從二人之言。凡卜筮，必立三人以相參考。舊説卜有玉兆、瓦兆、原兆，筮有連山、歸藏、周易者，非是。謂之三人，非三卜筮也。汝則有大疑，謀及乃心，謀及卿士，謀及庶人，謀及卜筮。汝則從，龜從，筮從，卿士從，庶民從，是之謂大同。身其康彊，子孫其逢吉。汝則從，龜從，筮從，卿士逆，庶民逆，吉。卿士從，龜從，筮從，汝則逆，庶民逆，吉。庶民從，龜從，筮從，汝則逆，卿士逆，吉。汝則從，龜從，筮逆，卿士逆，庶民逆，作内吉，作外凶。龜筮共違于人，用静吉，用作凶。稽疑以龜筮爲重，人與龜筮皆從，是之謂大同，固吉也。人一從而龜筮不違者亦吉，龜從筮逆，則可作内，不可作外。内，謂祭祀等事。外，謂征伐等事。龜筮共違，則可静，不可作。静，謂守常。作，謂動作也。然有龜從筮逆，而無筮從龜逆者，龜尤聖人所重也。故禮記大事卜，小事筮，傳謂筮短龜長是也。自夫子贊易，極著蓍卦之德，蓍重而龜書不傳云。八，庶徵：曰雨，曰暘，曰燠，曰寒，曰風，曰時。五者來備，各以其叙，庶草蕃廡。徵，驗也。廡，豐茂。所驗者非一，故謂之庶徵。雨、暘、燠、寒、風，各以時至，故曰時也。備者，無闕少也。序者，應節候也。五者備而不失其序，庶草且蕃廡矣，則其他可知也。雨屬水，暘屬火，燠屬木，寒屬金，風屬土。吳仁傑曰：易以坎爲水，北方之卦也。又曰：雨以潤之，則雨爲水矣。離爲火，南方之卦也。又曰：日以烜之，則暘爲火矣。小明之詩首章云：「我征徂西，二月初吉。」三章云：「昔我往矣，日月方燠。」夫以二月爲燠，則燠之爲春爲木，明矣。漢志引狐突金寒之言，顔師古謂金行在西，故謂之寒。則寒之爲秋爲金，明矣。又按稽疑以雨屬水，以霽屬火。霽，暘也。則庶徵雨之爲水，暘之爲火，類例抑又甚明。蓋五行乃生數自然之叙，五事則本於五行，庶徵則本於五事，其條理次第，相爲貫通，有秩然而不可紊亂者也。一極備，凶；一極無，凶。極備，過多也。極無，過少也。唐孔氏曰：雨多則澇，雨少則旱，是極備亦凶，極無亦凶。餘準是。曰休徵：曰肅，時雨若；曰乂，時暘若；曰哲，時燠若；曰謀，時寒若；曰聖，時風若。曰咎徵：曰狂，恒雨若；曰僭，恒暘若；曰豫，恒燠若；曰急，恒寒若；曰蒙，恒風若。狂，妄。僭，差。豫，怠。急，迫。蒙，昧也。在天爲五行，在人爲五事。五事修，則休徵各以類應之；五事失，則咎徵各以類應之，自然之理也。然必曰某事得，則某休證應；某事失，則某咎證應，則亦膠固不通，而不足與語造化之妙矣。天人之際，未易言也。失得之幾，應感之微，非知道者孰能識之哉！曰王省惟歲，卿士惟月，師尹惟日。歲、月、日，以尊卑爲徵也。王者之失得，其徵以歲。卿士之失得，其徵以月。師尹之失得，其徵以日。蓋雨、暘、燠、寒、風，五者之休咎，有係一歲之利害，有係一月之利害，有係一日之利害，各以其大小言也。歲、月、日時無易，百穀用成，乂用明，俊民用章，家用平康。歲、月、日三者，雨、暘、燠、寒、風不失其時，則其效如此，休徵所感也。日、月、歲時既易，百穀用不成，乂用昬不明，俊民用微，家用不寧。日、月、歲三者，雨、暘、燠、寒、風既失其時，則其害如此，咎徵所致也。休徵言歲、月、日者，總於大也。咎徵言日、月、歲者，著其小也。庶民惟星，星有好風，星有好雨。日月之行，則有冬有夏。月之從星，則以風雨。民之麗乎土，猶星之麗乎天也。好風者箕星，好雨者畢星。漢志言軫星亦好雨，意者星宿皆有所好也。日有中道，月有九行。中道者，黄道也。北至東井，去極近；南至牽牛，去極遠；東至角，西至婁，去極中，是也。九行者，黑道二，出黄道北；赤道二，出黄道南；白道二，出黄道西；青道二，出黄道東，并黄道爲九行也。日極南至于牽牛，則爲冬至；極北至于東井，則爲夏至；南北中，東至角，西至婁，則爲春、秋分。月立春，春分從青道；立秋，秋分從白道；立冬，冬至從黑道；立夏，夏至從赤道，所謂日月之行，則有冬有夏也。月行東北入于箕〔七〕，則多風；月行西南入于畢，則多雨，所謂月之從星，則以風雨也。民不言省者，庶民之休咎，係乎上人之失得。故但以月之從星，以見所以從民之欲者如何爾。夫民生之衆，寒者欲衣，飢者欲食，鰥寡孤獨者之欲得其所，此王政之所先，而卿士師尹近民者之責也。然星雖有好風好雨之異，而日月之行，則有冬有夏之常。以月之常行，而從星之異好，以卿士師尹之常職，而從民之異欲，則其從民者，非所以徇民矣。言日月而不言歲者，有冬有夏，所以成歲功也。言月而不言日者，從星惟月爲可見耳。九，五福：一曰壽，二曰富，三曰康寧，四曰攸好德，五曰考終命。人有壽而後能享諸福，故壽先之。富者，有廩禄也。康寧者，無患難也。攸好德者，樂其道也。考終命者，順受其正也。以福之急緩爲先後。六極：一曰凶短折，二曰疾，三曰憂，四曰貧，五曰惡，六曰弱。」凶者，不得其死也。短折者，橫夭也。禍莫大於凶短折，故先言之。疾者，身不安也。憂者，心不寧也。貧者，用不足也。惡者，剛之過也。弱者，柔之過也。以極之重輕爲先後，五福六極，在君則係於極之建不建，在民人則由於訓之行不行，感應之理微矣。

旅獒西旅貢獒，召公以爲非所當受，作書以戒武王，亦訓體也。因以「旅獒」名篇。今文無，古文有。

惟克商，遂通道于九夷八蠻。西旅厎貢厥獒，太保乃作旅獒，用訓于王。九夷八蠻，多之稱也。職方言四夷八蠻，爾雅言九夷八蠻，但言其非一而已。武王克商之後，威德廣被，九州之外，蠻夷戎狄，莫不梯山航海而至。曰通道云者，蓋蠻夷來王，則道路自通，非武王有意於開四夷，而斥大境土也。西旅，西方蠻夷國名。犬高四尺曰獒。按說文曰：犬知人心可使者〔八〕。公羊傳曰：晉靈公欲殺趙盾，盾躇階而走，靈公呼獒而屬之，獒亦躇階而從之。則獒能曉解人意，猛而善搏人者，異於常犬，非特以其高大也。太保，召公奭也。史記云：與周同姓，姬氏。此旅獒之本序。曰：「嗚呼！明王愼德，四夷咸賓，無有遠邇，畢獻方物，惟服食器用。愼德，蓋一篇之綱領也。方物，方土所生之物。明王愼德，四夷咸賓，其所貢獻，惟服食器用而已。言無異物也。王乃昭德之致于異姓之邦，無替厥服。分寶玉于伯叔之國，時庸展親。人不易物，惟德其物。昭，示也。德之致，謂上文所貢方物也。昭示方物于異姓之諸侯，使之無廢其職。分寶玉于同姓之諸侯，使之益厚其親。如分陳以肅愼氏之矢〔九〕，分魯以夏后氏之璜之類。王者以其德所致方物，分賜諸侯。故諸侯亦不敢輕易其物，而以德視其物也。德盛不狎侮。狎侮君子，罔以盡人心。狎侮小人，罔以盡其力。德盛，則動容周旋皆中禮，然後能無狎侮之心。言慎德不可不極其至也。德而未至，則未免有狎侮之心。狎侮君子，則色斯舉矣，彼必高蹈遠引，望望然而去，安能盡其心。狎侮小人，雖其微賤畏威易役，然至愚而神，亦安能盡其力哉！不役耳目，百度惟貞。貞，正也。不役於耳目之所好，百爲之度，惟其正而已。玩人喪德，玩物喪志。玩人，即上文「狎侮君子」之事。玩物，即上文「不役耳目」之事。德者，己之所得；志者，心之所之。志以道寧，言以道接。道者，所當由之理也。己之志，以道而寧，則不至於妄發。人之言，以道而接，則不至於妄受。存乎中者，所以應乎外；制其外者，所以養其中，古昔聖賢相授心法也。不作無益害有益，功乃成。不貴異物賤用物，民乃足。犬馬非其土性不畜，珍禽奇獸，不育于國。不寶遠物，則遠人格。所寶惟賢，則邇人安。孔氏曰：遊觀爲無益，奇巧爲異物。蘇氏曰：周穆王得白狐白鹿，而荒服因以不至。此章凡三節，至「所寶惟賢」，則益切至矣。

嗚呼！夙夜罔或不勤。不矜細行，終累大德。爲山九仞，功虧一簣。或，猶言萬一也。呂氏曰：此即慎德工夫。或之一字，最有意味。一暫止息，則非慎德矣。矜，矜持之矜。八尺曰仞。細行一簣，指受獒而言也。允迪兹，生民保厥居，惟乃世王。」信能行此，則生民保其居，而王業可永也。蓋人主一身實萬化之原，苟於理有毫髮之不盡，即遺生民無窮之害，而非創業垂統可繼之道矣。以武王之聖，召公所以警戒之者如此。後之人君，可不深思而加念之哉！

金縢

武王有疾，周公以王室未安，殷民未服，根本易摇，故請命三王，欲以身代武王之死。史録其册祝之文，并叙其事之始末，合爲一篇，以其藏於金縢之匱，編書者因以「金縢」名篇。今文、古文皆有。○唐孔氏曰：發首至王季、文王，史叙將告神之事也。「史乃册祝」至「屏璧與珪」，記告神之辭也。自「乃卜」至「乃瘳」，記卜吉及王病瘳之事也。自「武王既喪」以下，記周公流言居東，及成王迎歸之事也。

既克商二年，王有疾，弗豫。記年，見其克商之未久也。弗豫，不悦豫也。二公曰：「我其爲王穆卜。」二公，太公、召公也。李氏曰：穆者，敬而有和意。穆卜，猶言共卜也。愚謂古者國有大事卜，則公卿百執事皆在，誠一而和同，以聽卜筮，故名其卜曰穆卜。下文成王因風雷之變，王與大夫盡弁，啓金縢之書以卜者，是也。先儒專以穆爲敬，而於所謂其勿穆卜，則義不通矣。周公曰：「未可以戚我先王。」戚，憂惱之意。未可以武王之疾而憂惱我先王也，蓋卻二公之卜。公乃自以爲功，爲三壇，同墠。爲壇於南方，北面，周公立焉。植璧秉珪，乃告大王、王季、文王。功，事也。築土曰壇，除地曰墠。三壇，三王之位，皆南向。三壇之南，别爲一壇，北向，周公所立之地也。植，置也。珪璧，所以禮神。詩言「珪璧既卒」，周禮「祼圭以祀先王」。周公郤二公之卜，而乃自以爲功者，蓋二公不過卜武王之安否耳，而周公愛兄之切，危國之至，忠誠懇懇於祖父之前，如下文所云者，有不得盡焉，此其所以自以爲功也。又二公穆卜，則必禱於宗廟，用朝廷卜筮之禮，如此則上下喧騰，而人心摇動。故周公不於宗廟，而特爲壇墠以自禱也。史乃册祝，曰：「惟爾元孫某，遘厲虐疾。若爾三王，是有丕子之責于天，以旦代某之身。史，太史也。册祝，如今祝版之類。元孫某，武王也。遘，遇。厲，惡。虐，暴也。丕子，元子也。旦，周公名也。言武王遇惡暴之疾，若爾三王，是有元子之責于天。蓋武王爲天元子，三王當任其保護之責于天，不可令其死也。如欲其死，則請以旦代武王之身。「于天」之下，疑有闕文。舊説謂天責取武王者，非是。詳下文「予仁若考能事鬼神」等語，皆主祖父人鬼爲言。至於乃命帝庭，無墜天之降寶命，則言天命武王如此之大，而三王不可墜天之寶命，文意可見。又按死生有命，周公乃欲以身代武王之死，或者疑之。蓋方是時，天下未安，王業未固，使武王死，則宗社傾危，生民塗炭，變故有不可勝言者。周公忠誠切至，欲代其死，以輸危急，其精神感動，故卒得命於三王。今世之匹夫匹婦，一念誠孝，猶足以感格鬼神，顯有應驗，而況於周公之元聖乎？是固不可謂無此理也。

予仁若考，能多材多藝，能事鬼神。乃元孫不若旦多材多藝，不能事鬼神。周公言我仁順祖考，多材幹，多藝能，可任役使，能事鬼神。武王不如旦多材多藝，不任役使，不能事鬼神。材藝，但指服事役使而言。乃命于帝庭，敷佑四方，用能定爾子孫于下地。四方之民，罔不祗畏。嗚呼！無墜天之降寶命，我先王亦永有依歸。言武王乃受命於上帝之庭，布文德以佑助四方，用能定爾子孫於下地，使四方之民無不敬畏。其任大，其責重，未可以死。故又歎息申言三王不可墜失天降之寶命，庶先王之祀，亦永有所賴以存也。寶命，即帝庭之命也。謂之寶者，重其事也。今我即命于元龜，爾之許我，我其以璧與珪歸俟爾命。爾不許我，我乃屏璧與珪。」即，就也。歸俟爾命，俟武王之安也。屏，藏也。屏璧與珪，言不得事神也。蓋武王喪，則周之基業必墜，雖欲事神，不可得也。

其稱爾稱我，無異人子之在膝下以語其親者。此亦終身慕父母，與不死其親之意，以見公之達孝也。乃卜三龜，一習吉。啓籥見書，乃并是吉。卜筮，必立三人，以相參考。三龜者，三人所卜之龜也。習，重也。謂三龜之兆一同。開籥見卜兆之書，乃并是吉。公曰：「體，王其罔害。予小子新命于三王，惟永終是圖。茲攸俟，能念予一人。」體，兆之體也。言視其卜兆之吉，王疾其無所害。我新受三王之命，而永終是圖矣。茲攸俟者，即上文所謂歸俟也。一人，武王也。言三王能念我武王使之安也。詳此言新命于三王，不言新命于天，以見果非謂天責取武王也。公歸，乃納册于金縢之匱中，王翼日乃瘳。册，祝册也。匱，藏卜書之匱。金縢，以金緘之也。翼日，公歸之明日也。瘳，愈也。按金縢之匱，乃周家藏卜筮書之物。每卜，則以告神之詞書於册；既卜，則納册於匱而藏之。前後卜皆如此，故前周公乃卜三龜，一習吉，啓籥見書者，啓此匱也。後成王遇風雷之變，欲卜啓金縢者，亦啓此匱也。蓋卜筮之物，先王不敢褻，故金縢其匱而藏之。非周公始爲此匱，藏此册祝，爲後來自解計也。武王既喪，管叔及其羣弟，乃流言於國，曰：「公將不利於孺子。」管叔，名鮮，武王弟，周公兄也。羣弟，蔡叔度、霍叔處也。流言，無根之言，如水之流，自彼而至此也。孺子，成王也。商人兄死弟立者多，武王崩，成王幼，周公攝政，商人固已疑之。又管叔於周公爲兄，尤所覬覦，故武庚、管、蔡流言於國，以危懼成王而動摇周公也。史氏言管叔及其羣弟而不及武庚者，所以深著三叔之罪也。周公乃告二公曰：「我之弗辟，我無以告我先王。」辟，讀爲避。鄭氏詩傳言周公以管、蔡流言辟居東都，是也。

漢孔氏以爲致辟于管叔之辟，謂誅殺之也。夫三叔流言，以公將不利於成王，周公豈容遽興兵以誅之耶？且是時，王方疑公，公將請王而誅之耶〔一〇〕？將自誅之也。請之固未必從，不請自誅之，亦非所以爲周公矣。我之弗辟，我無以告我先王，言我不避，則於義有所不盡，無以告先王於地下也。公豈自爲身計哉，亦盡其忠誠而已矣。

周公居東二年，則罪人斯得。居東，居國之東也。鄭氏謂避居東都，未知何據。孔氏以居東爲東征，非也。方流言之起，成王未知罪人爲誰，二年之後，王始知流言之爲管、蔡。斯得者，遲之之辭也。

于後，公乃爲詩以貽王，名之曰鴟鴞，王亦未敢誚公。鴟鴞，惡鳥也。以其破巢取卵，比武庚之敗管、蔡及王室也。誚，讓也。上文言「罪人斯得」，則是時成王之疑，十已去其四五矣。

秋，大熟，未穫。天大雷電以風，禾盡偃，大木斯拔，邦人大恐。王與大夫盡弁，以啓金縢之書，乃得周公所自以爲功代武王之説。王與大夫盡弁，以發金縢之書，將卜天變，而偶得周公册祝請命之説也。孔氏謂二公倡王啓之者，非是。按秋大熟，係于二年之後，則成王迎周公之歸，蓋二年秋也。東山之詩，言「自我不見，于今三年」，則居東之非東征明矣。蓋周公居東二年，成王因風雷之變，既親迎以歸。三叔懷流言之罪，遂脅武庚以叛，成王命周公征之。其東征往反，首尾又自三年也。

二公及王，乃問諸史與百執事，對曰：「信。噫！公命。句。我勿敢言。」周公卜武王之疾，二公未必不知之。周公册祝之文，二公蓋不知也。諸史百執事，蓋卜筮執事之人，成王使卜天變者，即前日周公使卜武王疾之人也。二公及成王得周公自以爲功之説，因以問之，故皆謂信有此事。已而歎息，言此實周公之命，而我勿敢言爾。孔氏謂周公使之勿道者，非是。

王執書以泣，曰：「其勿穆卜。昔公勤勞王家，惟予冲人弗及知。今天動威，以彰周公之德。惟朕小子其新逆，我國家禮亦宜之。」新，當作親。成王啓金縢之書，欲卜天變。既得公册祝之文，遂感悟執書以泣，言不必更卜。昔周公勤勞王室，我幼不及知。今天動威以明周公之德，我小子其親迎公以歸，於國家禮亦宜也。按鄭氏詩傳：成王既得金縢之書，親迎周公。鄭氏學出於伏生，而此篇則伏生所傳，當以「親」爲正。「親」誤作「新」，正猶大學「新」誤作「親」也。王出郊，天乃雨，反風，禾則盡起。二公命邦人，凡大木所偃，盡起而築之，歲則大熟。國外曰郊。王出郊者，成王自往迎公，即上文所謂親逆者也。天乃反風，感應如此之速。洪範庶證，孰謂其不可信哉！又按武王疾瘳，四年而崩。羣叔流言，周公居東二年。罪人既得，成王迎周公以歸，凡六年事也。編書者附于金縢之末，以見請命事之首末，金縢書之顯晦也。

大誥武王克殷，以殷餘民封受子武庚，命三叔監殷。武王崩，成王立，周公相之。三叔流言「公將不利於孺子」，周公避位居東。後成王悟，迎周公歸，三叔懼，遂與武庚叛。成王命周公東征以討之，大誥天下。書言武庚而不言管叔者，爲親者諱也。篇首有「大誥」二字，編書者因以名篇。今文、古文皆有。○按此篇誥語，多主卜言，如曰「寧王遺我大寶龜」，曰「朕卜并吉」，曰「予得吉卜」，曰「王害不違卜」，曰「寧王惟卜用」，曰「矧亦惟卜用」，曰「予曷其極卜」，曰「矧今卜并吉」，至於篇終。又曰「卜陳其若兹」，意邦君御事。有曰「艱大不可征」，欲王違卜。故周公以討叛卜吉之義，與天命人事之不可違者，反復誥諭之也。

王若曰：「猷！大誥爾多邦，越爾御事。弗弔！天降割于我家，不少延。洪惟我幼冲人，嗣無疆大歷服，弗造哲，迪民康，矧曰其有能格知天命？猷，發語辭也。猶虞書咨嗟之例。按爾雅猷訓最多：曰謀，曰言，曰已，曰圖，未知此何訓也。弔，恤也。猶詩言「不弔昊天」之弔，言我不爲天所恤，降害於我周家，武王遂喪而不少待也。冲人，成王也。歷，歷數也。服，五服也。哲，明哲也。格，格物之格，言大思我幼冲之君，嗣于無疆之大業，弗能造明哲以導民於安康，是人事且有所未至，而況言其能格知天命乎？已！予惟小子，若涉淵水，予惟往求朕攸濟。敷賁，敷前人受命，兹不忘大功，予不敢閉于天降威用。已，承上語詞，已而有不能已之意。若涉淵水者，喻其心之憂懼。求朕攸濟者，冀其事之必成。敷，布。賁，飾也。敷賁者，修明其典章法度。敷前人受命者，增益開大前王之基業。若此者，所以不忘武王安天下之大功也。今武庚不靖，天固誅之，予豈敢閉抑天之威用而不行討乎！寧王遺我大寶龜，紹天明，即命曰：『有大艱于西土，西土人亦不靜，越兹蠢。』寧王，武王也。下文又曰寧考，蘇氏曰：當時謂武王爲寧王，以其克殷而安天下也。蠢，動而無知之貌。寧王遺我大寶龜者，以其可以紹介天明，以定吉凶。曩嘗即龜所命，而其兆謂將有大艱難之事于西土，西土之人，亦不安靜。是武庚未叛之時，而龜之兆蓋已預告矣。及此果蠢蠢然而動，其卜可驗如此。將言下文伐殷卜吉之事，故先發此，以見卜之不可違也。殷小腆，誕敢紀其叙。天降威，知我國有疵，民不康。曰：『予復。』反鄙我周邦。腆，厚。誕，大。叙，緒。疵，病也。言武庚以小厚之國，乃敢大紀其既亡之緒，是雖天降威于殷，然亦武庚知我國有三叔疵隙，民心不安，故敢言我將復殷業，而欲反鄙邑我周邦也。今蠢。今翼日，民獻有十夫，予翼以于，敉寧武圖功。我有大事，休？

朕卜并吉。于，往。敉，撫。武，繼也。謂今武庚蠢動，今之明日，民之賢者十夫，輔我以往，撫定商邦，而繼嗣武王所圖之功也。大事，戎事。左傳云：國之大事，在祀與戎。休，美也。言知我有戎事休美者，以朕卜三龜而并吉也。按上文「即命曰有大艱于西土」，蓋卜於武王方崩之時。此云「朕卜并吉」，乃卜於將伐武庚之日。先儒合以爲一，誤矣。肆予告我友邦君，越尹氏、庶士、御事，曰：『予得吉卜，予惟以爾庶邦，于伐殷逋播臣。』此舉嘗以卜吉之故，告邦君御事往伐武庚之詞也。肆，故也。尹氏，庶官之正也。殷逋播臣者，謂武庚及其羣臣，本逋亡播遷之臣也。爾庶邦君，越庶士、御事，罔不反，曰：『艱大，民不静，亦惟在王宫邦君室。越予小子考翼不可征，王害不違卜？』此舉邦君御事不欲征，欲王違卜之言也。邦君御事無不反曰：艱難重大，不可輕舉。且民不静，雖由武庚，然亦在於王之宫、邦君之室。謂三叔不睦之故，實兆釁端，不可不自反。害，曷也。越我小子與父老敬事者，皆謂不可征，王曷不違卜而勿征乎？肆予沖人，永思艱，曰：『嗚呼！允蠢鰥寡，哀哉！』予造天役，遺大投艱于朕身。越予沖人，不卬自恤。義爾邦君，越爾多士、尹氏、御事，綏予曰：『無毖于恤，不可不成乃寧考圖功。』造，爲。卬，我也。故我沖人，亦永思其事之艱大，歎息言信四國蠢動，害及鰥寡，深可哀也。然我之所爲，皆天之所役使；今日之事，天實以其甚大者，遺於我之身；以其甚艱者，投於我之身。於我沖人，固不暇自恤矣。然以義言之，於爾邦君，於爾多士，及官正治事之臣，當安我曰，無勞於憂，誠不可不成武王所圖之功，相與戮力致討可也。此章深責邦君、御事之避事。已！予惟小子，不敢替上帝命。天休于寧王，興我小邦周，寧王惟卜用，克綏受茲命。今天其相民，矧亦惟卜用。嗚呼！天明畏，弼我丕丕基。」卜伐武庚而吉，是上帝命伐之也。上帝之命，其敢廢乎！昔天眷武王，由百里而有天下，亦惟卜用，所謂「朕夢協朕卜，襲于休祥」是也。今天相佑斯民，避凶趨吉，況亦惟卜是用。是上而先王，下而小民，莫不用卜，而我獨可廢卜乎？故又歎息言天之明命可畏如此，是蓋輔成我丕丕基業，其可違也。天明，即上文所謂「紹天明」者。王曰：「爾惟舊人，爾不克遠省，爾知寧王若勤哉！天閟毖我成功所，予不敢不極卒寧王圖事。肆予大化誘我友邦君，天棐忱辭，其考我民，予曷其不于前寧人圖功攸終？天亦惟用勤毖我民，若有疾，予曷不于前寧人攸受休畢！」當時邦君御事有武王之舊臣者，亦憚征役，上文「考翼不可征」，是也。故周公專呼舊臣而告之曰：爾惟武王之舊人，爾大能遠省前日之事，爾豈不知武王若此之勤勞哉！閟者，否閉而不通。毖者，艱難而不易。言天之所以否閉艱難，國家多難者，乃我成功之所在，我不敢不極卒武王所圖之事也。化者，化其固滯。誘者，誘其順從。棐，輔也。寧人，武王之大臣。當時謂武王爲寧王，因謂武王之大臣爲寧人也。民獻十夫以爲可伐，是天輔以誠信之辭考之民而可見矣。我曷其不於前寧人而圖功所終乎？勤毖我民若有疾者，四國勤毖我民，如人有疾，必速攻治之，我曷其不於前寧人所受休美而畢之乎？按此三節，謂不可不卒終畢寧王寧人事功休美之意。言寧人，則舊人之不欲征者，亦可愧矣。王曰：「若昔朕其逝，朕言艱日思。若考作室，既厎法，厥子乃弗肯堂，矧肯構？厥父菑，厥子乃弗肯播，矧肯穫？厥考翼其肯，曰：『予有後，弗棄基。』肆予曷敢不越卬敉寧王大命？昔，前日也。猶孟子「昔者」之昔。若昔我之欲往，我亦謂其事之難，而日思之矣，非輕舉也。以作室喻之，父既底定廣狹高下，其子不肯爲之堂基，況肯爲之造屋乎？以耕田喻之，父既反土而菑矣，其子乃不肯爲之播種，況肯俟其成而刈穫之乎？考翼，父敬事者也。爲其子者如此，則考翼其肯曰：「我有後嗣，弗棄我之基業乎？」蓋武王定天下，立經陳紀，如作室之底法，如治田之既菑。今三監叛亂，不能討平以終武王之業，則是不肯堂，不肯播，況望其肯構肯穫，而延綿國祚於無窮乎？武王在天之靈，亦必不肯自謂其有後嗣，而不棄墜其基業矣。故我何敢不及我身之存，以撫循武王之大命乎？按此三節，由喻不可不終武功之意。若兄考，乃有友伐厥子，民養其勸弗救？」民養，未詳。蘇氏曰：養，廝養也。謂人之臣僕。大意言若父兄有友攻伐其子，爲之臣僕者，其可勸其攻伐而不救乎？父兄以喻武王，友以喻四國，子以喻百姓，民養以喻邦君御事。今王之四國毒害百姓，而邦君臣僕乃憚於征役，是長其患而不救，其可哉？此言民被四國之害，不可不救援之意。王曰：「嗚呼！肆哉，爾庶邦君，越爾御事。爽邦由哲，亦惟十人，迪知上帝命。越天棐忱，爾時罔敢易法。矧今天降戾于周邦，惟大艱人，誕鄰胥伐于厥室，爾亦不知天命不易！肆，放也，欲其舒放而不畏縮也。爽，明也。爽厥師之爽。桀昏德，湯伐之，故言爽師。受昏德，武王伐之，故言爽邦。言昔武王之明大命於邦，皆由明智之士，亦惟亂臣十人，蹈知天命。及天輔武王之誠，以克商受。爾於是時，不敢違越武王法制，憚於征役。矧今武王死，天降禍於周，首大難之四國，大近相攻於其室。事危勢迫如此，爾乃以爲不可征，爾亦不知天命之不可違越矣。此以今昔互言，責邦君御事之不知天命。按先儒皆以十人爲十夫。然十夫民之賢者爾，恐未可以爲迪知帝命，未可以爲越天棐忱。所謂迪知者，蹈行真知之詞也。越天棐忱，天命已歸之詞也。非亂臣昭武王以受天命者，不足以當之。况君奭之書，周公歷舉虢叔、閎夭之徒，亦曰「迪知天威，於受殷命」，亦曰「若天棐忱」。詳周公前後所言，則十人之爲亂臣，又何疑哉！予永念曰：天惟喪殷，若穡夫，予曷敢不終朕畝？天亦惟休于前寧人。天之喪殷，若農夫之去草，必絶其根本，我何敢不終我之田畝乎？我之所以終畝者，是天亦惟欲休美於前寧人也。予曷其極卜，敢弗于從？率寧人有指疆土，矧今卜并吉。肆朕誕以爾東征，天命不僭，卜陳惟若兹。」我何敢盡欲用卜，敢不從爾勿征。蓋率循寧人之功，當有指定先王疆土之理。卜而不吉，固將伐之，况今卜而并吉乎！故我大以爾東征，天命斷不僭差，卜之所陳蓋如此。按此篇專主卜言。然其上原天命，下述得人，往推寧王寧人不可不成之功，近指成王邦君御事不可不終之責。諄諄乎民生之休戚，家國之興喪，懇惻切至〔一一〕，不能自已。而反復終始乎卜之一説，以通天下之志，以斷天下之疑，以定天下之業。非聰明睿知、神武而不殺者，孰能與此哉！

微子之命

微，國名。子，爵也。成王既殺武庚，封微子於宋，以奉湯祀。史録其誥命，以爲此篇。今文無，古文有。

王若曰：「猷！殷王元子，惟稽古崇德象賢，統承先王。修其禮物，作賓于王家。與國咸休，永世無窮。元子，長子也。微子，帝乙之長子，紂之庶兄也。崇德，謂先聖王之有德者，則尊崇而奉祀之也。象賢，謂其後嗣子孫，有象先聖王之賢者，則命之以主祀也。言考古制，尊崇成湯之德，以微子象賢而奉其祀也。禮，典禮。物，文物也。修其典禮文物，不使廢壞，以備一王之法也。孔子曰：「夏禮吾能言之，杞不足徵也。殷禮吾能言之，宋不足徵也。文獻不足故也。」殷之典禮，微子修之，至孔子時，已不足徵矣。故夫子惜之。賓，以客禮遇之也。振鷺言「我客戾止」。左氏謂「宋先代之後，天子有事膰焉，有喪拜焉」者也。呂氏曰：先王之心，公平廣大，非若後世滅人之國，惟恐苗裔之存，爲子孫害。成王命微子，方且撫助愛養，欲其與國咸休，永世無窮。公平廣大氣象，於此可見。嗚呼！乃祖成湯，克齊聖廣淵，皇天眷佑，誕受厥命。撫民以寬，除其邪虐。功加于時，德垂後裔。齊，肅也。齊，則無不敬。聖，則無不通。廣，言其大。淵，言其深也。誕，大也。皇天眷佑，誕受厥命，即伊尹所謂天監厥德，用集大命者。撫民以寬，除其邪虐，即伊尹所謂代虐以寬，兆民允懷者。功加于時，言其所及者衆；德垂後裔，言其所傳者遠也。後裔，即微子也。此崇德之意。爾惟踐修厥猷，舊有令聞。恪慎克孝，肅恭神人。予嘉乃德，曰：『篤不忘上帝時歆，下民祗協，庸建爾于上公，尹茲東夏。』猷，道。令，善。聞，譽也。微子踐履修舉成湯之道，舊有善譽，非一日也。恪，敬也。恪慎克孝，肅恭神人，指微子實德而言。抱祭器歸周，亦其一也。篤，厚也。我善汝德，曰厚而不忘也。歆，饗。庸，用也。王者之後稱公，故曰上公。尹，治也。宋亳在東，故曰東夏。此象賢之意。欽哉！往敷乃訓，慎乃服命，率由典常，以蕃王室。弘乃烈祖，律乃有民，求綏厥位。毗予一人，世世享德。萬邦作式，俾我有周無斁。此因戒勉之也。服命，上公服命也。宋，王者之後，成湯之廟，當有天子禮樂。慮有僭儗之失，故曰慎其服命，率由典常，以戒之也。弘，大。律，範。毗，輔。式，法。斁，厭也。即詩言「在此無斁」之意。○林氏曰：偪生於僭，僭生於擬。非擬無僭，非僭無偪。慎其服命，遵守典常，安有偪僭之過哉！魯實侯爵，乃以天子禮樂祀周公，亦既不謹矣。其後遂用於羣公之廟，甚至季氏僭八佾，三家僭雍徹，其原一開，末流無所不至。成王於宋謹慎如此，必無賜周公以天子禮樂之事。豈周室既衰，魯竊僭用，託爲成王之賜，伯禽之受乎？嗚呼！往哉惟休，無替朕命。」歎息言汝往之國，當休美其政，而無廢棄我所命汝之言也。

康誥康叔，文王之子，武王之弟，武王誥命爲衛侯。今文、古文皆有。○按書序以康誥爲成王之書，今詳本篇，康叔於成王爲叔父，成王不應以弟稱之。說者謂周公以成王命誥，故曰弟。然既謂之「王若曰」，則爲成王之言，周公何遽自以弟稱之也。且康誥、酒誥、梓材三篇，言文王者非一，而略無一語以及武王，何耶？說者又謂寡兄勗爲稱武王，尤爲非義。寡兄云者，自謙之辭，寡德之稱，苟語他人，猶云可也。武王，康叔之兄，家人相語，周公安得以武王爲寡兄而告其弟乎？或又謂康叔在武王時尚幼，故不得封。然康叔，武王同母弟。武王分封之時，年已九十，安有九十之兄，同母弟尚幼不可封乎？且康叔，文王之子；叔虞，成王之弟。周公東征，叔虞已封於唐，豈有康叔得封，反在叔虞之後，必無是理也。又按汲冢周書克殷篇，言王即位于社南，羣臣畢從。毛叔鄭奉明水，衛叔封傳禮，召公奭贊采，師尚父牽牲。史記亦言衛康叔封布玆，與汲書大同小異。康叔在武王時非幼，亦明矣。特序書者，不知康誥篇首四十八字，爲洛誥脱簡，遂因誤爲成王之書。是知書序果非孔子所作也。康誥、酒誥、梓材篇次當在金縢之前。

惟三月哉生魄，周公初基，作新大邑于東國洛。四方民大和會。侯甸男邦采衛，百工播民和，見士于周。周公咸勤，乃洪大誥治。三月，周公攝政七年之三月也。始生魄，十六日也。百工，百官也。士，説文曰：事也。詩曰「勿士行枚」。呂氏曰：斧斤版築之事，亦甚勞矣。而民大和會，悉來赴役。即文王作靈臺，庶民子來之意。蘇氏曰：此洛誥之文，當在「周公拜手稽首」之上。王若曰：「孟侯，朕其弟，小子封。王，武王也。孟，長也。言爲諸侯之長也。封，康叔名。舊説周公以成王命誥康叔者，非是。惟乃丕顯考文王，克明德慎罰。左氏曰：明德慎罰，文王所以造周也。明德，務崇之之謂。慎罰，務去之之謂。明德慎罰，一篇之綱領。「不敢侮鰥寡」以下，文王明德慎罰也。「汝念哉」以下，欲康叔明德也。「敬明乃罰」以下，欲康叔謹罰也。「爽惟民」以下，欲其以德行罰也。「封敬哉」以下，欲其不用罰而用德也。終則以天命殷民結之。不敢侮鰥寡，庸庸，祗祗，威威，顯民。用肇造我區夏，越我一二邦，以修我西土。惟時怙冒，聞于上帝，帝休。天乃大命文王，殪戎殷，誕受厥命，越厥邦厥民惟時叙。乃寡兄勗，肆汝小子封，在兹東土。」鰥寡，人所易忽也。於人易忽者而不忽焉，以見聖人無所不敬畏也。即堯不虐無告之意。論文王之德而首發此，非聖人不能也。庸，用也。用其所當用，敬其所當敬，威其所當威，言文王用能敬賢討罪，一聽於理，而己無與焉。故德著於民，用始造我區夏，乃我一二友邦，漸以修治。至罄西土之人，怙之如父，冒之如天，明德昭升，聞于上帝。帝用休美，乃大命文王，殪滅大殷，大受其命。萬邦萬民，各得其理，莫不時叙，汝寡德之兄，亦勉力不怠。故爾小子封，得以在此東土也。吴氏曰：殪戎殷，武王之事也。此稱文王者，武王不敢以爲己之功也。○又按東土云者，武王克商，分紂城朝歌以北爲邶，南爲鄘，東爲衛，意邶、鄘爲武庚之封，而衛即康叔也。漢書言周公善康叔不從管、蔡之亂，似地相比近之辭，然不可攷矣。

王曰：「嗚呼！封，汝念哉！今民將在祗遹乃文考，紹聞衣德言。往敷求于殷先哲王，用保乂民。汝丕遠惟商耇成人，宅心知訓。別求聞由古先哲王，用康保民。弘于天，若德裕乃身，不廢在王命。」此下明德也。遹，述。衣，服也。今治民將在敬述文考之事。繼其所聞，而服行文王之德言也。往，之國也。宅心，處心也，安汝止之意。知訓，知所以訓民也。由，行也。曰保乂，曰知訓，曰康保，經緯以成文爾。武王既欲康叔祗遹文考，又欲敷求商先哲王，又丕遠惟商耇成人，又別聞由古先哲王，近述諸今，遠稽諸古，不一而足，以見義理之無盡。易曰：君子多識前言往行以蓄其德。弘者，廓而大之也。天者，理之所從出也。康叔博學以聚之，集義以生之，真積力久，衆理該通，此心之天理之所從出者，始恢廓而有餘用矣。若是，則心廣體胖，動無違禮，斯能不廢在王之命也。○呂氏曰：康叔歷求聖賢問學，至於弘于天，德裕身，可謂盛矣。止能不廢王命，才可免過而已。此見人臣職分之難盡，若欲爲子，必須如舜與曾閔，方能不廢父命。若欲爲臣，必須如舜與周公，方能不廢君命。

王曰：「嗚呼！小子封，恫瘝乃身，敬哉！天畏棐忱。民情大可見，小人難保。往盡乃心，無康好逸豫，乃其乂民。我聞曰：『怨不在大，亦不在小，惠不惠，懋不懋。』恫，痛。瘝，病也。視民之不安，如疾痛之在乃身，不可不敬之也。天命不常，雖甚可畏，然誠則輔之。民情好惡，雖大可見，而小民至爲難保。汝往之國，所以治之者非他，惟盡汝心，無自安而好逸豫，乃其所以乂民也。古人言怨不在大，亦不在小，惟在順不順、勉不勉耳。順者，順於理，勉者，勉於行。即上文所謂「往盡乃心，無康好逸豫」者。已！汝惟小子，乃服惟弘王，應保殷民，亦惟助王宅天命，作新民。」服，事。應，和也。汝之事，惟在廣上德意，和保殷民，使之不失其所，以助王安定天命，而作新斯民也。此言明德之終也。大學言明德，亦舉新民終之。王曰：「嗚呼！封，敬明乃罰。人有小罪，非眚，乃惟終，自作不典，式爾。有厥罪小，乃不可不殺。乃有大罪，非終，乃惟眚災，適爾。既道極厥辜，時乃不可殺。」此下謹罰也。式，用。適，偶也。人有小罪，非過誤，乃其固爲亂常之事，用意如此，其罪雖小，乃不可不殺。即舜典所謂「刑故無小」也。人有大罪，非是故犯，乃其過誤，出於不幸，偶爾如此，既自稱道盡輸其情，不敢隱匿，罪雖大，時乃不可殺。即舜典所謂「宥過無大」也。諸葛孔明治蜀，服罪輸情者，雖重必釋，其「既道極厥辜，時乃不可殺」之意歟。王曰：「嗚呼！封，有叙。時乃大明服，惟民其勑懋和。若有疾，惟民其畢棄咎。若保赤子，惟民其康乂。有叙者，刑罰有次序也。明者，明其罰。服者，服其民也。左氏曰：乃大明服，己則不明，而殺人以逞，不亦難乎？勑，戒勑也。民其戒勑而勉於和順也。若有疾者，以去疾之心去惡也，故民皆棄咎。若保赤子者，以保子之心保善也，故民其安治。非汝封刑人殺人，無或刑人殺人。非汝封又曰劓刵人，無或劓刵人。」刑殺者，天之所以討有罪，非汝封得以刑之殺之也。汝無或以己而刑殺之。刵，截耳也。刑殺，刑之大者。劓刵，刑之小者。兼舉小大以申戒之也。「又曰」當在「無或刑人殺人」之下。又按刵，周官五刑所無，呂刑以爲苗民所制。王曰：「外事，汝陳時臬，司師茲殷罰有倫。」外事，未詳。陳氏曰：外事，有司之事也。

臬，法也。爲準限之義。言汝於外事，但陳列是法，使有司師此殷罰之有叙者用之爾。○呂氏曰：外事，衛國事也。史記言康叔爲周司寇。司寇，王朝之官，職任内事。故以衛國對言爲外事。今按篇中言「往敷求」、「往盡乃心」，篇終曰「往哉封」，皆令其之國之辭，而未見其留王朝之意。但詳此篇，康叔蓋深於法者，異時成王或舉以任司寇之職，而此則未必然也。又曰：「要囚，服念五六日，至于旬時，丕蔽要囚。」要囚，獄辭之要者也。服念，服膺而念之。旬，十日。時，三月。爲囚求生道也。蔽，斷也。

王曰：「汝陳時臬，事罰蔽殷彝。用其義刑義殺，勿庸以次汝封。乃汝盡遜，曰時叙，惟曰未有遜事。義，宜也。次，次舍之次。遜，順也。申言敷陳是法與事，罰斷以殷之常法矣。又慮其泥古而不通，又謂其刑其殺，必察其宜於時者而後用之。既又慮其趨時而徇己，又謂刑殺不可以就汝封之意。既又慮其刑殺雖已當罪，而矜喜之心乘之，又謂使汝刑殺盡順於義，雖曰是有次叙，汝當惟謂未有順義之事。蓋矜喜之心生，乃怠惰之心起，刑殺之所由不中也，可不戒哉！已！汝惟小子，未其有若汝封之心。朕心朕德，惟乃知。已者，語辭之不能已也。小子，幼小之稱，言年雖少而心獨善也。爾心之善，固朕知之，朕心朕德，亦惟爾知之。將言用罰之事，故先發其良心焉。凡民自得罪，寇攘姦宄，殺越人于貨，暋不畏死，罔弗憝。」越，顛越也。盤庚云：「顛越不恭。」暋，強。憝，惡也。自得罪，非爲人誘陷以得罪也。凡民自犯罪，爲盜賊姦宄、殺人顛越人以取財貨，強很亡命者，人無不憎惡之也。用罰而加是人，則人無不服。以其出乎人之同惡，而非即乎吾之私心也。特舉此以明用罰之當罪。王曰：「封，元惡大憝，矧惟不孝不友。子弗祗服厥父事，大傷厥考心。于父不能字厥子，乃疾厥子。于弟弗念天顯，乃弗克恭厥兄。兄亦不念鞠子哀，大不友于弟。惟弔茲，不于我政人得罪，天惟與我民彝大泯亂。曰：乃其速由文王作罰，刑茲無赦。大憝，即上文之「罔弗憝」，言冠攘姦宄，固爲大惡而大可惡矣。況不孝之人〔一二〕，而尤爲可惡者。當商之季，禮義不明，人紀廢壞，子不敬事其父，大傷父心；父不能愛子，乃疾惡其子，是父子相夷也。天顯，猶孝經所謂天明，尊卑顯然之序也。弟不念尊卑之序，而不能敬其兄；兄亦不念父母鞠養之勞，而大不友其弟，是兄弟相賊也。父子兄弟，至於如此，苟不於我爲政之人而得罪焉，則天之與我民彝，必大泯滅而紊亂矣。曰者，言如此，則汝其速由文王作罰，刑此無赦，而懲戒之不可緩也。不率大戛，矧惟外庶子訓人，惟厥正人，越小臣諸節，乃別播敷，造民大譽。弗念弗庸，瘝厥君。時乃引惡，惟朕憝。已！汝乃其速由茲義率殺。戛，法也。言民之不率教者，固可大寘之法矣。況外庶子以訓人爲職，與庶官之長，及小臣之有符節者，乃別布條教，違道干譽，弗念其君，弗用其法，以病君上。是乃長惡於下，我之所深惡也。臣之不忠如此，刑其可已乎。汝其速由此義，而率以誅戮之，可也。○按上言民不孝不友，則速由文王作罰，刑茲無赦。此言外庶子正人小臣，背上立私，則速由茲率殺。其曰刑曰殺，若用法峻急者。蓋殷之臣民，化紂之惡，父子兄弟之無其親，君臣上下之無其義，非繩之以法，示之以威，殷人孰知不孝不義之不可干哉！周禮所謂刑亂國用重典者，是也。然曰速由文王，曰速由茲義，則其刑其罰，亦仁厚而已矣。亦惟君惟長，不能厥家人，越厥小臣、外正。惟威惟虐，大放王命，乃非德用乂。君長，指康叔而言也。康叔而不能齊其家，不能訓其臣，惟威惟虐，大廢棄天子之命，乃欲以非德用治。是康叔且不能用上命矣，亦何以責其臣之瘝厥君也哉。汝亦罔不克敬典，乃由裕民，惟文王之敬忌。乃裕民，曰：我惟有及。則予一人以懌。」汝罔不能敬守國之常法，由是而求裕民之道，惟文王之敬忌。敬則有所不忽，忌則有所不敢。期裕其民，曰我惟有及於文王，則予一人以悦懌矣。此言謹罰之終也。穆王訓刑，亦曰敬忌云。王曰：「封，爽惟民迪吉康。我時其惟殷先哲王德，用康乂民，作求。矧今民罔迪不適，不迪，則罔政在厥邦。」此下欲其以德用罰也。求，等也。詩曰：「世德作求。」言明思夫民，當開導之以吉康。我亦時其惟殷先哲王之德，用以安治其民，爲等匹於商先王也。迪，即迪吉康之迪。況今民無導之而不從者，苟不有以導之，則爲無政於國矣。迪言德而政言刑也。前既嚴之民，又嚴之臣，又嚴之康叔，此則武王之自嚴畏也。王曰：「封，予惟不可不監，告汝德之説于罰之行。今惟民不静，未戾厥心，迪屢未同。爽惟天其罰殛我，我其不怨。惟厥罪，無在大，亦無在多。矧曰其尚顯聞于天。」戾，止也。又言民不安静，未能止其心之狠疾，迪之者雖屢，而未能使之上同于治。明思天其殛罰我，我何敢怨乎！惟民之罪不在大，亦不在多。苟爲有罪，即在朕躬。況曰今庶羣腥穢之德，其尚顯聞于天乎！王曰：「嗚呼！封，敬哉！無作怨，勿用非謀非彝，蔽時忱。丕則敏德，用康乃心，顧乃德，遠乃猷，裕乃以民寧，不汝瑕殄。」此欲其不用罰而用德也。歎息言汝敬哉，毋作可怨之事，勿用非善之謀、非常之法，惟斷以是誠。大法古人之敏德，用以安汝之心，省汝之德，遠汝之謀，寬裕不迫，以待民之自安。若是，則不汝瑕疵而棄絶矣。

王曰：「嗚呼！肆汝小子封，惟命不于常，汝念哉，無我殄享。明乃服命，高乃聽，用康乂民。」肆，未詳。惟命不于常，善則得之，不善則失之。汝其念哉，毋我殄絶所享之國也。明汝侯國服命，高其聽，不可卑忽我言，用安治爾民也。王若曰：「往哉，封！勿替敬典，聽朕告汝，乃以殷民世享。」勿廢其所敬之常法，聽我所命而服行之，乃能以殷民而世享其國也。世享，對上文殄享爲言。

酒誥

商受酗酒，天下化之。妹土，商之都邑，其染惡尤甚。武王以其地封康叔，故作書誥教之云。今文、古文皆有。○按吴氏曰：酒誥一書，本是兩書，以其皆爲酒而誥，故誤合而爲一。自「王若曰明大命于妹邦」以下，武王誥受故都之書也。自「王曰封我西土棐徂邦君」以下，武王誥康叔之書也。書之體，爲一人而作，則首稱其人；爲衆人而作，則首稱其衆；爲一方而作，則首稱一方；爲天下而作，則首稱天下。君奭書首稱「君奭」，君陳書首稱「君陳」，爲一人而作也。甘誓首稱「六事之人」，湯誓首稱「格汝衆」，此爲衆人而作也。湯誥首稱「萬方有衆」，大誥首稱「大誥多邦」[一三]，此爲天下而作也。多方書爲四國而作，則首稱「四國」。多士書爲多士而作，則首稱「多士」。今酒誥爲妹邦而作，故首言「明大命于妹邦」，其自爲一書無疑。按吴氏分篇引證，固爲明甚。但既謂專誥毖妹邦，不應有「乃穆考文王」之語。意酒誥專爲妹邦而作，而妹邦在康叔封圻之内，則明大命之責，康叔實任之。故篇首專以妹邦爲稱，至中篇始名康叔以致誥，其曰「尚克用文王教」者，亦申言首章文王誥毖之意。其事則主於妹邦，其書則付之康叔，雖若二篇，而實爲一書。雖若二事，而實相首尾。反復參究，蓋自爲書之一體也。

王若曰：「明大命于妹邦。妹邦，即詩所謂沬鄉。篇首稱妹邦者，誥命專爲妹邦發也。乃穆考文王，肇國在西土。厥誥毖庶邦庶士，越少正、御事，朝夕曰：『祀兹酒，惟天降命肇我民，惟元祀。』穆，敬也。詩曰「穆穆文王」是也。上篇言文王明德，則曰顯考；此篇言文王誥毖，則曰穆考，言各有當也。或曰文王世次爲穆，亦通。毖，戒謹也。少正，官之副貳也。文王朝夕勑戒之曰：惟祭祀則用此酒。天始令民作酒者，爲大祭祀而已。西土庶邦，遠去商邑，文王誥毖亦諄諄以酒爲戒，則商邑可知矣。文王爲西伯，故得誥毖庶邦云。天降威，我民用大亂喪德，亦罔非酒惟行。越小大邦用喪，亦罔非酒惟辜。酒之禍人也，而以爲天降威者，禍亂之成，是亦天爾。箕子言受酗酒，亦曰天毒降災，正此意也。民之喪德，君之喪邦，皆由於酒。喪德故言行，喪邦故言辜。文王誥教小子、有正、有事，無彝酒。越庶國飲惟祀。德將無醉。小子，少子之稱，以其血氣未定，尤易縱酒喪德，故文王專誥教之。有正，有官守者。有事，有職業者。無，毋同。彝，常也。毋常於酒，其飲惟於祭祀之時。然亦必以德將之，毋至於醉也。惟曰：我民迪小子，惟土物愛，厥心臧。聰聽祖考之彝訓，越小大德，小子惟一。文王言我民亦常訓導其子孫，惟土物之愛，勤稼穡，服田畝，無外慕。則心之所守者正，而善日生。爲子孫者，亦當聰聽其祖父之常訓，不可以謹酒爲小德。小德大德，小子爲一視之可也。妹土，嗣爾股肱，純其藝黍稷，奔走事厥考厥長。肇牽車牛，遠服賈，用孝養厥父母。厥父母慶，自洗腆致用酒。此武王教妹土之民也。嗣，續。純，大。肇，敏。服，事也。言妹土民當嗣續汝四肢之力，無有怠惰，大修農功，服勞田畝，奔走以事其父兄。或敏於貿易，牽車牛，遠事賈，以孝養其父母。父母喜慶，然後可自洗腆致用酒。洗以致其潔，腆以致其厚也。薛氏曰：或大修農功，或遠服商賈，以養父母。父母慶，則汝可以用酒也。庶士有正，越庶伯君子，其爾典聽朕教。爾大克羞耇惟君，爾乃飲食醉飽。丕惟曰：爾克永觀省，作稽中德，爾尚克羞饋祀，爾乃自介用逸。茲乃允惟王正事之臣，茲亦惟天若元德，永不忘在王家。」此武王教妹土之臣也。伯，長也。曰君子者，賢之也。典，常也。羞，養也。言其大能養老也。惟君，未詳。丕惟曰者，大言也。介，助也。用逸者，用以宴樂也。言爾能常常反觀内省，使念慮之發，營爲之際，悉稽乎中正之德，而無過不及之差，則德全於身，而可以交於神明矣。如是，則庶幾能進饋祀，爾亦可自副而用宴樂也。如此，則信爲王治事之臣；如此，亦惟天順元德，而永不忘在王家矣。按上文父母慶則可飲酒，克羞耇則可飲酒，羞饋祀則可飲酒，本欲禁絶其飲，今乃反開其端者，不禁之禁也。聖人之教，不迫而民從者，此也。孝養、羞耇、饋祀，皆因其良心之發而利導之。人果能盡此三者，且爲成德之士矣，而何憂其湎酒也哉！王曰：封，我西土棐徂邦君御事小子，尚克用文王教，不腆于酒。故我至于今，克受殷之命。」徂，往也。輔佐文王往日之邦君御事小子也，言文王毖酒之教，其大如此。王曰：「封，我聞惟曰：『在昔殷先哲王，迪畏天顯小民，經德秉哲。自成湯咸至于帝乙，成王畏相。惟御事厥棐有恭，不敢自暇自逸，矧曰其敢崇飲？以商君臣之不暇逸者告康叔也。殷先哲王，湯也。迪畏者，畏之而見於行也。畏天之明命，畏小民之難保，經其德而不變，所以處己也。秉其哲而不惑，所以用人也。湯之垂統如此，故自湯至于帝乙，賢聖之君六七作，雖世代不同，而皆能成就君德，敬畏輔相。故當時御事大臣，亦皆盡忠輔翼，而有責難之恭。自暇自逸，猶且不敢，況曰其敢尚飲乎。

越在外服，侯、甸、男、衛、邦伯；越在内服，百僚、庶尹、惟亞、惟服、宗工，越百姓里居，罔敢湎于酒。不惟不敢，亦不暇，惟助成王德顯，越尹人祗辟。』自御事而下在外服，則有侯、甸、男、衛諸侯，與其長伯。在内服，則有百僚、庶尹、惟亞、惟服、宗工、國中百姓，與夫里居者，亦皆不敢沈湎于酒。不惟不敢，亦不暇。不敢者，有所畏。不暇者，有所勉。惟欲上以助成君德，而使之昭著。下以助尹人祗辟，而使之益不怠耳。成王，顧上文成王而言。祗辟，顧上文有恭而言。吕氏曰：尹人者，百官諸侯之長也。指上文御事而言。

我聞亦惟曰：『在今後嗣王酣身，厥命罔顯于民。祗保越怨不易，誕惟厥縱淫泆于非彝。用燕喪威儀，民罔不衋傷心。惟荒腆于酒，不惟自息乃逸。厥心疾很，不克畏死。辜在商邑，越殷國滅無罹。弗惟德馨香祀登聞于天。誕惟民怨，庶羣自酒，腥聞在上。故天降喪于殷，罔愛于殷，惟逸。天非虐，惟民自速辜。』以商受荒腆于酒者告康叔也。後嗣王，受也。受沈酣其身，昏迷於政，命令不著於民。其所祗保者，惟在於作怨之事。不肯悛改，大惟縱淫泆于非彝，泰誓所謂奇技淫巧也。燕，安也。用安逸而喪其威儀。史記受爲酒池肉林〔一四〕，使男女裸而相逐。其威儀之喪如此。此民所以無不痛傷其心，悼國之將亡也。而受方且荒怠，益厚于酒，不思自息其逸，力行無度，其心疾很，雖殺身而不畏也。辜萃商邑，雖滅國而不憂也。弗事上帝，無馨香之德以格天。大惟民怨，惟羣酗腥穢之德以聞于上。故上天降喪于殷，無有眷愛之意者，亦惟受縱逸故也。天豈虐殷，惟殷人酗酒，自速其辜爾。曰民者，猶曰先民，君臣之通稱也。

王曰：「封，予不惟若茲多誥，古人有言曰：『人無於水監，當於民監。』今惟殷墜厥命，我其可不大監撫于時！我不惟如此多言，所以言湯言受如此其詳者，古人謂人無於水監，水能見人之妍醜而已。當於民監，則其得失可知。今殷民自速辜，既墜厥命矣，我其可不以殷民之失爲大監戒，以撫安斯時乎！予惟曰：『汝劼毖殷獻臣，侯、甸、男、衛，矧太史友、內史友，越獻臣、百宗工，矧惟爾事，服休、服采，矧惟若疇，圻父薄違，農父若保，宏父定辟，矧汝剛制于酒。』劼，用力也。汝當用力戒謹殷之賢臣，與鄰國之侯、甸、男、衛，使之不湎于酒也。毖殷獻臣，侯、甸、男、衛，與文王毖庶邦庶士同義。殷之賢臣諸侯，固欲知所謹矣。況太史掌六典八法八則，內史掌八柄之法，汝之所友者，及其賢臣百寮大臣，可不謹於酒乎！太史、內史、獻臣、百宗工，固欲知所謹矣。況爾之所事，服休坐而論道之臣，服采起而作事之臣，可不謹於酒乎！曰友曰事者，國君有所友，有所事也。然盛德有不可友者，故孟子曰古之人，曰事之云乎？豈曰友之云乎？服休服采，固欲知所謹矣。況爾之疇匹而位三卿者，若圻父迫逐違命者乎？若農父之順保萬民者乎？若宏父之制其經界以定法者乎？皆不可不謹于酒也。圻父，政官，司馬也，主封圻。農父，教官，司徒也，主農。宏父，事官，司空也，主廓地居民。謂之父者，尊之也。先言圻父者，制殷人湎酒，以政爲急也。圻父、農父、宏父，固欲知所謹矣。況汝之身，所以爲一國之視傚者，可不謹於酒乎？故曰「矧汝剛制于酒」。剛制，亦劼毖之意，剛果用力以制之也。此章自遠而近，自卑而尊，等而上之，則欲其自康叔之身始。以是爲治，孰能禦之，而况毖於酒德也哉！厥或誥曰：『羣飲。』汝勿佚，盡執拘以歸于周，予其殺。羣飲者，商民羣聚而飲，爲姦惡者也。佚，失也。其者，未定辭也。蘇氏曰：予其殺者，未必殺也。猶今法曰當斬者，皆具獄以待命，不必死也。然必立法者，欲人畏而不敢犯也。羣飲，蓋亦當時之法。有羣聚飲酒，謀爲大姦者，其詳不可得而聞矣。如今之法，有曰夜聚曉散者皆死罪，蓋聚而爲妖逆者也。使後世不知其詳而徒聞其名，凡民夜相過者，輒殺之，可乎？又惟殷之迪諸臣惟工，乃湎于酒，勿庸殺之，姑惟教之。殷受導迪爲惡之諸臣百工，雖湎于酒，未能遽革，而非羣聚爲姦惡者，無庸殺之，且惟教之。有斯，明享。乃不用我教辭，惟我一人弗恤，弗蠲乃事，時同于殺。」有者，不忘之也。斯，此也。指教辭而言。享，上享下之享，言殷諸臣百工，不忘教辭，不湎于酒，我則明享之。其不用我教辭，惟我一人不恤於汝，弗潔汝事，時則同汝于羣飲誅殺之罪矣。王曰：「封，汝典聽朕毖，勿辯乃司，民湎于酒。」辯，治也。乃司，有司也。即上文諸臣百工之類。言康叔不治其諸臣百工之湎酒，則民之湎酒者，不可禁矣。

梓材 亦武王誥康叔之書，諭以治國之理，欲其通上下之情，寬刑辟之用。而篇中有「梓材」二字，比稽田作室爲雅，故以爲簡編之别，非有它義也。今文、古文皆有。○按此篇文多不類，自「今王惟曰」以下，若人臣進戒之辭。以書例推之，曰「今王惟曰」者，猶洛誥之「今王即命曰」也。「肆王惟德用」者，猶召誥之「肆惟王其疾敬德，王其德之用」也。「已若兹監」者，猶無逸「嗣王其監于兹」也。「惟王子子孫孫永保民」者，猶召誥「惟王受命無疆惟休」也。反覆参考，與周公、召公進戒之言，若出一口。意者此篇得於簡編斷爛之中，文既不全，而進戒爛簡，有用明德之語，編書者以與罔厲殺人等意合。又武王之誥，有曰王曰監云者；而進戒之書，亦有曰王曰監云者，遂以爲文意相屬，編次其後，而不知前之所謂王者，指先王而言，非若今王之爲自稱也。後之所謂監者，乃監視之監，而非啓監之監也。其非命康叔之書，亦明矣。讀書者，優游涵泳，沈潛反覆，繹其文義，審其語脉，一篇之中，前則尊諭卑之辭，後則臣告君之語，蓋有不可得而強合者矣。

王曰：「封，以厥庶民，暨厥臣達大家，以厥臣達王，惟邦君。大家，巨室也。孟子曰：爲政不難，不得罪於巨室。孔氏曰：卿大夫及都家也。以厥庶民暨厥臣達大家，則下之情無不通矣。以厥臣達王，則上之情無不通矣。王言臣而不言民者，率土之濱莫非王臣也。邦君上有天子，下有大家，能通上下之情，而使之無間者，惟邦君也。汝若恒越曰：『我有師師、司徒、司馬、司空、尹旅。』曰：『予罔厲殺人，亦厥君先敬勞。』肆徂厥敬勞。肆往姦宄，殺人歷人宥。肆亦見厥君事，戕敗人宥。恒，常也。師師，以官師爲師也。尹，正官之長。旅，衆大夫也。敬勞，恭敬勞來也。徂，往也。歷人者，罪人所過，律所謂知情藏匿資給也。戕敗者，毁傷四肢面目，漢律所謂疻也。此章文多未詳。王啓監，厥亂爲民，曰：『無胥戕，無胥虐，至于敬寡，至于屬婦，合由以容。』王其效邦君越御事，厥命曷以？引養引恬。自古王若兹，監罔攸辟。監，三監之監。康叔所封，亦受畿内之民，當時亦謂之監，故武王以先王啓監意而告之也。言王者所以開置監國者，其治本爲民而已。其命監之辭蓋曰：無相與戕殺其民，無相與虐害其民。人之寡弱者，則哀敬之，使不失其所。婦之窮獨者，則聯屬之，使有所歸。保合其民，率由是而容蓄之也。且王所以責效邦君御事者，其命何以哉？亦惟欲其引掖斯民於生養安全之地而已。自古王者之命監若此，汝今爲監，其無所用乎刑辟以戕虐人，可也。惟曰：『若稽田，既勤敷菑，惟其陳修爲厥疆畎。若作室家，既勤垣墉，惟其塗塈茨。若作梓材，既勤樸斲，惟其塗丹雘。』稽，治也。敷菑，廣去草棘也。疆，畔也。畎，通水渠也。塗塈，泥飾也。茨，蓋也。梓，良材，可爲器者。雘，采色之名。敷菑以喻除惡，垣墉以喻立國，樸斲以喻制度。武王之所已爲也。疆畎塈茨丹雘，則望康叔以成終云爾。今王惟曰：先王既勤用明德，懷爲夾，庶邦享作，兄弟方來，亦既用明德。后式典集，庶邦丕享。先王，文王、武王也。夾，近也。懷遠爲近也。兄弟，言友愛也。泰誓曰：「友邦家君。」方來者，方方而來也。既，盡也。先王盡勤用明德，而懷來于上。諸侯亦盡用明德，而視效於下也。后，後王也。式，用也。典，舊典也。集，和輯也。此章以後，若臣下進戒之辭。疑簡脱誤於此。皇天既付中國民，越厥疆土于先王。越，及也。皇天既付中國民及其疆土于先王也。肆王惟德用，和懌先後迷民，用懌先王受命。肆，今也。德用，用明德也。和懌，和悦之也。先後，勞來之也。迷民，迷惑染惡之民也。命，天命也。用慰悦先王之克受天命者也。已！若兹監。惟曰：『欲至于萬年，惟王子子孫孫永保民。』已，語辭。監，視也。非人臣祈君永命之辭也〔一五〕。按梓材有「自古王若兹，監罔攸辟」之言，而編書者誤以監爲句讀，而爛簡適有「已若兹監」之語，以爲語意相類，合爲一篇。而不知其句讀之本不同，文義之本不類也。孔氏依阿其説，於篇意無所發明。王氏謂成王自言必稱王者，以覲禮考之，天子以正遏諸侯則稱王，亦強釋難通。獨吴氏以爲誤簡者，爲得之。但謂「王啓監」以下即非武王之誥，則未必然也。

校勘記

〔一〕類乎上帝　「乎」原作「于」，據明内府本、明官刻本、清傳經堂本及禮記王制改。以下逕改。

〔二〕程子徙恭天成命以下三十四字屬于其下　「徙」原作「從」，據明内府本、明官刻本、清傳經堂本改。

〔三〕乃言者　「者」字原脱，據明内府本、清傳經堂本補。

〔四〕土兼四行　「四」，明内府本、明官刻本、清傳經堂本作「五」。

〔五〕既發而後能視　「發」字原作墨釘，據明内府本、明官刻本、清傳經堂本補。

〔六〕所以報本也　「也」原作「出」，據明内府本、明官刻本、清傳經堂本改。

〔七〕月行東北入于箕　「東」原作「冬」，據明内府本、明官刻本、清傳經堂本改。

〔八〕犬知人心可使者　「知」原作「如」，據明内府本、明官刻本、清傳經堂本改。

〔九〕如分陳以肅慎氏之矢　「慎」原作「謹」，避宋孝宗諱，據明内府本、明官刻本、清傳經堂本改。

〔一〇〕公將請王而誅之耶　「耶」原作「也」，據明内府本、明官刻本、清傳經堂本改。

〔一一〕懇惻切至　「切」原作「到」，據明内府本、明官刻本、清傳經堂本改。

〔一二〕況不孝之人　明内府本、明官刻本、清傳經堂本「孝」字下有「不友」二字。

〔一三〕大誥首稱大誥多邦　「邦」原作「方」，據明内府本、明官刻本、清傳經堂本改。

〔一四〕史記受爲酒池肉林　「受」原作「友」，據各本及史記殷本記改。

〔一五〕非人臣祈君永命之辭也　「非」，明内府本、明官刻本、清傳經堂本作「此」。

書集傳卷五

召誥左傳曰：「武王克商，遷九鼎于洛邑。」史記載武王言：「我南望三途，北望嶽鄙，顧詹有河，粤詹洛、伊，毋遠天室。」營周居于洛邑而後去。則宅洛者，武王之志，周公、成王成之，召公實先經理之。洛邑既成，成王始政，召公因周公之歸，作書致告，達之於王。其書拳拳於歷年之久近，反復乎夏商之廢興。究其歸，則以諴小民爲祈天命之本，以疾敬德爲諴小民之本。一篇之中，屢致意焉。古之大臣，其爲國家長遠慮蓋如此。以召公之書，因以「召誥」名篇。今文、古文皆有。

惟二月既望，越六日乙未，王朝步自周，則至于豐。日月相望謂之望。既望，十六日也。乙未，二十一日也。周，鎬京也，去豐二十五里，文武廟在焉。成王至豐，以宅洛之事告廟也。惟太保先周公相宅。越若來。三月惟丙午朏，越三日戊申，太保朝至于洛，卜宅。厥既得卜，則經營。成王在豐，使召公先周公行，相視洛邑。「越若來」，古語辭，言召公於豐迤邐而來也。朏，孟康曰：月出也。三日，明生之名。戊申，三月五日也。卜宅者，用龜卜宅都之地。既得吉卜，則經營規度其城郭、宗廟、郊社、朝市之位。越三日庚戌，太保乃以庶殷攻位于洛汭。越五日甲寅，位成。

庶殷，殷之衆庶也。用庶殷者，意是時殷民已遷于洛，故就役之也。位成者，左祖右社、前朝後市之位成也。

若翼日乙卯，周公朝至于洛，則達觀于新邑營。周公至，則徧觀新邑所經營之位。

越三日丁巳，用牲于郊，牛二。越翼日戊午，乃社于新邑，牛一、羊一、豕一。郊，祭天地也，故用二牛。社祭用太牢，禮也。皆告以營洛之事。

越七日甲子，周公乃朝用書，命庶殷侯、甸、男、邦伯。書，役書也。春秋傳曰：「士彌牟營成周。計丈數，揣高低，度厚薄，仞溝洫，物土方，議遠邇，量事期，計徒庸，慮材用，書餱糧，以令役於諸侯。」亦此意。王氏曰：邦伯者，侯、甸、男服之邦伯也。庶邦冢君咸在，而獨命邦伯者，公以書命邦伯，而邦伯以公命命諸侯也。

厥既命殷庶，庶殷丕作。丕作者，言皆趨事赴功也。殷之頑民，若未易役使者。然召公率以攻位而位成，周公用以書命而丕作。殷民之難化者猶且如此，則其悦以使民可知也。

太保乃以庶邦冢君出取幣，乃復入錫周公，曰：「拜手稽首，旅王若公。誥告庶殷，越自乃御事。呂氏曰：洛邑事畢，周公將歸宗周，召公因陳戒成王，乃取諸侯贄見幣物以與周公，且言其拜手稽首，所以陳王及公之意。蓋召公雖與周公言，乃欲周公聯諸侯之幣，與召公之誥，併達之王。謂洛邑已定，欲誥告殷民，其根本乃自爾御事。不敢指言成王，謂之御事，猶今稱人爲執事也。

嗚呼！皇天上帝，改厥元子，兹大國殷之命。惟王受命，無疆惟休，亦無疆惟恤。嗚呼！曷其柰何弗敬！此下皆告成王之辭，託周公達之王也。曷，何也。其，語辭。商受嗣天位爲元子矣。元子不可改而天改之，大國未易亡而天亡之。皇天上帝，其命之不可恃如此。

今王受命，固有無窮之美，然亦有無窮之憂。於是歎息言王曷其柰何弗敬乎？蓋深言不可以弗敬也。又按此篇專主敬言，敬則誠實無妄，視聽言動一循乎理，好惡用捨不違乎天。與天同德，固能受天明命也。人君保有天命，其有要於此哉。伊尹亦言「皇天無親，克敬惟親」。敬則天與我一矣，尚何踈之有。天既遐終大邦殷之命，兹殷多先哲王在天。越厥後王後民，兹服厥命，厥終智藏瘝在。夫知保抱攜持厥婦子，以哀籲天，徂厥亡，出執。嗚呼！天亦哀于四方民，其眷命用懋，王其疾敬德。後王後民，指受也。此章語多難解，大意謂天既欲遠絶大邦殷之命矣。而此殷先哲王，其精爽在天，宜若可恃者。而商紂受命，卒致賢智者退藏，病民者在位。民困虐政，保抱攜持其妻子，哀號呼天，往而逃亡，出見拘執，無地自容。故天亦哀民，而眷命用歸於勉德者。天命不常如此，今王其可不疾敬德乎！相古先民有夏，天迪從子保，面稽天若，今時既墜厥命。今相有殷，天迪格保，面稽天若，今時既墜厥命。從子保者，從其子而保之，謂禹傳之子也。面，鄉也。視古先民有夏，天固啓迪之，又從其子而保佑之，禹亦面考天心，敬順無違，宜若可爲後世憑藉者，今時已墜厥命矣。今視有殷，天固啓迪之，又使其格正夏命而保佑之，湯亦面考天心，敬順無違，宜亦可爲後世憑藉者，今時已墜厥命矣。以此知天命誠不可恃以爲安也。今沖子嗣，則無遺壽耇。曰：其稽我古人之德，矧曰其有能稽謀自天。稽，考。矧，況也。幼沖之主於老成之臣，尤易踈遠。故召公言今王以童子嗣位，不可遺棄老成。言其能稽古人之德，是固不可遺也。況言其能稽謀自天，是尤不可遺也。稽古人之德，則於事有所證；稽謀自天，則於理無所遺。無遺壽耇，蓋君天下者之要務，故召公特首言之。嗚呼！

有王雖小，元子哉！其丕能諴于小民，今休。王不敢後，用顧畏于民嵒。召公嘆息言王雖幼冲，乃天之元子哉，謂其年雖小，其任則大也。其者，期之辭也。諴，和。嵒，險也。王其大能諴和小民，爲今之休美乎。小民雖至微，而至爲可畏，王當不敢緩於敬德，用顧畏于民之嵒險可也。王來紹上帝，自服于土中。旦曰：『其作大邑，其自時配皇天，毖祀于上下。其自時中乂，王厥有成命，治民今休。』洛邑天地之中，故謂之土中。王來洛邑，繼天出治，當自服行於土中。是時洛邑告成，成王始政，故召公以自服土中爲言。又舉周公嘗言作此大邑，自是可以對越上天，可以饗答神祇，自是可以宅中圖治。成命者，天之成命也。成王而能紹上帝，服土中，則庶幾天有成命，治民今即休美矣。○王氏曰：成王欲宅洛邑者，以天事言，則日東景朝多陽，日西景夕多陰〔一〕，日南景短多暑，日北景長多寒，洛天地之中，風雨之所會，陰陽之所和也。以人事言，則四方朝聘貢賦，道里均焉，故謂之土中。

王先服殷御事，比介于我有周御事。節性，惟日其邁。言治民當先服乎臣也。王先服殷之御事，以親近副貳我周之御事，使其漸染陶成，相觀爲善，以節其驕淫之性，則日進於善而不已矣。王敬作所，不可不敬德。言化臣必謹乎身也。所，處所也。猶所其無逸之所。王能以敬爲所，則動静語默，出入起居，無往而不居敬矣。不可不敬德者，甚言德之不可不敬也。我不可不監于有夏，亦不可不監于有殷。我不敢知曰，有夏服天命，惟有歷年。我不敢知曰，不其延。惟不敬厥德，乃早墜厥命。我不敢知曰，有殷受天命，惟有歷年。我不敢知曰，不其延。惟不敬厥德，乃早墜厥命。夏商歷年長短，所不敢知。我所知者，惟不敬厥德即墜其命也。與上章相古先民之意，相爲出入。但上章主言天眷之不足恃，此則直言不敬德則墜厥命爾。今王嗣受厥命，我亦惟茲二國命，嗣若功。王乃初服。今王繼受天命，我謂亦惟此夏商之命，當嗣其有功者。謂繼其能敬德而歷年者也。況王乃新邑初政，服行教化之始乎。嗚呼！若生子，罔不在厥初生，自貽哲命。今天其命哲、命吉凶、命歷年。知今我初服。歎息言王之初服，若生子，無不在於初生，習爲善則善矣，自貽其哲命。爲政之道亦猶是也。今天其命王以哲乎？命以吉凶乎？命以歷年乎？皆不可知。所可知者，今我初服如何爾。初服而敬德，則亦自貽哲命，而吉與歷年矣。宅新邑。肆惟王其疾敬德。王其德之用，祈天永命。宅新邑，所謂初服也。王其疾敬德，容可緩乎？王其德之用，而祈天以歷年也。其惟王勿以小民淫用非彝，亦敢殄戮用乂。民若有功。刑者，德之反。疾於敬德，則當緩於用刑。勿以小民過用非法之故，亦敢於殄戮用治之也。惟順導民，則可有功。民猶水也，水泛濫橫流，失其性矣。然壅而遏之，則害愈甚。惟順而導之，則可以成功。其惟王位在德元，小民乃惟刑用于天下，越王顯。元，首也。居天下之上，必有首天下之德。王位在德元，則小民皆儀刑用德于下。於王之德益以顯矣。上下勤恤。其曰：『我受天命，丕若有夏歷年，式勿替有殷歷年。欲王以小民受天永命。』其，亦期之辭也。君臣勤勞，期曰我受天命，大如有夏歷年，用勿替有殷歷年，欲兼夏商歷年之永也。召公又繼以欲王以小民受天永命。蓋以小民者，勤恤之實。受天永命者，歷年之實也。蘇氏曰：君臣一心以勤恤民，庶幾王受命歷年如夏商。且以民心爲天命也。拜手稽首，曰：「予小臣，敢以王之讎民、百君子，越友民，保受王威命明德。王末有成命，王亦顯。我非敢勤，惟恭奉幣，用供王能祈天永命。」讎民，殷之頑民，與三監叛者。百君子，殷之御事、庶士也。友民，周之友順民也。保者，保而不失。受者，受而無拒。威命明德者，德威德明也。末，終也。召公於篇終致敬言予小臣，敢以殷周臣民，保受王威命明德。王當終有天之成命，以顯于後世。我非敢以此爲勤，惟恭奉幣帛，用供王能祈天永命而已。蓋奉幣之禮，臣職之所當恭。而祈天之實，則在王之所自盡也。又按恭奉幣意，即上文取幣以錫周公而旅王者。蓋當時成王將舉新邑之祀，故召公奉以助祭云。

洛誥

洛邑既定，周公遣使告卜，史氏録之以爲洛誥，又并記其君臣答問及成王命周公留治洛之事。今文、古文皆有。○按「周公拜手稽首」以下，周公授使者告卜之辭也。「王拜手稽首」以下，成王授使者復公之辭也。「王肇稱殷禮」以下，周公教成王宅洛之事也。「公明保予沖子」以下，成王命公留後治洛之事也。「王命予來」以下，周公許成王留洛，君臣各盡其責難之辭也。「伻來」以下，成王錫命毖殷命寧之事也。「戊辰」以下，史又記其祭祀册誥等事，及周公居洛歲月久近以附之，以見周公作洛之始終。而成王舉祀發政之後，即歸于周，而未嘗都洛也。

周公拜手稽首曰：「朕復子明辟。此下周公授使者告卜之辭也。拜手稽首者，史記：周公遣使之禮也。復，如逆復之復。成王命周公往營成周，周公得卜，復命于王也。謂成王爲子者，親之也。謂成王爲明辟者，尊之也。周公相成王，尊則君，親則兄之子也。明辟者，明君之謂，先儒謂成王幼，周公代王爲辟，至是反政成王，故曰「復子明辟」。夫有失，然後有復。武王崩，成王立，未嘗一日不居君位，何復之有哉？蔡仲之命言周公位冢宰，正百工。則周公以冢宰總百工而已，豈不彰彰明甚矣乎！王莽居攝，幾傾漢鼎，皆儒者有以啓之，是不可以不辨。○蘇氏曰：此上有脱簡在康誥，自「惟三月哉生魄」至「洪大誥治」四十八字。王如弗敢及天基命定命，予乃胤保，大相東土，其基作民明辟。凡有造，基之而後成，成之而後定。基命，所以成始也。定命，所以成終也。言成王幼沖退託，如不敢及知天之基命定命。予乃繼太保而往，大相洛邑，其庶幾爲王始作民明辟之地也。洛邑在鎬京東，故曰東土。予惟乙卯，朝至于洛師。我卜河朔黎水，我乃卜澗水東、瀍水西，惟洛食。我又卜瀍水東，亦惟洛食。伻來以圖及獻卜。」乙卯，即召誥之乙卯也。洛師，猶言京師也。河朔黎水，河北黎水交流之内也。澗水東、瀍水西，王城也，朝會之地。瀍水東，下都也，處商民之地。王城在澗、瀍之間，下都在瀍水之外，其地皆近洛水，故兩云「惟洛食」也。食者，史先定墨，而灼龜之兆，正食其墨也。伻，使也。圖，洛之地圖也。獻卜，獻其卜之兆辭也。王拜手稽首曰：「公不敢不敬天之休，來相宅，其作周匹休。公既定宅，伻來，來視予卜休恒吉。我二人共貞。公其以予萬億年敬天之休，拜手稽首誨言。」此王授使者復公之辭也。王拜手稽首者，成王尊異周公而重其禮也。匹，配也。公不敢不敬天之休命，來相宅，爲周匹休之地，言卜洛以配周命於無窮也。視，示也。示我以卜之休美而常吉者也。二人，成王、周公也。貞，猶當也。十萬曰億。言周公宅洛，規模宏遠，以我萬億年敬天休命，故又拜手稽首，以謝周公告卜之誨言。周公曰：「王肇稱殷禮，祀于新邑，咸秩無文。此下周公告成王宅洛之事也。殷，盛也。與五年再殷祭之殷同。秩，序也。無文，祀典不載也。言王始舉盛禮祀于洛邑，皆序其所當祭者，雖祀典不載，而義當祀者，亦序而祭之也。呂氏曰：定都之初，肇舉盛禮，大饗羣祀。雖祀典不載者，咸秩序而祭之。有告焉，有報焉，有祈焉，始建新都，昭假上下，告成事也。雨暘時若，大役以成，報神賜也。自今以始，永奠中土，祈鴻休也。後世不知祭祀之義，鬼神之德，觀周公首以祀于新邑爲言，若闊於事情者。抑不知人主臨鎮新都之始，齊祓一心，對越天地，達此精明之德，放諸四海，無所不準。而助祭諸侯，下逮胞翟之賤，亦皆有孚顒若，收其放而合其離。蓋格君心，萃天下之道，莫要於此，宜周公以爲首務也。予齊百工，伻從王于周。予惟曰：『庶有事。』周公言予整齊百官，使從成王于周，謂將適洛時也。予惟謂之曰，庶幾其有所事乎？公但微示其意，以待成王自教詔之也。今王即命曰：『記功宗，以功作元祀。』惟命曰：『汝受命篤弼。功宗，功之尊顯者。祭法曰：聖王之制祭祀也，法施於民則祀之，以死勤事則祀之，以勞定國則祀之，能禦大災則祀之，能捍大患則祀之。蓋功臣皆祭於大烝，而勳勞之最尊顯者，則爲之冠，故謂之元祀。周公發成王即命曰，記功之尊顯者，以功作元祀矣。又惟命之曰：汝功臣受此褒賞之命，當益厚輔王室。蓋作元祀，既以慰答功臣，而又勉其左右王室，益圖久大之業也。不視功載，乃汝其悉自教工。』丕，大。視，示也。功載者，記功之載籍也。大示功載而無不公，則百工效之，亦皆公也。大示功載而或出於私，則百工效之，亦皆私也。其公其私，悉自汝教之。所謂「乃汝其悉自教工」也。上章告以褒賞功臣，故戒其大示功載者如此。孺子其朋，孺子其朋，其往，無若火，始燄燄，厥攸灼，叙弗其絶。孺子，稚子也。朋，比也。上文百工之視傚如此，則論功行賞，孺子其可少徇比黨之私乎。孺子其少徇比黨之私，則自是而往，有若火然。始雖燄燄尚微，而其灼爍，將次第延爇，不可得而撲滅矣。言論功行賞，徇私之害，其初甚微，其終至於不可遏絶。所以嚴其辭而禁之於未然也。厥若彝，及撫事，如予。惟以在周工往新邑。伻嚮，即有僚，明作有功，惇大成裕，汝永有辭。」其順常道及撫國事，常如我爲政之時。惟用見在周官，勿參以私人往新邑。使百工知上意嚮，各就有僚，明白奮揚而赴功，惇厚博大以裕俗。則王之休聞，亦永有辭于後世矣。公曰：「已！汝惟冲子，惟終。周之王業，文武始之，成王當終之也。此上詳於記功、教工、内治之事。此下則統御諸侯、教養萬民之道也。汝其敬，識百辟享，亦識其有不享。享多儀，儀不及物，惟曰不享。惟不役志于享，凡民惟曰不享，惟事其爽侮。此御諸侯之道也。百辟，諸侯也。享，朝享也。儀，禮。物，幣也。諸侯享上，有誠有僞，惟人君克敬者能識之。識其誠於享者，亦識其不誠於享者。享不在幣而在於禮，幣有餘而禮不足，亦所謂不享也。諸侯惟不用志於享，則國人化之，亦皆謂上不必享矣。舉國無享上之誠，則政事安得不至於差爽僭侮，驕王度而爲叛亂哉！人君可不以敬存心，辨之於早，察之於微乎！乃惟孺子，頒朕不暇，聽朕教汝，于棐民彝。汝乃是不蘉，乃時惟不永哉！篤叙乃正父，罔不若予，不敢廢乃命。汝往敬哉，兹予其明農哉！彼裕我民，無遠用戾。」此教養萬民之道也。「頒朕不暇」，未詳。或曰：成王當頒布我汲汲不暇者，聽我教汝所以輔民常性之道。汝於是而不勉焉，則民彝泯亂，而非所以長久之道矣。正父，武王也。猶今稱先正云者。篤者，篤厚而不忘。敘者，先後之不紊。言篤敘武王之道，無不如我，則人不敢廢汝之命矣。呂氏曰：武王没，周公如武王，故天下不廢周公之命。周公去，成王如周公，則天下不廢成王之命。戾，至也。王往洛邑，其敬之哉！我其退休田野，惟明農事。蓋公有歸老之志矣。彼謂洛邑也。王於洛邑和裕其民，則民將無遠而至焉。王若曰：「公明保予沖子，公稱丕顯德。以予小子揚文武烈，奉答天命，和恒四方民，居師。此下成王答周公及留公也。大抵與上章參錯相應。明，顯明之也。保，保佑之也。稱，舉也。和者，使不乖也。恒者，使可久也。居師者，宅其衆也。言周公明保成王，舉大明德，使其上之不忝於文武，仰不愧天，俯不怍人也。惇宗將禮，稱秩元祀，咸秩無文。宗，功宗之宗也。下文宗禮同。將，大也。惟公德，明光于上下，勤施于四方，旁作穆穆迓衡，不迷文武勤教，予沖子夙夜毖祀。」旁，無方所也。因上下四方爲言。穆穆，和敬也。迓，仰也。言周公之德，昭著於上下，勤施於四方。旁作穆穆以迎治平，不迷失文武所勤之教於天下。公之德教加於時者如此，予沖子夫何爲哉？惟蚤夜以謹祭祀而已。蓋成王知周公有退休之志，故示其所以留之之意也。王曰：「公功棐迪篤，罔不若時。」言周公之功，所以輔我啓我者厚矣。當常如是，未可以言去也。王曰：「公，予小子其退，即辟于周，命公後。此下成王留周公治洛也。成王言我退即居于周，命公留後治洛。蓋洛邑之作，周公本欲成王遷都，以宅天下之中。而成王之意，則未欲捨鎬京而廢祖宗之舊。故於洛邑舉祀發政之後，即欲歸居于周，而留周公治洛。謂之後者，先成王之辭，猶後世留守、留後之義。先儒謂封伯禽以爲魯後者，非是。考之費誓，東郊不開，乃在周公東征之時。則伯禽就國，蓋已久矣。下文惟告周公其後，其字之義，益可見其爲周公，不爲伯禽也。四方迪亂，未定于宗禮，亦未克敉公功。宗禮，即功宗之禮也。亂，治也。四方開治，公之功也。未定功宗之禮，故未能敉公功也。敉功者，安定其功之謂，即下文命寧者也。迪將其後，監我士師工，誕保文武受民，亂爲四輔。」將，大也。周公居洛，啓大其後，使我士師工有所監視，大保文武所受於天之民，而治爲宗周之四輔也。漢三輔蓋本諸此。今按先言啓大其後，而繼以亂爲四輔，則命周公留後於洛明矣。王曰：「公定，予往已。公功肅將祇歡，公無困哉。我惟無斁其康事，公勿替刑，四方其世享。」定，爾雅曰止也。成王欲周公止洛，而自歸往宗周，言周公之功，人皆肅而將之，欽而悦之，宜鎮撫洛邑以慰懌人心，毋求去以困我也。我惟無厭其安民之事，公勿替所以監我士師工者，四方得以世世享公之德也。吴氏曰：前漢書兩引「公無困哉」，皆以「哉」作「我」，當以我爲正。周公拜手稽首曰：「王命予來，承保乃文祖受命民，越乃光烈考武王，弘朕恭。此下周公許成王留等事也。來者，來洛邑也。承保乃文祖受命民及光烈考武王者，答誕保文武受民之言也。責難於君謂之恭。弘朕恭者，大其責難之義也。孺子來相宅，其大惇典殷獻民。亂爲四方新辟，作周恭先。曰：其自

時中乂，萬邦咸休，惟王有成績。典，典章也。殷獻民，殷之賢者也。言當大厚其典章及殷之獻民，蓋文獻者，爲治之大要也。亂，治也。言成王於新邑致治，爲四方新主也。作周恭先者，人君恭以接下，以恭而倡後王也。公又言其自是宅中圖治，萬邦咸底休美，則王其有成績矣。此周公以治洛之效望之成王也。**予旦以多子越御事，篤前人成烈，答其師，作周孚先。考朕昭子刑，乃單文祖德。**多子者，衆卿大夫也。唐孔氏曰：子者，有德之稱。大夫皆稱子。師，衆也。周公言我以衆卿大夫及治事之臣，篤厚文武成功，以答天下之衆也。孚，信也。作周孚先者，人臣信以事上，以信而倡後人也。考，成也。昭子，猶所謂明辟也。親之故曰子。刑，儀刑也。單，殫也。言成我明子儀刑，而殫盡文王之德。蓋周公與羣臣篤前人成烈者，所以成成王之刑，乃單文祖德也。此周公以治洛之事自效也。**伻來毖殷，乃命寧予。以秬鬯二卣，曰明禋，拜手稽首休享。**此謹毖殷民，而命寧周公也。秬，黑黍也。一稃二米，和氣所生。鬯，鬱金香草也。卣，中尊也。明，潔。禋，敬也。以事神之禮事公也。蘇氏曰：以黑黍爲酒，合以鬱鬯，所以祼也。宗廟之禮，莫盛於祼。王使人來戒敕庶殷，且以秬鬯二卣，綏寧周公。曰明禋、曰休享者，何也？事周公如事神明也。古者有大賓客，以享禮禮之。酒清人渴而不飲，肉乾人飢而不食也。故享有體薦，豈非敬之至者，則其禮如祭也歟。**予不敢宿，則禋于文王、武王。**宿，與《顧命》「三宿」之宿同。禋，祭名。周公不敢受此禮，而祭於文武也。**惠篤敘，無有遘自疾，萬年厭于乃德，殷乃引考。**此祭之祝辭。周公爲成王禱也。惠，順也。篤敘，與篤敘乃正父同。順篤敘文武之道，身其康強，無有遘遇自罹疾害者，子孫萬年厭飽乃德，殷人亦永壽考也。**王伻**

殷，乃承叙萬年，其永觀朕子懷德。」承，聽受也。叙，教條次第也。王使殷人承叙萬年，其永觀法我孺子而懷其德也。蓋周公雖許成王留洛，然且謂王伻殷者，若曰遷洛之民，我固任之。至於使其承叙萬年，則實繫于王也。亦責難之意，與召誥末「用供王能祈天命」語脉相類。戊辰，王在新邑烝祭歲。文王騂牛一，武王騂牛一。王命作册，逸祝册，惟告周公其後。王賓殺禋咸格，王入太室祼。此下史官記祭祀册誥等事，以附篇末也。戊辰，十二月之戊辰日也。是日，成王在洛，舉烝祭之禮。曰歲云者，歲舉之祭也。周尚赤，故用騂。宗廟禮太牢，此用特牛者，命周公留後於洛，故舉盛禮也。逸，史佚也。作册者，册書也。逸祝册者，史逸爲祝册以告神也。惟告周公其後者，祝册所載，更不他及，惟告周公留守其後之意，重其事也。王賓，猶虞賓、杞宋之屬，助祭諸侯也。諸侯以王殺牲，禋祭助廟，故咸至也。太室，清廟中央室也。祼，灌也。以圭瓚酌秬鬯，灌地以降神也。王命周公後，作册，逸誥，在十有二月。逸誥者，史逸誥周公治洛留後也。在十有二月者，明戊辰爲十二月日也。惟周公誕保文武受命，惟七年。吴氏曰：周公自留洛之後，凡七年而薨也。成王之留公也，言誕保文武受民。公之復成王也，亦言承保乃文祖受命民，越乃光烈考武王，故史臣於其終，計其年曰「惟周公誕保文武受命惟七年」，蓋終始公之辭云。

多士

商民遷洛者，亦有有位之士，故周公洛邑初政，以王命總呼多士而告之。編書者因以名篇。亦誥體也。今文、古文皆有。○吴氏曰：方遷商民于洛之時，成周未作。其後王與周公患四方之遠，鑒三監之叛，於是始作洛邑，欲徙周而居之〔二〕。其曰「昔朕來自奄，大降爾四國民命，我乃明致天罰，移爾遐逖，比事臣我宗多遜」者，述遷民之初也。曰「今朕作大邑于兹洛，予惟四方罔攸賓，亦惟爾多士，攸服奔走臣我多遜」者，言遷民而後作洛也。故洛誥一篇，終始皆無欲遷商民之意。惟周公既諾成王留治于洛之後，乃曰「伻來毖殷」，又曰「王伻殷乃承叙」，當時商民已遷于洛，故其言如此。愚謂武王已有都洛之志，故周公黜殷之後，以殷民反覆難制，即遷于洛。至是建成周，造廬舍，定疆埸，乃告命與之更始焉爾。此多士之所以作也。由是而推，則召誥攻位之庶殷，其已遷洛之民歟。不然，則受都，今衛州也。洛邑，今西京也。相去四百餘里，召公安得舍近之友民，而役遠之讎民哉！書序以爲成周既成，遷殷頑民者，謬矣。吾固以爲非孔子所作也。

惟三月，周公初于新邑洛，用告商王士。此多士之本序也。三月，成王祀洛次年之三月也。周公至洛久矣，此言初者，成王既不果遷，留公治洛。至是公始行治洛之事，故謂之初也。曰商王士者，貴之也。王若曰：「爾殷遺多士，弗弔。旻天大降喪于殷。我有周佑命，將天明威，致王罰，勑殷命終于帝。弗弔，未詳。意其爲歎憫之辭，當時方言爾也。旻天，秋天也，主肅殺而言。歎憫言旻天大降災害而喪殷，我周受眷佑之命，奉將天之明威，致王罰之公，勑正殷命而革之，以終上帝之事。蓋推革命之公以開諭之也。肆爾多士，非我小國，敢弋殷命。惟天不畀，允罔固亂。弼我，我其敢求位。肆，與康誥「肆汝小子封」同。弋，取也。弋鳥之弋，言有心於取之也。呼多士告之，謂以勢而言，我小國亦豈敢弋取殷命。蓋栽者培之，傾者覆之，固其治而不固其亂者，天之道也。惟天不與殷，信其不固殷之亂矣。惟天不固殷之亂，故輔我周之治，而天位自有所不容辭者，我其敢有求位之心哉！惟帝不畀，惟我下民秉爲，惟天明畏。秉，持也。言天命之所不與，即民心之所秉爲。民心之所秉爲，即天威之所明畏者也。反覆天民相因之理，以見天之果不外乎民，民之果不外乎天也。詩言「秉彝」，此言「秉爲」者，「彝」以理言，「爲」以用言也。我聞曰：『上帝引逸。』有夏不適逸，則惟帝降格，嚮于時夏。弗克庸帝，大淫泆有辭。惟時天罔念聞，厥惟廢元命，降致罰。引，導。逸，安也。降格，與呂刑降格同。呂氏曰：上帝引逸者，非有形聲之接也。人心得其安，則亹亹而不能已。斯則上帝引之也。是理坦然，亦何間於桀。第桀喪其良心，自不適於安爾。帝實引之，桀實避之。帝猶未遽絶也，乃降格災異以示意嚮於桀。桀猶不知警懼，不能敬用帝命，乃大肆淫泆，雖有矯誣之辭，而天罔念聞之。仲虺所謂「帝用不臧」，是也。廢其大命，降致其罰，而夏祚終矣。乃命爾先祖成湯革夏，俊民甸四方。甸，治也。伊尹稱湯旁求俊彦。孟子稱湯立賢無方，蓋明揚俊民，分布遠邇，甸治區畫，成湯立政之大經也。周公反復以夏商爲言者，蓋夏之亡，即殷之亡；湯之興，即武王之興也。商民觀是，亦可以自反矣。自成湯至于帝乙，罔不明德恤祀。明德者，所以修其身。恤祀者，所以敬乎神也。亦惟天丕建，保乂有殷。殷王亦罔敢失帝，罔不配天其澤。亦惟天大建立，保治有殷。殷之先王，亦皆操存此心，無敢失帝之則，無不配天以澤民也。在今後嗣王，誕罔顯于天，矧曰其有聽念于先王勤家。誕淫厥泆，罔顧于天顯民祗。後嗣王，紂也。紂大不明於天道，況曰能聽念商先王之勤勞於邦家者乎？大肆淫泆，無復顧念天之顯道、民之敬畏者也。惟時上帝不保，降若茲大喪。大喪者，國亡而身戮也。惟天不畀，不明厥德。商先王以明德而天丕建，則商後王不明德而天不畀矣。凡四方小大邦喪，罔非有辭于罰。凡四方小大邦國喪亡，其致罰皆有可言者，況商罪貫盈，而周奉辭以伐之者乎？王若曰：「爾殷多士，今惟我周王，丕靈承帝事。靈，善也。大善承天之所爲也。武成言「祗承上帝，以遏亂略」是也。有命曰：『割殷。』告勑于帝。帝有命曰割殷，則不得不戡定翦除。告其勑正之事于帝也。武成言「告于皇天后土，將有大正于商」者是也。惟我事不貳適，惟爾王家我適。上帝臨汝，毋貳爾心，惟我事不貳適之謂。上帝既命，侯于周服，惟爾王家我適之謂。言割殷之事，非有私心，一於從帝而無貳適。則爾殷王家，自不容不我適矣。周不貳于帝，殷其能貳於周乎？蓋示以確然不可動摇之意，而潛消頑民反側之情爾。然聖賢事不貳適，日用飲食，莫不皆然。蓋所以事天也，豈特割殷之事而已哉！予其曰：『惟爾洪無度，我不爾動，自乃邑。』三監倡亂，予其曰，乃汝大爲非法。非我爾動，變自爾邑。猶伊訓所謂「造攻自鳴條」也。予亦念天即于殷大戾，肆不正。」予亦念天，就殷邦屢降大戾，紂既死，武庚又死，故邪慝不正，言當遷徙也。

王曰：「猷！告爾多士：予惟時其遷居西爾。非我一人奉德不康寧，時惟天命，無違。朕不敢有後，無我怨。時，是也。指上文殷大戾而言。謂惟是之故，所以遷居西爾。非我一人樂如是之遷徙震動也，是惟天命如此。汝毋違越，我不敢有後命，謂有他罰，爾無我怨也。惟爾知，惟殷先人，有册有典，殷革夏命。即其舊聞以開諭之也。殷之先世，有册書典籍，載殷改夏命之事。正如是耳，爾何獨疑於今乎？今爾又曰：『夏迪簡在王庭，有服在百僚。』予一人惟聽用德。肆予敢求爾于天邑商，予惟率肆矜爾。非予罪，時惟天命。」周公既舉商革夏事以諭頑民。頑民復以商革夏事責周，謂商革夏命之初，凡夏之士，皆啓迪簡拔在商王之庭，有服列于百僚之間。今周於商士，未聞有所簡拔也。周公舉其言以大義折之，言爾頑民雖有是言，然予一人所聽用者，惟以德而已。故予敢求爾於天邑商，而遷之於洛者，以冀率德改行焉。予惟循商故事，矜恤於爾而已。其不爾用者，非我之罪也，是惟天命如此。蓋章德者，天之命。今頑民滅德，而欲求用得乎！王曰：「多士！昔朕來自奄，予大降爾四國民命。我乃明致天罰，移爾遐逖，比事臣我宗多遜。」降，猶今法降等云者。言昔我來自商奄之時，汝四國之民，罪皆應死，我大降爾命，不忍誅戮，乃止明致天罰，移爾遠居于洛，以親比臣我宗周有多遜之美。其罰蓋亦甚輕，其恩固已甚厚。今乃猶有所怨望乎。詳此章，則商民之遷，固已久矣。王曰：「告爾殷多士！今予惟不爾殺，予惟時命有申。今朕作大邑于茲洛，予惟四方罔攸賓，亦惟爾多士，攸服奔走臣我多遜。以自奄之命爲初命，則此命爲申命也。言我惟不忍爾殺，故申明此命。且我所以營洛者，以四方諸侯無所賓禮之地，亦惟爾等服事奔走臣我多遜，而無所處故也。詳此章，則遷民在營洛之先矣。吳氏曰：來自奄稱昔者，遠日之辭也。作大邑稱今者，近日之辭也。「移爾遐逖比事臣我宗多遜」者，期之之辭也。「攸伏奔走臣我多遜」者，果能之辭也。以此又知遷民在前，而作洛在後也。爾乃尚有爾土，爾乃尚寧幹止。幹，事。止，居也。爾乃庶幾有爾田業，庶幾安爾所事，安爾所居也。詳此章所言，皆仍舊有土田居止之辭，信商民之遷舊矣。孔氏不得其説，而以得反所生釋之，於文義似矣，而事則非也。爾克敬，天惟畀矜爾。爾不克敬，爾不啻不有爾土，予亦致天之罰于爾躬。敬，則言動無不循理，天之所福，吉祥所集也。不敬，則言動莫不違悖，天之所禍，刑戮所加也。豈特竄徙不有爾土而已哉，身亦有所不能保矣。今爾惟時宅爾邑，繼爾居，爾厥有幹有年于兹洛，爾小子乃興從爾遷。」邑，四井爲邑之邑。繼者，承續安居之謂。有營爲，有壽考，皆于兹洛焉。爾之子孫乃興，自爾遷始也。夫自亡國之末裔，爲起家之始祖，頑民雖愚，亦知所擇矣。王曰，又曰：「時予乃或言，爾攸居！」「王曰」之下，當有闕文。以多方篇末「王曰又曰」推之可見。時我或有所言，皆以爾之所居止爲念也。申結上文「爾居」之意。

無逸逸者，人君之大戒。自古有國家者，未有不以勤而興，以逸而廢也。益戒舜曰：「罔遊于逸，罔淫于樂。」舜，大聖也。益猶以是戒之，則時君世主其可忽哉！成王初政，周公懼其知逸而不知無逸也，故作是書以訓之。言則古昔，必稱商王者，時之近也。必稱先王者，王之親也。舉三宗者，繼世之君也。詳文祖者，耳目之所逮也。上自天命精微，下至畎畝艱難、閭里怨詛，無不具載。豈獨成王之所當知哉，實天下萬世人主之龜鑑也。是篇凡七更端，周公皆以「嗚呼」發之，深嗟永嘆，其意深遠矣。亦訓體也。今文、古文皆有。

周公曰：「嗚呼！君子所其遠逸。所，猶處所也。君子以無逸爲所，動静食息，無不在是焉。作輟，則非所謂所矣。先知稼穡之艱難，乃逸。則知小人之依。先知稼穡之艱難乃逸者，以勤居逸也。依者，指稼穡而言，小民所恃以爲生者也。農之依田，猶魚之依水，木之依土。魚無水則死，木無土則枯，民非稼穡則無以生也。故舜自耕稼以至爲帝，禹稷躬稼以有天下。文武之基，起於后稷。四民之事，莫勞於稼穡。生人之功，莫盛於稼穡。周公發無逸之訓，而首及乎此，有以哉！相小人，厥父母勤勞稼穡，厥子乃不知稼穡之艱難，乃逸，乃諺，既誕。否則侮厥父母，曰：『昔之人無聞知。』」不知稼穡之艱難乃逸者，以逸爲逸也。俚語曰諺。言視小民，其父母勤勞稼穡，其子乃生於豢養，不知稼穡之艱難，乃縱逸自恣，乃習俚巷鄙語，既又誕妄無所不至。不然，則又訕侮其父母，曰：「古老之人，無聞無知，徒自勞苦，而不知所以自逸也。」昔劉裕奮農畝而取江左，一再傳後，子孫見其服用，反笑曰：「田舍翁得此亦過矣！」此正所謂昔之人無聞知也。使成王非周公之訓，安知其不以公劉、后稷爲田舍翁乎？周公曰：「嗚呼！我聞曰：昔在殷王中宗，嚴恭寅畏，天命自度。治民祗懼，不敢荒寧。肆中宗之享國，七十有五年。中宗，太戊也。嚴則莊重，恭則謙抑，寅則欽肅，畏則戒懼。天命，即天理也。中宗嚴恭寅畏，以天理而自檢律其身。至於治民之際，亦祗敬恐懼，而不敢怠荒安寧。中宗無逸之實如此，故能有享國永年之效也。按書序，太戊有原命、咸乂等篇，意述其當時敬天治民之事。今無所考矣。其在高宗時，舊勞于外，爰暨小人。作其即位，乃或亮陰，三年不言。其惟不言，言乃雍。不敢荒寧，嘉靖殷邦。至于小大，無時或怨。肆高宗之享國，五十有九年。高宗，武丁也。未即位之時，其父小乙使久居民間，與小民出入同事，故於小民稼穡艱難，備嘗知之也。雍，和也。發言和順，當於理也。嘉，美。靖，安也。嘉靖者，禮樂教化，蔚然於安居樂業之中也。漢文帝與民休息，謂之靖則可，謂之嘉則不可。小大無時或怨者，萬民咸和也。乃雍者，和之發於身。嘉靖者，和之達於政。無怨者，和之著於民也。餘見説命。高宗無逸之實如此，故亦有享國永年之效也。其在祖甲，不義惟王，舊爲小人。作其即位，爰知小人之依，能保惠于庶民，不敢侮鰥寡。肆祖甲之享國，三十有三年。史記：高宗崩，子祖庚立。祖庚崩，弟祖甲立。則祖甲，高宗之子，祖庚之弟也。鄭玄曰：高宗欲廢祖庚，立祖甲。祖甲以爲不義，逃於民間。故云「不義惟王」。

○按漢孔氏以祖甲爲太甲，蓋以國語稱帝甲亂之七世而殞。孔氏見此等記載，意爲帝甲必非周公所稱者。又以「不義惟王」，與太甲兹乃不義文似，遂以此稱祖甲者爲太甲。然詳此章「舊爲小人，作其即位」，與上章「爰暨小人，作其即位」，文勢正類，所謂小人者，皆指微賤而言，非謂憸小之人也。「作其即位」，亦不見太甲復政思庸之意。又按邵子經世書，高宗五十九年，祖庚七年，祖甲三十三年，世次歷年皆與書合。亦不以太甲爲祖甲。況殷世二十有九，以甲名者五帝，以太、以小、以沃、以陽、以祖別之，不應二人俱稱祖甲。國語傳訛承謬，旁記曲説，不足盡信。要以周公之言爲正。又下文周公言自殷王中宗、及高宗、及祖甲、及我周文王及云者，因其先後次第而枚舉之辭也。則祖甲之爲祖甲而非太甲，明矣。自時厥後立王，生則逸。生則逸，不知稼穡之艱難，不聞小人之勞，惟耽樂之從。自時厥後，亦罔或克壽。或十年，或七八年，或五六年，或四三年。」過樂謂之耽，泛言自三宗之後即君位者，生則逸豫，不知稼穡之艱難，不聞小人之勞，惟耽樂之從，伐性喪生。故自三宗之後，亦無能壽考。遠者不過十年，七八年，近者五六年，三四年爾。耽樂愈甚，則享年愈促也。凡人莫不欲壽而惡夭。此篇專以享年永不永爲言，所以開其所欲而禁其所當戒也。周公曰：「嗚呼！厥亦惟我周太王、王季，克自抑畏。商猶異世也，故又即我周先王告之。言太王、王季能自謙抑謹畏者，蓋將論文王之無逸，故先述其源流之深長也。大抵抑畏者，無逸之本；縱肆怠荒，皆矜誇無忌憚者之爲。故下文言文王，曰柔，曰恭，曰不敢，皆原太王、王季抑畏之心發之耳。文王卑服，即康功田功。卑服，猶禹所謂惡衣服也。康功，安民之功。田功，養民之功。言文王於衣服之奉，所性不存，而專意於安養斯民也。卑服，蓋舉一端而言。宮室飲食自奉之薄，皆可類推。徽柔懿恭，懷保小民，惠鮮鰥寡。自朝至于日中昃，不遑暇食，用咸和萬民。徽、懿，皆美也。昃，日昳也。柔謂之徽，則非柔懦之柔；恭謂之懿，則非足恭之恭。文王有柔恭之德，而極其徽懿之盛，和易近民，於小民則懷保之，於鰥寡則惠鮮之。惠鮮云者，鰥寡之人，垂首喪氣，賚予賙給之。使之有生意也。自朝至于日之中，自中至于日之昃，一食之頃，有不遑暇。欲咸和萬民，使無一不得其所也。文王心在乎民，自不知其勤勞如此。豈秦始皇衡石程書，隋文帝衛士傳餐，代有司之任者之爲哉！立政言「罔攸兼于庶言，庶獄庶慎[三]」，則文王又若無所事事者。不讀無逸，則無以知文王之勤。不讀立政，則無以知文王之逸。合二書觀之，則文王之所從事可知矣。

文王不敢盤于遊田，以庶邦惟正之供。文王受命惟中身，厥享國五十年。」遊田，國有常制。文王不敢盤遊無度，上不濫費，故下無過取。而能以庶邦惟正之供，於常貢正數之外，無横歛也。言庶邦，則民可知。文王爲西伯，所統庶邦，皆有常供。春秋貢於霸主者，班班可見。至唐，猶有送使之制。則諸侯之供方伯舊矣。受命，言爲諸侯也。中身者，漢孔氏曰：文王九十七而終。即位時年四十七，言中身，舉全數也。上文崇素儉，恤孤獨，勤政事，戒遊佚，皆文王無逸之實。故其享國有歷年之永。

周公曰：「嗚呼！繼自今嗣王，則其無淫于觀、于逸、于遊、于田，以萬民惟正之供。則，法也。其指文王而言。淫，過也。言自今日以往，嗣王其法文王，無過于觀逸遊田，以萬民惟正賦之供。上文言遊田而不言觀逸，以大而包小也。言庶邦而不言萬民，以遠而見近也。

無皇曰：『今日耽樂。』乃非民攸訓，非天攸若。時人丕則有愆，無若殷王受之迷亂，酗于酒德哉！」無，與毋通。皇，與遑通。訓，法。若，順。則，法也。毋自寬假曰：「今日姑爲是耽樂也。」一日耽樂，固若未害。然下非民之所法，上非天之所順，時人大法其過逸之行，猶商人化受而崇飲之類。故繼之曰「毋若商王受之沈迷，酗于酒德哉」。酗酒謂之德者，德有凶有吉。韓子所謂道與德爲虚位是也。周公曰：「嗚呼！我聞曰：古之人，猶胥訓告，胥保惠，胥教誨。民無或胥譸張爲幻。胥，相。訓，誡。惠，順。譸，誑。張，誕也。變名易實以眩觀者曰幻。歎息言古人德業已盛，其臣猶且相與誡告之，相與保惠之，相與教誨之。保惠者，保養而將順之，非特誡告而已也。教誨，則有規正成就之意，又非特保惠而已也。惟其若是，是以視聽思慮，無所蔽塞，好惡取予，明而不悖。故當時之民，無或敢誑誕爲幻也。此厥不聽，人乃訓之，乃變亂先王之正刑，至于小大。民否則厥心違怨，否則厥口詛祝。」正刑，正法也。言成王於上文古人胥訓告保惠教誨之事而不聽信，則人乃法則之，君臣上下，師師非度，必變亂先王之正法。無小無大，莫不盡取而紛更之。蓋先王之法，甚便於民，甚不便於縱侈之君。如省刑罰以重民命，民之所便也；而君之殘酷者，則必變亂之。如薄賦斂以厚民生，民之所便也；而君之貪侈者，則必變亂之。厥心違怨者，怨之蓄于中也。厥口詛祝者，怨之形於外也。爲人上而使民心口交惡，其國不危者，未之有也。此蓋治亂存亡之機，故周公懔懔言之。周公曰：「嗚呼！自殷王中宗，及高宗，及祖甲，及我周文王，兹四人迪哲。迪，蹈。哲，智也。孟子以知而弗去爲智之實。迪云者，所謂弗去是也。人主知小人之依，而或忿戾之者，是不能蹈其知者也。惟中宗、高宗、祖甲、文王允蹈其知，故周公以迪哲稱之。厥或告之曰：『小人怨汝詈汝！』則皇自敬德。厥愆，曰：『朕之愆。』允若時，不啻不敢含怒。詈，駡言也。其或有告之曰：小人怨汝詈汝。汝則皇自敬德，反諸其身，不尤其人。其所誣毀之愆，安而受之，曰是我之愆。允若時者，誠實若是，非止隱忍不敢藏怒也。蓋三宗、文王於小民之依，心誠知之，故不暇責小人之過言，且因以察吾身之未至。怨詈之語，乃所樂聞。是豈特止於隱忍含怒不發而已哉！此厥不聽，人乃或譸張爲幻，曰：『小人怨汝詈汝！』則信之。則若時，不永念厥辟，不寬綽厥心，亂罰無罪，殺無辜，怨有同，是叢于厥身。」綽，大。叢，聚也。言成王於上文三宗、文王迪哲之事，不肯聽信，則小人乃或誑誕變置虛實，曰：「小民怨汝詈汝。」汝則聽信之。則如是，不能永念其爲君之道，不能寬大其心。以誑誕無實之言，羅織疑似，亂罰無罪，殺戮無辜，天下之人，受禍不同，而同於怨，皆叢於人君之一身，亦何便於此哉！大抵無逸之書，以知小人之依，爲一篇綱領。而此章則申言既知小人之依，則當蹈其知也。三宗、文王能蹈其知，故其曾次寬平。人之怨詈，不足以芥蔕其心。如天地之於萬物，一於長育而已。其悍疾憤戾，天豈私怒於其間哉！天地以萬物爲心，人君以萬民爲心，故君人者，要當以民之怨詈爲己責；不當以民之怨詈爲己怒。以爲己責，則民安而君亦安；以爲己怒，則民危而君亦危矣。吁！可不戒哉。周公曰：「嗚呼！嗣王其監于茲。」茲者，指上文而言也。無逸一篇七章，章首皆先致其咨嗟詠歎之意，然後及其所言之事。至此章，則於嗟歎之外，更無他語，惟以「嗣王其監于茲」結之，所謂言有盡而意則無窮，成王得無深警於此哉！

君奭召公告老而去，周公留之。史氏録其告語爲篇，亦誥體也。以周公首呼君奭，因以「君奭」名篇。篇中語多未詳。今文、古文皆有。○按此篇之作，史記謂召公疑周公當國踐祚。唐孔氏謂召公以周公嘗攝王政，今復在臣位。葛氏謂召公未免常人之情，以爵位先後介意，故周公作是篇以諭之。陋哉斯言！要皆爲序文所誤。獨蘇氏謂召公之意，欲周公告老而歸爲近之。然詳本篇旨意，廼召公自以盛滿難居，欲避權位，退老厥邑。周公反復告喻以留之爾。熟復而詳味之，其義固可見也。

周公若曰：「君奭，君者，尊之稱。奭，召公名也。古人尚質，相與語多名之。弗弔，天降喪于殷，殷既墜厥命，我有周既受。我不敢知曰，厥基永孚于休。若天棐忱，我亦不敢知曰，其終出于不祥。不祥者，休之反也。天既下喪亡于殷，殷既失天命，我有周既受之矣。我不敢知曰，其基業長信於休美乎？如天果輔我之誠耶？我亦不敢知曰，其終果出於不祥乎？○按此篇，周公留召公而作。此其言天命吉凶，雖曰我不敢知，然其懇惻危懼之意，天命吉凶之決，實主於召公留不留如何也。嗚呼！君已曰時我，我亦不敢寧于上帝命，弗永遠念天威，越我民罔尤違，惟人。在我後嗣子孫，大弗克恭上下，遏佚前人光，在家不知。尤，怨。違，背也。周公歎息言召公已嘗曰，是在我而已。周公謂我亦不敢苟安天命，而不永遠念天之威，於我民無尤怨背違之時也。天命民心，去就無常，實惟在人而已。今召公乃忘前日之言，翻然求去，使在我後嗣子孫，大不能敬天敬民，驕慢肆侈，遏絶佚墜文武光顯，可得謂在家而不知乎？天命不易，天難諶。乃其墜命，弗克經歷嗣前人恭明德。天命不易，猶詩曰：「命不易哉」、「命不易保」、「天難諶信」、「乃其墜失天命」者，以不能經歷繼嗣前人之恭明德也。吴氏曰：弗克恭，故不能嗣前人之恭德。遏佚前人光，故不能嗣前人之明德。

在今予小子旦，非克有正。迪惟前人光，施于我冲子。吴氏曰：小子，自謙之辭也。非克有正，亦自謙之辭也。言在今我小子旦，非能有所正也。凡所開導，惟以前人光大之德，使益焜燿，而付于冲子而已。以前言後嗣子孫，遏佚前人光而言也。又曰：『天不可信。』我道惟寧王德延，天不庸釋于文王受命。」又曰者，以上文言天命不易，天難諶。此又申言天不可信，故曰又曰天固不可信，然在我之道，惟以延長武王之德，使天不容捨文王所受之命也。

公曰：「君奭，我聞在昔，成湯既受命，時則有若伊尹，格于皇天。在太甲，時則有若保衡。在太戊，時則有若伊陟、臣扈，格于上帝。巫咸乂王家。在祖乙，時則有若巫賢。在武丁，時則有若甘盤。時則有若者，言當其時有如此人也。保衡，即伊尹也。見説命。太戊，太甲之孫。伊陟，伊尹之子。臣扈，與湯時臣扈二人而同名者也。巫，氏；咸，名。祖乙，太戊之孫。巫賢，巫咸之子也。武丁，高宗也。甘盤，見説命。呂氏曰：此章序商六臣之烈，蓋勉召公匹休於前人也。伊尹佐湯，以聖輔聖，其治化與天無間。伊陟、臣扈之佐太戊，以賢輔賢，其治化克厭天心。自其徧覆言之謂之天，自其主宰言之謂之帝。書或稱天，或稱帝，各隨所指，非有重輕，至此章對言之，則聖賢之分，而深淺見矣。巫咸止言其乂王家者，咸之爲治，功在王室。精微之藴，猶有愧於二臣也。亡書有咸乂四篇，其乂王家之實歟。巫賢、甘盤而無指言者，意必又次於巫咸也。○蘇氏曰：殷有聖賢之君七，此獨言五，下文云殷禮陟配天，豈配祀于天者，止此五王，而其臣皆配食於廟乎？在武丁時不言傅説，豈傅説不配食於配天之王乎？其詳不得而聞矣。率惟兹有陳，保乂有殷。故殷禮陟配天，多歷年所。陟，升遐也。言六臣循惟此道，有陳列之功，以保乂有殷，故殷先王終以德配天，而享國長久也。天惟純佑命，則商實。百姓王人，罔不秉德明恤。小臣屏侯甸，矧咸奔走，惟兹惟德稱，用乂厥辟。故一人有事于四方，若卜筮，罔不是孚。」佑，助也。實，虚實之實。國有人則實。孟子言「不信仁賢，則國空虚」是也。稱，舉也。亦秉持之義。事，征伐會同之類。承上章六臣輔君格天致治，遂言天佑命有商，絶一而不雜。故商國有人而實。内之百官著姓，與夫王臣之微者，無不秉持其德，明致其憂。外之小臣與夫藩屏侯甸，矧皆奔走服役，惟此之故，惟德是舉，用乂其君。故君有事于四方，如龜之卜，如蓍之筮，天下無不敬信之也。公曰：「君奭，天壽平格，保乂有殷。有殷嗣天滅威。今汝永念，則有固命。厥亂明我新造邦。」呂氏曰：坦然無私之謂平。格者，通徹三極而無間者也。天無私壽，惟至平通格于天者則壽之。伊尹而下六臣，能盡平格之實，故能保乂有殷多歷年所。至于殷紂，亦嗣天位，乃驟罹滅亡之威，天曾不私壽之也。固命者，不墜之天命也。今召公勉爲周家久永之念，則有天之固命，其治效亦赫然明著於我新造之邦，而身與國俱顯矣。公曰：「君奭，在昔上帝割，申勸寧王之德，其集大命于厥躬。」申，重。勸，勉也。在昔上帝降割于殷，申勸武王之德，而集大命於其身，使有天下也。惟文王尚克修和我有夏。

亦惟有若虢叔，有若閎夭，有若散宜生，有若泰顛，有若南宮括。」虢叔，文王弟。閎、散、泰、南宮，皆氏。夭、宜生、顛、括，皆名。言文王庶幾能修治爕和我所有諸夏者，亦惟有虢叔等五臣爲之輔也。康誥言一二邦以修，無逸言用咸和萬民，即文王修和之實也。又曰：「無能往來，茲迪彝教，文王蔑德降于國人。蔑，無也。夏氏曰：周公前既言文王之興，本此五臣。故又反前意而言曰。若此五臣者，不能爲文王往來奔走於此，導迪其常教，則文王亦無德降及於國人矣。周公反覆以明其意，故以「又曰」更端發之。亦惟純佑秉德，迪知天威。乃惟時昭文王，迪見冒。聞于上帝，惟時受有殷命哉！言文王有此五臣者，故亦如殷爲天純佑命。百姓王人，罔不秉德也。上既反言文王若無此五臣爲迪彝教，則亦無德下及國人。故此又正言亦惟天乃純佑文王，蓋以如是秉德之臣，蹈履至到，實知天威。以是昭明文王，啓迪其德，使著見於上，覆冒於下，而升聞于上帝。惟是之故，遂能受有殷之天命也。武王惟茲四人，尚迪有祿。後暨武王誕將天威，咸劉厥敵。惟茲四人，昭武王惟冒，丕單稱德。虢叔先死，故曰四人。劉，殺也。單，盡也。武王惟此四人，庶幾迪有天祿，其後暨武王盡殺其敵，惟此四人能昭武王，遂覆冒天下。天下大盡稱武王之德，謂其達聲教于四海也。文王冒西土而已，丕單稱德，惟武王爲然。於文王言命，於武王言祿者，文王但受天命，至武王方富有天下也。呂氏曰：師尚父之事文武，烈莫盛焉，不預五臣之列，蓋一時議論，或詳或略，隨意而言。主於留召公，而非欲爲人物評也。今在予小子旦，若游大川，予往暨汝奭其濟。小子同未在位，誕無我責，收罔勗不及。耇造德不降，我則鳴鳥不聞。矧曰其有能格。」小子旦，自謙之稱也。浮水曰游。周公言承文武之業，懼不克濟，若浮大川，罔知津涯，豈能獨濟哉！予往與汝召公其共濟可也。小子，成王也。成王幼冲，雖已即位，與未即位同。誕，大也。大無我責上，疑有闕文。收罔勗不及，未詳。耇造德不降，言召公去，則耇老成人之德，不下於民。在郊之鳳，將不復得聞其鳴矣！況敢言進此而有感格乎？是時周方隆盛，鳴鳳在郊，卷阿鳴于高岡者，乃詠其實，故周公云爾也。公曰：「嗚呼！君肆其監于兹。我受命無疆惟休，亦大惟艱。告君乃猷裕，我不以後人迷。」肆，大。猷，謀也。兹，指上文所言。周公歎息，欲召公大監視上文所陳也。我文武受命，固有無疆之美矣。然迹其積累締造，蓋亦艱難之大者，不可不相與竭力保守之也。告君謀所以寬裕之道，勿狹隘欲去〔四〕，我不欲後人迷惑而失道也。○呂氏曰：大臣之位，百責所萃，震撼擊撞，欲其鎮定。辛甘燥濕，欲其調齊。槃錯棼結，欲其解紓。黯闇污濁，欲其茹納。自非曠度洪量，與夫患失乾没者，未嘗無翩然捨去之意。況召公親遭大變，破斧缺斨之時，屈折調護，心勞力瘁，又非平時大臣之比。顧以成王未親政，不敢乞身爾。一旦政柄有歸，浩然去志，固人情之所必至。然思文武王業之艱難，念成王守成之無助，則召公義未可去也。今乃汲汲然求去之不暇，其迫切已甚矣。盍謀所以寬裕之道，圖功攸終。展布四體，爲久大規模，使君德開明，未可捨去，而聽後人之迷惑也。公曰：「前人敷乃心，乃悉命汝作汝民極。曰：『汝明勗偶王，在亶，乘兹大命。惟文王德，丕承無疆之恤。』」偶，配也。蘇氏曰：周公與召公同受武王顧命輔成王，故周公言前人敷乃心，以命汝召公位三公以爲民極。且曰汝當明勉輔孺子，如耕之有偶也。在於相信，如車之有馭也。并力一心，以載天命。念文考之舊德，以丕承無疆之憂。武王之言如此，而可以去乎？公曰：「君！告汝朕允。保奭，其汝克敬以予。監于殷喪大否，肆念我天威。大否，大亂也。告汝以我之誠，呼其官而名之。言汝能敬以我所言，監視殷之喪亡大亂，可不大念我天威之可畏乎！予不允惟若茲誥。予惟曰：『襄我二人〔五〕。汝有合哉。』言曰：『在時二人，天休滋至，惟時二人弗戡。』其汝克敬德，明我俊民。在讓後人于丕時。戡，勝也。戡、堪，古通用。周公言我不信於人，而若此告語乎。予惟曰王業之成，在我與汝而已。汝聞我言而有合哉。亦曰在是二人。但天休滋至，惟是我二人將不堪勝。汝若以盈滿爲懼，則當能自敬德，益加寅畏，明揚俊民，布列庶位，以盡大臣之職業，以答滋至之天休。毋徒惴惴而欲去爲也。他日在汝推遜後人于大盛之時，超然肥遯，誰復汝禁，今豈汝辭位之時乎？嗚呼！篤棐時二人，我式克至于今日休。我咸成文王功于不怠，丕冒。海隅出日，罔不率俾。」周公復歎息言篤於輔君者，是我二人，我用能至于今日休盛。然我欲與召公共成文王功業于不怠，大覆冒斯民，使海隅日出之地，無不臣服，然後可也。周都西土，去東爲遠，故以日出言。吴氏曰：周公未嘗有其功，以其留召公，故言之。蓋叙其所已然，而勉其所未至，亦人所説而從者也。公曰：「君！予不惠若茲多誥，予惟用閔于天越民。」周公言我不順於理，而若茲諄複之多誥耶。予惟用憂天命之不終，及斯民之無賴也。韓子言畏天命而悲人窮，亦此意。前言若茲誥，故此言若茲多誥，周公之誥召公，其言語之際，亦可悲矣。公曰：「嗚呼！君，惟乃知民德，亦罔不能厥初，惟其終。祇若茲，往敬用治。」上章言天命民心，而民心又天命之本也。故卒章專言民德以終之。周公歎息謂召公踐歷諳練之久，惟汝知民之德。民德，謂民心之嚮順。亦罔不能其初，今日固罔尤違矣，當思其終，則民之難保者，尤可畏也。其祇順此誥，往敬用治，不可忽也。此召公已留，周公餙遣就職之辭。厥後召公既相成王，又相康王，再世猶未釋其政，有味於周公之言也夫。

蔡仲之命

蔡，國名。仲，字。蔡叔之子也。叔没，周公以仲賢，命諸成王，復封之蔡，此其誥命之詞也。今文無，古文有。○按此篇次叙，當在洛誥之前。

惟周公位冢宰，正百工。羣叔流言，乃致辟管叔于商，囚蔡叔于郭鄰，以車七乘。降霍叔于庶人，三年不齒。蔡仲克庸祇德，周公以爲卿士。叔卒，乃命諸王邦之蔡。周公位冢宰，正百工，武王崩時也。郭鄰，孔氏曰：中國之外地名。蘇氏曰：郭，虢也。周禮六遂，五家爲鄰。管、霍，國名。武王崩，成王幼，周公居冢宰，百官總己以聽者，古今之通道也。當是時，三叔以主少國疑，乘商人之不靖，謂可惑以非義，遂相與流言倡亂以摇之。是豈周公一身之利害，乃欲傾覆社稷，塗炭生靈。天討所加，非周公所得已也。故致辟管叔于商，致辟云者，誅戮之也。囚蔡叔于郭鄰，以車七乘。囚云者，制其出入，而猶從以七乘之車也。降霍叔于庶人，三年不齒，三年之後，方齒録以復其國也。三叔刑罰之輕重，因其罪之大小而已。仲，叔之子，克常敬德，周公以爲卿士。叔卒，乃命之成王而封之蔡也。周公留佐成王，食邑於圻內。圻內諸侯，孟、仲二卿，故周公用仲爲卿，非魯之卿也。蔡，左傳在淮汝之間。仲不別封，而命邦之蔡者，所以不絕叔於蔡也。封仲以他國，則絕叔于蔡矣。呂氏曰：象欲殺舜，舜在側微，其害止於一身，故舜得遂其友愛之心。周公之位，則繫于天下國家，雖欲遂友愛於三叔，不可得也。舜與周公，易地皆然。史臣先書惟周公位冢宰，正百工，而繼以羣叔流言，所以結正三叔之罪也。後言蔡仲克庸祗德，周公以爲卿士。叔卒，即命之王，以爲諸侯，以見周公蹙然於三叔之刑，幸仲克庸祗德，則亟擢用分封之也。吴氏曰：此所謂冢宰正百工，與詩所謂攝政，皆在成王諒闇之時，非以幼沖而攝。而其攝也，不過位冢宰之位而已，亦非如荀卿所謂攝天子位之事也。三年之喪，二十五月而畢。方其畢時，周公固未嘗攝，亦非有七年而後還政之事也。百官總己以聽冢宰，未知其所從始，如殷之高宗已然，不特周公行之。此皆論周公者所當先知也。王若曰：「小子胡，惟爾率德改行，克慎厥猷。肆予命爾侯于東土。往即乃封，敬哉！胡，仲名。言仲循祖文王之德，改父蔡叔之行，能謹其道，故我命汝爲侯於東土。往就汝所封之國，其敬之哉！呂氏曰：敬哉者，欲其母失此心也。命書之辭，雖稱成王，實周公之意。爾尚蓋前人之愆，惟忠惟孝。爾乃邁迹自身，克勤無怠，以垂憲乃後。率乃祖文王之彝訓，無若爾考之違王命。蔡叔之罪，在於不忠不孝。故仲能掩前人之惡者，惟在於忠孝而已。叔違王命，仲無所因，故曰邁迹自身。克勤無怠，所謂自身也。垂憲乃後，所謂邁迹也。率乃祖文王之彝訓，無若爾考之違王命，上文所謂「率德改行」也。皇天無親，惟德是輔。民心無常，惟惠之懷。爲善不同，同歸于治。爲惡不同，同歸于亂。爾其戒哉！此章與伊尹申誥太甲之言相類，而有深淺不同者，太甲、蔡仲之有間也。善固不一端，而無不可行之善。惡亦不一端，而無可爲之惡。爾其可不戒之哉！慎厥初，惟厥終，終以不困。不惟厥終，終以困窮。惟，思也。窮，困之極也。思其終者，所以謹其初也。懋乃攸績，睦乃四鄰，以蕃王室，以和兄弟，康濟小民。勉汝所立之功，親汝四鄰之國，蕃屏王家，和協同姓，康濟小民，五者，諸侯職之所當盡也。率自中，無作聰明亂舊章。詳乃視聽，罔以側言改厥度。則予一人汝嘉。」率，循也。毋，無同。詳，審也。中者，心之理，而無過不及之差者也。舊章者，先王之成法。厥度者，吾身之法度，皆中之所出者。作聰明，則喜怒好惡，皆出於私而非中矣。其能不亂先王之舊章乎？戒其本於己者然也。側言，一偏之言也。視聽不審，惑於一偏之說，則非中矣。其能不改吾身之法度乎？戒其徇於人者然也。仲能戒是，則我一人汝嘉矣。呂氏曰：作聰明者，非天之聰明，特沾沾小智耳。作與不作，而天人判焉。

王曰：「嗚呼！小子胡，汝往哉，無荒棄朕命。」飭往就國，戒其毋廢棄我命汝所言也。

多方

成王即政，奄與淮夷又叛，成王滅奄，歸作此篇。按費誓言「徂茲淮夷、徐戎並興」，即其事也。疑當時扇亂，不特殷人，如徐戎、淮夷，四方容或有之。故及多方。亦誥體也。今文、古文皆有。○蘇氏曰：大誥、康誥、酒誥、梓材、召誥、洛誥、多士、多方八篇，雖所誥不一，然大略以殷人心不服周而作也。予讀泰誓、武成，常怪周取殷之易。及讀此八萬，又怪周安殷之難也。多方所告，不止殷人，乃及四方之士。是紛紛焉不心服者，非獨殷人也。予乃今知湯以下七王之德，深矣。方殷之虐，人如在膏火中。歸周如流，不暇念先王之德。及天下粗定，人自膏火中出，即念殷先七王如父母。雖以武王、周公之聖，相繼撫之，而莫能禁也〔六〕。夫以西漢道德比之殷，猶碔砆之與美玉。然王莽、公孫述、隗囂之流，終不能使人忘漢，光武成功，若建瓴然。使周無周公，則亦殆矣。此周公之所以畏而不敢去也。

惟五月丁亥，王來自奄，至于宗周。成王即政之明年，商奄又叛。成王征滅之。杜預云：奄，不知所在。宗周，鎬京也。呂氏曰：王者定都，天下之所宗也。東遷之後，定都于洛，則洛亦謂之宗周。衛孔悝之鼎銘曰：「隨難于漢陽，即宮于宗周。」是時鎬已封秦，宗周蓋指洛也。然則宗周初無定名，隨王者所都而名耳。

周公曰：「王若曰：猷！告爾四國多方，惟爾殷侯尹民，我惟大降爾命，爾罔不知。呂氏曰：先曰周公曰，而復曰王若曰，何也？明周公傳王命，而非周公之命也。周公之命誥，終於此篇。故發例於此，以見大誥諸篇，凡稱王曰者，無非周公傳成王之命也。成王滅奄之後，告諭四國殷民，而因以曉天下也。所主殷民，故又專提殷侯之正民者告之。言殷民罪應誅戮，我大降宥爾命，爾宜無不知也。

洪惟圖天之命，弗永寅念于祀。圖，謀也。言商奄大惟私意，圖謀天命，自底滅亡，不深長敬念以保其祭祀。呂氏曰：天命可受而不可圖，圖則人謀之私，而非天命之公矣。此蓋深示以天命不可妄干，乃多方一篇之綱領也。下文引夏商所以失天命受天命者，以明示之。

惟帝降格于夏，有夏誕厥逸，不肯慼言于民。乃大淫昏，不克終日勸于帝之迪，乃爾攸聞。言帝降災異以譴告桀，桀不知戒懼，乃大肆逸豫。憂民之言，尚不肯出諸口，況望其有憂民之實乎？勸，勉也。迪，啓迪也。視聽動息日用之間，洋洋乎皆上帝所以啓迪開導斯人者。桀乃大肆淫昏，終日之間，不能少勉，於是天理或幾乎息矣！況望其惠迪而不違乎？此乃爾之所聞，欲其因桀而知紂也。厥逸，與多士「引逸」不同者，猶亂之爲亂爲治耳。逸豫以民言，淫昏以帝言，各以其義也。此章上疑有闕文。厥圖帝之命，不克開于民之麗。乃大降罰，崇亂有夏。因甲于内亂，不克靈承于旅，罔丕惟進之恭，洪舒于民。亦惟有夏之民，叨懫日欽，劓割夏邑。此章文多未詳。麗，猶日月麗乎天之麗。謂民之所依以生者也。依於土，依於衣食之類。甲，始也。言桀矯誣上天，圖度帝命，不能開民衣食之原。於民依恃以生者，一皆抑塞遏絶之，猶乃大降威虐于民，以增亂其國。其所因則始于内嬖，蠱其心，敗其家，不能善承其衆，不能大進於恭，而大寬裕其民。亦惟夏邑之民，貪叨忿懫者，則日欽崇而尊用之，以戕害於其國也。天惟時求民主，乃大降顯休命于成湯，刑殄有夏。言天惟是爲民求主耳。桀既不能爲民之主，天乃大降顯休命於成湯，使爲民主，而伐夏殄滅之也。○吕氏曰：曰求曰降，豈真有求之降之者哉！天下無統，渙散漫流，勢不得不歸其所聚。而湯之一德，乃所謂顯休命之實，一衆離而聚之者也。民不得不聚於湯，湯不得不受斯民之聚，是豈人爲之私哉！故曰天求之，天降之也。惟天不畀純，乃惟以爾多方之義民，不克永于多享。惟夏之恭多士，大不克明保享于民。乃胥惟虐于民，至于百爲，大不克開。純，大也。義民，賢者也。言天不與桀者大，乃以爾多方賢者，不克永于多享，以至于亡也。言桀於義民，不能用，其所敬之多士，率皆不義之民，上文所謂叨懫日欽者。同惡相濟，大不能明保享于民，乃相與播虐于民。民無所措其手足。凡百所爲，無一能達。上文所謂「不克開于民之麗」者，政暴民窮，所以速其亡也。此雖指桀多士，爾殷侯尹民嘗逮事紂者〔七〕，寧不惕然内愧乎！乃惟成湯，克以爾多方簡，代夏作民主。簡，擇也。民擇湯而歸之。慎厥麗乃勸，厥民刑用勸。湯深謹其所依，以勸勉其民，故民皆儀刑而用勸勉也。人君之於天下，仁而已矣。仁者，君之所依也，君仁則莫不仁矣。以至于帝乙，罔不明德慎罰，亦克用勸。明德，則民愛慕之。慎罰，則民畏服之。自成湯至于帝乙，雖歷世不同，而皆知明其德，慎其罰，故亦能用以勸勉其民也。明德慎罰，所以慎厥麗也。明德，仁之本也。慎罰，仁之政也。要囚，殄戮多罪，亦克用勸。德明之而已。罰有辟焉，有宥焉，故再言辟而當罪，亦能用以勸勉。宥而赦過，亦能用以勸勉。開釋無辜，亦克用勸。言辟與宥，皆足以使人勉於善也。今至于爾辟，弗克以爾多方享天之命。呂氏曰：爾辟，謂紂也。商先哲王世傳家法，積累維持如此。今一旦至于汝君，乃以爾全盛之多方，不克坐享天命而亡之，是誠可憫也。天命至公，操則存，舍則亡。以商先王之多，基圖之大，紂曾不得席其餘蔭，其亡忽焉。危微操舍之幾，周公所以示天下深矣，豈徒曰慰解之而已哉！嗚呼！王若曰：誥告爾多方，非天庸釋有夏，非天庸釋有殷。先言嗚呼，而後言王若曰者，唐孔氏曰：周公先自歎息，而後稱王命以誥之也。庸，用也。有心之謂。釋，去之也。上文言夏殷之亡，因言非天有心於去夏，亦非天有心於去殷。下文遂言乃惟桀、紂自取亡滅也。○呂氏曰：周公先自歎息，而始宣布成王之誥告，以見周公未嘗稱王也。又此篇之始〔八〕，周公曰，王若曰，複語相承，書無此體也。至於此章，先嗚呼而後王若曰，書亦無此體也。周公居聖人之變，史官豫憂來世傳疑襲誤，蓋有竊之爲口實矣。故於周公誥命終篇，發新例二。著周公實未嘗稱王，所以別嫌明微，而謹萬世之防也。乃惟爾辟。以爾多方，大淫圖天之命，屑有辭。紂以多方之富，大肆淫泆，圖度天命，瑣屑有辭，與多士言桀大淫佚有辭義同。殷之亡非自取乎？以下二章推之，此章之上，當有闕文。乃惟有夏，圖厥政，不集于享。天降時喪，有邦間之。集，萃也。享，享有之享。桀圖其政，不集于享而集于亡。故天降是喪亂，而俾有殷代之。夏之亡，非自取乎？乃惟爾商後王，逸厥逸，圖厥政，不蠲烝。天惟降時喪。蠲，潔。烝，進也。紂以逸居逸，淫湎無度。故其爲政，不蠲潔而穢惡，不烝進而怠惰，天以是降喪亡于殷。殷之亡，非自取乎？此上三節，皆應上文「非天庸釋」之語。惟聖罔念作狂，惟狂克念作聖。天惟五年，須暇之子孫。誕作民主，罔可念聽。聖，通明之稱。言聖而罔念，則爲狂矣。愚而能念，則爲聖矣。紂雖昏愚，亦有可改過遷善之理。故天又未忍遽絶之，猶五年之久，須待暇寛於紂，覬其克念，大爲民主。而紂無可念可聽者。五年，必有指實而言。孔氏牽合歲月者非是。或曰：狂而克念，果可爲聖乎？曰：聖固未易爲也。狂而克念，則作聖之功，知所向方，太甲其庶幾矣。聖而罔念，果至於狂乎？曰：聖固無所謂罔念也。禹戒舜曰：「無若丹朱傲，惟慢遊是好。」一念之差，雖未至於狂。而狂之理，亦在是矣。此人心惟危，聖人拳拳告戒，豈無意哉！天惟求爾多方，大動以威，開厥顧天。惟爾多方，罔堪顧之。紂既罔可念聽，天於是求民主於爾多方，大警動以祲祥譴告之威，以開發其能受眷顧之命者。而爾多方之衆，皆不足以堪眷顧之命也。惟我周王靈承于旅，克堪用德，惟典神天。天惟式教我用休，簡畀殷命，尹爾多方。典，主。式，用也。克堪者，能勝之謂也。德輶如毛，民鮮克舉之，言德，舉者莫能勝也。文武善承其衆，克堪用德，是誠可以爲神天之主矣。故天式教文武，用以休美，簡擇畀付殷命，以正爾多方也。呂氏曰：式教用休者，如之何而教之也。文武既得乎天，天德日新，左右逢原。其思也，若或起之；其行也，若或翼之。乃天之所以教，而用以昌大休明者也，非諄諄然而教之也。此章深論天下向者天命未定，眷求民主之時，能者則得之。孰有過汝者，乃無一能當天之眷。今天既命我周而定于一矣，爾猶洶洶不靖，欲何爲耶？明指天命，而讋服四海姦雄之心者，莫切於是。今我曷敢多誥？我惟大降爾四國民命。言今我何敢如此多誥，我惟大降宥爾四國民命。舉其宥過之恩，而責其遷善之實也。爾曷不忱裕之于爾多方？爾曷不夾介乂我周王享天之命？今爾尚宅爾宅，畋爾田，爾曷不惠王熙天之命？夾，夾輔之夾。介，賓介之介。爾何不誠信寬裕於爾之多方乎？爾何不夾輔介助我周王享天之命乎？爾之叛亂，據法定罪，則瀦其宅，收其田，可也。今爾猶得居爾宅，耕爾田，爾何不順我王室，各守爾典，以廣天命乎？此三節，責其何不如此也。爾乃迪屢不靜，爾心未愛。爾乃不大宅天命，爾乃屑播天命。爾乃自作不典，圖忱于正。爾乃屢蹈不靜，自取亡滅，爾心其未知所以自愛耶？爾乃大不安天命耶？爾乃輕棄天命耶？爾乃自爲不法，欲圖見信于正者，以爲當然耶？此四節，責其不可如此也。我惟時其教告之，我惟時其戰要囚之，至于再，至于三，乃有不用我降爾命，我乃其大罰殛之。非我有周秉德不康寧，乃惟爾自速辜。我惟是教告而誨諭之，我惟是戒懼而要囚之，今至于再，至于三矣。爾不用我降宥爾命，而猶狃於叛亂反覆，我乃其大罰殛殺之。非我有周持德不安靜，乃惟爾自爲凶逆以速其罪耳。王曰：嗚呼！猷，告爾有方多士，暨殷多士，今爾奔走臣我監五祀。監，監洛邑之遷民者也。猶諸侯之分民，有君道焉，所以謂之臣我監也。言商士遷洛，奔走臣服我監，於今五年矣。不曰年而曰祀者，因商俗而言也。又按成周既成，而成王即政。成王即政，而商奄繼叛，事皆相因，纔一二年耳。今言五祀，則商民之遷固在作洛之前矣，尤爲明驗。越惟有胥伯小大多正，爾罔不克臬。臬，事也。周官多以胥、以伯、以正爲名。胥伯小大衆多之正，蓋殷多士授職於洛，共長治遷民者也。其奔走臣我監亦久矣，宜相體悉，竭力其職。無或反側偷惰而不能事也。自作不和，爾惟和哉。爾室不睦，爾惟和哉。爾邑克明，爾惟克勤乃事。心不安靜，則身不和順矣。身不安靜，則家不和順矣。言「爾惟和哉」者，所以勸勉之也。和其身，睦其家，而後能恊于其邑。驩然有恩以相愛，粲然有文以相接，爾邑克明，始爲不負其職，而可謂克勤乃事矣。前既戒以「罔不克臬」，故以「克勤乃事」期之也。爾尚不忌于凶德，亦則以穆穆在乃位，克閱于乃邑謀介。忌，畏也。穆穆，和敬貌。頑民誠可畏矣，然如上文所言，爾多士庶幾不至畏忌頑民凶德，亦則以穆穆和敬，端處爾位，以潛消其悍逆悖戾之氣。又能簡閱爾邑之賢者，以謀其助，則民之頑者，且革而化矣，尚何可畏之有哉？成王誘掖商士之善，以化服商民之惡，其轉移感動之機微矣哉！爾乃自時洛邑，尚永力畋爾田。天惟畀矜爾，我有周惟其大介賚爾，迪簡在王庭。尚爾事，有服在大僚。爾乃自時洛邑，庶幾可以保有其業，力畋爾田。天亦將畀予矜憐於爾，我有周亦將大介助賚錫於爾，啓迪簡拔，置之王朝矣。其庶幾勉爾之事，有服在大僚，不難至也。多士篇，商民嘗以夏迪簡在王庭，有服在百僚爲言。故此因以勸厲之也。王曰：嗚呼！多士，爾不克勸忱我命，爾亦則惟不克享，凡民惟曰不享。爾乃惟逸惟頗，大遠王命，則惟爾多方探天之威。我則致天之罰，離逖爾土。誥告將終，乃歎息言爾多士，如不能相勸信我之誥命，爾亦則惟不能享上。凡爾之民，亦惟曰上不必享矣。爾乃放逸頗僻，大違我命。則惟爾多士自取天威，我亦致天之罰，播流蕩析，俾爾離遠爾土矣。爾雖欲宅爾宅，畋爾田，尚可得哉！多方，疑當作多士。上章既勸之以休，此章則董之以威，商民不惟有所慕而不敢違越，且有所畏而不敢違越矣。王曰：我不惟多誥，我惟祗告爾命。我豈若是多言哉！我惟敬告爾以上文勸勉之命而已。又曰：時惟爾初，不克敬于和，則無我怨。」與之更始，故曰「時惟爾初」也。爾民至此，苟又不能敬于和，猶復乖亂，則自底誅戮，毋我怨尤矣。開其爲善，禁其爲惡，周家忠厚之意，於是篇尤爲可見。○吕氏曰：「又曰」二字，所以形容周公之惓惓斯民，會已畢而猶有餘情，誥已終而猶有餘語，顧眄之光，猶曄然溢於簡册也。

立政 吴氏曰：此書戒成王以任用賢才之道。而其旨意，則又止戒成王專擇百官有司之長，如所謂常伯、常任、準人等云者。蓋古者外之諸侯，一卿已命於君，内之卿大夫，則亦自擇其屬，如周公以蔡仲爲卿士，伯冏謹簡乃僚之類。其長既賢，則其所舉用無不賢者矣。葛氏曰：誥體也。今文、古文皆有。

周公若曰：「拜手稽首，告嗣天子王矣。」用咸戒于王曰：「王左右常伯、常任、準人、綴衣、虎賁。」周公曰：「嗚呼！休茲，知恤鮮哉。」此篇周公所作，而記之者周史也。故稱「若曰」，言周公帥羣臣進戒于王，贊之曰。拜手稽首，告嗣天子王矣。羣臣用皆進戒曰。王左右之臣，有牧民之長曰常伯，有任事之公卿曰常任，有守法之有司曰準人。三事之外，掌服器者曰綴衣，執射御者曰虎賁，皆任用之所當謹者。周公於是歎息言曰：美矣此官。然知憂恤者鮮矣。言五等官職之美，而知憂其得人者少也。吴氏曰：綴衣、虎賁，近臣之長也。葛氏曰：綴衣，周禮司服之類。虎賁，周禮之虎賁氏也。

古之人迪惟有夏，乃有室大競，籲俊尊上帝。迪知忱恂于九德之行，乃敢告教厥后。曰：拜手稽首后矣。曰：宅乃事，宅乃牧，宅乃準，茲惟后矣。謀面用丕訓德，則乃宅人。茲乃三宅無義民。古之人有行此道者，惟有夏之君。當王室大強之時，而求賢以爲事天之實也。迪知者，蹈知而非苟知也。忱恂者，誠信而非輕信也。言夏之臣，蹈知誠信于九德之行，乃敢告教其君。曰「拜手稽首后矣」云者，致敬以尊其爲君之名也。曰「宅乃事，宅乃牧，宅乃準，茲惟后矣」云者，致告以叙其爲君之實也。茲者，此也。言如此而後可以爲君也。即皋陶與禹九德之事。謀面者，謀人之面貌也。言非迪知忱恂于九德之行，而徒謀之面貌。用以爲大順於德，乃宅而任之，如此，則三宅之人，豈復有賢者乎？蘇氏曰：事，則向所謂常任也。牧，則向所謂常伯也。準，則向所謂準人也。一篇之中，所論宅俊者，參差不齊。然大要不出是三者。其餘則皆小臣百執事也。吴氏曰：古者凡以善言語人皆謂之教，不必自上教下而後謂之教也。

桀德，惟乃弗作往任，是惟暴德，罔後。夏桀惡德，弗作往昔先王任用三宅，而所任者乃惟暴德之人，故桀以喪亡無後。亦越成湯，陟丕釐上帝之耿命。乃用三有宅，克即宅，曰三有俊，克即俊。嚴惟丕式，克用三宅三俊。其在商邑，用協于厥邑。其在四方，用丕式見德。亦越者，繼前之辭也。耿，光也。湯自七十里升爲天子，典禮命討，昭著於天下，所謂陟丕釐上帝之光命也。三宅，謂居常伯、常任、準人之位者。三俊，謂有常伯、常任、準人之才者。克即者，言湯所用三宅，實能就是位而不曠其職。所稱三俊，實能就是德而不浮其名也。三俊，説者謂他日次補三宅者。詳宅以位言，俊以德言，意其儲養待用，或如説者所云也。惟，思。式，法也。湯於三宅三俊，嚴思而丕法之，故能盡其宅俊之用，而宅者得以效其職，俊者得以著其才，賢智奮庸，登于至治。其在商邑，用協于厥邑，近者察之詳，其情未易齊。畿甸之協，則純之至也。其在四方，用丕式見德，遠者及之難，其德未易徧。觀法之同，則大之至也。至純至大，治道無餘藴矣。曰邑曰四方者，各極其遠近而言耳。嗚呼！其在受德暋，惟羞刑暴德之人，同于厥邦。乃惟庶習逸德之人，同于厥政。帝欽罰之，乃伻我有夏，式商受命，奄甸萬姓。羞刑，進任刑戮者也。庶習，備諸衆醜者也。言紂德强暴，又所與共國者，惟羞刑暴德之諸侯，所與共政者，惟庶習逸德之臣下。上帝敬致其罰，乃使我周有此諸夏，用商所受之命，而奄甸萬姓焉。甸者，井牧其地，什伍其民也。亦越文王武王，克知三有宅心，灼見三有俊心，以敬事上帝，立民長伯。三宅三俊，文武克知灼見。皆曰心者，即所謂迪知忱恂而非謀面也。三宅已授之位，故曰克知。三俊未任以事，故曰灼見。以是敬事上帝，則天職修而上有所承；以是立民長伯，則體統立而下有所寄。人君位天人之兩間，而俯仰無怍者以是也。夏之尊帝，商之丕釐，周之敬事，其義一也。長，如王制所謂五國以爲屬，屬有長。伯，如王制所謂二百一十國以爲州，州有伯，是也。立政：任人、準夫、牧，作三事。言文武立政三宅之官也。任人，常任也。準夫，準人也。牧，常伯也。以職言，故曰事。虎賁、綴衣、趣馬、小尹、左右攜僕、百司、庶府。此侍御之官也。趣馬，掌馬之官。小尹，小官之長。攜僕，攜持僕御之人。百司，若司裘、司服。庶府，若内府、大府之屬也。大都、小伯、藝人、表臣百司、太史、尹伯、庶常吉士。此都邑之官也。吕氏曰：大都小伯者，謂大都之伯，小都之伯也。大都言都不言伯，小伯言伯不言都，互見之也。藝人者，卜祝巫匠，執技以事上者。表臣百司，表，外也。表對裏之詞。上文百司，蓋内百司，若内府内司服之屬，所謂裏臣也。此百司，蓋外百司，若外府外司服之屬，所謂表臣也。太史者，史官也。尹伯者，有司之長，如庖人内饔，膳夫則是數尹之伯也。鐘師尹鐘，磬師尹磬，大師司樂，則是數尹之伯也。凡所謂官吏，莫不在内、外百司之中。至於特見其名者，則皆有意焉。虎賁、綴衣、趣馬、小尹、左右攜僕，以扈衛親近而見。庶府，以冗賤人所易忽而見。藝人，恐其或興淫巧機詐以蕩上心而見。太史，以奉諱惡公天下後世之是非而見。尹伯，以大小相維，體統所係而見。若大都小伯，則分治郊畿，不預百司之數者。既條陳歷數文武之衆職，而總結之曰庶常吉士。庶，衆也。言在文武之廷，無非常德吉士也。司徒、司馬、司空、亞旅。此諸侯之官也。司徒，主邦教。司馬，主邦政。司空，主邦土。餘見牧誓。言諸侯之官，莫不得人也。諸侯之官獨舉此者，以其名位通於天子歟。夷、微、盧、烝、三亳、阪、尹。此王官之監於諸侯四夷者也。微、盧，見經。亳，見史。三亳：蒙爲北亳，穀熟爲南亳，偃師爲西亳。烝，或以爲衆，或以爲夷名。阪，未詳。古者險危之地、封疆之守，或不以封，而使王官治之，參錯於五服之間，是之謂尹。地志載王官所治非一，此特舉其重者耳。自諸侯三卿以降，唯列官名而無他語。承上庶常吉士之文，以内見外也。夫上自王朝，内而都邑，外而諸侯，遠而夷狄，莫不皆得人以爲官使，何其盛歟！**文王惟克厥宅心，乃克立兹常事司牧人，以克俊有德。**文王惟能其三宅之心。能者，能之也。知之至，信之篤之謂。故能立此常任、常伯，用能俊有德也。不言準人者，因上章言文王用人，而申克知三有宅心之説，故略之也。**文王罔攸兼于庶言、庶獄、庶慎。惟有司之牧夫，是訓用違。**庶言，號令也。庶獄，獄訟也。庶慎，國之禁戒儲備也。有司，有職主者。牧夫，牧人也。文王不敢下侵庶職，惟於有司牧夫，訓勅用命及違命者而已。漢孔氏曰：勞於求才，逸於任賢。**庶獄、庶慎，文王罔敢知于兹。**上言罔攸兼，則猶知之，特不兼其事耳。至此「罔敢知」，則若未嘗知有其事，蓋信任之益專也。上言庶言，此不及者，號令出於君，有不容不知者故也。呂氏曰：不曰罔知於兹，而曰罔敢知于兹者，徒言罔知，則是莊老之無爲也。惟言罔敢知，然後見文王敬畏思不出位之意。毫釐之辨，學者宜精察之。

亦越武王，率惟敉功，不敢替厥義德。率惟謀，從容德，以並受此丕丕基。率，循也。敉功，安天下之功。義德，義德之人。容德，容德之人。蓋義德者，有撥亂反正之才；容德者，有休休樂善之量，皆成德之人也。周公上文言武王率循文王之功，而不敢替其所用義德之人。率循文王之謀，而不敢違其容德之士。意如虢叔、閎夭、散宜生、泰顛、南宫适之徒。所以輔成王業者，文用之於前，武任之於後。故周公於君奭言五臣克昭文王，受有殷命。武王惟兹四人，尚迪有禄。正猶此叙文武用人，而言並受此丕丕基也。嗚呼！孺子王矣。繼自今，我其立政、立事、準人、牧夫，我其克灼知厥若。丕乃俾亂，相我受民，和我庶獄、庶慎。時則勿有間之。我者，指王而言。若，順也。周公既述文武基業之大，歎息而言曰：孺子今既爲王矣。繼此以往，王其於立政、立事、準人、牧夫之任，當能明知其所順。順者，其心之安也。孔子曰：「察其所安，人焉廋哉。」「察其所順者，知人之要也。夫既明知其所順，果正而不他。然後推心而大委任之，使展布四體以爲治，相助左右所受之民，和調均齊獄慎之事。而又戒其勿以小人間之，使得終始其治，此任人之要也。民而謂之受者，言民者乃受之於天，受之於祖宗，非成王之所自有也。自一話一言，我則末惟成德之彦，以乂我受民。末，終。惟，思也。自一話一言之間，我則終思成德之美士，以治我所受之民，而不敢斯須忘也。嗚呼！予旦已受人之徽言，咸告孺子王矣。繼自今文子文孫，其勿誤于庶獄、庶慎，惟正是乂之。前所言禹、湯、文、武任人之事，無非至美之言。我聞之於人者，已皆告孺子王矣。文子文孫者，成王，武王之文子，文王之文孫也。成王之時，法度彰，禮樂著，守成尚文，故曰文。誤，失也。有所兼，有所知，不付之有司而以己誤之也。正，猶康誥所謂正人，與宮正、酒正之正，指當職者爲言。不以己誤庶獄、庶慎，惟當職之人是治之。下文言其勿誤庶獄，惟有司之牧夫，即此意。自古商人，亦越我周文王，立政、立事、牧夫、準人，則克宅之。克由繹之，茲乃俾乂。自古及商人，及我周文王，於立政所以用三宅之道，則克宅之者，能得賢者以居其職也。克由繹之者，能紬繹用之而盡其才也。既能宅其才以安其職，又能繹其才以盡其用，茲其所以能俾乂也歟。國則罔有立政用憸人，不訓于德，是罔顯在厥世。繼自今立政，其勿以憸人。其惟吉士，用勱相我國家。自古爲國，無有立政用憸利小人者。小人而謂之憸者，形容其沾沾便捷之狀也。憸利小人，不順于德，是無能光顯以在厥世。王當繼今以往立政，勿用憸利小人。其惟用有常吉士，使勉力以輔相我國家也。呂氏曰：君子陽類，用則升其國於明昌。小人陰類，用則降其國於晻昧。陰陽升降，亦各從其類也。今文子文孫，孺子王矣，其勿誤于庶獄，惟有司之牧夫。始言和我庶獄、庶慎，時則勿有間之。繼言其勿誤于庶獄、庶慎，惟正是乂之。至是獨曰其勿誤于庶獄，惟有司之牧夫。蓋刑者，天下之重事。挈其重而獨舉之，使成王尤知刑獄之可畏，必專有司牧夫之任，而不可以己誤之也。其克詰爾戎兵，以陟禹之迹。方行天下，至于海表，罔有不服。以覲文王之耿光，以揚武王之大烈。詰，治也。治爾戎服兵器也。陟，升也。禹迹，禹服舊迹也。方，四方也。海表，四裔也。言德威所及，無不服也。覲，見也。耿光，德也。大烈，業也。於文王稱德，於武王稱業，各於其盛者稱之。呂氏曰：兵，刑之大也。故既言庶獄，而繼以治兵之戒焉。或曰：周公之訓，稽其所敝，得無啓後世好大喜功之患乎？曰：周公詰兵之訓，繼勿誤庶獄之後，犴獄之間，尚恐一刑之誤，況六師萬衆之命，其敢不審而誤舉乎！推勿誤庶獄之心，而奉克詰戎兵不戒，必非得已不已，而輕用民命者也。嗚呼！繼自今後王立政，其惟克用常人。并周家後王而戒之也。常人，常德之人也。皋陶曰：「彰厥有常吉哉。」常人與吉士，同實而異名者也。周公若曰：「太史，司寇蘇公，式敬爾由獄，以長我王國。茲式有慎，以列用中罰。」此周公因言慎罰，而以蘇公敬獄之事，告之太史，使其并書以爲後世司獄之式也。蘇，國名也。左傳：蘇忿生以温爲司寇。周公告太史以蘇忿生爲司寇，用能敬其所由之獄，培植基本，以長我王國，令於此取法而有謹焉。則能以輕重條列，用其中罰，而無過差之患矣。

校勘記

〔一〕日東景朝多陽日西景夕多陰　元刻本、明内府本、明官刻本及清傳經堂本作「日東景夕多風日西景朝多陰」。

〔二〕欲徙周而居之　「徙」原作「徒」，據元刻本、明内府本、明官刻本及清傳經堂本改。

〔三〕庶獄庶慎　「慎」原作「謹」，據元至正本、明内府本、明官刻本及清傳經堂本改。以下逕改不出校。

〔四〕勿狹隘欲去　「欲」，明内府本、明官刻本及清傳經堂本作「求」。

〔五〕襄我二人　「二」原作「一」，據元刻本、明内府本、明官刻本及清傳經堂本改。

〔六〕而莫能禁也　明内府本、明官刻本及清傳經堂本「禁」下有「禦」字。

〔七〕爾殷侯尹民嘗逮事紂者　「民」原作「氏」，據元至正本、明内府本、明官刻本及清傳經堂本改。

〔八〕又此篇之始　「又」原作「入」，據元刻本、明内府本、明官刻本及清傳經堂本改。

書集傳卷六

周官成王訓迪百官，史録其言，以「周官」名之。亦訓體也。今文無，古文有。○按此篇與今周禮不同。如三公三孤，周禮皆不載。或謂公孤兼官，無正職，故不載。然三公論道經邦，三孤貳公弘化，非職乎？職任之大，無踰此矣。或又謂師氏即太師，保氏即太保。然以師保之尊，而反屬司徒之職，亦無是理也。又此言六年五服一朝，而周禮六服諸侯，有一歲一見者，二歲一見者，三歲一見者，亦與此不合。是固可疑。然周禮非聖人不能作也。意周公方條治事之官，而未及師保之職。所謂未及者，鄭重而未及言之也。書未成而公亡，其間法制有未施用，故與此異。而冬官亦闕。要之周禮首末未備，周公未成之書也。惜哉！讀書者參互而考之，則周公經制，可得而論矣。

惟周公撫萬邦，巡侯甸，四征弗庭，綏厥兆民。六服羣辟，罔不承德。歸于宗周，董正治官。此書之本序也。庭，直也。葛氏曰：弗庭，弗來庭者。六服，侯、甸、男、采、衛，并畿内爲六服也。禹貢五服通畿内，周制五服在王畿外也。周禮又有九服，侯、甸、男、采、衛、蠻、夷、鎮、蕃，與此不同。宗周，鎬京也。董，督也。治官，凡治事之官也。言成王撫臨萬國，巡狩侯甸，四方征討不庭之國，以安天下之民。六服諸侯之君，無不奉承周德。成王歸于鎬京，督正治事之官。外攘之功舉，而益嚴內治之修也。唐孔氏曰：周制無萬國，惟伐淮夷，非四征也。大言之爾。王曰：「若昔大猷，制治于未亂，保邦于未危。」若昔大道之世，制治保邦于未亂未危之前。即下文「明王立政」是也。曰：「唐虞稽古，建官惟百，內有百揆四岳，外有州牧、侯伯。庶政惟和，萬國咸寧。夏商官倍，亦克用乂。明王立政，不惟其官，惟其人。百揆，無所不總者。四岳，總其方岳者。州牧，各總其州者。侯伯，次州牧而總諸侯者也。百揆四岳，總治于內；州牧、侯伯，總治于外。內外相承，體統不紊，故庶政惟和，而萬國咸安。夏商之時，世變事繁，觀其會通，制其繁簡，官數加倍，亦能用治。明王立政，不惟其官之多，惟其得人而已。今予小子，祗勤于德，夙夜不逮。仰惟前代時若，訓迪厥官。逮，及。時，是。若，順也。成王祗勤于德，早夜若有所不及然。蓋修德者，任官之本也。立太師、太傅、太保，茲惟三公。論道經邦，燮理陰陽，官不必備，惟其人。立，始辭也。三公非始於此，立爲周家定制，則始於此也。賈誼曰：保者，保其身體。傅者，傅之德義。師，道之教訓。此所謂三公也。陰陽，以氣言；道者，陰陽之理，恒而不窮者也。易曰「一陰一陽之謂道」是也。論者，講明之謂。經者，經綸之謂。燮理者，和調之也。非經綸天下之大經，參天地之化育者，豈足以任此責。故官不必備，惟其人也。少師、少傅、少保，曰三孤。貳公弘化，寅亮天地，弼予一人。孤，特也。三少，雖三公之貳，而非其屬官，故曰孤。天地，以形言。化者，天地之用，運而無迹者也。易曰「範圍天地之化」是也。弘者，張而大之。寅亮者，敬而明之也。公論道，孤弘化，公燮理陰陽，孤寅亮天地。公論於前，孤弼於後，公孤之分如此。冢宰掌邦治，統百官，均四海。冢，大。宰，治也。天官卿，治官之長，是爲冢宰。内統百官，外均四海，蓋天子之相也。百官異職，管攝使歸于一，是之謂統。四海異宜，調劑使得其平，是之謂均。司徒掌邦教，敷五典，擾兆民。擾，馴也。地官卿，主國教化，敷君臣、父子、夫婦、長幼、朋友五者之教，以馴擾兆民之不順者，而使之順也。唐虞司徒之官，固已職掌如此。宗伯掌邦禮，治神人，和上下。春官卿，主邦禮，治天神、地祇、人鬼之事，和上下尊卑等列。春官於四時之序爲長，故其官謂之宗伯。成周合樂於禮官，謂之和者，蓋以樂而言也。司馬掌邦政，統六師，平邦國。夏官卿，主戎馬之事，掌國征伐，統御六軍，平治邦國。平，謂強不得陵弱，衆不得暴寡，而人皆得其平也。軍政莫急於馬，故以司馬名官。何莫非政，獨戎政謂之政者，用以征伐而正彼之不正，王政之大者也。司寇掌邦禁，詰姦慝，刑暴亂。秋官卿，主寇賊法禁。羣行攻刼曰寇。詰姦惡，刑彊暴作亂者。掌刑不曰刑而曰禁者，禁於未然也。吕氏曰：姦慝隱而難知，故謂之詰。推鞫窮詰，而求其情也。暴亂顯而易見，直刑之而已。司空掌邦土，居四民，時地利。冬官卿，主國空土，以居士農工商四民，順天時以興地利。按周禮，冬官則記考工之事，與此不同。蓋本闕冬官，漢儒以考工記當之也。六卿分職，各率其屬，以倡九牧，阜成兆民。六卿分職，各率其屬官，以倡九州之牧。自内達之於外，政治明，教化洽，兆民之衆，莫不阜厚而化成也。按周禮，每卿六十屬。六卿，三百六十屬也。吕氏曰：冢宰相天子，統百官，則司徒以下，無非冢宰所統。乃均列一職，而併數之爲六者，綱在網中也。乾坤之與六子，並列於八方。冢宰之與五卿，並列於六職也。六年，五服一朝。又六年，王乃時巡。考制度于四岳，諸侯各朝于方岳，大明黜陟。」五服，侯、甸、男、采、衛也。六年一朝會京師，十二年王一巡狩。時巡者，猶舜之四仲巡狩也。考制度者，猶舜之協時月正日，同律度量衡等事也。諸侯各朝方岳者，猶舜之肆覲東后也。大明黜陟者，猶舜之黜陟幽明也。疏數異時，繁簡異制，帝王之治，因時損益者可見矣。王曰：「嗚呼！凡我有官君子，欽乃攸司，慎乃出令。令出惟行，弗惟反。以公滅私，民其允懷。建官之體統，前章既訓迪之矣。此則居守官職者咸在，曰凡有官君子者，合尊卑小大而同訓之也。反者，令出不可行而壅逆之謂。言敬汝所主之職，謹汝所出之令，令出欲其行，不欲其壅逆而不行也。以天下之公理，滅一己之私情，則令行而民莫不敬信懷服矣。學古入官，議事以制，政乃不迷。其爾典常作之師，無以利口亂厥官。蓄疑敗謀，怠忽荒政，不學墻面，莅事惟煩。學古，學前代之法也。制，裁度也。迷，錯繆也。典常，當代之法也。周家典常，皆文、武、周公之所講畫，至精至備。凡莅官者，謹師之而已，不可喋喋利口，更改而紛亂之也。積疑不決，必敗其謀。怠惰忽略，必荒其政。人而不學，其猶正墻面而立，必無所見，而舉錯煩擾也。○蘇氏曰：鄭子產鑄刑書，晉叔向譏之曰：「昔先王議事以制，不爲刑辟。」其言蓋取諸此。先王人法並任，而任人爲多。故律設大法而已。其輕重之詳，則付之人，臨事而議，以制其出入。故刑簡而政清。自唐以前，治罪科條，止於今律令而已。人之所犯，日變無窮，而律令有限。以有限治無窮，不聞有所闕，豈非人法兼行，吏猶得臨事而議乎？今律令之外，科條數萬而不足於用，有司請立新法者，日益不已。嗚呼！任法之弊，一至於此哉！戒爾卿士，功崇惟志，業廣惟勤，惟克果斷，乃罔後艱。此下申戒卿士也。王氏曰：功以智崇〔一〕，業以仁廣，斷以勇克，此三者，天下之達道也。呂氏曰：功者，業之成也。業者，功之積也。崇其功者存乎志，廣其業者存乎勤。勤由志而生，志待勤而遂。雖有二者，當幾而不能果斷，則志與勤虛用，而終蹈後艱矣。位不期驕，祿不期侈。恭儉惟德，無載爾僞。作德心逸日休，作僞心勞日拙。貴不與驕期而驕自至，祿不與侈期而侈自至。故居是位，當知所以恭。饗是祿，當知所以儉。然恭儉豈可以聲音笑貌爲哉！當有實得於己，不可從事於僞。作德，則中外惟一，故心逸而日休休焉。作僞，則揜護不暇，故心勞而日著其拙矣。或曰：期，待也。位所以崇德，非期於爲驕。祿所以報功，非期於爲侈。亦通。居寵思危，罔不惟畏。弗畏入畏。居寵盛，則思危辱。當無所不致其祗畏。苟不知祗畏，則入于可畏之中矣。後之患失者，與思危相似。然思危者，以寵利爲憂。患失者，以寵利爲樂。所存大不同也。推賢讓能，庶官乃和。不和政厖。舉能其官，惟爾之能。稱匪其人，惟爾不任。賢，有德者也。能，有才者也。王氏曰：道二，義利而已。推賢讓能，所以爲義。大臣出於義，則莫不出於義，此庶官所以不爭而和。蔽賢害能，所以爲利，大臣出於利，則莫不出於利，此庶官所以爭而不和。庶官不和，則政必雜亂而不理矣。稱，亦舉也。所舉之人，能修其官，是亦爾之所能。舉非其人，是亦爾不勝任。古者大臣以人事君，其責如此。王曰：「嗚呼！三事暨大夫，敬爾有官，亂爾有政，以佑乃辟，永康兆民，萬邦惟無斁。」三事，即立政三事也。亂，治也。篇終歎息，上自三事，下至大夫，而申戒敕之也。其不及公孤者，公孤德尊位隆，非有待於戒敕也。

君陳君陳，臣名。唐孔氏曰：周公遷殷頑民於下都，周公親自監之。周公既殁，成王命君陳代周公，此其策命之詞。史録其書，以「君陳」名篇。今文無，古文有。

王若曰：「君陳，惟爾令德孝恭，惟孝友于兄弟，克施有政。命汝尹兹東郊，敬哉！言君陳有令德，事親孝，事上恭。惟其孝友於家，是以能施政於邦。孔子曰：「居家理，故治可移於官。」陳氏曰：天子之國，五十里爲近郊。自王城言之，則下都乃東郊之地。故君陳、畢命，皆指下都爲東郊。昔周公師保萬民，民懷其德。往慎乃司，兹率厥常，懋昭周公之訓，惟民其乂。周公之在東郊，有師之尊，有保之親，師教之，保安之，民懷其德。君陳之往，但當謹其所司，率循其常，勉明周公之舊訓，則民其治矣。蓋周公既殁，民方思慕周公之訓。君陳能發明而光大之，固其翕然聽順也。我聞曰：至治馨香，感于神明。黍稷非馨，明德惟馨。爾尚式時周公之猷訓，惟日孜孜，無敢逸豫。吕氏曰：成王既勉君陳昭周公之訓，復舉周公精微之訓以告之。「至治馨香」以下四語，所謂周公之訓也。既言此而揭之以「爾尚式時周公之猷訓」，則是四言爲周公之訓明矣。物之精華，固無二體。然形質止而氣臭升。止者有方，升者無間，則馨香者，精華之上達者也。至治之極，馨香發聞，感格神明，不疾而速。凡昭薦黍稷之苾芬，是豈黍稷之馨哉！所以苾芬者，實明德之馨也。至治舉其成，明德循其本，非有二馨香也。周公之訓，固爲精微，而舉以告君陳，尤當其可。自殷頑民言之，欲其感格，非可刑驅而勢迫。所謂洞達無間者，蓋當深省也。自周公法度言之，典章雖具，苟無前人之德，則索然萎薾，徒爲陳迹也。故勉之以用是猷訓，惟日孜孜，無敢逸豫焉。是訓也，至精至微，非日新不已，深致敬篤之功，孰能與於斯。凡人未見聖，若不克見。既見聖，亦不克由聖。爾其戒哉！爾惟風，下民惟草。未見聖，如不能得見。既見聖，亦不能由聖，人情皆然。君陳親見周公，故特申戒以此。君子之德風也，小人之德草也，草上之風必偃。君陳克由周公之訓，則商民亦由君陳之訓矣。圖厥政，莫或不艱。有廢有興，出入自爾師虞。庶言同則繹。師，衆。虞，度也。言圖謀其政，無小無大，莫或不致其難。有所當廢，有所當興，必出入反覆，與衆共虞度之。衆論既同，則又紬繹而深思之而後行也。蓋出入自爾師虞者，所以合乎人之同。庶言同則繹者，所以斷於己之獨。孟子曰：「國人皆曰賢，然後察之。國人皆曰可殺，然後察之。」庶言同則繹之謂也。爾有嘉謀嘉猷，則入告爾后于內。爾乃順之于外，曰斯謀斯猷，惟我后之德。嗚呼！臣人咸若時，惟良顯哉！」言切於事謂之謀，言合於道謂之猷。道與事非二也，各舉其甚者言之。良以德言，顯以名言。或曰：成王舉君陳前日已陳之善，而歎息以美之也。○葛氏曰：成王殆失斯言矣。欲其臣善則稱君，人臣之細行也。然君既有是心，至於有過，則將使誰執哉！禹聞善言則拜，湯改過不吝，端不爲此言矣。嗚呼！此其所以爲成王歟？王曰：「君陳，爾惟弘周公丕訓。無依勢作威，無倚法以削。寬而有制，從容以和。此篇言周公訓者三，曰懋昭，曰式時，至此則弘周公之丕訓，欲其益張而大之也。君陳何至依勢以爲威，倚法以侵削者。然勢，我所有也；法，我所用也；喜怒，予奪，毫髮不於人而於己，是私意也，非公理也，安能不作威以削乎！君陳之世，當寬和之時也。然寬不可一於寬，必寬而有其制。和不可一於和，必從容以和之。而後可以和厥中也。殷民在辟，予曰辟，爾惟勿辟。予曰宥，爾惟勿宥，惟厥中。上章成王慮君陳之徇己，此則慮君陳之徇君也。言殷民之在刑辟者，不可徇君以爲生殺，惟當審其輕重之中也。有弗若于汝政，弗化于汝訓，辟以止辟，乃辟。其有不順于汝之政，不化于汝之訓，刑之可也。然刑期無刑，而可以止刑者乃刑之，此終上章之辟。狃于姦宄，敗常亂俗，三細不宥。狃，習也。常，典常也。俗，風俗也。狃于姦宄，與夫毁敗典常，壞亂風俗，人犯此三者，雖小罪亦不可宥，以其所關者大也。此終上章之宥。爾無忿疾于頑，無求備于一夫。無忿疾，人之所未化；無求備，人之所不能。必有忍，其乃有濟。有容，德乃大。孔子曰：「小不忍，則亂大謀。」必有所忍，而後能有所濟。然此猶有堅制力蓄之意。若洪裕寬綽，恢恢乎有餘地者，斯乃德之大也。忍言事，容言德，各以深淺言也。簡厥修，亦簡其或不修。進厥良，以率其或不良。王氏曰：修，謂其職業。良，謂其行義。職業有修與不修，當簡而别之，則人勸功。進行義之良者，以率其不良，則人勵行。惟民生厚，因物有遷。違上所命，從厥攸好。爾克敬典在德，時乃罔不變，允升于大猷。惟予一人膺受多福，其爾之休，終有辭於永世。」言斯民之生，其性本厚。而所以澆薄者，以誘於習俗，而爲物所遷耳。然厚者既可遷而薄，則薄者豈不可反而厚乎？反其歸厚，特非聲音笑貌之所能爲爾。民之於上，固不從其令而從其好。大學言其所令反其所好，則民不從，亦此意也。敬典者，敬其君臣、父子、兄弟、夫婦、朋友之常道也。在德者，得其典常之道，而著之於身也。蓋知敬典而不知在德，則典與我猶二也。惟敬典而在德焉，則所敬之典，無非實有諸己。實之感人，捷於桴鼓。所以時乃罔不變，而信升于大猷也。如是，則君受其福，臣成其美，而有令名於永世矣！

顧命

顧，還視也。成王將崩，命羣臣立康王，史序其事爲篇。謂之「顧命」者，鄭玄云：回首曰顧，臨死回顧而發命也。今文、古文皆有。○呂氏曰：成王經三監之變，王室幾搖，故此正其終始特詳焉。顧命，成王所以正其終。康王之誥，康王所以正其始。

惟四月哉生魄，王不懌。始生魄，十六日。王有疾，故不悦懌。甲子，王乃洮頮水。相被冕服，憑玉几。王發大命臨羣臣，必齋戒沐浴。今疾病危殆，故但洮盥頮面，扶相者被袞冕，憑玉几以發命。乃同召太保奭、芮伯、彤伯、畢公、衛侯、毛公、師氏、虎臣、百尹、御事。同召六卿，下至御治事者。太保、芮伯、彤伯、畢公、衛侯、毛公，六卿也。冢宰第一，召公領之。司徒第二，芮伯爲之。宗伯第三，彤伯爲之。司馬第四，畢公領之。司寇第五，衛侯爲之。司空第六，毛公領之。太保、畢、毛，三公兼也。芮、彤、畢、衛、毛，皆國名，入爲天子公卿。師氏，大夫官。虎臣，虎賁氏。百尹，百官之長，及諸御治事者。平時則召六卿，使帥其屬。此則將發顧命，自六卿至御事，同以王命召也。王曰：「嗚呼！疾大漸，惟幾。病日臻，既彌留。恐不獲誓言嗣，茲予審訓命汝。此下成王之顧命也。自嘆其疾大進，惟危殆。病日至，既彌甚而留連，恐遂死，不得誓言以嗣續我志，此我所以詳審發訓命汝。統言曰疾，甚言曰病。昔君文王、武王宣重光，奠麗，陳教，則肄。肄不違，用克達殷，集大命。武猶文，謂之重光，猶舜如堯，謂之重華也。奠，定。麗，依也。言文武宣布重明之德，定民所依，陳列教條，則民習服。習而不違，天下化之。用能達於殷邦，而集大命於周也。在後之侗，敬迓天威。嗣守文武大訓，無敢昏逾。侗，愚也。成王自稱，言其敬迎上天威命而不敢少忽，嗣守文武大訓而無敢昏逾。天威，天命也。大訓，述天命者也。於天言天威，於文武言大訓，非有二也。今天降疾，殆，弗興弗悟。爾尚明時朕言，用敬保元子釗，弘濟于艱難。釗，康王名。成王言今天降疾我身，殆將必死，弗興弗悟。爾庶幾明是我言，用敬保元子釗，大濟于艱難。曰元子者，正其統也。柔遠能邇，安勸小大庶邦。懷來馴擾，安寧勸導，皆君道所當盡者。合遠邇小大而言，又以見君德所施，公平周溥，而不可有所偏滯也。思夫人自亂于威儀，爾無以釗冒，貢于非幾。亂，治也。威者，有威可畏。儀者，有儀可象。舉一身之則而言也。蓋人受天地之中以生，是以有動作威儀之則。成王思夫人之所以爲人者，自治於威儀耳。自治云者，正其身而不假於外求也。貢，進也。成王又言羣臣其無以元子而冒進於不善之幾也。蓋幾者，動之微，而善惡之所由分也。非幾，則發於不善而陷於惡矣。威儀，舉其著於外者而勉之也。非幾，舉其發於中者而戒之也。威儀之治，皆本一念一慮之微，可不謹乎！孔子所謂知幾，子思所謂慎獨，周子所謂幾善惡者，皆致意於是也。成王垂絶之言，而拳拳及此，其有得於周公者亦深矣。〇蘇氏曰：「死生之際，聖賢之所甚重也。成王將崩之一日，被冕服以見百官，出經遠保世之言，其不死於燕安婦人之手也明矣。其致刑措宜哉！」茲既受命還，出綴衣于庭。綴衣，幄帳也。羣臣既退，徹出幄帳於庭。喪大記云：「疾病，君徹懸，東首於北墉下。」是也。越翼日乙丑，王崩。於其明日，王崩。太保命仲桓、南宫毛，俾爰齊侯吕伋，以二干戈、虎賁百人，逆子釗於南門之外。延入翼室，恤宅宗。桓、毛，二臣名。伋，太公望子，爲天子虎賁氏。延，引也。翼室，路寢旁左右翼室也。太保以冢宰攝政，命桓、毛二臣，使齊侯吕伋以二干戈、虎賁百人，逆太子釗於路寢門外。引入路寢翼室，爲憂居宗主也。吕氏曰：發命者冢宰，傳命者兩朝臣，承命者勳戚顯諸侯，體統尊嚴，樞機周密，防危慮患之意深矣。入自端門，萬姓咸覩，與天下共之也。延入翼室，爲憂居之宗，示天下不可一日無統也。唐穆、敬、文、武以降，閹寺執國命，易主於宫掖，而外廷猶不聞。然後知周家之制，曲盡備豫。雖一條一節，亦不可廢也。丁卯，命作册度。命史爲册書法度。傳顧命於康王。越七日癸酉，伯相命士須材。伯相，召公也。召公以西伯爲相。須，取也。命士取材木以供喪用。狄設黼扆綴衣。狄，下士。祭統云：狄者，樂吏之賤者也。喪大記：「狄人設階。」蓋供喪役而典設張之事者也。黼扆，屏風畫爲斧文者。設黼扆幄帳，如成王生存之日也。牖間南嚮，敷重篾席，黼純，華玉仍几。此平時見羣臣、覲諸侯之坐也。敷設重席，所謂天子之席三重者也。篾席，桃竹枝席也。黼，白黑雜繒。純，緣也。華，彩色也。華玉以飾几。仍，因也。因生時所設也。周禮：吉事變几，凶事仍几。是也。西序東嚮，敷重底席，綴純，文貝仍几。此旦夕聽事之坐也。東西廂謂之序。底席，蒲席也。綴，雜彩。文貝，有文之貝，以飾几也。東序西嚮，敷重豐席，畫純，雕玉仍几。此養國老、饗羣臣之坐也。豐席，莞席也[二]。畫，彩色。雕，刻鏤也。西夾南嚮，敷重筍席，玄紛純，漆仍几。此親屬私燕之坐也。西廂夾室之前。筍席，竹席也。紛，雜也。以玄黑之色，雜爲之緣。漆，漆几也。牖間兩序西夾，其席有四，牖户之間謂之扆。天子負扆朝諸侯，則牖間南嚮之席，坐之正也。其三席各隨事以時設也。將傳先王顧命，知神之在此乎？在彼乎？故兼設平生之坐也。越玉五重，陳寶，赤刀、大訓、弘璧、琬琰，在西序；大玉、夷玉、天球、河圖，在東序。胤之舞衣、大貝、鼖鼓，在西房；兊之戈、和之弓、垂之竹矢，在東房。於東西序坐，北列玉五重，及陳先王所寶器物。赤刀，赤削也。大訓，三皇五帝之書，訓誥亦在焉。文武之訓，亦曰大訓。弘璧，大璧也。琬琰，圭名。夷，常也。球，鳴球也。河圖，伏羲時龍馬負圖出於河。一六位北，二七位南，三八位東，四九位西，五十居中者，易大傳所謂河出圖是也。胤，國名。胤國所制舞衣。大貝，如車渠。鼖鼓，長八尺。兊、和皆古之巧工。垂，舜時共工。舞衣，鼖鼓、戈、弓、竹矢，皆制作精巧中法度，故歷代傳寶之。孔氏曰：弘璧、琬琰、大玉、夷玉、天球，玉之五重也。吕氏曰：西序所陳，不惟赤刀、弘璧，而大訓參之。東序所陳，不惟大玉、夷玉，而河圖參之。則其所寶者，斷可識矣。愚謂寶玉器物之陳，非徒以爲國容觀美，意者成王平日之所觀閲，手澤在焉。陳之以象其生存也。楊氏中庸傳曰：宗器於祭陳之，示能守也。於顧命陳之，示能傳也。大輅在賓階面，綴輅在阼階面，先輅在左塾之前，次輅在右塾之前。大輅，玉輅也。綴輅，金輅也。先輅，木輅也。次輅，象輅、革輅也。王之五輅，玉輅以祀不以封，爲最貴。金輅以封同姓，爲次之。象輅以封異姓，爲又次之。革輅以封四衛，爲又次之。木輅以封蕃國，爲最賤。其行也，貴者宜自近，賤者宜遠也。王乘玉輅，綴之者金輅也。故金輅謂之綴輅。最遠者木輅也，故木輅謂之先輅。以木輅爲先輅，則革輅、象輅爲次輅矣。賓階，西階也。阼階，東階也。面，南嚮也。塾，門側堂也。五輅陳列，亦象成王之生存也。周禮典路云：「若有大祭祀則出路，大喪大賓客亦如之。」是大喪出輅爲常禮也。又按所陳寶玉器物，皆以西爲上者，成王殯在西序故也。二人雀弁，執惠，立于畢門之内。四人綦弁，執戈上刃，夾兩階阯。一人冕，執劉，立于東堂。一人冕，執鉞，立于西堂。一人冕，執戣，立于東垂。一人冕，執瞿，立于西垂。一人冕，執鋭，立于側階。弁，士服。雀弁，赤色弁也。綦弁，以文鹿子皮爲之。惠，三隅矛。路寢門，一名畢門。上刃，刃外嚮也。堂廉曰阯。冕，大夫服。劉，鉞屬。戣、瞿，皆戟屬。鋭，當作鈗。説文曰：「鈗，侍臣所執兵。從金允聲。」周書曰：「一人冕，執鈗。」讀若允。東西堂，路寢東西廂之前堂也。東西垂，路寢東西廂之階上也。側階，北陛之階上也。○呂氏曰：古者執戈戟以宿衛王宮，皆士大夫之職。無事而奉燕私，則從容養德，有膏澤之潤。有事而司禦侮，則堅明守義，而無腹心之虞。下及秦漢，陛楯執戟，尚餘一二。此制既廢，人主接士大夫者，僅有視朝數刻，而周廬陛楯，或環以椎埋嚚悍之徒。有志於復古者，當深繹也。王麻冕黼裳，由賓階隮。卿士邦君，麻冕蟻裳，入即位。麻冕，三十升麻爲冕也。

隮，升也。康王吉服，自西階升堂，以受先王之命，故由賓階也。蟻，玄色。公卿大夫及諸侯皆同服，亦廟中之禮。不言升階者，從王賓階也。入即位者，各就其位也。○吕氏曰：麻冕黼裳，王祭服也。卿士邦君祭服之裳皆纁。今蟻裳者，蓋無事於奠祝，不欲純用吉服。有位於班列，不可純用凶服。酌吉凶之間，示禮之變也。太保、太史、太宗，皆麻冕彤裳。太保承介圭，上宗奉同瑁，由阼階隮。太史秉書，由賓階隮，御王册命。太宗，宗伯也。彤，纁也。太保受遺，太史奉册，太宗相禮，故皆祭服也。介，大也。大圭，天子之守，長尺有二寸。同，爵名，祭以酌酒者。瑁，方四寸，邪刻之以冒諸侯之珪璧，以齊瑞信也。太保宗伯，以先王之命，奉符寶以傳嗣君，有主道焉，故升自阼階。太史以册命御王，故持書由賓階以升。蘇氏曰：凡王所臨所服用，皆曰御。曰：「皇后憑玉几，道揚末命，命汝嗣訓。臨君周邦，率循大卞，燮和天下，用答揚文武之光訓。」成王顧命之言，書之册矣，此太史口陳者也。皇，大。后，君也。言大君成王，力疾親憑玉几，道揚臨終之命，命汝嗣守文武大訓。曰汝者，父前子名之義。卞，法也。臨君周邦，位之大也。率循大卞，法之大也。燮和天下，和之大也。居大位、由大法、致大和，然後可以對揚文武之光訓也。王再拜，興，答曰：「眇眇予末小子，其能而亂四方，以敬忌天威？」眇，小。而，如。亂，治也。王拜受顧命，起答太史曰：「眇眇然予微末小子，其能如父祖治四方，以敬忌天威乎？」謙辭退託於不能也。顧命有敬迓天威，嗣守文武大訓之語，故太史所告，康王所答，皆於是致意焉。乃受同瑁，王三宿，三祭，三咤。上宗曰饗。王受瑁爲主。受同以祭。宿，進爵也。祭，祭酒也。咤，奠爵也。禮成於三，故三宿、三祭、三咤。葛氏曰：受上宗同瑁，則受太保介圭可知。宗伯曰饗者，傳神命以饗告也。太保受同，降盥，以異同，秉璋以酢。授宗人同，拜，王答拜。太保受王所咤之同，而下堂盥洗，更用他同。秉璋以酢。酢，報祭也。祭禮：君執圭瓚祼尸，太宗執璋瓚亞祼。報祭，亦亞祼之類。故亦秉璋也。以同授宗人而拜尸。王答拜者，代尸拜也。宗人，小宗伯之屬，相太保酢者也。太宗供王，故宗人供太保。太保受同，祭，嚌，宅。授宗人同，拜。王答拜。以酒至齒曰嚌。太保復受同以祭，飲福至齒。宅，居也。太保退居其所，以同授宗人，又拜。王復答拜。太保飲福至齒者，方在喪疚，歆神之賜而不甘其味也。若王則喪之主，非徒不甘味，雖飲福亦廢也。太保降，收。諸侯出廟門俟。太保下堂，有司收徹器用。廟門，路寢之門也。成王之殯在焉，故曰廟。言諸侯，則卿士以下可知。俟者，俟見新君也。

康王之誥今文、古文皆有。但今文合于顧命。

王出在應門之內。太保率西方諸侯，入應門左；畢公率東方諸侯，入應門右；皆布乘黃朱。賓稱奉圭兼幣，曰：「一二臣衛，敢執壤奠。」皆再拜稽首。王義嗣德，答拜。漢孔氏曰：王出畢門，立應門內。鄭氏曰[三]：周禮五門：一曰皋門，二曰雉門，三曰庫門，四曰應門，五曰路門。路門一曰畢門。外朝在路門外，則應門之內，蓋內朝所在也。周中分天下諸侯，主以二伯。自陝以東，周公主之；自陝以西，召公主之。召公率西方諸侯，蓋西伯舊職。畢公率東方諸侯，則繼周公爲東伯矣。諸侯入應門，列于左右。布，陳也。乘，四馬也。諸侯皆陳四黄馬，而朱其鬣，以爲廷實。或曰：黄朱，若篚厥玄黄之類。賓，諸侯也。稱，舉也。諸侯舉所奉圭兼幣。曰一二臣衛，一二，是非一也。爲王藩衛，故曰臣衛。敢執壤地所出奠贄，皆再拜首至地以致敬。義，宜也。義嗣德云者，史氏之辭也。康王宜嗣前人之德，故答拜也。吴氏曰：穆公使人吊公子重耳。重耳稽顙而不拜，穆公曰：「仁夫公子，稽顙而不拜，則未爲後也。」蓋爲後者拜。不拜，故未爲後也。吊者、含者、襚者，升堂致命，主孤拜稽顙，成爲後者也。康王之見諸侯，若以爲不當拜而不拜，則疑未爲後也，且純乎吉也。答拜既正其爲後，且知其以喪見也。太保暨芮伯咸進，相揖，皆再拜稽首，曰：「敢敬告天子，皇天改大邦殷之命，惟周文武誕受羑若，克恤西土。冢宰及司徒與羣臣皆進相揖定位，又皆再拜稽首，陳戒於王曰：敢敬告天子。示不敢輕告，且尊稱之，所以重其聽也。曰大邦殷者，明有天下不足恃也。羑若，未詳。蘇氏曰：羑，羑里也。文王出羑里之囚，天命自是始順。或曰：羑若，即下文之厥若也。羑、厥，或字有訛謬。西土，文武所興之地。言文武所以大受命者，以其能恤西土之衆也。進告不言諸侯，以內見外。惟新陟王，畢協賞罰，戡定厥功，用敷遺後人休。今王敬之哉！張皇六師，無壞我高祖寡命。」陟，升遐也。成王初崩，未葬未謚，故曰新陟王。畢，盡。協，合也。好惡在理不在我，故能盡合其賞之所當賞，罰之所當罰，而克定其功，用施及後人之休美。今王嗣位，其敬勉之哉！皇，大也。張皇六師，大戒戎備，無廢壞我文武艱難寡得之基命也。按召公此言，若導王以尚威武者。然守成之世，多溺宴安而無立志。苟不詰爾戎兵，奮揚武烈，則廢弛怠惰，而陵遲之漸見矣。成康之時，病正在是，故周公於立政，亦懇懇言之。後世墜先王之業，忘祖父之讎，上下苟安，甚至於口不言兵，亦異於召公之見矣。可勝歎哉！王若曰：「庶邦侯、甸、男、衛，惟予一人釗報誥。報誥而不及羣臣者，以外見内。康王在喪，故稱名。春秋嗣王在喪，亦書名也。昔君文武丕平富，不務咎，底至齊信，用昭明于天下。丕平富者，溥博均平。薄斂富民，言文武德之廣也。不務咎者，不務咎惡，輕省刑罰，言文武罰之謹也。底至者，推行而底其至也。齊信者，兼盡而極其誠也。文武務德不務罰之心，推行而底其至，兼盡而極其誠，内外充實，故光輝發越，用昭明于天下，蓋誠之至者不可揜也。則亦有熊羆之士，不二心之臣，保乂王家，用端命于上帝。皇天用訓厥道，付畀四方。而又有熊羆武勇之士，不二心忠實之臣，戮力同心，保乂王室，文武用受正命於天下。上天用順文武之道，而付之以天下之大也。乃命建侯樹屏，在我後之人。康王言此者，求助羣臣諸侯之意。今予一二伯父，尚胥暨顧綏爾先公之臣服于先王。雖爾身在外，乃心罔不在王室。用奉恤厥若，無遺鞠子羞。」天子稱同姓諸侯曰伯父。康王言文武所以命建侯邦，植立藩屏者，意蓋在我後之人也。今我一二伯父，庶幾相與顧綏爾祖考所以臣服于我先王之道，雖身守國在外，乃心當常在王室，用奉上之憂勤，其順承之，毋遺我稚子之恥也。羣公既皆聽命，相揖趨出。王釋冕，反喪服。始相揖者，揖而進也。此相揖者，揖而退也。蘇氏曰：成王崩未葬，君臣皆冕服，禮歟？曰：非禮也。謂之變禮，可乎？曰：不可。禮變於不得已。嫂非溺，終不援也。三年之喪既成服，釋之而即吉，無時而可者。曰：成王顧命，不可以不傳，既傳不可以喪服受也。曰：何爲其不可也？孔子曰：將冠子，未及期日而有齊衰，大功之喪，則因喪服而冠。冠，吉禮也。猶可以喪服行之。受顧命，見諸侯，獨不可以喪服乎？太保使太史奉册授王于次，諸侯入哭於路寢而見王於次，王喪服受教戒諫，哭踊答拜。聖人復起，不易斯言矣。春秋傳曰：鄭子皮如晉，葬晉平公，將以幣行。子産曰：「喪安用幣！」子皮固請以行。既葬，諸侯之大夫，欲因見新君。叔向辭之曰：「大夫之事畢矣，而又命孤，孤斬焉在衰絰之中。其以嘉服見，則喪禮未畢。其以喪服見，是重受弔也，大夫將若之何？」皆無辭以退。今康王既以嘉服見諸侯，而又受乘黄玉帛之幣。使周公在，必不爲此。然則孔子何取此書也？曰：「至矣！其父子、君臣之間，教戒深切著明，足以爲後世法。孔子何爲不取哉！然其失禮，則不可不辯。」

畢命 康王以成周之衆，命畢公保釐，此其册命也。今文無，古文有。○唐孔氏曰：漢律曆志云：康王畢命豐刑，曰：惟十有二年，六月庚午朏。王命作册書豐刑。此僞作者傳聞舊語，得其年月，不得以下之辭，妄言作豐刑耳。亦不知豐刑之言，何所道也。

惟十有二年，六月庚午朏，越三日壬申，王朝步自宗周，至于豐。以成周之衆，命畢公保釐東郊。康王之十二年也。畢公嘗相文王，故康王就豐文王廟命之。成周，下都也。保，安。釐，理也。保釐，即下文旌别淑慝之謂。蓋一代之治體，一篇之宗要也。王若曰：「嗚呼！父師，惟文王武王敷大德于天下，用克受殷命。畢公代周公爲太師也。文王武王布大德于天下，用能受殷之命，言得之之難也。惟周公左右先王，綏定厥家。毖殷頑民，遷于洛邑。密邇王室，式化厥訓。既歷三紀，世變風移，四方無虞，予一人以寧。十二年曰紀，父子曰世。周公左右文、武、成王，安定國家，謹毖頑民，遷于洛邑，密近王室，用化其教。既歷三紀，世已變而風始移。今四方無可虞度之事，而予一人以寧。言化之之難也。道有升降，政由俗革，不臧厥臧，民罔攸勸。有升有降，猶言有隆有污也。周公當世道方降之時，至君陳、畢公之世，則將升於大猷矣。爲政者因俗變革，故周公毖殷而謹厥始，君陳有容而和厥中，皆由俗爲政者。當今之政，旌別淑慝之時也，苟不善其善，則民無所勸慕矣。惟公懋德，克勤小物，弼亮四世，正色率下，罔不祗師言。嘉績多于先王，予小子垂拱仰成。」懋，盛大之義。予懋乃德之懋。小物，猶言細行也。言畢公既有盛德，又能勤於細行，輔導四世，風采凝峻，表儀朝著，若大若小，罔不祗服師訓，休嘉之績，蓋多於先王之時矣。今我小子復何爲哉！垂衣拱手以仰其成而已。康王將付畢公以保釐之寄，故叙其德業之盛，而歸美之也。王曰：「嗚呼！父師，今予祗命公以周公之事，往哉！今我敬命公以周公化訓頑民之事，公其往哉。言非周公所爲，不敢屈公以行也。旌別淑慝，表厥宅里，彰善癉惡，樹之風聲。弗率訓典，殊厥井疆，俾克畏慕。申畫郊圻，慎固封守，以康四海。淑，善。慝，惡。癉，病也。旌善別惡，成周今日由俗革之政也。表異善人之居里，如後世旌表門閭之類。顯其爲善者，而病其爲不善者，以樹立爲善者風聲，使顯於當時，而傳於後世，所謂旌淑也。其不率訓典者，則殊異其井里疆界，使不得與善者雜處。禮記曰：「不變，移之郊；不變，移之遂。」即其法也。使能畏爲惡之禍，而慕爲善之福，所謂別慝也。圻，與畿同。郊圻之制，昔固規畫矣。曰申云者，申明之也。封域之險，昔固有守矣。曰謹云者，戒嚴之也。疆域障塞，歲久則易湮，世平則易玩，時緝而屢省之，乃所以尊嚴王畿。王畿安，則四海安矣。政貴有恒，辭尚體要，不惟好異。商俗靡靡，利口惟賢。餘風未殄，公其念哉。對暫之謂恒，對常之謂異，趣完具而已之謂體〔四〕，衆體所會之謂要。政事純一，辭令簡實，深戒作聰明趨浮末好異之事。凡論治體者皆然。而在商洛，則尤爲對病之藥也。蘇氏曰：張釋之諫漢文帝：「秦任刀筆之吏，争以亟疾苛察相高。其弊徒文具，無惻隱之實，以故不聞其過。陵夷至於二世，天下土崩。今以嗇夫口辯而超遷之，臣恐天下隨風靡，争口辯，無其實。」凡釋之所論，則康王以告畢公者也。我聞曰：世禄之家，鮮克由禮。以蕩陵德，實悖天道。敝化奢麗，萬世同流。古人論世禄之家，逸樂豢養，其能由禮者鮮矣。既不由禮，則心無所制，肆其驕蕩，陵蔑有德，悖亂天道，敝壞風化，奢侈美麗，萬世同一流也。康王將言殷士怙侈滅義之惡，故先取古人論世族者發之。茲殷庶士，席寵惟舊。怙侈滅義，服美于人。驕淫矜侉，將由惡終。雖收放心，閑之惟艱。吕氏曰：殷士憑藉光寵，助發其私欲者，有自來矣。私欲公義，相爲消長，故怙侈必至滅義。義滅則無復羞惡之端，徒以服飾之美，侉之於人，而身之不美，則莫之恥也。流而不反，驕淫矜侉，百邪並見，將以惡終矣。洛邑之遷，式化厥訓，雖已收其放心，而其所以防閑其邪者，猶甚難也。資富能訓，惟以永年。惟德惟義，時乃大訓。不由古訓，于何其訓。言殷士不可不訓之也。資，資財也。資富而能訓，則心不遷於外物，而可全其性命之正也。然訓非外立教條也，惟德惟義而已。德者，心之理；義者，理之宜也。德義人所同有也。惟德義以爲訓，是乃天下之大訓。然訓非可以己私言也，當稽古以爲之説。蓋善無證，則民不從。不由古以爲訓，于何以爲訓乎！王曰：「嗚呼！父師，邦之安危，惟茲殷士。不剛不柔，厥德允修。是時四方無虞矣。蕞爾殷民，化訓三紀之餘，亦何足慮。

而康王拳拳以邦之安危,惟繫於此,其不苟於小成者如此。文、武、周公之澤其深長也宜哉!不剛所以保之,不柔所以釐之。不剛不柔,其德信乎其修矣。惟周公克慎厥始,惟君陳克和厥中,惟公克成厥終。三后協心,同厎于道。道洽政治,澤潤生民,四夷左衽,罔不咸賴,予小子永膺多福。殊厥井疆,非治之成也。使商民皆善,然後可謂之成。此曰成者,預期之也。三后所治者洛邑,而施及四夷。王畿,四方之本也。吴氏曰:道者,致治之道也。始之,中之,終之,雖時有先後,皆能即其行事,觀其用心,而有以濟之。若出於一時,若成於一人,謂人協心如此。公其惟時成周建無窮之基,亦有無窮之聞。子孫訓其成式惟乂。建,立。訓,順。式,法也。成周,指下都而言。吕氏曰:畢公四世元老,豈區區立後世名者。而勳德之隆,亦豈少此。康王所以望之者,蓋相期以無窮事業,乃尊敬之至也。嗚呼!罔曰弗克,惟既厥心。罔曰民寡,惟慎厥事。欽若先王成烈,以休于前政。」蘇氏曰:弗克者,畏其難而不敢爲者也。曰民寡者,易其事以爲不足爲者也。前政,周公、君陳也。

君牙

君牙,臣名。穆王命君牙爲大司徒,此其告命也。今文無,古文有。

王若曰:「嗚呼!君牙,惟乃祖乃父,世篤忠貞,服勞王家。厥有成績,紀于太常。王,穆王也。康王孫,昭王子。周禮司勳云:「凡有功者,銘書於王之太常。」司常云:「日月爲常。」畫日月於旌旗也。惟予小子,嗣守文、武、成、康遺緒。亦惟先王之臣,克左右亂四方。心之憂危,若蹈虎尾，涉于春冰。緒，統緒也。若蹈虎尾，畏其噬；若涉春冰，畏其陷。言憂危之至，以見求助之切也。今命爾予翼，作股肱心膂。纘乃舊服，無忝祖考。膂，脊也。舊服，忠貞服勞之事。忝，辱也。欲君牙以其祖考事先王者而事我也。弘敷五典，式和民則。爾身克正，罔敢弗正。民心罔中，惟爾之中。弘敷者，大而布之也。式和者，敬而和之也。則，有物有則之則。君臣之義，父子之仁，夫婦之別，長幼之序，朋友之信，是也。典，以設教言，故曰弘敷。則，以民彝言，故曰式和。此司徒之教也。然教之本，則在君牙之身。正也，中也，民則之體，而人之所同然也。正，以身言，欲其所處無邪行也。中，以心言，欲其所存無邪思也。孔子曰：「子率以正，孰敢不正。」周公曰：率自中。此告君牙以司徒之職也。夏暑雨，小民惟曰怨咨。冬祁寒，小民亦惟曰怨咨。厥惟艱哉。思其艱以圖其易，民乃寧。祁，大也。暑雨祁寒，小民怨咨，自傷其生之艱難也。厥惟艱哉者，嘆小民之誠爲艱難也。思念其難以圖其易，民乃安也。艱者，飢寒之艱。易者，衣食之易。司徒敷五典，擾兆民，兼教養之職。此又告君牙以養民之難也。嗚呼！丕顯哉，文王謨。丕承哉，武王烈。啓佑我後人，咸以正罔缺。爾惟敬明乃訓，用奉若于先王。對揚文武之光命，追配于前人。」丕，大。謨，謀。烈，功也。文顯於前，武承於後，曰謨曰烈，各指其實而言之。咸以正者，無一事不出於正。咸罔缺者，無一事不致其周密。若，順。對，答。配，匹也。前人，君牙祖父。王若曰：「君牙，乃惟由先正舊典時式，民之治亂在兹。率乃祖考之攸行，昭乃辟之有乂。」先正，君牙祖父也。君牙由祖父舊職而是法之。民之治亂，在此而已。法則治，否則亂也。循汝祖父之所行，而顯其君之有乂，復申戒其守家法以終之。按此篇專以君牙祖父爲言，曰纘舊服，曰由舊典，曰無忝，曰追配，曰由先正舊典，曰率祖考攸行，然則君牙之祖父，嘗任司徒之職，而其賢可知矣。惜載籍之無傳也。陳氏曰：康王時，芮伯爲司徒，君牙豈其後耶？

冏命

穆王命伯冏爲太僕正，此其誥命也。今文無，古文有。○呂氏曰：陪僕執御之臣，後世視爲賤品而不之擇者。曾不知人主朝夕與居，氣體移養，常必由之。潛消默奪於冥冥之中，而明爭顯諫於昭昭之際，抑末矣。自周公作立政，而歎綴衣、虎賁知恤者鮮。則君德之所繫，前此知之者亦罕矣。周公表而出之，其選始重。穆王之用大僕正，特作命書，至與大司徒略等，其知本哉！

王若曰：「伯冏，惟予弗克于德，嗣先人宅丕后。怵惕惟厲，中夜以興，思免厥愆。伯冏，臣名。穆王言我不能于德，繼前人居大君之位。恐懼危厲，中夜以興，思所以免其咎過。昔在文武，聰明齊聖，小大之臣，咸懷忠良。其侍御僕從，罔匪正人，以旦夕承弼厥辟。出入起居，罔有不欽。發號施令，罔有不臧。下民祗若，萬邦咸休。侍，給侍左右者。御，車御之官。僕從，太僕羣僕，凡從王者。承，承順之謂。弼，正救之謂。雖文武之君，聰明齊聖，小大之臣，咸懷忠良，固無待於侍御僕從之承弼者。然其左右奔走，皆得正人，則承順正救，亦豈小補哉！惟予一人無良，實賴左右前後有位之士，匡其不及，繩愆糾謬，格其非心，俾克紹先烈。無良，言其質之不善也。匡，輔助也。繩，直。糾，正也。非心，非僻之心也。先烈，文武也。今予命汝作大正，正于羣僕侍御之臣。懋乃后德，交修不逮。大正，大僕正也。周禮：大僕，下大夫也。羣僕，謂祭僕、隸僕、戎僕、齊僕之類。穆王欲伯冏正其羣僕侍御之臣，以勉進君德，而交修其所不及。或曰：周禮，下大夫不得爲正。漢孔氏以爲太御中大夫。蓋周禮大御最長，下又有羣僕，與此所謂正于羣僕者合。且與君同車，最爲親近也。慎簡乃僚，無以巧言令色，便辟側媚，其惟吉士。巧，好。令，善也。好其言，善其色，外飾而無質實者也。便者，順人之所欲。辟者，避人之所惡。側者，姦邪。媚者，諛悦，小人也。吉士，君子也。言當謹擇汝之僚佐，無任小人，而惟用君子也。又按此言謹簡乃僚，則成周之時，凡爲官長者，皆得自舉其屬，不特辟除府史胥徒而已。僕臣正，厥后克正。僕臣諛，厥后自聖。后德惟臣，不德惟臣。自聖，自以爲聖也。僕臣之賢否，繫君德之輕重如此。呂氏曰：自古小人之敗君德，爲昏爲虐，爲侈爲縱，曷其有極。至於自聖，猶若淺之爲害。穆王獨以是蔽之者，蓋小人之蠱其君，必使之虚美薰心，傲然自聖，則謂人莫己若，而欲予言莫之違，然後法家拂士日遠，而快意肆情之事，亦莫或齟齬其間。自聖之證既見，而百疾從之。昏虐侈縱，皆其枝葉而不足論也。爾無昵于憸人，充耳目之官，迪上以非先王之典。汝無比近小人，充我耳目之官，導君上以非先王之典。蓋穆王自量其執德未固，恐左右以異端進，而蕩其心也。非人其吉，惟貨其吉。若時，瘝厥官。惟爾大弗克祇厥辟，惟予汝辜。」戒其以貨賄任羣僕也。言不于其人之善，而惟以貨賄爲善。則是曠厥官。汝大不能敬其君，而我亦汝罪矣。王曰：「嗚呼！欽哉！永弼乃后于彝憲。」彝憲，常法也。呂氏曰：穆王卒章之命，望於伯冏者，深且長矣。此心不繼，造父爲御，周遊天下，將必有車轍馬跡，導其侈者，果出於僕御之間，抑不知伯冏猶在職乎否也？穆王豫知所戒，憂思深長，猶不免躬自蹈之。人心操舍之無常，可懼哉！

呂刑呂侯爲天子司寇。穆王命訓刑以詰四方，史録爲篇。今文、古文皆有。○按此篇專訓贖刑，蓋本舜典「金作贖刑」之語。今詳此書，實則不然。蓋舜典所謂贖者，官府學校之刑爾。若五刑，則固未嘗贖也。五刑之寬，惟處以流。鞭扑之寬，方許其贖。今穆王贖法，雖大辟亦與其贖免矣。漢張敞以討羌，兵食不繼，建爲入穀贖罪之法，初亦未嘗及夫殺人及盜之罪。而蕭望之等猶以爲如此，則富者得生，貧者獨死，恐開利路，以傷治化。曾謂唐虞之世，而有是贖法哉！穆王巡遊無度，財匱民勞，至其末年，無以爲計，乃爲此一切權宜之術，以斂民財。夫子録之，蓋亦示戒。然其一篇之書，哀矜惻怛，猶可以想見三代忠厚之遺意云爾。又按書傳引此多稱「甫刑」，史記作甫侯言於王作修刑辟，「呂」後爲「甫」歟？

惟呂命。王享國百年，耄荒，度作刑以詰四方。「惟呂命」，與「惟説命」語意同。先此以見訓刑爲呂侯之言也。耄，老而昏亂之稱〔五〕。荒，忽也。孟子曰：「從獸無厭謂之荒。」穆王享國百年，車輪馬跡，遍于天下。故史氏以「耄荒」二字發之，亦以見贖刑爲穆王耄荒所訓耳。蘇氏曰：荒，大也。大度作刑，猶禹曰「予荒度土功。」荒當屬下句亦通。然耄亦貶之之辭也。王曰：「若古有訓，蚩尤惟始作亂，延及于平民，罔不寇賊。鴟義姦宄，奪攘矯虔。言鴻荒之世，渾厚敦厖。蚩尤始開暴亂之端，驅扇薰炙，延及平民，無不爲寇爲賊。鴟義者，以鴟張跋扈爲義。矯虔者，矯詐虔劉也。苗民弗用靈，制以刑，惟作五虐之刑，曰法，殺戮無辜。爰始淫爲劓、刵、椓、黥，越茲麗刑，并制，罔差有辭。苗民承蚩尤之暴，不用善而制以刑。惟作五虐之刑，名之曰法，以殺戮無罪。於是始過爲劓鼻、刵耳、椓竅、黥面之法，於麗法者必刑之，并制無罪。不復以曲直之辭爲差別，皆刑之也。民興胥漸，泯泯棼棼，罔中于信，以覆詛盟。虐威庶戮，方告無辜于上。上帝監民，罔有馨香德，刑發聞惟腥。泯泯，昏也。棼棼，亂也。民相漸染，爲昏爲亂，無復誠信，相與反覆詛盟而已。虐政作威，衆被戮者，方各告無罪於天。天視苗民，無有馨香德，而刑戮發聞，莫非腥穢。呂氏曰：形於聲嗟，窮之反也。動於氣臭，惡之熟也。馨香，陽也。腥穢，陰也。故德爲馨香，而刑發腥穢也。皇帝哀矜庶戮之不辜，報虐以威。遏絶苗民，無世在下。皇帝，舜也。以書攷之，治苗民，命伯夷、禹、稷、皋陶，皆舜之事。報苗之虐，以我之威。絶，滅也。謂竄與分北之類。遏絶之，使無繼世在下國。乃命重、黎，絶地天通，罔有降格。羣后之逮在下，明明棐常，鰥寡無蓋。重，少昊之後。黎，高陽之後。重即義，黎即和也。呂氏曰：治世公道昭明，爲善得福，爲惡得禍，民曉然知其所由，則不求之渺茫冥昧之間。當三苗昏虐，民之得罪者，莫知其端，無所控訴，相與聽於神。祭非其鬼，天地人神之典，雜揉瀆亂，此妖誕之所以興，人心之所以不正也。在舜當務之急，莫先於正人心。首命重、黎，修明祀典，天子然後祭天地，諸侯然後祭山川，高卑上下，各有分限，絕地天之通，嚴幽明之分，焄蒿妖誕之說，舉皆屏息。羣后及在下之羣臣，皆精白一心，輔助常道，民卒善而得福，惡而得禍。雖鰥寡之微，亦無有蓋蔽而不得自伸者也。○按國語曰：少皞氏之衰，九黎亂德，民神雜揉，家爲巫史，民瀆齊盟，禍災荐臻，顓頊受之，乃命南正重司天以屬神，火正黎司地以屬民〔六〕，使無相侵瀆。其後三苗復九黎之德，堯復育重、黎之後不忘舊者，使復典之。皇帝清問下民，鰥寡有辭于苗。德威惟畏，德明惟明。清問，虚心而問也。有辭，聲苗之過也。苗以虐爲威，以察爲明。帝反其道，以德威，而天下無不畏；以德明，而天下無不明也。乃命三后，恤功于民。伯夷降典，折民惟刑。禹平水土，主名山川。稷降播種，農殖嘉穀。三后成功，惟殷于民。恤功，致憂民之功也。典，禮也。伯夷降天、地、人之三禮，以折民之邪妄。蘇氏曰：失禮則入刑，禮、刑一物也。伯夷降典以正民心，禹平水土以定民居，稷降播種以厚民生。三后成功，而致民之殷盛富庶也。吴氏曰：二典不載有兩刑官，蓋傳聞之謬也。愚意臯陶未爲刑官之時，豈伯夷實兼之歟？下文又言「伯夷播刑之迪」，不應如此謬誤。士制百姓于刑之中，以教祗德。命臯陶爲士，制百姓于刑辟之中，所以檢其心，而教以祗德也。○吴氏曰：臯陶不與三后之列，遂使後世以刑官爲輕。後漢楊賜拜廷尉，自以代非法家，言曰：「三后成功，惟殷于民，臯陶不與，蓋吝之也。」是後非獨人臣以刑官爲輕，人君亦以爲輕矣。觀舜之稱臯陶曰：「刑期于無刑，民協于中，時乃功。」又曰：「俾予從欲以治，四方風動，惟乃之休。」其所繫乃如此，是可輕哉？吕氏曰：吕刑一篇，以刑爲主，故歷叙本末，而歸之於皋陶之刑。勢不得與伯夷、禹、稷雜稱，言固有賓主也。穆穆在上，明明在下，灼于四方，罔不惟德之勤。故乃明于刑之中，率乂于民棐彝。穆穆者，和敬之容也。明明者，精白之容也。灼于四方者，穆穆明明，輝光發越而四達也。君臣之德，昭明如是，故民皆觀感動蕩，爲善而不能自已也。如是而猶有未化者，故士師明于刑之中，使無過不及之差，率乂于民，輔其常性，所謂刑罰之精華也。典獄，非訖于威，惟訖于富。敬忌，罔有擇言在身。惟克天德，自作元命，配享在下。」訖，盡也。威，權勢也。富，賄賂也。當時典獄之官，非惟得盡法於權勢之家，亦惟得盡法於賄賂之人。言不爲威屈，不爲利誘也。敬忌之至，無有擇言在身。大公至正，純乎天德，無毫髮不可舉以示人者。天德在我，則大命自我作，而配享在下矣。在下者，對天之辭。蓋推典獄用刑之極功，而至於與天爲一者如此。王曰：「嗟！四方司政典獄，非爾惟作天牧？今爾何監，非時伯夷播刑之迪。其今爾何懲，惟時苗民匪察于獄之麗，罔擇吉人，觀于五刑之中。惟時庶威奪貨，斷制五刑，以亂無辜。上帝不蠲，降咎于苗，苗民無辭于罰，乃絶厥世。」司政典獄，漢孔氏曰：諸侯也。爲諸侯主刑獄而言，非爾諸侯爲天牧養斯民乎？爲天牧民，則今爾何所監懲，所當監者，非伯夷乎？所當懲者，非有苗乎？伯夷布刑以啓迪斯民，捨皋陶而言伯夷者，探本之論也。麗，附也。苗民之察於獄辭之所麗，又不擇吉人，俾觀于五刑之中。惟是貴者以威亂政，富者以貨奪法。斷制五刑，亂虐無罪。上帝不蠲貨而降罰于苗，苗民無所辭其罰，而遂殄滅之也。王曰：「嗚呼！念之哉！伯父、伯兄、仲叔、季弟、幼子、童孫，皆聽朕言，庶有格命。今爾罔不由慰日勤，爾罔或戒不勤。天齊于民，俾我一日。非終惟終，在人。爾尚敬逆天命，以奉我一人。雖畏勿畏，雖休勿休，惟敬五刑，以成三德。一人有慶，兆民賴之，其寧惟永。」此告同姓諸侯也。格，至也。參錯訊鞫，極天下之勞者莫若獄。苟有毫髮怠心，則民有不得其死者矣。罔不由慰曰勤者，爾所用以自慰者，無不以日勤，故職舉而刑當也。爾罔或戒不勤者，刑罰之用，一成而不可變者也。苟頃刻之不勤，則刑罰失中，雖深戒之，而已施者亦無及矣。戒固善心也，而用刑豈可以或戒也哉！且刑獄非所恃以爲治也。天以是整齊亂民，使我爲一日之用而已。非終，即康誥「大罪非終」之謂，言過之當宥者。惟終，即康誥「小罪惟終」之謂，言故之當辟者。非終、惟終，皆非我得輕重，惟在夫人所犯耳。爾當敬逆天命，以承我一人。畏，威，古通用。威，辟之也。休，宥之也。我雖以爲辟，爾惟勿辟。我雖以爲宥，爾惟勿宥。惟敬乎五刑之用，以成剛柔正直之德。則君慶於上，民賴於下，而安寧之福，其永久而不替矣！

王曰：「吁！來，有邦有土，告爾祥刑。在今爾安百姓，何擇非人，何敬非刑，何度非及。有民社者皆在所告也。夫刑，凶器也。而謂之祥者，刑期無刑，民協于中，其祥莫大焉。及，逮也。漢世詔獄所逮，有至數萬人者，審度其所當逮者，而後可逮之也。曰何曰非，問答以發其意，以明三者之決不可不盡心也。兩造具備，師聽五辭。五辭簡孚，正于五刑。五刑不簡，正于五罰。五罰不服，正于五過。兩造者，兩争者，皆至也。周官以兩造聽民訟。具備者，詞證皆在也。師，衆也。五辭，麗於五刑之辭也。簡，核其實也。孚，無可疑也。正，質也。五辭簡核而可信，乃質于五刑也。不簡者，辭與刑參差不應，刑之疑者也。罰，贖也。疑於刑，則質于罰也。不服者，辭與罰又不應也，罰之疑者也。過，誤也。疑於罰，則質于過而宥免之也。五過之疵，惟官，惟反，惟內，惟貨，惟來。其罪惟均，其審克之。疵，病也。官，威勢也。反，報德怨也。內，女謁也。貨，賄賂也。來，干請也。惟此五者之病以出入人罪，則以人之所犯坐之也。審克者，察之詳而盡其能也。下文屢言以見其丁寧忠厚之至，疵於刑罰亦然。但言於五過者，舉輕以見重也。五刑之疑有赦，五罰之疑有赦，其審克之。簡孚有衆，惟貌有稽。無簡不聽，具嚴天威。刑疑有赦，正于五罰也。罰疑有赦，正于五過也。簡核情實可信者衆，亦惟考察其容貌，周禮所謂「色聽」是也。然聽獄以簡核爲本，苟無情實，在所不聽。上帝臨汝，不敢有毫髮之不盡也。墨辟疑赦，其罰百鍰，閱實其罪。劓辟疑赦，其罰惟倍，閱實其罪。剕辟疑赦，其罰倍差，閱實其罪。宮辟疑赦，其罰六百鍰，閱實其罪。大辟疑赦，其罰千鍰，閱實其罪。墨罰之屬千，劓罰之屬千，剕罰之屬五百，宮罰之屬三百，大辟之罰其屬二百，五刑之屬三千。上下比罪，無僭亂辭，勿用不行。惟察惟法，其審克之。墨，刻顙而涅之也。劓，割鼻也。剕，刖足也。宮，淫刑也。男子割勢，婦人幽閉。大辟，死刑也。六兩曰鍰。閱，視也。倍，二百鍰也。倍差，倍而又差，五百鍰也。屬，類也。三千，總計之也。周禮司刑所掌五刑之屬二千五百。刑雖增舊，然輕罪比舊爲多，而重罪比舊爲減也。比，附也。罪無正律，則以上下刑而比附其罪也。無僭亂辭，勿用不行，未詳。或曰：亂辭，辭之不可聽者。不行，舊有是法而今不行者。戒其無差誤於僭亂之辭，勿用今所不行之法，惟詳明法意而審克之也。○今按皋陶所謂罪疑惟輕者，降一等而罪之耳。今五刑疑赦，而直罰之以金。是大辟、宫、剕、劓、墨皆不復降等用矣。蘇氏謂五刑疑則入罰不降〔七〕，當因古制，非也。舜之贖刑，官府學校鞭扑之刑爾。夫刑莫輕於鞭扑。入於鞭扑之刑，而又情法猶有可議者，則是無法以治之，故使之贖，特不欲遽釋之也。而穆王之所謂贖，雖大辟亦贖也。舜豈有是制哉！詳見篇題。上刑適輕下服，下刑適重上服，輕重諸罰有權。刑罰世輕世重，惟齊非齊，有倫有要。事在上刑，而情適輕，則服下刑。舜之宥過無大，康誥所謂大罪非終者，是也。事在下刑，而情適重，則服上刑。舜之刑故無小，康誥所謂小罪非眚者，是也。若謂罰之輕重，亦皆有權焉。權者，進退推移，以求其輕重之宜也。刑罰世輕世重者，周官刑新國用輕典，刑亂國用重典，刑平國用中典，隨世而爲輕重者也。輕重諸罰有權者，權一人之輕重也。刑罰世輕世重者，權一世之輕重也。惟齊非齊者，法之權也。有倫有要者，法之經也。言刑罰雖惟權變是適，而齊之以不齊焉。至其倫要所在，蓋有截然而不可紊者矣。此兩句總結上意。罰懲非死，人極于病。非佞折獄，惟良折獄，罔非在中。察辭于差，非從惟從，哀敬折獄。明啓刑書胥占，咸庶中正。其刑其罰，其審克之。獄成而孚，輸而孚，其刑上備，有并兩刑。」罰以懲過，雖非致人於死，然民重出贖，亦甚病矣。佞，口才也。非口才辯給之人，可以折獄。惟温良長者，視民如傷者，能折獄而無不在中也。此言聽獄者，當擇其人也。察辭于差者，辭非情實，終必有差。聽獄之要，必於其差而察之。非從惟從者，察辭不可偏主，猶曰不然而然，所以審輕重而取中也。哀敬折獄者，惻怛敬畏以求其情也。明啓刑書胥占者，言詳明法律，而與衆占度也。咸庶中正者，皆庶幾其無過忒也。於是刑之罰之，又當審克之也。此言聽獄者，當盡其心也。若是，則獄成於下，而己信之；獄輸於上，而君信之。其刑上備，有并兩刑者，言上其斷獄之書當備情節，一人而犯兩事，罪雖從重，亦并兩刑而上之也。此言讞獄者當備其辭也。

王曰：「嗚呼！敬之哉！官伯族姓，朕言多懼，朕敬于刑，有德惟刑。今天相民，作配在下。明清于單辭，民之亂，罔不中聽獄之兩辭，無或私家于獄之兩辭。獄貨非寶，惟府辜功，報以庶尤，永畏惟罰。非天不中，惟人在命。天罰不極，庶民罔有令政在于天下。」此總告之也。官，典獄之官也。伯，諸侯也。族，同族。姓，異姓也。朕之於刑，言且多懼，況用之乎？朕敬于刑者，畏之至也。有德惟刑，厚之至也。今天以刑相佑斯民〔八〕，汝實任責，作配在下，可也。明清以下，敬刑之事也。獄辭有單有兩，單辭者，無證之辭也，聽之爲尤難。明者，無一毫之蔽。清者，無一點之污。曰明曰清，誠敬篤至，表裏洞徹，無少私曲，然後能察其情也。亂，治也。獄貨，鬻獄而得貨也。府，聚也。辜功，猶云罪狀也。報以庶尤者，降之百殃也。非天不中惟人在命者，非天不以中道待人，惟人自取其殃禍之命爾。此章文有未詳者，姑闕之。

王曰：「嗚呼！嗣孫，今往何監？非德于民之中，尚明聽之哉！哲人惟刑，無疆之辭，屬于五極，咸中有慶。受王嘉師，監于茲祥刑。」此詔來世也。嗣孫，嗣世子孫也。言今往何所監視，非用刑成德，而能全民所受之中者乎？下文哲人，即所當監者。五極，五刑也。明哲之人，用刑而有無窮之譽。蓋由五刑咸得其中，所以有慶也。嘉，善。師，衆也。諸侯受天子良民善衆，當監視于此祥刑，申言以結之也。

文侯之命

幽王爲犬戎所殺，晉文侯與鄭武公迎太子宜臼立之，是爲平王，遷於東都。平王以文侯爲方伯，賜以秬鬯弓矢，作策書命之，史録爲篇。今文、古文皆有。

王若曰：「父義和，丕顯文武，克慎明德，昭升于上，敷聞在下。惟時上帝，集厥命于文王。亦惟先正，克左右昭事厥辟，越小大謀猷，罔不率從，肆先祖懷在位。同姓故稱父。文侯名仇，義和其字。不名者，尊之也。丕顯者，言其德之所成。克慎者，言其德之所脩。昭升敷聞，言其德之所至也。文武之德如此，故上帝集厥命於文王，亦惟爾祖父能左右昭事其君，於小大謀猷，無敢背違，故先王得安在位。嗚呼！閔予小子，嗣造天丕愆，殄資澤于下民。侵戎我國家純。即我御事，罔或耆壽，俊在厥服，予則罔克。曰：『惟祖惟父，其伊恤朕躬。』嗚呼！有績予一人，永綏在位。歎而自痛傷也。閔，憐也。嗣造天丕愆者，嗣位之初，爲天所大譴，父死國敗也。殄，絶。純，大也。絶其資用惠澤於下民，本既先撥，故戎狄侵陵，爲我國家之害甚大。今我御事之臣，無有老成俊傑在厥官者，而我小子又材劣無能，其何以濟難。又言諸侯在我祖父之列者，其誰能恤我乎？又歎息言有能致功予一人，則可永安厥位矣。蓋悲國之無人，無有如上文先正之昭事，而先王得安在位也。父義和，汝克昭乃顯祖，汝肇刑文武，用會紹乃辟，追孝于前文人。汝多修扞我于艱，若汝予嘉。」顯祖、文人，皆謂唐叔，即上文先正「昭事厥辟」者也。後「罔或耆壽俊在厥服」，則刑文武之道絶矣。今刑文武自文侯始，故曰「肇刑文武」。會者，合之而使不離。紹者，繼之而使不絶。前文人，猶云前寧人。汝多所修完扞衛我于艱難，若汝之功，我所嘉美也。王曰：「父義和，其歸視爾師，寧爾邦。用賚爾秬鬯一卣；彤弓一，彤矢百；盧弓一，盧矢百；馬四匹。父往哉！柔遠能邇，惠康小民，無荒寧。簡恤爾都，用成爾顯德。」師，衆也。黑黍曰秬，釀以鬯草。卣，中尊也。諸侯受錫命，當告其始祖，故賜鬯也。彤，赤。盧，黑也。諸侯有大功，賜弓矢，然後得專征伐。馬供武用，四匹曰乘。侯伯之賜無常，以功大小爲度也。簡者，簡閱其士。恤者，惠恤其民。都者，國之都鄙也。○蘇氏曰：予讀文侯篇，知東周之不復興也。宗周傾覆，禍敗極矣。平王宜若衛文公、越勾踐然。今其書乃旋旋焉與平康之世無異。春秋傳曰：厲王之禍，「諸侯釋位，以間王政。宣王有志，而後効官」。讀文侯之命，知平王之無志也。愚按史記：幽王娶於申而生太子宜臼。後幽王嬖褒姒，廢申后，去太子。申侯怒，與繒西夷犬戎，攻王而殺之。諸侯即申侯而立故太子宜臼，是爲平王。平王以申侯立己爲有德，而忘其弑父爲當誅。方將以復讎討賊之衆，而爲戍申戍許之舉。其忘親背義，得罪於天已甚矣。何怪其委靡頽墮，而不自振也哉！然則是命也，孔子以其猶能言文武之舊而存之歟，抑亦以示戒於天下後世而存之歟。

費誓

費，地名。淮夷、徐戎並起爲寇，魯侯征之，於費誓衆，故以「費誓」名篇。今文、古文皆有。○呂氏曰：伯禽撫封於魯，夷戎妄意其未更事，且乘其新造之隙，而伯禽應之者，甚整暇有序。先治戎備，次之以除道路，又次之以嚴部伍，又次之以立期會。先後之序，皆不可紊。又按費誓、秦誓皆侯國之事，而繫於帝王書末者，猶詩之録商頌、魯頌也。

公曰：「嗟！人無譁，聽命。徂茲淮夷、徐戎並興。漢孔氏曰：徐戎、淮夷並起寇魯，伯禽爲方伯，帥諸侯之師以征，歎而敕之，使無喧譁，欲其静聽誓命。蘇氏曰：淮夷叛已久矣，及伯禽就國，又脅徐戎並起，故曰「徂茲淮夷、徐戎並興」。徂茲者，猶曰往者云。善敹乃甲胄，敿乃干，無敢不弔。備乃弓矢，鍛乃戈矛，礪乃鋒刃，無敢不善。敹，縫完也。縫完其甲胄，勿使斷毁。敿，鄭氏云：猶繫也。王肅云：敿楯，當有紛繫持之。弔，精至也。鍛，淬。礪，磨也。甲胄所以衛身，弓矢戈矛所以克敵，先自衛而後攻人，亦其序也。今惟淫舍牿牛馬，杜乃擭，敜乃穽，無敢傷牿。牿之傷，汝則有常刑。淫，大也。牿，閑牧也。擭，機檻也。敜，塞也。師既出，牛馬所舍之閑牧，大布於野，當窒塞其擭穽。一或不謹，而傷閑牧之牛馬，則有常刑，此令軍在所之居民也。舉此例之，凡川梁藪澤，險阻屏翳，有害於師屯者皆在矣。此除道路之事。馬牛其風，臣妾逋逃，勿敢越逐，祗復之，我商賚汝。乃越逐不復，汝則有常刑。無敢寇攘，踰垣墻，竊馬牛，誘臣妾，汝則有常刑。

役人賤者，男曰臣，女曰妾。馬牛風逸，臣妾逋亡，不得越軍壘而逐之。失主雖不得逐，而人得風馬牛，逃臣妾者，又當敬還之，我商度多寡以賞汝。如或越逐而失伍，不復而攘取，皆有常刑。有故竊奪，踰垣墻，竊人牛馬，誘人臣妾者，亦有常刑。此嚴部伍之事。甲戌，我惟征徐戎。峙乃糗糧，無敢不逮，汝則有大刑。魯人三郊三遂，峙乃楨榦。甲戌，我惟築，無敢不供，汝則有無餘刑非殺。魯人三郊三遂，峙乃芻茭，無敢不多。汝則有大刑。」甲戌，用兵之期也。峙，儲備也。糗糧，食也。不逮，若今之乏軍興。淮夷、徐戎並起，今所攻獨徐戎者，蓋量敵之堅瑕緩急而攻之也。國外曰郊，郊外曰遂。天子六軍，則六鄉六遂。大國三軍，故魯三郊三遂也。楨榦，板築之木。題曰楨，墻端之木也。旁曰榦，墻兩邊障土者也。以是曰征，是曰築者，彼方禦我之攻，勢不得擾我之築也。無餘刑非殺者，刑之非一，但不至于殺爾。芻茭，供軍牛馬之用。軍以期會芻糧爲急，故皆服大刑。楨榦芻茭，獨言魯人者，地近而致使也。

秦誓

左傳：杞子自鄭使告于秦曰：「鄭人使我掌其北門之管，若潛師以來，國可得也。」穆公訪諸蹇叔，蹇叔曰：「不可。」公辭焉，使孟明、西乞、白乙伐鄭。晉襄公帥師敗秦師于殽，囚其三帥。穆公悔過，誓告羣臣，史録爲篇。今文、古文皆有。

公曰：「嗟！我士，聽無譁。予誓告汝羣言之首。首之爲言，第一義也。將舉古人之言，故先發此。古人有言曰：『民訖自若是多盤，責人斯無難。惟受責俾如流，是惟艱哉。』訖，盡。盤，安也。凡人盡自若是多安於徇己，其責人無難。惟受責於人，俾如流水，略無扞格，是惟難哉。穆公悔前日安於自徇，而不聽蹇叔之言，深有味乎古人之語，故舉爲誓言之首也。我心之憂，日月逾邁，若弗云來。已然之過不可追，未遷之善猶可及。憂歲月之誓，若無復有來日也。惟古之謀人，則曰未就予忌。惟今之謀人，姑將以爲親。雖則云然，尚猷詢茲黄髮，則罔所愆。忌，疾。姑，且也。古之謀人，老成之士也。今之謀人，新進之士也。非不知其爲老成，以其不就己而忌疾之。非不知其新進，姑樂其順便而親信之。前日之過，雖已云然。然尚謀詢茲黄髮之人，則庶罔有所愆。蓋悔其既往之失，而冀其將來之善也。番番良士，旅力既愆，我尚有之。仡仡勇夫，射御不違，我尚不欲。惟截截善諞言，俾君子易辭，我皇多有之。番番，老貌。仡仡，勇貌。截截，辯給貌。諞，巧也。皇，遑通。旅力既愆之良士，前日所詆墓木既拱者，我猶庶幾得而有之。射御不違之勇夫，前日所誇過門超乘者，我庶幾不欲用之。勇夫我尚不欲，則辯給善巧言，能使君子變易其辭說者，我遑暇多有之哉！良士，謂蹇叔。勇夫，謂三帥。諞言，謂杞子。先儒皆謂穆公悔用孟明，詳其誓意，蓋深悔用杞子之言也。昧昧我思之，如有一介臣，斷斷猗無他技，其心休休焉，其如有容。人之有技，若己有之；人之彦聖，其心好之，不啻如自其口出。是能容之，以保我子孫黎民，亦職有利哉！昧昧而思者，深潛而靜思也。介，獨也。大學作「箇」。斷斷，誠一之貌。猗，語辭，大學作「兮」。休休，易直好善之意。容，有所受也。彥，美士也。聖，通明也。技，才。聖，德也。心之所好，甚於口之所言也。職，主也。人之有技，冒疾以惡之。人之彥聖，而違之俾不達。是不能容，以不能保我子孫黎民，亦曰殆哉！冒，大學作「媢」，忌也。違，背違之也。達，窮達之達。殆，危也。蘇氏曰：至哉穆公之論此二人也。前一人似房玄齡，後一人似李林甫。後之人主，監此足矣。邦之杌隉，曰由一人。邦之榮懷，亦尚一人之慶。」杌隉，不安也。懷，安也。言國之危殆，繫於所任一人之非。國之榮安，繫於所任一人之是。申繳上二章意。

校勘記

〔一〕功以智崇　「智」，明內府本、明官刻本、清傳經堂本作「志」。

〔二〕莞席也　「莞」，明內府本、明官刻本、清傳經堂本作「筍」。

〔三〕鄭氏曰　「曰」字原脫，據元刻本、明內府本、明官刻本、清傳經堂本補。

〔四〕趣完具而已之謂體　「趣」原作墨釘，「而」原作「於」，據元刻本、明內府本、明官刻本、清傳經堂本補改。

〔五〕老而昏亂之稱　「而」字原脫，據明內府本、明官刻本、清傳經堂本補。

〔六〕火正黎司地以屬民　「火」，明内府本、清傳經堂本作「北」。

〔七〕蘇氏謂五刑疑則入罰不降　「則」，明内府本、明官刻本、清傳經堂本作「各」。

〔八〕今天以刑相佑斯民　「佑」，明内府本、明官刻本、清傳經堂本作「治」。

附録一

進書集傳表

〔宋〕蔡　抗

臣抗言：惟精惟一以執中，蓋三聖傳心之法；無黨無偏而建極，乃百王立治之經。念先臣親繹於師承，而遺帙粗明乎宗旨，恭逢叡聖，敢效涓埃。臣抗惶懼惶懼，頓首頓首。臣竊攷典、謨、訓、誥、誓、命之文，無非載道。及更劉、班、賈、馬、鄭、服之手，浸以失真。二孔注疏之雖存，諸家箋釋之愈衆。黨同伐異，已乖平平蕩蕩之風；厭常喜新，又失渾渾灝灝之旨。訛以相襲，雜而不純。暨皇圖赤伏之中興，有大儒朱熹之特出。經皆爲之訓傳，義理洞明，書尤切於討論，工夫未逮。謂先臣沉從游最久，見道已深，俾加探索之功，以遂發揮之志。微辭奧指，既得於講貫之餘，大要宏綱，盡授以述作之意。往復之緘具在，删潤之墨如新。半生殫採摭之勞，六卷著研覃之思。帝王之制，坦然明白；聖賢之言，炳若丹青。使登徹九重，亦緝熙之一助。兹者恭遇皇帝陛下，智由天錫，德與日新，任賢勿貳，去邪勿疑。既從民情而罔咈，保邦未危，制治未亂；益思君道之克艱，雖聰明之憲天，猶終始而念學。臣誤蒙拔擢，獲玷班行。自惟章句之徒，莫效絲豪之報。抱父書而永歎，望宸闕以冒塵。儻獲清間乙覽之俯臨，豈但疇昔辛勤之不朽。置之座右，常聞無怠無荒之規；冒于海隅，咸仰克寬克仁之治。臣無任。瞻天望聖，激切屏營之至。所有先臣沉書集傳六卷，小序一卷，朱熹問答一卷，繕寫成十二册，用黄羅裝褙複封謹隨表上進以聞。臣抗惶懼惶懼，頓首頓首，謹言。

淳祐七年八月日奉議郎祕書自著作佐郎兼權侍右郎官兼樞密院編修官兼諸王宮大小學教授臣蔡抗上表

淳祐丁未八月二十六日臣抗面對延和殿所得聖語

〔宋〕蔡　抗

臣抗奏二劄，節次蒙聖諭。臣奏畢，又蒙玉音宣問。臣前此繳進奏劄，臣再一一奏畢，遂奏臣犬馬之情，切於愛主，久懷耿耿，無自指陳，兹侍清光，盡攄蘊抱，臣退歸山林，死無悔恨。玉音忽云：卿前日所進尚書解朕常看，其間甚好，是卿之父？臣奏：臣先臣沈辛勤三十年，著成此書。今遭遇陛下，賜之乙覽，九原知幸，千載光榮。玉音云：正是從朱熹學？臣奏：先臣此書，皆是朱熹之意。朱熹晚年訓傳諸經略備，獨書未有訓解。以先臣從游最久，遂授以大意，令具藁而自訂正之。今朱熹删改親筆，一一具存。玉音云：曾刊行？臣奏：坊中板行已久，蜀中亦曾板行。今家有其書，掠取先臣之緒餘以獻者，亦皆竊陛下官爵。獨先臣此書未得上徹聖覽，臣所以冒昧繳進。玉音云：昨已特付下尚書省議褒謚矣。臣奏：臣先臣此書惟以未得徹聖覽爲恨。今既得徹聖覽，此外臣何敢他有覬望。惟先臣此書上蒙聖恩褒借，臣不勝受恩感激。容臣下殿謝恩。遂退。

後省看詳

〔宋〕趙汝騰

中書後省准都省送到侍右郎官蔡抗奏繳進朱熹訂正先臣沈書集傳并書序、問答一十二册，送後省看詳。申今看詳，蔡君沈書解得於朱文公之指授，義理周浹，事證精切，多諸儒之所未講。其言聖賢傳心之法，帝王經世之具，天人會通之際，政治沿革之原，世變升降，民心離合，莫不得其指要，真足以垂世傳遠。其書宜藏之祕閣，以竢聖天子緝熙正學之須。謹按沈，西山先生季通子也。西山爲文公畏友，文公門人多從其學。沈不墜其先之傳，多有著述，而於討索涵泳之中，又能真知實踐，允謂醇儒。生雖不得仕，而學者敬慕之。真西山文忠公嘗銘其墓，三致意其人。昔邵先生康節歿於布衣而死得謚，今沈亦宜得謚。近年得謚者，其家多有所希冀，或自陳乞。沈之子孫於此，深有所不願也。聖朝何惜不畀沈以謚，而勸著書明理之儒哉！敬看詳以聞。右件元奏批頭，併書序、問答、集傳共壹拾貳册，隨狀見到，繳申尚書省。

淳祐八年二月　日朝請郎權尚書吏部侍郎兼權中書舍人兼同修國史實録院同修撰兼侍講趙汝騰狀

書傳問答

〔宋〕蔡抗集

贈太師徽國公朱熹與先臣沈手帖

比想冬寒，感時追慕，孝履支持。熹年來病勢交攻，困悴日甚，要是根本已衰，不復能與病爲敵。看此氣象，豈是久於人世者。諸書且隨分如此整頓一番，禮書大段未了，最是書説，未有分付處。因思向日喻及尚書文義通貫猶是第二義，直須見得二帝三王之心，而通其所可通，毋强通其所難通。即此數語，便已參到七八分。千萬便撥置此來，議定綱領，早與下手爲佳。諸説此間亦有之，但蘇氏傷於簡，林氏傷於繁，王氏傷於鑿，吕氏傷於巧。然其間儘有好處：如制度之屬，秖以疏文爲本。若其間有未穩處，更與挑剔，令分明耳。餘干人未遣，更欲付一書也。熹頓首　仲默賢契友。

又

承書知服藥有效，深以爲喜。熊生他處，用藥未聞如此，或是自有緣法相契也。星筮之説，俟更詳看。但云「天繞地左旋，一日一周」，此句下恐欠一兩字。説地處，却似亦説得有病。蓋天繞地一周了更過一度。日之繞地，比天雖退，然却一日只一周而無餘也。岐、梁恐須並存衆説，而以晁氏爲斷。但梁山證據不甚明白耳。禹貢有程尚書説，册大難送，俟到此可見。稍暇能早下來爲佳。熹頓首　仲默賢契友。

又

示喻書説數條皆是。但康誥「外事」與「肆汝小子封」等處，自不可曉，只合闕疑。熹嘗謂尚書有不必解者，有須着意解者，有略須解者，有不可解者。其不可解者，正謂此等處耳。熹頓首　仲默賢契友。

「弗辟」之説，只從鄭氏爲是。向董叔重得書，亦辨此條，一時信筆答之，謂當從古註説，後來思之不然。是時三叔方流言於國，周公處兄弟骨肉之間，豈應以片言半語，便遽然興師以誅之。聖人氣象，大不如此。又成王方疑周公，周公固不應不請而自誅之。若請之於王，王亦未必見從。則當時事勢，亦未必然。雖曰聖人之心，公平正大，區區嫌疑，自不必避。但舜避堯之子於南河之南，禹避舜之子於陽城，自是合如此。若居堯之宮，逼堯之子，即爲簒矣。或又謂成王疑周公，故周公居東。不幸成王終不悟，不知周公又如何處？愚謂周公亦惟盡其忠誠而已矣。胡氏家録有一段論此，極有意味。熹頓首　仲默賢契友。

陳淳安卿記朱熹語

臨行拜别，先生曰：「安卿，今年已許人書會，冬間更煩出行一遭，不然亦望自愛。」李丈稟白書解且乞放緩，願早成禮書，以幸萬世。先生曰：「書解甚易，只等蔡仲默來便了。禮書大段未也。」

黄義剛毅然記朱熹語

蔡仲默集註尚書至「肇十有二州」，因云禹即位後又併作九州。先生曰：「也見不得。但後面皆只說『帝命式于九圍』，『以有九有之師』，不知是甚麽時併作九州。」

蔡仲默論五刑不贖之意，先生曰：「是穆王方有贖法。嘗見蕭望之言古不贖刑，熹甚疑之。後來方省是贖刑不是古。」因取望之傳看畢，曰：「說得也無引證。」

蔡仲默論五刑三就，先生曰：「燾嘗思量，以爲用此五刑是就三處，如大辟棄於市，宫刑下蠶室，其他底刑也是就箇隱僻處。不然教那人當風割了耳鼻，豈不破傷風，胡亂死了人。」

義剛歸有日，先生曰：「公這數日也，莫要閑。」義剛言：「伯静在此數日，因與之理會天度。」問：「伯静之説如何？」義剛言：「伯静以爲天是一日一周，日則不及一度，非天過一度也。」先生曰：「此説不是。若以爲天是一日一周，則四時中星如何解不同。若是如此，則日日一般，却如何紀歲，把甚麽時節做定限。若以天爲不過，而日不及一度，則趲來趲去，將次午時便打三更矣。」因取禮記月令疏，指其中説早晚不同及更行一度兩處曰：「此説得甚分明，其他曆書都不如此説。蓋非不曉，但是説滑了口後信口説，習而不察，更不去子細點檢。而今若就天裏看時，只是行得三百六十五度四分度之一。若把天外來説，則是一日過了一度。季通嘗有言，論日月則在天裏，論天則在太虚空裏。若去太虚空裏觀那天，自是日日衮得不在舊時處。」先生至此，以手畫輪子曰：「謂如今日在這一處，明日自是又衮動着些子，又不在舊時處了。」又曰：「天無體，只二十八宿便是體。日月皆從角起，日則一日運一周，依舊只到那角上。天則一周了，又過角些子。日日累上去，到一年便與日會。」次日，蔡仲默附至書傳天説云：天體至圓，周圍三百六十五度四分度之一，繞地左旋，常一日一周而過一度。日麗天而少遲，故日行一日，亦繞地一周，而在天爲不及一度。

積三百六十五日九百四十分日之二百三十五而與天會，是一歲日行之數也。月麗天而尤遲，一日常不及天十三度十九分度之七。積二十九日九百四十分日之四百九十九而與日會。十二會得全日三百四十八餘分之積又五千九百八十八，如日法九百四十而一得六不盡三百四十八。通計得日三百五十四九百四十分日之三百四十八，是一歲月行之數也。歲有十二月，月有三十日，三百六十日者，一歲之常數也。故日與天會而多五百九十四十分日之二百三十五者，爲氣盈。月與日會而少五日九百四十分日之五百九十二者，爲朔虛。合氣盈朔虛而閏生焉。故一歲閏率則十日九百四十分日之八百二十七。三歲一閏，則三十二日九百四十分日之六百單一；五歲再閏，則五十四日九百四十分日之三百七十五。十有九歲七閏，則氣朔分齊，是爲一章也。先生以此示義剛，曰：「此説分明。」

右贈太師、徽國公朱熹與先臣沈手帖及問答語録也。竊惟先臣沈奉命傳是書也，左右就養，逮啓手足，諸篇綱領，悉經論定。凡得之面命口授者已具載傳中，其見於手帖語録者僅止此。蒐輯披玩，不勝感咽于以見一時師友之際，其成是書也不易如此。謹附卷末，以致惓惓景仰孝慕之思云。

臣抗百拜敬書。

附録二 序跋

書後序（僞孔序）

漢劉歆曰：孔子修易序書。班固曰：孔子纂書凡百篇而爲之序，言其作意。今攷序文，於見存之篇，雖頗依文立義，而識見淺陋，無所發明，其間至有與經相戾者。於已亡之篇，則依阿簡略，尤無所補，其非孔子所作明甚，顧世代久遠，不可復知。然孔安國雖云得之壁中，而亦未嘗以爲孔子所作。但謂書序，「序所以爲作者之意，與討論墳典」等語，隔越不屬，意亦可見。今姑依安國壁書之舊〔一〕，復合序爲一篇，以附卷末，而疏其可疑者於下云。

昔在帝堯，聰明文思，光宅天下，將遜于位，讓于虞舜，作堯典。聰明文思，欽明文思也。光宅天下，光被四表也。將遜于位，讓于虞舜，以虞書也。作者追言作書之意如此也。○虞舜側微，堯聞之聰明，將使嗣位，歷試諸難，作舜典。側微，微賤也。歷試，徧試之也。諸難，「五典」、「百揆」、「四門」、「大麓」之事也。今按舜典一篇，備載一代政治之終始，而序止謂「歷試諸難，作舜典」，豈足以盡一篇之義。○帝釐下土，方設居方，別生分類，作汩作、九共九篇、槀飫。漢孔氏曰：言舜理四方諸侯，各設其官居其方。生，姓也。別其姓族，分其類，使相從也。汩，始。作，興也。言治民之功興也。稾，勞。飫，賜也。凡十一篇，亡。今按十一篇共只一序，如此亦不可曉。○皋陶矢厥謨，禹成厥功，帝舜申之，作大禹、皋陶謨、益稷。矢，陳。申，重也。序書者徒知皋陶以謨名，禹以功稱，而篇中有「來禹汝亦昌言」與「時乃功懋哉」之語，遂以爲舜申禹使有言，申皋陶使有功，其淺近如此。而不知禹曷嘗無言，皋陶曷嘗無功，是豈足以知禹、皋陶之精微者哉！○禹別九州，隨山濬川，任土作貢。別，分也，分九州疆界是也。隨山者，隨山之勢。濬川者，濬川之流。任土者，任土地所宜而制貢也。○啓與有扈戰于甘之野，作甘誓。經曰「大戰于甘」者，甚有扈之辭也。序書者宜若春秋筆然。春秋桓王失政，與鄭戰于繻葛。夫子猶書「王伐鄭」，不曰「與」，不曰「戰」者，以存天下之防也。以啓之賢，征有扈之無道，正禮樂征伐自天子出也。序書者曰「與」曰「戰」若敵國者，何哉？孰謂書序爲夫子作乎？○太康失邦，昆弟五人，須于洛汭，作五子之歌。經文已明，此但疣贅耳。下文不註者放此。○羲、和湎淫，廢時亂日，胤往征之，作胤征。以經攷之，羲、和蓋黨羿惡，仲康畏羿之強，不敢正其罪而誅之，止責其「廢厥職」「荒厥邑」爾。序書者不明此意，亦曰「湎淫廢時亂日」，亦有所畏而不敢正其罪耶？○自契至于成湯，八遷，湯始居亳，從先王居，作帝告、釐沃。○湯征諸侯，葛伯不祀，湯始征之，作湯征。○伊尹去亳適夏，既醜有夏，復歸于亳。入自北門，乃遇汝鳩、汝方，作汝鳩、汝方。漢孔氏曰：先王，帝嚳也。醜，惡也。不期而會曰遇。鳩、方，二臣名，五篇亡。○伊尹相湯伐桀，升自陑，遂與桀戰于鳴條之野，作湯誓。以伊尹爲首稱者，得之。咸有一德亦曰：「惟尹躬暨湯，咸有一德。」陑，在河曲之陽。鳴條在安邑之西。升自陑，義未詳。漢孔氏遂以爲出其不意。亦序意有以啓其陋歟！○湯既勝夏，欲遷其社，不可。作夏社、疑至、臣扈。程子曰：聖人不容有妄舉，湯始欲遷社，衆議以爲不可而不遷，是湯有妄舉也。蓋不可者，湯不可之也。唐孔氏以於時有議論其事者，詳序文以爲欲遷者，湯欲之也。恐未必如程子所言。要之，序非聖人之筆，自不足以知聖人也。三篇亡。○夏師敗績，湯遂從之，遂伐三朡，俘厥寶玉，誼伯、仲伯作典寶。三朡，國名，今定陶也。俘，取也。俘厥寶玉，恐亦非聖人所急。篇亡。○湯歸自夏，至于大坰，仲虺作誥。大坰，地名。○湯既黜夏命，復歸于亳，作湯誥。○咎單作明居。一篇亡。○成湯既没，太甲元年，伊尹作伊訓、肆命、徂后。孟子曰：湯崩，太丁未立，外丙二年，仲壬四年，太甲顛覆湯之典刑。史記：太子太丁，未立而死。立太丁之弟外丙，二年崩。又立外丙之弟仲壬，四年崩。伊尹乃立太丁之子太甲。序書者以經文首言「奉嗣王祗見厥祖」，遂云成湯既没，太甲元年。後世儒者以序爲孔子所作，不敢非之，反疑孟子所言，與本紀所載，是可嘆已！肆命、徂后二篇亡[二]。○吴氏曰：太甲諒陰，爲服仲壬之喪，以是時湯葬已久，仲壬在殯。太甲，太丁之子，視仲壬爲叔父，爲之後者爲之子也。祗見厥祖，謂至湯之廟。蓋太甲既立，伊尹訓于湯廟，故稱祗見厥祖。若止是殯前，既不當稱奉，亦不當稱祗見也。○太甲既立，不明，伊尹放諸桐。三年，復歸于亳，思庸，伊尹作太甲三篇。按孔氏云：桐，湯葬地也。若未葬之辭，蓋上文祗見厥祖，言湯在殯，故此不敢爲已葬。使湯果在殯，則太甲固已密邇其殯側矣。捨殯而欲密邇湯於將葬之地，固無是理也。孔氏之失，起於伊訓序文之繆。遺外丙、仲壬二帝，故書指不通。○伊尹作咸有一德。○沃丁既葬伊尹于亳，咎單遂訓伊尹事，作沃丁。○伊陟相太戊，亳有祥，桑穀共生于朝，伊陟贊于巫咸，作咸乂四篇。○太戊贊于伊陟，作伊陟、原命。○仲丁遷于嚻，作仲丁。○河亶甲居相，作河亶甲。○祖乙圮于耿，作祖乙。沃丁，太甲之子。咎單，臣名。伊陟，伊尹之子。太戊，沃丁弟之子。桑穀二木合生于朝，七日而拱，妖也。巫咸，臣名。嚻、相、耿，皆地名。嚻、相在河北，耿在河東耿鄉。河水所毁曰圮。凡十篇，亡。○盤庚五遷，將治亳，殷民咨胥怨，作盤庚三篇。以篇中有「不常厥邑于今五邦」，序遂曰盤庚五遷。然今詳于「今五邦」之下，繼以「今不承于古，罔知天之斷命」，則是盤庚之前，已自有五遷。而作序者攷之不詳，繆云耳也。又五邦云者，五國都也。經言亳、嚻、相、耿，惟四邦爾。盤庚從湯居亳，不可又謂之一邦也。序與經文既已差繆，史記遂謂盤庚自有五遷，誤人甚矣。○高宗夢得說，使百工營求諸野，得諸傅巖，作說命三篇。按經文「乃審厥象，俾以形旁，求于天下」。是高宗夢得良弼形狀，乃審其狀貌，而廣求于四方。說築傅巖之野，與形象肖似。如序所云，似若高宗夢得傅說姓氏，又因經文有「羣臣」、「百官」等語，遂謂「使百工營求諸野，得諸傅巖。」非惟無補經文，而反支離晦昧，豈聖人之筆哉！○高宗祭成湯，有飛雉升鼎耳而雊，祖己訓諸王，作高宗肜日、高宗之訓。經言「肜日」，而序以爲「祭成湯」。經言「有雊雉」，而序以爲「飛雉升鼎耳而雊」。載籍有所傳歟，然經言「典祀無豐于昵」，則爲近廟，未必成湯也。宗室都宫，堂室深遠幽邃，而飛雉升立鼎耳而鳴，亦已異矣。高宗之訓篇亡。○殷始咎周，周人乘黎。祖伊恐，奔告于受，作西伯戡黎。咎，惡。乘，時也。詳祖伊所告[三]，無一言及西伯者。蓋祖伊雖知周不利於商，而又知周實無所利於商。序言殷始咎周，似亦未明祖伊奔告之意。○殷既錯天命，微子作誥，父師、少師。○惟十有一年，武王伐殷。一月戊午，師渡孟津，作泰誓三篇。十一年者，十三年之誤也。序本依放經文，無所發明，偶三誤而爲一。漢孔氏遂以爲十一年觀兵，十三年伐紂。武王觀兵，是以臣脅君也。程子曰：此事間不容髮。一日而命未絶，則是君臣。當日而命絶，則爲獨夫。豈有觀兵二年而後始伐之哉！蓋泰誓序文，既有十一年之誤，而篇中又有「觀政于商」之語，僞泰誓得之傳聞，故上篇言觀兵之事，次篇言伐紂之事。司馬遷作周本紀，因亦謂十一年觀兵，十三年伐紂。訛謬相承，展轉左驗，後世儒者遂謂實然，而不知武王蓋未始有十一年觀兵之事也。且序言「惟十有一年，武王伐殷」。繼以「一月戊午，師渡孟津」，即記其年其月其日之事也。夫一月戊午既爲十三年之事，則上文十一年之誤，審矣。孔氏乃離而二之，於十有一年武王伐殷，則釋爲觀兵之時。於一月戊午師渡孟津，則釋爲伐紂之時。上文則年無所繫之月，下文則月無所繫之年。又序言十一年伐殷，而孔氏乃謂十一年觀兵，十三年伐殷，是蓋繆中之繆，遂使武王蒙數千百年脅君之惡。一字之誤，其流害乃至於此哉！○武王戎車三百兩，虎賁三百人，與受戰于牧野，作牧誓。戎車，馳車也。古者馳車一乘，則革車一乘。馳車，戰車。革車，輜車，載器械財貨衣裝者也。司馬法曰：一車甲士三人，步卒七十二人，炊家子十人，固守衣裝五人，廄養五人，樵汲五人。馳車七十五人，革車二十五人，凡百人。二車，故謂之兩。三百兩，三萬人也。虎賁，若虎賁獸之勇士，百人之長也。○武王伐殷，往伐歸獸，識其政事，作武成。歸獸，歸馬放牛也。武成所識，其事之大者亦多矣，何獨先取於歸馬放牛哉！○武王勝殷殺受，立武庚，以箕子歸，作洪範。唐孔氏曰：言殺受立武庚者，序自相顧爲文，未見意也。○武王既勝殷邦諸侯，班宗彝，作分器。宗彝，宗廟彝尊也，以爲諸侯分器。篇亡。○西旅獻獒，太保作旅獒。獻，貢也。○巢伯來朝，芮伯作旅巢命。篇亡。○武王有疾，周公作金縢。○武王崩，三監及淮夷叛。周公相成王，將黜殷，作大誥。三監，管叔、蔡叔、霍叔也。以其監殷，故謂之三監。○成王既黜殷命，殺武庚，命微子啓代殷後，作微子之命。微子封於宋，爲湯後。○唐叔得禾，異畝同穎，獻諸天子。王命唐叔歸周公于東，作歸禾。○周公既得命禾，旅天子之命，作嘉禾。唐叔，成王母弟。畝，壟也。穎，穗也。禾各一壟，合爲一穗。葛氏曰：唐叔雖幼，因禾必有獻替之言。成王既悟風雷之變，因命唐叔以禾歸周公于東。旅，陳也。二篇亡。成王既伐管叔、蔡叔，以殷餘民封康叔，作康誥、酒誥、梓材。按胡氏曰：康叔，成王叔父也。經文不應曰「朕其弟」。成王，康叔猶子也，經文不應曰「乃寡兄」。其曰兄曰弟者，武王命康叔之辭也。序之繆誤，蓋無可疑。詳見篇題。又按書序，似因康誥篇首錯簡，遂誤以爲成王之書。而孔安國又以爲序篇亦出壁中，豈孔鮒藏書之時，已有錯簡耶？不可致矣。然書序之作，雖不可必爲何人，而可必其非孔子作也。○成王在豐，欲宅洛邑，使召公先相宅，作召誥。○召公既相宅，周公往營成周，使來告卜，作洛誥。○成周既成，遷殷頑民。

周公以王命告，作多士。遷商頑民在作洛之前。序書者攷之不詳，以爲成周既成，遷商頑民，謬矣。詳見本篇題。○周公作無逸。○召公爲保，周公爲師，相成王爲左右。召公不悦，周公作君奭。蘇氏曰：舊説或謂召公疑周公，陋哉斯言也。愚謂序文意義含糊，舊説之陋，有以啓之也。○蔡叔既没，王命蔡仲踐諸侯位，作蔡仲之命。○成王東伐淮夷，遂踐奄，作成王政。踐，滅也。篇亡。○成王既踐奄，將遷其君於蒲姑，周公告召公，作將蒲姑。史記作「薄姑」。篇亡。○成王歸自奄，在宗周誥庶邦，作多方。○周公作立政。○成王既黜殷命，滅淮夷，還歸在豐，作周官。成王黜殷久矣，而於此復言，何耶？○成王既伐東夷，肅慎來賀，王俾榮伯，作賄肅慎之命。賄，賂也。義未詳。篇亡。○周公在豐將没，欲葬成周。公薨，成王葬于畢，告周公，作亳姑。此言周公在豐，漢孔氏謂致政歸老之時，而下文君陳之序，乃曰「周公既没，命君陳分正東郊成周」。方未命君陳時，成周蓋周公治之。以公没，故命君陳，然則公蓋未嘗去洛矣。而此又以爲在豐將没，則其致政歸老，果在何時耶？篇亡。○周公既没，命君陳分正東郊成周，作君陳。○成王將崩，命召公、畢公率諸侯相康王，作顧命。○康王既尸天子，遂誥諸侯，作康王之誥。尸天子，亦無義理。太康尸位，羲和尸官，皆言居其位而廢棄其事之稱。序書亦用其例，謬矣。○康王命作册畢，分居里成周郊，作畢命。分居里者，表厥宅里，殊厥井疆也。○穆王命君牙，爲周大司徒，作君牙。序無所發明，曰周云者，殊無意義。或曰：此春秋「王正月」例也。曰：春秋魯史，故孔子繫之以王，此豈其例耶！下篇亦然。○穆王命伯冏爲周大僕正，作冏命。○呂命穆王訓夏贖刑〔四〕，作呂刑。此序亦無所發明，但增一夏字。自古刑辟之制，豈專爲夷狄，不爲中夏耶？或曰「訓夏贖刑」，謂訓夏后氏之贖刑也。曰：夏承虞治，不聞變法。周禮亦無五刑之贖，其非古制明甚。穆王耄荒，車輪馬跡無所不至。呂侯竊舜典「贖刑」二字，作爲此刑，以聚民財，資其荒用。夫子以其書猶有哀矜之意而録之。至其篇首，特以「耄荒」發之，其意微矣。詳見本篇。○平王錫晉文侯秬鬯、圭瓚，作文侯之命。經文止言秬鬯，而此益以圭瓚，有所傳歟。抑賜秬鬯者，必以圭瓚，故經不言歟。○魯侯伯禽宅曲阜，徐、夷並興，東郊不開，作費誓。徐，徐戎也。夷，淮夷也。○秦穆公伐鄭，晉襄公帥師敗諸崤，還歸，作秦誓。以經文意攷之，穆公之悔，蓋悔用杞子之謀，不聽蹇叔之言。序文亦不明此意。

校勘記

〔一〕今姑依安國壁書之舊　「書」，明内府本、明官刻本、清傳經堂本作「中」。

〔二〕肆命、徂后二篇亡　「二」原作「三」，據明内府本、明官刻本、清傳經堂本改。

〔三〕詳祖伊所告　「伊」原作「已」，據明内府本、明官刻本、清傳經堂本及前文改。

〔四〕吕命穆王訓夏贖刑　「吕命」二字原脱，據元刻本、明内府本、明官刻本、清傳經堂本補。

南宋淳祐十年吕遇龍上饒郡學刻本跋

〔宋〕黄聞然

右書傳六卷，總序一卷，文公先生門人九峰蔡先生所集也。始書未有傳，分命門人纂集，莫可其意，乃專屬之九峰。其説出於一家，則必著姓氏。至於行有删句，句有刊字，附以己意，爲之緣飾者悉不復録，用詩集傳例也。宏綱要指，奥辭突義，既飫聞而熟講之矣。又複玩心繹意，融會其歸，精思力踐，務造其極。文公既殁，垂三十年而後始出其書，故其援據的確，訓釋明備，文從字順，了無可疑。典謨五篇，則又文公未易簀前所定手畢也。西山先生謂考序文之誤，訂諸儒之説，發明二帝三王群聖賢之用心，有先儒所未及者，豈虚語哉！傳本文公所命，故不復表著師説。若周公迪後，本以治洛，非封伯禽；秦穆悔過，在聽杞子，非爲孟明；居東以避流言，則康成爲是；作書以留召公，則蘇氏近之。他如此類，難遍每舉。聞然之生也後，不及一登考亭之門。歲庚辰，侍九峰於□郡郡齋，日夕習聞其説，因請受以□□，猶立善協一之旨。語録所記，若有合于横渠；書傳之云，乃少異于文公。揆之内心，亦有未釋然者。間竊從而質焉，則知一以心言，純粹不雜之義；一以理言，融會貫通之名也。從語録之説，逆上經文，既或未明，協下克字，複爲長語，味書傳之訓，惟能合而一之。故始雖主於一善，終則無一之不善，自涣然而無疑矣。審乎此，則文公釋經不盡同于程子者，非求異也，言蓋有在也。若夫洪範九疇，每以奇行五常居中；地本無十備，見於皇極内外篇。根極理要，探索幽眇，又其深造而自得之者，每以不獲先師印可爲恨。九原可作，其謂斯何？精義無二，總歸一揆。聞然受質不敏，雖涉其藩，未測其奧，憂患罪罰，偶未即死。方將執經聯屨，日侍海席，而山頽木壞，已不勝其悲矣。曩不自揆，僭狀其行，以請銘於當世名卿，輒複敘次所聞。掛名傳末，雖不足以發明□旨，姑以志無窮之憾焉耳。紹定壬辰□□後十日，後學黄聞然拜手敬書。

南宋淳祐十年吕遇龍上饒郡學刻本跋

〔宋〕朱監

歲在庚申，先祖與九峰商訂是書，監生十一年矣，獨得在侍旁，締聽竊讀。三月九日，先祖即世，是書爲絶筆。嗚呼痛哉！後廿八年，九峰嗣子抗來濡須，出舊稿示監。捧玩數四，手澤如新，追想音容，潸涕橫集。敬書其後而歸之。仲冬朔藐孤孫監百拜謹志。

南宋淳祐十年呂遇龍上饒郡學刻本跋

〔宋〕呂遇龍

伊川先生以春秋傳屬劉質夫，既成，門人請觀，先生曰：「卻須著某親作。」竊，亦難矣。文公晚年，訓傳略備。下至離騷，且爲之辯證。而帝王之書獨以付九峰。先生曰：「只等蔡仲默來便了。」文公豈輕所付哉！斯傳上經乙覽，四方人士争欲得而誦之，猶懼其售本之未善也。遇龍倚席上饒際，先生的嗣久軒先生爲部繡衣，茂明家學，而遇龍得以承教焉。隨從考質，鋟梓學宫。觀者能以一時師友問答求之，則知其不專於訓詁也。淳祐庚戌九月既望，後學金華呂遇龍敬書。

附録三　諸家著録

文獻通考經籍考卷四經部

〔元〕馬端臨

蔡九峰書集傳

自序：慶元己未冬，先生文公令沈作書傳。明年，先生没。又十年，始克成編，總若干萬言。嗚呼！書豈易言哉！沈自受讀以來，沉潛其義，參考衆説，融會貫通，乃敢折衷微辭奥旨，乃述舊聞。二典、禹謨，先生蓋嘗是正，手澤尚新。先生改本已附文集中，其間亦有經承先生口授指畫而未及盡改者，今悉更定，見本篇。集傳本先生所命，故凡引用師説，不復識别云。

宋史卷二百二藝文志

〔元〕托　托

蔡沈書傳六卷。

天禄琳琅書目卷五

書集傳 一函七册

宋蔡沈撰，六卷。宋鄒近仁音釋。前沈序並尚書纂圖、書傳序共一册，後附書序一篇。

宋史蔡沈字仲默，建州建陽人。元定次子。少從朱子游，朱子晚年欲著書傳，未及爲，遂以屬沈。洪範之數，學者久失其傳，元定獨心得之，然未及論著，曰：「成吾書者沈也。」沈受父師之託，沉潛反復者數十年，然後成書。方年三十時，即屏去舉子業，一以聖賢爲師，隱居九峰。當世名卿物色將薦用之，沈不屑就。鄒近仁，宋史無傳。考江西志，近仁字季友，饒州人，爲龍陽丞。嘗叩道於楊簡，一再語而頓覺。性至孝，或干以利介焉弗受，人告之過，歛衽以服，所當爲，雖强禦不畏。著有歸軒集。此書與宋版纂圖互註毛詩、周禮體式相同，惟註字參差不齊，未能如宋槧之精美耳。

毘陵周良金藏本，無考。

書集傳　書類

提要

臣等謹案書集傳六卷，宋蔡沈撰。沈字仲默，號九峯，建陽人，元定之子也。事蹟附載宋史元定傳。慶元己未，朱子屬沈作書傳，至嘉定己巳書成。案此據自序年月，真德秀作沈墓誌，稱「數十年然後克成」，蓋誤衍二「數」字。淳祐中，其子抗表進於朝，稱集傳六卷、小序一卷、朱熹問答一卷，繕寫成十二册。其問答一卷久佚。董鼎書傳纂注稱，淳祐經進本録朱子與蔡仲默帖及語録數段，今各類入「綱領輯録」内，是其文猶散見鼎書中，其條目則不復可考。小序一卷，沈亦逐條辨駁，如朱子之攻詩序，今其文猶存，而書肆本皆削去不刊。考朱升尚書旁注稱古文書序自爲一篇，孔注移之各冠篇首，蔡氏删之而置於後，以存其舊，蓋朱子所授之旨，案陳振孫書録解題載朱子書古經四卷、序一卷，則此本乃朱子所定，先有成書，升以爲所授之旨，蓋偶未考。是元末明初刊本尚連小序。然宋史藝文志所著録者亦止六卷，則似自宋以來即惟以集傳單行矣。元何異孫十一經問對稱吉州所刊蔡傳，仍以書序置之各篇，初不害其蔡傳，蓋一家之板本，非通例也。沈序稱二典三謨經朱子點定，然董鼎纂注於正月朔旦條下註曰：「朱子親集書傳，自孔序止此，其他大義悉口授蔡氏，併親稿百餘段，俾足成之。」則大禹謨猶未全竣，序所云二典三謨特約舉之詞。鼎又引陳櫟之言曰：案櫟此條不載所作書傳纂疏中，蓋其書傳折衷之文也。朱子訂傳原本有曰：正月，次年正月也。神宗，說者以爲舜祖顓頊而宗堯，因以神宗爲堯廟，未知是否如帝之初等。蓋未嘗質言爲堯廟。今本云云，其朱子後自改乎？抑蔡氏所改乎？則序所謂朱子點定者亦不免有所竄易，故宋末黄景昌等各有正悞、辨疑之作，陳櫟、董鼎、金履祥皆篤信朱子之學者，而櫟作書傳折衷、鼎作書傳纂疏、履祥作尚書表注，皆斷斷有詞。明洪武中修書傳會選，改定至六十六條。國朝欽定書經傳説彙纂亦多所考訂釐正。蓋在朱子之説尚書，主於通所可通，而闕其所不可通，見於語録者不啻再三，而沈於殷盤、周誥一一必求其解，其不能無憾也固宜。然其疏通證明，較爲簡易，且淵源有自，大體終醇。元與古注疏並立學官，見元史選舉志。而人置注疏肄此書；明與夏僎解並立學官，見楊慎丹鉛録。而人亦置僎解肄此書，固有由矣。乾隆四十一年十月恭校上。

中庸輯略

〔宋〕石𡼖 編
〔宋〕朱熹 删定
嚴佐之 校點

目録

校點説明

中庸輯略二卷，宋石𡼏編，宋朱熹删定。石𡼏（一一二八—一一八二），字子重，號克齋。先世居會稽新昌，北宋宣和間避亂徙台州臨海。南宋紹興十五年登進士第，授左廸功郎、郴州桂陽縣主簿，歷官泉州同安縣丞，常州武進縣、南劍州尤溪縣知縣，將作監、太常寺主簿，知南康軍事，終朝散郎。𡼏幼承庭訓，嘗從外舅太子詹事陳良翰學，與朱熹同為道學之友，二人「相好尤篤」。乾道初，石𡼏官同安縣丞，嘗參與朱熹修訂孟子集解，書信往來，討論「主敬」存養工夫，今存晦庵文集「與石子重書」凡十餘篇。乾道七年，朱熹南下尤溪，時任知縣的石𡼏曾為熹父朱松舊居「韋齋」刻石揭牓，並撰韋齋記銘跋，恭稱「學于先生者」。熹臨別贈詩則云：「此道知君著意深，不嫌枯淡苦難禁。」「願言勉盡精微蘊，風俗期君使再醇。」（石子重兄示詩留别次韻為謝）。此外，朱熹還先後為石𡼏撰寫了克齋記、南劍州尤溪縣學記、跋張敬夫為石子重作傳心閣銘、中庸集解序等文；及𡼏卒，又親為撰寫墓誌銘：「悲斯人之病而莫與瘳」，「悼斯學之孤而莫與儔」。

據朱熹知南康軍石君墓誌銘稱，石𡼖著述「有文集十卷藏於家，所集周易、大學、中庸解又數十卷傳學者」。惜文集向無傳世，集解諸書亦僅中庸集解嘗見書目著録。中庸之書，自北宋初始從禮記「脱穎而出」，漸而成為伊洛之學依憑的主要經典。二程於中庸雖多傳説，卻無成書，後學所傳，「特出於門人所記平居問答之辭」，「又皆别自為編，或頗雜出他説」，以至「學者欲觀其聚而不可得，固不能有以考其異而會其同」。有鑒于此，石𡼖乃搜采周敦頤、程顥、程頤、張載、吕大臨、謝良佐、游酢、楊時、侯仲良、尹焞凡十家之説，「集而次之，合為一書，以便觀覽，名曰中庸集解」（朱熹中庸集解序）。然據張栻跋中庸集解曰：「子重之編此書，嘗從吾友朱熹元晦講訂，分章去取，皆有條次。」是知石𡼖集解中庸，並與朱熹有關。中庸集解初成於乾道八年，翌年九月，熹為之撰序，稱其「采掇無遺，條理不紊，分章雖因衆説，然去取之間不失其當，其謹密詳審，蓋有得乎行遠自邇，登高自卑之意」。雖然，熹猶未盡稱意，既病其纂集「太煩」，且謂之「所輯録僅出於其門人之所記，是以大義雖明而微言未析，至其門人所自爲説，則雖頗詳盡而多所發明，然倍其師説而淫於老佛者亦有之矣」。遂於撰述中庸章句、或問之際，並「取石氏書，删其繁亂，名以輯略」（朱熹中庸章句序）。據考凡删芟七十四條，删節六十條。删訂既已，仍以集解原序冠其首。按通行本中庸輯略卷首朱熹中庸集解序，序年題「淳熙癸卯春三月」，其文字亦與「乾道癸巳九月辛亥」撰原序小有差異，以是推知熹删定輯略告竣宜在淳熙十年。輯略既經熹删定，且以名望之勝，故自來書目亦有逕題朱熹撰著者，如直齋、郡齋、宋志等。然究其名實，終不如四庫提要著録「宋石𡼖編、朱子删定」合宜。故今從其説，入朱子全書外編。

石𡼖中庸集解始刻於尤溪，宋時，「建陽、長沙、廣東、西皆有刻本」（朱熹書徽州婺源縣中庸集解板本後），而經朱熹删定之中庸輯略，亦嘗與中庸章句、或問一併梓行。按郡齋讀書志著録「中庸章句一卷、或問二卷、中庸輯略二卷」，解題言「希弁所藏各兩本，嶽麓書院精舍及白鹿洞書院所刊者」即是。惟自章句大行而輯略漸晦，傳本日寡。及明嘉靖中，始有御史新昌吕信卿，得唐順之家藏宋槧舊本，命刻於武進縣，後世通行輯略諸刻，若康熙間新昌石佩玉刊本、禦兒吕氏寶誥堂刊朱子遺書本、乾隆間四庫全書本等，皆緣此而出。然則嘉靖重刻輯略，雖稱源自宋槧，却非一依舊式，據四庫全書總目提要云，該本「凡先儒論説見於或問所駁者，多所芟節」。今以國家圖書館藏宋刻本與中國科學院圖書館藏明嘉靖刻本相比校，誠知館臣所言不虚。二本異同，大致有三：其一，明本較之宋刊，凡删落八十一條，增多一條；其二，明本於各分章前增録中庸原文，部分章節末節録朱熹章句之語，而宋本并無一字；其三，宋本於第十八章末析為上下二卷，而明本則在第十七章末分卷。其餘文字異同多明本臆改，則在所不計。是知明嘉靖刻本及其他後世通行之本，已非輯略原初之貌，而宋刊之彌足珍貴，亦可由此窺其一斑。

國家圖書館藏宋刻本中庸輯略上下二卷，版框高十八・六釐米，寬十四・一釐米；左右雙邊，白口，單黑魚尾；版心上記大小字數，版心下記刻工名；卷下終頁末行刻有「儒學教授劉惟肖校勘無差」一行。「眩」、「貞」、「敦」、「徵」、「完」、「愼」、「廓」字闕筆避諱。卷上第五十七、五十八、六十九、七十頁，卷下第二十九、三十頁闕失，恭楷抄配；卷上首頁天頭鈐「毛褒字華伯號貢庵」朱文方印。按中國古籍善本書目著録宋刊輯略，僅此一部。考該書刻工，計有馬良、何彬、蔡仁、周嵩、張元彧、沈宗、賈端仁、顧祺、徐珙等九人，皆南宋中葉杭州地區刻書之聞名者。如徐珙嘗先後役事兩浙茶鹽司刻周易注疏、禮記正義、江東漕司刻後漢書注、「眉山七史」本南齊書、浙本晦庵文集之雕版，馬良是平江本營造法式、嘉興刊唐柳先生集的刻工，兩人併共同參與景定淮東倉司刊施顧注蘇詩、寶祐大字本通鑑紀事本末、紹定刊吳郡志、嘉定間杭州刊渭南文集、崔尚書宅刊北磵文集等著名宋本的刊刻。又何彬、蔡仁、周嵩、張元彧、賈端仁諸人，俱為朱熹周易本義、詩集傳之刻工，而沈宗、顧祺也至少有過刊刻寶祐大字本通鑑紀事本末的經歷（參見王肇文古籍宋元刻工姓名索引）。又考該本避宋帝諱，闕筆止於「廓」，尚不及「馴」等與理宗名諱相涉之字，是擬刊於寧宗之時；而寧宗慶元二年「黨禁」案興，朱熹四書集注、語録等道學書籍版片悉遭禁毀，則其版印宜在書禁之前可知。復參諸卷末題刻之校勘者「儒學教授劉惟肖」，舉是數項推知，則是本宜為南宋寧宗慶元初浙省官府所刻。雖此浙刻宋本未必就是明嘉靖重刊所依據的唐順之舊藏宋槧，但畢竟真實反映了朱熹生前就存在的宋刊輯略原貌，持與晚出之明嘉靖刻本及後世通行諸本相比較，其異同優劣，自可立判而明。

故此次校點整理，乃以國家圖書館藏宋刻本作底本，而取中國科學院圖書館藏明嘉靖刻本（校記簡稱「明本」）詳加對校，或判定是非，或出具異同。嘉靖本芟刈八十一條無以對校，則擬求諸石氏集解參校之。按集解原本雖「元時已罕覯」，明弘治間謝鐸校訂赤城續志即謂「今亡」，所幸宋衛湜禮記集義尚有輯存，清道光間莫友芝曾據集義校刊十先生中庸集解，遂取上海圖書館藏本（校記簡稱「集解本」）為之參校。間或校而有疑，則別取十先生相關文獻，如程氏遺書、張子全書等書之通行版本，參酌他校。又所據底本、校本卷首併闕無序，兹別據清康熙間禦兒呂氏寶誥堂刊朱子遺書本補冠於書前。點校既畢，是以為記。

二〇〇九年七月　嚴佐之

中庸輯略卷上

篇目

程子曰：中之理至矣，獨陰不生，獨陽不生，偏則爲禽獸，爲夷狄，中則爲人。中則不偏，常則不易，惟中不足以盡之，故曰中庸。明道○又曰：天地之化，雖廓然無窮，然而陰陽之度，日月寒暑晝夜之變，莫不有常。此道之所以爲中庸。伊川○又曰：中者只是不偏，偏則不是中，庸只是常。猶言中者是大中也，庸者是定理也。定理者，天下不易之理也，是經也。孟子只言「反經」，中在其閒。伊川○又曰：中庸之言，放之則彌滿六合，卷之則「退藏於密」。明道○又曰：中庸始言一理，中散爲萬事，末復合爲一理。明道○又曰：中庸之書，是孔門傳授，成於子思，傳於孟子。其書雖是雜記，更不分精粗一衮説了。今人語道，多説高便遺却卑，説本便遺却末。伊川○又曰：中庸之書，其味無窮，極索玩味。伊川○又曰：善讀中庸者，得此一卷書，終身用不盡也。伊川○又曰：中庸一卷書，自至理便推之於事，如「國家有九經」，及歷代聖人之迹，莫非實學也。如登九層之臺，自下而上爲是。○又曰：中庸之書，決是傳聖人之學，不雜。子思恐傳授漸失，故著此一卷書。○又曰：中庸是孔門傳授心法。

張子曰：學者信書，且須信論語、孟子。詩、書無舛雜，如中庸、大學出於聖門，無可疑者。○又曰：學者如中庸文字輩，直須句句理會過，使其言互相發明。

吕曰：中庸之書，聖門學者盡心以知性，躬行以盡性，始卒不越乎此書。孔子傳之曾子，曾子傳之子思，子思述所受之言以著於篇。故此書所論，皆聖人之緒言，入德之大要也。○又曰：聖人之德，中庸而已。中則過與不及皆非道也，庸則父子、兄弟、夫婦、君臣、朋友之常道。欲造次顛沛，久而不違於仁，豈尚一節一行之詭激者哉！○又曰：中庸之書，學者所以進德之要，本末具備矣。既以淺陋之學爲諸君道之，抑又有所以告諸君者。孔子曰：「古之學者爲己，今之學者爲人。」爲己者心存乎德行，而無意乎功名；爲人者心存乎功名，而未及乎德行。若後世學者，有未及乎爲人而濟其私欲者。今學聖人之道，而先以私欲害之，則語之而不入，導之而不行，教之者亦何望哉！聖人立教以示後世，未嘗使學者如是也。朝廷建學設科以取天下之士，亦未嘗使學者如是也。學者亦何心捨此而趨彼哉？聖人之學，不使人過，不使人不及，立喜怒哀樂未發之中以爲之本，使學者「擇善而固執之」，其學固有序矣。學者盍亦用心於此乎？用心於此，則義理必明，德行必脩，師友必稱，州里必譽，仰而上古，可以不負聖人之傳付，達於當今，可以不負朝廷之教養，世之有道君子樂得而親之，王公大人樂聞而取之，與夫自輕其身、涉獵無本、徼幸一旦之利者，果如何哉！諸君有意乎，則今日所講有望焉，無意乎，則不肖今日自爲譊譊無益，不幾乎侮聖言者。諸君其亦念之哉！

楊曰：中庸爲書，微極乎性命之際，幽盡乎鬼神之情，廣大精微，罔不畢舉，而獨以「中庸」名書何也？予聞之師曰：「不偏之謂中，不易之謂庸。中者天下之正道，庸者天下之定理。」推是言也，則其所以名書者，義可知也。世之學者，智不足以及此，而妄意聖人之微言，故物我異觀，天人殊歸，而高明、中庸之學，始二致矣。謂高明者所以處己而同乎天，中庸者所以應物而同乎人，則聖人之處己者常過乎中，而與夫不及者無以異也。爲是說者，又烏足與議聖學哉！

第一章

第一節

「天命」至「謂教」。

程子曰：言天之自然者，謂之天道；言天之付與萬物者，謂之天命。明道〇又曰：「民受天地之中以生」，「天命之謂性」也。人之生也，直意亦如此，若以生爲生養之生，却是「脩道之謂教」也。至下文始自云「能者養之以福，不能者敗以取禍」，則乃是教也。明道〇又曰：孟子曰「仁者人也，合而言之道也」，中庸所謂「率性之謂道」是也。明道〇又曰：「生之謂性」，性即氣，氣即性，生之謂也。人生氣稟，理有善惡，然不是性中元有此兩物相對而生也。有自幼而善，有自幼而惡，是氣稟有然也。善固性也，然惡亦不可不謂之性也。蓋「生之謂性」，「人生而靜」以上不容說，才說性時便已不是性也。凡人說性，只是說「繼之者善也」，孟子言「人性善」是也。夫所謂「繼之者善也」者，猶水流而就下也。皆水也，有流而至海，終無所污，此何煩人力之爲也。有流而未遠，固已漸濁，有出而甚遠，方有所濁，有濁之多者，有濁之少者，清濁雖不同，然不可以濁者不爲水也。如此則人不可以不加澄治之功。故用力敏勇則疾清，用力緩怠則遲清，及其清也，則却只是元初水也。亦不是將清來換却濁，亦不是取出濁來置在一隅也。水之清，則性善之謂也。故不是善與惡在性中爲兩物相對，各自出來。此理，天命也。順而循之，則道也。循此而脩之，各得其分，則教也。自「天命」以至於「教」，我無加損焉。此舜有天下而不與焉者也。○又曰：「上天之載，無聲無臭」。其體則謂之易，其理則謂之道，其用則謂之神，其命于人則謂之性，率性則謂之道，脩道則謂之教。孟子去其中又發揮出「浩然之氣」，可謂盡矣。故説神「如在其上，如在其左右」，大小大事而只曰「誠之不可揜如此」。夫徹上徹下，不過如此。形而上爲道，形而下爲器。須著如此説，器亦道，道亦器，但得道在，不繫今與後、己與人。○先生嘗語韓持國曰：如説妄説幻爲不好底性，則請别尋一箇好底性來換了此不好底性。蓋道即性也，若道外尋性，性外尋道便不是。聖賢論天德，蓋謂自家元是天然完全自足之物，若無所污壞，即當直而行之，若小有污壞，即敬以治之，使復如舊。所以能使如舊者，蓋爲自家本質元是完足之物，若合脩治而脩治之，是義也，若不消脩治而不脩治，亦是義也，故常簡易明白而易行。禪學者總是强生事，至如「山河大地」之説，是他山河大地，又干你何事。至如孔子，道如日星之明，猶患門人未能盡曉，故曰「予欲無言」。如顏子則便默識，其他未免疑問，故曰「小子何述」，又曰「天何言哉，四時行焉，百物生焉」，可謂明白矣。若能於此言上看得破，便信是會禪也，非是未尋得，蓋實是無去處説，此理本無二故也。明道○又曰：「生之謂性」與「天命之謂性」同乎？性字不可一概論。「生之謂性」，止訓所稟受也；「天命之謂性」，此言性之理也。今人言性柔緩、性剛急皆生來如此，此訓所稟受也。若性之理則無不善，曰天者，自然之理也。伊川〇又曰：告子云「生之謂性」，凡天地所生之物須是謂之性。皆謂之性則可，於中却須分別牛之性、馬之性，是他便只道一般，如釋氏説「蠢動含靈皆有佛性」，如此則不可。「天命之謂性，率性之謂道」者，天降是於下，萬物流形各正性命者，是所謂性也，循其性而不失，是所謂道也。此亦通人物而言，循性者馬則爲馬之性，又不做牛底性，牛則爲牛之性，又不爲馬底性，此所謂「率性」也。人在天地之閒，與萬物同流，天幾時分別出是人是物？「脩道之謂教」，此則專在人事，以失其本性，故脩而求復之，則入於學，若元不失，則何脩之有？「成性存存，道義之門」，亦是萬物各有成性，存存亦是生生不已之意，天只是以生爲道。〇又曰：「率性之謂道」，率，循也。若言道不消先立下名義，則茫茫地何處下手？何處著心？伊川〇又曰：人須是自爲善，然又不可都不管他，蓋有教焉。「脩道之謂教」，豈可不脩？

張子曰：由太虛，有天之名；由氣化，有道之名。合虛與氣，有性之名；合性與知覺，有心之名。

呂曰：此章先明性、道、教三者之所以名。性與天道一也，天道降而在人，故謂之性。性者生生之所固有也，循是而之焉，莫非道也。道之在人，有時與位之不同，必欲爲法於後世，不可不脩。○一本云：中者天道也，天德也，降而在人，人稟而受之，是之謂性。書曰：「惟皇上帝，降衷于下民。」傳曰：「民受天地之中以生。」此人性之所以必善，故曰「天命之謂性」。性與天道，本無有異，但人雖「受天地之中以生」，而梏於蕞然之形體，常有私意小知撓乎其間，故與天地不相似，所發遂至乎出入不齊而不中節。如使所得於天者不喪，則何患不中節乎？故良心所發，莫非道也。在我者，惻隱、羞惡、辭遜、是非，皆道也；在彼者，君臣、父子、夫婦、昆弟、朋友之交，亦道也。在物之分，則有彼我之殊；在性之分，則合乎內外一體而已。是皆人心所同然，乃吾性之所固有，隨喜怒哀樂之所發，則愛必有差等，敬必有節文。所感重者，其應也亦重；所感輕者，其應也亦輕。自斬至緦，喪服異等，而九族之情無所憾；自王公至皂隸，儀章異制，而上下之分莫敢爭。非出於性之所有，安能致是乎？故曰「率性之謂道」。循性而行，無物撓之，雖無不中節者，然人稟於天者，不能無厚薄昏明，則應於物者，亦不能無小過小不及。故「喜斯陶，陶斯咏，咏斯猶，猶斯舞，舞斯慍，慍斯戚，戚斯嘆，嘆斯辟，辟斯踊矣，品節斯斯之謂禮」。閔子除喪而見孔子，予之琴而彈之，切切而哀，曰：「先王制禮，不敢過也。」子夏除喪而見孔子，予之琴而彈之，侃侃而樂，曰：「先王制禮，不敢不及也。」故心誠求之，雖不中，不遠矣。然將達之天下，傳之後世，慮其所終，稽其所敝，則其小過小不及者，不可以不脩。此先王所以制禮，故曰「脩道之謂教」。

游曰：「惟皇上帝，降衷于下民」，則天命也。若遁天倍情，則非性矣。天之所以命萬物者道也，而性者具道以生也。因其性之固然而無容私焉，則道在我矣，此「率性之謂道」也。若出於人爲，則非道矣。夫道不可擅而有也，固將與天下共之，故脩禮以示之中，脩樂以導之和，此「脩道之謂教」也。或蔽於天，或蔽於人，「爲我」至於無君，「兼愛」至於無父，則非教矣。知「天命之謂性」，則孟子性善之説可見矣。或曰性惡，或曰善惡混，或曰有三品，皆非知天命者也。

楊曰：「天命之謂性」，人欲非性也；「率性之謂道」，離性非道也。性，天命也；命，天理也；道則性命之理而已。孟子道性善，蓋原於此。謂性有不善者，誣天也。性無不善，則不可加損也，無俟乎脩焉，率之而已。揚雄謂學以脩性，非知性也。故孔子曰「盡性」，子思曰「率性」，曰「尊德性」，孟子曰「知性」、「養性」，未嘗言脩也。然則道其可脩乎？曰：道者百姓日用而不知也，先王爲之防範，使過不及者取中焉，所以教也，謂之脩者，蓋亦品節之而已。〇又曰：「天命之謂性，率性之謂道」，性、命、道三者，一體而異名，初無二致也。故在天曰命，在人曰性，率性而行曰道，特所從言之異耳。〇又曰：人性上不可添一物。堯、舜所以爲萬世法，只是率性而已。所謂率性，循天理是也。外邊用計用數，假饒立得功業，只是人欲之私，與聖賢作處，天地懸隔。○又曰：荆公云「天使我有是之謂命，命之在我之謂性」，是未知性命之理。其曰「使我」，正所謂使然也，使然者可以爲命乎？以命在我爲性，則命自一物。若中庸言「天命之謂性」，性即天命也，又豈二物哉？如云「在天爲命，在人爲性」，此語似無病，然亦不須如此説。性命初無二理，第所由之者異耳。「率性之謂道」，如易所謂「聖人之作易，將以順性命之理」是也。

第一章　第二節

「道也」至「獨也」。

程子曰：一物不該，非中也；一事不爲，非中也；一息不存，非中也。何哉？爲其偏而已矣。故曰：「道也者，不可須臾離也，可離非道也。」脩此道者，「戒慎乎其所不睹，恐懼乎其所不聞」而已。由是而不息焉，則「上天之載，無聲無臭」，可以馴致也。伊川○或問：游宣德記先生語云，人能戒慎恐懼於不睹不聞之閒，則「無聲無臭」，可以馴致，此説如何？曰：馴致，漸進也。然此亦大綱説，固是自小以至大，自脩身可以至於盡性至命，然其閒有多少般數，其所以至之之道當如何。荀子曰：「始乎爲士，終乎爲聖人。」今學者須讀書，纔讀書便望爲聖賢，然中閒至之之方更有多少。荀子雖能如此説，却以禮義爲僞，性爲不善。他自情性尚理會不得，怎生到得聖人？大抵以堯所行者欲力行之，以多聞多見取之，其所學者皆外也。伊川○先生嘗論「克己復禮」，韓持國曰：道上更有甚克？莫錯否？曰：如公之言，只是説道也。「克己復禮」乃所以爲道也，更無別處。「克己復禮」之爲道，亦何傷乎公之所謂道也。如公之言，只是一人自指其前一物，曰此道也。他本無可克者，若知道與己未嘗相離，則若不「克己復禮」，何以體道？道在己，不是與己各爲一物，可跳身而入者也。「克己復禮」非道，而何至如公言克不是道，亦是道也。實未嘗離得，故曰「可離非道也」。理甚分明。○又曰：道之外無物，物之外無道，是天地之間，無適而非道也。即父子而父子在所親，即君臣而君臣在所敬，以至爲夫婦，爲長幼，爲朋友，無所爲而非道，此道所以「不可須臾離也」。然則毀人倫、去四大者，其分於道也遠矣。故「君子之於天下也，無適也，無莫也，義之與比」。若有適有莫，則於道爲有閒，非天地之全也。彼釋氏之學，於「敬以直内」則有之矣，於「義以方外」則未之有也。故滯固者入於枯槁，疏通者歸於肆恣，此佛之教所以爲隘也。吾道則不然，率性而已。斯理也〔一〕，聖人於易備言之。伊川○又云：佛有一箇覺之理，可以「敬以直内」矣，然無「義以方外」。其直内者，要之其本亦不是。伊川〔二〕

○又曰：人只以耳目所見聞者爲顯見，所不見聞者爲隱微，然不知理却甚顯也。且如昔人彈琴，見螳螂捕蟬，而聞者以爲有殺聲。殺在心，而人聞其琴而知之，豈非顯乎？人有不善，自謂人不知之，然天地之理甚著，不可欺也。伊川○又曰：「於穆不已」，天之所以爲天也；「純亦不已」，文王之所以爲文也。此天德也。有天德便可語王道，然其要只在慎獨。明道○又曰：要脩持他這天理，則在德須有不言而信者。言難爲形狀，養之則須直不愧屋漏與慎獨，這是箇持養底氣象也。○又曰：孔子言仁，只説「出門如見大賓，使民如承大祭」。看其氣象，便須「心廣體胖」，「動容周旋中禮」，自然唯慎獨便是守之之法。○又曰：

洒掃應對便是形而上者，理無大小故也。故君子只在慎獨。明道

吕曰：此章明道之要不可不誠。道之在我，猶飲食居處之不可去，可去皆外物也。誠以爲己，故不欺其心。人心至靈，一萌于思，善與不善，莫不知之，他人雖明，有所不與也。故慎其獨者，知爲己而已。○又曰：「率性之謂道」，則四端之在我者，人倫之在彼者，皆吾性命之理，受乎天地之中，所以立人之道，「不可須臾離也」。絶類離倫，無意乎君臣父子者，過而離乎此者也。賊恩害義，不知有君臣父子者，不及而離乎此者也。雖過不及有差，而皆不可以行於世，故曰「可離非道也」。非道者，非天地之中而已。非天地之中而自謂有道，惑也。○又曰：所謂中者，性與天道也。謂之有物，則「不得於言」；謂之無物，則「必有事焉」。「不得於言」者，視之不見，聽之不聞，無聲形接乎耳目而可以道也。「必有事焉」者，「莫見乎隱，莫顯乎微」，「體物而不可遺」者也。古之君子，「立則見其參於前」，「在輿則見其倚於衡」，是何所見乎？「洋洋乎，如在其上，如在其左右」，是果何物乎？學者見乎此，則庶乎能擇中庸而執之隱微之間，不可求之於耳目，不可道之於言語。然有所謂昭昭而不可欺，感之而能應者，正惟虚心以求之，則庶乎見之，故曰「莫見乎隱，莫顯乎微」。然所以慎乎獨者，苟不見乎此，則何戒慎、恐懼之有哉？此「誠之不可揜」也。

謝曰：敬則外物不能易，「坐如尸，立如齊」，「出門如見大賓，使民如承大祭」，非禮勿

言動視聽，須是如顏子「事斯語」。「坐如尸」，坐時習，「立如齊」，立時習，是「不可須臾離也」。

楊曰：獨非交物之時有動乎中，其違未遠也。雖非視聽所及，而其幾固已瞭然心目之間矣。其爲顯見，孰加焉？雖欲自蔽，「吾誰欺，欺天乎」？此君子必慎其獨也。〇又曰：夫盈天地之間，孰非道乎？道而可離，則道有在矣。譬之四方有定位焉，適東則離乎西，適南則離乎北，斯則可離也。若夫無適而非道，則烏得而離耶？故寒而衣，飢而食，日出而作，晦而息，耳目之視聽，手足之舉履，無非道也。此百姓所以日用而不知。「伊尹耕于有莘之野，以樂堯舜之道」。夫堯舜之道，豈有物可玩而樂之乎？即耕于有莘之野是已。此農夫田父之所日用者，而伊尹之樂有在乎是。若伊尹，所謂「知之」者也。

第一章　第三節

「喜怒」至「育焉」。

呂與叔曰：中者道之所由出。程子曰：此語有病。呂曰：論其所同，不容更有二名，別而言之，亦不可混爲一事，如所謂「天命之謂性，率性之謂道」。又曰：「中者天下之大本，和者天下之達道」，則性與道、大本與達道，豈有二乎？先生曰：中即道也。若謂道出於中，則道在中內別爲一物矣。所謂「論其所同，不容更有二名，別而言之，亦不可混爲一事」，此語固無病，若謂性與道、大本與達道可混爲一，即未安。在天曰命，在人曰性，循性曰道。性也，命也，道也，各有所當。大本言其體，達道言其用，體用自殊，安得不爲二乎？呂曰：既云「率性之謂道」，則循性而行莫非道，此非性中別有道也。中即性也，在天爲命，在人爲性，由中而出莫非道，所以云「中者道之所由出」。先生曰：「中即性也」，此語極未安。中也者，所以狀性之體段。若謂性有體段亦不可，姑假此以明彼。又曰：不偏之謂中，道無不中，故以中形道。如稱天圓地方，遂謂方圓即天地可乎？方圓既不可謂之天地，則萬物決非方圓之所自出。如中既不可謂之性，則道何從稱出於中？蓋中之爲義，自過不及而立名，若只以中爲性，則中與性不合。子居對以中者性之德，却爲近之。呂曰：不倚之謂中，不雜之謂和。先生曰：「不倚之謂中」甚善，語猶未瑩。「不雜之謂和」未當。呂曰：「喜怒哀樂之未發」，則赤子之心當其未發，此心至虛無所偏倚，故謂之中。以此心應萬物之變，無往而非中矣。孟子曰：「權然後知輕重，度然後知長短。物皆然，心爲甚。」此心度物所以甚於權度之審者，正以至虛無所偏倚故也。有一物存乎其間，則輕重長短皆失中矣，又安得如權度乎〔三〕？「大人不失其赤子之心」，乃所謂「允執厥中」也。大臨始者有見於此，便指此心名爲中，故前言「中者道之所由出」也。今細思，乃命名未當耳。此心之狀可以言中，未可便指此心名之曰中。先生曰：「喜怒哀樂未發謂之中」，赤子之心發而未遠乎中，若便謂之中，是不識大本也。呂曰：聖人智周萬物，赤子全未有知，其心固有不同矣。然推孟子所云，豈非止取純一無僞可與聖人同乎？非謂無豪髮之異也。大臨前日所云，亦取諸此而已。此義大臨昔者既聞先生君子之教，反求諸己，若有所自得，參之前言往行，將無所不合，由是而之焉，似得其所安，以是自信不疑。今承教乃云已失大本，茫然不知所向。聖人之學以中爲大本，雖堯舜相授以天下，亦云「允執其中」。中者無過不及之謂也，何所準則而知過不及乎？求之此心而已。此心之動，出入無時，何從而守之乎？求之於喜怒哀樂未發之際而已。當是時也，此心即赤子之心。此心所發，純是義理，與天下之所同然，安得不和？大臨前日敢指赤子之心爲中者，其說如此。來教云赤子之心可謂之和，不可謂之中。大臨思之，所謂和者，指已發而言之，今言赤子之心，乃論其未發之際，純一無僞，無所偏倚，可以言中，若謂已發，恐不可言心。先生曰：所云「非謂無豪髮之異」，是有異也，有異者得爲大本乎？推此一言，餘皆可見。吕曰：大臨以赤子之心爲未發，先生以赤子之心爲已發，所謂大本之實，則先生與大臨之言未有異也，但解赤子之心一句不同耳。大臨初謂赤子之心止取純一無僞與聖人同，恐孟子之義亦然，更不曲折一一較其同異，故指以爲言，固未嘗以已發不同處爲大本也。先生謂「凡言心者皆指已發而言」，然則未發之前謂之無心可乎？竊謂未發之前，心體昭昭具在，已發乃心之用也。先生曰：所論意雖以已發者爲未發，反求諸言，却是認已發者爲説。詞之未瑩，乃是擇之未精耳。凡言心者指已發而言，此固未當。心一也，有指體而言者，「寂然不動」是也，有指用而言者，「感而遂通天下之故」是也，惟觀其所見何如耳。大抵論愈精微，言愈易差也。伊川○又曰：「敬而無失」，便是「喜怒哀樂之未發謂之中也」。敬不可謂之中，但「敬而無失」即所以中也。○蘇季明問：中之道與喜怒哀樂未發謂之中同否？曰：非也。喜怒哀樂未發，是言在中之義，只一箇中字，但用不同。或曰：於喜怒哀樂之前求中可否？曰：不可。既思於喜怒哀樂未發之前求之，又却是思也。既思即是已發。思與喜怒哀樂一般，纔發便謂之和，不可謂之中也。又問：吕博士言當求於喜怒哀樂未發之前，信斯言也，恐無著莫，如之何而可？曰：言存養於喜怒哀樂未發之時則可，若言求中於喜怒哀樂未發之前則不可。又問：學者於喜怒哀樂發時，固當勉強裁抑，於未發之前當如何用功？曰：於喜怒哀樂未發之前更怎生求？但平日涵養便是，涵養久，則喜怒哀樂發自中節。或曰：有未發之中，有既發之中。曰：非也。既發時，便是和矣。發而中節，固是得中，「時中」之類。只爲將中和來分説，便是和也。伊川〇又問：先生説「喜怒哀樂未發謂之中是在中之義」，不識何意。曰：只喜怒哀樂不發，便是中也。曰：中莫無形體，只是箇言道之題目否？曰：非也。中有甚形體，然既謂之中也，須有箇形象。曰：當中之時，耳無聞，目無見否？曰：雖耳無聞，目無見，然見聞之理在始得。曰：中是有時而中否？曰：何時而不中？以事言之，則有時而中，以道言之，何時而不中。曰：固是所爲皆中，然而觀於四者未發之時，静時自有一般氣象，及至接事時又自别，何也？曰：善觀者不如此，却於喜怒哀樂已發之際觀之。賢且説静時如何。曰：謂之無物則不可，然自有知覺處。曰：既有知覺，却是動也，怎生言静？人説「復其見天地之心」，皆以謂至静能見天地之心，非也。復之卦下面一畫便是動也，安得謂之静？自古儒者皆言静見天地之心，惟頤言動而見天地之心。或曰：莫是於動上求静否？曰：固是，然最難。云云。或曰：先生於喜怒哀樂未發之前，下動字下静字？曰：謂之静則可，然静中須有物始得。這裏便是難處。學者莫若且先理會得敬，能敬則自知此矣。或曰：敬何以用功？曰：莫若主一。季明曰：某嘗患思慮不定，或思一事未了，他事如麻又生，如何？曰：不可，此不誠之本也。須是習，習能專一時便好，不拘思慮與應事，皆要求一。或曰：當静坐時，物之過乎前者，還見不見？曰：看事如何。若是大事，如祭祀前，旒蔽明，黈纊充耳，凡物之過者，不見不聞也。若無事時，目須見，耳須聞。或曰：當敬時，雖見聞莫過焉而不留否？曰：不説道非禮勿視勿聽？勿者禁止之辭，纔説弗字便不得也。或問：雜説中以赤子之心爲已發，是否？曰：已發而去道未遠也。曰：「大人不失赤子之心」如何？曰：取其純一近道也。曰：赤子之心與聖人之心若何？曰：聖人之心如鏡如止水。伊川○又曰：性即理也，所謂理性是也。天下之理，原其所自，未有不善。喜怒哀樂未發，何嘗不善？發而中節，即無往而不善，發而不中節，然後爲不善。故凡言善惡，皆先善而後惡；言吉凶，皆先吉而後凶；言是非，皆先是而後非。伊川○又曰：「喜怒哀樂未發謂之中」，只是言一箇中一作「本」。體。既是喜怒哀樂未發，那裏有箇甚麽，只可謂之中。如乾體便是健，及分在諸處，不可皆名健，然在其中矣。天下事事物物皆有中，發而皆中節謂之和，非是謂之和便不中也。言和則中在其中矣，中便是含喜怒哀樂在其中矣。伊川○又曰：聖人未嘗無喜也，「象喜亦喜」；聖人未嘗無怒也，「一怒而安天下之民」；聖人未嘗無哀也，「哀此惸獨」；聖人未嘗無懼也，「臨事而懼」；聖人未嘗無愛也，「仁民而愛物」；聖人未嘗無欲也，「我欲仁，斯仁至矣」。但其中節，則謂之和。○又曰：中者「天下之大本」，天地之間，亭亭當當，直上直下之正理，出則不是，惟「敬而無失」最盡。明道○又曰：「喜怒哀樂未發謂之中」，中也者，言「寂然不動」者也，故曰「天下之大本」。「發而皆中節謂之和」，和也者，言「感而遂通」者也，故曰「天下之達道」。伊川○又曰：「致」與「位」字，非聖人不能言，子思特傳之耳。明道○又曰：聖人脩己以敬，以安百姓，篤恭而天下平。唯上下一於恭敬，則天地自位，萬物自育，氣無不和，四靈何有不至。此體信達順之道，聰明睿智皆由是出，以此事天饗帝。

游曰：極中和之理，則天地之覆載，四時之化育，在我而已。故曰：「天地位焉，萬物育焉。」然則三公所以燮理陰陽者，豈有資於外哉？亦盡吾喜怒哀樂之性而已。

楊曰：自「天命之謂性」至「萬物育焉」，中庸一篇之體要也。○又曰：怒者喜之反，哀者樂之反。既發則倚於一偏而非中也，故「未發謂之中」，中者不偏之謂也。由中而出，無人欲之私焉，發必中節矣，一不中節則與物戾，非和也，故「發而皆中節謂之和」。中也者，「寂然不動」之時也，無物不該焉，故謂之「大本」。和也者，所以「感通天下之故」，故謂之「達道」。中以形道之體，和以顯道之用。致中則範圍而不過，致和則曲成而不遺，故「天地位焉，萬物育焉」。○又曰：「喜怒哀樂未發謂之中，發而皆中節謂之和」，學者當於喜怒哀樂未發之際，以心體之，則中之義自見，執而勿失，無人欲之私焉，發必中節矣，發而中節，中固未嘗亡也。孔子之慟，孟子之喜，因其可慟可喜而已，於孔、孟何有哉？其慟也，其喜也，中固自若也。鑑之茹物，因物而異形，而鑑之明未嘗異也。莊生所謂「出怒不怒，則怒出於不怒，出爲無爲，則爲出於不爲」，亦此意也。若聖人而無喜怒哀樂，則「天下之達道」廢矣，一人衡行於天下，武王亦不必恥也。故於是四者，當論其中節不中節，不當論其有無也。〇或問：正心誠意如何便可以平天下？曰：後世自是無人正心，若正得心，其效自然如此。此一念之間，豪髮有差，便是不正。要得常正，除非聖人始得。且如吾輩，還敢便道自己心得其正否？此須是於喜怒哀樂未發之際，能體所謂中；於喜怒哀樂已發之後，能得所謂和。「致中和」則天地可位，萬物可育，其於平天下何有！

侯曰：「喜怒哀樂之未發謂之中」，「寂然不動」也；「發而皆中節謂之和」，「感而遂通天下之故」也。中也，和也，非二也，於此四者已發未發之閒爾。未發之中，非「時中」之謂乎？中一也，未發之中，「時中」在其中矣，特未發耳。伊川先生曰，未發之中，在中之義是也。譬之水也，湛然澄寂謂之静，果其所行則謂之動。静也，動也，中、和二字譬焉，思過半矣。然則中謂之「大本」，和謂之「達道」何也？中者理也，無物不該焉，故曰「大本」。由是而之焉，順此理而發，君臣、父子、兄弟、夫婦、朋友之交，達之天下，莫不由之，以之脩身則身脩，以之齊家則家齊，以之治國則國治，以之平天下則天下平，故曰「達道」。致此者，非聖人不能，故曰：「致中和，天地位焉，萬物育焉。」

祁寬問曰：如顏子之「不遷怒」，此是中節，亦只是中，何故才發便謂之和？尹子曰：雖顏子之怒，亦是倚於怒矣。喜哀樂亦然，故只可謂之和。○又曰：「致中和」，致者，致之也，如致將去。

呂曰：人莫不知理義之當，無過無不及之謂中，未及乎所以中也。喜怒哀樂未發之前，反求吾心，果何爲乎？易曰：「寂然不動，感而遂通天下之故」。語曰：「子絶四：毋意，毋必，毋固，毋我。」孟子曰：「大人者，不失赤子之心。」此言皆何謂也？「回也，其庶乎屢空」，惟空然後可以見乎中，而空非中也。「必有事焉」，喜怒哀樂之未發，無私意小知撓乎其間，乃所謂空。由空然後見乎中，實則不見也。若子貢聚聞見之多，其心已實，如「貨殖焉」，所蓄有數，所應有限，雖曰富有，亦有時而窮，故「億則屢中」而未皆中也。「權然後知輕重，度然後知長短，物皆然，心爲甚」，則心之度物甚於權度之審，其應物當無豪髮之差。然人應物不中節者常多，其故何也？由不得中而執之，有私意小知撓乎其間，故理義不當，或過或不及，猶權度之法不精，則稱量百物不能無銖兩分寸之差也。此所謂性命之理出於天道之自然，非人私知所能爲也。故推而放諸四海而準，前聖後聖若合符節，故曰「喜怒哀樂之未發謂之中」。

第二章

「仲尼」至「憚也」。

程子曰：君子之於中庸也，無適而不中，則其心與中庸無異體矣。小人之於中庸，無所忌憚，則與戒慎、恐懼者異矣，是其所以反中庸也。伊川○又曰：「小人之中庸，小人而無忌憚也」，小人更有甚中庸？脱一「反」字。小人不主於義理，則無忌憚，無忌憚，所以反中庸也。亦有其心畏謹而不中，亦是反中庸。語惡有淺深則可，謂之中庸則不可。伊川○又曰：且喚做中。若以四方之中爲中，則四邊無中乎？若以中外之中爲中，則外面無中乎？如「生生之謂易」，「天地設位而易行乎其中」，豈可只以今之易書爲易乎？中者且謂之中，不可捉一箇中來爲中。明道○又曰：欲知中庸無如權。須是時而爲中，若以手足胼胝，閉户不出二者之閒取中，便不是中。若當手足胼胝，則於此爲中；當閉户不出，則於此爲中。權之爲言，秤錘之義也。何物爲權？義也。然此只是説得到義，義以上更難説，在人自看如何。伊川○蘇季明問：君子時中，莫是隨時否？曰：是也。中字最難識，須是默識心通。且試言一廳則中央爲中，一家則廳中非中而堂爲中，言一國則堂非中而國之中爲中，推此類可見矣。且如初寒時，則薄裘爲中，如在盛寒而用初寒之裘，則非中也。更如

「三過其門不入」，在禹、稷之世爲中，若「居陋巷」則不中矣。「居陋巷」在顔子之時爲中，若「三過其門不入」，則非中也。或曰：男女不授受之類皆然？曰：是也。男女不授受，中也。在喪祭則不如此矣。伊川○又曰：楊子「拔一毛」不爲，墨子又「摩頂放踵」爲之，此皆是不得中。至於「子莫執中」，又欲執此二者之中，不知怎生執得？識得則事事物物上皆天然有箇中在那上，不待人安排也，安排著則不中矣。伊川○又曰：「可以仕則仕，可以止則止，可以久則久，可以速則速」，此皆時也，未嘗不合中，故曰「君子而時中」。伊川○又曰：萬物無一物失所，便是天理時中。

張子曰：「時中」之義甚大，須「精義入神」，始得觀其會通，以行其典禮，此方真是義理也。行其典禮而不達會通，則有非時中者矣。君子要「多識前言往行以畜其德」者，以其看前言往行熟，則自能見得時中。

吕曰：君子蹈乎中庸，小人反乎中庸者也。「君子之中庸也」，有君子之心，又達乎時中；「小人之中庸也」，有小人之心，反乎中庸，無所忌憚，而自謂之時中也。時中者，「當其可」之謂也。「時止則止，時行則行」，當其可也。「可以仕則仕，可以止則止，可以速則速，可以久則久」，當其可也。曾子、子思易地則皆然，禹、稷、顔回同道，當其可也。舜不告而娶，周公殺管、蔡，孔子以微罪行，當其可也。小人見君子之時中唯變所適，而不知當其可，而欲肆其姦心，濟其私欲。或言不必信，行不必果，則曰唯義所在而已，然實未嘗知義之所在。有臨喪而歌，人或非之，則曰是惡知禮意，然實未嘗知乎禮意。猖狂妄行，不謹先王之法，以欺惑流俗，此小人之亂德，先王之所以必誅而不以聽者也。○又曰：執中無權，雖君子之所惡，苟無忌憚，則不若無權之爲愈。

游曰：道之體無偏，而其用則通而不窮。無偏，中也；不窮，庸也。以性情言之則爲中和，以德行言之則爲中庸，其實一道也。君子者，道中庸之實也。小人則竊中庸之名而實皆之，是中庸之賊也，故曰「反中庸」。

或問：有謂中所以立常，權所以盡變，不知權則不足以應物，知權則中有時乎不必用矣，是否？楊曰：知中則知權，不知權則是不知中也。如一尺之物，約五寸而執之，中也。一尺而厚薄小大之體殊，則所執者輕重不等矣，猶執五寸以爲中，是無權也。蓋五寸之執，長短多寡之中，而非厚薄小大之中也。欲求厚薄小大之中，則釋五寸之約，唯輕重之知，而其中得矣。故權以中行，中因權立。中庸之書不言權，其曰「君子而時中」，蓋所以爲權也。○又曰：中者豈執一之謂哉？亦貴乎時中也。時中者，「當其可」之謂也。堯授舜，舜授禹，受之而不爲泰；湯放桀，武王伐紂，取之而不爲貪；伊尹放太甲，君子不以爲篡；周公誅管、蔡，天下不以爲逆。以其事觀之，豈不異哉？聖人安行而不疑者，蓋當其可也。後世聖學不明，昧執中之權，而不通「時措之宜」，故徇名失實，流而爲之噲之讓、白公之争，自取絶滅者有之矣。至或臨之以兵而爲忠，小不忍而爲仁，皆失是也。

第三章

「子曰」至「久矣」。

程子曰：中庸天下之至理，德合中庸，可謂「至矣」。自世教衰，民不興於行，鮮有中庸之德也。一説：民鮮能久行其道也。

吕曰：中庸者，天下之所共知，天下之所共行，猶寒而衣，飢而食，渴而飲，不可須臾離也。衆人之情，厭常而喜新，質薄而氣弱，雖知不可離，而亦不能久也。惟君子之學，自明而誠，明而未至乎誠，雖心悦而不去，然知不可不思，行不可不勉，在思勉之分，而氣不能無衰，志不能無懈，故有「日月至焉」者，有「三月不違」者，皆德之可久者也。若至乎誠，則不思不勉，至於常久而不息，非聖人，其孰能之？

謝曰：中不可過，是以謂之「至德」。過可爲也，中不可爲，是以「民鮮能久矣」。

楊曰：道止於中而已，過之則爲過，未至則爲不及，故惟中庸爲至。

第四章

「子曰道之」至「味也」。

第五章

「子曰道之」至「矣夫」。

程子曰：「知者過之」，若是聖人之知，豈更有過？伊川○又曰：聖人與理爲一，故無過無不及，中而已矣。其他皆以心處這箇道理，故賢者常失之過，不肖者常失之不及。呂曰：諸子百家，異端殊技，其設心非欲理義之不當，然卒不可以入堯舜之道者，所知有過不及之害也。疏明曠達〔四〕，以中爲不足守，出於天地範圍之中，淪於虛無寂寞之境，窮高極深，要之無所用於世，此過之之害也。蔽蒙固滯，不知所以爲中，泥於形名度數之末節，徇於耳目聞見之所及，不能體天地之化，達君子之時中，此不及之害也。二者所知，一過一不及，天下欲蹈乎中庸而無所歸，此道之所以不行也。賢者常處其厚，不肖者常處其薄。曾子執親之喪，水漿不入口者七日，高柴泣血三年，未嘗見齒，雖本於厚，而滅性傷生，無義以節之者也。宰予以三年之喪爲已久，食稻衣錦而自以爲安，墨子之治喪也，以薄爲其道，既本於薄，又徇生逐末，不勉於恩以厚之也。二者所行，一過一不及，天下欲擇乎中庸而不得，此道之所以不明也。知之不中，「習矣而不察」者也；行之不中，「行之而不著」者也。是知飲食而不知味者也。

楊曰：「極高明」而不知中庸之爲至，則道不行，「智者過之」也。「尊德性」而已，不「道問學」，則道不明，「賢者過之」也。夫道不爲堯、桀而存亡，雖不行不明於天下，常自若也。人日用而不知耳，猶之莫不飲食而鮮知味也。○又曰：若佛氏之寂滅，莊生之荒唐，絶類離倫，不足以經世，道之所以不行也，此「知者過之」也。若楊氏之「爲我」，墨氏之「兼愛」，過乎仁義者也，而卒至於塞路，道之所以不明也，此「賢者過之」也。自知賢愚不肖言之，則賢知宜愈矣，至其妨於道，則過猶不及也。○又曰：聖人，人倫之至也，豈有異於人乎哉？堯舜之道曰孝弟，不過行止疾徐之閒而已，皆人所日用，而味者不知也。夏葛而冬裘，渴飲而飢食，日出而作，晦而息，無非道者，譬之莫不飲食而知味者鮮矣。

吕曰：此章言失中之害。必知所以然，然後道行；必可常行，然後道明。知之過，無徵而不適用，不及則卑陋不足爲，是取不行之道也〔五〕。行之過，不與衆共，不及則無以異於衆，是不明之因也。行之不著，習矣不察，是皆飲食而不知味者。如此而望道之行，難矣夫〔六〕！

游曰：知出於知性，然後可與有行。「知者過之」，非知性也，故知之過而行之不至也。

己則不行，其能行於天下乎？若鄒衍之談天，公孫龍之詭辯，是知之過也。愚者又不足以與此。此道之所以不行也。行出於循理，然後可與有明，「賢者過之」，非循理也，故行之過而知之不至也。己則不知，其能明於天下乎？若楊氏「爲我」，墨氏「兼愛」，是行之過也。不肖者又不足以與此。此道之所以不明也。道不違物，存乎人者，日用而不知耳，故以飲食況之。飲食而知味，非自外得也，亦反諸身以自得之而已。夫行道必自致知始，使知道如知味，是道其憂不行乎？今也「鮮能知味」，此道之所以不行也。

第六章

張子謂范巽之曰：今人所以不及古人之因，此非難悟。設此語者，蓋欲學者存意之不忘，庶游心寖熟，有一日脱然如大寐之得醒耳。舜之心未嘗去道，故「好察邇言」。昧者日用不知，口誦聖言而不知察，況邇言一釋則弃，猶草芥之不足珍也。試更思此説，推舜與昧者之分，寐與醒之所以異，無忽鄙言之邇也。○又曰：只是要博學，學愈博則義愈精微。舜「好問」、「好察邇言」，皆所以「盡精微」也。

吕曰：舜之知所以爲大者，樂取諸人以爲善而已。「好問而好察邇言」，「隱惡而揚善」，皆樂取諸人者也。兩端，過與不及也。「執其兩端」，乃所以用其時中，猶持權衡而稱物輕重，皆得其平。故舜之所以爲舜，取諸人，用諸民，皆以能執兩端而不失中也。○一本云：「好問」則無知愚，無賢不肖，無貴賤，無長幼，皆在所問。「好察邇言」者，流俗之諺，野人之語，皆在所察。廣問合乎衆議者也，邇言出於無心者也，雖未盡合乎理義，而理義存焉。其惡者隱而不取，其善者舉而從之，此「與人同」之道也。

楊曰：「道之不行」，「知者過之」也，故以舜「大知」之事明之。「舜好問而好察邇言」，取諸人以爲善也；「隱惡而揚善」，與人爲善也。取諸人以爲善，人必以善告之；與人爲善，人必以善歸之，皆非小智自私之所能爲也。「執其兩端」，所以權輕重而取中也。由是而用於民，雖愚者可及矣。此舜所以爲「大知」，而道之所以行也。

第七章

楊曰：「擇乎中庸而不能朞月守」，非所謂知而不去者〔七〕，則其爲知也，乃所以爲愚者之不及也〔八〕。

第八章

程子曰：顏子擇中庸，「得一善則拳拳」〔九〕。中庸如何擇？如「博學之」，又「審問之」，又「謹思之」，又「明辯之」，所以能擇中庸也。雖然，學問思辯亦何所據乃識中庸？此則存乎致知。致知者，此則在學者自加功也。大凡於道，擇之則在乎智，守之則在乎仁，斷之則在乎勇。人之於道，則患在不能擇，不能守，不能斷。伊川

張子曰：知德以大中爲極，可謂知至矣，擇中庸而固執之，乃至之之漸也。惟知學然後能勉，能勉然後日進無疆而不息可期矣。○又曰：君子莊敬日強，始則須「拳拳服膺」，出於牽勉，至於中禮却從容，如此方是爲己之學。

呂曰：自「人皆曰予知」以下。中庸之可守，人莫不知之，鮮能蹈之，烏在其爲知也歟？惟顏子擇中庸而能守之，此所以爲顏子也。衆人之不能「朞月守」，聞見之知，非心知也。顏子「服膺而弗失」，心知而已，此所以與衆人異。○一本云：「擇乎中庸」，可守而不能久，「知及之」而「仁不能守之」者也。「知及之，仁不能守之」，自謂之知安在？其爲知也歟，「雖得之，必失之」。故君子之學，自明而誠。明則能擇，誠則能守。能擇，知也；能守，仁

也。如顏子者，可謂能擇而能守也。高明不可窮，博厚不可極，則中道不可識，故「仰之彌高，鑽之彌堅，瞻之在前，忽然在後」。察其志也，非見聖人之卓，不足謂之中，隨其所至，盡其所得，據而守之，則「拳拳服膺」而不敢失，勉而進之，則既「竭吾才」而不敢緩。此所以恍惚前後而不可爲，像求見聖人之止，欲罷而不能也。一宮之中，則庭爲之中矣，指宮而求之一國，則宮或非其中，指國而求之九州，則國或非其中。故極其大則中可求，止其中則大可有。此顏子之志乎？

游曰：道之不行，「知者過之」，如舜之知，則道之所以行也。道之不明，「賢者過之」，如回之賢，則道之所以明也。○又曰：「擇乎中庸」，見善明也。「得一善」則服膺不失，用心剛也。

楊曰：道之不明，「賢者過之」也，故又以回之事明之。夫「得一善」，「拳拳服膺而弗失」，此賢者所以不過也。回之言曰：「舜何人也，予何人也，有爲者亦若是。」用此道也，故繼舜言之。

第九章

程子曰：克己最難，故曰「中庸不可能也」。明道

吕曰：此章言中庸之難也。「均」之爲言，平治也。周官冢宰「均邦國」，平治之謂也。平治乎天下國家，智者之所能也；遜千乘之國，辭萬鐘之禄，廉者之所能也；犯難致命，死而無悔，勇者之所能也。三者世之所難也，然有志者率皆能之。中庸者，世之所謂易也，然非聖人，其孰能之？唯其以爲易，故以爲不足學而不察，以爲不足行而不守，此道之所以不行也。

第十章

程子曰：南方人柔弱，所謂強者，是理義之強，故君子居之。北方人強悍，所謂強者，是血氣之強，故小人居之。凡人血氣，須要以理義勝之。伊川

呂曰：此章言強之中也。南方之強，不及乎強者也；北方之強，過乎強者也。而強者，汝之所當強者也。南方中國，北方狄也，以北對南，故中國所以言南方也。南方雖不及強，然「犯而不校」，未害爲君子。北方則過於強，尚力用強，故止爲強者而已，未及君子之中也。得君子之中，乃汝之所當強也。「柔而立，寬而栗」，故能「和而不流」；剛而寡欲，故能「中立而不倚」；「富貴不能淫」，故「國有道，不變塞焉」；「貧賤不能移，威武不能屈」，故「國無道，至死不變」。塞，未達也。君子達，不離道，故當天下有道，其身必達。不變未達之所守，所謂「不變塞焉」者也。

游曰：中庸之道，造次顛沛之不可違，惟「自強不息」者爲能守之，故以「子路問強」次顏淵。

楊曰：公孫衍、張儀一怒而諸侯懼，安居而天下息，可謂強矣，而孟子曰「妾婦之道也」。至於「富貴不能淫，貧賤不能移，威武不能屈」，然後謂之大丈夫。故君子之強，至於「至死不變」，然後爲至。

第十一章

程子曰：「素隱行怪」，是過者也。「半塗而廢」，是不及者也〔一〇〕。「不見知而不悔」，是中者也。伊川

吕曰：怪者，君子之所不爲也；已者，君子之所不能也。不爲其所過，不已其所不及，此所以「依乎中庸」，自信而不悔也。

第十二章

程子曰：費，日用處。伊川○問：聖人亦何有「不能」「不知」也？曰：天下之理，聖人豈有不盡者？蓋於事有所不徧知不徧能也。至纖悉委曲處，如農圃百工之事，孔子亦豈能知哉？伊川○又曰：「鳶飛」「魚躍」，「言其上下察也」，此一段子思喫緊爲人處，與「必有事焉而勿正」之意同，活潑潑地〔一〕。會得時活潑潑地，會不得只是弄精神。明道○又曰：「鳶飛戾天」，向上更有天在；「魚躍于淵」，向下更有地在。

呂曰：天地之大，亦有所不能，故人猶有憾，況聖人乎？天地之大猶有憾，「語大」者也。有憾於天地，則大於天地矣，此所以「天下莫能載」。愚不肖之夫婦所常行，「語小」者也。愚不肖所常行，雖聖人亦有不可廢，此所謂「天下莫能破」。

謝曰：「鳶飛戾天，魚躍于淵」，非是極其上下而言，蓋真箇見得如此。此正是子思喫緊道與人處，若從此解悟，便可入堯舜氣象。○又曰：「鳶飛戾天，魚躍于淵」，無些私意。「上下察」以明道體無所不在，非指鳶魚而言也。若指鳶魚言，則上面更有天，下面更有地在。知「勿忘勿助長」則知此，知此則知夫子與點之意。○又曰：詩云「鳶飛戾天，魚躍于淵」，猶韓愈所謂「魚川泳而鳥雲飛」，上下自然，各得其所也。詩人之意，言如此氣象，周王「作人」似之。子思之意，言「上下察也」，猶孟子所謂「必有事焉而勿正」，察見天理，不用私意也。故結上文云：「君子語大，天下莫能載；語小，天下莫能破。」今人學詩，將章句橫在肚裏，怎生得脱洒去？

楊曰：道者人之所日用也，故「費」。雖曰日用，而「至賾」存焉，故「隱」。

侯曰：聖人所「不知」「不能」，如孔子問禮於老聃，訪官名於郯子，謂異世之禮制，官名之因革，所尚不同，不可強知故也。又如大德，位禄名壽，舜之必得，而孔子不得。又如博施濟衆，脩己以安百姓，欲盡聖人溥博無窮之心，極天之所覆，極地之所載，無不被其澤者，雖堯舜之仁，亦在所病也。又如「民可使由之，不可使知之」，日用之費，民固由之矣，其道則安能人人知之？雖使堯、舜、周、孔所過者化，其化者不越所過者爾，又安能使窮荒極遠未過者皆化哉？此亦聖人之所「不能」也。

第十三章

程子曰：執柯伐柯，其則不遠，人猶以爲遠。君子之道，本諸身，發諸心，豈遠乎哉！忠恕「一以貫之」，忠者天道，恕者人道，忠者無妄，恕者所以行乎忠也。忠者體，恕者用，「大本」、「達道」也。此與「違道不遠」異者，動以天爾。明道〇又曰：以己及物，忠也，推己及物，恕也，「違道不遠」是也。伊川〇又曰：盡己之謂忠，推己之謂恕。忠，體也；恕，用也。〇又曰：盡己爲忠，如心爲恕。〇或問：恕字學者可用功否？曰：恕字甚大，然恕不可獨用，須得忠以爲體，不忠何以能恕？看忠恕兩字，自見相爲用處。伊川〇又曰：忠恕所以公平，造德則自忠恕，其致則公平。伊川〇又曰：人謂盡己之謂忠，盡物之謂恕。盡己之謂忠固是，盡物之謂恕則未盡。推己之謂恕，盡物之謂信。伊川〇又曰：有餘便是過。慥慥，篤實貌。

明道〇又曰：忠恕兩字要除一箇除不得。

張子曰：所求乎「君子之道四」，是實未能。道何嘗有盡？聖人，人也，人則有限，是誠不能盡道也。聖人之心則直欲盡道，事則安能得盡？如博施濟衆，堯舜實病諸。堯舜之心，其施直欲至于無窮方爲博施，然安得若是？修己以安百姓，是以堯舜實病之〔一二〕，欲得人人如此，然安得如此？○又曰：以責人之心責己則盡道，所謂「君子之道四，丘未能一焉」者也。以愛己之心愛人則盡仁，所謂「施諸己而不願，亦勿施於人」者也。以衆人望人則易從，所謂「以人治人，改而止」者也。此君子所以責己、責人、愛人之三術也。

呂曰：妙道精義，常存乎君臣、父子、夫婦、朋友之間，不離乎交際、酬酢、應對之末，皆人心之所同，然未有不出於天者也。若絶乎人倫，外乎世務，窮其所不可知，議其所不可及，則有天人之分，内外之别，非所謂「大而無外」「一以貫之」，安在其爲道也歟？柯，斧之柄也。執斧之柄而求柯於木，其尺度之則固不遠矣，然柯猶在外，睨而眎之，始得其則。若夫治己治人之道，於己取之，不必睨眎之勞，而自得於此矣。故君子推是心也，其治衆人也，以衆人之道而已。以衆人之所及知，責其所知，以衆人之所能行，責其所行，改而後止，不厚望也。其愛人也，以忠恕而已。忠者，誠有是心而不自欺；恕者，推待己之心以及人者也。忠恕不可謂之道，而道非忠恕不行，此所以言「違道不遠」者。其治己也，以求乎人者反於吾身，事父、事君、事兄、先施之朋友，皆衆人之所能，盡人倫之至，則雖聖人亦自謂未能。此舜所以盡事親之道，必至瞽瞍厎豫者也。庸者，常道也。事父孝，事君忠，事兄悌，交朋友信，「庸德」也，必行而已。有問有答，有唱有和，不越乎此者，「庸言」也，無易而已。不足而不勉，則德有止而不進；有餘而盡之，則道難繼而不行。無是行也，不敢苟言以自欺，故「言顧行」。有是言也，不敢不行而自棄，故「行顧言」。

問忠恕，謝氏曰：猶形影也，無忠做恕不出來。「己所不欲，勿施於人」，「施諸己而不願，亦勿施諸人」，説得自分明。恕，如心而已。

游曰：「有所不足，不敢不勉，」將以踐言也，則其「行顧言」矣。「有餘不敢盡」，恥躬之不逮也，則其「言顧行」矣。言行相顧，則於心無餒，故曰「胡不慥慥爾」。慥慥，心之實也。

楊曰：孟子言舜之「怨慕」，非深知舜之心不能及。此據舜惟患「不順於父母」，不謂其盡孝也。凱風之詩曰：「母氏聖善，我無令人。」孝子之事親如此，此孔子所以取之也。孔子曰：「君子之道四，丘未能一焉。」若乃自以爲能，則失之矣。

或曰：曾子説出忠恕二字，子思所以只發明恕字者，何故？侯曰：無恕不見得忠，無忠做恕不出來。誠有是心之謂忠，見於功用之謂恕。曰：明道言「忠恕二字要除一箇除不得」，正謂此歟？曰：然。〇又曰：父子、君臣、兄弟、朋友之常，孔子自謂皆未能，何也？只謂恕己以及人，則將使天下皆無父子無君臣乎，蓋以責人之心責己，則盡道也。今人有君親而不盡其心以事焉，曰聖人猶未能盡，而曰恕己以及人，是禍天下君臣父子也。

第十四章

張子曰：責己者當知無天下國家皆非之理〔一三〕，故學至於「不尤人」，學之至也。

呂曰：「達則兼善天下」，「得志則澤加於民」，「素富貴，行乎富貴」者也，不驕不淫，不足以道之也。「窮則獨善其身」，「不得志則修身見於世」，「素貧賤，行乎貧賤」者也，不諂不懾，不足以道之也。「言忠信，行篤敬，雖蠻貊之邦行矣」，「素夷狄，行乎夷狄」者也。文王「内文明而外柔順以蒙大難」，箕子「内難而能正其志」，「素患難，行乎患難」者也。「愛人不親反其仁，治人不治反其智」，此「在上位」所以「不陵下」也。「彼以其富，我以吾仁，彼以其爵，我以吾義，吾何慊乎哉」，此「在下位」所以「不援上」也。陵下不從則罪其下，援上不得則非其上，是所謂「尤人」者也。「庸德之行，庸言之謹」，「居易」者也。「國有道，不變塞焉」，「國無道，至死不變」，「心逸日休」，「行其所無事」，如子從父命，無所往而不受，「俟命」者也。若夫「行險以徼」，一旦之幸得之，則貪爲己力，不得則不能反躬，是所謂「怨天」者也。故君子「正己而不求於人」，如射而已，射之不中，由吾巧之不至也。故「失諸正鵠」者，未有不反求諸身。如君子之治己，行有不得，亦反求諸身，則德之不進，豈吾憂哉？

游曰：「素其位而行」者，即其位而道行乎其中，若其素然也。舜之飯糗茹草，若將終身，此非「素貧賤」，而道「行乎貧賤」不能然也。及其爲天子，被袗衣鼓琴，若固有之，此非「素富貴」，而道「行乎富貴」不能然也。飯糗袗衣，其位雖不同，而此道之行一也。至於夷狄、患難，亦若此而已。道無不行，則「無入而不自得」矣。蓋道之在天下，不以易世而有存亡，故無古今，則君子之行道，不以易地而有加損，故無得喪。至於「在上位不陵下」，知富貴之非泰也；「在下位不援上」，知貧賤之非約也。此惟「正己而不求於人」者能之，故能「上不怨天，下不尤人」。蓋君子爲能循理，故「居易以俟命」，居易未必不得也，故窮通皆好。小人反是，故「行險以徼幸」，行險未必常得也，故窮通皆醜。學者要當篤信而已。「射有似乎君子」者，射者發而不中，則必反而求其不中之因，意者志未正邪？體未直邪？持弓矢而未審固邪？然而不中者寡矣。君子之正身亦若此也，「愛人不親反其仁，治人不治反其智，禮人不答反其敬，行有不得者，皆反求諸己」而已，而何怨天尤人之有哉？「失諸正鵠」者，行有不得之況也。

楊曰：君子居其位，若固有之，無出位之思，「素其位」也。

侯曰：揔老嘗問一士人曰：論語云「默而識之」，識是識箇甚？子思言「君子無入不自得」，得是得箇甚？或者無以爲對。侯子聞之曰：是不識吾儒之道，猶以吾儒語爲釋氏用。在吾儒爲不成説話，既曰「默識」與「無入不自得」，更理會甚識甚得之事？是不成説話也。今人見筆墨須謂之筆墨，見人須謂之人，不須問「默而識之」是默識也〔一四〕。聖賢於道猶是也。庸言之信，庸行之謹，是自得也，豈可名爲所得所識之事乎？

第十五章

呂曰：不得乎親，不可以爲人；不順乎親，不可以爲子。故君子之道莫大乎孝，孝之本莫大乎順父母。故仁人孝子欲順乎親，必先乎妻子不失其好，兄弟不失其和，室家宜之，妻孥樂之，致家道成，然後可以養父母之志而無違也。「行遠」、「登高」者，謂孝莫大乎順其親者也。「自邇」、「自卑」者，謂本乎妻子兄弟者也。故身不行道，不行於妻子，「文王刑於寡妻，至於兄弟」，則治家之道必自妻子始。

第十六章

問：明則有禮樂，幽則有鬼神，何也？程子曰：鬼神只是一箇造化，「天尊地卑，乾坤定矣」，「鼓之以雷霆，潤之以風雨」是也。伊川○又曰：夫天，專言之則道也，分而言之，則以形體謂之天，以主宰謂之帝，以功用謂之鬼神，以妙用謂之神，以性情謂之乾。伊川○又曰：鬼神者，造化之迹也。○又曰：鬼是往而不反之義。○又曰：立「清虚一大」爲萬物之源，恐未安，須兼清濁虚實，乃可言神。道體物不遺，不應有方所。明道○又曰：「上天之載，無聲無臭」，其體則謂之易，其理則謂之道，其用則謂之神。故説神「如在其上，如在其左右」，大小大事，而只曰：「誠之不可揜，如此夫！」徹上徹下不過如此。○問：世言鬼神之事，雖知其無，然不能無疑，如何可以曉悟其理？曰：理會得精氣爲物，遊魂爲變，與原始要終之説，便能知也。鬼神之道，只恁説與賢，雖會得，亦信不過，須是自得也。伊川張子曰：鬼神者，二氣之良能也。○又曰：天道不窮寒暑已，衆動不窮屈伸已。鬼神之實，不越二端而已矣。○又曰：鬼神，往來屈伸之義。故天曰神，地曰祇，人曰鬼。神示者，歸之始；歸往者，來之終。○又曰：天體物不遺，猶仁體事而無不在也。「禮儀三百，威儀三千」，無一物之非仁也。「昊天曰明，及爾出王，昊天曰旦，及爾游衍」，無一物之不體也。○又曰：凡可狀皆有也，凡有皆象也，凡象皆氣也。氣之性，本虛而神，則神與性乃氣所固有。此鬼神所以「體物而不可遺」也。

吕曰：鬼神者無形，故視之不見，無聲，故聽之不聞。然萬物之生，莫不有氣，氣也者，神之盛也；莫不有魄，魄也者，鬼之盛也。故人亦鬼神之會爾。此「體物而不可遺」者也。鬼神者，周流天地之間，無所不在，雖「寂然不動」，而有感必通，雖無形無聲，而有所謂昭昭不可欺者，故「如在其上，如在其左右」也。「弗見」、「弗聞」，可謂「微」矣，然「體物而不可遺」，此謂之「顯」。周流天地之間，昭昭而不可欺，可謂「誠」矣，然因感而必通，此之謂「不可揜」。○又曰：鬼神者，二氣之往來爾。物感雖微，無不通於二氣。故人有是心，雖自謂隱微，心未嘗不動，動則固已感於氣矣。鬼神安有？不見乎其心之動，又必見於聲色舉動之間，人乘間以知之，則感之著者也。

謝曰：動而不已，其神乎？滯而有迹，其鬼乎？往來不息，神也；摧仆歸根，鬼也。致生之故，其鬼神；致死之故，其鬼不神，何也？人以爲神則神，以爲不神則不神矣。知死而致生之不智，知死而致死之不仁，聖人所爲神明之也。○或問死生之說，謝曰：人死時，氣盡也。曰：有鬼神否？謝曰：余當時亦曾問明道先生，明道曰：「待向你道無來，横渠説得來別。這箇便是天地閒妙用，須是將來做箇題目入思議始得，講説不濟事。曰：沉魂滯魄影響底事如何？曰：須是自家看得破始得。張亢郡君化去，嘗來附語，亢所知事皆能言之。亢一日方與道士圍碁，又自外來，道士封一把碁子，令將去問之，張不知數，便道不得。又如紫姑神，不識字底把著寫不得，不信底把著寫不得。推此可以見矣。曰：先王祭享鬼神則甚？曰：是他意思別。三日齋，五日戒，求諸陰陽四方上下，蓋是要集自家精神，所以格「有廟」必於萃與渙言之。雖然如是，以爲有亦不可，以爲無亦不可。這裏有妙理，於若有若無之閒，須斷置得去始得。曰：如此却是鶻突也。謝曰：不是鶻突，自家要有便有，自家要無便無始得。鬼神在虚空中辟塞滿，觸目皆是，爲他是天地閒妙用，祖考精神便是自家精神。

楊曰：鬼神「體物而不可遺」，蓋其妙萬物而無不在故也。

第十七章

程子曰："知天命"是達天理也，"必受命"是得其應也。命者是天之付與，如命令之命。天之報應，皆如影響，得其報者，是常理也；不得其報者，非常理也。然而細推之，則須有報應，但人以淺狹之見求之，便爲差互。天命不可易也，然有可易者，唯有德者能之。如修養之引年，世祚之祈天永命，常人之至於聖賢，皆此道也。伊川

張子曰：德不勝氣，性命於氣；德勝其氣，性命於德。窮理盡性，則性天命，命天德〔一五〕，氣之不可變者，獨死生脩天而已。故論死生則曰"有命"，以言其氣也；語富貴則曰"在天"，以言其理也。此"大德"所以"必受命"。

吕曰：中庸之行，孝弟而已。如舜之德位，皆極流澤之遠，始可謂盡孝。故禄位名壽之皆得，非大德，其孰能致之？○一本云：天命之所屬，莫踰於大德，至於禄位名壽之皆極，則人事至矣，天命申矣。行父母之遺體，敢不敬乎，則敬親之至，莫如"德爲聖人，尊爲天子"之大也。以天下養，養之至也，則養親之至，莫如"富有四海之内"之盛也。積厚者流澤廣，積薄者流澤狹，則繼親之至，莫如"宗廟饗之，子孫保之"之久也。舜之德大矣，故"尊爲天

子」，所謂「必得其位」；「富有四海之内」，所謂「必得其禄」；「德爲聖人」，所謂「必得其名」；「宗廟饗之，子孫保之」，則福禄之盛，享壽考而無疑也，所謂「必得其壽」。天之於萬物，其所以爲吉凶之報，莫非因其所自取也。植之固者，加雨露之養，則其末必盛茂；植之不固者，震風凌雨，則其本先撥。至於人事，則「得道者多助，失道者寡助」，是皆「因其材而篤焉」。「栽者培之，傾者覆之」者也。古之君子既有「憲憲」之「令德」，而又有「宜民宜人」之大功，此宜受天禄矣，故天保佑之，申之以受天命。此「大德」所以「必受命」，是亦「栽者培之」之義與。○又曰：命雖不易，惟至誠不息，亦足以移之。此「大德」所以「必受命」，君子所以有性焉〔一六〕，不謂命也。

游曰：中庸以人倫爲主，故以孝德言之。

侯曰：舜匹夫也，而有天下，「尊爲天子，富有四海之内」，以天下養，「宗廟饗之，子孫保之」，孝之大也。位禄名壽必得者，理之常也；不得者，非常也。得其常者，舜也；不得其常者，孔子也。舜自匹夫而有天下，「栽者培之」也；桀自天子而爲匹夫，「傾者覆之」也。天非爲舜、桀而存亡之也，理固然也。故曰「大德必受命」，必言其可必也。

第十八章

呂曰：追王之禮，古所無有，其出於周公乎？大王避狄去邠，之岐山之下而居，「從之者如歸市」，則王業始基之矣。王季成大王之業〔一七〕，至文、武受命作周，故武王「一戎衣而有天下」，「纘大王、王季、文王之緒」而已。故追王大王、王季、文王者，明王業之所基也。武成曰：「大王肇基王迹，王季其勤王家。我文考文王，克成厥勳，誕膺天命，以撫方夏。大邦畏其力，小邦懷其德。惟九年大統未集，予小子，其承厥志。」此追王之意歟！追王之禮，文王之志也，武王承之，武王之業也，周公成之。武王末年，始受天命，於是禮也，蓋有所未暇，此周公所以兼言「成文、武之德」也。推是心也，故「上祀先公」，亦「以天子之禮」，而下「達乎諸侯、大夫及士庶人」。蓋先公組紺以上，追王所不及，如達其意於大王、王季，豈無是意哉？故「上祀先公以天子之禮」，所以達追王之意於其上也。喪從死者，祭從生者，則自諸侯達乎大夫、士、庶人，亦豈無是意哉？故「父爲大夫，子爲士，葬以大夫，祭以士，父爲士，子爲大夫，葬以士，祭以大夫」，葬之從死者之爵，祭之用生者之禄，上下一也，所以達追王之意於其下也。「期之喪達乎大夫」者，期之喪有二：有正統之期，爲祖父母者也；有旁親之期，爲世父母、叔父母、衆子昆弟、昆弟之子是也。正統之期，雖天子、諸侯莫敢降；旁親之期，天子、諸侯絶服而大夫降。所謂「尊不同」，故或絶或降也。大夫雖降，猶服大功，不如天子、諸侯之絶服，故曰「期之喪達乎大夫」也。如旁親之期亦爲大夫，則大夫亦不降，所謂「尊同則服其親之服」也。諸侯雖絶服，旁親尊同亦不降，所不臣者猶服之，如「始封之君不臣諸父昆弟，封君之子不臣諸父而臣昆弟」是也。「三年之喪達乎天子」者，三年之喪爲父爲母，適孫爲祖爲長子爲妻而已，天子達乎庶人一也。父在，爲母及妻，雖服期，然本爲三年之喪，但爲父爲夫屈者也。故與齊衰期之餘喪異者，有三服而加杖，一也；十一月而練，十三月而祥，十五月而禫，二也；夫必三年而後娶，三也。周穆后崩，太子壽卒，叔向曰「王一歲而有三年之喪二」，則包后亦爲三年也。父母之喪，則齊疏之服，饘粥之食，自天子達于庶人。蓋子之事親，所以自致其誠，不可以尊卑變也。

游曰：武王之事，非聖人所優爲也，故曰「一戎衣而有天下，身不失天下之顯名」。謂之「不失」，則與「必得」異矣，乃如其道，則「尊爲天子，富有四海之内，宗廟享之，子孫保之」，與舜未始不同也。○又曰：武王於泰誓三篇，稱文王爲文考，至武成而「柴望」，然後稱文考爲文王，仍稱其祖爲大王、王季。然則周公「追王大王、王季」者，乃文王之德、武王之志也。故曰「成文、武之德」，不言文王者，武王既追王矣。武王既追王，而不及大王、王季，以其「末受命」，而其序有未暇也。禮記大傳載牧野之奠，「追王大王亶父、王季歷、文王昌」，亦據武成之書，以明追王之意出於武王也。世之説者，因中庸無追王文王之文，遂以謂文王自稱王，豈未嘗考泰誓、武成之書乎？君臣之分，猶天尊地卑，紂未可去而文王稱王，是二天子也，服事商之道，固如是耶？書所謂「九年大統未集」者，後世以「虞、芮質厥成」爲文王受命之始故也。當六國時，秦固以長雄天下，而周之位號微矣，辛垣衍欲帝秦，魯仲連以片言折之，衍不敢復出口，蓋名分之嚴如此。故以曹操之英雄，逡巡於獻帝之末而不得逞，彼蓋知利害之實也。曾謂至德如文王，一言一動順帝之則，而反盗虚名而拂天理乎？且武王觀政于商，而須暇之五年〔一八〕，非僞爲也。使紂一日有悛心，則武王當與天下共尊之，必無牧野之事。然則文王已稱之名，將安所歸乎？此天下之大戒，故不得不辯，亦所以正人心也。

楊曰：武王之武，蓋聖人之不幸者，非其欲也。然而「身不失天下之顯名」者，以其「一怒而安天下之民」故也。謂之「不失」，與舜之「必得」異矣。故泰誓曰：「受克予，非朕文考有罪，惟予小子無良。」蓋聖人雖曰「恭行天罰」，而猶有「受克予」之言，不敢自必也。謂之「不失」，不亦宜乎？○又曰：「追王大王、王季，上祀先公以天子之禮」，以金縢之書考之，其禮宜未備也。周公居攝七年而後禮樂備，故「追王大王、王季，上祀先公以天子之禮」，則文、武所以嚴父尊祖之義，於是盡矣。此文、武之德，蓋周公成之也。故孝經曰：「孝莫大於嚴父，嚴父莫大於配天，則周公其人也。」「斯禮也，達乎諸侯、大夫及士、庶人」，謂「上祀先公以天子之禮」也。葬不從死者，是無臣而爲有臣也；祭不從生者，是不以其所以養事其親也。

侯曰：中庸之道，參差不同，聖人之時中，當其可而已。文王三分天下有其二，以服事殷，此文王之中庸也；舜以匹夫而有天下，此舜之中庸也；武王「纘大王、王季、文王之緒，一戎衣而有天下」，此武王之中庸也。此謂「不失天下之顯名」者，非謂武王之有天下不及舜也。謂之「天下之顯名」者，謀從衆而合天心也，是與舜之有天下不異也。故亦曰「尊爲天子，富有四海之内，宗廟饗之，子孫保之」，易地皆然故也。有一毫不與舜受天下之心同，有一人不謳謌獄訟而歸之，非中也，簒也，尚有顯名哉？武王末年方受天命而有天下，未及有作，周公成文、武之德，追王先公之禮，喪葬之制，皆古先所未有也。此又周公之時中也。

校勘記

〔一〕斯理也「理」，明本作「道」。

〔二〕「又云」至「伊川」 明本及集解本均作單行大字，且「又」上加○，「云」作「曰」，末無「伊川」二字。

〔三〕又安得如權度乎 「度」上，明本及伊川文集與吕大臨論中書有「如」字。

〔四〕疏明曠達 「曠」，明本作「洞」。

〔五〕是取不行之道也 「取」，明本無；「道」，明本作「因」。

〔六〕「吕曰此章言失中之害」至「難矣夫」一段，明本同，惟句末多「此通下章下同」六小字雙行。按集解本此段續接「楊曰」前吕曰「是知飲食而不知味者也」下，宜是。

〔七〕非所謂知而不去者 「知」上，明本有「智」字。

〔八〕乃所以為愚者之不及也 「愚者之不及」五字，明本作「智」。

〔九〕得一善則拳拳 「一」字原闕，據明本及集解本補。

〔一〇〕是不及者也 「者」，明本及集解本、程氏遺書均無。

〔一一〕活潑潑地 「潑潑」原誤「撥撥」，據明本及集解本、程氏遺書改。下同。

〔一二〕是以堯舜實病之 「以」，明本及集解本作「亦」。

〔一三〕責己者當知無天下國家皆非之理 「無」，明本及張子全書在「皆非」上。

〔一四〕不須問默而識之是默識也 「默識」下，明本有「箇甚」二字。

〔一五〕性天命命天德 明本及張子全書作「性天德命天理」，集解本作「性命於天天命天德」。

〔一六〕「所以」至「所以有」十字，原小字雙行，據明本及集解本改。

〔一七〕王季成大王之業 「成」，明本作「承」。

〔一八〕而需暇之五年 「暇」，明本作「假」。

中庸輯略卷下

第十九章

呂曰：此章言「達孝」所以爲中庸。武王、周公所以稱「達孝」者，能成文王事親之孝而已。故「脩其祖廟，陳其宗器，設其裳衣，薦其時食」者，善繼文王事親之志也。「序爵」、「序事」、「旅酬」、「燕毛」者，善述文王事親之事也。踐文王之位，行文王之禮，奏文王之樂，敬文王之所尊，愛文王之所親，其所以事文王者，如生如存，故繼志述事，上達乎祖，此之謂「達孝」者歟！「祖廟」者，先王、先公之廟祧也。「宗器」者，國之玉鎮大寶器，天府所掌者也，若有大祭，則出而陳之以華國，如周書所謂「赤刀大訓，弘璧琬琰」，「大玉夷玉，天球河圖」之類是也。「裳衣」者〔一〕，守祧所掌先王、先公之遺衣服，祭祀則各以其服授尸是也。「時食」者，四時之物，如籩豆之薦，四時之和氣是也。「宗廟之禮，所以序昭穆」，别人倫也，親親之義也。父爲昭，子爲穆，父親也，親者邇則不可不别也；祖爲昭，孫亦爲昭，祖爲穆，孫亦爲穆，祖尊也，尊者遠則不嫌於無別也。故孫可以爲王父尸，子不可以爲父尸，此昭穆之別於尸者也。喪禮卒哭而祔，男祔於皇祖考，女祔於皇祖妣，婦祔於皇祖姑。喪服小記士大夫不得祔於諸侯，祔於諸祖父之爲士大夫者，亡則中一以上而祔，祔必以其昭穆，此昭穆之別於祔者也。有事於太廟，子姓兄弟亦以昭穆別之，羣昭羣穆不失其倫。凡賜爵，昭與昭齒，穆與穆齒，此昭穆之別於宗者也。「序爵」者，序諸侯、諸臣與祭者之貴賤也，貴貴之義也。詩曰「相維辟公，天子穆穆」，此諸侯之助祭者也。「於穆清廟，肅雍顯相，濟濟多士，秉文之德」，此諸臣之助祭者也。「序事」者，別賢與能而授之事也，尊賢之義也。孰可以爲宗而詔相？孰可以爲祝而祝嘏？孰可以贊祼獻？孰可以執籩豆？至於執爵沃盥，莫不辨其賢能之大小而序之也。「旅酬下爲上」者，使賤者亦得申其敬也，下下之義也。若特牲饋食之禮賓弟子兄弟，弟子各舉觶於其長，以行旅酬於宗廟之中，以有事爲榮也。「燕毛」者，既祭而燕則尚齒也，長長之義也。毛，髪色也，以髪色別長少而爲之序也。祭則貴貴，貴貴則尚爵；燕則親親，親親則尚齒，其義一也。天下之大經，親親、長長、貴貴、尊賢而已。人君之至恩，下下而已。一祭之閒，大經以正，至恩以宣，天下之事盡矣。「郊社之禮，所以事上帝」，「宗廟之禮，所以祀乎其先」[二]。「事上帝」者，所以立天下之大本，道之所由出也；「祀乎其先」者，所以正天下之大經，仁義之所由始也。故壇廟之別，牲幣之殊，升降祼獻之節，俎豆奇耦之數，酒醞薄厚之齊，燎瘞腥膾，小大多寡，莫不有義。一餕之均，則四簋黍見，其脩於廟中，一肦肉之均，則羔豚而祭，百官皆足。非特是也，知鬼神爲可敬，則鬼神無不在也。洋洋乎，「如在其上，如在其左右」，雖隱微之閒，恐懼戒慎而不敢欺，則所以養其誠心至矣。蓋以爲不如是則不足以立身，身且不立，烏能治國家哉？故曰：「明乎郊社之禮，禘嘗之義，治國其如示諸掌乎！」此之謂也。

游曰：大孝，聖人之絶德也；達孝，天下之通道也。要其爲人倫之至則一也。故繼志述事之末，亦曰「孝之至也」。「事死如事生」，以慎終者言之；「事亡如事存」，以追遠者言之。故始死謂之死，既葬則曰「反而亡焉」，此死亡之辨也。惟聖人爲能饗帝，孝子爲能饗親。饗帝，一德也；饗親，一心也。要不過乎物而已，其於慶賞刑威乎何有？故曰：「明乎郊社之禮，禘嘗之義，治國其如示諸掌乎！」成王自謂「予沖子，夙夜毖祀」，此迓衡之要道也。○又曰：祭祀之義，非精義不足究其説，非體道不足以致其義。蓋惟聖人爲能饗帝，爲其盡人道而與帝同德；孝子爲能饗親，爲其盡子道而與親同心也。仁孝之至，通乎神明，而神祇祖考安樂之，則於郊社之禮，禘嘗之義，始可以言明矣。夫如是，則於爲天下國家也何有？

楊曰：武王「纘太王、王季、文王之緒」，周公「追王太王、王季、上祀先公以天子之禮」，所以繼其志，述其事也。夫將祭必思其居處，故廟則有司脩除之，祧則守祧黝堊之，嚴祀事也。宗器，天府所藏是也，若「赤刀大訓」、「天球河圖」之類，歷世寶之，以傳後嗣，祭則陳之，示能守也；於顧命陳之，示能傳也。裳衣，守祧所藏是也，祭則各以所遺衣服授尸，所以依神也。時食，若四之日，獻羔祭韭之類，以生事之也。夫祭有昭穆，所以別父子遠近、長幼親疎之序也。故有事於太廟，則羣昭羣穆咸在，而不失其倫焉。此「宗廟之禮，所以序昭穆也」。尸飲五，君洗玉爵獻卿；尸飲七，以瑤爵獻大夫；尸飲九，以散爵獻士及羣有司。此序爵而尊卑有等，「所以辨貴賤也」。玉幣，交神明也；祼鬯，求神於幽也。故天地不祼，則玉幣尊於鬯也，故太宰贊之；鬯則大宗伯涖之，祼將又卑於鬯也[三]，故小宰贊之。若此類，所謂「序事」也。先王量德授位，因能授職，此「序事所以辨賢也」。饋食之終，酳尸之獻，下逮羣有司，更爲獻酬，此「旅酬下爲上，所以逮賤也」。既祭而以燕毛爲序，「所以序齒也」。序昭穆，親親也；序爵，貴貴也；序事，尚德也；旅酬逮賤，燕毛序齒，尚恩也。敬親者不敢慢於人，況其所尊乎？愛親者不敢惡於人，況其所親乎？「事死如事生」，若餘閣之奠是也。「事亡如事存」，若「齊必見其所祭者」是也。記曰：「入門弗見也，上堂又弗見也，入室又弗見也，亡矣喪矣。」蓋死而後亡也，始死則事之如生，既亡則事之如存，著存不忘乎心，孝之至也。夫「上祀先公以天子之禮」，而下達乎庶人，推親親之恩，至於燕毛序齒，仁之至、義之盡也。武王、周公所以爲達孝也歟！詩曰「孝子不匱，永錫爾類」，此之謂也。〇又曰：推先王報本反始之義，與夫觀「盥不薦」，涣、萃「假有廟」之象，則聖人所以自盡其心者，於是爲至。非深知鬼神之情狀，其孰能知之？知此則於治國乎何有！

第二十章　第一節

「哀公」至「知天」。

程子曰：昔者聖人立人之道，曰仁與義。孔子曰：「仁者人也，親親爲大；義者宜也，尊賢爲大。」惟能親親，故「老吾老以及人之老，幼吾幼以及人之幼」；惟能尊賢，故賢者在位，能者在職。惟仁與義盡人之道，則謂之聖人。伊川○又曰：不知天，則於人之愚知賢否有所不能知，雖知之有所不盡，故「思知人不可不知天」。不知人則所親者或非其人，所由者或非其道，而辱身危親者有之，故「思事親不可不知人」。

呂曰：所謂「文、武之政」者，以此道施之於爲政而已。有文、武之心，然後能行文、武之政，無文、武之心，則徒法不能以自行也，故曰「其人存則其政舉，其人亡則其政息」。○又曰：道者，人倫之謂也。非明此人倫，不足以反其身而萬物之備也，故曰「脩身以道」。非有惻怛之誠心，盡至公之全體，不足以脩人倫而極其至也，故曰「脩道以仁」。夫人立乎天地之中，其道與天地並立而爲三者也。其所以異者，天以陰陽，地以柔剛，人以仁義而已。所謂道者，合天地人而言之，所謂人者，合天地之中所謂人者而言之，非梏乎有我之私也。故非有惻怛之誠心，盡至公之全體，不可謂之仁也。親親而仁民，仁民而愛物，愛雖無閒，而有差等，則親親大矣，所大者，行仁之本也，故曰「仁者人也，親親爲大」。行仁之道，「時措之宜」，則有義也。天下所宜爲者，莫非義也，而尊賢大矣，知尊賢之爲大而先之，是亦義也，故曰「義者宜也，尊賢爲大」。親親之中，父子首足也，夫妻判合也，昆弟四體也，其情不能無殺也。尊賢之中，有師也，有友也，有事我者也，其待不能無等也。因是等殺之別，節文所由生，禮之謂也，故曰「親親之殺，尊賢之等，禮所生也」。

游曰：螟蛉有可化之質，果蠃有能化之材，知是説，然後可與言政也。然則政之所託，可非其人乎？故曰「爲政在人」。人固未易知，若規矩準繩在我，則方圓曲直無所逃矣，故曰「取人以身」。規矩準繩無他，人道而已，故「脩身以道，脩道以仁」〔四〕。

楊曰：「人存則政舉」，故爲政在人。君子「有諸己」而後「求諸人」，故取人必以身。脩身而不以道，非「有諸己」也，則身不足以取人矣。道二，仁與不仁而已，故脩道必以仁。「仁者人也」，合天下之公，非私於一己者也。蓋無公天下之誠心，而任小己之私意，則違道遠矣。然「仁者人也」，愛有差等，則「親親爲大」。義者行吾敬而已，「時措之宜」，則「尊賢爲大」。以三爲五，以五爲九，上殺下殺旁殺而親畢矣，此「親親之殺」也。有就之而不敢召者，有友之而不敢臣者，此「尊賢之等」也。因其等殺而爲之別，禮之所由生也。孟子曰：禮者，「節文斯二者是也」。其斯之謂歟！

侯曰：「文、武之政」，或舉或息，繫乎人之存亡，若待文、武興而舉之，則曠千古而無善政也。能由文、武之道，行文、武之政，是亦文、武而已。○又曰：天下之大，萬機之繁，非一人之所能舉也，必得天下聖賢而共之。身苟不脩，則賢者不屑也，故「取人以身」。○又曰：人實難知，知人則哲，能官人。欲知人而不知天，則賢不肖或失其宜，雖知有所未盡，亦非知人也。人之道，天理也。盡天理，則道盡矣。己不能盡天理，安能知人乎？故曰「思知人不可以不知天」。

第二十章　第二節

「天下」至「家矣」。

程子曰：天地生物，各無不足之理。常思天下君臣、父子、兄弟、夫婦，有多少不盡分處。明道〇又曰：「知、仁、勇三者，天下之達德」〔五〕，學之要也。明道〇又曰：知知，仁守，勇決。伊川〇又曰：大凡於道〔六〕，擇之則在乎知，守之則在乎仁，斷之則在乎勇。人之於道，患在不能擇，不能守，不能斷。伊川〇王彥霖問：道者一心也，有曰「仁者不憂」，有曰「智者不惑」，有曰「勇者不懼」，何也？曰：此只是名其德爾，其理一也。得此道而不憂者，仁之事也，因其不憂，故曰此仁也。智勇亦然，不成却以不憂謂之智，不惑謂之仁也。凡名其德，千百皆然，但此三者，達道之大也。〇又曰：「所以行之者一」，一者誠也。止是誠實此三者，三者之外，更別無誠。〇又曰：生知者只是他生自知義理，不待學而知。縱使孔子是生知，亦何害於學？如問禮於老聃，訪官名於郯子，何害於孔子？禮文、官名，既欲知舊物，又不可鑿空撰得出，須是問他先知者始得。伊川〇又曰：「生而知之」，「學而知之」亦是才。〇問：「生而知之」要學否？曰：生而知固不待學，然聖人必須學。伊川〇又曰：「堯、舜性之」，生知也；「湯、武身之」，學而知之也。伊川〇問：才出於氣否？

曰：氣清則才善，氣濁則才惡，稟得至清之氣生者爲聖人，稟得至濁之氣生者爲愚人。如韓愈所言、公都子所問之人是也。然此論生知之聖人，若夫學而知之，氣無清濁，皆可至於善，而復性之本。所謂「堯、舜性之」，是生知也；「湯、武反之」，是學而知也。孔子所言「上知下愚不移」，亦無不移之理，所以不移只有二，自暴自棄是也。伊川○又曰：「剛毅木訥」，質之「近乎仁」也；「力行」，學之「近乎仁」也。若夫至仁，則天地爲一身，天地之閒品物萬形爲四肢百體，夫人豈有視四肢百體而不愛者哉？聖人，仁之至也，獨能體是心而已，曷嘗支離多端而求之自外哉？故「能近取譬」者，仲尼所以示子貢以爲「仁之方也」。醫書謂手足風頑謂之四體不仁〔七〕，爲其疾痛不以累其心故也。夫手足在我，疾痛不與知焉，非不仁而何？世之忍心無恩者，其自棄亦若是而已。○又曰：「忠恕違道不遠」，可謂仁之方。「力行近乎仁」，求仁莫近焉。仁道難言，故止曰「近」、「不遠」而已，苟以力行便爲仁，則失之矣。

張子曰：「天下之達道五」，其生民之大經乎！經正則「道前定」，事豫立，不疑其所行，利用安身之要，莫先焉。○又曰：知、仁、勇，天下之達德，雖本之有差，及其所以知之成之則一也。蓋謂仁者以生知以安行此五者，知者以學知以利行此五者，勇者以困知以勉強行此五者。

呂曰：天下古今之所共，謂之達。所謂「達道」者，天下古今之所共行；所謂「達德」

者，天下古今之所共有。雖有共行之道，必知之體之勉之，然後可行；雖知之體之勉之，不一於誠，則有時而息。求之有三，知之則一；行之有三，成功則一。所入之塗則不能不異，所至之域則不可不同。故君子論其所至，則生知與困知，安行與勉行，未有異也。既未有異，是乃所以爲中庸。若乃企生知、安行之資爲不可幾及，輕困學、勉行爲不能有成，此道之所以不明不行，中庸之所以難久也。愚者自是而不求，自私者以天下非吾事，懦者甘爲人下而不辭，有是三者，欲身之脩，未之有也。故好學非知，然足以破愚；力行非仁，然足以忘私；知恥非勇，然足以起懦。知是三者，未有不能脩身者也。天下之理一而已，小以成小，大以成大，無異事也。舉斯心以加諸彼，遠而推之四海而準，久而推之萬世而準。故一身脩而知所以治人，知所以治人而所以治天下國家，皆出乎此也。此者何？中庸而已。○又曰：性，一也。流形之分，有剛柔昏明者，非性也。有三人焉，皆有目以別乎衆色，一居乎密室，一居乎帷箔之下，一居乎廣廷之中〔八〕，三人所見昏明各異，豈目不同乎？隨其所居，蔽有厚薄爾。凡學者，所以解蔽去惑，故生知、學知、困知，「及其知之一也」，安得不貴於學乎？

游曰：仁者不憂，智者不惑，勇者不懼，此成德也。孔子自謂我無能焉，夫成德豈易得乎？能知好學、力行、知恥，則可以入德矣。

侯曰：知恥非勇也，能恥不若人則勇矣。

第二十章 第三節 「凡爲」至「一也」。

程子曰：「尊賢也，親親也」，蓋先尊賢，然後能親親。夫親親固所當先，然不先尊賢，則不能知親親之道。伊川○又曰：「體羣臣」者，體，察也。心誠求之，則無不察矣，忠厚之至也。故曰「忠信重禄，所以勸士」，言盡其忠信而厚其禄食，此所以勸士也。明道

吕曰：經者，百世所不變也。「九經」之用，皆本於德懷，無一物不在所撫，而刑有不與焉。「脩身」，「九經」之本，必親師友，然後脩身之道進，故次之以「尊賢」；道之所進，莫先其家，故次之以「親親」；由親親以及朝廷，故「敬大臣」，「體羣臣」；由朝廷以及其國，故「子庶民」，「來百工」；由其國以及天下，故「柔遠人」，「懷諸侯」，此「九經」之序。視羣臣猶吾四體，視庶民猶吾子，此視臣視民之別。自天子至於庶人一是，皆以脩身爲本。我之於道也，知崇則無不知，知「有諸己」矣；禮卑則無不敬，能「有諸己」矣。故貌足畏也，色足憚也，言足信也。顛沛造次一於禮而不違，則富貴所不能淫，貧賤所不能移，威武所不能屈，所謂「強立而不反」者也。故曰「脩身則道立」，又曰「齊明盛服，非禮不動，所以脩身也」。禮義由賢者出，知賢爲可尊，則學日進而知益明，然讒、色、貨之害，皆足以奪之正，惟知之

審，信之篤，迎之致敬以有禮，則患賢者之不至，未之有也。故曰「尊賢則不惑」，又曰「去讒遠色，賤貨而貴德，所以勸賢也」。尊之欲其貴，愛之欲其富，所好則與同其樂，所惡則與同其憂，此諸父昆弟所以相勸而親。故曰「親親則諸父昆弟不怨」，又曰「尊其位，重其禄，同其好惡，所以勸親親也」。大臣不可不敬，是民之表也，非其人，黜之可也，任之則信之，信之則敬之，故諫行言聽，膏澤下於民。既任之矣，又使小臣閒之，諫必不行，言必不聽，而怨乎不以，内適足以自眩，外不足以圖治矣。託之以大事，則小事有所不必親，必使慎簡乃僚，惟所任使，則大臣勸於事君矣。故曰「敬大臣則不眩」，又曰「官盛任使，所以勸大臣也」。君視臣如手足，則臣視君如腹心，所報可知矣，待之以忠信，養之以重禄，此士所以願立乎其朝矣。故曰「體羣臣則士之報禮重」，又曰「忠信重禄，所以勸士也」。愛之如子，則凡可以安之者無不爲也，使之所以佚之，取之所以治之，雖勞而不怨，此農所以願耕於其野矣。故曰「子庶民則百姓勸」，又曰「時使薄斂，所以勸百姓也」。不通工易事，以羡補不足，則男不得專事於農，女不得專事於桑，且將爲陶冶，爲梓匠，爲釜甑以食，爲宫室以居，耒耜錢鎛以耕耨，欲其穀不可勝食，材木不可勝用，得乎？故百工之事，國家之所不可無也，雖曰末技，所以佐其本業者得以盡力，此財用所以足也。所以來之者，亦能辨其苦良而制其食，則工知勸矣。如稾人「春獻素，秋獻成，書其等以饗工，乘其事，試其弓弩，以下上其食而誅賞」，此所謂「日省月試，餼廩稱事」者也。然則來百工而不來商賈者，蓋百工之所須，皆商賈之所致也，百工來則商賈自通，有不必道也。「遠人」惟可以柔道御之，遠者不柔，則邇者不可能。故聖人貴乎柔遠，「送往迎來，嘉善而矜不能」，皆以柔道也，柔遠能邇，此四方所以歸也。「繼絶世」者，無後者爲之立後也；「舉廢國」者，已滅者復之也；「治亂」者，以道正之也；「持危」者，以力助之也；「朝聘以時」，所以繼好也；「厚往而薄來」，燕賜多而納貢寡也。凡此皆「所以懷諸侯」也，懷其德則畏其力矣。「九經」雖曰治天下國家之常道，無誠以行之，則道爲虛矣，雖終日從事，而功不立也，人不信也，此不誠所以無物也。故曰「凡爲天下國家有九經，所以行之者一也」，一即誠也。

游曰：「齊明」所以一其志，「盛服」所以脩其容，「非禮勿動」則内無逸德，外無過行，内外進矣，則「富貴不能淫，貧賤不能移」，故「脩身則道立」。「去讒」則任事，「遠色」則好之篤，「賤貨」則義利分，「貴德」則真僞核。夫如是，則「見善明，用心剛」矣，故「尊賢則不惑」。「尊其位」所以貴之，「重其禄」所以富之，「同其好」以致其利，「同其惡」以去其害，則禮備而情親，諸父兄弟所以望乎我者足矣，故「親親則不怨」。○又曰：「不惑」在理，故於「尊賢」言之；「不眩」在事，故於「敬大臣」言之。○又曰：人情莫不欲逸也，「時使」之而使有餘力，莫不欲富也，「薄斂」之而使有餘財，則「子庶民」之道也，故「百姓勸」。「日省月試」以程其能，「餼廩稱事」以償其勞，則惰者勉而勤者悦矣，此「來百工」之道也，故「財用足」。「送往迎來」以厚其禮，「嘉善而矜不能」以致吾仁，待之者甚周，責之者甚約，此「柔遠人」之道也，故「四方歸之」。「繼絶世」則賢者之類無不悦，「舉廢國」則功臣之後無不勸，亂者懼焉，危者怙焉，其來也節以時，其往也遺以禮，則「懷諸侯」之道也。夫如是，則德之所施者博，而威之所制者廣矣，故「天下畏之」。經雖有九，而所以行之一者，誠而已，不誠則「九經」爲虚文，是無物也。

楊曰：「體羣臣則士之報禮重」者，君臣一體也，君之視臣如手足，則臣視君如腹心矣。「子庶民則百姓勸」者，赤子之無知，雖陷穽在前而莫之知避也，使之就利而違害，在保者而已，其子之也如是，百姓寧有不勸乎？○又曰：「去讒、遠色、賤貨」者，人君信讒邪，邇聲色，殖貨利，則尊德樂義之心不至，而賢者不獲自盡矣，雖有尊賢之心，而賢者不可得而勸也。○又曰：「官盛任使」，不累以職，則以道事其君者，得以自盡矣，故曰「官盛任使，所以勸大臣也」。遇之不以忠信，養之不以重禄，則士不得志，有窶貧之憂，尚何勸之有？故曰「忠信重禄，所以勸士也」。時使之不盡其力，薄歛不傷其財，則農者願耕於其野，商賈願藏於其市，行旅願出於其途，而養生送死無憾矣，此所以「勸百姓」之道也。○又曰：天下國家之大，不誠未有能動者也。雖法度彰明，無誠心以行之，皆虚器也。○又曰：自脩身推論而至於平天下，莫不有道焉，而皆以誠意爲主，苟無誠意，雖有其道，不能行也。故中庸論「天下國家有九經」，而卒曰「所以行之者一」。一者何？誠而已。蓋天下國家之大，未有不誠而能動者也。然而非格物致知，烏足以知其道哉？大學所論誠意正心脩身治天下國家之道，其原乃在乎物格推之而已。若謂意誠便足以平天下，則先王之典章文物皆虛器也。故明道先生嘗謂，有關雎、麟趾之意，然後可以行周官之法度，正謂此耳。

第二十章　第四節

「凡事」至「不窮」。

張子曰：「事豫則立」，必有教以先之，盡教之善，必精義以研之，「精義入神」，然後立。斯立動，斯和矣。○又曰：「博學於文」者，只要得「習坎」「心亨」。蓋人經歷險阻艱難，然後其心亨通。博文者皆是小德應物，不學則無由知之。故中庸之欲「前定」，將所以應物也〔九〕。

呂曰：豫，素定也。素定者，先事而勞，事至而佚，既佚則且無所事其憂。不素定者，先事而佚，事至而憂，雖憂而亦無所及於事。寇將至而爲干櫓，水將至而爲隄防，其爲不亡者幸也。故素定者事皆有成，言有成説，事有成業，行有成德，道有成理。用而不括，動而有功，所謂「精義入神以致用」，則精義者，豫之謂也。能定然後能應，則能定者，豫之謂也。擬之而後言，議之而後動，擬議以成其變化，則擬議者，豫之謂也。致用也，能應也，成變化也，此所以無「跲」、「困」、「疚」、「窮」之患也。言有成説，則「使於四方」，不憂乎不能專對也。事有成業，則「千乘之國，攝乎大國之閒，加之以師旅，因之以飢饉」，不憂乎不能治也。行有成德，則富貴不憂乎能淫，貧賤不憂乎能移，威武不憂乎能屈也。道有成理，則「徵諸庶民，考諸三王」，「質諸鬼神」，「百世以俟聖人」，不憂乎不合也。

游曰：豫者，「前定」之謂也。惟至誠爲能定，惟前定爲能應。故以言則必行，以事則必誠，以行則無悔，以道則無方。誠定之效如此，故繼「九經」言之。

第二十章　第五節

「在下」至「身矣」。

程子曰：「止於至善」，「不明乎善」，此言善者義理之精微，無可得名，且以「至善」目之。「繼之者善」，此言善却言得輕，但謂繼斯道者莫非善也，不可謂惡。伊川○又曰：這一箇道理，不爲堯存，不爲桀亡，只是人不道他這裏，「道」作「到」。知此便是明善。○又曰：明善在明，守善在誠。○又曰：人患事繫累，思慮蔽固，只是不得其要，要在明善。明善在乎格物窮理，窮至於物理，則漸久後，天下之物皆能窮，只是一理。伊川○又曰：且省外事，但明乎善，惟進誠心，其文章雖不中，不遠矣。所守不約，汎濫無功。明道○又曰：學者必知所以入德，不知所以入德，未見其能進也。故孟子曰：「不明乎善，不誠其身」。易曰：「知至至之。」

游曰：欲誠其意，先致其知，故「不明乎善，不誠乎身」矣。學至於誠，身安往而不致其極哉？以內則順乎親，以外則信乎友，以上則可以得君，以下則可以得民。此舜之「允塞」，所以「五典克從」也。

楊曰：「不明乎善」，雖欲「擇善而固執之」，未必當於道也。故欲「誠乎身」，必先於明善。「不誠乎身」，則身不行道矣，身不行道，不行於妻子，況能順其親乎？故欲「順乎親」，必先於「誠身」。「不順乎親」，則於其所厚者薄也，況於朋友乎？故欲「信乎朋友」，必先「順乎親」。夫責善，朋友之道也，「不信乎朋友」，則其善不足稱也，已而欲「獲乎上」，不亦難乎？「不獲乎上」，則身不能保，況欲治其民乎？不可得也。○又曰：反身者，反求諸身也。蓋萬物皆備於我，非自外得，「反諸身」而已。○又曰：明善在致知，致知在格物。號物之多至於萬，則物蓋有不可勝窮者，反身而誠，則舉天下之物在我矣。詩曰：「天生烝民，有物有則。」凡形色具於吾身者，無非物也，而各有則焉，反而求之，則天下之理得矣。

第二十章　第六節 「誠者」至「必強」。

周子曰：誠者，聖人之本。大哉乾元，萬物資始，誠之源也。乾道變化，各正性命，誠斯立焉，純粹至善者也。故曰：「一陰一陽之謂道，繼之者善也，成之者性也。」元亨，誠之通；利貞，誠之復。大哉易也，性命之源乎！○又曰：聖，誠而已矣。誠，五常之本，百行之源也。靜無而動有，至正而明達也。五常百行非誠，非也，邪暗塞也，故誠則無事矣。至易而行難，果而確無難焉，故曰「一日克己復禮，天下歸仁焉」。

程子曰：無妄之謂誠，不欺其次矣。一本云：李邦直云「不欺之謂誠」，便以不欺爲誠。徐仲車云「不息之謂誠」，中庸言「至誠無息」，非以無息解誠也。或以問先生，先生云云。○又曰：誠者天之道，敬者人事之本。敬者用也，敬則誠。明道○又曰：主一之謂敬，一者之謂誠，敬則有意在。○又曰：「不勉而中，不思而得」，與勉而中，思而得，何止有差等，直是相去懸絕。「不勉而中」即常中，「不思而得」即常得。所謂「從容中道」者，指他人所見者言之，若不勉不思者，自在道上行，又何必言中不中，得不得。不勉不思亦有大小深淺，至於曲藝，亦有不勉不思者。所謂「日月至焉」與「久而不息」者，所見規模雖略相似，其意味氣象迥别，須心潛默識，玩索久之，庶幾自得。學者不學聖人則已，欲學之，須熟玩味聖人之氣象，不可只於名上理會，如此只是講論文字。伊川○問：致知與力行兼否？曰：爲常人言，纔知得非禮不可爲，須用勉強，至於知穿窬不可爲，則不待勉強，是知亦有深淺也。古人言樂循理之謂君子，若勉強，只是知循理，非是樂也。纔到樂時，便是循理爲樂，不循理爲不樂，何苦而不循理，自不須勉強也。若夫聖人，「不勉而中，不思而得」，此又上一等事。伊川○又曰：知至則當至之，知終則當終之，須以知爲本。知之深則行之必至，無有知之而不能行，只是知得淺。飢而不食烏喙，人不蹈水火，只是知，人爲不善，只爲不知。知至而至之，知之事，故「可與幾」；知終而終之〔一〇〕，故「可與存義」。知至是致知，博學、明辨、審問、慎思皆致知。知至之事篤行，便是終之。如「始條理」、「終條理」，因其能始條理，故能終條理，猶知至即能終之。伊川○又曰：博學、審問、慎思、明辨、篤行五者，廢其一，非學也。○又曰：思曰睿，思慮久後，睿自然生。若於一事上思未得，且別換一事思之，不可專守著這一事。蓋人之知識於這裏蔽著，雖強思亦不通也。伊川○又曰：思曰睿，睿作聖。致思如掘井，初有渾水，久後稍引動得清者出來。人思慮始皆溷濁，久自明快。伊川○問：張旭學草書，見擔夫與公主爭道，及公孫大娘舞劍，而後悟筆法，是心常思念，至此而感發否？曰：然。須是思，方有感悟處，若不思，怎生得如此？然可惜張旭留心於書，若移此心於道，何所不至。伊川〇又曰：不深思則不能造於道，不深思而得者，其得易失。然而學者有無思無慮而得者，何也？曰：以無思無慮而得者，乃所以深思而得之也。以無思無慮爲不思而自以爲得者，未之有也。〇問：人有日誦萬言，或妙絶技藝，此可學否？曰：不可。大凡所受之才，雖加勉強，止可少進，而鈍者不可使利也，惟理可進。除是積學既久，能變得氣質，則「愚必明」、「柔必強」。伊川

張子曰：勉蓋未能安也，思蓋未能有也。〇又曰：以心求道，正由以己知人，終不若彼自知，彼爲「不思而得」也。〇又曰：性通極於無氣，其一物耳；命稟同於性遇，乃適然焉。人一己百，人十己千，然有不至，猶難語性，可以言氣；行同報異，猶難語命，可以言遇。〇又曰：形而後有氣質之性善，反之則天地之性存焉。故氣質之性，君子有弗性者焉。

吕曰：誠者理之實然，致一而不可易者也。天下萬古，人心物理，皆所同然，有一無二，雖前聖後聖，若合符節，是乃所謂誠，誠即天道也。天道自然，無勉無思，其中其得，自然而已。聖人誠一於天，天即聖人，聖人即天，由仁義行，何思勉之有，故「從容中道」而不迫。誠之者，以人求天者也。思誠而復之，故明有未究，於善必擇，誠有未至，所執必固。善不擇，道不精，執不固，德將去，學問思辨所以求之也，行所以至之也。求之至之，非人一

己百，人十己千，不足以化氣質。○一本云：誠者理之實，致一而不可易者也。大而天下，遠而萬古，求之人情，參之物理，皆所同然，有一無二，雖前聖後聖，若合符節，理本如是，非人私智之所能爲，此之謂誠，誠即天道也。天道自然，何勉何思？莫非性命之理而已。故「誠者天之道」，性之者也；「誠之者人之道」，反之者也。聖人之於天道，性之者也；賢者之於天道，反之者也。性之者，成性而與天無閒也，天即聖人，聖人即天，縱心所欲，由仁義行也，出於自然，從容不迫，不待乎思勉而後中也。反之者，求復乎性而未至，雖誠而猶雜之僞，雖行而未能無息，則善不可不思而擇，德不可不勉而執，不如是猶不足以至乎誠，故學問思辨皆所以求之也，行所以至之也。君子將以造其約，則不可不學；學而不能無疑，則不可不問；未至於精而通之，則不可不思；欲知是非邪正之别，本末先後之序，則不可不辨；欲至乎道，欲成乎德，則不可不行。學以聚之，聚不博則約不可得，博學而詳説之，將以反説約也。爲學之道，造約爲功，約即誠也。不能至是，則多聞多見，徒足以飾口耳而已。語誠則未也，故曰「有弗學，學之弗能弗措也」。學者不欲進則已，欲進則不可以有成心，有成心則不可與進乎道矣。故成心存，則自處以不疑，成心亡，然後知所疑矣。小疑必小進，大疑必大進，蓋疑者不安於故而進於新者也。如問之審，審而知，則進孰禦焉，故曰「有弗問，問之弗知弗措也」。學也問也，求之外者也，聞也見也，得之外者也。不致吾思以反諸身，則學問聞見非吾事也。故知所以爲性，知所以爲命，反之於我何物也，知所以名仁，知所以名義，反之於我何事也，故曰思則得之，不思則不得也。慎其所以思，必至于得而後已，則學問聞見皆非外鑠，是乃所謂誠也，故曰「有弗思，思之弗得弗措也」。理有宜不宜，時有可不可。道雖美矣，膠於理則亂；誠雖至矣，失其時則乖，不可不辨也。辨之者，不別則不見，不講則不明，非「精義入神」，不足以致用，故曰「有弗辨，辨之弗明弗措也」。四者致知之道，而未及乎行也。學而行之，則由是以至于誠無疑矣。知崇者所以致吾知也，禮卑者所以篤吾行也。學之博者，莫若知之之要，知之要者，不若行之之實也。行之之實，猶目之視，耳之聽，不言而喻也，如日月之運行，不可得而已也。篤之猶有勉也，篤之至于誠，則不勉矣，行之弗篤，猶未誠也，故曰「有弗行，行之弗篤弗措也」。「人一能之己百之，人十能之己千之」者，君子所貴乎學者，爲能變化氣質而已。德勝氣質，則柔者可進於強，愚者可進於明，不能勝氣質，則雖有志於善，而柔不能立，愚不能明。蓋均善而無惡者性也，人所同也；昏明強弱之稟不齊者才也，人所異也。誠之者，反其同而變其異也。思誠而求復，所以反其同也。人一己百，人十己千，所以變其異也。孟子曰「居移氣，養移體」，況學問之益乎！故學至於「尚志」，以天下之士爲未足，則尚論古之人，雖質之柔，而不立者寡矣。學至於「致知」、「格物」，則天下之理斯得，雖質之愚，而不明者寡矣。夫愚柔之質，質之不美者也。以不美之質求變而美，非百倍其功，不足以致之。今以鹵莽滅裂之學，或作或輟，以求變不美之質，及不能變，則曰天質不美，非學所能變。是果於自棄，其爲不仁之甚矣。

謝曰：誠是實理，不是專一。尋常人謂至誠，止是謂專一。實理則「如惡惡臭，如好好色」，不是安排來。

問：中庸只論誠，而論語曾不一及誠，何也？楊曰：論語之教人，凡言恭敬忠信所以求仁而進德之事，莫非誠也。論語示人以入之之方，中庸言其至也。蓋中庸子思傳道之書，不正言其至，則道不明。孔子所罕言，孟子常言之，亦猶是矣。

第二十一章

程子曰：君子之學，必先明諸心，知所往，然後力行以求至，所謂自明而誠也。故學必盡其心，知其性，然後反而誠之，則聖人也。伊川○問：橫渠言「由明以至誠，由誠以至明」，此言恐過當。程子曰：「由明以至誠」，此句却是，「由誠以至明」則不然，誠即明也。伊川

張子曰：「自誠明」者，先盡性，以至于窮理也。謂先自其性理會來，以至於理。「自明誠」者，先窮理，以至于盡性也。謂先從學問理會，以推達于天性也。

呂曰：「自誠明」，性之者也；「自明誠」，反之者也。性之者自成德而言，聖人之所性也；反之者自志學而言，聖人之所教也。一本云：謂之性者，生之所固有以得之；謂之教者，由學以復之。成德者至于實然不易之地，理義皆由此出也，天下之理如目睹耳聞，不慮而知，不言而喻，此之謂「誠則明」。志學者致知以窮天下之理，則天下之理皆得，卒亦至於實然不易之地，至簡至易，行其所無事，此之謂「明則誠」。

第二十二章

程子曰：「贊天地之化育」，自人而言之。從「盡其性」至「盡物之性」，然後「可以贊天地之化育」，「可以與天地參矣」，言人盡性所造如是，若只是至誠，更不須論。所謂「人者天地之心」，及「天聰明，自我民聰明」，止謂只是一理，而天人所爲各自有分。○又曰：「至誠」可以贊化育者，可以回造化。明道○又曰：「至誠」，「可以贊天地之化育」，則可以與天地參」。贊者，參贊之義，「先天而天弗違，後天而奉天時」之謂也。非謂贊助，只有一箇誠，何助之有？明道○又曰：心具天德，心有不盡處，便是天德處未能盡，何緣知性知天？盡己心則盡人盡物，「與天地參」。贊化育，贊則直養之而已。○又曰：凡言「充塞」云者，却似箇有規模底體面，將這氣充實之。然此只是指而示之近耳，氣則只是氣，更說甚充塞。如化育則只是化育，更說甚贊。贊與充塞又早却是別一件事也。伊川

張子曰：二程解「窮理盡性以至於命」，只窮理便是至於命，亦是失於太快。此義儘有次序，須是窮理，便能盡得己之性，既盡得己之性，則推類又盡人之性，既盡得人之性，須是并萬物之性一齊盡得，如此然後至於天道也。其間煞有事，豈有當下理會了？學者須是

窮理爲先，如此則方有學。今言「知命」與「至於命」儘有近遠，豈可以知便謂之至也。○又曰：性者萬物之一源，非有我之得私也。惟大人爲能盡其道，是故立必俱立，知必周知，愛必兼愛，成不獨成。彼自蔽塞而不知順吾理者，則亦末如之何矣。○又曰：幽贊天地之道，非聖人而能哉？詩人謂「后稷之穡，有相之道」，贊化育之一端與。

呂曰：至於實理之極，則吾生之所固有者不越乎是。吾生所有既一於理，則理之所有皆吾性也。人受天地之中，其生也，具有天地之德，柔強昏明之質雖異，其心之所然者皆同。特蔽有淺深，故别而爲昏明；禀有多寡，故分而爲強柔。至於理之所同然，雖聖愚有所不異。盡己之性，則天下之性皆然，故能盡人之性。蔽有淺深，故爲昏明，蔽有開塞，故爲人物；禀有多寡，故爲強柔，禀有偏正，故爲人物。故物之性與人異者幾希，惟塞而不開，故知不若人之明，偏而不正，故才不若人之美。然人有近物之性者，物有近人之性者，亦繫乎此。於人之性，開塞偏正無所不盡，則物之性未有不能盡也。己也，人也，物也，莫不盡其性，則天地之化幾矣。故行其所無事，順以養之而已，是所謂「贊天地之化育」者也。如堯「命羲、和，欽若昊天」，至于民之析、因、夷、隩，鳥獸之孳尾、希革、毛毨、氄毛，無不與知，則所贊可知矣。天地之化育猶有所不及，必人贊之而後備，則天地非人不立。故人與天地並立爲「三才」，此之謂「與天地參」。

游曰：「萬物皆備於我矣，反身而誠，樂莫大焉」，故「惟天下至誠，爲能盡其性」。千萬人之性，一己之性是也，故「能盡其性，則能盡人之性」。萬物之性，一人之性是也，故「能盡人之性，則能盡物之性」。同焉皆得者，各安其常，則盡人之性也；誘然皆生者，各得其理，則盡物之性也。至於盡物之性，則和氣充塞，故「可以贊天地之化育」。夫如是，則天覆地載，教化各任其職，而成位乎其中矣。

楊曰：性者萬物之一源也，非夫體天德者，其孰能盡之？能盡其性，則人物之性斯盡矣。言有漸次也，贊化育，參天地，皆其分内耳。○又曰：孟子曰：「萬物皆備於我，反身而誠，樂莫大焉。」知萬物皆備於我，則數雖多，反而求之於吾身可也。故曰「盡己之性則能盡人之性，盡人之性則能盡物之性」，以己與人物，性無二故也。

問：天下將亂，何故賢者便生得不豐厚？侯曰：氣之所鍾便如此〔一一〕。曰：有變化之道乎？曰：在君相斡旋之力爾。若舉賢任能，使政事治而百姓和，則天地之氣和而復淳厚矣。此天下所以有資於聖賢，有賴於君相也。子思曰「贊天地之化育」，正謂是耳。若曰治亂自有數而任之，則何賴於聖賢哉？子思所以言贊化育也。書亦曰「祈天永命」，如此而已。

第二十三章

程子曰：「其次致曲」者，學而後知之也，而其成也，與「生而知之」者不異焉。故君子莫大於學，莫害於畫，莫病於自足，莫罪於自棄。學而不止，此湯、武所以聖也。伊川○又曰：「致曲」者，就其曲而致之也。伊川○又曰：人自提孩，聖人之質已完，只先於偏勝處發，或仁或義，或孝或弟，去氣偏處發，便是致曲，去性上脩，便是直養，然同歸于誠。○又曰：自明而誠，雖多由致曲，然亦自有大體中便誠者。雖亦是自明而誠，謂之「致曲」則不可。明道○又曰：曲，偏曲之謂，非大道也。就一事中用志不分，亦能有誠，如養由基射之類是也。「誠則形」，誠後便有物，如參前倚衡，如「有所立卓爾」是也。「形則著」，又著見也。「著則明」，是有光輝之時也。「明則動」，誠能動人也。君子所過者化，豈非動乎？或曰：變與化何別？曰：變如物方變而未化，化則更無舊跡，自然之謂也。莊子言變大於化，非也。伊川

游曰：誠者不思不勉，直心而徑行也。其次則臨言而必思，不敢縱言也，臨行而必擇，不敢徑行也，故曰「致曲」，曲折而反諸心也。擬議之間，鄙詐不萌而忠信立矣，故「曲能有

誠」。有諸中必形諸外，故「誠則形」。形於身必著於物，故「形則著」。誠至於著，則内外洞澈，清明在躬，故「著則明」。明則有以動衆，故「明則動」。動則有以易俗，故「動則變」。變則革汚以爲清，革暴以爲良，然猶有迹也，化則其迹泯矣，日用飲食而已。至於化，則神之所爲也，非天下之至誠，孰能與於此？

楊曰：能盡性者，誠也。「其次致曲」者，誠之也。學問思辨而篤行之，致曲也。

第二十四章

程子曰：人固「可以前知」，然其理須是用則知，不用則不知。知不如不知之愈，蓋用便近二。所以釋子謂又不是野狐精也。〇又曰：蜀山人不起念十年，便能前知。

呂曰：誠一於理，無所閒雜，則天地人物，古今後世，融徹洞達，一體而已。興亡之兆，猶心之有思慮，如有萌焉，無不前知。蓋有方所，則有彼此先後之别，既無方所，彼即我也，先即後也，未嘗分别隔礙，自然達乎神明，非特前知而已。〇一本云：至誠與天地同德，與天地同德，則其氣化運行與天地同流矣。興亡之兆，禍福之來，感於吾心，動於吾氣，如有萌焉，無不前知。况乎誠心之至，求乎蓍龜而蓍龜告，察乎四體而四體應，所謂「莫見乎隱，莫顯乎微」者也。此至誠所以達乎神明而無閒，故曰「至誠如神」。「動乎四體」，如傳所謂「威儀之則以定命」者也。

第二十五章

程子曰：「誠者自成」，如至誠事親則成人子，至誠事君則成人臣。「不誠無物」、「誠者物之終始」，猶俗語徹頭徹尾，不誠更有甚物也。伊川○又曰：聖人言忠信者多矣，人道只在忠信，不誠則無物。「出入無時莫知其鄉」者，人心也，若無忠信，豈復有物乎？明道○又曰：只著一箇私意便是餒，便是缺了他浩然之氣處。「誠者物之終始，不誠無物」，這裏缺了他，則便這裏没這物。○又曰：學者不可以不誠，不誠無以爲善，不誠無以爲君子。修學不以誠，則學雜；爲事不以誠，則事敗；自謀不以誠，則是欺其心而自棄其志；與人不以誠，則是喪其德而增人之怨。今小道異端亦必誠而後得，而況欲爲君子者乎？故曰學者不可以不誠。雖然，誠者在知道本而誠之耳。伊川○又曰：成己須是仁，推成己之道成物便是知〔一二〕。○又曰：古之學者爲己，其終至於成物。今之學者爲物，其終至於喪己。伊川○又曰：「性之德」者，言性之所有，如卦之德乃卦之韞也。明道○又曰：性不可以内外言。伊川○又曰：「時措之宜」，言隨時之義，若「溥博淵泉而時出之」〔一三〕。伊川

吕曰：誠者實而已矣，所謂「誠者物之終始，不誠無物」也。故君子必明乎善，知至則

意誠矣。既有惻怛之誠意，乃能竭不倦之強力，竭不倦之強力，然後有可見之成功。苟不如是，雖博聞多見，舉歸於虛而已，是誠之所以爲貴也。誠雖自成也，道雖自道也，非有我之得私也，與天下同之而已。故思成己必思所以成物，是所謂仁智之具也，性之所固有，合内外而無閒者也。夫天大無外，造化發育皆在其閒，自無内外之別。人有是形而爲形所梏，故有内外生焉，内外一生，則物自物，己自己，與天地不相似矣。反乎性之德，則安有物我之異，内外之別哉？故具仁與智，無己無物，誠一以貫之，合天地而施化育，故能「時措之宜」也。○又曰：子貢曰：「學不厭，智也；教不倦，仁也。」學不厭所以成己，此則成己爲仁；教不倦所以成物，此則成物爲智。何也？夫盡性以成己則仁之體也，推是以成物則智之事也，自成德而言也。學不厭所以致吾知，教不倦所以廣吾愛，自入德而言也。此子思、子貢之言所以異也。

游曰：誠者，非有成之者，自成而已；其爲道，非有道之者，自道而已。自成自道，猶言自本自根也。以性言之爲誠，以理言之爲道，其實一也。

楊曰：誠自成，道自道，無所待而然也。○又曰：萬物一體也，成己所以成物也。「成己仁也」，合天下之公言之也；「成物智也」，即成己之道而行其所無事也。仁智具，「性之德」也。有成己之仁，故能「合内外之道」，有成物之知，故知「時措之宜」也。○又曰：大學自正心誠意至治國家天下，只一理，此中庸所謂「合内外之道」也。孔子曰：「子帥以正，孰敢不正？」子思曰：「君子篤恭而天下平。」孟子曰：「其身正而天下歸之。」皆明此也。○又曰：知合乎内外之道，則禹、稷、顔子之所同可見。蓋自誠意正心推之，至於可以平天下，此内外之道所以合也。故觀其意誠心正，則知天下由是而平，觀天下平，則知非意誠心正不能也。兹乃禹、稷、顔回之所以同也。○又曰：「精義入神」乃所以「致用」，「利用安身」乃所以「崇德」，此「合内外之道」也。

侯曰：上言「誠者自成」，「道自道」，子思恐學者以内外爲二事，知體而不知用，故又曰：「誠者非成己而已也，所以成物也。」猶言「能盡其性則能盡人之性，能盡人之性則能盡物之性」者也。豈有能成己而不能成物者？不能成物，則非能成己者也。人物雖殊，理則一也。故曰：「成己，仁也；成物，知也。」

第二十六章

程子曰：「維天之命，於穆不已」，此是理自相續不已，非是人爲之。如使可爲，雖使百萬般安排也，須有息時，只爲無爲，故不息。中庸言「不見而章，不動而變，無爲而成」，天地之道，可一言而盡也」。伊川○問：義還因事而見否？曰：非也，性中自有。或曰：無狀可見？曰：說有便是見，但人自不見，昭昭然在天地之中也。且如性，何須待有物方指爲性，性自在也。賢所言見者事，頤所言見者理，如曰「不見而章」是也。伊川○又曰：「子在川上曰：『逝者如斯夫，不舍晝夜。』」自漢以來儒者皆不識此義，此見聖人之心「純亦不已」也。「純亦不已」，此乃天德也。有天德便可語王道，其要只在慎獨。明道○又曰：天命不已，文王純於天道亦不已。純則無二無雜，不已則無間斷先後。○又曰：詩云：「上天之載，無聲無臭，儀刑文王，萬邦作孚。」上天又無聲臭之可聞，只看文王便萬邦取信也。又曰「維天之命，於穆不已」，蓋曰天之所以爲天也；「文王之德之純」，蓋曰文王之所以爲文也。然則文王之德，直是似天。「昊天曰明，及爾出王；昊天曰旦，及爾游衍」，只爲常是這箇道理。此箇亦須待他心熟，便自然別。

呂曰：實理不貳則其體無雜，其體不雜則其行無閒，故「至誠無息」。非使之也，機自動耳，乃乾坤之所以闔闢，萬物之所以生育，亘萬古而無窮者也。如使之則非實，非實則有時而息矣。久者，日新而無敝之謂也。徵，驗也。悠遠，長也。天地運行而不息，故四時變化而無敝，日月相從而不已，故晦朔生明而無敝，此之謂「不息則久」。四時變化而無敝，故有生生之驗，晦朔生明而無敝，故有照臨之驗，此之謂「久則徵」。生生也，照臨也，苟日新而有徵，則可以繼繼其長至於無窮矣，此之謂「徵則悠遠」。悠遠無窮者，其積必多，博者能積衆狹，厚者能積衆薄，此之謂「悠遠則博厚」。有如是廣博，則其勢不得不高，有如是深厚，則其精不得不明，此之謂「博厚則高明」。博厚則無物不能任也，高明則無物不能冒也，悠久則無時而不養也。所以載物、覆物、成物者，其能也；所以章、所以變、所以成者，其功也。能非力之所任，功非用而後有，其勢自然，不得不爾，是皆至誠不貳而已，此「天地之道」所以「一言而盡」也。天地所以「生物不測」者，至誠不貳者也；天地所以神者〔一四〕，積之無疆者也。如使天地爲物而貳，則其行有息，其積有限，「昭昭」、「撮土」之微，將下同乎衆物，又焉有載物、覆物、成物之功哉？雖天之大，「昭昭之多」而已，雖地之廣，「撮土之多」而已。「山之一拳」，「水之一勺」，亦猶是矣。其所以高明、博厚、神明不測者，積之之多而已。今夫人之有良心也，莫非受天地之中，是爲可欲之善，不充之，則不能與天地相似而至乎大，大而不化，則不能不勉不思與天地合德而至於聖。然所以至于聖者，充其良心，德盛仁熟而後爾也。故曰：「過此以往，未之或知也。窮神知化，德之盛也。」如指人之良心而責之與天地合德，猶指撮土而求其載華岳、振河海之力，指一勺而求其生蛟龍、殖貨財之功，是亦不思之甚也。天之所以爲天，不已其命而已；聖人之所以爲聖，不已其德而已。其爲天人德命則異，其所以不已則一，故聖人之道可以配天者，如此而已。

游曰：博厚而不久，則載物之德隳矣；高明而不久，則覆物之道缺矣。是則悠久者，天地所以成終始也，故所以成物。

第二十七章

程子曰：自「大哉聖人之道」至「至道不凝焉」，皆是一貫。明道○又曰：中庸言「禮儀三百，威儀三千」，方是説「優優大哉」，又却非如異教之説，須得如枯木死灰以爲得也。○又曰：「德性」者，言性之可貴，與言性善其實一也。明道○又曰：須是「合内外之道」，「一天人，齊上下」，「下學而上達」，「極高明而道中庸」。○又曰：「極高明而道中庸」，非是二事。中庸，天理也，天理固高明，不極乎高明，不足以「道中庸」，中庸乃高明之極也。○又曰：理則「極高明」，行之只是中庸也。明道

張子曰：天體物而不遺，猶仁體事而無不在也。「禮儀三百，威儀三千」，無一物之非仁也。「昊天曰明，及爾出王，昊天曰旦，及爾游衍」，無一物之不體也。○又曰：不「尊德性」，則問學從而不道；不「致廣大」，則精微無所立其誠；不「極高明」，則擇乎中庸，失「時措之宜」矣。○又曰：「尊德性而道問學，致廣大而盡精微，極高明而道中庸」，皆逐句爲一義，上言重，下語輕。「尊德性」猶「據於德」，德性須尊之。道，行也。問，問得者；學，行得者，猶學問也。「尊德性」須是將前言往行、所聞所知以參驗，恐行有錯。「致廣大」須「盡精

微」，不得鹵莽。「極高明」須道中庸之道。○又曰：今且將「尊德性而道問學」爲心，日自求於問學有所背否，於德性有所懈否。此義亦是博文約禮，下學上達。以此警策一年，安得不長？每日須求多少爲益，知所亡改得少不善，此德性上之益。讀書求義理，編書須理會，有所歸著，勿徒寫過，又多識前言往行，此問學上益也。勿使有俄頃閑度，似此三年，庶幾有進。○又曰：「致廣大」，「極高明」，此則儘遠大，所處則直是精約。○又曰：温故知新，多識前言往行以畜德，繹舊業而知新，益思昔未至而今至之，緣舊所見聞而察來，皆其義也。

吕曰：道之在我者，德性而已，不先貴乎此，則所謂問學者，不免乎口耳爲人之事而已。道之全體者，廣大而已，不先充乎此，則所謂精微者，或偏或隘矣。道之上達者，高明而已，不先止乎此，則所謂中庸者，同汙合俗矣。温故知新，將以進吾知也；敦厚崇禮，將以實吾行也。知崇禮卑至于成性，則道義皆從此出矣。居上而驕，知上而不知下者也；爲下而倍，知下而不知上者也。國有道，不知言之足興，知藏而不知行者也；國無道，不知默之足容，知行而不知藏者也。是皆一偏之行，不蹈乎時中。惟明哲之人，知上知下，知行知藏，此所以卒「保其身」者也。

游曰：「發育萬物，峻極于天」，至道之功也。「禮儀三百，威儀三千」，至道之具也。

「洋洋乎」，言上際於天，下蟠於地也。「優優大哉」，言動容周旋中禮也。夫以三百三千之多儀，非天下至誠，孰能從容而盡中哉？故曰「待其人然後行」，蓋盛德之至者人也。「故曰苟不至德，至道不凝焉」，至德非他，至誠而已矣。○又曰：「懲忿窒慾」，「閑邪存誠」，此「尊德性」也。非學以聚之，問以辨之，則擇善不明矣，故繼之以「道問學」。「尊德性而道問學」，然後能「致廣大」。尊其所聞，行其所知，充其德性之體，使無不該徧，此「致廣大」也。非「盡精微」，則無以極深而研幾也，故繼之以「盡精微」。「致廣大而盡精微」，然後能「極高明」。始也未離乎方，今則無方矣；始也未離乎體，今則無體矣。離形去智，廓然大通，此「極高明」也。非「道中庸」，則無踐履可據之地，不幾於蕩而無執乎，故繼之以「道中庸」。高明者中庸之妙理，而中庸者高明之實德也。其實非兩體也。

楊曰：道之「峻極於天」，道之至也。無禮以範圍之，則蕩而無止，而天地之化或過矣。「禮儀三百，威儀三千」，所以體道而範圍之也。「故曰苟不至德，至道不凝焉」，所謂至德者，禮其是乎！夫禮，天所秩也。後世或以爲忠信之薄，或以爲僞，皆不知天者也。故曰「待其人，然後行」。蓋道非禮不止，禮非道不行，二者常相資也。苟非其人，而梏於儀章器數之末，則愚不肖者之不及也，尚何至道之凝哉？○又曰：「尊德性」而後能「致廣大」，「致廣大」而後能「極高明」，「道問學」而後能「盡精微」，「盡精微」而後能「擇中庸而固執之」，入德之序也。〇又曰：國無道，可以「卷而懷之」，然後「其默足以容」。此明哲保身之道，非遵養之有素，其何能爾。不然，雖欲「卷而懷之」，其可得乎？〇又曰：道止於中而已矣，出乎中則過，未至則不及，故惟中爲至。夫中也者，道之至極，中而又謂之極，屋極亦謂之極，蓋中而高故也。「極高明」而不道乎中庸，則賢智者過之也；「道中庸」而不極乎高明，則愚不肖者之不及也。世儒以高明、中庸析爲二致，非知中庸也。以謂聖人以高明處己，中庸待人，則聖人處己常過之，待人常不及，道終不明不行，與愚不肖者無以異矣。

第二十八章

呂曰：通下章「寡過矣乎」已上。無德爲愚，無位爲賤。有位無德而作禮樂，所謂「愚而好自用」；有德無位而作禮樂，所謂「賤而好自專」；生周之世而從夏、殷之禮，所謂「居今之世，反古之道」。三者有一焉，取裁之道也。故王天下有三重焉：議禮所以制行，故行必同倫；制度所以爲法，故車必同軌；考文所以合俗，故書必同文。惟王天下者行之，諸侯有所不與也。故國無異政，家不殊俗，蓋有以一之也。如此則寡過矣。

楊曰：愚，無德也，而好自用；賤，無位也，而好自專。居今之世，無德無位而反古以有爲，皆取裁之道，明哲不爲也。故繼之曰：「非天子，不議禮，不制度，不考文。」蓋禮樂、制度、書文必自天子出，所以定民志，一天下之習也。變禮易樂，則有誅焉，況敢妄作乎？有其位可以作矣，然不知禮樂之情，則雖作而不足爲法於天下矣。故有其位無其德亦不敢作也，況無其位乎？

侯曰：「吾學夏禮，杞不足徵也；吾學殷禮，有宋存焉；吾學周禮，今用之，吾從周」，明三代之禮皆可沿革也。宋、杞不足徵吾言則不言，周禮今用之，則吾從周，此孔子之時中也。顔淵問爲邦，子曰：「行夏之時，乘殷之輅，服周之冕，樂則韶舞。」此沿革之大旨也，通天下、等萬世不弊之法也。使孔子而有位焉，其獨守周之文而不損益乎？

第二十九章

程子曰：理則天下只是一箇理，故推至四海而準，須是質諸天地，考諸三王不易之理。故敬則只是敬此者也，仁是仁此者也〔一五〕，信是信此者也。

吕曰：君子之道，必無所不合而後已，有所不合，僞也，非誠也。故於身、於民、於古、於天地、於鬼神、於後世無不合，是所謂誠也，非僞也，物我、古今、天人之所同者也。

楊曰：動，凡動容周旋皆是也，行則見於行事矣。

侯曰：「質諸鬼神而無疑，知天也」，天之心即吾之心也。「百世以俟聖人而不惑，知人也」，前聖之道、後聖之道是也。天也，人也，無它理也〔一六〕。是理也，惟聖人能盡之，故「動而世爲天下道，行而世爲天下法，言而世爲天下則」。道也，法也，則也，非吾一己之私，天下之道，天下之行，天下之言，吾由之而不悖爾，所以「遠之則有望，近之則不厭」也。

第三十章

程子曰：孔子既知宋桓魋不能害己，又却微服過宋。舜既見象之將殺己，而又「象憂亦憂，象喜亦喜」。國祚長短，自有命數，人君何用汲汲求治。禹、稷救飢溺者，過門不入，非不知飢溺而死者自有命，又却救之如此其急。數者之事，何故如此，須思量到「道並行而不相悖」處可也。伊川〇又曰：「小德川流，大德敦化」，只是言孔子川流是日用處，大德是存主處，如俗言敦本之意。伊川〇又曰：「大德敦化」，於化育處敦本也。「小德川流」，日用處也。此言仲尼與天地合德。伊川

張子曰：接物皆是小德，統會處便是大德，更須大體上求尋也。

呂曰：此言仲尼譬天地之大也。其博厚足以任天下，其高明足以冒天下。其化循環而無窮，達消息之理也；其用照鑒而不已，達晝夜之道也。尊賢容衆，嘉善而矜不能，「並育而不相害」之理也。貴貴尊賢，賞功罰罪，各當其理，「並行不相悖」之義也。「禮儀三百，威儀三千」，此「小德」所以「川流」；「洋洋乎，發育萬物，峻極于天」，此「大德」所以「敦化」也。〇一本云：「祖述」者，推本其意。「憲章」者，循守其法。「川流」者，如百川派別。「敦

化」者，如天地一氣。〇又曰：五行之氣，紛錯於太虛之中，「並行而不相悖」也。然一物之感，無不具有五行之氣，特多寡不常爾，一人之身，亦無不具有五行之德。故百理差殊，亦「並行而不相悖」。

游曰：中庸之道，至仲尼而集大成，故此書之末以仲尼明之。道著於堯、舜，故「祖述」焉；法詳於文、武，故「憲章」焉。體元而亨，利物而正，一喜一怒，通於四時，夫是之謂「律天時」。脩其教不易其俗，齊其政不易其宜，使五方之民各安其常，各成其性，夫是之謂「襲水土」。「上律天時」，則天道之至教修；「下襲水土」，則地理之異宜全矣。故博厚配地，「無不持載」，高明配天，「無不覆幬」，變通「如四時之錯行」，照臨「如日月之代明」。小以成小，大以成大，動者植者，皆裕如也，是謂「並育而不相害」。或進或止，或久或速，無可無不可，是謂「並行而不相悖」。動以利物者智也，故曰「小德川流」；靜以裕物者仁也，故曰「大德敦化」。言川流，則知敦化者仁之體；言敦化，則知川流者智之用。

侯曰：「譬如天地之無不持載，無不覆幬」〔一七〕，萬物所以「並育而不相害」也。「譬如四時之錯行，如日月之代明」，道所以「並行而不相悖」也。

第三十一章

程子曰：「溥博淵泉，而時出之」，須是先有「溥博淵泉」，方始能「時出」，自無「溥博淵泉」，豈能以時出之？伊川

吕曰：此章言聖人成德之用，其效如此。聖人成德，固萬物皆備，應於物而無窮矣。然其所以爲聖，則停蓄充盛，與天地同流而無間者也。至大如天，至深如淵，時而出之，如四時之運用，萬物之生育。所見於外者，人莫不敬信而悦服，至於「血氣」之類「莫不尊親」，非有天德，孰能配之？

楊曰：書曰「惟天生聰明時乂」，易曰「知臨大君之宜吉」，則聰明睿智，人君之德也，故「足以有臨」。臨而不容，不足以得衆，容而無執，不足以有制，執而不敬，或失於自私，敬而無别，或無以方外，非成德也。「溥博如天」，則其大無外；「淵泉如淵」，則其流不窮。「淵泉」言有本也。「而時出之」，則其流不息矣。故民莫不敬信而悦服，凡有「血氣」之類「莫不尊親」，則與天同德矣，故曰「配天」。

第三十二章

程子曰：「肫肫其仁」，蓋言厚也。明道

游曰：自「惟天下至聖」以下。「聰明睿智」，聖德也；「寬裕温柔」，仁德也；「發強剛毅」，義德也；「齊莊中正」，禮德也；「文理密察」，智德也。溥博者，其大無方；淵泉者，其深不測。或容以爲仁，或執以爲義，或敬以爲禮，或別以爲智〔一八〕，惟其時而已，此所謂「時出之」也。夫然，故外有以正天下之觀，内有以通天下之志，是以見而民敬，言而民信，行而民悦，自西自東，自南自北，莫不心悦而誠服，此「至聖」之德也。「天下之大經」，五品之民彝也。凡爲天下之常道，皆可名於經，而民彝爲大經。「經綸」者，因性循理而治之，無汩其序之謂也。「立天下之大本」者，建中於民也。「淵淵其淵」，非特「如淵」而已，「浩浩其天」，非特「如天」而已，此「至誠」之道也。德者其用也，有目者所共見，有心者所共知，故「凡有血氣者莫不尊親」。道者其本也，非道同志一，莫窺其奥，故曰：「苟不固聰明聖知達天德者，其孰能知之？」蓋「至誠」之道，非「至聖」不能知，「至聖」之德，非「至誠」不能爲，故其言之序，相因如此。

楊曰：上言「至聖」，此言「至誠」，何也？曰聖人，人倫之至也，以人言之則與天地相似而已，故「如天」、「如淵」，以「至聖」言之。誠者天之道，誠即天也，故「其天」、「其淵」，以「至誠」言之。此其異也。

第三十三章

程子曰：學始於不欺暗室。○又曰：不愧屋漏，便是箇持氣象。伊川○又曰：不愧屋漏，則心安而體舒。伊川○又曰：所謂敬者，主一之謂敬。所謂一者，無適之謂一。且欲涵泳主一之義，一則無二三矣。言敬無如易「敬以直内，義以方外」，須是直内，乃是主一之義。至於不敢欺不敢慢，「尚不愧于屋漏」，皆是敬之事也。伊川○又曰：聖人修己以安百姓，「篤恭而天下平」。惟上下一于恭敬，則天地自位，萬物自育，氣無不和，四靈何有不至。此體信達順之道，聰明睿智皆由是出，以此事天享帝。○又曰：道一本也，知不二本，便是「篤恭而天下平」之道。明道○又曰：君子之遇事無巨細，一於敬而已矣。簡細故以自崇，非敬也；飾私智以爲奇，非敬也。要之，無敢慢而已。語曰：「居處恭，執事敬，雖之夷狄不可棄也。」然則「執事敬」者，固爲仁之端也，推是心而成之，則「篤恭而天下平」矣。伊川○又曰：「毛猶有倫」，入豪釐絲忽終不盡。明道○又曰：聖人之言依本分，至大至妙事，語之若尋常，此所以味長。釋氏之説，纔見得些，便驚天動地，言語走作，却是味短，只爲乍見。如中庸言道，只消道「無聲無臭」四字，總括了多少釋氏言非黄非白、非鹹非苦多少言語〔一九〕。伊川○又曰：中庸之説，其本至於「無聲無臭」，其用至於「禮儀三百，威儀三千」。自「禮儀三百，威儀三千」，復歸於「無聲無臭」，此言聖人心要處，與佛家之言相反，儘教説無形迹無色〔二○〕，其實不過「無聲無臭」，必竟有甚見處，大抵語論間不難見。如人論金曰黄色，此人必是不識金，若是識金者更不言，設或言時，别自有道理。張子厚嘗謂，佛如大富貧子。橫渠論此一事甚當。伊川

張子曰：「闇然」，修於隱也；「的然」，著於外也。

游曰：「君子内省不疚，無惡於志」，「君子所不可及者，其惟人所不見乎」，言慎獨也。

楊曰：君子之道，充諸内而已，故「闇然而曰章」；小人騖外而不孚其實，故「的然而曰亡」。此「衣錦」所以「尚絅」，而「惡其文之著也」。淡疑於可厭，簡疑於不文，温疑於不理。淡、簡、温，所謂「闇然」也。「淡而不厭，簡而文，温而理」，則闇然而章矣。此充養「尚絅」之至也。○又曰：道不可須臾離也，以其無適而非道也。故於不聞不睹，必恐懼戒慎焉。「相在爾室，尚不愧于屋漏」，其充此之謂乎！○又曰：「『上天之載，無聲無臭』，至矣。」蓋道本乎天，而其卒也反乎天，兹其所以爲至者乎〔二一〕。○又曰：孟子言大人「正己而物正」，物正，物自正也。大人只知正己而已，惟能正己，物自然正。此乃「篤恭而天下平」之意。

侯曰：不愧屋漏與慎獨不同。○又曰：自「衣錦尚絅」至「無聲無臭，至矣」，子思再叙入德成德之序也。○又曰：子思之書中庸也，始於「寂然不動」，中則「感而遂通天下之故」，及其至也，「退藏於密」，以神明其德，復於天命，反其本而已。其意義無窮，非玩味力索，莫能得之。

校勘記

〔一〕裳衣者　「裳衣」二字原倒，據明本及集解本乙正。

〔二〕所以祀乎其先　「祀」原作「事」，明本同，據集解本及中庸經文改。

〔三〕裸將又卑於鬯也　「將」，明本作「則」。

〔四〕此下明本多游氏一段語録：又曰：失其身而能事其親，吾未之聞矣，故修身然後能事親，至於能事親，則修身之至也，故曰「思修身不可以不事親」。知事親則德之本立矣，而不知人，則上以事君，下而取友，去就從違，莫知所向，而貽其親之憂者有矣。蓋「取人以身」，不能事親，安所取人哉？其序由事親然後能知人，至於能知人，則事親之至也，故曰「思事親不可以不知人」。集解本則接上文多以下一段文字：在上欲得乎民，在下欲獲乎上，皆以修身為本，失其身而能事其親，吾未之聞矣。至於能事親，則修身之至也。知事親，則德之本立矣。而不知人，則上以事君，下以取友，去就從違，莫知所向，而貽其親之憂者有矣。能知人，則事親之至也。知人者智也，而明或不足以自知，將「逆詐」「億不信」而不肖之心應之，莫知其然也。蓋知人者可與言理，知天者可與言性，至於能知天，則知人之至也。「親親之殺」，事親者能之；「尊賢之等」，知人者能之。

〔五〕天下之達德　明本無「天下」二字。

〔六〕「大凡於道」至「不能斷」　明本無此伊川一段語録，刊者或以此段文字重見本書第八章「程子曰」下，特芟刈之。又「大」原作「夫」，兹據集解本及本書第八章改。

〔七〕非醫書謂手足風頑謂之四體不仁　「謂之」，明本作「為」。

〔八〕一居乎廣廷之中　「乎」原作「于」，據明本及集解本改。

〔九〕將所以應物也　「所」，明本及集解本均無。

〔一〇〕知終而終之　句下明本有「行之事」三字。

〔一一〕氣之所鍾便如此　「鍾」原作「鐘」，據明本及集解本改。

〔一二〕推成己之道成物便是知　「知」，明本及程氏遺書、游廌山集作「智」。

〔一三〕若溥博淵泉而時出之　「時」字原闕，據明本及集解本、程氏遺書補。

〔一四〕天地所以神者　「神」，明本及集解本作「成」。按宋真德秀西山讀書記卷十七載引吕氏此段語録作「成物」。

〔一五〕仁是仁此者也　二「仁」字，明本均作「悦」。

〔一六〕無它理也　「它」，明本作「異」。

〔一七〕無不覆幬　「幬」原作「燾」，據明本及集解本、中庸經文改。

〔一八〕或別以為智　「為」字原闕，據明本及集解本補。

〔一九〕非鹹非苦多少言語　明本「鹹」作「甘」，且無「多少」二字。按程氏遺書「多少」上有「費」字。

〔二〇〕儘教説無形迹無色　「色」上，明本有「聲」字。

〔二一〕兹其所以為至者乎　「者」，明本作「也歟」，集解本作「也」。

附録一　書目著録序跋題記

直齋書録解題卷二

〔宋〕陳振孫

中庸集解二卷。會稽石𡼖子重集録周敦頤、程顥、程頤、張載、吕大臨、謝良佐、游酢、楊時、侯仲良凡十家之説，晦庵爲之序也。

中庸輯略二卷。朱熹既爲章句，復取石子重所集解，删其繁亂，名以輯略。其取舍之義，則或問詳之。

郡齋讀書志卷五下附志

〔宋〕趙希弁

中庸章句一卷、或問二卷、中庸輯略二卷、大學章句一卷、或問二卷。右晦菴先生既定著章句于經文之下，又述平時問答所疑以爲或問，中庸又述輯略兩卷，蓋集伊洛諸儒之説也。希弁所藏各兩本，嶽麓書院精舍及白鹿洞書院所刊者。

玉海卷三十九　〔宋〕王應麟

淳熙大學章句中庸章句。朱文公熹撰。淳熙十六年二月甲子序大學章句，三月戊申序中庸章句，二書各有或問，中庸又有輯略。紹熙五年閏月戊午朔講盤銘。

宋史卷二百二藝文志第一百五十五　〔元〕脱脱

十先生中庸集解二卷，朱熹序。
石㦤中庸集解二卷。
朱熹中庸輯略二卷。

文獻通考卷一百八十經籍考七　〔元〕馬端臨

中庸集解二卷。宋陳振孫直齋書録解題曰：「會稽石㦤子重集録周敦頤、程顥、程一二同志復取石氏書，删其繁亂，名以輯略，且别為或問以附其後」云云」。據此，則是編及或問，皆當與中庸章句合為一書。其後章句孤行，而是編漸晦。明嘉靖中，御史新昌吕信卿，始從唐順之得宋槧舊本，刻之毘陵。凡先儒論説見於或問所駁者，多所芟節。如第九章游氏「以舜為絶學無為」之説，楊氏「有能斯有為」之説，第十一章游氏「離人立於獨未發有念」之説，多竟從删薙，不復存其説於此書。至如第一章内所引程子答葉季明之次章，或問中亦力斥其記録失真，而原文乃仍載書中。或為失於刊削，或為别有取義，則其故不可得詳矣。

欽定四庫全書簡明目録卷四

中庸集解二卷。宋石𡼖編。采周子、二程子、張子、吕大臨、謝良佐、游酢、楊時、侯仲良、尹焞十家解説中庸之語，朱子中庸輯略即據此書為藍本也。

中庸輯略二卷。宋朱熹編。因石𡼖中庸集解而删其繁蕪。據中庸章句序，蓋初附章句之末，其後乃别本孤行也。

中庸集解序

〔宋〕朱熹

中庸一書，子思子之所作也。昔者曾子學於孔子而得其傳矣，孔子之孫子思學於曾子，而得其所傳於孔子者焉，既而懼夫傳之久遠而或失其真也，於是推本所傳之意，質以所聞之言，更相反覆，作為此書。孟子之徒實受其説，孟子没而不得其傳焉。漢之諸儒雖或傳誦，然既雜乎傳記之間而莫之貴，又莫有能明其所傳之意者。至唐李翺，始知尊信其書，為之論説，然其所謂滅情以復性者，又雜乎佛、老而言之，則亦異於曾子、子思、孟子之所傳矣。至於本朝濂溪周夫子，始得其所傳之要以著於篇，河南二程夫子又得其遺旨而發揮之，然後其學布於天下。然明道不及為書，今世所傳陳忠肅公之所序者，乃藍田吕氏所著之别本也。伊川雖嘗自言中庸今已成書，然亦不傳於學者，或以問於和靖尹公，則曰先生自意不滿而火之矣。二夫子於此既皆無書，故今所傳特出於門人所記平居問答之辭，而門人所記行於世者，唯吕氏、游氏、楊氏、侯氏為有成書，若横渠先生，若謝氏、尹氏，則亦或記其語之及此者耳，又皆别自為編，或頗雜出他説，蓋學者欲觀其聚而不可得，固不能有以考其異而會其同也。熹之友會稽新昌石君𡼏子重，乃始集而次之，合為一書，以便觀覽，名曰中庸集解。復第其録如右，而屬熹序之。熹惟聖門傳授之微旨見於此篇者，諸先生言之詳矣。熹之淺陋，蓋有行思坐誦，没世窮經而不得其所以言者，尚何敢措一辭於其間。然嘗竊謂秦漢以來聖學不傳，儒者惟知章句訓詁之為事，而不知復求聖人之意，以明夫性命道德之歸。至於近世先知先覺之士始發明之，則學者既有以知夫前日之為陋矣。然或乃徒誦其言以為高，而又初不知深求其意，甚者遂至於脱略章句，陵籍訓詁，坐談空妙，展轉相迷，而其為患反有甚於前日之為陋者。嗚呼，是豈古昔聖賢相傳之本意，與夫近世先生君子之所以望於後人者哉？熹誠不敏，私竊懼焉。故因數重之書，特以此言題其篇首，以告夫同志之讀此書者，使之毋跂於高，毋駭於奇，必沉潛夫句讀文義之間，以會其歸，必戒懼夫不睹不聞之中，以踐其實，庶乎優柔厭飫，真積力久，而於博厚高明悠久之域，忽不自知其至焉，則為有以真得其傳，而無徒誦坐談之弊矣。抑子重之為此書，采掇無遺，條理不紊，分章雖因衆説，然去取之間不失其當，其謹密詳審，蓋有得乎行遠自邇、登高自卑之意。雖「哀公問政」以下六章據家語，本一時問答之言，今從諸家不能復合，然不害於其脈理之貫通也。又以簡帙重繁，分為兩卷，亦無他義例云。淳熙癸卯三月新安朱熹序。

（録自晦庵集卷七十五）

中庸章句序

〔宋〕朱熹

中庸何爲而作也？子思子憂道學之失其傳而作也。蓋自上古聖神繼天立極，而道統之傳有自來矣。其見於經，則「允執厥中」者，堯之所以授舜也；「人心惟危，道心惟微，惟精惟一，允執厥中」者，舜之所以授禹也。堯之一言至矣盡矣，而舜復益之以三言者，則所以明夫堯之一言必如是而後可庶幾也。蓋嘗論之，心之虛靈知覺，一而已矣，而以爲有人心、道心之異者，則以其或生於形氣之私，或原於性命之正，而所以爲知覺者不同，是以或危殆而不安，或微妙而難見耳。然人莫不有是形，故雖上智不能無人心，亦莫不有是性，故雖下愚不能無道心。二者雜於方寸之間，而不知所以治之，則危者愈危，微者愈微，而天理之公，卒無以勝夫人欲之私矣。精則察夫二者之間而不雜也，一則守其本心之正而不離也。從事於斯，無少間斷，必使道心常爲一身之主，而人心每聽命焉，則危者安，微者著，而動静云爲自無過不及之差矣。夫堯、舜、禹，天下之大聖也。以天下相傳，天下之大事也。以天下之大，聖行天下之大事，而其授受之際，丁寧告戒不過如此，則天下之理，豈有以加於此哉！自是以來，聖聖相承，若成湯、文、武之爲君，臯陶、伊、傅、周、召之爲臣，既皆以此而接夫道統之傳。若吾夫子，則雖不得其位，而所以繼往聖，開來學，其功反有賢於堯、舜者。然當是時，見而知之者，惟顏氏、曾氏之傳得其宗，及曾氏之再傳而復得。夫子之孫子思，則去聖遠而異端起矣。子思懼夫愈久而愈失其真也，於是推本堯、舜以來相傳之意，質以平日所聞父師之言，更互演繹，作爲此書，以詔後之學者。蓋其憂之也深，故其言之也切，其慮之也遠，故其説之也詳。其曰「天命率性」，則「道心」之謂也；其曰「擇善固執」，則「精一」之謂也；其曰「君子時中」，則「執中」之謂。世之相後千有餘年，而其言之不異如合符節，歷選前聖之書，所以提絜綱維，開示藴奥，未有若是其明且盡者也。自是而又再傳，以得孟氏爲能推明是書，以承先聖之統。及其没而遂失其傳焉，則吾道之所寄，不越乎言語文字之間，而異端之説日新月盛，以至於老、佛之徒出，則彌近理而大亂真矣。然而尚幸此書之不泯，故程夫子兄弟者出，得有所考，以續夫千載不傳之緒，得有所據，以斥夫二家似是之非。蓋子思之功，於是爲大而微。程夫子則亦莫能因其説而得其心也。惜乎其所以爲説者不傳，而凡石氏之所輯録，僅出於其門人之所記。是以大義雖明，而微言未析。至其門人所自爲説，則雖頗詳盡而多所發明，然倍其師説而淫於老、佛者亦有之矣。熹自蚤歲即嘗受讀而竊疑之，沉潛反復，蓋亦有年。一旦恍然，似有以得其要領者，然後乃敢會衆説而折其中，既爲定著章句一篇，以竢後之君子。而一二同志復取石氏書，删其繁亂，名以輯略。且記所嘗論辨取舍之意，别爲或問，以附其後。然後此書之旨，支分節解，脈絡貫通，詳略相因，巨細畢舉，而凡諸説之同異得失，亦得以曲暢旁通，而各極其趣。雖於道統之傳不敢妄議，然初學之士或有取焉，則亦庶乎行遠升高之一助云爾。淳熙己酉春三月戊申新安朱熹序。（録自晦庵集卷七十六）

書徽州婺源縣中庸集解板本後

〔宋〕朱熹

此書始刻於南劍之尤溪，熹實為之序其篇目，今建陽、長沙、廣東、西皆有刻本，而婺源宰三山張侯又將刻之縣學，以惠學者。熹故縣人，嘗病鄉里晚學見聞單淺，不過溺心於科舉程試之習，其秀異者又頗馳騖乎文字纂組之工，而不克專其業於聖門也。是以儒風雖盛，而美俗未純，父子兄弟之間，其不能無愧於古者多矣。今得賢大夫流傳此書，以幸教之，固熹之所欲聞而樂贊其成者也。是書所記，雖本於天道性命之微，而其實不外乎達道達德之粲然者。學者誠能相與深究而力行之，則先聖之所以傳，與今侯之所以教者，且將有以自得之，而舊俗之未純者，亦可以一變而至道矣。（録自晦庵集卷八十一）

跋中庸集解

〔宋〕張栻

右石𡼖子重所編集解兩卷，某刻於桂林郡學官。子重之編此書，嘗從吾友朱熹元晦講訂，分章去取，皆有條次。元晦且嘗為之序矣。桂林學官舊亦刻中庸解，而其間雜亂以他，懼其反誤學者，於是漫去舊版，而更刻此書。竊惟中庸一篇，聖賢之淵源也，體用隱顯，成己成物備矣。雖然，學者欲從事於此，必知所從入，而後可以馴致焉。其所從入奈何？子思以不睹不聞之訓著於篇首，又於篇中發明「尚絅」之義，且曰「君子之所不可及者，其惟人之所不見乎」，而推極夫篤恭之效，其示來世，可謂深切著明矣。學者於此亦知所用其力哉。有以用其力，則於是書反復紬繹，將日新而無窮。不然，辟諸枵腹而觀他人之食之美也，亦奚以益哉？

（録自南軒集卷三十三）

中庸集説小序

〔宋〕衛湜

中庸一篇，會稽石氏集解，自濂溪先生而下凡十家。朱文公嘗為之序，已而自著章句，以十家之説删成輯略，别著或問，以開曉後學。然十家之説輯略所不敢取者，朱氏或問疏其失，僅指摘三數言，後學或未深解。今以石氏本增入，庶幾覽者可以參繹其旨意。（録自禮記集説卷一百二十三）

讀禮記中庸小序

〔宋〕黄震

中庸按家語子思所作，實得聖門之親傳，非漢儒所集其他記禮比也。然至唐李翶始爲之説，至本朝周濂溪始得其要，至二程先生、張横渠、吕氏、游氏、楊氏、侯氏、謝氏、尹氏，始各推衍其義。自是爲集解者凡三家。會稽石𡼖集濂溪以下十人之説。晦庵先生因其集解，删成輯略，别爲章句以總其歸，又爲或問以明所以去取之意，已無餘藴矣。吴郡衛湜再爲集解，乃增入石氏元本，及附入石氏元所不集，與晦庵以後諸皆取之晦庵章句，雖亦參錯其間，意若反有未滿於晦菴者。天台賈蒙久爲集解，雜列諸家晦菴章句之説，又特間見一二而已。晦菴以命世特出之才，任萬世道統之託，平生用力盡在四書。四書歸宿萃於中庸，其該貫精備，何可當也，而一二家之所見如此哉。（録自黄氏日抄卷二十五）

明嘉靖刻本中庸輯略序

〔明〕唐順之

中庸輯略凡二卷。初，宋儒新昌石𡼖子重，采二程先生語，與其高第弟子游、楊、謝、侯諸家之説中庸者，為集解凡幾卷，朱子因而芟之為輯略。其後朱子既自采二程先生語入章句中，其於諸家則又著為或問以辨之。自章句、或問行，而輯略、集解二書因以不著於世。友人御史新昌吕信卿，宿有志於古人之學，且謂子重其鄉人也，因購求此二書，而余以所藏宋板輯略本授之。已而吕子廵按江南，則屬武進李令板焉，而集解則不可復見矣。序曰蓋古之亂吾道者，常在乎六經、孔氏之外，而後之亂吾道者，常在乎六經、孔氏之中。昔者世教衰而方術競出，陰陽、老墨、名法，嘗與儒並立，而為六家為九流，其道不相為謀，而相與時為盛衰。佛最晚出，其説最盛，至與吾儒並立而為儒佛，然其不相謀而相盛衰也，則亦與六家九流同。夫彼之各駕其説，而其盛也，至與儒亢而六而九而二也，斯亦悖矣。雖然其不相為謀也，則是不得相亂也。嗚呼，六經、孔氏之教，所以别於六家九流與佛，而豈知其後也，六家九流與佛之説，竄入於六經、孔氏之中，而莫知辨也。説易者以陰陽或以老莊，是六經、孔氏中有陰陽家有老家矣；説春秋者以法律，説禮者以形名度數，是六經、孔氏中有名家有法家矣；説論語者以「尚同」之與「兼愛」、「尚賢」、「明鬼」，是六經、孔氏中有墨家矣；性不可以善惡言其作用，是性之説乎？心不可以死生言其真心，常住之説乎？是六經、孔氏中有佛家矣。六家九流與佛之與吾六經、孔氏並也，是門外之戈也，六家九流與佛之説竄入於六經、孔氏之中而莫之辨也，是室中之戈也。雖然六家九流之竄於吾六經、孔氏也，其為説也粗，而其為道也小，猶易辨也。佛之竄於吾六經、孔氏也，則其為道也宏以濶，而其為説也益精以密。儒者曰體用一原，佛者曰體用一原，儒者曰顯微無間，佛者曰顯微無間，其孰從而辨之？嗟乎，六經、孔氏之旨，與伊洛之所以講於六經、孔氏之旨者，固具在也。苟有得乎其旨，而超然自信乎吾之所以「一原」、「無間」者，而後彼之所謂「一原」、「無間」者可識矣。儒者於喜怒哀樂之發，未嘗不欲其順而達之。其順而達之也，至於天地萬物皆吾喜怒哀樂之所融貫，而後「一原」、「無間」者可識也。佛者於喜怒哀樂之發，未嘗不欲其逆而消之。其逆而消之也，至於天地萬物泊然無一喜怒哀樂之交，而後「一原」、「無間」者可識也。其機嘗主於逆，故其所謂旋聞反見與其不住色聲香觸，乃在於聞見色聲香觸之外。其機嘗主於順，故其所謂不睹不聞與其無聲無臭者，乃即在於睹聞聲臭之中。是以雖其求之於内者，窮深極微，幾於吾聖人不異，而其天機之順與逆，有必不可得而強同者。子程子曰：聖人本天，釋氏本心。又曰：善學者卻於已發之際觀之。是中庸之旨而百家之所不能駕其説，羣儒之所不能亂其真也。彼游、楊、謝、侯諸家之説，其未免於疵矣乎？吾弗敢知，然而醇者大矣。其未能不浸淫於老與佛乎？吾弗敢知，然而師門之緒言蓋多矣。學者精擇之而已矣，則是書其遂可廢乎？是信卿所為刻以待學者之意也。嘉靖乙巳八月朔旦武進唐順之序。（録自明嘉靖刻本中庸輯略卷首）

清康熙石氏刻本重訂中庸輯略序

〔清〕陳大典

輯略一書何昉乎？宋儒子重石先生憂中庸之失其傳而為是書也。中庸之旨自子輿氏後，惟兩程夫子得其解，而未獲成篇。先生爰集遺語，並采門人吕、游、楊、謝之説，彙為集解，删為輯略，其道乃複著於天下。先生與考亭朱夫子稱道義交，而是編尤為考亭所推許。彼時石氏簪黻盈朝，先生身登華仕，志在理學，與考亭共相砥礪，故學業彌劭雲。晚開義塾，构書院於鼓山之巔，講學論道，延四方之來學，而弟子日益進為當時之宗工矣。予習呫嗶，最留意於中庸，謂是聖賢心法所在，必有闡發藴奥、錫後學指南者。於是廣為蒐羅，聞有宋石先生輯略，惜乎購求未得，有似饑渴在懷，庶幾旦暮遇之。適同年張子沭新與先生十二世裔孫鳴之為姻婭至戚，予藉是以獲交。鳴之倜儻磊落，居今嗜古，説劍談文，韋皋、魏了翁之流也。燕京聚首，每述其箕裘，誠剡水望族，並敘其家學，輒稱道先生。予聞而歎曰：「安得續李青蓮之神遊天姥，得過先生之講堂，覩先生之肖貌，快讀先生之遺編耶！」孰意天作之合，謁選得新昌令，奉檄而南。私心深幸昔之願夢遊而不獲者，今得親履其地，可以慰仰望矣。下車之始，訪先生之書院，已埋没於荒煙蔓草，購先生之遺書，半零落於鼠碎蟲侵。躡鼓山而徘徊，有父老向予言曰：「此基址乃先生創立以延來學者也，此書院乃郡侯洪公增建以隆廟祀者也，此理學名儒坊又洪公以表厥宅里、樹之風聲者也。今院存兩楹，坊日就圮，鼓山名勝，漸淪榛莽。」竊計次年簿書之餘，當勤求輯略正本，修葺書院坊碑，以複前人舊觀，以續先賢正脈。奈何甲寅歲初，羽書旁午，直至於今，供糗糧，飭武備，是吏之寢食俱廢矣，不遑酧志，隱疚在心。而鳴之自都門還里，力為重光先澤，弘長道風，以俗吏末學未逮之志願，俱為箕為裘之子孫一肩任之。鳩材庀工，百廢俱興，將見書院坊碑相繼巍焕矣。更搜輯略殘編，鳴之不憚晨窗暮火，越五閲月，始得校正魯魚，讎訂亥豕，重翻刻梓，昭示後學。昔中庸自堯舜以來，道比相承，至孔子而成其大，子思纂集以為書，子輿氏、兩程氏盡悟其旨，考亭夫子注疏其義，子重先生彙歸其要，使理障豁然，道垂萬禩。嗟夫！朱夫子、石先生洵中庸之功臣也。至數百年後，微言將絕，又得石鳴之留心理學，究古情殷，重葺中庸輯略，綴新堂拘，可謂先儒之功臣，石氏之孝裔，豈惟功名事業在韋、魏之流亞也！以儒將而翼贊聖經，則功德所被，更覺淵遠矣。康熙乙卯秋初知新昌縣事三韓後學陳大典頓首拜撰。（録自清康熙石佩玉刊本中庸輯略卷首）

清康熙石氏刻本　重訂中庸輯略序

〔清〕石佩玉

予族自漢萬石君後，建安太守淵為從晉元帝渡江，徙於會稽，至檢校太保諱元，遂居新昌。嗣自英碩鵲起，纓緌蟬聯，忠孝節烈之事，經邦弘化之才，俱不可更僕數，而獨以理學著聞者，則有吾祖知南康軍子重公，郡志所載理學第一人者是也。夫古稱大儒，立德、立言、立功三者俱堪不朽，而予謂立言更難，其為烈更遠。故曰：存則其人，亡則其書。使千百世之讀其書者，由此而德以弘，更由此而功以顯，則是立言者必以包舉其二無疑也。予自成童時，稔聞父兄之教，云子重公遺有中庸輯略一書，實足以衣被人文，鼓鐘來學。恨予生也晚，既不獲負劍辟咡，親承其詔，迄今斷琴故履，零落莫追，以至欲讀其遺書而不可得。既而違志而乘世，匏系長安，凡薦紳先生及四方知名士，每見必首問吾祖子重公，其遺書何在，予因是饑惄彌甚。客歲乞假南旋，遂趨新昌故里，登鼓山之巔。其間山容水色，良田美池，猶如故也。至欲覓吾祖講學之所，則已鞠為茂艸矣。憑弔久之，惻然懷抱。因思吾祖之書，衣被人文，鼓鐘來學，其遺澤未泯，而皋比之室，無有能修復之者，以是嗟吾族之式微，而今昔之不同也。予毅然謀所以修復之舉，而復購得其所鏤舊版于殘缺失次之餘，為之細加讎較，補遺訂訛。予朝夕卒讀之，真足發理義之淵懿，闡聖賢之指歸，所謂文如日月，終古不變，而光景常新，毋惑乎紫陽之以兄事吾祖也。予手是編，呼子侄之「暹」輩進，而語之曰：「家學淵源，其在是矣。爾輩俱以能文稱於時，而不研繹理學，則所頌習者皆糟粕耳。且祖宗無不欲賢其子孫，能守其金玉與能讀其遺書，孰賢乎？今榱桷如故，坊記維新，與諸子登其堂，拜其像。清風明月，靈爽如生，儼然見有高座而闡宗風者焉。纘承繼起，不無望於後賢矣。且使合邑諸君子俱能振興於斯，則以為吾祖之傳人也可，以為子思之傳人也亦可。」時康熙乙卯仲秋十二世裔孫佩玉拜識。

（録自清康熙石佩玉刊本中庸輯略卷首）

校刊中庸集解序

〔清〕莫友芝

中庸集解者，宋新昌石氏子重集録周子、二程子、張子，及程子門人吕、謝、游、侯、尹十家之説，宋志又謂十先生中庸集解。朱子論孟精義每標籤題皆冠以「國朝諸老先生」字，則云「十先生」者，疑為元題。書成於乾道癸巳，朱子為講訂而序其篇目，極稱其謹密詳審。越十年，淳熙癸卯，删為輯略，據今輯略本所題年，仍以元序冠之。後又為或問以明諸家之醇駁。淳熙己酉中庸章句成，乃以輯略、或問並附諸後，故中庸序並舉三書也。輯略行，集解遂微。自鐵峰趙氏中庸箋義數所集十家，遺尹氏而誤增司馬温公、王荊公二家。臨川詹氏中庸纂箋、訥庵景氏中庸集説啟蒙所記亦爾。蓋元時已罕覯本書，不至唐荊川序輯略、謝鳴治志赤城始歎佚亡矣。戊申秋，課彝兒讀戴記時，檢閲衛氏集説，則十家之説具在。喜遺緒之可尋，亟為鈔出，複取輯略及真氏集編、趙氏纂疏所引，校其文句，補脱存異，以還石氏之舊。夫章句者中庸之指歸，集解者章句之尋原。未有章句，既緣集解以觀會通；已有章句，宜溯集解以明取捨。夫治獄者不審爰書，不知用律之曲當；治醫者不析證變，不識處藥之至精。集解之於章句、或問，亦猶是而已矣。（録自清道光莫友芝刊本十先生中庸集解卷首）

附録二　傳記資料

知南康軍石君墓誌銘

〔宋〕朱熹

吾友石君子重，諱某。其先世為會稽新昌右族。曾大父諱某，不仕。大父諱某，避庚子之亂，始居台州臨海縣，後以遺逸召，授右廸功郎以没。父諱某，贈朝奉郎。母安人朱氏，太宜人陳氏。君幼端慤，警悟不羣，年十二即自知刻意為學，晝夜不怠。年十八擢進士第，丁外艱，服除，授左廸功郎、郴州桂陽縣主簿。會故參知政事李安簡公謫居郡下，性嚴重，不輕許可，一見君，深器重之，授館其家，日與論説前言往行，勵以致遠之業。常語人曰：吾閲人多矣，未有石君比者。秩滿，改從事郎，調泉州同安縣丞。天旱民饑，縣白府請得蠲歲租如故事。太守怒，檄君杖主吏。君移書太守曰：「杖一吏，細事耳，然其所繫則大。民今皇皇，無以為命，縱不能救，忍復箝其口乎？」守怒未已，遣幕府官按驗，至則希守意，以為不當蠲。君争益力，部使者聞之，因以其事諉君。君既行視歸，即揭牓喻民，蠲之什九，然後言府，且亟召鄉吏閉廨中，使鄉為一榜，户列所蠲與其當輸之數。既成，立授里胥，使走揭於其所。於是上官不得變其説，鄉吏無所逞其姦，邑人便之。改宣教郎、知常州武進縣事。民訟有數年不決者，君一訊立辨，雖姦民健猾者，亦皆驚服愧謝而去。它邑滯訟，多請屬君以決。郡守欲為寓客治第，而屬役於縣，其費且數十萬。君不可，曰：「吾為天子牧民，豈為若人治第者耶？且浚吾民之膏血以媚人，吾不忍也。」守怒，欲中以法，掇拾亡所得。會君有親嫌，法當兩易，君不顧求罷，竟歸。民數千人詣郡請留君，不可，則相與伺守出，遮道號訴，至有褫其襜帷者，守不能禁。君因更調南劍州尤溪縣待次，家食三年，雖貧不戚也。至官，吏以財匱請借民租，君不答，但日治稅籍，凡民逃絶而田入見户者，與鬻産而不能更其籍者，皆正之。又謹視其出内之際，要為簡易以便民，而吏不得以容其姦，關市之征亦損其數。於是官無苛擾，農商得職，租入以時，力役有序，至有争先為里正者。縣故窮僻，學校久廢，士寡見聞，不知所以為學。君至，即命其友古田林用中來掌教事，而選邑子願學者充弟子員。始教之日，親率佐史賓客往臨之，因為陳説聖賢教學，凡以為修己治人之資，而非如今之所謂者。聞者皆動心焉。自是五日一往，伐鼓升堂，問諸生進業次第，相與反復，以求義理至當之歸。員外諸生數十，或異邦之人，皆裹糧來就學。君視故學宮為不稱，乃廣其規模，新其棟宇，市書萬卷，買田數百畝以充入之。既成，為考古制，舉鄉飲酒禮以落之，於是士始知學，而民俗亦變。君又摭其舊俗之不美者數事，為文以訓飭之，民皆傳寫誦習焉。遠鄉有據險自豪，不輸租賦數十年，日與比鄉為仇敵者，君為榜喻之，即斂手聽命，輸賦解仇，復與齊民齒。民王某者，有刑罪具獄上，府吏以邀求不厭，欲致之死。君争之不聽，則請自對獄，與吏辯，代民死，民乃得免。歲大疫，多治藥劑，分遣醫者散之村落，自為詩以勸之，賴以活者甚衆。及代去，民或畫像祠之。監察御史陳公舉善，聞其賢，薦之朝，而君自從吏部選授福建路安撫司幹辦公事以去。會丞相史公再入，薦一時名士數人，君復與焉。有旨召對，君辭不獲，乃入見。首陳人君之道與天同方，天心至公，故人君之心不可以有一毫之私。因歷引時事以質之，言甚剴切。上皆然之，差監登聞檢院，未幾，除將作監主簿，尋改太常。居頃之，有所不樂，因謁告歸省，請得奉祠終養。除知南康軍事。將行而遭内艱，未終制。有詔舉材堪剌舉者，吏部尚書鄭公丙以君對，然君已不及聞矣。其卒以淳熙九年六月乙丑，享年五十有五，積官至朝散郎。君為人外和内剛，平居恂恂，如不能言者，而遇事立斷，毅然有不可犯之色。事繼母承順不違，兄弟之間，怡怡如也。族黨有貧不能自活者，買田捐金以振業之，教其子與己子等，嫁孤女多得所歸，道遇棄子，募人母之，月有給焉。其為政一主於愛民，而憂國之心又甚切，於賢材之用舍，政令之得失，一有所聞，憂喜之誠形於言色，至或累日不解。然自處甚約，自律甚嚴，在州縣未嘗屈意上官，在朝廷未嘗造請當路。繇疎賤一旦見天子，盡言竭忠，未嘗少為迂回避就之計。其為學，自聘君朝奉時已傳其業，後更從舅氏太子詹事陳公良翰受書焉。聞人之善，必手記而心慕之，其人可見，雖少賤僻遠不憚。其與予遊，相好尤篤也。晚名其燕居之室曰「克齋」，讀書其間，没身不懈。後生執業就正者，皆賴君知所鄉，而君未嘗少自足也。此其志豈可量哉！予前年守南康，朝廷以君與予善，除以爲代。予亦日夜望君至，冀得用疲甿學子為寄，而君不果來。當年奉使浙東，聞新、剡饑民轉入台境甚衆，亟以屬君。君即慨然以為己任，其得免於饑凍捐瘠而歸者，蓋數百人。然其後予以事至台，則已不及見君而哭其殯矣。嗚呼，悲夫！君之配朱氏、劉氏、李氏，皆贈安人，姜氏，封安人。子男四人：繼微、繼喻、繼善、繼周。女五人，長適范籍，次許嫁商月卿，餘尚幼。君為文明白徑切，似其為人，然非有故，未嘗作。今有文集十卷藏於家，所集周易、大學、中庸解又數十卷傳學者。繼微等將以十二月庚申葬君龍穀山雲溪先塋之側，使來請銘。時予已病，歸卧故山，念不得往而祖君之行也。乃敘其事而銘之。其詞曰：予悲斯人之病，而莫與瘳也；悼斯學之孤，而莫與儔也。又哀君之有志，而久不讎也；時若可竢，而君不留也。龍穀之城，雲溪之宅，詔彼茫茫，不在斯刻。

（録自晦庵集卷九十四）

石子重兄示詩留别次韻爲謝三首 〔宋〕朱熹

此道知君著意深，不嫌枯淡苦難禁。更須涵養鑽研力，彊矯無忘此日心。克己工夫日用間，知君此意久晞顔。摛文妄意輸朋益，何似書紳有訂頑。喜見薰成百里春，更慚謙誨極諄諄。願言勉盡精微藴，風俗期君使再醇。（録自晦庵集卷九十四）

克齋記 〔宋〕朱熹

性情之德，無所不備，而一言足以書其妙，曰「仁」而已。所以求仁者，蓋亦多術，而一言足以舉其要，曰「克己復禮」而已。蓋仁也者，天地所以生物之心，而人物之所得以爲心者也。惟其得夫天地生物之心以爲心，是以未發之前，四德具焉，曰仁、義、禮、智，而仁無不統。已發之際，四端著焉，曰惻隱、羞惡、辭讓、是非，而惻隱之心無所不通。此仁之體用，所以涵育渾全，周流貫徹，專一心之妙，而爲衆善之長也。然人有是身，則有耳目鼻口四肢之欲，而或不能無害夫仁。人既不仁，則其所以滅天理而窮人欲者，將益無所不至。

此君子之學所以汲汲於求仁，而求仁之要，亦曰去其所以害仁者而已。蓋非禮而視，人欲之害仁也；非禮而聽，人欲之害仁也；非禮而言且動焉，人欲之害仁也。知人欲之所以害仁者在是，於是乎有以拔其本，塞其源，克之克之而又克之，以至於一旦豁然欲盡而理純，則其胸中之所存者，豈不粹然天地生物之心，而藹然其若春陽之温哉？默而成之，固無一理之不具，而無一物之不該也；感而通焉，則無事之不得於理，而無物之不被其愛矣。嗚呼，此仁之爲德，所以一言而可以盡性情之妙，而其所以求之之要，則夫子之所以告顔淵者，亦可謂一言而舉也與。然自聖賢既遠，此學不傳，及程氏兩先生出，而後學者始得復聞其説，顧有志焉者或寡矣。若吾友會稽石君子重，則聞其説而有志焉者也。故嘗以「克」名齋，而屬予記之。予惟「克」「復」之云，雖若各爲一事，其實天理人欲，相爲消長，故克己者乃所以復禮，而非克己之外别有復禮之功也。今子重擇於斯言，而獨以「克」名其室，則其於所以求仁之要，又可謂知其要矣，是尚奚以予言爲哉？自今以往，必將因夫所知之要而盡其力，至於造次顛沛之頃而無或怠焉，則夫所謂仁者，其必盎然有所不能自已於心者矣，是又奚以予言爲哉？顧其所以見屬之勤，有不可以終無言者，因備論其本末，而書以遺之。幸其朝夕見諸屋壁之間，而不忘其所有事焉者，則亦庶乎求仁之一助云爾。乾道壬辰月日新安朱熹謹記。

（録自晦庵集卷七十七）

名堂室記

〔宋〕朱熹

紫陽山在徽州，里嘗有隱君子居焉，今其上有老子祠。先君子故家婺源，少而學於郡學，因往遊而樂之。既來閩中，思之獨不置，故嘗以「紫陽書堂」者刻其印章，蓋其意未嘗一日而忘歸也。既而卒不能歸，將没，始命其孤熹來居潭溪之上，今三十年矣。貧病苟活，既不能反其故鄉，又不能大其闔閭，以奉先祀，然不敢忘先君子之志，敬以印章所刻，牓其所居之聽事，庶幾所謂「樂樂其所自生，禮不忘其本」者，後世猶有考焉。先君子又每自病其卞急害道，尉尤溪時，嘗取古人佩韋之義，牓其聽事東偏之室曰「韋齋」，以燕處而讀書焉。延平羅公先生仲素實記之，而沙陽曹君令德又爲之銘。官署中更盜火，無復遺跡。近歲，熹之友石君子重知縣事，始復牓焉，且刻記銘于石，以示後來。熹惟先君子之志不可以不傳於家，而熹之躁迫滋甚，尤不可以忘先人之戒，則又取而揭之於寢，以自鞭策，且示子孫。蓋聽事寢堂，家之正處，今皆以先君子之命命之。嗚呼，熹其敢不夙興夜寢，陟降在兹，無或不虔，以忝先訓。晦堂者，燕居之所也。熹生十有四年，而先君子棄諸孤，遺命來學於籍溪胡公先生、草堂、屏山二劉先生之門。先生飲食教誨之，皆無不至，而屏山獨嘗字而祝之曰：「木晦於根，春容曄敷，人晦於身，神明內腴。」後事延平李公先生，先生所以教熹者，蓋不異乎三先生之説，而其所謂晦者，則猶屏山之志也。熹惟不能踐修服行，是以顛沛。今乃以是名堂，以示不敢忘諸先生之教，且志吾晦，而自今以始，請得復從事於斯焉。堂旁兩夾室，暇日默坐，讀書其間，名其左曰「敬齋」，右曰「義齋」。蓋熹嘗讀易，而得其兩言曰「敬以直內，義以方外」，以爲爲學之要，無以易此，而未知其所以用力之方也。及讀中庸，見其所論修道之教，而必以戒慎恐懼爲始，然後得夫所以持敬之本。又讀大學，見其所論明德之序，而必以格物致知爲先，然後得夫所以明義之端。既而觀夫二者之功，一動一静，交相爲用，又有合乎周子太極之論，然後又知天下之理，幽明鉅細，遠近淺深，無不貫乎一者，樂而玩之，固足以終吾身而不厭，又何暇夫外慕哉？因以「敬」、「義」云者名吾二齋。且歷敘所以名夫堂室之意，以見熹之所以受命於父師，與其區區講學之所逮聞者如此，書之屋壁，出入觀省，以自詔云。

（録自晦庵集卷七十八）

跋張敬夫為石子重作傳心閣銘

〔宋〕朱熹

熹既為尤溪大夫石子重記其修學之事，又為作此五銘焉。時子重方為藏書之閣於講堂之東，中寘周、程三君子像，旁列書史之櫃，而使問名於熹，請以「傳心」榜之，而子重遂並以其銘見屬。熹愚不敏，不敢專也，且惟子重之為是閣，蓋非學校經常之則，非得知道而健於文者不能有所發明也。則轉以屬諸廣漢張君敬夫，而私記其說如此云。

（録自晦庵集卷八十一）

南劍州尤溪縣學傳心閣銘

〔宋〕張栻

乾道九年，知南劍州尤溪縣事石𡼖，既新其縣之學，復建閣于學之東北，買書五千卷，藏之其上，而命工人繪濂溪周先生、河南二程先生之像，寘于其中，使學者得共朝夕瞻仰焉。新安朱熹為之名曰「傳心之閣」，而𡼖又以書請銘于廣漢張某。某竊惟念，自孟子没，聖學失傳，歷世久遠，其間儒者非不知尊孔孟而誦六經，至考其所得，則不越於詁訓文義之間而已，於聖人之心所以本諸天地而措諸天下與來世者，蓋鮮克涉其藩，而況睹其大全者哉。惟三先生生乎千載之後，乃能攷諸遺經，而得其不傳之妙，以相授受。然後六經之言，羣聖之心，全體大用，晦而復明，如日之中，萬物皆覩。嗚呼，盛矣！某愚不敏，夙嚮往焉，敢以建閣之意，命名之説，洗心拜手，叙而銘之。銘曰：

惟民之生，厥有彝性。情動物遷，以隳厥命。惟聖有作，合乎天心。脩道立教，以覺來今。孰謂道遠，始卒具陳。俾爾由學，而聖可成。鄒魯云邈，章句有師。一經皓首，語道則迷。惟子周子，崛起千載。孰探其源，以識其大。立象盡意，闡幽明微。聖學有傳，不曰在兹。惟二程子，實嗣其徽。既自得之，又光大之。有渾其全，則無不總。有析其精，則無不中。曰體曰用，著察不遺。曰隱曰微，莫間其幾。於皇聖心，如日有融。於赫心傳，來者所宗。有屹斯閣，尤溪之濱。翼翼三子，繪事孔明。儼然其秋，温然其春。揭名傳心，詔爾後人。咨爾後人，來拜于前。起敬起慕，永思其傳。于味其言，于考其為。體于爾躬，以旨其歸。爾之體矣，循其至而。爾之至矣，道豈異而。傳心之名，千古不渝。咨爾後人，無替厥初。

（録自南軒集卷三十六）

與朱侍講元晦書

〔宋〕吕祖謙

學記、中庸集解及它石刻皆領。學記所論甚正，但序述縣尹語言，微似過重。雖曰文字之常，然聞石子重乃篤志於學者，吾人分上所以相期，正當損飾就實耳。大抵論義理，談治道，闢異端，則不當有一毫回避屈撓。至於説自己及著實朋友，只當一味歛縮，時義與工夫皆當然也。集解序引指出高奇等弊極有益，但李翺似不足言，而「哀公問政」以下六章雖載在家語，皆同時問答之言，然安知非子思裁取之以備中庸之義乎？有未然處，望見教。

（録自東萊别集卷八）

挽石子重

〔宋〕陸九淵

古重百里長，寄命謀託孤。今以京秩授，糜至無賢愚。州家督版帳，殿最視所輸。況乃積弊久，宿負堆文符。老姦乘倉皇，陰拱為師模。民窮歛愈急，吏飽官自癯。天子為焦勞，宵旰思良圖。高選部使者，庶使德意敷。石君在薦剡，聞者皆歡愉。不知何方民，凋瘵遲君蘇。君丞固安日，歲旱當蠲租。縣白如故事，守怒牢睢盱。賴君争之力，意得所請俞。揭數授里正，俾後不可渝。又嘗宰尤溪，吏輩初闚闟。首以財匱告，欲闢侵民途。君乃治税籍，弊蠹窮根株。簡易以便民，上下交相孚。民自不忍負，豈復煩催驅。關征且損數，孰謂儒術迂。使家得此人，黄屋何憂虞。惜哉不及用，重使吾嗟吁。

（録自象山集卷二十五）

讀石子重先生輯略

〔宋〕潘音

吴越遠中原，斯文久寥落。季子已邈如，言偃亦渺若。千載萃貞元，石城倡絶學。游楊出程門，論議紛灼爍。先生咀其華，用傳此輯略。言深旨斯遠，施博守則約。餘生媿顓蒙，遺言仰光覺。大道闢荆蓁，天性啟櫜籥。誠身須固執，擇善無踳駁。孔門授受宗，誰云盡糟粕。（載宋陳思兩宋名賢小集卷三百八十待清軒遺稿）

赤城志石子重小傳

〔宋〕陳耆卿

石𡼖，臨海人，字子重。祖公孺，辟庚子之亂，自會稽徙此。後以詔居遺逸，補廸功郎。𡼖從朱文公遊，自是里人知有洛學。歷將作監、太常寺主簿，終朝散郎知南康軍事，見文公所為銘。（載宋陳耆卿赤城志卷三十三人物門二仕進進士科）

鼓山書院記

〔明〕洪珠

宋紹興間，有醇儒出自會稽新昌，曰克齋先生。先生姓石諱𡼏字子重。世系自漢晉，遠且耀，至宋而大昌，宦蹟行業，譜牒有記矣。自先生高祖石城公建茲院，延明道先生典塾事，伊洛之學始入越，繼亦休熄。先生起，奮趨此學，著有中庸集解，發揮道德性命，微辭旨義燦如也。晦翁得考據以明暢中庸，又三仕同官，薰蒸琢磨上下，而先生詣重致遠之學，遂以大成。晚開此堂教諸子，延自遠方來士日與講論，無過求仁為要，因扁其堂曰「克齋」。此學蓋終其身思以行之鄉國天下來世也。余少讀朱子全書，見其嘗恠越中學術于華實之際。迨守紹興，讀會稽志，亦見其始末記載，皆仙佛幻跡、風流題詠，王、謝一派為烈，無侈書先生學業者，何如也？蓋古者君子仕于鄉，則思舉其故，若廢名賢盛德不載，墮賢人世胄躅業不彰，恥莫大焉。學術係人心政治，乃尋鼓山舊址，得地直可一拾八丈，橫如其數。搆六楹，中設先生神位，前四楹為儀門，又前二楹為臺門。南臨大路，建綽楔以樹風聲。山田地共一十八畝，咸畀先生裔孫克剛歲供祀事。南望旗山，如見大賓矣，乃梵刹峥嶸，思一掃而未暇。北負金庭，委羽瑞蓮，龍驤之跡猶有存者，而荒幻可畏。三溪遶其西，四明倒影，吊知章之狂放，惜其不知所裁。天姥在東，凌層雲表，又惜其題抹鐫雕，多是浮華放浪之跡。唯堂中屹勢尊，宅安境凈，泉石幽響，前人講學聲韻，若可聽聞。嗚呼，孔門一派，自孟子後至明道而始明，紫陽一派，傳自伊洛，新昌一派，分自紫陽，不可誣也。亦以行于越矣。則登斯堂也，能無益思先生名齋之義？高山仰止，克己求仁，極于詣重致遠之際，而盡易其舊者，意在斯乎！意在斯乎！因繫之辭，俾世歌以祀公，曰：

道要渺兮誰傳，覽千古兮思大賢。惟氣質兮間值，亦天運兮回還。美好修兮前哲，超獨得兮靈玄。紹世業兮猗那，導洛源兮揚閩波。信修兮勉慕，代不同兮將謂何。將謂何兮思遲遲，尋石鼓兮文旗。悵遺跡兮荒草滋，集芳馨兮建堂幃。山空兮無塵，會適兮交神。若有告余兮道真，保厥美兮依于仁，依于仁兮學所止歸。漁川與泳兮鳥雲與飛，風雲雨露兮似是而非。凡我髦士兮喫緊以，為南明高兮光古瀰。畹有蘭，汀有芷，越多士兮公多孫子，神居其間兮永與終始。

賜進士出身、亞中大夫、浙江等處承宣布政使司、左參政、前紹興府知府、莆田西淙洪珠撰文。賜進士出身、中順大夫、紹興府知府、前户部郎中、玉融梅塘毛秉鐸書丹。賜同進士出身、承事郎、紹興府推官、晉江見吾子陳讓篆額。嘉靖甲午仲夏吉日，新昌縣知縣曹祥、縣丞姜操、典史鄭延光、儒學教諭許淵、訓導吴晟、許效賢立石。

（録自清康熙石佩玉刊本中庸輯略卷首）

石子重小傳

〔清〕嵇曾筠

石𡼖，台學源流字子重。其先新昌人，大父公孺始遷臨海。𡼖自少警悟不羣，及長刻意為學。與晦庵朱子交好，嘗稱其論仁之體要甚當，願與長者各盡力於斯。又謂心説甚善，但更須收斂造約為佳。以紹興十五年進士，歷四縣，知南康軍卒，年五十有五。晦庵誌其墓。晚名其燕居之室曰「克齋」，讀書其間，没身不懈。後生執業就正者，多賴以知嚮方。陳耆卿修郡乘，謂里人自克齋知有洛學。車若水亦云克齋石公，所謂大人為己之學，深造而自得者也。所集周易大學中庸解數十卷、文集十卷傳學者。

（録自清浙江通志卷一百七十六人物五儒林中）

石子重先生傳略

石𡼖字子重，幼端慤警悟，博覽群書，有志聖賢之學。年十八舉進士，授桂陽主簿，秩滿，調同安縣丞。民饑，白府請蠲租如故事，部使者委𡼖以便宜行事，卒定蠲租之議。改知武進縣，有訟數年不決，𡼖立辨。郡守欲為寓客治第，屬役于縣，費且數十萬，𡼖不從。守怒，欲中以法。𡼖求罷歸，更調尤溪縣。時學校久廢，𡼖屬其友古田林用中來掌教事，選邑才俊充弟子員，率左史賓客往臨之，開陳聖賢教學之方，聞者莫不感悟，他邦士子有裹糧來就學者。𡼖視學舍不稱，乃廣新規制，買書萬卷，置田數百畝贍之，更考古制舉行鄉飲酒禮。於是士咸知學，而民俗丕變。及代去，民畫像祀之。監察御史陳舉善薦于朝，丞相史浩舉名士數人，𡼖與焉。有旨召對，首陳人君之道與天地仝大，言甚剴切，上皆然之。累遷太常主簿，代朱熹知南康軍。未行，熹使浙東，聞新、剡飢民散入台境，亟以屬𡼖。𡼖奮義前往，不辭勞疾，民賴以存活者甚眾。熹曰：「醇儒康濟之績也。」𡼖天資高邁，究心理學，與熹友，益講明經傳宗旨，盡得其精奥，發為著述，簡明醇粹，多與熹合。所著中庸集解，熹嘗採之為中庸集註，又別爲輯略，以存諸儒之説，而𡼖尊經衛道之功明矣。熹嘗名其所居曰「克齋」而爲之記，以著求仁尚友之志，一時學者多師事焉。熹嘗呼之曰子重兄，及卒，又述其平生志行之大者，爲之銘墓。所著有文集十卷，集周易、大學、中庸解數十卷。從祀鄉賢。嘉靖間，郡守洪珠重建書院于鼓山，崇祀而表章之，郡志稱「理學第一人」云。

（録自清康熙石佩玉刊本中庸輯略卷首）

朱子全書外編

第貳册

朱子全書

外編

朱傑人 嚴佐之 劉永翔 主編

華東師範大學出版社

〔宋〕程顥　程頤　撰　〔宋〕李籲　吕大臨等輯録
〔宋〕朱熹　編定　嚴佐之　校點

程氏遺書

程氏外書

目録

程氏外書

校點説明

程氏遺書二十五卷附録一卷程氏外書十二卷，宋朱熹編。

程氏遺書、外書是北宋理學宗師程顥、程頤的言行録，也是二程理學思想的代表作，與程氏經説、文集，并稱「程氏四書」。朱子治學，尊宗二程，「以二先生唱明道學於孔孟既没千載不傳之後，可謂盛矣」，故于二程傳世文獻，尤多致意。宋孝宗乾道四年，朱子據二程門人各自所記傳本，選訂編次，先成遺書二十五篇，并輯録傳記文獻一卷附後，繼而又於乾道九年，輯得二先生語之遺落者，續爲外書十有二篇。其編纂緣起始末，詳見朱子所撰三篇後序。

朱子編定程氏遺書、外書的意義，錢穆先生嘗作精研之論：「程氏遺書之編集，在乾道四年戊子，朱子三十九歲。二程之學，既爲當時學者群所尊仰，而其遺書之滙集編校，序次有倫，去取精審，使學者有定從，則爲朱子對當時理學界一大功績所在。」「外書編於乾道九年癸巳，朱子年四十四歲，距遺書成編又五年。又與劉共父、張敬甫兩人辨程集胡本錯誤，當詳朱子校勘學篇。蓋亦因此而使程集有可信可傳之本，此亦出於朱子之業績。二程遺言，至時網羅大備。若使當時學術界，一如程門所傳，於古經籍既少著意研尋之功，於古人文史大業，尤不以厝懷。雖其本師之説，亦復散亂不加編次，而竟拈單辭孤文，各騁高談，以爲義理精微在此，學問之道盡此而已，則一二傳後，誠將不識其頹波之所屆爾。」由此言來，作爲程氏遺書、外書整理者的朱子，其有功於二程學術思想之傳承播揚，蓋莫大焉。不僅如此，程氏遺書、外書的文獻整理過程，也是朱子對二程學術思想的一種梳理、思辨過程。具體反映的一個方面，就是他能十分理性、客觀地看待遺書、外書的學術價值、思想意義，認爲語録一類文獻，雖門弟子所記，但若「學者未知心傳之要，而滯于言語之間，或者失之毫釐，則其謬將有不可勝言者」；「又況後此且數十年，區區掇拾于殘編墜簡之餘，傳誦道説，玉石不分，而謂真足以盡得其精微嚴密之旨，其亦誤矣」。認爲「兩書皆非一手所記，其淺深工拙之未可以一概論。其曰外書云者，特以取之之雜，或不能審其所自來，其視前書，學者尤當精擇而審取之耳」。由此而言，朱子在乾道年間役事遺書、外書之編，實際上也是他在批判繼承二程思想的同時，不斷發展并完善自身思想體系的一個重要學術環節。

程氏遺書、外書甫成，遂屢經刊印，廣爲傳布。據朱子答吕伯恭書云：「嚴州遺書本子，初校未精，而欽夫去郡，今潘叔玠在彼，可以改正，并刻外書，以補其遺。」又答程允夫書云：「近泉州刊行程氏遺書及二先生語録，此間所録。」答宋深之書云：「今倉司所印遺書，即程氏説。」可知朱子生前，就至少有嚴州和泉州倉司二個版本。其中泉州本在端平二年因倉司失火，書板被燬，淳祐六年，由新任市舶司提舉趙師耕，「將故本易以大字，與文集爲一體，刻之後圃明教堂」。此本又被後世藏家稱作「麻沙本」。同年，別有春陵郡守李襲之，據「長沙本」、「五羊本」參互，刻置郡庫，世稱「春陵本」。淳祐八年，又有天台張玘合「程氏四書」爲程氏全書，刻諸台州學宫。及至元代，則有至治二年臨川譚善心刻河南程氏全書本行世。明、清以降，傳刻紛紜，而其源皆在宋槧元刊。惜乎流傳至今，宋、元舊刊大多散失，僅存宋殘卷者二：一本名程氏遺書，殘存卷十五、二十二下、附録三卷；一本名河南程氏遺書，殘存附録一卷，今均爲國家圖書館珍藏。明、清刊本，則存世頗多。明早期有成化十二年知南陽府段堅刻本、弘治十一年知河南府陳宣刻本、嘉靖三年廣西按察副使李中刻本、後期有隆慶四年金立敬刻本、萬曆二十年蔣春芳刻本、萬曆三十四年徐必達刻本，及年號不明的明刻多種。清代則先后有康熙石門吕氏寶誥堂刻本、乾隆四庫全書本、光緒賀瑞麟傳經堂刻西京清麓叢書本、洪氏唐石經館叢書本等。明、清刊程氏遺書、外書，大多與文集、經説、易傳、粹言等合爲全書行世，其名又曰河南程氏遺書、外書，或二程遺書、外書。

在現存明早期的幾個版本中，成化本刊印最早，海內孤藏，彌足珍貴，獲覩尤難。弘治本源自成化而「嘗爲校正」，惟改遺書二十五卷爲二十八卷（實即析卷二、二十一、二十二上下篇爲二卷），已與朱子原編有違。嘉靖本刊印稍晚，然持與宋刻殘本相較，文字異同卻最爲接近。故此次校點整理，乃取上海圖書館藏明嘉靖本爲底本，并以該館所藏明弘治本（校記簡稱弘治本）、清呂氏本（校記簡稱康熙本）及國圖藏殘宋本（校記簡稱宋本）對校。間或校而有疑，則別取相關經典之通行版本，參酌他校。又底本書名原作「河南程氏遺書」「河南程氏外書」，今據宋刻殘三卷本及朱子原序改爲「程氏遺書」「程氏外書」。點校既畢，茲以爲記。

二〇一〇年五月　嚴佐之

程氏遺書目録

第一　　二先生語一

端伯傳師説　李籲，字端伯，洛人。伊川先生曰：「語録只有李籲得其意，不拘言語，無錯編者。」故今以爲首篇。

第二上　　二先生語二上

元豐己未吕與叔東見二先生語　吕大臨，字與叔，藍田人，學於横渠張先生之門，先生卒，乃入洛。己未，元豐二年，然亦有己未後事。

第二下 二先生語二下

東見録後 別本云亦與叔所記，故附其後。〔一〕

第三 二先生語三

謝顯道記憶平日語〔二〕 謝良佐，字顯道，上蔡人，元豐中從學。謝嘗言昔在二先生之門，學者皆有語録，惟良佐未嘗録。然則此書蓋追記云。

第四 二先生語四

游定夫所録 游酢，字定夫，建州人，元豐中從學。

第五

二先生語五

此四篇本無篇名，不知何人所記，以其不分二先生語，故附於此。

第六

二先生語六

同上篇。此與下一篇間有疑誤不可曉處，今悉存之，不敢删去，以俟知者。

第七

二先生語七

同上篇。

第八　二先生語八

本自爲一篇，專説論孟，似諸别録，然不與諸篇相雜，故附于此。

第九　二先生語九

少日所聞諸師友説　元本在端伯傳師説之後，不知何人所記，以其不分二先生語，故附于此。

第十　二先生語十

洛陽議論　熙寧十年，横渠先生過洛，與二先生議論。此最在諸録之前，以雜有横渠議論，故附于此。

蘇昞季明録　關中人，張氏門人也。

第十四　　明道先生語四

亥九月過汝所聞　時先生監汝州酒税。　　劉絢質夫録

第十五　　伊川先生語一　或云明道先生語。

入關語録　關中學者所記。按集，先生元豐庚申、元祐辛未皆嘗至關中，但辛未年吕與叔已卒，此篇尚有與叔名字，疑庚申年也。

第十六　　伊川先生語二

己巳冬所聞　不知何人所記。己巳，元祐四年也。本在少日所聞諸師友説後。

第十七　伊川先生語三

本無篇名，不知何人所記，或曰永嘉周行己恭叔，或云永嘉劉安節元承，或云關中學者所記，皆不能明也，故存其篇而闕其目。案元祐三年劉質夫卒，此篇有質夫名字，則三年前語也。〔四〕

第十八　伊川先生語四

劉元承手編　劉安節，字元承，永嘉人。所記有元祐五年遭喪後，紹聖四年遷謫前事。延平陳淵幾叟得之於元承之子，有題誌在後。

第十九　伊川先生語五

楊遵道録　楊迪，字遵道，延平人，文靖公之長子也。所記有元符末歸自涪陵後事。

第二十　伊川先生語六

周伯忱録　周孚先，字伯忱，毗陵人，建中靖國初從學。

第二十一上　伊川先生語七

師説　門人張繹録　張繹，字思叔，壽安人。

第二十一下　伊川先生語七下

附師説後　胡文定公家本，除複重，得此數章。以其辭意類師説，故以附其後。

第二十二上

伊川先生語八上

伊川雜録 唐棣彦思

第二十二下

伊川先生語八下

附雜録後 延平陳氏本自爲一篇，無名氏，間與雜録相出入，故以附之。

第二十三

伊川先生語九

鮑若雨録 永嘉人，字汝霖，一云商霖。

第二十四　伊川先生語十

鄒德久本毗陵鄒柄道鄉公之子，未嘗親見先生，不知其所傳授。舊附東見録後。

第二十五　伊川先生語十一

暢潛道録暢大隱，字潛道，名見東見録。此篇見晁氏客語中，不云何人之言，亦不云何人所記，獨間見於延平羅氏别録，則注云暢本。然則潛道所記與胡氏本亦有之，而題其上云張杲暘叔所傳，〔五〕識者疑其問多非先生語。今考之信然，故附於此。

右程氏遺書二十五篇，二先生門人記其所見聞答問之書也。始諸公各自爲書，先生没而其傳寖廣。然散出並行，無所統一，傳者頗以己意私竊竄易，歷時既久，殆無全篇。熹家有先人舊藏數篇，皆著當時記録主名，語意相承，首尾通貫，蓋未更後人之手，故其書最爲精善。後益以類訪，求得凡二十五篇，因稍以所聞歲月先後第爲此書，篇目皆因其舊，而又別爲之録，如此以見分別次序之所以然者。然嘗竊聞之，伊川先生無恙時，門人尹焞得朱光庭所抄先生語，奉而質諸先生。先生曰：「某在，何必讀此書，若不得某之心，所記者徒彼意耳。」尹公自是不敢復讀。夫以二先生唱明道學於孔孟既没千載不傳之後，可謂盛矣，而當時從游之士，蓋亦莫非天下之英材，其於先生之嘉言善行，又皆耳聞目見而手記之，宜其親切不差，可以行遠，而先生之戒，猶且丁寧若是，豈不以學者未知心傳之要，而滯於言語之間，或者失之豪釐，則其謬將有不可勝言者乎！又況後此且數十年，區區掇拾於殘編墜簡之餘，傳誦道説，玉石不分，而謂真足以盡得其精微嚴密之旨，其亦悮矣。雖然，先生之學，其大要則可知已。讀是書者，誠能主敬以立其本，窮理以進其知，使本立而知益明，知道而本益固，則日用之間，且將有以得乎先生之心，而於疑信之傳可坐判矣。此外諸家所抄尚衆，率皆割裂補綴，非復本篇。異時得其所自來，當復出之，以附今録，無則亦將去其重複，別爲外書，以待後之君子云爾。

附録

明道先生行狀　伊川先生作。〔六〕

門人朋友叙述　劉立之、邢恕、朱光庭、范祖禹。

書行狀後　游酢。

哀詞　呂大臨。

墓表　伊川先生作。

伊川先生年譜

祭文　張繹。

奏狀　胡安國。

右附録一卷，明道先生行狀之屬，凡八篇，伊川先生祭文一篇、奏狀一篇，皆其本文無可議者。獨伊川行事本末，當時無所論著，熹嘗竊取實録所書，文集内外書所載，與凡它書之可證者，次其後先，以爲年譜。既不敢以意形容，又不能保無謬誤，故於每事之下，各系其所從得者。今亦輒取以著于篇，合爲一卷，以附于二十五篇之後。嗚呼！學者察言以求其心，考跡以觀其用，而有以自得之，則斯道之傳也，其庶幾乎！乾道四年歲在著雍困敦夏四月壬子，新安朱熹謹記。

校勘記

〔一〕故附其後　「其」，弘治本同，康熙本作「於」。

〔二〕謝顯道記憶平日語　「顯道」原作「良佐」，據弘治本、康熙本改。

〔三〕劉絢質夫録緱氏人　「氏」字原無，弘治本、康熙本無此大字小字。案緱氏爲河南古縣名，河南通志云「劉絢，字質夫，緱氏人」，今據補。

〔四〕則三年前語也　「前語也」三字原脱，據弘治本、康熙本補。

〔五〕張杲暘叔所傳　「杲」原誤「果」，據弘治本、康熙本改。

〔六〕伊川先生作　弘治本同，康熙本作「見伊川先生文集」。下同。

程氏遺書第一

二先生語一

端伯傳師説

伯淳先生嘗語韓持國曰：如説妄説幻爲不好底性，則請别尋一箇好底性來換了此不好底性著。道即性也，若道外尋性，性外尋道，便不是。聖賢論天德，蓋謂自家元是天然完全自足之物，若無所污壞，即當直而行之，若小有污壞，即敬以治之，使復如舊。所以能使如舊者，蓋爲自家本質元是完足之物，若合脩治而脩治之，是義也，若不消脩治而不脩治，亦是義也，故常簡易明白而易行。禪學者總是强生事，至如「山河大地」之説，是他山河大地，又干你何事。至如孔子，道如日星之明，猶患門人未能盡曉，故曰「予欲無言」。如顔子則便默識，其他未免疑問，故曰「小子何述」，又曰「天何言哉，四時行焉，百物生焉」，可謂明白矣。若能於此言上看得破，便信是會禪也，非是未尋得，蓋實是無去處説，此理本無二故也。

王彦霖問：立德、進德先後。曰：此有二，有立而後進，有進而至于立。立而後進，則是卓然一作「立」。定後有所進，立則是「三十而立」，進則是「吾見其進」也。有進而至于立，則進而至于立道處也，此進是「可與適道」者也，立是「可與立」者也。

王彦霖以爲人之爲善，須是他自肯爲時方有所得，亦難強。曰：此言雖是，人須是自爲善，然又不可爲如此却都不管他，蓋有教焉。「脩道之謂教」，豈可不脩？

王彦霖問：道者一心也，有曰「仁者不憂」，有曰「知者不惑」，有曰「勇者不懼」，何也？曰：此只是名其德爾，其理一也。得此道而不憂者，仁者之事也。因其不憂，故曰此仁也。知、勇亦然，不成却以不憂謂之智，不惑謂之仁也。凡名其德，千百皆然，但此三者，達道之大也。

蘇季明嘗以治經爲傳道居業之實，居常講習只是空言無益，質之兩先生。伯淳先生曰：「脩辭立其誠」，不可不子細理會。言能脩省言辭便是要立誠，若只是修飾言辭爲心，只是爲僞也。若修其言辭正爲立己之誠意，乃是體當自家「敬以直内，義以方外」之實事。道之浩浩，何處下手？惟立誠才一作「方」。有可居之處，有可居之處則可以修業也。「終日乾乾」，大小大事却只是「忠信所以進德」爲實下手處，「脩辭立其誠」爲實脩業處。正叔先生曰：治經，實學也，譬諸草木，區以別矣。道之在經，大小遠近，高下精粗，森列於其中。

譬諸日月在上，[一]有人不見者，一人指之，不如衆人指之自見也。如中庸一卷書，自至理便推之於事，如「國家有九經」，及歷代聖人之迹，莫非實學也。如登九層之臺，自下而上者爲是。人患居常講習空言無實者，蓋不自得也。爲學，治經最好，苟不自得，則盡治五經亦是空言。今有人心得識達，所得多矣，有雖好讀書却患在空虚者，未免此敝。

天地生一世人，自足了一世事。但恨人不能盡用天下之才，此其不能大治。

天地生物，各無不足之理。常思天下君臣、父子、兄弟、夫婦，有多少不盡分處。

先生常論「克己復禮」，韓持國曰：道上更有甚克，莫錯否？曰：如公之言，只是説道也。「克己復禮」乃所以爲道也，更無別處。「克己復禮」之爲道，亦何傷乎公之所謂道也。如公之言，即是一人自指其前一物曰此道也。他本無可克者，若知道與己未嘗相離，則若不「克己復禮」，何以體道？道在己不是與己各爲一物，可跳身而入者也。「克己復禮」非道，而何至如公言克不是道。亦是道也，實未嘗離得，故曰「可離非道也」，理甚分明。又曰：道無真無假。曰：既無真又無假，却是都無物也。到底須是是者爲真，不是者爲假，便是道，大小大分明。

古人見道分明，故曰「吾斯之未能信」，「從事於斯」，「無是餒也」，「立之斯立」。

佛學一作「氏」。只是以生死恐動人，可怪二千年來無一人覺此是被他恐動也。聖賢以生死爲本分事，無可懼，故不論死生。佛之學爲怕死生，故只管説不休。下俗之人固多懼，易以利動。至如禪學者，雖自曰異此，然要之只是此箇意見，皆利心也。籲曰：此學不知是本來以公心求之，後有此蔽，或本只以利心上得之？曰：本是利心上得來，故學者亦以利心信之。莊生云不「怛化」者，意亦如此也。如楊、墨之害，在今世則已無之。如道家之説，其害終小。惟佛學，今則人人談之，瀰漫滔天，其害無涯。舊嘗問學佛者傳燈録幾人，云千七百人。某曰：「敢道此千七百人無一人達者。果有一人見得聖人『朝聞道夕死可矣』，與曾子易簀之理，臨死須尋一尺布帛裹頭而死，必不肯削髮胡服而終。是誠無一人達者。」禪者曰：「此迹也，何不論其心？」曰：「心迹一也，豈有迹非而心是者也！正如兩脚方行，指其心曰：我本不欲行，它兩脚自行。豈有此理？蓋上下、本末、内外都是一理也，方是道。莊子曰『遊方之内』、『遊方之外』者，方何嘗有内外？如此則是道有隔斷，内面是一處，外面又别是一處。豈有此理？」學禪者曰：「草木鳥獸之生，亦皆是幻。」曰：「子以爲生息於春夏，及至秋冬便却變壞，便以爲幻，故亦以人生爲幻。何不付與他物，生死成壞自有此理，何者爲幻？」

天地之間，非獨人爲至靈，自家心便是草木鳥獸之心也，但人受天地之中以生爾。一本此下云：〔二〕人與物，但氣有偏正耳。獨陰不成，獨陽不生。得陰陽之偏者，爲鳥獸、草木、夷狄，受正氣者，人也。

後漢人之名節成於風俗，未必自得也。然一變可以至道。

先王之世以道治天下，後世只是以法把持天下。

語仁而曰「可謂仁之方也已」者，何也？蓋若便以爲仁，則反使不識仁，只以所言爲仁也。故但曰「仁之方」，則使自得之以爲仁也。

「忠信所以進德」，「終日乾乾」，君子當終日「對越在天」也。蓋「上天之載，無聲無臭」，其體則謂之易，其理則謂之道，其用則謂之神，其命于人則謂之性，率性則謂之道，脩道則謂之教。孟子去其中又發揮出「浩然之氣」，可謂盡矣。一作「性」。故説神「如在其上，如在其左右」，大小大事而只曰「誠之不可揜如此夫」。徹上徹下，不過如此。形而上爲道，形而下爲器。須著如此説，器亦道，道亦器，但得道在，不繫今與後，己與人。

富貴驕人固不善，學問驕人，害亦不細。

義理與客氣常相勝，又看消長分數多少，爲君子小人之别。義理所得漸多，則自然知得客氣消散得漸少，消盡者是大賢。

「興於詩，立於禮」，自然見有著力處，至「成於樂」，自然見無所用力。一本云：「興於詩」便須見有著力處，「立於禮」便須見有得力處，「成於樂」便須見有無所用力處。

若不能存養，只是說話。

韓愈亦近世豪傑之士。如原道中言語雖有病，然自孟子而後，能將許大見識尋求者，才見此人。至如斷曰：「孟氏醇乎醇。」又曰：「荀與楊，擇焉而不精，語焉而不詳。」若不是他見得，豈千餘年後便能斷得如此分明也。如楊子看老子則謂：「言道德則有取，至如搥提仁義，絶滅禮學，則無取。」若以老子「剖斗折衡，聖人不死，大盗不止」，爲救時反本之言爲可取，却尚可恕。如老子言「失道而後德，失德而後仁，失仁而後義，失義而後禮」，則自不識道，已不成言語，却言其「言道德則有取」，蓋自是楊子已不見道，豈得如愈也。

聖賢千言萬語，只是欲人將已放之心，約之使反，復入身來，自能尋向上去，「下學而上達」也。

「予天民之先覺者」，謂我乃天生此民中，盡得民道而先覺者也。既爲先覺之民，豈可不覺未覺者？及彼之覺，亦非分我之所有以予之，皆彼自有此義理，我但能覺之而已。

先生嘗語王介甫曰：「公之談道，正如説十三級塔上相輪，對望而談，曰相輪者如此如此，極是分明。如某則戇直不能如此，直入塔中，上尋相輪，辛勤登攀，邐迤而上，直至十三級時，〔三〕雖猶未見相輪，能如公之言，然某却實在塔中，去相輪漸近，要之須可以至也。至相輪中坐時，依舊見公對塔談説此相輪如此如此。」介甫只是説道，云我知有箇道如此如此。只他説道時已與道離，他不知道，只説道時便不是道也。有道者亦一作「言」。自分明，只作尋常本分事説了。孟子言「堯、舜性之」，「舜由仁義行」，豈不是尋常説話？至於易，只道箇「立人之道曰仁與義」，則和性字由字也不消道，自已分明。陰陽、剛柔、仁義，只是此一箇道理。

嘉禮不野合，野合則秕稗也。故生不野合，則死不墓祭。蓋燕饗祭祀乃宫室中事，後世習俗廢禮，有踏青籍草飲食，故墓亦有祭。如禮望墓爲壇，并墓人爲墓祭之尸，亦有時爲之，非經禮也。後世在上者未能制禮，則隨俗未免墓祭。既有墓祭，則祠堂之類亦且爲之可也。

禮經中既不説墓祭，即是無墓祭之文也。

張横渠於墓祭合一，分食而祭之，故告墓之文，有曰「奔走荆棘，殽亂桮盤之列」之語。此亦未盡也。如獻尸則可合而爲一，鬼神如何可合而爲一？

墓人墓祭則爲尸，舊説爲祭后土則爲尸者，非也。蓋古人祭社之外，更無所在有祭后土之禮。如今城隍神之類，皆不當祭。

家祭凡拜皆當以兩拜爲禮，今人事生以四拜爲再拜之禮者，蓋中間有問安之事故也。「事死如事生」，誠意則當如此，至如死而問安，却是瀆神。若祭祀有祝、有告、謝神等事，則自當有四拜六拜之禮。

古人祭祀用尸，極有深意，不可不深思。蓋人之魂氣既散，孝子求神而祭，無尸則不饗，無主則不依。故易於渙、萃，皆言「王假有廟」，即渙散之時事也。魂氣必求其類而依之，人與人既爲類，骨肉又爲一家之類，己與尸各既已潔齊，至誠相通，以此求神，宜其饗之。後世不知此，一本有「道」字。直以尊卑之勢，遂不肯行爾。古人爲尸者亦自處如何，三代之末已是不得已而廢。

「宗子繼别爲宗」，言别則非一也。如别子五人，五人各爲大宗。所謂「兄弟宗之」者，謂别子之子、繼禰者之兄弟，宗其小宗子也。

凡人家法，須令每有族人遠來，則爲一會以合族，雖無事亦當每月一爲之。古人有花樹韋家宗會法，可取也。然族人每有吉凶嫁娶之類，更須相與爲禮，使骨肉之意常相通。骨肉日疏者，只爲不相見，情不相接爾。

世人多慎於擇壻，而忽於擇婦。其實壻易見，婦難知。所繫甚重，豈可忽哉！

籲問：每常遇事即能知操存之意，無事時如何存養得熟？曰：古之人，耳之於樂，目之於禮，左右起居，盤盂几杖，〔四〕有銘有戒，動息皆有所養。今皆廢此，獨有理義之養心耳，但存此涵養意久則自熟矣。「敬以直内」是涵養意。言不莊不敬則鄙詐之心生矣，貌不道莊不敬則怠慢之心生矣。

漢儒如毛萇、董仲舒，最得聖賢之意，然見道不甚分明。下此即至楊雄，規模窄狹。道即性也，言性已錯，更何所得？

漢策賢良，猶是人舉之。如公孫弘者，猶强起之，乃就對。至如後世賢良，乃自求舉耳。若果有曰「我心只望廷對，欲直言天下事」，則亦可尚矣。若志在富貴，則得志便驕縱，失志則便放曠與悲愁而已。

周官醫以「十全爲上」，非爲十人皆愈爲上。若十人不幸皆死病則奈何？但知可治不可治者十人皆中即爲上。

有人勞正叔先生曰：先生謹於禮四五十年，應其勞苦。先生曰：吾日履安地，何勞何苦？他人日踐危地，此乃勞苦也。

憂子弟之輕俊者，只教以經學念書，不得令作文字。

子弟凡百玩好皆奪志。至於書札，於儒者事最近，然一向好著，亦自喪志。如王、虞、顔、柳輩，誠爲好人則有之，曾見有善書者知道否？平生精力一用於此，非惟徒廢時日，於道便有妨處，足知喪志也。

王弼注易元不見道，但却以老莊之意解説而已。

呂與叔嘗言：患思慮多，不能驅除。曰：此正如破屋中禦寇，東面一人來未逐得，西面又一人至矣，左右前後，驅逐不暇。蓋其四面空踈，盗固易入，無緣作得主定。又如虚器入水，水自然入。若以一器實之以水，置之水中，水何能入來？蓋中有主則實，實則外患不能入，自然無事。

孔子曰：「其如示諸斯乎！」指其掌。中庸便曰：「明乎郊社之禮、禘嘗之義，治國其如示諸掌乎！」蓋人有疑孔子之語，中庸又直指郊禘之義以發之。曾子曰：「夫子之道，忠恕而已矣。」中庸以曾子之言雖是如此，又恐人尚疑忠恕未可便爲道，故曰：「忠恕違道不遠，施諸己而不願，亦勿施於人。」此又掠下教人。

堯夫嘗言：「能物物則我爲物之人也，不能物物則我爲物之物也。」亦不消如此。人自人，物自物，道理甚分明。

伯淳近與吴師禮談介甫之學錯處，謂師禮曰：爲我盡達諸介甫，我亦未敢自以爲是。如有説，願往復。此天下公理，無彼我。果能明辨，不有益于介甫，則必有益于我。

人以料事爲明，便駸駸入「逆詐」、「億不信」去也。

射中鵠，舞中節，御中度，皆誠也。古人教人以射御、象勺，所養之意如此。

凡物之名字，自與音義氣理相通，除其他有體質可以指論而得名者之外。如天之所以爲天，〔五〕天未名時本亦無名，只是蒼蒼然也，何以便有此名？蓋出自然之理，音聲發於其氣，遂有此名此字。如今之聽聲之精者便知人性，善卜者知人姓名，理由此也。

籲言：趙澤嘗云「臨政事不合著心，〔六〕惟恕上合著心」，是否？曰：彼謂著心勉而行恕則可，謂著心求恕則不可。蓋恕自有之理，舉斯心加諸彼而已，不待求而後得。然此人之論，有心爲恕，終必恕矣。

誠者合内外之道，不誠無物。

持國曰：凡人志能使氣者，能定其志則氣爲吾使，志壹則動氣矣。先生曰：誠然矣，志壹則動氣，然亦不可不思氣壹則動志。非獨趨蹶，藥也，酒也，亦是也。然志動氣者多，氣動志者少。雖氣亦能動志，然亦在持其志而已。

持國曰：道家有三住，心住則氣住，氣住則神住，此所謂「存三守一」。伯淳先生曰：此三者，人終食之頃未有不離者，其要只在收放心。

持國常患在下者多欺。伯淳先生曰：欺有三：有爲利而欺則固可罪，有畏罪而欺者在所恕，事有類欺者在所察。

人於外物奉身者，事事要好，只有自家一箇身與心却不要好。苟得外面物好時，却不知道自家身與心却已先不好了也。

先生曰：范景仁論性，曰「豈有生爲此，死又却爲彼」，儘似見得。後却云「自有鬼神」，又却迷也。

少年時見物大，食物美，後不能然者，物自爾也，乃人與氣有盛衰爾。

「生之謂性」，性即氣，氣即性生之謂也。人生氣稟，理有善惡，然不是性中元有此兩物相對而生也。有自幼而善，有自幼而惡，后稷之克岐克嶷，子越椒始生，人知其必滅若敖氏之類。是氣稟有然也。善固性也，然惡亦不可不謂之性也。蓋「生之謂性」，「人生而靜」以上不容説，才説性時便已不是性也。凡人説性，只是説「繼之者善」也，孟子言人性善是也。夫所謂「繼之者善」也者，猶水流而就下也。皆水也，有流而至海，終無所污，此何煩人力之爲也；有流而未遠，固已漸濁，有出而甚遠，方有所濁，有濁之多者，有濁之少者，清濁雖不同，然不可以濁者不爲水也。如此則人不可以不加澄治之功，故用力敏勇則疾清，用力緩怠則遲清。及其清也，則却只是元初水也，亦不是將清來換却濁，亦不是取出濁來置在一隅也。水之清，則性善之謂也。故不是善與惡在性中爲兩物相對，各自出來。此理，天命也。順而循之，則道也。循此而修之，各得其分，則教也。自「天命」以至於「教」，我無加損焉，此舜「有天下而不與焉」者也。

邢和叔言：「吾曹常須愛養精力，精力稍不足則倦，所臨事皆勉強而無誠意。接賓客語言尚可見，況臨大事乎！

嘗與趙汝霖論爲政切忌臨事著心，〔七〕曰：此誠是也，然唯恕上合著心。

拾遺

「浩然之氣」，天地之正氣，大則無所不在，剛則無所屈，以直道順理而養，則充塞於天地之間。「配義與道」，氣皆主於義而無不在道，一置私意則餒矣。「是集義所生」，事事有理而在義也，非自外襲而取之也。告子外之者，蓋不知義也。楊遵道所録伊川語中，辨此一段非明道語。

「壹」與「一」字同。一動氣則動志，一動志則動氣，爲養氣者而言也。若成德者，志已堅定，則氣不能動志。

北宫黝之勇，在於必爲；孟施舍之勇，能於無懼。子夏，篤志力行者也；曾子，明理守約者也。

「必有事」者，主養氣而言，故必主於敬。「勿正」，勿作爲也。「心勿忘」，必有事也。「助長」，乃正也。

「北方之強」，血氣也。「南方之強」乃理強，故聖人貴之。人患乎懾怯者，蓋氣不充，不素養故也。

忿懥，怒也。治怒爲難，治懼亦難。克己可以治怒，明理可以治懼。

侯世與云：某年十五六時，明道先生與某講孟子，至「勿正心勿忘勿助長」處云：「二哥以『必有事焉而勿正』爲一句，『心勿忘，勿助長』爲一句，亦得。」因舉禪語爲況云：「事則不無，擬心則差。」某當時言下有省。

校勘記

〔一〕譬諸日月在上　「諸」原作「如」，據弘治本、康熙本改。

〔二〕一本此下云　「一」字原脱，據弘治本、康熙本補。

〔三〕直至十三級時　「三」原誤「二」，據弘治本、康熙本改。

〔四〕盤盂几杖　「几」原誤「凡」，據弘治本、康熙本改。

〔五〕如天之所以爲天　「如」，弘治本、康熙本作「則」。

〔六〕臨政事不合著心　「政」下原衍「是」字，據弘治本、康熙本删。

〔七〕嘗與趙汝霖論爲政切忌臨主著心　「主」，弘治本、康熙本作「事」。

程氏遺書第二上

二先生語二上

元豐己未吕與叔東見二先生語

古不必驗，今之所患，止患不得爲，不患不能爲。正

「居處恭，執事敬，與人忠」，此是徹上徹下語，聖人元無二語。明

一人之心即天地之心，「心」一作「體」。一物之理即萬物之理，一日之運即一歲之運。正

志道懇切固是誠意，若迫切不中理則反爲不誠。蓋實理中自有緩急，不容如是之迫，觀天地之化乃可知。正

聖人用意深處全在繫辭，詩、書乃格言。明

古之學者皆有傳授，如聖人作經，本欲明道。今人若不先明義理，不可治經，蓋不得傳授之意云爾。如繫辭本欲明易，若不先求卦義，則看繫辭不得。

觀易須看時，然後觀逐爻之才。一爻之間常包涵數意，〔一〕聖人常取其重者爲之辭。

亦有易中言之已多，取其未嘗言者，亦不必重事。又有且言其時，不及其爻之才，皆臨時參考。須先看卦，乃看得繫辭。

有德者得天理而用之，既「有諸己」，所用莫非中理。知巧之士雖不自得，然才知稍高，亦能窺測見其一二，得而用之，乃自謂泄天機，若平心用之，亦莫不中理。但不「有諸己」，須用知巧，亦有元本無「有」字。反失之，如蘇、張之類。

教人之術，若童牛之牿，當其未能觸時已先制之，善之大者。其次則豶豕之牙。豕之有牙，既已難制，以百方制之，終不能使之改，惟豶其勢，則性自調伏，雖有牙亦不能爲害。如有不率教之人，却須置其檟楚，别以道格其心，則不須檟楚，將自化矣。

事君須體「納約自牖」之意。人君有過，以理開諭之，既不肯聽，雖當救止，於此終不能回，却須求人君開納處進説，牖乃開明處。如漢祖欲廢太子，叔孫通言嫡庶根本，彼皆知之，既不肯聽矣，縱使能言，無以易此。惟張良知「四皓」素爲漢祖所敬，招之使事太子，漢祖知人心歸太子，乃無廢立意。及左師觸龍事亦相類。

天下善惡皆天理，謂之惡者非本惡，但或過或不及便如此，如楊、墨之類。明

仁、義、禮、智、信五者，性也。仁者全體，四者四支。仁體也，義宜也，禮别也，智知也，信實也。

學者全體此心，學雖未盡，若事物之來，不可不應，但隨分限應之，雖不中，不遠矣。

學者須敬守此心，不可急迫，當栽培深厚，涵泳於其間，然後可以自得。但急迫求之，只是私己，終不足以達道。

學者全要識時，若不識時，不足以言學。顔子陋巷自樂，以有孔子在焉。若孟子之時，世既無人，安可不以道自任。

訂頑一篇，意極完備，乃仁之體也。學者其體此意，令「有諸己」，其地位已高。到此地位，自別有見處，不可窮高極遠，恐於道無補也。明

醫書言手足痿痺爲不仁，此言最善名狀。仁者以天地萬物爲一體，莫非己也。認得爲己，何所不至？若不「有諸己」，自不與己相干，如手足不仁，氣已不貫，皆不屬己。故「博施」「濟衆」，乃聖人之功用。〔二〕仁至難言，故止曰：「己欲立而立人，己欲達而達人，能近取譬，可謂仁之方也已。」欲令如是觀仁，可以得仁之體。明

「博施」「濟衆」云「必也聖乎」者，非謂仁不足以及此，言「博施」「濟衆」者乃功用也。明

嘗喻以心知天，猶居京師往長安，但知出西門便可到長安。此猶是言作兩處，若要誠實，只在京師便是到長安，更不可別求長安。只心便是天，盡之便知性，知性便知天。一作「性便是天」。當處便認取，更不可外求。

「窮理盡性以至於命」，三事一時並了，元無次序，不可將窮理作知之事。若實窮得理，即性命亦可了。明

學者識得仁體，實「有諸己」，只要義理栽培。如求經義，皆栽培之意。

世間有鬼神憑依言語者，蓋屢見之，未可全不信。此亦有理，「莫見乎隱，莫顯乎微」而已。嘗以所求語劉絢，其後以其思索相示，但言與不是，元未嘗告之。近來求得稍親。

昔受學於周茂叔，每令尋顔子、仲尼樂處，所樂何事。

真知與常知異。常見一田夫曾被虎傷，有人説虎傷人，衆莫不驚，獨田夫色動異於衆。若虎能傷人，雖三尺童子莫不知之，然未嘗真知，真知須如田夫乃是。故人知不善而猶爲不善，是亦未嘗真知。若真知，决不爲矣。

蒲人要盟事，知者所不爲，况聖人乎？果要之，止不之衛可也。盟而背之，若再遇蒲人，其將何辭以對？

嘗言鄭戩作縣，定民陳氏爲里正。既暮，有姓陳人乞分居。戩立笞之，曰：「安有朝定里正而夕乞分居！」既而察之，乞分居者非定里正也。今夫赤子未能言，其志意嗜欲，人所未知，其母必不能知之，然不至誤認其意者何也？誠心愛敬而已。若使愛敬其民如其赤子，何錯繆之有？故心誠求之，雖不中，不遠矣。

欲知得與不得，於心氣上驗之。思慮有得，中心悅豫，沛然有裕者，實得也。思慮有得，心氣勞耗者，實未得也，强揣度耳。嘗有人言，比因學道，思慮心虚。曰：人之血氣固有虚實，疾病之來，聖賢所不免，然未聞自古聖賢因學而致心疾者。

學者須先識仁。仁者渾然與物同體，義、禮、知、信皆仁也。識得此理，以誠敬存之而已，不須防檢，不須窮索。若心懈則有防，心苟不懈，何防之有？理有未得，故須窮索，存久自明，安待窮索？此道與物無對，大不足以名之。天地之用，皆我之用。孟子言「萬物皆備於我」，須反身而誠，乃爲大樂。若反身未誠，則猶是二物有對，以己合彼，終未有之，一本下更有「未有之」三字。又安得樂？訂頑意思，乃備言此體。以此意存之，更有何事？「必有事焉而勿正，心勿忘，勿助長」，未嘗致纖毫之力，此其存之之道，若存得便合有得。蓋良知良能元不喪失，以昔日習心未除，却須存習此心，久則可奪舊習。此理至約，惟患不能守。既能體之而樂，亦不患不能守也。

事有善有惡，皆天理也。天理中物，須有美惡。蓋物之不齊，物之情也。但當察之，不可自入於惡，流於一物。明

昔見上稱介甫之學，對曰：「王安石之學不是。」上愕然，問曰：「何故？」對曰：「臣不敢遠引，止以近事明之。臣嘗讀詩，言周公之德，云『公孫碩膚，赤舄几几』。周公盛德，形

容如是之盛。如王安石，其身猶不能自治，何足以及此！」明○一本此下云：又嘗稱介甫，顥對曰：「王安石博學多聞則有之，守約則未也。」

聖人即天地也。天地中何物不有？天地豈嘗有心揀別善惡？一切涵容覆載，〔三〕但處之有道爾。若善者親之，不善者遠之，則物不與者多矣，安得爲天地？故聖人之志，止欲「老者安之，朋友信之，少者懷之」。

死生存亡皆知所從來，胸中瑩然無疑，止此理爾。孔子言「未知生，焉知死」，蓋略言之。死之事即生是也，更無別理。明

言體天地之化，已剩一體字，只此便是天地之化，不可對此箇別有天地。明

胡安定在湖州置「治道齋」，學者有欲明治道者，講之於中，如治兵治民、水利筭數之類。嘗言劉彝善治水利，後果爲政，〔四〕皆興水利有功。

「睟面盎背」，皆積盛致然。「四體不言而喻」，惟有德者能之。

大學乃孔子遺書，須從此學則不差。明

孔子之列國，答聘而已，若有用我者則從之。

居今之時，不安今之法令，非義也。若論爲治，不爲則已，如復爲之，須於今之法度內處得其當，方爲合義。若須更改而後爲，則何義之有？

孟子言「養心莫善於寡欲」，欲寡則心自誠。荀子言「養心莫善於誠」，既誠矣，又何養？此已不識誠，又不知所以養。

賢者惟知義而已，命在其中。中人以下乃以命處義。如言「求之有道，得之有命」，是求無益於得，知命之不可求，故自處以不求。若賢者則求之以道，得之以義，不必言命。

克己則私心去，自然能復禮，雖不學文，而禮意已得。明

今之監司多不與州縣一體，監司專欲伺察，州縣專欲掩蔽。不若推誠心與之共治，有所不逮，可教者教之，可督者督之，至于不聽，擇其甚者去一二，使足以警衆可也。

詩、書載道之文，春秋聖人之用。一本此下云：五經之有春秋，猶法律之有斷例也。律令唯言其法，至於斷例，則始見其法之用也。詩、書如藥方，春秋如用藥治疾。聖人之用全在此書，所謂「不如載之行事深切著明」者也。有重疊言者，如征伐、盟會之類，蓋欲成書，勢須如此，不可事事各求異義。但一字有異，或上下文異，則義須別。

君實修資治通鑑至唐事，正叔問曰：「敢與太宗、肅宗正篡名乎？」曰：「然。」又曰：「敢辨魏徵之罪乎？」曰：「何罪？」「魏徵事皇太子，太子死，遂忘戴天之讎而反事之，此王法所當誅。後世特以其後來立朝風節而掩其罪。有善有惡，安得相掩？」曰：「管仲不死子糾之難而事桓公，孔子稱其能不死，曰：『豈若匹夫匹婦之爲諒也，自經於溝瀆而莫之知

也！』與徵何異？」曰：「管仲之事與徵異。齊侯死，公子皆出，小白長而當立，子糾少亦欲立，管仲奉子糾奔魯。小白入齊，既立，仲納子糾以抗小白，以少犯長，又所不當立，義已不順。既而小白殺子糾，管仲以所事言之則可死，以義言之則未可死。故春秋書『齊小白入于齊』，以國繫齊，明當立也。又書『公伐齊納糾』，二傳無「子」字。糾去『子』，明不當立也。至『齊人取子糾殺之』，此復繫『子』者，罪齊大夫既盟而殺之也。與徵之事全異。」

知、仁、勇三者，天下之達德，所以行之者一，一則誠也。止是誠實此三者，三者之外，更別無誠。

孟子才高，學之無可依據。學者當學顏子入聖人爲近，有用力處。明

「若季氏則吾不能，以季、孟之間待之。」季氏強臣，君待之之禮極隆，然非所以待孔子。季、孟之間，則待之之禮爲至矣。然復曰：「吾老矣，不能用也。」此孔子不繫待之輕重，特以不用而去。

談經論道則有之，少有及治體者。「如有用我者」，正心以正身，正身以正家，正家以正朝廷百官，至于天下，此其序也。其間則又繫用之淺深，臨時裁酌而應之，難執一意。

天地之道，常垂象以示人，故曰「貞觀」。日月常明而不息，故曰「貞明」。

學者不必遠求，近取諸身，只明人理，敬而已矣，便是約處。易之乾卦言聖人之學，坤

卦言賢人之學，惟言「敬以直内，義以方外，敬義立而德不孤」。至于聖人，亦止如是，更無別途。穿鑿繫累，自非道理。故有道有理，天人一也，更不分別。浩然之氣乃吾氣也，養而不害，則塞乎天地，一爲私心所蔽，則欲然而餒，知其小也。「思無邪」，「無不敬」，只此二句循而行之，安得有差？有差者皆由不敬不正也。明

良能良知皆無所由，乃出於天，不繫於人。

德性謂天賦天資，才之美者也。

凡立言欲涵蓄意思，不使知德者厭，無德者惑。

且省外事，但明乎善，惟進誠心，其文章雖不中，不遠矣。所守不約，泛濫無功。明

學者須學文，知道者進德而已。有德則「不習無不利」，「未有學養子而後嫁」，蓋先得是道矣。學文之功，學得一事是一事，二事是二事，觸類至于百千，至于窮盡，亦只是學，不是德。有德者不如是。故此言可爲知道者言，不可爲學者言。如心得之，則「施於四體，四體不言而喻」。譬如學書，若未得者，須心手相須而學，苟得矣，下筆便能書，不必積學。

有有德之言，有造道之言，有述事之言。有德者，止言己分事。造道之言，如顏子言孔子，孟子言堯舜，止是造道之深，所見如是。

所見所期不可不遠且大，然行之亦須量力有漸。志大心勞，力小任重，恐終敗事。

某接人多矣，不雜者三人：張子厚、邵堯夫、司馬君實。

聖不可知，謂聖之至妙，人所不能測。

立宗非朝廷之所禁，但患人自不能行之。

立「清虚一大」爲萬物之源，恐未安。須兼清濁虚實乃可言神。道體物不遺，不應有方所。

教人未見意趣，必不樂學，欲且教之歌舞。如古詩三百篇，皆古人作之。如關雎之類，正家之始，故用之鄉人，用之邦國，日使人聞之。此等詩，其言簡奥，今人未易曉。别欲作詩，略言教童子灑掃應對事長之節，令朝夕歌之，似當有助。

「致知在格物」，格，至也。窮理而至於物，則物理盡。

今之學者，唯有義理以養其心。若威儀辭讓以養其體，文章物采以養其目，聲音以養其耳，舞蹈以養其血脉，皆所未備。

孟子之於道，若温淳淵懿未有如顔子者，於聖人幾矣。後世謂之「亞聖」，容有取焉。如「盍各言爾志」，子路、顔子、孔子皆一意，但有小大之差，皆與物共者也。顔子不自私己，故「無伐善」，知同於人，故「無施勞」。若聖人則如天地，如「老者安之」之類。「孟」字疑誤。

大學「在明明德」，先明此道；「在新民」者，使人用此道以自新；「在止於至善」者，見得而後動，與慮而後動異。得在己，如自使手舉物，無不從。慮則未在己，如手中持物以取物，知其不利。

知所止。

聖人於文章，不講而學。蓋講者有可否之疑，須問辨而後明。學者有所不知，問而知之，則可否自決，不待講論。如孔子之盛德，惟官名禮文有所未知，故問於郯子、老子，既知則遂行而已，更不須講。

正叔言：不當以體會爲非心。以體會爲非心，故有心小性大之説。聖人之神，與天爲一，安得有二？至于「不勉而中，不思而得」，莫不在此。此心即與天地無異，不可小了他，不可一作「若或」。將心滯在知識上，故反以心爲小。時本注云：橫渠云：「心禦見聞，不弘於性。」有「地」字。

鼓舞萬物，「不與聖人同憂」，此天與人異處。聖人有不能爲天之所爲處。

行禮不可全泥古，須當視時之風氣自不同，故所處不得不與古異。如今人面貌自與古人不同，若全用古物，亦不相稱。雖聖人作，須有損益。

交神明之意，當在事生之後，則可以盡孝愛而得其饗。全用古事，恐神不享。

訂頑之言極純無雜，秦、漢以來學者所未到。

君與夫人當異廟，故自無配。明

禘，王者之大祭。祫，諸侯之大祭。明

伯淳言：學者須守下學上達之語，乃學之要。

嫂叔無服，先王之權。後聖有作，雖復制服可矣。

師不立服，不可立也，當以情之厚薄、事之大小處之。如顏、閔於孔子，雖斬衰三年可也，其成己之功，與君父並。其次各有淺深，稱其情而已。下至曲藝，莫不有師，豈可一概制服？

子厚以禮教學者最善，使學者先有所據守。

斟酌去取古今，恐未易言，須尺度權衡在胸中無疑，乃可處之無差。

學禮者考文必求先王之意，得意乃可以沿革。

凡學之雜者，終只是未有所止，内不自足也。譬之一物懸在空中，苟無所倚著，則不之東則之西。故須著摸他別道理，只爲自家不内足也。譬之家藏良金，不索外求，貧者見人説金，須借他底看。

朋友講習，更莫如「相觀而善」工夫多。

昨日之會，大率談禪，使人情思不樂，歸而悵恨者久之。此説天下已成風，其何能救！

古亦有釋氏，盛時尚只是崇設像教，其害至小。今日之風，便先言性命道德，先驅了知者，才愈高明，則陷溺愈深。在某則才卑德薄，無可奈何他。然據今日次第，便有數孟子，亦無如之何。只看孟子時，楊、墨之害能有甚？況之今日，殊不足言。此事蓋亦繫時之汚隆。清談盛而晉室衰，然清談爲害，却只是閑言談，又豈若今日之害道！今雖故人有一初本無「一」字。爲此學而陷溺其中者，則既不可回，今初本無「今」字。只有望於諸君爾。直須置而不論，更休曰且待嘗試，若嘗試則已化而自爲之矣，要之決無取。初本無此上二十九字。其術初本作「佛學」。大概且是絕倫類，初本卷末注云：「『昨日之會，大率談禪』章内，一本云云，上下皆同，版本已定，不可增益，今附于此。異時有别鋟版者，則當以此爲正。」今從之。世上不容有此理。又其言待要出世，出那裏去？又其迹須要出家，然則家者不過君臣父子夫婦兄弟，處此等事皆以爲寄寓，故其爲忠孝仁義者，皆以爲不得已爾，又要得脱世網，〔五〕至愚迷者也。畢竟學之者，不過至似佛。佛者一懶胡爾，他本是箇自私獨善，枯槁山林，自適而已。若只如是，亦不過世上少這一箇人，又却要周遍，謂既得本則不患不周遍，要之決無此理。一本此下云：然爲其學者，詰之，理雖有屈時，又却亂説，卒不可憑考之。今日所患者，患在引取了中人以上者，其力有以自立，故不可回。若只中人以下，自不至此，亦有甚執持。今彼言世網者，只爲些秉彝又殄滅不得，故當忠孝仁義之際，皆處於不得已，直欲和這些秉彝都消殺得盡，然後以爲至道也。然而畢竟消殺不得。如人之有耳目口鼻，既有此氣，則須有此識，所見者色，所聞者聲，所食者味。人之有喜怒哀樂者，亦其性之自然，今強曰必盡絶爲得天真，是所謂喪天真也。持國之爲此學者三十年矣，其所得者，儘説得知有這道理，然至於「反身而誠」，却竟無得處。他有一箇覺之理，可以「敬以直内」矣，然無「義以方外」。其直内者，要之其本亦不是。譬之贊易，前後貫穿都説得是有此道理，然須「默而成之，不言而信，存乎德行」一再有「德行」字。處，是所謂自得也。談禪者雖説得，蓋未之有得。其徒亦有肯道佛卒不可以治天下國家者，然又須道得本則可以周遍。

有問：若使天下盡爲佛可乎？其徒言爲其道則可，其迹則不可。伯淳言：若盡爲佛，則是無倫類，天下却都没人去理，〔六〕然自亦以天下國家爲不足治，要逃世網。其説至於不可窮處，他又有一箇鬼神爲説。

「立人之道曰仁與義」，據今日合人道廢則是，今尚不廢者，猶只是有那些秉彝卒殄滅不得。以此思之，天壤間可謂孤立，其將誰告耶？

今日卓然不爲此學者，惟范景仁與君實爾。然其所執理，有出於禪學之下者，一日做身主不得，爲人驅過去裏。

君實嘗患思慮紛亂，有時中夜而作，達旦不寐，可謂良自苦。人都來多少血氣，若此則幾何而不摧殘以盡也。其後告人曰：「近得一術，常以中爲念。」則又是爲中所亂。中又何形？如何念得？他只是於名言之中，揀得一箇好字。與其爲中所亂，却不如與一串數珠，及與他數珠，他又不受。殊不知中之無益於治心，不如數珠之愈也。夜以安身，睡則合眼，不知苦苦思量箇甚！只是不與心爲主，三更常有人喚習也。諸本無此八字。

學者於釋氏之説，直須如淫聲美色以遠之，不爾則駸駸然入於其中矣。顔淵問爲邦，孔子既告之以五帝、三王之事，而復戒以「放鄭聲，遠佞人」，曰：「鄭聲淫，佞人殆。」彼佞人者，是他一邊佞耳，然而於己則危，只是能使人移，故危也。至於禹之言曰：「何畏乎巧言令色？」巧言令色直消言畏，只是須著如此戒慎，猶恐不免。釋氏之學更不消言，常戒到自家自信後，便不能亂得。

以書傳道，與口相傳煞不相干。〔七〕相見而言，因事發明，則并意思一時傳了。書雖言多，其實不盡。

觀秦中氣艷衰，邊事所困，累歲不稔。昨來餽邊喪亡，今日事未可知，大有可憂者，以至士人相繼淪喪，爲足粧點關中者，則遂化去。吁！可怪也。凡言王氣者，實有此理。生一物須有此氣，不論美惡，須有許大氣艷，故生是人。至如闕里有許多氣艷，故此道之流，以至今日。昔横渠説出此道理，至此幾乎衰矣。只介父一箇，氣艷大小大。

伯淳嘗與子厚在興國寺，曾講論終日，而曰：「不知舊日曾有甚人於此處講此事。」

與叔所問，今日宜不在有疑。今尚差池者，蓋爲昔亦有雜學，故今日疑所進有相似處，則遂疑養氣爲有助，便休信此説。蓋爲前日思慮紛擾，今要虛静，故以爲有助。前日思慮紛擾，又非義理，又非事故，如是則只是狂妄人耳。懲此以爲病，故要得虛静。其極欲得如槁木死灰，又却不是。蓋人活物也，又安得爲槁木死灰？既活則須有動作，須有思慮，必欲爲槁木死灰，除是死也。「忠信所以進德」者何也？閑邪則誠自存，誠存斯爲忠信也。如何是閑邪？非禮而勿視聽言動，邪斯閑矣。以此言之，又幾時要身如枯木，心如死灰？又如絶四後畢竟如何，又幾時須如枯木死灰？「敬以直内」，則須君則是君，臣則是臣。凡事如此，大小大直截也。

有言養氣可以爲養心之助。曰：敬則只是敬，敬字上更添不得。譬之敬父矣，又豈須得道更將敬兄助之？又如今端坐附火，是敬於向火矣，又豈須道更將敬於水以助之？猶之有人曾到東京，又曾到西京，又曾到長安，若一處上心來，則他處不容參然在心，〔八〕心裏著兩件物不得。

飲酒不可使醉。「不及亂」者，不獨不可亂志，只血氣亦不可使亂，但使浹洽而已可也。

邢和叔後來亦染禪學。其爲人明辨有才，後更曉練世事，其於學亦「日月至焉」者也。

尹子曰：「明辨有才而復染禪學，何所不爲也。」

伯淳自謂：「只得他人待做惡人，敬而遠之。」嘗有一朝士久不見，謂伯淳曰：「以伯淳如此聰明，因何許多時終不肯回頭來？」伯淳答以：「蓋恐回頭後錯也。」巽之凡相見須窒礙，蓋有先定之意。和叔一作「與叔」。據理，却合滯礙，而不然者，只是他至誠，便相信心直篤信。

理則須窮，性則須盡，命則不可言窮與盡，只是「至於命」也。横渠昔常譬命是源，窮理與盡性如穿渠引源。然則渠與源是兩物，後來此議必改來。

今語道則須待要寂滅湛静，形使如槁木，〔九〕心使如死灰。豈有直做墻壁木石而謂之道？所貴乎「智周天地萬物而不遺」，又幾時要如死灰？所貴乎「動容周旋中禮」，又幾時要如槁木？論心術，無如孟子也，只謂「必有事焉」。一本有「而勿正心」字。今既如槁木死灰，則却於何處有事？

君實之能忠孝誠實，只是天資，學則元不知學。堯夫之坦夷，無思慮紛擾之患，亦只是天資自美爾，皆非學之功也。

持國嘗論「克己復禮」，以謂克却不是道。伯淳言：克便是克之道。持國又言：道則不須克。伯淳言：道則不消克，却不是持國事，在聖人則無事可克，今日持國須克得己，便然後復禮。

游酢、楊時是學得靈利，高才也。楊時於新學極精，今日一有所問，能盡知其短而持之。介父之學，大抵支離。伯淳嘗與楊時讀了數篇，其後盡能推類以通之。

有問：詩三百非一人之作，難以一法推之。伯淳曰：不然。三百，三千中所擇，〔一〇〕不特合於雅頌之音，亦是擇其合於教化者取之。篇中亦有次第淺深者，亦有元無次序者。

新政之改，亦是吾黨爭之有大過，成就今日之事，塗炭天下，亦須兩分其罪可也。當時天下岌岌乎殆哉，介父欲去數矣。其時介父直以數事上前卜去就，若青苗之議不行，則決其去。伯淳於上前，與孫莘老同得上意，要了當此事。大抵上意不欲抑介父，要得人擔了，而介父之意尚亦無必。伯淳嘗言：「管仲猶能言『出令當如流水，以順人心』，今參政須要做不順人心事，何故？」介父之意，只恐始爲人所沮，其後行不得。伯淳却道：「但做順人心事，人誰不願從也。」介父道：「此則感賢誠意。」却爲天祺其日於中書大悖，緣是介父大怒，遂以死力爭於上前，上爲之一以聽用，從此黨分矣。莘老受約束而不肯行，遂坐貶。而伯淳遂待罪，既而除以京西提刑。伯淳復求對，遂見上。上言：「有甚文字？」伯淳云：「今咫尺天顏，尚不能少回天意，文字更復何用！」欲去而上問者數四，伯淳每以陛下不宜輕用兵爲言，朝廷羣臣無能任陛下事者。以今日之患觀之，猶是自家不善從容，至如青苗且放過，又且何妨。伯淳當言職，苦不曾使文字，大綱只是於上前説了，其他些小文字，只是備禮而已。大抵自仁祖朝優容諫臣，當言職者必以詆訐而去爲賢，習以成風，惟恐人言不稱職以去，爲落便宜。昨來諸君，蓋未免此。苟如是爲，則是爲己，尚有私意在，却不在朝廷，不干事理。

今日朝廷所以特惡忌伯淳者，以其可理會事，只是理會學這裏動，則於他輩是所不便也，故特惡之深。

以吾自處，猶是自家當初學未至，意未誠，其德尚薄，無以感動他天意，此自思則如此。然據今日許大氣艷，當時欲一二人動之，誠如河濱之人捧土以塞孟津，復可笑也。據當時事勢，又至於今日，豈不是命！

只著一箇私意便是餒，便是缺了他浩然之氣處。「誠者物之終始，不誠無物」，這裏缺了他，則便這裏没這物。浩然之氣又不待外至，是集義所生者。這一箇道理，不爲堯存，不爲桀亡，只是人不到他這裏，知此便是明善。

「生生之謂易」，是天之所以爲道也。天只是以生爲道，繼此生理者即是善也。善便有一箇元底意思。「元者善之長」，萬物皆有春意，便是「繼之者善也，成之者性也」。成却待他萬物自成其一作「甚」。性須得。

告子云「生之謂性」則可，凡天地所生之物，須是謂之性。皆謂之性則可，於中却須分別牛之性、馬之性，是他便只道一般，如釋氏説蠢動含靈皆有佛性，如此則不可。「天命之謂性，率性之謂道」者，天降是於下，萬物流形，各正性命者，是所謂性也。循其性一作「各正性命」。而不失，是所謂道也。此亦通人物而言，循性者馬則爲馬之性，又不做牛底性，牛則爲牛之性，又不爲馬底性，此所謂率性也。人在天地之間，與萬物同流，天幾時分別出是人是物？「脩道之謂教」，此則專在人事，以失其本性，故脩而求復之，則入於學。若元不失，則何脩之有？是由仁義行也，則是性已失，故脩之。「成性存存，道義之門」，亦是萬物各有成性存存，亦是生生不已之意。天只是以生爲道。

萬物皆只是一箇天理，己何與焉？至如言：「天討有罪，五刑五用哉！天命有德，五服五章哉！」此都只是天理自然當如此，人幾時與？與則便是私意。有善有惡，善則理當喜，如五服自有一箇次第以章顯之；惡則理當惡，一作「怒」。彼自絕於理，故五刑五用曷嘗容心喜怒於其間哉？舜舉十六相，堯豈不知？只以他善未著，故不自舉。舜誅四凶，堯豈不察？只爲他惡未著，那誅得他。舉與誅曷嘗有毫髮厠於其間哉？只有一箇義理：「義之與比」。

人能放這一箇身公共，放在天地萬物中一般看，則有甚妨礙？雖萬身，曾何傷？乃知釋氏苦「根塵」者，皆是自私者也。

要脩持他這天理則在德，須有不言而信者。言難爲形狀，養之則須直不愧屋漏與愼獨。這是箇持養底氣象也。

「知止」則自定，萬物撓不動，非是別將箇「定」來助「知止」也。

詩、書中凡有箇主宰底意思者，皆言帝；有一箇包涵徧覆底意思，則言天；有一箇公共無私底意思，則言王。上下千百歲中，若合符契。

如天理底意思，誠只是誠此者也，敬只是敬此者也。非是別有一箇誠，更有一箇敬也。

「天理」云者，這一箇道理更有甚窮已？不爲堯存，不爲桀亡。人得之者，故「大行不加」，「窮居不損」。這上頭來，更怎生說得存亡加減？是他元無少欠，百理具備。胡本此下云：得這箇天理，是謂大人。以其道變通無窮，故謂之聖。不疾而速，不行而至，須默而識之處，故謂之神。

「天地設位而易行乎其中矣」，「乾坤毀則無以見易」，「易不可見則乾坤或幾乎熄矣」。易是箇甚？易又不只是這一部書，是易之道也。不要將易又是一箇事，即事一作「唯」，一作「只是」。盡天理，便是易也。

天地之化既是二物，必動已不齊。譬之兩扇磨行，便其齒齊，不得齒齊，既動則物之出者何可得齊，轉則齒更不復得齊。從此參差萬變，巧歷不能窮也。

天地之間，有者只是有。譬之人之知識聞見，經歷數十年，一日念之，了然胸中。這一箇道理在那裏放著來。

養心者且須是教他寡欲，又差有功。

中心斯須不和不樂，則鄙詐之心入之矣。此與「敬以直內」同理，謂敬爲和樂則不可，然敬須和樂，只是中心没事也。

大凡利害禍福，亦須「致命」。須得致之爲言，直如人以力自致之謂也。得之不得，命固已定。君子須知他命方得，「不知命，無以爲君子」。蓋命苟不知，無所不至。故君子於困窮之時，須致命便遂得志。其得禍得福，皆已自致，只要申其志而已。

「求之有道，得之有命」，是求無益於得，言求得不濟事。元本無「不」字。此言猶只爲中人言之。若爲中人以上而言，却只道「求之有道」，非道則不求，更不消言命也。

堯夫豪傑之士，根本不帖帖地。伯淳嘗戲以亂世之姦雄中道學之有所得者。然無禮不恭極甚。又嘗戒以不仁，已猶不認，以爲人不曾來學。伯淳言堯夫自是悠悠。自言須如我與李之才方得道。

「天民之先覺」，譬之皆睡，他人未覺來，以我先覺，故摇擺其未覺者，亦使之覺，及其覺也，元無少欠，蓋亦未嘗有所增加也，適一般爾。「天民」云者，蓋是全盡得天生斯民底事業。「天之生斯民也，將以道覺斯民」，蓋言天生此民，將以此道覺此民，則元無少欠，亦無增加，未嘗不足。「達可行於天下」者，謂其全盡天之生民之理，其術亦足以治天下國家故也。

「可欲之謂善」，便與「元者善之長」同理。

禮樂不可斯須去身。

「不能反躬，天理滅矣」。「天理」云者，百理具備，元無少欠，故「反身而誠」，只是言得已上更不可道甚道。元本「道」字屬下文。

命之曰易，便有理。一本無此七字，但云：道理皆自然。若安排定，則更有甚理。天地陰陽之變，便如二扇磨升降，盈虛剛柔，初未嘗停息，陽常盈，陰常虧，故便不齊。譬如磨既行，齒都不齊，既不齊，便生出萬變。故物之不齊，物之情也。而莊周強要齊物，然而物終不齊也。堯夫有言：「泥空終是著，齊物到頭爭。」此其肅如秋，其和如春。如秋便是「義以方外」也。如春觀萬物皆有春意。堯夫有詩云：「拍拍滿懷都是春。」又曰：「芙蓉月向懷中照，楊柳風來面上吹。」不止風月，言皆有理。又曰：「卷舒萬古興亡手，出入幾重雲水身。」若莊周大抵寓言，要入他放蕩之場。堯夫却皆有理，萬事皆出於理。自以爲皆有理，故要得縱心妄行總不妨。一本此下云：堯夫詩云「聖人契緊些兒事」，其言太急迫。此道理平鋪地放着裏，何必如此。

觀天理亦須放開意思，開闊得心胸便可見，打揲了習心兩漏三漏子。今如此混然說做一體猶二本，那堪更二本三本？今雖知「可欲之爲善」，亦須實「有諸己」，便可言誠。誠便合内外之道。今看得不一，只是心生，除了身只是理，便説合天人，合天人已是爲不知者引而致之。天人無間，夫不充塞則不能化育，言贊化育，已是離人而言之。

須是大其心使開闊，譬如爲九層之臺，須大做脚須得。

元亨者，只是始而亨者也。此通人物而言，「通」，元本作「詠」字。謂始初發生，大概一例亨通也。及到利貞，便是「各正性命」後，屬人而言也。利貞者，分在性與情，只性爲本，情是性之動處，情又幾時惡。「故者以利爲本」，只是順利處爲性，若情則須是正也。

醫家以不認痛癢謂之不仁，人以不知覺不認義理爲不仁，譬最近。

所以謂萬物一體者，皆有此理，只爲從那裏來。「生生之謂易」，生則一時生，皆完此理，人則能推，物則氣昏推不得，不可道他物不與有也。人只爲自私，將自家軀殼上頭起意，故看得道理小了他底。放這身來都在萬物中一例看，大小大快活。釋氏以不知此，去他身上起意思，奈何那身不得，故却厭惡，要得去盡根塵，爲心源不定，故要得如枯木死灰。然没此理，要有此理，除是死也。釋氏其實是愛身，放不得，故說許多。譬如負販之蟲，已載不起，猶自更取物在身。又如抱石沉河，以其重愈沉，終不道放下石頭，惟嫌重也。

孟子論四端處則欲擴而充之，說約處則博學詳說而反說約。此内外交相養之道也。

「萬物皆備於我」，不獨人爾，物皆然。都自這裏出去，只是物不能推，人則能推之。雖能推之，幾時添得一分？不能推之，幾時減得一分？百理具在，平鋪放著。幾時道堯盡君道，添得些君道多？舜盡子道，添得些孝道多？元來依舊。

橫渠教人，本只是謂世學膠固，故說一箇清虛一大，只圖得人稍損得没去就道理來，然而人又更別處走。今日且只道敬。

聖人之德行，固不可得而名狀。若顏子底一箇氣象，吾曹亦心知之，欲學聖人，且須學顏子。後來曾子、子夏煞學得到上面也。〔一一〕

今學者敬而不見得，元本有「未」字。又不安者，只是心生，亦是太以敬來做事得重。此「恭而無禮則勞」也。恭者，私爲恭之恭也。禮者，非體之禮，〔一二〕是自然底道理也。只恭而不爲自然底道理，故不自在也。須是恭而安。今容貌必端，言語必正者，非是道獨善其身，要人道如何，只是天理合如此，本無私意，只是箇循理而已。

堯夫解「他山之石，可以攻玉」：玉者温潤之物，若將兩塊玉來相磨，必磨不成，須是得他箇齷齪底物方磨得出。〔一三〕譬如君子與小人處，爲小人侵陵，則脩省畏避，動心忍性，增益預防，如此便道理出來。

公掞昨在洛有書室，兩旁各一牖，牖各三十六隔，一書「天道之要」，一書「仁義之道」，中以一牓書「毋不敬，思無邪」，中處之。此意亦好。

古人雖胎教與保傅之教，猶勝今日庠序鄉黨之教。古人自幼學，耳目游處，所見皆善，至長而不見異物，故易以成就。今人自少所見皆不善，才能言便習穢惡，日日消鑠，更有甚天理！須人理皆盡，然尚以些秉彝消鑠盡不得，故且恁過，一日之中，超多少巧僞，萌多少機穽。據此箇薰蒸，以氣動氣，宜乎聖賢之不生，和氣之不兆也。尋常間或有些時和歲豐，亦出於幸也。不然，何以古者或同時或同家並生聖人，及至後世乃數千歲寂寥。

人多言天地外，不知天地如何説内外，外面畢竟是箇甚。若言著外，則須似有箇規模。凡言「充塞」云者，却似箇有規模底體面，將這氣充實之。然此只是指而示之近耳。氣則只是氣，更説甚充塞？如化育則只是化育，更説甚贊？贊與充塞，又早却是別一件事也。

理之盛衰之説，與釋氏初劫之言，如何到他説便亂道，又却窺測得些。彼其言「成住壞空」，曰成壞則可，住與空則非也。如小兒既生，亦日日長行，元不曾住，是他本理只是一箇消長盈虧耳，更没別事。

極爲天地中，是也。然論地中儘有説。據測景，以三萬里爲中，若有窮，然有至一邊已及一萬五千里，而天地之運蓋如初也。然則中者，亦「時中」耳。地形有高下，無適而不爲中，故其中不可定下。譬如楊氏「爲我」，墨氏「兼愛」，子莫於此二者以執其中，則中者適未足爲中也。故曰：「執中無權，猶執一也。」若是因地形高下，無適而不爲中，則天地之化不可窮也。若定下不易之中，則須有左有右，有前有後，四隅既定，則各有遠近之限，便至百千萬億，亦猶是有數。蓋有數則終有盡處，不知如何爲盡也。

日之形，人莫不見似輪似餅。其形若有限，則其光亦須有限。若只在三萬里中升降出没，則須有光所不到處。又安有此理？今天之蒼蒼，豈是天之形？視下也，亦須如是。日固陽精也，然不如舊説，周回而行，中心是須彌山，日無適而不爲精也。地既無適而不爲中，則日無適而不爲精也。氣行滿天地之中，然氣須有精處，故其見如輪如餅。譬之鋪一溜柴薪，從頭爇著，火到處其光皆一般，非是有一塊物推著行將去，氣行到寅則寅上有光，行到卯則卯上有光，氣充塞無所不到。若這上頭得箇意思，便知得生物之理。

觀書者亦須要知得隨文害義。如書曰：「湯既勝夏，欲遷其社，不可。」既處湯爲聖人，聖人不容有妄舉。若湯始欲遷社，衆議以爲不可而不遷，則是湯先有妄舉也。不可者，湯不可之也。湯以爲國既亡則社自當遷，以爲遷之不若不遷之愈，故但屋之。屋之則與遷之無以異，既爲亡國之社，則自王城至國都皆有之，使爲戒也。故春秋書「亳社災」，然則魯有亳社，屋之，故有火災。此制計之必始於湯也。

長安西風而雨，終未曉此理。須是自東自北而風則雨，自南自西則不雨。何者？自東自北皆屬陽，坎卦本陽。陽唱而陰和，故雨。自西自南，陰也，陰唱則陽不和。蝃蝀之詩曰「朝隮于西，崇朝其雨」，是陽來唱也，故雨；「蝃蝀在東」，則是陰先唱也；「莫之敢指」者，非謂手指莫敢指陳也，猶言不可道也。易言「密雲不雨，自我西郊」，言自西則是陰先唱也，故雲雖密而不雨。今西風而雨，恐是山勢使然。

學者用了許多工夫，下頭須落道了是。入異教只爲自家這下元未曾得箇安泊處，那下說得成熟。世人所惑者鬼神轉化，他總有說，又費力說道理，又打入箇無底之壑，故一生出不得。今日須是自家這下照得理分明，則不走作。形而下、形而上者，亦須更分明須得。雖則心有一作「存」。默識，有難名狀處，然須說盡心知性知天，亦須於此留意。此章一無「落道了是」四字。

學則與他「窮理盡性以至於命」，則不失。異教之書，「雖小道，必有可觀者焉」，然其流必乖，故不可以一事遂都取之。若楊、墨亦同是堯、舜，同非桀、紂。是非則可也，其就上所說，則是成就他說也。非桀是堯，是吾依本分事，就上過說，則是他私意說箇，要之只有箇理。

講學本不消得理會，然每與剔撥出，只是如今雜亂膠固，須著説破。

孟子論王道便實，「徒善不足爲政，徒法不能自行」，便先從養生一作「道」。上説將去。既庶既富，然後以「飽食煖衣而無教」爲不可，故教之也。孟子而後却只有原道一篇，其間語固多病，然要之大意儘近理。若西銘則是原道之宗祖也。原道却只説到道，元未到得西銘意思。據子厚之文，醇然無出此文也。自孟子後蓋未見此書。

聖人之教以所貴率人，釋氏以所賤率人。初本無此十六字，卷末注云：又「學佛者難吾言」章，一本章首有云云，下同。餘見「昨日之會」章。學佛者難吾言：謂人皆可以爲堯、舜，則無僕隸。正叔言：人皆可以爲堯、舜，聖人所願也；其不爲堯、舜，是所可賤也，故以爲僕隸。游酢、楊時先知學禪，已知向裏没安泊處，故來此，却恐不變也。暢大隱許多時學，乃方學禪，是於此蓋未有所得也。吕進伯可愛，老而好學，理會直是到底。天祺自然有德氣，似箇貴人氣象，只是却有氣短處，規規太以事爲重，傷於周至，却是氣局小。景庸則只是才敏。須是天祺與景庸相濟，乃爲得中也。

子厚則高才，其學更先從雜博中過來。

理則天下只是一箇理，故推至四海而準，須是質諸天地、考諸三王不易之理。故敬則只是敬此者也，仁是仁此者也，信是信此者也。又曰顛沛造次必於是，又言「吾斯之未能信」，只是道得如此，更難爲名狀。

今異教之害，道家之説則更没可闢，唯釋氏之説衍蔓迷溺至深，今日「今日」一作「自」。是釋氏盛而道家蕭索。方其盛時，天下之士往往自一作「又」。從其學，自難與之力爭。惟當自明吾理，吾理自立，則彼不必與争。然在今日，釋氏却未消理會，大患者却是介甫之學。譬之盧從史在潞州，〔一四〕知朝廷將討之，當時便使一處逐其節度使。朝廷之議，要討逐節度者，而李文饒之意，〔一五〕要先討潞州，則不必治彼而自敗矣。如今日却要先整頓介甫之學，壞了後生學者。

異教之説，其盛如此，其久又如是，亦須是有命，然吾輩不謂之命也。

人之於患難，只有一箇處置，盡人謀之後，却須泰然處之。有人遇一事則心心念念不肯捨，畢竟何益？若不會處置了放下，便是無義無命也。

「道之不明也，賢者過之，不肖者不及也。」賢者則只過當，不肖又却都休。

冬至一陽生，却須斗寒，正如欲曉而反暗也。陰陽之際亦不可截然不相接，厮侵過便是道理。天地之間如是者極多。艮之爲義，「終萬物，始萬物」，此理最妙，須玩賾這箇理。〔一六〕

古言乾、坤退處不用之地而用六子。若人則便分君道無爲，臣道有爲，若天則誰與他安排？他如是，須有道理。故如八卦之義，須要玩索。

早梅冬至已前發，方一陽未生，然則發生者何也？其榮其枯，此萬物一箇陰陽升降大節也。然逐枝自有一箇榮枯，分限不齊，此各有一乾坤也。各自有箇消長，只是箇消息。惟其消息，此所以不窮。至如松栢，亦不是不彫，只是後彫，彫得不覺，怎少得消息？方夏生長時却有夏枯者，則冬寒之際有發生之物，何足怪也？

物理最好玩。

陰陽於天地間，雖無截然爲陰爲陽之理，須去參錯，然一箇升降生殺之分不可無也。動植之分，有得天氣多者，有得地氣多者，「本乎天者親上，本乎地者親下」。然要之，雖木植亦兼有五行之性在其中，只是偏得土之氣，故重濁也。

伯淳言：西銘某得此意，只是須得他子厚有如此筆力，他人無緣做得，孟子已後未有人及此。得此文字，省多少言語。且教他人讀書，要之仁孝之理備于此，須臾而不於此，則便不仁不孝也。

詩前序必是當時人所傳，「國史明乎得失之迹」者是也。不得此，則何緣知得此篇是甚意思？大序則是仲尼所作，其餘則未必然。要之皆得大意，只是後之觀詩者亦添入。

詩有「六體」，須篇篇求之，或有兼備者，或有偏得一二者。今之解詩者，「風」則分付與國風矣，「雅」則分付與大、小雅矣，「頌」即分付與頌矣。詩中且没却這三般體，如何看得詩？「風」之爲言，便有風動之意；「興」便有一興喻之意；「比」則直比之而已，「蛾眉」、「瓠犀」是也；「賦」則賦陳其事，如「齊侯之子衛侯之妻」是也；「雅」則正言其事；「頌」則稱美之言也，如「于嗟乎騶虞」之類是也。

關雎之詩，如言「樂得淑女，以配君子，憂在進賢，不淫其色」，非后妃之事，明知此意是作詩者之意也。如此類推之。

詩言「后妃」、「夫人」者，非必謂文王之妻也，特陳后妃、夫人之事，如斯而已。然其後亦有當時詩附入之者，汝墳是也。且二南之詩必是周公所作，他人恐不及此。以其爲教於衽席之上，閨門之内，上下貴賤之所同也。故用之鄉人邦國，而謂之「國風」也。化天下只是一箇風，至如鹿鳴之詩數篇，如「燕羣臣」、「遣戍役」、「勞還率」之類，皆是爲國之常政，其詩亦恐是周公所作，如後人之爲樂章是也。

論語中言「唐棣之華」者，因權而言逸詩也。孔子删詩，豈只取合於雅頌之音而已，亦是謂合此義理也。如皇矣、烝民、文王、大明之類，其義理非人人學至於此，安能及此？作詩者又非一人，上下數千年若合符節，只爲合這一箇理，若不合義理，孔子必不取也。

夫子言「興於詩」，觀其言，是興起人善意，汪洋浩大，皆是此意。如言「秉心塞淵，騋牝三千」，須是塞淵，然後騋牝三千。塞淵有義理。〔一七〕又如駉之詩，坰牧是賤事，其中却言「思無邪」。詩三百，「一言以蔽之」者，在此一句。坰牧而必要「思無邪」者，蓋爲非此則不能坰牧。又如考槃之詩，解者謂賢人永誓不復告君，不復見君，又自誓不許而實如此也。據此安得有賢者氣象？孟子之於齊，是甚君臣？然其去，未嘗不遲遲顧戀。今此君才不用，便躁忿如此，「是不可磯也」，乃知此詩解者之誤。此詩是賢者退而窮處，心不忘君，怨慕之深者也。君臣猶父子，安得不怨？故直至於寤寐弗志，永陳其不得見君與告君，又陳其此誠之不詐也。此章注「塞淵有義理」，一作「塞淵於義理」。

堯與舜更無優劣，及至湯、武便別。孟子言「性之」、「反之」，自古無人如此說，只孟子分別出來，便知得堯、舜是生而知之，湯、武是學而能之。文王之德則似堯、舜，禹之德則似湯、武，要之皆是聖人。

詩云：「上天之載，無聲無臭，儀刑文王，萬邦作孚。」上天又無聲臭之可聞，只看文王，便萬邦取信也。又曰「維天之命，於穆不已」，蓋曰天之所以爲天也。「文王之德之純」，蓋曰文王之所以爲文也。然則文王之德，直是似天。「昊天曰明，及爾出王；昊天曰旦，及爾游衍」，只爲常是這箇道理。此箇一作「理」。亦須待他心熟，便自然別。

「樂則生，生則烏可已也」，須是熟，方能如此，「苟爲不熟，不如稊稗」。
「是集義所生，非義襲而取之也」，須集義，這上頭莫非義也。
「仁義禮智根於心，其生色」，言四者本於心而生色也。「睟於面，盎於背，施於四體，四體不言而喻」，孟子非自及此，焉能道得到此？

今志于義理而心不安樂者何也？此則正是剩一箇「助之長」。雖則心操之則存，捨之則亡，然而持之大甚，便是「必有事焉」而正之也。亦須且恁去如此者，只是德孤。「德不孤，必有鄰」，到德盛後，自無窒礙，左右逢其原也。

中庸言「禮儀三百，威儀三千」，方是說「優優大哉」。又却非如異教之說，須得如枯木死灰以爲得也。

得此義理在此，甚事不盡？更有甚事出得？視世之功名事業，甚譬如閑。視世之仁義者，甚煦煦孑孑如匹夫匹婦之爲諒也。自是天來大事，〔一八〕處以此理，又曾何足論？若知得這箇義理，便有進處，若不知得，則何緣仰高鑽堅，在前在後也！竭吾才，則又見其卓爾。

德者得也，須是實到這裏須得。

言「反身而誠，樂莫大焉」，却是著人上說。

邵堯夫於物理上儘說得，亦大段漏洩他天機。

人於天理昏者，是只爲嗜欲亂著他。莊子言「其嗜欲深者，其天機淺」，此言却最是。這箇義理，仁者又看做仁了也，知者又看做知了也，百姓又日用而不知，此所以「君子之道鮮矣」。此箇亦不少，亦不剩，只是人看他不見。

今天下之士人，在朝者又不能言，退者遂忘之，又不肯言，此非朝廷吉祥。雖未見從，又不曾有大橫見加，便豈可自絶也？君臣，父子也，父子之義不可絶。豈有身爲侍從，尚食其禄，視其危亡，曾不論列？君臣之義，固如此乎？

「寂然不動，感而遂通」者，天理具備，元無欠少，不爲堯存，不爲桀亡。父子君臣，常理不易，何曾動來？因不動，故言寂然；雖不動，感便通，感非自外也。

若不「一本」，則安得「先天而天不違，後天而奉天時」？

所務於窮理者，非道須盡窮了天下萬物之理，又不道是窮得一理便到，只是要積累多後自然見去。

天地安有内外？言天地之外，便是不識天地也。人之在天地，如魚在水，不知有水，直待出水，方知動不得。

禮一失則爲夷狄，再失則爲禽獸。聖人初恐人入於禽獸也，故於春秋之法極謹嚴，元本無「故」字。中國而用夷狄禮，則便夷狄之。韓愈言「春秋謹嚴」，深得其旨。韓愈道他不知又不得，其言曰：「易奇而法，詩正而葩，春秋謹嚴，左氏浮誇。」其名理皆善。

當春秋、戰國之際，天下小國介於大國，奔命不暇，然足以自維持數百年。此勢却似稻塍，各有界分約束。後世遂有土崩之勢，道壞便一時壞。元本無此一「壞」字。陳涉一叛，天下遂不支梧。今日堂堂天下，只西方一敗，朝廷遂震，何也？蓋天下之勢，正如稻塍，各有限隔，則卒不能壞。今天下却似一箇萬頃陂，要起卒起不得，及一起則汹湧，遂奈何不得。以祖宗德澤仁厚，涵養百餘年間，一時柔了人心，雖有豪傑，無箇端倪起得，便只要安靜，不宜使摇動，雖夷狄亦散兵却鬪，恃一本無「恃」字。此中國之福也。一本「此」字下有「非」字。

賈誼有「五餌」之説，當時笑其迂疎，今日朝廷正使著，故得許多時寧息。

天地動静之理，天圜則須轉，地方則須安静。南北之位，豈可不定下？所以定南北者，在坎离也。坎离又不是人安排得來，莫非自然也。

論語爲書，傳道立言，深得聖人之學者矣。如鄉黨形容聖人，不知者豈能及是？

不愧屋漏，便是箇持養氣象。

孔、孟之分，只是要别箇聖人、賢人。如孟子若爲孔子事業，則儘做得，只是難似聖人。譬如剪綵以爲花，花則無不似處，只是無他造化功。「綏斯來，動斯和」，此是不可及處。

只是這箇理，以上却難言也。如言「吾斯之未能信」，皆是古人此理已明故也。

敬而無失，便是「喜怒哀樂未發之謂中」也。敬不可謂之中，但敬而無失，即所以中也。

微仲之學雜，其愷悌嚴重寬大處多，惟心艱於取人，自以才高故爾。語近學則不過入於禪談，不常議論則以苟爲有詰難，亦不克易其言，不必信心，自以才高也。

和叔常言，及相見則不復有疑，既相別則不能無疑，然亦未知果能終不疑。不知他既已不疑而終復有疑何故？伯淳言：何不問他疑甚，不如劇論。

和叔任道擔當，其風力甚勁，然深潛縝密，有所不逮於與叔。蔡州謝良佐雖時學，中因議州舉學試得失，便不復計較。建州游酢，非昔日之游酢也，固是顯然資質溫厚。南劍州楊時雖不逮酢，然煞潁悟。林大節雖差魯，然所問便能躬行。劉質夫久於其事，自小來便在此。李端伯相聚雖不久，未見他操履，然才識潁悟，自是不能已也。

介父當初只是要行己志，恐天下有異同，故只去上心上把得定，他人不能搖，以是拒絕言路，進用柔佞之人，使之奉行新法。今則是他已去，不知今日却留下害事。

昨春邊事權罷，皆是李舜舉之力也。今不幸適喪此人，亦深足憐也。此等事皆是重不幸。

李憲本意，他只是要固蘭會，恐覆其功，必不肯主這下。元豐四年取興靈事。

新進游、楊輩數人入太學，不惟議論須異，且動作亦必有異，故爲學中以異類待之。又皆學春秋，愈駭俗矣。

堯夫之學，先從理上推意，言象數，言天下之理須出於四者，推到理處曰：「處曰」添二字。「我得此大者，則萬事由我，無有不定。」然未必有術，要之亦難以治天下國家。其爲人則直是無禮不恭，惟是侮玩，雖天理一作「地」。亦爲之侮玩。如無名公傳言「問諸天地，〔一九〕天地不對，弄丸餘暇，時往時來」之類。

堯夫詩「雪月風花未品題」，他便把這些事，便與堯、舜、三代一般。此等語自孟子後無人曾敢如此言來，直是無端。又如言文字呈上堯夫，皆不恭之甚。「須信畫前元有易，自從删後更無詩」，這箇意思古元未有人道來。

「行己須行誠盡處」。正叔謂：意則善矣，然言誠盡，則誠之爲道，非能盡也。堯夫戲謂：且就平側。

司馬子微嘗作坐忘論，是所謂坐馳也。「微」一作「綦」。〔二〇〕

伯淳昔在長安倉中閑坐，後見長廊柱，以意數之，已尚不疑，再數之不合，不免令人一一聲言而數之，乃與初數者無差，則知越著心把捉越不定。

呂與叔以氣不足而養之，此猶只是自養求無疾，如道家修養亦何傷。若須要存想飛昇，此則不可。徐禧奴才也。善兵者有二萬人未必死，彼雖十萬人亦未必能勝二萬人。古者以少擊衆而取勝者多，蓋兵多亦不足恃。昔者袁紹以十萬阻官渡，而曹操只以萬卒取之。王莽百萬之衆，而光武昆陽之衆有八千，仍有在城中者，然則只是數千人取之。苻堅下淮百萬，而謝玄才二萬人，一麾而亂。以此觀之，兵衆則易老，適足以資敵人，一敗不支則自相蹂踐，至如聞風聲鶴唳，皆以爲晉軍之至，則是自相殘也。譬之一人軀幹極大，一人輕捷，兩人相當，則擁腫者遲鈍，爲輕捷者出入左右之，則必困矣。自古師旅勝敗不能無之，然今日邊事至號疎曠，前古未之聞也。其源在不任將帥，將帥不慎任人。閫外之事，將軍處之，一一中覆，皆受廟筭，上下相徇，安得不如此？元豐五年永樂城事。

楊定鬼神之説，只是道人心有感通。如有人平生不識一字，一日病作，却念得一部杜甫詩，却有此理？天地間事只是一箇有一箇無，既有即有，無即無。如杜甫詩者，是世界上實有杜甫詩。故人之心病及至精一，有箇道理自相感通，以至人心在此，託夢在彼，亦有是理，只是心之感通也。死者託夢，亦容有此理。有人過江，其妻墮水，意其爲必死矣，故過金山寺爲作佛事。方追薦次，忽其婢子通傳墮水之妻，意度在某處作甚事，是誠死也。及三二日，有漁人撑舟，以其妻還之，乃未嘗死也，蓋旋於急流中救活之。然則其婢子之通傳是何也？亦是心相感通。既説有感通，〔二二〕更説甚生死古今之别。

天祺自然有德氣，望之有貴人之象，只是氣局小，太規規於事爲重也。昔在司竹，常愛用一卒長，及將代，自見其人盗筍皮，遂治之無少貸，罪已正，待之復如初，略不介意。人觀其德量如此。

正叔謂子厚：越獄，以謂卿監已上不追攝之者，以其貴，朝廷有旨追攝，可也。又請枷項，非也，不已太辱矣。貴貴以其近於君。子厚謂：若終不伏，則將奈何？正叔謂：寧使公事勘不成則休，朝廷大義不可虧也。子厚以爲然。

俗人酷畏鬼神，久亦不復敬畏。

冬至一陽生，而每遇至後則倍寒，何也？陰陽消長之際，無截然斷絶之理，故相攙掩過。如天將曉，復至陰黑，亦是理也。大抵終始萬物，莫盛乎艮。此儘神妙，須儘研窮此理。

今尺長於古尺，欲尺度權衡之正，須起於律。律取黄鐘，黄鐘之聲亦不難定。世自有知音者，將上下聲考之，須一作「既」。得其正，便將黍以實其管，看管實幾粒，然後推而定法可也。古法律管當實千二百粒黍，今羊頭山黍不相應，則將數等驗之，看如何大小者方應其數，然後爲正。昔胡先生定樂，取羊頭山黍，用三等篩子篩之，取中等者用之，此特未爲定也。此尺是器上所定，更有因人而制。如言深衣之袂一尺二寸，若古人身材只用一尺二寸，豈可運肘？即知因人身而定。

既是爲人後者，便須將所後者呼之以爲父以爲母，不如是則不正也，却當甚爲人後！後之立疑義者，只見禮不杖朞內，有「爲人後者爲其父母報」，便道須是稱親。禮文蓋言出爲人後，則本父母反呼之以爲叔爲伯也，故須著道爲其父母以别之，非謂却將本父母亦稱父母也。

哲廟取孟后詔云「孟元孫女」。后孟在女也，而以孟元孫女詔者，伊川云：自古天子不娶小國，蓋孟元將校，曾隨文潞公貝州獲功，官至團練使，而在是時止是小使臣耳。此一段非元祐時事，疑後人記。

校勘記

〔一〕常包涵數意　「涵」原誤「函」，據弘治本、康熙本改。

〔二〕乃聖人之功用　「人」字原闕，據弘治本、康熙本補。

〔三〕一切涵容覆載　「涵」原誤「函」，據弘治本、康熙本改。
〔四〕後果爲政　「果」原誤「累」，據弘治本、康熙本改。
〔五〕又要得脱世網　「又」原誤「只」，據弘治本、康熙本改。
〔六〕天下卻都没人去理　「理」原誤「裏」，據弘治本、康熙本改。
〔七〕與口相傳煞不相干　「煞」原作「㬠」，弘治本字跡漫漶，據康熙本改。
〔八〕則他處不容參然在心　「在心」二字，弘治本同，康熙本作「則人」，屬下讀。
〔九〕形使如槁木　「使」，弘治本、康熙本作「便」。
〔一〇〕三千中所擇　「三」原誤「二」，據弘治本、康熙本改。
〔一一〕後來曾子子夏煞學得到上面也　「煞」原誤「熟」，據弘治本、康熙本改。
〔一二〕非體之禮　「體」原訛「禮」，據弘治本、康熙本改。
〔一三〕須是得他箇麤糲底物方磨得出　「糲」原訛「礦」，據弘治本本改；「方」原訛「大」，據弘治本、康熙本改。
〔一四〕盧從史在潞州　「盧」字原空格，弘治本同，據康熙本補。
〔一五〕而李文饒之意　「文」原訛「支」，弘治本漫漶，據康熙本改。
〔一六〕須玩賾這箇理　「賾」，弘治本、康熙本作「索」。
〔一七〕塞淵有義理　「塞」原訛「言」，據弘治本、康熙本改。

〔一八〕自是天來大事　「是」原訛「視」，據弘治本、康熙本改。

〔一九〕如無名公傳言問諸天地　「公」原訛「君」，據弘治本、康熙本改。

〔二〇〕徽一作綦　四小字原脱，據弘治本、康熙本補。

〔二一〕既説有感通　「説」下原有「心」字，據弘治本、康熙本删。

程氏遺書第二下

二先生語二下

附東見録後

今許大西事，無一人敢議者。自古舉事，不能無可否是非，亦須有議論。如符堅壽春之役，其朝廷宗室固多有言者，以至宮女有張夫人者猶上書諫。西晉平吴，當取也，主之者惟張華一人而已，然當時雖羊叔子建議，而朝廷亦不能無言。又如唐師取蔡州，此則在中國容其數十年恣睢，然當時以爲不宜取者固無義理，然亦是有議論。今則廟堂之上無一人言者，幾何不「一言而喪邦」也！元豐四年用种諤、沈括之謀伐西夏。

今日西師正惟事本不正，更説甚去就！君子於任事之際，須成敗之由一作「責」。在己，則自當生死以之。今致其身，使禍福死生利害由人處之，是不可也。如曉軍興事務繁夥，〔一〕是亦學也，但恐只了他紛紛底，則又何益？如從軍者之行，必竟是爲利禄爲功名。由今之舉，便使得人一城一國，又是甚功名？君子恥之。今日從宦，苟有軍事，不能免此，是復蹈前事也。然則既如此，曷爲而不已也。

胎息之説，謂之愈疾則可，謂之道，則與聖人之學不干事，聖人未嘗説著。若言神住則氣住，則是浮屠入定之法。雖謂養氣猶是第二節事，亦須以心爲主，其心欲慈惠安一作「虚」。静，故於道爲有助，亦不然。孟子説浩然之氣，又不如此。今若言存心養氣只是專爲此氣，又所爲者小。捨大務小，捨本趨末，又濟甚事？今言有助於道者，只爲奈何心不下，故要得寂湛而已，又不似釋氏攝心之術。論學若如是，則大段雜也。亦不須得道，只閉目静坐爲可以養心。「坐如尸，立如齋」，只是要養其志，豈只待爲養這些氣來？又不如是也。

浮屠之術最善化誘，故人多向之。然其術所以化衆人也，故人亦有向有不向者。如介甫之學，他便只是去人主心術處加功，故今日靡然而同，無有異者，所謂一正君而國定也。此學極有害，以介甫才辯，遽施之學者，誰能出其右？始則且以利而從其説，久而遂安其學。今天下之新法害事處，但只消一日除了便没事。其學化革了人心，爲害最甚，其如之何？故天下只是一箇風，風如是，則靡然無不向也。

今日西事要已亦有甚難？前事亦何足恥？只朝廷推一寬大天地之量，許之自新，莫須相從。然此恐未易。朝廷之意，今日不得已須著如此，但夏人更重有所要以堅吾約，則邊患未已也。一本通下章爲一段。

范希文前日西舉，以虚聲而走敵人。今日又不知誰能爲希文者。

關中學者，以今日觀之，師死而遂倍之，却未見其人，只是更不復講。

餽運之術，雖自古亦無不煩民不動揺而足者，然於古則有兵車，其中載糗糧，百人破二十五人。然古者行兵在中國，又不遠敵，若是深入遠處，則決無省力。且如秦運海隅之粟以饋邊，率三十鍾而致一石，是二百倍以來。今日師行，一兵行一夫饋，只可供七日，其餘日必俱乏食也。且計之須三夫而助一兵，仍須十五日便回，一日不回則一日乏食。以此校之，無善術。故兵也者，古人必不得已而後用者，知此耳。

目畏尖物，此事不得放過，便與克下。室中率置尖物，須以理勝他，尖必不刺人也，何畏之有！

横渠墓祭爲一位，恐難推同几之義。同几唯設一位祭之，謂夫婦同牢而祭也。吕氏定一歲疏數之節，有所不及，恐未合人情。一本作「吕氏歲時失之疏」。雨露既濡，霜露既降，皆有所感。若四時之祭有所未及，則不得契感之意。一本作「疏則不契感之情」。今祭祀，其敬齊禮文之類，尚皆可緩，且是要大者先正始得。今程氏之家祭，只是男女異位，及大有害義者，稍變得一二，他所未遑也。吾曹所急正在此。凡祭祀須是及祖。知母而不知父，狗彘是也；知父而不知祖，飛鳥是也。人須去上面立一等，求所以自異始得。

自古治亂相承亦常事，君子多而小人少則治，小人多而君子少則亂。然在古亦須朝廷之中君子小人雜進，不似今日剪截得直是齊整，不惟不得進用，更直憔悴，善類畧去近道，則須憔悴，舊日交遊只改節者，便於世事差遂。此道理不知爲甚？正叔近病，人有言之曰：「在他人則有追駁斥放，正叔無此等事，故只有病耳。」

介甫今日亦不必誅殺，人人靡然自從，蓋只消除盡在朝異己者。在古雖大惡在上，一面誅殺，亦斷不得人議論，今便都無異者。

卜筮之能應，祭祀之能享，亦只是一箇理。蓍龜雖無情，然所以爲卦，而卦有吉凶，莫非有此理。以其有是理也，故以是問一作「心向」。焉，其應也如響。若以私心及錯卦象而問之便不應，蓋没此理。今日之理與前日已定之理只是一箇理，故應也。至如祭祀之享，亦同鬼神之理，在彼我以此理向之，故享也。不容有二三，只是一理也。如處藥治病亦只是一箇理，此藥治箇如何氣，有此病服之即應，若理不契則藥不應。

古之言鬼神，不過著於祭祀，亦只是言如聞嘆息之聲，亦不曾道聞如何言語，亦不曾道見如何形狀。如漢武帝之見李夫人，只爲道士先説與在甚處，使端目其地，故想出也。然武帝作詩，亦曰「是耶非耶」。嘗問好談鬼神者，皆所未曾聞見，皆是見説，燭理不明，便傳以爲信也。假使實所聞見，亦未足信，或是心病，或是目病。如孔子言人之所信者目，目亦有不足信者耶。此言極善。

今日雜信鬼怪異端者，〔二〕只是不先燭理。若於事上一一理會，則有甚盡期，〔三〕須只於學上理會。

師巫在此，降言在彼，只是抛得遠，決無此理。又言留下藥，尤知其不然。生氣盡則死，死則謂之鬼可也，但不知世俗所謂鬼神何也。聰明如邵堯夫猶不免致疑，在此嘗言有人家若虛空中聞人馬之聲。某謂既是人馬，須有鞍韉之類皆全，這箇是何處得來？堯夫言天地之間亦有一般不有不無底物。某謂如此説則須有不有不無底人馬。凡百皆爾，深不然也。

風肅然起於人心恐怖，要之風是天地間氣，非土偶人所能爲也。漢時神君、今日二郎廟皆有之。

人心作主不定，正如一箇翻車，流轉動摇無須臾停，所感萬端。又如懸鏡空中，無物不入其中，有甚定形？不學則却都不察，及有所學，便覺察得是爲害，著一箇意思，則與人成就得箇甚好見識？一作「無意於學，則皆不之察，暨用心自觀，即覺其爲害，存此紛雜，竟與人成何見識」。心若不做一箇主，怎生奈何？張天祺昔常言自約數年，自上著牀便不得思量事。不思量事後，須強把他這心來制縛，亦須寄寓在一箇形象，皆非自然。君實自謂吾得術矣，只管念箇中字。此則又爲中繫縛，且中字亦何形象？若愚夫不思慮，冥然無知，此又過與不及之分也。有人胸中常若有兩人焉，欲爲善，如有惡以爲之間，欲爲不善，又若有羞惡之心者。本無二人，此正交戰之驗也。持其志，便氣不能亂，此大可驗。要之聖賢必不害心疾，其他疾却未可知。他藏府只爲元不曾養，養之却在修養家。一作「持其志，使氣不能亂，此大可驗。要之聖賢必不病心疾，他藏府有患，則不嘗專志於養焉」。

仁祖時，北使進言：「高麗自來臣屬北朝，近來職貢全缺，殊失臣禮。今欲加兵，又聞臣屬南朝。今來報知。」仁祖不答，及將去也，召而前，語之曰：「適議高麗事，朕思之只是王子罪，不干百姓事。今既加兵，王子未必能誅得，且是屠戮百姓。」北使遂屈無答，不覺汗流浹背，俯伏於地，歸而寢兵。他都不言彼兵事勢，只看這一箇天地之量，亦至誠有以格他也。

人心緣境，出入無時，人亦不覺。

人夢不惟聞見思想，亦有五藏所感者。

天下之或寒或燠，只緣他地形高下。如屋陰則寒，屋陽則燠，不可言於此所寒，於此所熱。且以尺五之表，定日中一萬五千里，就外觀未必然。〔四〕

人有壽考者，其氣血脉息自深，便有一般深根固蔕底道理。〔五〕一作「氣象」。人脉起於陽明，周旋而下，至於兩氣口，自然匀長，故於此視脉。又一道自頭而下，至足太衝，亦如氣口。此等事最切於身，然而人安然恬於不知。至如人爲人，問你身上有幾條骨頭血脉，如何行動，腹中有多少藏府，皆冥然莫曉。今人於家裏有多少家活屋舍，被人問著，己不能知，却知爲不智，於此不知，曾不介意，只道是皮包裹不到少欠，大小大不察。近取諸身，一身之上，百理具備，甚物是没底？背在上，故爲陽，胸在下，故爲陰。至如男女之生，已有此象。天有五行，人有五藏。心，火也，著些天地間風氣乘之，便須發燥。肝，水也，著些天地間風氣乘之，便須發怒。推之五藏皆然。孟子將「四端」便爲「四體」，仁便是一箇木氣象，惻隱之心便是一箇生物春底氣象，羞惡之心便是一箇秋底氣象，只有一箇去就斷割底氣象，便是義也。推之四端皆然。此箇事又著箇甚安排得也？此箇道理雖牛馬血氣之類亦然，都恁備具，只是流形不同，各隨形氣後便昏了他氣。如其子愛其母，母愛其子，亦有木底氣象。又豈無羞惡之心？如避害就利，别所愛惡，一一理完。更如獮猴尤似人，故於獸中最爲智巧，童昏之人見解不及者多矣。然而唯人氣最清，可以輔相裁成。「天地設位，聖人成能」，直行乎天地之中，所以爲三才。天地本一物，地亦天也。只是人爲天地心，是心之動，則分了天爲上，地爲下，兼三才而兩之，故六也。

天地之氣，〔六〕遠近異像，則知愈遠則愈異。至如人形有異，曾何足論。如史册有鬼國狗國，百種怪異固亦有之，要之這箇理則一般。其必一作「有」。異者，譬如海中之蟲魚鳥獸，不啻百千萬億，卒無有同於陸上之物，雖極其異，要之只是水族而已。

天地之中，理必相直，則四邊當有空闕處。空闕處如何？地之下豈無天？今所謂地者，特於一作「爲」。天中一物爾。如雲氣之聚，以其久而不散也，故爲對。凡地動者只是氣動，凡所指地者一作損缺處。只是土，土亦一物爾，不可言地。更須要知坤元承天，是地之道也。

古者百畝，今四十一畝餘。若以土地計之，所收似不足以供九人之食。曰：百畝九人固不足，通天下計之則亦可。家有九人，只十六已別受田，其餘皆老少也，故可供。有不足者，又有補助之政，又有鄉黨賙捄之義，故亦可足。

後世雖有作者，虞帝不可及也。猶之田也，其初開荒蒔種甚盛，以次遂漸薄，虞帝當其盛時故也。其間有如夏衰殷衰周衰，有盛則有衰，又是其間之盛衰，推之後世皆若是也。如一樹方其榮時，亦有發生，亦有彫謝，桑榆既衰矣，亦有發生，亦有彫謝。又如一歲之中四時之氣已有盛衰，一時之中又有盛衰，推之至如一辰，須有辰初、辰正、辰末之差也。今言天下之盛衰，又且只據書傳所有，聞見所及。天地之廣，其氣不齊，又安可計？譬之一國有幾家，一家有幾人，人之盛衰休戚未有齊者，姓之所以蕃庶者，由受姓之祖，其流之盛也。

古人乘車，車中不内顧，不親指，不遠視，行則鳴環佩，在車則聞和鸞，式則視馬尾，自然有箇君子大人氣象。自五胡亂華以來，惟知鞍馬爲便利，雖萬乘之尊，猶執鞭上馬。執鞭非貴人事。

内則謂「請靧」、「請浴」之類，雖古人謹禮，恐不如是之煩。

使人謂之「啞御史」猶可，且只是格君心。

正叔嘗爲葬説，有五事，相地須使異日決不爲路，不置城郭，不爲溝渠，不爲貴人所奪，不致耕犂所及，此大要也。其穴之次，設如尊穴南向北首，陪葬者前爲兩列，亦須北首，各於其穴安夫婦之位。坐堂上則男東而女西，卧於室中則男外而女内也。推此爲法觀之，葬須爲坎室爲安，若直下便以土實之，則許大一塊虚土壓底，四向流水必趨土虚處，大不便也。且棺椁雖堅，恐不能勝許多土頭，有失「比化者無使土親膚」之義。

心所感通者，只是理也。知天下事有即有，無即無，無古今前後。至如夢寐皆無形，只是有此理。若言涉於形聲之類，則是氣也。物生則氣聚，死則散而歸盡。有聲則須是口，既觸則須是身。其質既壞，又安得有此？乃知無此理，便不可信。

草木土在下，〔七〕因升降而食土氣。動物却土在中，脾在内也。非土則無由生。

禮言惟天地之祭爲「越紼而行事」，此事難行。既言越紼，則是猶在殯宮，於時無由致得齋，又安能脱喪服衣祭服？此皆難行。縱天地之祀爲不可廢，則消使家宰攝爾。昔者英宗初即位，有人以此問，先生答曰：「古人居喪，百事皆此有闕字。如常，特於祭祀廢之，則不若無廢爲愈也。」子厚正之曰：「父在爲母喪，則不敢見其父，不敢以非禮見也。今天子爲父之喪，以此見上帝，是以非禮見上帝也。故不如無祭。」

「萬物皆備於我」，此通人物而言。禽獸與人絶相似，只是不能推。然禽獸之性却自然，不待學不待教，〔八〕如營巢養子之類是也。人雖是靈，却椓喪處極多，只有一件嬰兒飲乳是自然，非學也，其他皆誘之也。欲得人家嬰兒善，且自小不要引他，留他真性，待他自然，亦須完得些本性須别也。

勿謂小兒無記性，所歷事皆能不忘。故善養子者，當其嬰孩，鞠之使得所養，全其和氣，乃至長而性美，教之示以好惡有常。至如養犬者不欲其升堂，則時其升堂而扑之，若既扑其升堂，又復食之於堂，則使孰從？雖日撻而求其不升，不可得也。養異類且爾，況人乎？故「養正」者，聖人也。

極須爲天下之中。天地之中，理必相直。今人所定天體，只是且以眼定，視所極處不見，遂以爲盡。然向曾有於海上見南極下有大星十，則今所見天體蓋未定。雖似不可窮，然以土圭之法驗之，日月升降不過三萬里中。故以尺五之表測之，每一寸當一千里。然而中國只到鄯善、莎車，已是一萬五千里，若就彼觀日，尚只是三萬里中也。天下之或寒或暖，只緣地形高下。如屋陰則寒，屋陽則燠，不可言於此所寒矣，屋之西北又益寒。伯淳在澤州，嘗三次食韭黄，始食懷州韭，次食澤州，又次食并州，則知數百里間氣候争三月矣。〔九〕若都以此差之，則須争半歲。如是則有在此冬至，在彼夏至者。雖然，又没此事，只是一般爲冬爲夏而已。

貴姓子弟於飲食玩好之物之類，直是一生將身伏事不懈，如管城之「陳醋瓶」，洛中之「史畫匣」是也，更有甚事？伯淳與君實嘗同觀史畫，〔一〇〕猶能題品奈煩。伯淳問：君實能如此與他畫否？君實曰：自家一箇身猶不能事持得，更有甚工夫到此！

電者陰陽相軋，雷者陰陽相擊也。軋者如石相磨而火光出者，電便有雷擊者是一作「甚」。也。或傳京師少聞雷，恐是地有高下也。

神農作本草，古傳一日食藥七十死，非也。若小毒亦不當嘗，若大毒一嘗而死矣，安得生？其所以得知者，自然視色嗅味，知得是甚氣，作此藥便可攻此病。須是學至此，則知自至此。

或以謂原壤之爲人，敢慢聖人，及母死而歌，疑是莊周，非也。只是一箇鄉里麤鄙人，不識義理，觀夫子責之辭，可以見其爲人也。一本此下云：若是莊周，夫子亦不敢叩之，責之適足以啓其不遜爾，彼亦必須有答。

古人適異方死，不必歸葬故里，如季子是也。其言骨肉歸于土，若夫魂氣則無不之也。然觀季子所處，要之非知禮者也。

古人之法，必犯大惡則焚其屍。今風俗之弊，遂以爲禮，雖孝子慈孫亦不以爲異。更是公方明立條貫，元不爲禁。如言軍人出戍，許令燒焚，將骨殖歸，又言郊壇須三里外方得燒人，則是別有焚屍之法。此事只是習慣，便不以爲事。今有狂夫醉人，妄以其先人棺櫬一彈，則便以爲深讎巨怨，及親拽其親而納之火中，則畧不以爲怪，可不哀哉！

英宗欲改葬西陵，當是時，潞公對以禍福，遂止。其語雖若詭對，要之却濟事。

「父子異宮」者，爲命士以上，愈貴則愈嚴。故父子異宮猶今有逐位，非如異居也。

校勘記

〔一〕如曉軍興事務　「曉」，弘治本漫漶，康熙本作「昨」。

〔二〕今日雜信鬼怪異端者　「端」，弘治本漫漶，康熙本作「説」。

〔三〕則有甚盡期　「甚盡」二字原空缺，據弘治本、康熙本補。
〔四〕就外觀未必然　「未」原訛「求」，據弘治本、康熙本改。
〔五〕便有一般深根固蒂底道理　「蒂」原訛「蔕」，弘治本同，據康熙本改。
〔六〕天地之氣　「地」原訛「下」，據弘治本、康熙本改。
〔七〕草木土在下　「下」原訛「中」，弘治本漫漶，據康熙本改。
〔八〕不待學不待教　下「不待」二字原訛「取時」，弘治本漫漶，據康熙本改。
〔九〕則知數百里間氣候争三月矣　「三」原訛「二」，據弘治本、康熙本改。
〔一〇〕伯淳與君實嘗同觀史書　「同」，弘治本、康熙本作「問」。

程氏遺書第三

二先生語三

謝顯道記憶平日語

「鳶飛戾天，魚躍于淵」，言其上下察也。此一段子思喫緊爲人處，與「必有事焉而勿正心」之意同，活潑潑地。會得時活潑潑地，不會得時，只是弄精神。

切脉最可體仁。鄭轂云：嘗見顯道先生，問此語，云：「是某與明道切脉時，坐間有此語。」

觀雞雛。此可觀仁。

漢成帝夢上帝，「敗我濯龍淵」，打不過。

問：鬼神有無？曰：待説與賢道没時，古人却因甚如此道；待説與賢道有時，又却恐賢問某尋。

射法具而不滿者，無志者也。

尸居却龍見，淵默却雷聲。

須是「合内外之道」，「一天人，齊上下」，「下學而上達」，「極高明而道中庸」。

既得後便須放開，不然却只是守。

詩可以興。某自再見茂叔後，吟風弄月以歸，有「吾與點也」之意。

古人互相點檢，如今之學射者亦然。

鐵劍利而倡優拙。此重則彼輕。

自「舜發於畎畝之中」，至「孫叔敖舉於海」，若要熟也，須從這裏過。

萃、涣皆「享於帝，立廟」。因其精神之聚而形於此，爲其涣散，故立此以收之。

「隘與不恭，君子不由」，非是瑕疵夷、惠之語，其弊至此。

趙普除節度使權，便是烏重胤之策，以兵付逐州刺史。

以記誦博識爲玩物喪志。時以經語録作一策。鄭轂云：嘗見顯道先生云：「某從洛中學時，録古人善行，别作一册。洛中見之，云是玩物喪志。蓋言心中不宜容絲髮事。」

張子厚、邵堯夫，善自開大者也。

彈琴，心不在便不成聲。所以謂琴者禁也，禁人之邪心。舞蹈本要長袖，欲以舒其性情。某常觀舞正樂，其袖往必反，有盈而反之意。今之舞者，反收拾袖子結在一處。一本「舞蹈」以下自爲一章。

周茂叔窗前草不除去，問之，云：「與自家意思一般。」子厚觀驢鳴，亦謂如此。

張子厚聞生皇子，喜甚；見餓莩者，食便不美。

某寫字時甚敬，非是要字好，只此是學。

一日游許之西湖，在石壇上坐，少頃脚踏處便濕，舉起云：便是天地升降道理。

一日見火邊燒湯瓶，指之曰：此便是陰陽消長之義。

「鳶飛戾天」，向上更有天在。「魚躍于淵」，向下更有地在。此兩句去作人材上説更好。○鄭轂云：嘗問此二句，顯道先生云：「非是極其上下而言，蓋真箇見得如此，此正是子思喫緊道與人處。〔一〕若從此解悟，便可入堯舜氣象。」

因論「口將言而囁嚅」云：若合開口時，要他頭也須開口。如荆軻於樊於期。須是「聽其言也厲」。

舜由仁義行，非行仁義也。

與一有「柔」字。〔二〕善人處，壞了人。須是與不善人處，方成就得人。「他山之石，可以攻玉」。

又言：不哭底孩兒誰抱不得。

須是就事上學。蠱「振民育德」，然有所知後，方能如此。「何必讀書，然後爲學」。

「士不可以不弘毅，任重而道遠。」重擔子須是硬脊梁漢方擔得。

詩書只説帝與天。

有人疑伊尹出處合於孔子「可以仕則仕，可以止則止」，不得爲「聖之時」，何也？曰：終是任底意思在。

一行豈所以名聖人？至於聖則自不可見，何嘗道聖人孝聖人廉？

太山爲高矣，然太山頂上已不屬太山。雖堯舜之事，亦只是如太虛中一點浮雲過目。

執事須是敬，又不可矜持太過。

孟子「知言」，正如人在堂上，方能辨堂下人曲直，若自下去堂下，則却辨不得。

「勿忘勿助長」之間，正當處也。

顏子合下完具，只是小，要漸漸恢廓。孟子合下大，只是未粹，索學以充之。「恢」一作「開」。

學者要學得不錯，須是學顏子。有準的。

參也，竟以魯得之。

「默而識之」，「不言而信，存乎德行」。

「毛猶有倫」，入毫釐絲忽終不盡。

滿腔子是惻隱之心。

衆人安則不恭，恭則不安。

「君子以言有物而行有恒。」

邢恕日三點檢。謂：亦可哀也，何時不點檢？

學射者互相點檢病痛。「朋友攸攝，攝以威儀。」

有甚你管得我？有甚我管得你？教人致却太平後，某願爲太平之民。

右明道先生語

「三王不足四」，無四三王之理。如忠質文之所尚，子丑寅之所建，歲三月爲一時之理。〔三〕秦強以亥爲正，畢竟不能行。孔子知是理，故其志不欲爲一王之法，欲爲百王之通法。如語顏淵「爲邦」是也。其法度又一寓之春秋。已後別有説。

西北東南，人材不同。

以律管定尺，乃是以天地之氣爲準，非秬黍之比也。秬黍積數，在先王時，惟此爲適與度量合，故可用，今時則不同。

物之可卜者，惟龜與羊髀骨可用，蓋其坼可驗吉凶。

李觀謂「若教管仲身長在，宫内何妨更六人」，此語不然。管仲時桓公之心特未蠧也，若已蠧，雖管仲可奈何？未有心蠧尚能用管仲之理。

孟子言性，當隨文看。不以告子「生之謂性」爲不然者，此亦性也，被命受生之後謂之性爾，故不同。繼之以「犬之性猶牛之性，牛之性猶人之性歟」，然不害爲一。若乃孟子之言善者，乃極本窮源之性。

日月之形，如人有身須有目，目必面前，故太陽無北觀者。

仁則一，不仁則二。

仁道難名，惟公近之，非以公便爲仁。

禪家之言性，猶太陽之下置器，其間方圓小大不同，特欲傾此于彼爾。然在太陽幾時動？又其學善遁，若人語以此理，必曰我無修無證。

先生少時多與禪客語，欲觀其所學淺深，後來更不問。蓋察言不如觀貌，言猶可以所聞强勉，至於貌則不可强。

氣，形而下者。

語學者以所見未到之理，不惟所聞不深徹，久將理低看了。

性不可以内外言。

神是極妙之語。

神一本無。與性元不相離，則其死也，何合之有？如禪家謂別有一物常在，偷胎奪蔭之説，則無是理。

魂謂精魂。其死也，魂氣歸于天，消散之意。

某欲以金作器，比性成形。先生謂：金可以比氣，不可以比性。

唐人伎藝亦有精絶過今人處。

日月謂一日一箇亦得，謂通古今只一箇亦得。

易言天亦不同。如「天道虧盈而益謙」，此通上下理亦如此，天道之運亦如此。如言：「天且弗違，況於人乎？況於鬼神乎？」此直謂形而上者言，以鬼神爲天地矣。

莊生形容道體之語儘有好處。老氏「谷神不死」一章最佳。

禪家出世之説，如閉目不見鼻，然鼻自在。

聖人不記事，所以常記得。今人忘事，以其記事。不能記事，處事不精，皆出於養之不完固。

陳恒弑其君，夫子請討，當時夫子已去位矣。曾爲大夫。

人固可以前知，然其理須是用則知，不用則不知。知不如不知之愈，蓋用便近二，所以釋子謂又不是野狐精也。

二三立，則一之名亡矣。

「感而遂通天下之故」，以其「寂然不動」，小則事物之至，大則無時而不感。

人之稟賦有無可奈何者，聖人所以戒忿疾于頑。

釋氏處死生之際不動者有二：有英明不以爲事者，亦有昏愚爲人所誤，以前路自有去處者。

心一作「必」。欲窮四方上下所至，且以無窮置却則得。若要真得，一作「識」。須是體合。

有剪桐之戲，則隨事箴規；違養生之戒，則即時諫正。

未有不能體道而能無思者，故坐忘即是坐馳，有忘之心乃思也。

許渤與其子隔一窗而寢，乃不聞其子讀書與不讀書。先生謂：此人持敬如此。曷嘗有如此聖人。

伯淳在澶州日，修橋少一長梁，曾博求之民間。後因出入，見林木之佳者，必起計度之心。因語以戒學者：心不可有一事。

閱機事之久，機心必生。蓋方其閱時心必喜，既喜則如種下種子。

見一學者忙迫，先生問其故。曰：「欲了幾處人事。」曰：「某非不欲周旋人事者，曷嘗似賢急迫。」

忘物與累物之弊等。

疑病者，未有事至時，先有疑端在心。周羅事者，先有周事之端在心。皆病也。

較事大小，其弊爲枉尺直尋之病。一作「論」。

忘敬而後「毋不敬」。〔四〕

聖人之心，未嘗有在，亦無不在。蓋其道合内外，體萬物。

事神易，爲尸難。苟孝子有思親之心，以至誠持之，皆可以盡其道。惟尸象神，其所以祖考來格者以此。後世巫覡，立尸之遺意，但其流入於妄僞，豈有通幽明之理！

死者不可謂有知，不可謂無知。

嘗問先生：其有知之原當俱稟得？先生謂：不曾稟得，何處交割得來？又語及太虚，曰：亦無太虚？遂指虚曰：皆是理，安得謂之虚？天下無實於理者。

罪己責躬不可無，然亦不當長留在心胸爲悔。

有恐懼心亦是燭理不明，亦是氣不足。須知「義理之悦我心，猶芻豢之悦我口」，玩理以養心如此。蓋人有小稱意事猶喜悦，有淪肌浹骨如春和意思，何况義一作「見」。理？然窮理亦當知用心緩急，但苦勞而不知悦處，豈能養心？

入道莫如敬，未有能致知而不在敬者。今人主心不定，視心如寇賊而不可制，不是事累心，乃是心累事。當知天下無一物是合少得者，不可惡也。

或謂許大太虛。先生謂：此語便不是，這裏論甚大與小？

大抵人有身便有自私之理，宜其與道難一。

人之於儀形，有是持養者，有是修飾者。

人之於性，猶器之受光於日，日本不動之物。

須是識在所行之先，譬如行路，須得光照。

伯有爲厲之事，别是一理。

「一陰一陽之謂道」，道非陰陽也，所以一陰一陽道也，如一闔一闢謂之變。

右伊川先生語

拾遺

許渤初起，問人天氣寒温，加減衣服，一加減定，即終日不换。

許渤在潤州，與范文正、胡宿、周茂叔游。

古人立尸之意甚高。

「萬取千焉，千取百焉。」齊語謂某處取某處遠近。

「夫天未欲平治天下也，如欲平治天下，當今之世，舍我其誰？」此是有所受命之語。若孔子謂：「天之將喪斯文也，後死者不得與於斯文也。天之未喪斯文也，匡人其如予何！」喪乃我喪，未喪乃我未喪，我自做著天裏。聖人之言，氣象自別。

張橫渠謂范文正才氣老成。笑指揮趙俞。

古人求法器。

禮樂只在進反之間，便得性情之正。

孟子答公孫丑問「何謂浩然之氣」，曰：「難言也。」只這裏便見得是孟子實有浩然之氣。若他人便亂說道是如何是如何。

子路亦百世之師。「人告之以有過則喜」。

右明道先生語

先生在經筵日，有二同列論武侯事業，謂：戰伐所喪亦多，非「殺一不辜而得天下不爲」之事。先生謂：二公語過矣，「殺一不辜而得天下不爲」，謂殺不辜以私己，武侯以天下之命討天下之賊，何害？

漢儒近似者三人：董仲舒、大毛公、楊雄。

右伊川先生語

校勘記

〔一〕此正是子思喫緊道與人處　「此」字原闕，據弘治本同，據康熙本補。

〔二〕一有柔字　弘治本、康熙本無此四小字，但於「他山之石可以攻玉」下有「善下一有柔字」六小字。

〔三〕歲三月爲一時之理　「三」原訛「一」，據弘治本、康熙本改。

〔四〕毋不敬　「毋」，弘治本、康熙本作「無」。

程氏遺書第四

二先生語四

游定夫所録

善言治天下者，不患法度之不立，而患人材之不成。善修身一作「善言人才」。者，不患器質之不美，而患師學之不明。人材不成，雖有良法美意，孰與行之？師學不明，雖有受道之質，孰與成之？

行之失，莫甚於惡，則亦改之而已矣。事之失，莫甚於亂，則亦治之而已矣。苟非自暴自棄者，孰不可與爲君子？

人有習他經，既而舍之，習戴記。問其故，曰：決科之利也。先生曰：汝之是心已不可入於堯舜之道矣。夫子貢之高識，曷嘗規規於貨利哉？特於豐約之間不能無留情耳。且貧富有命，彼乃留情於其間，多見其不信道也。故聖人謂之「不受命」。有志於道者，要當去此心而後可語也。一本云：明道知扶溝縣事，伊川侍行。謝顯道將歸應舉，伊川曰：「何不止試於太學？」顥道對曰：「蔡人鮮習禮記，决科之利也。」先生云云，顥道乃止，是歲登第。注云：尹子言其詳如此。

先生不好佛語。或曰：佛之道是也，其迹非也。曰：所謂迹者，果不出於道乎？然吾所攻其迹耳，其道則吾不知也。使其道不合於先王，固不願學也。如其合於先王，則求之六經足矣，奚必佛？

漢儒之中，吾必以楊子爲賢，然於出處之際，不能無過也。其言曰：「明哲煌煌，旁燭無疆；孫于不虞，以保天命。」「孫于不虞」則有之，「旁燭無疆」則未也。光武之興，使雄不死，能免誅乎？觀於朱泚之事可見矣。古之所謂言遜者，迫不得已，如劇秦、美新之類，非得已者乎？

天下之習，皆緣世變。秦以棄儒術而亡不旋踵，故漢興頗知尊顯經術，而天下厭之，故有東晉之放曠。

人有語導氣者問先生曰：君亦有術乎？曰：吾常夏葛而冬裘，飢食而渴飲，節嗜欲，定心氣，如斯而已矣。

世有以讀書爲文爲藝者。曰：爲文謂之藝，猶之可也。讀書謂之藝，則求諸書者淺矣。〔一〕

萬物本乎天，人本乎祖，故冬至祭天而祖配之，以冬至者氣至之始故也。萬物成形於地，〔二〕而人成形於父，故以季秋享帝而父配之，以季秋者物成之時故也。

世之信道篤而不惑異端者，洛之堯夫、秦之子厚而已。

孟子之時，去先王爲未遠，其學比後世爲尤詳，又載籍未經秦火，然而「班爵禄」之制已不聞其詳。今之禮書皆掇拾於煨燼之餘，而多出於漢儒一時之傅會，奈何欲盡信而句爲之解乎？然則其事固不可一一追復矣。明道

人必有仁義之心，然後仁與義之氣睟然達於外，故「不得於心，勿求於氣」可也。

君子之教人，或引之或拒之，各因其所虧者成之而已。孟子之不受曹交，以交未嘗知道固在我而不在人也，故使「歸而求之」。

孟子論三代之學，其名與王制所記不同，恐漢儒所記未必是也。

「象憂亦憂，象喜亦喜」，蓋天理人情於是爲至。舜之於象，周公之於管叔，其用心一也。夫管叔未嘗有惡也，使周公逆知其將畔，果何心哉？惟其管叔之畔，非周公所能知也，則其過有所不免矣。故孟子曰：「周公之過，不亦宜乎？」

孟子言舜完廩浚井之説，恐未必有此事，論其理而已。堯在上而使百官事舜於畎畝之中，豈容象得以殺兄而使二嫂治其棲乎？學孟子者，「以意逆志」可也。

或謂佛之理比孔子爲徑。曰：天下果有徑理，則仲尼豈欲使學者迂遠而難至乎？故外仲尼之道而由徑，則是冒險阻、犯荆棘而已。侍講

窮經將以致用也，如「誦詩三百，授之以政不達，使於四方，不能專對，雖多亦奚以爲？」今世之號爲窮經者，果能達於政事、專對之間乎？則其所謂窮經者，章句之末耳。此學者之大患也。

問：「我於辭命則不能」，恐非孟子語，蓋自謂不能辭命，則以善言德行自居矣，恐君子或不然。曰：然。「孔子兼之」而自謂「不能」者，使學者務本而已。明道

孟子曰「事親若曾子可也」，吾以謂事君若周公可也。蓋子之事父，臣之事君，聞有自知其不足者矣，未聞其爲有餘也。周公之功固大矣，然臣子之分所當爲也，安得獨用天子之禮乎？其因襲之弊，遂使季氏僭八佾，三家僭雍徹。故仲尼論而非之，以謂「周公其衰矣」。侍講

師保之任，古人難之。故召公不説者，不敢安於保也。周公作書以勉之，以爲在昔人君所以致治者，皆賴其臣，而使召公謀所以裕己也。

「復子明辟」，如稱「告嗣天子王矣」。

工尹商陽自謂「朝不坐宴，不與殺三人，足以反命」，慢君莫甚焉，安在爲有禮？夫君子

立乎人之本朝，則當引其君於道，志於仁而後已。彼商陽者，士卒耳，惟當致力於君命，而乃行私情於其間，孔子蓋不與也。所謂「殺人之中又有禮焉」者，疑記者謬。

盟可用也，要之則不可。故孔子與蒲人盟而適衛者，特行其本情耳。蓋與之盟與未嘗盟同，故孔子適衛無疑。使要盟而可用，則賣國背君亦可要矣。〔三〕

不知天，則於人之愚智賢否有所不能知，雖知之有所不盡，故「思知人不可不知天」。不知人，則所親者或非其人，所由者或非其道，而辱身危親者有之，故「思事親不可不知人」。故堯之親九族，亦明俊德之人爲先。蓋有天下者以知人爲難，以親賢爲急。

二南之詩，蓋聖人取之以爲天下國家之法，使邦家鄉人皆得歌詠之也。有天下國家者，未有不自齊家始，先言后妃，次言夫人，又次言大夫妻。而古之人有能脩之身以化在位者，文王是也，故繼之以文王之詩。關雎詩所謂「窈窕淑女」，即后妃也，故序以爲「配君子」。所謂「樂而不淫，哀而不傷」，蓋關雎之義如此，非謂后妃之心爲然也。

安定之門人，往往知稽古愛民矣，則於爲政也何有？

古者鄉田同井，而民之出入相友，故無爭鬬之獄。今之郡邑之訟，往往出於愚民以戾氣相構，善爲政者勿聽焉可也。又時取強暴而好譏侮者痛懲之，則柔良者安，鬬訟可息矣。

昭遠本連上一段。

君子之遇事無巨細，一於敬而已。簡細故以自崇，非敬也；飾私智以爲奇，非敬也。要之，無敢慢而已。語曰：「居處恭，執事敬，雖之夷狄，不可棄也。」然則「執事敬」者，固爲仁之端也，推是心而成之，則「篤恭而天下平」矣。

士之所難者，在「有諸己」而已。能「有諸己」，則「居之安」、「資之深」，而美且大可以「馴致」矣。徒知可欲之善，而若存若亡而已，則能不受變於俗者鮮矣。

馮道更相數主，皆其讎也。安定以爲當五代之季，生民不至於肝腦塗地者，道有力焉，雖事讎無傷也。荀彧佐曹操誅伐，而卒死於操。君實以爲東漢之衰，彧與攸視天下無足與安劉氏者，惟操爲可依，故俯首從之，方是時，未知操有他志也。君子曰：在道爲不忠，在彧爲不智。如以爲事固有輕重之權，吾方以天下爲心，未暇恤人議己也，則枉己者未有能直人者也。

世之議子雲者，多疑其投閣之事。以法言觀之，蓋未必有。又天禄閣世傳以爲高百尺，宜不可投。然子雲之罪，特不在此。黽勉於莽、賢之間，畏死而不敢去，是安得爲大丈夫哉！使公山弗擾以費叛，不以召畔人逆黨而召孔子，則其志欲遷善悔過，而未知其術耳。使孔子而不欲往，是沮人爲善也，何足以爲孔子？

道之外無物，物之外無道，是天地之間無適而非道也。即父子而父子在所親，即君臣而君臣在所嚴，一作「敬」。以至爲夫婦，爲長幼，爲朋友，無所爲而非道，此道所以不可須臾離也。然則毁人倫、去四大者，其分於道也遠矣。故「君子之於天下也，無適也，無莫也，義之與比」。若有適有莫，則於道爲有間，非天地之全也。彼釋氏之學，於「敬以直内」則有之矣，「義以方外」則未之有也。故滯固者入於枯槁，疏通者歸於肆恣，一作「放肆」。此佛之教所以爲隘也。吾道則不然，率性而已。斯理也，聖人於易備言之。

乾，聖人之分也，「可欲」之善屬焉。坤，學者之分也，「有諸己」之信屬焉。

仲尼言仁，未嘗兼義，獨於易曰：「立人之道，曰仁與義。」而孟子言仁，必以義配。蓋仁者體也，義者用也，知義之爲用而不外焉者，可與語道矣。世之所論於義者多外之，不然則混而無别，非知仁義之説者也。

門人有曰：吾與人居，視其有過而不告，則於心有所不安，告之而人不受，則奈何？曰：與之處而不告其過，非忠也。要使誠意之交通，在於未言之前，則言出而人信矣。

「剛毅木訥」，質之近乎仁也。「力行」，學之近乎仁也。若夫至仁，則天地爲一身，而天地之間品物萬形爲四肢百體，夫人豈有視四肢百體而不愛者哉？聖人，仁之至也，獨能體是心而已，曷嘗支離多端而求之自外乎？故「能近取譬」者，仲尼所以示子貢以爲仁之方也。醫書有以手足風頑謂之四體不仁，爲其疾痛不以累其心故也。夫手足在我而疾痛不與知焉，非不仁而何？世之忍心無恩者，其自棄亦若是而已。

一物不該非中也，一事不爲非中也，一息不存非中也，何哉？爲其偏而已矣。故曰：「道也者，不可須臾離也，可離非道也。」[四]修此道者，[五]「戒慎乎其所不睹，恐懼乎其所不聞」而已。由是而不息焉，則「上天之載，無聲無臭」，可以「馴致」也。

君子之於中庸也，無適而不中，則其心與中庸無異體矣。小人之於中庸無所忌憚，則與戒慎恐懼者異矣，是其所以「反中庸」也。

責善之道，要使誠有餘而言不足，則於人有益，而在我者無自辱矣。

校勘記

〔一〕則求諸書者淺矣　「求諸」原作「未讀」，據弘治本、康熙本改。

〔二〕萬物成形於地　「地」原訛「帝」，據弘治本、康熙本改。

〔三〕則賣國背君亦可要矣　「則」，弘治本、康熙本作「與」。

〔四〕可離非道也　「道」上原衍「是」字，據弘治本、康熙本删。

〔五〕修此道者　「修」字原脱，據弘治本、康熙本補。

程氏遺書第五

二先生語五

理與心一，而人不能會之爲一。

仲尼元氣也，顔子春生也，孟子并秋殺盡見。仲尼無所不包；顔子示「不違如愚」之學於後世，有自然之和氣，不言而化者也；孟子則露其才，蓋亦時然一作「焉」。而已。仲尼天地也，顔子和風慶雲也，孟子泰山巖巖之氣象也。觀其言，皆可以見之矣。仲尼無迹，顔子微有迹，孟子其迹著。

人心常要活，則周流無窮而不滯於一隅。

老子曰「無爲」，又曰「無爲而無不爲」。當有爲而以無爲爲之，是乃有爲爲也。聖人作易，未嘗言無爲，惟曰：「無思也，無爲也。」此戒夫作爲也。然下即曰：「寂然不動，感而遂通天下之故。」是動静之理，未嘗爲一偏之説矣。

語聖則不異，事功則有異。「夫子賢於堯、舜」，語事功也。孔子言語句句是自然，孟子句句是事實。

論學便要明理，論治便須識體。「須」一作「要」。

蹇便是處蹇之道，困便是處困之道。道無時不可行。

孟子有功於道，爲萬世之師。其才雄，只見雄才，便是不及孔子處。人須當學顏子，便入聖人氣象。

父子君臣，天下之定理，無所逃於天地之間。安得天分不有私心，則一本無天「分不」、「則」字。行一不義，殺一不辜，有所不爲。有分毫私，便不是王者事。

訂頑「立心」，便達得天德。

孔子儘是明快人，顏子儘豈弟，孟子儘雄辯。

孔子爲中都宰，知其不可而爲之，不仁，不知而爲之，不知。豈有聖人不盡仁知？責上責下而中自恕己，豈可任職分？一本無「任」字，「職分」兩字側注。

萬物無一物失所，便是天理時中。一本無「時中」字。

「公孫碩膚，赤舄几几。」

爲君盡君道，爲臣盡臣道，過此則無理。

「坤作成物」，是積學處。「乾知太始」，是成德處。

孔子請討田恒，當時得行，便有舉義爲周之意。

九二「利見大人」、九五「利見大人」，聖人固有在上者、在下者。

雖公天下事，若用私意爲之便是私。

「唯上智與下愚不移」，移則不可知。上之爲聖，下之爲狂，在人一身念不念爲進退耳。

「居處恭，執事敬，與人忠」，充此便晬面盎背。有諸中必形諸外，觀其氣象便見得。

天命不已，文王純於天道亦不已。純則無二無雜，不已則無間斷先後。

不能動人只是誠不至，於事厭倦皆是無誠處。

氣「直養而無害」，便「塞乎天地之間」，有少私意即是氣虧。無不義便是「集義」，有私意便是「餒」。

心具天德。心有不盡處，便是天德處未能盡，何緣知性知天？盡己心則能盡人盡物，與天地參，贊化育。贊一本無「贊」字。則直養之而已。

「鼓萬物而不與聖人同憂」，天理鼓動萬物如此，聖人循天理而欲萬物同之，所以有憂患。

章，外見之物。「含章可貞」，「來章有慶」，須要反己。

敬義夾持，直上達天德自此。

舞射便見人誠。古之教人，莫非使之成己，自洒掃應對上，便可到聖人事。〔一〕

「樂莫大焉」，「樂亦在其中」，「不改其樂」，須知所樂者何事。「乾」、「坤」，古無此二字，作易者特立此二字，以明難明之道，「乾坤毁則無以見易」，須以意明之。以此形容天地間事。易，聖人所以立道，窮神則無易矣。

孔子爲宰則爲宰，爲陪臣則爲陪臣，皆能發明大道。孟子必得賓師之位，然後能明其道。猶之有許大形象，然後爲太山，許多水，然後爲海。以此未及孔子。

夷、惠有異於聖人大成處，然行一不義，雖得天下不爲，與孔子同者，以其誠一也。

顏子作得禹、稷、湯、武事功，若德則别論。

詩言天命，書言天。存心則「上帝臨女」。

文章成功有形象可見，只是極致事業，然所以成此事功者，即是聖也。

萬物之始皆氣化，既形，然後以形相禪，有形化，形化長則氣化漸消。

中庸言「無聲無臭」，勝如釋氏言「非黄非白」。一本作「黄白大小」。

心有所存，眸子先發見。

張兄言氣，自是張兄作用，立標以明道。「張兄」一作「横渠」，後同。

乾是聖人道理，坤是賢人道理。

易之有象，猶人之守禮法。

待物生，以時雨潤之，使之自化。恭而安。張兄十五年學。

校勘記

〔一〕則自洒掃應對上便可到聖人事　「上便」，弘治本、康熙本作「便上」。

程氏遺書第六

二先生語六

此卷間有不可曉處，今悉存之，不敢删去。

質夫沛然。擇之茫然，未知所得。季明安。兄厚，臨終過西郊一作「洛」。却相疑，平生不相疑。

叔不排釋、老。

惟善變通，便是聖人。

聖人於天下事自不合與，只順他天理，[一]「茂對時，育萬物」。

堯、舜、共、鯀、臯陶，一作「夔」。時與孔子異。

正名。養老。荀文若。利。魏鄭公。正當辨。

學原於思。

仁，人此；義，宜此。事親，仁之實；從兄，義之實。須去一道中別出。

孔子言仁，只説「出門如見大賓，使民如承大祭」。看其氣象，便須心廣體胖，動容周旋中禮，自然一無「自然」字。唯慎獨便是守之之法。聖人修己以敬，以安百姓，篤恭而天下平。惟上下一於恭敬，則天地自位，萬物自育，氣無不和，四靈何有不至？此體信達順之道，聰明睿智皆由是出。以此事天饗帝，故中庸言鬼神之德盛，而終之以「微之顯，誠之不可揜如此」。一本「聖人修己」以下别爲一章。

博施濟衆，非聖不能，何曾干仁事？故特曰「夫仁者」、「達人」、「立人」、「取譬」、「可謂仁之方」而已，使人求之自反便見得也。雖然，聖人未有不盡仁，然教人不得如此指殺。一本此下云：繞塔説相輪，不如便入塔登之，始登時雖不見，及上到頂則相輪爲我有。

四體不仁。

鬼是往而不反之義。

天人本無二，不必言合。

儼然，即之温，言厲。他人温則不厲，儼然則不温，惟孔子全之。

大圭、黄鍾，全冲和氣。

李宏中力田養親。

節嗜慾，定心氣。即是天氣下降，地氣上騰，心氣定便和無疾。〔一〕

看一部華嚴經不如看一艮卦。經只言一止觀。〔二〕

論性不論氣不備，論氣不論性不明。一本此下云：二之則不是。〔四〕

人自孩提，聖人之質已完，只先於偏勝處發。或仁或義，或孝或弟。

覺悟便是信。

自「幼子常視無誑」以上，便是教以聖人事。

人之知思，因神以發。

成己須是仁，推成己之道成物便是智。

怒驚皆是主心不定。不遷怒。

非禮不視聽言動，積習儘有功，禮在何處？

去氣偏處發便是「致曲」，去性上脩便是「直養」，然同歸于誠。一此章連「人自孩提」章下爲一章。

不「有躬」，「无攸利」。不立己，後雖向好事，猶爲化物不得，以天下萬物撓己。己立後，自能了當得天下萬物。

地不改闢，民不改聚，只脩治便了。

飢食渴飲，冬裘夏葛，若致一作「置」。些私吝心「吝心」一作「意」。在，便是廢天職。

「忠信，進德，脩辭立其誠，所以居業」，脩立在人。

日月，陰陽發見盛處。

月受日光。父子。龍敏。

鼓動萬物，聖人之神知則不可名。撾鼓。

凡物參和交感則生，不和分散則死。

凡有氣莫非天，凡有形莫非地。

氣有偏勝處。「勝」一作「盛」。

二氣五行剛柔萬殊，聖人所由惟一理，人須要復其初。

元氣會則生聖賢。理自生。

天只主施，成之者地也。

須要有所止。止於仁，止於孝，止於大分。

有形總是氣，無形只是一作「有」。道。

咸六四言「貞吉悔亡」，言感之不可以心也。不得只恁地看過，更留心。〔五〕

存養熟後，泰然行將去便有進。

艮卦只明使萬物各有止，止分便定。「艮其背，不獲其身，不見其人。」

曾子疾病，只要以正，不慮死。與武王「殺一不辜，行一不義，得天下不爲」同心。

百官萬務、金革百萬之衆，飲水曲肱，樂在其中。萬變皆在人，其實無一事。

蜀山人不起念十年，便能前知。

只是一箇誠。天地萬物鬼神本無二。

清明在躬，志氣如神。貴熟。○一作「久且熟」。

觀天地生物氣象。周茂叔看。

「在帝左右」，帝指何帝？

卜筮在精誠，疑則不應。一本注云：疑心做主便是不應。〔六〕楊子江依應事是此理。〔七〕

懈意一生，便是自棄自暴。「意」一作「志」。

「勿忘勿助長，必有事焉」，只中道上行。

忠信而入，忠信而出。油火上竿禁蜈蚣。

涵養著落處養心，〔八〕便到清明高遠。「處」一作「意」。

天下之悦不可極，惟朋友講習，雖過悦無害。兑澤有相滋益處。一本注云：兑澤有自相滋益之意。

凝然不動便是聖人。

多驚多怒多憂，只去一事所偏處自克，克得一件，其餘自正。一作「止」。

人少長須激昂自進，中年已後，自至成德者事，一作「漸至德成」。方可自安。

「致知在格物」，物來則知起。物各付物，不役其知，則意誠不動。意誠自定則心正，始學之事也。

齊戒以神明其德。

「明德」、「新民」豈分人我？是成德者事。

天無形，地有形。一作「體」。

虛心實腹。

靜後見萬物自然皆有春意。

天之生物無窮，物之所成却有別。

「致曲」不要説來大。

和平依磬聲，玉磬聲之最和平者養心。

羊頭山老子説一稃二米秬黍，直是天地和氣，〔九〕十分豐熟，山上便有，山下亦或有之。

八十四聲，清者極吹盡清，濁者極吹盡濁，就其中以中聲上生下生。「以」一作「考」。

霜露，星之氣，異乎雨雪。

「密雲不雨」，尚往則氣散。先陰變風，氣隨風散。

苔，木氣爲水土始發。「始」一作「所」。

草類竹節可見。黄鍾牛鳴。

意言象數。邵堯夫。胎息氣。此三字一本在「牛鳴」下。

周茂叔窮禪客。

明善在明，守善在誠。

復卦非天地之心，復則「見天地之心」。聖人無復，故未嘗見其心。「無」一作「未嘗」。

管攝天下之心，收宗族，厚風俗，使人不忘本，須是明譜系世族與立宗子法。一年有一年工夫。

忿欲忍與不忍，便見有德無德。

周南、召南如乾、坤。

今之祭祀無樂，今之樂又不可用，然又却不見得緩急之節。

叔一生不曾看莊、列，非禮勿動勿視，出於天與，從幼小有如是才識。

夷、惠其道隘與不恭，乃心無罪。「無」一作「何」。

孔子所遇而安，無所擇。自子路觀孔子，孔子爲不恭。自孔子觀吾輩，吾輩便隘。惟其與萬物同流，便能與天地同流。

去健羨，〔一〇〕「毋意」，「義之與比」。「親於其身爲不善」，直是「不入」。

山林之士只是意欲不出。

重，主道也。士大夫得有一作「設」。重，應當有主。既埋重，不可一日無主，故設苴。及其已作主，即不用苴。

有廟即當有主。

技擊不足以當節制，節制不足以當仁義。使人人有子弟衛父兄之心，則制梃以撻秦、楚之兵矣。

不應爲，總是罪過。

詩興起人志意。

小人小丈夫，不合小了，他本不是惡。

語默猶晝夜，晝夜猶生死，生死猶古今。消息。

慎終追遠。不止爲喪祭。

鉛鐵性殊，點化爲金，則不辨鉛鐵之性。

民須仁之，物則愛之。

聖人緣人情以制禮，事則以義制之。

息，止也，生也。止則便生，不止則不生。艮，始終萬物。

不常其德則所勝來復，正常其理則所勝同化。素問。

曾點、漆雕已見大意，故聖人與之。

顔子所言不及孔子。「無伐善，無施勞」，是他顔子性分上事。孔子言「安之，信之，懷之」，是天理上事。

大抵有題目事易合。

心風人力倍平常。將死者識能預知，只是他不著别事雜亂，兼無昏氣。人須致一如此。

孔子之時，事雖有不可爲，孔子任道，豈有不可爲？魯君、齊君，孔、孟豈不知其不足與有爲？

人雖睡著，其識知自完，只是人與唤覺，便是他自然理會得。

誠則自然無累，不誠便有累。

貧子寶珠。

君實篤厚，晦叔謹嚴，堯夫放曠。

根本須是先培壅，然後可立趨向也。趨向既正，一作「立」。所造有淺深，則由勉與不勉也。〔一一〕

人多昏其心，聖賢則去其昏。

以富貴爲賢者不欲，却反人情。

聞見如登九層之臺。

中説有後人綴緝之。

觀兩漢已前文章，凡爲文者皆似。

楊子之學實，韓子之學華，華則涉道淺。

祭而立尸，只是古人質。

顔子簞瓢，非樂也，忘也。

孟子「知言」，則便是知道。

夷、惠聖人，傳者之誤。「不念舊惡」，此清者之量。

「思與鄉人處」，此孟子拔本塞源。

庾公之斯取其不背學而已。

楊、墨皆學仁義而流者也。墨子似子張，楊子似子夏。

伊尹不可一本無「可」字。言蔽，亦是「聖之時」。伯夷不蔽於爲己，只是隘。

孔子免匡人之圍，亦苟脱也。

「四端」不言信，信本無，在易則是至理，〔一二〕在孟子則是氣。

子産語子太叔，因其才而教之。

序卦非易之藴，此不合道。韓康伯注。

「仰之彌高」，見其高而未能至也。「鑽之彌堅」，測其堅而未能達也。此顔子知聖人之學而善形容者也。

義之精者，須是自求得之，如此則善求義也。

讀論語、孟子而不知道，所謂「雖多亦奚以爲」。

「湯既勝夏，欲遷其社，不可。」聖人所欲不踰矩，既欲遷社，而又以爲不可，欲遷是則不可爲非矣，不可是則欲遷爲非矣。然則聖人亦有過乎？曰：非也，聖人無過。夫亡國之社，遷之禮也。湯存之以爲後世戒，故曰欲遷則不可也。記曰：「喪國之社屋之，不受天陽也。」又曰：「亳社比牖，使陰明也。」春秋書「亳社災」。然則皆自湯之不遷始也。

五畝之宅，田二畝半、郭二畝半，耕則居田，休則居郭。三易，再易，不易。三易二百畝，三歲一耕。再易二百畝，二歲一耕。不易歲歲耕之。此地之肥瘠不同也。古者百步爲畝，百畝當今之四十一畝也。古以今之四十一畝之田，八口之家可以無飢。今以古之二百五十畝猶不足，農之勤惰相懸乃如此。

古之時民居少，人各就高而居，中國雖有水，亦未爲害也。及堯之時人漸多，漸就平廣而居，水泛濫乃始爲害。當是時龍門未闢，伊闕未拆，砥柱未鑿，堯乃因水之流濫而治之，以爲天下後世無窮之利。非堯時水特爲害也，蓋以久矣，上世人少就高而居，則不爲害，後世人多就下而處，則爲害也。

四凶之才皆可用。堯之時聖人在上，皆以其才任大位，而不敢露其不善之心。堯非不知其不善也，然則聖人亦不得而誅之。及堯舉舜於匹夫之中而禪之位，則是四人者始懷憤怨不平之心而顯其惡，故舜得以因其迹而誅竄之也。

人無父母，生日當倍悲痛，更安忍置酒張樂以爲樂？若具慶者可矣。

今人以影祭，或畫工所傳，一髭髮不當，則所祭已是別人，大不便。

今之稅實輕於什一，但斂之無法與不均耳。

有一物而可以相離者，〔一三〕如形無影不害其成形，水無波不害其爲水。有兩物而必相須者，如心無目則不能視，目無心則不能見。

古者八十絲爲一勝，斬衰三年，〔一四〕則是二百四十絲，於今之布爲已細。緦麻十五勝，則是千有二百絲，今蓋無有矣。

「古之學者爲己，今之學者爲人。」古之仕者爲人，今之仕者爲己。古之強有力者將以行禮，今之強有力者將以爲亂。

方今有古之所無者二：兵與釋、老也。

言而不行，是欺也。君子欺乎哉？不欺也。

泛乎其思，不若約之可守也。思則來，捨則去，思之不熟也。

二經簡編。後分者不是。

詩大率後人追作。馬遷非。

聖人於憂勞中，其心則安靜，安靜中却是有至憂。

聖人之言遠如天，賢者小如地。

天之付與之謂命，稟之在我之謂性，見於事業一作「物」。之謂理。

「事君有犯無隱，事親有隱無犯」，有時而可分。

治必有爲治之因，亂必有爲亂之因。

受命之符不足怪。

射則觀其至誠而已。

「學行之上也」，「名譽以崇之」，皆楊子之失。

「由之瑟奚爲於丘之門」，言其聲之不和，與己不同。

「視其所以」，觀人之大概；「察其所安」，心之所安也。

子絶四：毋自任私意，毋必爲，毋固執，毋有己。

「居是邦也，不非其大夫」，此理最好。

「出入可也」，出須是同歸。

博施濟衆，仁者無窮意。

「知和而和」，執辭時不完。

「無欲速」，心速；「七年」，理速。

養親之心則無極，外事極時須爲之極，莫若極貴貴之義，莫若極尊賢之宜。

發於外者謂之恭，有諸中者謂之敬。

誠然後能敬，未及誠時，却須敬而後能誠。

無妄之謂誠，不欺其次矣。一本云：李邦直云「不欺之謂誠」，便以不欺爲誠。徐仲車云「不息之謂誠」。中庸言「至誠無息」，非以無息解誠也。或以問先生，先生曰云云。

贊馬遷「巷伯之倫」，此班固微詞。

石奢不當死，然縱法當固辭乞罪，不罪他時可以堅請出踐更錢，此最一本有「没」字。義。

易爻應則有時而應，又遠近相感而悔吝生。〔一五〕

王通家人卦是。易傳言「明內齊外」，非取象意。疑此「是」字上脫一「不」字也。

詩序必是同時一作「國史」。所作，然亦有後人添者。如白華只是刺幽王，其下更解不行。緜蠻序「不肯飲食教載之」，只見詩中云「飲之食之，教之誨之，命彼後車，謂之載之」，便云「教載」，絕不成言語也。又如「高子曰：靈星之尸也」，分明是高子言，更何疑？

文王望至治之道而未之見，若曰民雖使至治，止由之而已，安知聖人？二南以天子在上，諸侯善化及民，安得謂之至？其有不合周公之心固無此，設若有不合者，周公之心必如是勤勞。

「五世」，依約。君子、小人在上爲政，其流澤三四世不已，五世而後斬。當時門人只知闢楊、墨爲孟子之功，故孟子發此一說，以推尊孔子之道，言「予未得爲孔子徒也」。孔子流澤至此未五世，其澤尚在於人，予則私善於人而已。

邪説則終不能勝正道。人有秉彝，然亦惡亂人之心。

無恥之恥。注是。

行之不著，如此人多。若至論，雖孔門中亦有由而不知者，又更有不知則不能由。

送死，天下之至重。人心苟能竭力盡此一事，則可以當天下之大事。養生，人之常。

此相對而言。若舜、曾子養生，其心如此，又安得不能當大事？人未有自致，必也親喪乎。

王者之「詩亡」，雅亡，政教號令不及於天下。

「仁言」，爲政者道其所爲。「仁聲」，民所稱道。

「不得於言，勿求於心，不可。」養氣以心爲主，若言失中，心不動亦不妨。

「一言而可以折獄者，其由也與」，言由之見信如此。刑法國人尚取信，其他可知。

若臧武仲之知，又公綽之不欲，卞莊子之勇，冉求之藝，合此四人之偏，文之以禮樂，方成聖人，則盡之矣。

「先進於禮樂」，質也；「後進於禮樂」，文也。「文質彬彬，然後君子」，其下則史。孔子從之，矯枉欲救文之弊，然而「吾從周」，此上文一事。〔一六〕又有不從處，「乘商之輅」。

中庸首先言本人之情性，次言學，次便言三王酌損以成王道，餘外更無意。三王下到今，更無聖人，若有時須當作四王。王者制作時，用先代之宜世者。今也法當用周禮，自漢已來用。

有愛人之心，然而使民亦有不時處，此則至淺。言當時治千乘之國若如此時，亦可以治矣。聖人之言雖至近，上下皆通。此三句若推其極，堯、舜之治亦不過此。若常人之言近時，便即是淺近去。

齊經管仲霸政之後，風俗尚權詐，急衣食。魯之風俗不如此，又仲尼居之，當時風俗亦甚美。到漢尚言齊、魯之學天性。此只説風俗，〔一七〕若謂聖賢，則周公自不之魯，太公亦未可知。又謂齊經田恒弒君，無君臣上下之分也。不然。

「色難」形下面有事服勞而言，服勞更淺。若謂諭父母於道，能養志使父母説，却與此辭不相合。然推其極時，養志如曾子、大舜可也。曾元是曾子之子，尚不能。

在邦而已心無怨，孔子發明仲弓，使知仁字。然舜在家亦怨，周公狼跋亦怨。又引文中子。

「不有祝鮀之佞」與「宋朝之美」，才辨。難免世之害矣。

當孔子時，傳易者支離，故言「五十以學易」，言學者謙辭。學易可以無太過差。易之書惟孔子能正之，使無過差。〔一八〕

「詩、書」，統言。「執禮」，人所執守。

賢者能遠照，故能避一世事，其次避地，不居亂邦。

不愧屋漏，則心安而體舒。

子曰：「君子博學於文，約之以禮，亦可以弗畔矣夫！」此非自得也，勉而能守也。「多聞，擇其善者而從之，多見而識之，知之次也。」以勉中人之學也。

經所以載道也，器所以適用也。學經而不知道，治器而不適用，奚益哉？一本云：經者載道之器，須明其用。如誦詩須達於從政，能專對也。

今之學者岐而爲三：能文者謂之文士，談經者泥爲講師，惟知道者乃儒學也。

夫内之得有淺深，外之來有輕重。内重則可以勝外之輕，得深則可以見誘之小。

校勘記

〔一〕只順他天理　「他」，弘治本、康熙本作「得」。

〔二〕心氣定則和無疾　「心氣定」三字，弘治本、康熙本無。

〔三〕經只言一止觀　「止觀」二字原訛「上官」，據弘治本、康熙本改。

〔四〕二之則不是　「二」，弘治本作「一」，康熙本同。

〔五〕更留心　「留」原訛「自」，據弘治本、康熙本改。

〔六〕疑心做主便是不應　「做主」二字，弘治本、康熙本作「微生」。

〔七〕楊子江依應事是此理　「應」，弘治本、康熙本作「憑」。

〔八〕涵養著落處養心　「落」原訛「樂」，據弘治本、康熙本改。

〔九〕直是天地和氣　「直」原訛「則」，「和氣」原倒作「氣和」，據弘治本、康熙本改。

〔一〇〕去健羡　「健」原訛「歆」，據弘治本、康熙本改。

〔一一〕則有勉與不勉也　弘治本、康熙本句下有「一本下有正字」六小字。

〔一二〕信本無在易則是至理　弘治本、康熙本重「在」字。

〔一三〕有一物而可以相離者　「可以」二字，弘治本、康熙本無。

〔一四〕斬衰三年　「年」原訛「勝」，據弘治本、康熙本改。

〔一五〕又遠近相感而悔吝生　「感」，弘治本作「取」，康熙本同。

〔一六〕此上文一事　「上」，弘治本同，康熙本作「止」。

〔一七〕此只説風俗　弘治本、康熙本無「此」字。

〔一八〕易之書惟孔子能正之使無過差　弘治本、康熙本「書」作「道」，「能正之使無過差」作「無大過」。

程氏遺書第七

二先生語七

此卷間有不可曉處，今悉存之，不敢删去。

與人爲善。

始初便去性分上立。晦叔。

獵，自謂今無此好。周茂叔曰：「何言之易也。但此心潛隱未發，一日萌動，復如前矣。」後十二年，因見，果知未。一本注云：明道年十六七時好田獵，〔一〕十二年暮歸，在田野間見田獵者，不覺有喜心。

周公不作膳夫、庖人、匠人事，只會兼衆有司之所能。

有田即有民，有民即有兵，鄉遂皆起兵。

禪學只到止處，無用處，無禮義。

稾鞂、大羹、鸞刀，須用誠相副。

介甫致一。

堯、舜知他幾千年，其心至今在。

心要在腔子裏。

體道，少能體即賢，盡能體即聖。

孔子門人善形容聖人。

堯夫道雖偏駁，然卷舒作用極熟，又一作「可」。能謹細行。

「虛而不屈，動而愈出。」

只外面有些罅隙便走了。

只學顏子「不貳過」。

「忠恕違道不遠」，「可謂仁之方」，「力行近乎仁」，「求仁莫近焉」。仁道難言，故止曰近、不遠而已，苟以力行便爲仁，則失之矣。「施諸己而不願，亦勿施於人」，「夫子之道忠恕」。非曾子不能知道之要，捨此則不可言。

聖人之明猶日月，不可過也，過則不明。

愚者指東爲東，指西爲西，隨衆所見而已。知者知東不必爲東，西不必爲西。唯聖人明於定分，須以東爲東，以西爲西。

邵堯夫猶空中樓閣。

兵法遠交近攻，須是審行此道。「知崇禮卑」之意。〔二〕

只是論得規矩準繩，巧則在人。

莊子有大底意思，無禮無本。

體須要大。

外面事不患不知，只患不見自己。

「雍也仁而不佞。」晦叔。

人當審己如何，不必恤浮議。志在浮議，則心不在内，不可私。一本無「私」字，别有「應卒處事」四字。

三命是律，星辰是曆。

静坐獨處不難，居廣居，應天下爲難。

保民而王。今之城郭不爲保民。

行兵須不失家計。游兵夾持。「夾」一作「挾」。

事往往急便壞了。

與奪歙張，固有此理，老子説著便不是。

誠神不可語。

見之非易，見不可及。

孔子弟子少有會問者，只顔子能問，又却終日如愚。

只理會生是如何。

静中便有動，動中自有静。

灑掃應對與佛家默然處合。

喪事，人所不勉處。酒，人所困處。孔子於中間處之得宜。

玩心神明，上下同流。

敬下驢不起。世人所謂高者却是小。陳先生大分守不足。〔三〕○「足」一作「定」。

堯、舜極聖，生朱、均。瞽、鯀極愚，生舜、禹。無所不用其極。

「開物成務」，有濟世之才。〔四〕

禹不矜不伐，至柔也，然乃見剛。

以誠意幾棵子何不可？若有爲果子繫在他上便不是，信得及便是也。

九德最好。

不學便老而衰。

應卒處事。

不見其大便大。

職事不可以巧免。

雍置師，〔五〕内郡養耕，外郡禦守。

兵能聚散爲上。

把得地一作「性」。分定，做事直是不得放過。

韓信多多益辦，只是分數明。

微仲焚禁山契書。

義勇也是拘束太急，便性軼輕劣。大凡長育人材，且須緩緩。

兵陣須先立定家計，然後以遊騎旋，旋量力分外面與敵人合，此便是「合内外之道」。若遊騎太遠，則却歸不得，至如聽金鼓聲亦不忘却自家如何。如符堅養民，一敗便不可支持，無本故也。

坐井觀天非天小，只被自家入井中，被井筒拘束了。然井何罪？亦何可廢？但出井中便見天大，已見天如此大，不爲井所拘，却入井中也不害。

「致知」，但知「止於至善」。爲人子止於孝，爲人父止於慈之類，不須外面，只務觀物理，泛然正如游騎無所歸也。

即目所學便持，「吾斯之未能信」，道著信便是止也。

晉書謂「吾家書籍當盡與之」。豈止與之，當再拜而獻之。

病昏不爲他物所奪，只有正氣，然猶有力，知識遠過於人。況吾合天地之道，安有不可？

須是無終食之間違仁，即道日益明矣。陳本有此二段。

不偏之謂中，不易之謂庸。中者天下之正道，庸者天下之定理。

校勘記

〔一〕明道年十六七時好田獵　「七」原訛「之」，據弘治本、康熙本改。

〔二〕知崇禮卑之意　「卑」原訛「畢」，據弘治本、康熙本改。

〔三〕陳先生大分守不足　「生」原訛「坐」，「守」原訛「宇」，據弘治本、康熙本改。

〔四〕有濟世之才　「世」，弘治本、康熙本作「時」。

〔五〕雍置師　「師」原訛「帥」，據弘治本、康熙本改。

程氏遺書第八

二先生語八

「傳不習乎」，不習而傳與人。

「學則不固」，連上說。

「有馬者借人乘之」，吾力猶能補史之闕文。當史之職而能闕疑以待後人，是猶「有馬者借人乘之」也。

能言「不怍」者難。

「君子義以爲質」四句，只是一事，以義爲本。

可使之往，不可陷以罔。

「君子矜而不争」，矜尚之矜。

南宫适以禹、稷比孔子，故夫子不答也。

「果哉，末之難矣」，果敢之果。不知更有難事，他所未曉，輕議聖人。孔子擊磬，何嘗無心，荷蕢於此知之。

「辟世」、「辟言」、「辟色」，非有優劣，只説大小次第。

靈公問陳，孔子遂行，言語不相授。

「不占而已」，有吉凶便占，無常之人更不待占。

三代直道而行，毁譽公。

「踐迹」，如言循途守轍。善人雖不循守舊迹，亦不能入聖人之室。

「論篤是與」，言篤實時，與「君子」，與「色莊」。

「魯、衛之政，兄弟也」，言相近也。

「知及」、「仁守」、「莊涖」、「動禮」，爲政始末。

「民之於仁也，甚於水火」，不肯爲仁，如蹈水火。

「致遠恐泥」，不可行遠。

先傳後倦，君子教人有序，先傳以小者近者，而後教以大者遠者，非是先傳以近小，而後不教以遠大也。

「吾其爲東周乎！」東遷以後，諸侯大夫強僭，聖人豈爲是乎？匏瓜「繫而不食」，匏瓜無所爲之物，繫而不動。

「子樂」，弟子各盡其誠實，不少加飾，故孔子知由之不得其死。

「性相近也」，生質之性。

「小知」「大受」，不可以小知君子，而可以當大事。

「天下有道，丘不與易也」，「其誰以易之」？誰肯以夫子之道易己所爲？

佛肸召，欲往而不往者何也？聖人示之以迹，子路不諭九夷浮海之類。「示之」一作「示人」。

堯曰：「予小子履」。少「湯」字。

「周公謂魯公」三句反覆説，不獨「不施其親」，〔一〕又當使大臣不怨，至公不可忘私，又當全故舊。

「大德」「小德」，如大節小節。

「雖有周親，不如仁人」，至親不如仁賢。

「因不失其親。」信本不及義，恭本不及禮，然「信近於義」者，以「言可復也」，「恭近於禮」者，以「遠耻辱也」。因恭信不失其所親近於禮義，〔二〕故亦可宗也。如言禮義不可得見，得見恭信者，斯可矣。

子張、子夏論交，子夏、子張告人各有所以，初學與成德者事不同。

「貧與賤，不以其道得之，不去也。」不以其道得去貧賤，如患得之。

「卿以下必有圭田」，祭祀之田也，禄外之田也。

「餘夫二十五畝」，一夫上父母下妻子，以五口至八口爲率，受田百畝，如有弟，是餘夫也，俟其成家别受田也。

「廛而不征」，市宅之地已有廛税，更不征其物。

「法而不廛」，税有常法，不以廛故而厚其税。

「廛無夫里之布」，廛自有税，更無此二布。

「國有道，不變塞」，所守不變，所行不塞。

「廣居」、「正位」、「大道」，所居者廣，所位者正，所道者大，天下至中至大之所。

「配義與道」，浩氣已成，合道與義。道本也，義用也。「本」一作「體」。

「集義所生者」，集衆義而生浩然之氣，非義外襲我而取之也。

校勘記

〔一〕不獨不施其親　「施」，弘治本、康熙本作「弛」。

〔二〕因恭信不失其所親近於禮義　「所」下原衍「以」字，據弘治本、康熙本删。

程氏遺書第九

少日所聞諸師友説

二先生語九

仁者公也，人一作「仁」。此者也；義者宜也，權量輕重之極；禮者别也；定分。知者知也；信者有此者也。萬物皆有性，一作「信」。此五常性也。若夫惻隱之類，皆情也。凡動者謂之情。性者自然完具，信只是有此，因不信，然後見，故四端不言信。

先生曰：孔子曰：「仁者己欲立而立人，己欲達而達人，能近取譬，可謂仁之方也已。」嘗謂孔子之語仁以教人者，唯此爲盡，要之不出於公也。

孟子曰：「天民者，達可行於天下而後行之者也。」「大人者，正己而物正者也。」曰「天民」者，能盡天民之道者也，踐形者是也，如伊尹可當之矣。民之名則似不得位者，必「達可行於天下而後行之者也」。「大人」者，則如乾之九二「利見大人」、「天下文明」者也。「天民」、「大人」，亦繫乎時與不時爾。

「君子不重則不威，學則不固」，言君子不重則不威嚴，而學則亦不能堅固也。信非義也，以其「言可復」，故曰近義。恭非禮也，以其「遠耻辱」，故曰近禮。因其事而不失其所親，「亦可宗也」，況於盡禮義者乎！

「思無邪」，誠也。

「十有五而志于學，三十而立，四十而不惑」，明善之徹矣。聖人不言誠之一節者，言不惑則自誠矣。「五十而知天命」，思而知之也。「六十而耳順」者，〔一〕在人之最末者也。至耳而順，則是不思而得也。然猶滯於迹焉，至於「七十從心所欲不踰矩」，則聖人之道終矣。此教之序也。

對孟懿子問孝，告衆人者也。對孟武伯者，以武伯多可憂之事也。子游能養，而或失於敬；子夏能直義，而或少温潤之色。各因其人材高下與其所失而教之也。

「默而識之」，乃所謂學也，惟顔子能之。故孔子曰「吾與回言終日，不違如愚，退而省其私」者，言顔子退而省其在己者，「亦足以發」此，故仲尼知其「不愚」，〔二〕可謂善學者也。

「夷狄之有君，不如諸夏之亡也」。此孔子言當時天下大亂，無君之甚，若曰夷狄猶有君，不若諸夏之亡君也。〔三〕

「君子無所争，必也射乎」，故曰「揖讓而升，下而飲，其争也君子」。言不争也，若曰其争也，是君子乎！

「子曰禘自既灌而往者，吾不欲觀之矣。」禘者，魯僭天子之大祭也。灌者，祭之始也。以其僭上之祭，故聖人自灌以往，不欲觀之矣。「或問禘之説，子曰『不知也』」者，不欲斥言也。「『知其説者之於天下也，其如視諸斯乎』！指其掌。」此聖人言知此理者，其於治天下如指其掌，甚易明也。蓋名分正則天下定矣。

子貢之器，如宗廟之中可觀之貴器，故曰「瑚璉也」。

或問辯，曰：「或曰：『雍也仁而不佞。』子曰：『焉用佞？禦人以口給，屢憎於人，不知其仁，焉用佞？』」苟仁矣，則口無擇言，言滿天下無口過，佞何害哉？若不知其仁，則佞焉用也？

子曰：「由也好勇過我，無所取材。」材與裁同，言由但好勇過孔子，而不能裁度適於義也。

子路曰：「願車馬，衣輕裘，與朋友共，敝之而無憾。」此勇於義者，觀其志，豈可以勢利拘之哉！蓋亞於「浴沂」者也。顔淵「願無伐善，無施勞」，此仁矣，然尚未免於有爲，蓋滯迹於此，不得不爾也。子曰：「老者安之，朋友信之，少者懷之。」此聖人之事也。顔子大賢之事也，子路有志者之事。

子曰：「中人以上可以語上也，中人以下不可以語上也。」此謂才也，然則中人以下者終於此而已乎？曰：亦有可進之道也。

子曰：「齊一變至於魯，魯一變至於道。」言魯國雖衰，而君臣父子之大倫猶在，愈於齊國，故可一變而至於道。

子曰：「志於道。」凡物皆有理，精微要妙無窮，當志之爾。德者得也，在己者可以據。「依於仁」者，凡所行必依著於仁，兼内外而言之也。

「子在齊聞韶，三月不知肉味，曰：『不圖爲樂之至於斯也。』」曰：聖人不凝滯於物，安有聞韶雖美，直至三月不知肉味者乎？「三月」字誤，當作「音」字。此聖人聞韶音之美，當食不知肉味，乃嘆曰：「不圖爲樂之至於斯也。」門人因以記之。

「子所雅言，詩、書、執禮，皆雅言也。」雅，雅素之雅。禮，當時所執行而非書也。詩、書、執禮，皆孔子素所常言也。

人有斗筲之量者，有鍾鼎之量者，有江河之量者，有天地之量者。斗筲之量者固不足算，若鍾鼎、江河者亦已大矣，然滿則溢也。唯天地之量者無得而損益，苟非聖人，孰能當之？

子曰：「吾未見剛者。」或曰：「申棖。」子曰：「棖也慾，焉得剛？」凡人有慾則不剛。

至大至剛之氣，在養之可以至焉。

孟子曰：「我知言。」孟子不欲自言我知道耳。

孟子常自尊其道而人不尊，孔子益自卑而人益尊之，聖賢固有間矣。

董仲舒謂：「正其義不謀其利，明其道不計其功。」孫思邈曰：「膽欲大而心欲小，智欲圓而行欲方。」可以法矣。今人皆反之者也。「如臨深淵，如履薄氷」，謂小心也。「糾糾武夫，公侯干城」，謂大膽也。「不爲利回，不爲義病」，行之方也。「見機而作，不俟終日」，知之圓也。此言極有理。

舍己從人最爲難事。己者我之所有，雖痛舍之，猶懼守己者固而從人者輕也。

「參也魯」，然顔子没後，終得聖人之道者，曾子也。觀其啓手足之時之言，可以見矣。所傳者子思、孟子，皆其學也。

「毋意」者，不妄意也。「毋我」者，循理不守己也。

子曰：「先進於禮樂，野人也。」言其質勝文也。「後進於禮樂，君子也。」言其文質彬彬也。「如用之，則吾從先進。」言若用於時，〔四〕救文之弊，則吾從先進，小過之義也。「麻冕禮也，今也純儉，吾從衆」；奢則不孫，儉則固，與其不孫也，寧固。」此之謂也，不必惑「從周」之説。

子曰：「賜不受命而貨殖焉。」命謂爵命也，言不受爵命而貨殖者，以見其私於利之深，而足以明顏子屢空之賢也。

子曰：「論篤是與，君子者乎？色莊者乎？」不可以言取人，今以其論篤而與之，是謂君子者乎？徒能色莊者乎？

仲弓之仁，安己而敬人，故曰：「雍也，可使南面。」對樊遲之問，亦是仁之目也，然樊遲失於麤俗，聖人勉使爲仁，曰：「雖之夷狄，不可棄也。」司馬牛多言而躁，故但告以「其言也訒」。如有「克伐怨欲不行焉，可以爲仁矣。」若無克伐怨欲，固爲仁已，唯顏子而上乃能之。如有而不行焉，則亦可以爲難，而未足以爲仁也。孔子蓋欲憲疑而再問之，而憲未之能問也。

管仲之仁，仁之功也。

校勘記

〔一〕六十而耳順者　「者」上原衍「耳」字，據弘治本、康熙本删。

〔二〕故仲尼知其不愚　「故」，弘治本同，康熙本作「固」。

〔三〕不若諸夏之無君也　「若」下原衍「是」字，據弘治本、康熙本删。

〔四〕言若用於時　「於」，弘治本同，康熙本作「振」。

程氏遺書第十

洛陽議論

二先生語十

蘇昞季明録

子厚謂程卿：夙興幹事，良由人氣清則勤，閑不得。正叔謂：不可，若此則是專爲氣所使。子厚謂：此則自然也。伯淳言：雖自然，且欲凡事皆不恤以恬養則好。子厚謂：此則在學者也。

伯淳謂：天下之士，亦有其志在朝廷而才不足，才可以爲而誠不足。今日正須才與至誠合一方能有濟。〔一〕子厚謂：才與誠須一物，〔二〕只是一物。伯淳言：才而不誠，猶不是也。若非至誠，雖有忠義功業，亦出於事爲，浮氣幾何時而不盡也。一本無「只是一物」四字。

伯淳道：君實之語，自謂如人參甘草，病未甚時可用也，病甚則非所能及。觀其自處，必是有救之之術。

正叔謂：某接人，治一作「談」。經論道者亦甚多，肯言及治體者，誠未有如子厚。

二程謂：地形不必謂寬平可以畫方，只可用算法折計地畝以授民。子厚謂：必先正經界，經界不正則法終不定。地有坳垤處不管，只觀四標竿中間地，雖不平饒，與民無害，就一夫之間所爭亦不多，又側峻處田亦不甚美。又經界必須正南北，假使地形有寬狹尖斜，經界則不避山河之曲，其田則就得井處爲井，不能就成處，或五七，或三四，或一夫，其實田數則在。〔二〕又或就不成一夫處，亦可計百畝之數而授之，無不可行者。如此則經界隨山隨河，皆不害於畫之也。苟如此畫定，雖便使暴君污吏，亦數百年壞不得。經界之壞，亦非專在秦時，其來亦遠，漸有壞矣。正叔云：至如魯，二吾猶不足，如何得至十一也？子厚言：百畝而徹，言徹取之徹則無義，是透徹之徹。透徹而耕，則功力均，且相驅率，無一家得惰者。及已收穫，則計畝數裒分之，以裒分之數取十一之數亦可。或謂井議不可輕示人，恐致笑及有議論。子厚謂：有笑有議論，則方有益也。若有人聞其說，取之以爲己功。先生云：如有能者，則已願受一廛而爲氓，亦幸也。伯淳言：井田今取民田使貧富均，則願者衆，不願者寡。正叔言：亦未可言民情怨怒，止論可不可爾。須使上下都無怨怒方可行。正叔言：議法既大備，却在所以行之之道。子厚言：豈敢，某止欲成書，庶有取之者。正叔言：不行於當時，行於後世一也。子厚曰：徒善不足以爲政，徒法不能以自行，須是行之之道。又雖有仁心仁聞而政不行者，不由先王之道也，須是法先王。正叔言：孟子於此善爲言。只極目力，焉能盡方員平直？須是要規矩。

二程問：官户占田過制者如何？如文、曾有田極多，只消與五十里采地儘多。又問：其他如何？今之公卿非如古之公卿，舊有田多者與之采地多，概與之則無以別有田者無田者。

正叔説堯夫對上之詞，言陛下富國強兵後待做甚，以爲非是。此言安足諭人主？如周禮豈不是富國之術存焉？子厚言：堯夫抑上富強之説，正猶爲漢武帝言神僊之學，長年不足惜，言豈可入？聖賢之曉人，不如此之拙。如梁惠王問何以利國，則説利不可言之理，極言之以至不奪不饜。

正叔言：人至於王道，是天下之公議，反以爲私説，何也？子厚言：只爲心不大，心大則做得大。正叔言：只是做一喜好之事爲之，不知只是合做。

伯淳言：邵堯夫病革，且言試與觀化一遭。子厚言：觀化他人便觀得自家。自家又如何觀得化？嘗觀堯夫詩意，纔做得識道理，却於儒術未見所得。

正叔言：蜥蜴含水，隨雨震起。子厚言：未必然，雹儘有大者，豈盡蜥蜴所致也。今以蜥蜴求雨，枉求他，他又何道致雨？正叔言：伯淳守官南方，長吏使往茅山請龍，辭之，謂祈請鬼神，當使信嚮者則有應，今先懷不信，便非義理。既到茅山巖，勑使人於水中捕得二龍，持之歸，並無他異，復爲小兒玩之致死。此只爲魚蝦之類，但形狀差异，如龍之狀爾。此蟲廣南亦有之，其形狀同，只齧人有害，不如茅山不害人也。「有害」一作「有毒」。

正叔言：永叔詩「笑殺潁陰常處士，十年騎馬聽朝雞」，夙興趨朝，非可笑之事，不必如此說。又言：常秩晚爲利昏，元來便有在，此鄉黨莫之尊也。

正叔言：今責罪官吏，殊無養士君子廉恥之道。必斷言徒流杖數，贖之以銅，便非養士君子之意。如古人責其罪，皆不深指斥其惡，如責以不廉，則曰俎豆不脩。

有人言今日士大夫未見賢者。正叔言：不可謂士大夫有不賢者，便爲朝廷之官人不用賢也。

彭汝礪懇辭臺職。正叔言：報上之效已了邪？上冒天下議論，顯拔致此，曾此爲報上之意已足？

正叔言：禮院者，天下之事無不關。此但得其人，則事儘可以考古立法，苟非其人，只是從俗而已。

正叔言：昏禮結髮無義，欲去久矣。不能言結髮爲夫婦者，只是指其少小也。如言結髮事君，李廣言結髮事匈奴，只言初上頭時也，豈謂合髻子？子厚云：絶非禮義，便當去之。古人凡禮，講修已定，家家行之，皆得如此。今無定制，每家各定，此所謂家殊俗也。

至如朝廷之禮，皆不中節。

正叔論安南事：當初邊上不便，令逐近點集，應急救援。其時雖將帥革兵冒涉炎瘴，朝廷以赤子爲憂，亦有所不恤也。其時不救應，放令縱恣，戰殺至數萬。今既後時，又不候至秋涼迄冬，一直趨寇，亦可以前食嶺北，食積於嶺南般運。今乃正於七月過嶺，以瘴死者自數分，及過境，又糧不繼，深至賊巢，以栰度五百人過江，且斫且焚，破其竹寨幾重，不能得，復棹其空栰，續以救兵，反爲賊兵會合禽殺，吾衆無救，或死或逃，遂不成功。所争者二十五里耳，欲再往，又無舟可度，無糧以戍。此謬筭未之有也。猶得賊辭差順，遂得有詞，且承當了。若使其言猶未順，如何處之？運糧者死八萬，戰兵瘴死十一萬，餘得二萬八千人生還，尚多病者，又先爲賊戮數萬，都不下三十萬口。其昏謬無謀如此甚也！

有人言郭璞以鳩鬬占吉凶。子厚言：此爲他誠實信之，所以就而占得吉凶。正叔言：但有意向此，便可以兆也，非鳩可以占吉凶耳。

正叔言：郭逵新貴時，〔四〕衆論喧然，未知其人如何。後聞人言欲買韓王宅，更不問可知也。如韓王者，當代功臣，一宅已致而欲有之，大煞不識好惡。子厚言：昔年有人欲爲范希文買緑野堂，希文不肯，識道理自不然。在唐如晉公者，是可尊也。一旦取其物而有之，如何得安？在他人猶可，如王維莊之類。獨有晉公則不可，寧使耕壞，及他有力者致之，已則不可取。

正叔言：管轄人亦須有法，徒嚴不濟事。今帥千人能使千人依時及節得飯喫，只如此者能有幾人？嘗謂軍中夜驚，亞夫堅卧不起。不起善矣，然猶夜驚何也？亦是未盡善。

正叔謂：今唱名，何不使伊儒冠徐步進見？何用二人把見趨走，得不使殿上大臣有愧色？子厚言：只先出榜，使之見其先後，何用旋開卷呼名？

正叔言：某見居位者百事不理會，只恁箇大肚皮，於子厚却願奈煩處之。

子厚言：關中學者用禮漸成俗。正叔言：自是關中人剛勁敢爲。子厚言：亦是自家規矩太寬。

正叔言：某家治喪不用浮圖。在洛亦有一二人家化之，自不用釋氏。道場之用螺鈸，蓋胡人之樂也。今用之死者之側，是以其樂臨死者也。天竺之人重僧，見僧必飯之，因使作樂於前。今乃以爲之於死者之前，至如慶禱亦雜用之，是甚義理！如此事被他欺謾千百年，無一人理會者。

正叔謂：何以謂之君子？何以謂之小人？君子則所見者大，小人則所見者小且近。

君子之志，所慮者豈止其一身？直慮及天下千萬世。小人之慮一朝之忿，曾不遑恤其身。伯淳謂：才與誠一物，則周天下之治。子厚因謂：此何事於仁，「必也聖乎」！呂進伯老而好學，理會直是到底。正叔謂：老喜學者尤可愛，人少壯則自當勉，至於老矣，志力須倦，又慮學之不能及，又年數之不多。不曰「朝聞道，久死可矣」乎？學不多，年數之不足，不猶愈於終不聞乎！

子厚言：「十詩」之作，止是欲驗天心於語默間耳。正叔謂：若有他言語，又烏得已也。子厚言：十篇次叙固自有先後。

正叔言：成周恐只是統名，雒邑是都也。成周猶今言西京也，雒邑猶今言河南府。孔安國以成周爲下邑，非也。豈有以師保治於下邑？白馬寺之所，恐是遷頑民之處。洛州有言中州、南州之名，恐是作邑分爲九州後始言。成周恐是舊城壞而復城之，或是其始爲邑，不爲城墻，故後始城。

二程解「窮理盡性以至於命」，只窮理便是至於命。子厚謂：亦是失於太快。此義儘有次序，須是窮理，便能盡得己之性，則推類又盡人之性，既盡得人之性，須是并萬物之性一齊盡得，如此然後至於天道也。其間煞有事，豈有當下理會了？學者須是窮理爲先，如此則方有學。今言「知命」「以至於命」，〔五〕儘有近遠，豈可以知便謂之至也？

正叔謂：洛俗恐難化於秦人。子厚謂：秦俗之化，亦先自和叔有力焉，亦是士人敦厚，東方亦恐難肯向風。

正叔辨周都言：「穀、洛鬭，毁王宫」，今穀、洛相合處在七里店南，既言「毁王宫」，則周室亦恐不遠於今之宫闕也。

子厚謂：昔嘗謂伯淳優於正叔，今見之果然。其救世之志甚誠切，亦於今日天下之事儘記得熟。

子厚言：今日之往來俱無益，不如閒居，與學者講論，資養後生，却成得事。正叔言：何必然？義當來則來，當往則往爾。

二程言：人不易知。子厚言：人誠知之爲艱，然至於伎術能否、人情善惡便可知。惟似秦武陽殺人於市，〔六〕見秦始皇懼，此則不可知。

校勘記

〔一〕今日正須才與至誠合一方能有濟　弘治本、康熙本無「能」字。

〔二〕才與誠須一物　「一」，弘治本、康熙本作「二」，案張子全書同。

〔三〕其實田數　「田」原訛「四」，弘治本同，據康熙本及張子全書改。

〔四〕郭逵新貴時　「逵」原訛「遍」，據弘治本、康熙本改。

〔五〕今言知命以至於命　「以」，弘治本、康熙本作「與」。

〔六〕惟似秦武陽殺人於市　「似」，弘治本、康熙本作「以」，案張子全書同。

程氏遺書第十一

明道先生語一

劉絢質夫録

師訓

「毋不敬，儼若思，安定辭，安民哉」，君德也，君德即天德也。

「思無邪。」

「敬以直内，義以方外，敬義立而德不孤。」德不孤，與物同，故不孤也。

「夫子之道，忠恕而已矣。」

「聖人以此齊戒，以神明其德夫！」

「天命之謂性，率性之謂道，脩道之謂教。」

孟子曰：「我善養吾浩然之氣。其爲氣也，至大至剛，以直養而無害，則塞乎天地之間。其爲氣也，配義與道，無是餒也。是集義所生者，〔一〕非義襲而取之也。」

天位乎上，地位乎下，人位乎中。無人則無以見天地。書曰：「惟天地萬物父母，惟人萬物之靈。」易曰：「天地設位，而易行乎其中。乾坤毁，則無以見易。易不可見，則乾坤或幾乎息矣。」

道，一本也。或謂以心包誠，不若以誠包心，以至誠參天地，不若以至誠體人物，是二本也。知不二本，便是篤恭而天下平之道。

「形而上者謂之道，形而下者謂之器。」若如或者以清虚一大爲天道，則一作「此」。乃以器言，而非道也。

「範圍天地之化而不過」者，模範出一天地爾，非在外也。如此曲成萬物，豈有遺哉！

「天地設位，而易行其中。」何不言人行其中？蓋人亦物也。若言神行乎其中，則人只於鬼神上求矣。若言理言誠亦可也，而特言易者，欲使人默識而自得之也。

繫辭曰：「形而上者謂之道，形而下者謂之器。」又曰：「立天之道曰陰與陽，立地之道曰柔與剛，立人之道曰仁與義。」又曰：「一陰一陽之謂道。」陰陽亦形而下者也，而曰道者，惟此語截得上下最分明。元來只此是道，要在人默而識之也。

「立天之道曰陰與陽，立地之道曰柔與剛，立人之道曰仁與義，兼三才一之也。而兩之。」不兩則無用。

「天地設位，而易行乎其中。」只是敬也，敬則無間斷。「體物而不可遺」者，誠敬而已矣，不誠則無物也。詩曰：「維天之命，於穆不已，於乎不顯，文王之德之純。」「純亦不已」，純則無間斷。

「毋不敬，儼若思，安定辭，安民哉」，君道也，君道即天道也。「出門如見大賓，使民如承大祭」，此仲弓之問仁，而仲尼所以告之者，以仲弓爲可以「事斯語」也。「雍也可使南面」，有君之德也。「毋不敬」，可以對越上帝。

「祭如在，祭神如神在。」

「敬以直内，義以方外」，合内外之道也。釋氏，内外之道不備者也。

「克勤小物」最難。

自下而達上者，惟「造次必於是，顛沛必於是」。

「鼓萬物而不與聖人同憂。」聖人，人也，故不能無憂。天則不爲堯存，不爲桀亡者也。

咸、恒，體用也。體用無先後。

「易窮則變，變則通，通則久。」

天則不言而信，神則不怒而威。

顔子默識，曾子篤信。得聖人之道者，二人也。曾子曰：「吾得正而斃焉，斯已矣。」

天地之正氣，「恭作肅」，肅便雍也。

理則極高明，行之只是中庸也。

中庸言誠便是神。

天人無間斷。

耳目能視聽而不能遠者，氣有限耳。心則無遠近也。

學在誠知、誠養。

學要信與熟。

「正己而物正」，大人之事，學須如此。

敬勝百邪。

「萬物皆備於我矣，反身而誠，樂莫大焉。」

欲當大任，須是篤實。

「大人者，與天地合其德，與日月合其明」，非在外也。

「失之毫釐，繆以千里」，深可戒慎。

「平康正直。」

「己欲立而立人，己欲達而達人，能近取譬者，可謂仁之方也已。」博施而能濟衆，固仁也，而仁不足以盡之，故曰：「必也聖乎！」

孟子曰：「仁也者人也，合而言之道也。」中庸所謂「率性之謂道」是也。仁者，人此者也。「敬以直内，義以方外」，仁也。若以敬直内，則便不直矣。行仁義豈有直乎？「必有事焉而勿正」則直也。夫能「敬以直内，義以方外」，則與物同矣，故曰「敬義立而德不孤」。是以仁者無對，放之東海而準，放之西海而準，放之南海而準，放之北海而準。醫家言四體不仁，最能體仁之名也。一本「醫」字下別爲一章。

「天地之大德曰生」，「天地絪緼，萬物化醇」，「生之謂性」，告子此言是，而謂「犬之性猶牛之性，牛之性猶人之性」，則非也。萬物之生意最可觀。此「元者善之長也」，斯所謂仁也。人與天地一物也，而人特自小之，何耶？

人賢不肖，國家治亂，不可以言命。

至誠可以贊化育者，可以回造化。

「惟神也，故不疾而速，不行而至。」神無速，亦無至，須如此言者，不如是不足以形容故也。

天地萬物之理，無獨必有對，皆自然而然，非有安排也。每中夜以思，不知手之舞之，足之蹈之也。

老子之言，竊弄闔闢者也。

冬寒夏暑，陰陽也。所以運動變化者，神也。神無方，故易無體。若如或者別立一天，謂人不可以包天，則有方矣，是二本也。

「窮神知化」，化之妙者，神也。

「窮理盡性以至於命」，一物也。

天地只是設位，「易行乎其中」者，神也。

氣外無神，神外無氣。或者謂清者神，則濁者非神乎？

大抵學不言而自得者，乃自得也。有安排布置者，皆非自得也。

言有無則多有字，言無無則多無字。有無與動靜同。如冬至之前天地閉，可謂靜矣，而日月星辰亦自運行而不息，謂之無動可乎？但人不識有無動靜爾。

正名，聲氣名理，形名理。名實相須，一事苟則其餘皆苟矣。

忠信者以人言之，要之則實理也。

「天下雷行，物與无妄。」天下雷行，付與无妄，天性豈有妄耶？聖人「以茂對時育萬物」，各使得其性也。无妄則一毫不可加，安可往也，往則妄矣。无妄震下乾上，動以天，安有妄乎？動以人，則有妄矣。

「犯而不校」，校則私，非「樂天」者也。犯有當報者，則是循理而已。

「意」者任意，「必」者必行，「固」者固執，「我」者私己。

「綏之斯來，動之斯和。」聖人之神化，上下與天地同流者也。

禮云：「後世雖有作者，虞帝弗可及已。」如鳳皇來儀、百獸率舞之事，三代以降無此也。

泰誓、武成稱一月者，商正已絶，周正未建，故只言一月。

中之理至矣。獨陰不生，獨陽不生。偏則爲禽獸，爲夷狄，中則爲人。中則不偏，常則不易，惟中不足以盡之，故曰中庸。

陰陽盈縮不齊，不能無差，故曆家有歲差法。

日月薄蝕而旋復者，不能奪其常也。

古今異宜，不惟人有所不便，至於風氣亦自別也。日月星辰皆氣也，亦自別。

時者聖人所不能違，然人之智愚、世之治亂，聖人必示可易之道。豈徒爲教哉？蓋亦有其理故也。

學要在自得。古人教人唯指其非，故曰：「舉一隅不以三隅反，則不復也。」言三隅，舉其近。若夫「告諸往而知來者」，則其知已遠矣。佛氏言印證者，豈自得也？其自得者，雖甚人言亦不動，待人之言爲是，何自得之有？

「行夏之時，乘殷之輅，服周之冕」，與「從周」之文不悖，「從先進」則爲時之弊言之，彼各有當也。

「臧武仲之知，公綽之不欲，卞莊子之勇，冉求之藝」，備此數者，而「文之以禮樂，亦可以爲成人矣」。又曰「今之成人者何必然，見利思義，見危授命，久要不忘平生之言，亦可以爲成人矣」者，只是言忠信也。忠信者實也，禮樂者文也。語成人之名，自非聖人，誰能當之？孟子曰：「唯聖人然後可以踐形。」如此方足以稱成人之名。

「詩曰：『天生蒸民，有物有則。民之秉彝，好是懿德。』故有物必有則，民之秉彝也，故好是懿德。」萬物皆有理，順之則易，逆之則難，各循其理，何勞於己力哉？

人心莫不有知，惟蔽於人欲，則亡天德一作「理」。也。

皆實理也，人知而信者爲難。孔子曰：「朝聞道，久死可矣。」死生亦大矣，非誠知道，則豈以久死爲可乎？

萬物莫不有對，一陰一陽，一善一惡，陽長則陰消，善增則惡減。斯理也，推之其遠乎，人只要知此耳。

「言寡尤，行寡悔，禄在其中矣。」此孔子所以告子張者也。若顏、閔則無此問，孔子告之亦不如此。或疑如此亦有不得禄者。孔子蓋曰：「耕也，餒在其中矣。」唯理可爲者爲之而已矣。

孔子聞衛亂，曰：「柴也其來乎，由也其死矣。」二者蓋皆適於義。孔悝受命立輒，若納蒯聵則失職，與輒拒父則不義，如輒避位，則拒蒯聵可也，如輒拒父，則奉身而退可也。故子路欲勸孔悝無與於此。忠於所事也。而孔悝既被脅矣，此子路不得不死耳。然燔臺之事，則過於勇暴也。公子郢志可嘉，然當立而不立，以致衛亂，亦聖人所當罪也。而春秋不書，事可疑耳。

「事君數，斯辱矣。朋友數，斯疏矣。」數者，煩數也。

以己及物，仁也。推己及物，恕也。「違道不遠」是也。忠恕一以貫之。忠者天理，恕者人道。忠者無妄，恕者所以行乎忠也。忠者體，恕者用，大本、達道也。此與「違道不遠」異者，動以天爾。

「必有事焉而勿正，事者，事事之事。心勿忘勿助長」，養氣之道當如此。

志動氣者十九，氣動志者十一。

「祖考來格」者，惟至誠爲有感必通。

「動容周旋中禮」者，盛德之至。「君子行法以俟命」，「朝聞道夕死」之意也。

大凡出義則入利，出利則入義。天下之事，惟義利而已。

「湯、武反之」、「身之」者，學而復者也。

「視其所以，以，用也，所爲也。觀其所由，由，所從之道。察其所安。」志意所安也，所存也。

北宮黝要之以必爲，孟施舍推之以不懼，北宮黝或未能無懼。故黝不如施舍之守約也。

子夏信道，曾子明理，故二子各有所似。

公孫丑謂「夫子加齊之卿相，得行道焉」，如此則能無畏懼而動心乎？故孟子曰：「否，我四十不動心。」

人心不得有所繫。

「剛」者強而不屈，「毅」者有所發，「木」者質樸，「訥」者遲鈍。

禮者理也，文也。理者實也，本也。文者華也，末也。理是一物，文是一物。文過則奢，實過則儉。奢自文所生，儉自實所出。故林放問禮之本，子曰：「禮，與其奢也寧儉。」言儉近本也。此與形影類矣。推此理則甚有事也。

以物待物，不以己待物，則無我也。聖人制行不以己，言則是矣，而理似未盡於此言。夫天之生物也，有長有短，有大有小。君子得其大矣，一作「者」。安可使小者亦大乎？天理如此，豈可逆哉！以天下之大，萬物之多，用一心而處之，必得其要，斯可矣。然則古人處事豈不優乎！

志可克氣，氣勝一有「志」字。則憒亂矣。今之人以恐懼而勝氣者多矣，而以義理勝氣者鮮也。

「樂天知命」，通上下之言也。聖人樂天，則不須言知命。知命者，知有命而信之者爾，「不知命無以爲君子」是矣。命者所以輔義，一循於義，則何庸斷之以命哉？若夫聖人之知天命則異於此。

「仁者不憂」，「樂天」者也。

「孝弟也者，其爲仁之本與！」言爲仁之本，非仁之本也。

「仁者不憂，知者不惑，勇者不懼」，德之序也。「知者不惑，仁者不憂，勇者不懼」，學之序也。知以知之，仁以守之，勇以行之。

言天之自然者，謂之天道。言天之付與萬物者，謂之天命。

「德性」者，言性之可貴，與言性善其實一也。「性之德」者，言性之所有，如「卦之德」乃卦之韞也。

「肫肫其仁」，蓋言厚也。

自明而誠，雖多由「致曲」，然亦有自大體中便誠者，雖亦是自明而誠，謂之「致曲」則不可。

「體群臣」者，體察也，心誠求之則無不察矣，忠厚之至也。故曰「忠信重禄，所以勸士」，言盡其忠信而厚其禄食，此所以勸士也。

「敬鬼神而遠之」，所以不瀆也，知之事也。「先難後獲」，先事後得之義也，仁之事也。若「知者利仁」，乃先得後事之義也。

「人心惟危」，人欲也。「道心惟微」，天理也。「惟精惟一」，所以至之。「允執厥中」，所以行之。用也。

「仁者其言也訒」，難其出也。

治道在於立志，責任求賢。

知、仁、勇三者，天下之達德，學之要也。

操約者，敬而已矣。

顔子不動聲氣，孟子則動聲氣矣。

无妄震下乾上。聖人之動以天，賢人之動以人。若顔子之有不善，豈如衆人哉？惟只在於此間爾，蓋猶有己焉。至於無我，則聖人也。顔子切於聖人，未達一息爾。「不遷怒，不貳過，無伐善，無施勞」，「三月不違仁」者，此意也。

子曰：「語之而不惰者，其回也與！」顔子之不惰者，敬也。

誠者天之道，敬者人事之本。敬者用也。敬則誠。

「敬以直內」，則「義以方外」。「義以爲質」，則「禮以行之，孫以出之，信以成之」。孫，順也，不止於言。

聖人言忠信者多矣，人道只在忠信。不誠則無物。且「出入無時，〔二〕莫知其鄉」者，人心也。若無忠信，豈復有物乎？

「和順於道德而理於義」者，體用也。

學者須識聖賢之體。聖人，化工也。賢人，巧也。

有有德之言，有造道之言。孟子言己志者，有德之言也；言聖人之事，造道之言也。

學至於樂則成矣。篤信好學，未如自得之爲樂。造道者也。好之者如游他人園圃，樂之者則己物爾。然人只能信道，亦是人之難能也。

三代之治，順理者也。兩漢以下，皆把持天下者也。

服牛乘馬，皆因其性而爲之。胡不乘牛而服馬乎？理之所不可。

祭者所以盡誠。或者以禮爲一事，人器與鬼器等，則非所以盡誠而失其本矣。

禮者因人情者也，人情之所宜則義也。三年之服，禮之至、義之盡也。

致知養氣。

克己最難。中庸曰：「天下國家可均也，爵禄可辭也，白刃可蹈也，中庸不可能也。」

「生生之謂易」，生生之用則神也。

子貢之知，亞於顏子，知至而未至之也。

「先甲三日」，以窮其所以然而處其事。「後甲三日」，以究其將然而爲之防。甲者事之始也，庚者有所革也。自甲乙至于戊己，春夏生物之氣已備，庚者秋冬成物之氣也，故有所革。別一般氣。

隨之上六，才與位皆陰，柔隨之極也，故曰：「拘繫之，乃從維之，又從而維之。王用亨于岐山。」唯太王之事，民心固結而不可解者也。其他皆不可如是之固也。

學之興起，莫先於詩。詩有美刺，歌誦之以知善惡治亂廢興。禮者所以立也，「不學禮無以立」。樂者所以成德，樂則生矣，生則惡可已也，惡可已則不知手之舞之足之蹈之也。若夫樂則安，安則久，久則天，天則神，天則不言而信，神則不怒而威。至於如此，則又非手舞足蹈之事也。

緑衣衛莊姜傷己無德以致之，行有不得者，反求諸己而已矣。故曰：「緑兮絲兮，女所治兮。我思古人，俾無訧兮。絺兮綌兮，凄其以風。我思古人，實獲我心。」絲之緑由女之染治以成，言有所自也。絺綌所以來風也。

螽斯惟言不妬忌，若芣苢則更和平。婦人樂有子，謂妾御皆無所恐懼，而樂有子矣。

居仁由義，守禮寡欲。

「君子上達，小人下達。」下學而上達，意在言表也。

有實則有名，名實一物也。若夫好名者，則徇名爲虚矣。如「君子疾没世而名不稱」，謂無善可稱耳，非徇名也。

「萬物皆備於我矣，反身而誠，樂莫大焉。」不誠則逆於物而不順也。

乾，陽一有「物」字。也，不動則不剛。「其静也專，專一。其動也直」，直遂。不專一則不能直遂。坤，陰一有「物」字。也，不静則不柔。「不柔」一作「躁」。〔三〕「其静也翕，翕聚。其動也闢」，發散。不翕聚則不能發散。

「致知在格物」，格，至也。或以格爲止物，是二本矣。

人須知自慊之道。

「乾元者，始而亨者也。利貞者，情性也。」情性猶言資質體段。亨毒化育皆利也。不有其功，常久而不已者，貞也。詩曰「維天之命，於穆不已」者，貞也。

天地日月一般。月受日光而日不爲之虧，然月之光乃日之光也。地氣不上騰，則天氣不下降，天氣降而至於地，地中生物者皆天氣也。惟「無成而代有終」者，地之道也。

識變知化爲難。古今風氣不同，故器用亦異宜。是以聖人通其變，使民不倦，各隨其時而已矣。「後世雖有作者，虞帝爲不可及已。」蓋當是時，風氣未開，而虞帝之德又如此，故後世莫可及也。若三代之治，後世決可復。不以三代爲治者，終苟道也。

動乎血氣者，其怒必遷。若鑑之照物，妍蚩在彼，隨物以應之。怒不在此，何遷之有。

聖人之言，冲一作「中」。和之氣也，貫徹上下。

人須學顔子。有顔子之德，則孟子之事功自有。一作「立」。孟子者，禹、稷之事功也。

中庸之言，放之則彌六合，卷之則「退藏於密」。

孔子謂顔淵曰：「用之則行，舍之則藏，惟我與爾有是夫！」「君子所性，雖大行不加焉，雖窮居不損焉」，不爲堯存，不爲桀亡者也。「用之則行，舍之則藏」，皆不累於己爾。「回也，非助我者也，於吾言無所不説」，與聖人同爾。

人須知自慊之道。自慊者，無不足也。若有所不足，則張子厚所謂「有外之心不足以合天心」者也。

「文王陟降，在帝左右。不識不知，順帝之則。」不作聰明，順天理也。

「狼跋其胡，載疐其尾。公孫碩膚，赤舄几几。」取狼爲興者，狼前後停，興周公之德終始一也。稱「公孫」云者，言其積德之厚。「赤舄几几」，盛德之容也。

「詩者，志之所之也。在心爲志，發言爲詩。情動於中而形於言，言之不足，故嗟嘆之，嗟嘆之不足，故永歌之，永歌之不足，不知手之舞之、足之蹈之也。」有節故有餘，止乎禮義者節也。

月不受日光，故食。不受日光者，月正相當，陰盛亢陽也。鼓者所以助陽，然則日月之眚皆可鼓也。月不下日，與日正相對，故食。

季冬行春令，〔四〕「命之曰逆」者，子尅毋也。

大玄中首：「中，陽氣潛萌於黄宫，信無不在乎中。」養首：「一，藏心于淵，美厥靈根。」測曰：「藏心于淵，神不外也。」楊子雲之學，蓋嘗至此地位也。

顔子短命之類，以一人言之，謂之不幸可也，以大目觀之，天地之間無損益無進退。譬如一家之事，有子五人焉，三人富貴而二人貧賤，以二人言之則不足，以父母一家言之則有餘矣。若孔子之至德，又處盛位，則是化工之全爾。以孔、顔言之，於一人有所不足，以堯舜禹湯文武周公群聖人言之，則天地之間亦當有餘一作「亦云富有」。也。「惠迪吉，從逆凶」，常行之理也。

視聽思慮動作皆天也，人但於其中要識得真與妄爾。

東周之亂，無君臣上下。故孔子曰：「如有用我者，吾其爲東周乎？」言不爲東周也。

「素履」者，雅素之履也。初九剛陽，素履已定，但行其志爾，故曰「獨行願也」。

「視履考祥」，居履之終，反觀吉凶之祥，周至則善吉也，故曰「其旋元吉」。

「比之無首凶」，比之始不善則凶。

「豶豕之牙吉」，不去其牙而豶其勢，則自善矣。治民者不止其争而教之讓之，類是也。

「介于石」，理素定也。理素定，故見幾而作，何俟終日哉？

豫者，備豫也，逸豫也。事豫故逸樂，其義一也。

謙者，治盈之道，故曰「裒多益寡，稱物平施」。〔五〕

凡爲人言者，理勝則事明，氣忿則招怫。

感慨殺身者易，從容就義者爲難。

「成性存存，道義之門。」道無體，義有方也。

「中者天下之大本」，天地之間亭亭當當、直上直下之正理，出則不是，唯敬而無失最盡。

孟子謂「必有事焉而勿正，心勿忘，勿助長」，正是著意，忘則無物。

天者理也。神者妙萬物而爲言者也。帝者以主宰事而名。

易要玩索，「齊戒以神明其德夫」。

學只要鞭辟一作「約」。近裏，著己而已。故「切問而近思」，則「仁在其中矣」。「言忠信，行篤敬，雖蠻貊之邦行矣。言不忠信，行不篤敬，雖州里行乎哉？立則見其參於前也，在輿則見其倚於衡也，夫然後行。」只此是學質美者明得盡，查滓便渾化，却與天地同體。其次惟莊敬持養，及其至則一也。

人最可畏者是便做，要在燭理。一本此下云：子路有聞，未之能行，唯恐有聞。

「宰予晝寢」，以其質惡，因是而言。

顔子「屢空」，空中一作「心」。受道。子貢不受天命而貨殖，「億則屢中」，役一作「億」。聰明億度而知。此子貢始時事，至於言「夫子之言性與天道，不可得而聞」，乃後來事。其言如此，則必不至於「不受命而貨殖」也。

「天生德於予」，及「文王既没，文不在兹乎」，此聖人極斷置以理。

「文不在兹」，言文未嘗亡。唱道在孔子，聖人以爲己任。

「詩、書、執禮，皆雅言」。雅，素所言也。至於性與天道，則子貢亦不可得而聞，蓋要在默而識之也。

「君子坦蕩蕩」，心廣體胖。

盡己之謂忠，以實之謂信。發己自盡爲忠，循物無違謂信，表裏之義也。

理義，體用也。理義之説我心。

居之以正，行之以和。

「艮其止，止其所也」，各止其所，父子止於恩，君臣止於義之謂。「艮其背」，止於所不見也。

至誠「可以贊天地之化育，則可以與天地參」。贊者，參贊之義，「先天而天弗違，後天而奉天時」之謂也，非謂贊助，只有一箇誠，何助之有？

知至則便意誠，若有知而不誠者，皆知未至爾。知至而至之者，知至而往至之，乃吉之先見，故曰「可與幾」也。知終而終之，則「可與存義」也。「知至至之」，主知。「知終終之」，主終。

「忠信所以進德，脩辭立其誠所以居業」者，乾道也。「敬以直内，義以方外」者，坤道也。

「脩辭立其誠」，文質之義。

「天下皆憂，吾獨得不憂」，「天下皆疑，吾獨得不疑」，與「樂天知命吾何憂，窮理盡性吾何疑」，皆心也。自分心、迹以下一段皆非。

息訓爲生者，蓋息則生矣。一事息則一事生，中無間斷。碩果不食，則便爲復也。「寒往則暑來，暑往則寒來，寒暑相推而歲成焉。」

「日新之謂盛德，生生之謂易」，「陰陽不測之謂神」，要思而得之。

爲政須要有綱紀文章，先有司、鄉官、讀法、平價、謹權量，皆不可闕也。人各親其親，然後能不獨親其親。仲弓曰：「焉知賢才而舉之？」子曰：「舉爾所知，爾所不知，人其舍諸？」便見仲弓與聖人用心之大小。推此義則一心可以喪邦，一心可以興邦，只在公私之間爾。

子夏問政，子曰：「無欲速，無見小利。」子夏之病常在近小。子張問政，子曰：「居之無倦，行之以忠。」子張常過高而未仁，故以切己之事答之。

「其爲氣也，配義與道」，道有冲漠之氣象。

「聖人以此洗心，退藏於密」，「聖人以此齊戒，以神明其德夫」！

校勘記

〔一〕是集義所生者 「者」字原闕，據弘治本、康熙本補。

〔二〕且出入無時 「且」字原闕，據弘治本、康熙本補。

〔三〕不柔 一作躁 「躁」，弘治本漫漶，康熙本作「歸」。

〔四〕季冬行春令 「令」原訛「命」，據弘治本、康熙本改。

〔五〕氣忿則招怫 「忿」，弘治本同，康熙本作「勝」。

程氏遺書第十二

明道先生語二

戌冬見伯淳先生洛中所聞

劉絢質夫録

「純亦不已」，天德也。「造次必於是，顛沛必於是」，「三月不違仁」之氣象也。又其次則「日月至焉」者矣。

「一陰一陽之謂道」，自然之道也。「繼之者善也」，出道則有用。「元者善之長也」。「成之者」却只是性，「各正性命」者也。故曰：「仁者見之謂之仁，知者見之謂之知，百姓日用而不知，故君子之道鮮矣。」如此則亦無始，亦無終，亦無因甚有，亦無因甚無，亦無有處有，亦無無處無。

「民受天地之中以生」，「天命之謂性」也。「人之生也直」，意亦如此。若以生爲生養之生，却是「脩道之謂教」也。至下文始自云「不能者敗以取禍」，則乃是教也。

且喚做中，若以四方之中爲中，則四邊無中乎？若以中外之中爲中，則外面無中乎？

如「生生之謂易」，「天地設位而易行乎其中」，豈可只以今之易書爲易乎？中者且謂之中，不可捉一箇中來爲中。

顔子「在陋巷，人不堪其憂，回也不改其樂」。簞瓢陋巷非可樂，蓋自有其樂耳。「其」字當玩味，自有深意。

「大學之道，在明明德」，明此理也。「在止於至善」，反己守約是也。

楊子出處使人難説，孟子必不肯爲楊子事。

孔子「與點」，蓋與聖人之志同，便是堯舜氣象也。誠「異三子者之撰」，特行有不揜焉者，真所謂狂矣。子路等所見者小。子路只爲不達「爲國以禮」道理，所以爲夫子笑，若知「爲國以禮」之道，便却是這氣象也。

人之學當以大人爲標垜，然上面更有化爾。人當學顔子之學。一作「事」。

子貢曰：「夫子之文章可得而聞也，夫子之言性與天道，不可得而聞也。」子貢蓋於是始有所得而嘆之。以子貢之才，從夫子如此之久，方嘆「不可得而聞」，亦可謂之鈍矣。觀其孔子没，築室於場，六年然後歸，則子貢之志亦可見矣。他人如子貢之才，六年中待作多少事，豈肯如此？

「窮理盡性」矣，曰「以至於命」則全無着力處。如「成於樂」，「樂則生矣」之意同。

「生生之謂易」，「天地設位而易行乎其中」，「乾坤毁則無以見易，易不可見，乾坤或幾乎息矣」。易畢竟是甚？又指而言曰：「聖人以此洗心，退藏於密。」聖人示人之意，至此深且明矣，終無人理會。易也，此也，密也，是甚物？人能至此深思，當自得之。

「喜怒哀樂之未發謂之中，發而皆中節謂之和。中也者，天下之大本也。和也者，天下之達道也。致中和，天地位焉，萬物育焉。」「致」與「位」字，非聖人不能言，子思蓋特傳之耳。

顏子曰「仰之彌高，鑽之彌堅」，則是深知道之無窮也。「瞻之在前，忽然在後」，他人見孔子甚遠，顏子瞻之只在前後，但只未在中間爾。若孔子乃在其中焉，此未達一間者也。

「成性存存」，便是道義之門。

凡人才學便須知着力處，既學便須知得力處。

程氏遺書第十三

明道先生語三

亥八月見先生于洛所聞

劉絢質夫録

「公族有罪，磬于甸人，如其倫之喪，無服」，明無罪者有服也。

楊、墨之害甚於申、韓，佛、老一無「老」字。之害甚於楊、墨。楊氏「爲我」疑於仁，墨氏「兼愛」疑於義，申、韓則淺陋易見，故孟子只闢楊、墨，〔一〕爲其惑世之甚也。佛、老一作「氏」字。其言近理，又非楊、墨之比，此所以害尤甚。楊、墨之害，亦經孟子闢之，所以廓如也。

禮云「惟祭天地社稷，爲越紼而行事」，似亦太早，雖不以卑廢尊，若既葬而行之，宜亦可也。蓋未葬時哀戚方甚，人有所不能祭爾。

「艮其止，止其所也。」「八元」有善而舉之，「四凶」有罪而誅之，各止其所也。釋氏只曰止，安知止乎？吴本「罪」作「惡」，「誅」作「去」。

釋氏無實。

釋氏説道，譬之以管窺天，只務直上去，惟見一偏，不見四旁，故皆不能處事。聖人之道則如在平野之中，四方莫不見也。

釋氏本怖死生爲利，豈是公道？唯務上達而無下學，然則其上達處豈有是也？元不相連屬，但有間斷，非道也。孟子曰：「盡其心者，知其性也。」彼所謂「識心見性」是也，若「存心養性」一段事則無矣。彼固曰出家獨善，便於道體自不足。一作「已非矣」。或曰：釋氏地獄之類，皆是爲下根之人設此怖，今爲善。先生曰：至誠貫天地，人尚有不化，豈有立僞教而人可化乎？

曾子易簀之意，心是理，理是心，聲爲律，身爲度也。

灑掃應對便是形而上者，理無大小故也。故君子只在慎獨。

知之明，信之篤，行之果，知、仁、勇也。若孔子所謂成人，亦不出此三者。臧武仲知也，孟公綽仁也，卞莊子勇也。

校勘記

〔一〕故孟子只闢楊墨　「只」，弘治本、康熙本作「則」。

程氏遺書第十四

明道先生語四

亥九月過汝所聞

劉絢質夫録

絢問：先生相别，求所以教。曰：人之相愛者，相告戒必曰凡事當善處，然只在仗忠信，只不忠信便是不善處也。

有人治園圃，役知力甚勞。先生曰：蠱之象「君子以振民育德」。君子之事，惟有此二者，餘無他爲，二者爲己爲人之道也。「爲己爲人」，吴本作「治己治人」。「博學而篤志，切問而近思」，何以言「仁在其中矣」？學者要思得之，了此便是徹上徹下之道。

曾子曰：「士不可以不弘毅，任重而道遠。」先生曰：弘而不毅則難立，毅而不弘則無以居之。西銘言弘之道。

讀書要玩味。

中庸始言一理，中散爲萬事，末復合爲一理。

中庸曰：「大哉聖人之道！洋洋乎發育萬物，峻極于天。優優大哉！禮儀三百，威儀三千。待其人而後行。故曰苟不至德，至道不凝焉。」皆是一貫。

持國曰：若有人便明得了者，伯淳信乎？曰：若有人則豈不信？蓋必有生知者，然未之見也。凡云爲學者，皆爲此以下論。孟子曰：「盡其心者知其性也，知性則知天矣。存其心，養其性，所以事天。」便是至言。

佛氏不識陰陽晝夜死生古今，安得謂形而上者與聖人同乎？

佛言前後際斷，「純亦不已」是也，彼安知此哉？「子在川上曰：『逝者如斯夫，不舍晝夜。』」自漢以來儒者皆不識此義。此見聖人之心「純亦不已」也。「詩曰：『維天之命，於穆不已。』蓋曰天之所以爲天也。『於乎不顯，文王之德之純。』蓋曰文王之所以爲文也，純亦不已。」此乃天德也。有天德便可語王道，其要只在慎獨。

學要在敬也誠也，中間便一作「更」。有箇仁，「博學而篤志，切問而近思，仁在其中矣」之意。敬主事。

人之學不進，只是不勇。

或問：繫辭自天道言，中庸自人事言，似不同。曰：同。繫辭雖始從天地陰陽鬼神言之，然卒曰：「默而成之，不言而信，存乎德行。」中庸亦曰：「鬼神之爲德，其盛矣乎！視之而不見，聽之而不聞，體物而不可遺。使天下之人齊明盛服，以承祭祀。洋洋乎！如在其上，如在其左右。詩曰：『神之格思，不可度思，矧可射思！』夫微之顯，誠之不可揜如此夫。」是豈不同？

人多言廣心浩大，然未見其人也。

「樂則行之，憂則違之」，樂與憂皆道也，非己之私也。

聖人致公，心盡天地萬物之理，各當其分。佛氏總爲一己之私，是安得同乎？聖人循理，故平直而易行。異端造作，大小大費力，非自然也，故失之遠。

易中只是言反復往來上下。

伊尹曰：「天之生斯民也，使先知覺後知，使先覺覺後覺。予天民之先覺者也，予將以斯道覺斯民也。」釋氏之云覺，甚底是覺斯道？甚底是覺斯民？

程氏遺書第十五

伊川先生語一

入關語録 或云明道先生語。

志，氣之帥，不可小觀。

知知，仁守，勇決。

涵養吾一。

主一無適，「敬以直内」便有浩然之氣。浩然須要實識得他剛、大、直，不習無不利。

敬即便是禮，無己可克。

大而化則己與理一，一則無己。〔一〕

致知則有知，有知則能擇。〔二〕

安有識得易後不知「退藏於密」？密是甚？

六經之言在涵滀中默識心通。精義爲本。

道無精粗，言無高下。

物則一作「即」。事也。凡事上窮極其理，則無不通。

有主則虛，無主則實，必有所事。

知不專爲「藏往」，易言「知來」、「藏往」，主蓍卦而言。

物形便有大小精粗，神則無精粗。神則是神，不必言作用。三十輻共一轂則爲車，若無轂輻，何以見車之用？

人患事繫累，思慮蔽固，只是不得其要。要在明善，明善在乎格物窮理。窮至於物理，則漸久後天下之物皆能窮，只是一理。

人多思慮不能自寧，只是做他心主不定。要作得心主定，惟是止於事，「爲人君止於仁」之類。如舜之誅「四凶」，「四凶」已一作「他」。作惡，舜從而誅之，舜何與焉？人不止於事，只是攬他事，不能使物各付物。物各付物，則是役物，爲物所役，則是役於物。有物必有則，須是止於事。

視聽言動非理不爲即是禮，禮即是理也。不是天理，便是私欲。人雖有意於爲善，亦是非禮。無人欲即皆天理。

公則一，私則萬殊。至當歸一，精義無二。人心不同如面，只是私心。

人不能祛思慮，只是吝。吝故無浩然之氣。

「所過者化」，身之所經歷處。「所存者神」，存主處便是神。如「立之斯立，道之斯行，綏之斯來，動之斯和」，固非小補，伯者是小補而已。

孔子教人常俯就，不俯就則門人不親。孟子教人常高致，不高致則門人一作「道」。不尊。

古之學者優柔厭飫，有先後次第。今之學者却只做一場話説，務高而已。常愛杜元凱語：「若江海之浸，膏澤之潤，涣然冰釋，怡然理順。」然後爲得也。今之學者往往以游、夏爲小，不足學。然游、夏一言一事却總是實。如子路、公西赤言志如此，聖人許之，亦以此自是實事。後之學者好高，如人游心於千里之外，然自身却只在此。

人皆稱柳下惠爲聖人，〔三〕只是因循前人之語，非自見。假如人言孔子爲聖人也，須直待己實見聖處方可信。

合而聽之則聖，公則自同。若有私心便不同，同即是天心。

曾子傳聖人學，其德後來不可測，安知其不至聖人？如言「吾得正而斃」，且休理會文字，只看他氣象極好，被他所見處大。後人雖有好言語，只被氣象卑，終不類道。

聞之知之，得之有之。耳剩臆度。

「養心莫善於寡欲」，不欲則不惑。所欲不必沉溺，只有所向便是欲。人惡多事，或人憫一作「欲簡」。之。世事雖多，盡是人事。人事不教人做，更責誰何？要息思慮，便是不息思慮。

聖人盡道，以其身所行率天下，是欲天下皆至於聖人。佛以其所賤者教天下，是誤天下也。人才愈明，〔四〕往往所陷溺愈深。

「小德川流，大德敦化」，只是言孔子川流是日用處，大德是存主處。「敦」如俗言敦禮義、敦本之意。

或曰：正叔所定婚儀，復有婿往謝之禮，何謂也？曰：如此乃是與時稱。今將一古鼎古敦音隊。用之，自是人情不稱，兼亦與天地風氣不宜。禮時爲大，須當損益。夏、商、周所因損益可知，則能繼周者亦必有所損益。如云「行夏之時，乘殷之輅，服周之冕，樂則韶舞」，是夏時之類可從則從之。蓋古人今人，自是年之壽夭、形之大小不同。古之被衣冠者，魁偉質厚，氣象自别。若使今人衣古冠冕，情性自不相稱。蓋自是氣有淳漓，正如春氣盛時生得物如何，春氣衰時生得物如何，必然别。今之始開荒田，初歲種之可得數倍，及其久則一歲薄於一歲，此乃常理。觀三代之時生多少聖人，後世至今何故寂寥未聞？蓋氣自是有盛則必有衰，衰則終必復盛。若冬不春，夜不晝，則氣化息矣。聖人主化，如禹之治水，順則當順之，治則須治之。古之伏羲，豈不能垂衣裳？必待堯、舜然後垂衣裳？據如此事，只是一箇聖人都做得了，然必須數世然後成，亦因時而已。所謂「溥博淵泉而時出之」也，須是先有溥博淵泉也，方始能時出；自無溥博淵泉，豈能時出之？大抵氣化在天在人一般，聖人其中只有功用。放勳曰：「勞之來之，匡之直之，輔之翼之。」正須如此。徇流俗非隨時，知事可正，嚴毅獨立，乃是隨時也。舉禮文却只是一時事，要所補大可以風後世，却只是明道。孟子言「五百年必有王者興，其間必有名世者」，大數則是，然不消催促他。

冠禮廢則天下無成人。或人欲如魯公十二而冠，此不可。冠所以責成人，十二年非可責之時。既冠矣，且不責以成人事，則終其身不以成人望他也，徒行此節文何益？雖天子諸侯，亦必二十而冠。

「信而後諫」，唯能信便發得人志。

龍女衣冠不可定。龍獸也，衣冠人所被，豈有禽獸可以被人衣冠？若以爲一龍，不當立數十廟；若以爲數十龍，不當同爲「善濟夫人」也。大抵決塞莫非天地之祐，社稷之福，謀臣之功，兵卒之力。不知在此，彼龍何能爲？

人苟有「朝聞道夕死可矣」之志，則不肯一日安其所不安也。〔五〕何止一日，須臾不能。如曾子易簀，須要如此乃安。人不能若此者，只爲不見實理。實理者，實見得是，實見得非。凡實理得之於心自别，若耳聞口道者，心實不見，若見得必不肯安於所不安。人之一身，儘有所不肯爲，及至他事又不然。若士者，雖殺一作「教」。之使爲穿窬必不爲，其他事未必然。至如執卷者莫不知説禮義。又如王公大人皆能言軒冕外物，及其臨利害則不知就義理，却就富貴。如此者只是説得，不實見。及其蹈水火，則人皆避之，是實見得。須是有「見不善如探湯之心」，則自然别。昔若經傷於虎者，他人語虎，則雖三尺童子皆知虎之可畏，終不似曾經傷者神色懾懼，至誠畏之，是實見得也。得之於心，是謂有德，不待勉强，然學者則須勉强。古人有捐軀隕命者，若不實見得，則烏能如此？須是實見得生不重於義，一作「義重於生」。生不安於死也。故有殺身成仁者，只是成就一箇是而已。

學者患心慮紛亂，不能寧静，此則天下公病。學者只要立箇心，此上頭儘有商量。得之於心，謂之有德，自然「睟然見於面，盎於背，施於四體，四體不言而喻」，豈待勉强也。

葬埋所慮者，水與蟲耳。晉郭文舉爲王導所致，及其病，乞還山，欲枕石而死。貴人留之曰：「深山爲虎狼食，不其酷哉。」曰：「深山爲虎狼食，貴人爲螻蟻食，一也。」故葬者鮮不被蟲者，雖極深亦有土蟲。故思木之不壞者，得栢心爲久，後又見松脂錮之又益久，故用松脂塗棺。

語高則旨遠，言約則義微。大率六經之言涵滀，〔六〕無有精粗。欲言精微，言多則愈粗。

凡物有本末，不可分本末爲兩段事。灑掃應對是其然，必有所以然。

浩然之氣，既言氣則已是大段有形體之物，如言志有甚迹，然亦儘有形象。浩然之氣「是集義所生者」，既生得此氣，語其體則與道合，語其用則莫不是義。譬之以金爲器，及其器成，方命得此是金器。

若謂既返之氣復將爲方伸之氣，必資於此，則殊與天地之化不相似。天地之化自然生生不窮，更何復資於既斃之形、既返之氣以爲造化？近取諸身，其開闔往來見之鼻息，然不必須一本無此四字，有「豈」字。假吸復入以爲呼，氣則自然生。人氣之生，生一作「人之氣生」。於真元，天之氣亦自然生生不窮。至如海水因陽盛而涸，及陰盛而生，亦不是將一作「必是」。已涸之氣却生水，自然能生。往來屈伸只是理也。盛則便有衰，晝則便有夜，往則便有來。天地中如洪鑪，何物不銷鑠了。

「範圍天地之化。」天本廓然無窮，但人以目力所及，〔七〕見其寒暑之序，日月之行，立此規模，以窺測他天地之化。不是天地之化其體有如城郭之類，都盛其氣。假使言日升降於三萬里，不可道三萬里外更無物。又如言天地升降於八萬里中，不可道八萬里外天地盡。

學者要默體天地之化，如此言之，甚與天地不相似，其卒必有窒礙。有人言無西海，便使無西海，亦須是有山。無陰陽處便無日月。

「閑邪」則誠自存，不是外面捉一箇誠將來存著。今人外面役役於不善，於不善中尋箇善來存著，如此則豈有入善之理？只是「閑邪」則誠自存。故孟子言性善皆由内出，只爲誠便存，閑邪更著甚工夫，但惟是動容貌，整思一作「心」。慮，則自然生敬，敬只是主一也。主一則既不之東，又不之西，如是則只是中。既不之此，又不之彼，如是則只是内。存此則自然天理明。學者須是將一本無此字。「敬以直内」涵養此意，直内是本。

天地之化雖廓然無窮，然而陰陽之度，日月寒暑晝夜之變，莫不有常。此道之所以爲中庸。

道則自然生萬物。今夫春生夏長了一番，皆是道之生。後來生長，不可道却將既生之氣，後來却要生長。道則自然生生不息。

釋氏之學更不消對聖人之學比較，要之必不同，便可置之。今窮其説，未必能窮得他，比至窮得，自家已化而爲釋氏矣。今且以迹上觀之。佛逃父出家，便絶人倫，只爲自家獨處於山林，人鄉裏豈容有此物？大率以所賤所輕施於人，此不惟非聖人之心，亦不可爲君子之心。釋氏自己不爲君臣父子夫婦之道，而謂他人不能如是，容人爲之而已不爲，别做一等人，若以此率人，是絶類也。至如言理性，亦只是爲死生，其情本怖死愛生，是利也。

「敬以直内」，有主於内則虚，自然無非僻之心，如是則安得不虚？「必有事焉」，須把敬來做件事著。此道最是簡，最是易，又省工夫。爲此語雖近似常人所論，然持之一本有「久」字。必别。

天子七廟亦恐只是一日行禮。考之古則戊辰同祀文武，考之今則宗廟之祀亦是一日。祭無大小，其所以交於神明、接鬼神之義一也。必齊，不齊則何以交神明。

曆象之法大抵主於日，日一事正則其他皆可推。洛下閎作曆，言數百年後當差一日，其差理必然。何承天以其差，遂立歲差法。其法以所差分數攤在所曆之年，看一歲差著幾分，其差後亦不定。獨邵堯夫立差法，冠絶古今，却於日月交感之際，以陰陽虧盈求之，遂不差。大抵陰常虧，陽常盈，故只於這一作「張」。裏差了。曆上若是通理，所通爲多。堯夫之學大抵似楊雄，然亦不盡如之。常窮味有二萬八千六百，此非人所合和，是自然也。色有二萬八千六百，又非人所染畫得，亦是自然也。獨聲之數只得一半數不行，蓋聲陽也，只是於日出地上數得，到日入地下遂數不行。此皆有理。譬之有形斯有影，不可謂今日之影却收以爲來日之影。據皇極經世，色味皆一萬七千二十四，疑此記者之悞。

君子宜獲祐，然而有貧悴短夭以至無繼者，天意如何？氣鍾於賢者，固有所不周也。

「閑邪」則固一有「主」字。一矣，然一作「能」。主一則不消言「閑邪」。有以一爲難見，不可下工夫。如何一作「行」。一者無他，只是整齊一作「莊整」。嚴肅，則心便一，一則自是無非僻之奸。〔八〕此意但涵養久之，〔九〕則天理自然明。

「必有事焉」，有事于此一作「敬」。也。「勿正」者，若思此而曰善，然後爲之是正也。「勿忘」則是「必有事」也。「勿助長」則是「勿正」也。後言之漸重，須默識取主一之意。

修養之所以引年，國祚之所以祈天永命，常人之至於聖賢，皆工夫到這裏，則有此應。

宗子法壞，則人不自知來處，以至流轉四方，往往親未絶，不相識。今且試以一二巨公之家行之，其術要得拘守得，須是且如唐時立廟院，仍不得分割了祖業，使一人主之。

釋氏尊宿者，自言覺悟，是既已達道，又却須要印證，則是未知也。得他人道是，然後無疑，則是信人言語，不可言自信。若果自信，則雖甚人言語亦不聽。

學者之流必談禪者，只是爲無處撈摸，〔一〇〕故須入此。

「大德敦化」，於化育處敦本也。「小德川流」，日用處也。此言仲尼與天地同德。

有言未感時知如何所寓？曰：〔一一〕「操則存，舍則亡，出入無時，莫知其鄉」，更怎生尋所寓？只是有操而已。操之之道，「敬以直内」也。

「剛毅木訥」，何求而曰一作「以」。「近仁」？只爲輕浮巧利，於仁甚遠，故以此爲近仁。

此正與「巧言令色」相反。

有土地，要之耕而種粟以養人乃宜。今以種果實，只做果子喫了，種糯，使之化爲水飲之，皆不濟事，不穩當。

顔、孟之於聖人，其知之深淺同。只是顔子尤温淳淵懿，於道得之更淵一作「深」。粹，近聖人氣象。

率氣者在志，養志者在直内。

「率性之謂道」，率，循也。若言道不消先立下名義，則茫茫地何處下手？何處著心？

文字上一有「雖」字。無閒暇，終是一無二字。少功夫，然思慮則儘不廢，於外事雖奔迫，然思慮儘悠悠。

釋氏之學又不可道他不知，亦儘極一作「及」。乎高深，然要之卒歸乎自私自利之規模。何以言之？天地之間，有生便有死，有樂便有哀。釋氏所在，便須覓一箇纖奸打訛處，〔一二〕言免死生，齊煩惱，卒歸乎自私。老氏之學更挾些權詐，若言與之乃意在取之，張之乃意在翕之，又大意在愚其民而自智。然則秦之愚黔首，其術蓋亦出於此。

天地之間，只有一箇感與應而已，更有甚事？

老子言甚雜，如陰符經却不雜，然皆窺測天道之未盡者也。

人於天地間，並無窒礙處，大小大快活。

生知者只是他生自知義理，〔一三〕不待學而知。縱使孔子是生知，亦何害於學？如問禮於老聃，訪官名於郯子，何害於孔子？禮文官名，既欲知舊物，又不可鑿空撰得出，須是問他先知者始得。

蕭何大營宮室，其心便不好，只是要得斂怨自安。謝安之營宮室，却是隨時之宜，以東晉之微，寓于江表，其氣奄奄欲盡，且以慰安人心。

高祖其勢可以守關，不放入項王。然而須放他入來者有三事：一是有未阬二十萬秦子弟在外，恐內有父兄爲變；二是漢王父母妻子在楚；三是有懷王。

聖人之道更無精粗，從「灑掃應對」至「精義入神」，通貫只一理。雖灑掃應對，只看所以然者如何。

切要之道，無如「敬以直內」。

「立人」、「達人」爲「仁之方」，「強恕」「求仁莫近」，言得不濟事，亦須實見得近處，其理固不出乎公平。公平固在，用意更有淺深，只要自家各自體認得。

冲漠無朕，萬象森然已具，未應不是先，已應不是後。如百尺之木，自根本至枝葉皆是一貫。不可道上面一段事無形無兆，却待人旋安排引入來，教入塗轍。既是塗轍，却只是一箇塗轍。

「安安」，下字爲義。安其所安也，安安是義也。

「原始反終，故知死生之説」，但窮得則自知死生之説，不須將死生便做一箇道理來。

「道二，仁與不仁而已」，自然理如此。道無無對，有陰則有陽，有善則有惡，有是則有非，無一亦無三。故易曰：「三人行則損一人，一人行則得其友，只是二也。」

曾子言夫子之道忠恕，果可以一貫，若使他人言之，便未足信，或未盡忠恕之道，曾子言之必是盡仍是。一作「得也」。又於中庸特舉此二義，言「忠恕違道不遠」，恐人不喻，故指而示之近，欲以喻人。又如「禘嘗之義」，「如視諸掌」，中庸亦指而示之近，皆是恐人不喻，故特語之詳。然則中庸之書，決是傳聖人之學不雜。子思恐傳授漸失，故著此一卷書。

忠恕所以公平，造德則自忠恕，其致則公平。

仁之道，要之只消道一公字。公只是仁之理，不可將公便喚做仁。一本有「將」字。公而以人體之，故爲仁。只爲公則物我兼照，故仁所以能恕，所以能愛，恕則仁之施，愛則仁之用也。

「出門如見大賓，使民如承大祭」，只是敬也，敬則是不私之説也。才不敬，便私欲萬端害於仁。

聖人之言依本分，至大至妙事，語之若尋常，此所以味長。釋氏之説，纔見得些便驚天動地，言語走作，却是味短。只爲乍見，不似聖人見慣。〔一四〕如中庸言道，只消道「無聲無臭」四字，總括了多少釋氏言，非黄非白，非鹹非苦，費多少言語。〔一五〕

「寂然不動」，萬物森然已具在。「感而遂通」，感則只是自内感，不是外面將一件物來感於此也。

有人旁邊作事，己不見而只聞人説善言者，爲敬其心也，故視而不見，聽而不聞，主於一也。主於内則外不入，敬便心虚故也。必有事焉，不忘不要施之重便不好。敬其心乃至不接視聽，此學者之事也。始學豈可不自此去，至聖人則自是「從心所欲不踰矩」。孔子自十五至七十，進德直有許多節次。聖人未必然，然亦是一作「且」。爲學者立下一法。〔一六〕「盈科而後進」，須是「成章」乃達。

自古元不曾有人解仁字之義，須於道中與他分別出五常，若只是兼體，却只有四也。且譬一身，仁頭也，其他四端手足也。至如易雖言「元者善之長」，然亦須通四德以言之。至如八卦，易之大義在乎此，亦無人曾解來。乾健坤順之類，亦不曾果然體認得。

登山、「難爲言」，以言聖人之道大。觀瀾、「必照」，因又言其道之無窮。瀾，水之動處，苟非源之無窮，則無以爲瀾。非日月之明無窮，則無以「容光必照」。其下文言其篤實而有光輝也。〔一七〕一作「篤實而不窮」。「成章」者，篤實而有光輝也。今以瓦礫積之，雖如山岳，亦無由有光輝。若使積珠玉，小積則有小光輝，大積則有大光輝。

「天下之言性，則故而已矣。」則，語助也。故者，本如是者也。今言天下萬物之性必求其故者，只是欲順而不害之也。故曰「以利爲本」，本欲利之也。此章皆爲知而發，「行其所無事」，是不鑿也，「日至可坐而致」，亦只是不鑿也。

不席地而倚卓，不手飯而匕筯。此聖人必隨時，若未有當，且作之矣。

昔謂異教中疑有達者，或是無歸，且安於此。再嘗考之，卒不達，若達則於其前日所處，不能一朝居也。觀曾子臨死易簀之意，便知其不達。「朝聞道，夕死可矣」，豈能安其所未安？如毀其人形，絶其倫類，無君臣父子之道，若達則不安也。只夷言左衽，尚可言隨其國俗，至如人道，豈容有異？

受祥肉、彈琴，〔一八〕恐不是聖人舉動。使其哀未忘，則子於是日哭，則不歌不飲酒食肉以全哀，況彈琴可乎？使其哀已忘，則何必彈琴？

學者爲氣所勝，習所奪，只可責志。

釋氏之説，若欲窮其説而去取之，則其説未能窮，固已化而爲佛矣。只且於迹上考之，其設教如是，則其心果如何，固難爲取其心不取其迹，有是心則有是迹。王通言心迹之判，便是亂說，不若且於迹上斷定不與聖人合。〔一九〕其言有合處，則吾道固已有，有不合者，固所不取。如是立定却省易。一作「力」。

儒者其卒必一作「多」。入異教，其志非願也，其勢自然如此。蓋智窮力屈，欲休來，又知得未安穩，休不得，故見人有一道理，其勢須從之。譬之行一大道，坦然無阻，則更不由徑，只爲前而逢著山逢著水，行不得，有窒礙，則見一邪徑，欣然從之。儒者之所以必有窒礙者何也？只爲不致知。「知至至之」則自無事可奪。今夫有人處於異鄉，元無安處，則言某處安，某處不安，須就安處。若己有家，人言他人家爲安，己必不肯就彼。故儒者而卒歸異教者，只爲於己道實無所得，雖曰聞道，終不曾實有之。

佛、莊之說，大抵略見道體，乍見不似聖人慣見，故其說走作。

時所以有古今風氣人物之異者何也？氣有淳漓，自然之理。有盛則必有衰，有終則必有始，有晝則必有夜。譬之一片地，始開荒田，則其收穀倍，及其久也，一歲薄於一歲。氣亦盛衰故也。至如東、西漢，人才文章已來皆別，所尚異也。尚所以異，亦由心所爲，心所以然者，只爲生得來如此。至如春夏秋冬，所生之物各異，其栽培澆灌之宜，〔二〇〕亦須各以其時，不可一也，須隨時。只如均是春生之物，春初生得又別，春中又別，春盡時所生又別。禮之隨時處宜，只是正得當時事。所謂時者，必明道以貽後人。

有謂因苦學而至失心者。學本是治心，豈有反爲心害？某氣本不盛，然而能不病無倦怠者，只是一箇慎生不恣意，其於外事，思慮儘悠悠。

「合而言之道也」，仁固是道，道却是總名。

「大而化之」，只是謂理與己一。其未化者，如人操尺度量物，用之尚不免有差，若至於化者，則己便是尺度，尺度便是己。顔子正在此，若化則便是仲尼也。〔二二〕「在前」是不及，「在後」是過之。此過不及甚微，惟顔子自知，他人不與。「卓爾」是聖人立處，顔子見之，但未至爾。

格物窮理，非是要盡窮天下之物，但於一事上窮盡，其他可以類推，至如言孝，其所以爲孝者如何。窮理一無此二字。如一事上窮不得，且別窮一事，或先其易者，或先其難者，各隨人深淺，如千蹊萬徑皆可適國，但得一道入得便可。所以能窮者，只爲萬物皆是一理，至如一物一事雖小，皆有是理。

敬則自虚静，不可把虚静唤做敬。「居敬」則自然「行簡」，若「居簡」而「行簡」，却是不簡，只是所居者已剩一箇字。

「退藏於密」，密是用之源，聖人之妙處。

聖人之道，如河圖、洛書，其始止於畫上便出義。後之人既重卦，又繫辭，求之未必得其理。至如春秋，是其所是，非其所非，不過只是當年數人而已。學者不觀他書，只觀春秋亦可盡道。

物理須是要窮，若言天地之所以高深，鬼神之所以幽顯。若只言天只是高，地只是深，只是已辭，更有甚？

敬則無己可克，一有「學者之」字。始則須「絕四」。一有「去」字。

人之身有形體，未必能爲主。若有人爲繫虜將去，〔二三〕隨其所處，已有不得與也，〔二四〕唯心則三軍之衆不可奪也。若并心做主不得，則更有甚？夷、惠之行，未必如此。且如孔子言「不念舊惡，怨是用希」，則伯夷之度量可知。若使伯夷之清既如此，又使念舊惡，則除是抱石沉河。孟子所言只是推而言之，未必至如此。然聖人於道，防其始，不得不如是之嚴。如此而防，猶有流者，夷、惠之行不已，其流必至於孟子所論。夷是聖人極清處，惠聖人極和處，聖人則兼之而時出之。清和何止於偏，其流則必有害。墨子之道，雖有「尚同」、「兼愛」之説，然觀其書，亦不至於視隣之子猶兄之子，蓋其流必至於此。至如言伊尹始在畎畝，五就湯，五就桀，三聘翻然而從，豈不是時？然後來見其以天下自任，故以爲聖人之任。

聲數。

由經窮理。

「不勉而中，不思而得」，與勉而中，思而得，何止有差等，直是相去懸絶。「不勉而中」即常中，「不思而得」即常得。所謂「從容中道」者，指他人所見而言之。若不勉不思者，自在道上行，又何必言中。不中、不勉、不思，亦有大小深淺。至於曲藝，亦有不勉不思者。所謂「日月至焉」與久而「不息」者，所見規模雖略相似，其意味氣象迥別，須心潛默識，玩索久之，庶幾自得。學者不學聖人則已，欲學之，須熟玩味一無「味」字。聖人之一無「之」字。氣象，不可只於名上理會，如此只是講論文字。

「贊天地之化育」，自人而言之，從「盡其性」至「盡物之性」，然後「可以贊天地之化育」，「可以與天地參矣」。言人盡性所造如是，若只是至誠，更不須論。所謂「人者天地之心」，及「天聰明自我民聰明」，止謂只是一理，而天人所爲各自有分。

浩然之氣，所養各有漸，所以至於充塞天地，必積而後至。行「不慊于心」，止是防患之術，須是集義乃能生。

「不可一朝居」者，孟子之時大倫亂，若君聽於臣，父聽於子，動則弑君弑父，須著變，是不可一朝居也。然魯有三桓，無以異齊，何以魯一變至於道？魯只是不脩周公之法，齊既壞太公之法，後來立法已是苟且，及其末世，并其法又壞，亂甚於魯，故其弑亦先於魯。孔子之仕於魯，所一作「欲」。以爲之兆，得可爲處便爲。如陳恒弑其君，孔子請討，一事正則百事自已不得。傳言「以魯之衆加齊之半」，此非孔子請討之計。一作「意」。如此則孔子只待去角力，借使言行，亦上有天子，下有方伯，謀而後行。〔二五〕禮「我戰則克，祭則受福」，蓋得其道。此語至常淺，孔子固能如此，但觀其氣象，不似聖人之言。

嘗觀自三代而後，本朝有超越古今者五事：如百年無内亂；四聖百年；受命之日，市不易肆；百年未嘗誅殺大臣；至誠以待夷狄。此皆大抵以忠厚廉恥爲之綱紀，故能如此。蓋睿主開基，規模自别。

大綱不正，萬目即紊。唐之治道，付之尚書省，近似六官，但法不具也。後世無如宇文周，其官名法度小有可觀。隋文之法雖小有善處，然皆出於臆斷。惟能如此，〔二六〕故維持得數十年。

「隕石于宋」，自空凝結而隕。「六鷁退飛」，倒逆飛也，倒逆飛必有氣驅之也。如此等皆是異事也，〔二七〕故書之。大抵春秋所書災異，皆天人響應，有致之之道。如石隕于宋，而言「隕石」，夷伯之廟震，〔二八〕而言「震夷伯之廟」。此天應之也，但人以淺狹之見，以爲無應，其實皆應之。然漢儒言災異皆牽合不足信，儒者見此，因盡廢之。

麟乃和氣所致，然春秋之時有者，何以爲應？天之氣豈可如此間別？如聖人之生，亦天地交感，五行之秀，乃生聖人。當戰國之際，生孔子何足怪，况生麟？聖人爲其出非其時，故有感，如聖人生不得其時。

「孔子感麟而作春秋，或謂不然」，如何？曰：春秋不害「感麟而作」，然麟不出，春秋豈不作？孔子之意，蓋亦有素，因此一事乃作，故其書之成，復以此終。大抵須有發端處，如畫八卦，因見河圖、洛書，果無河圖、洛書，八卦亦須作。

「一陰一陽之謂道」，此理固深，説則無可説，所以陰陽者道，既曰氣則便是一作「有」。二，言開闔已一作「便」。是感，既二則便有感。所以開闔者道，開闔便是陰陽。老氏言虚而生氣，非也。陰陽開闔本無先後，不可道今日有陰，明日有陽。如人有形影，〔二九〕蓋形影一時，不可言今日有形，明日有影，有便齊有。

「寂然不動，感而遂通」，此已言人分上事，若論道則萬理皆具，更不説感與未感。

中和若只於人分上言之，則喜怒哀樂未發既發之謂也。若「致中和」，則是達天理，便見得天尊地卑、萬物化育之道，只是致知也。

「素隱行怪」是過者也，「半塗而廢」是不及也，「不見知不悔」是中者也。

中者只是不偏，偏則不是中，庸只是常，猶言中者是大中也，庸者是定理也。定理者，天下不易之理也，是經也。孟子只言「反經」，中在其間。

中庸之書是孔門傳授，成於子思。孟子其書雖是雜記，更不分精粗，一衮説了。今之語道，多説高便遺却卑，説本便遺却末。

「小人之中庸，小人而無忌憚也」，小人更有甚中庸？脱一「反」字。小人不主於義理，則無忌憚，無忌憚，所以反中庸也。亦有其心畏謹而不中，亦是反中庸。語惡有淺深則可，謂之中庸則不可。

「知天命」是達天理也，「必受命」是得其應也。命者是天之所賦與，〔三〇〕如命令之命。天之報應，皆如影響，得其報者是常理也，不得其報者非常理也。然而細推之，則須有報應，但人以狹淺之見求之便謂差。〔三一〕且天命不可易也，〔三二〕然有可易者，惟有德者能之。如脩養之引年，〔三三〕世祚之祈天永命，常人之至於聖賢，皆此道也。

夢説之事，是傅説之感高宗，高宗感傅説。高宗只思得聖賢之人，須是聖賢之人方始應其感。若傅説非聖賢，自不相感。如今人卜筮，蓍在手，事在未來，吉凶在書策，其卒三者必合矣。使書策之言不合於理，則自不驗。

隕石無種，種於氣。麟亦無種，亦氣化。厥初生民亦如是。至如海濱露出沙灘，便有百蟲禽獸草木無種而生，此猶是人所見。若海中島嶼稍大，人不及者，安知其無種之人不生於其間？若已有人類，則必無氣化之人。

匹夫至誠感天地，固有此理。如鄒衍之説太甚，只是盛夏感而寒慄則有之，理外之事則無，如變夏爲冬降霜雪，則無此理。

「配義與道」，即是體用。道是體，義是用，配者合也。氣儘是有形體，故言合。氣者是積義所生者，却言配義，如以金爲器，既成則自爲金器可也。

天地之間皆有對，有陰則有陽，有善則有惡。君子小人之氣常停，不可都生君子，但六分君子則治，六分小人則亂，七分君子則大治，七分小人則大亂。如是則一（無此三字，作「雖」）字。堯舜之世不能無小人，〔三四〕蓋堯舜之世只是以禮樂法度驅而之善，盡其道而已。然言比屋可封者，以其有教，雖欲爲惡，不能成其惡。雖堯舜之世，然於其家垂戾之氣亦生朱、均，〔三五〕在朝則有「四凶」，久而不去。

離了陰陽更無道，所以陰陽者，是道也。陰陽，氣也。氣是形而下者，道是形而上者。形而上者，則是密也。

絪緼，陰陽之感。

志，氣之帥，若論浩然之氣，則何者爲志？志爲之主，乃能生浩然之氣。「志至焉，氣次焉」，自有先後。

醫者不詣理，則處方論藥不盡其性，只知逐物所治，不知合和之後，其性又如何。假如訶子黄、白礬白，合之而成黑，黑見則黄白皆亡。又如一二合而爲三，三見則一二亡，離而爲一二則三亡。既成三，又求一與二，既成黑，又求黄與白，則是不知物性。一作「理」。古之人窮盡物理，則食其味，嗅其臭，辨其色，知其某物合某則成何性。天有五氣，故凡生物莫不具有五性，居其一而有其四。至如草木也，其黄者得土之性多，其白者得金之性多。

宗子法廢，後世譜牒尚有遺風。譜牒又廢，人家不知來處，無百年之家，骨肉無統，雖至親，恩亦薄。

古人爲學易，自八歲入小學，十五入大學，舞勺舞象，有絃歌以養其耳，舞干羽以養其氣血，有禮義以養其心。又且急則佩韋，緩則佩弦，出入閭巷，耳目視聽及政事之施如是，則非僻之心無自而入。今之學者，只有義理以養其心。

河北只見鯀隄，無禹隄。鯀堙洪水，故無功，禹則導之而已。

「五祀」恐非先王之典，皆後世巫祝之一作「誣祀」，無「之」字，「誣」又作「淫」。言，報則遺其重者。井人所重，行宁廊也，〔三六〕其功幾何？

雖庶人，必祭及高祖。比至天子諸侯，止有疏數耳。

凡物之散，其氣遂盡，無復歸本原之理。天地間如洪鑪，雖生物，銷鑠亦盡，况既散之氣，豈有復在？天地造化又焉用此既散之氣？其造化者自是生氣。至如海水潮，日出則水涸，是潮退也，其涸者已無也，月出則潮水生也，非却是將已涸之水爲潮。此是氣之終始，開闔便是易，一闔一闢謂之變。

傳録言語，得其言未得其心，必有害。雖孔門亦有是患。如言昭公「知禮」，巫馬期告，時孔子正可一作「合」。不答其問，必更有語言，具巫馬期欲反命之意，〔三七〕孔子方言「苟有過，人必知之」。蓋孔子答，巫馬期亦知之，陳司敗亦知之矣。又如言伯夷、柳下惠皆古聖人也，若不言清和，便以夷、惠爲聖人，豈不有害？又如孟子言「放勳曰」，只當言「堯曰」，傳者乘放勳爲堯號，乃稱「放勳曰」。又如言「聞斯行之」，若不因公西赤有問，及仲由爲比，便信此一句，豈不有害？又如孟子，齊王欲「養弟子以萬鍾」，此事欲國人矜式，孟子何不可處，但時子以利誘孟子，孟子故曰：「如使予欲富，辭十萬而受萬，是爲欲富乎？」若觀其文，只似孟子不肯爲國人矜式，須知不可以利誘之意。舜不告而娶，須識得舜意。若使舜便不告而娶，固不可，以其父頑，過時不爲娶，堯去治之，堯命瞽使舜娶，舜雖不告，堯固告之矣，堯之告之也，以君治之而已。今之官府，治人之私者亦多，〔三八〕然而象欲以殺舜爲事，堯奚爲不治？蓋象之殺舜，無可見之迹，發人隱慝而治之，非堯也。

學春秋亦善，一句是一事，是非便見於此，此亦窮理之要。然他經豈不可以窮？但他經論其義，春秋因其行事，是非較著，故窮理爲要。嘗語學者且先讀論語、孟子，更讀一經，然後看春秋，先識得箇義理，方可看春秋。春秋以何爲準？〔三九〕無如中庸。欲知中庸無如權，須是時而爲中。若以手足胼胝、閉户不出二者之間取中，便不是中。若當手足胼胝，則於此爲中；當閉户不出，則於此爲中。權之爲言，秤錘之義也。何物爲權？義也。然也只是説得到義，義以上更難説，在人自看如何。

格物亦須積累涵養。如始學詩者，其始未必善，到悠久須差精，人則只是舊人，其見則别。

知至則當至之，知終則當遂一無「遂」字。終之，須以知爲本。知之深則行之必至，無有知之而不能行者。知而不能行，只是知得淺。飢而不食烏喙，人不蹈水火，只是知。人爲不善，只爲不知。知至而至之，知幾之事，故「可與幾」。〔四〇〕知終而終之，故「可與存義」。知至是致知，博學、明辨、審問、慎思，皆致知、知至之事，篤行便是終之。如始條理，終條理，因其始條理，故能終條理，猶知至即能終之。

春秋傳爲案，經爲斷。

古之學者先由經以識義理，〔四一〕蓋始學時盡是傳授。後之學者却先須識義理，方始看得經。如易繫辭所以解易，今人須看了易，方始看得繫辭。一本云：古之人得其師傳，故因經以明道。後世失其師傳，故非明道不能以知經。

「至大至剛以直」，不言至直，此是文勢。如「治世之音安以樂」，「怨以怒」，「粗以厲」，「噍以殺」，皆此類。

解義理若一向靠書册，何由得「居之安」，「資之深」？不惟自失，兼亦誤人。

治道亦有從本而言，亦有從事而言。從本而言，惟從格君心之非，正心以正朝廷，正朝廷以正百官。若從事而言，不救則已，若須救之必須變，大變則大益，小變則小益。

學者好語高，正如貧人説金，説黄色，説堅軟，道他不是又不可，只是好笑，不曾見富人説金如此。

仲尼於論語中未嘗説「神」字，只於易中不得已言數處而已。

有主則虚，無主則實，必有所事。

以物待物，不可以己待物。

古所謂「支子不祭」者，〔四二〕惟使宗子立廟主之而已。支子雖不得祭，至於齊戒致其誠意，則與主祭者不異。可與則以身執事，不可與則以物助，但不别立廟爲位行事而已。後世如欲立宗子，當從此義，雖不祭，情亦可安。若不立宗子，徒欲廢祭，適足長惰慢之志，〔四三〕不若使之祭，猶愈於已也。

真元之氣，氣之所由生，不與外氣相雜，但以外氣涵養而已。若魚在水，魚之性命非是水爲之，但必以水涵養，魚乃得生爾。人居天地氣中，與魚在水無異，至於飲食之養，皆是外氣涵養之道。出入之息者，闔闢之機而已。所出之息非所入之氣，但真元自能生氣，所入之氣止當闔時隨之而入，非假此氣以助真元也。

古者八歲入小學，十五入大學，擇其才可教者聚之，不肖者復之田畝。蓋士農不易業，既入學則不治農，然後士農判。在學之養，若士大夫之子，則不慮無養，雖庶人之子，既入學則亦必有養。古之士者自十五入學，至四十方仕，中間自有二十五年學，又無利可趨，則所志可知，須去趨善，便自此成德。後之人自童稚間已有汲汲趨利之意，何由得向善？故古人必使四十而仕，然後志定。只營衣食却無害，惟利禄之誘最害人。人有養便方定志於學。

做官奪人志。

星辰若以日月之次爲辰，則辰上恐不容二十八舍，若謂五星，則不可稱辰，或恐只是言北辰。皆星也，何貴乎北辰？北辰自是不動，只不動便是爲氣之主，故爲星之最尊者。

「主」一作「宗」。〔四四〕

先王之樂，必須律以考其聲。今律既不可求，人耳又不可全信，正惟此爲難。求中聲須得律，律不得則中聲無由見。律者自然之數。至如今之度量權衡，亦非正也。今之法且以爲準則可，非如古法也。此等物雖出於自然，一有「之數」字。亦須人爲之。但古人爲之，得其自然，至於一作「如」。規矩，則極盡天下之方圓。

律曆之法，今亦粗存，但人用之小耳。律之遺則如三命是也，其法只用五行支幹納音之類。曆之遺則是星筭人生數。一作「處」。然皆有此理，苟無此理，却推不行。

素問之書必出於戰國之末，觀其氣象知之，天之氣運只如此，但繫看者如何。設如定四方分五行，各配與一方，是一般絡角而看之，又一般分而爲二十四，又一般規模大則大，規模小則小。然善言亦多，如言「善言天者必有驗於人，善言古者必有驗於今，善觀人者必有見於己」。

近取諸身，百理皆具，屈伸往來之義，只於鼻息之間見之。屈伸往來只是理，不必將既屈之氣，復爲方伸之氣。生生之理，自然不息。如復言「七日來復」，其間元不斷續，陽已復生，物極必返。其理須如此，有生便有死，有始便有終。

「守身爲大」，其事固有大者，正惟養疾亦是守身之一。齊、戰、疾，聖人之所慎。

自天子至於庶人，五服未嘗有異，皆至高祖。服既如是，祭祀亦須如是。其疏數之節未有可考，但其理必如此。七廟、五廟，亦只是祭及高祖。大夫士雖或三廟、二廟、一廟，或祭寢廟，則雖異亦不害祭及高祖。若止祭禰，只爲知母而不知父，禽獸道也。祭禰而不及一有「高」字。祖，非人道也。

天子曰禘，諸侯曰祫，其理皆是合祭之義。禘從帝，禘其祖之所自出之帝，以所出之帝爲東向之尊，其餘合食於其前，是爲禘也。諸侯無所出之帝，只是於太祖廟，一有「以」字。羣廟之主合食，是爲祫。魯所以有禘者，只爲得用天子禮樂。故於春秋之中不見言「祫」，只言「禘」，言「大事」者即是祫，言「大事於太廟，躋僖公」，即是合食閔、僖二公之義。若時祭一有「即」字。當言有事。吉禘於莊公只是禘祭，言吉者以其行之太早也。〔四五〕四時之祭有禘之名，只是禮文交錯。

郊祀配天，宗祀配上帝，天與上帝一也。在郊言天，以其冬至生物之始，故祭於圓丘，而配以祖，陶匏稾鞂，掃地而祭。宗祀言上帝，以季秋成物之時，故祭於明堂，而配以父，其禮必以宗廟之禮享之。此義甚彰灼，但孝經之文有可疑處。周公祭祀當推成王爲主人，則當推武王以配上帝，不當言文王配。若文王配，則周公自當祭祀矣，周公必不如此。

仁義禮智信，於性上要言此五事，須要分別出。若仁則固一，一所以爲仁，惻隱則屬愛，乃情也，非性也。恕者入仁之門，而恕非仁也。因其惻隱之心，知其有仁。惟四者有端而信無端，只有不信更無一作「便有」。信。如東西南北已有定體，更不可言信。若以東爲西，以南爲北，則是有不信，如東即東，西即西，則無一有「不」字。信。

說書必非古意，轉使人薄。學者須是潛心積慮，優游涵養，使之自得。今一日說盡，只是教得薄。至如漢時說「下帷講誦」，猶未必說書。

聖狂，聖不必是睿聖，狂不必是狂狷。只是智通者便言聖，如聖義忠和，豈必是聖人？

尸如配位時，男男尸，女女尸。祭事主嚴，雖同時共室亦無嫌，與喪祭執事不嫌同義。執事且爾，況今日事之，便如國之先君與夫人，如合祭之時，〔四六〕考妣當各異位。蓋人情亦無舅婦同坐之禮。如特祭其廟之時，則不害夫婦並祭。

學者先務，固在心志。有謂欲屏去聞見知思，則是「絶聖棄智」。有欲屏去思慮，患其紛亂，則是須坐禪入定。如明鑑在此，萬物畢照，是鑑之常，難爲使之不照。人心不能不交感萬物，亦難爲使之不思慮。若欲免此，一本無此四字。唯是心一作「在人」。有主。如何爲主？敬而已矣。有主則虛，虛謂邪不能入，無主則實，實謂物來奪之。今夫瓶罌有水實內，則雖江海之浸，無所能入，安得不虛？無水於內，則停注之水不可勝注，安得不實？大凡人心不可二用，用於一事則他事更不能入者，事爲之主也。事爲之主，尚無思慮紛擾之患，若主於敬，又焉有此患乎？所謂敬者，主一之謂敬。所謂一者，無適之謂一。且欲涵泳主一之義，一則無二三矣。一作「不一則二三矣」。言敬無如聖人之言，一無「聖人之言」四字。易所謂「敬以直內，義以方外」，須是直內乃是主一之義。至於不敢欺，不敢慢，尚不愧于屋漏，皆是敬之事也。但存此涵養，久之自然天理明。〔四七〕

「閑邪」存誠，閑邪則誠自存。如人有室，垣墻不修，不能防寇，寇從東來，逐之則復有自西入，逐得一人，一人復至。〔四八〕不如修其垣墻，則寇自不至，故欲閑邪也。

學禪者常謂，天下之忙者無如市井之人。答以市井之人雖日營利，然猶有休息之時，〔四九〕至忙者無如禪客。何以言之？禪者之行住坐卧無不在道，存無不在道之心，此便是常忙。

論語有二處，「堯、舜其猶病諸」，「博施濟衆」，豈非聖人之所欲？然五十乃衣帛，七十乃食肉，聖人之心非不欲少者亦衣帛食肉，然所養有所不贍，此病其施之不博也。聖人所治不過九州四海，然九州四海之外，聖人亦非不欲兼濟，然所治有所不及，此病不能濟衆也。推此以求「脩己以安百姓」，則爲病可知，苟以爲吾治已足，則便不是聖人。「脩己以安百姓」，須有所施爲，乃能安人。此則自我所生，〔五〇〕學至堯、舜，則自有堯、舜之事，言孝者必言曾子，不可謂曾子之孝已甚。「集義所生，〔五一〕非義襲而取之也」，集義是積義所生，如集大成。若累土爲山，須是積土乃成山，非是山已成形乃名爲義。〔五二〕一作「山」，一作「土」。浩然之氣難識，須要認得當行不慊於心之時，自然有此氣象。然亦未盡，須是見「至大至剛以直」之三德，方始見浩然之氣。若要見時，且看取地道，坤六二「直方大，不習無不利」，方便是剛，大便是大，直便是直。於坤不言剛而言方者，言剛則害于地道，故下一作「不」。復云「至柔而動也剛」，以其先言柔而後云剛無害。大只是對小而言是大也，剛只是對柔而言是剛也，直只是對曲而言是直也。如此自然不習無不利。坤之六二只爲已是地道，又是二又是六，地道之精純者，至如六五便不同。欲得學，且只看取地道。坤雖是學者之事，然亦有聖人之道。乾九二是聖人之事，坤六二是學者之事。聖賢之道，其發無二，但至一作「只」。有深淺大小。

「嚴威儼恪」，非敬之道，但致敬須自此入。

「止於至善」，「不明乎善」，此言善者，義理之精微，無可得名，且以至善目之。「繼之者善」，此言善却言得輕，但謂繼斯道者莫非善也，不可謂惡。

「舜孶孶爲善」，若未接物，如何爲善？只是主於敬，便是爲善也。以此觀之，聖人之道不是但嘿然無言。一作「爲」。

顔子擇中庸，得善拳拳。中庸如何擇？如博學之，又審問之，又明辨之，所以能擇中庸也。雖然學問明辨，亦何所據乃識中庸？此則存乎致知。致知者，此則在學者自加功也。

大凡於道，擇之則在乎智，守之則在乎仁，斷之則在乎勇。人之於道，只是患在不能守，不能斷。

「必有事焉」，謂必有所事，是敬也。「勿正」，正之爲言輕，「勿忘」是敬也。正之之甚，遂至於「助長」。

編闢整續終自正。和叔未知終自得否？

墨子之書，未至大有「兼愛」之意，及孟子之時，其流浸遠，乃至若是之差。楊子「爲我」亦是義，墨子「兼愛」則是仁，惟差之毫釐，繆以千里，直至無父無君，如此之甚。

世人之學，博聞強識者豈少，其中無有不入禪學者。〔五三〕就其間特立不惑，無如子厚、堯夫。然其説之流，恐未免此敝。

楊子似出於子張，墨子似出於子夏。其中更有過不及，豈是師、商不學於聖人之門？

一本「張」作「夏」，「夏」作「張」。

約。敬是。

與叔、季明以知思聞見爲患，某甚喜此論，邂逅却正語及至要處。世之學者，大敝正在此。〔五四〕若得他折難堅叩，方能終其説，直須要明辨。

康仲一作「拯」。問：人之學非願有差，只爲不知之故，遂流於不同，不知如何持守？先生言：且未説到持守，持守甚事？須先在致知。致知盡知也，窮理格物便是致知。

「禮孰爲大？時爲大。」亦須隨時，當隨則隨，當治則治，當其時作其事，便是能隨時，「隨時之義大矣哉！」尋常人言隨時，爲且和同，只是流狥耳，不可謂和，和則已是和於義。故學者患在不能識時，「時出之」亦須有「溥博淵泉」方能出之。今之人自是與古之人别，其風氣使之，至如壽考形貌皆異。古人皆不減百餘歲，今豈有此人？觀古人形象被冠冕之類，今人豈有此等人？故籩豆簠簋自是不可施於今人，自時不相稱，時不同也。時上儘窮得理，孟子言「五百年必有王者興，其間必有名世者，以其時考之則可矣」。他默識得此體用大約是如此，豈可催促得他？堯之於民，匡直輔翼，聖賢於此間見些功用，舉此數端可以常久者示人。殷因於夏，周因於殷，損益可知。默觀得者，須知三王之禮與物不必同。自畫卦垂衣裳，至周文方備，只爲時也。若不是隨時，則一聖人出，百事皆做了，後來者没事。又非聖人智慮所不及，只是時不可也。

只歸之自然，則無可觀，更無可玩賾。「之」一作「箇」。

「雲從龍，風從虎。」龍陰物也，出來則濕氣烝然自出，如濕物在日中，氣亦自出。雖木石之微，感陰氣尚亦有氣，則龍之興雲不足怪。虎行處則風自生。龍只是獸，茅山華陽洞曾跳出，其狀殊可愛，亦有時乾處能行，其行步如虎，茅山者則不嚙人，北五臺者則傷人。

又有曾於鐵狗廟下穿得一龍卵，後寄於金山寺，龍能壅水上寺門，取卵不得。〔五五〕龍所以知者，許大物亦自靈也。龍以卵生者亦非神，更一等龍必須胎生。

極，無適而不爲中。

校勘記

〔一〕一則無已　「一則」二字原脱，據弘治本、康熙本補。

〔二〕有知則能擇　此句原脱，據弘治本、康熙本補。

〔三〕人皆稱柳下惠爲聖人　「下」原訛「不」，據弘治本、康熙本改。

〔四〕人才愈明　「才愈」二字原倒，據弘治本、康熙本乙正。

〔五〕則不肯一日安其所不安也　「其」，弘治本、康熙本作「於」。

〔六〕則大率六經之言涵滀　「滀」，弘治本作「蓄」，康熙本同。

〔七〕但人以目力所及　「人以」，宋本作「以人」，弘治本、康熙本同。

〔八〕一則自是無非僻之奸　「奸」原作「干」，康熙本同，據宋本、弘治本改。案清茅星來近思録集注云：「奸，近本作干，古字通用。」

〔九〕但涵養久之　宋本同，弘治本、康熙本無「之」字。

〔一〇〕只是爲無處澇摸　「澇」，宋本同，弘治本、康熙本作「撈」。案「澇」通「撈」。

〔一一〕曰　宋本無此字，弘治本、康熙本同。

〔一二〕便須覓一箇纖奸打訛處　「纖」，宋本、康熙本同，弘治本作「綴」。

〔一三〕生知者只是他生自知義理　「生自」，宋本同，弘治本、康熙本作「自生」。

〔一四〕不似聖人見慣　宋本無此六字，弘治本、康熙本同。

〔一五〕費多少言語　宋本無「費」字，弘治本、康熙本同。

〔一六〕然亦是一作且爲學者立下一法　「是」，宋本作「且」，弘治本、康熙本同。

〔一七〕其下文言其篤實而有光輝　「文」，宋本同，弘治本、康熙本作「又」。

〔一八〕受祥肉彈琴　「肉」原訛「内」，康熙本同，據宋本、弘治本改。

〔一九〕不若且於迹上斷定不與聖人合　宋本「不若」上有「故」字，弘治本、康熙本同。

〔二〇〕其栽培澆灌之宜　「栽」原作「我」，宋本同，據弘治本、康熙本改。

〔二一〕若化則便是仲尼也　宋本無「便」、「也」二字，弘治本、康熙本同。

〔二二〕一有學者之字　宋本無此六小字，弘治本、康熙本「字」作「事」，宜是。

〔二三〕若有人爲繫虜將去　「有人爲」三字，宋本作「人有」，弘治本、康熙本同。

〔二四〕已有不得與也　宋本無「有」字，弘治本、康熙本同。

〔二五〕謀而後行　宋本同，弘治本、康熙本「謀」上有「須」字。

〔二六〕惟能如此　「此」，宋本同，弘治本、康熙本作「是」。

〔二七〕如此等皆是異事也　宋本「異」下有「之」字，弘治本、康熙本同。

〔二八〕夷伯之廟震　「夷伯」二字原倒，宋本同，據弘治本、康熙本乙正。

〔二九〕如人有形影　「有」原作「言」，據宋本、弘治本、康熙本改。

〔三〇〕命者是天之所賦與　「賦」，宋本作「付」，弘治本、康熙本同。

〔三一〕但人以狹淺之見求之便謂差　「狹淺」，宋本作「淺狹」，弘治本、康熙本同。

〔三二〕且天命不可易也　「且」，宋本作「互」，弘治本、康熙本同。案作「互」則屬上讀。

〔三三〕如修養之引年　「引」，宋本、弘治本同，康熙本作「永」。

〔三四〕如是則堯舜之世不能無小人　宋本同，弘治本、康熙本無「則」字。

〔三五〕然於其家乖戾之氣亦生朱均　宋本「然於其家」作「其於」，且無「亦」字，弘治本、康熙本同。

〔三六〕行宁廊也　「宁」原訛「子」，據宋本、弘治本、康熙本改。

〔三七〕具巫馬期欲反命之意　「具」，宋本無此字，弘治本作「其」，康熙本同。

〔三八〕治人之私者　宋本同，弘治本、康熙本無「者」字。

〔三九〕春秋以何爲準　宋本「何」下有「道」字，弘治本、康熙本同。

〔四〇〕知幾之事故可與幾　宋本無「知」字，「可與幾」作「當至」，弘治本、康熙本同。

〔四一〕古之學者先由經以識義理　「先」原作「必」，據宋本、弘治本、康熙本改。

〔四二〕古所謂支子不祭者　「祭」原訛「樂」，據宋本、弘治本、康熙本改。

〔四三〕適足長惰慢之志　「足」，宋本、弘治本、康熙本作「是」。案張子全書作「足」。

〔四四〕主一作宗　「主」，弘治本同，康熙本作「尊」，宋本無此四小字注。

〔四五〕言吉者以其行之太早也　宋本無「者」字，弘治本、康熙本同。

〔四六〕如合祭之時　宋本無「如」字，弘治本、康熙本同。

〔四七〕但存此涵養久之自然天理明　宋本無此十二字，弘治本、康熙本同。

〔四八〕一人復至　「一」，宋本作「二」，弘治本、康熙本同。

〔四九〕然猶有休息之時　宋本無「之」字，弘治本、康熙本同。

〔五〇〕此則自我而生　「我」，宋本作「然」，弘治本漫漶，康熙本同。

〔五一〕集義所生　宋本「集」上有「是」字，且轉行提格，弘治本、康熙本同。

〔五二〕非是山已成形乃名爲義　宋本無「山」字，弘治本、康熙本同。

〔五三〕其中無有不入禪學者　「中」，宋本、弘治本同，康熙本作「終」。

〔五四〕大敝正在此　宋本「正」字在「大敝」上，弘治本、康熙本同。

〔五五〕取卵不得　宋本「卵」上有「龍」字，弘治本、康熙本同。

程氏遺書第十六

伊川先生語二

己巳冬所聞

問：孔子稱伯夷、叔齊曰：「不念舊惡，怨是用希。」何也？曰：以夷、齊之隘，若念舊惡，將不能處世矣。

問：子貢曰：「博施於民而能濟衆，可謂仁乎？」子曰：「何事於仁，必也聖乎！」仁聖何以相別？曰：此子貢未識仁，故測度而設問也。惟聖人爲能盡仁，然仁在事，不可以爲聖。又問：「堯、舜其猶病諸」，果乎？曰：誠然也。聖人惟恐所及不遠不廣四海之治也，孰果兼四海之外亦治乎，〔一〕是嘗以爲病也。〔二〕博施濟衆事大，故仁不足以名之。

趙景平問：「子罕言利與命與仁」，所謂利者何利？曰：不獨財利之利，凡有利心便不可。如作一事須尋自家穩便處，皆利心也。聖人以義爲利，義安處便爲利。如釋氏之學皆本於利，故便不是。

趙景平問：「未見蹈仁而死者」，何謂「蹈仁而死」？曰：赴水火而死者有矣，殺身成仁者，未之有也。

校勘記

〔一〕孰果兼四海之外亦治乎「果」，弘治本、康熙本作「若」。

〔二〕是嘗以爲病也「是」，弘治本、康熙本作「身」。

程氏遺書第十七

伊川先生語三

三王之法各是一王之法，故三代損益文質，隨時之宜。若孔子所立之法，乃通萬世不易之法。孔子於他處亦不見説，獨答顔回云：「行夏之時，乘殷之輅，服周之冕，樂則韶舞。」此是於四代中舉這一箇法式，其詳細雖不可見，而孔子但示其大法，使後人就上修之，二千年來亦無一人識者。

義之精者須是自求得之，如此則善求義也。

善讀中庸者，只得此一卷書，終身用不盡也。

睽之上九，離也。離之爲德，在諸卦莫不以爲明，獨於睽便變爲惡。以陽在上則爲亢，以剛在上則爲狠，以明在上變而爲察，以狠以察，所以爲睽之極也。故曰「見豕負塗，載鬼一車」，皆自任己察之所致。然「往」而「遇雨則吉」，遇雨者，睽解也。睽解有二義：一是物極則必反，故睽極則必通，若睽極不通，却終於睽而已；二是所以能解睽者，却是用明之功也。

大抵卦爻始立，義既具，即聖人别起義以錯綜之。如春秋已前既已立例，到近後來書得全别，一般事便書得别有意思，若依前例觀之，殊失之也。

先生嘗説：某於易傳，今却已自成書，但逐旋修改，期以七十，其書可出。韓退之稱「聰明不及於前時，道德日負於初心」。然某於易傳後來所改者無幾，不知如何，故且更期之以十年之功看如何。春秋之書，待劉絢文字到，却用功亦不多也。今人解詩全無意思，此却待出些文字。中庸書却已成。今農夫祁寒暑雨，深耕易耨，播種五穀，吾得而食之。今百工技藝作爲器用，吾得而用之。甲冑之士被堅執鋭以守土宇，吾得而安之。却如此閑過了日月，即是天地間一蠹也。功澤又不及民，别事又做不得，惟有補緝聖人遺書，庶幾有補爾。陳長方見尹子於姑蘇，問中庸解。尹子云：「先生自以爲不滿意，焚之矣。」

「致知在格物」，格物之理不若察之於身，其得充切。

酒者，古人養老祭祀之所用。今官有權酤，民有買撲，無故輒令人聚飲，亦大爲民食之蠹也。損民食，惰民業，招刑聚寇，皆出於此。如損節得酒課，民食亦爲小充。分明民食，却釀爲水後令人飲之，又不當飢飽。若未能絶得買撲，若且只諸縣都鄙爲之，亦利不細。

人要明理，若止一物上明之，亦未濟事，須是集衆理，然後脱然自有悟處。然於物上理會也得，不理會也得。且須於學上格物，不可不詣理也。

常見伯淳所在臨政，便上下響應，到了人衆後便成風，成風則有所鼓動。天地間只是一箇風以動之也。

大凡儒者未敢望深造於道，且只得所存正，分別善惡，識廉恥。如此等人多，亦須漸好。

或問：古之道如是之明，後世之道如是不明，其故何也？曰：此無他，知道者多即道明，知者少即道不明也。知者多少亦由乎教也。以魯國言之，止及今之一大州，然一時間所出大賢十餘人，豈不是有教以致然也。蓋是聖人既出，故有許多賢者。以後世天下之大，經二千年間，求如一顔、閔者不可得也。

大抵儒者潛心正道，不容有差，其始甚微，其終則不可救。如「師也過，商也不及」，於聖人中道，師只是過於厚些，商只是不及些，然而厚則漸至於「兼愛」，不及則便至於「爲我」，其過不及同出於儒者，其末遂至楊、墨。至如楊、墨亦未至於無父無君，孟子推之便至於此。蓋其差必至於是也。

孟子辨舜、跖之分，只在義利之間。言間者，謂相去不甚遠，所争毫末爾。義與利只是箇公與私也。纔出義，便以利言也。只那計較，便是爲有利害。若無利害，何用計較？利害者，天下之常情也。人皆知趨利而避害，聖人則更不論利害，惟看義當與不當爲，〔一〕便是命在其中也。

傳經爲難，如聖人之後纔百年，傳之已差。聖人之學，若非子思、孟子，則幾乎息矣。道何嘗息，只是人不由之。道非亡也，幽、厲不由也。

人或勸先生以加禮近貴。先生曰：何不見責以盡禮，而責之以加禮？禮盡則已，豈有加也！

聖人之語，因人而變化，語雖有淺近處，即却無包含不盡處。如樊遲於聖門最是學之淺者，及其問仁，曰「愛人」，問知，曰「知人」，且看此語有甚包含不盡處？他人之語，語近則遺遠，語遠則不知近。惟聖人之言，則遠近皆盡。

今之爲學者如登山麓，方其迤邐，莫不闊步，及到峻處便逡巡。一本無「使止」二字。云：或以峻而遂止，或以難而稍緩。苟能遇難而益堅，〔二〕聞過則改，何遠弗至也。

先代帝王陵寢下多有閑田，推其後每處只消與田十頃，與一閑官世守之。至如唐狄仁傑、顏杲卿之後，朝廷與官一人，死則却絕，不若亦如此處之，亦與田五七頃。

後世骨肉之間多至仇怨忿爭，其實爲爭財。使之均布，立之宗法，官爲法則無所爭。

後世人理全廢，小失則入於夷狄，大失則入於禽獸。「人理」一作「禮」。

大凡禮必須有意，禮之所尊，尊其義也。失其義，陳其數，祝史之事也。

「益長裕而不設」，謂固有此理而就上充長之。設是撰造也，撰造則爲僞也。

人或以禮官爲閑官。某謂禮官之責最大，朝廷一有違禮，皆禮官任其責，豈得爲閑官！

陳平雖不知道，亦知學。如對文帝以宰相之職，非知學安能如此？

曹參去齊，以獄市爲託。後之爲政者，留意於獄者則有之矣，未聞有治市者。

學莫大於致知，養心莫大於禮義。古人所養處多，若聲音以養其耳，舞蹈以養其血脉。今人都無，只有箇義理之養，人又不知求。

或謂：人莫不知和柔寬緩，然臨事則反至於暴厲。曰：只是志不勝氣，氣反動其心也。

學者所貴聞道，執經而問，但廣聞見而已。然求學者不必在同人中，非同人又却無學者。

孟子言「聖而不可知之謂神」，非是聖上别有一等神人，神即聖而不可知。又曰：謂聖之至妙，人所不能測。

儒行之篇，此書全無義理，如後世游説之士所爲誇大之説。觀孔子平日語言，有如是者否？

陳司敗問：「昭公知禮乎？」孔子對曰：「知禮。」彼國人來問君知禮否，不成說不知禮也。如陳司敗數昭公失禮之事而問之，則有所不答，「顧左右而言他」。及巫馬期來告，正合不答，然孔子答之者，以陳司敗必俟其反命，故須至答也。

或問：如何學可謂之有得？曰：大凡學問，聞之知之皆不爲得，得者須默識心通。學者欲有所得，須是篤誠意，燭理上知則頴悟自別，其次須以義理涵養而得之。

古有教，今無教。以其無教，直壞得人質如此不美。今人比之古人，如將一至惡物比一至美物。

造道深後，雖聞常人語，言淺近事，莫非義理。

古者家有塾，黨有庠，故人未有不入學者。三老坐於里門，出入察其長幼揖讓之序。如今所傳之詩，人人諷誦，莫非止於禮義之言。今人雖白首，未嘗知有詩，至於里俗之言，盡不可聞，皆繫其習也。以古所習，安得不善？以今所習，安得不惡？

唐太宗後人只知是英主，元不曾有人識其惡。至於殺兄取位，〔三〕若以功業言，不過只做得箇功臣，豈可奪元良之位！至於肅宗即位靈武，分明是簒也。

革言「水火相息」，息止息也，既有止息之理，亦有生息之理。睽卦不見四德，蓋不容著四德。繇言「小事吉」者，止是方睽之時，猶足以致小事之吉，不成終睽而已，須有濟睽之道。一本「睽卦」以下别爲一章。

文中子言「古之學者聚道」，不知道如何聚得？

凡爲政須立善法，後人有所變易，則無可奈何。雖周公亦知立法而已，後人變之，則無可奈何也。

臨言「八月，有凶」，謂至八月是遯也。當其剛浸長之時，便戒以陰長之意。

「紀侯大去其國」，大名責在紀也，非齊之罪也。「齊侯、陳侯、鄭伯遇于垂」，方謀伐之，紀侯遂去其國，齊師未加而已去，故非齊之罪也。

春秋之文，莫不一一意在示人。如土功之事，無小大莫不書之，其意止欲人君重民之力也。

書「大雩」，雩及上帝，以見魯不當爲，與書「郊」者同義。

書「公伐齊，納糾」，糾不當立，故不言子糾。若書「子糾」，則正了他當得立也。

凡易卦，有就卦才而得其義者，亦有舉兩體便得其義者。「隨，剛來而下柔，動而説，隨」，此是就卦才而得隨之義。「澤中有雷，隨」，此是就象上得隨之義也。

宗子之法不立，則朝廷無世臣。宗法須是一二巨公之家立法。〔四〕宗法立則人人各知來處。

宗子者，謂宗主祭祀也。

禮長子不得爲人後，若無兄弟，又繼祖之宗絶，亦當繼祖。禮雖不言，可以義起。

凡大宗與小宗，皆不在廟數。

收族之義，止爲相與爲服，祭祀相及。

所謂宗者，以己之旁親兄弟來宗於己，所以得宗之名，非己宗於人也。

凡小宗以五世爲法，親盡則族散。若高祖之子尚存，欲祭其父，則見爲宗子者，雖是六世七世，必須計會今日之宗子，〔五〕然後祭其父。宗子有君道。

祭祀須别男女之分。生既不可雜坐，祭豈可雜坐？

祭非主則無依，非尸則無享。

今行冠禮，若制古服而冠，冠了又不常著，却是僞也。必須用時之服。

喪須三年而祔，若卒哭而祔，則三年却都無事。禮卒哭猶存朝夕哭，若無主在寢，一作「祭於殯」。哭於何處？

物有自得天理者，如蜂蟻知衛其君，豺獺知祭。禮亦出於人情而已。

祭先之禮，不可得而推者，無可奈何，其可知者，無遠近多少，須當盡祭之。〔六〕祖又豈可不報？又豈可厭多？蓋根本在彼，雖遠豈得無報？

「宗子雖七十，無無主婦」，此謂承祭祀也。然亦不當道七十，只道雖老無無主婦便得。禮云宗子如一作「不」。「爲殤」。宗子有君之道，豈有殤之理！

「喜怒哀樂未發謂之中」，只是言一箇中一作「本」。體。既是喜怒哀樂未發，那裏有箇甚麽，只可謂之中。如乾體便是健，及分在諸處不可皆名健，然在其中矣。天下事事物物皆有中。「發而皆中節謂之和」，非是謂之和便不中也。言和則中在其中矣，中便是含喜怒哀樂在其中矣。

如眼前諸人，要特立獨行，煞不難得，只是要一箇知見難。人只被這箇知見不通透，人謂要力行，亦只是淺近語。人既能一作「有」。知見，豈有不能行？一切事皆所當爲，不必待著意做，纔著意做便是有箇私心。這一點意氣能得幾時了？

今人欲致知，須要格物。物不必謂事物，然後謂之物也。自一身之中至萬物之理，但理會得多，相次自然豁然有覺處。

楊子拔一毛不爲，墨子又摩頂放踵爲之，此皆是不得中。至如「子莫執中」，欲執此二者之中，不知怎麽執得。識得則事事物物上皆天然有箇中在那上，不待人安排也，安排著則不中矣。

知之必好之，好之必求之，求之必得之。古人此箇學是終身事，果能顛沛造次必於是，豈有不得道理？

「立則見其參於前」，所見者何事？

顔淵問仁，而孔子告之以禮，仁與禮果異乎？

説先於樂者，樂由説而後得。然非樂則亦未足以語君子。

校勘記

〔一〕惟看義當與不當爲　弘治本同，康熙本「與」上有「爲」字。

〔二〕苟能遇難而益堅　「難」原訛「云」，弘治本同，據康熙本改。

〔三〕至於殺兄取位　「於」，弘治本、康熙本作「如」。

〔四〕須是一二巨公之家立法　「二」原訛「一」，據弘治本、康熙本改。

〔五〕必須計會今日之宗子　「必」，弘治本、康熙本作「亦」。

〔六〕須當盡祭之　「須」，弘治本、康熙本作「猶」。

程氏遺書第十八

伊川先生語四

劉元承手編

問仁，曰：此在諸公自思之，將聖賢所言仁處，類聚觀之，體認出來。孟子曰「惻隱之心，仁也」，後人遂以愛爲仁。惻隱固是愛也，愛自是情，仁自是性，豈可專以愛爲仁？孟子言惻隱爲仁，蓋爲前已言「惻隱之心，仁之端也」，既曰仁之端，則不可便謂之仁。退之言「博愛之謂仁」，非也。仁者固博愛，然便以博愛爲仁則不可。

又問：仁與聖何以異？曰：人只見孔子言「何事於仁，必也聖乎」，便謂仁小而聖大。殊不知此言是孔子見子貢問博施濟衆，問得來事大，故曰何止於仁，「必也聖乎」！蓋仁可以通上下言之，聖則其極也。聖人，人倫之至。倫，理也。既通人理之極，更不可以有加。若今人或一事是仁，亦可謂之仁，至於盡仁道，亦謂之仁，此通上下言之也。如曰「若聖與仁，則吾豈敢」，此又却仁與聖俱大也。大抵盡仁道者即是聖人，非聖人則不能盡得仁道。

問曰：人有言「盡人道謂之仁，盡天道謂之聖」，此語何如？曰：此語固無病，然措意未是，安有知人道而不知天道者乎？道一也，豈人道自是人道，天道自是天道。中庸言：「盡己之性則能盡人之性，能盡人之性則能盡物之性，能盡物之性則可以贊天地之化育。」此言可見矣。楊子曰：「通天地人曰儒，通天地而不通人曰伎。」此亦不知道之言，豈有通天地而不通人者哉？如止云通天之文與地之理，雖不能此，何害於儒？天地人只一道也，纔通其一，則餘皆通。如後人解易，言乾天道也，坤地道也，便是亂説。論其體則天尊地卑，如論其道，豈有異哉？

問：孝弟「爲仁之本」，此是由孝弟可以至仁否？曰：非也。謂行仁自孝弟始。蓋孝弟是仁之一事，謂之行仁之本則可，謂之是仁之本則不可。蓋仁是性一作「本」。也，孝弟是用也。性中只有仁義禮智四者，幾曾有孝弟來。趙本作「幾曾有許多般數來」。仁主於愛，愛莫大於愛親，故曰：「孝弟也者，其爲仁之本與！」

孔子未嘗許人以仁，或曰：稱管仲「如其仁」，何也？曰：此聖人闡幽明微之道。只爲子路以子糾之死，管仲不死爲未仁，此甚小却管仲，故孔子言其有仁之功。此聖人言語抑揚處，當自理會得。

問：克、伐、怨、欲不行，可以爲仁？曰：人無克、伐、怨、欲四者，便是仁也。只爲原憲著一箇「不行」，不免有此心但不行也，故孔子謂「可以爲難」。此孔子著意告原憲處，欲他有所啓發，他承當不得，不能再發問也。孔門如子貢者，便能曉得聖人意。且如曰：「女以予爲多學而識之歟？」對曰：「然。」便復問曰：「非歟？」孔子告之曰：「非也，予一以貫之。」原憲則不能也。

問：仁與心何異？曰：心是所主處，仁是就事言。曰：若是則仁是心之用否？曰：固是，若説仁者心之用則不可。心譬如身，四端如四支，四支固是身所用，只可謂身之四支，如四端固具於心〔二〕然亦未可便謂之心之用。或曰：譬如五穀之種，必待陽氣而生。曰：非是，陽氣發處却是情也。必譬如穀種，生之性便是仁也。

問：四端不及信，何也？曰：性中只有四端，却無信。爲有不信，故有信字。且如今東者自東，西者自西，何用信字，只爲有不信，故有信字。又問：莫在四端之間？曰：不如此説，若如此説時，只説一箇義字亦得。

問：忠恕可貫道否？曰：忠恕固可以貫道，但子思恐人難曉，故復於中庸降一等言之，曰「忠恕違道不遠」。忠恕只是體用，須要理會得。又問：恕字學者可用功否？曰：恕字甚大，然恕不可獨用，須得忠以爲體，不忠何以能恕？看忠恕兩字，自見相爲用處。孔子曰：「君子之道四，丘未能一焉。」恕字甚難，孔子曰：「有一言可以終身行之者，其恕乎！」

問：人有以「君子敬而無失與人」爲一句，是否？曰：不可。敬是持己，恭是接人。「與人恭而有禮」，言接人當如此也。近世淺薄，以相歡狎爲相與，以無圭角爲相歡愛，如此者安能久！若要久，須是恭敬，君臣朋友皆當以敬爲主也。比之上六曰：「比之無首，凶。」象曰：「比之無首，無所終也。」比之有首，尚懼無終，既無首，安得有終？故曰「無所終也」。比之道須當有首。或曰：君子淡以成，小人甘以壞。曰：是也，豈有甘而不壞者？

問：「出門如見大賓，使民如承大祭」，方其未出門、未使民時如何？曰：此「儼若思」之時也。當出門時，其敬如此，未出門時可知也。且見乎外者，出乎中者也。使民、出門者，事也。非因是事上方有此敬，蓋素敬也。如人接物以誠，人皆曰誠人，蓋是素來誠，非因接物而始有此誠也。儼然正其衣冠，尊其瞻視，其中自有箇敬處，雖曰無狀，敬自可見。

問：人有專務「敬以直内」，不務方外，何如？曰：有諸中者必形諸外。惟恐不直内，内直則外必方。

敬是閑邪之道。「閑邪存其誠」，雖是兩事，然亦只是一事，閑邪則誠自存矣。天下有一箇善、一箇惡，去善即是惡，去惡即是善。譬如門，不出便入，豈出入外更別有一事也？

義還因事而見否？曰：非也，性中自有。或曰：無狀可見？曰：説有便是見，但人自不見，昭昭然在天地之中也。且如性，何須待有物方指爲性，性自在也。賢所言見者事，某所言見者理。如曰不見而彰是也。

人多説某不教人習舉業，某何嘗不教人習舉業也。人若不習舉業而望及第，却是責天理而不脩人事。但舉業既可以及第即已，若更去上面盡力求必得之道，是惑也。

人注擬差遣欲就主簿者，問其故，則曰責輕於尉。某曰却是尉責輕，尉只是捕盜，不能使民不爲盜。簿佐令以治一邑，使民不爲盜，簿之責也，豈得爲輕？或問：簿佐令者也，簿所欲爲，令或不從，奈何？曰：當以誠意動之。今令與簿不和，只是爭私意。令是邑之長，若能以事父兄之道事之，過則歸己，善則惟恐不歸於令，積此誠意，豈有不動得人？問：授司理如何？曰：甚善。若能充其職，可使一郡無冤民也。幙官言事不合，如之何？曰：必不得已，有去而已。須權量事之大小，事大於去則當去，事小於去亦不須去也，事大於爭則當爭，事小於爭則不須爭也。今人只被以官爲業，如何去得。

人有實無學而氣蓋人者，其氣一作「禀」。有剛柔也，故強猛者當抑之，畏縮者當充養之。古人佩韋絃之戒，正爲此耳。然剛者易抑，如子路初雖聖人亦被他陵，後來既知學，便却移其剛來克己甚易。畏縮者，氣本柔，須索勉強也。

藻鑑人物，自是人才有通悟處，學不得也。張子厚善鑑裁，其弟天祺學之便錯。

問：學何以有至覺悟處？曰：莫先致知，能致知則思一日愈明一日，久而後有覺也。

學而無覺，則何益矣，又奚學爲？「思曰睿，睿作聖」，纔思便睿，以至作聖，亦是一箇思。故曰：「勉強學問，則聞見博而智益明。」又問：莫致知與力行兼否？曰：爲常人言，纔知得非禮不可爲，須用勉強，至於知穿窬不可爲，則不待勉強。是知亦有深淺也。古人言樂循理之謂君子，若勉強只是知循理，非是樂也。纔到樂時，便是循理爲樂，不循理爲不樂，何苦而不循理，自不須勉強也。若夫聖人「不勉而中，不思而得」，此又上一等事。

問：張旭學草書，見擔夫與公主爭道，及公孫大娘舞劍，〔三〕而後悟筆法，莫是心常思念至此而感發否？曰：然。須是思，方有感悟處，若不思，怎生得如此。然可惜張旭留心於書，若移此心於道，何所不至。

「思曰睿」，思慮久後，睿自然生。若於一事上思未得，且別換一事思之，不可專守著這一事。蓋人之知識於這裏蔽著，雖強思亦不通也。一本此下云：或問：思一事，或泛及他事，莫是心不專否？曰：心若專，怎生解及別事。

與學者語，正如扶醉人，東邊扶起却倒向西邊，西邊扶起却倒向東邊，終不能得他卓立中途。

古者之學者一，今之學者三，異端不與焉：一曰文章之學，二曰訓詁之學，三曰儒者之學。欲趨道，舍儒者之學不可。

今之學者有三弊：一溺於文章，二牽於訓詁，三惑於異端。苟無此三者，則將何歸？必趨於道矣。

或曰：人問某以學者當先識道之大本，道之大本如何求，某告之以君臣、父子、夫婦、兄弟、朋友，於此五者上行樂處便是。曰：此固是，然怎生地樂？勉強樂不得，須是知得了方能樂得。故人力行先須要知。非特行難，知亦難也。

書曰：〔三〕「知之非艱，行之惟艱。」此固是也，然知之亦自艱。譬如人欲往京師，必知是出那門行那路，然後可往，如不知，雖有欲往之心，其將何之？自古非無美材能力行者，然鮮能明道，以此見知之亦難也。

問：忠信進德之事固可勉強，然致知甚難。曰：子以誠敬爲可勉強，且恁地說，到底須是知了方行得。若不知，只是覰却堯，學他行事，無堯許多聰明睿知，怎生得如他動容周旋中禮？有諸中必形諸外，德容安可妄學？如子所言，是篤信而固守之，非固有之也。且如中庸「九經」，「脩身也，尊賢也，親親也」。堯典「克明峻德，以親九族」。親親本合在尊賢上，何故却在下？須是知所以親親之道方得，未致知便欲誠意，是躐等也。學者固當勉強，然不致知，怎生行得，勉強行者，安能持久？除非燭理明，自然樂循理。性本善，循理而行是順理事，本亦不難，但爲人不知，旋安排著，便道難也。知有多少般數，煞有深淺。〔四〕向親見一人曾爲虎所傷，因言及虎，神色便變，旁有數人見他説虎，非不知虎之猛可畏，然不如他説了有畏懼之色，蓋真知虎者也。學者深知亦如此。且如膾炙，貴公子與野人莫不皆知其美，然貴人聞著便有欲嗜膾炙之色，野人則不然。學者須是真知，纔知得是，便泰然行將去也。某年二十時解釋經義與今無異，然思今日覺得意味與少時自别。

信有二般：有信人者，有自信者。如七十子於仲尼，得他言語便終身守之，〔五〕然未必知道這箇怎生是怎生非也。此信於人者也。學者須要自信，既自信，怎生奪亦不得。

或問：進脩之術何先？曰：莫先於正心誠意。誠意在致知，致知在格物。格，至也，如「祖考來格」之格。凡一物上有一理，須是窮致其理。窮理亦多端，或讀書講明義理，或論古今人物别其是非，或應接事物而處其當，皆窮理也。或問：格物須物物格之，還只格一物而萬理皆知？曰：怎生便會該通？若只格一物便通衆理，雖顔子亦不敢如此道。須是今日格一件，明日又格一件，積習既多，然後脱然自有貫通處。

涵養須用敬，進學則在致知。

問：人有志於學，然智識蔽固，力量不至，則如之何？曰：只是致知。若致知則智識當自漸明，不曾見人有一件事終思不到也。智識明則力量自進。問曰：何以致知？曰：在明理，或多識前言往行，識之多則理明。然人全在強勉也。

士之於學也，猶農夫之耕。農夫不耕則無所食，無所食則不得生。士之於學也，其可一日舍哉！

學者言入乎耳，必須著乎心，見乎行事。如只聽他人言，却似説他人事，己無所與也。

問：學者須志於大，如何？曰：志無大小，且莫説道將第一等讓與別人，且做第二等，才如此説便是自棄，雖與「不能居仁由義者」差等不同，其自小一也。言學便以道爲志，言人便以聖爲志。自謂不能者，自賊者也。謂其君不能者，賊其君者也。

或問：人有恥不能之心，如何？曰：人恥其不能而爲之，可也；恥其不能而掩藏之，不可也。問：技藝之事，恥己之不能，如何？曰：技藝不能安足恥？爲士者當知道，己不知道，可恥也。爲士者當博學，己不博學，一本無「知道」已下至此十九字，但云「博學守約己不能之則」。可恥也。恥之如何？亦曰勉之而已，又安可嫉人之能而諱己之不能也？

學欲速不得，然亦不可怠緩，〔六〕有欲速之心便不是學。學是至廣大事，豈可以迫切之心爲之？

問：敬還用意否？曰其始安得不用意？若能一無此字。不用意，却是都無事了。又問：敬莫是静否？曰：纔説静便入於釋氏之説也。不用静字，只用敬字。纔説著静字便是忘也。孟子曰：「必有事焉而勿正，心勿忘，勿助長也。」必有事焉便是心勿忘，勿正便是勿助長。

問：至誠可以蹈水火，有此理否？曰：有之。曰：列子言商丘開之事有乎？曰：此是聖人之道不明後，莊、列之徒各以私智探測至理而言也。曰：巫師亦能如此，誠邪？欺邪？曰：此輩往往有術，常懷一箇欺人之心，更那裏得誠來。

或問：獨處一室或行闇中，多有驚懼，何也？曰：只是燭理不明，若能燭理，則知所懼者妄，又何懼焉？有人雖知此，然不免懼心者，只是氣不充。須是涵養久則氣充，自然物動不得。然有懼心亦是敬不足。

問：世言鬼神之事，雖知其無，然不能無疑懼，何也？曰：此只是自疑爾。曰：如何可以曉悟其理？曰：理會得精氣爲物，游魂爲變，與原始要終之說，便能知也。須是於原字上用工夫。或曰：游魂爲變，是變化之變否？曰：既是變，則存者亡，堅者腐，更無物也。鬼神之道只恁說與賢，雖會得亦信不過，須是自得也。或曰：何以得無恐懼？曰：須是氣定，自然不惑，氣未充，要強不得。因說與長老游山事。

人語言緊急，莫是氣不定否？曰：此亦當習，習到言語自然緩時，便是氣質變也。學至氣質變，方是有功。人只是一箇習。今觀儒臣自有一般氣象，武臣自有一般氣象，貴戚自有一般氣象，不成生來便如此，只是習也。某舊嘗進說於主上及太母，欲令上於一日之中親賢士大夫之時多，親宦官宮人之時少，所以涵養氣質，薰陶德性。

或問：人或倦怠，豈志不立乎？曰：若是氣，體勞後須倦，若是志，怎生倦得？人只爲氣勝志，故多爲氣所使。如人少而勇，老而怯，少而廉，老而貪，此爲氣所使者也。若是志勝氣時，志既一定，更不可易。如曾子易簀之際，其氣之微可知，只爲他志已定，故雖死生許大事亦動他不得，蓋有一絲髮氣在，則志猶在也。

問：人之燕居，形體怠惰，心不慢，可否？曰：安有箕踞而心不慢者？昔呂與叔六月中來緱氏，閒居中某嘗窺之，必見其儼然危坐，可謂敦篤矣。學者須恭敬，但不可令拘迫，拘迫則難久也。尹子曰：嘗親聞此，乃謂劉質夫也。

昔呂與叔嘗問爲思慮紛擾，某答以但爲心無主，若主於敬則自然不紛擾。譬如以一壺水投於水中，壺中既實，雖江湖之水不能入矣。曰：若思慮果出於正，亦無害否？曰：且如在宗廟則主敬，朝廷主莊，軍旅主嚴，此是也。如發不以時，紛然無度，雖正亦邪。

問：游宣德云「人能戒慎恐懼於不覩不聞之間，〔七〕則無聲無臭之道可以馴致」，此説如何？曰：馴致，漸進也。然此亦大綱説，固是自小以致大，自脩身可以至於盡性至命。然其間有多少般數，其所以至之之道當如何。荀子曰：「始乎爲士，終乎爲聖人。」今人學者須讀書，纔讀書便望爲聖賢，然中間至之之方更有多少。荀子雖能如此説，却以禮義爲僞，性爲不善。他自情性尚理會不得，怎生到得聖人。大抵以堯所行者欲力行之，以多聞多見取之，其所學者皆外也。

問：人有日誦萬言，或妙絶技藝，此可學否？曰：不可。大凡所受之才，雖加勉強，止可少進，而鈍者不可使利也。惟理可進。除是積學既久，能變得氣質，則愚必明，柔必強。蓋大賢以下即論才，大賢以上更不論才。聖人與天地合德，日月合明。六尺之軀能有多少技藝？人有身，須用才，聖人忘己，更不論才也。

問：人於議論，多欲己直，無含容之氣，是氣不平否？曰：固是氣不平，亦是量狹。人量隨識長，亦有人識高而量不長者，是識實未至也。大凡别事人都強得，惟識量不可強。今人有斗筲之量，有釜斛之量，有鍾鼎之量，有江河之量。江河之量亦大矣，然有涯，有涯亦有時而滿，唯天地之量則無滿。故聖人者，天地之量也。聖人之量，道也；常人之有量者，天資也。天資有量者須有限，大抵六尺之軀，力量只如此，雖欲不滿不可得。且如人有得一薦而滿者，有得一官而滿者，有改京官而滿者，有入兩府而滿者，滿雖有先後，然卒不免。譬如器盛物，初滿時尚可蔽護，更滿則必出。此天資之量，非知道者也。昔王隨甚有器量，仁廟賜飛白書曰：「王隨德行，李淑文章。」當時以德行稱，名望甚重。及爲相，有一人求作三路轉運使，王薄之，出鄙言，當時人皆驚怪。到這裏位高後便動了，人之量只如此。古人亦有如此者多。如鄧艾位三公，年七十，處得甚好，及因下蜀有功便動了，言姜維云云。謝安聞謝玄破苻堅，對客圍棊，報至不喜，及歸折屐齒，強終不得也。更如人大醉後益恭謹者，只益恭便是動了，雖與放肆者不同，其爲酒所動一也。又如貴公子位益高益卑謙，只卑謙便是動了，雖與驕傲者不同，其爲位所動一也。然惟知道者量自然宏大，不勉強而成。今人有所見卑下者，無他，亦是識量不足也。

人纔有意於爲公，便是私心。昔有人典選，其子弟繫磨勘皆不爲理，此乃是私心。人多言古時用直不避嫌得，後世用此不得，自是無人，豈是無時。因言少師典舉、明道薦才事。聖人作事甚宏裕。今人不知義理者更不須説，纔知義理便迫窄。若聖人則綽綽有餘裕。

問：觀物察己，還因見物反求諸身否？曰：不必如此説。物我一理，纔明彼即曉此，「合内外之道」也。語其大，至天地之高厚；語其小，至一物之所以然，學者皆當理會。又問：致知先求之四端，如何？曰：求之情性，固是切於身，然一草一木皆有理，須是察。

觀物理以察己，既能燭理，則無往而不識。

天下物皆可以理照，有物必有則，一物須有一理。

窮理、盡性、至命只是一事，才窮理便盡性，才盡性便至命。

聲、色、臭、味四字，虚實一般。凡物有形必有此四者，意言象數亦然。

爲人處世間，得見事無可疑處，多少快活。

問：學者不必同，如仁、義、忠、信之類，只於一字上求之，可否？曰：且如六經則各自有箇蹊轍，及其造道，一也。仁、義、忠、信只是一體事，若於一事上得之，其他皆通也。然仁是本。

問：人之學，有覺其難而有退志，則如之何？曰：有兩般，有思慮苦而志氣倦怠者，有憚其難而止者。向嘗爲之説，今人之學如登山麓，方其易處莫不闊步，及到難處便止，人情是如此。山高難登，是有定形，實難登也。聖人之道，不可形象，非實難然也，人弗爲耳。顔子言「仰之彌高，鑽之彌堅」，此非是言聖人高遠實不可及，堅固實不可入也。此只是譬喻，却無事，大意却是在「瞻之在前，忽然在後」上。又問：人少有得而遂安者，如何？曰：此實無所得也。譬如以管窺天，乍見星斗粲爛，便謂有所見，喜不自勝，此終無所得。若有大志者，不以管見爲得也。

問：家貧親老，應舉求仕，不免有得失之累，何脩可以免此？曰：此只是志不勝氣，若志勝自無此累。家貧親老須用禄仕，然得之不得爲有命。曰：在己固可，爲親奈何？曰：爲己爲親也只是一事，若不得，其如命何？孔子曰：「不知命，無以爲君子。」人苟不知命，見患難必避，遇得喪必動，見利必趨，其何以爲君子？然聖人言命，蓋爲中人以上者設，非爲上智者言也。中人以上，於得喪之際不能不惑，故有命之説，然後能安。若上智之人更不言命，惟安於義，借使求則得之，然非義則不求，此樂天者之事也。上智之人安於義，中人以上安於命，乃若聞命而不能安之者，又其每下者也。孟子曰：「求之有道，得之有命。」求之雖有道，奈何得之須有命。

問：前世所謂隱者，或守一節，或惇一行，然不知有知道否？曰：若知道，則不肯守一節一行也。如此等人鮮明理，多取古人一節事專行之。孟子曰：「服堯之服，行堯之行。」古人有殺一不義，雖得天下不爲，則我亦殺一不義，雖得天下不爲，古人有高尚隱逸不肯就仕，則我亦高尚隱逸不仕。如此等則放傚前人所爲耳，於道鮮自得也。是以東漢尚名節，有雖殺身不悔者，只爲不知道也。

問：方外之士，有人來看他，能先知者，有諸？因問王子真事。陳本注云：伊川一日入嵩山，王佺已候於松下。問何以知之，曰去年已有消息來矣。蓋先生前一年嘗欲往，以事而止。曰：有之。向見嵩山董五經能如此。問：何以能爾？曰：只是心静，静而後能照。又問：聖人肯爲否？曰：何必聖賢，使釋氏稍近道理者，便不肯爲。釋氏常言：庵中坐却見庵外事，莫是野狐精。釋子猶不肯爲，况聖人乎！

問：神仙之説有諸？曰：不知如何，若説白日飛昇之類則無，若言居山林間保形鍊氣以延年益壽則有之。譬如一爐火，置之風中則易過，置之密室則難過，有此理也。又問：楊子言「聖人不師仙，厥術異也」，聖人能爲此等事否？曰：此是天地間一賊，若非竊造化之機，安能延年？使聖人肯爲，周、孔爲之久矣。

問：惡外物，如何？曰：是不知道者也。物安可惡？釋氏之學便如此。釋氏要屏事不問，這事是合有邪，合無邪？若是合有，又安可屏？若是合無，自然無了，更屏什麽？彼方外者苟且務静，乃遠迹山林之間，蓋非明理者也。世方以爲高，惑矣。釋氏有出家出世之説。家本不可出，却爲他不父其父，不母其母，自逃去固可也。至於世則怎生出得？既道出世，除是不戴皇天，不履后土始得，然又却渴飲而飢食，戴天而履地。

問：某嘗讀華嚴經，第一真空絶相觀，第二事理無礙觀，第三事事無礙觀，譬如鏡燈之類，包含萬象，無有窮盡，此理如何？曰：只爲釋氏要周遮，一言以蔽之，不過曰萬理歸於一理也。又問：未知所以破他處。曰：亦未得道他不是。百家諸子箇箇談仁談義，只爲他歸宿處不是，只是箇自私，爲輪回生死，却爲釋氏之辭善遁，纔窮著他，便道我不爲這箇，到了寫在册子上，怎生遁得？且指他淺近處，只燒一文香，便道我有無窮福利。懷却這箇心，怎生事神明？

釋氏言成住壞空，便是不知道。只有成壞，無住空。且如草木初生既成，生盡便枯壞也。他以謂如木之生，生長既足却自住，然後却漸漸毀壞。天下之物無有住者，嬰兒一生，長一日便是減一日。何嘗得住？然而氣體日漸長大，長底自長，減底自減，自不相干也。

問：釋氏理障之説。曰：釋氏有此説，謂既明此理而又執持是理，故爲障。此錯看了理字也。天下只有一箇理，既明此理，夫復何障？若以理爲障，則是己與理爲二。

今之學禪者，平居高談性命之際，至於世事，往往直有都不曉者，此只是實無所得也。

問：釋氏有一宿覺、言下覺之説，如何？曰：何必浮圖，孟子嘗言覺字矣，曰：「以先知覺後知，以先覺覺後覺。」知是知此事，覺是覺此理。古人云「共君一夜話，勝讀十年書」，若於言下即悟，何啻讀十年書。

問：明道先生云：「昔之惑人也，乘其迷暗；今之惑人也，因其高明。」既曰高明，又何惑乎？曰：今之學釋氏者往往皆高明之人，所謂「知者過之」也。然所謂高明，非中庸所謂「極高明」。如「知者過之」，若是聖人之智，豈更有過？

問：世之學者多入於禪，何也？曰：今人不學則已，如學焉，未有不歸於禪也。却焉他求道未有所得，思索既窮，乍見寬廣處，其心便安於此。曰：是可反否？曰：深固者難反。

問：西銘何如？曰：此橫渠文之粹者也。曰：充得盡時如何？曰：聖人也。橫渠能充盡否？曰：言有多端，有有德之言，有造道之言。有德之言説自己事，如聖人言聖人事也。造道之言則知足以知此，如賢人説聖人事也。橫渠道儘高，言儘醇，自孟子後儒者都無他見識。

問：橫渠之書有迫切處否？曰：子厚謹嚴，纔謹嚴便有迫切氣象，無寬舒之氣。孟子却寬舒，只是中間有些英氣，纔有英氣便有圭角，英氣甚害事。如顏子便渾厚不同。顏子去聖人只毫髮之間。孟子大賢，亞聖之次也。或問：氣象於甚處見？曰：但以孔子之言比之便見。如冰與水精非不光，比之玉自是有温潤含蓄氣象，無許多光耀也。

問：邵堯夫能推數，見物壽長短始終，有此理否？曰：固有之。又問：或言人壽但得一百二十數，是否？曰：固是。此亦是大綱數，不必如此。馬牛得六十，按皇極經世當作「三十」。猫犬得十二，燕雀得六年之類，蓋亦有過不及。又問：還察形色？還以生下日數推考？曰：形色亦可察，須精方驗。

邵堯夫數法出於李挺之，至堯夫推數方及理。

邵堯夫臨終時只是諧謔，須臾而去。以聖人觀之，則亦未是，蓋猶有意也，比之常人甚懸絶矣。他疾甚革，某往視之，因警之曰：「堯夫平生所學，今日無事否？」他氣微不能答。次日見之，却有聲如絲髮來，大答云：「你道生薑樹上生，我亦只得依你説。」是時諸公都在廳上議後事，各欲遷葬城中。堯夫已自爲塋。他在房間便聞得，令人唤大郎來，云不得遷葬，衆議始定。又諸公恐喧他，盡出外説話，他皆聞得。一人云有新報云云，堯夫問有甚事，曰有某事，堯夫曰：「我將爲收却幽州也。」以他人觀之便以爲怪，此只是心虚而明，故聽得。問曰：堯夫未病時不如此，何也？曰：此只是病後氣將絶，心無念慮，不昏便如此。又問：釋氏臨終亦先知死，何也？曰：只是一箇不動心。釋氏平生只學這箇事，將這箇做一件大事。學者不必學他，但燭理明，自能之。只如邵堯夫事，他自如此，亦豈嘗學也？孔子曰：「未知生，焉知死？」人多言孔子不告子路，此乃深告之也。又曰：「原始要終，故知死生之説。」人能原始，知得生理，一作「所以生」。便能要終知得死理。一作「所以死」。若不明得，便雖千萬般安排著，亦不濟事。

張子厚罷禮官歸，過洛陽相見。某問云：「在禮院有甚職事？」曰：「多爲禮房檢正所奪，只定得數箇謚，并龍女衣冠。」問：「如何定龍女衣冠？」曰：「請依品秩。」曰：「若使某當是事，必不如此處置。」曰：「如之何？」曰：「某當辨云：大河之塞，天地之靈，宗廟之祐，社稷之福，與吏士之力，不當歸功水獸。龍，獸也，不可衣人衣冠。」子厚以爲然。

問：荆公可謂得君乎？曰：後世謂之得君可也，然荆公之智識亦自能知得。如表云：「忠不足以信上，故事必待於自明；智不足以破姦，故人與之爲敵。」智不破姦，此則未然，若君臣深相知，何待事事使之辨明也。舉此一事便可見。曰：荆公「勿使上知」之語信乎？曰：須看他當時因甚事説此話。且如作此事當如何更須詳審，未要令上知之。又如説一事未甚切當，更須如何商量體察，今且勿令上知，若此類不成是欺君也。凡事未見始末，更切子細，反覆推究方可。

人之有寤寐，猶天之有晝夜。陰陽動静，開闔之理也。如寤寐須順陰陽始得。問：人之寐何也？曰：人寐時血氣皆聚於内，如血歸肝之類。今人不睡者多損肝。問：魂魄何也？曰：魂只是陽，魄只是陰。魂氣歸于天，體魄歸于地是也。如道家三魂七魄之説，妄爾。

或曰：傳記有言，太古之時人有牛首蛇身者，莫無此理否？曰：固是。既謂之人，安有此等事？但有人形似鳥喙或牛首者耳。荀子中自説。問：太古之時，人還與物同生否？曰：同。莫是純氣爲人，繁氣爲蟲否？曰：然。人乃五行之秀氣，此是天地清明純粹氣所生也。或曰：人初生時還以氣化否？曰：此必燭理，當徐論之。且如海上忽露出一沙島，便有草木生。有土而生草木，不足怪。既有草木，自然禽獸生焉。或曰：先生語録

中云「焉知海島上無氣化之人」，如何？曰：是近人處固無，須是極遠處有，亦不可知。〔八〕

曰：今天下未有無父母之人。古有氣化，今無氣化，何也？曰：有兩般。有全是氣化而生者，若腐草化爲螢是也。既是氣化，到合化時自化。有氣化生之後而種生者，且如人身上著新衣服，過幾日便有蟣虱生其間，此氣化也。氣既化後更不化，便以種生去。此理甚明。

或問：宋齊丘化書云：「有無情而化爲有情者，有有情而化爲無情者。無情而化爲有情者，若楓樹化爲老人是也。有情而化爲無情者，如望夫化爲石是也。」此語如何？曰：莫無此理。楓木爲老人，形如老人也，豈便變爲老人？川中有蟬化爲花，蚯蚓化爲百合，如石蟹、石燕、石人之類有之。固有此理。某在南中時，聞有採石人因採石石陷，遂在石中，幸不死，飢甚，只取石膏食之，不知幾年後，因別人復來採石，見此人在石中，引之出，漸覺身硬，纔出風便化爲石。此無可怪，蓋有此理也。若「望夫石」，只是臨江山有石如人形者，今天下凡江邊有石立者，皆呼爲「望夫石」。〔九〕如呼「馬鞍」、「牛頭」之類，天下同之。

問：上古人多壽，後世不及古，何也？莫是氣否？曰：氣便是命也。曰：今人不若古人壽，是盛衰之理歟？曰：盛衰之運卒難理會。且以歷代言之，二帝三王爲盛，後世爲衰。以一代言之，文、武、成、康爲盛，幽、厲、平、桓爲衰。以一君言之，開元爲盛，天寶爲衰。以一歲則春夏爲盛，秋冬爲衰。以一月則上旬爲盛，下旬爲衰。以一日則寅卯爲盛，戌亥爲衰。

一時亦然，如人生百年，五十以前爲盛，五十以後爲衰。然有衰而復盛者，有衰而不復反者。若舉大運而言，則三王不如五帝之盛，兩漢不如三王之盛，又其下不如漢之盛，至其中間又有多少盛衰。如三代衰而漢盛，漢衰而魏盛，此是衰而復盛之理。譬如月既晦則再生，四時往復來也。若論天地之大運，舉其大體而言，則有日衰削之理。如人生百年，雖赤子才生一日，便是減一日也。形體日自長，而數日自減，不相害也。

天下有多少才，只爲道不明於天下，故不得有所成就。且古者「興於詩，立於禮，成於樂」，如今人怎生會得。古人於詩，如今人歌曲一般，雖閭里童稚，皆習聞其説而曉其義，故能興起於詩。後世老師宿儒尚不能曉其義，怎生責得學者，是不得興於詩也。古禮既廢，人倫不明，以至治家皆無法度，是不得立於禮也。古人有歌詠以養其性情，聲音以養其耳，舞蹈以養其血脉，今皆無之，是不得成於樂也。古之成材也易，今之成材也難。

今習俗如此不美，然人却不至大故薄惡者，只是爲善在人心者不可忘也。魏鄭公言「使民澆漓，不復返朴，今當爲鬼爲魅」，此言甚是。只爲秉彝在人，雖俗甚惡亦滅不得。

蘇季明問：中之道與喜怒哀樂未發謂之中同否？曰：非也。喜怒哀樂未發是言在中之義，只一箇中字，但用不同。或曰：喜怒哀樂未發之前求中可否？曰：不可。既思於喜怒哀樂未發之前求之，又却是思也。既思即是已發，思與喜怒哀樂一般。纔發便謂之和，不可謂之中也。又問：呂學士言「當求於喜怒哀樂未發之前」，信斯言也，恐無著莫，如之何而可？曰：看此語如何地下，若言存養於喜怒哀樂未發之時則可，若言求中於喜怒哀樂未發之前則不可。又問：學者於喜怒哀樂發時，固當勉強裁仰，於未發之前當如何用功？曰：於喜怒哀樂未發之前更怎生求？只平日涵養便是，涵養久則喜怒哀樂發自中節。或曰：有未發之中，有既發之中。曰：非也。既發時，便是和矣。發而中節，固是得中，「時中」之類。只爲將中和來分説，便是和也。

季明問：先生説喜怒哀樂未發謂之中是在中之義，不識何意？曰：只喜怒哀樂不發，便是中也。曰：中莫無形體，只是箇言道之題目否？曰：非也。中有甚形體？然既謂之中也，須有箇形象。曰：當中之時，耳無聞，目無見否？曰：雖耳無聞，目無見，然見聞之理在始得。曰：中是有時而中否？曰：何時而不中？以事言之，則有時而中，以道言之，何時而不中？曰：固是所爲皆中，然而觀於四者未發之時，靜時自有一般氣象，及至接事時又自別，何也？曰：善觀者不如此，却於喜怒哀樂已發之際觀之。賢且説靜時如何。曰：謂之無物則不可，然自有知覺處。曰：既有知覺，却是動也，怎生言靜？人説「復其見天地之心」，皆以謂至靜能見天地之心，非也。復之卦下面一畫，便是動也，安得謂之靜？自古儒者皆言靜見天地之心，唯某言動而見天地之心。或曰：莫是於動上求靜否？曰：

固是，然最難。釋氏多言定，聖人便言止。且如物之好須道是好，物之惡須道是惡。物自好惡，關我這裏甚事？若説道我只是定，更無所爲，然物之好惡亦自在裏，故聖人只言止。所謂止，如人君止於仁，人臣止於敬之類是也。易之艮言止之義曰「艮其止，止其所也」，言隨其所止而止之。人多不能止。蓋人萬物皆備，遇事時各因其心之所重者，更互而出，纔見得這事重，便有這事出，若能物各付物，便自不出來也。或曰：先生於喜怒哀樂未發之前，下動字下静字？曰：謂之静則可，然静中須有物始得。這裏便一作「最」。是難處，學者莫若且先理會得敬，能敬則自知此矣。或曰：敬何以用功？曰：莫若主一。季明曰：昞嘗患思慮不定，或思一事未了，他事如麻又生，如何？曰：不可，此不誠之本也。須是習，習能專一時便好，不拘思慮與應事，皆要求一。或曰：當静坐時，物之過乎前者，還見不見？曰：看事如何，若是大事，如祭祀，前旒蔽明，黈纊充耳，凡物之過者，不見不聞也。若無事時，目須見，耳須聞。或曰：當敬時，雖見聞莫過焉而不留否？曰：不説道非禮勿視勿聽？勿者禁止之辭，纔説弗字便不得也。問：雜説中以赤子之心爲已發，是否？曰已發而去道未遠也。曰：大人不失赤子之心，若何？曰：取其純一近道也。曰：赤子之心與聖人之心若何？曰：聖人之心如鏡如止水。

問：日中所不欲爲之事，夜多見於夢，此何故也？曰：只是心不定。今人所夢見事，豈特一日之間所有之事，亦有數十年前之事。夢見之者，只爲心中舊有此事，平日忽有事與此事相感，或氣相感，然後發出來。故雖白日所憎惡者，亦有時見於夢也。譬如水爲風激而成浪，風既息，波猶洶湧未已也。若存養久底人自不如此，聖賢則無這箇夢，只有朕兆便形於夢也。人有氣清無夢者，亦有氣昏無夢者。聖人無夢，氣清也。若人困甚時更無夢，只是昏氣蔽隔，夢不得也。若孔子夢周公之事，與常人夢别。人於夢寐間，亦可以卜自家所學之淺深，如夢寐顛倒，即是心志不定，操存不固。如揚子江宿浪。

問：人心所繫著之事，則夜見於夢，所著事善，夜夢見之者莫不害否？曰：雖是善事，心亦是動。凡事有朕兆入夢者却無害，捨此皆是妄動。或曰：孔子嘗夢見周公，當如何？曰：此聖人存誠處也。聖人欲行周公之道，故雖一夢寐不忘周公，及既衰，知道之不可行，故不復夢見。然所謂夢見周公，豈是夜夜與周公語也。人心須要定，使他思時方思乃是。今人都由心。曰：心誰使之？曰：以心使心則可，人心自由便放去也。

「政也者，蒲盧也」，言化之易也。螟蛉與果蠃自是二物，但氣類相似，然祝之久便能肖。政之化人宜甚於蒲盧矣。〔一〇〕然蒲盧二物形質不同，尚祝之可化，人與聖人形質無異，豈學之不可至耶？

「誠者自成」，如至誠事親則成人子，至誠事君則成人臣。「不誠無物，誠者物之終始」，猶俗説徹頭徹尾不誠，更有甚物也。「其次致曲」，曲，偏曲之謂，非大道也。「曲能有誠」，就一事中用志不分，亦能有誠。且如技藝上可見，養由基射之類是也。「誠則形」，誠後便有物。如「立則見其參於前，在輿則見其倚於衡」，如「有所立卓爾」，皆若有物方見。其無形，〔一二〕是見何物也。「形則著」，又著見也。「著則明」，是有光輝之時也。〔一三〕「明則動」，誠能動人也。君子所過者化，豈非動乎？或曰：變與化何別？曰：變如物方變而未化，化則更無舊迹，自然之謂也。莊子言變大於化，非也。

問：命與遇何異？張横渠云：行同報異，猶難語命，語遇可也。先生曰：人遇不遇，即是命也。曰：長平之戰，四十萬人死，豈命一乎？曰：是亦命也，只遇著白起，便是命當如此。又況趙卒皆一國之人，使是五湖四海之人同時而死，亦是常事。又問：或當刑而王，或爲相而餓死，或先貴後賤，或先賤後貴，此之類皆命乎？曰：莫非命也。既曰命，便有此不同，不足怪也。

問：人之形體有限量，心有限量否？曰：論心之形，則安得無限量？又問：心之妙用有限量否？曰：自是人有限量。以有限之形、有限之氣，苟不通一作「用」。之以道，安得無限量？孟子曰「盡其心，知其性」，心即性也。在天爲命，在人爲性，論其所主爲心，其實只是一箇道。苟能通之以道，又豈有限量？天下更無性外之物，若云有限量，除是性外有物始得。

問：心有善惡否？曰：在天爲命，在義爲理，在人爲性，主於身爲心，其實一也。心本善，發於思慮則有善有不善。若既發則可謂之情，不可謂之心。譬如水只謂之水，至如流而爲派，或行於東，或行於西，却謂之流也。

問：喜怒出於性否？曰：固是。纔有生識便有性，有性便有情，無性安得情？又問：喜怒出於外，如何？曰：非出於外，感於外而發於中也。問：性之有喜怒，猶水之有波否？曰：然。湛然平静如鏡者，水之性也。及遇沙石或地勢不平，便有湍激，或風行其上，便爲波濤洶洶，〔一三〕此豈水之性也哉？人性中只有四端，又豈有許多不善底事。然無水安得波浪，無性安得情也。

問：人性本明，因何有蔽？曰：此須索理會也。孟子言人性善是也，雖荀、楊亦不知性。孟子所以獨出諸儒者，以能明性也。性無不善，而有不善者才也。性即是理，理則自堯、舜至于塗人一也。才禀於氣，氣有清濁，禀其清者爲賢，禀其濁者爲愚。又問：愚可變否？曰：可。孔子謂「上智與下愚不移」，然亦有可移之理，惟自暴自棄者則不移也。曰：下愚所以自暴棄者，才乎？曰：固是也，然却道他不可移不得。性只一般，豈不可移，却被他自暴自棄不肯去學，故移不得，使肯學時，亦有可移之理。

凡解文字，但易其心，自見理。理只是人理甚分明，如一條平坦底道路。詩曰「周道如砥，其直如矢」，此之謂也。且如隨卦言「君子向晦入宴息」，解者多作「遵養時晦」之晦。或問：作甚晦字？曰：此只是隨時之大者，向晦則宴息也，更別有甚義。或曰：聖人之言恐不可以淺近看他。曰：聖人之言自有近處，自有深遠處，如近處怎生强要鑿教深遠得。楊子曰：「聖人之言遠如天，賢人之言近如地。」某與改之曰：「聖人之言，其遠如天，其近如地。」

學者不泥文義者，又全背却遠去，理會文義者，又滯泥不通。如子濯孺子爲將之事，孟子只取其不背師之意，人須就上面理會事君之道如何也。又如萬章問舜完廩浚井事，孟子只答他大意，人須要理會浚井如何出得來，完廩又怎生下得來。若此之學，徒費心力。

問：聖人之經旨，如何能窮得？曰：以理義去推索可也。學者先須讀論、孟，窮得論、孟，〔一四〕自有箇要約處，以此觀他經甚省力。論、孟如丈尺權衡相似，以此去量度事物，自然見得長短輕重。某嘗語學者必先看論語、孟子。今人雖善問，未必如當時人，借使問如當時人，聖人所答不過如此。今人看論、孟之書，亦如見孔、孟何異。

孟子養氣一篇，諸君宜潛心玩索，須是實識得方可。「勿忘勿助長」只是養氣之法，如不識，怎生養？有物始言養，無物又養箇甚麽？「浩然之氣」須見是一箇物。如顏子言「如有所立卓爾」，孟子言「躍如也」，卓爾、躍如，〔一五〕分明見得方可。

「不得於言，勿求於心，不可」，此觀人之法。心之精微，言有不得者，不可便謂不知。此告子淺近處。

「持其志，無暴其氣」，内外交相養也。

「配義與道」，謂以義理養成此氣，合義與道。方其未養，則氣自是氣，義自是義，及其養成浩然之氣，則氣與義合矣。本不可言合，爲未養時言也。如言道，則是一箇道都了。若以人而言，則人自是人，道自是道，須是以人行道始得。言義又言道，道體也，義用也，就事上便言義。

北宫黝之勇必行，孟施舍無懼。子夏之勇本不可知，却因北宫黝而可見。子夏是篤信聖人而力行，曾子是明理。

問：「必有事焉」，當用敬否？曰：敬只是涵養一事，「必有事焉」須當集義，只知用敬不知集義，却是都無事也。又問：義莫是中理否？曰：中理在事，義在心内。苟不主義，浩然之氣從何而生？理只是發而見於外者。且如恭敬，幣之未將也恭敬，雖因幣帛威儀而後發見於外，然須心有此恭敬，然後著見，若心無恭敬，何以能爾？所謂德者得也，須是得於己，然後謂之德也。幣之未將之時已有恭敬，非因幣帛而後有恭敬也。問：敬、義何別？曰：

敬只是持己之道，義便知有是有非。順理而行，是爲義也。若只守一箇敬，不知集義，却是都無事也。且如欲爲孝，不成只守著一箇孝字，須是知所以爲孝之道，所以侍奉當如何，温清當如何，然後能盡孝道也。又問：義只在事上，如何？曰：内外一理，豈特事上求合義也。

問：人敬以直内，氣便能充塞天地否？曰：氣須是養，集義所生，積集既久，方能生浩然氣象。人但看所養如何，養得一分便有一分，養得二分便有二分，只將敬，安能便到充塞天地處？且氣自是氣，體所充自是一件事，敬自是敬，怎生便合得。如曰「其爲氣，配義與道」，若説氣與義時自别，怎生便能使氣與義合？

「性相近也，習相遠也」，性一也，何以言相近？曰：此只是言性質之性，如俗言性急性緩之類，性安有緩急？此言性者，生之謂性也。又問：上智下愚不移是性否？曰：此是才。須理會得性與才所以分處。又問：「中人以上可以語上，中人以下不可語上」，是才否？曰：固是。然此只是大綱説，言中人以上可以與之説近上話，中人以下不可以與説近上話也。「生之謂性」，凡言性處，須看他立意如何。且如言人性善，性之本也，生之謂性，論其所稟也。孔子言「性相近」，若論其本，豈可言相近，只論其所稟也。告子所云固是，爲孟子問他，他説便不是也。

「乃若其情，則可以爲善」，「若夫爲不善，非才之罪」，此言人陷溺其心者，非關才事。才猶言材料，曲可以爲輪，直可以爲梁棟，若是毀鑿壞了，豈關才事？下面不是説人皆有四者之心？或曰：人材有美惡，豈可言非才之罪？曰：才有美惡者，是舉天下之言也。若説一人之才，如因富歲而賴，因凶歲而暴，豈才質之本然邪！

問：「捨則亡」，心有亡，何也？曰：否。此只是説心無形體，纔主著事時，先生以目視地。便在這裏，纔過了便不見。如「出入無時，莫知其鄉」，此句亦須要人理會。心豈有出入？亦以操舍而言也。「放心」謂心本善而流於不善，是放也。

問：盡己之謂忠，莫是盡誠否？既盡己，安有不誠？盡己則無所不盡，如孟子所謂盡心。曰：盡心莫是我有惻隱羞惡如此之心，能盡得便能知性否？曰：何必如此數，只是盡心便了，纔數著便不盡。如數一百，少却一便爲不盡也。大抵稟於天曰性，而所主在心。纔盡心即是知性，知性即是知天矣。羅本以爲呂與叔問。

問：「出辭氣」，莫是於言語上用工夫否？曰：須是養乎中，自然言語順理。今人熟底事，説得便分明，若是生事，便説得蹇澁。須是涵養久，便得自然。若是慎言語不妄發，此却可著力。

孔子教人「不憤不啓，不悱不發」，蓋不待憤悱而發，則自知之不固，〔一一六〕待憤悱而後發，則沛然矣。學者須是深思之，思而不得，然後爲他說便好。初學者須是且爲他說，不然非獨他不曉，亦止人好問之心也。

孔子既知宋桓魋不能害己，又却微服過宋。舜既見象之將殺己，而又「象憂亦憂，象喜亦喜」。國祚長短自有命數，人君何用汲汲求治。禹、稷救飢溺者，過門不入，非不知飢溺而死者自有命，又却救之如此其急。數者之事何故如此？須思量到「道並行而不相悖」處可也。今且說聖人非不知命，然於人事不得不盡。此說未是。

問：聖人與天道何異？曰：無異。聖人可殺否？曰：聖人智足以周身，安可殺也？只如今有智慮人已害他不得，况於聖人？曰：昔瞽瞍使舜完廩浚井，舜知其欲殺己而逃之乎？曰：本無此事，此是萬章所傳聞，孟子更不能理會這下事，只且說舜心也。如下文言「琴朕」，「干戈朕」，「二嫂使治朕棲」，堯爲天子，安有是事？

問：「加我數年，五十而學易，可以無大過矣。」不知聖人何以因學易後始能無過。曰：先儒謂孔子學易後可以無大過，此大段失却文意。聖人何嘗有過？如待學易後無大過，却是未學易前嘗有大過也。此聖人如未嘗學易，何以知其可以無過？蓋孔子時學易者支離，易道不明，仲尼既脩他經，惟易未嘗發明，故謂弟子曰：「加我數年，五十以學易。」期之五十，然後贊易，則學易者可以無大過差，若所謂「贊易道而黜八索」是也。前此學易者甚衆，其説多過，聖人使弟子俟其贊而後學之，其過鮮也。

問：「博我以文，約我以禮。」曰：此是顔子稱聖人最切當處。聖人教人只是如此，既博之以文，而後約之以禮，所謂「博學而詳説之，將以反説約也」。博與約相對，聖人教人只此兩字。博是博學多識多聞多見之謂，約只是使之知要也。又問：君子「博學於文，約之以禮，亦可以弗畔矣夫」，與此同乎？曰：這箇只是淺近説，言多聞見而約束以禮，雖未能知道，庶幾可以弗畔於道。此言善人君子多識前言往行而能不犯非禮者爾，非顔子所以學於孔子之謂也。又問：此莫是小成否？曰：亦未是小成，去知道甚遠。如曰：「多聞，擇其善者而從之，多見而識之，知之次也。」聞見與知之甚異，此只是聞之者也。又曰：聖人之道，知之莫甚難？曰：聖人之道安可以難易言？聖人未嘗言易以驕人之志，亦未嘗言難以阻人之進。仲尼但曰：「未之思也，夫何遠之有？」此言極有涵畜意思。孟子言：「夫道若大路然，豈難知哉？」只下這一箇豈字，便露筋骨，聖人之言不如此。如下面説人「病不求耳，子歸而求之有餘師」，這數句却説得好。孔、孟言有異處，亦須自識得。

或問：「子畏於匡，顔淵後。子曰：『吾以汝爲死矣。』曰：『子在，回何敢死？』」然設使孔子遇難，顔淵有可死之理否？曰：無可死之理，除非是鬬死，然鬬死非顔子之事，若云遇害，又不當言敢不敢也。又問：使孔子遇害，顔子死之否乎？曰：豈特顔子之於孔子也，若二人同行遇難，固可相死也。又問：親在則如之何？曰：且譬如二人捕虎，一人力盡，一人須當同去用力。如執干戈衛社稷，到急處便遁逃去之，言我有親，是大不義也。當此時，豈問有親無親，但當預先謂吾有親不可行則止，豈到臨時却自規避也。且如常人爲不可獨行，須結伴而出，至于親在，〔一七〕爲親圖養須出去，亦須結伴同去，便有患難相死之道。昔有二人同在嵩山，同出就店飲酒，一人大醉臥在地下，〔一八〕夜深歸不得，一人又無力扶持，尋常曠野中有虎豹盜賊，此人遂只在旁直守到曉，不成不顧了自歸也。此義理所當然者也。禮言親在「不許友以死」者，此言亦在人用得。蓋有親在可許友以死者，有親不在不可許友以死者。〔一九〕可許友以死，如二人同行之類是也。不可許友以死，如戰國游俠爲親不在，乃爲人復讎，甚非理也。

問：「不遷怒，不貳過」，何也？語録有怒甲不遷乙之説，是否？曰：是。曰：若此則甚易？何待顔氏而後能？曰：只被説得粗了，諸君便道易。此莫是最難，須是理會得因何不遷怒，如舜之誅「四凶」，怒在「四凶」，舜何與焉？蓋因是人有可怒之事而怒之，聖人之心本無怒也。譬如明鏡，好物來時便見是好，惡物來時便見是惡，鏡何嘗有好惡也。世之人固有怒於室而色於市。且如怒一人，對那人説話能無怒色否？有能怒一人而不怒别人者，能忍得如此，已是煞知義理。若聖人因物而未嘗有怒，此莫是甚難。君子役物，小人役於物。今人見有可喜可怒之事，自家著一分陪奉他，此亦勞矣。聖人心如止水。

問：顏子勇乎？曰：孰勇於顏子？觀其言曰：「舜何人也，予何人也，有爲者亦若是。」孰勇於顏子？如「有若無，實若虛，犯而不校」之類，抑可謂大勇者矣。

曾子傳聖人道，一作「學」。只是一箇誠篤。語曰「參也魯」，如聖人之門，子游、子夏之言語，子貢、子張之才辨，聰明者甚多，卒傳聖人之道者，乃質魯之人。人只要一箇誠實，聖人說忠信處甚多。曾子，孔子在時甚少，後來所學不可測，且易簀之事非大賢已上作不得，曾子之後有子思便可見。

曾子執親之喪，水漿不入口者七日，不合禮何也？曰：曾子者，過於厚者也。聖人大中之道，賢者必俯而就，不肖者必跂而及。若曾子之過，過於厚者也。若衆人必當就禮法，自大賢以上則看他如何，不可以禮法拘也。且守社稷者，國君之職也，太王則委而去之。守宗廟者，天子之職也，堯、舜則以天下與人。如三聖賢則無害，他人便不可。然聖人所以教人之道，大抵使之循禮法而已。

「金聲而玉振之」，此孟子爲學者言終始之義也。樂之作，始以金奏，而以玉聲終之，詩曰「依我磬聲」是也。始於致知，智之事也；行所知而至其極，聖之事也。易曰「知至至之，知終終之」，是也。

「惟聖人然後踐形」，言聖人盡得人道也。人得天地之正氣而生，與萬物不同。既爲人，須盡得人理。衆人有之而不知，賢人踐之而未盡，能踐形者，惟聖人也。

「佚道使民」，謂本欲佚之也，故雖「勞而不怨」。「生道殺民」，謂本欲生之也。且如救水火，是求所以生之也，或有焚溺而死者，却「雖死不怨」。

「仁言」謂以仁厚之言加於民。「仁聲」如「仁聞」，謂風聲足以感動人也。此尤見仁德之昭著也。

問：「行之而不著」，「習矣而不察」。曰：此言大道如此，而人由之不知也。「行之而不著」，謂人行之而不明曉也。「習矣而不察」，謂人習之而不省察也。曰：先生有言，雖孔門弟子亦有此病，何也？曰：在衆人習而不察者，只是飢食渴飲之類，由之而不自知也。如孔門弟子，却是聞聖人之化，入於善而不自知也。衆者言衆多也。

問：「可以取，可以無取」，天下有兩可之事乎？曰：有之。如朋友之饋，是可取也，然己自可足，是不可取也，纔取之便傷廉矣。曰：「取傷廉」固不可，然「與傷惠」何害？曰：是有害於惠也。可以與，然却可以不與，若與之時財或不贍，却於合當與者無可與之。且博施濟衆固聖人所欲，然却五十者方衣帛，七十者方食肉。如使四十者衣帛，五十者食肉豈不更好，然力不可以給，合當衣帛食肉者便不足也。此所以傷惠。

問：人有不爲，然後可以有爲。曰：此只是有所擇之人，能擇其可爲不可爲也。纔有所不爲，便可以有爲也。若無所不爲，豈能有爲邪？

問：「非禮之禮，非義之義」，何謂也？曰：恭本爲禮，過恭是「非禮之禮」也。以物與人爲義，過與是「非義之義」也。曰：此事何止「大人不爲」？曰：過恭過與是細人之事，猶言婦人之仁也，只爲他小了，大人豈肯如此！

問：「天民」、「天吏」、「大人」何以別？曰：順天行道者天民也，順天爲政者天吏也，大人者又在二者之上。孟子曰「充實而有光輝之謂大」，聖人豈不爲天民、天吏？如文王、伊尹是也。「大而化之之謂聖，聖而不可知之之謂神」，非是聖人上別有一等神人，但聖人有不可知處便是神也。化與變化之化同，若到聖人，更無差等也。或曰：堯、舜、禹、湯、文、武如何？曰：孔子嘗論堯、舜矣，如曰：「惟天爲大，惟堯則之。」如此等事甚大，惟堯、舜可稱也。若湯、武，雖是事不同，不知是聖人不是聖人。或曰：可以湯、武之心求之否？曰：觀其心，如「行一不義，殺一不辜，雖得天下不爲」，此等事，大賢以上人方一作「皆」。爲得，若非聖人，亦是亞聖一等人也。若文王則分明是大聖人也。禹又分明如湯、武，觀舜稱其「不矜」「不伐」，與孔子言「無間然」之事，又却别有一箇氣象。大抵生而知之，與學而知之，及其成功，一也。

蘇季明問：舜「執其兩端」，注以爲「過不及之兩端」，是乎？曰：是。曰：既過不及，又何執乎？曰：執猶今之所謂執持，使不得行也。舜執持過不及，使民不得行，而用其中，使民行之也。又問：此執與「湯執中」如何？曰：執只是一箇執。舜執兩端，是執持而不用，湯執中而不失，將以用之也。若「子莫執中」，却是子莫見楊、墨過不及，遂於過不及二者之間執之，却不知有當「摩頂放踵利天下」時，有當「拔一毛利天下不爲」時。執中而不通變，與執一無異。

季明問：「君子時中」，莫是隨時否？曰：是也。中字最難識，須是默識心通。且試言一廳則中央爲中，一家則廳中非中而堂爲中，言一國則堂非中而國之中爲中，推此類可見矣。且如初寒時則薄裘爲中，如在盛寒而用初寒之裘則非中也。更如三過其門不入，在禹、稷之世爲中，若居陋巷則不中矣。居陋巷在顏子之時爲中，若三過其門不入則非中也。或曰：男女不授受之類皆然？曰：是也。男女不授受中也，在喪祭則不如此矣。

問：堯、舜、湯、武事迹雖不同，其心德有間否？曰：無間。曰：孟子言「堯、舜性之，湯、武身之」，湯、武豈不性之邪？曰：堯、舜生知，湯、武學而知之，及其成功，一也。身之言履之也，反之言歸於正也。

或問：「夫子賢於堯、舜」，信諸？曰：堯、舜豈可賢也，但門人推尊夫子之道，以謂仲尼垂法萬世，故云爾。然三子之論聖人，皆非善稱聖人者。如顏子便不如此道，但言「仰之彌高，鑽之彌堅」而已。後來惟曾子善形容聖人氣象，〔二〇〕曰：「子温而厲，威而不猛，恭而安。」又鄉黨一篇，形容得聖人動容注措甚好，使學者宛如見聖人。

「觀水有術，必觀其瀾」，瀾湍急處，於此便見源之無窮。今人以波對瀾，非也。下文「日月有明，容光必照」，以言其容光無不照，故知日月之明無窮也。

問：孟子曰：「人之所以異於禽獸者幾希，庶民去之，君子存之。」且人與禽獸甚懸絶矣，孟子言此者，莫是只在「去之」、「存之」上有不同處？曰：固是。人只有箇天理，却不能存得，更做甚人也。泰山孫明復有詩云：「人亦天地一物耳，飢食渴飲無休時。若非道義充其腹，何異鳥獸安鬚眉。」上面説人與萬物皆生於天地，意思下面二句如此。或曰：退之雜説有云：人有貌如牛首蛇形鳥喙而心不同焉，可謂之非人乎？即有顏如渥丹者，其貌則人，其心則禽獸，又惡可謂之人也。此意如何？曰：某不盡記其文，然人只要存一箇天理。

問：「守身」如何？曰：「守身，守之本。」既不能守身，更説甚道義？曰：人説命者多不守身，何也？曰：便是不知命。孟子曰：「知命者不立巖墻之下。」或曰：不説命者又不敢有焉。曰：非特不敢爲，又有多少畏恐，然二者皆不知命也。

「莫之爲而爲」，「莫之致而致」，便是天理。司馬遷以私意妄窺天道，而論伯夷曰：「天道無親，常與善人。若伯夷者，可謂善人非邪？」天道甚大，〔二一〕安可以一人之故妄意窺測？如曰顏何爲而夭，跖何爲而壽，皆指一人計較天理，非知天也。

問：「桎梏而死者，非正命也」，然亦是命否？曰：聖人只教人順受其正，不説命。或曰：桎梏死者非命乎？曰：孟子自説了「莫非命也」，然聖人却不説是命。

「故者以利爲本」，故是本如此也，纔不利便害性，利只是順，天下只是一箇利。孟子與周易所言一般，只爲後人趨著利便有弊，故孟子拔本塞源，不肯言利。其不信孟子者却道不合非利，李覯是也，〔二二〕其信者又直道不得近利。人無利直是生不得，安得無利？且譬如倚子，人坐此便安，是利也。如求安不已，又要褥子以求温暖，無所不爲，然後奪之於君，奪之於父，此是趨利之弊也。利只是一箇利，只爲人用得别。

博奕小數，不專心致志猶不可得，況學道而悠悠，安可得也？仲尼言：「吾嘗終日不食，終夜不寢以思，無益，不如學也。」又曰：「朝聞道，夕死可矣。」不知聖人有甚事來，迫切了底死地如此。文意不難會，須是求其所以如此何故始得。聖人固是生知，猶如此説，所以教人也。「學如不及，猶恐失之」，纔説姑待來日，便不可也。

「子之燕居，申申夭夭」，如何？曰：申申是和樂中有中正氣象，夭夭是舒泰氣象，此皆弟子善形容聖人處也。爲申申字説不盡，故更著夭夭字。今人不怠惰放肆，必太嚴厲，嚴厲時則著此四字不得，放肆時亦著此四字不得。除非是聖人，便自有中和之氣。

問：「務民之義，敬鬼神而遠之」，何以爲智？曰：只此兩句，説智亦盡。且人多敬鬼神者只是惑，遠者又不能敬，能敬能遠，可謂智矣。又問：莫是知鬼神之道，然後能敬能遠否？曰：亦未説到如此深遠處，且大綱説，當敬不惑也。問：今人奉佛，莫是惑否？曰：是也。敬佛者必惑，不敬者只是孟浪不信。又問：佛當敬否？曰：佛亦是胡人之賢智者，安可慢也？至如陰陽卜筮擇日之事，今人信者必惑，不信者亦是孟浪不信。如出行忌太白之類，太白在西，不可西行，有人在東方居，不成都不得西行。又却初行日忌，次日便不忌，次日不成不衝太白也。如使太白爲一人爲之，則鬼神亦勞矣。如行遇風雨之類，則凡在行者皆遇之也。大抵人多記其偶中耳。

問：伯夷不念舊惡，何也？曰：此清者之量。伯夷之清，若推其所爲，須不容於世，必負石赴河乃已，然却爲他不念舊惡，氣象甚宏裕，此聖人深知伯夷處。問：伯夷叩馬諫武王，義不食周粟，有諸？曰：叩馬則不可知，非武王誠有之也。只此便是他隘處。君尊臣卑，天下之常理也。伯夷知守常理，而不知聖人之變，故隘。不食周粟只是不食其禄，非餓而不食也。至如史記所載諫詞，皆非也。武王伐商，即位已十一一作「二」。〔一三〕年矣，安得「父死不葬」之語？

問：「伐國不問仁人」，如何？曰：不知怎生地伐國，如武王伐紂，都是仁人，如柳下惠之時則不可。當時諸侯以土地之故糜爛其民，皆不義之伐，宜仁人不忍言也。

問：宋襄公不鼓不成列，如何？曰：此愚也。既與他戰，又却不鼓不成列，必待他成列，圖箇甚？

問：羊祜、陸抗之事如何？曰：如送絹償禾之事甚好，至抗飲祜藥則不可。羊祜雖不是酖人底人，然兩軍相向，其所餉藥自不當飲。

問：用兵掩其不備，出其不意之事，使王者之師當如此否？曰：固是。用兵須要勝，不成要敗，既要勝，須求所以勝之之道。但湯、武之兵自不煩如此，「罔有敵于我師」，自可見。然湯亦嘗「升自陑」，陑亦間道。且如兩軍相向，必擇地可攻處攻之，右實則攻左，左實則攻右，不成道我不用計也。且如漢、楚既約分鴻溝，乃復還襲之，此則不可。如韓信囊沙壅水之類何害？他師衆，非我敵，決水使他一半不得渡，自合如此，有甚不得處？又問：間諜之事如何？曰：這箇不可也。

問：冉子爲子華請粟而與之少，原思爲之宰則與之多，其意如何？曰：原思爲宰，宰必受禄，禄自有常數，故不得而辭。子華使於齊，師使弟子，不當有所請，冉子請之，自不是，故聖人與之少。他理會不得，又請益，再與之亦少。聖人寬容，不欲直拒他，冉子終不喻也。

問：子使漆雕開仕，對曰「吾斯之未能信」，漆雕開未可仕，孔子使之仕，何也？曰：據他説這一句言語，自是仕有餘，兼孔子道可以仕，必是實也。如由也志欲爲千乘之國，孔子止曰「可使治其賦」，求也欲爲小邦，孔子止曰「可使爲之宰」之類，由、求之徒豈止如此，聖人如此言，便是優爲之也。

問：「丘也幸，苟有過，人必知之」，註言「諱君之惡」，是否？曰：是。何以歸過於己？曰：非是歸過於己。此事却是陳司敗欲使巫馬期以娶同姓之事，去問是知禮不知禮，却須要回報言語也。聖人只有一箇不言而已，若説道我爲諱君之惡，不可也，又不成却以娶同姓爲禮，亦不可也，只可道「丘也幸，苟有過，人必知之」。

問：「行不由徑」，徑是小路否？曰：只是不正當處，如履田疇之類，不必不由小路。昔有一人因送葬回，不覺被僕者引自他道歸，行數里方覺不是，却須要回就大路上。若此非中理，若使小路便於往來，由之何害？

問：古者何以不脩墓？曰：所以不脩墓者，欲初爲墓時必使至堅固，故須必誠必敬，若不誠敬，安能至久？曰：孔子爲墓，何以速崩如此邪？曰：非孔子也。孔子先反，脩虞事，使弟子治之，弟子誠敬不至，纔雨而墓崩，其爲之不堅固可知。然脩之亦何害？聖人言

「不脩」者，所以深責弟子也。

問：「先進於禮樂，野人也；後進於禮樂，君子也。」孔子何以不從君子而從野人？曰：請諸君細思之。曰：先儒有變文從質之説，是否？曰：固是。然君子、野人者，據當時謂之君子、野人也。當時謂之野人，是言文質相稱者也。當時謂之君子，則過乎文者也。是以不從後進而從先進也。蓋當時文弊已甚，故仲尼欲救之云爾。

「我不欲人之加諸我也，吾亦欲無加諸人。」中庸曰「施諸己而不願，亦勿施於人」，正解此兩句。然此兩句甚難行，故子曰：「賜也，非爾所及也。」

問：「質直而好義，察言而觀色，慮以下人」，何以爲達？曰：此正是達也。只「好義」與「下人」，已是達了。人所以不「下人」者，只爲不達，達則只是明達，「察言而觀色」，非明達而何？又問：子張之問達，如何？曰：子張之意，以人知爲達，纔達則人自知矣，此更不須理會。子張之意，專在人知，故孔子痛抑之，又曰：「夫聞也者，色取仁而行違，居之不疑也。」學者須是務實，不要近名方是。有意近名，則大本已失，更學何事？爲名而學，則是僞也。今之學者大抵爲名，爲名與爲利，清濁雖不同，然其利心則一也。今市井閭巷之人，却不爲名。爲名而學者，志於名而足矣，然其心猶恐人之不知。韓退之直是會道言語，曰：「内不足者急於人知，沛然有餘，厥聞四馳。」大抵爲名者只是内不足，内足者自是無意於名。如孔子言「疾没世而名不稱」，此一句人多錯理會，此只是言君子惟患無善之可稱，當汲汲爲善，非是使人求名也。

問：「在邦無怨，在家無怨」，不知怨在己在人？曰：在己。曰：既在己，舜何以有怨？曰：怨只是一箇怨，但其用處不同。舜自是怨，如舜不怨，却不是也。學須是通，不得如此執泥。如言「仁者不憂」，又却言「作易者其有憂患」，須要知用處各別也。天下只有一箇憂字，一箇怨字，既有此二字，聖人安得無之。如王通之言甚好，但爲後人附會亂却。如魏徵問：「聖人有憂乎？」曰：「天下皆憂，吾獨得不憂？」問疑，曰：「天下皆疑，吾獨得不疑？」謂董常曰：「樂天知命，吾何憂？窮理盡性，吾何疑？」如此自不相害，説得極好。至下面數句言心迹之判便不是，此皆後人附會，適所以爲贅也。

問：「民可使由之，不可使知之」，是聖人不使之知耶？是民自不可知也？曰：聖人非不欲民知之也。蓋聖人設教，非不欲家諭户曉，比屋皆可封也。蓋聖人但能使天下由之耳，安能使人人盡知之。此是聖人不能，故曰「不可使知之」。若曰聖人不使民知，豈聖人之心？是後世朝三暮四之術也。某嘗與謝景温説此一句，〔二四〕他争道朝三暮四之術亦不可無，聖人亦時有之。此大故無義理，説聖人順人情處亦有之，豈有爲朝三暮四之術哉！

「謝景温」一作「趙景平」。

問：爲政遲速。曰：仲尼嘗言之矣：「苟有用我者，期月而已可也，三年有成。」仲尼言有成者，蓋欲立致治之功業，如堯、舜之時，夫是之謂有成。此聖人之事，他人不可及。某嘗言後世之論治者皆不中理，漢公孫丞相言「三年而化，臣弘尚切遲之」，唐李石謂「十年責治太迫」，此二者皆率爾而言。〔二五〕聖人之言自有次序，所謂「期月而已可也」者，謂紀綱布也，「三年有成」，治功成也。聖人之事，後世雖不敢望如此，然二帝之治，惟聖人能之，三王以下事業，大賢可爲也。又問：孔子言用我者「三年有成」，言王者則曰「必世而後仁」，何也？曰：所謂仁者，風移俗易，民歸于仁。天下變化之時，此非積久，何以能致？其曰「必世」，理之然也。有成者，謂法度綱紀有成而化行也。如欲民仁，非「必世」安可？

問：「大則不驕，化則不吝」，此語何如？曰：若以「大而化之」解此則未是，然「大則不驕」此句却有意思，只爲小，便驕也。「化則不吝」，化煞高，「不吝」未足以言之。驕與吝兩字正相對，驕是氣盈，吝是氣歉。曰：吝何如則是？曰：吝，〔二六〕吝嗇也。且於嗇上看，便見得吝嗇止是一事。且人君吝時，〔二七〕於財上亦不足，於事上亦不足，凡百事皆不足，必有歉歉之色也。曰：「有周公之才之美，使驕且吝，其餘不足觀也已。」此莫是甚言驕吝之不可否？曰：是也。若言周公之德，則不可下驕吝字。此言雖才如周公，驕吝亦不可也。

仲尼當周衰，轍環天下，顏子何以不仕？曰：此仲尼之任也。使孔子得行其道，顏子不仕可矣。然孔子既當此任，則顏子足可閉户爲學也。

孟子有功於聖門不可言。〔二八〕如仲尼只説一箇仁義，〔二九〕「立人之道曰仁與義。」孟子開口便説仁義，仲尼只説一箇志，孟子便説許多養氣出來。只此二字，其功甚多。未知道者如醉人，方其醉時，無所不至，及其醒也，莫不愧耻。〔三〇〕人之未知學者，自視以爲無缺，及既知學，反思前日所爲，則駭且懼矣。

聖人六經皆不得已而作，如耒耜陶冶，一不制則生人之用熄。後世之言，無之不爲缺，有之徒爲贅，雖多何益也。聖人言雖約，無有包含不盡處。

言貴簡，言愈多，於道未必明。杜元凱却有此語云：「言高則旨遠，辭約則義微。」大率言語須是涵畜而有餘意，所謂「書不盡言，言不盡意」也。

中庸之書，其味無窮，極索玩味。

問：坎之六四「樽酒簋，貳用缶，納約自牖」，何義也？曰：坎，險之時也。此是聖人論大臣處險難之法。「樽酒簋，貳用缶」，謂當險難之時，更用甚得，無非是用至誠也。「納約自牖」，言欲納約於君，當自明處。牖者，開明之處也。欲開悟於君，若於君所蔽處，何由入得。如漢高帝欲易太子，他人皆争以嫡庶之分。夫嫡庶之分，高祖豈不知得分明？直知不是了犯之，此正是高祖所蔽處，更豈能曉之？獨留侯招致「四皓」，此正高祖所明處。蓋高祖自匹夫有天下，皆豪傑之力，故憚之。留侯以「四皓」輔太子，高祖知天下豪傑歸心於惠帝，故更不易也。昔秦伐魏，欲以長安君爲質，太后不可，左師觸龍請見云云，遂以長安君爲質焉。夫太后止知愛子，更不察利害，故左師以愛子之利害開悟之也。

易八卦之位，元不曾有人說，先儒以爲乾位西北，坤位西南，言乾、坤任六子而自處於無爲之地，此大故無義理。風雷山澤之類，便是天地之用，豈天地外別有六子？如人生六子，則有各任以事，而父母自閑。風雷之類於天地間，如人身之有耳目手足，便是人之用也，豈可謂手足耳目皆用而身無爲乎？因見賣兔者曰：聖人見河圖洛書而畫八卦，然何必圖書，只看此兔亦可作八卦，數便此中可起。古聖人只取神物之至著者耳，只如樹木亦可見數。兔何以無尾有血無脂？只是爲陰物。大抵陽物尾長，陽盛者尾愈長。如雉是盛陽之物，故尾極長，又其身文明。今之行車者，多植尾於車上以候雨晴，如天將雨則尾先垂向下，纔晴便直立。

或問：劉牧言上經言形器以上事，下經言形器以下事。曰：非也。上經言「雲雷屯」，雲雷豈無形耶？曰：牧又謂上經是天地生萬物，下經是男女生萬物。曰：天地中只是一箇生，人之生於男女，即是天地之生，安得爲異？曰：牧又謂乾坤與坎離男女同生。曰：非也。譬如父母生男女，豈男女與父母同生？既有乾坤，方三索而得六子。若曰乾坤生時六子生理同有，則有此理。謂乾坤坎離同生，豈有此事！既是同生，則何言六子耶？

或曰：凡物之生，各隨氣勝處化。曰：何以見？曰：如木之生，根既長大，根却無處去。曰：克也。曰既克，則是土化爲木矣。曰：不是化，只是克。五行只古人説迭王字，説盡了只是箇盛衰自然之理也。人多言五行無土不得，木得土方能生火，火得土方能生金，故土寄王於四時。〔三二〕某以爲不然，木生火，火生土，土生金，金生水，水生木，只是迭盛也。

問：劉牧以坎、離得正性，艮、巽得偏性，如何？曰：非也。他據方位如此説，如居中位便言得中氣，其餘豈不得中氣也？或曰：五行是一氣。曰：人以爲一物，某道是五物。既謂之五行，豈不是五物也。五物備，然後能生。且如五常，誰不知是一箇道？既謂之五常，安得混而爲一也？

問：劉牧以下經四卦相交，如何？曰：怎生地交？若論相交，豈特四卦，如屯、蒙、師、比皆是相交。一顛一倒。卦之序皆有義理，有相反者，有相生者，爻變則義變也。下來却似義起，然亦是以爻也，爻變則義變。劉牧言兩卦相比，上經二陰二陽相交，下經四陰四陽相交，是否？曰：八卦已相交了，及重卦只取二象相交爲義，豈又於卦畫相交也？易須是默識心通，只如此窮文義徒費力。

問：「莫見乎隱，莫顯乎微」，何也？曰：人只以耳目所見聞者爲顯見，所不見聞者爲隱微，然不知理却甚顯也。且如昔人彈琴，見螳蜋捕蟬，而聞者以爲有殺聲。殺在心而人聞其琴而知之，豈非顯乎？人有不善，自謂人不知之，然天地之理甚著，不可欺也。曰：如楊震「四知」，然否？曰：亦是。然而若説人與我，固分得，若説天地，只是一箇知也。且如水旱亦有所致，如暴虐之政所感，此人所共見者，固是也。然人有不善之心，積之多者，亦足以動天地之氣，如疾疫之氣亦如此，不可道事至目前可見然後爲見也。更如堯、舜之民何故仁壽？桀、紂之民何故鄙夭？纔仁便壽，纔鄙便夭，壽夭乃是善惡之氣所致。仁則善氣也，所感者亦善，善氣所生，安得不壽。鄙則惡氣也，所感者亦惡，惡氣所生，安得不夭。

問：「天地明察，神明彰矣。」曰：事天地之義，事天地之誠，既明察昭著，則神明自彰矣。問：神明感格否？曰：感格固在其中矣。孝弟之至，通於神明。神明孝弟不是兩般事，只孝弟便是神明之理。又問：王祥孝感事，是通神明否？曰：此亦是通神明一事。此感格便是王祥誠中來，非王祥孝於此而物來於彼也。

問：行狀云「盡性至命，必本於孝弟」，不識孝弟何以能盡性至命也？曰：後人便將性命別作一般事説了。性命孝弟只是一統底事，就孝弟中便可盡性至命。至如灑掃應對與盡性至命亦是一統底事，無有本末，無有精粗，却被後來人言性命者別作一般高遠説。故舉孝弟是於人切近者言之。然今時非無孝弟之人，而不能盡性至命者，由之而不知也。

問：「窮神知化」，由通於禮樂，何也？曰：此句須自家體認。一作「玩索」。人往往見禮壞樂崩，便謂禮樂亡，然不知禮樂未嘗亡也。如國家一日存時，尚有一日之禮樂，蓋由有上下尊卑之分也。除是禮樂亡盡，然後國家始亡。雖盜賊至所謂不道者，然亦有禮樂，蓋必有總屬，必相聽順，乃能爲盜，不然則叛亂無統，不能一日相聚而爲盜也。禮樂無處無之，學者要須識得。問：明則有禮樂，幽則有鬼神，何也？曰：鬼神只是一箇造化，「天尊地卑，乾坤定矣」，「鼓之以雷霆，潤之以風雨」，是也。

「禮云禮云，玉帛云乎哉！樂云樂云，鍾鼓云乎哉！」此固有禮樂，不在玉帛鍾鼓。先儒解者，多引「安上治民，莫善於禮，移風易俗，莫善於樂」。此固是禮樂之大用也，然推本而言，禮只是一箇序，樂只是一箇和，只此兩字，含畜多少義理。又問：禮莫是天地之序？樂莫是天地之和？曰：固是。天下無一物無禮樂。且置兩隻倚子，纔不正便是無序，無序便乖，乖便不和。又問：如此則禮樂却只是一事。曰：不然。如天地陰陽，其勢高下甚相背，然必相須而爲用也。有陰便有陽，有陽便有陰，有一便有二，纔有一二便有一二之間，便是三，已往更無窮。老子亦曰「三生萬物」。此是「生生之謂易」，理自然如此。「維天之命，於穆不已」，自是理自相續不已，非是人爲之。如使可爲，雖使百萬般安排也，須有息時。只爲無爲，故不息。中庸言：「不見而彰，不動而變，無爲而成，天地之道可一言而盡也。」使釋氏千章萬句，説得許大無限説話，亦不能逃此三句。只爲聖人説得要，故包含無盡，釋氏空周遮説爾，只是許多。

問：「及其至也，聖人有所不能」，不知聖人亦何有不能不知也？曰：天下之理，聖人豈有不盡者，蓋於事有所不徧知不徧能也。至纖悉委曲處，如農圃百工之事，孔子亦豈能知哉？或曰：至之言極也，何以言事？曰：固是極至之至，如至微至細。上文言「夫婦之愚可以與知」，愚，無知者也，猶且能知，〔三二〕乃若細微之事，豈可責聖人盡能？聖人固有所不能也。

「君子之道費而隱」，費，日用處。

「時措之宜」，言隨時之義，若「溥博淵泉而時出之」。

「王天下有三重」，言三王所重之事。「上焉者」，三王以上，三皇已遠之事，故無證。「下焉者」，非三王之道，如諸侯霸者之事，故民不尊。

「思曰睿，睿作聖。」致思如掘井，初有渾水，久後稍引動得清者出來。人思慮始皆溷濁，久自明快。

問：召公何以疑周公？曰：召公何嘗疑周公？書稱「召公不説」，何也？請觀君奭一篇，周公曾道召公疑他來否，古今人不知書之甚。書中分明説「召公爲保，周公爲師，相成王爲左右，召公不説，周公作君奭」。此已上是孔子説也。且召公初升爲太保，與周公並列，其心不安，故不説爾。但看此一篇，盡是周公留召公之意，豈有召公之賢而不知周公者乎？詩中言「周大夫刺朝廷之不知」，豈特周大夫？當時之人雖甚愚者，亦知周公刺朝廷之不知者爲成王爾。成王煞是中才。如「天大雷電以風」而「啓金縢之書」，〔三三〕成王無事而啓金縢之書作甚？蓋二公道之如此，欲成王悟周公爾。近人亦錯看却，其詩云「荀子書猶非孟子，召公心未説周公」，甚非也。

又問：金縢之書非周公欲以悟成王乎，何既禱之後藏其文於金縢也？曰：近世祝文或焚或埋，必是古人未有焚埋之禮，欲敬其事，故藏之金縢也。然則周公不知命乎？曰：周公誠心，只是欲代其兄，豈更問命邪！

或問：人有謂周公營洛，則成王既遷矣，或言平王東遷非也。周公雖聖，其能逆知數百載下有犬戎之禍乎？是説然否？曰：詩中自言「王居鎬京，將不能以自樂」，何更疑也？周公只是爲犬戎與鎬京相逼，知其後必有患，故營洛也。

問：高宗得傅説於夢，文王得太公於卜。古之聖賢相遇多矣，何不盡形於夢卜乎？曰：此是得賢之一事，豈必盡然。蓋高宗至誠，思得賢相，寤寐不忘，故朕兆先見於夢。如常人夢寐間事有先見者多矣，亦不足怪。至於卜筮亦然。今有人懷誠心求卜，有禱輒應，此理之常然。又問：高宗夢往求傅説邪？傅説來入高宗夢邪？曰：高宗只是思得賢人，如有賢人，自然應他感，亦非此往，亦非彼來。譬如懸鏡於此，有物必照，非鏡往照物，亦非物來入鏡也。大抵人心虛明，善則必先知之，不善必先知之。有所感必有所應，自然之理也。又問：或言高宗於傅説，文王於太公，蓋已素知之矣，恐羣臣未信，故托夢卜以神之。曰：此僞也，聖人豈僞乎！

問：舜能化瞽、象，使「不格姦」，何爲不能化商均？曰：所謂「不格姦」者，但能使之不害己與不至大惡也。若商均則不然。舜以天下授人，欲得如己者。商均非能如己爾，亦未嘗有大惡。大抵五帝官天下，故擇一人賢於天下者而授之。三王家天下，遂以與子。論其至理，治天下者，當得天下最賢者一人加諸衆人之上，則是至公之法。後世既難得人而争奪興，故以與子。與子雖是私，亦天下之公法，但守法者有私心耳。

問：「四凶」堯不誅而舜誅之，何也？曰：「四凶」皆大才也，在堯之時未嘗爲惡，堯安得而誅之？及舉舜加其上，然後始有不平之心而肆其惡，故舜誅之耳。曰：堯不知「四凶」乎？曰：惟堯知之。知其惡而不去，何也？曰：在堯之時，非特不爲惡，亦賴以爲用。

「納於大麓」，麓，足也。百物所聚，故麓有大録萬機之意。若司馬遷謂「納舜于山麓」，豈有試人而納于山麓邪？此只是歷試舜也。

「放勳」非堯號，蓋史稱堯之道也，謂三皇而上以神道設教，不言而化，至堯方見於事功也。後人以「放勳」爲堯號，故記孟子者遂以「堯曰」爲「放勳曰」也。若以堯號「放勳」，則皐陶當號「允迪」，「禹曰文命」下言「敷于四海」有甚義？

問：詩如何學？曰：只在大序中求。詩之大序，分明是聖人作此以教學者，後人往往不知是聖人作。自仲尼後一作「漢以來」。更無人理會得詩。如言「后妃之德」，皆以爲文王之后妃，文王諸侯也，豈有后妃？又如「樂得淑女，以配君子，憂在進賢，不淫其色」，以爲后妃之德如此。配惟后妃可稱，后妃自是配了，更何別求淑女以爲配？淫其色乃男子事，后妃怎生會淫其色？此不難曉，但將大序看數遍則可見矣。或曰：關雎是后妃之德當如此否？「樂得淑女」之類是作關雎詩人之意否？曰：是也。大序言：「是以關雎樂得淑女，以配君子，憂在進賢，不淫其色。哀窈窕，思賢才，而無傷善之心焉，是關雎之義也。」只著箇「是以」字，便自有意思。曰：如言「又當輔佐君子」，「則可以歸安父母」，「言能逮下」之類，皆爲其德當如此否？曰：是也。問：詩小序何人作？曰：但看大序即可見矣。曰：莫是國史作否？曰：序中分明言「國史明乎得失之迹」，蓋國史得詩於採詩之官，故知其得失之迹，如非國史，則何以知其所美所刺之人。使當時無小序，雖聖人亦辨不得。曰：聖人刪詩時曾刪改小序否？曰：有害義理處也須刪改。今之詩序却煞錯亂，有後人附之者。曰：關雎之詩是何人所作？曰：周公作。周公作此以風教天下，故曰：「用之鄉人焉，用之邦國焉，上以風化下，下以風刺上。」蓋自天子至於庶人，正家之道當如此也。二南之詩多是周公所作。如小雅六月所序之詩，亦是周公作。後人多言二南爲文王詩，蓋其中有文王事也。曰：非也。附文王詩於中者，猶言古人有行之者，文王是也。

問：「關雎樂而不淫，哀而不傷」，何謂也？曰：大凡樂必失之淫，哀必失之傷，淫傷則入於邪矣。若關雎則止乎禮義，故如「哀窈窕，思賢才」，言哀則思之甚切。以常人言之，直入於邪始得，然關雎却止乎禮義，故不至乎傷，則其思也，其亦異乎常人之思也矣。

唐棣乃今郁李，看此便可以見詩人興兄弟之意。

「執柯伐柯，其則不遠」，人猶以爲遠。君子之道，本諸身，發諸心，豈遠乎哉？

問：周禮有復讎事，何也？曰：此非治世事，然人情有不免者。如親被人殺，其子見之，不及告官，遂逐殺之，此復讎而義者，可以無罪。其親既被人殺，不自訴官，而他自謀殺之，此則正其專殺之罪可也。問：避讎之法如何？曰：此因赦罪而獲免，便使避之也。

問：周禮之書有訛缺否？曰：甚多。周公致治之大法亦在其中，須知道者觀之，可決是非也。又問：司盟有詛萬民之不信者，治世亦有此乎？曰：盛治之世固無此事，然人情亦有此事，爲政者因人情而用之。

問：「嚴父」「配天」稱周公其人，何不稱武王？曰：大抵周家制作皆周公爲之，故言禮者必歸之周公焉。

趙盾弒君之事，聖人不書趙穿，何也？曰：此春秋大義也。趙穿手弒其君，人誰不知？若盾之罪，非春秋書之，更無人知也。仲尼曰：「惜哉！越境乃免。」此語要人會得，若出境而反，又不討賊也，則不免，除出境遂不反，乃可免也。

「紀侯大去其國」，如「梁亡」「鄭棄其師」「齊師殲于遂」「郭亡」之類。郭事實不明，如上四者是一類事也。國君守社稷，雖死，守之可也。齊侯、衛侯方遇于垂，紀侯遂去其國，豈齊之罪哉？故聖人不言齊滅之者，罪紀侯輕去社稷也。紀侯大名也。

問：王通。曰：隱德君子也。當時有些言語後來被人傅會，不可謂全書。若論其粹處，殆非荀、楊所及也。若續經之類，皆非其作。

楊雄去就不足觀。如言「明哲煌煌，旁燭無疆」，此甚悔恨不能先知。「遜于不虞，以保天命」，則是只欲全身也。若聖人先知，必不至於此，必不可奈何，天命亦何足保耶？問：太玄之作如何？曰：是亦贅矣。必欲撰玄，不如明易。邵堯夫之數，似玄而不同，數只是一般，一作「數無窮」。但看人如何用之，雖作十玄亦可，况一玄乎？

荀卿才高，其過多，楊雄才短，其過少。韓子稱其大醇，非也。若二子可謂大駁矣，然韓子責人甚恕。

韓退之頌伯夷甚好，然只説得伯夷介處。要知伯夷之心，須是聖人。語曰「不念舊惡，怨是用希」，此甚説得伯夷心也。

問：退之讀墨篇如何？曰：此篇意亦甚好，但言不謹嚴，便有不是處。且孟子言墨子愛其兄之子猶鄰之子，墨子書中何嘗有如此等言？但孟子拔本塞源，知其流必至於此。大凡儒者學道，差之毫釐，謬以千里。楊朱本是學義，墨子本是學仁，但所學者稍偏，故其流遂至於無父無君，孟子欲正其本，故推至此。退之樂取人善之心，可謂忠恕，然持教不知謹嚴，故失之。至若言孔子尚同兼愛與墨子同，則甚不可也。後之學者又不及楊、墨。楊、墨本學仁義，後人乃不學仁義。但楊、墨之過被孟子指出，後人無人指出，故不見其過也。

韓退之作羑里操，云「臣罪當誅兮，天王聖明」，道得文王心出來，此文王至德處也。

退之晚年爲文，所得處甚多。學本是脩德，有德然後有言。退之却倒學了，因學文，日求所未至，遂有所得。如曰：「軻之死，不得其傳。」似此言語非是蹈襲前人，又非鑿空撰得出，必有所見，若無所見，不知言所傳者何事。原性等文皆少時作。

退之正在好名中。

退之言「漢儒補綴，千瘡百孔」，漢儒所壞者不少，安能補也？

凡讀史不徒要記事跡，須要識治亂安危興廢存亡之理。且如讀高帝一紀，便須識得漢家四百年終始治亂當如何，是亦學也。

問：漢儒至有白首不能通一經，何也？曰：漢之經術安用？只是以章句訓詁爲事。且如解「堯典」二字，至三萬餘言，是不知要也。東漢則又不足道也。東漢士人尚名節，只爲不明理，若使明理，却皆是大賢也。自漢以來惟有三人近儒者氣象，大毛公、董仲舒、楊雄。本朝經術最盛，只近二三十年來論議專一，使人更不致思。

問：陳平當王諸吕時，何不極諫？曰：王陵争之不從，乃引去，如陳平復諍，未必不激吕氏之怒矣。且高祖與羣臣只是以力相勝，力強者居上，非至誠樂願爲之臣也。如王諸吕時，責他死節，他豈肯死？

周勃入北軍，問曰「爲劉氏左袒，爲吕氏右袒」，既知爲劉氏，又何必問？若不知而問，設或右袒，當如之何？已爲將，乃問士卒，豈不謬哉！當誅諸吕時，非陳平爲之謀，亦不克成。及迎文帝至霸橋，曰「願請間」，此豈請間時邪？至於罷相就國，每河東守行縣至絳，必令家人被甲執兵而見，此欲何爲？可謂至無能之人矣。

王介甫詠張良詩最好，曰：「漢業存亡俯仰中，留侯當此每從容。」人言高祖用張良，非也，張良用高祖爾。秦滅韓，張良爲韓報仇，故送高祖入關，既滅秦矣，故辭去，及高祖興義師，誅項王，則高祖之勢可以平天下，故張良助之。良豈願爲高祖臣哉？無其勢也。及天下既平，乃從赤松子遊，是不願爲其臣可知矣。張良才識儘高，若鴻溝既分而勸漢王背約追之，則無行也。或問：張良欲以鐵槌擊殺秦王，其計不已疎乎？曰：欲報君仇之急，使當時若得以鐵槌擊殺之，亦足矣，何暇自爲謀耶？

王通言「諸葛無死，禮樂其有興」，信乎？曰：諸葛近王佐才，禮樂興不興則未可知。問曰：亮果王佐才，何爲僻守一蜀而不能有爲於天下？曰：孔明固言明年欲取魏，幾年定天下，其不及而死，則命也。某嘗謂孫覺曰：「諸葛武侯有儒者氣象。」孫覺曰：「不然。聖賢行一不義，殺一不辜，雖得天下不爲。武侯區區保完一國，不知殺了多少人邪。」某謂之曰：「行一不義，殺一不辜，以利一己則不可，若以天下之力誅天下之賊，殺戮雖多，亦何害？」陳恒弑君，孔子請討，孔子豈保得討陳恒時不殺一人邪？蓋誅天下之賊，則有所不得顧爾。曰：三國之興，孰爲正？曰：蜀志在興復漢室，則正也。

漢文帝殺薄昭，李德裕以爲殺之不當，温公以爲殺之當，説皆未是。據史不見他所以殺之之故，須是權事勢輕重論之。不知當時薄昭有罪，漢使人治之，因殺漢使也，還是薄昭與漢使飲酒，因忿怒而致殺之也。漢文帝殺薄昭，而太后不安，奈何？既殺之，太后不食而死，奈何？若漢治其罪而殺漢使，太后雖不食，不可免也。須權他那箇輕那箇重，然後論他殺得當與不當也。論事須著用權。古今多錯用權字，纔説權便是變詐或權術，不知權只是經所不及者，權量輕重使之合義，纔合義便是經也。今人説權不是經，便是經也。權只是稱錘，稱量輕重。孔子曰：「可與立，未可與權。」

問：第五倫視其子之疾與兄子之疾不同，自謂之私，如何？曰：不特安寢與不安寢，只不起與十起便是私也。父子之愛本是公，才著些心做便是私也。又問：視己子與兄子有間否？曰：聖人立法曰「兄弟之子猶子也」，是欲視之猶子也。又問：天性自有輕重，疑若有間然。曰：只爲今人以私心看了。孔子曰：「父子之道，天性也。」此只就孝上説，故言父子天性，若君臣、兄弟、賓主、朋友之類，亦豈不是天性？只爲今人小看却，不推其本所由來故爾。己之子與兄之子所争幾何，是同出於父者也，只爲兄弟異形，故以兄弟爲手足。人多以異形，故親己之子異於兄弟之子，甚不是也。又問：孔子以公冶長不及南容，故以兄之子妻南容，以己之子妻公冶長，何也？曰：此亦以己之私心看聖人也。凡人避嫌者，皆内不足也。聖人自是至公，何更避嫌。凡嫁女各量其才而求配，或兄之子不甚美，必擇其相稱者爲之配，己之子美，必擇其才美者爲之配，豈更避嫌邪？若孔子事，或是年不相若，或時有先後，皆不可知。以孔子爲避嫌，則大不是。如避嫌事雖賢者且不爲，况聖人乎？

素問書出於戰國之末，氣象可見。若是三皇五帝典墳，文章自别。其氣運處絶淺近，如將二十四氣移換名目，便做千百樣亦得。

陰符經非商末則周末人爲之。若是先王之時，聖道既明，人不敢爲異説。及周室下衰，道不明於天下，才智之士甚衆，既不知道所趨向，故各自以私知窺測天地，盜竊天地之機，分明是大盜，故用此以簧鼓天下。故云「天有五賊，見之者昌」云云。豈非盜天地乎？

問：老子書若何？曰：老子書其言自不相入處如水炭，其初意欲談道之極玄妙處，後來却入做權詐者上去。如「將欲取之，必固與之」之類。然老子之後有申、韓，看申、韓與老子道甚懸絶，然其原乃自老子來。蘇秦、張儀則更是取道遠。初，秦、儀學於鬼谷，其術先揣摩其如何，然後捭闔，捭闔既動，然後用鉤鉗，鉤其端，然後鉗制之。其學既成，辭鬼谷去，鬼谷試之，爲張儀説所動。如入庵中説令出之。然其學甚不近道，人不甚惑之，孟子時已有置而不足論也。

問：世傳成王幼，周公攝政，荀卿亦曰「履天下之籍，聽天下之斷」，周公果踐天子之位，行天子之事乎？曰：非也。周公位冢宰，百官總己以聽之而已，安得踐天子之位？又問：君薨，百官聽於冢宰者三年爾，周公至於七年，何也？曰：三年謂嗣王居憂之時也，七年爲成王幼故也。又問：賜周公以天子之禮樂，當否？曰：始亂周公之法度者，是賜也，人臣安得用天子之禮樂哉？成王之賜，伯禽之受，皆不能無過。一作「罪」。記曰：「魯郊非禮也，其周公之衰乎！」聖人嘗譏之矣，説者乃云周公有人臣不能爲之功業，因賜以人臣所不得用之禮樂，則妄也。人臣豈有不能爲之功業哉？借使功業有大於周公，亦是人臣所當爲爾。人臣而不當爲，其誰爲之？豈不見孟子言「事親若曾子可也」。曾子之孝亦大矣，孟子纔言可也。蓋曰子之事父，其孝雖過於曾子，畢竟是以父母之身做出來，豈是分外事。若曾子者，僅可以免責爾。臣之於君，猶子之於父也。臣之能立功業者，以君之人民也，以君之勢位也。假如功業大於周公，亦是以君之人民勢位做出來，而謂人臣所不能爲，可乎？使人臣恃功而懷怏怏之心者，必此言矣。若唐高祖賜平陽公主葬以鼓吹則可，蓋征戰之事實，非婦人之所能爲也，故賜以婦人所不得用之禮樂。若太宗却不知此。太宗佐父平天下，論其功不過做得一功臣，豈可奪元良之位？太子之與功臣，自不相干。唐之紀綱，自太宗亂之，終唐之世無三綱者，自太宗始也。李光弼、郭子儀之徒，議者謂有人臣不能爲之功，非也。

秦以暴虐，焚詩書而亡。漢興，鑒其弊，必尚寬德，崇經術之士，故儒者多。儒者多，雖未知聖人之學，然宗經師古，識義理者衆，故王莽之亂，多守節之士。世祖繼起，不得不褒尚名節，故東漢之士多名節。知名節而不知節之以禮，遂至於苦節，故當時名節之士有視死如歸者。苦節既極，故魏晉之士變而爲曠蕩，尚浮虚而亡禮法。禮法既亡，與夷狄無異，故五胡亂華。夷狄之亂已甚，必有英雄出而平之，故隋、唐混一天下。隋不可謂有天下，第能驅除爾。唐有天下，如貞觀、開元間，雖號治平，然亦有夷狄之風，三綱不正，無父子、君臣、夫婦，其原始於太宗也。故其後世子弟皆不可使，玄宗纔使肅宗便篡，肅宗纔使永王璘便反。君不君，臣不臣，故藩鎮不賓，權臣跋扈，陵夷有五代之亂。漢之治過於唐，漢大綱正，唐萬國舉。本朝大綱甚正，然萬目亦未盡舉。因問「十世可知」，遂推此數端。

「洪水滔天」，堯時亦無許多大洪水，宜更思之。漢武帝問「禹、湯水旱，厥咎何由」？公孫弘對「堯遭洪水，使禹治之，不聞禹之有水也」，〔三四〕更不答其所由。公孫弘太是姦人。

問：東海殺孝婦而旱，豈國人冤之所致耶？曰：國人冤固是，然一人之意自足以感動得天地，不可道殺孝婦不能致旱也。或曰：殺姑而雨，是衆人怨釋否？曰：固是衆人冤釋，然孝婦冤亦釋也。其人雖亡，然冤之之意自在，不可道殺姑不能釋婦冤而致雨也。

問：人有不善，霹靂震死，莫是人懷不善之心，聞霹靂震懼而死否？曰：不然，是雷震之也。如是雷震之，還有使之者否？曰：不然。人之作惡有惡氣，與天地之惡氣相擊搏，遂以震死。霹靂，天地之怒氣也。如人之怒固自有正，〔三五〕然怒時必爲之作惡，是怒亦惡氣也。〔三六〕怒氣與惡氣相感故爾。且如今人種喬麥自有畦隴，〔三七〕霜降時殺麥，或隔一畦麥有不殺者，豈是此處無霜，蓋氣就相合處去也。曰：雷所擊處必有火，何也？曰：雷自有火，如鑽木取火，如使木中有火，豈不燒了木。蓋是動極則陽生，自然之理。不必木，只如兩石相戛亦有火出。惟鐵無火，然戛之久必熱，此亦是陽生也。

鑽木取火，人謂火生於木，非也。兩木相戛，用力極則陽生。今以石相軋便有火出，非特木也。蓋天地間無一物無陰陽。

「雨木冰」，上温而下冷。「隕霜不殺草」，上冷而下温。

天火曰災，人火曰火，人火爲害者亦曰災。

問：日月有定形，還自氣散，别自聚否？曰：此理甚難曉，究其極則此二説歸于一也。

問：月有定魄，而日遠於月，月受日光，以人所見爲有盈虧，然否？曰：日月一也，豈有日高於月之理。月若無盈虧，何以成歲，蓋月一分光則是魄虧一分也。

霜與露不同。霜，金氣，星月之氣。露亦星月之氣。看感得甚氣即爲露，甚氣即爲霜。如言露結爲霜，非也。雹是陰陽相搏之氣，乃是沴氣。聖人在上無雹，雖有不爲災。雖不爲災，沴氣自在。

問：「鳳鳥不至，河不出圖」，不知符瑞之事果有之否？曰：有之。國家將興，必有禎祥，人有喜事，氣見面目。聖人不貴祥瑞者，蓋因災異而脩德則無損，因祥瑞而自恃則有害也。問：五代多祥瑞，何也？曰：亦有此理，譬如盛冬時發出一朵花相似，和氣致祥，乖氣致異，此常理也，然出不以時，則是異也。如麟是太平和氣所生，然後世有以麟駕車者，却是怪也。譬如水中物生於陸，陸中物生於水，豈非異乎？又問：漢文多災異，漢宣多祥瑞，何也？曰：且譬如小人多行不義，人却不說，至君子未有一事，便生議論，此是一理也。至白者易污，此是一理也。詩中幽王大惡爲小惡，宣王小惡爲大惡，此是一理。又問：日食有常數，何治世少而亂世多，豈人事乎？曰：理會此到極處，煞燭理明也。天人之際甚微，宜更思索。曰：莫是天數人事看那邊勝否？曰：似之，然未易言也。又問：魚躍于王舟，火復于王屋，流爲烏，有之否？曰：魚與火則不可知，若兆朕之先，應亦有之。

問：十月何以謂之陽月？曰：十月謂之陽月者，陽盡恐疑於無陽也，故謂之陽月也。然何時無陽，如日有光之類，蓋陰陽之氣有常存而不移者，有消長而無窮者。

問：作文害道否？曰：害也。凡爲文不專意則不工，若專意則志局於此，又安能與天地同其大也？書曰「玩物喪志」，爲文亦玩物也。呂與叔有詩云：「學如元凱方成癖，文似相如始類俳。獨立孔門無一事，只輸一作「惟傳」。顏氏得心齊。」此詩甚好。古之學者惟務養情性，其他則不學。今爲文者專務章句，悅人耳目，既務悅人，非俳優而何？曰：古者學爲文否？曰：人見六經便以謂聖人亦作文，不知聖人亦一作「只」。攄發胸中所蘊，自成文耳。一作「章」。所謂「有德者必有言」也。曰：游、夏稱文學，何也？曰：游、夏亦何嘗秉筆學爲詞章也，且如「觀乎天文以察時變，觀乎人文以化成天下」，此豈詞章之文也。

或問：詩可學否？曰：既學時須是用功，方合詩人格，既用功，甚妨事。古人詩云：「吟成五箇字，用破一生心。」人謂「可惜一生心，用在五字上」，此言甚當。先生嘗說：王子真曾寄藥來，某無以答他。某素不作詩，亦非是禁止不作，但不欲爲此閑言語。且如今言能詩無如杜甫，如云「穿花蛺蝶深深見，點水蜻蜓欵欵飛」，如此閑言語道出做甚？某所以不嘗作詩。今寄謝王子真詩云：「至誠通化藥通神，遠寄衰翁濟病身。我亦有丹君信否，用時還解壽斯民。」子真所學只是獨善，雖至誠潔行，然大抵只是爲長生久視之術，止濟一身，因有是句。

問：先生曾定六禮，今已成未？曰：舊日作此已及七分，後來被召入朝，既在朝廷，則當行之朝廷，不當爲私書。既而遭憂，又疾病數年，今始無事，更一二年可成也。曰：聞有五經解，已成否？曰：惟易須親撰，諸經則關中諸公分去，以某説撰成之。禮之名數，陝西諸公刪定，已送與呂與叔，與叔今死矣，不知其書安在也。然所定只禮之名數，若禮之文亦非親作不可也。禮記之文亦刪定未了，蓋其中有聖人格言，亦有俗儒乖謬之説。乖謬之説本不能混格言，只爲學者不能辨別，如珠玉之在泥沙，泥沙豈能混珠玉，只爲無人識，則不知孰爲泥沙，孰爲珠玉也。聖人文章自然與學爲文者不同，〔三八〕如繫辭之文，後人決學不得。譬之化工生物，且如生出一枝花，或有剪裁爲之者，或有繪畫爲之者，看時雖似相類，然終不若化工所生，自有一般生意。

冠昏喪祭，禮之大者，今人都不以爲事。某舊曾脩六禮，冠、昏、喪、祭、鄉、相見。將就後被召遂罷，今更一二年可成。家間多戀河北舊俗，未能遽更易，然大率漸使知義理，一二年書成，可皆如法。禮從宜，事從俗，有大故害義理者，須當去。每月朔必薦新，如仲春薦含桃之類。四時祭用仲月。用仲月，〔三九〕物成也。古者天子、諸侯於孟月者，爲首時也。時祭之外更有三祭：冬至祭始祖，厥初生民之祖。立春祭先祖，季秋祭禰。他則不祭。冬至，陽之始也；立春者，生物之始一作「初」。也；季秋者，成物之始一作「時」。也。祭始祖無主用祝，以妣配於廟中，正位享之。祭只一位者，夫婦同享也。祭先祖亦無主，先祖者自始祖而下，高祖而上，非一人也，故設二位。祖妣異位。〔四〇〕一云：二位異所者，舅婦不同享也。常祭止於高祖而下。自父而推至於三而止者，緣人情也。旁親有後者自爲祭，無後者祭之別位。爲叔伯父之後也，如殤亦各祭。凡配止以正妻一人，如諸侯用元妃是也。或奉祀之人是再娶所生者，即以所生母配。如葬亦惟元妃同穴，後世或再娶皆同穴而葬，甚瀆禮經，但於左右祔葬可也。忌日必遷主出，祭於正寢。今正廳正堂也。〔四一〕蓋廟中尊者所據，又同室難以獨享也。於正寢可以盡思慕之意。家必有廟，古者庶人祭於寢，士大夫祭於廟，庶人無廟，可立影堂。廟中異位，祖居中，左右以昭穆次序，皆夫婦自相配爲位，舅婦不同坐也。廟必有主。既祧，當理於所葬處，如奉祀人之高祖而上，即當祧也。其大略如此。且如豺獺皆知報本，今士大夫家多忽此，厚於奉養而薄於祖先，甚不可也。凡事死之禮，當厚於奉生者。至於嘗新必薦，享後方食，薦數則瀆，必因告朔而薦乃合宜。人家能存得此等事數件，雖幼者漸可使知禮義。凡物知母而不知父，走獸是也；知父而不知祖，飛鳥是也。惟人則能知祖，若不嚴於祭祀，殆與鳥獸無異矣。

問：祭酒用幾奠？曰：家中尋常用三奠，祭法中却用九奠。以禮有九獻，樂有九奏也。

又問：既奠之酒，何以置之？曰：古者灌以降神，故以茅縮酌，謂求神於陰陽有無之間，故酒必灌於地。若謂奠酒，則安置在此。今人以澆在地上，甚非也。既獻則徹去可也。傾在他器。

或問：今拜掃之禮何據？曰：此禮古無，但緣習俗，然不害義理。古人直是誠質，專一也。葬只是藏體魄，而神則必歸於廟，既葬則設木主，既除几筵則木主安於廟，故古人惟專精祀於廟。今亦用拜掃之禮，但簡於四時之祭也。

木主必以栗，何也？曰：周用栗，土所産之木，取其堅也。今用栗，從周制也。若四方無栗，亦不必用，但取其木之堅者可也。

凡祭必致齊。齊之日，思其居處，思其笑語，此孝子平日思親之心，非齊也。齊不容有思，有思則非齊。「齊三日，必見其所爲齊者」，此非聖人之語。齊者湛然純一，方能與鬼神接。然能事鬼神，已是上一等人。

古者男爲男尸，女爲女尸。自周以來女無可以爲尸者，故無女尸。後世遂無尸，能爲尸者，亦非尋常人。

今無宗子法，故朝廷無世臣。若立宗子法，則人知尊祖重本，人既重本，則朝廷之勢自尊。古者子弟從父兄，今父兄從子弟，子弟爲強。由不知本也。且如漢高祖欲下沛時，只是以帛書與沛父老，其父老便能率子弟從之。又如相如使蜀，亦移書責父老，然後子弟皆聽其命而從之。只有一箇尊卑上下之分，〔四二〕然後順從而不亂也。若無法以聯屬之安可？且立宗子法亦是天理。譬如木必從根直上一幹，如大宗。亦必有旁枝。〔四三〕又如水雖遠必有正源，亦必有分派處，自然之勢也。然又有旁枝達而爲幹者。故曰古者「天子建國」，「諸侯奪宗」云。

凡言宗者，以祭祀爲主，言人宗於此而祭祀也。「別子爲祖」，上不敢宗諸侯，故不祭，下亦無人宗之，此「無宗亦莫之宗」也。別子之嫡子，即繼祖爲大宗，此「有大宗無小宗」也。

别子之諸子，祭其别子，别子雖是祖，然是諸子之禰，繼禰者爲小宗，此「有小宗而無大宗」也。「有小宗而無大宗」，此句極難理會。蓋本是大宗之祖，别子之諸子稱之却是禰也。

今人多不知兄弟之愛。且如閭閻小人，得一食必先以食父母，夫何故？以父母之口重於己之口也；得一衣必先以衣父母，夫何故？以父母之體重於己之體也。至於犬馬亦然，待父母之犬馬必異乎己之犬馬也。獨愛父母之子，却輕於己之子，甚者至若仇敵，舉世皆如此，惑之甚矣。

伯叔父之兄弟，伯是長，叔是少，今人乃呼伯父、叔父爲伯叔，大無義理。呼爲伯父、叔父者，言事之之禮與父同也。

或曰：事兄盡禮，不得兄之歡心，奈何？曰：但當起敬起孝，盡至誠，不求伸己可也。曰：接弟之道如何？曰：盡友愛之道而已。

問：妻可出乎？曰：妻不賢，出之何害？如子思亦嘗出妻。今世俗乃以出妻爲醜行，遂不敢爲，古人不如此，妻有不善便當出也。只爲今人將此作一件大事，隱忍不敢發，或有隱惡，爲其陰持之，以至縱恣養成不善，豈不害事？人脩身刑家最急，纔脩身便到刑家上也。又問：古人出妻有以對姑叱狗，藜蒸不熟者，亦無甚惡而遽出之，何也？曰：此古人忠厚之道也。古之人絶交不出惡聲，君子不忍以大惡出其妻，而以微罪去之，以此見其忠厚之至也。且如叱狗於親前者，亦有甚大故不是處，只爲他平日有故，因此一事出之耳。或曰：彼以此細故見逐，安能無辭？兼他人不知是與不是，則如之何？曰：彼必自知其罪，但自己理直可矣，何必更求他人知，然有識者當自知之也。如必待彰暴其妻之不善，使他人知之，是亦淺丈夫而已，君子不如此。大凡人説話多欲令彼曲我直，若君子自有一箇含容意思。或曰：古語有之，「出妻令其可嫁，絶友令其可交」，乃此意否？曰：是也。

問：士未仕而昏，用命服，禮乎？曰：昏姻重禮，重其禮者當盛其服。况古亦有是，士乘墨車之類。今律亦許假借。曰：無此服而服之，恐僞。曰：不然。今之命服乃古之下士之服，古者有其德則仕，士未仕者也，服之其宜也。若農商則不可，非其類也。或曰：不必用可否？曰：不得不可以爲悦，今得用而用之何害，過期非也。

昏禮不用樂，幽陰之義，此説非是。昏禮豈是幽陰，但古人重此大禮，嚴肅其事，不用樂也。昏禮不賀，人之序也，此説却是。婦質明而見舅姑，成婦也。三日而後宴樂，禮畢也。宴不以夜，禮也。

問：臣拜君必於堂下，子拜父母如之何？對曰：君臣以義合，有貴賤，故拜於堂下。父子主恩，有尊卑無貴賤，故拜於堂上。若婦於舅姑亦是義合，有貴賤，故拜於堂下，禮也。

問：嫂叔古無服，今有之，何也？曰：禮記曰「推而遠之也」，此説不是。嫂與叔且遠嫌，姑與嫂何嫌之有？古之所以無服者，只爲無屬。其夫屬乎父道者，妻皆母道也。其夫屬乎子道者，妻皆婦道也。今上有父有母，下有子有婦。叔父、伯父，父之屬也，故叔母、伯母之服，與叔父、伯父同。兄弟之子，子之屬也，故兄弟之子之婦服，與兄弟之子同。若兄弟則己之屬也，難以妻道屬其妻，此古者所以無服。以義理推，不行也。今之有服亦是，豈有同居之親而無服者。又問：既是同居之親，古却無服，豈有兄弟之妻死而已恝然無事乎？曰：古者雖無服，若哀戚之心自在。且如鄰里之喪，尚「舂不相」、「不巷歌」、「匍匐救之」，況至親乎？

服有正有義有從有報。古者婦喪舅姑以期，今以三年，於義亦可，但名未正，此可謂之從服。〔四四〕從夫也，蓋與夫同奉几筵，而已不可獨無服。報服，若姑之子爲舅之子服是也。異姓之服只推得一重，若爲母而推，則及舅而止，若爲姑而推，則可以及其子。故舅之子無服，却爲既與姑之子爲服，姑之子須當報之也。故姑之子、舅之子，其服同。

八歲爲下殤，十四爲中殤，十九爲上殤，七歲以下爲無服之殤。無服之殤更不祭。下殤之祭，父母主之，終父母之身。中殤之祭，兄弟主之，終兄弟之身。上殤之祭，兄弟之子主之，終兄弟之子之身。若成人而無後者，兄弟之孫主之，亦終其身。凡此皆以義起也。

問：女既嫁而爲父母服三年，可乎？曰：不可。既歸夫家，事他舅姑，安得伸己之私。

問：人子事親學醫，如何？曰：最是大事。今有璞玉於此，必使玉人彫琢之，蓋百工之事不可使一人兼之，故使玉人彫琢之也。若更有珍寶物，須是自看，却必不肯任其自爲也。今人視父母疾，乃一任醫者之手，豈不害事。必須識醫藥之道理，別病是如何，藥當如何，故可任醫者也。或曰：己未能盡醫者之術，或偏見不到，適足害事，奈何？曰：且如識圖畫，人未必畫得如畫工，然他却識別得工拙。如自己曾學，令醫者説道理，便自見得，或己有所見，亦可説與他商量。陳本止此，以下八段，別本所增。

上古之時，自伏羲、堯、舜歷夏、商以至于周，或文或質，因襲損益，其變既極，其法既詳。於是孔子參酌其宜，以爲百王法度之中制，此其所以春秋作也。孫明復主以無王而作，亦非是。但顏淵問爲邦，聖人對之以「行夏之時，乘殷之輅，服周之冕，樂則韶舞」，則是。大抵聖人以道不得用，故考古驗今，參取百王之中制，斷之以義也。

禘者，魯僭天子之大祭也。灌者，祭之始也。以其僭上之祭，〔四五〕故自灌以往，不欲觀之。

凡觀書不可以相類泥其義，不爾則字字相梗，當觀其文勢上下之意，如「充實之謂美」與詩之美不同。

學者後來多耽莊子。若謹禮者不透，則是他須看莊子，爲他極有膠固纏縛，則須求一放曠之説以自適。譬之有人於此久困纏縛，則須覓一箇出身處。如東漢之末尚節行，尚節行太甚，須有東晉放曠，其勢必然。

冬至書雲，亦有此理。如周禮觀祲之義，古太史既有此職，必有此事。又如太史書，不知周公一一曾與不曾看過，但甚害義理，則必去之矣。如今靈臺之書，須十去八九乃可行也。今歷法甚好，其他禁忌之書，如葬埋昏嫁之類，極有害。

論語問同而答異者至多，或因人才性，或觀人之所問意思，而言及所到地位。

「極高明，道中庸」，所以爲民極。極之爲物，中而能高者也。

「君子不成章不達」，易曰「美在其中，暢於四支」，成章之謂也。

予官吉之永豐簿，沿檄至臨川，見劉元承之子縣丞誠，問其父所録伊川先生語，〔四六〕蒙示以元承手編，伏讀歎仰，因乞傳以歸。建炎元年十月晦日菴山陳淵謹書。

校勘記

〔一〕如四端固具於心　弘治本、康熙本無「如」字。

〔二〕及公孫大娘舞劍　「及」，弘治本、康熙本作「又」。

〔三〕書曰　弘治本、康熙本此段接上段。

〔四〕煞有深淺　「煞」，弘治本、康熙本作「然」。

〔五〕得他言語便終身守之　「語」，弘治本、康熙本作「説」。

〔六〕須然亦不可怠緩　「緩」，弘治本、康熙本作「纔」，屬下讀。

〔七〕人能戒慎恐懼於不覩不聞之間　「間」，弘治本、康熙本作「時」。

〔八〕亦不可知　「亦」字原闕，據弘治本、康熙本補。

〔九〕皆呼爲望夫石　「石」字原闕，據弘治本、康熙本補。

〔一〇〕政之化人宜甚於蒲盧矣　「化」，弘治本、康熙本作「祝」。

〔一一〕其無形　「其」，弘治本、康熙本作「如」。

〔一二〕其是有光輝之時也　「光輝」二字原倒，據弘治本、康熙本乙正。

〔一三〕便爲波濤洶洶　「洶洶」，弘治本、康熙本作「洶湧」。

〔一四〕讀得論孟　「論」原作「語」，據弘治本、康熙本及上下文改。

〔一五〕卓爾躍如　「爾」原訛「如」，弘治本同，據康熙本及上下文改。

〔一六〕則自知之不固　「自」字原無，據弘治本、康熙本補。

〔一七〕至于親在　「于」，弘治本、康熙本作「如」。

〔一八〕一人大醉卧於地下　「下」，弘治本同，康熙本作「上」。

〔一九〕有親不在不可許友以死者　「者」字原無，弘治本同，據康熙本及上下文補。

〔二〇〕後來惟曾子善形容聖人氣象　「惟」，弘治本、康熙本作「如」。

〔二一〕天道甚大　「甚」，弘治本、康熙本作「之」。

〔二二〕李覯是也　「覯」原作「遘」，弘治本同，據康熙本及宋史本傳改。

〔二三〕一作二　「二」原訛「三」，據弘治本、康熙本改。

〔二四〕某嘗與謝景温説此一句　「一」原訛「二」，據弘治本、康熙本改。

〔二五〕此二者皆率爾而言　「二」原訛「三」，據弘治本、康熙本改。

〔二六〕吝　弘治本、康熙本「吝」下有「是」字。

〔二七〕且人君吝時　「君」，弘治本、康熙本作「若」。

〔二八〕孟子有功於聖門不可言　「門」，弘治本、康熙本作「人」。

〔二九〕如仲尼只説一箇仁義　「義」，弘治本、康熙本作「字」。

〔三〇〕莫不愧耻　「耻」原訛「取」，據弘治本、康熙本改。

〔三一〕故土寄王於四時　「王」原訛「旺」，據弘治本、康熙本改。

〔三二〕猶且能知　「知」，弘治本、康熙本作「之」。

〔三三〕啟金縢之書　「啟」原作「起」，據弘治本、康熙本及尚書改。

〔三四〕不聞禹之有水也　「聞」原訛「問」，據弘治本、康熙本改。
〔三五〕如人之怒固自有正　「固自」二字原闕，據弘治本、康熙本補。
〔三六〕是怒亦惡氣也　「是」下原有「正」字，「怒」下原有「者」字，據弘治本、康熙本删。又「惡」原作「怒」，弘治本漫漶，據康熙本改。
〔三七〕且如今人種喬麥自有畦隴　「有」原作「存」，據弘治本、康熙本改。
〔三八〕聖人文章自然與學爲文者不同　「然」，弘治本、康熙本作「深」。
〔三九〕用仲月　「月」原訛「見」，弘治本漫漶，據康熙本及上下文改。
〔四〇〕祖妣異位　「位」原作「坐」，據弘治本、康熙本改。
〔四一〕今正廳正堂也　「廳」，弘治本、康熙本作「寢」。
〔四二〕只有一箇尊卑上下之分　「箇」，弘治本、康熙本作「節」。
〔四三〕亦必有旁枝　「旁」原訛「方」，據弘治本、康熙本改。
〔四四〕此可謂之從服　「可」，弘治本、康熙本作「亦」。
〔四五〕以其僭上之祭　「上」，弘治本、康熙本作「王」。
〔四六〕問其父所録伊川先生語　「語」，弘治本、康熙本作「説」。

程氏遺書第十九

楊遵道録

伊川先生語五

問：格物是外物，是性分中物？曰：不拘，凡眼前無非是物。物物皆有理。〔一〕如火之所以熱，水之所以寒，至於君臣父子間皆是理。又問：只窮一物，見此一物，還便見得諸理否？曰：須是徧求。雖顔子亦只能聞一知十，若到後來達理了，雖億萬亦可通。又問：如荆公窮物，一部字解多是推五行生成。如今窮理亦只如此著工夫，如何？曰：荆公舊年説話煞得，後來却自以爲不是，晚年盡支離了。

問：「古之學者爲己」，不知初設心時，是要爲己，是要爲人？曰：須先爲己，方能及人。初學只是爲己。鄭宏中云學者先須要仁，仁所以愛人，正是顛倒説却。

「新民」，以明德新民。

問：「日新」有進意，抑只是無弊意？曰：有進意。學者求有益，須是日新。

問：「有所忿懥、恐懼、憂患，心不得其正。」是要無此數者，心乃正乎？曰：非是謂無，只是不以此動其心。學者未到不動處，須是執持其志。

「師出以律，否臧凶。」律有二義，有出師不以義者，有行師而無號令節制者，皆失律也。師出當以律，不然雖臧亦凶。今人用師，惟務勝而已。

「弟子輿尸，貞凶。」帥師以長子，今以弟子衆主之，亦是失律，故雖貞亦凶也。

「豶豕之牙」，豕牙最能嚙害人，只制其牙，如何制得？今人爲惡，却只就他惡禁之，便無由禁止。此見聖人機會處。

「喪羊于易」，羊群行而觸物。大壯衆陽並進，六五以陰居位，惟和易然後可以喪羊。易非難易之易，乃和易、樂易之易。

易有百餘家，難爲偏觀。如素未讀，不曉文義，且須看王弼、胡先生、荆公三家，理會得文義，且要熟讀，然後却有用心處。

讀易須先識卦體。如乾有元亨利貞四德，缺却一箇便不是乾，須要認得。

「反復道也」，言「終日乾乾」，往來皆由於道也。三位在二體之中，可進而上，可退而下，故言反復。「知至至之」，如今學者且先知有至處，便從此至之，是「可與幾也」，非知幾者安能先識至處？「知終終之」，知學之終處而終之，然後可與守義。王荆公云「九三知九五之位可至而至之」，大煞害事。使人臣常懷此心，大亂之道，亦自不識湯、武。「知至至之」，只是至其道也。

荆公言用九只在上九一爻，非也。六爻皆用九，故曰「見羣龍無首吉」。用九便是行健處。「天德不可爲首」，言乾以至剛健，又安可更爲物先？爲物先則有禍，所謂「不敢爲天下先」。乾順時而動，不過處便是不爲首，六爻皆同。

問：胡先生解九四作太子，恐不是卦義。先生云：亦不妨，只看如何用。當儲貳則做儲貳，使九四近君，便作儲貳亦不害，但不要拘一。若執一事，則三百八十四爻，只作得三百八十四件事便休也。

看易且要知時。凡六爻人人有用，聖人自有聖人用，賢人自有賢人用，衆人自有衆人用，〔二〕學者自有學者用，君有君用，臣有臣用，無所不通。因問：坤卦是臣之事，人君有用處否？先生曰：是何無用？如「厚德載物」，人君安可不用。

陰爲小人，利爲不善，不可一概論。夫陰助陽以成物者君子也，其害陽者小人也。夫利和義者善也，其害義者不善也。

「利貞者性情也」，言利貞便是乾之性情。因問：利與「以利爲本」之利同否？先生曰：凡字只有一箇，用有不同，只看如何用。凡順理無害處便是利，君子未嘗不欲利，然孟子言「何必曰利」者，蓋只以利爲心則有害。如「上下交征利而國危」，便是有害，「未有仁而遺其親，未有義而後其君」，不遺其親，不後其君，便是利，仁義未嘗不利。

謝師直爲長安漕，明道爲鄠縣簿，論易及春秋。明道云：「運使春秋猶有所長，易則全理會不得。」師直一日説與先生。先生答曰：「據某所見，二公皆深知易者。」師直曰：「何故？」先生曰：「以運使能屈節問一主簿，以一主簿敢言運使不知易，非深知易道者不能。」

「雲行雨施」，是乾之亨處。

乾六爻，如欲見聖人曾履處，當以舜可見，在側陋便是「潛」，陶漁時便是「見」，升聞時便是「乾乾」，納于大麓時便是「躍」。

介甫以武王觀兵爲九四，大無義理，兼觀兵之説亦自無此事。如今日天命絶，則今日便是獨夫，豈容更留之三年，今日天命未絶，便是君也，爲人臣子豈可以兵脅其君，安有此義。又紂鷙狠若此，太史公謂有七十萬衆，未知是否，然書亦自云紂之衆「若林」，三年之中，豈肯容武王如此便休得也。只是太誓一篇前序云「十有一年」，後面正經便説「惟十有三年」，先儒誤妄，遂轉爲觀兵之説。先王無觀兵之事，不是前序一字錯却，便是後面正經三字錯却。

先儒以六爲老陰，八爲少陰，固不是。介甫以爲進君子而退小人，則是聖人旋安排義理也。此且定陰陽之數，豈便説得義理。九六只是取純陰純陽，惟六爲純陰，只取河圖數見之，過六則一陽生，至八便不是純陰。

或以小畜爲臣畜君，以大畜爲君畜臣。先生云：不必如此。大畜只是所畜者大，小畜只是所畜者小，不必指定一件事，便是君畜臣，臣畜君，皆是這箇道理，隨大小用。

陳瑩中答吴國華書「天在山中」説云，便是芥子納須彌之義。先生謂正南北説却須彌無體，芥子無量。

問：瑩中嘗愛文中子，或問學易，子曰「終日乾乾可也」，此語最盡。文王所以聖，亦只是箇不已。先生曰：凡説經義，如只管節節推上去，可知是盡。夫「終日乾乾」，未盡得易，據此一句，只做得九三使。若謂乾乾是不已，不已又是道，漸漸推去，則自然是盡，只是理不如此。

「子在川上曰：『逝者如斯夫。』」言道之體一作「往」。如此，這裏須是自見得。張繹曰：此便是無窮。先生曰：固是道無窮，然怎生一箇無窮便了得他。一作「便道了却他」。

問：「括囊」事還做得在位使否？先生曰：六四位是在上，然坤之六四却是重陰，故云「賢人隱」，便做不得在位。又問：恐後人緣此謂有朝隱者。先生曰：安有此理？向林希嘗有此説，謂楊雄爲禄隱。楊雄後人只爲見他著書，便須要做他是。怎生做得是？因問：

如劇秦文莫不當作？先生云：或云非是美之，乃譏之也。然王莽將來族誅之，亦未足道，又何足譏？譏之濟得甚事？或云且以免死，然已自不知「明哲煌煌」之義，何足以保身。作太元本要明易，却尤晦如易，其實無益，真屋下架屋，牀上疊牀。他只是於易中得一數爲之，於曆法須有合，只是無益。今更於易中推出來，做一百般太元亦得，要尤難明亦得，只是不濟事。

「大明終始。」人能大明乾之終始，便知「六位時成」，却「時乘六龍」，以當天事。

「先迷後得」是一句，「主利」是一句。蓋坤道惟是主利，文言「後得主而有常」處，脱却一利字。

介甫解「直方大」云：「因物之性而生之，直也；成物之形而不可易，方也。」人見似好，只是不識理。如此是物先有箇性，坤因而生之。是甚義理？全不識也。

「至大」、「至剛」、「以直」，此三者不可闕一，闕一便不是浩然之氣。如坤所謂「直方大」是也。但坤卦不可言剛，言剛則害坤體。然孔子於文言又曰「坤至柔而動也剛」，方即剛也。因問：見李籲録明道語中却與先生説别，解「至剛」處云「剛則不屈」，則是於至剛已帶却直意。又曰「以直道順理而養之」，則是以直字連下句，在學者著工夫處説却。先生曰：先兄無此言，便不講論到此。舊嘗令學者不要如此編録，纔聽得轉動便别。舊曾看只有李籲一本無錯編者。他人多只依説時不敢改動，或脱忘一兩字便大别。李籲却得其意，不拘言語，往往録得都是。不知尚有此語，只「剛則不屈」亦未穩當。

孔子教人各因其才，有以政事入者，有以言語入者，有以德行入者。

性出於天，才出於氣，氣清則才清，氣濁則才濁。譬猶木焉，曲直者性也，可以爲棟樑，可以爲榱桷者，才也。才則有善與不善，性則無不善。「惟上智與下愚不移」，非謂不可移也，而有不移之理。所以不移者，只有兩般焉，自暴自棄，不肯學也。使其肯學，不自暴自棄，安不可移哉？

楊雄、韓愈説性，正説著才也。

韓退之説叔向之母聞楊食我之生，知其必滅宗。此無足怪，其始便稟得惡氣，便有滅宗之理，所以聞其聲而知之也。使其能學，以勝其氣，復其性，可無此患。

「性相近也」，此言所禀之性，不是言性之本。孟子所言便正言性之本。

問：先生云性無不善，才有善不善，楊雄、韓愈皆説著才。然觀孟子意，却似才亦無有不善，及言所以不善處，只是云「舍則失之」，不肯言初禀時有不善之才。如云「非天之降才爾殊」，是不善不在才，但以遇凶歲陷溺之耳。〔三〕又觀牛山之木，「人見其濯濯也，以爲未嘗有才焉，此豈山之性」，是山之性未嘗無才，只爲斧斤牛羊害之耳。又云「人見其禽獸也，以爲未嘗有才焉，是豈人之情也哉」，所以無才者，只爲「旦晝之所爲，有梏亡之」耳。又云「乃若其情，則可以爲善矣，乃所謂善，若夫爲不善，非才之罪也」，則是以情觀之，而才未嘗不善。觀此數處，切疑才是一箇爲善之資，譬如作一器械，須是有器械材料方可爲也。如云：「惻隱之心，仁也。云云。故曰求則得之，舍則失之，或相倍蓰而無筭者，不能盡其才也。」則四端者便是爲善之才，所以不善者，以不能盡此四端之才也。觀孟子意，似言性情才三者皆無不善，亦不肯於所稟處説不善。今謂才有善不善，何也？或云善之地便是性，欲爲善便是情，能爲善便是才，如何？先生云：上智下愚便是才，以堯爲君而有象，以瞽瞍爲父而有舜，亦是才。然孟子只云「非才之罪」者，蓋公都子正問性善，孟子且答他正意，不暇一一辨之，又恐失其本意。如萬章問象殺舜事，夫堯已妻之二女，迭爲賓主，當是時已自近君，豈復有完廩浚井之事？象欲使二嫂治棲，當是時堯在上，象還自度得道殺却舜後取其二女，堯便了得否？必無此事。然孟子未暇與辨，且答這下意。

「生而知之」「學而知之」亦是才。問：生而知之要學否？先生曰：生而知固不待學，然聖人必須學。

先生每與司馬君實説話，不曾放過，如范堯夫十件事只爭得三四件便已。先生曰：君實只爲能受盡言，儘人忤逆終不怒，便是好處。

君實嘗問先生云：欲除一人給事中，誰可爲者，願爲光説一人。先生曰：相公何爲若此言也，如當初泛論人才却可，今既如此，某雖有其人，何可言？君實曰：出於公口，入於光耳，又何害？先生終不言。一本云：先生曰：「某斷不説。」

「先進」「後進」，如今人説前輩後輩。「先進於禮樂」，謂舊時前輩人於禮樂，在今觀之以爲朴野。「後進於禮樂」，謂今晚進之人於禮樂，在今觀之以爲君子。君子者，文質彬彬之名。蓋周末文盛，故以前人爲野，而自以當時爲君子，不知其過於文也，故孔子曰「則吾從先進」。

孔門弟子善問，〔四〕直窮到底。如問「鄉人皆好之何如」，曰「未可也」，便又問「鄉人皆惡之何如」。又説「足食足兵，民信之矣」，便問「必不得已而去，於斯三者何先」，纔説「去兵」，便問「不得已而去，於斯二者何先」，自非聖人不能答，便云「去食，自古皆有死，民無信不立」。不是孔子弟子不能如此問，不是聖人不能如此答。

禮記儒行經解全不是，因舉呂與叔解亦云儒行誇大之語，非孔子之言，然亦不害義理。先生曰：煞害義理，恰限易便只「潔静精微」了却，〔五〕詩便只「温柔敦厚」了却，皆不是也。

祭法如夏后氏郊鯀一片，皆未可據。

問：聖人有爲貧而仕者否？曰：孔子爲乘田委吏是也。又問：或云乘田委吏非爲貧，爲之兆也。先生曰：乘田委吏却不是爲兆，爲魯司寇便是爲兆。一本此下有十六字云：有人云先生除國子監之命不受，是固也。先生因言：近煞有人以此相勉，某答云待飢餓不能出門户時，當别相度。

荀、楊性已不識，更説甚道。

鄧文孚問：孟子還可爲聖人否？曰：未敢便道他是聖人，然學已到至處。又問：孟子書中有不是處否？曰：只是門人録時錯一兩字。如説「大人則藐之」，夫君子毋不敬，如有心去藐他人，便不是也。更説夷、惠處云「皆古聖人」，須錯字，若以夷、惠爲「聖之清」、「聖之和」則可，便以爲聖人則不可。看孟子意，必不以夷、惠爲聖人。如伊尹又别，初在畎畝，湯使人問之，曰「我何以湯之幣聘爲哉」，是不肯仕也，及湯盡禮，然後翻然而從之，亦是「聖之時」。如五就湯，五就桀，自是後來事，蓋已出了，則當以湯之心爲心，所以五就桀，不得不如此。

荆公嘗與明道論事不合，因謂明道曰：「公之學如上壁。」言難行也。明道曰：「參政之學如捉風。」及後來逐不附己者，獨不怨明道，且曰：「此人雖未知道，亦忠信人也。」

張戩嘗於政事堂與介甫争辨事，因舉經語引證。介甫乃曰：「安石却不會讀書，賢却會讀書。」戬不能答。先生因云：「却不向道只這箇便是不會讀書。」

佛家有印證之説，極好笑，豈有我曉得這箇道理後，因他人道是了方是，他人道不是便不是。又五祖令六祖三更時來傳法，如期去便傳得，安有此理？

謝良佐與張繹説：某到山林中静處便有喜意，覺著此不是。先生曰：人每至神廟佛殿處便敬，何也？則是每常不敬，見彼乃敬，若還常敬，則到佛殿廟宇亦只如此。不知在閙處時此物安在，直到静處乃覺。繹言：伊云只有這些子已覺。先生曰：這回比舊時煞長進。這些子已覺固是，若謂只有這些子，却未敢信。胡本註云：朱子權親見謝先生云某未嘗如此説，恐傳録之誤也。

「屢空」兼兩意，惟其能虚中，所以能屢空。貨殖便生計較，纔計較便是不受命，不受命者，不能順受正命也。吕與叔解作如貨殖。先生云：傳記中言子貢貨殖處亦多，此子貢始時事。

萬物皆有良能，如每常禽鳥中做得窠子極有巧妙處，〔六〕是他良能，不待學也。人初生只有喫乳一事不是學，其他皆是學，人只爲智多害之也。

「人心」私欲也，「道心」正心也，「危」言不安，「微」言精微。惟其如此，所以要精一。「惟精惟一」者，只要精一之也。精之一之，始能「允執厥中」，中是極至處。或云介甫説以一守，以中行，只爲要事事分作兩處。

詩小序便是當時國史作，如當時不作，雖孔子亦不能知，況子夏乎？如大序則非聖人不能作。

「用之鄉人焉，用之邦國焉。」如二南之詩及大雅、小雅，是當時通上下皆用底詩，蓋是脩身治家底事。

「關雎樂得淑女，以配君子」，淑女即后妃也，故言配荇菜以興后妃之柔順。「左右流之」，左右者隨水之貌。「左右采之」者，順水而采之。「左右芼之」者，順水而芼之。皆是言荇菜柔順之貌，以興后妃之德。「琴瑟友之，鍾鼓樂之」，言后妃之配君子，和樂如此也。「憂在進賢，不淫其色，哀窈窕，思賢才，而無傷善之心焉。」自是關雎之義如此，非謂后妃也。此一行甚分明，人自錯解却。

口目耳鼻四支之欲，性也。然有分焉，不可謂我須要得，是有命也。仁義禮智，天道在人，賦於命有厚薄，是命也。然有性焉可以學，故君子不謂命。

「則以學文」，便是讀書。人生便知有父子兄弟，須是先盡得孝弟，然後讀書，非謂已前不可讀書。

禮勝則離，故「禮之用，和爲貴，先王之道，斯爲美，小大由之」。樂勝則流，故「有所不行，知和而和，不以禮節之，亦不可行」。禮以和爲貴，故先王之道以此爲美，而小大由之。然却有所不行者，以「知和而和，不以禮節之」，故亦不可行也。

「望道而未之見」，言文王視民如傷，以紂在上，望天下有道而未之見。「湯執中，武王不泄邇」，非謂武王不能執中，湯却泄邇，蓋各因一件事言之。人謂各舉其最盛者，非也，聖人亦無不盛。

魯得用天子禮樂，使周公在，必不肯受，故孔子曰：「周公之衰乎！」孔子以此爲周公之衰，是成王之失也。介甫謂周公有人臣不能爲之功，故得用人臣所不得用之禮，非也。臣子身上没分外過當底事，凡言舜言曾子爲孝，不可謂曾子、舜過於孝也。

「克明峻德」，只是説能明峻德之人。「凡爲天下國家有九經」，曰脩身也，尊賢也，親親也。蓋先尊賢，然後能親親。夫親親固所當先，然不先尊賢則不能知親親之道。禮記言「克明峻德，顧諟天之明命，皆自明也」者，皆由於明也。

「平章百姓」，百姓只是民，凡言百姓處皆只是民。百官族姓，已前無此説。

陳平只是幸而成功，當時順却諸吕亦只是畏死。漢之君臣當恁時，豈有樸實頭爲社稷者？使後來少主在，事變却時，他也則隨却。如令周勃先入北軍，陳平亦不是推功讓能底人，只是占便宜，令周勃先試難也。其謀甚拙，其後成功亦幸。如人臣之義，當以王陵爲正。

周勃當時初入北軍亦甚拙，何事令左袒則甚？忽然當時皆右袒，後還如何？當時已料得必左袒，又何必更號令？如未料得，豈不生變？只合驅之以義，管他從與不從。

韓信初亡，蕭何追之，高祖如失左右手，却兩日不追。及蕭何反，問之曰：「何亡也？」曰：「臣非亡，乃追亡者也。」當時高祖豈不知此二人，乃肯放與項羽，兩日不追邪？乃是蕭何與高帝二人商量做來，欲致韓信之死爾。時史官已被高祖瞞過，後人又被史官瞞。

惜乎韓信與項羽，諸葛亮與司馬仲達不曾合戰，更得這兩箇戰得幾陣，不妨有可觀。

先生每讀史到一半，便掩卷思量，〔七〕料其成敗，然後却看有不合處，又更精思，其間多有幸而成，不幸而敗。今人只見成者便以爲是，敗者便以爲非，不知成者煞有不是，敗者煞有是底。

讀史須見聖賢所存治亂之機，賢人君子出處進退，便是格物。今人只將他見成底事，便做是使，不知煞有誤人處。

先生在講筵，嘗典錢使。諸公因問必是俸給大段不足，後乃知到任不曾請俸。諸公遂牒户部，問不支俸錢。户部索前任曆子，先生云：「某起自草萊，無前任曆子。」舊例初入京官時，用下狀出給料錢曆。其意謂朝廷起我，便當「廩人繼粟，庖人繼肉」也。遂令户部自爲出券曆。

户部只欲與折支。諸公又理會，舘閣尚請見錢，豈有經筵官只請折支？又檢例已無崇政殿説書多時。户部遂定，已前未請者只與折支，自後來爲始支見錢。先生後自涪陵歸，復官半年，不曾請俸。糧料院吏人忽來索請券狀子，先生云：「自來不會寫狀子。」受事人不去，只令子弟録與受官月日。

先生在經筵時，與趙侍郎、范純甫同在後省行，見曉示至節令命婦進表賀太皇及太后、太妃。趙、范更問備辨，因問先生。先生云：「某家無命婦。」二公愕然，問：「何不叙封？」先生曰：「某當時起自草萊，三辭然後受命，豈有今日乃爲妻求封之理？」其夫人至今無封號。問：「今人陳乞恩例，義當然否？人皆以爲本分者，不一作「不以」。爲害。」先生曰：「只爲而今士大夫道得箇乞字慣却，動不動又是乞也。」因問：「陳乞封父祖如何？」先生曰：「此事體又别。」再三請益，但云：「其説甚長，待别時説。」

范堯夫爲蜀漕，成都帥死，堯夫權府。是時先生隨侍過成都，堯夫出送，先生已行二里，急遣人追及之，回至門頭僧寺相見。堯夫因問：「先生在此有何所聞？」先生曰：「聞公嘗言：當使三軍之士知事帥君如事父母。不知有此語否？」堯夫愕然，疑其言非是。先生曰：「公果有此語，一國之福也。」堯夫方喜，先生却云：「恐公未能使人如此。」堯夫再三問之，先生曰：「只如前日公權府，前帥方死，便使他臣子張樂大排，此事當時莫可罷？」堯夫云：「便是純仁當時不就席，只令通判伴坐。」〔八〕先生曰：「此尤不是。」堯夫驚愕，即應聲曰：「悔當初，只合打散便是。」先生曰：「又更不是。夫小人心中，只得些物事時便喜，不得便不足。他既不得物事，却歸去思量，因甚不得此物，元來是爲帥君。小人須是切己乃知思量，若只與他物事，他自歸去，豈更知有思量？」堯夫乃嗟嘆曰：「今日不出，安得聞此言？」

先生云：韓持國服義最不可得。一日某與持國、范夷叟泛舟于潁昌西湖。須臾，客將云有一官員上書謁見大資。某將謂有甚急切公事，乃是求知己。某云：「大資居位，却不求人，乃使人倒來求己，是甚道理？」夷叟云：「只爲正叔一作「姨夫」。太執，求薦章，常事也。」某云：「不然，只爲曾有不求者不與，來求者與之，遂致人如此。」持國便服。

先生初受命便在假，欲迤邐尋醫，既而供職。門人尹焞深難之，謂供職非是。先生曰：新君即位，首蒙大恩，自二千里放回，亦無道理不受。某在先朝則知某者也，當時執政大臣皆相知，故不當如此受。今則皆無相知，朝廷之意只是憐其貧，不使飢餓於我土地。某須領他朝廷厚意，與受一月料錢，然官則某必做不得。既已受他誥，却不供職，是與不受同。且略與供職數日，承順他朝廷善意了，然後惟吾所欲。

先生因言：今日供職，只第一件便做他底不得，吏人押申轉運司狀，某不曾簽。國子監自繫臺省，臺省繫朝廷官，外司有事，合行申狀，豈有臺省倒申外司之理？只爲從前人只計較利害，不計較事體，直得恁地。須看聖人欲正名處，見得道名不正時，便至禮樂不興，自然住不得。夫禮樂，豈玉帛之交錯，鍾鼓之鏗鏘哉？今日第一件便如此，人不知，一似好做作只這些子。某便做他官不得，若久做他底時，須一一與理會。

謝某曾問：涪州之行，知其由來，乃族子與故人耳。族子謂程公孫，故人謂邢恕。先生答云：族子至愚不足責，故人至一作「情」。厚不敢疑。孟子既知一作「繫之」。天，安用尤臧氏？因問：邢七雖爲惡，然必不到更傾先生也。先生曰：然邢七亦有書到某，云「屢於權宰處言之」，不知身爲言官，却説此話。未知傾與不傾，只合救與不救，便在其間。又問：邢七久從先生，想都無知識，後來極狼狽。先生曰：謂之全無知則不可，只是義理不能勝利欲之心，便至如此也。

先生云：某自十七八讀論語，當時已曉文義，讀之愈久，但覺氣味深長。論語有讀了後全無事者，有讀了後其中得一兩句喜者，有讀了後知好之者，有讀了後不知手之舞之足之蹈之者。

今人不會讀書。如「誦詩三百，授之以政，不達，使於四方，不能專對，雖多亦奚以爲？」須是未讀詩時，授以政不達，使四方不能專對，既讀詩後便達於政，能專對四方，始是讀詩。「人而不爲周南、召南，其猶正牆面而立。」須是未讀周南、召南，一似面牆，到讀了後便不面牆，方是有驗。大抵讀書，只此便是法。如讀論語，舊時未讀是這箇人，及讀了後又只是這箇人，便是不曾讀也。

大率上一爻皆是師保之任，足以當此爻也。

若要不學佛，須是見得他小，便自然不學。

文中子本是一隱君子，世人往往得其議論，附會成書。其間極有格言，荀、楊道不到處。又有一件事半截好半截不好。如魏徵問：「聖人有憂乎？」曰：「天下皆憂，吾獨得不憂？」問疑，曰：「天下皆疑，吾獨得不疑？」徵退，謂董常曰：「樂天知命吾何憂？窮理盡性吾何疑？」此言極好。下半截却云：「徵所問者迹也，吾告汝者心也，心迹之判久矣。」便亂道。

文中子言「封禪之費非古也，其秦漢之侈心乎」，此言極好。古者封禪非謂誇治平，乃依本分祭天地，後世便把來做一件矜誇底事。如周頌告成功，乃是陳先王功德，非謂誇自己功德。

文中子續經甚謬，恐無此。如續書始於漢，自漢已來制詔，又何足記？續詩之備六代，如晉、宋、後魏、北齊、後周、隋之詩，又何足采？

韓退之言「孟子醇乎醇」，此言極好，非見得孟子意，亦道不到。其言「荀、楊大醇小疵」，則非也。荀子極偏駁，只一句性惡，大本已失。楊子雖少過，然已自不識性，更説甚道？

韓退之言「博愛之謂仁，行而宜之之謂義，由是而之焉之謂道，足乎己無待於外之謂德」，此言却好。只云「仁與義爲定名，道與德爲虚位」，便亂説。只如原道一篇極好。退之每有一兩處直是摶得親切，直似知道，然却只是摶也。

問：文中子謂「諸葛亮無死，禮樂其有興乎」，諸葛亮可以當此否？先生曰：禮樂則未敢望他，只是諸葛已近王佐。〔九〕又問：如取劉璋事如何？先生曰：只有這一事大不是，便是計較利害。當時只爲不得此則無以爲資，然豈有人特地出迎，他却於坐上執之。大段害事，只是箇爲利。君子則不然，只一箇義不可便休，豈可苟爲！又問：如湯兼弱攻昧如何？先生曰：弱者兼之，非謂并兼，取他只爲助他，與之相兼也。昧者乃攻，亂者乃取，亡者乃侮。

張良亦是箇儒者，進退間極有道理。人道漢高祖能用張良，却不知是張良能用高祖。良計謀不妄發，發必中。如後來立太子事，皆是能使高祖必從，使之左便左，使之右便右，豈不是良用高祖乎？良本不事高祖，常言爲韓王送沛公，觀良心只是爲天下，且與成就却事。後來與赤松子遊，只是箇不肯事高祖如此。

五德之運却有這道理，凡事皆有此五般，自小至大不可勝數。一日言之便自有一日陰陽，一時言之便自有一時陰陽，一歲言之便自有一歲陰陽，一紀言之便自有一紀陰陽，氣運不息，如王者一代又是一箇大陰陽也。唐是土德，便少河患，本朝火德，多水一作「火」。災。蓋亦有此理，只是須於這上有道理。如關朗卜百年事最好，其間須言如此處之則吉，不如此處之則凶，每事如此。蓋雖是天命，可以人奪也。如仙家養形以奪既衰之年，聖人有道以延已衰之命，只爲有這道理。

或云：尋常觀人出辭氣便可知人。先生曰：亦安可盡？昔横渠嘗以此觀人，未嘗不中，然某不與他如此。後來其弟戩亦學他如此觀人，皆不中。此安可學？

觀素問文字氣象，只是戰國時人作，謂之三墳書則非也，道理却總是。想當時亦須有來歷，其間只是氣運使不得，錯不錯未説，就使其法不錯亦用不得，除是堯舜時十日一風五日一雨始用得。且如説潦旱，今年運氣當潦，然有河北潦，江南旱時，此且做各有方氣不同，又却有一州一縣之中潦旱不同者，怎生定得？

學佛者多要忘是非，是非安可忘得？自有許多道理，何事忘爲？夫事外無心，心外無事，世人只被爲物所役，便覺苦事多。若物各付物，便役物也。世人只爲一齊在那昏惑迷暗海中，拘滯執泥坑裏，便事事轉動不得，没著身處。

莊子齊物，夫物本齊，安俟汝齊？凡物如此多般，若要齊時，别去甚處下脚手？不過得推一箇理一也。物未嘗不齊，只是你自家不齊，不干物不齊也。

先生在經筵，聞禁中下後苑作坊取金水桶貳隻，因見潞公問之。潞公言：「無。彦博曾入禁中，見只是朱紅，無金爲者。」某遂令取文字示潞公，潞公始驚怪。某當時便令問，欲理會，却聞得是長樂宫，遂已。當時恐是皇帝閤中，某須理會。

先生舊在講筵，説論語「南容三復白圭」處，見内臣貼却「容」字，因問之。内臣云是上舊名。先生講罷，因説：「適來臣講書，見内臣貼却『容』字。夫人主處天下之尊，居億兆之上，只嫌怕人尊奉過當，便生驕心，皆是左右近習之人養成之也。嘗觀仁宗時宫嬪謂正月爲初月，蒸餅爲炊餅，皆此類。請自後只諱正名，不諱嫌名及舊名。」纔説了，次日孫莘老講論語，讀「子畏於匡」爲「正」。先生云：「且著箇地名也得，『子畏於正』是甚義理？」又講「君祭先飯」處，因説：「古人飲食必祭，食穀必思始耕者，食菜必思始圃者，先王無德不報如此。夫爲人臣者，居其位，食其禄，必思何所得爵禄來處，乃得於君也。必思所以報其君，凡勤勤盡忠者，爲報君也。如人主所以有崇高之位者，蓋得之於天，與天下之人共戴也，必思所以報民。古之人君視民如傷，若保赤子，皆是報民也。」每講一處，有以開導人主之心處便說。始初内臣宫嬪門皆携筆在後抄録，後來見說著佞人之類，皆惡之。吕微仲使人言：「今後且刻可傷觸人。」范堯夫云：「但不道著名字，儘說不妨。」〔一〇〕

或問：横渠言聖人無知，因問有知。先生曰：纔說無知，便不堪是聖人。當人不問時，只與木石同也。

先生云：吕與叔守横渠學甚固，每横渠無說處皆相從，纔有說了更不肯回。

蘇炳録横渠語云：和叔言香聲，横渠云：「香與聲猶是有形，隨風往來，可以斷續，猶爲麤耳。不如清水，今以清冷水置之銀器中，隔外便見水珠，曾何漏隙之可通？此至清之神也。」先生云：此亦見不盡，却不說此是水之清銀之清，若云是水，因甚置磁椀中不如此。

校勘記

〔一〕物物皆有理　弘治本、康熙本少一「物」字。

〔二〕衆人自有衆人用　下「人」字原訛「天」，據弘治本、康熙本改。

〔三〕是但以遇凶歲陷溺之耳　「遇」原訛「富」，據弘治本、康熙本改。

〔四〕孔子弟子善問　「孔子」，弘治本、康熙本作「孔門」。

〔五〕恰限易便只潔静精微了却　「限」，弘治本、康熙本作「恨」。

〔六〕如每常禽鳥中做得窠子極有巧妙處　「窠」，弘治本、康熙本作「窩」。

〔七〕便掩卷思量　「便」原訛「夜」，弘治本作「使」，據康熙本改。

〔八〕只令通判伴坐　「伴」字原無，據弘治本、康熙本補。

〔九〕只是諸葛已近王佐　「是」，弘治本、康熙本作「説」。

〔一〇〕儘説不妨　弘治本、康熙本句下有「又講君祭以下莆田本添」十小字。

程氏遺書第二十

伊川先生語六

周伯忱本

問：左氏言子路助衛輒，觀其學已升堂，肯如是否？曰：子路非助輒，只爲孔悝陷於不義，欲救之耳。蓋蒯聵不用君父之命而入立，強盟孔悝，孔悝不合從之故也。曰：子路當時可以免難否？曰：不可免。

問：左傳可信否？曰：不可全信，信其可信者耳。某年二十時看春秋，黄聱隅問某如何看，答之曰：「有兩句法云：以傳考經之事迹，以經別傳之真僞。」又問：公、穀如何？曰：又次於左氏。左氏即是丘明否？曰：傳中無丘明字，不可考。

問：「此之謂自慊」與「吾何慊乎哉」之「慊」同否？曰：慊字則一也，不足謂之慊，動於中亦謂之慊，看用處如何。

程氏遺書第二十一上

伊川先生語七上

門人張繹録

師説

宣仁山陵，程子往赴，吕汲公爲使。時朝廷以館職授子，子固辭。公謂子曰：「仲尼亦不如是。」程子對曰：「公何言哉，某何人而敢比仲尼！雖然某學仲尼者，於仲尼之道固不敢異。公以謂仲尼不如是，何也？」公曰：「陳恒弑其君，請討之，魯不用則亦已矣。」子未及對。會殿帥苗公至，子辟之幕府，見公壻王讜。讜曰：「先生不亦甚乎，欲朝廷如何處先生也？」子曰：「且如朝廷議北郊，所議不合禮，取笑天下。後世豈不曰有一程某亦嘗學禮，何爲而不問也？」讜曰：「北郊如何？」曰：「此朝廷事，朝廷不問而子問之，非可言之所也。」其後有問：「汲公所言陳恒之事是歟？」曰：「於傳，仲尼是時已不爲大夫，公誤言也。」

吕汲公以百縑遺子，子辭之。時子族兄子公孫在旁，謂子曰：「勿爲已甚，姑受之。」子曰：「公之所以遺某者，以某貧也。公位宰相，能進天下之賢，隨才而任之，則天下受其賜也。何獨某貧也，天下貧者亦衆矣，公帑固多，恐公不能周也。」

殿帥苗公問程子曰：「朝廷處先生如何則可？」程子對曰：「且如山陵事，苟得專處，雖永安尉可也。」

程子曰：古之學者易，今之學者難。古自八歲入小學，十五入大學，有文采以養其目，聲音以養其耳，威儀以養其四體，歌舞以養其血氣，義理以養其心。今則俱亡矣，惟義理以養其心爾，可不勉哉！

范公堯夫攝帥成都，程子將告歸，別焉。公曰：「願少留，某將別。」子曰：「既別矣，何必復勞輿衛。」遂行。公使人要於路，曰：「願一見也。」既見，曰：「先生何以教我？」子曰：「公嘗言爲將帥當使士卒視己如父母，然後可用，然乎？」公曰：「如何？」子曰：「公言是也。然公爲政不若是，何也？」公曰：「可得聞與？」子曰：「舊帥新亡，而公張樂大饗將校於府門，是教之視帥如父母乎？」曰：「亦疑其不可，故使屬官攝主之也。」子曰：「是尤不可也。公與舊帥同僚也，失同僚之義其過小，屬官於主帥其義重。」曰：「廢饗而頒之酒食如何？」曰：「無頒也。武夫視酒食爲重事，弗頒則必思其所以而知事帥之義，乃因事而教也。」公曰：「若從先主言而不來，則不聞此矣。」其喜聞義如此。

程子在講筵，執政有欲用之爲諫官者。子聞，以書謝曰：「公知射乎？有人執弓于此，發而多中，人皆以爲善射矣。一日使羿立於其傍，道之以彀率之法，不從，羿且怒而去矣，從之則戾其故習而失多中之功。一作「巧」。故不若處羿於無事之地，則羿得盡其言，而用舍羿不恤也。某才非羿也，然聞羿之道矣，慮其害公之多中也。」

謝氏自蜀之京師，〔二〕過洛而見程子。子曰：「爾將何之？」曰：「將試教官。」子弗答，湜曰：「何如？」子曰：「吾嘗買婢，欲試之，其母怒而弗許，曰吾女非可試者也。今爾求爲人師而試之，必爲此媪笑也。」湜遂不行。一本云：湜不能用。又云：謝湜求見者三，不許，因陳經正以請。先生曰：「聞其來問易，遂爲說以獻貴人。」注云：獻蔡卞，如「用說桎梏」之類。

謝愔見程子，子留語，因請曰：「今日將沐。」子曰：「豈無他日？」曰：「今日吉也。」子曰：「豈爲士而惑此耶？」曰：「愔固無疑矣，在己庸何卹？第云不利父母。」子曰：「有人呼於市者曰，毁瓦劃墁則利父母也，否則不利父母。子亦將毁瓦劃墁乎？」曰：「此狂人之言也，何可信？」「然則子所信者，亦狂言爾。」

先生謂繹曰：吾受氣甚薄，三十而浸盛，四十五十而後完，今生七十二年矣，校其筋骨，於盛年無損也。又曰：人待老而求保生，是猶貧而後畜積，雖勤亦無補矣。繹曰：先生豈以受氣之薄而後爲保生邪？夫子默然，曰：吾以忘生狥欲爲深恥。

程子與客語爲政。程子曰：「甚矣，小人之無行也，牛壯食其力，老則屠之。」客曰：

「不得不然也，牛老不可用，屠之猶得半牛之價，復稱貸以買壯者，不爾則廢耕矣，且安得芻粟養無用之牛乎？」子曰：「爾之言，知計利而不知義者也。爲政之本，莫大於使民興行，民善俗而衣食不足者，未之有也。水旱螟虫之災，皆不善之致也。」

邵堯夫謂程子曰：「子雖聰明，然天下事亦衆矣，子能盡知邪？」子曰：「天下之事某所不知者固多，然堯夫所謂不知者何事？」是時適雷起，堯夫曰：「子知雷起處乎？」子曰：「某知之，堯夫不知也。」堯夫愕然，曰：「何謂也？」子曰：「既知之，安用數推也？以其不知，故待推而後知。」堯夫曰：「子以爲起於何處？」子曰：「起於起處。」堯夫瞿然稱善。

張子厚罷太常禮院，歸關中，過洛而見程子。子曰：「比太常禮院所議，可得聞乎？」子厚曰：「大事皆爲禮房檢正所奪，所議惟小事爾。」子曰：「小事謂何？」子厚曰：「如定謚及龍女衣冠。」子曰：「龍女衣冠如何？」子厚曰：「當依夫人品秩，蓋龍女本封善濟夫人。」子曰：「某則不然，[二]既曰龍，則不當被人衣冠。矧大河之塞，本上天降祐，宗廟之靈，朝廷之德，而吏士之勞也，龍何功之有？又聞龍有五十三廟，皆曰三娘子，一龍邪？五十三龍邪？一龍則不當有五十三廟，五十三龍則不應盡爲三娘子也。」子厚默然。

韓持國帥許，程子往見，謂公曰：「適市中聚浮圖，何也？」公曰：「爲民祈福也。」子曰：「福斯民者，不在公乎！」

韓公持國使掾爲亭，成而蓮已生其前，蓋掾盆植而置之。公甚喜。程子曰：「斯可惡也。使之爲亭而更爲此以説公，非端人也。」公曰：「奈何人見之則喜。」

韓公持國與范公彝叟、程子爲泛舟之游，典謁白有士人堅欲見公。程子曰：「是必有故，亟見之。」頃之遽還，程子問：「客何爲者？」曰：「上書。」子曰：「言何事？」曰：「求薦爾。」子曰：「如斯人者，公缺「曰」一字。無薦。夫爲國薦賢，自當求人，豈可使人求也。」公曰：「子不亦甚乎。」范公亦以子爲不通。子曰：「大抵今之大臣好人求己，故人求之，如不好，人豈欲求怒邪？」韓公遂以爲然。

韓持國罷門下侍郎，出帥南陽，已出國門，程子往見之。子時在講筵，公驚曰：「子來見我乎！子亦危矣！」程子曰：「只知履安地，不知其危。」坐頃之，公不言。子曰：「公有不豫色，何也？」公曰：「在維固無足道，所慮者貽兄姊之憂耳。」子曰：「領帥南陽，兄姊何所憂？」公悟曰：「正爲定力不固耳。」

謝公師直與程子論易，程子未之許也。公曰：「昔與伯淳亦謂景温於春秋則可，易則未也。」程子曰：「以某觀之，二公皆深於易者也。」公曰：「何謂也？」子曰：「以監司論學而主簿敢以爲非，爲監司者不怒，爲主簿者敢言，非深於易而何？」

張閎中以書問易傳不傳，及曰「易之義本起於數」。程子答曰：易傳未傳，自量精力未衰，尚冀有少進爾，然亦不必直待身後，覺老耄則傳矣。書雖未出，學未嘗不傳也，第患無受之者爾。來書云「易之義本起於數」，謂義起於數則非也。有理而後有象，有象而後有數，易因象以知數，得其義則象數在其中矣。必欲窮象之隱微，盡數之毫忽，乃尋流逐末，術家之所尚，非儒者之所務也，管輅、郭璞之學是也。又曰：理無形也，故因象以明理，理見乎辭矣，則可由辭以觀象，故曰得其義則象數在其中矣。

子言范公堯夫之寛大也。昔余過成都，公時攝帥，有言公於朝者，朝廷遣中使降香峨眉，實察之也。公一日訪予款語，予問曰：「聞中使在此，公何暇也？」公曰：「不爾則拘束。」已而中使果怒，以鞭傷傳言者耳。屬官喜謂公曰：「此一事足以塞其謗，請聞於朝。」公既不折言者之爲非，又不奏中使之過也。其有量如此。

程子過成都，時轉運判官韓宗道議減役，至三大户亦減一人焉。子曰：「只聞有三大户，不聞兩也。」宗道曰：「三亦可，兩亦可，三之名不從天降地出也。」子曰：「乃從天降地出也。古者朝有三公，國有三老，『三人占則從二人之言』，『三人行則必得我師焉』。若止二大户，〔三〕則一人以爲是，一人以爲非，何從而決？三則從二人之言矣。雖然近年諸縣有使之分治者，亦失此意也。」

繹曰：鄒浩以極諫得罪，世疑其賣直也。先生曰：君子之於人也，當於有過中求無過，不當於無過中求有過。

程子之墊屋，時樞密趙公瞻持喪居邑中，杜門謝客，使侯隲語子以釋氏之學。子曰：「禍莫大於無類，釋氏使人無類可乎？」隲以告趙公，公曰：「天下知道者少，不知道者衆，自相生養，何患乎無類也。若天下盡爲君子，則君子將誰使？」侯子以告，程子曰：「豈不欲人人盡爲君子哉？病不能耳，非利其爲使也。若然則人類之存，不賴於聖賢，而賴於下愚也。」趙公聞之，笑曰：「程子未知佛道弘大耳。」程子曰：「釋氏之道誠弘大。吾聞傳者以佛逃父入山，終能成佛。若儒者之道，則當逃父時已誅之矣，豈能俟其成佛也？」

韓公持國與程子語，歎曰：「今日又暮矣。」程子對曰：「此常理從來如是，何歎爲？」公曰：「老者行去矣。」曰：「公勿去可也。」公曰：「如何能勿去？」子曰：「不能則去可也。」

校勘記

〔一〕謝氏自蜀至京師　「氏」，康熙本作「湜」。案此卷弘治本闕。

〔二〕某則不然　「然」，康熙本作「能」。

〔三〕若止二大户　「二」原訛「三」，據康熙本改。

程氏遺書第二十一下

伊川先生語七下

附師説後

幽王失道，始則萬物不得其性，而後恩衰於諸侯以及其九族，其甚也，至於視民如禽獸。魚藻之什，其序如此。

孔子之時，諸侯甚强大，然皆周所封建也。周之典禮雖甚廢壞，然未泯絶也。故齊、晉之霸，非挾尊王之義則不能自立。至孟子時則異矣，天下之大國七，非周所命者四，先王之政絶而澤竭矣。夫王者，天下之義主也。民以爲王，則謂之天王、天子，民不以爲王，則獨夫而已矣。二周之君雖無大惡見絶於天下，然獨夫也。故孟子勉齊、梁以王者，與孔子之所以告諸侯不同。君子之救世，時行而已矣。

「不動心」有二：有造道而不動者，有以義制心而不動者。此義也，此不義也，義吾所當取，不義吾所當捨，此以義制心者也。義在我，由而行之，從容自中，非有所制也。此不動之異。

凡有血氣之類皆具五常，但不知充而已矣。

勇者所以敵彼者也。苟爲造道而心不動焉，則所以敵物者，不賴勇而裕如矣。

理也，性也，命也，三者未嘗有異。窮理則盡性，盡性則知天命矣。天命猶天道也，以其用而言之則謂之命，命者造化之謂也。

書言「天叙」、「天秩」。天有是理，聖人循而行之，所謂道也。聖人本天，釋氏本心。

忠者，無妄之謂也。忠，天道也。恕，人事也。忠爲體，恕爲用。「忠恕違道不遠」，非「一以貫之」之忠恕也。

真近誠，誠者無妄之謂。

氣有善不善，性則無不善也。人之所以不知善者，氣昏而塞之耳。孟子所以養氣者，養之至則清明純全，〔一〕而昏塞之患去矣。或曰養心，或曰養氣，何也？曰養心則勿害而已，養氣則志有所帥也。〔二〕

賤妾得進御於君，是其僭恣可行，而分限得踰之時也。乃能謹於「抱衾與裯」，而知「命之不猶」，則教化至矣。

心生道也，有是心，斯具是形以生。惻隱之心，人之生道也。雖桀、跖不能無是以生，但戕賊之以滅天耳。始則不知愛物，俄而至於忍，安之以至於殺，充之以至於好殺，豈人理也哉！

有欲亂之人而無與亂者，則雖有強力弗能爲也。今有劫人以殺人者，則先治劫者，而殺者次之。將以垂訓於後世，則先殺者而後劫者。春秋書「鄭公子歸生弒其君夷」是也。

諸葛瑾使蜀，其弟亮與瑾非公會不覿，亮之處瑾爲得矣。使吳知瑾如備之遇亮，〔三〕復何嫌而不得悉兄弟之懽也。

春秋喪昏無譏，蓋日月自見，不必譏也。唯哀姜以禫中納幣，則重疊譏之，曰「逆婦」，曰「夫人至」，恐後世不以爲非也。他皆曰「逆女」，此獨云「婦」而又不曰「夫人」，蓋已納幣則爲婦，違理而昏則不可謂之夫人。

「貞而不諒」，〔四〕猶大信不約也。

智出於人之性。人之爲智，或入於巧僞，而老、莊之徒遂欲棄智，是豈性之罪也哉！善乎孟子之言：「所惡於智者，爲其鑿也。」

孔子之時，道雖不明，而異端之害未甚，故其論伯夷也以德。孟子之時，道益不明，異端之害滋深，故其論伯夷也以學。道未盡乎聖人，則推而行之，必有害矣，故孟子推其學術而言之也。夫闢邪説以明先王之道，非拔本塞源不能也。

青蠅詩言樊、棘、榛，言二人、四國。自樊而觀之，則樊爲近而棘、榛爲遠，自二人而觀之，則二人爲小而四國爲大。讒人之情，常欲污白以爲黑也。而其言不可以直達，故必營營往來，或自近而至於遠，或自小而至於大，然後其説得行矣。

文王之德正與天合，「明明于下」者，乃「赫赫于上」者也。

孟子曰：「强恕而行，求仁莫近焉。」有忠矣而行之以恕，則以無我爲體，以恕爲用。所謂「强恕而行」者，知以己之所好惡處人而已，未至於無我也。故「己欲立而立人，己欲達而達人」，所以「爲仁之方」也。

富文忠公辭疾歸第，以其俸券還府，府受之。先生曰：受其納券者固無足議，然納者亦未爲得也，留之而無請可矣。

名分正則天下定。

「人心惟危，道心惟微。」心，道之所在；微，道之體也。心與道渾然一也。對放其良心者言之，則謂之道心，放其良心則危矣。「惟精惟一」，所以行道也。

伊川先生病革，門人郭忠孝往視之，子瞑目而卧。忠孝曰：「夫子平生所學，正要此時用。」子曰：「道著用便不是。」忠孝未出寢門而子卒。一本作：或人仍載尹子之言曰：「非忠孝也，忠孝自黨事起不與先生往來，先生卒亦不致奠。」

校勘記

〔一〕養之至則清明純全　「則」，弘治本、康熙本作「斯」。

〔二〕養氣則志有所帥也　「志」原訛「在」，據弘治本、康熙本改。

〔三〕使吴知瑾如備之遇亮　「瑾」上，弘治本有「其」字，康熙本有「之」字。

〔四〕貞而不諒　「不」字原闕，據弘治本、康熙本及論語補。

程氏遺書第二十二上

伊川先生語八上

伊川雜録

宜興唐棣彥思編

棣初見先生，問：初學如何？〔一〕曰：入德之門無如大學，今之學者賴有此一篇書存，其他莫如論、孟。

先生曰：古人有聲音以養其耳，采色以養其目，舞蹈以養其血脉，威儀以養其四體。今之人只有理義以養心，又不知求。

又問：如何是格物？先生曰：格，至也。言窮至物理也。又問：如何可以格物？曰：但立誠意去格物，其遲速却在人明暗也。明者格物速，暗者格物遲。

先生曰：孔子弟子，顔子而下有子貢。〔二〕伯温問：子貢，後人多以貨殖短之。曰：子貢之貨殖，非若後世之豐財，但此心未去耳。周恭先，字伯温。

潘子文問：「由之瑟奚爲於丘之門」，如何？曰：此爲子路於聖人之門有不和處。伯温問：子路既於聖人之門有不和處，何故學能至於升堂？曰：子路未見聖人時乃暴悍之人，雖學至於升堂，終有不和處。潘旻，字子文。

先生曰：古人有言曰：「共君一夜話，勝讀十年書。」若一日有所得，何止勝讀十年書也。嘗見李初平問周茂叔云：「某欲讀書，如何？」茂叔曰：「公老矣，無及也，待某只說與公。」初平遂聽說話，二年乃覺悟。

先生語子良曰：納拜之禮不可容易，非己所尊敬有德義服人者不可。余平生只拜二人，其一呂申公，其一張景觀奉議也。昔有數人同坐，說一人短，其間有二人不說。問其故，其一曰某曾拜他，其一曰某曾受他拜。王拱辰君貺初見周茂叔，爲與茂叔世契，便受拜。及坐上，大風起，說大畜卦。一作「說風大小畜卦」。君貺乃起曰：「某適來不知，受却公拜，今某却當納拜。」茂叔走避。君貺此一事亦過人。謝用休問：當受拜不當受拜？曰：分已定，不受乃是。謝天申，字用休，温州人。

先生曰：曾見韓持國說，有一僧甚有所得，遂招來相見，語甚可愛。一日謁之，其僧出，暫憩其室，見一老行，遂問其徒曰：「爲誰？」曰：「乃僧之父，今則師孫也。」因問：「僧如何待之？」曰：「待之甚厚，凡晚參時，必曰此人老也，休來。」以此遂更不見之，父子之分尚已顛倒矣。

先生曰：祭祀之禮，難盡如古制，但以義起之可也。富公問配享，先生曰：合葬用元妃，配享用宗子之所出。又問：祭用三獻何如？曰：公是上公之家，三獻太薄。古之樂九變，乃是九獻。曰：兄弟可爲昭穆否？曰：國家弟繼兄則是繼位，故可爲昭穆，士大夫則不可。

棣問：禮記言「有忿懥、憂患、恐懼、好樂，則心不得其正」，如何得無此數端？曰：非言無，只言有此數端則不能正心矣。又問：聖人之言可踐否？曰：苟不可踐，何足以垂教萬世？

伯温問：學者如何可以有所得？曰：但將聖人言語玩味久，則自有所得。當深求於論語，將諸弟子問處便作己問，將聖人答處便作今日耳聞，自然有得。孔、孟復生，不過以此教人耳。若能於論、孟中深求玩味，將來涵養成甚生氣質！

又問：顔子如何學孔子到此深邃？曰：顔子所以大過人者，只是「得一善則拳拳服膺」，與能「屢空」耳。棣問：去驕吝可以爲屢空否？曰：然。驕吝最是不善之總名，驕只爲有己，吝如不能改過亦是吝。

伯温又問：心術最難，如何執持？曰：敬。

棣問：看春秋如何看？先生曰：某年二十時看春秋，黄聱隅問某如何看，某答曰：

「以傳考經之事迹，以經别傳之真僞。」

先生曰：史記載宰予被殺，孔子羞之。嘗疑田氏不敗，無緣被殺，若爲齊君而死，是乃忠義，孔子何羞之有。及觀左氏，乃是闞止爲陳恒所殺，亦字子我，謬誤如此。

用休問：夫子賢於堯、舜，如何？子曰：此是説功。堯、舜治天下，孔子又推堯、舜之道而垂教萬世。門人推尊，不得不然。伯温又問：堯、舜非孔子，其道能傳後世否？曰：無孔子，有甚憑據處。

子文問：「師也過，商也不及」，如論交，可見否？曰：氣象間亦可見。又曰：子夏、子張皆論交，子張所言是成人之交，子夏是小子之交。又問：「主忠信，毋友不如己者」，如何？曰：毋友不忠信之人。

棣問：使孔、孟同時，將與孔子並駕其説於天下邪？將學孔子邪？曰：安能並駕？雖顔子亦未達一間耳。顔、孟雖無大優劣，觀其立言，孟子終未及顔子。昔孫莘老嘗問顔、孟優劣，答之曰：「不必問，但看其立言如何。」凡學者讀其言便可以知其人，若不知其人，是不知言也。

又問：大學「知本」止説：「聽訟，吾猶人也，必也使無訟乎！無情者不得盡其辭，大畏民志。」何也？曰：且舉此一事，其他皆要知本，聽訟則必使無訟，是本也。

李嘉仲問：「裁成天地之道，輔相天地之宜」，如何？曰：天地之道不能自成，須聖人裁成輔相之。如歲有四時，聖人春則教民播種，秋則教民收穫，是裁成也，教民耕耘灌溉，是輔相也。又問：「以左右民」，如何？古之盛時未嘗不教民，故立之君師，設官以治之。周公「師保萬民」，與此卦言「左右民」，皆是也。後世未嘗教民，任其自生自育，只治其鬭而已。李處遯，字嘉仲。

張思叔問：「賢賢易色」，如何？曰：見賢即變易顏色，愈加恭敬。

棣問：春秋書王如何？曰：聖人以王道作經，故書王。范文甫問：杜預以謂周王，如何？曰：聖人假周王以見意。棣又問：漢儒以謂王加正月上，是正朔出於天子，如何？曰：此乃自然之理，不書春王正月，將如何書？此漢儒之惑也。

先生將傷寒藥與兵士，因曰：在壙所與莊上常合藥與人，有時自笑以此濟人何其狹也，然只做得這箇事。

思叔告先生曰：前日見教授夏侯旄，甚歎服。曰：前時來相見，問後極說與他。來既問，〔三〕却不管他好惡，須與盡說與之。學之久，染習深，不是盡說，力抵介甫，無緣得他覺悟。亦曾說介甫不知事君道理，觀他意思只是要「樂子之無知」。如上表言：「秋水既至，因知海若之無窮；大明既升，豈宜爝火之不息。」皆是意思常要已在人主上。自古主聖臣賢乃常理，何至如此。又觀其說魯用天子禮樂云：「周公有人臣所不能爲之功，故得用人臣所不得用之禮樂。」此乃大段不知事君。大凡人臣身上豈有過分之事？凡有所爲皆是臣職所當爲之事也。介甫平居事親最孝，觀其言如此，其事親之際，想亦洋洋自得，以爲孝有餘也。臣子身上皆無過分事，惟是孟子知之，說曾子只言「事親若曾子可矣」，不言有餘，只言可矣。唐子方作一事，後無聞焉，亦自以爲報君足矣，當時所爲，蓋不誠意。嘉仲曰：陳瓘亦可謂難得矣。先生曰：陳瓘却未見其已。夏侯旄，字節夫。

伯温問：「西狩獲麟」已後又有二年經，不知如何？曰：是孔門弟子所續，當時以謂必能盡得聖人作經之意，及再三考究，極有失作經意處。

亨仲問：表記言「仁右也，道左也，仁者人也，道者義也」，如何？曰：本不可如此分別，然亦有些子意思。又問：莫是有輕重否？曰：却是有陰陽也。此却是儒者說話，如經解只是弄文墨之士爲之。

又問：「臧武仲之智，〔四〕公綽之不欲，卞莊子之勇，冉求之藝，文之以禮樂，亦可以爲成人矣。」曰：須是合四人之能，又文之以禮樂，亦可以爲成人。然而論大成則不止此，如今之成人則又其次也。

又問：介甫言「堯行天道以治人，舜行人道以事天」，如何？曰：介甫自不識道字。道未始有天人之别，但在天則爲天道，在地則爲地道，在人則爲人道。如言堯典於舜、丹朱、共工、驩兜之事皆論之，未及乎升黜之政，至舜典然後禪舜以位，四罪而天下服之類，皆堯所以在天下，舜所以治。是何義理？「四凶」在堯時亦皆高才，職事皆脩，堯如何誅之？然堯已知其惡，非堯亦不能知也。及堯一旦舉舜於側微，使「四凶」北面而臣之，「四凶」不能堪，遂逆命，鯀功又不成，故舜然後遠放之。如呂刑言「遏絶苗氏」，亦只是舜，孔安國誤以爲堯。

又問：伯夷、叔齊逃，是否？曰：讓不立則可，何必逃父邪？叔齊承父命，尤不可逃也。又問：中子之立，是否？曰：安得是？只合招叔一作「夷」。齊歸立則善。伯温曰：孔子稱之曰仁，何也？曰：如讓國亦是清節，故稱之曰仁，如與季札是也。札讓不立，又不爲立賢而去，卒有殺僚之亂。故聖人於其來聘，書曰「吴子使札來聘」。去其公子，言其不得爲公子也。

嘉仲問：「否之匪人。」曰：泰之時，天地交泰而萬物生。凡生於天地之間者，皆人道也。至否之時，天地不交，萬物不生，無人道矣，故曰「否之匪人」。

亨仲問：「自反而縮」，如何？曰：縮只是直。又問：曰「北宫黝似子夏」，「孟施舍似曾子」，如何？曰：北宫黝之養勇也，必爲而已，未若舍之能無懼也。無懼則能守約也。子夏之學雖博，然不若曾子之守禮爲約。故以黝似子夏，舍似曾子也。

棣問：「考仲子之宫」，非與？曰：聖人之意又在下句，見其「初獻六羽」也。言初獻則見前此八羽也。春秋之書，百王不易之法。三王已後，相因既備，周道衰，而聖人慮後世聖人不作，大道遂墜，故作此一書。此義門人皆不得聞，惟顔子得聞，嘗語之曰「行夏之時，乘殷之輅，服周之冕，樂則韶舞」，是也。此書乃文質之中，寬猛之宜，是非之公也。

范季平問：「博學而篤志，切問而近思，仁在其中」，如何？曰：仁即道也，百善之首也。苟能學道，則仁在其中矣。亨仲問：如何是近思？曰：以類而推。

亨仲問：「吾與女弗如也」之「與」，比「吾與點也」之「與」，如何？曰：與字則一般，用處不同。孔子以爲「吾與女弗如」者，〔五〕勉進學者之言。使子貢喻聖人之言，則知勉進己也，不喻其言，則以爲聖人尚不可及，不能勉進，則謬矣。

棣問：紀裂繻爲君逆女，何如？曰：逆夫人是國之重事，使卿逆亦無妨。先儒説親逆，甚可笑。且如秦君娶於楚，豈可越國親迎耶？所謂親逆者，迎於館耳。文王迎於渭，亦不是出疆遠迎，周國自在渭傍。先儒以此遂泥於親迎之説，直至謂天子須親迎。況文王親迎之時，乃爲公子，未爲君也。

貴一問：齊王謂時子欲養弟子以萬鍾，而使國人有所矜式，孟子何故拒之？曰：王之意非尊孟子，乃欲賂之爾，故拒之。

用休問：「温故而知新」如何「可以爲師」？曰：不然，只此一事可師。如此等處，學者極要理會得。若只指認温故知新便可爲人師，則窄狹却氣象也。凡看文字，非只是要理會語言，要識得聖賢氣象。如孔子曰：「盍各言爾志。」而由曰：「願車馬，衣輕裘，與朋友共，敝之而無憾。」顏子曰：「願無伐善，無施勞。」孔子曰：「老者安之，朋友信之，少者懷之。」觀此數句，便見聖賢氣象大段不同。若讀此不見得聖賢氣象，他處也難見。學者須要理會得聖賢氣象。

嘉仲問：「韶盡美矣，又盡善也。」先生曰：非是言武王之樂未盡善，言當時傳舜之樂則盡善盡美，傳武王之樂則未盡善耳。

先生曰：「子在齊聞韶，三月不知肉味」，非是「三月」，本是「音」字。

「文勝質則史」，史乃周官府史胥徒之史。史管文籍之官，故曰「史掌官書以贊治」。文雖多而不知其意，「文勝」正如此也。

又曰：學者須要知言。

同伯温見，〔六〕問：「回也，其心三月不違仁」，如何？曰：不違處只是無纖毫私意，一作「欲」，下同。有少私意便是不仁。又問：博施濟衆，何故仁不足以盡之？曰：既謂之博施濟衆，則無盡也。堯之治，非不欲四海之外皆被其澤，遠近有間，勢或不能及。以此觀之，能博施濟衆，則是聖也。又問：孔子稱管仲「如其仁」，何也？曰：但稱其有仁之功也。管仲其初事子糾，所事非正。春秋書「公伐齊，納糾」，稱糾而不稱子糾，不當立者也。不當立而事之，失於初也。及其敗也，可以死，亦可以無死。與人同事而死之，理也，知始事之爲非而改之，義也。召忽之死，正也。管仲之不死，權其宜，可以無死也。故仲尼稱之曰「如其仁」，謂其有仁之功也。使管仲所事子糾正而不死，後雖有大功，聖人豈復稱之耶？若以爲聖人不觀其死不死之是非，而止稱其後來之是非，則甚害義理也。又問：如何是仁？曰：只是一箇公字。學者問仁，則常教他將公字思量。

又問：「鄭人來渝平。」曰：更成也。國君而輕變其平，反復可罪。又問：終隱之世，何以不相侵伐？曰：不相侵伐固足稱，然輕欲變平，是甚國君之道！

又問：宋穆公立與夷，是否？曰：大不是，左氏之言甚非。穆公却是知人，但不立公子馮，是其知人處，若以其子享之爲知人則非也。後來卒致宋亂，宣公行私惠之過一作「罪」。也。

先生曰：凡看語、孟，且須熟玩味，將聖人之言語切己，不可只作一場說話。人只看得此二書切己，終身儘多也。

椺問：「退而省其私，亦足以發」，如何？曰：孔子退省其中心，〔七〕亦足以開發也。又問：豈非顔子見聖人之道無疑歟？曰：然也。孔子曰「一以貫之」，曾子便理會得，遂曰「唯」，其他門人便須辯問也。

又問：「祭如在，祭神如神在。」曰：「祭如在」，言祭祖宗。「祭神如神在」，則言祭神也。祭先主於孝，祭神主於恭敬。

又問：祭起於聖人制作以教人否？曰：非也。祭先本天性，如豺有祭，獺有祭，鷹有祭，皆是天性，豈有人而不如物乎？聖人因而裁成禮法以教人耳。又問：今人不祭高祖，如何？曰：高祖自有服，不祭甚非。某家却祭高祖。又問：天子七廟，諸侯五，大夫三，士二，如何？曰：此是禮家如此説。又問：今士庶家不可立廟，當如何也？庶人祭於寢，今之正廳是也。凡禮，以義起之可也。如富家及士，置一影堂亦可，但祭時不可用影。又問：用主如何？曰：白屋之家不可用，只用牌子可矣。如某家主式是殺諸侯之制也。大凡影不可用祭，若用影祭，須無一毫差方可，若多一莖鬚便是别人。

椺又問：「克己復禮」，如何是仁？曰：非禮處便是私意，既是私意，如何得仁？凡人須是克盡己私後，只有禮，始是仁處。

謝用休問：「入太廟，每事問。」曰：雖知亦問，敬慎之至。又問：旅祭之名，如何？

曰：古之祭名皆有義，如旅亦不可得而知。

棣問：如儀禮中禮制，可考而信否？曰：信其可信。如言昏禮云問名、納吉、納幣皆須卜，豈有問名了而又卜？苟卜不吉，事可已邪？若此等處難信也。又嘗疑卜郊亦非，不知果如何？曰：春秋却有卜郊，但卜上辛不吉，則當卜中辛，中辛又不吉，則當便用下辛，不可更卜也。如魯郊三卜，四卜，五卜，而至不郊，非禮。又問：三年一郊，與古制如何？曰：古者一年之間祭天甚多，春則因民播種而祈穀，夏則恐旱暵而大雩，以至秋則明堂，冬則圜丘，皆人君爲民之心也。凡人子不可一日不見父母，國君不可一歲不祭天，豈有三年一親郊之理？

用休問：北郊之禮。曰：北郊不可廢。元祐時朝廷議行，只爲五月間天子不可服大裘，皆以爲難行。不知郊天郊地，禮制自不同。天是資始，故凡用物皆尚純，籍用藁秸，器用陶匏，服用大裘是也。地則資生，安可亦用大裘？當時諸公知大裘不可服，不知别用一服。向日宣仁山陵，吕汲公作大使，某與坐説話次，吕相責云：「先生不可如此，聖人當時不曾如此，今先生教朝廷怎生則是。」答曰：「相公見聖人不如此處怎生，聖人固不可跂及，然學聖人者不可輕易看了聖人。只如今朝廷一北郊禮不能行得，又無一人道西京有程某，復問一句也。」吕公及其壻王某等便問：「北郊之禮當如何？」答曰：「朝廷不曾來問，今日豈當對諸公説邪?」是時蘇子瞻便據「昊天有成命」之詩，謂郊祀同。文潞公便謂譬如祭父母，作一處何害?曰：「此詩冬至夏至皆歌，豈不可邪?郊天地又與共祭父母不同也。此是報本之祭，須各以類祭，豈得同時邪?」

又問：「六天」之説。曰：此起於讖書，鄭玄之徒從而廣之，甚可笑也。帝者，氣之主也。東則謂之青帝，南則謂之赤帝，西則謂之白帝，北則謂之黑帝，中則謂之黄帝。豈有上帝而别有五帝之理?此因周禮言祀昊天上帝，而後又言祀五帝亦如之，故諸儒附此説。又問：周禮之説果如何?曰：周禮中説祭祀便不可考證，〔八〕「六天」之説，正與今人説「六子」是乾坤退居不用之時同也。不知乾坤外甚底是「六子」?譬如人之四肢，只是一體耳，〔九〕學者大惑也。

又問：郊天冬至當卜邪?曰：冬至祭天，夏至祭地，此何待卜邪?又曰：天與上帝之説如何?曰：以形體言之謂之天，以主宰言之謂之帝，以功用言之謂之鬼神，以妙用言之謂之神，以性情言之謂之乾。

又問：易言「知鬼神之情狀」，〔一〇〕果有情狀否?曰：有之。又問：既有情狀，必有鬼神矣。曰：易説鬼神，便是造化也。又問：如名山大川能興雲致雨，何也?曰：氣之蒸成耳。又問：既有祭，則莫須有神否?曰：只氣便是神也。今人不知此理，纔有水旱便去廟中祈禱，不知雨露是甚物，從何處出，復於廟中求耶。名山大川能興雲致雨却都不説著，却只於山川外木土人身上討雨露，木土人身上有雨露邪？又問：莫是人自興妖？曰：只妖亦無，皆人心興之也。世人只因祈禱而有雨，遂指爲靈驗耳，豈知適然。某嘗至泗州，恰值大聖見，及問人曰如何形狀，一人曰如此，一人曰如彼，只此可驗其妄，興妖之人皆若此也。昔有朱定亦嘗來問學，但非信道篤者，曾在泗州守官，值城中火，定遂使兵士舁僧伽避火。某後語定曰：「何不舁僧伽在火中，若爲火所焚，即是無靈驗，遂可解天下之惑，若火遂滅，因使天下人尊敬可也。此時不做事，待何時邪？」惜乎定識不至此。

貴一問：「日月有明，容光必照。」曰：日月之明有本，故凡容光必照。君子之道有本，故無不及也。

用休問：「老者安之，少者懷之，朋友信之。」曰：此數句最好。先觀子路、顏淵之言，〔一一〕後觀聖人之言，分明聖人是天地氣象。

孟敦夫問：莊子齊物論如何？曰：莊子之意欲齊物理耶？物理從來齊，何待莊子而後齊？若齊物形，物形從來不齊，如何齊得？此是莊子見道淺，不奈胸中所得何，遂著此論也。

伯温問：祭用祝文否？曰：某家自來相承不用，今待用也。又曰：有五祀否？曰：

不祭，〔一二〕此全無義理。釋氏與道家説鬼神甚可笑。道家狂妄尤甚，以至説人身上耳目口鼻皆有神。

同伯温見，〔一三〕問：「至大」、「至剛」、「以直」，以此三者養氣否？曰：不然，是氣之體如此。又問：養氣以義否？曰：然。又問：「配義與道」，如何？曰：配道言其體，配義言其用。又問：「我知言，我善養吾浩然之氣」，如何？曰：知言然後可以養氣，蓋不知言無以知道也。此是答公孫丑「夫子惡乎長」之問，不欲言我知道，故以知言、養氣答之。又問：「夜氣」如何？曰：此只是言休息時氣清耳。至平旦之氣，未與事接亦清。只如小兒讀書，早辰便記得也。又問：孔子言血氣，如何？曰：此只是大凡言血氣，如禮記説「南方之強」是也。南方人柔弱，所謂強者是義理之強，故君子居之。北方人強悍，所謂強者是血氣之強，故小人居之。凡人血氣須要理義勝之。

又問：「吾不復夢見周公」，如何？曰：孔子初欲行周公之道，至於夢寐不忘，及晚年不遇，哲人將萎之時，自謂「不復夢見周公」矣。因此説夢便可致思，思聖人與衆人之夢如何，夢是何物。「高宗夢得説」，如何？曰：此是誠意所感，故形於夢。

又問：金縢周公欲代武王死，如何？曰：此只是周公之意。又問：有此理否？曰：不問有此理無此理，只是周公人臣之意，其辭則不可信，只是本有此事，後人自作文足此一篇。此事與舜喜象意一般，須詳看舜、周公用心處。尚書文顛倒處多，如金縢尤不可信。高宗好賢之意，與易姤卦同。九五「以杞包瓜，含章，有隕自天」，杞生於最高處，瓜美物生低處，「以杞包瓜」則至尊逮下之意也。既能如此，自然有賢者出，故「有隕自天」也。後人遂有天祐生賢佐之說。

棣問：福善禍淫如何？曰：此自然之理，善則有福，淫則有禍。又問：天道如何？曰：只是理，理便是天道也。且如說皇天震怒，終不是有人在上震怒，只是理如此。又問：今人善惡之報如何？曰：幸不幸也。

「智者樂水，仁者樂山」，言其體動靜如此。智者樂，所一作「凡」。運用處皆樂；仁者壽，以靜而壽。仁可兼智，而智不可兼仁。〔一四〕如人之身，統而言之則只謂之身，別而言之則有四肢。

世間術數多，惟地理之書最無義理。祖父葬時亦用地理人，尊長皆信，惟先兄與某不然。後來只用昭穆法。或問：憑何文字擇地？曰：只昭穆兩字一作「眼」。便是書也。〔一五〕但風順地厚處足矣。某用昭穆法葬一穴，既而尊長召地理人到葬處，曰：「此是商音絕處，何故如此下穴？」某應之曰：「固知是絕處，且試看如何。」某家至今，人已數倍矣。

在講筵時，曾說與溫公云：「更得范純夫在筵中尤好。」溫公彼時一言亦失却，道他見修史自有門路。某應之曰：「不問有無門路，但筵中須得他。」温公問何故，某曰：「自度少温潤之氣，純夫色温而氣和，尤可以開陳是非，道人主之意。」後來遂除侍講。

用休問：井田今可行否？曰：豈有古可行而今不可行者？或謂今人多地少，不然。譬諸草木，山上著得許多，便生許多。天地生物常相稱，豈有人多地少之理？

嘉仲問：封建可行否？曰：封建之法，本出於不得已。柳子厚有論，亦窺測得分數。秦法固不善，亦有不可變者，罷侯置守是也。

伯温問：「夢帝與我九齡。」曰：與齡之説不可信，安有壽數而與人移易之理？棣問：孔子「夢坐奠於兩楹之間」，如何？曰：於理有之。

陳貴一問：人之壽數可以力移否？曰：蓋有之。棣問：如今人有養形者，是否？曰：然，但甚難。世間有三件事至難，可以奪造化之力：爲國而至於祈天永命，養形而至於長生，學而至於聖人。此三事功夫一般分明，人力可以勝造化，自是人不爲耳。故關朗有「周能過歷，秦止二世」之説，誠有此理。

棣問：孔、孟言性不同，如何？曰：孟子言「性之善」，是性之本，孔子言「性相近」，謂其稟受處不相遠也。人性皆善，所以善者，於四端之情可見。故孟子曰：「是豈人之情也哉？」至於不能順其情而悖天理，則流而至於惡。故曰：「乃若其情，則可以爲善矣。」若，順也。又問：才出於氣否？曰：氣清則才善，氣濁則才惡。禀得至清之氣生者爲聖人，禀得至濁之氣生者爲愚人，如韓愈所言、公都子所問之人是也。然此論生知之聖人，若夫學而知之，氣無清濁，皆可至於善而復性之本。所謂「堯、舜性之」，是生知也，「湯、武反之」，是學而知也。孔子所言上知下愚不移，亦無不移之理，所以不移只有二，自暴自棄是也。又問：如何是才？曰：如材植是也。譬如木，曲直者性也，可以爲輪轅，可以爲梁棟，可以爲榱桷者才也。今人説有才，乃是言才之美者也。才乃人資質，循性脩之，雖至惡可勝而爲善。又問：性如何？曰：性即理也。所謂理，性是也。天下之理，原其所自，未有不善。喜怒哀樂未發，何嘗不善，發而中節，則無往而不善。凡言善惡皆先善而後惡，言吉凶皆先吉而後凶，言是非皆先是而後非。又問：佛説性如何？曰：佛亦是説本善，只不合將才做緣習。又問：説生死如何？曰：譬如水漚亦有些意思。又問：佛言生死輪迴，果否？曰：此事説有説無皆難，須自見得。聖人只一句盡斷了，故對子路曰：「未知生，焉知死？」佛亦是西方賢者，方外山林之士，但爲愛脅持人説利害，其實爲利耳。其學譬如以管窺天，謂他不見天不得，只是不廣大。

問：喪止於三年，何義？曰：歲一周則天道一變，人心亦隨以變。惟人子孝於親，至此猶未忘，故必至於再變，猶未忘，又繼之以一時。

伯温問：「盡其心則知其性，知其性則知天矣」，如何？曰：盡其心者，我自盡其心，能盡心則自然知性知天矣。如言「窮理盡性，以至於命」，以序言之不得不然，其實只能窮理便盡性至命也。又問：事天。曰：奉順之一本無「之」字。而已。

富公嘗語先生曰：「先生最天下閑人。」曰：「某做不得天下閑人。相公將誰作天下最忙人？」曰：「先生試爲我言之。」曰：「禪伯是也。」曰：「禪伯行住坐卧無不在道，何謂最忙？」曰：「相公所言乃忙也。今市井賈販人，至夜亦息，若禪伯之心，何時休息？」

先生嘗與一官員一僧同會，一官員説條貫。既退，先生問僧曰：「曉之否邪？」僧曰：「吾釋子不知條貫。」曰：「賢將竟一作「作」。三界外事邪？天下豈有二理！」

貴一問：「興於詩」如何？曰：古人自小諷誦，如今人謳唱，自然善心生而興起。今人不同，雖老師宿儒不知詩也。「人而不爲周南、召南」，此乃爲伯魚而言，蓋恐其未能盡治家之道爾。欲治國治天下，須先從脩身齊家來，不然則猶「正墻面而立」。

或問：「伯夷、叔齊不念舊惡」，如何？曰：觀其清處，其衣冠不正，便望望然去之，可謂隘矣。疑若有惡矣，然却能不念舊惡，故孔子特發明其情。武王伐紂，伯夷只知君臣之分不可，不知武王順天命誅獨夫也。問：武王果殺紂否？曰：武王不曾殺紂，人只見洪範有殺紂字爾。武王伐紂而紂自殺，亦須言殺紂也。向使紂曾殺帝乙，則武王却須殺紂也。

石曼卿有詩言伯夷，「恥居湯、武干戈地，來死唐、虞揖讓墟」，亦有是理。首陽乃在河中府虞鄉也。問：「不食周粟」如何？曰：不食祿耳。

用休問：陳文子之清，令尹子文之忠，使聖人爲之，則是仁否？曰：不然。聖人爲之，亦只是清忠。

鄉黨分明畫出一箇聖人出。「降一等」是自堂而出降階，當此時放氣不屏，故「逞顏色」。「復其位」，復班位之序。「過位」是過君之虚位。「享禮有容色」，此享燕賓客之時有容色者，蓋一在於莊，則情不通也。「私覿」則又和悦矣。皆孔子爲大夫出入起居之節。「緇衣羔裘，素衣麑裘，黄衣狐裘」各有用，不必云緇衣是朝服，素衣是喪服，黄衣是蜡服。麑是鹿兒。「齊必有明衣布」，欲其潔，明衣如今凉衫之類。緇衣、明衣，皆惡其文之著而爲之也。「非帷裳必殺之」，〔一六〕帷裳固不殺矣，其他衣裳亦殺也。「吉月必朝服而朝」者，子在魯致仕時，月朔朝也。「鄉人儺」，古人以驅厲氣。亦有此理，天地有厲氣，而至誠作威嚴以驅之。〔一七〕式凶服、負版，蓋在車中。〔一八〕

「居敬」則自然簡。「居簡而行簡」則似乎簡矣，然乃所以不簡。蓋先有心於簡，則多却一箇矣。「居敬」則心中無物，是乃簡也。

「仁者先難而後獲」，何如？曰：有爲而作，皆先獲也，如「利仁」是也。古人惟知爲仁而已，今人皆先獲也。

又問：「述而不作」，如何？曰：此聖人不得位，止能述而已。公山弗擾、佛肸召，「子欲往」者，聖人以天下無不可與有爲之人，亦無不可改過之人，故欲往。然終不往者，知其必不能故也。子路遂引「親於其身爲不善」爲問，孔子以堅白、匏瓜爲對。「繫而不食」者，匏瓜繫而不爲用之物，不食不用之義也。匏瓜亦不食之物，故因此取義也。

唐棣之華乃千葉郁李，本不偏反，喻如兄弟，今乃偏反，則喻兄弟相失也。兄弟相失，豈不爾思，但居處相遠耳。孔子曰：「未之思也，夫何遠之有？」蓋言權實不相遠爾。權之爲義，猶稱錘也。能用權乃知道，亦不可言權便是道也。自漢以下更無人識權字。

「我不欲人之加諸我，吾亦欲無加諸人」，正中庸所謂「施諸己而不願，亦勿施於人。」

「蓋有不知而作之者」，凡人作事皆不知，惟聖人作事無不知。

或問：善人之爲邦，如何可勝殘去殺？曰：只是能使人不爲不善。善人，「不踐迹亦不入於室」之人是也。不踐迹是不踐己前爲惡之迹，然未入道也。

又問：「王者必世而後仁」，何如？曰：「三十曰壯有室」之時，父子相繼爲一世。王者之效則速矣。又問：「善人教民七年，亦可以即戎矣。」曰：教民戰至七年，則可以即戎矣。凡看文字，如七年、一世、百年之事，皆當思其如何作爲乃有益。

問：「小畜」。曰：小畜是所畜小，及所畜雖又而少，皆小畜也。不必專言君畜臣，臣畜君。

問：「大德不踰閑，小德出入可也。」曰：大德是大處，小德是小處，出入如「可以取，可以無取」之類是也。又問：「言不必信，行不必果」，是出入之事否？曰：亦是也。然不信乃所以爲信，不果乃所以爲果。

范文甫將赴河清尉，問：到官三日，例須謁廟，如何？曰：正者謁之，如社稷及先聖是也。其他古先賢哲亦當謁之。又問：城隍當謁否？曰：城隍不典。土地之神，社稷而已，何得更有土地邪？又問：只恐駭衆爾。曰：唐狄仁傑廢江浙間淫祠千七百處，所存惟吳太伯、伍子胥二廟爾。今人做不得，以謂時不同，是誠不然，只是無狄仁傑耳。當時子胥廟存之亦無謂。

暢中伯問：「密雲不雨，自我西郊。」曰：西郊陰所。凡雨須陽倡乃成，陰倡則不成矣。今雲過西則雨，過東則否，是其義也。所謂「尚往」者，陰自西而往，不待陽矣。

凡看文字先須曉其文義，然後可求其意，未有文義不曉而見意者也。學者看一部論語，見聖人所以與弟子許多議論而無所得，是不易得也。讀書雖多，亦奚以爲？

子文問：「民可使由之，不可使知之。」曰：「不可使知之」者，非民不足與知也，不能使之知爾。

或問：諸葛孔明亦無足取，大凡「殺一不辜而得天下」，則君子不爲，亮殺戮甚多也。先生曰：不然，所謂「殺一不辜」，非此之謂。亮以天下之命，誅天下之賊，雖多何害？

同伯温見先生，〔一九〕先生曰：從來覺有所得否？學者要自得。六經浩渺，乍來難盡曉，且見得路逕後，各自立得一箇門庭，歸而求之可矣。伯温問：如何可以自得？曰：思。「思曰睿，睿作聖」，須是於思慮間得之，大抵只是一箇明理。棣問：學者見得這道理後，篤信力行時亦有見否？曰：見亦不一，果有所見後，和信也不要矣。又問：莫是既見道理，皆是當然否？曰：然。凡理之所在，東便是東，西便是西，何待信？凡言信，只是爲彼不信，故見此是信爾。孟子於四端不言信，亦可見矣。

伯温又問：孟子言心、性、天，只是一理否？曰：然。自理言之謂之天，自稟受言之謂之性，自存諸人言之謂之心。又問：凡運用處是心否？曰：是意也。棣問：意是心之所發否？曰：有心而後有意。又問：孟子言心「出入無時」，如何？曰：心本無出入，孟子只是據操舍言之。伯温又問：人有逐物，是心逐之否？曰：心則無出入矣，逐物是欲。

校勘記

〔一〕初學如何　「初」字原闕，據弘治本、康熙本補。

〔二〕顔子而下有子貢　弘治本、康熙本無「有」字。

〔三〕來既問　弘治本、康熙本無「來」字。

〔四〕臧武仲之智　弘治本、康熙本句上有「如」字。

〔五〕孔子以爲吾與女弗如者　「者」，弘治本、康熙本作「也」。

〔六〕同伯温見　「同」，弘治本、康熙本作「周」，且無「見」字。

〔七〕孔子退省其中心　「中心」，弘治本、康熙本作「心中」。

〔八〕周禮中説祭祀便不可考證　「便」，弘治本、康熙本作「更」。

〔九〕譬如人之四肢只是一體耳　「耳」，弘治本、康熙本作「爾」。

〔一〇〕易言知鬼神之情狀　「之」字原無，據弘治本、康熙本及周易補。

〔一一〕先觀子路顔淵之言　「先」字原無，據弘治本、康熙本補。

〔一二〕不祭　「不」，弘治本、康熙本作「否」，則「祭」屬下讀。

〔一三〕同伯温見　「同」，弘治本、康熙本作「周」，且無「見」字。

〔一四〕仁可兼智而智不可兼仁　弘治本、康熙本二「可」字下均有「以」字，且無「而」字。

〔一五〕只昭穆兩字一作眼便是書也　弘治本、康熙本「書」上有「地理」二字，且無「便」字。

〔一六〕非帷裳必殺之　「之」字原無，據弘治本、康熙本及論語補。

〔一七〕而至誠作威嚴以驅之　「而」字原空闕，據弘治本、康熙本補。

〔一八〕蓋在車中　「中」字原闕，據弘治本、康熙本補。

〔一九〕同伯温見先生　「同」，弘治本、康熙本作「周」，且無「見」字。

程氏遺書第二十二下

伊川先生語八下

附雜録後

問："「鄭伯以璧假許田」，左氏以謂易祊田，黎淳以隱十一年入許之事破左氏，謂許田是許之田，如何？"曰："左氏説是也，既是許之田，如何却假之於魯？十一年雖入許，許未嘗滅，許叔已奉祀也。"

問："桓四年無秋冬，如何？"曰："聖人作經，備四時也。如桓不道，背逆天理，故不書秋冬。春秋只有兩處如此，皆言其無天理也。"

用休問："「哀公問社於宰我」之事。"曰："社字本是主字，文誤也。宰我不合道「使民戰栗」，故仲尼有後來言語。"

先生曰："「誠不以富，亦祇以異」，本不在「是惑也」之後，乃在「齊景公有馬千駟」之上，文誤也。"

問：「揖讓而升，下而飲」，是下堂飲否？曰：古之制，罰爵皆在堂下。又問：唯不勝下飲否？〔一〕曰：恐皆下堂，但勝者飲不勝者也。

思叔問：荀彧如何？曰：彧才高，識不足。孟純問：何顒常稱其有王佐才。曰：不是王佐才。嘉仲問：如霍光、蕭、曹之徒如何？曰：此可爲漢時王佐才。棣問：史稱董仲舒是王佐才，如何？曰：仲舒是言其學術，若論至王佐才，須是伊、周，其次莫如張良、諸葛亮、陸宣公。

問：「夏逆婦姜于齊」，何故便書「婦」？曰：此是文公在喪服將滿之時納幣，故聖人於其逆時，便成之爲婦，罪其居喪而取也。春秋微顯闡幽，乃在如此處。凡事分明可見者，聖人更不微文以見意，只直書而已。如桓三年及宣元年逆女，皆分明在喪服中成昏，故只書「逆女」也。文公則但在喪服納幣，至逆女却在四年。聖人欲顯其居喪納幣之罪，故書「婦姜」，便成之爲婦也。其意言雖至四年方逆女，其實與喪昏同也。

先生曰：周公之於兄，舜之於弟，皆一類。觀其用心爲如何哉！推此心以待人，亦只如此，然有差等矣。

問：春秋書日食如何？曰：日食有定數，聖人必書者，蓋欲人君因此恐懼脩省。如治世而有此變，則不能爲災，亂世則爲災矣。人氣血盛，雖遇寒暑邪穢不能爲害，其氣血衰，則爲害必矣。

問：熒惑退舍，果否？〔二〕曰：觀宋景公，不能至是。問：反風如何？曰：亦未必然。成王一中才之主，聖人爲之臣，尚幾不能保，金縢書成王亦安知？只是二公知之，因此以示王。弭變，非有動天之德不能至也。

問：「四岳」一人否？曰：然。以二十二人數考之固然。觀對堯言衆則曰「僉」，四岳則曰「岳」，亦可見也。

晉侯之執曹伯，是否？曰：曹伯有弑逆之罪，即執之是也。晉與之同盟而後執之，故書「曹伯」而不去其爵。晉侯不奪爵，未至於奪爵也。「歸自京師」，則言若無罪，而歸罪天王不能行爵賞也。凡言「歸」者，易辭。「歸之」者，强歸之辭。

問：龍能有能無，如何？曰：安能無？但能隱見耳。所以能隱見者，爲能屈伸爾。非特龍，凡小物甚有能屈伸者。

問：書「至」如何？曰：告廟而書，亦有不緣告廟而書者。又問「還復」，曰：還只是歸，復如今所謂倒廻。又問：隱皆不書「至」。曰：告廟之禮不行。

先生指庭下群雀示諸弟子曰：地上元有物，則群雀集而食之，人故與之則不即來食，〔三〕須是久乃集，蓋人有意在爾。若負粟者過，適遺下則便集而食矣。

問：「禘于太廟，用致夫人」，是哀姜否？曰：文姜也。文姜與桓公如齊，終啓弒桓之惡，其罪大矣。故聖人於其遜于齊，致于廟，皆止曰「夫人」，而去其「姜氏」，以見大義與國人已絶矣。然弒桓之惡，文姜實不知，但緣文姜而啓爾，莊公母子之情則不絶，故書「夫人」焉。文姜遜齊，止稱夫人，此禘致于廟，亦只稱夫人，則是文姜明矣。此最是聖人用法致嚴處，可以見大義，又以見子母之義。本朝太祖皇帝立法極合春秋之意，〔四〕法中有夫因婦而被殺者，以婦爲首，正與此合。

問：禘是如何？曰：禘是天子之祭，五年一禘，祭其祖之所自出也。又問祫，曰：祫，合祭也。諸侯亦祭，祫只是祠、禴、嘗、烝之祭，爲廟禮煩，故每年於四祭中三祭合食於祖廟，惟春則徧祭諸廟也。

問：祧廟如何？曰：祖有功，宗有德，文、武之廟永不祧也。所祧者，文、武以下廟。曰：兄弟相繼如何？曰：此皆自立廟。然如吴太伯兄弟四人相繼如何？〔五〕若上更有二廟不祧，則遂不祭祖矣。故廟雖多亦不妨祧，只祧得服絶者，以義起之可也。如本朝太祖、太宗皆萬世不祧之廟，河東、閩、浙諸處皆太宗取之，無可祧之理。

問：孀婦於理似不可取，如何？曰：然。凡取，以配身也。若取失節者以配身，是己失節也。又問：或有孤孀貧窮無託者，可再嫁否？曰：只是後世怕寒餓死，故有是説。然餓死事極小，失節事極大。

或問：漢高祖可比太祖否？曰：漢高祖安能比太祖？太祖仁愛，能保全諸節度使，極有術。天下既定，皆召歸京師，節度使竭土地而還，所畜不貲，多財，亦可患也。太祖逐人賜地一方，蓋第所費皆數萬。又嘗賜宴，酒酣，乃宣各人子弟一人扶歸。太祖送至殿門，謂其子弟曰：「汝父各許朝廷十萬緡矣。」諸節度使醒，問所以歸，不失禮於上前否，子弟各以緡事對，翌日各以表進如數。此皆英雄御臣之術。

宣仁山陵時，會呂汲公於陵下。公曰：「國家養兵乃良策，凡四方有警，百姓皆不知。」先生曰：「相公豈不見景德中事耶？驅良民刺面，以至及士人。蓋有限之兵，忽損三五千人，將何自而補？要知兵須是出於民可也。」

太祖初有天下，士卒人許賞一百緡，及即位，以無錢久不賜，士卒至有題詩於後苑。太祖一日遊後苑，見詩，乃曰好詩，遂索筆和之。以故每於郊時，各賜賞給，至今因以爲例，不能去。或問：今欲新兵不給郊賞，數十年後可革否？〔六〕曰：新兵本無此望，不與可也，不數十年可革。

思叔問：孟子言「善推其所爲」，是歟？曰：聖人則不待推。

霍光廢昌邑，其始乃光之罪，當時不合立之，只被見是武帝孫，擔當不過，須立之也。

此又與伊尹立太甲不同也。伊尹知太甲必能思庸，故放之桐三年。當時湯既崩，太丁未立而死，外丙方二歲，仲壬方四歲，故須立太甲也。太甲又有思庸之資，若無是質，伊尹亦不立也。史記以孟子二年四年之言，遂言湯崩六年之後太甲方立，不知年只是歲字。頃呂望之曾問及此，亦曾説與他。後來又看禮，見王廵狩問百年者，益知書傳亦稱歲爲年。二年四年之説，縱别無可證，理亦必然。且看尚書，分明説「成湯既没，太甲元年」，又看「王徂桐宫居憂」，「三年，終能思庸」，「伊尹以冕服奉嗣王」，可知凡文字理是後，不必引證。

問：「東向西向以南方爲上，南向北向以西方爲上」，如何？曰：此言坐位，非祭祀昭穆之位。昭穆之位，太祖面東，左昭右穆，自内以及外。古之坐位皆以右爲尊。范文甫問：韓信得廣武君，使東向坐而西面師事之，是否？曰：今則以左爲尊，是或一道也。

問：「僑如以夫人姜氏至」，書「以」如何？曰：當然。此却言公子能主其事，以夫人至也。如書「公與夫人如齊」，只書「與」而不書「及」，却有意。蓋言「及」則主在公也，言「與」則公不能制明矣。

孔子願乘桴浮于海，居九夷，皆以天下無一賢，君道不行，故言及此爾。子路不知其意，便謂聖人行矣。「無所取材」，言其不能斟酌也。

問：「肆大眚」，如何？曰：大眚而肆之，其失可知。書言「眚災肆赦」者，言眚則肆之，眚是自作之罪也，災則赦之，災是過失之事故也。凡赦何嘗及得善人？諸葛亮在蜀，十年不赦，審此爾。

兵強弱亦有時。往時陳、許號勁兵，今陳、許最近畿，亦不聞勁。今河東最盛。

學者不可不通世務。天下事譬如一家，非我爲則彼爲，非甲爲則乙爲。

子路「片言可以折獄」，故魯願與小邾射盟，而射止願得季路一言，乃其證也。

曰「予欲無言」，蓋爲子貢多言，故告之以此。

問「務民之義」，曰：如項梁立義帝，謂從民望者是也。

棣問：「天王使宰咺來歸惠公、仲子之賵」，如何？答曰：書「天王」者，以春秋之始，周方書此一件事，且存天王之號以正名分，非謂此事當理而書也，故書宰之名以示貶。仲子是惠公再娶之夫人，諸侯無再娶理，故只書「惠公、仲子」，不稱夫人也。又問：左氏以爲「未薨」，「預凶事，非禮也」。曰：不然，豈有此理？夫人子氏自是隱公之妻，不干仲子事。

又問：再娶皆不合禮否？曰：大夫以上無再娶禮。凡人爲夫婦時，豈有一人先死一人再娶一人再嫁之約，只約終身夫婦也。但自大夫以下有不得已再娶者，蓋緣奉公姑或主內事爾。如大夫以上至諸侯天子，自有嬪妃可以供祀，禮所以不許再娶也。

春秋書盟如何？先王之時有盟否？或疑周官「司盟」者。曰：先王之時所以有盟者，亦因民而爲之，未可非司盟也。但春秋時信義皆亡，日以盟詛爲事，上不遵周王之命，春秋書皆貶也。唯胥命之事稍爲近正，故終齊、衛二君之世不相侵伐，亦可喜也。「紀子伯、莒子盟于密」，此是「伯」上脱一字也。必是三人同盟，若不是脱字，别無義理。

「齊高固來逆叔姬」，公、穀有子字，如何？曰：子者言是公女，其他則姊妹之類也。

又問：「丁丑，夫人姜氏入」，何故獨書曰「入」？曰：此娶仇女，故書「入」，言宗廟不受也。

又問：「公子結媵陳人之婦于鄄，遂及齊侯、宋公盟。」曰：此是本去媵婦，却遂及諸侯盟，聖人罪之之意在遂事也。

又問：「祭公來，遂逆王后于紀」，如何？曰：此祭公受命逆后，却因過魯，遂行朝會之禮。聖人深罪之，故先書其來，使若以朝魯爲主而逆后爲遂也。曰：或説逆王后亦使魯爲主，如何？曰：「築王姬之館」、「單伯送王姬」之類，皆是魯爲主。蓋只是王姬下嫁，則同姓諸侯爲主，如逆王后，無使諸侯爲主之理。

問：獨宋共姬書首尾最詳，何故？曰：賢伯姬，故詳録之。昔胡先生常説伯姬是婦人中伯夷，爲其不下堂而死也。曰：如成八年、九年、十年三書「來媵」，皆以伯姬之故書否？曰：然。賸之禮如何？曰：古有之。

又問：漢儒談春秋災異如何？曰：自漢以來無人知此。〔八〕董仲舒說天人相與之際，亦略見些模樣，只被漢儒推得太過，亦何必說某事有某應。

校勘記

〔一〕唯不勝下飲否　「唯」原訛「雖」，據宋本、弘治本、康熙本改。

〔二〕果否　宋本同，弘治本、康熙本「果」下有「然」字。

〔三〕人故與之則不即來食　「與」原訛「興」，據宋本、弘治本、康熙本改。

〔四〕本朝太祖皇帝立法極合春秋之意　「意」，宋本同，弘治本、康熙本作「義」。

〔五〕然如吴太伯兄弟四人相繼如何　「如何」二字原闕，據宋本、弘治本、康熙本補。

〔六〕數十年後可革否　「否」字原闕，據宋本、弘治本、康熙本補。

〔七〕子路片言可以折獄　「片」原訛「出」，據宋本、弘治本、康熙本改。

〔八〕自漢以來無人知此　「知」，宋本同，弘治本、康熙本作「如」。

程氏遺書第二十三

伊川先生語九

鮑若雨録

今語小人曰不違道，則曰不違道，然卒違道；語君子曰不違道，則曰不違道，終不肯違道。譬如牲牢之味，君子曾嘗之，説與君子，君子須增愛，説與小人，小人非不道好，只是無增愛心，甚實只是未知味。「守死善道」，人非不知，終不肯爲者，只是知之淺，信之未篤。

志不可不篤，亦不可助長。志不篤則忘廢，助長於文義上也且有益，若於道理上助長反不得。杜預云：「優而柔之，使自求之；厭而飫之，使自趨之；若江海之浸，膏澤之潤，渙然冰釋，怡然理順，然後爲得也。」此數句煞好。

論語是孔門高弟所撰，觀其立言，直是得見聖人處。如「閔子侍側，誾誾如也，子路行行如也，冉有、子貢侃侃如也，子樂」，不得聖人處，怎生知得子樂？「誾誾」、「行行」、「侃侃」亦是門人旁觀見得。如「子温而厲，威而不猛，恭而安」，皆是善觀聖人者。

夫子删詩贊易叙書，皆是載聖人之道，然未見聖人之用，故作春秋。春秋，聖人之用也。如曰：「知我者，其惟春秋乎！罪我者，其惟春秋乎！」便是聖人用處。

人謂盡己之謂忠，盡物之謂恕。盡己之謂忠固是，盡物之謂恕則未盡。推己之謂恕，盡物之謂信。

問：武未盡善處如何？曰：説者以征誅不及揖讓。征誅固不及揖讓，〔一〕然未盡善處不獨在此，其聲音節奏亦有未盡善者。樂記曰「有司失其傳也」，若非有司失其傳，則武王之志荒矣。孔子「自衛反魯，然後樂正，雅、頌各得其所」，是知既正之後，不能無錯亂者。

小人之怒在己，君子之怒在物。小人之怒出於心，作於氣，形於身，以及於物，以至無所不怒，是所謂遷也。若君子之怒，如舜之去「四凶」。

問：「吾道一以貫之」，而曰「忠恕而已矣」，則所謂一者，便是仁否？曰：固是，只這一字須是子細體認，一還多在忠上？多在恕上？曰：多在恕上。曰：不然，多在忠上。纔忠便是一，恕即忠之用也。

又問：令尹子文忠矣，孔子不許其仁，何也？曰：此只是忠，不可謂之仁。若比干之忠，見得時便是仁也。

螟蛉蜾蠃本非同類，爲其氣同，故祝則肖之。又况人與聖人同類者，大抵須是自强不息，將來涵養成就到聖人田地，自然氣貌改變。

問：「有殺身以成仁，無求生以害仁」，竊謂苟所利者大，一身何足惜也。曰：但看生與仁孰重。夫子曰：「朝聞道，夕死可矣。」人莫重於生，至於捨得死，道須大段好如生也。曰：既死矣，敢問好處如何？曰：聖人只睹一箇是。

問：夫子曰「吾不復夢見周公」，聖人固嘗夢見周公乎？曰：不曾。孔子昔嘗寤寐間思周公，後不復思爾。若謂夢見周公大段害事，即不是聖人也。又曰：聖人果無夢乎？曰：有。夫衆人日有所思，夜則成夢，設或不思而夢，亦是舊習氣類相應。若是聖人，夢又别。如高宗夢傅說，真箇有傅說在傅巖也。

問：富貴、貧賤、壽夭固有分定，君子先盡其在我者，則富貴、貧賤、壽夭可以命言，若在我者未盡，則貧賤而夭，理所當然，富貴而壽，是爲徼倖，不可謂之命。曰：雖不可謂之命，然富貴、貧賤、壽夭是亦前定。孟子曰：「求則得之，舍則失之，是求有益於得也，求在我者也；求之有道，得之有命，是求無益於得也，求在外者也。」故君子以義安命，小人以命安義。

中庸之說，其本至於「無聲無臭」，其用至於「禮儀三百，威儀三千」。自「禮儀三百，威儀三千」，復歸於「無聲無臭」，此言聖人心要處，與佛家之言相反，儘教說無形迹無色，其實不過「無聲無臭」，必竟有甚見處，大抵語論間不難見。如人論黄金曰黄色，此人必是不識金，若是識金者更不言，設或言時，别自有道理。〔二〕張子厚嘗謂佛如大富貧子，横渠論此一事甚當。

聖人與理爲一，故無過無不及，中而已矣。其他皆以心處這箇道理，故賢者常失之過，不肖者常失之不及。

陳恒弑其君，孔子沐浴而朝，請討之。左氏載孔子之言謂：「陳恒弑其君，民之不與者半，以魯之衆加齊之半，可克也。」恁地是聖人以力角勝，都不問義理也。孔子「請伐齊」，以弑君之事討之，當時哀公能從其請，孔子必有處置，須使顔回事周，子路事晉〔三〕天下大計可立而遂。孔子臨老有此一件事好做，奈何哀公不從其請，可惜。

問：横渠言「由明以至誠，由誠以至明」，此言恐過當。曰：「由明以至誠」，此句却是，「由誠以至明」則不然，誠即明也。孟子曰：「我知言，我善養吾浩然之氣。」只「我知言」一句已盡。横渠之言不能無失，類若此。若西銘一篇，誰説得到此。今以管窺天，固是見北斗，别處雖不得見，然見北斗不可謂不是也。

問：孔子對冉求曰「其事也，非政」，政與事何異？曰：閔子騫不肯爲大夫，曾皙不肯爲陪臣，皆知得此道理。若季路、冉求，未能知此。夫政出於國君，冉求爲季氏家臣，只是家事，安得爲政？當時季氏專政，孔子因以明之。或問：季路、冉求稍明聖人之道，何不知此？曰：當時陪臣執國命，目見耳聞，習熟爲常，都不知有君，此言不足怪。季氏問：「季路、冉求可謂大臣歟？」孔子曰：「所謂大臣者，以道事君，不可則止。今由與求也，可謂具臣矣。」「然則從之者與？」曰：「弑父與君，亦不從也。」除却弑父與君，皆爲之。

「期月而已，三年有成」，何也？曰：公孫弘謂「三年有成，臣切遲之」。唐文宗時，李石責以宰相之職，謂「臣猶以爲太速」。二者皆不是，須是知得遲速之理。昔嘗對哲宗說此事曰：「陛下若問如何措置三年有成，臣即陳三年有成之事，若問如何措置期月而已，臣即陳期月之事。」當時朝廷無一人問著，只李邦直但云稱職稱職，亦不曾問著一句。

春秋書「隕石」、「隕霜」，何故不言石隕、霜隕？此便見得天人一處。昔嘗對哲宗說，天人之間甚可畏，作善則千里之外應之，作惡則千里之外違之。昔子陵與漢光武同寢，太史奏客星侵帝座甚急。子陵匹夫，天應如此，况一人之尊，舉措用心可不戒慎？

「暴其民甚，則身弑國亡，不甚則身危國削，名之曰幽、厲，雖孝子慈孫，百世不能改也。」漢之君都爲美謚。何似休因問：桀、紂是謚否？曰：不是，天下自謂之桀、紂。

「王天下有三重」，三重即三王之禮。三王雖隨時損益，各立一箇大本，無過不及，此與春秋正相合。

先生前日教某思「君子和而不同」。某思之數日，便覺胸次廣闊，其意味有不可以言述。竊有一喻，願留嚴聽。今有人焉，久寓遠方，一日歸故鄉，至中途，適遇族兄者俱抵旅舍，異居而食，相視如途人。彼豈知爲族弟，此亦豈知爲族之兄邪？或告曰：彼之子，公之族兄某人也，彼之子，公之族弟某人也。既而懽然相從，無有二心。向之心與今之心豈或異哉？知與不知而已。今學者苟知大本，則視天下猶一家，亦自然之理也。先生曰：此乃善諭也。

先生教某思「孝弟爲仁之本」。某竊謂人之初生，受天地之中，稟五行之秀，方其稟受之初，仁固已存乎其中。及其既生也，幼而無不知愛其親，長而無不知敬其兄，而仁之用於是見乎外。當是時，唯知愛敬而已，固未始有事物之累。及夫情欲竇於中，事物誘於外，事物之心日厚，愛敬之心日薄，本心失而仁隨喪矣。故聖人教之曰：「君子務本，本立而道生。孝弟也者，其爲仁之本與！」蓋謂脩爲其仁者，必本於孝弟故也。先生曰：能如此尋究甚好。夫子曰：「敬親者不敢慢於人，愛親者不敢惡於人。」不敢慢於人，不敢惡於人，便是孝弟。盡得仁，斯盡得孝弟，盡得孝弟便是仁。又問：爲仁先從愛物上推來，如何？曰：「不敬其親而敬他人者，謂之悖禮；不愛其親而愛他人者，謂之悖德。」故君子「親親而仁民，仁民而愛物」。能親親豈不仁民？能仁民豈不愛物？若以愛物之心推而親親，却是墨子也。因問：舜與曾子之孝優劣如何？曰：家語載耘瓜事雖不可信，却有義理。曾子耘瓜，誤斬其根。曾皙建大杖以擊其背。曾子仆地不知人事，良久而蘇，欣然起，進曰：「大人用力教參，得無疾乎？」乃退，援琴而歌，使知體康。孔子聞而怒。曾子至孝如此，亦有這些失處。若是舜，百事從父母，只殺他不得。又問：如申生待烹之事如何？曰：此只是恭也。若舜，須逃也。

問：先生曰「盡其道謂之孝弟」，夫以一身推之，則身者資父母血氣以生者也。盡其道者則能敬其身，敬其身者則能敬其父母矣；不盡其道則不敬其身，不敬其身則不敬父母，其斯之謂歟？曰：今士大夫受職於君，尚期盡其職事，又況親受身於父母，安可不盡其道？夫民，合而聽之則聖，散而聽之則愚。合而聽之，則大同之中有箇秉彝在前，是是非非無不當理，故聖。散而聽之則各任私意，是非顛倒，故愚。蓋公義在，私欲必不能勝也。

校勘記

〔一〕征誅固不及揖遜 「讓」原作「遜」，據弘治本、康熙本改。

〔二〕別自有道理 「道」原訛「逆」，據弘治本、康熙本改。

〔三〕須使顔回事周子路事晉 弘治本、康熙本二「事」字均作「使」。

程氏遺書第二十四

伊川先生語十

鄒德久本

「天下雷行，物與无妄」，先天後天皆合于天理者也。人欲則僞矣。

脩身當學大學之序。大學聖人之完書也。其間先後失序者已正之矣。

詩言后妃之德，非指人而言，或謂太姒，大失之矣。周公作樂章，欲一作「歌之」。以感化天下，其後繼以文王詩者，言古之人有行之者文王是也。周南天子之事，故繫之周，周王室也。召南諸侯之事，故繫之召，召諸侯長也，曰公者，後人誤加之也。夫婦道一，關雎雖后妃之事，亦可歌於下。至若鹿鳴以下，則各主其事，皇華遣使臣之類是也。頌有二：或美盛德，則燕享通用之；或告成功，則祭祀專用之。

詩有六義：曰風者，謂風動之也；曰賦者，謂鋪陳其事也；曰比者，直比之，「温其如玉」之類是也；曰興者，因物而興起，「關關雎鳩」，「瞻彼淇澳」之類是也；曰雅者，雅言正道，「天生蒸民，有物有則」之類是也；曰頌者，稱頌德美，「有斐君子，終不可諼兮」之類是也。

國風、大小雅、三頌，詩之名也。六義，詩之義也。篇之中有備六義者，有數義者。一本章首云：能治亂絲者，可以治詩。

「四始」猶「四端」也。

十五國風各有次序，看詩可見。

詩大序孔子所爲，其文似繫辭，其義非子夏所能言也。小序國史所爲，非後世所能知也。

人心私欲，故危殆；道心天理，故精微。滅私欲則天理明矣。

太誓書曰「一月」，曰：商歷已絶，周歷未建，故用人正，今之正月也。不書商歷，以見紂自絶于天矣。聖人一言一動無不合於天理如此。

看書須要見二帝三王之道，如二典即求堯所以治民，舜所以事君。

「五年須暇」者，聖人討伐必不太早，自當緩之，非「再篤」之謂也。此周公所知，無顯迹可推也。

犬、牛、人知所去就，其性本同，但限以形，故不可更相。如隙中日光，方圓不移，其光一也。惟所禀各異，故「生之謂性」，告子以爲一，孟子以爲非也。

庾公之斯遇子濯孺子，虚發四矢，甚無謂也。國之安危在此舉，則殺之可也。舍之而無害於國，權輕重可也。何用虚發四矢乎？

「堯、舜性之」，生知也；「湯、武身之」，學而知之也。

「仁之於父子」至「知之於賢者」，謂之命者，以其禀受有厚薄清濁故也。然其性善可學而盡，故謂之性焉。禀氣有清濁，故其材質有厚薄。禀於天謂性，感爲情，動爲心，質榦爲才。

「生之謂性」與「天命之謂性」同乎？性字不可一概論。「生之謂性」，止訓所禀受也。「天命之謂性」，此言性之理也。今人言天性柔緩，天性剛急，俗言天成，〔一〕皆生來如此，此訓所禀受也。若性之理也，則無不善，曰天者，自然之理也。

「天下言性則故而已」者，言性當推其元本，推其元本，無傷其性也。

伊尹受湯委寄，必期天下安治而已。太甲如不終惠，可廢也。孟子言貴戚之卿與此同。然則始何不擇賢？蓋外丙二歲，仲壬四歲，惟太甲長耳。使太甲有下愚之質，初不立也。苟無三人，必得於宗室；宗室無人，必擇於湯之近戚；近戚無人，必擇於天下之賢者而與之，伊尹不自爲也。劉備託孔明以嗣子，「不可，使自爲之」，非權數之言，其利害昭然也。立者非其人，則劉氏必爲曹氏屠戮，寧使孔明爲之也。霍光廢昌邑，不待放，知其下愚不移也，始之不擇，則光之罪大矣。若尹與光是太甲、昌邑所用之臣，而不受先王之委寄，諫不用，去之可也，放廢之事不可爲也，義理自昭然。

先生始看史傳，及半則掩卷而深思之，度其後之成敗，爲之規畫，然後復取觀焉。然成敗有幸不幸，不可以一概看。

看史必觀治亂之由，及聖賢修己處事之美。

孔明有王佐之心，道則未盡。王者如天地之無私心焉，行一不義而得天下不爲。孔明必求有成而取劉璋。聖人寧無成耳，此不可爲也。若劉表子琮將爲曹公所并，取而興劉氏可也。

孔明不死，三年可以取魏。且宣王有英氣，久不得伸，必沮死不久也。

孔明庶幾禮樂。

孔明營五丈原，宣王言無能爲，此僞言安一軍耳。兵自高地來可勝。先生嘗自觀五丈原，非「非」一作「曰言」。此地不可據。英雄欺人，不可盡信。

荀爽從董卓辟，遜迹避禍，君子亦有之。然聖人明哲保身，亦不至轉身不得處，如楊子投閣，失之也。荀爽自度其材，能與漢室乎，起而圖之可也，知不足而強圖之，非也。

西漢儒者有風度，惟董仲舒、毛萇、楊雄。萇解經雖未必皆當，然味其言大概然耳。

東漢趙苞爲邊郡守，虜奪其母，招以城降，苞遽戰而殺其母，非也。以君城降而求生其母固不可，然亦當求所以生母之方，奈何遽戰乎？不得已，身降之可也。王陵母在楚，而使楚質以招陵，陵降可也。徐庶得之矣。

義訓宜，禮訓別，智訓知，仁當何訓？説者謂訓覺訓人，皆非也。當合孔、孟言仁處，大概研窮之，二三歲得之未晚也。

先生云：吾四十歲以前讀誦，五十以前研究其義，六十以前反復紬繹，六十以後著書。著書不得已。

人思如湧泉，浚之愈新。

釋、道所見偏，非不窮深極微也，至窮神知化，則不得與矣。

先生在經筵時，上服藥，即日就醫官問動止。天子方幼，建言選宫人四十以上者侍左右，所以遠紛華，養心性。

盡己爲忠，盡物爲信，極言之則盡己者盡己之性也，盡物者盡物之性也。信者無僞而已，於天性有所損益則爲僞矣。易无妄曰「天下雷行，物與无妄」，動以天理故也。其大略如此，更須研究之，則自有得處。

韓文不可漫觀，晚年所見尤高。

在天曰命，在人曰性。貴賤壽夭命也，仁義禮智亦命也。

動物有知，植物無知，其性自異，但賦形於天地，其理則一。

「四端」不言信者，既有誠心爲四端，則信在其中矣。

「充實而有光輝」，所謂脩身見於世也。

昏禮執鴈者，取其不再偶爾，非隨陽之物。

亞夫夜半軍擾，直至帳下，堅卧不動，安在其持重也。

聖人無優劣，有則非聖人也。

主一者謂之敬。一者謂之誠，主則有意在。

荀氏「八龍」豈盡賢者？但得一二賢子弟相薰習皆然耳。

犬吠屠人，世傳有物隨之，非也。此正如海上鷗爾。

校勘記

〔一〕俗言天成「成」原訛「戒」，弘治本漫漶，據康熙本改。

程氏遺書第二十五

伊川先生語十一

暢潛道本

胡氏注云：識者疑其間多非先生語。

大學曰：「物有本末，事有終始，知所先後，則近道矣。」人之學莫大於知本末終始。致知在格物，則所謂本也始也；治天下國家，則所謂末也終也。治天下國家必本諸身，其身不正而能治天下國家者無之。格猶窮也，物猶理也，猶曰窮其理而已也。窮其理然後足以致之，不窮則不能致也。格物者適道之始，欲思格物則固已近道矣。是何也？以收其心而不放也。

知者吾之所固有，然不致則不能得之，而致知必有道，故曰「致知在格物」。

大學論意誠已下，皆窮其意而明之，獨格物則曰「物格而後知至」，蓋可以意得而不可以言傳也。自格物而充之，然後可以至聖人。不知格物而先欲意誠心正身脩者，未有能中於理者。

「致知在格物」，非由外鑠我也，我固有之也。因物有遷，迷而不知，則天理滅矣，故聖人欲格之。

隨事觀理，而天下之理得矣，天下之理得，然後可以至於聖人。君子之學，將以反躬而已矣。反躬在致知，致知在格物。

學莫貴於自得，得非外也，故曰自得。

學莫大於平心，平莫大於正，正莫大於誠。

君子之學，在於意必固我既亡之後，而復於喜怒哀樂未發之前，則學之至也。

心至重，雞犬至輕。雞犬放則知求之，心放則不知求。豈愛其至輕而忘其至重哉？弗思而已矣。今世之人，樂其所不當樂，不樂其所當樂，慕其所不當慕，不慕其所當慕，皆由不思輕重之分也。

顏淵嘆孔子曰：「仰之彌高，鑽之彌堅，瞻之在前，忽然在後。夫子循循然善誘人，博我以文，約我以禮，欲罷不能，既竭吾才，如有所立卓爾。雖欲從之，末由也已。」此顏子所以善學孔子而深知孔子者也。

有學不至而言至者，循其言亦可以入道。荀子曰：「真積力久則入。」杜預曰：「優而柔之，使自求之，饜而飫之，使自趨之。」管子曰：「思之思之，又重思之，思之而不通，鬼神將通之，非鬼神之力也，精神之極也。」此三者循其言皆可以入道，而荀子、管子、杜預初不能及此。

自其外者學之而得於內者，謂之明；自其內者得之而兼於外者，謂之誠。誠與明一也。

聞見之知，非德性之知。物交物則知之，非內也，今之所謂博物多能者是也。德性之知，不假聞見。

君子不以天下爲重而身爲輕，亦不以身爲重而天下爲輕，凡盡其所當爲者，如「可以仕則仕」，「入則孝」之類是也。此孔子之道也。蔽焉而有執者，楊、墨之道也。

能盡飲食言語之道，則可以盡去就之道，能盡去就之道，則可以盡死生之道。飲食言語，去就死生，小大之勢一也。故君子之學，自微而顯，自小而章。

易曰：「閑邪存其誠。」閑邪則誠自存，而閑其邪者，乃在於言語飲食進退與人交接之際而已矣。

人皆可以至聖人，而君子之學必至於聖人而後已，不至於聖人而後已者，皆自棄也。孝其所當孝，弟其所當弟，自是而推之，則亦聖人而已矣。

多權者害誠，好功者害義，取名者賊心。

君貴明不貴察，臣貴正不貴權。

稱性之善謂之道，道與性一也。以性之善如此，故謂之性善。性之本謂之命，性之自然者謂之天，自性之有形者謂之心，自性之有動者謂之情，凡此數者皆一也。聖人因事以制名，故不同若此，而後之學者隨文析義，求奇異之説，而去聖人之意遠矣。

自性而行皆善也。聖人因其善也，則爲仁義禮智信以名之，以其施之不同也，故爲五者以别之，合而言之皆道，别而言之亦皆道也。舍此而行，是悖其性也，是悖其道也。而世之人皆言性也道也與五者異，其亦弗學歟！其亦未體其性也歟！其亦不知道之所存歟！道孰爲大？性爲大。千里之遠，數千歲之日，其所動静起居隨若亡矣，然時而思之，則千里之遠在於目前，數千歲之久無異數日之近，人之性則亦大矣。噫！人之自小者亦可哀也已。人之性一也，而世之人皆曰吾何能爲聖人，是不自信也，其亦不察乎！

自得者所守固，而自信者所行不疑。

學貴信，信在誠。誠則信矣，信則誠矣。不信不立，不誠不行。

或問：周公勳業，人不可爲也已。曰：不然。聖人之所爲，人所當爲也。盡其所當爲，則吾之勳業亦周公之勳業也。凡人之弗能爲者，聖人弗爲。

君子之學，要其所歸而已矣。

民可明也，不可愚也；民可教也，不可威也；民可順也，不可強也；民可使也，不可欺也。

孔子曰：「棖也慾，焉得剛？」甚矣，慾之害人也。人之爲不善，欲誘之也。誘之而弗知，則至於天理滅而不知反。故目則欲色，耳則欲聲，以至鼻則欲香，口則欲味，體則欲安，此皆有以使之也。然則何以窒其欲？曰思而已矣。學莫貴於思，唯思爲能窒欲。曾子之三省，窒欲之道也。

好勝者滅理，肆欲者亂常。

「可以仕則仕，可以止則止，可以久則久，可以速則速」，此皆時也，未嘗不合中，故曰「君子而時中」。

「喜怒哀樂之未發謂之中」，中也者，言寂然不動者也，故曰「天下之大本」。「發而皆中節謂之和」，和也者，言感而遂通者也，故曰「天下之達道」。

學也者，使人求於內也。不求於內而求於外，非聖人之學也。何謂不求於內而求於外？以文爲主者是也。學也者，使人求於本也。不求於本而求於末，非聖人之學也。何謂不求於本而求於末？考詳略採同異者是也。是二者皆無益於身，君子弗學。

墨子之德至矣，而君子弗學也，以其舍正道而之他也。相如、太史遷之才至矣，而君子弗貴也，以所謂學者非學也。

莊子叛聖人者也，而世之人皆曰矯時之弊。矯時之弊固若是乎？伯夷、柳下惠矯時之弊者也，其有異於聖人乎？抑無異乎？莊周、老聃，其與伯夷、柳下惠類乎？不類乎？子夏曰：「雖小道，必有可觀者焉，致遠恐泥。」子曰：「攻乎異端，斯害也已。」此言異端有可取，而非道之正也。

君子以識爲本，行次之。今有人焉，力能行之，而識不足以知之，則有異端者出，彼將流宕而不知反。內不知好惡，外不知是非，雖有尾生之信，曾參之孝，吾弗貴矣。

學莫貴於知言，道莫貴於識時，事莫貴於知要。所聞者所見者外也，不可以動吾心。

孟子曰：「其爲氣也，至大至剛，以直養而無害。」此蓋言浩然之氣至大至剛且直也，能養之則無害矣。

伊尹之耕於有莘，傅說之築於傅巖，天下之事非一一而學之，天下之賢才非一一而知之，明其在己而已矣。

君子不欲才過德，不欲名過實，不欲文過質。才過德者不祥，名過實者有殃，文過質者莫之與長。

或問：顏子在陋巷而不改其樂，與貧賤而在陋巷者，何以異乎？曰：貧賤而在陋巷者，處富貴則失乎本心。顏子在陋巷猶是，處富貴猶是。

「通乎晝夜之道而知」，晝夜，死生之道也。

知生之道則知死之道，盡事人之道則盡事鬼之道。死生人鬼，一而二，二而一者也。

孔子曰「有德者必有言」，何也？和順積於中，英華發於外也。故言則成文，動則成章。

學不貴博，貴於正而已矣；言不貴多，貴於當而已矣；政不貴詳，貴於順而已矣。

意必固我既亡之後，必有事焉，此學者所宜盡心也。夜氣之所存者，良知也，良能也。苟擴而充之，化旦晝之所害爲夜氣之所存，然後可以至於聖人。

孟子曰：「盡其心者知其性也，知其性則知天矣。」心也，性也，天也，非有異也。人皆有是道，唯君子爲能體而用之，不能體而用之者，皆自棄也。故孟子曰：「苟能充之，足以保四海；苟不充之，不足以事父母。」夫充與不充，皆在我而已。

德盛者，物不能擾而形不能病。形不能病，以物不能擾也。故善學者，臨死生而色不變，疾痛慘切而心不動，由養之有素也，非一朝一夕之力也。

心之躁者，不熱而煩，不寒而慄，無所惡而怒，無所悅而喜，無所取而起。君子莫大於正其氣，欲正其氣，莫若正其志。其志既正，則雖熱不煩，雖寒不慄，無所怒，無所喜，無所取，去就猶是，死生猶是，夫是之謂不動心。

志順者氣不逆，氣順志將自正，志順而氣正，浩然之氣也。然則養浩然之氣也，乃在於持其志，無暴其氣耳。

中庸曰：「道不可須臾離也，可離非道也。」又曰：「道不遠人。」此特聖人爲始學者言之耳。論其極，豈有可離與不可離而遠與近之説哉？

學爲易，知之爲難。知之非難也，體而得之爲難。

「致曲」者，就其曲而致之也。

人人有貴於己者，此其所以人皆可以爲堯、舜。

學者當以論語、孟子爲本，論語、孟子既治，則六經可不治而明矣。讀書者當觀聖人所以作經之意，與聖人所以用心，與聖人所以至聖人，而吾之所以未至者，所以未得者，句句而求之，晝誦而味之，中夜而思之，平其心，易其氣，闕其疑，則聖人之意見矣。

人之生也，小則好馳騁弋獵，大則好建立功名，此皆血氣之盛使之然耳。故其衰也，則有不足之色；其病也，則有可憐之言。夫人之性至大矣，而爲形氣之所役使而不自知，哀哉！

吾未見嗇於財而能爲善者也，吾未見不誠而能爲善者也。

君子之學也，「使先知覺後知，使先覺覺後覺」。而老子以爲「非以明民，將以愚之」，其

亦自賊其性歟。〔一〕

有求爲聖人之志，然後可與共學；學而善思，然後可與適道；思而有所得，則可與立；立而化之，則可與權。

「非禮勿視，非禮勿聽，非禮勿言，非禮勿動」，視聽言動一於禮之謂仁，仁之與禮非有異也。孔子告仲弓曰：「出門如見大賓，使民如承大祭。己所不欲，勿施於人。」夫君子能如是用心，能如是存心，則惡有不仁者乎！而其本可以一言而蔽之曰「思無邪」。

無好學之志，則雖有聖人復出亦無益矣。然聖人在上而民多善者，以涵泳其教化深且遠也，習聞之久也。

禮記除中庸、大學，唯樂記爲最近道。學者深思自求之，禮記之表記，其亦近道矣乎，其言正。

學者必求其師，記問文章不足以爲人師，以所學者外也。故求師不可不慎。所謂師者何也？曰理也義也。

「少成若天性，習慣成自然」，雖聖人復出，不易此言。孔子曰：「性相近也，習相遠也，唯上智與下愚不移。」下愚非性也，不能盡其才也。

君子所以異於禽獸者，以有仁義之性也。苟縱其心而不知反，則亦禽獸而已。

形易則性易。性非易也，氣使之然也。

「禮儀三百，威儀三千」，非絶民之欲而强人以不能也，所以防其欲，戒其侈，而使之入道也。

「多識於鳥獸草木之名」，所以明理也。

至顯者莫如事，至微者莫如理，而事理一致，微顯一源。古之君子所謂善學者，以其能通於此而已。

君子之學貴乎一，一則明，明則有功。

德盛者言傳，文盛者言亦傳。

名數之學，君子學之而不以爲本也。言語有序，君子知之而不以爲始也。

孔子之道，發而爲行，如鄉黨之所載者，自誠而明也。由鄉黨之所載而學之，以至於孔子者，自明而誠也。及其至焉，一也。

「聞善言則拜」，禹所以爲聖人也。「以能問不能，以多問寡」，顔子所以爲大賢也。後之學者有一善而自足，哀哉！

爲學之道，必本於思，思則得之，不思則不得也。故書曰：「思曰睿，睿作聖。」思所以睿，睿所以聖也。

學以知爲本，取友次之，行次之，言次之。

信不足以盡誠，猶愛不足以盡仁。

董仲舒曰：「正其誼不謀其利，明其道不計其功。」此董子所以度越諸子

堯、舜之爲善，與桀、跖之爲惡，其自信一也。

老子曰：「失道而後德，失德而後仁，失仁而後義，失義而後禮。」則道德仁義禮分而爲五也。

聖人無優劣，堯、舜之讓，禹之功，湯、武之征伐，伯夷之清，柳下惠之和，伊尹之任，周公在上而道行，孔子在下而道不行，其道一也。

不深思則不能造於道，不深思而得者，其得易失。然而學者有無思無慮而得者，何也？曰：以無思無慮而得者，乃所以深思而得之也。以無思無慮爲小思而自以爲得者，未之有也。

原始則足以知其終，反終則足以知其始，死生之説，如是而已矣。故以春爲始而原之，其必有冬；以冬爲終而反之，其必有春。死生者，其與是類也。

「其次致曲」者，學而後知之也，而其成也，與生而知之者不異焉。故君子莫大於學，莫害於畫，莫病於自足，莫罪於自棄。學而不止，此湯、武所以聖也。

「古之學者爲己」，其終至於成物；今之學者爲物，其終至於喪己。「杞柳」，荀子之説也。「湍水」，楊子之説也。

聖人所知，宜無不至也；聖人所行，宜無不盡也。然而書稱堯、舜，不曰刑必當罪，賞必當功，而曰：「罪疑惟輕，功疑惟重，與其殺不辜，寧失不經。」異乎後世刻核之論矣。

自夸者近刑，自喜者不進，自大者去道遠。

君子之學必「日新」，日新者日進也。不日新者必日退，未有不進而不退者。唯聖人之道無所進退，以其所造者極也。

事上之道莫若忠，待下之道莫若恕。

中庸之書，學者之至也。而其始則曰：「戒慎乎其所不睹，恐懼乎其所不聞。」蓋言學者始於誠也。

楊子無自得者也，故其言蔓衍而不斷，優游而不決，其論性則曰：「人之性也善惡混，修其善則爲善人，修其惡則爲惡人。」荀子悖聖人者也，故列孟子於十二子，而謂人之性惡。性果惡邪？聖人何能反其性以至於斯邪！

聖人之言遠如天，近如地。其遠也，若不可得而及；其近也，亦可得而行。楊子曰：「聖人之言遠如天，賢人之言近如地。」非也。

或問賈誼，曰：誼之言曰「非有孔子、墨翟之賢」，孔與墨一言之，其識末矣，其亦不善學矣。

必井田，必封建，必肉刑，非聖人之道也。善治者，放井田而行之而民不病，放封建而使之而民不勞，放肉刑而用之而民不怨。故善學者，得聖人之意而不取其迹也。迹也者，聖人因一時之利而制之也。

夫人幼而學之，將欲成之也。既成矣，將以行之也。學而不能成其學，成而不能行其學，則烏足貴哉？

待人有道，不疑而已。使夫人有心害我邪，雖疑不足以化其心。使夫人無心害我邪，疑則已德内損，人怨外生。故不疑則兩得之矣，疑則兩失之矣，而未有多疑能爲君子者也。

昔者聖人，「立人之道，曰仁曰義」。孔子曰：「仁者人也，親親爲大；義者宜也，尊賢爲大。」唯能親親，故「老吾老以及人之老，幼吾幼以及人之幼」。唯能尊賢，故「賢者在位，能者在職」。唯仁與義，盡人之道，盡人之道則謂之聖人。

學者不可以不誠，不誠無以爲善，不誠無以爲君子。修學不以誠則學雜，爲事不以誠則事敗，自謀不以誠，則是欺其心而自棄其忠，與人不以誠，則是喪其德而增人之怨。今小道異端亦必誠而後得，而况欲爲君子者乎！故曰學者不可以不誠。雖然，誠者在知道本而誠之耳。

古者卜筮將以決疑也。今之卜筮則不然，計其命之窮通，校其身之達否而已矣。噫！亦惑矣。

不思故有惑，不求故無得，不問故不知。

世之服食欲壽者，其亦大愚矣。夫命者受之於天，不可增損加益，而欲服食而壽，悲哉！

見攝生者而問長生，謂之大愚。見卜者而問吉凶，謂之大惑。

或問性，曰：順之則吉，逆之則凶。

孔子没，曾子之道日益光大。孔子没，傳孔子之道者曾子而已，曾子傳之子思，子思傳之孟子，孟子死，不得其傳，至孟子而聖人之道益尊。

孟子曰：「可以仕則仕，可以止則止，可以久則久，可以速則速，孔子也。孔子，聖之時者也。」故知易者，莫若孟子。孟子曰：「王者之迹熄而詩亡，詩亡然後春秋作。春秋無義戰，彼善於此則有之矣。」征者上伐下也，敵國不相征也。故知春秋者，莫若孟子。

禮之本，出於民之情，聖人因而道之耳。禮之器，出於民之俗，聖人因而節文之耳。聖人復出，必因今之衣服器用而爲之節文。其所謂「貴本而親用」者，亦在時王斟酌損益之耳。

校勘記

〔一〕其亦自賊其性歟「歟」，弘治本、康熙本作「矣」。

程氏遺書附録

明道先生行狀 見伊川先生文集。

門人朋友叙述 并序，序見伊川先生文集。

河間劉立之曰：先生幼集有「而」字。有奇一作「異」。質，明慧驚人。年數歲，即有成人之度。嘗賦酌貪泉詩曰：「中心如自固，外物豈能遷？」當世先達，許其志操。及長，豪勇自奮，不溺於流俗。從汝南周茂叔問學，窮性命之理，率性會道，體道成德，出處孔、孟，從容不勉。踰冠，應書京師，聲望藹然，老儒宿學，皆自以爲不及，莫不造門願交。釋褐，主永興軍鄠縣簿。永興帥府，〔一〕其出守皆禁密大臣，待先生莫不盡禮。爲令晉城，其俗朴陋，民不知學，中間幾百年無登科者。先生擇其秀異，爲置學舍糧具，聚而教之，朝夕督厲，誘進學者，風靡日盛。熙寧、元豐間，應書者至數百，登科者十餘人。先生爲政，集無「爲政」二字。條教精密，而主之以誠心。晉城之民，被服先生之化，暴桀子弟至有恥不犯。迄先生去，三年間編户數萬衆，罪入極典者纔一人，然鄉閭猶以不遵教令集無「令」字。爲深恥。熙寧七年，立之得官晉城，拒先生去已十餘年，見民有聚口衆而不析異者，問其所以，云守程公之化集有「者」字。也。其誠心感人如此。薦爲御史，神宗召對，問所以爲御史。對曰：「使臣拾遺補闕裨贊朝廷則可，使臣掇拾臣下短長以沽直名則不能。」神宗歎賞，以爲得御史體。神宗厲精求治，王荆公執政，議法改令，言者攻之甚力，至有發憤肆罵，無所不至者。先生獨以至誠開納君相，疏入輒削藁，不以示子姪。常曰：「揚已矜衆，吾所不爲。」嘗被旨赴中堂議事，荆公方怒言者，厲色待之。先生徐曰：「天下之事非一家私議，願公平氣以聽。」荆公爲之愧屈善談。太中公得請領崇福，先生求折資監當以便養。歸洛，從容親庭，日以讀書勸學爲事。先生經術通明，義理精微，樂告不倦。士大夫從之講學者，日夕盈門，虚往實歸，人得所欲。先生在御史，有南士遊執政門者，方自南還，未至集無「未至」二字。而附會之説先布都下，且其人素議虧闕，先生奏言其行。後先生被命判武學，其人已位通顯，懼先生復進，乃抗章言先生新法之初集作「行」。首爲異論。先生笑曰：「是豈誣我耶？」復以便親乞汝州監局。先生高才遠業，淪屈卑冗，人爲先生歎息，而先生處之恪勤匪懈，曰：「執事安得不謹！」今皇帝即位，以宗正丞召。朝廷方且用之，未赴闕，得疾以終。先生有天下重望，士民以其出處卜時隆汚，聞訃之日，識與不識，莫不隕涕。自孟軻没，聖學失傳，學者穿鑿妄作，不知入德。先生傑然自立于千載之後，芟闢榛穢，開示本原，聖人之庭户曉然可入，學士大夫始知所向。然高才世希，集作「希世」。能集作「得」。造其藩閫集作「閫」。者蓋集無「蓋」字。鮮，况堂奥乎？先生德性充完，粹和之氣盎於面背，樂易多恕，終日怡悦。立之從先生三十年，未嘗見其一有「有」字。忿厲之容。接人温然，無賢不肖皆使之集無「之」字。款曲自盡。聞人一善，咨嗟獎勞，惟恐其不篤，人有不及，開導誘掖，惟恐其不至。故雖桀傲不恭，見先生莫不感悦而化服。風格高邁，不事標飾，而自有畦畛。望其容色，聽其言教，則放心邪氣不復萌于胸中。太中公告老而歸，家素清窶，僦居洛城。先生以禄養，族大食衆，菽粟僅足，而老幼各盡其歡。中外幼孤窮無託者，皆收養之，撫育誨導，期于成人。嫁女聚婦，皆先孤遺，而後及己子。食無重肉，衣無兼副。女長過期，至無貲以遣。先生達於從政，以仁愛爲本，故所至，民戴之如父母。立之嘗問先生以臨民，曰：「使民集作「人」。各得輸其情。」集有「又嘗」二字。問御吏，曰：「正己以集無「以」字。格物。」雖愚不肖，佩服先生之訓，不敢忘怠。集作「忽」。先生抱經濟大器，有開物成務之才，雖不用于時，然至誠在天下，惟恐一物不得其所。見民疾苦，如在諸己，聞朝廷興作小失，則憂形顔色。嘗論所以致君堯、舜，措俗成、康之意，其言感激動人。千五百年一生斯人，時命不會如此，美志不行，利澤不施，惜哉！立之家集無「家」字。與先生有累世之舊，先人高爽有奇操，集無此上五字。與先生集有「情」字。好尤密。先人早世，立之方數歲，先生兄弟取以歸，教養視子姪，卒立其門户。末世俗薄，朋友道衰，聞先生之風，宜有愧恥。集無此上四十三字。立之從先生最久，聞先生教最多，得先生行事爲最集無此「最」字。詳。先生終，繫官朔陲，不得與於行服之列，哭泣之哀，承訃悲號，摧裂肝膈。集無此上二十七字。先生大節高誼，天下莫不聞，至於集作「乎」。委曲纖細，集作「悉」。一言一行，足以垂法來世，而人所不及知者，大懼堙没不傳，以爲門人羞，輒書所知，以備採摭。

沛國朱光庭曰：嗚呼！道之不明不行也久矣。自子思筆之於書，其後孟軻倡之，軻死而不得其傳，退之之言信矣。大抵先生之學，以誠爲本。仰觀乎天，清明穹窿，日月之運行，陰陽之變化，所以然者，誠而已；俯察乎地，廣博持載，山川之融結，草木之蕃殖，所以然者，誠而已。人居天地之中，參合無間，純亦不已者，其在兹乎！蓋誠者，天德也。聖人自誠而明，其静也淵停，其動也神速，天地之所以位，萬物之所以育，何莫由斯道也。先生得聖人之誠者也。自始學至於成德，雖天資穎徹，絶出等夷，然卓約之見，一主於誠。〔二〕故推而事親則誠孝，事君則誠忠，友于兄弟則綽綽有裕，信於朋友則久要不忘，修身慎行則不愧於集無「於」字。屋漏，臨政愛民則如保乎集無「乎」字。赤子。非得夫聖人之誠，孰能與於斯？才周萬物而不自以爲高，學際三才而不自以爲足，行貫神明而不自以爲異，識照古今而不自以爲得。至於六經之奧義，百家之異説，研窮搜抉，判然胸中。天下之事，雖萬變交於前，而燭之不失毫釐，權之不失輕重。凡貧賤富貴死生，皆不足以動其心，真可謂大丈夫者。集有「歟」字。非所得之深，所養之厚，能至於是歟？嗚呼！天之生斯人，使之平治天下，功德豈小補哉！方當聖政日新，賢者彙進，殆將以斯道覺斯民，而天奪之速，可謂不幸之甚矣。孔子曰：「朝聞道，夕死可矣。」自孟軻以來千有餘歲，先王大道得先生而後傳，其補助天地之功，可謂盛矣。雖不得高位以澤天下，然而以斯道倡之于人。亦已較著，其間見而知之，尚能似之，先生爲不亡矣。

河間邢恕曰：先生德性絶人，外和内剛，眉目清峻，語聲鏗然。恕早從先生之弟學，初見先生於磁州。其氣貌清明夷粹，其接人和以有容，其斷義剛而不犯，其思索集有「微」字。妙造精義，其言近而測之益遠。恕蓋始恍然自失，而知天下有成德君子所謂完人者，若先生是已。先生爲澶州幕官，歲餘罷歸。恕後過澶州，問村民，莫不稱先生，咨嗟嘆息。蓋先生之從政，其視民如子，憂公如家，其誠心感人，雖爲郡僚佐，又止歲餘而去，至使田父野人皆知其姓名，又稱嘆其賢。使先生爲一郡，又如何哉！使先生行乎天下，又如何哉！既不用於朝廷，而以奉親之故，禄仕於筦庫以爲養。居洛幾十年，玩心於道德性命之際，有以自養其渾浩沖融，而集無「而」字。必合集作「由」。于規矩準繩。蓋真顔氏之流，黄憲、劉迅之徒不足道也。洛實別都，乃士人之區藪。在仕者皆慕化之，從之質疑解惑；閭里士大夫皆高仰之，樂從之游；學士皆宗師之，講道勸義；行李之往來過洛者，苟知名有識，必造其門，虚而往，實而歸，莫不心醉斂衽而誠服。於是先生身益退，位益卑，而名益高於天下。今皇帝即位，太皇太后同聽斷，凡集無「凡」字。政事之利者存，害者去，復起司馬公君實以爲門下侍郎，用吕公晦叔爲尚書左丞，而先生亦以宗正丞召。執政日須其來，將大集作「白」。用之。訃至京師，諸公人人歎嗟，爲朝廷惜，士大夫下至布衣諸生聞之，莫不相弔，以爲哲人云亡也。嗚呼！惟先生以直道言事不合，去國十有七年。今太母制政下令，不出房闥，天下固已晏然。方大講求政事之得失，救偏矯枉，資人材以成治功之時，如先生之材，大小左右内外用之無不宜。蓋其所知，上極堯、舜、三代帝王之治，其所以包涵博大，悠遠纖悉上下與天地同流，其化之如時雨者，先生固已默而識之。至於興造禮樂，制度文爲，下至行師用兵戰陣之法，無所不講，皆造其極。外之夷狄情狀，山川道路之險易，邊鄙防戍城寨斥堠控帶之要，靡不究知。其吏事操決，文法簿書，又皆精密詳練。若先生，可謂通儒全才矣，而所有不試其萬一，又不究於高年，此有志之士所以慟哭而流涕也。

成都范祖禹曰：先生爲人，清明端潔，内直外方。其學本於誠意正心，以聖賢之道可以必至，〔三〕勇於力行，不爲空文。其在朝廷，與道行止，主於忠信，不崇虚名。其爲政，視民如子，慘怛教愛，出於至誠，建利除害，所欲必得。故先生所至，民賴之如父母，去久集無「久」字。而思之不忘。先生嘗言，縣之政可達於天下，一邑者天下之式也。先生以親老求爲閒官，居洛陽殆十餘集無「餘」字。年，與弟伊川先生講學于家，化行鄉黨。家貧，疏食或不繼，而事親務養其志，賙贍族人必盡其力。士之從學者不絶于館，有不遠千里而至者。先生於經，不務解析爲枝詞，要其用在己而明於知天。其教人曰：「非孔子之道不可學也。」蓋自孟子没而中庸之學不傳，後世之士不循其本而用心於末，故不可與入堯、舜之道。先生以獨智自得，去聖人千有餘歲，發其關鍵，直睹堂奥，一天地之理，盡事物之變。故其貌肅而氣和，志定而言厲，望之可畏，即之可親，叩之者無窮，從容以應之，其出愈新，真學者之師也。成就人才，於時爲多。雖久去朝廷，而人常以其出處爲時之通塞。既除宗正丞，天下日望先生入朝，以爲且大用。及聞其亡，上自公卿，下至閭巷士民，莫不哀之曰：時不幸也，其命矣夫！

書行狀後

游酢

建安游酢曰：先生道德之高致，經綸之遠圖，進退之大節，伊川季先生與門人高第既論其實矣，酢復何言？謹拾其遺事，備採録云。先生生而有妙質，聞道甚早。年逾冠，明誠夫子張子厚友而師之。子厚少時自喜其才，謂提騎卒數萬，可横行匈奴，視叛羌爲易與耳。故從之游者，多能道邊事。既而得聞先生論議，乃歸謝其徒，盡棄其舊學，以從事於道。其視先生，雖外兄弟之子，而虚心求益之意，懇懇如不及，逮先生之官，猶以書抵扈，以定性未能不動致問。先生爲破其疑，使内外動静，道通爲一，讀其書可考而知也。其後子厚學成德尊，識者謂與孟子比，然猶秘其學，不多爲人講之。其意若曰：「雖復多聞，不務畜德，徒善口耳而已，故不屑與之言。」先生謂之曰：「道之不明於天下久矣，人善其所習，自謂至足，必欲如孔門不憤不啓，不悱不發，則師資勢隔，而先王之道或幾乎熄矣。趣今之時，且當隨其資而誘之，雖識有明暗，志有淺深，亦各有得焉，而堯、舜之道庶可馴致。」子厚用其言，故關中學者躬行之多，與洛人並。推其所自，先生發之也。擢爲御史，睿眷甚渥，亟承德音，所獻納必據經術，事常辨早而戒於漸。一日，神宗縱言及於辭命。先生曰：「人主之學，唯當務爲急，辭命非所先也。」神宗爲之動顔。會同天節宫嬪争獻奇巧，爲天子壽。先生既言於朝，又顧謂執政戒之。執政曰：「宫嬪實爲，非上意也，庸何傷？」先生曰：「作淫巧以蕩上心，所傷多矣。公之言非是。」執政辭遂屈。是時有同在臺列者，志未必同，然心慕其爲人，嘗語人曰：「他人之賢者，猶可得而議也。乃若伯淳，則如美玉然，反覆視之，表裏洞徹，莫見疵瑕。」先生平生與人交無隱情，雖僮僕必託以忠信，故人亦不忍欺之。嘗自澶淵遣奴持金詣京師貿用物，計金之數可當二百千。奴無父母妻子，同列聞之，莫不駭且誚，既而奴持物如期而歸，衆始歎服。蓋誠心發於中，暢於四支，見之者信慕，事之者革心，大抵類此。先生少長親闈，視之如傷，又氣象清越，灑然如在塵外，宜不能勞苦。及遇事，則每與賤者同起居飲食，人不堪其難，而先生處之裕如也。嘗董役，雖祁寒烈日，不擁裘，不御蓋，時所巡行，衆莫測其至，故人自致力，常先期畢事。異時夫伍，中夜多譁，一夫或怖，萬夫競起，姦人乘虚爲盜者不可勝數。先生以師律處之，遂訖去無譁者。及役罷夫散，部伍猶肅整如常。初至鄠，有監酒税者以賄播聞，然怙力文身，自號能殺人，衆皆憚之，雖監司州將未敢發。先生至，將與之同事，其人心不自安，輒爲言曰：「外人謂某自盜官錢，新主簿將發之，某勢窮必殺人。」言未訖，先生笑曰：「人之爲言，一至於此！足下食君之禄，詎肯爲盜？萬一有之，將救死不暇，安能殺人？」其人默不敢言，後亦私償其所盜，卒以善去。州從事有既孤而遭祖母喪者，身爲嫡孫，未果承重。先生爲推典法意，告之甚悉，其人從之，至今遂爲定令，而天下搢紳始習爲常。蓋先生御小人使不罹於法，助君子使必成其美，又大抵類此。先生雖不用，而未嘗一日忘朝廷，然久幽之操確乎如石，胸中之氣沖如也。所至，士大夫多棄官從之學，朝見而夕歸，飲其和，茹其實，既久而不能去。其徒有貧者，以單衣御冬，累年而志不變，身不屈。蓋先生之教，要出於爲己，而士之游其門者，所學皆心到自得，無求於外。以故甚貧者忘飢寒，已仕者忘爵禄，魯重者敏，謹細者裕，強者無拂理，願者有立志，可以修身，可以齊家，可以治國平天下。非若世之士，妄意空無，追詠昔人之糟粕而身不與焉，及措之事業，則倀然無據而已也。方朝廷圖任真儒，以惠天下，天下有識者謂先生行且大用矣，不幸而先生卒。嗚呼！道之行與廢，果非人力所能爲也。悲夫！哭而爲之贊曰：天地之心，其太一之體歟！天地之化，其太和之運歟！確然高明，萬物覆焉，隤然博厚，萬物載焉，非以其一歟！陽自此舒，陰自此凝，消息滿虚，莫見其形，非以其和歟！夫子之德，其融心滌慮，默契於此歟！不然，何穆穆不已，渾渾無涯，而能言之士，莫足以頌其美歟！嗟乎，孰謂此道未施，此民未覺，而先覺者逝歟！百世之下，有想見夫子而不可得者，亦能觀諸天地之際歟！

哀詞

呂大臨

嗚呼！去聖遠矣，斯文喪矣。先王之流風善政，泯没而不可見，明師賢弟子傳授之學，斷絶而不得聞。以章句訓詁爲能窮遺經，以儀章度數爲能盡儒術，使聖人之道玩於腐儒諷誦之餘，隱於百姓日用之末，反求諸己則罔然無得，施之於天下則若不可行，異端争衡，猶不與此。先生負特立之才，知大學之要，博文强識，躬行力究，察倫明物，極其所止，涣然心釋，洞見道體。其造於約也，雖事變之感不一，知應以是心而不窮；雖天下之理至衆，知反之吾身而自足。其致於一也，異端並立而不能移，聖人復起而不與易。其養之成也，和氣充浹，見于聲容，然望之崇深，不可慢也；遇事優爲，從容不迫，然誠心懇惻，弗之措也。其自任之重也，寧學聖人而未至，不欲以一善成名；寧以一物不被澤爲己病，不欲以一時之利爲己功。其自信之篤也，吾志可行，不苟潔其去就；吾義所安，雖小官有所不屑。夫位天地育萬物者，道也。傳斯道者，斯文也。振已墜之文，達未行之道者，先生也。使學不卒傳，志不卒行，至於此極者，天也。先生之德，可形容者，猶可道也；其獨智自得，合乎天，契乎先聖者，不可得而道也。元豐八年六月，明道先生卒，門人學者皆以所自得者名先生之德。先生之德未易名也，亦各伸其志爾。汲郡呂大臨書。

墓表

見伊川先生文集。

伊川先生年譜

先生名頤，字正叔，明道先生之弟也。明道生於明道元年壬申，伊川生於明道二年癸酉。幼有高識，非禮不動。見語録。年十四五，與明道同受學於舂陵周茂叔先生。見哲宗、徽宗實録。皇祐二年，年十八，上書闕下，勸仁宗以王道爲心，生靈爲念，黜世俗之論，期非常之功；且乞召對，面陳所學，不報。間遊太學，時海陵胡翼之先生方主教導，嘗以「顔子所好何學論」試諸生，得先生所試大驚，即延見，處以學職。見文集。呂希哲原明與先生鄰齋，首以師禮事焉。既而四方之士從游者日益衆。見呂氏童蒙訓。舉進士，嘉祐四年廷試報罷，遂不復試。太中公屢當得任子恩，輒推與族人。見涪陵記善録。治平、熙寧間，近臣屢薦，自以爲學不足，不願仕也。見文集。又按呂申公家傳云：「公判太學，命衆博士即先生之居，敦請爲太學正。先生固辭，公即命駕過之。」又雜記：「治平三年九月，公知蔡州，將行，言曰：『伏見南省進士程頤，年三十四，有特立之操，出羣之姿。嘉祐四年已與殿試，自後絶意進取，往來太學，諸生願得以爲師。臣方領國子監，親往敦請，卒不能屈。臣嘗與之語，洞明經術，通古今治亂之要，實有經世濟物之才，非同拘士曲儒，徒有偏長。使在朝廷，必爲國器。伏望特以不次旌用。』」明道行狀云：「神宗嘗使推擇人材，先生所薦數十人，以父表弟張載暨弟頤爲稱首。」元豐八年，哲宗嗣位，門下侍郎司馬公光、尚書左丞吕公公著及西京留守韓公絳上其行義於朝。見哲宗、徽宗實録。案温公集與吕申公同薦劄子曰：「臣等切見河南處士程頤，力學好古，安貧守節，言必忠信，動遵禮義，年踰五十，不求仕進，真儒者之高蹈，聖世之逸民。伏望特加召命，擢以不次，足以矜式士類，裨益風化。」又案胡文定公文集云：「是時諫官朱光庭又言，頤道德純備，學問淵博，材資勁正，有中立不倚之風，識慮明徹，至知幾其神之妙，言行相顧而無擇，仁義在躬而不矜。若用斯人，俾當勸講，必能輔養聖德，啓道天聰，一正君心，爲天下福。」又謂頤「究先王之藴，遠當世之務，乃天民之先覺，聖代之真儒。俾之日侍經筵，足以發揚聖訓，兼掌學校，足以丕變斯文。」又論「祖宗時起陳摶、种放，高風素節，聞於天下。揆頤之賢，摶、放未必能過之，頤之道則有摶、放所不及知者。觀其所學，真得聖人之傳，致思力行，非一日之積，有經天緯地之才，有制禮作樂之具。乞訪問其至言至論，所以平治天下之道。」又謂頤「以言乎道，則貫徹三才而無一毫之爲間；以言乎德，則并包衆美而無一善之或遺；以言乎學，則博通古今而無一物之不知；以言乎才，則開物成務而無一理之不總。是以聖人之道，至此而傳。况當天子進學之初，若俾真儒得專經席，豈不盛哉！」十一月丁巳，授汝州團練推官、西京國子監教授。見實録。先生再辭，尋召赴闕。元祐元年三月，至京師。王巖叟奏云：「伏見程頤，學極聖人之精微，行全君子之純粹，早與其兄顥，俱以德名顯於時。陛下復起頤而用之，頤趣召以來，待詔闕下，四方俊乂，莫不翹首向風，以觀朝廷所以待之者如何，處之者當否，而將議焉。則陛下此舉，繫天下之心。臣願陛下加所以待之之禮，擇所以處之之方，而使高賢得爲陛下盡其用，則所得不獨頤一人而已，四海潛光隱德之士，皆將相招而爲朝廷出矣。」除宣德郎，祕書省校書郎。先生辭曰：「祖宗時，〔四〕布衣被召，自有故事。今臣未得入見，未敢祗命。」王巖叟奏云：「臣伏聞聖恩特除程頤京官，仍與校書郎，足以見陛下優禮高賢，而使天下之人歸心於盛德也。然臣區區之誠，尚有以爲陛下言者，願陛下一召見之，試以一言，問爲國之要。陛下至明，遂可自觀其人。臣以頤抱道養德之日久，而潛神積慮之功深，靜而閲天下之義理者多，必有嘉言以新聖聽，此臣所以區區而進頤。然非爲頤也，欲成陛下之美耳。陛下一見而後命之以官，則頤當之而無愧，陛下與之而不悔，授受之間，兩得之矣。」於是召對。太皇太后面喻，將以爲崇政殿說書。先生辭，不獲，始受西監之命。且上奏，論經筵三事。其一，以上富於春秋，輔養爲急，宜選賢德以備講官，因使陪侍宿直，陳說道義，所以涵養氣質，薰陶德性。其二，請上左右內侍宮人，皆選老成厚重之人，不使侈靡之物、淺俗之言接於耳目，仍置經筵祗應內臣十人，使伺上在宮中動息，以語講官，其或小有違失，得以隨事規諫。其三，請令講官坐講，以養人主尊儒重道之心，寅畏祗懼之德。而曰：「若言可行，敢不就職。如不可用，顧聽其辭。」劄子三道，見文集。又案劉忠肅公文集，有章疏論先生辭卑居尊，未被命而先論事爲非是。蓋不知先生出處語默之際，其義固已精矣。既而命下，以通直郎充崇政殿説書。見實録。先生再辭，而後受命。四月，例以暑熱罷講。先生奏言，輔導少主，不宜疎略如此。乞令講官以六參日上殿問起居，因得從容納誨，以輔上德。見文集。五月，差同孫覺、顧臨及國子監長貳看詳國子監條制。見實録。先生所定，大概以爲學校禮義相先之地，而月使之爭，殊非教養之道，請改試爲課，有所未至，則學官召而教之，更不考定高下；制尊賢堂以延天下道德之士，鐫解額以去利誘，省繁文以專委任，勵行檢以厚風教，及置待賓吏師齋，立觀光法，如是者亦數十條。見文集。舊實録云：「禮部尚書胡宗愈謂，先帝聚士以學，教人以經，三舍科條固已精密，宜一切仍舊。因是深詆先生，謂不宜使在朝廷。」六月，上疏太皇太后，言今日至大至急，爲宗社生靈長久之計，惟是輔養上德，而輔養之道，非徒涉書史覽古今而已，要使跬步不離正人，乃可以涵養薰陶，成就聖德。今間日一講，解釋數行，爲益既少，又自四月罷講，直至中秋不接儒臣，殆非古人旦夕承弼之意。請俟初秋，即令講官輪日入侍，陳説義理，仍選臣僚家十一二歲子弟三人，侍上習業。且以邇英迫隘暑熱，恐於上體非宜，而講日宰臣史官皆入，使上不得舒泰悦懌。請自今一月再講於崇政殿，然後宰臣史官入侍，餘日講於延和殿，則後楹垂簾，而太皇太后時一臨之。不惟省察主上進業，其於后德未必無補，且所講官欲有所言，易以上達，所繫尤大。又講讀官例兼他職，請亦罷之，使得積誠意以感上心。皆不報。八月，差兼判登聞鼓院。先生引前説，且言入談道德，出領訴訟，非用人之體，再辭不受。見文集。楊時曰：「事道與禄仕不同。常夷甫以布衣入朝，神宗欲優其禄，令兼數局，如鼓院、染院之類，夷甫一切受之。及伊川先生爲講官，朝廷亦欲使兼他職，則固辭。蓋前日所以不仕者爲道也，則今日之仕，須其官足以行道乃可受，不然是苟禄也。然後世道學不明，君子辭受取舍，人鮮知之。故常公之受，人不以爲非，而先生之辭，人亦不以爲是也。」二年，又上疏論延和講讀垂簾事，且乞時召講官至簾前，問上進學次第。又奏邇英暑熱，乞就崇政、延和殿或他寬涼處講讀。給事中顧臨以殿上講讀爲不可，有旨修展邇英閣。先生復上疏，以爲修展邇英，則臣所請遂矣。然祖宗以來並是殿上坐講，自仁宗始就邇英，而講官立侍，蓋從一時之便耳，非若臨之意也。今臨之意，不過以尊君爲説，而不知尊君之道。若以其言爲是，則誤主上知見。臣職當輔導，不得不辨。先生在經筵，每當進講，必宿齋豫戒，潛思存誠，冀以感動上意。見文集。而其爲説，常於文義之外，反復推明，歸之人主。一日當講「顏子不改其樂」章，門人或疑此章非有人君事也，將何以爲説。及講，既畢文義，乃復言曰：「陋巷之士，仁義在躬，忘其貧賤。人主崇高，奉養備極，苟不知學，安能不爲富貴所移？且顏子王佐之才也，而簞食瓢飲，季氏魯國之蠹也，而富於周公。魯君用捨如此，非後世之監乎！」聞者歎服。見胡氏論語詳說。而哲宗亦常首肯之。見文集。不知者或誚其委曲已甚，先生曰：「不於此盡心竭力，而於何所乎？」上或服藥，即日就醫官問起居，見語録。然入侍之際，容貌極莊。時文潞公以太師平章重事，或侍立終日不懈，上雖喻以少休，不去也。人或以問先生曰：「君之嚴，視潞公之恭，孰爲得失？」先生曰：「潞公四朝大臣，事幼主不得不恭。吾以布衣職輔導，亦不敢不自重也。」見邵氏見聞録。嘗聞上在宮中起行漱水必避螻蟻，因請之曰：「有是乎？」上曰：「然，誠恐傷之爾。」先生曰：「願陛下推此心以及四海，則天下幸甚。」見語録。一日，講罷未退，上忽起憑檻，戲折柳枝，先生進曰：「方春發生，不可無故摧折。」上不悦。見馬永卿所編劉諫議語録，且云：「温公聞之亦不悦。」或云恐無此事。所講書有容字，中人以黄覆之，曰：「上藩邸嫌名也。」先生講罷，進言曰：「人主之勢不患不尊，患臣下尊之過甚而驕心生爾。此皆近習輩養成之，不可以不戒。請自今舊名嫌名皆勿復避。」見語録。時神宗之喪未除，而百官以冬至表賀。先生言節序變遷，時思方切，請改賀爲慰。及除喪，有司又將以開樂致宴。先生又奏請罷宴，曰：「除喪而用吉禮，則因事用樂可矣。今特設宴，是喜之也。」見文集。嘗聞後苑以金製水桶，問之，曰崇慶宮物也。先生曰：「若上所御，則吾不敢不諫。」在職累月，不言禄，吏亦弗致。既而諸公知之，俾户部特給焉。又不爲妻求邑封，或問之，先生曰：「某起於草萊，三辭不獲而後受命，今日乃爲妻求封乎？」見語録。

經筵承受張茂則嘗招諸講官啜茶觀畫，先生曰：「吾平生不啜茶，亦不識畫。」竟不往。見龜山語録。或云恐無此事。文潞公嘗與呂、范諸公入侍經筵，聞先生講説，退相與歎曰：「真侍講也。」一時人士歸其門者甚盛，而先生亦以天下自任，論議褒貶無所顧避。由是同朝之士有以文章名世者，疾之如讎，與其黨類巧爲謗詆。見龜山語録、王公繫年録、吕申公家傳及先生之子端中所撰集序。又按蘇軾奏狀亦自云：「臣素疾程某之姦，未嘗假以辭色。」又按侍御史吕陶言：「明堂降赦，臣僚稱賀訖，而兩省官欲往奠司馬光。是時程頤言曰：『子於是日哭則不歌，豈可賀赦才了，却往弔喪？』坐客有難之曰：『子於是日哭則不歌，即不言歌則不哭，今已賀赦了，却往弔喪，於禮無害。』蘇軾遂以鄙語戲程頤，衆皆大笑，結怨之端，蓋自此始。」又語録云：「國忌行香，伊川令供素饌。子瞻詰之曰：『正叔不好佛，胡爲食素？』先生曰：『禮居喪不飲酒不食肉，忌日，喪之餘也。』子瞻令具肉食，曰：『爲劉氏者左袒。』於是范醇夫輩食素，秦、黄輩食肉。」又鮮于綽傳信録云：「舊例行香齋筵，兩制以上及臺諫官並設蔬饌，然以麤糲，遂輪爲食會，皆用肉食矣。元祐初，崇政殿説書程正叔以食肉爲非是，議爲素食，〔五〕衆多不從。一日，門人范淳夫當排食，遂具蔬饌。内翰蘇子瞻因以鄙語戲正叔，〔六〕正叔門人朱公掞輩銜之，遂立敵矣。是後蔬饌亦不行。」又語録云：「時吕申公爲相，凡事有疑，必質于伊川。進退人才，二蘇疑伊川有力，故極詆之。」又曰：「朝廷欲以游酢爲某官，蘇右丞沮止，毀及伊川。宰相蘇子容曰：『公未可如此，頌觀過其門者，無不肅然。』」〔七〕又按劉諫議盡言集亦有異論，劉非蘇黨，蓋不相知耳。一日赴講，會上瘡疹，不坐已累日。先生退，詣宰臣，問上不御殿知否，曰不知。先生曰：「二聖臨朝，上不御殿，太皇太后不當獨坐。且人主有疾而大臣不知，可乎？」翌日，宰臣以先生言奏請問疾，由是大臣亦多不悦。而諫議大夫孔文仲因奏先生汚下憸巧，素無鄉行，經筵陳説，僭横忘分，遍謁貴臣，歷造臺諫，騰口間亂，以償恩讎，致市井目爲五鬼之魁，請放還田里，以示典刑。八月，差管勾西京國子監。見舊實録。又文仲傳載吕申公之言曰：「文仲爲蘇軾所誘脅，其論事皆用軾意。」又吕申公家傳亦載其與吕大防、劉摯、王存同駁文仲所論朱光庭事，語甚激切。且云：「文仲本以抗直稱，然惷不曉事，爲浮薄輩所使，以害善良。晚乃自知爲小人所紿，憤鬱嘔血而死。」按舊録固多妄，然此類亦不爲無據，新録皆删之，失其實矣。又范太史家傳云：「元祐九年，奏曰：『臣伏見元祐之初，陛下召程頤對便殿，自布衣除崇政殿説書，天下之士皆謂得人，實爲希闊之美事。而纔及歲餘，即以人言罷之。頤之經術行誼天下共知。司馬光、吕公著皆與頤相知二十餘年，然後舉之。此二人者，非爲欺罔以誤聖聽也。頤在經筵，切於皇帝陛下進學，故其講説，語常繁多。草茅之人，一旦入朝，與人相接，不爲關防，未習朝廷事體。而言者謂頤大佞大邪，貪黷請求，奔走交結。又謂頤欲以故舊傾大臣，以意氣役臺諫。其言皆誣罔非實也。蓋當時臺諫官王巖叟、朱光庭、賈易，皆素推伏頤之經術〔八〕，故不知者指以爲頤黨。陛下慎擇經筵之官，如頤之賢，乃足以輔導聖學。至如臣輩，叨備講職，實非敢望頤也。臣久欲爲頤一言，懷之累年，猶豫不果，使頤受誣罔之謗於公正之朝，臣每思之，不無愧也。今臣已乞去職，若復召頤勸講，必有輔於聖明，臣雖終老在外，無所憾矣。』」先生既就職，再上奏乞歸田里，曰：「臣本布衣，因説書得朝官。今以罪罷，則所授官不當得。」三年，又請，皆不報，乃乞致仕至再，又不報。五年正月，丁太中公憂去官。七年，服除，除直祕閣，判西京國子監。王公繫年録云：「元祐七年三月四日，延和奏事，三省進呈，程頤服除，欲與館職判檢院。簾中以其不靖，令只與西監，遂除直祕閣，判西京國子監。初，頤在經筵，歸其門者甚盛，而蘇軾在翰林，亦多附之者，遂有洛黨蜀黨之論。二黨道不同，互相非毁，頤竟爲蜀黨所擠。今又適軾弟轍執政，纔進稟，便云但恐不肯靖。簾中入其説，故頤不復得召。」先生再辭，極論儒者進退之道。見文集。而監察御史董敦逸奏，以爲有怨望輕躁語。五月，改授管勾崇福宫，見舊録。未拜，以疾尋醫。元祐九年，哲宗初親政，申祕閣西監之命，先生再辭不就。見文集。紹聖間，以黨論放歸田里。四年十一月，送涪州編管。見實録。門人謝良佐曰：「是行也，良佐知之，乃族子公孫與邢恕之爲爾。」先生曰：「族子至愚不足責，故人情厚不敢疑。孟子既知天，焉用尤臧氏？」見語録。元符二年正月，易傳成而序之。三年正月，徽宗即位。移峽州。四月，以赦復宣德郎，任便居住，制見曲阜集。還洛。記善録云：「先生歸自涪州，氣貌容色髭髮皆勝平昔。」十月，復通直郎，權判西京國子監。先生既受命，即謁告，欲遷延爲尋醫計，既而供職。門人尹焞深疑之。先生曰：「上初即位，首被大恩，不如是則何以仰承德意，然吾之不能仕，蓋已决矣。受一月之俸焉，然後唯吾所欲爾。」見文集、語録。又劉忠肅公家私記云：「此除乃李邦直、范彝叟之意。」建中靖國二年五月，追所復官，依舊致仕。前此未嘗致仕，而云「依舊致仕」，疑西監供職不久，即嘗致仕也。未詳。崇寧二年四月，言者論其本因姦黨論薦得官，雖嘗明正罪罰，而叙復過優，已追所復官，又云「叙復過優」，亦未詳。今復著書，非毁朝政。於是有旨追毁出身以來文字，其所著書，令監司覺察。語録云：「范致虚言程某以邪説詖行惑亂衆聽，而尹焞、張繹爲之羽翼。事下河南府體究，盡逐學徒，復隸黨籍。」先生於是遷居龍門之南，止四方學者曰：「尊所聞，行所知可矣，不必及吾門也。」見語録。五年，復宣義郎，致仕。見實録。時易傳成書已久，學者莫得傳授，或以爲請。先生曰：「自量精力未衰，尚覬有少進耳。」其後寢疾，始以授尹焞、張繹。尹焞曰：「先生踐履盡易，其作傳只是因而寫成，熟讀玩味即可見矣。」又云：「先生平生用意惟在易傳，求先生之學者，觀此足矣。語録之類，出於學者所記，所見有淺深，故所記有工拙，蓋未能無失也。」見語録。大觀元年九月庚午，卒于家，年七十有五。見實録。於疾革，門人進曰：「先生平日所學，正今日要用。」先生力疾微視，曰：「道著用便不是。」其人未出寢門而先生没。見語録。一作門人郭忠孝。尹子云：「非也，忠孝自黨事起不與先生往來，及卒亦不致奠。」初，明道先生嘗謂先生曰：「異日能使人尊嚴師道者，吾弟也。若接引後學，隨人材而成就之，則予不得讓焉。」見語録，侯仲良曰：「朱公掞見明道于汝州，踰月而歸，語人曰：〔九〕『光庭在春風中坐了一月。』游定夫、楊中立來見伊川，一日先生坐而瞑目，二子立侍不敢去。久之，先生乃顧曰：『二子猶在此乎，日暮矣，姑就舍。』二子者退，則門外雪深尺餘矣。

其嚴厲如此。晚年接學者乃更平易，蓋其學已到至處，但於聖人氣象差少從容爾。明道則已從容，惜其蚤死，不及用也。使及用於元祐間，則不至有今日事矣。」先生既没，昔之門人高第多已先亡，無有能形容其德美者。然先生嘗謂張繹曰：「我昔狀明道先生之行，我之道蓋與明道同。異時欲知我者，求之於此文可也。」見集序。尹焞曰：「先生之學，本於至誠，其見於言動事爲之間，處中有常，疏通簡易，不爲矯異，不爲狷介，寬猛合宜，莊重有體。或説匍匐以弔喪，誦孝經以追薦，皆無此事。衣雖紬素，冠襟必整，食雖簡儉，蔬飯必潔。太中年老，左右致養無違，以家事自任，悉力營辦，細事必親，贍給内外親族八十餘口。」又曰：「先生於書無所不讀，於事無所不能。」謝良佐曰：「伊川才大，以之處大事，必不動聲色，指顧而集矣。」或曰：「人謂伊川守正則盡，通變不足，子之言若是，何也？」謝子曰：「陝右錢以鐵，舊矣，有議更以銅者，已而會所鑄子不踰母，謂無利也，遂止。〔一〇〕伊川聞之曰：『此乃國家之大利也。利多費省，私鑄者衆，費多利少，盜鑄者息。民不敢盜鑄，則權歸公上，非國家之大利乎？』又有議增解鹽之直者，伊川曰：『價平則鹽易洩，〔一一〕人人得食，無積而不售者，歲入必倍矣，增價則反是。』已而果然。司馬公既相，薦伊川而起之。伊川曰：『將累人矣，使韓、富當國時，吾猶可以有行也。』及司馬公大變熙、豐，復祖宗之舊，伊川曰：『役法當討論，未可輕改也。』公不然之，既而數年紛紛不能定。由是觀之，亦可以見其梗概矣。」

祭文

張繹

嗚呼！利害生於身，禮義根於心。伊此心喪于利害，而禮義以爲虚也，故先生踽踽獨行斯世，一作「於世」。而衆乃以爲迂也。惟尚德者以爲卓絶之行，而忠信者以爲孚也；立義者以爲不可犯，而達權者以爲不可拘也。在吾先生，曾何有意？〔一二〕心與道合，一作「道會」。泯然無際。無欲可以繫羈兮，自克者知其難也；不立意以爲言兮，知言者識其要也。「德輶如毛，毛猶有倫」，「無聲無臭」，夫何可親？嗚呼！先生之道不可得而名也，一作「某等不而名也」。伊言者反以爲病兮，此心終不得而形也。惟泰山「惟」一作「維」。以爲高兮，日月以爲明也；春風以爲和兮，嚴霜以爲清也。在昔諸儒，各行其志，或得于數，或觀于禮，學者趣之，一作「逐之」。世濟其美。獨吾先生，淡乎無味，得味之真，死其乃已。自某之見，一作「某等受教」。七年于兹，含孕化育，以蕃以滋。天地其容我兮，父母其生之；君親其臨我兮，夫子其成之。欲報之心，何日忘之。先生有言，一本上有「昔」字。見于文字者有七分之心，繪于丹青者有七分之儀。七分之儀，固不可益，七分之心，猶或可推。而今而後，將築室于伊、雒之濱，望先生之墓，以畢吾此生也。一無「吾」字。嗚呼！夫子没而微言絶，則固不可得而聞也。一本上有「某等」字。然天不言而四時行，地不言而百物生。惟與二三子一本無此五字，有「益當」字。洗心去智，格物去意，斯默契斯道，在先生爲未亡也。嗚呼！二三子之志，一作「某等之志」。不待物而後見；先生之行，不待誄而後徵。然而山頹梁壞，何以寄情？凄風一奠，敬祖于庭，百年之恨，併此以傾。

尹子曰：「先生之葬，洛人畏入黨，無敢送者，故祭文惟張繹、范域、孟厚及焞四人。乙夜，有素衣白馬至者，視之邵溥也，乃附名焉。蓋溥亦有所畏而薄暮出城，是以後。」又按語録云：先生以易傳授門人，曰：「只説得七分，學者更須自體究。」故祭文有七分之語云。

奏狀 節略

胡安國

伏見元祐之初，宰臣司馬光、吕公著秉政當國，急於得人，首薦河南處士程頤，乞加召命，擢以不次，遂起韋布，超居講筵。自司勸講，不爲辯辭，解釋文義，所以積其誠意，感通聖心者，固不可得而聞也。及當官而行，舉動必由乎禮；奉身而去，進退必合乎義。其修身行法，規矩準繩，獨出諸儒之表，門人高第莫獲繼焉。雖崇寧間曲加防禁，學者向之，私相傳習，不可遏也。其後頤之門人，如楊時、劉安節、許景衡、馬伸、吴給等，稍稍進用，於是士大夫爭相淬礪。而其間志於利禄者，託其説以自售，學者莫能别其真僞，而河洛之學幾絶矣。壬子年，臣嘗至行闕，有仲并者言伊川之學近日盛行。臣語之曰：「伊川之學不絶如綫，可謂孤立，而以爲盛行何也？豈以其説滿門，人人傳寫，耳納口出，而以爲盛乎？」自是服儒冠者，以伊川門人妄自標榜，無以屈服士人之心，故衆論洶洶，深加詆誚。夫有爲伊洛之學者，皆欲屏絶其徒，而乃上及於伊川，臣竊以爲過矣。夫聖人之道，所以垂訓萬世，無非中庸，非有甚高難行之説，此誠不可易之至論也。然中庸之義不明久矣，自頤兄弟始發明之，然後其義可思而得。不然則或謂高明所以處己，中庸所以接物，本末上下析爲二途，而其義愈不明矣。士大夫之學，宜以孔孟爲師，庶幾言行相稱，可濟時用，此亦不可易之至論也。然孔孟之道不傳久矣，自頤兄弟始發明之，而後其道可學而至也。不然則或以六經、語、孟之書資口耳，取世資而干利禄，愈不得其門而入矣。今欲使學者蹈中庸，師孔孟，而禁使不得從頤之學，是入室而不由户也，不亦誤乎！夫頤之文，於易則因理以明象，而知體用之一源；於春秋則見諸行事，而知聖人之大用；於諸經、語、孟則發其微旨，〔一三〕而知求仁之方，入德之序。然則狂言怪語，淫説鄙喻，〔一四〕豈其文也哉？頤之行，其行己接物，則忠誠動於州里；其事親從兄，則孝弟顯于家庭；其辭受取捨，非其道義則一介不以取與諸人，雖禄之千鍾，有必不顧也。其餘則亦與人同爾。然則幅巾大袖，〔一五〕高視闊步，豈其行也哉？昔者伯夷、柳下惠之賢，微仲尼，則西山之餓夫、東國之黜臣爾。〔一六〕本朝自嘉祐以來，西都有邵雍、程顥及弟頤，關中有張載，此四人者皆道學德行名於當世。會王安石當路，重以蔡京得政，曲加排抑，故有西山、東國之阨，其道不行，深可惜也。今雍所著有皇極經世書，載有正蒙書，頤有易、春秋傳，顥雖未及著述，而門弟子質疑請益答問之語存於世者甚多，又有書疏銘詩並行於世，而傳者多失其真。臣愚伏望陛下，特降指揮，下禮官討論故事，以此四人加之封號，載在祀典，以見聖世雖當禁暴誅亂，奉詞伐罪之時，猶有崇儒重道，尊德樂義之意。仍詔館閣裒集四人之遺書，委官校正，取旨施行，使於學者傳習，羽翼六經，以推尊仲尼、孟子之道，使邪説者不得乘間而作，而天下之道術定，豈曰小補之哉！

校勘記

〔一〕永興帥府　「帥」原訛「師」，據弘治本、康熙本改。

〔二〕然卓約之見一主於誠　「約」，弘治本同，康熙本作「然」；「主」，弘治本、康熙本作「本」。

〔三〕然以聖賢之道可以必至　「道」，弘治本、康熙本作「學」。

〔四〕祖宗時　「祖」，弘治本、康熙本作「神」。

〔五〕議爲素食　「議」原訛「義」，據弘治本、康熙本改。

〔六〕内翰蘇子瞻因以鄙語戲正叔　「戲」字原漫漶，據弘治本、康熙本補。

〔七〕無不肅然　「然」，弘治本、康熙本作「也」。

〔八〕皆素推伏頣之經術　「術」原訛「行」，據弘治本、康熙本改。

〔九〕語人曰　「語」，弘治本、康熙本作「告」。

〔一〇〕遂止　弘治本、康熙本「止」下有「之」字。

〔一一〕價平則鹽易洩　「平」，弘治本、康熙本作「卑」。

〔一二〕曾何有意　「曾」原訛「會」，據弘治本、康熙本改。

〔一三〕語孟則發其微旨　「發其微旨」，弘治本、康熙本作「發明其旨」。

〔一四〕淫説鄙喻　「喻」，弘治本同，康熙本作「論」。

〔一五〕然則幅巾大袖　「袖」原訛「紳」，據弘治本、康熙本改。

〔一六〕東國之黜臣爾　「東」，弘治本、康熙本作「魯」。

程氏外書目録

第一

朱公掞録拾遺　朱光庭，字公掞，從二先生學，元祐中爲給諫。此篇本與師訓、入關等篇相雜，疑朱公自記所聞，又抄諸人所記以附其後。今不可考，特拾其遺如此云。

第二

朱公掞問學拾遺　本别爲一篇，而多與前篇重複，今已删去。

第三

陳氏本拾遺延平陳淵，字幾叟，楊文靖公門人。

第四

程氏學拾遺李參録。參，端伯之弟，學於伊川先生。此書十卷，其五卷乃劉質夫春秋解，其五卷雜有端伯、質夫、入關諸篇。

第五

馮氏本拾遺汝州馮理，字聖先，學於伊川先生，自號東皋子。其子忠恕，字貫道，學於尹氏，編此，雜有入關等篇。

第六

羅氏本拾遺 延平羅從彦，字仲素，楊文靖公門人。

第七

胡氏本拾遺 胡文定公家本，又有别本文，其言而每章冠以「子曰」字者，今亦取其不見於諸篇者附于此。

第八

游氏本拾遺 游定夫察院家本。

第九

春秋録拾遺　吴人王蘋信伯，學於伊川先生。集録諸言春秋者爲此篇。

第十

大全集拾遺　建陽印本。

第十一

時氏本拾遺　時紫芝所集，號程子微言，凡二十五卷，多改易本語者。

第十二

傳聞雜記　王氏麈史　吕氏家塾記　發明義理　酬酢事變　范公日記　朱公手帖

邵氏見聞録　上蔡語録　龜山語録　庭聞藁録　侯子雅言　涪陵記善　和靖語録

震澤語録　晁景迂集　晁氏客語　吕氏童蒙訓　雜志　汪端明記　孔文仲疏

右程氏外書十二篇，熹所序次，可繕寫。始熹序次程氏遺書二十五篇，皆諸門人當時記録之全書，足以正俗本紛更之繆，而於二先生之語，則不能無所遺也。於是取諸集録，參伍相除，得此十有二篇，以爲外書。夫先生之言非有精粗之異，而兩書皆非一手所記，其淺深工拙又未可以一概論。其曰外書云者，特以取之之雜，或不能審其所自來，其視前書，學者尤當精擇而審取之耳。乾道癸巳六月乙亥新安朱熹謹書。

程氏外書第一

朱公掞録拾遺

性静者可以爲學。|淳

學在知其所有，又養其所有。|淳

實是，實非能辨則循實是，天下之事歸於一是。是乃理也，循此理乃可進學至形而上者也。|正

學如不及，猶恐失之，不得放過也。|正

忠信爲基本，所以進德也。辭修誠意立，所以居業也。此乃乾道，由此二句可至聖人也。|淳

得意則可以忘言，然無言又不見其意。|正

心得之，然後可以爲己物。|淳

「君子敬以直内，義以方外」，爲學本。

「默而識之」，吾不得而見之矣，得見善問者，斯可矣。

治其器必求其用，學道者當如何爾。

學始於不欺闇室。

學者多蔽於解釋，注疏不須用功深。

大率把捉不定皆是不仁。

去不仁則仁存。

仁載此四事由，行而宜之謂義，履此之謂禮，知此之謂智，誠此之謂信。

神也者，妙萬物而爲言，若上竿弄瓶至於斵輪。誠至則不可得而知。上竿初習數尺，而後至於百尺，習化其高。矧聖人誠至之事，豈可得而知？淳

人必以忠信爲本，無友不如己者，無忠信者也。子以四教：文、行、忠、信。忠信禮之本，人無忠信則不可以爲學。

士大夫必建家廟，廟必東向其位，取地潔不喧處設席，坐位皆如事生。以太祖面東，左昭右穆而已，男女異位，蓋舅婦生無共坐也。姑婦之位，亦同太祖之設。其主皆刻木牌，取生前行第或銜位而已，婦各從夫。每月告朔，茶酒四時。春以寒食，夏以端午，秋以重陽，

冬以長至，此時祭也。每祭訖則藏主於北壁夾室。拜墳則十月一日拜之，感霜露也。寒食則又從常禮祭之。飲食則稱家有無，祭器坐席皆不可雜用。廟門非祭則嚴扃之，童孩奴妾皆不可使褻而近也。

仁者在己，何憂之有？凡不在己，逐物在外，皆憂也。「樂天知命，故不憂」，此之謂也。若顔子簞瓢，在他人則憂，而顔子獨樂者，仁而已。

作詩者未必皆聖賢，當時所取者，取其意思，止於禮義而已，其言未必盡善。如比君以碩鼠、狡童之類。

詩有取其意思可取者，如無衣之詩。亦有時而迫切，取興有一事含數件事者，如「瞻彼日月，悠悠我思」。

詖辭偏蔽，淫辭陷溺深，邪辭信其説，至於魼惑，遁辭生於不正，窮著便遁，如「墨者夷之」之辭。此四者，楊、墨兼有。

「不以文害辭」。文，文字之文，舉一字則是文，成句是辭。詩爲解一字不行，却遷就他説，如「有周不顯」，自是作文當如此。

「予見南子，子路不説」，以孔子本以見衛君行道，反以非禮見迫。孔子歎「予所否者，天厭之」，天喪予之意。否，否泰之否。天厭吾道也。

「性與天道」，此子貢初時未達，此後能達之，故發此歎辭，非謂孔子不言。其意義淵奥如此，人豈易到？

曰「山梁雌雉，時哉時哉」，「色斯舉矣，翔而後集」，子路聞之，竦然共立，後「三嗅而作」。文如此順，恐後人編簡脱錯。嗅字又不知古作甚字，又近㖃字。薄責切。

「日知其所亡，月無忘其所能」，今人不爲也。

信之不篤，執德無由弘。

「立則見其參於前也，在輿則見其倚於衡也」，然後可以祈益。

無衣若以王道出軍行師，我則「修我戈矛，與子同仇」。

七月豳風大意憂思深遠，有終久底意，不惟豳國當如此。又成王中變，自然發起周公言終久意思。「一之日」、「二之日」，語辭如此，今人尚道甚時如何又如何，不可謂變月言日。「女心傷悲」，采蘩女功之時，悲則思慮意。當女功事，思慮一家之所須，君子之奉，殆及君子同享。此不須執詞，此是終久底意。

鴟鴞惡鳥，謂之「既取我子，無毁我室」，言惜巢之甚。在鳥如此，在人則是不壞王室。不必以子爲管、蔡，鴟鴞是管、蔡。此一篇闕文難解。

出車「喓喓草蟲」意，是南征西夷，怨「薄伐西戎」時如此。

采薇「彼爾」，戍役。戍役「維何」，「維常之華」，言與將師相承副，如「棠棣之華」。「路」，路車也。「君子」，將率也。「君子所依，小人所腓」，喻君子之憑依，士衆小人則腓也。易「咸其腓」，腓，脚肚動貌。「作止」、「柔止」，喻時。

皇華送之以禮樂，君不能自行，故遣使以諭誠意於四方。若無忠信，安得誠意言？此詩是如此，不必詩中求。

九罭「遵渚」不宜刺朝廷，言公之不歸，「於女信」安乎？得「無以我公歸」乎？

詩若還以「樂天知命」處之，則一時都無事。其中也有君子情意不到處。

詩「可以怨」，譏刺總是。

小弁與舜之怨別，舜是自怨，小弁直怨，「我罪伊何」？

大要則止乎禮儀，其情則是國人之情。

考槃觀其名，早已可見君子之心處之已安，知天下決然不可復爲。雖然如此退處，至於其心，寤寐間永思念，不得復告於君，畎畝不忘君之意。

候人言不稱其君臣相遇。「薈兮蔚兮」，草木蓁茂貌。山有薈蔚之草木，便「朝隮」而采之，室有婉孌之少女，人便「斯飢」而思之。薈蔚言其林，婉孌言其德。

「白華」自是漚之爲菅，「白茅」自是爲束，各自爲用，如后妾各自有職分。「之子」却遠此義理。雲結爲雨露，所以均被菅茅，王之遇妃妾貴賤，亦當均被我，天運艱難，故「之子不猶」。「碩人」，幽王也。「樵彼桑薪」，薪之善者也。申后宜待之以禮，今反薄鼓「聲聞於外」，我之誠意反不能感動於君，此「有鶖」得所之不若也。「鴛鴦」戢翼，其常如此。扁石登高以升車，今捨此履卑，如舍申適褒。

丘中有麻大都言丘言阿言山，多喻朝廷。丘山是物所生聚處，麻是亦生其間。不謂丘中更豐美，但言「丘中有麻」，麻能衣人，有用底物，喻賢者有益於人，言朝廷當有賢者。今「彼留」乃小人，賢者却咨嗟不見用。「將其來施施」，思其來，當有賢者以施惠澤也。麥人所賴以食，亦喻賢者，却反在鄉國，故思其來食。李徒能悦人口，而不足以濟人，如小人在位，徒能悦人，而無實効及於民。又「貽我佩玖」，止以其玩好而不切於用，賢者則如麻麥之衣食人。

「丘中有麻」，不是所宜有處。一本無「不」字。〔一〕

「碩人頎頎」，「碩人敖敖」，疑頎頎、敖敖兩句先言莊公，衣「褧衣」非婦人服。「説于農郊」，言其勤政。已下始言莊姜「翟茀以朝」，勸勉莊公，使「大夫夙退，無使君勞」。不説使驕上僭，却言其勤政，見莊姜賢處，舍怒不妬争意。「施罛濊濊，鱣鮪發發」，言罛非取魚之意，不能得大魚，興莊姜不見答，徒有「葭菼揭揭」，似「庶姜孽孽」，驕且上僭。故「庶士有朅」，言國人閔而優之也。罛，小器也。鱣鮪，大魚也。葭菼，冗雜貌。罛中又隱無子意。

「自牧歸荑」，卑以自牧之意。荑，柔順意。自牧歸順，「信美且異」，此非是女能如此美，乃賢美人貽之如此深，美之所以切責之。序言衛君無道，夫人無德。

「式微式微」，〔二〕微衛君之故，故字以其職而言，以其爲方伯連帥故，暴露於中野。微衛君之躬，指其人也，又切指其人者，以仁人君子望之。泥中，泥塗之中也。大率詩意貴優柔，不迫切，此乃治詩之法。以爲君若不在此，我胡爲在此？斥黎君也，乃是脅君以歸，又迫切時幾乎罵。

「旄丘」，地名，前高後下。「誕之節兮」，言葛節短也，延蔓相屬。叔伯何故却不相救卹，「何」字之一作「文」。意，黎在衛之西，狄在衛之北，我黎之臣子非無車，但汝不與我同故也。

「中谷有蓷」，蓷，茺蔚，當在水，不當在谷中，是失所意。脩字非脩長之脩，疑同周禮脩脯之脩，過於乾底意。暵，暴也。「其乾」猶未甚，但遇爾「艱難」，我便不善去。「濕」則其性之濕都無，言其恩意已絶。「啜其泣矣，何嗟及矣」，嗟時也。

「三英粲兮」，粲然光明貌，英乃若五紽類，自是衣服禮數制度，非三德也。

芄蘭，蔓生草，柔弱不能自立，須依附方成枝葉，興惠公柔弱。童子佩成人之服，雖佩人君成人之服，其才能却「不我知」。「垂帶悸兮」，臨朝悸悸然，執心不定。甲，長也，才能却不能君長我庶民。

「兔爰」，兔，奔走意。詩序閔周由桓王失信，故諸侯背叛，構怨連禍，而使王師傷敗，却周人受其禍難。羅本以置兔，今却「雉罹于羅」，如諸侯不軌，周人受害。

「雄雉于飛，泄泄其羽」，雙飛之意。此男怨之辭，言雄雉尚得其配匹，己反不如。「我之懷」，思自罹此阻隔。次章女怨，「下上其音」，相應和之辭，「日月」取其迭往迭來之意，〔三〕又日月陰陽相配而不相見，又旦暮所見動人情思，總意包其間。「百爾君子」，責爲政者，汝豈「不知德行」！〔四〕戰國間惟是報怨，不然貪人土地，未嘗有以義興師動衆。言汝但「不忮不求」，何所用而不臧。〔五〕忮，報怨也。求，貪土地也。若以義發師，婦人何怨之有？婦人猶勉之正也。若謂夫從役婦便怨，成何義理！

狡童、褰裳，此兩篇都只一意，別無異義。然謂君爲狡童，於義有害。離騷之中憂君之心則至，然謂之不合道者。後面比君爲禽，又况目之曰狡童。言「不與我」，即是鄭國人「臣罪當誅」、「天王聖明」，文王之心以紂爲聖明，何可比君爲禽，〔六〕又况目之狡童？但作詩者未必皆聖人，孔子各有所取，此則取其不能與賢人圖事。

清人一篇却是詠歌其事，含情意在其間。「消」、「彭」、「軸」，莫也是地名？「左旋右抽，中軍作好」，不必言射，猶言高克之進不以禮。

摽有梅，汲汲惟恐不及時。

有女同車，前説忽不娶齊女，後言齊女却失却本意。忽不娶齊，謂齊大非偶，却不因色。此則是設辭，下言「彼美」結，他詩中似如此者亦多。

丰以諸事豐備。此詩主意言男則須言女，是「俟我於巷」，非不下我，又「俟我於堂」，非不有禮。「將」，迎，不可訓作送，但女家因事不得將迎也。「衣錦」、「裳錦」即是丈夫，若婦人則惟欲其顯，安有惡其文之著？古之錦疑今之綾，是褧錦相副之物，如男女相配。「叔兮伯兮」，故「駕予與行」，都主男女怨思失期意。

東門之楊，言婚自昏時，〔七〕今則「明星煌煌」而不至。楊最得陽氣之先者，言人反不及時。

凡説婚姻男女多言東，東取生育之意。人君多言南，凶喪多言北。又有各就其國所有而言者，如周詩多言南。

「羔裘豹袪」不是相稱，猶君臣民須一體，今反不相卹，民則惟惠之懷，言「豈無他人，惟子之故」。

「汾沮洳」，沮洳，水浸下濕之地，雖有生物，衆人亦棄之不采，而君去采之，言其儉嗇太過。衆人棄之如此，「彼其之子」反美愛之「無度」。「公路」、「公行」，非公道。如此非衆人所共取，即非公道。「公族」，公類。「公路」，衆人所共由之路。

「伐檀」，檀，材可適用者。言君子雖不得進，亦自致身於清潔之地。檀美材，須是作梁棟用，至於輪輻，非檀可爲。

東門之墠，除地曰墠，茹藘可以染色，言以禮則坦平如墠，以色則姦阻如阪。所以致民如此者，正謂其室家則邇，「其人甚遠」。大抵豐、東門之楊，盡是已許昏後，以禮不足不能成昏，至於過時後，上又不能使人殺禮，故使人至淫奔。婦人腵修棗栗若以禮時，則是踐履此室家之道，豈不思欲得以禮如此？但「子不我即」，〔八〕故待禮不得也。

葛屨，儉嗇便機巧，計校所得也。「糾糾」，牢固意。言牢做葛屨，亦以履霜。「摻摻」，貴者。言衣服亦分貴賤，禮「諸母不漱裳」。「褄之襋之」，補綻意。「提提」，據字義，勞意。「宛然左辟」，右插衣。古者短右袂，謂便於事。此皆賤者之事，却佩「象揥」貴者之服，此等總生於「褊心」。

無衣，武公始并晉國，而能請命於天子之使，故美其可美也。當時使來到國，故請之七與六衣中一箇數目，無以六爲節。此惟美其能請命一事。以簒國殺君不以爲羞，至於衣服僭侈何難。然其心不安，至於請命然後安，此意思却可取。又聖人不獨取其如此，亦以見當時之善，雖大惡，有如此詩亦可取。魯風詩非無大惡，然聖人録其頌不録其風，此則爲君諱也。觀其頌之善止於此，其他則可知。

揚之水，「白石鑿鑿」，同介甫説。「素衣朱襮」，見其美於外。如桓叔在下，反見其德澤於民，使晉人從之。

「采苓」，〔九〕苓是甘草，喻讒最好，若「首陽」之上却無。

校勘記

〔一〕一本無不字　「不」原訛「下」，據弘治本、康熙本改。

〔二〕式微式微　下「微」上原衍「辭」字，據弘治本、康熙本删。

〔三〕取其迭往迭來之意　下「迭」字原闕，據弘治本、康熙本補。

〔四〕汝豈不知德行　「不」原訛「入」，據弘治本、康熙本改。

〔五〕何所用而不臧　「臧」原訛「藏」，據弘治本、康熙本改。

〔六〕何可比君爲禽　「可」，弘治本同，康熙本作「況」。

〔七〕言婚自昏時　「自」，弘治本、康熙本作「姻」。

〔八〕但子不我即　「但」，弘治本、康熙本作「即」。

〔九〕采苓　「采」原訛「來」，據弘治本、康熙本改。

程氏外書第二

朱公掞問學拾遺

「在邦無怨，在家無怨」，在理可使無怨，於事亦難，天地之大也，人猶有所憾。伯淳

子貢問爲仁，孔子告以爲仁之資，非極力言仁也。正叔

「知及之，仁不能守之」，無得也。「有始有卒」，先後之序也。

凡下學人事，便是上達天理。正叔

毋意，毋私意也，毋必爲，毋固滯，毋彼我，乃曾子所言也。伯淳

「人無遠慮，必有近憂」，思慮當在事外。正叔

忠者天下大公之道，恕所以行之也。忠言其體天道也，恕言其用人道也。正叔

「其言之不怍」，所爲言之不愧。伯淳

「畏天命」則可以不失付畀之重。「畏大人」，如此尊嚴而亦自可畏。「畏聖人之言」則

可以進德。伯淳

周，至也。君子周至而不阿比。正叔

「動容貌」，舉一身而言也，「動容周旋中禮」，「斯遠暴慢矣」。「正顏色」則不妄，「斯近信矣」。「出辭氣」正由中出，「斯遠鄙倍矣」。正身而不外求，故曰「籩豆之事，則有司存」。伯淳

尊五美，屏四惡，爲政在己。伯淳

「聞道」，知所以爲人也。「夕死可矣」，是不虚生也。伯淳

「性與天道」，非自得之則不知，故曰「不可得而聞」。伯淳

如「形而上者謂之道」，不可移「謂」字在「之」字下。此孔子文章。伯淳

弘，寬廣也；毅，奮然也。弘而不毅則無規矩，毅而不弘則隘陋。伯淳

君子以矜莊自持，不與人爭。正叔

「九思」各專其一。伯淳

「何莫由斯道也」，可離非道。伯淳

「吾斯之未能信」，不先自信，何以治人？伯淳

「里仁爲美」，里人之所止。伯淳

「見賢」便「思齊」，有爲者亦若是。「見不賢而内自省」，蓋莫不在己。伯淳

「生」理本「直」，「罔」不直也，亦「生」者，「幸而免」也。伯淳

「知之者」，在彼而我知之也，「好之者」，雖篤而未能有之，至於「樂之」，則爲己之所有。正叔

「民」亦人也，務人之義乃知也。鬼神不敬則是不知，不遠則至於瀆，敬而遠之，所以爲知。伯淳

「先難」，克己也。伯淳

聖乃仁之成德，謂仁爲聖，譬由雕木爲龍。〔一〕木乃仁也，龍乃聖也，指木爲龍可乎？故「博施」、「濟衆」乃聖之事，舉仁而言之，則「能近取譬」是也。伯淳

「能近取譬」，反身之謂也。伯淳

「以能問於不能，以多問於寡，有若無，實若虛，犯而不校」，顔子當之。正叔

彼之事是，則吾當師之，彼之事非是，則吾又何校焉？是以君子未嘗校也。伯淳

「司馬牛問仁，子曰：『仁者其言也訒』。」司馬牛多言，〔二〕故及此，然聖人之言亦止此爲是。正叔

貧不怨則諂，諂尤甚於怨，蓋守不固而有所爲也。伯淳

君子爲善，只有「上達」，小人爲不善，只有「下達」。伯淳

「古之學者爲己」，爲己，在己也。伯淳

「不怨天，不尤人」，在理當如此。伯淳

「樂取於人」爲善，便是與人爲善，與人爲善乃公也。正叔

知性善以忠信爲本，此先立其大者。伯淳

公孫丑問孟子「加齊之卿相」，恐有所不勝而動心。北宫黝之勇，氣亦不知守也。孟施舍之勇，知守氣而不知守約也。曾子之所謂勇，乃守約，守約乃義也，與孟子之勇同。伯淳

告子「不得於言，勿求於心」，蓋不知義在内也。志，帥氣也。持定其志，無暴亂其氣，兩事也。志專一則動氣，氣專一則動志，然志動氣爲多。且若志專在淫辟，豈不動氣？氣專在喜怒，豈不動志？故「蹶者趨者」，「反動其心」。志者，心之所之也。伯淳

自曾子守義，皆説篤實自内正本之學，則觀人可以「知言」，「詖」「淫」「邪」「遁」，皆離本也。

「宰我、子貢善爲説辭，冉牛、閔子、顔淵善言德行，孔子兼之。」蓋有德者必不言，而曰「我於辭命不能」者，不尚言也。易所謂「尚口乃窮也」。伯淳

宰我、子貢、有若，其「智足以知聖人」，污曲亦「不至阿其所好」。以孔子之道彌綸天壤，固賢於堯舜，而觀生民以來，有如夫子者乎？然而未爲盡論，但不至阿其所好也。伯淳

「所存者神」，在己也；「所過者化」，及物也。伯淳

「驪虞」，有所造爲而然，豈能久也？耕田鑿井，帝力何有於我哉？如天之自然，乃王者之政。伯淳

「盎於背」，厚也。正叔

色形，所有也。聖人人倫之至，故可以「踐形」。伯淳

「此亦妄人也」，是以義斷，在聖人如天地涵容，但哀矜而已。子厚

「自反而忠」，而「横逆」者猶若是，君子曰「又何難焉」，此一事已處了，若聖人哀矜，又别一事。正叔

「不下帶」，言近也。正叔

「不祥」，凶也。君子好成物，故吉；小人好敗物，故凶。正叔

日月之明，但容光者無不照。正叔

「保民如赤子」，此所以爲大人。謂「不失嬰兒之心」，不若「保民如赤子」爲大。

「湯、武反之也」，「湯、武身之也」。身，踐履也。反，復也，復則至聖人之地。伯淳

「羞惡」則有所不爲，「知所止」乃義之端。伯淳

舜明於庶物，察於人倫，然後由仁義行。正叔

仁推之及人，若「老吾老以及人之老」，於民則可，於物則不可。統而言之則皆仁，分而言之則有序。正叔

坤六二文言云云，坤道也。誠爲統體，敬爲用。敬則内自直，誠合内外之道，則萬物流形，故「義以方外」。

聖人齋戒敬也，以「神明其德」，惡人齋戒亦敬也，故可以「事上帝」。

「先見」則吉可知，不見故致凶。伯淳

「幽贊於神明而生蓍」，用蓍以求卦，非謂有蓍而後畫卦。伯淳

「祇」與「底」通，使底至也，無至於悔。伯淳

「巽以行權」，義理所順處，所以行權。伯淳

「安安」，安於理之所安者。伯淳

聖人無過，「湯、武反之也」。其始未必無過，所謂「如日月之食」，乃君子之過。

「人心」，人欲；「道心」，天理。正叔

大學之道，在明其「明德」，明德乃「止於至善」也。知既至，自然意誠。顔子有不善，未嘗不知，知之至也。知之至，故未嘗復行。他人復行，知之不至也。正叔

「致知在格物」，格，至也，物，事也。事皆有理，至其理，乃格物也。然致知在所養，養

知莫過於「寡欲」二字。正叔

君子所不可及者，其惟人之所不見乎！詩云：「相在爾室，尚不愧于屋漏。」君子慎獨。伯淳

敬則自然「儼若思，安定辭」，其德可以安民。伯淳

「有餘」便是過。慥，篤實貌。

正其理，則萬事一一以貫之也。正叔

「君子而時中」，無時不中。伯淳

荀子曰「養心莫善於誠」，周茂叔謂荀子元不識誠。伯淳曰：既誠矣，心焉用養邪？荀子不知誠。

校勘記

〔一〕譬由雕木爲龍 「由」，弘治本、康熙本作「猶」。

〔二〕司馬牛多言 「牛」字原無，據弘治本、康熙本補。

程氏外書第三

陳氏本拾遺

「朝聞道，夕死可矣」，死得是也。

「三月不違仁」，言其久，過此則「從心」、「不踰矩」，聖人也。聖人則渾然無間斷，故不言三月。此孔子所以惜其未止也。

聖人，天地之用也。

「養心莫善於寡欲」，多欲皆自外來，公欲亦寡矣。

「興於詩」者，吟咏情性，涵暢道德之中而歆動之，有「吾與點」之氣象。

「老者安之，朋友信之，少者懷之」，乃天道也。

由孟子可以觀易。

「復其見天地之心」，一言以蔽之，天地以生物爲心。

聖人無一事不順天時，故「至日閉關」。

人之一肢病，不知痛癢，謂之不仁，人之不仁亦猶是也。蓋不知仁道之在己也，知仁道之在己而由之，乃仁也。

克者勝也，難勝莫如己，勝己之私則能「有諸己」，是「反身而誠」者也。凡言仁者，能「有諸己」也，一作「凡言克者未能有諸己也」。必誠之在己，然後爲克己。禮亦理也，「有諸己」則無不中於理。君子慎獨，「敬以直內，義以方外」，所以爲「克己復禮」也。「克己復禮」則事事皆仁，故曰「天下歸仁」。人之視最先，非禮而視，則所謂開目便錯了。次聽次言次動，有先後之序。人能克己一作「充仁」。則心廣體胖，仰不愧，俯不怍，其樂可知，有息則餒矣。

一言可以興邦，公也；一言可以喪邦，私也。公生明。

「極高明而道中庸」，非二事。中庸，天理也。天理固高明，不極乎高明，不足以道中庸，中庸乃高明之極。伯淳

君子有義有命，「求則得之，舍則失之，是求有益於得也，求在我者也」，此言義也；「求之有道，得之有命，是求無益於得也，求在外者也」，此言命也。至於聖人，則惟有義而無命，行一不義，殺一不辜而得天下，不爲也。此言義不言命也。

「人心惟危」，人欲也；「道心惟微」，天理也。

爲惡之人未嘗知有思，有思則爲善矣。思至于再則已審，三則惑矣。

「艮其背」，止欲於無見。若欲見於彼而止之，所施各異，若「艮其止，止其所也」，止各當其所也。聖人所以應萬變而不窮一作「勞」。者，事各止當其所也。若鑒在此，而物之妍媸自見於彼也。聖人不與焉，「時止則止，時行則行」。時行對時止而言，亦「止其所也」。艮「思不出其位」，乃「止其所也」。「動靜不失其時」，皆「止其所也」。「艮其背」，乃止也。背，無欲無思也，故可止。

「加我數年，五十以學易」，時年未五十也。孔子未發明易道之時，如八索之類不能無謬亂，既贊易道，黜八索，則易之道可以無過謬。言「學」與「大」，皆謙也。

子貢善形容孔子德美，「温」以接物，「良」乃善心，「恭」則不侮，「儉」則無欲，「讓」則不好勝。「至於是邦，宜必聞政」。

孔子「生而知之」者也。自十五以下事，皆「學而知之」者，所以教人也。三十有所立，四十能不惑，五十知天命而未至命，六十聞一以知百，耳順心通也。凡人聞一言則滯於一言，一事則滯於一事，不能貫通。耳順者聞言則喻，無所不通。七十從心，然後至於命。

「願無伐善」則不私矣，「無施勞」則仁矣，顔子之志則可謂大而無以加矣。然以孔子之言觀之，則顔子之言出於有心者也。〔一〕至於「老者安之，朋友信之，少者懷之」，猶天地之化，付與萬物而已不勞焉，此聖人之所爲也。今夫羈靮以御馬而不以制牛，人皆知羈靮之制在乎人，而不知羈靮之生由於馬。聖人之化，亦猶是也。

孔子之見南子，禮當見之也。南子之欲見孔子，亦其善心也。聖人豈得而拒之？子路不悦，故夫子陳之曰：「予所否塞者，天厭之。」言使我至此者，天命也。

孔子曰：「二三子以我爲隱乎？吾無隱乎爾。」無知之謂也。聖人之教人，俯就之若此，猶恐衆人以爲高遠而不親也。聖人之言，必降而自卑，不如此則人不親。賢人之言，必引而自高，不如此則道不尊。觀孔子、孟子則可見矣。

「叩其兩端」者，如樊遲問仁，子曰「愛人」，問知，子曰「知人」。舉其近者，衆人之所知，極其遠者，雖聖人亦如是矣。其與人莫不皆然，終始兩端，皆竭盡矣。

聖人愈自卑而道已高，賢人不高則道不尊，聖賢之分也，「不爲酒困」是也。

子路、冉有、公西華，皆欲得國而治之，故孔子不取。曾晳狂者也，〔二〕未必能爲聖人之事，而能知孔子之志，故曰：「浴乎沂，風乎舞雩，詠而歸。」言樂而得其所也。孔子之志，在於「老者安之，朋友信之，少者懷之」，使萬物莫不遂其性。曾點知之，故孔子喟然歎曰：「吾與點也！」

仲尼「三年有成」，因周之舊。

喜怒在事，則理之當喜怒也，不在血氣則「不遷」。

於義理無害，雖貧亦樂，有害則慊慊一有「則」字。不樂。

桀溺言天下衰亂無道者滔滔皆是也，孔子雖欲行其教，而誰可以化而易之？孔子言如使天下有道，我則無所治，「不與易」之也，今所以周流四方，爲時無道故也。聖人不敢有忘天下之心，知其不可而猶爲之，故其言如此。

二帝三王之道，後世無以加焉，孔子之所常言，故弟子聚而記之。「夫子得邦家」，亦猶是也。堯曰篇

「語之」而敬，故「不惰」，言其好學也。

「瞻之在前」，過者；「忽然在後」，不及也；「如有所立卓爾」，聖人之中也。

「子在，回何敢死？」死當爲先死，非回之所當爲。所當爲者，上告天子，下告方伯，以討其罪爾。

舉前代之善者，準此以損益之，此成法也。「鄭聲」使人淫溺，「佞人」使人危殆，放遠之，然後可守成法。

「不踰閑」者，不踰矩也。「小德出入」於法度之中，大德如孔子，小德如顔子，有一不善，是亦出入也。

聖人之教，未嘗私厚其子，學詩學禮，止可告之若此，學必待其自肯。

孔子與惡人言，故以遜辭免禍，「言不必信，行不必果，惟義所在」，此之謂也。然而孔子未嘗不欲仕，但仕於陽虎之時則不可。「吾將仕矣」，未爲非信也。

公山「召我」「而豈徒哉」，是孔子意他雖叛而召我，其心不徒，然往而教之遷善，使不叛則已。此則於義直，有可往之理，而孔子亦有實知其不能改而不往者。佛肸召亦然。

「禘自既灌而往」，皆不足觀，從首至末皆非也。知孔子「不欲觀」之説，則於天下知萬事各正其名，則其治「如示諸掌」。

「獲罪於天」時，無所祈禱。何爲媚奥？何爲媚竈？奥，尊者所居，喻貴臣。竈，一家所切，喻當權。

孔門弟子自孔子没後各自離散，只有曾子便別。如子夏、子張欲以所事孔子事有若，獨曾子便道不可，自子貢以上必皆不肯。某自涪陵歸，見門人皆已支離，不知他日身後又如何也。但得箇信時，便自有長進處。孔子弟子甚多，亦不能皆合於孔子。如子路言「子之迂也」，又曰「末之也已」，及其退思，終合於孔子，只爲他信，便自然思量到也。此一段莆田本。

「皆不及門」，今不在焉。

「德不孤，必有鄰」，一德立而百善從之。「唐棣之華，偏其反而，豈不爾思，室是遠而」，只取不遠之意。「山梁雌雉，時哉時哉」，此聖人嘆雉在山梁得其時，而民不得其時也。子路不察，乃「共之，三嗅而作」，使子路知我意不在是也。

「毋意」，毋非禁止之辭，聖人絕此四者，何用禁止。「毋意」與「毋我」相近，「毋固」與「毋必」相近，須要分別不同。意與志別，志是所存處，意是發動處，如「先意承志」自別也。意發而當，即是理也，非意也，發而不當，是私意也。又問：聖人莫是任理而不任意否？曰：是。

校勘記

〔一〕則顏子之言出於有心者也　弘治本、康熙本無「者」字。

〔二〕曾晳狂者也　「晳」，弘治本、康熙本作「點」。

程氏外書第四

程氏學拾遺

李參録

「格物」者，格，至也，物者，凡遇事皆物也。欲以窮至物理也。窮至物理無他，唯思而已矣。「思曰睿」，「睿作聖」，聖人亦自思而得，況於事物乎？

惟聖人「可以踐形」者，人生稟五行之秀氣，頭圓足方以肖天地，則「形色天性也」。惟聖人爲能盡人之道，故「可以踐形」。人道者，君臣、父子、兄弟、夫婦之類皆是也。

「唯仁者能好人能惡人」，仁者用心以公，故能好惡人。公最近仁，人循私欲則不忠，公理則忠矣，以公理施於人，所以恕也。

「天下之言性也，則故而已矣，故者以利爲本。」故者舊也，言凡性之初，未嘗不以順利爲主，謂之利者，唯不害之謂也。一篇之義，皆欲順利之而已。

文王「望道而未之見」，謂望天下有治道太平而未得見也。「武王不泄邇，不忘遠」者，謂遠邇之人之事也。

人心之所「同然」者何也？謂理也，義也。何謂理？何謂義？學者當深思。

漢之儒者所以從學數百人，非惟風俗，亦皆篤行君子也。晉人高尚不足道矣。

質夫曰：盡心知性，佛亦有至此者；存心養性，佛本不至此。先生曰：盡心知性不假，存養其惟聖人乎！

質夫云：「頻復」不已，遂至「迷復」。

程氏外書第五

馮氏本拾遺

春秋書災異，蓋非偶然，不云「霜隕」而云「隕霜」，不云「夷伯之廟震」而云「震夷伯之廟」，分明是有意於人也。天人之理自有相合，人事勝則天不爲災，人事不勝則天爲災。人事常隨天理，天變非應人事。如祁寒暑雨，天之常理，然人氣壯則不爲疾，氣羸弱則必有疾，非天固欲爲害，人事德不勝也。如漢儒之學，皆牽合附會不可信。

自孔子贊易之後，更無人會讀易。先儒不見於書者有則不可知，見於書者皆未盡。如王輔嗣、韓康伯只以莊、老解之，是何道理。某於易傳殺曾下工夫，如學者見問，儘有可商量，書則未欲出之也。

今時人看易皆不識得易是何物，只就上穿鑿，若念得不熟，與就上添一德亦不覺多，就上減一德亦不覺少。譬如不識此兀子，若減一隻脚亦不知是少，添一隻脚亦不知是多，若識則自添減不得也。

庶母亦當爲主，但不可入廟，子當祀於私室，主之制度則一。蓋有法象，不可增損，增損則不成矣。

「祭如在」，言祭自己祖先。「祭神如神在」，言其他所祭者，如天地山川皆是也。「非其鬼」，言已不當祭者。既知其非，然且爲之，是「無勇」也。「無勇」雖因上文，然不止於此一事。

論語、孟子，只剩讀着便自意足。學者須是玩味，若以語言解着，意便不足。某始作此二書文字，既而思之，又似剩只有些先儒錯會處，却待與整理過。

某嘗謂世間有三事工夫一般：國家之祈天永命，道家之長生久視，儒者之入于聖人，理道皆一。

釋氏之學，正似用管窺天，一直便見。道他不是不得，只是却不見全體。不信神怪事，亦不得便放猛，須是知道理。若是只放猛，〔一〕不知道理，撞出來後如何處置？

月令儘是一部好書，未易破他。柳子厚破得他不是。若春行賞，秋行刑，只是舉大綱如此。如云湯「執中」，文王「視民如傷」，武王「不泄邇，不忘遠」，不成聖人各只有一事可稱也，且據一處言之耳。又如冬日則飲湯，夏日則飲水，不成冬日不得飲水，夏日不得飲湯也。

四時改火，不得不然。蓋水之爲患常少，火之爲患常多。「龍見而雩」，可見寒食禁火只是將出新火，必盡熄天下之火，然後出之也。世間風俗，蓋訛謬之甚耳。四時取火，用本各異，必據時之所宜，不必盡考也。

儒者只合言人事，不得言有數，直到不得已處，然後歸之於命可也。

顏子「有不善未嘗不知，知之未嘗復行」。如顏子地位，豈有不善？所謂不善者，只是微有差失，才差失便能知之，知之便更不萌作。顏子大率與聖人皆同，只這便有分別，若無則便是聖人。曾子三省只是緊約束，顏子便能三月之久。到這些地位，工夫尤難，直是峻絶，又大段着力不得。

合葬須以元妃，配享須以宗子之嫡母，此不易之道。

校勘記

〔一〕若是只放猛　「只」，弘治本、康熙本作「直」。

程氏外書第六

羅氏本拾遺

凡看書各有門庭，詩、易、春秋不可逐句看，尚書、論語可以逐句看。

「赤舄几几」，只是形容周公一箇氣象，乃孟子所謂睟面盎背，「四體不言而喻」之意。「雝雝在宫，肅肅在廟」，亦只是形容文王氣象。大抵古人形容聖人多此類，如「倬彼雲漢」，「爲章于天」，亦是形容聖人也。

「不識不知」，言文王化其民日用不知，皆由天理也。

「與子游聞之」，當作「於子游聞之」。若兩人同聞，安得一箇知一箇不知？

「利」字不聯「牝馬」爲義，如云「利牝馬之貞」，則坤便只有三德。

陰必從陽，然後乃終有慶也。

黄中色，裳宜在下，則元吉。

他卦皆有悔凶咎，惟謙未嘗有。他卦有待而亨，惟謙則便亨。「謙君子」，所以「有終」，[一]故不言吉。裒取其多而增益其寡，天理也。六二「鳴謙」，處中得正而有德者，故「鳴謙」者乃「中心得也」。上六「鳴謙」乃有求者也。有求之小，止於征國邑而已，故曰「志未得也」。

蹇「以反身脩德」，故往者在外也，在外必蹇；來者在内也，在内則有譽。「無尤」、「來連」、「朋來」、「來碩」，皆「反身脩德」之謂也。「蹇蹇」，不暴進，内顧之象也。暴進出外則無事矣。「連」音平，連則無窮也。「朋來」則衆來，言「朋來」未免於有思也。至於「來碩」，則來處於大人之事也，故曰「從貴」。

闔闢便是易，一闔一闢謂之變。

堯之「親九族」，以「明俊德」之人爲先。蓋有天下國家者，以知人爲難，以親賢爲急。

善學者要不爲文字所梏，故文義雖解錯而道理可通行者，不害也。

論語，曾子、有子弟子論譔。所以知者，唯曾子、有子不名。伊川

「學而時習之」，鷹乃學習之義。「子路有聞，未之能行，唯恐有聞。」説在心，樂主發散在外。伊川

孝弟本其所以生，乃爲仁之本。孝弟有不中理，或至於犯上，然亦鮮矣。孟子曰：「孰

不爲事？事親，事之本也。孰不爲守？守身，守之本也。」不失其身而事親，乃誠孝也。推此亦可以知爲仁之本。明道

「敬事而信」以下事，論其所存，未及治具，故不及禮樂刑政。伊川

「行有餘力」者，當先立其本也。有本而後學文，然有本則文自至矣。明道

致身猶言致力，乃委質也。明道

人安重則學堅固。伊川

「禮之用，和爲貴」，有不可行者，偏也。伊川

貧而能樂，富而能好禮，隨貧富所治當如此。子貢引「切」「磋」「琢」「磨」，蓋治之之謂也。若貧而言好禮，則至於卑；富而言樂，則至於驕。然貧而樂，非好禮不能；富而好禮，非樂不能。明道

「爲政以德」，然後無爲。伊川

回於孔子之道無所不説，故「如愚」，退而省其所自得，亦足以開發矣，故曰「不愚」。

「視其所以」，所爲也；「觀其所由」，所從也；「察其所安」，所處也。察其所處，則見其心之所存在己者，能知言窮理，則能以此察人如聖人也。明道

「君子不器」，無所不施也。若一才一藝，則器也。伊川

子貢問君子，孔子告以「先行其言而後從之」，而可以爲君子，因子貢多言而發也。伊川

「先行其言而後從之」，謂觀人者，彼能先行其言，吾然後信之。伊川

「周」謂周旋，「不比」謂不相私比也。伊川

「學而不思」則無得，故「罔」。「思而不學」則不進，故「殆」。「博學之，審問之，慎思之，明辨之，篤行之」，五者廢其一，非學也。伊川

「尤」，罪自外至也。「悔」，理自内出也。脩天爵則人爵至，禄在其中矣。子張學干禄，故告之以此，使定其心而不爲利禄動。若顔淵則不然矣。〔二〕「君子謀道不謀食」，「學也，禄在其中矣」。然學不必得禄，猶耕之不必得食，亦有「餒在其中」矣。君子知其如此，故「憂道不憂貧」，此所以告干禄也。伊川

奢自文生，文過則爲奢，不足則爲儉。文者稱實而爲飾，文對實已爲兩物。奢又文之過，則去本遠矣。儉乃文不足。此所以爲禮之本。伊川

「仁者如射」，射而不中，「不怨勝己者，反求諸己而已」，豈有争也？故曰：「其争也君子乎！」伊川

「下而飲」，非謂下堂而飲，離去射位而飲也。若下堂而飲則辱之，甚無此。伊川

「素」喻質，「繪」喻禮。凡繪先施素地而加采，如有美質而更文之以禮。伊川

「不知」者，蓋爲魯諱。如自此事而正之，其於天下如指掌之易。伊川

灌以降神，禘之始也。「既灌而往」者，自始以至終，皆無足觀，言魯祭之非禮也。「不

「爲力」猶言爲功。射有五善，爲功不一，故曰「不同科」。所謂五善者，觀德行，别邪正，辨威儀云云。伊川

事君盡禮，在他人言之，必曰「小人以爲諂也」，聖人道弘，故止曰「人以爲諂也」。伊川

樂得淑女以配君子，不淫其色，是「樂而不淫」。哀窈窕，思賢才，求之不得，展轉反側，是「哀而不傷」。明道

「成事不説」至「既往不咎」者，大概相似，重言之，所以深責之也。如今人嗟惜一事，未嘗不再三言之也。伊川

「成湯放桀，惟有慙德」，武王亦然，故未盡善。堯、舜、湯、武，其揆一也。征伐非其所欲，所遇之時然耳。伊川

里居也，擇仁而處之爲美。明道

「知者利仁」，知者以仁爲利而行之。至若欲有名而爲之之類，皆是以爲利也。知者知仁爲美，擇而行之，是「利仁」也。心有其仁，故曰利。伊川

「君子懷德」，惟善之所在。「小人懷土」，惟事之所在。「君子懷刑」，惟法之所在。「小人懷惠」，惟利之所在。伊川

子貢問「賜也何如」？賜自矜其長，而孔子以「瑚璉」之器答者，但瑚璉可施禮，容於宗廟，如子貢之才，可使於四方，可使與賓客言而已。伊川

未能自信，不可以治人，孔子所以説漆雕開之對。明道

子貢常方人，故孔子答以不暇，而又問「與回也孰愈」？所以抑其方人也。聞一知十，聞一知二，舉多少而言也。曰「吾與汝弗如也」，使子貢喻其言，知其在勉，不喻則亦可使慕之，皆有教也。

「不欲人之加諸我」者，「施諸己而不願」者也。「無加諸人」者，「己所不欲，勿施於人」者也。此「無伐善」、「無施勞」者能之，故非子貢所及。伊川

「夫子言性與天道，不可得而聞」，唯子貢親達其理，故能爲是嘆美之辭，言衆人不得聞也。伊川

「蔡」與「采」同，大夫有采地而爲「山節藻梲」之事，不知也。山節藻梲，諸侯之事也。伊川

「三月不違仁」，言其久也，然非成德之事。

祝鮀之佞，所謂「巧言」，宋朝之美，所謂「令色」。當衰世，非此難免。伊川

「上」知高遠之事，非「中人以下」所可告，蓋踰涯分也。伊川

民之所宜者務之，所欲與之聚，所惡勿施爾也。人之所以近鬼神而褻之者，蓋惑也。故有非鬼而祭之，淫祀以求福。知者則敬而遠之。明道

知如水之流，仁如山之安。動静，仁、知之體也。動則自樂，静則自壽。非體仁、知之深者，不能如此形容之。伊川

觚之爲器，不得其法制則非觚也。舉一器而天下之物莫不皆然，天下之事亦猶是也。伊川

宰我言：如井中「有仁」，〔三〕仁者當下而從之否？子曰：君子可使之往，不可陷以非其所履，可欺以其方，難罔以非其道。明道

「博學於文」而不「約之以禮」，必至於汗漫。所謂「約之以禮」者，能守禮而由於規矩者也。未及知之也，止可以不畔道而已。「多聞，擇其善者而從之，多見而識之，知之次也」，與此相近。顔淵曰：「博我以文，約我以禮，欲罷不能。」是已知之而進不止者也。明道

中庸之德不可須臾離，民鮮有久行其道者也。伊川

聖則無大小，至於仁，兼上下大小而言之，博施濟衆亦仁也，愛人亦仁也。「堯、舜其猶

病諸」者，猶難之也。博則廣而無極，衆則多而無窮。聖人必欲使天下無一人之惡，無一物不得其所，然亦不能，故曰「病諸」。「脩己以安百姓」，亦猶是也。伊川

人於文采，皆不曰吾猶人也，皆曰勝於人爾。至於「躬行君子」，則吾未見其人也。伊川

泰伯知王季之賢，必能開基成王業，故爲天下而三讓之，言其公也。明道

泰伯「三以天下讓」者，立文王則道被天下，故泰伯以天下之故而讓之也，不必革命。使紂賢，文王爲三公矣。伊川

凡人有所計校者，皆私意也。孟子曰：「惟仁者爲能以大事小。」仁者欲人之善而矜人之惡，不計校小大強弱而事之，故能保天下。「犯而不校」，亦樂天順理者也。伊川

人而不仁，君子當教養之，不盡教養而惟疾之甚，必至於亂。明道

爲學三年而不至於善，是不善學也。明道

亂，治也。師摯始治關雎之樂，其聲「洋洋乎，盈耳哉」，美之也。明道

「洋洋」、「盈耳」，美也。孔子反魯，「樂正，雅頌各得其所」。其後自太師而下，入河蹈海，由樂正，魯不用而放棄之也。伊川

「禹，吾無間然矣」，言德純完，無可非間。明道

「子罕言利」，非使人去利而就害也。蓋人不當以利爲心。易曰「利者義之和」，以義而致利，斯可矣。「罕言仁」者，以其道大故也。論語一部，言仁豈少哉？蓋仁者大事，門人一一紀録，盡平生所言如此，亦不爲多也。伊川

「吾有知乎哉，無知也」者，盡以告人他無知也，與「吾無隱乎爾」同。伊川

叩，就也。「兩端」猶曰兩頭，謂終始，告鄙夫也。伊川

「鳳鳥不至，河不出圖，吾已矣夫」者，嗜欲將至，有開必先也。伊川

「可與共學」，所以求之也。「可與適道」，知其所往也。「可與立」者，篤志固執而不變也。權與權衡之權同，稱物而知其輕重者也。人無權衡則不能知輕重，聖人則不以權衡而知輕重矣，聖人則是權衡也。伊川

寢食不當言語，時「必齊如也」，臨祭則敬也。明道

「色斯舉矣」，不至悔吝。「翔而後集」，審擇其處。明道

「山梁雌雉」，得其時，遂其性，而人逢亂世反不得其所。子路不達，故共具之。孔子俾子路復審言詳意，故「三嗅」而起，庶子路知之也。伊川

「先進」猶言前輩也，「後進」猶言後輩也。「先進」之於禮樂，有其誠意而質也，故曰「野人」；「後進」之於禮樂，習其容止而文者也，故曰「君子」。孔子患時之文弊，而欲救之以

質，故曰「如用之則吾從先進」，取其誠意之多也。明道

「先進於禮樂，野人也」，謂其質朴；「後進於禮樂，君子也」，謂其得宜。周末文弊，當時之人自謂得宜，而以古人爲質朴。故孔子欲從古人，古人非質朴也。伊川

「從我於陳、蔡者，皆不及門」，言此時皆無及孔子之門者。思其人，故數顔子以下十人，有德行者、政事者、言語者、文學者，皆從於陳、蔡者也。明道

四科乃從夫子于陳、蔡者爾，門人之賢者固不止此，曾子傳道而不與焉。故知「十哲」，世俗之論也。明道

閔子之於父母昆弟，盡其道而處之，故人無非間之言。伊川

「過猶不及」，如琴張、曾皙之狂，皆過也。然而行不掩焉，是無實也。明道

才高者過，過則一出一入。卑者不及，則怠惰廢弛。明道

師、商過不及，其弊爲楊、墨。楊出於義，墨出於仁。仁義雖天下之美，然如此者，失之毫釐，謬以千里。伊川

曾子少孔子，始也魯，觀其後明道，豈魯也哉！明道

「善人」，非豪傑特立之士不能自達者也。苟不履聖賢之迹，則亦不入其奥。故「爲邦」必至於「百年」，乃「可以勝殘去殺」也。孟子以樂正子爲「善人」、「信人」，「有諸己之謂信」，

能充實之，可以至於聖賢，然其始必循轍迹而後能入也。「論篤」，言之篤厚者也。取於人者，惟言之篤厚者是與，「君子者乎」，「色莊者乎」，未可知也。不可以論篤遂與之，必觀其行事乃可也。明道

「一日克己復禮，天下歸仁」者，言一旦能克己復禮，則天下稱其仁，非一日之間也。伊川

子路之言信，故片言可以折獄。伊川

宿謂預也，非一宿之宿也。伊川

子張少仁，無誠心愛民，則必倦而不盡心者也，故孔子因問而告之。伊川

「先之勞之」者，昔周公「師保萬民」，易曰「以左右民」，師保、左右，先之也。勞，勉也，又勞勉之。伊川

子路問政，孔子既告之矣，及請益，則曰「無倦」而已。未嘗復有所告，姑使深思之也。明道

凡有物，有形則有名，有名則有理。如以大爲小，以高爲下，則言不順，至於民無所措手足也。伊川

「苟有用我者，朞月而已可也，三年有成」，如何？曰：昔在經筵時嘗説，因言陛下若以

朞月之事問臣，臣便以朞月之事對，若以三年之事問臣，臣便以三年之事對。「朞月而已」者，整頓大綱也。若夫「有成」，則在「三年」也。然朞月、三年之説，今世又不同，須從頭整理可也。漢公孫弘言三年而化，臣竊遲之。李石對唐文宗，以謂陛下責治太急，皆率爾之言，本不知朞月、三年之事。伊川

三十年爲一世，三十壯有室也。「必世而後仁」，化浹也。伊川

冉子謂季氏之所行爲政。孔子抑之曰「其事也」，言季氏之家事而已，謂之政者，僭也。如國「有政」，吾雖不用，猶當「與聞」之也。伊川

「言不必信，行不必果，唯義所在」，大人之事。「言必信，行必果，硜硜然」，小人之事。小人對大人爲小，非爲惡之小人也，故亦可以爲士。明道

「剛」者堅之體，發而有勇曰「毅」，「木」者質朴，「訥」者遲鈍。此四者比之「巧言令色」，則近於仁，亦猶「不得中行而與」，「狂狷」也。伊川

「切切」如體之相磨，「偲偲」則以意。此言告子路，故曰：「切切偲偲，怡怡如也。」明道

「善人教民七年，亦可以即戎」，聖人度其時可矣，如小國五年，大國七年云。伊川

原憲，孔子高弟，問有所未盡。蓋克、伐、怨、欲四者無，然後可以爲仁，有而不行，未至於無，故止告之以「爲難」。伊川

「邦有道，穀；邦無道，穀恥也」，此況舉也。「直哉史魚」，不若「君子哉蘧伯玉」，然則「危言危行」，「危行言遜」，乃孔子事也。危猶獨也，與衆異，不安之謂。邦無道，行雖危而言不可不遜也。明道

「直哉史魚」，不若「君子哉蘧伯玉」，「卷而懷之」，乃「危行言遜也」。危行者嚴厲其行，而不苟言則當遜。伊川

「晉文公譎而不正，齊桓公正而不譎」，此爲作春秋而言也。晉文公實有勤王之心，而不知召王之爲不順，故譎掩其正。齊桓公伐楚，責包茅，雖其心未必尊王，而其事則正，故正掩其譎。孔子言之以爲戒。正者，正行其事耳，非大正也。亦猶管仲之仁，止以事功而言也。伊川

桓公殺公子糾，管仲不死而從之。殺兄之人固可從乎？曰：桓公、子糾，襄公之二弟也，桓公兄而子糾弟也。襄公死則桓公當立，此以春秋知之也。春秋書桓公則曰「齊小白」，言當有齊國也，於子糾則止曰「糾」不言「齊」，以不當有齊也，不言「子」，非君嗣子也。公、穀并注，四處皆書「納糾」，左傳獨言「子糾」，誤也。然書「齊人取子糾殺之」者，齊大夫嘗與魯盟于蔇，既欲納糾以爲君，又殺之，故書「子」，是二罪也。管仲始事糾，不正也，終從于正，義也。召忽不負所事，亦義也。如魏徵、王珪不死建成之難而從太宗，可謂害於義

矣。伊川

「君子固窮」者，固守其窮也。伊川

「知及之，仁不能守之」，此言中人以下也。若夫真知，未有不能行者。伊川

民於爲仁，甚於畏水火，水火猶有「蹈而死者」，言民之不爲仁也。伊川

爲仁在己，無所與讓也。明道

諒與信異。自大體是信，亮必爲也。明道

諒，固執也，與亮同，古字通用。孟子曰：「君子不亮，烏乎執？」伊川

「性相近」對「習相遠」而言，相近猶相似也。上智下愚，才也，性則皆善。自暴自棄，然後不可移，不然則可移。伊川

「吾其爲東周乎」，若用孔子，必行王道，東周衰亂，所不肯爲也。亦非革命之謂也。明道

「恭則不侮」，蓋一恭則仁道盡矣。又寬以得衆，信爲人所任，敏而有功，惠以使人。行五者於天下，其仁可知矣。明道

佛肸召子必不徒，〔三〕然其往，義也。然終不往者，度其不足與有爲也。

「六言六蔽」，正與「恭而無禮則勞」，「寬而栗，剛而無虐」之義。蓋「好仁」而「不好學」，

乃所以愚，非能仁而愚，〔四〕徒好而不知學乃愚。明道

二南人倫之本，王化之基，苟不爲之，則無所自入。古之學者必興於詩，「不學詩，無以言」，故猶正墻面而立。明道

孟子曰：「教亦多術矣，予不屑之教誨也，是亦教誨之而已矣。」孔子不見孺悲，所以深教之也。明道

「君子不施其親」，施，與也，言其不私其親暱也。伊川

與人交際之道，則子張爲廣，聖人亦未嘗拒人也。明道

「日知其所亡，月無忘其所能」，此可以爲人師法矣，非謂此可以爲人師道。

學不博則不能守約，志不篤則不能力行，切問近思在己者，則仁在其中矣。明道

「望之儼然」，秉天陽，高明氣象。「即之也温」，中心和易而接物也。温，備人道也。

「聽其言也厲」，則如東西南北正，定地道也，蓋「非禮勿言」也。君子之道，三才備矣。明道

「大德不踰閑」，指君臣父子之大義。小德如援溺之事，更推廣之。伊川

學既優則可以仕，仕既優則可以學。優裕、優閑，一也。伊川

「子張既除喪而見，子之琴，和之而和，彈之而成聲，作而曰：『先王制禮，不敢不至焉。』」推此言之，子張過於薄，故「難與並爲仁矣」。明道

子貢言「性與天道」，以夫子聰明而言。「綏之斯來，動之斯和」，以夫子德性而言。伊川

「因民之所利而利之」，若耕稼陶漁，皆因其順利而道之。〔五〕明道

知言之善惡是非，乃可以知人，孟子所謂「知言」是也。必「有諸己」，然後「知言」，知之則能格物而窮理。伊川

今之城郭，不爲保民。明道

君子道宏，故可大受而不可小了知測。此孟子所以四十不動心，小人反是。明道

有若等自能知夫子之道，假使污下，必不爲阿好而言，謂其論可信也。伊川

惻，惻然；隱，如物之隱應也。此仁之端緒，「赤子入井」，「其顙有泚」，推之可見。伊川

墨子愛其兄之子猶鄰之子，墨子書中未嘗有如此等言。但孟子拔本塞源，知其流必至於是，故直之也。伊川

「廣居」、「正位」，大道一也。不處小節即是「廣居」。

「事親若曾子」而曰「可」者，非謂曾子未盡善也。人子事親豈有大過？曾子、孟子之心皆可見矣。明道

「君仁莫不仁，君義莫不義」，天下之治亂，繫乎人君仁不仁耳。離是而非則生於其心，必害於其政，豈待乎作之於外哉？昔者孟子三見齊王而不言事，門人疑之。孟子曰：我先攻其邪心，心既正，然後天下之事可從而理也。夫政事之失，用人之非，知者能更之，直者能諫之。然非心存焉，則一事之失，救而正之，後之失者，將不勝救矣。格其非心，使無不正，非大人，其孰能之？伊川

君子小人澤及五世者，善惡皆及後世也。伊川

「可以仕則仕，可以止則止，可以久則久，可以速則速」，此皆時也。未嘗不合中，故曰「君子而時中」。伊川

孔子於孺悲，所謂「不屑之教誨」者也。伊川

命皆一也，「莫之致而至者」，正命也。桎梏而死者，君子不謂命。伊川

恕者入仁之門。伊川

仁，理也；人，物也。以仁合在人身言之，乃是人之道也。伊川

「充實而有光輝」，所謂「脩身見於世」也。伊川

「帶」蓋指其近處，「下」猶舍也，離也。古人於一帶，必皆有意義。「不下帶而道存」，猶云只此便有至理存焉。此一段伊川語，得之馬時仲。

「經德不回」，乃教上等人禍福之説，使中人以下知所畏懼脩省，亦自然之理耳。若釋氏怖死以學道，則立心不正矣。明道

校勘記

〔一〕所以有終　「有」原訛「自」，據弘治本、康熙本改。

〔二〕如井中有仁　「仁」，弘治本、康熙本作「人」。

〔三〕佛肸召子必不徒　「徒」，原訛「往」，據弘治本、康熙本改。

〔四〕非能仁而愚　「非」原訛「能」，據弘治本、康熙本改。

〔五〕皆因其順利而道之　「因」字原漫漶，據弘治本、康熙本補。

程氏外書第七

胡氏本拾遺

明道曰：「維天之命，於穆不已」，不其忠乎。「天地變化草木蕃」，不其恕乎。

伊川曰：「維天之命，於穆不已」，忠也。「乾道變化，各正性命」，恕也。

心敬則内自直。

匹夫悍卒，見難而能死者有之矣，惟情慾之牽，妻孥之愛，斷而不惑者鮮矣。

思慮不得至於苦。

合天人，通義命，此大賢以上事。

人之多聞識，却似藥物須要博識，是所切用也。

爲天下安可求近效？才計較著利害便不是。

程子與侯仲良語及牛、李事，因言温公在朝，欲盡去元豐間人。程子曰：作新人才難，變化人才易。今諸人之才皆可用，且人豈肯甘爲小人？在君相變化如何爾。若宰相用之爲君子，孰不爲君子？此等事教他們自做，〔一〕未必不勝如吾曹。仲良曰：若然則無紹聖間事也。尹子親注云：此一段可疑。

世事與我了不相關。明道

勇，一也，而用不同。有勇於氣者，有勇於義者，君子勇於義，小人勇於氣。

伊川在經筵，已聞上盥漱噴水避蟻。他日，先生進曰：「願陛下推此心以及天下。」

程子葬父，使周恭叔主客。客欲酒，恭叔以告先生曰：「勿陷人於惡。」

風竹便是感應無心。如人怒我，勿留胸中，須如風動竹。

或謂伊川曰：先生於上前委曲已甚，不亦過乎？曰：不於此致力盡心，而於何所？

聖人之責人也常緩，便見只欲事正，無顯人過惡之意。

聖人凡一言，便全體用。

聖人責己，感也處多，責人，應也處少。

有人疑祖殺其父，則告之，其罪如何？律，孫告祖當死，此不可告明矣。然則父殺其子如何？律，徒一年。以理考之，當徒二年。雖是子，亦天子之民也。不當殺而專殺之，是違制也。違制，徒二年。

吾嘗見一貴人，吾進退以禮，而彼巍巍，其自視也，惟恐不中節，豈不勞哉？

「君子而時中」，謂即時而中。如禹、稷當顏子之時，不爲顏子所爲，非中也。顏子亦然。

自信則無所疑而不動心。公孫丑不知孟子，故問「不動心有道」。如數子者，皆中有主便心不動。

性無不善，其所以不善者才也。受於天之謂性，禀於氣之謂才。才之善不善，由氣之有偏正也。乃若其性則無不善矣。〔二〕今夫木之曲直，其性也。或以爲車，或可以爲輪，其才也。然而才之不善亦可以變之，在養其氣以復其善爾。故能持其志，養其氣，亦可以爲善。故孟子曰：「人皆可以爲堯、舜。」惟自棄自暴則不可「與爲善」。

凡聲皆陽聲，大鳴則大震，小鳴則小震。

或問：維摩詰云「火中生蓮花，是可謂希有，在欲而行禪，希有亦如是」，此豈非儒者事？子曰：此所以與儒者異也。人倫者，天理也。彼將其妻子當作何等物看，〔三〕望望然以爲累者，文王不如是也。有生者必有死，有始者必有終，此所以爲常也。爲釋氏者以成壞爲無常，是獨不知無常乃所以爲常也。今夫人生百年者常也，一有百年而不死者，非所謂常也。釋氏推其私智所及而言之，至以天地爲妄，何其陋也。張子厚尤所切齒者，此耳。

問：張子曰「陰陽之精互藏其宅」，然乎？曰：此言甚有味，由人如何看。水離物不得，故水有離之象；火能入物，故火有坎之象。

作易，自天地幽明至于昆蟲草木微物，無不合。

春秋有三傳及三本正經，共是六本書。子糾事五處皆言「糾」，獨左氏言「子糾」。且糾與小白皆公子，非當立，而小白長則當立也。今糾争立，故皆不言「子」。及殺之，然後言「子糾」，蓋謂既已立之矣，故須以未喻年君稱之。以此校之，則管仲之去糾事小白皆非正，去就輕也。非如建成既爲太子而秦王奪之，魏徵去建成而事秦王，不義之大也。

「學而時習之」，所以學者，將以行之也，時習之則所學者在我，故説習如禽之習飛。

「孝弟也者，其爲仁之本與」，非謂孝弟即是仁之本，蓋謂爲仁之本當以孝弟，猶忠恕之爲道也。

飾過則失實，故「寧儉」。喪主於哀戚。

「我不欲人之加諸我也，吾亦欲無加諸人。」恕也，近於仁。故曰：「賜也，非爾所及也。」然未至於仁也，以其有欲字爾。

「邦無道」則能沈晦以免患，故曰「不可及也」。亦有不當愚者，比干是也。

「仁之方」，方，術也。

「三月不違仁」，三月言其久，天道小變之節。蓋言顔子經天道之變而爲仁如此，其能久於仁也。

鮮于侁問伊川曰：顔子何以能不改其樂？正叔曰：顔子所樂者何事？侁對曰：樂道而已。伊川曰：使顔子而樂道，不爲顔子矣。侁未達，以告鄒浩。浩曰：夫人所造如是之深，吾今日始識伊川面。胡文定公集記此事云：安國嘗見鄒至完論近世人物，因問：「程明道如何？」至完曰：「此人得志，使萬物各得其所。」又問：「伊川如何？」曰：「却不得比明道。」又問：「何以不得比？」曰：「爲有不通處。」又問：「侍郎先生言伊川不通處，必有言行可證，願聞之。」至完色動，徐曰：「有一二事，恐門人或失其傳。」後來在長沙再論河南二先生學術，至完却曰：「伊川見處極高。」因問：「何以言之？」曰：「昔鮮于侁曾問：『顔子在陋巷不改其樂，不知所樂者何事？』伊川却問曰：『尋常説顔子所樂者何？』侁曰：『不過是説顔子所樂者道。』伊川曰：『若説有道可樂，便不是顔子。』以此知伊川見處極高。」又曰：浩昔在潁昌，有趙均國者自洛中來，浩問曾見先生有何語。均國曰：「先生語學者曰：『除却神祠廟宇，人始知爲善。古人觀象作服，便是爲善之具。』」又震澤語録云：伊川問學者顔子所樂者何事，或曰樂道，伊川曰：「若説顔子樂道，孤負顔子。」鄒志完曰：「吾雖未識伊川面，已識伊川心，何其所造之深也。」

樂山樂水，氣類相合。

「文莫吾猶人也」，文皆欲勝人，至「躬行」則未嘗得也。

古之學者必先學詩。學詩則誦讀，其善惡是非勸戒，有以起發其意，故曰興。人無禮以爲規矩，則身無所處，故曰立，此禮之文也。中心斯須不和不樂，則鄙詐之心入之，不和樂則無所自得，故曰成，此樂之本也。古者玉不去身，無故不徹琴瑟，自成童入學，四十而出仕，所以教養之者備矣。理義以養其心，禮樂一作「舞蹈」。以養其血氣，故其才高者爲聖賢，下者亦爲吉士，由養之至也。

所謂利者一而已，財利之利與利害之利實無二義，以其可利，故謂之利。聖人於利不能全不較論，但不至妨義耳。乃若惟利是辨，則忘義矣，故「罕言」。

「色斯舉矣」，知幾莫如聖人。「翔而後集」，不止擇君，凡事必詳審也。

兼四人之所長，而又「文之以禮樂，〔四〕亦可以爲成人矣」。成人之難也，「武仲之智」非正也，若「文之以禮樂」，則無不正者。「今之成人」者，「見利思義，見危授命」，謂忠也。「久要不忘平生之言」，信也。有忠信而不及禮樂，亦可以爲成人，又其次也。

伊川先生將屬纊時，顧謂端中曰：「立子。」蓋指其適子端彥也。語絶而没。既除喪，明道之長孫昂自以當立。侯師聖不可。昂曰：「明道不得入廟耶？」師聖曰：「我不敢容私。明道先太中而卒，繼太中主祭者伊川也。今繼伊川，非端彥而何？」議始定。或謂師聖曰：〔五〕「明道既死，其長子不當立乎？」曰：「立廟自伊川始。又明道長子死已久。況古者有諸侯奪宗，庶姓奪嫡之說，可以義起矣，况立廟自伊川始乎。」尹子親注云：此一段差誤。

學者必知所以入德，不知所以入德，未見其能進也。故孟子曰：「不明乎善，不誠其身。」易曰：「知至至之。」

別本拾遺

明道見神宗，論人材。上曰：朕未之見也。明道曰：陛下奈何輕天下士？上聳然曰：朕不敢，朕不敢。此段見行狀，無「上曰朕未之見也」一句。

子曰：游酢得西銘誦之，即渙然不逆於心，曰此中庸之理也，能求於語言之外者也。此一條已見於大全集，然頗有缺誤，故復出此條。

崇寧黨禁方嚴，子徙居龍門之南，止南方學者曰：苟能尊所聞，力行所知，則可矣，不必及門也。

或問范祖禹曰：〔六〕或謂夫子有言曰「人有篤學力行而不知道者」，信乎？祖禹曰：吾嘗聞之，夫子有所指而言之也。時范公在温公通鑑局中。

校勘記

〔一〕此等事教他們自做　「們」原訛「門」，據弘治本、康熙本改。

〔二〕乃若其性則無不善矣　「性」，弘治本、康熙本作「情」。

〔三〕彼將其妻子當作何等物看　「當」原訛「常」，據弘治本、康熙本改。

〔四〕而又文之以禮樂　「又」字原闕，據弘治本、康熙本補。

〔五〕或謂師聖曰　「或」原訛「式」，據弘治本、康熙本改。

〔六〕或問乎范祖禹曰　「問」下原有「乎」字，據弘治本、康熙本删。

程氏外書第八

游氏本拾遺

問：文中子「圓者動，方者静」。先生曰：此正倒説了。静體圓，動體方。

問：管仲設使當時有必死之理，管仲還肯死否？曰：董仲舒道得好，惟仁人「正其義不謀其利，明其道不計其功」。

問：「知崇禮卑。」曰：崇底便是知，卑底便是禮。

問：充塞乎天地之間，莫是用於天地間無窒礙處否？曰：此語固好，然孟子却是説氣之體。

問：「寢不尸。」曰：「毋不敬。」

因論「持其志」，先生曰：只這箇也是私，然學者不恁地不得。

古者大亨，夫人有見賓之禮。南子雖妾，靈公既以夫人處之，使孔子見，於是時豈得不見？

「天且不違」，「况於鬼神乎」？鬼神言其功用，天言其主宰。

「天下雷行，物與无妄」，先天後天皆合乎天理也，人欲則僞矣。

古人「善推其所爲而已矣」，此特告齊王云爾，〔一〕聖人則不待推。

仲尼聖人，其道大。當定、哀之時，人莫不尊之。後弟子各以其所學行，異端遂起，至孟子時，不得不辨也。

「歲寒然後知松柏之後彫」，只取堅不變之義。

「鼓萬物而不與聖人同憂」，聖人有爲之功，天地不宰之功。

孔子之時，周室雖微，天下諸侯尚知尊周爲美，故春秋之法以尊周爲本。至孟子時，七國争雄，而天下不知有周。然而生民塗炭，諸侯是時能行王道，則可以王矣。蓋王者，天下之義主也。故孟子所以勸齊之可以王者，此也。

初見先生，次日先生復禮，因問安下飯食穩便，因謂：「君子食無求飽，居無求安」，顔子簞瓢陋巷，不改其樂。簞瓢陋巷何足樂？蓋别有所樂以勝之耳。伊川

問：佛戒殺生之説如何？曰：儒者有兩説。一説天生禽獸，本爲人食。此説不是，豈有人爲蟣虱而生耶？一説禽獸待人而生，殺之則不仁。此説亦不然，大抵力能勝之者皆可

食，但君子有不忍之心爾。故曰：「見其生不忍見其死，聞其聲不忍食其肉，是以君子遠庖廚也。」舊先兄嘗見一蝎，不忍殺，放去。頌中有一句云：「殺之則傷仁，放之則害義。」伊川「敬以直内，義以方外」，與「德不孤」一也。爲善者以類應，「有朋自遠方來」，充之至於塞乎天地，皆不孤也。

伯夷，孟子言其迹得聖人之清。孔子言清而有量，故曰：「不念舊惡，怨是用希。」又曰：「求仁而得仁，又何怨？」若曰「餓于首陽之下」，但不食周粟，貧且餓爾，非謂不食周粟，至于采薇而食之，如史遷之説也。

樂隨風氣，至韶則極備。若堯之洪水方割，「四凶」未去，和有未至也。至舜以聖繼聖，治之極，和之至，故韶爲備。

舜巡狩，每五載一方。

仁在己，讓不可也。若善名在外，則不可不讓。

管仲不死，觀其九合諸侯，不以兵車，乃知其仁也。若無此，則貪生惜死，雖匹夫匹婦之諒亦無也。

校勘記

〔一〕此特告齊王云爾 「王」，弘治本、康熙本作「宣」。

程氏外書第九

春秋録拾遺

詩、書、易言聖人之道備矣，何以復作春秋？蓋春秋聖人之用也。詩、書、易如律，春秋如斷案；詩、書、易如藥方，春秋如治法。

始隱，周之衰也；終麟，感之始也。世衰道不行，有述作之意舊矣，但因麟而發耳。麟不出，春秋亦須作也。

元年，標始年耳，猶人家長子呼大郎。先儒穿鑿不可用。

或言絶筆後王者可革命，大非也。孔子時唯可尊周，孟子時方可革命，時變然也。前一日不可，後一日不可。

范文甫問「趙盾弑其君夷皐」，又問「許世子試其君買」，皆從傳説。

春秋書戰，以戰之者爲客，受戰者爲主，以此見聖人深意。蓋彼無義來戰，則必上告于天子，次告于方伯，近赴於鄰國，不如是而與之戰者，是以聖人深責之也。若不得已而與之戰者，則異文以示意，來「戰于乾時」是也。

公羊說春秋，書「弟」謂「母弟」，此大害義。禽獸則知母而不知父，人必知本，豈論同母與不同母乎！〔一〕

桓、宣「與聞乎弒」，然聖人如其意而書「即位」，與僖、文等同辭，則其惡自見，乃所以深責之也。定公至六月方即位，又以見季氏制之也。

始隱，孫明復之說是也。孫大概唯解春秋之法，不見聖人所寓微意。若如是者，有何意味乎？

蒯聵得罪於父，不得復立，輒亦不得皆其父而不與其國。委於所可立，使不失先君之社稷而身從父，則義矣。

春秋大抵重嫡妾之分，及用兵土功。嘗因說「伐顓臾」事，〔二〕對上言春秋重兵，如「來戰于郎」，潞公甚喜。

校勘記

〔一〕豈論同母與不同母乎　上「同」字原闕，據弘治本、康熙本補。

〔二〕嘗因説伐顓臾事　「臾」原訛「史」，據弘治本、康熙本改。

程氏外書第十

大全集拾遺

聖人未嘗無喜也,「象喜亦喜」;聖人未嘗無怒也,「一怒而安天下之民」;聖人未嘗無哀也,「哀此煢獨」;聖人未嘗無懼也,「臨事而懼」;聖人未嘗無愛也,「仁民而愛物」;聖人未嘗無欲也,「我欲仁,斯仁至矣」。但中其節,則謂之和。

荀卿才高學陋,以禮爲僞,以性爲惡,不見聖賢,雖曰尊子弓,然而時相去甚遠。聖人之道,至卿不傳。楊子雲仕莽賊,謂之「旁燭無疆」,可乎?隱可也,仕不可也。

劉子之學甚支離,〔一〕只立名做法語便不是了。

游酢於西銘,讀之已能不逆於心,言語之外别立得這箇義理,便道中庸矣。「道」一作「到」。

向日與向火意思别,火只是一箇酷烈底性,日則自然一般生底氣,便與人氣接。

問星辰，曰：星是二十八宿，辰是日月五星。

井泉之異，全由地脉一溜之别。伯淳在扶溝，扶溝水皆鹹，惟僧舍井小甘，不欲令婦女往汲之，乃禁之。既禁之，又一縣無水，乃相一端鑿一井，其味適別，地脉是一溜也。又如在襄城，寺中水鹹，寺外即甘。一日，觀其牆下有地皮一旋裂，於是試令近牆鑿井，遂亦甘。只是要相地脉如何。

冬桃，今視之似先春，其實晚桃也，直到如今方發。

南京三十六岡改葬，只是臺中人爲之，要得自振其術以營利也。有人葬埋，至有毁伐其親之屍以祈福利，然偶獲禍。其事雖未必然，然據理安得不招此禍。

冬至與諸友賀，先生不出，云有司法服慰乃出。

子夏易雖非卜商作，必非杜子夏所能爲，必得於師傳也。

易因爻象論變化，因變化論神，因神論人，因人論德行。大體通論易道，而終于「默而成之，不言而信，存乎德行」。

復者，反本也。本有而去之，今來復，乃見天地之心也，乃天理也。此賢人之事也。

「惟聖罔念作狂」，如周官「六德」之「聖」通「明」之謂也。

「徽柔懿恭」，四事也。徽、懿皆美也。懿，美中似有寬裕意，研其意味乃得之。若淵亦深也，淵則深中有奧意。

周禮不全是周公之禮法，亦有後世隨時添入者，亦有漢儒撰入者。如呂刑、文侯之命，通謂之周書。

學者有所得，不必在談經論道間，當於行事動容周旋中禮得之。

學者不學聖人則已，欲學之，須是熟玩聖人氣象，不可止於名上理會。如是，只是講論文字。

易學後來曾子、子夏學得瞮到上面也。

君實近年病漸較，瞮放得下也。

「致知在格物」，格，至也。窮理而至於物，則物理盡。

先生曰：司馬遷爲近古書中多有前人格言，如作紀本尚書，但其間有曉不得書意，有錯用却處。嘉仲問：項籍作紀，如何？曰：紀只是有天下方可作。又問：班固嘗議遷之失，如何？曰：後人議前人固甚易。

天下寧無魏公之忠亮，而不可無君臣之義。昔事建成而今事太宗，可乎？

薛公言黥布出上策則關東非漢有。非也，使出上策亦敗。

趙襄子姊爲代國夫人，襄子既殺代王，將奪其國，夫人距戰是也。身爲代國夫人，社稷無主，獨當其任，義不可棄社稷以與弟，則戰而殺之，非姊殺弟也，代國夫人殺賊也。

陳寔見張讓，是故舊見之可也，不然則非矣。此所謂「太丘道廣」。

唐之有天下數百年，自是無綱紀，太宗、肅宗皆篡也，更有甚君臣父子！其妻則取之不正，又妻殺其夫篡其位，無不至也。若太宗言以功取天下，此必不可，〔二〕最啓僭奪之端。其惡大是殺兄篡位，又取元吉之妻。後世以爲聖明之主，不可會也。太宗與建成，史所書却是也。肅宗則分明是乘危而篡。若是則今後父有事，安敢使其子！

新書且未説義中否，且如與小人説能，亦有主言，〔三〕然只是一箇氣象。今日新書讀之便有一箇支離氣象。疑有誤字。

觀太學諸生數千人，今日之學，要之亦無有自信者。如游酢、楊時等二三人游其間，諸人遂爲之警動，敬而遠之。

先生自少時未嘗乘轎。頃在蜀與二使者遊三峽，使者相強乘轎，不可。詰其故，語之曰：「某不忍乘，分明以人代畜，若疾病及泥濘則不得已也。」二使者亦將不乘，某語之曰：「使者安可不乘？」既至，留題壁間，先生曰：「毋書某名。」詰其故，曰：「以使者與一閑人遊，若鎛客。」當時竟不乘轎，亦不留名。

村酒肆，要之蠹米麥，聚閑人，妨農工，致辭訟，藏賊盜，州縣極有害。

正叔謂子厚在禮院所定龍女衣冠，使依封號夫人品秩爲準，正叔語其非，此事合理會。夫大河之塞，莫非上天降鑒之靈，官吏勤職，士卒効命，彼龍，水獸也，何力焉？今最宜與他正人畜分，不宜使畜産而用人之衣服。

汝之多癭，以地氣壅滯。嘗有人以器雜貯州中諸處水，例皆重濁，至有水脚如膠者，食之安得無癭。治之之術，於中開鑿數道溝渠，洩地之氣，然後少可也。

介甫言律是八分書，是他見得。又有學律者言今之人析言破律。正叔謂律便是此律否，但恐非也。學者以傳世已來，未之或能改也。惟近年改了一字，舊言指斥乘輿，言理惡者死，今改曰情理，亦非也。今有人極一場凶惡，無禮於上，猶不當死，須是反逆得死也邪？

酒是麴蘗爲之，以亂其氣。人苟持其志，則不到於亂。乃知飲酒須德持之，未有害也。志之爲力極可怪。

石炭穴中遺火，則連蔓火不絶，故有數百千年。今火山蓋爲山中時有火光，必是此箇火時發於山間也。

昔聶覺唱不信鬼神之説，故身殺湫魚。其同行者有不食魚而病死者，有食魚亦不病不死者，只是其心打得過。或食而病，或不食而病，要之山中陰森之氣，心懷憂思，以致動其氣血也。如太一湫魚，自唐以來自不敢取，今當不可容。然亦只如此者，蓋自相食及亦有死傷也。若晉祠之魚則極多，必是吞魚之魚不衆也。伯淳嘗到其水濱，魚可俯拾，然衆人不取，以神爲畏而特不殘及於此魚也。

今人家買乳婢，亦多有不得已者，或不能自乳，須着使人。然食己子而殺人之子，不是道理。必不得已，用二乳而食二子，我之子又足備他虞，或乳母病且死則不能爲害。或以勢要二人，又不更爲己子而殺人子。要之只是有所費，若不幸致誤其子，害孰大焉！

今人居覆載中，却不知天地，在照臨之內，却不理會得日月。此冥然而行者也。

凡人有斗筲之量，有鍾鼎之量，有釜斛之量。江海亦大矣，然尚有限。惟聖人之量與天地並，故至多不盈，至少不虛。凡人爲器量所拘，到滿後自然形見。本朝向敏中號有度量，至作相，却與張齊賢争取一妻，爲其有十萬囊橐故也。王隨亦有德行，仁宗嘗稱「王隨德行，李淑文章」，至作相，蕭端公欲得作三路運使，及退，隨語堂中人曰：「何不以溺自照面，看做得三路運使無。」皆量所動也。今人何嘗不動，只得綾寫一卷與便動，又干他身分甚事。

程、蘇之姓傳于天下者不蕃，至如張、王、李、趙，雖其出不一，要之其姓蕃衍。此亦受姓之祖，其流之盛，固有定分也。

「日再中」只是新垣平詐言也，史册實之，後世遂以爲誠然。如丁謂「天書」之類，當時人却未必全信，却是後世觀史者已信矣。

太行山千里一塊石，〔四〕更無間，故於石上起峯。

天下獨高處，無如河東上黨者，言上與天爲黨也。澤州北望有桑林村，蓋湯自爲犧牲處。湯十一遷，所居皆言亳，却似今言京師之比。

佛畢竟不知性命。世之人相詆曰：爾安知性命？是果報知之。

問：古人所謂衣冠不正無容止爲身之恥，今學佛者反以爲幻妄，此誠爲理否？曰：只如一株樹，春華秋枯乃是常理，若是常華則無此理，却是妄也。今佛氏以死爲無常。有死則有常，無死却是無常。

周茂叔謂一部法華經只消一箇艮卦可了。

要之釋氏之學，他只是一箇自私姦黠，閉眉合眼，林間石上自適而已。明言吾理，使學者曉然審其是非始得。

釋氏之說，其歸欺詐。今在法，欺詐雖赦不原，〔五〕爲其罪重也。及至釋氏，自古至今欺詐，天下人莫不溺其說而不自覺也，豈不謂之大惑耶！原釋祖只是一箇黠胡，亦能窺測因緣轉化，其始亦只似譬喻，其徒識卑看得入於形器，〔六〕故後來只去就上結果。其説始以世界爲幻妄，而謂有天宫，後亦以天爲幻，卒歸之無。佛有髮而僧復毁形，佛有妻子舍之而僧絶其類。若使人盡爲此，則老者何養，幼者何長。以至剪帛爲衲，夜食欲省，舉事皆反常不近人情。至如夜食後睡要敗陽氣，其意尤不美，直如此奈何不下。

太宗小宗圖子，六七年前被人將出，後來京師印却，便是這本。

校勘記

〔一〕劉子之學甚支離　「劉子」，弘治本同，康熙本下有「文」字。

〔二〕此必不可　「必」，弘治本、康熙本作「尤」。

〔三〕亦有主言　「主」，弘治本同，康熙本作「至」。

〔四〕太行山千里一塊石　「塊」原訛「瑰」，據弘治本、康熙本改。

〔五〕欺詐雖赦不原　「欺詐」原作「詐欺」，據弘治本、康熙本改。下同。

〔六〕其徒識卑看得入於形器　「看」，弘治本同，康熙本作「者」。

程氏外書第十一

時氏本拾遺

或問：老子言「天地不仁」，「聖人不仁」，如何？曰：謂「天地不仁，以萬物爲芻狗」，是也，謂「聖人不仁，以百姓爲芻狗」，非也。聖人豈有不仁？所患者不仁也。天地何意於仁？鼓舞萬物而不與聖人同憂。聖人則仁，此其爲能弘道也。

或問：記曰：「康誥曰『若保赤子』，〔一〕心誠、求之，雖不中，不遠矣。未有學養子而後嫁者也。」先生曰：今母保養赤子，其始何嘗學來，當保養之時，自然中所欲。若推此心保民，設不中其所欲，亦不遠。因説昔楊軾爲宣州簽判，一日，差王某爲杖直，當日晚，有同姓名者來陳狀乞分産，軾疑其杖直，便决替了。赤子不能言，尚能中其欲，民能言，却不知其情，大抵只是少察。

學者今日無可添，唯有可減，減盡便無事。

大學「舉而不能先，命也」，「命」當作「怠」字之誤也。

窮理、盡性、至命，一事也。纔窮理便盡性，盡性便至命。因指柱曰：此木可以爲柱，理也；其曲直者，性也；其所以曲直者，命也。理、性、命，一而已。

或問忠恕之别，曰：猶形影也。無忠則不能爲恕矣。

尹子曰：伊川先生嘗言中庸乃孔門傳授心法。

郭忠孝議易傳序曰：「易即道也，又何從道？」或以問伊川，伊川曰：人隨時變易爲何？爲從道也。

范文甫問「四象」，子曰：左右前後。楊中立問「四象」，子言：四方。

雋不疑説春秋則非，處事應機則不異於古人。董仲舒論事先引春秋，論事則是，引春秋則非。

王道與儒道同，皆通貫天地，學純則純王、純儒也。

或問劉蕡，曰：「浚恒之凶，始求深也。」曰：然則宜如何？曰：尺蠖之屈，以求伸也。

疎遜小臣，〔二〕一旦欲以新間舊，難矣。

或問：貞觀之治，不幾三代之盛乎？曰：關雎、麟趾之意安在？

德至於無我者，雖善言美行，無非所過之化也。

教人者養其善心而惡自消，治民者導之敬讓而爭自息。

天地之化，一息不留，疑其速也。然寒暑之變甚漸。

世之人務窮天地萬物之理，不知反之一身，五臟六腑毛髮筋骨之所存，鮮或知之。善學者取諸身而已，自一身以觀天地。

李朴字先之。請教，先生曰：當養浩然之氣。又問，曰：觀張子厚所作西銘，能養浩然之氣者也。

子謂尹焞魯，張繹俊。俊恐他日過之，魯者終有守也。

尹子、張子見先生，曰：二子於某言如何？尹子對曰：聞先生之言，言下領意，焞不如繹，能終守先生之學，繹亦不如焞。先生欣然曰：各中其病。

王信伯問學於伊川曰：願聞一言。先生曰：勿信吾言，但信取理。

先生過成都，坐于所館之堂讀易。有造桶者前視之，指未濟卦問。先生曰：「何也？」曰：「三陽皆失位。」先生異之，問其姓與居，則失之矣。易傳曰：「聞之成都隱者。」酉室所聞云「田夫釋耒者」誤。

朝廷議授游定夫以正言，蘇右丞沮止，毀及伊川。宰相蘇子容曰：「公未可如此。頌觀過其門者，〔三〕無不肅也。」

朱公掞以諫官召，過洛，見伊川，顯道在坐，公掞不語。伊川指顯道謂之曰：此人爲切問近思之學。

張思叔請問，其論或太高。伊川不答，良久曰：累高必自下。

尹子問范淳夫之爲人，子曰：其人如玉。

有死而復蘇者，故禮三日而斂。然趙簡子七日猶蘇，雖蛆食其舌鼻猶不害，唯伏地甚者，遂致并腹腫背冷。故未三日而斂，皆有殺之之理。

知德斯知言，故言使不動。孟子知武王，故不信漂杵之説。

學者要先會疑。

邵堯夫詩曰：「梧桐月向懷中照，楊柳風來面上吹。」明道曰：真風流人豪也。

伊川曰：邵堯夫在急流中，被渠安然取十年快樂。

石曼卿詩云「樂意相關禽對語，生香不斷樹交花」。明道曰：此語形容得浩然之氣。

龜山語録潘千之云：張師雍曾問伊川云：「昔明道嘗與學者論浩然之氣，因舉古詩云云，如何？」伊川沉吟，看着師雍曰：「好。」

或問：「孝，天之經」，何也？曰：本乎天者親上，輕清者是也；本乎地者親下，重濁者是也。天地之常，莫不反本，人之孝亦反本之謂也。

元經天子之史也，書「帝正月」非也。

章氏之子與明道之子，王氏婿也。明道子死，章納其婦。先生曰：「豈有生爲親友，死娶其婦者？」他日，王氏來餽送，一皆謝遣。章來欲見其子，先生曰：「母子無絶道，然君乃其父之罪人也。」

范堯夫經筵坐睡，先生語人曰：「堯夫胸中無事如此。」有朝士入朝倒執手板，先生曰：「此人胸中不是無事。」

陳經正問曰：據貴一所見，盈天地間皆我之性，更不復知我身之爲我。伊川笑曰：他人食飽，公無餒乎？

不能「克己」則爲楊氏「爲我」，不能「復禮」則爲墨氏「兼愛」。故曰「親親而仁民，仁民而愛物」，此之謂也。

或問涵養，曰：若造得到，更説甚涵養。

易无妄曰「天不雷行，物與无妄」，動以天理故也。其大略如此，又須研究之，則自有得處。

三代忠、質、文，其因時之尚然也。夏近古，人多忠誠，故爲忠；忠弊，故捄之以質；質弊，故捄之以文。非道有弊也，後世不守，故浸而成弊。雖不可以一二事觀之，大概可知。

如堯、舜、禹之相繼，其文章氣象亦自小異也。

心定者，其言重以舒；不定者，其言輕以疾。

立宗必有奪宗法，如卑幼爲大臣，以今之法自合立廟，不可使從宗子以祭。

楊子曰「觀乎天地，則見聖人」。伊川曰：不然，觀乎聖人，則見天地。

朱公掞爲御史，端笏正立，嚴毅不可犯，班列肅然。蘇子瞻語人曰：「何時打破這敬字。」

尹子曰：馮理自號東皋居士，曰：「二十年聞先生教誨，今有一奇特事。」先生曰：「何如？」理曰：「夜間宴坐，室中有光。」先生曰：「頤亦有奇特事。」理請聞之，先生曰：「每食必飽。」

崇寧初，范致虛言程頤以邪說詖行惑亂衆聽，尹焞、張繹爲之羽翼，遂下河南府體究。學者往別，因言世故。先生曰：三代之治不可復也。有賢君作，能致小康則有之。

尹子曰：邵堯夫家以墓誌屬明道，許之。太中、伊川不欲，因步月於庭。明道曰：「顥已得堯夫墓誌矣。堯夫之學，可謂安且成。」太中乃許。

呂與叔作横渠行狀，有見二程，「盡棄其學」之語。尹子言之，先生曰：「表叔平生議論，謂頤兄弟有同處則可，若謂學於頤兄弟則無是事。頃年屬與叔删去，不謂尚存斯言，幾於無忌憚。」按行狀今有印本，一本云「盡棄其學而學焉」，一本云「於是盡棄異學，淳如也」，恐是後來所改。

西室所聞云：聖人氣數順，無横逆死，學入聖域，其數亦隨氣幹轉。先生曰：「學而至聖，爲奪造化者以此。」

又問：聰明如何磨去？曰：使之則有，不使則亡。一作「無」。

崇寧間，言者范致虚攻先生爲元祐邪説，朝廷下河南府，盡逐學徒。後數月，馬伸時舉。及門求見，先生辭之。伸欲先棄官而來。先生曰：「近日盡逐學徒，恐非公仕進所利。公能棄官，則官不必棄也。」建炎間伸爲御史，論事公論與之。

范淳夫之女，讀孟子「出入無時，莫知其鄉，惟心之謂與」，語人曰：「孟子不識心，心豈有出入？」先生聞之曰：「此女雖不識孟子，却能識心。」後嫁耿氏而卒。〔四〕

或謂：孔子尊周，孟子欲齊王行王政，何也？先生曰：譬如一樹，有可栽培之理則栽培之，不然須别種。賢聖何心？視天命之改與未改爾。

有患心疾，見物皆獅子。伊川教之以見即直前捕執之，無物也。久之疑疾遂愈。

或問：世傳有人化虎，理有之乎？曰：有之。昔在涪，見村民爪甲漸變如虎，毛班班然通身。夜開關，延虎食其牢中之豕。化雖未成，而氣類相感，其情已通矣。

温公薨，朝廷命伊川先生主其喪事。是日也，祀明堂，禮成，而二蘇往哭温公，道遇朱公掞，問之。公掞曰：「往哭温公，而程先生以爲慶弔不同日。」二蘇悵然而反，曰：「鏖糟陂裏，叔孫通也。」言其山野。自是時時謔伊川。他日國忌，禱于相國寺，伊川令供素饌。子瞻詰之曰：「正叔不好佛，胡爲食素？」正叔曰：「禮居喪不飲酒食肉。忌日，喪之餘也。」子瞻令具肉食，曰：「爲劉氏者左袒。」於是范淳夫輩食素，秦、黄輩食肉。吕申公爲相，凡事有疑必質于伊川，進退人才。二蘇疑伊川有力，故極口詆之云。

伊川主温公喪事，子瞻周視無闕禮，乃曰：「正叔喪禮何其熟也。」又曰：「軾聞居喪未葬讀喪禮，太中康寧，何爲讀喪禮乎？」伊川不答。鄒至完聞之曰：「伊川之母先亡，獨不可以治喪禮乎？」

范淳夫嘗與伊川論唐事，及爲唐鑑，盡用先生之論。先生謂門人曰：淳夫乃能相信如此。

或謂科舉事業奪人之功，是不然。且一月之中以十日爲舉業，餘日足可爲學。然人不志此，必志于彼。故科舉之事不患妨功，惟患奪志。

或謂：漢史「天子建中和之極」，學者甚病「中」與「極」之語。曰：此亦有理，中和猶木材也，極猶屋之極。有中和斯有極，如有木材斯可建屋之極。學者須識此氣象。此一段温州傳録。

程氏自先生兄弟，所葬以昭穆定穴，不用墓師，以五色帛埋旬日，視色明暗，卜地氣善否。

官婢行酒，暢大隱力拒之。先生聞而不善之也。暢字潛道。

明道先生每與門人講論，有不合者，則曰「更有商量」。伊川則直曰「不然」。

謝顯道崇寧間上殿不稱旨，先生聞之喜。已而就監門之職，陳貴一問：謝顯道如何人？先生曰：由、求之徒。或云建中間。

尹子曰：先生謂侯師聖議論只好隔壁聽。〔五〕

尹子曰：先生年七十四，得風痺疾，服大承氣湯，則小愈。是年九月，服之輒利。醫者語家人曰：「侍講病不比常時。」時大觀元年九月也。十六日，入視，先生以白夾被被體，坐竹牀，舉手相揖。焞喜，以爲疾去。先生曰：「疾去而氣復者安候也，頤愈覺羸劣。」焞既還，十七日，有叩門者報先生傾殂。

司馬温公辭副樞，名冠一時，天下無賢不肖，浩然歸重。吕申公亦以論新法不合罷歸。熙寧末，申公起知河陽，明道以詩送行。復爲詩與温公，蓋恐其以不出爲高也。及申公自河陽乞在京宫祠，神宗大喜，召登樞府。人以二公出處爲優劣。二先生曰：吕公世臣，不得不歸見上。司馬公諍臣，不得不退處。

西室所聞云：顏子得淳和之氣，何故夭？曰：衰周天地和氣有限，養得仲尼已是多也。聖賢以和氣生，須和氣養。常人之生，亦藉外養也。

問：「踧踖如也，與與如也。」曰：「恭而安。」與與，容與之貌，有雍容氣象。又王信伯語云：問「踧踖如也」，曰：「恭而安。」王信伯問，伊川又曰：「與與，容與之貌。」又問：「孔子言舜之韶盡善，武之武未盡善，何也？」曰：「此聖人之心有所未足。」

伊川以易傳示門人，曰：只說得七分，後人更須自體究。

釋氏談道，非不上下一貫，觀其用處便作兩截。

問：呂與叔云不倚之謂中，先生謂近之而詞未瑩，如何？曰：無倚着處。

陳經邦問：詩說言唐、魏已變先代之風，又言先聖流風遺俗盡，故次以陳。兩意似不異，何以分先後？先生曰：聖人之都，風化所厚，聖人之國，典法所存。唐、魏，聖人之都，其風雖變而典法尚在。陳，舜之後，聖人之國亦被夷狄之風，則典法隨而亡矣。三代之後有志之士，欲復先王之治而不能者，皆由典法不備。故典法尚存，有人舉而行之無難矣。

張思叔作商稅院題名記，先生以爲得體。李邦直卒，委思叔作祭文，多溢美。先生顧思叔曰：「商稅院題名記是公所爲乎？」思叔唯唯。他日別製祭文用之，曰：「世推文章，位登丞輔。編簡見其才華，廊廟存其步武。」

范溫譏張思叔曰：「買取錦屏三畝地，蒲輪未至且躬耕。」先生聞之曰：「於張繹有何加損也。」

范淳夫之葬，先生爲之經理，掘地深數丈，不置一物。葬之日，招左近父老，犒以酒食，示之。其後發塚者相繼，而淳夫墓獨完。

橫渠學堂雙牖，右書訂頑，左書砭愚。伊川曰：「是起爭端。」改之曰東銘、西銘。

内直則其氣浩然，養之至則爲大人。〔六〕

孟子「知言」即知道也，「詖」「淫」「邪」「遁」是觀人之言，而知之亦可以考其書，然本意唯爲觀人之言也。

或問：旱乾水溢則變置社稷。社稷，土地之神，如何變置？曰：勾龍配食於社，棄配食於稷，諸侯之國亦各以其有功水土者爲配。旱乾水溢則變置所配之人。曰：所配者果能致力於水旱乎？曰：古之人作事唯實而已，始以其有功水土，故祀之，今以其水旱，故易之。

「精一」便是「執中」底道理。

或問：孔子何譏大閲？曰：講武必於農隙。魯之八月，夏之六月也。盛夏閲兵，妨農害人，其失甚矣。有警而爲之則無及也，無事而爲之則妄動也。

子言左傳非丘明作，「虞」、〔六〕「不臘矣」并「庶長」，皆秦官秦語。

子謂「事親舍藥物可也」，是非君子之言。

校勘記

〔一〕康誥曰若保赤子　「若」原作「如」，據弘治本、康熙本改。

〔二〕疎逖小臣　「逖」，弘治本、康熙本作「遠」。

〔三〕頌觀過其門者　「門」原訛「問」，據弘治本、康熙本改。

〔四〕後嫁耿氏而卒　「耿氏」原訛「取氏」，據弘治本、康熙本改。

〔五〕先生謂侯師聖議論只好隔壁聽　「聖」原訛「正」，據弘治本、康熙本改。

〔六〕養之至則爲大人　弘治本、康熙本無「至」字。

程氏外書第十二

傳聞雜記

「可以死，可以無死，死傷勇。」夫人之於死也，何以知可不可哉？蓋視義爲去就耳。予嘗曰「死生之際，惟義所在」，則義所以對死者也。程伯淳聞而謂予曰：「義無對。」

御史俸薄，故臺中有「聚廳向火，分廳喫飯」之語。熙寧初，程伯淳入臺爲裏行則反之，遂聚廳喫食，分廳向火。伯淳爲予言。

右二事見塵史。王得臣，字彦輔。

程正叔先生曰：樞密院乃虛設，大事三省同議，其他乃有司之事，兵部尚書之職。然藝祖用此以分宰相之權，神宗改官制亦循此意。

治平中見正叔先生云：今之守令，唯制民之産一事不得爲，其他在法度中甚有可爲者，患人不爲耳。

右二事見吕氏家塾記。吕希哲，字原明。

二程之學，以聖人爲必可學而至，而己必欲學而至於聖人。

温公薨，門人或欲遺表中入規諫語。程正叔云：是公平生未嘗欺人，可死後欺君乎！

右二事見吕氏發明義理。同上。〔二〕

程正叔言：同姓相見當致親親之意，而不可叙齒以拜，蓋昭穆高下未可知也。

右一事見吕氏酬酢事變。同上。

元祐二年正月二十五日戊寅，内侍至資善傳旨權罷講一日。二十七日庚辰，資善吏報馮宗道云：〔三〕「上前日微傷食物，曾取動藥，〔四〕恐未能久坐，令講讀少進説。」是日正叔略講畢，奏云：「臣等前日臨赴講筵，忽傳聖旨權罷講，臣等甚驚。聖躬别無事否？」上曰：「别無事。」自初御邇英，至是始發德音。

二月十五日戊戌，正叔講一言可終身行之，其恕乎。因言人君當推己欲惡，知小民飢寒稼穡艱難。明宗年六十餘即位，猶書田家詩一首于殿壁，其詩云云。進説甚多。

三月二十六日戊寅，正叔獨奏，乞自四月就寬凉處講讀。二十八日，移講讀就延和。〔五〕

四月六日丁亥，講讀依舊邇英閣。顧子敦封駁，以爲延和執政得一賜坐啜茶已爲至榮，豈可使講讀小臣坐殿上，違咸造勿褻之義。持國、微仲進呈，令脩邇英閣，多置軒窗。已得旨，而吕公方入，令脩延義閣。簾内云「此待別有擘畫」，未知何所也。

十五日丙申，邇英進講，文公以下預焉。邇英新脩，展御坐比舊近後數尺，門南北皆朱漆，釣牕前簾設青幕障日，殊寬凉矣。

右范太史日記。范祖禹，字淳夫。

先生離京，曾面言，令光庭説與淳夫，爲資善堂見畜小魚，恐近冬難畜，託淳夫取來投之河中。數次朝中不遇，故因循至此。專奉手啓，幸便爲之。

右朱給事與范太史帖朱光庭，字公掞。

元符末，徽宗即位，皇太后垂簾聽政，有旨復哲宗元祐皇后孟氏位號。時有論其不可者，曰：「上於元祐后，叔嫂也。叔無復嫂之禮。」伊川先生謂邵伯温曰：「元祐后之賢固也，論者之言亦未爲無理。」伯温曰：「子甚宜其妻，父母不悦，出。子不宜其妻，父母曰是善事我，子行夫婦之禮焉。太后於哲廟，母也，於元祐后，姑也。母之命，姑之命，何爲不可？非上以叔復嫂也。」先生喜曰：「子之言得之矣。」

元豐八年，神宗升遐，遺詔至洛。程宗丞伯淳爲汝州酒官，以檄來舉哀府治。既罷，謂留守韓康公之子宗師兵部曰：「顥以言新法不便忤大臣，同列皆謫官，顥獨除監司，顥不敢當。念先帝見知之恩，終無以報。」已而泣。兵部問：「今日朝廷之事如何？」宗丞曰：「司馬君實、吕晦叔作相矣。」「二公果作相，〔六〕當如何？」宗丞曰：「當與元豐大臣同。若先分黨與，他日可憂。」兵部曰：「何憂？」宗丞曰：「元豐大臣皆耆利者，若使自變其已甚害民之法，則善矣，不然，衣冠之禍未艾也。君實忠直，難與議，晦叔解事恐力不足耳。」既而皆驗。宗丞論此時，范醇夫、朱公掞、杜孝錫、伯温同聞之。

荆公置條例司，用程伯淳爲屬。一日盛暑，荆公與伯淳對語。公子雱囚首跣足，携婦人冠以出，問荆公曰：「所言何事？」荆公曰：「新法數爲人沮，與程君議。」雱箕踞以坐，大言曰：「梟韓琦、富弼之首於市，則新法行矣。」荆公遽曰：「兒悮矣。」伯淳正色曰：「方與參政論國事，子弟不可預，姑退。」雱不樂去。伯淳自此與荆公不合。

元祐初，文潞公以太師、平章軍國重事召程正叔爲崇政殿説書。正叔以師道自居，侍上講，色甚莊，以諷諫，上畏之。潞公對上甚恭，進士唱名，侍立終日。上屢曰太師少休，頓首謝立不去，時年八十矣。或謂正叔曰：「君之倨，視潞公之恭，議者以爲未盡。」正叔曰：「潞公三朝大臣，事幼主不得不恭。吾以布衣爲上師傅，其敢不自重？吾與潞公所以不同也。」識者服其言。

伯淳先生嘗曰：熙寧初，王介甫行新法，並用君子小人。君子正直不合，介甫以爲俗學，不通世務，斥去。小人苟容諂佞，介甫以爲有才，知變通，適用之。君子如司馬君實不拜副樞以去，范堯夫辭修注得罪，張天祺以御史面折介甫被責。介甫性狠愎，衆人以爲不可，則執之愈堅。君子既去，所用小人爭爲刻薄，故害天下益深。使衆君子未與之敵，俟其勢久，自緩委曲，平章尚有聽從之理，則小人無隙可乘，其害不至如此之甚也。

伊川先生貶涪州，渡漢江。中流，舡幾覆，舟中人皆號哭，伊川獨正襟安坐如常。已而及岸，同舟有老父問曰：「當船危時，君正坐色甚莊，何也？」伊川曰：「心存誠敬耳。」老父曰：「心存誠敬固善，然不若無心。」伊川欲與之言，而老父徑去。

宗丞先生謂伯温曰：「人之爲學，忌先立標準，若循循不已，自有所至矣。」先人敝廬，廳後無門，由旁舍委曲以出。先人既没，伯温鑿壁爲門。侍講先生見之曰：「先生規畫必有理，不可改作。」伯温亟塞之。伯温初入仕，侍講曰：「凡所部公吏雖有罪，亦當立案而後決，或出於私怒，比具案，怒亦散，不至倉卒傷人。每決，人未經杖責者宜慎之，恐其或有立也。」

右七事見邵氏聞見録。邵伯温，字子文，康節先生之子。

孔子曰：「天之將喪斯文也，後死者不得與於斯文也。天之未喪斯文也，匡人其如予何？」於「天之將喪斯文」下，便言「後死者不得與於斯文」，則是文之興喪，在孔子與天爲一矣。蓋聖人德盛，與天爲一，出此等語，自不覺耳。孟子地位未能到此，故曰：「天未欲平治天下也，如欲平治天下，當今之世，舍我其誰？」聽天所命，未能合一。明道云。

或問明道先生：如何斯可謂之恕？先生曰：充擴得去則爲恕。心如何是充擴得去底氣象？曰：天地變化草木蕃。充擴不去時如何？曰：天地閉，賢人隱。

敢問何謂浩然之氣？孟子曰難言也。明道先生云：只他道箇難言也，便知這漢肚裏有爾許大事。若是不理會得底，便撑拄胡説將去。

橫渠嘗言：吾十五年學箇「恭而安」不成。明道曰：可知是學不成有多少病在。

明道嘗曰：吾學雖有所受，「天理」二字却是自家貼體出來。

陝西曾有議欲罷鑄銅錢者，以謂官中費一貫鑄得一貫爲無利。伊川曰：「此便是公家之利。利多費省，私鑄者衆，費多利薄，盗鑄者息。盗鑄者息，權歸公上，非利而何？」又曾有議解鹽鈔欲高其價者，增六千爲八千。伊川曰：「若增鈔價，賣數須減，鹽出既衆，低價易之，人人食鹽，鹽不停積，歲入必敷。」已而增鈔價，歲額果虧，減之而歲入溢。温公初起時，欲用伊川。伊川曰：「帶累人去裏，使韓、富在時，吾猶可以成事。」後來温公欲變法，伊川使人語之曰：「切未可動著役法，動著即三五年不能得定疊去。」未幾變之，果紛紛不能定。

温公作中庸解，不曉處闕之。或語明道，明道曰：「闕甚處？」曰：「如『强哉矯』之類。」明道笑曰：「由自得裏，將謂從『天命之謂性』處便闕却。」

明道嘗論吕微仲曰：「宰相吕微仲須做，只是這漢俗。」明道先生善言詩，他又渾不曾章解句釋，但優游玩味，吟哦上下，便使人有得處。「瞻彼日月，悠悠我思，道之云遠，曷云能來」，思之切矣。終曰「百爾君子，不知德行，不忮不求，何用不臧」，歸于正也。

孟子曰「養心莫善於寡欲」，此一句如何？謝子曰：吾昔亦曾問伊川先生，曰：「此一句淺近，不如『理義之悦我心，猶芻豢之悦我口』，最親切有滋味。然須是體察得『理義之悦我心』真箇『猶芻豢』始得。」明道先生曰：「『操則存，舍則亡，出入無時』，非聖人之言也，心安得有出入乎?」

問: 莊周與佛如何? 伊川曰: 周安得比他佛? 佛説直有高妙處, 莊周氣象大, 故淺近。如人睡初覺時, 乍見上下東西, 指天説地, 怎消得恁地只是家常茶飯, 誇逞箇甚底。吾曾歷舉佛説與吾儒同處, 問伊川先生, 曰: 恁地同處雖多, 只是本領不是, 一齊差却。

謝子與伊川別一年, 往見之。伊川曰: 相別又一年, 做得甚工夫? 謝曰: 也只去箇矜字。曰: 何故? 曰: 子細檢點得來, 病痛盡在這裏。若按伏得這箇罪過, 方有向進處。伊川點頭, 因語在坐同志者曰: 此人爲學, 切問近思者也。

問: 有鬼神否? 明道先生曰: 待向你道無來, 你怎生信得, 及待向你道有來, 你且去尋討看。

謝子曰: 吾嘗習忘以養生。明道曰: 施之養生則可, 於道則有害。習忘可以養生者, 以其不留情也, 學道則異於是。「必有事焉而勿正」, 何謂乎? 且出入起居寧無事者, 正心待之則先事而迎, 忘則涉乎去念, 助則近於留情。故聖人心如鑑。孟子所以異於釋氏, 此也。

苗履見伊川, 語及一武帥。苗曰: 此人舊日宣力至多, 今官高而自愛, 不肯向前。伊川曰：何自待之輕乎！位愈高則當愈思所以報國者，飢則爲用，飽則揚去，是以鷹犬自期也。

二十年前往見伊川，一本作「伯淳」。伊川曰：近日事如何？某對曰：天下何思何慮？伊川曰：是則是有此理，賢却發得太早在。伊川直是會鍛鍊得人，説了又道恰好著工夫也。〔七〕

明道初見謝，語人曰：此秀才展托得開，將來可望。

每進語相契，伯淳必曰「更須勉力」。

昔伯淳教誨只管著他言語。伯淳曰：與賢説話却似扶醉漢，救得一邊，倒了一邊，只怕人執著一邊。

明道先生坐如泥塑人，接人則渾是一團和氣。

正叔視伯淳墳，嘗侍行，問佛儒之辨。正叔指墳圍曰：吾儒從裏面做，豈有不見？佛氏只從墻外見了，却不肯入來做。不可謂佛氏無見處。

學者先學文，鮮有能至道，至如博觀泛覽，亦自爲害。故明道先生教余，嘗曰：賢讀書慎不要尋行數墨。

謝子見河南夫子，辭而歸。尹子送焉，問曰：何以教我？謝子曰：吾從朝夕從先生，見行則學，聞言則識。譬如有人服烏頭者，方其服也，顔色悦澤，筋力強盛，一旦烏頭力去，將如之何？尹子反，以告夫子。夫子曰：可謂益友矣。

昔録五經語作一册，伯淳見，謂曰：玩物喪志。

明道見謝子記問甚博，曰：賢却記得許多。謝子不覺身汗面赤。先生曰：只此便是惻隱之心。惻然有隱於心。

伯淳謂正叔曰：異日能尊師道，是二哥。若接引後學，隨人才成就之，則不敢讓。

伯淳常談詩，並不下一字訓詁，有時只轉却一兩字，點平聲。掇地念過，便教人省悟。

石曰：古人所以貴親炙之也。

邢七云：一日三點檢。伯淳曰：可哀也哉！其餘時多會甚事？蓋倣「三省」之説錯了，可見不曾用功，又多逐人面上説一般話。伯淳責之，邢曰：無可説。伯淳曰：無可説便不得不説。

張横渠著正蒙時，處處置筆硯，得意即書。伯淳云：子厚却如此不熟。

或舉伯淳語云：人有四百四病，皆不由自家，則是心須教由自家。

伊川與君實語，終日無一句相合。明道與語，直是道得下。

堯夫易數甚精。自來推長曆者至久必差，惟堯夫不然，指一二近事，當面可驗。明道云：「待要傳與某兄弟，某兄弟那得功夫要學，須是二十年功夫。」明道聞説甚熟，一日因監試無事，以其説推筭之皆合。出謂堯夫曰：「堯夫之數，只是加一倍法，以此知大玄都不濟事。」堯夫驚撫其背曰：「大哥你恁聰明！」伊川謂堯夫：「知易數爲知天，知易理爲知天？」堯夫云：「須還知易理爲知天。」因説今年雷起甚處，伊川云：「堯夫怎知某便知。」又問甚處起，伊川云：「起處起。」堯夫愕然。他日，伊川問明道曰：「加倍之數如何？」曰：「都忘之矣。」因歎其心無偏繫如此。

舉明道云：忠恕兩字，要除一箇除不得。

明道語云：病臥於床，委之庸醫，比於不慈不孝。事親者亦不可不知醫。

伯淳先生云：别人喫飯從脊皮上過，我喫飯從肚裹去。

范夷叟欲同二程去看斸地黄。明道率先生，先生以前輩爲辭。明道云：又何妨？一般是人。

右三十七條見上蔡語録。謝良佐，字顯道，二先生門人。

明道云：必有關雎、麟趾之意，然後可行周公法度。

先生曰：明道嘗言學者不可以不看詩，看詩便使人長一格價。

明道在潁昌，先生尋醫調官京師，因往潁昌從學。明道甚喜，每言曰：「楊君最會得容易。」及歸，送之出門，謂坐客曰：「吾道南矣。」先是建安林志寧出入潞公門下求教，潞公云：「某此中無相益，有二程先生者，可往從之。」因使人送明道處。志寧乃語定夫及先生，先生謂不可不一見也，於是同行。時謝顯道亦在。謝爲人誠實，但聰悟不及先生。故明道每言楊君聰明，謝君如水投石，然亦未嘗不稱其善。伊川自涪歸，見學者彫落，多從佛學，獨先生與謝丈不變。因嘆曰：「學者皆流於夷狄矣，唯有楊、謝二君長進。」

明道先生作縣，凡坐處皆書「視民如傷」四字，常曰：顥常愧此四字。

伊川二十四五時，呂原明首師事之。

右四條見龜山語録。楊時，字中立，二先生門人也。

扶溝地卑，歲有水旱。明道先生經畫溝洫之法以治之，未及興工而先生去官。先生曰：以扶溝之地盡爲溝洫，必數年乃成。吾爲經畫十里之間，以開其端，後之人知其利，必有繼之者矣。夫爲令之職，必使境内之民凶年飢歲免於死亡，飽食逸居，有禮義之訓，然後爲盡。故吾於扶溝興設學校，聚邑人子弟教之，亦幾成而廢。夫百里之施至狹也，而道之興廢繫焉。是數事者皆未及成，豈不有命與！然知而不爲，而責命之興廢，則非矣。此吾所以不敢不盡心也。

右一事見庭聞藁録。楊公之子適所記。

朱公掞來見明道于汝，歸謂人曰：「光庭在春風中坐了一箇月。」游、楊初見伊川，伊川瞑目而坐，二子佇立。〔八〕既覺，顧謂曰：「賢輩尚在此乎？日既晚，且休矣。」及出門，門外之雪深一尺。

伊川先生在經筵，每進講必博引廣喻以曉悟人主。講退，范堯夫曰：「先生怎生記得許多？」先生曰：「只爲不記，故有許多，若還記，却無許多也。」

明道先生謂謝子雖少魯，直是誠篤，理會事有不透。「其顙有泚」，其憤悱如此。

右三事見侯子雅言。侯仲良，字師聖，二先生之内弟。

和靜嘗以易傳序請問曰：「至微者理也，至著者象也，體用一原，顯微無間」，莫太洩露天機否？伊川曰：如此分明説破，猶自人不解悟。祁寛録云：伊川曰：「汝看得如此甚善。」吕堅中録云：伊川曰：「亦不得已言之耳。」

和靜嘗請曰：某今日解得「心廣體胖」之義。伊川正色曰：如何？和靜曰：莫只是樂否？伊川曰：樂亦没處著。

和靜偶學虞書，伊川曰：賢那得許多工夫。

思叔詬詈僕夫，伊川曰：何不動心忍性？思叔慙謝。

暇日靜坐，和靜、孟敦夫、名厚，潁川人。張思叔侍。伊川指面前水盆，語曰：清靜中一物不可着，纔著物便摇動。一日置酒，伊川曰：飲酒不妨，但不可過。惟酒無量不及亂。聖人豈有作亂者事？但恐亂其氣血致疾，或語言錯顛，容貌傾側，皆亂也。

伊川歸自涪州，氣貌容色髭髮皆勝平昔。門人問何以得此，先生曰：學之力也。大凡學者，學處患難貧賤，若富貴榮達即不須學也。

鮑若雨、劉安世、〔九〕劉安節數人自太學謁告來洛，見伊川，問：「『堯、舜之道，孝弟而已矣』，堯、舜之道何故止於孝弟？」伊川曰：「曾見尹焞否？」曰：「未也。」「請往問之。」諸公遂來見和靜，以此爲問。和靜曰：「堯、舜之道止於孝弟，孝弟非堯、舜不能盡。自『冬温夏清，昏定晨省』，以至『聽於無聲，視於無形』，又如『事父孝，故事天明，事母孝，故事地察』，『天地明察，神明彰矣』，道至『通於神明，〔一〇〕光於四海』，非堯、舜大聖人不能盡此。」復以此語白伊川，伊川曰：「極是，縱使某説，亦不過此。」

右八事涪陵記善録。馮忠恕所記尹公語。尹名焞，字彦明，伊川先生門人。

游定夫酢問伊川曰：「『戒慎乎其所不睹，恐懼乎其所不聞』，便可『馴致』於『無聲無臭』否？」伊川曰：「固是。」後謝顯道良佐問伊川如定夫之問，伊川曰：「雖即有此理，然其間有多少般數。」謝曰：「既云可『馴致』，更有何般數？」伊川曰：「如荀子謂『始乎爲士，終乎爲聖人』，此語有何不可？亦是『馴致』之道，然他却以性爲惡，桀、紂性也，堯、舜僞也。以此『馴致』，〔一一〕便不錯了？」

楊子安侍郎學禪，不信伊川，每力攻其徒。又使其親戚王元致問難於和靜先生，曰：「六經蓋藥也，無病安所用乎？」先生曰：「固是，只爲開眼即是病。」王屈服以歸。伊川自涪陵歸，過襄陽，子安在焉。子安問易從甚處起。時方揮扇，伊川以扇柄畫地一下，曰：「從這裏起。」子安無語。後至洛中，子安舉以告和靜先生，且曰：「某當時悔不更問此畫從甚處起。」和靜以告伊川，伊川曰：「待他問時，只與嘿然得似箇，子安更喜懽也。」先生舉示子安，子安由此遂服。

伊川與和靜論義命。和靜曰：「命爲中人以下說，若聖人只有箇義。」伊川曰：「何謂也？」和靜曰：「『行一不義，殺一不辜，而得天下，皆不爲也』，奚以命爲？」伊川大賞之。

又論動靜之際，問寺僧撞鐘。〔一二〕和靜曰：「說着靜便多一箇靜字，說動亦然。」伊川頷之。〔一三〕和静每曰：動静只是一理，陰陽死生亦然。

謝顯道習舉業已知名，往扶溝見明道先生受學，志甚篤。明道一日謂之曰：「爾輩在此相從，只是學某言語，故其學心口不相應，盍若行之？」請問焉，曰：「且静坐。」伊川每見人静坐，便嘆其善學。

先生曰：伊川常愛衣皂，或塼褐紬襖，其袖亦如常人。所戴紗巾，背後望之如鍾形，其製乃似今道士，謂之「仙桃巾」者，然不曾傳得樣。不知今人謂之習伊川學者「大袖方頂」何謂？先生在洛中，常裹昌黎巾。

先生嘗問伊川：「鳶飛戾天，魚躍于淵」，莫是上下一理否？伊川曰：至這裏只得點頭。

郭忠孝每見伊川，問論語，伊川皆不答。一日，伊川語之曰：子從事於此多少時？所問皆大，且須切問而近思。

先生曰：張思叔一日於伊川坐上理會盡心、知性、知天、事天。伊川曰：「釋氏只令人到知天處休了，更無存心、養性、事天也。」思叔曰：「知天便了，莫更省事否？」伊川曰：「子何似顔子。顔子猶視聽言動不敢非禮，乃所以事天也。子何似顔子。」

先生嘗問於伊川如何是道，伊川曰：「行處是。」

先生曰：有人問明道先生如何是道，明道先生曰：「於君臣父子兄弟朋友夫婦上求。」

昔劉質夫作春秋傳未成，每有人問，伊川必對曰：「已令劉絢作之，自不須某費工夫也。」劉傳既成，來呈伊川，門人請觀，伊川曰：「却須着某親作竟。」不以劉傳示人。伊川没後方得見。今世傳解至閔公者。昔又有蜀人謝湜提學，字持正，解春秋成，來呈伊川。伊川曰：「更二十年後，子方可作。」謝久從伊川學，其傳竟不曾敢出。

張思叔三十歲方見伊川，後伊川一年卒。初以文聞於鄉曲，自見伊川後，作文字甚少。伊川每云張繹朴茂。

先生曰：初見伊川時，教某看敬字。某請益，伊川曰：「主一則是敬。」當時雖領此語，然不若近時看得更親切。寬問：如何是主一，願先生善喻。先生曰：敬有甚形影，只收斂身心便是主一。且如人到神祠中致敬時，其心收斂，更着不得毫髮事，非主一而何？又曰：昔有趙承議從伊川學，其人性不甚利，伊川亦令看敬字。趙請益，伊川整衣冠齊容貌而已。趙舉示先生，先生於趙言：下有箇省覺處。

謝收問學於伊川，答曰：「學之大，無如仁，汝謂仁是如何？」謝久之無入處。一日再問曰：「愛人是仁否？」伊川曰：「愛人乃仁之端，非仁也。」謝收去。先生曰：「某謂仁者公而已。」伊川曰：「何謂也？」先生曰：「能好人，能惡人。」伊川曰：「善涵養。」

先生曰：司馬温公平生用心甚苦，每患無着心處，明道、伊川常嘆其未止。一日，温公謂明道：「某近日有箇着心處甚安。」明道曰：「何謂也？」温公曰：「只有一箇中字着心於中，甚覺安樂。」明道舉似伊川，伊川曰：「司馬端明却只是揀得一箇好字，却不如只教他常把一串念珠却似省力。試說與時，他必不受也。」又曰：「着心只那着底是何？」

謝顯道久住太學，告行於伊川，云將還蔡州取解，且欲改經禮記。伊川問其故，對曰：「太學多士所萃，未易得之，不若鄉中可必取也。」伊川曰：「不意子不受命如此。子貢不受命而貨殖，蓋如是也。」顯道復還，次年獲國學解。

韓持國與伊川善。韓在潁昌，欲屈致伊川、明道，預戒諸子姪使治一室，至於脩治窗户，皆使親爲之，其誠敬如此。二先生到，暇日與持國同游西湖，命諸子侍行。行次有言貌不莊敬者，伊川回視，厲聲叱之曰：「汝輩從長者行，敢笑語如此，韓氏孝謹之風衰矣。」持國遂皆逐去之。先生聞于持國之子彬叔，名宗質。

王介甫爲舍人時，有雜說行於時。其粹處有曰：「莫大之惡，成於斯須不忍。」又曰：「道義重，不輕王公；志意足，不驕富貴。有何不可？」伊川嘗曰：「若使介甫只做到給事中，誰看得破。」

伊川歸自涪陵，謝顯道自蔡州來洛中，再親炙焉。久之，伊川謂先生及張思叔繹曰：

「可去同見謝良佐，問之此回見吾有何所得。」尹、張如所戒，謝曰：「此來方會得先生説話也。」張以告伊川，伊川然之。

周恭叔行己。自太學早年登科，未三十，見伊川。持身嚴苦，塊坐一室，未嘗窺牖。幼議母黨之女，登科後，其女雙瞽，遂娶焉，愛過常人。伊川曰：「某未三十時亦做不得此事。」然其進鋭者，其退速，每歎惜之。周以官事求，來洛中，監水南糴場，以就伊川。會伊川有涪陵行。後數年，周以酒席有所屬意，既而密告人曰：「勿令尹彦明知。」又曰：「知又何妨？此不害義理。」伊川歸洛，先生以是告之。伊川曰：「此禽獸不若也。豈得不害義理！」又曰：「以父母遺體偶倡賤，其可乎！」

温州鮑若雨商霖，與鄉人十輩久從伊川。一日，伊川遣之見先生。鮑來見，且問：「『堯、舜之道，孝弟而已矣』，如何？」先生曰：「賢遽只爲將堯、舜做天道，孝弟做人道，便見得堯、舜道大，孝弟不能盡也。孟子下箇『而已』字，豈欺我哉？孝經『事父孝，故事天明，事母孝，故事地察』，只爲天地父母只一箇道理。」諸公尚疑焉，先生曰：「曲禮『視於無形，聽於無聲』，亦是此意也。」諸公釋然，歸以告伊川。伊川曰：「教某説不過如是。」次日，先生見伊川。伊川曰：「諸人謂子斬學，不以教渠，果否？」先生曰：「某以諸公遠來依先生之門受學，某豈敢輒爲他説？萬一有少差，便不誤他一生。」伊川頷之。

王介甫與曾子固鞏善，役法之變，皆曾參酌之，晚年亦相睽。伊川常言：「今日之禍亦是元祐做成。以子瞻定役法，凡曰元豐者皆用意更改。當時若使子固定，必無損益者。又是他黨中，自可杜絶後人議也。因其睽，必能變之，況又元經他手，當知所裁度也。此坐元祐術故也。」伊川每曰：「青苗决不可行，舊役法大弊，須量宜損易。」此段可疑。

伊川論國朝名相，必曰李文靖。

伊川與韓持國善，嘗約候韓年八十一往見之。□□間正月一日，〔一四〕因弟子賀正，乃曰：「某今年有一債未還，春中須當暫往潁昌見韓持國，蓋韓八十也。」春中往造焉，久留潁昌。韓早晚伴食，體貌加敬。一日，韓密謂子彬叔曰：「先生遠來，無以爲意，我有黄金藥楪一，重二十兩，似可爲先生壽，然未敢遽言。我當以他事使子侍食，因從容道吾意。」彬叔侍食，如所戒試啓之。先生曰：「某與乃翁道義交，故不遠而來，奚以是爲詰？」朝遂歸。韓謂彬叔曰：「我不敢面言，政謂此爾。」再三謝過而別。

王子真佺期來洛中，居於劉壽臣園亭中。一日，出謂園丁曰：「或人來尋，慎勿言我所向。」是日，富韓公來見焉，不遇而還，子真晚歸。又一日，忽戒灑掃，又於劉丐茶二盃，炷香以待。是日，伊川來，欵語終日，蓋初未嘗夙告也。劉詰之，子真曰：「正叔欲來，信息甚大。」又嵩山前有董五經，隱者也。伊川聞其名，謂其爲窮經之士，特往造焉。董平日未嘗出庵，是日不值，還至中途，遇一老人負茶果以歸，且曰：「君非程先生乎？」伊川異之。曰：「先生欲來，信息甚大。某特入城置少茶果，將以奉待也。」伊川以其誠意，復與之同至其舍，語甚歎，亦無大過人者，但久不與物接，心静而明也。先生問於伊川，伊川曰：「静則自明也。」

先生嘗問伊川春秋解，伊川每曰：「已令劉絢去編集，俟其來。」一日，劉集成，呈於伊川。先生復請之，伊川曰：「當須自做也。」自涪陵歸，方下筆，竟不能成書。劉集終亦不出。

孟敦夫厚來伊川，又從王氏而舉業特精，獨處一室，糞穢不治。嘗獻書於伊川，伊川曰：「孟厚初時説得也似，其後須没事生事。」一日，語之曰：「子胡不見尹焞、張繹，朋友間最好講學。然三公皆同齒也。」敦夫來見先生，曰：「先生令某來見二公。若彦明則某所願見，如思叔莫不消見否？」先生曰：「只不消見思叔之心，便是不消見某之心也。」伊川嘗謂學者曰：「孟厚不治一室，竟亦何益？學不在此，假使灑掃得潔净，莫更快人意否。」

寬因問：伊川謂永叔如何？先生曰：前輩不言人短。每見人論前輩，則曰：汝輩且取他長處。

横渠昔在京師，坐虎皮，説周易，聽從甚衆。一夕，二程先生至，論易。次日，横渠撤去虎皮，曰：「吾平日爲諸公説者皆亂道。有二程近到，深明易道，吾所弗及，汝輩可師之。」逐日虎皮出，是日更不出虎皮也。橫渠乃歸陝西。

先生曰：昔與范元長同見伊川，偶有幹，先起下階。伊川謂范曰：「君看尹彦明，他時必有用於世。」

明道説仁宗一日問折米折幾分，曰折六分，怪其太甚也，有旨只令折五分，次供進，偶覺藏府，曰習使然也，却令如舊。又禁中進膳，飯中有砂石，含以密示嬪御曰：「切勿語人，朕曾食之，此死罪也。」又一日，思生荔枝，有司言已供盡，近侍曰市有鬻者，請買之。上曰：「不可令買之，來歲必增上供之數，流禍百姓無窮。」又一日，夜中甚飢，思燒羊頭。近侍乞宣取，上曰：「不可，今次取之，後必常備，日殺三羊，暴殄無窮。」竟久不食。

先生曰：楊中立答伊川論西銘書云云，尾説渠判然無疑。伊川曰：「楊時也未判然。」

先生曰：某纔十七八歲，見蘇季明教授，時某亦習舉業。蘇曰：「子脩舉業，得狀元及第便是了也。」先生曰：「不敢望此。」蘇曰：「子謂狀元及第便是了否？唯復這學更有裏。」先生疑之，日去見蘇。乃指先生見伊川。後半年方得大學、西銘看。

先生與思叔共學之久。一日，伊川問：「二子尋常見處同否？爲我言之。」先生曰：「某不逮思叔，如凡有請問，未達必三四，請益尚有未得處，久之乃得。如思叔則先生才説便點頭，會意往往造妙。只是某雖愚鈍，自保守得。若思叔則某未敢保他。」伊川笑曰：「也是，也是。」自後每同請益退，伊川必謂諸郎曰：「張秀才如此不待，尹秀才肯得。」

南方學者從伊川既久，有歸者。或問曰：學者久從學于門，誰最是有得者？伊川曰：豈便敢道他有得處？且只是指與得箇歧徑，令他尋將去，不錯了，已是忒大喲。若夫自得，尤難其人。謂之得者，便是已有也，豈不難哉！若論隨力量而有見處，則不無其人也。

司馬温公脩通鑑。伊川一日問：「脩至何代？」温公曰：「唐初也。」伊川曰：「太宗、肅宗端明如何？」温公曰：「皆篡也。」伊川曰：「此復何疑。」伊川曰：「魏徵如何？」温公曰：「管仲，孔子與之。某於魏徵亦然。」伊川曰：「管仲知非而反正，忍死以成功業，此聖人所取其反正也。魏徵只是事讎，何所取耶？」然温公竟如舊説。管仲雖初有過，善補者也。魏徵初實無過者也，功業雖多，何足法乎？

與叔問伊川曰：某見孟子亦有疑處。舜爲法於後世，我猶未免爲鄉人憂之，如何？如舜而已。伊川曰：聖人憂則有之，疑則無。夫何故？人所當憂，不得不憂。如孔子「是吾憂也」，若疑則無之矣。

先生曰：近有人説伊川自比孔、孟。先生曰：某不識明道，每見伊川説，學問某豈敢比先兄？由是推之，決無此語也。

先生曰：悟則句句皆是這箇道理，道理已明後，無不是此事也。如孔子謂「六十而耳順」，聞無不通，然後可至「不踰矩」也。明道作洛河竹木務時，過一寺門，牆上有人題「要不悶，守本分」。時田明之隨行，明道每過，必曰好語。一日，明之問之。明道曰：「只被人不守本分也。」後先生聞此語，復問伊川。伊川曰：「只爲人不能盡分。」先生謂寬曰：看伊川此語，豈不是悟則句句是？凡一言一句便推到極處看，盡分字是大小氣像。又謂寬曰：才説盡分，便不消説悶也。

先生曰：伊川易序既成，其中有曰「體用一源，顯微無間」。先生告伊川曰：「似太泄漏天機。」伊川曰：「汝看得如此甚善。」伊川作詩序二篇，昔人傳之不真。先生一日請問曾作否，伊川曰：「有之，但不欲示人。」再三請，乃得之。曰：「爲子出此二篇。」今傳之者是也。

先生一日看大學，有所得，欲舉似伊川。伊川問之，先生曰：「『心廣體胖』只是自樂。」伊川曰：「到這裏和樂字也著不得。」

右四十一條見祁寬所記尹和靖語。寬字居之。

先生云：初見伊川先生，一日，有江南人鮑某守官西京，見伊川，問仁曰：「『仁者愛人』便是仁乎？」伊川曰：「愛人，仁之事耳。」先生時侍坐，歸，因取論語中說仁事致思久之，忽有所得。遂見伊川，請益曰：「某以仁惟公可盡之。」伊川沈思久之，曰：「思而至此，學者所難及也。天心所以至仁者，惟公爾。人能至公便是仁。」

伊川使人抄范純夫唐鑑。先生問曰：「此書如何？」伊川曰：「足以垂世。」唐鑑議論多與伊川同。如中宗在房陵事之類。

伊川自涪陵歸，易傳已成，未嘗示人。門弟子請益有及易書者，方命小奴取書篋以出，身自發之，以示門弟子，非所請不敢多閱。一日，出易傳序示門弟子。先生受之，歸，伏讀數日。後見伊川，伊川問所見。先生曰：「某固欲有所問，然不敢發。」伊川曰：「何事也？」先生曰：「『至微者理也，至著者象也』，『體用一源，顯微無間』，似太露天機也。」伊川歎美曰：「近日學者何嘗及此，某亦不得已而言焉耳。」

明道嘗謂人曰：「天下事只是感與應耳。」先生初聞之，以問伊川。曰：「此事甚大，人當自識之。」先生曰：「『綏之斯來，動之斯和』，是亦感與應乎？」曰：「然。」

門弟子請問易傳事，雖有一字之疑，伊川必再三喻之。蓋其潛心甚久，未嘗容易下一字也。

先生又云：見王信伯云，昔時問「鼓萬物而不與聖人同憂」之意於張思叔，思叔對曰：

「堯、舜其猶病諸。」後因侍伊川，伊川問「鼓萬物而不與聖人同憂」如何說，則對以思叔之語。伊川曰：「不然，天地以無心故不憂，聖人致有爲之事故憂。」

游定夫問伊川：「『戒慎乎其所不睹，恐懼乎其所不聞』，及其至也，至於『無聲無臭』乎？」伊川曰：「馴此可以至矣。」後先生與周恭叔以此語問伊川，伊川曰：「然其間亦豈無事。」恭叔請問，伊川曰：「如荀子云『學者始乎爲士，終乎爲聖人』，可以明之。」

昔嘗請益于伊川曰：某謂動静一理。伊川曰：試諭之。適聞寺鐘聲，某曰：譬如此寺鐘，方其未撞時，聲固在也。伊川喜曰：且更涵養。

有人說無心，伊川曰：無心便不是，只當云無私心。

游定夫忽自太學歸蔡，過扶溝，見伊川。伊川問：「試有期，何以歸也？」定夫曰：「某讀禮，太學以是應試者多，〔一五〕而鄉舉者實少。」伊川笑之。定夫請問，伊川曰：「是未知學也，豈無義無命乎！」定夫即復歸太學，是歲登第。「定夫」字誤，當作「顯道」。

昔見伊川，問：易，乾、坤二卦，斯可矣。伊川曰：聖人設六十四卦三百八十四爻，後世尚不能了，乾、坤二卦豈能盡也。既坐，伊川復曰：子以爲何人分上事？對曰：聖人分上事。曰：若聖人分上事，則乾、坤二卦亦不須，况六十四乎？

伊川所戴帽桶八寸，簷七分，四直。

鮑若雨與同志數人見伊川，問：「『堯、舜之道，孝弟而已矣』，恐孝弟不足以盡堯、舜之道。」伊川令與和静商量。諸人見和静，和静對曰：「此何所疑？孝以事親，弟以事長，能盡孝弟之道者，惟堯、舜能之。」諸人未喻。和静曰：「且如孝子，視於無形，聽於無聲，孝弟之至，通於神明。且道此箇道理如何？」鮑復見伊川。伊川曰：「某亦不過如此説。」鮑又曰：「尹秀才直是秘此道，不肯容易説。」伊川後問之，和静曰：「此道衆所公共，某何敢秘其説？但恐一語有差，則有累學者。」伊川曰：「某思慮不及。」

張思叔與和静侍伊川，伊川問曰：「賢輩尋常商量事有疑處否？」對曰：「張某所説某不疑，某所説張某不疑。張某聰明，道頭知尾，某必待再三問然後曉。然但恐張某守不定如某。」伊川喜。

右十四條見呂堅中所記尹和静語。堅中，字景實。

問：將孔、孟之言切要處思索，如何？曰：須是熟看語、孟。玩味咀嚼，伊川云「若熟看語録亦自得」者，此也。當時門人有問：「且將語、孟緊要處看，如何？」伊川曰：「固是好，若有得，終不浹洽。」蓋吾道非如釋氏一見了便從空寂去。

問：伊川説人之生也，直是天命之謂性。謝顯道云順理之謂直，竊謂順理是率性之事，天命之性無待於順理也。二説異同？曰：伊川説上一截，顯道説下一截。

先生曰：明道猶有謔語，若伊川則全無。問：如何謔語？曰：明道聞司馬温公解中庸，至「人莫不飲食，鮮能知味」，有疑遂止，笑曰：「我將謂從『天命之謂性』便疑了。」伊川直是謹嚴，坐間無問尊卑長幼，莫不肅然。

一日偶見秦少游，問：「『天若知也和天瘦』，是公詞否？」少游意伊川稱賞之，拱手遜謝。伊川云：「上穹尊嚴，安得易而侮之！」少游面色騂然。

先生曰：伊川年四十以後記性愈進。今人年長則健忘，豈可不知其故哉！伊川涪陵之行，過灧澦，波濤洶湧。舟中之人皆驚愕失措，獨伊川凝然不動。岸上有樵者厲聲問曰：「舍去如斯，達去如斯。」欲答之，而舟已行。

右五條見震澤語録。王蘋信伯門人信州周憲所記。

説之見伊川先生，論曾子易簀事。先生曰：是禮也，君子所以貴乎禮者，爲其以之而生，以之而死，如此其明也。説之曰：是禮古人孰不然，蓋曾子獨有傳焉爾。後世之士，自賤其身而絶於禮，此事始廢。或者似有得於此，而蔽於浮屠、老子虚誕之説，乃不謂之禮，而謂之達。安知吾道之所以貴哉！先生曰：然。

右一事見晁詹事文集。説之以道。

神宗問明道以張載、邢恕之學。奏云：張載臣所畏，邢恕從臣游。伊川謂明道曰：吾兄弟近日説話太多。明道曰：使見吕晦叔，則不得不少；見司馬君實，則不得不多。

張子正蒙云「冰之融釋海，不得而與焉」，伊川改「與」爲「有」。

游定夫問伊川「陰陽不測之謂神」，伊川曰：賢是疑了問？是揀難底問？

元祐中，客有見伊川者，几案間無他書，惟印行唐鑑一部。先生曰：近方見此書，三代以後無此議論。

右五條見晁氏客語。不知何人所録。

正獻公既薦常秩，後差改節，嘗對伯淳有悔薦之意。伯淳曰：「願侍郎寧百受人欺，不可使好賢之心少替。」公敬納焉。

伊川嘗言：今僧家讀一卷經，便要一卷經中道理受用。儒者讀書却只閑了，都無用處。

伊川先生言：人有三不幸，少年登高科一不幸，席父兄之勢爲美官二不幸，有高才能文章三不幸也。

明道先生嘗至禪寺，方飯，見趨進揖遜之盛，嘆曰：三代威儀盡在是矣。

右四事見呂氏童蒙訓。呂本中，字居仁，原明侍講之孫。

有言鬼物於伊川先生者，先生云：君曾親見邪？伊川以爲若是人傳，必不足信，若是親見，容是眼病。

尹彦明與思叔同時師事伊川先生，思叔以高識，彦明以篤行，俱爲先生所稱。先生没，思叔亦病死。彦明窮居教學，未嘗少自貶屈，常以先生教人專以「敬以直内」爲本。彦明獨能力行之。

彦明嘗言先生教人只是專令用「敬以直内」，若用此理，則百事不敢輕爲，不敢妄作，不媿屋漏矣，習之既久，自然有所得也。因説往年先生歸自涪陵，日日見之，一日因讀易至「敬以直内」處，因問先生：「不習無不利時則更無睹，當更無計較也邪？」先生深以爲然，且曰：「不易見得如此，且更涵養，不要輕説。」

晁以道嘗説，頃嘗以書問伊川先生云：「某平生所願學者，康節先生也，康節先生没，不可見，康節之友，惟先生在，願因先生問康節之學。」伊川答書云：「某與堯夫同里巷居三十年餘，世間事無所不論，惟未嘗一字及數耳。」

崇寧初，家叔舜從以黨人子弟補外官，知河南府鞏縣，請見伊川先生，問：「當今新法初行，當如何做？」先生云：「只有義命兩字，當行不當行者義也，得失禍福命也。君子所處，只說義如何耳。」

以道見伊川先生，論難反復。以道曰：「如此是先生亦欲人同己也。」先生不答。門人云：「先生所欲同者，非同己也，正欲道之同耳。」

崇寧元年，叔父舜從至洛中，請見伊川先生。先生召食，食五品，亦甚豐潔。坐間問事甚衆，先生一一酬答。臨行又請教，語甚詳。既而微笑云：「只被公家學佛。」

伊川先生甚愛表記中說「君子莊敬日強，安肆日偷」。蓋常人之情，放肆則日就曠蕩，自檢束則日就規矩。

右八事呂氏雜志。同上。

伊川先生自涪州順流而歸，峽江峻急，風作浪湧，舟人皆失色，而先生端坐不動。岸傍有問者云：「達後如此，舍後如此。」先生意其非凡人也，欲起揖之，而舟去遠矣。親見呂舍人十一丈説。按此段已見邵氏見聞録及震澤語録，恐當以邵氏所記爲正。

伊川先生自涪州歸，過襄州。楊畏爲守，待之甚厚。先生曰：「某罪戾之餘，安敢當此？」畏曰：「今時事已變。」先生曰：「時事雖變，某安敢變？」此乃劉子駒處見其祖所録，今省記此。

右二事汪端明記。

左諫議大夫孔文仲言：謹按通直郎、崇政殿説書程頤，人物纖污，天資憸巧。貪黷請求，元無鄉曲之行；奔走交結，常在公卿之門。不獨交口褒美，又至連章論奏。一見而除朝籍，再見而升經筵。臣頃任起居舍人，屢侍講席，〔一六〕觀頤陳説，凡經義所在，全無發明，必因藉一事，泛濫援引。借無根之語，以摇撼聖聽；推難攷之迹，以眩惑淵慮。上德未有嗜好，而常啓以無近酒色；上意未有信向，而常開以勿用小人。豈惟勸導以所不爲，實亦矯欺以所無有。每至講罷，必曲爲卑佞附合之語。借如曰：「雖使孔子復生，爲陛下陳説不過如此。」又如曰：「伏望陛下燕閑之餘，深思臣之説，無忘臣之論。」又如曰：「臣不敢子細敷奏，慮煩聖聽。恐有所疑，伏乞非時特賜宣問，容臣一一開陳。當陛下三年不言之際，頤無日無此語以感切上聽，陛下亦必黽勉爲之應答。」又如陛下因咳嗽罷講，及御邇英，學士以下侍講讀者六七人，頤官最小，乃越次獨候問聖體，横僭過甚，並無職分，如唐之王伾、王叔文、李訓、鄭注是也。

右孔文仲章。按文仲所言雖極其誣詆，然所載經筵進説，尤見先生所以愛君之心，有門弟子所不及聞者，故今特附于此。呂申公家傳云：文仲本以伉直稱，〔一七〕然惷不曉事，爲浮薄輩所使，以害善良。晚乃自知爲小人所紿，憤鬱嘔血而死。然則此疏不掩防微納忠之善言，乃其伉直所發，而凡醜詆無根之語，則爲浮薄輩所使，而晚乃悔之者也。

校勘記

〔一〕右二事見塵史　「塵史」，弘治本同，康熙本上有「王氏」二字。

〔二〕同上　二小字原無，據弘治本、康熙本補。

〔三〕資善吏報馮宗道云　「報」原訛「部」，據弘治本、康熙本改。又「馮」，弘治本、康熙本作「馬」。

〔四〕曾取動藥　「動」，弘治本闕字，康熙本作「勤」。

〔五〕二十八日移講讀就延和　原爲小字，據弘治本、康熙本改作大字正文。

〔六〕二公果作相　弘治本、康熙本句前有「兵部曰」三字。

〔七〕説了又道恰好著工夫也　弘治本、康熙本「道」上有「恰」字。

〔八〕二子佇立　「佇」，弘治本、康熙本作「侍」。

〔九〕劉安世　「世」原訛「上」，據弘治本、康熙本改。

〔一〇〕道至通於神明　「道」，弘治本、康熙本作「直」。

〔一一〕以此馴致　「以」，弘治本、康熙本作「似」。

〔一二〕問寺僧撞鐘　「問」，弘治本、康熙本作「聞」。

〔一三〕伊川頷之　「頷」原訛「領」，據弘治本、康熙本改。

〔一四〕□□間正月一日　二字原空闕，弘治本、康熙本同。

〔一五〕太學以是應試者多　「試」原訛「賦」，據弘治本、康熙本改。

〔一六〕屢侍講席　「屢」原訛「婁」，據弘治本、康熙本改。

〔一七〕文仲本以伉直稱　「伉」原訛「使」，據弘治本、康熙本改。

附録　書目著録序跋題記

郡齋讀書志卷五下附志語録類

〔宋〕趙希弁

河南程氏遺書二十五卷附録一卷外書十二卷

右李籲、吕大臨、謝良佐、游酢、蘇昞諸人記二先生語十卷，劉絢録明道語四卷，劉元承、楊遵道、周孚、張繹、唐棣、鮑若雨、鄒炳、暢大隱諸人録伊川語十三卷，附録則明道行狀，劉立之、朱光庭、邢恕、范祖禹叙述，游酢書行狀後，吕大臨哀詞，明道墓表，伊川年譜，張繹祭文，胡安國奏狀。外書則拾遺也，朱光庭録一卷，陳淵本、程氏學、馮氏本、羅氏本、胡氏本、游氏本，春秋録、大全集、時氏本、傳聞雜記各一卷，朱文公記其後。

直齋書録解題卷九儒家類

〔宋〕陳振孫

程氏遺書二十五卷附録一卷外書十三卷

朱熹集録二程門人李籲端伯而下諸家所聞見問答之語，附録行狀、哀詞、祭文之屬八篇，其年譜朱公所撰述也。外書則又二十五篇之所遺者。

文獻通考卷二百十經籍考三十七子部儒家

〔元〕馬端臨

程氏遺書二十五卷附録一卷外書十三卷

陳氏曰：朱熹集録二程門人李籲端伯而下諸家所聞見問答之語，附録行狀、哀詞、祭文之屬八篇，其年譜朱公所撰述也。外書則又二十五篇之所遺者。朱子答張敬夫書曰：明道之言，發明極致，通透灑落，善開發人。伊川之言，即事明理，質慤精深，尤耐咀嚼。然明道之言一見便好，久看愈好，所以賢愚皆獲其益。伊川之書乍看未好，久看方好，故非久於玩索者不能知其味。又答吕伯恭書曰：遺書節本已寫出，愚意所删去者亦須用草紙抄出，逐段略注删去之意，方見不草草處，若只暗地删却，久遠却惑人。記論語者只爲不曾如此，留下家語至今作病痛也。

宋史卷二百五藝文志四　〔元〕脱　脱等

程頤遺書二十五卷語録二卷程頤與弟子問答

欽定天禄琳琅書目卷六元版子部　〔清〕于敏中等

河南程氏遺書一函八册

宋朱子輯，二十五卷附録一卷外書十三卷，後附文集十二卷。又元譚善心輯遺文一卷，目録後有善心識語，并朱子辯誤書，末載宋趙師耕麻沙本後序、李襲之舂陵本後序，又元鄒次陳、虞槃序二篇。譚善心字元之，臨川人，元史無傳，其事蹟不可考。所作識語稱程子遺文遺事一卷，善心始慮世傳胡氏本猶未盡善，而朱子改本惜不可見，貞白虞叔近示以所得吴内翰家藏别本，乃與意見脗合，用鋟諸梓，以與學者共之。其朱子與劉共父、張南軒辯論所及者，悉附注于目録之下。且爲竊考程氏世系譜于十二卷之首云云。世系譜此本已闕。鄒次陳序稱遺書、外書俱出程門弟子手記，朱子家藏世所刊本無不同者，獨二先生文集出胡文定公家，頗有改削。朱子定其所當改者數紙，屢以書致劉、張二公。然承舛習訛，卒莫之從。譚元之因與蜀郡虞槃往復討論，以復乎朱子所改之舊焉。今觀李襲之春陵本後序，祇言遺書、外書而不及文集。其趙師耕麻沙本後序則稱二程先生文集，憲使楊公已鋟版三山學宫，遺書、外書則庾司舊有之，後俱燬于乙未之火。師耕承乏來此，亟將故本易以大字，與文集爲一體，刻之後圃明教堂云云。按陳振孫書録解題載河南程氏文集十二卷，謂爲建寧所刻本，載在集部，不與遺書合録子部之中，是振孫所指建寧本似爲楊公所刊，而以一體合刻，則自師耕始也。考浙江通志，師耕黄巖人，登宋寧宗嘉定七年進士第。其序猶自署古汴者，蓋不忘故土之意。李襲之無考。元史虞槃字仲常，隆州仁壽人，集之弟，登延祐進士，授吉安永豐丞，後終嘉魚縣尹。西江志鄒次陳字周弼，一字悦道，宜黄人，中博學宏詞科，所著有遺安集十八卷、史鈔十卷。此書校正文集，雖足訂别本之訛，然樵印草草，紙墨皆不求精，在元刻中又其次者。書中有「趙氏子昂」、「龍門子圖書記」、「進士郡李縣令」三印。考元史孟頫以英宗至治二年六月卒，而鄒次陳序作于至治二年七月，譚善心識語作於至治三年九月，是孟頫殁時書尚未經刊行，安得其收藏印記。「進士郡李縣令」一印，文義亦不可解。觀三印篆法俱極纚劣，其爲書賈僞造無疑，故不採録。

欽定四庫全書子部一儒家類一

〔清〕紀　昀

二程遺書二十五卷附録一卷江西巡撫採進本

宋二程子門人所記，而朱子復次録之者也。自程子既殁以後，所傳語録有李籲、吕大臨、謝良佐、游酢、蘇昞、劉絢、劉安節、楊廸、周孚先、張繹、唐棣、鮑若雨、鄒柄、暢大隱諸家，頗多散亂失次，且各隨學者之意，其記録往往不同。觀尹焞以朱光庭所鈔伊川語質諸伊川，伊川有「若不得某之心，所記者徒彼意耳」之語，則程子在時，所傳已頗失其真。案此事見朱子後序中。故朱子語録謂「游録語慢，上蔡語險，劉質夫語簡，李端伯語宏肆，永嘉諸公語絮」也。是編成於乾道四年戊子，乃因家藏舊本，復以類訪求附益，略據所聞歲月先後，編第成爲二十五卷。又以行狀之屬八篇爲附録一卷。語録載陳淳問第九卷「介甫言律一條何意？曰：伯恭以凡事皆具，惟律不説，偶有此條，遂漫載之。」又鄭可學問「遺書有古言乾坤不用六子一段，如何？曰：此一段却主張是自然之理，又有一段却不取。」又晦庵文集内有答吕伯恭書曰：遺書節本已寫出，愚意所删去者亦須用草紙抄出，逐條略注删去之意，方見不草草處，若暗地删却，久遠却惑人云云。今觀書内如劉安節所録「謹禮者不透，須看莊子」一條，語涉偏矯，則註云「別本所增」。又暢大隱所記「道豈有可離而不可離」一條，純入於禪，則註云「多非先生語」。其去取亦深爲不苟矣。故文獻通考載遺書卷目與此本同，而黄震日抄所載則至十七卷而止，與此互異。又震所載遺書卷目吕與叔東見録及附東見録，均次爲第二卷，而此本則次附東見録爲第三卷。殆傳本有異同歟。至附録中年譜一篇，朱子自謂實録所書，文集内外書所載，與凡他書之可證者。震則謂朱子訪其事於張繹、范域、孟厚、尹焞而成。蓋朱子舉其引證之書，震則舉其參考之人，各述一端，似矛盾而非矛盾也。

二程外書十二卷江西巡撫採進本

亦二程子門人所記，而朱子編次之。成於乾道癸巳六月，在遺書之後五年。後序稱遺書二十五篇，皆諸門人當時記録之全書，足以正俗本紛更之謬，而於二先生之語則不能無所遺。於是取諸人集録，參伍相除，得此十二篇，以爲外書。凡採朱光庭、陳淵、李參、馮忠恕、羅從彦、王蘋、時紫芝七家所録，又胡安國、游酢家本及建陽大全集印本三家，又傳聞雜記自王氏麈史至孔文仲疏，凡一百五十二條，均採附焉。其語皆遺書所未録，故每卷悉以「拾遺」標目。其稱外書者，則朱子自題，所謂「取之之雜，或不能審所自來，其視前書，學者尤當精擇審取者是也」。中間傳聞異詞，頗不免於叢脞。如程氏學拾遺卷内，以「望道未見」爲「望治道太平」一條，黄震日抄謂恐於本文有增。又時氏本拾遺卷内，以老子「天地不仁，萬物芻狗」之説爲是一條，震亦謂其説殊有可疑。蓋皆記録既繁，自不免或失其本旨。要其生平精語，亦多散見於其中，故但分别存之，而不能盡廢。如吕氏童蒙訓記伊川言「僧家讀一卷經，要一卷經道理受用，儒者讀書都無用處」一條。又「明道至禪寺，見趨進揖遜之盛，歎曰三代威儀盡在是」一條。朱子語録嘗謂其「記録未精，語意不圓」，而終以其言足以警切學者，故並收入傳聞雜記中，無所刊削。其編録之意，亦大略可見矣。

欽定四庫全書簡明目録卷九子部一儒家類

〔清〕于敏中等

二程遺書二十五卷附録一卷

程子門人所記，而朱子編次之。其附録一卷則行狀之類也。書成於乾道四年戊子。文獻通考所載卷數與此本同，黄震日鈔所載卷數次第皆不合，殆傳寫非一本歟。

二程外書十二卷

亦程子門人所記，朱子又取他書所載程子語一百五十二條益之，以補遺書所未備。成於乾道九年癸巳。以真僞錯雜，故目曰外書。

嘉業堂藏書志卷三子部儒家類

〔民國〕繆荃孫等

二程遺書二十五卷附録一卷外書十二卷遺文一卷 明刻本

宋二程子門人所記，朱子復次録之，成於乾道戊子，並輯附録一卷。外書亦門人所記，朱子亦次之，成於乾道己丑。又文集十三卷，遺事文在内，與提要所言文集十三卷遺事二卷之語不同。明人刻本，刊印均佳。止存至治譚善心、虞槃兩序，明人序跋全去之，以充元刻，劣賈所爲。今人不能得其本之所由來，不勝憤憤。（繆稿）

藏園群書經眼録卷七子部一儒家類

〔民國〕傅增湘

二程遺書二十五卷附録一卷 宋朱熹輯

明成化刊本，九行二十字，黑口，左右雙欄。（余藏）

二程遺書二十五卷附録一卷 宋朱熹輯

明嘉靖三年李中、余祐刊本，十行二十字，黑口，左右雙欄。（余藏）

河南程氏遺書附録一卷

宋刻殘本，半葉十一行，每行二十字，白口，左右雙欄，版心上記字數，下記刻工姓名，刊工有：江僧、蔡申、劉石、劉彦、虞仁、丘文、蕭韶、龔全、葉青、吴青、黄仁諸人。宋諱缺筆至慎字止，敦字不缺。鈐有「延陵季子」朱、「吴廷偉書畫印」朱，又有「萊陽張氏桐生藏書之印」朱文大印。按：程氏遺書宋時有麻沙、春陵二本。麻沙本有趙師耕後序，言憲使楊公已鋟版於三山學宫，遺書、外書則庾司舊有之，俱燬于乙未之火，師耕承乏來此，亟將故本易以大字，與文集爲一體，刻之後圃明教堂云云。今北京圖書館藏内閣宋刊八行殘本，疑即趙師耕所刊也。春陵本刊於淳祐六年秋，東川李襲之題云：程氏遺書長沙本最善而字小，歲久漫漶。教授王湜出示五羊本，參校既精，大字亦便觀覽，襲之乃模鋟於春陵郡庫，又取長沙所刊外書附焉。以是證之，則五羊本及春陵本均大字矣。此本不見著録，然其字體小而精整，其非麻沙、春陵、五羊本明甚，且板刻氣息樸厚，決非閩中刻手所能爲。全書惜不得見，然即此附録，次第與明刊本已有異處。首明道行狀，次門人朋友敍述，次游酢書行狀後，次吕大臨哀詞，次墓表即伊川記，次年譜，次張繹祭文，次胡安國奏狀。余以明刊本校閲，得異字凡數十事。卷尾附考異六行，明刊本所無，録之左方：

按此卷内所載張繹祭文：「斯世」一作「於道」、「道合」一作「道會」、「不可得而名也」一作

「某等不得而名也」、「惟泰山」「惟」一作「維」、「趣之」一作「趍之」、「自某之見」一作「某等受教」、「先生有言」一本上有「昔」字、「畢吾此生」一無「吾」字、「固不可得而問也」一本上有「某等」字、「惟與二三子」一本無此五字，有「益當」字、「二三子之志」一作「某等之志」。版本已定，不可增益，今見於此，有别鋟木者，當逐處注入。

讀本朝諸儒理學書

〔宋〕黄　震

程氏遺書卷一，蓋李籲字端伯所録，而伊川嘗謂得其意者。二，初吕與叔從張横渠，張死而入洛，所謂東見録也，附東見録亦與叔所記。三，謝顯道記憶平日語。四，游定夫所録。五、六、七、八、九，皆不知姓氏。十，洛陽議論，蘇昞録。十一，劉絢質夫録明道語。十二，劉質夫録明道語。十三、十四，皆劉質夫録明道語。十五，關中學者録伊川語。十六，己巳冬所聞，不知何人所記。十七，亦不知何人所記，或云周行已，或劉安節，皆永嘉人。

程氏發明孔孟正學於千四百年無傳之後，微言奥□，特散見於門人之集録。賴朱子起，而搜逸訪遺，始克成編，其尤切於日用者，已類而爲近思録矣。然朱子之録近思，必丁寧學者更求之全書。及考其所編全書，乃稱伊川自謂惟李籲得其意，故以爲首篇，且反覆詳論，謂失之毫釐，則其繆將有不可勝言者。然則學者之讀遺書全編，其又可不謹乎。自今觀之，「孔子夢周公」一也，張繹所録，則謂「晚年不遇，不復夢見」，鮑若雨所録，則謂「若曾夢見，大段害事」。夢周公何害事之有？殆惑於異端真人無夢之説耳，是鮑之録不若張之近人情。「賜不受命」一也。□定夫所録，則謂「不受天命」，不知姓氏所録，則謂「不受爵命」。子貢蓋嘗結駟鄰國矣，何嘗不受人之爵命？是或者之録不如游之得事實。乾坤六子之説，一以爲乾坤退處而用六子，一以爲六子之用即乾坤，是甲之録不若乙之通。養生延年之説，一以爲人力可勝造化，一以爲天命不可損益，是前之録不若後之確。善惡之判曉然也，録者謂惡亦不可不謂性，又謂天下善惡皆天理，此雖窮極底藴之辭，然恐不若直言擇善之爲經。鬼神之事難明也，録者謂風肅然起於人心之怖畏，又謂雷擊人起於惡氣之相觸，此雖曉諭世俗之辭，然恐不若泯於忘言之爲得。謂以心知天爲未然，而謂心即是天，固於知天之上加通徹矣。若夫謂道不可離爲未然，而謂道豈有可離不可離，何其蕩無繩墨也。此暢潛夫之録，朱子注其多非先生語歟。以至誠贊天地爲未足，而云同此一誠，何助之有，固於天地聖人之誠加混合矣。若夫謂「謹禮者不透，可讀莊子」，何其矯枉過正也。此劉元承之録，朱子又注其爲别本所增歟。洒掃應對與佛家默然處合，此殆言工夫之始耳。程子平日之言，本斥佛學之無用，而謂吾儒自洒掃以上，便是聖人事也。敬其心不接視聽，此殆指收斂之極耳。程子平日之言，本主視聽之以禮，而斥禪學之絶耳聞目見爲喪天真也。大抵孔孟之學，大中至正之極，而二程之學，正以發明孔孟之言。不幸世之點者，借佛氏之名，售莊、列之説，蕩以高虚。舉世生長習熟於其間而不自知，聞程子之説，稍不加審，則動必□入於彼。今欲辨程録之真僞無他，亦觀其於孔孟之説相合，或於莊、列之言相似與否耳。程門高弟，才莫過於謝顯道，何其所録程説之可疑，亦莫多於謝顯道耶？第一條所録，以「鳶飛魚躍」爲活潑潑。活潑潑何等語，求之孔門，惟見其云「君子之道，造端夫婦」耳。第二條言切脉，第三條言觀雞雛，而皆指以爲仁。切脉觀雞，殆於機觸神悟，求之孔子，惟曰「居處恭，執事敬」，而孟子亦以惻隱爲仁之端耳。謂堯舜之事如太虚中一□浮雲過目，何其與「四海困窮，天禄永終」之戒異也。謂與善人處壞了人，何其與「毋友不如己者」之意殊也。謂莊生形容道體之語爲儘好，謂老氏谷神不死一章爲最佳，此殆其本心之形見，而記憶其師平日之言，亦粉澤於其所學，自成一家之後矣。楊子雲有言，適堯、舜、文王爲正道，非堯、舜、文王爲他道。愚亦謂合於孔孟者，程録之真，異於孔孟者，程録之誤。（録自黄氏日抄卷三十三）

宋淳祐閩刊程氏遺書外書後序

〔宋〕趙師耕

河南二程先生文集，憲使楊公已鋟板三山學官，遺書、外書則庾司舊有之，乙未之火，與他書俱燬不存。諸書雖未能復，是書胡可緩。師耕承乏此來，亟將故本易以大字，與文集爲一體，刻之後圃明教堂。賴吾同志相與校訂，視舊加密，二先生之書於是乎全。時淳祐丙午古汴趙師耕書。（録自明嘉靖李中刊本河南二程先生全書卷首）

宋淳祐春陵刊程氏遺書外書後序

〔宋〕李襲之

程氏遺書長沙本最善，而字頗小，閱歲之久，板已漫漶。教授王君湜，出示五羊本，參校既精，大字亦便觀覽，然無外書。襲之乃模鋟於舂陵郡庫，又取長沙所刊外書附刻焉，願與同志者共學。淳祐六年立秋日東川李襲之謹題。（録自明嘉靖李中刊本河南二程先生全書卷首）

宋淳祐刊程氏全書後序

〔宋〕張玘

右程氏先生經説合遺書、外書、文集總若干卷。玘竊惟聖人之道，自孔孟既没，浸失其傳。至我宋而二程先生出，五三載籍，幾墜之文，千四百年不傳之學，始大昌明於世。格言大訓，見於河南門人之所記録，考亭先儒之所纂輯者，有是書存。譬之菽粟布帛，不容以一日無也。然稽之諸郡，或缺略而無有，或鋟梓而未全，均有負學者之望。玘領教兹邦，積廩稍之餘，益以己俸，嘗補官書之未備者，唯是四書猶缺。余心恧焉，廼求善本，俾一二同志重加考訂，刻諸學宫。庶幾學者家傳而人頌之。由二先生之書，以繹二先生之心，以印孔孟之心云。淳祐戊申四月戊寅天台張玘謹書。（録自明嘉靖李中刊本河南二程先生全書卷首）

元至治譚善心刊河南程氏全書序

〔元〕譚善心

右程子遺文遺事一卷，善心所蒐輯，可繕寫。始慮世傳胡氏本猶未盡善，而朱子改本惜不可見也。貞白虞叔，世聯葭莩，尺牘往還，商略考訂，推本朱子之意，以復于舊。然如定性書，富、謝二公書所删字，終不可考，則固未敢自信，而亦未能自慊也。一日以書來，蓋從今内翰吴先生得家藏别本，乃與臆見吻合，而凡删字皆在，且又益以數篇焉。遂與一二同志，三復校正，用鋟諸梓，以與學者共之。其朱子與劉、張二公辯論所及者，悉附注于目録之下。其餘脱誤錯簡，文字同異，不復具列。且爲竊考程氏世系譜于十二卷之首，以便觀覽。此外有經説七卷，而當嗣刻，以傳永久。至治三年秋九月丙午臨川後學譚善心謹書。（録自明嘉靖李中刊本河南二程先生全書卷首）

元至治譚善心刊河南程氏全書序

〔元〕鄒次陳

右河南程氏遺書、外書，俱出程門弟子手記，考亭朱夫子家藏類訪旁搜，先後次第爲此，世所刊本無不同者，獨二先生文集出，胡文定公家頗有改削，如定性書及明道行述，上富公與謝帥書中删却數十字，辭官表之顛倒次第，易傳麻沙本後序，春陵本後序，序之改「沿」爲「泝」，祭文之改「姪」爲「猶子」。劉、張二公以是本刻之長沙，考亭定其所當改者數紙，與共父劉帥書，及與南軒張子屢書，凜然承舛習訛，末流波蕩之爲懼，而卒亦莫之從也。今所傳文集大率渾本，是固不能無餘論矣。臨川譚善心元之，蚤讀二書，慮其傳本寖少，悉爲刻棗，而於文集復加詳審，與蜀郡虞槃叔常往復討論，以復乎考亭所改之舊，且註劉、張本異同於其下，其餘遺文凡集所未録者，各以類附焉。至若伊川經説，其目見近思録，其書見時氏本，特易傳止繫辭上篇，春秋傳止魯桓九年，書解止「舜格於文祖」，詩解止「四方以無拂」，論語解止「吾從下恨多誤字，不敢臆決」，惟易繫取吕氏精義所編，春秋傳取尹氏纂集所補，以舊板本審校先刊，而他書則俟求善本讎校續刻。此其爲意，固將以集程氏書文之全，明程、朱授受之正，稽之往哲而不悖，傳之來裔而無窮，觀此書者，如挹座春而立門雪，俱非苟然爲之也。嗚呼，元之之用心亦可謂勤也。已裝褫成帙，家學人誦，謹緝大意，書於左方。至治二年壬戌之秋七月既望臨川後學鄒次陳謹書。（録自明嘉靖李中刊本河南二程先生全書卷首）

元至治譚善心刊河南程氏遺書外書序　〔元〕虞槃

周、二程、張、邵書，予以晁昭德讀書志校之，周子通書一卷、明道中庸解一卷、程氏易一卷、書説一卷、詩説兩卷、論語説十卷、孟子解十四卷、伊川集二十卷、程氏雜説十卷、張子正蒙書十卷、漁樵問對一卷、信聞紀一卷、孟子解十四卷、易説十卷、春秋説一卷、横渠崇文集十卷、邵子皇極經世十二卷、觀物篇六卷、擊壤集二十卷，凡十九部一百五十四卷。所謂程氏雜説十卷者，疑即朱子所謂「諸公各自爲書散出并行」之一者也。而遺書所録，不見其目，朱子因其先人舊藏益以類訪爲遺書二十五卷，又爲外書十二卷，益多雜説數倍，而雜説固不傳。合晁氏所記與今所傳續，蓋可見矣。然今所傳本皆家藏故書，數十年前所刻就，令刻板具在，意且漫漶廢棄不少矣。清廟雅樂，姑以備數，而鄭衛之聲，人争愛之，則此日少而彼日多者，亦其勢然也。近年始有新刻邵子書聞風而起者，或誚爲迂濶且之。宜黄譚善心，同邑傅君友諒之同人也，奮然不顧，取二程遺書、文集刻之，且將考訂程氏經説，以次鋟木。槃託中表之好，乃得預聞其説，喜其事之有成，而學者得以傳讀先儒之遺文而不倦。其卓然之見，良有可取。故題其後，以勉同志之士云。蜀郡後學虞槃。（録自明嘉靖李中刊本河南二程先生全書卷首）

明弘治重刊二程全書後序

〔明〕陳　宣

吾郡永康，故有儒者之風，日駸駸然起。若宋王公景山，抱道作先，雖其全書有不可得而盡見，而儒志一編，亦足以見其略矣。既没四十餘年，而二程夫子出，以道學大鳴于河洛，蓋真有以得夫千載不傳之緒，而學者稱宗師必稽焉。吾鄉若周公行己，鮑公若雨，劉公兄弟安節、安止，陳公兄弟經正、經邦，與夫謝公天申、許公景衡、潘公旻、戴公述、薛公季宣十數輩，皆不遠數千里來拜二夫子之門，身爲其弟子而親授受。且以其所有得者，私淑於其鄉，與其後人，若蔣氏元中、宋氏之才、王氏十朋、陳氏傅良、陳氏埴、朱氏景元、葉氏適、湯氏建、戴氏溪、史氏伯璿、陳氏子上，與宣先師楊氏克明，皆得其緒餘，以發其精萃，至今傳頌不衰。吾鄉故號爲小鄒魯，豈無自而然邪？宣自少初學無聞見，嘗侍父兄與鄉長者論，每每遡爲淵源自重，以吾□學道者，固當知有所自也。宣時默識於心，遲遲至於老大，徒自怍已焉耳。去歲來知河南府事，自幸得以入夫子之境，拜夫子之祠墓，而平生之所願慕者，不愈親切有所感動也乎！既而蜀參喬君廷儀，致政還洛，日相與講明二程之學。上而聖人之道賴之以不墜，下而儒先皆不能及之。但其全書雖刻于南陽，洛人亦少得而覩之，況其偏鄉下邑，吾徒不能以無負也。適巡按河南監察御史沁水李公，突然以斯文爲己任，尋以二程全書屬宣鋟梓，以傳不朽，正先得吾心之所同然者，而其言且諄諄也。於乎！吾鄉先進游于是，吾鄉道學原於是，吾平生之所願慕者，亦在是，敢不敬承，謹書於末簡。弘治戊午秋八月上丁日賜進士出身中順大夫河南府知府東嘉陳宣書。（録自明嘉靖李中刊本河南二程先生全書卷首）

明弘治重刊二程全書序

〔明〕李　瀚

先正有言，文、武之後，不得不生仲尼，仲尼之後，不得不生孟軻。瀚於是亦云，孟軻之後，不得不生二程子。於乎！軻死，天下無傳，貿貿百千載而二夫子出，毅然以道自任，續不傳於遺經而盡發明之。上極堯舜禹湯文武，以至孔孟之精微，下若陰陽實物神仙怪誕，無一而不歸諸正，有以破千載之惑，微二夫子，則道卒喪而言卒湮矣。千鈞一髮之際，天豈無意耶？故曰：孟軻之後，不得不生二程子。當時一言一行，門人争相記録，各自爲書，傳之於人人。若遺書、外書、經説、文集，在宋時固已板行，號「程氏四書」。自時迄今，幾四百年，書在人間，各相珍襲，好事者往往刻其所藏本。天順間，國子監丞洛陽閻君子與，求得「四書」，及臨川譚元之所蒐輯遺文遺事，合爲一書。大師南陽李文達公題曰二程全書，而爲之序。今學士泌陽焦君爲編修時，嘗爲校正。南陽知府陽曲段君可久，實刊行之。二先生之書，至是亦昌矣。然板留偏郡，字多漫漶，行亦不廣，學者憾焉。瀚自志學，即好觀二先生之書，竊以爲是書與六經相古今。六經薄海内外無處無之，而是書之全者既不可盡見，其僅存者又不得徧海宇而人觀之。嘗欲取南陽本與家藏舊本參訂梓之，而力有所不逮。頃者奉命來按河南，親歷先生故址，謀酬初志，訪得各本，遂屬參議康君孝隆重爲編輯，僉事彭君性仁復從而校正焉。又採程氏家譜像贊揭於前，俾學者開卷起敬。并取宋史程珦傳，及謚議制詞諸文係於後，以見二先生之道，前有所啟，生雖見擯斥而其後卒大行也。凡六十五卷，繕寫既完，河南知府東嘉陳君文德，樂承繡木之任。河南二先生鄉郡，居四方之中，素稱多士。書得梓於是，其不與六經相悠久，徧於人人□哉！是業也，陳君其永之。時弘治戊午冬十月朔。（録自明嘉靖李中刊本河南二程先生全書卷首）

明弘治重刻二程全書後

〔明〕彭　綱

監察御史沁水李公重刊二程全書，屬少參武定康君孝隆編輯，俾綱校正。按程氏遺書、外書、經説、文集，在宋淳祐間教授張玘已刊行，號「程氏四書」，其目録各冠本部，蓋各自爲書也。今既爲全書，則當總列於前，卷次序説悉仍其舊，而於各卷端，類題二程全書以統之。伊川文集目録後，元有程端中自序，舊本削去，今增入。遺文并續記，係譚善心所蒐輯，舊本没其主名，而抑爲附録，今復之。并考他本，增其所未備，爲文集拾遺。朱子辨胡本書以下十篇，舊本既題後序，今增入譚善心自序一篇，并太中傳以下八篇爲續，附録詳見各目録下。噫！二先生書與六經相表裏，綱何人而敢墨於其間哉？顧其書元經朱子更定者，固無容議，若後來所輯，則猶有不能不致疑者。朱子去程子纔數十年，而於遺書，猶謂傳誦道説，玉石不分，不足以盡得其精微嚴密之旨，而況去此益遠而言益湮乎！姑舉一二言之。仲尼不語怪，程子學仲尼者也，文集中如文簡公及寺丞事，似非不語怪之訓，竊以爲非伊川手筆。六經經漢儒，不能無訛，二先生書又豈免好事者之竄易增添哉？綱職司獄憲，庭日如市，不能章爲之辨，姑於魯魚豕亥之間，聊一二真之，以酬李公美意，用書以俟云。弘治戊午冬十月後學清江彭綱識。（録自明嘉靖李中刊本河南二程先生全書卷首）

明嘉靖刊二程子全書序

〔明〕余祐

孔孟之道既不行於當時，而其學乃傳於後世。學之傳者，道之窮也。聖賢豈得已哉！孔子不得已而揮删述六經之筆，孟子不得已而撰仁義七篇之書。然實用是垂教萬世，與天地相爲無窮，而教又政之所從出焉。後世之人獲聞孔孟之教，隨其所得，淺深小大，施及於民，則固孔孟之道行矣。嗚呼！晦之近者，未始不爲明之遠也。天意蓋有攸在，而孔孟之功，賢於堯舜湯武，豈不信乎！自是能繼其學與道者，漢唐迄宋，惟二程夫子足以當之，而亦不獲行道於時，推其所學以爲教者，即孔孟家法也。伯子年逾五十而卒，未及大有述作。叔子則有易、春秋三傳通行於世，學者誦習，而伯叔子各有門人傳録遺言、文集之類。先儒編集，舊名全書，六經、四書之後，同爲市帛菽粟，以資民生日用，在二夫子者，猶其在孔孟也。今讀其書而私淑以修其身。窮固未嘗不可爲教，達則兼政與教行之，斯世斯民，實亦蒙被二夫子之澤，而豈徒曰書云乎哉！夫不讀其書而欲得其道者鮮矣，然徒讀焉，弗克驗之於心，體之於身，措之於事，則亦古人糟粕，而果何貴於書，何裨於治也耶？廣右督學李憲副中，因念地在僻遠，庠序士子罕見二夫子全書，爰命學宫刊梓，未完乃以憂去。祜爲僚友兼督學政，書成而教諭林文炳等請序卷首。顧予何人，能言二夫子之學與道耶！雖嘗細繹其書，庶幾有見而功力不逮，歲月云徂，思更求進而未能爾。是書梓行，嘉惠廣右士子溥矣。但未知讀者果能深求其學與道乎，否則恐非二夫子立言垂訓，冀望後學之盛心也。凡爲吾徒，尚共勉哉！嘉靖三年甲申歲九月朔日後學鄱陽余祜謹序。（録自明嘉靖李中刊本河南二程先生全書卷首）

河南二程先生全書敘

〔清〕賀瑞麟

右遺書、外書、文集，是皆朱子手定。遺書、附録、外書三序具見朱子文集。二程文集雖無朱子序，然朱子辨胡本書載於文集，今本俱從朱子改正，則猶或朱子當日所見之本也。至於易傳，朱子文集亦有書伊川易傳板本後一篇，今所傳者不知即朱子所書原文與否。後人以易傳、經説、粹言均附遺書、外書、文集之後，是爲二程全書。全書有二：一明徐氏本，一國朝吕氏本。又有中州本、祠堂本，無易傳、經説、粹言。然諸本各有異同舛誤，兹依吕氏本重刻，而以諸本詳加校正，庶幾便於讀矣。夫二程之學，朱子發明至矣盡矣。今即朱子所以讀程書者讀之，則必有以得程學之深，是書之刻，非其厚幸者歟。雖然張宣公當時於程書之出則曰：傳之之廣，得之之易，則又懼夫有玩習之患，或以備聞見，或以資談論，或以助文辭，或以立標榜，則亦反趨於薄，失先生所以望於後人之意爲逾甚矣。要當以篤信爲本，謂聖賢之道由是可以學而至，味而求之，存而體之，涵泳敦篤，斯須勿舍，以終其身而後已。嗚呼！斯言也，豈非今日學者所當知者哉！仍用敬書册首，願與同志者共警焉。光緒壬辰五月朔三原賀瑞麟謹識。（録自清光緒傳經堂刊本河南二程先生全書目録後）

朱子全書

外編

朱傑人　嚴佐之　劉永翔　主编

華東師範大學出版社

朱子全書外编

第叁册

目録

校點説明

上蔡語録三卷，宋謝良佐語録，謝氏弟子所記，朱熹删定。

謝良佐，字顯道，壽春上蔡（今河南上蔡）人。二程（程顥、程頤）弟子，與游酢、吕大臨、楊時並稱「程門四先生」。登進士第。建中靖國初，官京師，忤旨去，監西京竹木場。坐口語系詔獄，廢爲民。良佐記問該贍，學有所長，得到程頤贊許。著作有論語説行於世。

上蔡語録傳者甚鮮，朱熹稱初得友人吴任寫本一篇，後得吴中版本一篇，皆温陵曾恬所記。最後得胡安國家寫本二篇。朱熹將四篇相參校，考其真僞，辨其重複，删其訛誤，定爲三卷。

上蔡語録朱熹删定之宋刻本今已不可得見。今存世最早的刊本是明正德八年汪正刻本（藏浙江圖書館），其後有明正德九年許翔鳳刻遞修本（藏北京國家圖書館），明刻本（藏上海辭書出版社）等。清人翻刻甚多，收録叢書者大致有諸儒鳴道（宋端平中閩川黄壯猷修補刊本）、朱子遺書（清康熙中禦兒吕氏寶誥堂刊本）、西京清麓叢書正編・朱子遺書重刻合編（清光緒十二年刊本）、正誼堂全書（清光緒中刊本）、四庫全書本等。民國間亦屢見翻刻重印，如復性書院校勘刊印本較佳。

此次校點，以明刻本（藏上海辭書出版社）爲底本，校以明正德九年刻遞修本（藏國家圖書館。簡稱明遞修本。）清正誼堂全書本及四庫全書文淵閣本。

門人汪家華、笪桂如、郁輝諸君不辭辛勞，核校版本，在此謹表謝忱。

二〇〇九年十月 嚴文儒

卷上

問：學佛者欲免輪迴，超三界，於意云何？曰：是有利心，私而已矣。輪回之説，信然否？曰：此心有止，凡人慮事，心先困，故言「有止」。而太虚，決知其無。盡必爲輪回，推之於始，何所付受，其終何時閒斷也。且天下人物，各有數矣。孔子曰：「天之將喪斯文也，後死者不得與於斯文也。天之未喪斯文也，匡人其如予何？」於「天之將喪斯文」下便言「後死者不得與於斯文」，則是文之興喪在孔子，與天爲一矣。蓋聖人德盛，與天爲一。出此等語，自不覺耳。孟子地位未能到此，故曰「天未欲平治天下也。如欲平治天下，當今之世，舍我其誰」？聽天所命，未能合一。明道云。

問：孟子言「盡其心者知其性」，如何是盡其心？曰：昔有人問明道先生，何如斯可謂之恕心？先生曰：「充擴得去則爲恕心。」如何是充擴得去底氣象？曰：天地變化草木蕃。充擴不去時如何？曰：天地閉，賢人隱，察此可以見盡不盡矣。

敢問何謂「浩然之氣」？孟子曰：「難言也。」明道先生云：「只他道箇難言也，便知這漢肚裏有爾許大事。若是不理會得底，便撐拄胡説將去。」氣雖難言，卻須教他識箇體段始得。故曰「其爲氣也，至大至剛，以直養而無害，則塞乎天地之閒」。「配義與道」者，將道義明出此事。

人有智愚之品不同，何也？曰：無氣稟異耳，聖人不忿疾於頑者，憫其所遇氣質偏駁，不足疾也。然則可變歟？曰：其性本一，何不可變之有！性，本體也。目視耳聽，手舉足運，見於作用者，心也。自孟子没，天下學者向外馳求，不識自家寶藏。被他佛氏窺見一斑半點，遂將擎拳竪腳底事把持在手，敢自尊大，輕視中國學士大夫，而世人莫敢與之争，又從而信向歸依之。使聖學有傳，豈至此乎？

心者何也？仁是已。仁者何也？活者爲仁，死者爲不仁。今人身體麻痺不知痛癢，謂之不仁。桃杏之核可種而生者，謂之桃仁、杏仁，言有生之意。推此，仁可見矣。學佛者知此，謂之見性，遂以爲了，故終歸妄誕。聖門學者見此消息，必加功焉。故曰：「回雖不敏，請事斯語矣。」「雍雖不敏，請事斯語矣。」仁，操則存，舍則亡。故曾子曰：「動容貌」，「正顏色」，「出辭氣」。出辭氣者，從此廣大心中流出也。以私意發言，豈「出辭氣」之謂乎？夫人一日閒顏色容貌試自點檢，何嘗正，何嘗動，怠慢而已。若夫大而化之，合於自然，則正、動、出不足言矣。

仁者，天之理，非杜撰也。故「哭死而哀，非爲生也；經德不回，非干禄也；言語必信〔一〕，非正行也」，天理當然而已矣。當然而爲之，是爲天之所爲也。聖門學者大要以克己爲本。克己復禮，無私心焉，則天矣。孟子曰：「仁，人心也。盡其心者，知其性也。知其性，則知天矣。」

人之氣稟不同，顔子似弱，孟子似强。顔子「具體而微」。所謂具體者，合下來有恁地氣象，但未彰著耳。微，如易「知微知彰」、「微顯闡幽」之「微」。孟子强勇，以身任道，後車數十乘，從者數百人，所至王侯分庭抗禮，壁立萬仞，誰敢正覷著？非孟子恁地手脚，也撑拄此事不去。雖然，猶有大底氣象，未能消磨得盡，不然藐大人等語言不説出來，所以見他未至聖人地位。

孔子曰：「事君盡禮，人以爲諂。」當時諸國君相怎生當得聖人恁地禮數，是他只管行禮，又不與你計較長短。與上大夫言，便誾誾如也；與下大夫言，便侃侃如也；冕者、瞽者，見之便作，過之便趨〔二〕。蓋其德全盛，自然到此，不是勉强得出來氣象，與孟子渾别。孟子「説大人則藐之，勿視其巍巍然」，猶自參較彼我，未有合一底氣象。

顔子學得親切。如孟子「仰之彌高，鑽之彌堅」，無限量也，以見聖人之道大，「瞻之在前」即不及，「忽焉在後」又蹉卻，以見聖人之道中。觀此一段，即知顔子看得來親切。「博我以文」，便知識廣；「約我以禮」，歸宿處也。

横渠教人以禮爲先，大要欲得正容謹節。其意謂世人汗漫無守，便當以禮爲地，教他就上面做工夫。然其門人下稍頭溺於刑名度數之間，行得來困，無所見處，如喫木札相似，更没滋味，遂生厭倦，故其學無傳之者。明道先生則不然，先使學者有知識，卻從敬入。予問：横渠教人以禮爲先，與明道使學者從敬入，何故不同？謝曰：既有知識，窮得物理，卻從敬上涵養出來，自然是别。正容謹節，外面威儀，非禮之本。

横渠嘗言：「吾十五年學箇恭而安不成。」明道曰：「可知是學不成，有多少病在。」謝子曰：凡恭謹必勉强不安，安肆必放縱不恭。恭如「勿忘」，安如「勿助長」，正當「勿忘」、「勿助長」之間，須子細體認取。

所謂有知識，須是窮物理。只如黄金天下至寶，先須辨認得他體性始得。不然被人將鍮石來唤作黄金，辨認不過，便生疑惑，便執不定。故經曰：「物格然後知至，知至然後意誠。」所謂格物窮理，須是識得天理始得。所謂天理者，自然底道理，無毫髮杜撰。今人乍見孺子將入於井，皆有怵惕惻隱之心。方乍見時，其心怵惕，所謂天理也。要譽於鄉黨朋友，内交於孺子父母兄弟，惡其聲而然，即人欲耳。天理與人欲相對，有一分人欲，即滅卻一分天理。存一分天理，即勝得一分人欲。人欲纔肆，天理滅矣。任私用意，杜撰做事，所謂人欲肆矣。故莊子曰：「去智與故，循天之理。」若在聖人分上，即說循字，不著「勿忘」，又「勿助長」，正當恁地時自家看取，天理見矣。所謂天者，理而已。只如視聽動作，一切是天。天命有德，便五服五章；天討有罪，便五刑五用。渾不是杜撰做作來。學者直須明天理爲是，自然底道理，移易不得。不然，諸子百家，便人人自生出一般見解，欺誑衆生。識得天理，然後能爲天之所爲。聖門學者爲天之所爲，故敢以天自處。佛氏卻不敢恁地做大。明道嘗曰：「吾學雖有所受，『天理』二字卻是自家拈出來。」

伊川才料大，使了大事，指顧而集，不動聲色，何以驗之？曰：只議論中便可見。陝西曾有議欲罷鑄銅錢者，以謂官中費一貫，鑄得一貫，爲無利。伊川曰：「此便是公家之利。利多費省，私鑄者衆；費多利薄，盜鑄者息。盜鑄者息，權歸公上，非利而何？」又曾有議解鹽抄，欲高其價者，增六千爲八千。伊川曰：「若增抄價，賣數須減〔三〕。鹽出既衆，低價易之，人人食鹽，鹽不停積，歲入必敷。」已而增抄價，歲額果虧減之，而歲入溢。温公初起時欲用伊川，伊川曰：「帶累人去裏。使韓、富在時，吾猶可以成事。」後來温公欲變法，伊川使人語之曰：「切未可動著，即三五年不能定疊去。」未幾變之，果紛紛不能定。

王荆公平生養得氣完，爲他不好做官職，作宰相只喫魚羹飯，得受用底不受用，緣省便去就自在。嘗上殿進一劄子擬除人，神宗不允，對曰：「阿除不得。」又進一劄子擬人，神宗亦不允，又曰：「阿也除不得。」下殿出來便乞去，更留不住，平生不屈也奇特。

問：温公所學如何？謝曰：曾作中庸解，不曉處闕之。或語明道，曰：「闕甚處？」曰：「如『强哉矯之類』。」明道笑曰：「由自得裏，將謂從『天命之謂性』處便闕卻。」吕微仲何如？謝子曰：他不合尚有貴賤相態在，不是。明道嘗曰：「宰相，吕微仲須做，只是這漢俗。」吕晉伯甚好，但處事太煩碎。如召賓客食，亦須臨時改换食次。吾嘗語之曰：「每日早晚衙纔覆，便令放者，只爲定故也。」凡事皆有恁地簡易不易底道理，看得分明，何勞之有？易曰：「易簡而天下之理得。」晉伯甚好學，初理會仁字不透。吾因曰：「世人説仁只管著愛上，怎生見得仁？只如力行近乎仁。」力行關愛甚事？何故卻近乎仁？推此類具言之。晉伯因悟曰：「公説仁字，正與尊宿門説禪一般。」晉伯兄弟中皆有見處。一人作詩詠曾點事，曰：「函丈從容問且酬，展才無不至諸侯。可憐曾點惟鳴瑟，獨對春風詠不休。」一人有詩曰：「學如元愷方成癖，文到相如反類俳。獨立孔門無一伎，只傳顔子得心齋。」

邵堯夫直是豪才，嘗有詩云：「當年志氣欲横秋，今日看來甚可羞。事到强爲終屑屑，道非心得竟悠悠。鼎中龍虎忘看守，碁上山河廢講求。」又有詩云：「斟有淺深存燮理，飲無多少繫經綸。卷舒萬古興亡手，出入千重雲水身。」此人在風塵時節，便是偏霸手段，學者須是天人合一始得。邵堯夫有詩云：「萬物之中有一身，一身中有一乾坤。能知造化備於我，肯把天人別立根。天向一中分體用，人於心上起經綸。天人安有兩般義，道不虛行只在人。」問：此詩如何？曰：說得大體亦是，但不免有病，不合說「一中分體用」。又問曰：此句何故有病？謝子因曰：昔富彥國問邵堯夫云「一從甚處起」？邵曰：「公道從甚處起？」富曰：「一起於震。」邵曰：「一起於乾。」問：兩說如何？謝曰：兩說都得。震謂發生，乾探本也。若會得天理，更說甚一二。

問：堯夫所學如何？謝曰：與聖門卻不同。問：何故卻不同？曰：他也只要見物理，到逼真處不下工夫，便差卻。何故卻不著工夫？曰：爲他見得天地進退萬物消息之理，便敢做大。於聖門下學上達底事，更不施工。堯夫精易之數，事物之成敗始終，人之禍福修短，算得來無毫髮差錯。如措此屋，便知起於何時，至某年月日而壞，無不如其言。然二程不貴其術。堯夫嘆不過，一日問伊川曰：「今歲雷從甚處起？」伊川曰：「起處起。」如堯夫必用推算，某更無許多事。」邵即默然。邵精於數，知得天地萬物進退消長之理，便將此事來把在掌握中，直敢做大，以天自處。如富彥國身都將相，嚴重有威，衆人不敢仰視，他將做小兒樣看，直是不管你也，可謂豪傑之士。「仰」下原本有「覷」字，今從言行錄。

學者須是胸懷擺脫得開，始得有見。明道先生在鄠縣作簿時，有詩云：「雲淡風輕近午天，傍花隨柳過前川。旁人不識予心樂，將謂偷閒學少年。」看他胸懷，直是好與曾點底事一般。先生又有詩云：「閒來無事不從容，睡覺東窗日已紅。萬物靜觀皆自得，四時佳興與人同。道通天地有形外，思入風雲變態中。富貴不淫貧賤樂，男兒到此是豪雄。」問：周恭叔恁地放開如何？謝曰：他不是擺脱得開，只爲立不住，便放卻忒早在裏。明道門擺脱得開，爲他所過者化。問：見箇甚道理便能所過者化？謝曰：呂晉伯下得一轉語好，道所存者神，便能所過者化；所過者化，便能所存者神。橫渠云：「性性爲能存神，物物爲能過化。」甚親切。

古詩即今之歌曲，今人唱曲往往能使人感動，至學詩卻無感動，興發處只爲泥卻章句故也。明道先生善言詩，他又渾不曾章解句釋，但優游玩味，吟哦上下，便使人有得處。「瞻彼日月，悠悠我思。道之云遠，曷云能來？」思之切矣。終曰：「百爾君子，不知德行。不忮不求，何用不臧。」歸於正也。詩云：「鳶飛戾天，魚躍於淵。」猶韓愈謂「魚川泳而鳥雲飛」，上下自然，各得其所也。詩人之意，言如此氣象，周王作人似之。子思之意，言上下察也，猶孟子所謂「必有事焉而勿正，察見天理不用私意」也。故結上文云：「君子語大，天下莫能載；語小，天下莫能破。」今人學詩，將章句橫在肚裏，怎生得脱。一此下有「迺云」字。莫道章句，便將堯舜橫在肚裏也一此下有「即」字。不得。

問：爲政如何？謝子曰：吾爲縣立信以示之。始時事煩，吾信既立，今則簡矣。凡事皆與之議而處其方，只如理債，則先約之息不得過本，不及本則計日月償之。又爲之期，期而不還，治其罪。息過本，則不理。凡胥吏稟吾約束者，申爲之約而言不再期，既至而事未集，治其罪不復縱。凡此皆所以示吾信。余又問：處事何以得其要？謝曰：試舉一端，只如繳引勾到人，便令於引上作三項開説，某人是陳狀，某人是被論，某人是證見，即時便見得事。因問：當不用更看元詞？謝子遂言曰：吾每就事著工夫學，只如喜怒逐日消磨，須要去得盡。余問：吾丈應是銷去多時。曰：「不遷怒」須是顏子始做得，假使高聲一句便是罪過。又曰：任意喜怒，都是人欲，須察見天理，涵養始得。余又問：變化風俗如何？謝曰：此事須是他聖人便有恁地手段。此方風俗至薄惡，欲變易之，吾則未能。子貢稱孔子曰：「夫子之得邦家者，所謂立之斯立，道之斯行，綏之斯來，動之斯和。」須還這老子始得，爲他與天合一，變化在手，便做得恁地事。余又問：孟子云如欲平治天下，「當今之世，舍我其誰」，使孟子得志如何？曰：是他須從法度上做起。變化風俗底事，恐也未了得在。如二南、麟趾、騶虞之應，須是他文王始得。

孟子曰：「養心莫善於寡欲。」此一句如何？謝子曰：吾皆亦曾問伊川先生，曰：「此一句淺近，不如『理義之悦我心，猶芻豢之悦我口』，最親切有滋味。然須是體察得理義之悦我心，真箇猶芻豢始得。」明道先生曰：「『操則存，舍則亡，出入無時』，非聖人之言也，心安得有出入乎？」

問：從上諸聖皆有相傳處，至如老子問如何？謝子曰：他見得錯了。余問：錯在甚處？曰：只如「失道而後德，失德而後仁，失仁而後義，失義而後禮」，是甚説話！自然不可易底，便喚做道；體在我身上，便喚做德；有知覺，識痛癢，便喚做仁；運用處皆是當，便喚做義。大都只是一事，那裏有許多分别。

問：莊周如何？謝曰：吾曾問莊周與佛如何？伊川曰：「莊周安得比他佛。佛説直有高妙處，莊周氣象大，故淺近。如人睡初覺時，乍見上下東西，指天説地，怎消得恁地，只是家常茶飯，誇逞箇甚底。」謝曰：吾曾歷舉佛説與吾儒同處問伊川先生，曰：「恁地同處雖多，只是本領不是，一齊差卻。」余問：本領何故不是？謝曰：爲他不窮天理，只將拈匙把筯日用底，便承當做大小大事，任意縱横，將來作用，便是差處，便是私處。余問：作用何故是私？曰：把來作用做弄，便是做兩般看。當了是將此事横在肚裏，一如子路、冉子相似，便被他曾點將冷眼看，他只管獨對春風吟詠，肚裏渾没些能解，豈不快活？余又問：堯、舜、湯、武做底事業，豈不是作用？謝子曰：他做底事業，只是與天理合一，幾曾做作，横在肚裏？他見做出許多掀天動地蓋世底功業，如太空中一點雲相似，他把做甚麽？如子路願乘肥馬，衣輕裘，與朋友共，敝之無憾，亦是有要做好事底心。顔子早是參彼己，孔子便不然。老者合當養底便安之，少者不能立底便懷之。君君、臣臣、父父、子子，自然合做底道理，便是天之所爲，更不作用。

余問：佛説直下便是，動念即乖，如何？謝子曰：此是乍見孺子已前底事。乍見孺子底，吾儒喚做心，他便喚做前塵妄想，當了是見得大高。吾儒要就上面體認做工夫，他卻一切埽除，卻那裏得地位進步。佛家説大乘頓教，一聞便悟。將乍見孺子底心一切埽除，須是他顔、雍已上底資質始得。顔子欲要請事斯語，今資質萬倍不如他，卻便要一切埽除，怎生得？且如乍見孺子底心生出來，便有是自然底天理，怎生埽除得去？佛大槩自是爲私心，學佛者欲脱離生死，豈不是私？只如要度一切衆生，亦是爲自已發此心願，且看那一箇不拈香禮佛。儒者直是放得下，無許多事。

謝子曰：術者處事之名，人涉世欲善處事，必先更歷天下之事。事既更歷不盡，必須觀古人準則，只讀左傳亦可以見矣。如隱公欲爲依老之計，或勸之即真，公以誠告之，其人不自安，反見殺，隱公失之不早決斷耳。推此類可以見其餘。

謝子與伊川别一年，往見之，伊川曰：「相别又一年，做得甚工夫？」謝曰：「也只是去箇『矜』字。」曰：「何故？」曰：「子細檢點得來，病痛盡在這裏。若按伏得這箇罪過，方有向進處。」伊川點頭，因語在坐同志者，曰：「此人爲學，切問近思者也。」余問：「矜」字罪過何故恁地大？謝子曰：今人做事，只管要誇耀别人耳目，渾不關自家受用事。有底人「食前方丈」，便向人前喫，只蔬食菜羹，卻去房裏喫，爲甚恁地？

游子問謝子曰：公於外物，一切放得下否？謝子謂胡子曰：可謂切問矣。胡子曰：何以答之？謝子曰：實向他道，就上面做工夫來。胡子曰：如何做工夫？謝子曰：凡事須有根。屋柱無根，折卻便倒。樹木有根，雖翦枝條，相次又發。如人要富貴，要他做甚？必須有用處尋討要用處，病根將來斬斷便没事。

問：色欲想已去多時〔四〕。曰：伊川則不絶，某則斷此二十來年矣。所以斷者，當初有爲之心多，欲有爲則當強盛方勝任得，故斷之。又用導引吐納之術，非爲長生如道家也，亦以助養吾浩然之氣耳。氣強則勝事。然色欲自别當作兩般理會。登徒子不好色，而有淫行。色出於心，去不得。淫出於氣。又問：於勢利如何？曰：打透此關十餘年矣。當初大故做工夫，揀難捨底棄卻。後來漸漸輕，至今日於器物之類置之，只爲合要用，卻並無健羨底心。

余問死生之說。謝子曰：人死時，氣盡也。曰：有鬼神否？謝子曰：余當時亦曾問明道先生，明道曰：「待向你道無來，你怎生信得？及待向你道有來，你但去尋討看。」謝氏曰：此便是答底語。又曰：横渠説得來别。這箇便是天地間妙用，須是將來做箇題目入思議始得，講說不濟事。曰：沉魂滯魄，影響底事如何？曰：須是自家看得破始得。張亢郡君化去，嘗來附語，亢所知事皆能言之。亢一日方與道士圍碁，又自外來。亢欲接之，道士封一碁子，令將去問之。張不知數，便道不得。乃曰：「許多時共你做夫婦，今日卻信一道士胡說。我今後更不來。」又如紫姑神，不識字底把著寫不得，不信底把著寫不得，推此可以見矣。曰：先王祭享鬼神則甚？只是他意思別，三日齋，五日戒，求諸陰陽四方上下。蓋是要集自家精神，所以格「有廟」，必於萃與渙言之。如武王伐商，所過名山大川致禱，山川何知？武王禱之者以此。雖然如是，以爲有亦不可，以爲無亦不可，這裏有妙理於若有若無之閒，須斷置得去始得。曰：如此卻是鶻突也。謝子曰：不是鶻突。自家要有便有，自家要無便無始得。鬼神在虛空中辟塞滿，觸目皆是，爲他是天地閒妙用，祖考精神便是自家精神。

知命雖淺近，也要信得，及將來做田地，就上面下工夫。余初及第時，歲前夢入內庭，不見神宗，而太子涕泣。及釋褐時，神宗晏駕，哲廟嗣位。如此事直不把來草草看卻。萬事真實有命，人力計較不得。吾平生未嘗干人，在書局亦不謁執政。或勸之，吾對曰：「他安能陶鑄我，我自有命〔五〕。」若信不及，風吹草動便生恐懼憂喜，枉做卻閑工夫，枉用卻閑心力。信得命及便養得氣，不折挫。

謝子曰：道須是「下學而上達」始得，不見古人就灑埽應對上做起。曰：灑埽應對上學，卻似太瑣屑，不展拓。曰：凡事不必須要高遠，且從小處看。只如將一金與人，與將天下與人，雖大小不同，其實一也。我若有輕物底心，將天下與人如一金與人相似；我若有吝底心，將一金與人如天下與人相似。又若行千尺臺邊，心便恐懼；行平地上，心卻安穩。我若去得恐懼底心，雖履千仞之險，亦只與行平地上一般。只如灑埽，不著此心，怎灑埽得？應對不著此心，怎應對得？故曾子欲「動容貌」、「正顏色」、「出辭氣」。爲此古人須要就灑埽應對上養取誠意出來。

問：求仁如何下工夫？謝曰：如顏子視聽言動上做亦得，如曾子顏色、容貌、辭氣上做亦得。出辭氣者，猶佛所謂從此心中流出。今人唱一喏，不從心中出，便是不識痛癢。古人曰：「心不在焉，視而不見，聽而不聞，食而不知其味。」不見、不聞、不知味，便是不仁。死漢不識痛癢了。又如仲弓「出門如見大賓，使民如承大祭」，但存得如見大賓、如承大祭底心在，便是識痛癢。

子路百世之師，揀難割捨底，要不做便不做，故孟子將來與舜禹作一處舉揚。

橫渠以禮教人，明道以忠信爲先。

近道莫如靜。「齋戒以神明其德」，天下之至靜也。心之窮物有盡，而天者無靜〔六〕，如之何包之？此理，有言下悟者，有數年而悟者，有終身不悟者。

或問：呂與叔問常患思慮紛擾，程夫子答以心主於敬，則自然不紛擾。何謂敬？謝子曰：事至應之，不與之往，非敬乎！萬變而此常存，奚紛擾之有？夫子曰「事思敬」，正謂此耳。

「觀盥而不薦」，潔其誠矣，何必薦也。此所以爲神道設教。孔子不欲觀禘，「自既灌而往者」，此也。

食正欲飽，居正欲安，無求飽求安之心，可也。「敏於事」，則如天運而不息；「慎於言」，則正辭氣而出之也。「就有道而正焉」，非忘我者不能。

顔子擴充其學，孟子能爲其大。孟子之才甚高，顔子之學粹美。

血氣之屬有陰陽牝牡之性，而釋氏絶之，何異也。釋氏所謂性，乃吾儒所謂天。釋氏以性爲日，以念爲雲，去念見性，猶披雲見日。釋氏之所去，正吾儒之當事者。吾儒以名利關爲難透，釋氏以聲色關爲難透。釋氏不窮理，以去念爲宗。釋氏指性於天，故蠢動含靈，與我同性。明道有言：以吾儒觀釋氏，終於無異，然而不同。

謝子曰：吾嘗習忘以養生，明道曰：「施之養生則可，於道有害。」習忘可以養生者，以其不留情也。學道則異於是。夫「必有事焉而勿正」，何謂乎？且出入起居寧無事者，正心以待之，則先事而迎，忘則涉乎去念，助則近於留情，故聖人之心如鑑。孟子所以異於釋氏，心也。

子開有大臣氣象，不以言色假人。

動而不已，其神乎？滯而有迹，其鬼乎？往來不息，神也；摧仆歸根，鬼也。致生之，故其鬼神；致死之，故其鬼不神。何也？人以爲神則神，以爲不神則不神矣。知死而致生之不智，知死而致死之不仁，聖人所以神明之也。

禮者，攝心之規矩。循理而天，則動作語默，無非天也。内外如一，則視聽言動，無非我矣。

德可以易言邪？「動容周旋中禮」，聖人之事也，止曰「盛德之至」；具天下之至善，止曰有德；爲天下之大惡，止曰失德。故禮樂皆得，謂之有德。鬼神之爲德，盛矣乎！

養氣延年，則人勝天矣。曰：不外乎一氣耳。

易之蒙九二曰：「包蒙吉，納婦吉，子克家。」蔽蒙不通者包之，順從者納之而不拒，子克家之道也。舜不藏怒宿怨，包蒙也；以愛兄之道來，誠信而喜之，納婦也。

凡事只是積其誠意，自然動得。

苗履見伊川，語及一武帥。苗曰：「此人舊日宣力至多，今官高而自愛，不肯向前。」伊川曰：「何自待之輕乎？位愈高，則當愈思所以報國者。飢則爲用，飽則颺去，是以鷹犬自期也。」

申顏自謂不可一日無侯無可。或問其故，曰：「無可能攻人之過。一日不見，則吾不得聞吾過矣。」

謝子曰：人不可與不勝己者處，鈍滯了人。

或問：劉子進乎？曰：未見他有進處。所以不進者何？只爲未有根。因指庭前酴醿曰：此花只爲有根，故一年長盛如一年，何以見他未有進處？不道全不進，只他守得定，不變卻，亦早是好手。如康仲之徒，皆忘卻了。

事父母有輕重否？曰：無輕重。曰：父母所見不同，從父而母不悦，順母而父不悦，則如之何？曰：凡人子之所欲，固有父母制之不得者矣。苟欲兩順之，獨無方便乎？若不以親之心爲心，非孝也。予曰：親之心或有逆於義理，則亦以親之心爲心乎？曰：未論到此，但只盡自家愛親之心苟盡矣。或得罪於鄉黨州閭，則歸之無可奈何耳〔七〕。所以從兄者，爲愛親也。故從此推去，至於兼愛萬物。

問：太虛無盡，心有止，安得合一？曰：心有止，只爲用他，若不用則何止。吾丈莫已不用否？曰：未到此地。除是聖人便不用。當初曾發此口，被伊川一句壞了二十年。曾往見伊川，伊川曰：「近日事如何？」某對曰：「天下何思何慮？」伊川曰：「是則是，有此理。賢卻發得太早在。」問：當初發此語時如何？曰：見得這箇事經時無他念，接物亦應副得去。問：如此卻何故被一句轉卻？曰：當了終須有不透處。當初若不得他一句救拔，便入禪家去矣。伊川直是會鍛鍊得人，說了又卻道恰好著工夫也。問：聞此語後如何？曰：至此未敢道到何思何慮地位。始初進時速，後來遲，十數年過卻如夢。問：何故遲？曰：如挽弓，到滿時便難開。然此二十年聞見知識卻煞長。明道曰：「賢看某如此，某煞用工夫。〔二〕見理後須放開，不放開只是守，開又近於放倒。故有禮以節之，守幾於不自在，故有樂以樂之，樂即是放開也。

國史不特作詩序，凡詩皆經其手刪定。

明道初見謝，語人曰：「此秀才展拓得開，將來可望。」

校勘記

〔一〕言語必信 「語」原作「行」，據正誼堂全書本、孟子盡心下改。

〔二〕冕者瞽者見之便作過之便趨 正誼堂全書本作「過位則勃如升堂則屏氣」。

〔三〕賣數須減　「須」原作「雖」，據四庫全書文淵閣本、正誼堂全書本改。

〔四〕問色欲想已去多時　「問」字原脱，據四庫全書文淵閣本、正誼堂全書本補。

〔五〕我自有命　「我」字原脱，據明遞修本、正誼堂全書本補。

〔六〕而天者無静　「静」，正誼堂全書本作「盡」。

〔七〕則歸之無可奈何耳　「耳」原作「且」，據明遞修本、正誼堂全書本改。

卷中

仁是四肢不仁之仁，不仁是不識痛癢，仁是識痛癢。

曾氏本此下云：儒之仁，佛之覺。

「不知禮，無以立。」使人人皆能有立，天下有治而無亂。

曾本此下云：不知禮，無以爲君子，非謂君子也，謂學爲君子者也。

人須識其真心。見孺子將入井時，是真心也。非思而得也，非勉而中也。予嘗學射，到一把處難去，半把處尤難去，則恁地放了底多。昔有人學射，摸得鏃與把齊，然後放[一]。學者纔有些所得便住，人多易住。唯顔子善學，故孔子有「見其進」，「未見其止」之歎。須是百尺竿頭，更進始得。

曾本云：予嘗學射，到一把去聲。處難去，半把尤難去，到一把放了底多，半把放了者尤多，少有鏃齊放者。人有學射，摸得鏃與把齊，然後放。因舉伯淳語曰：「射法具而不滿者，無志者也。」學者纔少有所得便住，人多易住。伯淳常有語：學者如登山，平處孰不闊步，到峻處便住。佛家有小歇場、大歇場，到孟子處更一住便是好歇。唯顔子善學，故孔子有「見其進」，「未見其止」之歎。須是百尺竿頭，更須進步始得。學者日每進語相契〔二〕，伯淳必曰「更須勉力」。

問：子思曰「小人之中庸」，小人何故有中庸？曰：「小人之中庸」者，小人自以爲中庸。小人以他安常習故處爲中庸，故「無忌憚」也。「君子而時中」，無往而不中也。中無定體，須是權以取中。執中無權，猶執一也。今人以變詐爲權，便不壞了權字。

曾本云：問：「君子中庸，小人反中庸」，又曰「君子之中庸，小人之中庸」，不知小人何故有中庸？或曰「小人之反中庸」，是否？曰：不須著「反」字。「小人之中庸」者，小人自以爲中庸。小人以能安常習故處爲中庸，故無忌憚也。「君子而時中」，無往而非中也。中無定體。因指所執扇曰：以長短言之則彼爲中，以輕重言之則此爲中，須權輕重以取中。吳本云〔三〕：因指所執扇曰以扇頭爲中，則扇柄非中也，須是以輕重之中爲中。如此又卻是權，執中無權，猶執一也。今人以變詐爲權，便不壞了權字。

學者且須是窮理。物物皆有理，窮理則能知天之所爲，知天之所爲，則與天爲一。與天爲一，無往而非理也。窮理則是尋箇是處。有我不能窮理，人誰識真我？何者爲我，理便是我。窮理之至，自然「不勉而中，不思而得，從容中道」。曰：理必物物而窮之乎？曰：必窮其大者。理一而已，一處理窮，觸處皆通。恕其窮理之本歟？

曾本云：學者先須窮理。因搖扇曰：此亦理，物物皆有理，自然之理也，天也。窮理則能知天之所爲，知天之所爲則與天爲一，與天爲一，無往而非理也。窮理只是尋箇是處。有我不能窮理，人誰識真我？何者爲我，理便是我。格物窮理也。格物必至於知至，不知至，是猶識金，安知其非鍮石也。故必知至，然後能意誠。窮之至，自然「不思而得，不勉而中，從容中道」。問：理須物物窮否？曰：理一而已，一處理通，觸處皆通。物雖細者，亦有理也。

今之學，須是如飢之須食，寒之須衣始得。若只欲彼善於此，則不得。一作「不可」。

釋與吾儒有非同非不同處，蓋理之精微處，纔有私意，便支離了。曾本云：釋氏之與吾儒，須認取精微處，有非同非不同處，須認得理之精微處。纔有私意，便支離了。

問：敬、慎有異否？曰：「執輕如不克」，「執虚如執盈」，慎之至也。敬則慎在其中矣。敬則外物不能易。學者須去卻不合做底事，則於敬有功。敬換不得，方其敬也，甚物事換得？因指所坐亭子曰：這箇亭子須只喚做白岡院亭子，卻著甚底换得？曰：學者未能便窮理，莫須先省事否？曰：非事上做不得工夫也，須就事上做工夫。如或人説動中有静，静中有動，有此理。然静而動者多，動而静者少，故多著静不妨。人須是卓立中塗，不得執一邊。

曾本云：問：敬與慎同異？曰：「執輕如不克」，「執虚如執盈，入虚如有人」，慎之至也。敬則慎在其中矣。敬則外物不能易。「坐如尸，立如齋」，「出門如見大賓，使民如承大祭」，非禮勿言、動、視、聽，須是如顔子「事斯語」。吴本有「始得」字。鄭氏云「坐如尸」，坐時習，「立如齋」，立時習，是不可須臾離也。曰：固是昔日作課簿，以記日用言動視聽是禮與非禮者。昔日學時，只垂足坐，不敢盤足。因説伯淳終日坐如泥塑人，然接人則渾是一團和氣。所謂望之儼然，即之也温。又云：昔日用工處甚多，但不敢説與諸公，恐諸公以謂須得如此。此下「須去不合做底事，至多著静不妨」，與胡氏本同。昔伯淳先生教予，予只管看他言語。伯淳曰：「與賢説話，卻似扶醉漢。救得一邊，倒了一邊，只怕人執著一邊。」

或問：或曰我初學問事必不當，人必笑，然我未有所得，須直情言之。若掩藏畏人笑，徒自欺耳，此言何如？曰：是也。謂同坐諸子曰：亦須切記此語。

昔在二先生門下，伯淳最愛中立，正叔最愛定夫。觀二人氣象亦相似。

「默而識之」，與書紳者異矣。

天，理也，人亦理也。循理則與天爲一，與天爲一，我非我也，理也。理非理也，天也。唯文王有純德，故曰「在帝左右」。帝謂文王。帝是天之作用處。或曰：意、必、固，我有一焉，則與天地不相似矣。曰：然理上怎安得箇字？易曰：「與天地相似，故不違。」相似猶自是語。

問：敬之貌如何？曰：於「儼若思」時，可以見敬之貌。問曰：學爲敬，不免有矜持，如何？曰：矜持過當，卻不是尋常作事，用心過當便有失，要在「勿忘勿助長」之閒耳。曰：初學莫未能和樂否？曰：雖不能便和樂，亦須以和樂養之。

曾本云：問：「執輕如不克」是慎之貌也，如何是敬之貌？每遇事著心是否？曰：於「儼若思」時，可以見敬之貌。問：始學爲敬，不免有矜持否？尋常矜持甚覺勞，是否？曰：太矜持卻不是。如尋常做事，用心過當卻有失，在「勿忘勿助」閒耳。強有力者，亦須做得徹然。人亦須量力，太強其心，卻成狂妄念起也，且放去。又問：佛氏有不怕念起。只怕覺遲之説。曰：豈免念起，須識得念起時。又問：「中心斯須不和不樂，則鄙詐之心入之矣，外貌斯須不莊不敬，則慢易之心入之矣」。初學能至此否？曰：雖未能便至和樂，亦須以和樂養之，此交相養之道也。又問：靜時悠悠思多，如何去得？曰：能敬，則悠悠思住不得，自去。

問：言動非禮即可以止，視聽如何得合禮？曰：四者皆不可易，易即多非禮。故「仁者先難而後獲」。所謂難者，以我視，以我聽，以我言，以我動也。又曰：聖人以慎言語爲善學，君子之言，聽之也厲。須存這箇氣味在胸中，朝夕玩味方可。

曾本云：問：顔子「請事斯語」，非禮則勿視、聽、言、動，若言動非禮則止甚分明，視聽如何得合禮？曰：視、聽、言、動皆不可易，易則非禮，故「仁者先難而後獲」。所謂難者，以我視，以我聽，以我言，以我動也。「仰面貪看鳥，回頭錯應人」。視聽，不以我也，胥失之矣。又曰：聖人以慎言語爲善學，君子之言，聽之也厲。須存這箇氣味在胸中，朝夕玩味，不須轉説與人。不説與人吴本有「不」字。是吝，輕説與人，人未必信，況吴本無此上五字。使人生鄙悖之心，卻是自家不是，須留在胸中。且看尋常有些自得事在胸中，別纔説了。又別只看不言不語底人，做得出惡來也毒。

問儒佛之辨，曰：吾儒「下學而上達」，窮理之至，自然見道，與天爲一。故孔子曰：「知我者，其天乎？」以天爲我也。佛氏不從理來，故不自信，必待人證明然後信。

曾本云：問：佛氏見得何故不肯就理？曰：既見了，自是不肯就理。因舉正叔視伯淳墳，侍行，問儒佛之辨。正叔指墳圍曰：「吾儒從裏面做，豈有不見？佛氏只從墻外見了，卻不肯入來做，不可謂佛氏無見處。」吾儒「下學而上達」，窮理之至，自然見道，與天爲一。故孔子曰：「知我者，其天乎？」以天爲我也。故自理去，則見得牢，亦自信得及。佛氏不從理來，故不自信，必待人證明然後信。

問忠恕之別，曰：猶形影也。無忠，做恕不出來。恕，如心而已。恕，天道也。

曾本云：問忠恕，曰：猶形影也。無忠，做恕不出來。「己所不欲，勿施於人。」施諸己而不願，亦勿施諸人，説得自分明。恕，如心而已。恕，天道也。伯淳曰：「『天地變化草木蕃』，是天地之恕。『天地閉，賢人隱』，是天地之不恕。」朱問：天地何故亦有不恕？曰：天無意，天因人者也。

若不因人，何故人能與天爲一。故有意、必、固、我，則與天地不相似。

能窮理，理窮吴本無此上二字。則便盡性，性盡便知命。因指屋柱曰：此木可以爲柱者，理也。其曲直者，性也。所以爲曲直者，命。理、性、命，一而已。

門人有初見請教者，先生曰：人須先立志，志立則有根本。譬如樹木，須先有箇根本，然後培養能成合抱之木。若無根本，又培養箇甚。此學不可將以爲善，後學爲人，自是當爲人道。人道不教人做，卻教誰做？

曾本云：二人初見請教，先生曰：人須先立志，志立則有根本。因指小樹，子須是先生根本，然後栽培。又曰：須是「有諸己」，有諸己之謂信。指小樹，有箇根本在，始培養灌溉，既成就爲合抱之木。若無根本，又培養箇甚麼？又曰：此學不可將以爲善，後學爲人。此下與胡氏本皆同。

問：視、聽、言、動合理而與禮不相合，如何？曰：言、動猶可以禮，視、聽有甚禮文？以斯視，以斯聽，自然合理。合理便合禮文，循理便是復禮。

曾本云：問：合視、聽、言、動處，視、聽、言、動只是理，何故得合禮？曰：怎生外面討得禮文來合？循理便是復禮。言動猶可以有禮文，視聽有甚禮文？以斯視，以斯聽，自然合理。合這箇「理」字便合禮文。禮、理之不可易者也，只是一箇「敬」字。

問：言有物而行有常，如何是有物？曰：妄則無物，物則是箇實。存誠則有物。曰：

敬是存誠之道否？曰：是也。須是體便見得。

曾本云：問：言有物而行有常，如何是有物？曰：妄則無物，是不誠也。不誠無物。誠者，物之終始。終始者，有常之謂也。物則是箇實，存誠則有物。問：敬是存誠之道否？曰：須是體便見得。

學須是熟講。

曾本云：學不講，用盡工夫，只是舊時人。學之不講，是吾憂也。仁亦在夫熟之而已。

這箇人與這箇仁相合爲一，便是道。道立，則仁與人之名亡矣。

問：孟子云「知天」、「事天」，如何別？曰：今人莫不知有君，能事其君者少。存心養性便是事天處。曰：心、性何別？曰：心是發用處，性是自然。

曾本云：石問：孟子所謂「盡其心者知其性，知其性則知天。存其心，養其性，所以事天。」知天、事天，如何？曰：事天又別。問：知天莫便能事天否？曰：不然。且如今人莫不知有君父，能事君父者少。存心養性，便是事天處。朱曰：事天工夫最難周。曰：事則是不違。又問：心與性是如何？曰：心是發用處，性是自然。

學須先從理上學，盡人之理，斯盡天之理，學斯達矣。「下學而上達」，其意如此。故曰：「知我者，其天乎？」人心與天地一般，只爲私心一本作「意」。自小了。任理因物，而已無與焉，天而已，豈止與天地一般，只便是天地。

李泌不娶妻食肉，見他已甚，必不能久，亦自無此理。如今只是學箇依本分。今人有明知此事義理有不可，尚吝惜不肯捨去，只是不勇，與月攘一雞何異？天下之達德三：智、仁、勇，如斯而已。

有所偏，且克將去，尚恐不恰好，不須慮恐過甚。曾本此下註云：矯揉就中之謂也。

問：一日靜坐，見一切事平等，皆在我和氣中，此是仁否？曰：此只是靜中工夫，只是心虛氣平也。須於應事時有此氣象方好。

義重於生則舍生取義，生重於義則當舍義取生。最要臨時權輕重以取中。

佛之論性，如儒之論心。佛之論心，如儒之論意。循天之理便是性，不可容些私意。纔有意，便不能與天爲一。曾本此下云：便非天性。

聞見之知，非真知也。知水火自然不蹈，真知故也。真知自然，行之不難；真知而行，未免有意，意有盡時。

孟子論性善，論之至也。性非不可爲不善，但非性之至。如水之就下，搏擊之非不可上，但非水之性。性雖可以爲不善，然善者依舊在。「觀過斯知仁。」既是過，那得仁，然仁亦自在。

學者先學文，鮮有能至道。至如博觀泛覽，亦自爲害。故明道先生教予嘗曰：「賢讀書，慎勿尋行數墨。」

曾本云：論楚州徐仲車所論煞得中體，卻謂人不可不作文，猶且演義禮作詩賦，多是尋人意不到處，遶天十八遭，走幾時。曾教在宅中學者先學文，鮮有能至道。又云：至如博觀泛覽，亦自爲害。因舉伯淳語云：「賢讀書，慎勿尋行數墨。」黎云：古禪老有遮眼之說。蓋有所得，以經遮眼可也。無所得，所謂牛皮也，須穿透。

或以誠爲專意，先生曰：誠是實理，不是專一。

曾本云：誠是實理，不是專一。尋常人謂至誠，至是謂專一。如「惡惡臭」「好好色」，不是安排來。

「鳶飛戾天，魚躍于淵」，無些私意。「上下察」以明道體無所不在，非指鳶魚而言也。若指鳶魚爲言，則上面更有天，下面更有地在。知「勿忘勿助長」則知此，知此則知夫子與點之意。

曾本此下云：季路、冉求言志之事，非大才（吴本作「賢」）。做不得。然常懷此意在胸中，在曾點看著正可笑爾。學者不可著一事在胸中，纔著些事便不得其正。且道曾點有甚事，列子御風事近之。然易做，只是無心近於忘。

敬是常惺惺法，心齋是事事放下，其理不同。

或以知言、養氣爲一道事。先生曰：知言是智，養氣是仁。浩然之氣須於心得其正時識取。

曾本云：問：養氣只「是集義所生」，亦須壯其氣，盛氣以作事否？曰：亦須壯著氣。如今人有氣索時，安能充其體？況塞天地。明道云「何謂浩然之氣，曰難言也」，是孟子有此氣。其下旁説大綱。問：知言、養氣，或謂辭氣是一道事？曰：知言是智，養氣是仁。又問：「行有不慊於心」，或謂多「不」字。曰：慊是厭足之意，看不厭足時，人氣如何？又曰：要識浩然之氣，於心得其正識取。又曰：志與氣交相養，故下面論心，然亦須外面養他。問：與元道相似否？曰：是氣與神合，只是能「配義與道」。又問：如今有盛氣人作事不是，卻無忌憚，此係是吴本，卻有不是事出於記義。能不慊否？曰：如此安能浩然？浩然是無虧欠時。

或曰：矜夸爲害最大。先生曰：舜傳位與禹，是大小大事只稱他「不矜」「不伐」。若無矜伐，更有甚事。人有己便有夸心。立己與物，幾時到得與天爲一處。須是克己，纔覺時便克將去，從偏勝處克。克己之私，則見理矣。曰：獨處時未必有此心，多是見人後如此。曰：子路衣敝緼袍，與衣狐貉者立而不恥。許大子路，孔子卻只稱其如此，只爲他心下無事。此等事打疊過，不怕此心因事出來，正好著工夫。不見可欲，卻無下工夫處。曰：有人未必有所得，卻能守本分，何也？曰：亦有之。人之病不一，此是賢病，人卻別有病處。

曾本云：問：某有一病，且如作一簡，便須安排言語寫教如法，要人傳玩。飯一客，便要器皿飲饌如法，教人感激。推此每事皆然。先生曰：此夸心欲以勝人，皆私也。作簡請客如法，是合做底，只下面一句便是病根。此病根因甚有？只爲不合有己。得人道好，於我何加？因說孟子就「宮室之美、妻妾之奉、所識窮乏者得我與」，皆是有物欲心。如今老郎家亦恐不免。又云：有人愛騎好馬，道長人精神。又思古人有自爲衣服制度者，推此多少般不可勝數。此所謂玩悦小兒家具。吴本有「曰然底」。因舉孟之反事。予曰：今人亦有能此，又須要人知其不伐。先生笑曰：直如此巧。此四字，吴本有「如是底」。又曰：舜傳位與禹，是大小大事只稱他「不矜」「不伐」。若無矜伐，更有甚事。夸勝爲矜，有其善爲伐，矜伐煞害事。又問：更有一病，稱好則溢美，稱不好則溢惡，此猶是好惡使然。且如今日泥濘，只是五寸，須説一尺。有利害猶且得無利害，須要如此，此病在甚處？曰：欲以意氣加人，亦是夸心。有人做作，説話張筋努脈，皆爲有己。立己與物，幾時到得與天爲一處。須是克己，纔覺時便克將去，從偏勝處克。克者，勝之之謂也。又問：獨處無事時，未必有此心，纔遇事逢人，此心便出，不能忘我。至末事，如見人著好衣，便愛著好衣，未必是自家本意，多是爲人。曰：子路衣敝緼袍，許大子路，卻只以此稱他，只爲心下無此等事，打疊得過。又云：亦須就事上做工夫，不怕此心因事出來，正好處置，與心自爲賞罰。不見可欲，卻無下工夫處。又問：有一般人未必有所得，卻能守本分，不要夸勝人。曰：亦有之。然人之病不一，此賢異病，人卻别有病處。

或曰：無學之人，好惡直做得十分。儒者纔有道理，去不得處便住。先生曰：真儒不到得窒礙不能變通，乃腐儒爾。此漢高所以慢罵者也。曾本云：問：堯夫論霍光、周勃做得許大事，只爲無學問。無學問人做事，好惡直到十分。意謂儒者纔有道理，去不得處便住，更前面有甚大事也不管，不肯枉尺直尋，是否？先生曰：此亦一説。真儒不到得窒礙處不能通變，乃腐儒爾。此高祖所慢罵者。因舉張良立太子，卻致「四皓」，所謂「納約自牖」，從人君明處納也。

問學詩之法，曰：詩須諷咏以得之，發乎情性，止乎禮義，便是法。曾本云：問學詩以何爲先？云：先識取六義體面。又問：莫須於小序中求否？云：小序亦不盡，更有詩中以下句證上句。不可泥訓詁，須諷咏以得之，發乎情性，止乎禮義，便是法。

誠是無虧欠，忠是實有之理，忠近於誠。

問：聞見比昔日全别，唯是見義未能決烈，便爲未能得别如舊。謝子曰：使賢當初見二先生革一革便别，須是有道理。革之不革，其舊安能從新？不見異人，當讀異書。

投壺非著意，非不著意，莫知其所以然而中，此神之所爲也。但教每事如此。

謝子見河南夫子，辭而歸。尹子送焉，問曰：何以教我？謝子曰：吾徒朝夕從先生，見行則學，聞言則識。譬如有人服烏頭者，方其服也，顔色悦懌，一本作「澤」。筋力强盛。一旦烏頭力去，將如之何？尹子反以告夫子，夫子曰：可謂益友矣。

明道見謝子記問甚博，曰：「賢卻記得許多，可謂玩物喪志。」謝子被他折難，身汗面赤，先生曰：「只此便是惻隱之心。」惻然有隱之心。

爲學必以聖人爲之，則志在天下，必以宰相事業自期。降此寧足道乎！

元城曰：「誠意積於中者既厚，則感動於外者亦深。」故伯淳所在臨政，上下自然響應。

四十萬人死於長平，皆命乎？曰可知皆是命，只被人眼孔小。

校勘記

〔一〕摸得鏃與把齊然後放　「摸」原作「模」，據正誼堂全書本改。

〔二〕學者日每進語相契　「學」字原脱，據四庫全書文淵閣本、正誼堂全書本補。

〔三〕吴本云　「吴」原作「吾」，據四庫全書文淵閣本、正誼堂全書本改。

卷下

心本一，支離而去者，乃意爾。

看文字，須是一看過領得，方是理通。

克己須是從性偏難克去處克將去，克己之私，則心虛見理矣。

問：思可去否？曰：思如何去？「思曰睿」，「睿作聖」，思豈可去！陳問：遇事出言，每思而發，是否？曰：雖不中，不遠矣。

釋氏所以不如吾儒，無「義以方外」一節。義以方外，便是窮理。釋氏卻以理爲障礙。然不可謂釋氏無見處，但見了不肯就理。諸公不須尋見處，但且敬與窮理。「敬以直內，義以方外」，然後成德，故曰「德不孤」。

昔從明道、伊川學者多有語録，唯某不曾録。常存著他這意思，寫在册子上，失了他這意思。因言二劉各録得數册。又云：一段事纔録得〔一〕，轉了一字，便壞了一段意思。昔録五經語作一册，伯淳見曰：「玩物喪志。」

伯淳謂正叔曰：「異日能尊師道，是二哥。若接引後學，隨人才而成就之，則不敢讓。」

懷錮蔽自欺之心，長虛驕自大之氣，皆好名之故。

伯淳常談詩，並不下一字訓詁，有時只轉卻一兩字，點平聲。掇地念過，便教人省悟。

又曰：「古人所以貴親炙之也。」

邢七云：「一日三點撿。」伯淳曰：「可哀也哉！其餘時勾當甚事？蓋傚三省之說錯了，可見不曾用工。」又多逐人面上說一般話，伯淳責之，邢曰：「無可說。」伯淳曰：「無可說，便不得不說。」

張橫渠著正蒙時，處處置硯筆，得意即書。伯淳云：「子厚卻如此不熟。」

堯夫易數甚精。自來推長曆者至久必差，惟堯夫不然，指一二近事，當面可驗。明道云：「待要傳與某兄弟，某兄弟那得工夫。要學須是二十年工夫。」或云邢七好學，明道云：「邢七二十年裹頭待做多少事，豈肯學這底。」或云邢七要學，堯夫不肯，曰：「徒長奸雄。」謝云：「恨某生不早，卻辦得弟子之禮。」明道笑云：「賢卻没放過底事。」堯夫初學於李挺之，師禮甚嚴，雖在一野店，飯必襴，坐必拜。欲學堯夫，必亦如此。伯淳聞說甚熟，一日因監試無事，以其說推算之，皆合。出謂堯夫曰：「堯夫之數只是加一倍法，以此知太玄都不濟事。」堯夫驚撫其背，曰：「大哥，你恁地聰明。」伊川謂堯夫知易數爲知天，知易理爲知天，曰〔二〕：「須還知理爲知天。」因説今年雷起甚處？伊川云：「堯夫怎知某便知。」又問甚處起？伊川云：「起處起。」堯夫愕然。他日伊川問明道曰：「加倍之數如何？」曰：「卻忘之矣。」因歎其心無偏繫如此。

「聽其言也厲」，須是有力。某尋常纔覺心不在時，語便無力。

敬只是與事爲一，未論得是不是。問：此有存主，不逐彼去，是敬之理否？曰：先有存主，然後視、聽、言、動卻汗漫了。且只認取與事爲一時便是敬，其他説各是一理。「從容中道，聖人也。」方做一事，忘了其他亦不免。顏子聞一知十。人之才，猶自「請事斯語」。

問：多愛記事，如明日有件事，今日一日記著，晚些有件事，只今不肯放下，至如事過，又須追思，知其非而無法以處之。又每遇事多急躁，常自訟之，云：「事之未來，不須預憂；事之方至，不須忙迫；事之過去，不須追悔。終之以一毫不立，唯覺而已。」然終未得如願。先生云：須是這箇道理處之。某舊有疑疾一件，要如此，又要如彼。後行一氣，法名五元化氣，素問有其説，而無其法。初傳時，云行之能於事無凝滯。某行一遍，兩月便覺其效。問：云所病，心疾也，而此法何以能平之？答云：氣能動其心，和其氣，所以和其心也。喜怒哀樂失其節，皆是病。

端立問：暢論敬云：「正其衣冠，端坐儼然，自有一般氣象。」某嘗以其説行之，果如其說。此是敬否？曰：不如執事上尋，便更分明。事思敬，「居處恭，執事敬」，若只是静坐時有之，卻只是「坐如尸」也。

舉明道云：「忠恕」兩字，要除一箇不得。

敏是得理之速，明理而行，不期而速，非是手忙腳亂。

「與其得罪於州閭鄉黨，寧孰諫」，是父母之過，未至此不可諫也。予曰：煞有人爲孝弟按本子做，不能以義處，卻致父母兄弟不睦者甚多，極好笑。先生然之。

明道云：「病卧於牀，委之庸醫，比於不慈不孝。事親者亦不可不知醫。」

「一日克己復禮，天下歸仁焉」，只就性上看。

「必有事焉而弗正心」，是持敬否？是矜持過當否？曰：近之。答季向書云：「每聞進學甚力，深慰此懷。兹承恩喻，尤見好悦，豈不欲傾盡所知，顧未識所疑安在，難以毫楮而泛論也。然秦、漢以來，學雖不明，而爲善者不絶於天下。足下若能志於大者遠者，不爲目前移奪。雖是非小有失中，大體固已立矣。不失此心可也。」

或問：天下多少事，如何見得是處？曰：窮理便見得。事不勝窮，理則一也。

答胡康侯小簡云：「承進學之意浸灌，深所望於左右，儒異於禪，正在下學。如顔子工夫，真百世軌範，舍此應無入路，無住宅。三二十年不覺，便虚過了，可戒，幸毋忽。朱君聞進學可喜，向亦嘗講仁、敬之説，當不忘之。游於河南之門者甚多，不知從事於斯，則見功不遠，行之方可信此語也。」

又答簡云：「蓋如語録，只少卻三兩字，便血脉不貫，其語不活。如春秋之説正如此，幸亮之。春秋大約如法家斷例也，折以中道耳。承諭進學加功處，甚善甚善。若欲少立得住，做自家物，須著如此。邇來學者何足道，能言真如鸚鵡也。富貴利達，今人少見出脱得者，所以全看不得，難以好事期待。他非是小事，切須勉之。透得名利關，便是小歇處。然須藉窮理工夫，至此方可望有入聖域之理，不然休説。」

總老嘗問一官員〔三〕云：「『默而識之』，是識箇甚？『無入而不自得』，是得箇甚？」

校勘記

〔一〕又云一段事纔録得 「事」原作「字」，據明遞修本、四庫全書文淵閣本、正誼堂全書本改。

〔二〕曰 「曰」，二程外書卷十二作「堯夫云」。

〔三〕總老嘗問一官員 「老」原作「考」，據明遞修本、四庫全書文淵閣本、正誼堂全書本改。

附録

一、序跋

謝上蔡語録後序

〔宋〕朱熹

右上蔡先生語録三篇。先生姓謝氏，名良佐，字顯道，學於程夫子昆弟之門。篤志力行，於從遊諸公間所見最爲超越。有論語説行於世，而此書傳者蓋鮮焉。熹初得友人括蒼吴任寫本一篇，題曰上蔡先生語録。後得吴中板本一篇，題曰逍遥先生語録，陳留江續之作序，云得之先生兄孫少卿伋及天隱之子希元者。二家之書，皆温陵曾恬天隱所記，最後得胡文定公家寫本二篇於公從子籍溪先生，題曰謝子雅言。凡書四篇，以相參校。胡氏上篇五十五章，記文定公問答，皆他書所無有，而提綱挈領，指示學者，用力處亦卓然，非他書所及。下篇四十七章，與板本、吴氏本略同，然時有小異，蓋損益曾氏所記，而精約過之。輒因其舊，定著爲二篇，且著曾氏本語及吴氏之異同者於其下，以備參考。獨板本所增多猶百餘章，然或失本指，雜他書，其尤者五十餘章。至詆程氏以助佛學，直以「或者」目程氏，而以「予曰」自起，其辭皆荒浪無根，非先生所宜言，亦不類答問記述之體。意近世學佛者私竊爲之，以亢其術。偶出於曾氏雜記異聞之書，而傳者弗深考，遂附之於先生，傳之久遠，疑誤後學。使先生爲得罪於程夫子，而曾氏爲得罪於先生者，則必是書之爲也。故竊不自知其固陋，輒放而絶之，雖或被之以僭妄之罪，而不敢辭也。其餘所謂失本指、雜他書甚者，亦頗刊去，而得先生遺語三十餘章，別爲一篇，然記録不精，僅存彷佛，非復前篇比矣。凡所定著書三篇，已校定，可繕寫，因論其所以然之意，附見其後，以俟知言有道君子考而擇焉。紹興二十九年三月庚午新安朱熹謹書。

（晦庵先生朱文公文集卷七十五）

謝上蔡語録後記

〔宋〕朱熹

熹頃年校定上蔡先生語録三篇，未及脱藁，而或者傳去，遂鋟木於贛上，愚意每遺恨焉。比因閑暇，復爲定著此本，然亦未敢自以爲可傳也。因念往時削去版本五十餘章，特以理推知其決非先生語，初未嘗有所左驗，亦不知其果出於何人也。後籍溪胡先生入都，於其學者吕祖謙得江民表辨道録一篇，讀之則盡向所削去五十餘章者，首尾次序，無一字之差，然後知其爲江公所著，而非謝氏之語益以明白。夫江公行誼風節固當世所推高，而陳忠肅公又嘗稱其論明道先生有足目相應之語，蓋亦略知吾道之可尊矣。而其爲言若此，豈差之毫釐，則夫千里之繆有所必至而不能已者耶！因書以自警，且示讀者使毋疑。舊傳謝先生與胡文定公手柬，今并掇其精要之語，附三篇之後云。乾道戊子四月壬寅熹謹記。

（晦庵先生朱文公文集卷七十七）

上蔡語録跋

〔宋〕胡憲

憲大觀初年在長沙侍文定公左右，每聽説上蔡先生之學問，以爲其言善啟發人。其後在荆門學舍從朱二丈子發遊甚歘。子發所得話言及書疏必以相示，云先生監西竹木場，曰自太學往見之，坐定，子發進曰：「震願見先生久矣，今日之來無以發問，不知先生何以見教？」先生曰：「好與賢説一部論語。」子發愕然，意日刻如此，何由歘其講説。已而具飲酒五行，只説他話。及茶罷，掀髯曰：「聽説論語。」首舉「子見齊衰者、冕衣裳者與瞽者，見之雖少必作，過之必趨」。又舉「師冕見，及階，子曰階也，及席，子曰席也。皆坐。子告之曰某在斯某在斯」。「子張問曰：『與師言之道與？』子曰：『然。固相師之道也。』」夫聖人之道無顯無微，無内無外，由灑埽應對進退以至於天道，本末一貫，一部論語只恁地看。其後有書答子發云：「竊承求志有味道腴，是嗜信後當益佳勝。康侯謂公博洽，少輩未知公既宅心道學之後，處之當何如。昔見明道先生讀前漢書，未嘗蹉過一字，至見他人有記問者，則曰玩物喪志。此可以窺其意旨也。」憲因讀朱元晦所定著上蔡先生語録三卷，得以詳觀，其是正。精審去取不苟，可傳信於久遠。竊歎其志尚如此，而自惟疇昔所聞，將恐零落，輒書以附於卷之末焉。紹興二十九年四月十八日籍溪胡憲跋。（録自上海辭書出版社藏明刻本上蔡語録）

二、歷代著録

遂初堂書目　儒家類　〔宋〕尤袤

上蔡語録

郡齋讀書志附志　卷下　語録類　〔宋〕趙希弁

上蔡先生語録三卷

右門人記録謝先生良佐字顯道之語也。

續通志卷一百六十藝文略儒家儒術

上蔡語録三卷 〔宋〕曾恬、胡安國編。

續文獻通考卷一七三子儒家上

朱子删定曾恬胡安國所編上蔡語録三卷

朱子見史類。恬字天隱，温陵人。安國見經類等。謹案，是書乃恬與安國所録謝良佐語而朱子删定之者也。良佐字顯道，上蔡人。登進士第。建中靖國初官京師，召對忤旨，出監西京竹木場。復坐事，廢爲民。事蹟見宋史道學傳。

四庫全書（文淵閣本）子部儒家類

上蔡語録提要

臣等謹案上蔡語録三卷，宋曾恬、胡安國所録謝良佐語，朱子又爲删定者也。良佐字顯道，上蔡人。登進士第。建中靖國初官京師，召對忤旨，出監西京竹木場，復坐事廢爲民。事蹟具宋史道學傳。恬字天隱，温陵人。安國有春秋傳，已著録。是書成于紹興二十九年，朱子年三十歲，監潭州南岳廟時，生平論著，此爲最早。據朱子後序稱，初得括蒼吴任寫本二篇，皆曾天隱所記，最後得胡文定公寫本二篇，凡書四篇，以相參校。胡氏上篇五十五章，記文定公問答；下篇四十九章，與版本、吴氏本畧同，然時有小異。輒因其舊定著爲二篇。獨板本所增多猶百餘章，或失本旨雜他書。其尤者五十餘章，至詆程氏以助佛學，輒放而絶之。其餘亦頗刊去，而得先生遺語三十餘章，别爲一篇，凡所定著書三篇云云。是朱子於此書芟薙特嚴。後乾道戊子，重爲編次，益以良佐與安國手簡數條，定爲今本。又作後記，稱胡憲於吕祖謙家得江民表辨道録，見所删五十餘章，首尾次序無一字之差，然後知果爲江氏所著，非謝氏之書，則去取亦爲精審。觀語録稱某二十年前得上蔡語録，觀之初，用朱筆畫出合處；及再觀，則不同，乃用粉筆；三觀，則又用墨筆。數過之後，全與原看時不同，則精思熟讀，研究至深，非漫然而定也。良佐之學，以切問近思爲要，其言論閎肆，足以啟發後進。惟才高意廣，不無過中之弊。故語録云：看道理不可不仔細。程門高弟如謝上蔡、游定夫、楊龜山，下稍皆入禪學去。又云上蔡觀復齋記中説道理，皆是禪底意思。又云程子諸門人，上蔡有上蔡之病，龜山有龜山之病，和靖有和靖之病，也是合下見得不周偏差了。其論皆頗以良佐近禪爲譏。然爲良佐作祠記，則又云以生意論仁，以實理論誠，以常惺惺論敬，以求是論窮理，其命意皆精當。而直指窮理居敬爲入德之門，尤得明道教人之綱領，乃深相推重。蓋良佐之學，醇疵相半，朱子於語録舉其疵，於祠記舉其醇，似矛盾而非矛盾也。合而觀之，良佐之短長可見矣。乾隆四十六年十月恭校上。

總纂官臣紀昀臣陸錫熊臣孫士毅

總校官臣陸費墀

四庫全書簡明目録子部儒家類

上蔡語録

上蔡語録三卷，宋曾恬、胡安國所録謝良佐語，朱子又爲删定之。良佐受業於程子，而學乃雜禪，故朱子芟薙頗嚴。然爲良佐作祠記，稱其以生意論仁，以實理論誠，以嘗惺惺論敬，以求是論窮理，命意皆精當。又稱其以窮理居敬爲入德之門，得明道教人綱領。盖其學純疵糸半，故朱子尚有取於此書云。

三、謝良佐資料

上蔡先生祠堂記

〔宋〕葉適

謝良佐，字顯道，受業二程，與游酢定夫、楊時中立，皆爲高弟，號上蔡先生。學者宗其傳，謂顔、冉復見也。不幸遭黨人禁錮，未解而卒。諸子避虜迸逸，一死楚，一死閩，獨克念者，落台州，紹興六年，給事中朱震子發奏官之，尋亦死。克念有子偕，偕三子，無衣食，替人承符，引養老母。嘉定五年，太守黄螢子耕修郡志，訪求故家得之，請見，抗賓主禮，給冠帶錢米，買田宅，祠顯道於學，在二程後。

郡人驚異曰：「自黄太守來，他日邦賦之没於羣姦者一收斂，公使之消於妄費者悉減節，遂能以其餘興小學，作欞星門，增大學生食，服有珩鞸，器有罍篚。又設潛火，立養濟，葬叢骸。政通化達，生死潤賴，此吾等所知也，惟上蔡事不可解。」甚或嗤笑曰：「奚不切若是哉！」

夫意有遠近，知有難易。詩曰：「烝我髦士」，近也；又曰：「續古之人」，遠也。興小學，近而易知也；祠上蔡，遠而難解乎！道非人不行，不行而天地之理不章，古今大患也。

先王比聯閭附而教其人，不敢薄也。然其致道而成材者，幾絶都曠國不一遇焉，故尊之貴之，珍之重之。哀其死也，尸祝以神之，禄位以延之，更世千百猶未也，蓋公之也。若使人奮其私智，家操乎異説，各不相統，而以己之氣血所勝者爲善，則道德壞而義理滅矣。解子耕之舉者，宜曰：「獨上蔡事尤長，非不切也。」

昔正考父饘粥於鼎，循牆而走，其後孔子生，而孟僖子命其子學禮焉。謝氏之困於庸奴久矣，子耕既洗沐之，列於士大夫，安知無達人出，復佐二程之道！斯可以占天意矣。然則余之不切不愈甚乎！

（水心文集卷十）

德安府應城縣上蔡謝先生祠記

〔宋〕朱熹

應城縣學上蔡謝公先生之祠，今縣令建安劉炳之所爲也。先生名良佐，字顯道，學於河南程夫子兄弟之門。初，頗以該洽自多，講貫之間，旁引傳記，至或終篇成誦。夫子笑曰：「子可謂玩物喪志矣。」先生聞之，爽然自失，面熱汗下，若無所容，乃盡棄其所學而學焉。然其爲人，英果明決，强力不倦，克己復禮，日有程課，夫子蓋嘗許其有切問近思之功。所著論語説，及門人所記遺語，皆行於世。如以生意論仁，以實理論誠，以常惺論敬，以求是論窮理，其命理皆精當，而直指窮理居敬爲入德之門，則於夫子教人之法，又最爲得其綱領。建中靖國中，詔對不合，得官書局。後復轉徙州縣，沈淪卑冗，以没其身。而處之浩然，未嘗少挫。中間嘗宰是邑，南陽胡文定公以典學使者行部，過之，不敢問以職事。顧因紹介，請以弟子禮見。入門，見吏卒植立庭中，如土木偶人，肅然起敬，遂禀學焉。其同時及門之士，亦皆稱其言論閎肆，善啓發人。今讀其書，尚可想見也。

然先生之没，游公定夫先生實識其墓，而喪亂之餘，兩家文字皆不可見。應城寇暴尤劇，莽爲丘墟，其條教設施，固無復有傳者。劉君之來，訪其遺跡，僅得題詠留刻數十字而已。爲之慨然永歎，以爲先生之遺烈，不建於此邦，後之君子，不得不任其責。於是既新其學，乃即講堂之東偏，設位而祠焉。千里致書，求文以記。熹自少時妄意爲學，即賴先生之言，以發其趣。而平生所聞先生行事，又皆高邁卓絶，使人興起。衰病零落，凛然常懼其一旦泯滅而無傳也。劉君之請，乃適有會於予心者，於是不辭而記之如此，以示其學者云。紹熙辛亥冬十月丙子朔旦新安朱熹記。

（晦庵先生朱文公文集卷八十）

大清一統志卷一百六十八　汝寧府

上蔡先生祠在上蔡縣南門外，宋儒謝良佐居址存焉。元時即其地建上蔡書院。明正統五年復建祠以祀。

四、傳記

謝良佐傳　〔元〕脱脱

謝良佐，字顯道，壽春上蔡人。與游酢、吕大臨、楊時在程門，號「四先生」。登進士第。建中靖國初，官京師，召對，忤旨去，監西京竹木場。坐口語繫詔獄，廢爲民。良佐記問該贍，對人稱引前史，至不差一字。事有未徹，則顙有泚。與程頤別一年，復來見，問其所進，曰：「但去得一『矜』字爾。」頤喜，謂朱光庭曰：「是子力學，切問而近思者也。」所著論語説行於世。

（宋史卷四百二十八道學二）

宋謝良佐

〔清〕朱軾

謝良佐字顯道，壽春上蔡人。始務記問爲該博，及見明道，舉史書不遺一字。明道謷之曰：「可謂玩物喪志。」良佐聞語，汗浹背，面發赤。明道乃曰：「即此是惻隱之心。」一日復謂之曰：「君輩相從祇學顥言語，故心口不相應，盍行諸請問焉？」曰：「且静坐。」良佐質雖少魯，然志學極篤，事有未徹，其顙有泚，憤悱如此。既成進士，又事伊川。嘗别一年，復至，伊川問所進，曰：「但去得一矜字爾。」伊川喜。適朱光庭來謁，伊川指謂光庭曰：「此人爲切問近思之學。」及歸，尹焞送之，問曰：「何以教我？」良佐曰：「吾徒朝夕從先生，見行則學，聞言則識。譬人有服烏頭者，方其服也，顔色悦澤，筋力强盛，一旦烏頭力去，將如之何？」焞歸以告伊川，伊川曰：「可謂良友矣。」良佐之學，强力不倦，舊苦多懼，即習於危階，日作課簿，記其言、動、視、聽得禮與非禮者，以自程督，與游酢、吕大臨、楊時同在程門，號「四先生」，而良佐所見最爲超越。初授秦州教授，其帥吕大忠每枉車騎過之，良佐爲講論語，大忠必正襟肅容，曰：「聖人言行在焉，吾不敢不肅。」遷應城令，立信以示之。始至事煩，信既立，其事頓簡。是時胡安國以典學使者過之，不敢問以職事，顧因介紹以弟子禮見。入門見吏士植立庭中如木偶人，肅然起敬，遂稟學焉。建中間，除書局官，不謁執政。或勸之，對曰：「彼安能陶鑄，我自有命在。」初，良佐未及第時，夢入内庭，不見上，惟太子涕泣。及釋褐，神宗晏駕，哲宗嗣立。每舉以告學者曰：「萬事有命，非人力所計較。必能信命，方能養氣，不復挫折。」故良佐平生未嘗干人。其後召對忤旨，出監西京竹木場。坐口語繫詔獄，廢爲民。在西京時，朱震自太學往謁，坐定，震請益。良佐曰：「當爲君講一部論語。」震私念日晷幾何，何由得具講説。酒五行，良佐掀髯曰：「聽講論語。」乃舉「子見齊衰」及「師冕見」二章曰：「聖人之道無微顯，無内外，由灑掃應對進退而上達天德，本末一以貫之。一部論語皆以此意求。」及褫職歸，謂學者曰：「學既透得名利關，尚當窮理，方可望入聖域。否則萬難見道。吾蚤親有道，復爲克己之學。遂於世味若存若亡，比經憂患仕意益薄矣。」良佐爲人高邁卓絶，言論宏肆，善開發人。所著有論語説及門人所記語録。其以生意論仁，以實理論誠，以常惺惺論敬，以求是論窮理。命意皆極精當，至直指窮理居敬爲入德之門，則尤得明道教人綱領。其語録，則朱子少時爲學，實賴是編以發其趣，故嘗手爲釐訂云。論曰：良佐之没，游酢實誌其墓。當朱子時，其文蚤已失之，故事蹟不具。夫矜者氣盈，陽盈則忿，陰盈則伏，雖天地猶病之，而況於人乎？是故矜財賄者爲市道，矜禄位者爲鄙夫，矜功名者爲伯術，矜學識者爲華儒。至若顏子之視有若無，唐虞之浮雲太虛，則何矜之？與有伊川以良佐爲近思，而明道謂其足任展拓者以此。

（史傳三編卷五　名儒傳五）

〔宋〕朱松撰 附〔宋〕朱槔撰 〔宋〕朱熹編 朱傑人校點

韋齋集

附玉瀾集

總　目

校點説明

韋齋集十二卷，宋朱松(一〇九七—一一四三)撰。松字喬年，號韋齋，婺源(今江西婺源)人。政和八年(一一一八)進士，除秘書省正字、校書郎、著作郎。累官度支員外郎，兼史館校勘，歷司勳、吏部郎。秦檜決策議和，松與同列上章，極言不可。檜怒，風御史論松懷異自賢，出知饒州，未上，卒。時紹興十三年(一一四三)，四十七歲。

朱松是朱熹的父親，朱松去世時，朱熹只有十四歲。朱松病重時將家事託付給劉子羽，並命朱熹師事武夷三先生：「籍溪胡原仲(憲)、白水劉致中(勉)、屏山劉彦沖(子翬)，此三人者，吾友也，其學皆有淵源，吾所敬畏。吾即死，汝往父事之，而惟其言之聽，則吾死不恨矣。」(朱子屏山先生劉公墓表)父親的臨終安排，爲朱熹身心與學業的成長鋪平了道路，也爲他日後事業的發展奠定了基礎。

朱松是一位飽學之士，又是一個堅定的愛國者。在朱子七十年的生命歷程中，十四年雖然只是非常短的瞬間，但是朱松對他的啓蒙教育，依然留下了深深的印記。朱子的童年、少年時代是在國土淪喪、戰禍頻仍中度過的。朱松慷慨的愛國情懷和反對和議的堅定立場使幼年的朱熹已感到了一種不容推脱的歷史責任感。紹興九年（一一三九），趙構定都臨安，元旦，布詔天下，與金議和。朱松聞言，對朱熹感慨歎息久之。晚年朱子在追憶這一段往事時説：「嘗記年十歲時，先君慨然顧語熹曰：『太祖受命，至今百八十年矣！』歎息久之。銘佩先訓，於今甲子又復一周，而衰病零落，終無以少塞臣子之責。」（朱子蒙恩許遂休致陳昭遠丈以詩見賀已和答之復賦一首附記）紹興十年（一一四〇），劉錡以五千精兵大破十萬金兵。朱松聞訊鼓舞，爲朱熹誦讀後漢書光武紀，講解劉秀何以能以三千精兵破王尋包圍昆陽之四十二萬大軍，並爲朱熹大書蘇軾昆陽賦，「爲説古今成敗興亡大致，慨然久之。」（朱子跋韋齋書昆陽賦）正是父輩執著的愛國情懷，浸染了朱熹年幼的心靈，使他從小就立下了以身許國的大志。

據文獻記載，朱熹五歲開始上學，讀的第一本經書是孝經。朱熹穎悟早慧，閲讀一過即了其大意，書八字於其上：「若不如此，便不成人。」嘗指日問松：「日何所附？」朱松曰：「附於天。」又問：「天何所附？」朱松奇之。又有在沙洲上畫八卦的傳説。總之，朱熹幼年就顯露出不凡的秉賦。朱松因勢而利導之，教以四書等儒家經典。據朱子延平先生李公（侗）行狀：「熹先君子吏部府君亦從羅公（從彥）問學，與先生爲同門友，雅敬重焉。」

「踰官中第，更折節讀書，慕爲賈誼、陸贄之學。久之，又從龜山楊氏門人問道授業，踐修愈篤。」（朱子與陳君舉）其皇考吏部府君遷墓記又云：「承事公（朱森）卒……而遊宦往來閩中，始從龜山楊氏門人爲大學、中庸之學。」可見，朱松所受的教育與其學問的價值指向是以二程爲代表的理學。他的這一學術淵源與其與二程弟子們的親密交往，對朱熹的學術思想的成型與成熟所起的作用是不言而喻的。由此，我們就可以對朱熹在沉湎於佛學既久卻在一見李侗後即翻然悔悟而逃佛歸儒的事實有了一個合乎邏輯的解釋。

韋齋集，宋史、直齋書録解題均有著録。宋史藝文志曰：「朱松韋齋集十二卷，又小集一卷。」直齋書録解題卷十八「別集類下」曰：「韋齋小集十二卷，吏部員外郎新安朱松喬年撰。侍講文公之父也。文公嘗言，韋齋先生自爲兒童時，出語已驚人，及去場屋，始致意爲詩文。其詩初亦不事雕飾，而天然秀發，格律閒暇，超然有出塵寰之趣。」卷二十「詩集類下」曰：「韋齋小集一卷，朱松喬年撰。」朱子自撰其父行狀，有關於韋齋集成書的説明：「所爲文有韋齋集十二卷，行於世，外集十卷藏於家。始時吏部侍郎徐公度欲爲之序，略言少日多見前輩，而自得從公及張定夫遊，使得爲文之法。會病革，不及脱稿。而今序則直秘閣傅公自得之文也。」（皇考吏部朱公行狀）傅自得韋齋集序則曰：淳熙七年（一一八○）四月「一日走介二千里書抵予曰：『熹先人遺文，江西遂將刊行，而未有序引冠篇首。

先友盡矣，不孤之惠，誠有望於門下，敢以爲請。』」可見，韋齋集確爲朱松死後由朱熹編集而成，爲十二卷，時在淳熙七年。

據劉性的序我們可以知道，韋齋集早在元代就已經「四方罕見」。後由朱子的遠孫朱勳獻給婺源太守干文傳，干得知劉性四處求購欲刊印之，又將書轉贈劉性。至元三年（一二六六）五月，劉性刻韋齋集於旌德學宮。這就是元刻本。此本現藏臺北「中研院」史語所傅斯年圖書館善本書庫，六册，卷首有宋淳熙七年傅自得序、元至元三年劉性序，卷末有宋淳熙辛丑（一一八一）尤袤跋、民國癸亥（一九二三）鄧邦述題記。遺憾的是海峽睽違，大陸學人不得而見。

明弘治癸亥（一五〇三）年，又有鄺璠刻本。據其題識稱，所據刊本乃出於新安（即婺源）。四部叢刊續編本即據此本影印。其題解曰：「新安朱松喬年撰。朱子嘗刻於江西，有淳熙七年河陽傅自得序。至元中，吴郡干文傳守婺源，得其本，與旌德令劉性重刻之。此從劉本再刻者。」

清康熙庚寅（一七一〇）朱子二十世孫朱昌辰據鄺璠本重刻。雍正戊申（一七二八），朱子十七世孫朱玉又據宋本重刻。

按，朱玉刻本，是一個經過重新編排的本子，除正文外，卷首尚有以下内容：

傳自得序

劉性序

朱玉序

朱韋齋先生像

宋史本傳

韋齋記(羅從彦撰)

韋齋銘(曹偉撰)、記後(石𡍩撰)、後跋(朱子撰)

韋齋公年譜

陳傅良行詞

元順帝追謚朱獻靖公誥敕

行狀(朱子撰)

宋史館吏部贈通議大夫朱公松墓碑(周必大撰)

朱韋齋先生祠

環溪精舍記

卷十二後附朱子與外父祝公書並附注。

本次整理，以四部叢刊續編本爲底本，以朱昌辰刻本、朱玉刻本爲對校本，以文瀾閣四庫全書本參校。

爲保持朱子原刊之面貌，整理者將朱玉刻本附加的内容全部作爲附録放在全書之末。朱松季弟朱槔的玉瀾集亦據原刊予以保留。

朱傑人

韋齋集序

傅自得

文章之工拙繫乎人，時命之通塞存乎天。天人之適相合也爲甚難。是以古今負文章之名者，未必得貴仕；而都公卿之位者，又未必以文章顯也。故吏部員外郎韋齋先生朱公，建炎紹興間詩聲滿天下，一時名公鉅卿交口稱薦，詞人墨客傳寫諷誦如不及。予少時學詩，嘗以作詩之要扣公，公不以輩晚遇我，而許從游。間宿于閩部憲臺從事官舍之東軒，夜對榻語，蟬聯不休，比晨起，則積雨初霽，西風凄然，公因爲予舉簡齋「開門知有雨，老樹半身濕」，及韋蘇州「諸生時列坐，共愛風滿林」之句，且言：「古之詩人貴衝口直致，蓋與彭澤『把菊東籬下，悠然見南山』同一關棙。三人者出處窮達雖不同，誦此詩則可見其人之蕭散清遠，此殆太史公所謂難與俗人言者。」予時心開神會，自是始知爲詩之趣。別去未幾，而公下世。予既爲詩以哭公，因求其遺編，伏而讀之，愛其詩高遠而幽潔，其文温婉而典裁，至表疏書奏，又皆中於理而切事情。廼喟然嘆曰：公之於詩文可謂至矣，今世能言之士非不多也，然淺則及俚，華則少實，是無他，徒從事於末，而不知其本之過也。

公幼小喜讀書綴文，冠而擢第，未嘗一日捨筆硯。年二十七八聞河南二程先生之遺論，皆先賢未發之奥，始捐舊習，朝夕從事於其間。既久而所得益深，故發於詩文，自然臻此，非有意於求其工也。使其得通顯於朝廷，施諸潤色而見於事業，必有大過絶人者。不幸位不媿德，雖兩入東觀，三爲尚書郎，卒不得以其所長發紓，又不得年而没，天人之難合也如此，可不太息也哉！

雖然，人定亦能勝天，故公之嗣子，今南康太守熹能紹公之訓，早踐世科而益篤志于伊洛之學，安貧守道深山窮谷之中者三十餘年。明天子用寵嘉之，即其家拜二千石。君懇辭，不獲命，強起視郡事。逾年而政成訟簡。一旦走介二千里書抵予曰：「熹先人遺文，江西遂將刊行，而未有序引冠篇首。先友盡矣，不孤之惠，誠有望於門下，敢以爲請。」予覽書悚然，追思東軒之集，恍如隔世，而緒言歷歷猶在。公墓之木既拱，而予蒼顔白髮摧然，其亦老矣。愴歲月之不留，懔餘年其無幾，爲之感慨不寐者通夕，而病憊廢書，筆力衰退，文不逮意。獨念自少至老，遊南康父子間爲最久，相知爲最深，得其父子之賢爲悉，故不敢以不能爲辭。若夫公之詩文，自足以行後而傳遠，豈待區區之鄙言。顧予蚤歲承誨，迨老無所成，迺得挂名集端以託不朽，其愧且幸爲何如哉！公名松，字喬年，韋齋蓋自號云。

淳熙七年夏四月既望〔一〕，河陽傅自得序。

校勘記

〔一〕淳熙七年夏四月既望　「七年」下，朱玉刻本有「庚子」二字。

序

劉性

韋齋集十二卷，宋吏部員外郎新安朱公喬年之詩文也。河内傅安道爲之序云，公嗣子南康太守刻諸江西。性，江西人也，而未始見之，蓋其版本亡矣。旌德新學告成之明年，性遣校官袁祥求書新安。時吴郡干文傳守婺源，廬陵曹汝舟爲之賓佐，性因寓書婺源曰：「朱文公之書在天下，所謂家傳而人誦之矣，獨韋齋集四方罕見。婺源，文公故里也，必有藏此書者，其爲我購求之。」汝舟以書來報曰：「干侯之治婺源也，文公故宅與其先墓之爲豪右所奪者，侯皆取而歸諸朱氏矣，仍俾遠孫之居建安曰勲者來掌祠事〔一〕，勲以韋齋集爲侯獻之〔二〕。侯聞子之求書也，亟以相授，子其有以廣侯之意乎？」性受書嘆曰：侯以州政最江東，至於脩復朱子祠宇墳墓，則非能吏之所能爲者，而爲之者惟侯能也，而又不鄙我，旌德之人士幸惠兹文，性不佞，敢不承命！乃爲繕寫，刻之學宫。

竊惟孔孟之道至程子而復明，至朱子而大明。夫人有一行之善，一藝之美，未有不本於父兄師友者，而況於道有以參天地之運，學有以紹前聖之統者乎？程太中能知周子，故二程之學繼孟氏；韋齋能友延平，故朱子之學繼程氏。則韋齋之書，學者可不學乎！竊窺韋齋篤志於伊洛之學，其視游楊羅李孰敢議其先後？若文詞字畫，又於荆公蘇黄皆取法焉，豈不以學之大有既推原探本而極其端矣。至於曲藝小伎亦莫不各有理而盡其心焉。不專一門而惟是之從也。文公集羣儒之大成，紹周程之正統，而於熙寧、元祐諸公之是非得失，則未嘗有所偏主焉，豈亦本於家學而然歟？記曰：「三王之祭川也，先河而後海，或源也或委也。」此之謂矣。故書于篇目之末，以就正於婺源云。侯字壽道，延祐初進士高第，累歷州縣，所至有風績。汝舟字德川，以諸生推擇爲吏，與性同郡相好也。至元三年丁丑五月五日，後學廬陵劉性謹書。

校勘記

〔一〕仍俾遠孫之居建安曰勳者 「建安」，朱玉刻本作「建陽」。

〔二〕勳以韋齋集爲侯獻之 「之」字原脱，據朱玉刻本補。

韋齋集目録

校勘記

〔一〕絶句　原作「律詩」，據朱玉刻本、朱昌辰刻本改。檢卷五標題正作「絶句」。

〔二〕奏議　「奏議」下朱玉刻本有「劄子」二字，檢卷七標題作「奏議」，然卷中内容有「劄子」。

〔三〕題跋　朱玉刻本作「跋」，又文淵閣四庫全書本「題跋」下空格後有「文」字。

韋齋集卷之一

新安朱松喬年撰〔一〕

古詩〔二〕

睢陽謁雙廟

幽陵胡羯殘中原，列城束手天子奔。天留巨孽毒梁宋，賊壘環堞如雲屯。凶波滔天不可遏，塞以束薪何足論。力憑孤墉阻其怒，不爾薦食無黎元。堂堂許張勇且仁，指揮羸卒氣愈振。上書行在論賊勢，想見憤色吞妖氛。人間貧賤容力避，只有一死由來均。二公就此得處所，至今日月名爭新。遺祠突兀岸清洛，英氣凜冽横穹旻。尚聞餘蔭福兹土，天假威柄酬忠勤。布衣尚懸千古淚，肉食宜鑒當年因。焚香再拜三歎息，九原可作從斯人。

謁普照塔

孤塔騖霄漢，晴影金碧眩。重來得寓目，歸枕尾殘汴。緬懷何姓人，哀禱傾淮甸。是身如皎月，有水着處現。彈指遍大千，何止數鄉縣。惟應因緣地〔三〕，聊爾共流轉。顛危悔靳馬，善涉悟覓扇。君看悔與悟，只在一轉眄。至人獨何心，示此禍福變。當知夙緣定，莫作邪道見。哀哉衆生愚，積惡稔天譴。云何一朝急，賴此香火薦。我來適燈夕，寶蠟明邃殿。還指客塵眼，重睹浮壇面。朝來塔上鈴，告我風色便〔四〕。平淮一回首，岸草失葱蒨。

曉過吴縣

舟行有嚴程，越國常曉發。雙櫓兀殘夢，起坐窺落月。人家岸野水，霧雨籠邃闥。遥憐瑣窗人，欹枕聽甌軋。

陪餘杭張無隅先生飲

先生結屋在人境，門巷蕭蕭作冰冷，紛紛入眼不入意，坐客千言不相領。叩關聞我倒屣迎，重解舊榻塵埃生，向來妙處久不吐，一挽天漢崑崙傾。共説别來經世事，我言所向皆兒戲，胸中塊磊不用澆，便有清愁説無地。士林師範六十翁，先生合在伯仲中，願言終賜指歸處，爲公敬作曾南豐。

於潛道中

山行厭犖确，理策扶攲危。綠野三兩家，一息知可期。冉冉晴林端，炊煙裊晴暉。其民豐且樂，恐是太古遺。那知都邑間，百索困鞭笞。繁華今何有，半作道旁羸。

度芙蓉嶺

幽泉端爲誰，放溜雜琴筑。山深春未老，泛泛浪蘂馥。娟娟菖蒲花，可玩不可觸。靈根盤翠崖，老作蛇蚓蹙。褰裳踏下流，濯此塵土足。何當餌香節，净洗心眼肉。餘功到方書，萬卷不再讀。晚歲窮名山，靈苗縱穿斸。菖蒲服之通神，令人聰明健記。

信州禪月臺上

玉峯點寥廓，霄漢疑可梯。玉水環城陰，灔灔方拍隄。層臺擅二美，吾策一時携。何當蠟吾屐，更欲照以犀。塵勞不相赦，竟類窮途迷。我生麋鹿爾，不羡駕輅驪。向來丘壑懷，語發人所詆。長安黑頭公，玉勒朝金閨。山林出戲言，廣已無端倪。誰收遮日手，歸把耕雨犂。紛紛塵土中，等是舞甕鷄。頗聞山水間，幽子飯藿藜。行當踐此語，絶境同攀躋。

送深師住妙香寺元住雲溪

道人捨幽居，誰管溪上雲。此身自雲耳，遑暇南北分。頗聞妙香山，天花雨繽紛。宴坐丈室間，歷亂舊衲紋。山前路悠悠，山後水汶汶。應觀川途客，念我奔走勤。豈無香火緣，他年往相群。飽食跛鐺飯，稀摘幽澗芹。當令桃花臺，白社掩前薰。

坐睡

坐久睡屢兀，手失未了書。清風脱然至，心醒得我娱。起看孤隙光，了不移錙銖〔五〕。云何短夢中，萬境生須臾。嗟彼市朝子，百巧營其軀。安知非夢役，過眼滅無餘。至人有達觀，那與世賢愚。不須無言子，同上崑崙墟。

遊山光寺

寺藏兩山腹，路轉百步陰。登高試病脚，掬冷清煩襟。敗壁龕石刻，歲月不可尋。唯應查公石，俛仰閲古今。屋古困枝柱，摧頹力難任。何當咄嗟辦，嗣彼鍾梵音。興衰豈關吾，得酒且滿斟。歸路有溪月，攬之醒吾心。

送建州徐生

人羈天地間，誰非一浮萍。泛然偶相值，便有離合情。君家武夷下，歸路塵眼明。我生愛山者，夢寐秀色横。秋風送客去，把手更心傾。亦逢山中人，爲我寄此聲。

贈覺師

覺師儒門秀，脱屣世故早。那知軒冕味，夙悟心已槁。唯餘章句習，心境時相惱。如人生於齊，而即楚鄉老。雖遭楚人咻，微音或清好。固無益生死，亦未妨至道。家山亦何有，骯髒衣間寶。叢林選佛場，一擲想盆倒。云何戀故居，俛仰待華皓。他年空手歸，子語吾爲老。幸分曹溪水，萬刼付一澡。

休寧村落間有奇石如彈子渦所出者宜養石菖蒲程德藻許以餽我以詩督之

君家緑溪上，岸曲溪成渦。渦間石無數，水蹙相蕩磨。誰嘗掬而戲，一一印指螺。我欲往取之，擁此菖蒲窠。石罌注新汲，幽姿發清哦。夫子許餉我，往督書已多。願言速寄與，起此泉石痾。

效淵明

人生本無事，況我麋鹿姿。一墮世網中，永與林壑辭。此行獨何事，豈不爲寒饑？弱歲慕古人，頗覺世好卑。那知齒髮邁，終然此心違。春風到山澤，魚鳥亦知時。吾行何日休，流目瞻長岐。且用陶翁言，一觴聊可揮。

酬馮退翁見示之什

我家大江左，江水日夜東。遥瞻發源處，廼在西南窮。相望邈異境，正北一水通。故令我與子，迹遠心自同。我生寡所諧，強顔紅塵中。倦飛矯歸翮，饑吟咽寒蛩。獨欣得吾子，萬慮一笑空。時時出秀句，醒我如風松。當知山澤臞，不鄙犀角豐。彈冠實伊始，此生各飛蓬。卜隣固未必，即事聊從容。

戲答胡汝能

我生苦中狹，與世枘鑿乖。平生素心人，耿耿不滿懷。汝能伯始後，遊世如嬰孩。相逢握手語，便作塤篪諧。時時笑謂我，如子患未涯。執古以規今，求合誠難哉。涉世幸未遠，子車尚可回。我介足怨忌，君通絶嫌猜。不見山巨源，雍容居鼎台。不見嵇中散，絶交自可哀〔六〕。賢愚心自了，短韻共一咍。

謁吴公路許借論衡復留一日戲作

幽獨不自得，駕言欵齋廬。殷勤主人情，投轄恐回車。轄亦不須投，此去將焉如。唯憂酒錢盡，使我詩腸枯。會合曾幾何，可復自作疎。更當留一夕，帳中探異書。

新秋

幽人無與娱，耳冷百不聞。新米熟未知，但覺市酒醇。滄洲散秋色，山水逾清新。一醉不忍獨，念我存故人。

道中得雨

我行野田間〔七〕，吁嗟連數村。千山收宿雨，豁作黄梅渾。漸看風葉底，一洗龜坼痕。餘功被行客，稍壓旱塵昏。

道中

驕陽久自殺，一雨蕩龜坼。田夫夢亦好，龝隴已幽咽。朝來喜相語，一飽心已決。翻翻風葉亂，嫋嫋露芒白。去年禾欲秀，積潦滿秋澤。今年豈堪旱，束手就溝壑。我生拙謀口，藜藿甘如蜜。向來真過計，憂民豈吾職。赤子天可憐，嗟人獨何力。何須事兒戲，合沓來賀客。稍欣新稻熟，社酒行可覓。當同扶路翁，醉歸舞南陌。

陳伯辨爲張氏求醉賓軒詩

前年谿上秋風時，主人酒熟烹黄雞。歸來醉倒睡便着，父老唤起牛羊蹊。此生一醉寧易得，未辨身爲貴人客。征西將軍爾何人？那用尊前驚墮幘。朅來閩越再經秋，聞道軒名涎已流。懸知得酒推不去，此客有轄何須投。今我正爲奔走役，空想題詩滿高壁。若逢落魄姓回人，爲問何時定相覓。

書窗對月

天公自厭雨，一夕開寒晴。霜風净曠野，洪落有餘聲。饑鴉得林静，霽月縈窗生。熨開睡眼色，一洗空花横。故人千里餘，壺濁誰與傾。遥知勸影盃，共此通夕情。今冬有奇事，三見非玉英。明年谿上路，誰餉雨中耕。

宿野人家

夢裏滄波揺一葉，覺來正受肩輿兀。人家一宿晚可投，新席槁梧香更滑。霜前穲稏收百畝，稚子新能牧鵞鴨。我生本是箇中人，挾策久矣猶能説。

度石棟嶺

我行欲安適，束馬踰山樊。谷深不可瞬，危磴争猱猿。坡坨兩山間，寂歷三家村。茅簷青裙婦，蓬髪薪烟昏。敲冷那可飲，分我一掬温。郎樵晚未歸，客至不與言。不奉沙頭巵，肯投柳下門。作詩配國風，行者式其藩。

用退之韻賦新霽

春泥窘幽步，苔上屐痕少。新晴一褰衣，緑葉藏啼鳥。方塘灧宿漲，古鏡窺清曉。華顛忽自笑，綵羽墮鷩鷸。瞻言雲中耕，縹緲穹脊繞。歸把東皐犂，此念何日了。

送金確然歸弋陽〔八〕

昔我雲溪居，送子雲溪濆。重來問何時，笑指谿上雲。一別四周星，坐此世故紛。衰顔兩非昔，華髮粲可耘。我纏風樹悲，終日無一欣。子乃水菽憂，尚此奔走勤。對牀語未終，慼知便離分。霜風吹客袂，别意如絲棼。子歸葛陂上，去路接鄉枌。歸夢尚隨子，何當歎離群。

至節日建州會詹士元

嗟予身百憂，佳節過倥偬。客愁隨綫增，歸思與灰動。當年從子日，未覺百慮重。高堂遶牀呼，一擲有餘勇。那知客天涯，相對寒骨聳。歲月曾幾何，鬢絲今種種。忍饑山藥煮，附煖地爐擁。深藏斷還往，衰病脱拜拱。興言望鄉關，雲物方鬱滃。空餘相屬意，盃酒久不捧。

用前韻答翁子静

客心既岑寂，節物亦倥偬。幽籬菊初暗，深壑梅已動。古人傲尺璧，顧謂寸陰重。欲從夫子遊，掣肘愧不勇。松高節磊砢，鶴老格清聳。當知山澤臞，誰羨將相種。一官戲人間，叢書以自擁。微言聞緒餘，三歎手輒拱。青天本寥廓，不受雲霧滃。願言瞻清明，茗盌不辭捧。

微雨

端居身百憂，況乃貧病俱。天公頗相哀，雨我蔬藥區。曉晴新青勻，日薄生意蘇。衛生固未必，一飽行可圖。故園天一涯，茅荆誰爲鋤。峥嶸歲云晚，此念當何如。

寄題叔父池亭

一壑久藏勝，數椽忽開亭。方塘蔭瓦影，浄見魴鯉行。主人有嘉招，轉柁失高城。不知幾摇兀，杙舟上峥嶸。尊酒酌芳淥，園蔬煮柔青。翩翩射鴨弓，一笑飜綵翎。那知海陬姪，斗粟忘歸耕。餘生信萍梗，歸夢識林坰。漲水有回波，故鄉豈無情。一醉會有日，因之濯塵纓。

贈謝彦翔建安人。九歲，異人與藥，至今不食。建安有梅子真升仙處〔九〕。

我本世味薄，寸田足自營。年來荆棘盡，稍有棃棗萌。但恐骨相凡，未敢希長生。陳留達人後，未翽犀角盈。舊遊記三山，幽夢徹九清。爾來三十年，但覺膏粱腥。幽尋飯緑髓，默卧誦黄庭。顧我塵土中，深慰夙心傾。仙人吴門卒，解后煩寄聲。相期朝金闕，鶴馭何時征。

考亭陳國器以家釀餉吾友人卓民表民表以飲予香味色皆清絶不可名狀因爲製名曰武夷仙露仍賦一首

二年飲水閩中村，忽見玉醴傾蠻尊。涓涓醍醐灌熱惱，耿耿沆瀣明朝暾。旱塵久漲城市暗，渴夢欲挽江湖吞。何人遠致雙鯉信，知我來扣羅雀門。不須邀月已清絶，尚恐熨齒當微温。要從華池汲真液，豈獨玄鬢薅愁根。微芒已識投轄客，嫵媚似返當壚魂。奇功誰續伯倫頌，妙意要與淵明論。胸中我自有涇渭，筆下君已傾崑崙。詩成寄與約他日，飲君與我空瓶盆。

久旱新歲乃雨

高田土可籭，下田不受犂。遺蝗憂插啄，況乃麥未齊。赤子天自憐，溝壑忍見擠。雨逐新歲來，停雲忽凄凄。莫辭三日霖，爲作一尺泥。汪汪既没膝，灧灧仍拍隄。漸看簑笠出，笑語喧畛畦。我欲與寓目，父老同攀躋。此身群萬生，擾擾舞甕雞。曾亦無幾求，脱粟配羹藜。永言故隴耕，老眼路凄迷。好收斂版手，鋤耰歸自携。

春日與卓民表陳國器步出北郊

灼灼桃吐華，濯濯柳垂縷。芳菲挽人出，春力乃如許。嗟予閉門客，佳節過不數。不因可人呼，那得幽步舉。客如山陰勝，詩作斜川語。誰言一尊酒，妙處合千古。歸來讀殘書，耿耿霜月苦。空餘流落心，三歎非吾土。

蔬飯

蕨拳嬰兒手，笋解籜龍蜕。薦羞杞菊開，采斸烟雨外。嗟予飯藜藿，咽塞舟泝瀨。朝來二美兼，一飽良已泰。充腸我誠足，染指客應嘅。平生食肉相，蕭瑟何足賴。王郎催牛炙，韓老憶鯨鱠。俠氣信雄夸，戲語亦狡獪。我師魯顔子，陋巷翳蓬艾。執瓢不可從，一取清泉酹。

戲贈吴知伯

條侯得劇孟，吴楚坐可𢧐。我知無能爲，失此一敵國。偉哉奇男子，俠氣横八極。書生復何者，骯髒老筆墨。剌口論安危，事往竟何益。匹夫嘯空野，驚塵一方塞。區區空有意，浩蕩洗鋒鏑。何如吴王孫，語輒面浮赤。交游得朱亥，負販鄙膠鬲。腰間鐵絲箭，上鏃紫塞翮。笑指蛇豕區，滅此而後食。諸公未備知，欲薦恨無力。明日我過君，烹牛呼社客。當書游俠傳，令子姓名白。

送僧

空中世界紛河沙，不知底處爲天涯！乾坤百億在指掌，觸處與子同一家。云何猶作去來想，千里一跌毫釐差。坐令契闊費星紀，嶺雲欲寄山川遐。撥眉相對此何日，丈室浄掃餘天花。詩豪辨舌久投閣，萬竅寂歷風無譁。爲君遊戲出三昧，妙處那復相聱牙。往將妙響應空谷，一任飛錫凌蒼霞。

招民表

清眠有味日方永，褦襶妨人推不省。疾草尺書招故人，一水未濟豈非命。此身何啻千金直，天下未可兩臂等。垂堂之戒其敢忘，晚識風波失前猛。天憐我輩少如意，曉起屋梁飛倒景。側身鳥行溪上路，遥知倚笻唤烟艇。信眉相對真夢寐，豈不惜此一笑傾。莫談世事令舌強，快讀新詩頻首肯。與君好惡真磁鐵，失足塵途若爲騁。北窗風月夜呑吐，持此邀君共幽屏。凈洗多生内熱塵，更有僧廬千尺井。

秋懷十首

一

秋風來幾日，我髪白已多。千林了未覺，奈此一葉何。宴坐閲流光，一眄寄庭柯。寒蟲獨何者，唧唧夜自歌。

二

塵埃地上臣，天闕無力補。夜叉呵九關，嘗膽真自苦。寄𢧐東南風，儻得蜚廉許。尚當求妙斵，君氏無乃魯。

三

蒔蘭西窗下，蕭艾病其根。白露墮秋夕，美惡兩不存。寂寂芳畹空，離離幽佩昏。物各信所遭，此意誰與論。

四

月林疎愈明，露草凈可拭。飛飛螢遞照，軋軋蟲自織。移燈檢書讀，千載如經夕。微言契夙心，妙解失陳迹。文章事雕琢，回視真兒劇。世無楊子雲，此理誰見直。

五

宴坐自觀我，中深抱天機。從知月勝火，胥失兔與蹄。大虛同一如，浮雲渺何依。悠然淵明心，千載與我期。

六

林皐一葉脱，静士最先知。自我抱兹獨，悠然星氣馳。乾坤一逆旅，鼎鼎竟何爲。枯榮俯仰中，兒輩浪自悲。青雲渺難必，白髮不可辭。得飽良已泰，雨畦瓜芋肥。

七

了翁卧淮楚，德望臨一世。憂時九廻腸，醫國三折臂。四海一滔滔，揚湯不止沸。斯人倘可起，姚宋何足繼。

八

反身聖可作，自恕惡易盈。昨非往莫諫，今是來足程。幽人歲晚粟，樹者夷跖并。慨然釋七歎，諒知負平生。

九

甘菊卧風雨，枯荷暗池塘。達人聽榮悴，志士費感傷。亭亭岩桂花，已作宮槐黄。諒無青霞客，誰與媚孤芳。

十

江海有一士，補衮抱經緯。帝衣日月明，袖手久不試。九關隔雲雨，誰肯借一臂。絃急而調卑，此歎同萬世。

和謝綽中觀瀾亭

方塘灧宿漲，曲澗來飛湍。光涵鬱藍天，頖洞碧玉寬。小亭塵土外，瓦影浮朱欄。霜渚寫秋色，烟林養漁竿。佳人秋霞衣，皎皎明月冠。欲濯且無塵，隱几得妙觀。海若眩河伯，等在蝸角端。那知坳堂上，盃水生濤瀾。雲間謝公子，五字冰雪寒。展讀勝圖畫，經行記林巒。九垓未暇遊，據殼諒匪安。一到定何日，眷焉抱長歎。

寄題陳國器容膝齋

淵明乃畸人，遊戲於塵寰。南窗歸徙倚，宇宙容膝間。豈不念斗米，折腰諒匪安。是非無今昨，飛倦會須還。國器青雲姿，逸志追孔鸞。曲肱數椽底，尚友千載前。規模琴書室，料理松菊緣。心遊萬物表，了覺函丈寬。念君方適越，昔至誰云然。要知丘壑志，本出軒裳先。瑣闥麗宸居，追飛不云艱。回車莫待遠，泉石聞此言。

約金確然不至

門前北風裂我襦，知君未能出僧廬。忍看烟雨凍梅膚，南枝北枝香欲無。可無一杯相煖熱，道人酒熟不用沽。區區濡沫浪辛苦，安得共似江湖魚。

確然雪中見過〔一〇〕

雨斷雪將墮，天低雲可攀。誰穿東郭履，來欵山陰關。故人金公子，身窶心甚閑。道機久純熟，世味飽險艱。一杯不可緩，輭此雙脚頑。未忘膜外境，忽湧胸中山。白眼概六合，誰云書生孱。萬類宅天壤，細觀真市闤。攫金掩醉眼，倚門眩朱顏。哀哉兒女態，今古可笑訕。坐令一世豪，偃蹇棲茅菅。先生談天舌，久桂屋壁間。置之且默坐，觀我無所還。紛紛造物機，顛倒轉愚姦。於我何所歉，莫歎簞瓢慳。

校勘記

〔一〕新安朱松喬年撰　「撰」，朱玉刻本作「著」，朱昌辰刻本缺。

〔二〕古詩　朱玉刻本「古詩」下有「五十九首」四字。

〔三〕因緣地　「因」原作「應」，據朱玉刻本改。

〔四〕風色便　「便」，朱玉刻本作「變」。

〔五〕了不移錙銖　「移」，朱玉刻本作「遺」。

〔六〕絶交自可哀　「自」，朱玉刻本作「良」。

〔七〕我行野田間　「野田」，朱玉刻本作「田野」。

〔八〕送金確然歸弋陽　「弋陽」下朱玉刻本有雙行小注「金生廉節士通方外學爲承事公定宅者」十六字。

〔九〕建安人九歲異人與藥至今不食建安有梅子真升仙處　凡二十二字原作大字混入詩題中，朱玉刻本作雙行小字，今據改。

〔一〇〕確然雪中見過　「確」上朱玉刻本有「金」字。

韋齋集卷之一

新安朱松喬年

古詩

書僧房

陸續流泉自成句，來擁紅爐聽山雨。道人更有深深處，詰曲如珠蟻絲度。几研無塵寒欲霧，雕盤篆破孤螢吐。味如嚼蠟那禁咀，茶甘未回君莫去。

題蘆鴈屏

征鴻坐何事，天遣南北飛。蕭然如旅人，無情自相依。孤葦吹欲折，秋風不勝威。冥冥一孤騫，空費弋者機。寒聲落烟渚，相應不我違。嗟我識此情，手納空歎欷。安知丹青師，落筆迺庶幾。畫形孰不工，畫意識者稀。他時因吾句，購此千金揮。

題臨賦軒

蒼山圍岑寂，下有一水奔。閉户卧風雨，束蒿翳籬藩。寥哉祇樹人，心遠忘世喧。此身自蘧廬，長物餘此軒。鳥語幽夢斷，香横經帙翻。未成借路行，自要窺潺湲。遠師淵明意，不愧靈徹魂。月度了無迹，風行偶成痕。心境兩清妙，尺喙何由吞。賦詩安所取，碧雲未足論。何當拂朱絲，窈眇絃吾言。

答保安江師送米

不見道人久，天涯歲云除。朝來食指動，忽接送米書。念師折脚鐺，五合未省餘。雖無覆餗禍，尚有乞食逋。云何憐孤客，日受飢火驅。未曾貸監河，矧肯索胡奴。誰言斗升意，矯矯超萬夫。嗟予事筆耕，輕棄南畝鋤。慁煩方外客，此計良已疎。何時事粗了，歸葺五畝居。生涯寄緯竹，豈即非良圖。不爲泉壤蚓，願學江湖魚。

陳德瑞饋新茶

空山冥冥雲霧窗，春風好夢欹殘缸。朝來果得故人信，微凸而么犀銙雙。貴人争買百瓔珞，此心兒女久已降。坐觀市井起攘袂，念之使我心紛龐。領君此意九鼎重，雖有筆力安能扛。何時來施三昧手，慰我渴夢思長江。

次韻希旦喜雨

驕陽挾酷暑，何啻虎而翼。高田土可籭，況廼耕與殖。風伯真可訟，雲合吹復拆。那知下土民，糟粕配橡實。古佛棲巖隈，旱沴豈吾責。應緣賢令尹，閔雨丐法力。積陰暝山谷，流潤凄几格。朝來賀客散，置酒浣愁疾。古詩成雲外，險句動潛蟄。旋看蓑笠出，競喜溝澮溢。讙言令與佛，念我一何悉。嗟我困蒿藜，最覺民可恤。何當問牛喘，免使訴魚失。九關虎豹守，懷此欲安適。誰哉此心同，吾飽將何日。

古風二首寄汪明道

紫蘭初茁芽，深壑終自秀。骫髒蕭艾中，不采則誰咎。兒曹逐紛華，壯士保窮陋。應知此調同，萬世無先後。

又

俗士白人眼，從誰明此心。不欲故人見，訶我車徹深。蕭然江上廬，客卧詩書林。得句不相寄，誰賞氣騣騣。

建安道中

吾生意行初不謀，泛泛何啻波中鷗。携家來作閩海夢，三年客食天南陬。我先人廬在何許，大江之左道阻脩。奉新家有手足愛，隻身歸掃先梧楸。旋當來此營斗粟，南北顛倒無時休。此心轉與世事左，自作磨蟻將誰尤。安知不滿達者笑，窮達一戲如觀優。咄哉吾語亦已墮，且與造物同浮遊。

書事呈元聲如愚起華三兄

隱吏朱墨暇，飽眠北窗風。時呼方外客，逃暑尊酒中。寂寞杜拾遺，四壁口不供。坐取盤飧疑，哀哉豈天窮。何如平生友，磁鐵間不容。每懷千里駕，今作五斗逢。吏行散鳧鷖，楸局收鸞龍。共話十年舊，事往如飛蓬。浮榮真一戲，何者爲窮通。應須河漢語，浄洗芬蔕胸。僕夫適在門，客醉尊亦空。更爲後日約，及此芙蕖紅。

寄題起莘家義軒

貞觀盛德後，餘慶未渠央。舊聞閩海家，欲縱燕山芳。教子嗣先訓，開軒翼中堂。地偏市朝遠，几凈書簡香。先生陳太丘，飦糜百憂忘。弟子真羯胡，不聞觸屏僵。一變豪俠窟，遂成鄒魯鄉。下車里門外，他年看諸郎。坐上紆素髮，詵詵立冠裳。我詩自可絃，請以侑壺觴。

梅花

山深春未動，沙淺水欲冰。玉梅於此時，靚粧孰無朋。露蘂欲的皪，月枝挂鬅鬙。儼如江漢女，可愛不可陵。他年江南路，曉粧犯嚴凝。尋香烟雨中，横斜插茆簦。却數今幾日，癡如秋後蠅。北嶺枝欲空，誰與扶一登。聊分窺水影，依我照字燈。坐使惜花夢，臨風脚騰騰。昔如夢中蝶，今學桑下僧。了知菩提長，念起吾何曾。

十一月十九日與仲猷大年綽中美中飲於南臺

空山欲雪雲冥冥，玉梅半開吾眼青。此身垂欲走塵土，聊復舉酒看崢嶸。折腰向人不知耻，故園可鋤在千里。金昆石友一開眉，珍重道人相料理。楚江東岸先人廬，竹君安否久無書。歸歟何時應白首，我食吾言如此酒。

春社齋禁連雨不止賦呈夢得

歲豐農猶飢，歲惡何可説。哀哉半菽氓，罪歲同一舌。年時旱塵漲，臘盡不見雪。青皇忽雨我，萬頃麥苗活。令尹民父母，溝壑思手挈。祈年祓齋居，有酒不忍設。那知桃李徑，狼籍香泥滑。芳意一如此，坐恐及鶗鴂。郊原佇開晴，出勞南畝饁。秋成已在眼，一醉宇宙豁。更呼湔裙人，勸此側帽客。和公斜川詩，磨石鑱歲月。

次韻夢得見示長篇

雉馴不因媒，鳩暖自呼婦。詩成桃李陰，知是霹靂手。簿書我亦厭，丘壑渠自有。却憐支離疏，飽食得薪槱。俗夫嘗世味，甘苦半嘁嘔。知公超然處，心跡兩無垢。愁陰老芳物，蟲鳥故相誘。浪蕊費收拾，柔條可結揉。豈無我輩人，一醉開笑口。那知市門底，客倦枕兩肘。眼高可人稀，命蹇亨運偶。平生願執鞭，見謂予小友。細觀愷悌心，宜在帝左右。却來塵埃中，寂寞對五柳。觳音藏鵠羽，正待荆雞剖。學政容窺譜，問字當載酒。虛名翻誤夢，恐坐箕與斗。言詩終不稱，永愧賦瓊玖。

久雨短句呈夢得

身閑書有味，吏傲俗不親。小窗據物表，掃盡心眼塵。令尹垂珠玉，敲門喚行春。作意向芳物，吾車曾未巾。愁陰入病骨，鳩婦聲亦嗔。冥冥三日雨，桃李迹已陳。空餘深枝間，一一青子新。穠芳殿春晚，猶堪慰佳辰。酴醿曉妝靚，芍藥醉臉勻。日萼簪㛹娟，風巵倒粼粼。言當呼短舞，抵掌回雙顰。年來得相從，稍覺安沈淪。豈不掛俗事，察公極清真。眼中醉鄉路，風味良獨醇。流光不容玩，尺璧何足珍。漓俗益可厭，願言勤問津。

牡丹酴醿各一首呈周宰

珍叢壓朝露，無人羞欲欹。春風醉香骨，綽約不自持。誰憐曲肱人，一笑遺穠姿。不言意可了，君醉當勿疑。

妝淡洗逾靚，肌香薰不成。皎然月露姿，一笑午景晴。聊移夢蝶牀，相對户不扃。誰令風雨暴，睡起春縱横。

次韻夢得淺紅芍藥長句

十日愁陰病不出，卧看春歸無計惜。詩翁遣送淮海春，衰眼熨開雲霧拆。胭脂注臉勻未遍，肉紅借酒生真色。了知造物着意深，傾倒春工不餘力。年來不顧溱洧女，載酒非公復安適。且將妙句寫餘妍，欲立佳名付精識。一春頗困歌酒汙，回首紛華三太息。願言乞與洗心方，歸對爐香誦周易。

宿禪寂院

夢中一葉摇江湖，困睡不覺身藍輿。眼明佛屋麗丹碧，瓦鴟鵜鳳凌空虚。疲民日者困苛索，半作頳尾相濡魚。鵜鶘數罟兩不置，肯念竭澤明年無。道人誰與辦此事，斤琢千指開渠渠。頗疑如幻三昧力，上方手攬歸吾廬。了知舌本法輪轉，咄嗟檀施争奔輸。不辭割愛一念善，誰謂歲惡窮民愚。書生袖手對溝壑，力不能援心煩紆。事無大小成者少，談説治亂何區區。調卑絃急誠齟齬，鑿圓枘方尤闊疎。古今罪歲同一口，撫掌一笑皆愚儒。

詩約范直夫遊萬葉寺觀瀑泉

萬侯隱下吏，夙尚本丘園。身投攫金市，叢書以自藩。炯然如孤月，不受黄流渾。要知句律工，競病何足論。我生群未俗，涇渭非一源。同心無楚越，傾蓋如弟昆。人生各有役，不暇捧一尊。風蒲掛南浦，念欲東南奔。對牀定何夕，青燈照晤言。懸知知詩處，千尺銀河翻。

次韻夢得見示之什

居楚求齊音，美惡不同土。喧㕓俗物華，群復有佳處。時從玉璧人，商署窮萬古。詩如粟牛戲，誤得摩頂許。望道渺逾遠，久生真暫寓。忍持尺璧陰，空作秋蟲語。微言儻傾倒，河漢濯肺腑。向來説詩口，自此行可杜。

送甌寧魏生赴武舉生後與金虜戰，有功，戰没於邯。

建安少年請纓客，横槊賦詩兩無敵。辭家去作入彀英，氣拂天狼夜無迹。廟堂尺箠鞭羌胡，智名勇功付壯夫。引弓没羽世自有，敢聞上策當何如。

陳仲仁止止堂

以我有限景，逐彼無涯知。失足踐畏途，投身試危機。舟車日奔覆，定無丘與夷。萬古踐此轍，嗟我與誰歸。仲仁古静者，懷璧照褐衣。名途嘗一戲，回首羞前非。心如得坎水，不受狂風吹。功名憂不免，當復定所之。請觀本無作，今復止者誰。築堂市門側，著書園不窺。蓬藋深一丈，圖書周四圍。時有好事人，載酒問所疑。攫金奮敏手，倚市誇妍姿。回光時自照，何者非吾師。

送志宏西上

九州眼一概，餘子真瑣瑣。嶽立培塿中，喜此高岋峨。如公我輩人，取友亦到我。揮毫賦垂天，風雨卷蓬顆。相期八表遊，未覺夙心左。解龜醉江閣，酒面山月墮。起瞻帝鄉雲，感歎不成坐。何須飛霞佩，自辦凌風舸。瀛州渺溟渤，萬里一掀簸。緘詩寄天涯，秉燭對新火。那知市門仙，斗禄事么麽。空餘腸九廻，上疏何日果。

有懷舍弟逢年時歸婺源以詩督之

木落天未霜，君歸定何時？相思如鶩鵲，中宵未安枝。夢中見阿連，鏘然詠新詩。寤驚衰葉翻，謂是步屧移。攬衣下中庭，風露浩淼瀰。遥知客衣薄，歸來一何遲。平生短檠燈，相對忽解頤。萬古一舒卷，佳處良在兹。是中及物心，上與稷契期。援古以自例，自笑無乃癡。夜叉叱九閼，側足不敢窺。坐令一寸心，日抱二柄疑。遲君商畧此，蚩得兒輩嗤。況乃緑髮親，倚門鬢欲絲。豨膏非鳳喙，車轄無可脂。再拜壽百分，斑衣舞參差。秋芳未云歇，采采黄金蕤。萬鍾不足樂，古人豈吾欺。

九月十七日夜度蔡道嶺宿弥勒院

月出度松嶺，露香非羽衣。肅肅夜氣清，蒼蒼烟徑微。川光浴秋容，蘿影挂夕輝。冰輪碾空闊，飛轍無因依。擬掬星渚波，恐觸天孫機。偓佺何時見，沆瀣聊獨揮。未應青霞志，即與素願違。稍休塵外軫，憇此巖下扉。清吟寫萬籟，妙想絶百非。不須河漢言，盡解紛華圍。飛仙亦戲劇，玄學乃庶幾。鰲山切丹極，歲晚行將歸。

遊鄭圃

城郭不去眼，而得林壑娱。低回撫壯心，欲吐無與俱。鏗然一枝筇，細磴争樵漁。挽衣徑與飲，不省誰爲吾。

女貧苦難妍

女貧苦難妍，士貧苦難高。了知論此者，不識一世豪。此身百斛鼎，流俗欲手操。寧當捨其中，局促計所遭。頗疑有若人〔一〕，骯髒棲蓬蒿。考槃一丘壑，光景不可韜。斯人不我忘，空復踰垣逃。軒裳亦云華，唾去如腥臊。哀哉夸毗子，擾擾冠猿猱。恬無濟世心，閔默死滔滔。朅來事斗禄，俛仰身桔槔。一官戲人間，幾何非饕餮。誰言眷此幘，擲去輕秋毫。區區欲驕士，一哭嗟兒曹。

谿南梅花

巉巉石逕鳴枯筇，意行詰曲無西東。心知幽壑梅已動，一枝寄我曾未蒙。暗香横路忽驚顧，冰蕊的皪蠻烟中。有如佳人久去眼，邂逅相得情何窮。蔬畦壓霜翠羽亂，已覺雪片棲手茸。嗟吾辜此來已晚，攀條嚼蕊聊從容。玉仙遊戲下塵世，絶艷一洗朱鉛空。不知閬苑在何許，叱回風馭無怱怱。溪寒沙浄迷俯仰，坐待山月來朦朧。豈無尊酒相煖熱，錦裘起舞如驚鴻。仇池老仙羽化久，妙曲三疊餘仙風。歸時醉倒不知一作成。和，明日來此誰能同。

再和求首座

道人昔曳羌廬笻，五老負雪湓江東。犯寒貪覓玉梅句，雖有衲被何曾蒙。歸來苦雨熟梅子，卷械深卧蠻烟中。詩傳絶境忽入手，置我鄉國情何窮。十年不踏江上路，漠漠海氣昏貂茸。異鄉歲晚慰流落，一笑賴此冰雪容。嶠南絶唱誰敢和，騎鯨人去塵寰空。崑墟下視堪笑閔，雕琢肝腎愁怱怱。那知幽子雲雨上，風斤玉斧修朣朧。讀詩今我一回首，杳若目送孤飛鴻。何時晤語折鐺側，坐聽萬籟號天風。拈花特地兩顔鮮，他時與子真參同。

奉酬令德寄示長句

閑官屋舍如幽棲，寒苦餘業償鹽虀。忽聞鵲聲作破竹，尺書入手誰所齎。交游勝絶似公少，矯矯鸞孔依蒿藜。青冥側足在咫尺，誰使狡獪捐其梯。秋風溪上共樽酒，擺落羈束忘畛畦。紅裳起舞意未足，缺月銜嶺星河低。只今跌宕走塵土，清夢往復無山谿。新詩驚怪爛盈幅，筆力拗怒蟠虹霓。遥知槃礴小窗底，得喪已著一理齊。此生同困造物戲，未覺與世誰雲泥。雖無絶唱追白雪，賴有妙契如靈犀。一笑從公豈無日，挽袖相屬空玻璃。不須俗物敗真賞，但覓佳處同攀躋。

答林康民見和梅花詩

寒崦人家碧谿尾，一樹江梅卧清泚。仙姿不受凡眼汙，風斂天香瘴烟裏。向來休沐偶無事，誰從我遊二三子。彎碕曲逕一携手，凍雀驚飛亂英委。班荆勸客小延佇，酌酒賦詩相料理。多情入骨憐風味，依倚横斜嚼冰蕊。至今清夢掛殘月，强作短歌傳素齒。韻高常恨句難稱，賴有君詩清且美。天涯歲晚感鄉物，歸歟何時路千里。枕樓一笛雪漫空，回首江皋淚如洗。

上丁餘膰置酒招綽中德粲德懋逢年

我生無幾求，畢願老葭菼。誰令事斗禄，飯糲羹不糝。書生亦可憐，微物有先感。朝來食指動，膰肉豐咀啖。恭惟魯司寇，道大長坎壈。空餘祠千載，不救陳蔡慘。永言百世師，願學吾豈敢。當飢不忘歌，既飽復何憾。安能如王孫，長物貯頤頷。急呼講肆人，一醉捨鉛槧。相携桃李徑，歷亂蹴紅毬。言强三尺喙，氣溢一身膽。平生超然處，獨嗜逾昌歜。詩成持似君，莫遣兒輩覽。

用綽中韻送正臣正臣欲歸隱而無資故廣其意以告識者云爾

華裾錦領烏紗幘，氣蓋當年五陵俠。胸中磈磊不可平，拂衣歸來抱長鋏。軒然寄傲楸枰間，長恨坐隱非雲山。相逢笑我眷微粟，我歸未可君何難。世人錢作牛吼音，誰能立談壽千金。空令擁鼻誦招隱，知君心在仙峯陰。故山自欲無歸期，作詩但擬淵明詞。却愁他日林下信，千里寄我唯當歸。

秋懷六首

一

庭柯一葉失，風挾凉氣歸。湛湛陂水青，芙蕖脱紅衣。非無岑寂士，句法妙玄暉。獨懷履霜戒，德人貴知微。

二

真儒六經學，文字聊解紛。長孺棄諸侯，漢庭相公孫。兒口乳未乾，妄作黑白分。誰能領斯會，事往風中雲。

三

導江自岷山，源淺觴可濫。下集大小川，千丈水府暗。策策井桐源，同同窗月淡。後生抱奇志，黃墨勤點勘。

四

市朝富危機，匹夫死憑何。何如狎鷗子，烟雨同一波。行藏各有趣，不在相詆訶。我師陋巷人，千古冠四科。

五

穿堵超玉繩，影倒夜窗寂。火雲一洗空，月露清欲滴。幽人負痾卧，起坐三歎息。歸同對牀第，晤語永佳夕。

六

撿窗耿不寐，道人亦無悰。故山新稻香，粥魚響枯桐。夢中信了了，推枕聞西風。少遲穉金壯，歸轡與子同。

逢年與德粲同之温陵謁大智禪師求醫作四小詩送之[二]

丈室擠槐夏，與君同卧痾。平生莫逆人，裹飯誰見過。跰躃起鑑井，萬古寂不波。觀心要知是，造物如吾何。

又

六年别故山，松竹故無恙。此身已天涯，飄走復何向。清源老醫師，砭僂出投杖。勿辭一往勤，挹彼上池漲。

又

石梁跨蠓山，永與方壺久。憑君持一盃，往酹濟川手。遥知相携處，溟渤浸箕斗。作詩問大鈞，猶有斯人否。

又

山河我四大，物我同一體。誰爲苦疾癢，搔按不容擬。多生抱此念，耿耿未云已。那知知魚樂，更有濠梁子。

與陳彦時會華嚴道人偶書

屋頭烟雲屯，屋下波濤喧。團欒坐已久，起扣丹霞門。客至苦舌強，目擊翻無言。元龍湖海士，懷哉夙契敦。清坐鼎足峙，妙語流潺湲。君遊華嚴海，貝葉手自翻。此心於身世，鳥度空無痕。笑我流浪中，久披業識吞。讀書談古今，綺語生禍根。望道渺未見，況廼躐其藩。職卑困掣肘，見溺不得援。未知造物心，頗復哀黎元。近窺顔稷意，未敢遽揜關。躬耕亦細事，會要五畝園。釋羈牛在牧，駕鼓馬伏轅。居然見優劣，不比魚熊蹯。持問跏趺人，一笑霜眉掀。相携妙峯頂，暝色窺遠村。解衣畧輩行，班坐搴芳蓀。欲歸意未已，幽徑相與捫。蒼崖出玉醴，不受瘴毒温。願言同酌此，我語庶不諼。

書栟櫚院壁

側身西來度千山，列仙仙去空孱顔。斗升自役應笑我，何苦語曲嬉塵寰。歸耕無田仕難合，疑此二柄首鼠間。摩挲崖石三歎息，我心安得如汝頑。

次志宏韻督成壽置酒

歸耕食吾言，回首愧江水。方争楊子席，誰置穆生醴。鄧侯傾蓋舊，小寢蓺桃李。走書納唘我，涎迸齧脣齒。朝來獨何事，怒色劇染指。雖微射鴻遊，顧有捩手鬼。平生談天口，得酒便鋒起。年來病不觴，但要謳貼耳。真成畫蛇足，足就酒空矣。樊川吐怨句，想見紫雲美。何時咄嗟辦，一醉吾亦擬。噂沓聽群兒，口實争笑鄙。

内弟程十四復亨歸省用綽中韻作二章送之〔三〕

舅家今三世，筆耕未逢秋。後生抱奇志，肯爲虀鹽留。先廬江遶城，歸路柳暗洲。勉哉倘有立，離闊何足憂。

又

讀書學經綸，及壯吾已晚。譬如抱宿舂，求適萬里遠。留君商畧比，歸袖不可挽。流光莫控搏，力學副深懇。

校勘記

〔一〕頗疑有若人　「若」，朱玉刻本作「苦」。

〔二〕謁大智禪師求醫作四小詩送之　「求」字原脱，據朱玉刻本補。

〔三〕用綽中韻作二章送之　「韻」字原脱，據朱玉刻本、四庫本補。

韋齋集卷之二

新安朱松喬年

古詩

三月十日遊報國院小軒頗幽勝爲名曰雙清仍書此詩

千峯收宿雨，坐見空翠滴。携笻出城隅，試此腰脚力。竹陰穿窈窕，僧户扣岑寂。小軒清樾底，磐礴聊自適。闃然見幽禽，百囀深拔隙。即此與晤歌，絶勝眼前客。幽懷層冰結，贔屭不可釋。忽如散春風，回首無處覓。天遊失六鑿，真觀了千息。乾坤鼎鼎中，指馬坐可一。不知雙清老，何者爲心迹。持問跏趺人，首肯復面壁。山烟明欲合，歸舸兀深碧。此心除溪月，冋冋誰復識。

次韻謝綽中遊報國寺詩

掩關味詩書，青簡亦已槁。相携出東城，及此風日好。僧簷覆谿淥，共取一尊倒。眷此松桂陰，不接車馬道。慇懃玩流光，齒髮行且老。諸公奠九鼎，帝室欣再造。優遊容我輩，放浪事幽討。念君東山姿，文字富天藻。風期在經綸，彈冠苦不早。寧知如子雲，白首太玄草。

丁未春懷舍弟時在京師

狂虜送死河南北，王事遥憐弟行役。胡命須臾魚在鼎，官軍低回鷙將擊。渴聞天語十行札，尤覺家書萬金直。何時同秉江上犁，萬里農桑吾願畢。

五言雜興七首

一

側席憂宗周，負痾頭岑岑。又傳衢梁盜，弄兵保山林。渴聞平虜詔，蟄户跛雷音。欲舞恨袖短，諸君獨何心。

二

黄香卧講肆，日蕪五畝園。兒誦聲九雛，未厭咽耳喧。古來避世士，或隱車馬門。云何北窗底，默默對幽諼。

三

聖門出嵩岱，領署千兵岑。久矣暖姝子，蠹魚槁書林。曾參一唯後，曠古沈此音。願君同鑽仰，滿我初地心。

四

丹白春事了，灌木忽暗園。卷書護岑寂，幽鳥時一喧。起携無事酒，往扣常關門。豈無素心人，之子不可諼。

五

讀書評世故，自許了無猜。忽然撫機會，往往鑿柄乖。時難既可歎，道大未易涯。歸來卧看屋，吾意亦悠哉。

六

湛湛天宇清，宛宛穹脊白。投深得僧窗，千嶂倚蒼壁。開卷與晤言，炷香伴岑寂。獨將萬里心，收斂入尋尺。

七

身輕客已去，睡美體新浴。南風吹好句，歷歷韻松竹。雖云天耳聽，擬以幽夢續。不辭舉似人，恨汝心眼肉。

遊西峯院留别友人

兀兀掩關坐，后土冒泥塗。繁陰忽披猖，懷哉歎離居。眷我二三子，共此一日娱。欣然忘華陋，意行非始圖。團竹粉黏帶，弄泉雲遶裾。共睹羊山棊〔一〕，不釣温水魚。野色一以暝，歸舟相與拏。豈無軟脚酒，新熟不用沽。急景棄尺璧，中原睠丘罅。丈夫患不免，低回竟何如。安能逐兒輩，飛翔争腐餘。但憂着鞭子，滯留嘲賈胡。

飲梅花下贈客

憶挽梅花與君别，終年夢掛南臺月。天涯谿上一尊酒，依舊風卮舞香雪。高情絶艷兩無言，玉笛冰灘自幽咽。却憐造物太多事，更要和鼎調人舌。浮生蹤跡風花裏，鼠壤珠宫孰優劣。且當醉倒此花前，猶勝相思寄愁絶。

次韻和吴駿卿

學道日已媮，干時心同嬾。同懷能幾人，俛仰風雨散。晚得吴王孫，抱釁戢高翰。由來清廟質，不賦白石爛。笑我塵土中，坐受微粟絆。新詩中音會，天律度絃管。未能載酒問，但作焚硯歎。況聞翻貝葉，一悟了真幻。文章廼兒劇，安用黑白判。何時商畧此，得酒不待勸。

求道人自尤溪來三山出示同徐侯遊龍門洞長篇因次其韻濟之時以檄走諸隘

阿游陸沈久，亦復太癡絶。未成安一枝，況乃辦三穴。唯餘愛山意，如水必東折。首鼠今幾年，顧影愧瓊玦。那知龍門客，塵底抱關闑。虚簷日偃仰，蒼壁對横堞。柱藤危蹬響，濯足細泉潔。束薪取奇觀，滴乳當嘉設。摩挲石蜿蜒，信矣耆舊説。欻疑卷風雨，凛若踐冰雪。遠追神清遊，復作武陵別。能詩有老休，聯句媲前哲。相逢快吟哦，亹亹霏鋸屑。三山今入手，瀛海僅可啜。崎嶇走林谷，王事煩此傑。擬結汗漫期，更待攙搶滅。

吴駿卿寄示和黄元廣詩多及古人爲己之學輙復次韻資一大笑兼簡元廣

四物覓安心，駕言無停驅。忽然休歇去，本自一物無。那於前後際，而有新故吾。知津恨未達，敢以偷自愚。

又

君居泥自蔽，鄰客旅兩足。詩成各超然，不復念缾粟。應憐市門客，俯仰對流俗。出言不嫵媚，人瞋大於屋。

又

我生非瓠瓜，於世豈無情。望道渺未見，諒知負平生。將求挃挃穫，奈何鹵莽耕。饑壤聽造物，吾願乃秋成。

次韻鄧天啓遊南國

秋犬吠夷門，誰能拊其背。懷安壯士羞，竊食替操耒。無由一當虜，鬱鬱嚼齒碎。故人何自來，適與芳時對。笑我塵土中，勃窣守闤闠。城南出携手，遠取韓孟配。心期汗漫遊，目極泬寥內。舞雩追點也，峴首署湛輩。豫愁君興闌，復遺我心憒。歸來疑夢斷，清境皎不昧。哦君斜川詩，汲井沃枯肺。願言薦清廟，勿賦風雨晦。

徐侯以詩送山藥次韻

山中白玉延，貴壓梁宋價。筠藍出輪囷，了不煩造化。因傳競病句，中的若神射。頗念坐穩人，鞍馬久不跨。谿橋梅欲動，玉雪短枝亞。何當仝嚼蕊，一醉山月下。

次韻酬求道人

聽君話匡廬，風月妙無價。鑪峯忽在前，俛仰疑幻化。新詩未出袖，光怪炯如射。懸知得力處，島可不足跨。家山爲誰留？鐺粥香穲亞。我亦懷秋江，波清鴻鴈下。

求道人示詩粲然有江湖間道人風味蓋嘗得句法於東溪可今以其韻作詩送之時將如瑞峯期朝夕還吉祥云

癩可溢江濱，覓句負光價。君爲東溪客，伏鵲資妙化。想見箭鋒機，相拄不停射。伽陀入三昧，湯史欲凌跨。韋齋語清夜，挂月松偃亞。他年約相逢，禪榻慎勿下。

贈永和西堂道人宣和癸卯十有二月中休日

蒼山抱岑寂，丈室掩虛白。道人塵機斷，宇宙一西壁。是心如焦穀，浩刼永枯寂。一句從誰聞，投老承此力。相逢不相問，未省誰主客。咄去真俗人，胡爲來役役。

彦時過永和見和拙句輒復次韻以發一笑

老謚不下牀，胸次紛黑白。弥明亦強項，得句鼾負璧。相逢復何事，一笑萬慮寂。新詩追舊韻，俯仰見筆力。何時折鐺傍，鼎坐無主客。區區竟何補，斗粟真自役。

甲辰七月二日宿永和寺用舊詩韻

湛湛天宇清，宛宛穹脊白。投深得僧窗，千嶂倚蒼壁。開卷與晤言，炷香伴岑寂。了無魔嬈夢，皎皎知道力。嗚珂緑槐影，想見下朝客。笑我守吴門，心形等相役。

寄陳蹈元

我生少所可，靡靡世一律。如君素心人，指不三四屈。久與宵人遊，歸卧常自失。效尤起媮心，阿意增美疾。低回強酬酢，高論形敢出。緬懷參同子，蚤入伊洛室。聞道既先我，論詩又奇崛。縱横談天口，卓犖扛鼎筆。勝我何足云，論交敢自必。桓公肯見規，寡過行有日。書來約過從，一笑彼蕭瑟。新涼宜燈火，永夜勘書帙。豈無一尊酒，少促軟語膝。更呼小叢歌，未怕官長詰。跂予占騎氣，千嶺秋回鬱。着鞭及清境，灎灎月華溢。

次韻張漕茶山喜雨

天公積憤何曾雪，遑恤茶工貪攬擷。無聊桃李困遲暗，白蔫紅飛亂□〔二〕擷。誰疏天漢下穹窿，苦厭風霾昏㟥嵲。行臺使者掃雲手，釃酒叢祠拜靈蕝。歸來一雨動三日，溝壑遺民起垂絶。豈唯槍旗各呈露，更喜筍蕨爭芽茁。明朝擊鼓萬指集，雲蹬携籯穿曲折。紅塵一騎天容開，顧渚蒙山坐銷歇。帝觴嘗罷思苦口，公如子牟心魏闕。金鑾諫舌夜生塵，回首山中記同啜。

沙谿口望梨山

衆山如連環，平野忽呀口〔三〕。孤峯插深雲，氣壓萬培塿。區區何足傑，落落終自負。我行清谿曲，鶴立倚筇久。拂衣竟何時，塵土坐自垢。長梯弄玉井，奇字窺岣嶁。心知不能去，照水顔甲厚。永懷山中人，獨立誰與友。神交解此意，長嘯震林阜。

寄仁王求首座

片帆西借東風力，回首三山春一色。何人孤嘯月中聞，知是無塵岩上客。風山武夷之宗支，千岩萬壑帝所規。天憐傲吏賜我屨，恨不與子相諧嬉。問法年來定成市，藤蔓遥知罥衣袂。手攀荔子約同嘗，絶勝林間啄殘柹。

汪彦允見和約遊東山作荔枝次韻

天工傾倒不餘力，唯有荔枝香味色。君家桃李要争妍，腸斷鬢絲禪榻客。書生甕葅天所支，煮茗誇妓非良規。腹飢眼寒君不忍，著詩唤作東山嬉。冰盤絳實光照市，歸來香滿巫陽袂。明日人傳玉蕊仙，絶勝空賦青龍柹。

止戈堂

高堂巖巖面勢尊，洞見萬井開重門。元戎務簡玉帳静，緩帶酌客娱朝昏。憶初餓隸起篁竹，一嘯千里來黥髠。將軍攬鏡媚巾幗，何異搏虎驅狐豚。只今休父八州牧，身佩重寄憂元元。驚塵錯莫羽書密，雖有美酒誰同樽。沈機且復長轡御，瀝懇何啻血面論。樓船一夕飛度海，漢家上將來天閽。狂童束手赴烈火，琱戈不污妖血痕。坐譙飲至凱歌入，舩粟往哺遺民存。五兵包裹高閣束，止戈新榜真成言。便當頻與方外吏，從倚風月星河翻。幾年牡籥飛不守，河濟逆氣腥乾坤。知公快挽天河手，坐視黠虜方遊魂。權輿閩越聊小試，寧復久此淹遐藩。農桑萬里望公等，願見四海無營屯。

侏儒

侏儒飽官粟，適市行勃窣。但知隨衆笑，了不見優拙。暮歸遭客問，閔默羞齰舌。心知續鳧悲，慎莫亢造物。

中秋賞月

去年中秋雨，野蘆淒薄寒。驚塵暗一方，客枕那得安。起呼對牀第，攬衣步蹣跚。握手仰太息，宇宙何時寬。今年中秋月，並海窺濤瀾。坐看鬱藍天，忽湧白玉盤。眷言雙峯客，倚閭念衣單。亦復取樽酒，承顔有餘歡。天涯等牢落，世路方艱難。且遵秉燭語，毋爲泣河歎。停盃玩飛轍，河漢静不湍。癡兒亦不眠，苦覓蛙兔看。洲出暗潮落，鬢衰香霧溥。佳句付惠連，何時解歸鞍。

記草木雜詩七首

月桂花

窗前小桂叢，著花無曠月。月行晦朔周，一再開復歇。初如醉肌紅，忽作絳裙色。誰人相料理，耿耿自開落。有如貧家女，信美乏風格。春風木芍藥，穠艷傾一國。芳根維無恙，歲晚但枯柄。

萱草

水菽怡慈顔，萬鍾亦土苴。時從班衣兒，蓺萱北堂下。穠華夫豈少，愛此入風雅。紛敷翠羽叢，絳英爛如赭。諸孫遶銀鹿，采摘動盈把。誰言壺中春，在此眉壽斝。

紫竹

新移紫玉幹，羅列才十餘。枝葉一何病〔四〕，意色慘不舒。旱久土膏燥，抱甕愁僕夫。雖無樵蘇厄，苦欠雨露濡。我來侶魚蝦，滄溟在階除。月窗瀉水墨，天風韻虛徐。誰言居無友，此君良不疎。三年爲主人，籜孫定紛如。他時報安否，誰寄青泥書。

茱菊

海上作重九，菊揉青蕊香。近墟買茱萸，枯顆出藥囊。兒曹記土風，歘歘事祈禳。老夫未免俗，聊爾答風光。災祥理不僭，此柄孰主張。譌言眩末俗，吾欲案長房。

吉貝

炎海霜雪少，畏寒直過憂。駝褐阻關河，吉貝亦可裘。投種望着花，期以三春秋。茸茸鵞毳净，一一野繭抽。南北走百價，白氎光欲流。似聞邊烽急，緣江列貔貅。裁襦襯鐵衣，愛此温且柔。天乎未厭亂，利厚人益婾。誰知海濱客，獨歎無人訓。

芭蕉

地鹵不敏樹，珍植何由暢。斸根移芭蕉，美蔭跂可望。芳心日卷書，翠葉忽張王。偏工鳴秋雨，疎密眇難狀。霜風一以厲，狼籍坐惆悵。誰言繿縷中，秋子得佳餉。緗囊貯瑞露，厚味天所貺。懷哉腊毒言，節口畏生瘴。

菖蒲

東山在眉宇，未到心鬱紆。流泉撞哀玉，清洌生菖蒲。聞有嬋娟子，棄家來結廬。窈窕雲霧窗，參差冰玉膚。絶粒餅香節，仙姿清且腴。邇來隱身去，冷落愁臞儒。靈方無由乞，石斗移根鬚。相看意已消，何必見子都。

海上

落日弄雲海，閬風欲手攀。秀色不可解，西山如連環。緬懷避世人，結屋棲孱顔。眎世一蝸角，笑憫觸與蠻。我生笑癡仙，遂恬升斗慳。尚餘詩書債，倖此朱墨閑。纓冠出救鬭，安得長閉關。仙人形識此，妄自憑愚頑。

送祝仲容歸新安

歷亂百憂心，漂零一涯天。讀禮不盈尺，眼萎坐自憐。君來訪安否？春風柳吹綿。篝燈語平生，惝恍夜不眠。那知歲月度，但怪冰雪堅。感君懷親意，使我淚貫泉。高堂急榮養，躬耕恨無田。筆端日五色，氣壓諸生前。聖門要鑽仰，至味研簡編。經綸出緒餘，文字忘蹄筌。他年聞擊竹，妙契琴無絃。此時一瓣香，竟爲何人然。江湖多北風，懷哉歸袖翩。刮目看奮飛，此道更着鞭。

次韻彦繼用前輩韻三首

餽歲

歲晚追土風，獨甕誰與佐？人心感流光，臺餽屏奇貨。雞豚取牢柵，門户隨小大。去鄉二十年，憶此但愁卧。兒癡元未識，但索梨飣坐。何時鵶識村，莫作驢轉磨。不須志四方，教子求寡過。歸哉及強健，老去煩劑和。

别歲

舊歲已趣駕，爲我不少遲。凡心畏增年，而歲豈容追。丈夫有蠖屈，牢落天南涯。收功英妙年，豪傑彼一時。寧當如秦越，坐視瘠與肥。鄰翁意誠厚，酌酒寬愁悲。慇懃何時忘，祝我致好辭。撫世非吾事，諸公正扶衰。

守歲

庭燎夜未央，旌旗焕龍蛇。九門一放鎖，萬馬誰能遮。亂離憶舊事，安眠夢無何。目眩燈燭光，坐厭兒女譁。念此亦土風，雖癡不容撾。更爲盧白戲，紛争起横斜。故歲不足計，新歲莫蹉跎〔五〕。努力誦書史，從人笑翁誇。

奉同胡德輝八月十四日夜玩月次韻

我夢故山月，蘿影垂秋光。誰言九衢曉，莽莽吹塵黄。群公直道山，晤語清夜央。飛轍轉空闊，積暑蘇蒼涼。哦詩中天律，流光惜堂堂。雞肥社酒熟，吾亦懷吾鄉。

又

亭亭月初高，河漢坐可搴。病餘久制酒，灝氣兩争先。振衣萬里風，歸袖何時翩。懷哉故山友，共此今夕圓。離離雲飛鴻，何意影沈川。觀心要知是〔六〕，出處直悠然。

巖桂花

開門驚積葉，秋氣日以厲。獨芳摇落中，粲粲巖下桂。幽芳不自憐，怊悵紛滿地。未忍蹋殘英，何以娱晚歲。

中秋夜雨

秋雲定何心，忍翳今夕月？尚嫌微點綴，况廼都漫滅。他日任氛霾，數日望清澈。倦投衲子窗，竹雨聽騷屑。對牀不成夢，有酒那能設。螢飛矜意氣，蟲語轉幽咽。心知層陰表，皎皎玉輪潔。何當凌倒景，徙倚玩飛轍。

夜坐

棲遲客異縣，名氏藏丹丘。希世非夙尚，素餐愧前修。日耗大倉陳，一飽寬百憂。眷焉撫平生，信亦無幾求。蒙籠小牕底，圖史漫不收。篝燈揩病眼，昏花亂蚍蜉。愚儒未忘世，撫事非所謀。不如遂捐書，卒歲以優游。懷膠晲崑墟，濁浪排高秋。知難有明訓，吾其老鋤耰。

秋懷二首

鏗然一葉脱，中夜歎以驚。及兹遂摇落，風露渀難平。畹晚愁自滋，淹留謇何營。騰騰任天運，庶幾得吾生。

又

中郎章句儒，失身徇邦仇。一歎不自知，邂逅死孤囚。凛凛南昌仙，斗食身百憂。渺然元始後，滅跡不可求。

圍棊

投老一寸心，獨立無攀緣。兀兀不自聊，愔愔誰與宣。時有素心人，一枰奉周旋。得雋非至數，三捷亦偶然。危思寄方罫，積威下虚弦。驕矜不須臾，奔北已可憐。志士珍短景，顧謂璧可捐。聖門未及藩，遠道要着鞭。緬想運甓翁，操具投長川。自强聖所臧，懷哉撫韋編。

談命

岑寂契心賞，棲遲幸身閑。却掃味道腴，未厭藜藿慳。久絶子公書，羞訪季主關。肯爲空際塵，起此胸中山。曆翁推始生，邂逅盃酒間。自今半運中，且作尺蠖跧。蕭蕭兩鬢髮，已白不復斑。功名日以疎，落落難強顔。譬如坐穩人，正苦步作艱。夸毗付餘子，彼哉謝追攀。

吴江曲

吴江女兒白如玉，花底紗窗傍谿渌。玉簫春暖貼朱脣，故作陽春斷腸曲。扁舟掠水去如飛，不見嫣然一笑時。回首江城只孤塔，向來一念復因誰。

梨

一霜木葉紛紛妥，園夫獻梨紅頩橢。亦知胸次本清凉，且欲與君充飣坐。

校勘記

〔一〕共睹羊山棋　「棋」，原作「祺」，據朱玉刻本、朱昌辰刻本、四庫本改。

〔二〕白蘤紅飛亂□擷　「亂」字下朱玉刻本、朱昌辰刻本、四庫本有小字注曰：「原本漏二字」，無「擷」字。疑「擷」字爲衍文。

〔三〕平野忽呀口　「呀」，朱玉刻本作「砑」。

〔四〕枝葉一何病　「一」，朱玉刻本作「亦」。

〔五〕蹉跎　朱玉刻本作「咨嗟」。

〔六〕知是　朱玉刻本作「知足」。

韋齋集卷之四

新安朱松喬年

律詩[一]

解汲舟

上國經年客，春流一棹波，已醒離帳酒，猶記客亭歌。水枕殘歸夢，霜衾擁獨哦，蓬窗横落月，作意傍人多。

淮南道中微雪

密密雲陰合，斜斜雪態妍。似欺春力淺，故傍客愁邊。宿鳥投村暝，寒梅抱蕊鮮。無人命尊酒，清絶裊茶烟。

送沈昌時赴寧海令兼叙别二首

俯仰塵埃二十年，天涯初此試鳴絃。正緣五斗羞陶令，莫歎三江阻鄭虔。饞吏誅求何日饜，羸民凋瘵豈容鞭。故人便使來當路，終恐勞公自挽船。

午潮平處落歸帆，已覺離情兩不堪。轉手便成千日别，悲歌聊倚一盃酣。波翻别壑聞車水，青遍柔桑趂浴蠶。歸路春深風日美，伴誰操筆賦幽探。

西湖泛舟

望湖樓下照衰顔，羞見塵埃兩鬢斑。風艇縱看山轉側，烟堤儘逐水回還。唤人歸去城鐘急，觸處相親嶺月彎。不用新詩摹絶境，定知長到夢魂間。

和舜明晚雨

一雨平䆉坼，層臺轉小凉。吟羞東野窘，醉想謫仙狂。濕翠生苔徑，餘清襲芰裳。王郎不相顧，掃地静焚香〔二〕。

贈言命張生

俛仰塵埃的自羞，稍看寒餓復誰憂。小兒造物巧相戲，窮鬼逐人殊未休。我所不知煩子算，世如無取更何求。服箱挹酒真么麽，那用區區問斗牛。

東陽社日泛舟觀競渡

誰喚思家客，來爲蕩槳嬉。鬢華羞照水，雨意解催詩。疊鼓飛文鷁，香鬟出短籬。醉歸真夢覺，猶憶湔裙時。

熊積道桂軒

覓種老蟾窟，培根芹水傍。書燈移素影，詩筆帶餘香。家計傳韋業，孫枝繼郄芳。山川供秀潤，蘭玉競輝光。那把攀雲手，空持種樹方。嗟無月脇句，惡語汙君梁。

宿延慶寺

浮雲過眼旋銷忘〔三〕，惟有谿山意味長。身健不嫌穿犖确，塵空那復戲滄浪。林鍾喚客烟藏寺，風葉鳴秋竹蔭廊。一似雲谿醉眠處，只應軟語欠支郎。

贈僧

知有叢林特地過，幅巾迎笑出巖阿。杖藜同覓牛羊路，濯足來分鷗鷺波。豈不倦遊貪斗粟，坐令歸思動漁蓑。他年會有相逢日，稍食吾言聽子呵。

三峯長老送紙被

笑我布衾故，分君楮幅温。尚嫌肱當枕，端稱蓆爲門。敗篋薪錢盡，幽窗雪意昏。寤驚雙脚暖，猶恐錦鯨存。

盆中梅花

兀兀天涯客，依依雪谷花。莫辭遮病眼，相伴送年華。勸我三盃醑，熏心一念邪。幽香戀吟筆，半墮墨池窪。

月下

幽獨不自得，出門誰適從〔四〕。滔滔我不即，踽踽世寧容。吾道固應爾，何人此意同。唯餘穿户月，照我一尊空。

留别卓民表

末俗紛紛事不情，天涯懷抱向誰傾？漂流空度三秋日，邂逅來逢四海兄。剪燭西窗驚睡夢，對牀夜雨話平生。滔滔世路方同鶩，何日相期問耦耕？

寒食

粥冷春餳凍，泥開臘酒斟。故鄉空淚滿，華髮正愁侵。山暝雨還住，烟孤村更深。誰知江海客，浩蕩濟時心。

延福寺觀酴醾

幽棲一壑無來轍，睡起忽驚春已深。踏青不趂溱洧女〔五〕，曳杖來尋簷蔔林。長條挽處雲籠袖，幽佩歸時月滿襟。武谿回首醉眠地，香力一熏愁到今。武谿，昔寓學之地，有酴醾極盛。

寄吴及之

世事今人舌本強，滔滔何處是吾鄉？未成微服隱吴市，且可携笻訪草堂。欲買雞豚投近社，少陪風月坐胡牀。共將絶唱追韓孟，一飲還須釂百觴。

答卓民表送茶

攪雲飛雪一番新，誰念幽人尚食陳。髣髴三生玉川子，破除千餅建谿春。唤回窈窈清都夢，洗盡蓬蓬渴肺塵。便欲乘風度芹水，却悲狡獪得君嗔。

和人遊仙峯庵三首

千巖萬壑翠縈回，一洗衰翁病眼開。落日多情留别嶺，秋空無地着浮埃。雲閑出岫初無意，松老參天豈願材。我是散仙君記取，更鞭鸞鳳少徘徊。

誰麾俗駕挽今回，珍重山翁小徑開。去覓雲峯攀碧落，下看沙刼壞飛埃。掬寒露井銷塵想，擷翠筠籃富藥材。彷彿三生曾到此，樓鐘重聽一徘徊。

脚底千峯翠浪奔，雲端掛此一豪身。山河了了窮千界，物我紛紛共一塵。浪迹下方追日步，恨非本色住庵人。他年八極浮遊遍，來讀新詩迹未陳。

寄金確然

金子卧空谷，何人賦白駒？僧斟三味酒，客薦一囊書。歸夢寒應短，詩腸飢自呼。強穿東郭履，來煮雪畦蔬。

次韻菊坡

露浥秋英濕曉陰，小坡新斸佇幽尋。似欺蘭畹方披羽，聊對風巵旋屑金。采采遶籬吟欲就，垂垂壓帽醉難任。使君致主唐虞了，三徑無忘此日心。

蘆檻

手斸修蘆着檻栽，使君公退幾徘徊。想當風雨翻叢急，疑卷江湖入座來。未辨松窗眠緑浦，且將屐齒印蒼苔。種成桃李人間滿，應念孤根首屢回。

春晚五言寄夢得

美景足可惜，殘春尤不堪。晚英餘燕蹴，熟顆墜鷽含。歲月蓬雙鬢，生涯粟一甑。唯思對公瑾，把酒話江南。

再答諸公

芳節坐晼晚，客懷無一堪。柳眠猶自困，花笑爲誰含。風揭拾遺屋，塵生執戟甑。聯詩賴諸友，妙句壓城南。

董邦則求茶軒詩次韻

一軒新築敞柴荆，北苑塵飛客思清。更買樵青娱晚景，便應盧老是前生。千門北闕夢不到，一卷玉杯心自明。冷看田侯堂上客，醉中談笑起相烹。

送仲猷北歸二首

一丘胸次有餘師，空此淹留歲月遲。黄墨工夫憐我倦，簞瓢風味要君知。新詩落筆驚翻水，俗學回頭笑畫脂。伊洛參同得力句，還家欲舉定從誰。

欲尋當日故山盟，身世今如海一萍。歸路上心真了了，愁根入鬢已星星。挽衣共釂東西酒，折柳送行長短亭。念我知君回首處，萱叢菖葉一時青。

寄吴致一

相逢一笑兩忘懷，夢遶親庭首重回。世事難磨三尺喙，離愁都付一分盃。秋生林薄歲時晚，水落江湖鴻鴈來。賸作新詩頻寄我，天涯時對兩眉開。

四月十五日上元道中

亂山身逐簡書來，梅子黄時雨未開。一葦横斜風葉度，千灘贔屭雪城催。危機種種那容避，俗駕駸駸底未回。聊復浮遊隨造物，故園回首思悠哉。

送黄彦武西上

門揜蓬蒿氣浩然，西風筆勢更翩翩。未忘大學虀鹽味，時説定林文字禪。蘆筦風光傾上國〔六〕，槐花心緒記當年。里門歸日車應下，置酒遲君沈水邊。

林文挽詩

沈谿耆舊半丘墟，猶有期頤隱市區。未展武侯牀下拜，已傳顏子夢中呼。門人會築三年室，弔客誰留一束芻。歸卧九原應不恨，何蕃聲譽滿京都。

有懷黄元聲時聞在建上詩中所記建上舊遊也

積雨山城久卧痾，起看横港漲晴波。空餘九尺鬚眉好，奈此一樽風月何。懷抱故人長在念，經行佳境想重過。東谿回首醉眠處，爲問紅蕖何許多。

書室述懷奉寄民表兄是日得民表書

丈室無塵棐几横，吏休梟鶩散無聲。舞風竹影傲傲轉，縈夢鑪香嫋嫋清。已笑榮枯盧白戲，不須物我觸蠻争。故人剪燭西窗約，知復何時話此生。

答人留别之什

家在大江東復東，去君一舍碧流通。那知臨水登山處，同寄飛蓬斷梗中。愁絶盃中千里月，夢縈江上一帆風。只今且作須臾意，更典雲裘醉小叢。

七月四日宿丹谿道中

日出露芒重，凉生風葉翻。秋杭已照眼，社酒欲香村。牛下草萊濕，人歸園屋昏。箇中吾不淺，擾擾與誰論。

求道人自尤溪來還冷齋有詩次其韻

五年沈水照衰顔，谿上今誰獨往還？身插亂峯隨一錫，夢回蕭寺遶千間。西風潮落拏音急，斜日尊空醉袖班。更覺難追詩力健，大弨久廢若爲彎。

送劉道醇歸烏石

一廛避地本依劉，聞得更書始欲愁。舊德鐫碑在人口，歸裝載石壓溪舟。寄書莫忘清泥信，把酒誰同黄菊秋。新閣詩增風月價，自應神物護銀鈎。

胸中一壑故超然，耿耿羞争倚市妍。萬事一尊陶令酒，群兒滿世祖生鞭。欲投烏石農桑社，尚有靈山香火緣。持節重來慰父老，蹊頭相送各携錢。

題白鹿庵壁

鹿門龐老携客隱，耳冷十年難與俱。螻蟻夢中求曩事，芭蕉林裏見今吾。遊絲弄影分陰轉，喬木摩空萬壑趨〔七〕。香妙心清無一事，不知何處是華胥。

滔滔一世強留連，頭上從渠歲月遷。老子養生寧解事，小兒有口慣談天。醉來莫負持螯手，老矣終尋種玉田。若怪微吟漏消息，九江誰識市門仙。

與求道人同之福唐

縛屋雙峯雲一塢，拋來伴我事幽尋。風花蹤跡趣雖各，香火因緣情自深。浮峽未興圓澤歎，乘桴還有仲由心。三山他日記耆舊，鑿齒彌天無古今。

次韻李堯端見嘲食蕨

真人官府未夤緣，且向龍山作散仙。春入曉痕催采蕨，雨翻泥隴憶歸田。蔬腸我若枵蟬腹，詩格君如擊鶻拳。筯下萬錢謀更鄙，諸公飽死太官羶。

次韻堯端試茶

龍文新夸薦緗羅，園吏分嘗苦未多。自瀹雲腴斞露井，坐知雪粒采陽坡。撑腸君要澆黃卷，愛酒渠方捲白波。我亦箇中殊不淺，斷無蹤跡到無何。

送友生

剥啄門前久未嗔，定知我輩不羈人。午窗唤起夢魂好，一語便知風味真。身嬰世網坐謍口，心識醉鄉慵問津。忽先秋燕背人去，四角何由生客輪。

贈范直夫

將軍競病詩成處，南浦春歸蘭玉叢。漸減心情身老大，久乖談笑路西東。鄉關落日蒼茫外，樽酒寒花寂歷中。且與寓公同放曠，浩歌相屬倚秋風。

招友生

雨收天氣欲清明，猶有餘寒在粥餳。馬隊客勤貪晝永，鱣堂人病想身輕。讀書有味蠹鹽好，對境無情夢寐清。欲話此懷須我輩，一來蠟屐伴春行。

辛亥中秋不見月

今夕九秋半，心期負隔年。勞生灰刼裏，微雨客遊邊。旅泊正無酒，陰雲遑怨天。何時草堂月，相對籍糟眠。

次韻羅源謝成章作不烹鳴雞詩

彼美司晨族，膠膠職効鳴。爲憐君子操，寧乏小人羹。恩重棲時穩，心危失旦驚。未甘烏轉夜，聊學鴈全生。結客觀酣鬬，要君事割烹。那知競辰子，力學務時成。

次徐謝韻還江公詩卷

大條祠官閑日月，絶知聖處着功深。榮枯舉世争盧白，枉直何人較尺尋。身比香山差得計，詩看正始有遺音。應容下客遊東閣，要話朱游夙昔心。

次韻汪彦允見寄

北苑乖期恨昔年，異鄉牢落夢江天。約遊汗漫傳新句，許出嬋娟有舊緣。種種鬢絲何計换，摇摇心旆不勝懸。歸耕要伴君難老，相與笞鸞作散仙。

與吴昌國同遊靈水院二首

算舟吏散了無事，與客意行初不謀。飽看雲濤舞空闊，欣逢泉石媚深幽。西漢未試補天手，上界那知鞭鳳遊。剪燭他年憶真賞，莫嗟身世尚沉浮。

來往風流記兩翁，天涯今作九秋蓬。坐驚秀色懸眉宇，便覺仙峯入手中。傲世真成漆園吏，輸君不負北牕風。書生浪發新亭歎，自笑尊前氣吐虹。

贈吴昌國二首

居越與誰語？得君寬我愁。頗驚三日别，更爲一樽留。食藿有餘味，泣河非所謀。相看撫身世，容與愧蒼鷗。

又

憶我少年日，遊君大父閒。諸孫嗟契闊，雙鬢各斕斑。未覺歸愚晚，俱嘗適俗艱。絶知歸思急，更覓玉梅攀。

孔生示二詩答一篇

歲晚尊前一笑譁，憐君孤憤老天涯。諸豪雖識臨邛客，陋族難當闕里家。會有孟光求共隱，不應牧犢但長嗟。青衫華髮春風裏，擇埒猶堪駐寶車。

寄江少明

龍卷風雲一髮皤，不妨聊作侍祠官。高情未許群兒覺，萬事何須正眼看。問道從公春信近，談天容我酒盃寬。乘桴亦有平生意，回首紛紛行路難。

次韻劉仲高懷外舅家梅花

柯山月下嬋娟影，前度劉郎餘故情。詩成回首戀三宿，我亦惜花癡半生。鴈沉寒水菩提長，蟲蝕真詮章句清。西湖懸絶得鸞喙，可但能專五字城。

送景思奉祠之温州

司祀名郎下紫宸，王師載主尚時廵。丕承配極威靈在，對越垂休命秩新。幽夢想多春草句，清江爲洗涅衣塵。行觀前席來宣室，可但從容問鬼神。

次韻鄭德與歸舟中感懷

兩牛鳴地隔寒流，病起相望客鬢秋。聞道喚船歸別浦，坐懷聯策倚滄洲。騷人空復驚摇落，胡賈何須歎滯留。會擁蒙衝入河渭，看君黄色上眉頭。

李似表取告歸晉陵

酌酒摻歸袂，繁陰殊未收。心知非遠別，自不柰離愁。蓬渚勸懷槧，雲臺歸借籌。端來閶闔路，萬馬避前騶。

致政宣教魏公挽詩二首

已自應無憾，人猶歎不遭。簪纓門已大，湖海氣方豪。舊國牛磯外，新阡馬鬣高。流芳傳教子，步武接夔皐。

又

交蓋歲云晚，向人懷自傾。争棋消永晝，酌茗話平生。轉手便陳迹，撫書增故情。無由從紼紼，空想葬簫聲。

劉氏挽詩

餘慶鍾蘭秀，初占合鳳飛。那知風不止，遽作露先晞。鸞髢筵方徹，齊眉事已非。魂車春陌上，空背夕陽歸。

次剑彦仲傳茂先韻〔八〕

強蹋府塵從傅子，立談江閣識剑郎〔九〕。一尊此地見眉宇，十載相思成鬢霜。秋燈煜煜照情話，夜浪翻翻吹客床。投名徑入農圃社，老矣不夢天門翔。

建安道中

犖确復犖确，秋山殊未晴。流年半羈旅，此地幾經行。雪嶺今傭照，茅簷欲謾營。大鈞渾莫問，流坎任餘生。

送蘭廷彦之衡州

墻東新徑去年開，二老扶筇便往來。數面何曾三日别，離懷都寄十分杯。客亭繫馬梅争落，官舍裁書鴈欲回。秉執樞機有知己，未須卜築向蒿萊。

商羊

異鳥來齊國，仍依殿陛翔。從容詢魯相，物色是商羊。欲雨追童語，懷山驗水祥。民寧因備豫，政美謝祈禳。止異爰居久，鳴無垤鸛長。願言蘇旱虐，主上似宣王。

次張演翁林元惠韻

朱門小駐使君車，二老風流入畫圖。但有觥籌供笑語，從教歲月上髯鬚。詩成華燭留殘蠟，客醉高歌叩缺壺。更起争棊誇得雋，不應局蹙守邊隅。

公相起犂鋤

帝室尊公相，潭潭大府居。從容調鼎鉉，奮發自犂鋤。弼亮恢賢業，班聯冠廣除。艱難同耦日，慷慨輟耕初。厚幣來莘野，幽人出冀墟。渴賢才仄席，何計老田廬。

校勘記

〔一〕律詩　朱玉刻本「律詩」下有「七十四首」四字。

〔二〕掃地静焚香　「静」，朱玉刻本作「浄」。

〔三〕浮雲　原作「浮榮」，據朱玉刻本、朱昌辰刻本、四庫本改。

〔四〕出門誰適從　「適」，朱昌辰刻本、四庫本作「識」。

〔五〕不趚　朱昌辰刻本、四庫本作「不愁」。
〔六〕蘆箠　「箠」字原脱，據朱玉刻本、朱昌辰刻本、四庫本補。
〔七〕喬木　「木」原作「水」，據朱玉刻本、朱昌辰刻本、四庫本改。
〔八〕次釗彦仲　「釗」，四庫本作「劉」。
〔九〕釗郎　四庫本作「劉郎」。

韋齋集卷之五

新安朱松喬年

絶句

太康道中二首

得春榆柳遍平郊，猶見藏鵶影未交。動地風來一披拂，青黄淺淺抹林稍。

一色春勻萬樹紅，坐愁吹作雪漫空。誰知榆莢楊花意，只擬春殘卷地風。

燈夕時在泗上五首

燈花作意照歸人，短棹扁舟寂寞濱。帝力如春蘇萬物，遥知太一不威神。

雲窗月檻仰乘輿，俯看香車出繡襦。九陌人人歌帝力，不須微服過康衢。

鸞駕翩翩馭晚風，積蘇宫闕夜濛濛。明朝遺覓鐵如意，應在凉州酒肆中。

我欲安心未有方，至人遺跡已茫茫。自非窣堵波中老，誰直先生一瓣香。

我觀世界只兒嬉，一戲相從更莫辭。綺語未忘餘習在，明朝與和紫姑詩。

松江三首

塵緣挽我去漁磯，回首滄洲此願違。偶寄一舟江上去，只無箬笠與蓑衣。

表裏江湖眼界新，解誇奇觀屬詩人。要須一釂三江水，浄洗多生舌本塵。

晴江渺渺跨江干，春漲平湖萬頃寒。欲挽銀潢供硯滴，坐如震澤在毫端。

翠碧

長橋畫柱照清淪，俯見游鯈不可緡。山影半溪叢篠密，誰知翠碧解藏身。

賦王伯温家酴醾

翩翩風馭駕花神，更遣酴醾殿晚春。壓架穠香千尺雪，唤回中酒惜花人。

王彦行送櫻桃

香英狼籍了無餘，償我殘春一斛珠。猶帶微酸餉佳客，爲嫌啼鳥啄紅膚〔一〕。

芍藥二首

紅顏素臉出春殘，裊裊傳傳態自完。聞道楊州冠天下，何年跨鶴往吟看。

舞困春風睡思深，東君更與纏腰金。頹簷醉尉花應笑，那有當年幕客心。事見續筆談。

月巖去上饒十里山有側穴腹背皆洞如月〔二〕

鑿透巉巖不記春，山腰千古掛冰輪。誰知擘破三峯手，聊出嬋娟戲路人。

蟬

陰陰葉底午蟬嘶，滿腹春風寄一枝。下有行人正愁絶，不知幽咽自緣飢。

寄湛師

一月分身入萬池，道人何處不相隨。卧聽絶壑傳風籟，歷歷新詩世不知。

答汪明道見示畫雪梅詩

詩人未見雪梅畫，只識前村横水枝。百巧摹香摹不出，此詩風味署相宜。

夾路天寧謁僧不遇

支公去不鎖禪扉，熟境應留夢裏歸。我却寄眠公榻上，此心渾似片雲飛。

野步

悲歌厭聽久無襦，倦客翻嫌出有車。杖策岸巾山下路，百錢聊欲飲樵夫。

報恩寺

道人足跡掃塵寰，坐看笻枝上蘚斑。豢得籜龍千尺就，却教行水遶空山。

鉛山僧齋假山

擘開華嶽三峯秀，疊就層峯數石寒。等是世間兒戲事，道人莫作兩般看。

石門寺四首

橘刺藤稍罥客衣，直緣微禄得奔馳。懸知投老歸田味，只似登山困睡時。
行穿蒼麓瞰平岡，踏破青鞋到上方。城市紛紛足機穽，却從山路得康莊。
林棲相唤出幽谷，我亦欲起天未明。枕中決決響山溜，一似荒城長短更。
真功那復歎蒸沙，静笑飢腸日夜譁。老褐不須供茗粥，朝餐吾已辨丹霞。

竹齋

誰云山僧貧，而有千椽玉。幽眠豈無處，愛此晴窗緑。

將宿松溪羅漢舟小不果渡廼宿資壽二首

霜餘野水尚能深，隔見僧簷出短林。一葦欲航心未穩，故穿危徑取墻陰。
敗絮如蓑不可連，書燈相對聳吟肩。明朝定有茅簷日，借我烏犍曝背眠。

將還政和

歸去來兮歲欲窮，此身天地一賓鴻。明朝等是天涯客，家在大江東復東。

以研墨送盧師予

明窗子石灎松腴，萬卷盧郎正要渠。何似黄梅碓下客，夜翻半偈倩人書。

燈夕在試院用去年韻

隔墻歌吹聒悲凉，信馬狂心墮渺茫。報答風光吾老矣，小窗讀易静焚香。

春晚二首

梅子生仁柳絮催，春風塵跡只蒼苔。繁華一夢年年事，長是初鶯爲唤回。
客路歸來芳節闌，杖藜隨處小盤桓。危紅數點藏深緑，須作春風爛熳看。

南谿道中

千峯踏遍一筇隨，草軟沙平步却宜。細徑忽攀飛鳥外，故知腰脚未應衰。

送周時用自別業還永嘉

陌上花殘客未歸，故鄉自合去遲遲。紅香洲渚收歸槳，却勝池塘草緑時。

午憩龍山上方

稅鞅雲扉屧響廊，困眠拾得小窗凉。逢人莫説夢魂好，厭見客塵吹上方。

觀張上達家惠崇蘆鴈圖二首

先生衰眼失孤鴻，久着霾天塵霧中。誰卷秋空開四壁，丹青三昧道人崇。

道人一錫攀飛鳥，頗悉南來北去情。畫出江南遵渚態，尚餘風味叫群聲。

示謝彦翔

滿川秀色野陰疎，知有儒仙隔水廬。借我玉函河上語，只看尺許定何如。
後身梅福與誰論，正有幽人夙契敦。更欲上書陳世事，却來微服守吴門。

示金確然

牢落天涯身百憂，故人千里肯相投。知君强記當年事，莫説家山恐淚流。

遊妙峯庵二首

朝暖南岡一杖藜，忽投深壑得禪栖。共言伐翳通樵徑，後日重來路恐迷。
手開茅棘養疎慵，不着塵中車馬蹤。只許幽人來別嶺，卧聽石磴響枯筇。

招謝居安

暗中摸索故難忘，客舍相逢話最長。更有異書分我讀，只無名酒與君觴。

梅花

霜谿咽絶照冰姿，誰見無人弄影時。香逐曉風穿暗户，夢隨落月掛寒枝。

社日遊南臺

作社無人唤拾遺，不妨步屧趂兒嬉。一壺春色千峯頂，回首他年憶此時。

雨二絶句

摵摵初鳴竹，涓涓稍滴簷。忽然幽夢斷，更覺曉寒添。

又

纖纖花入麥，漫漫雨黄梅。泥徑無人度，風簾爲燕開。

招卓民表來白雲寺

剥啄渾無去客嗔，丁寧招唤只懷人。南風殿角凉如水，來洗眼前朱墨塵。

宿石龍寺二絶句

風傳萬籟有喧寂，月入千波無淺深。應信此身非我有，牕間誰伴夜蟲吟。

觸處爲家底是歸？浮生南北未忘機。道人身似南枝鵲，更盡秋宵一再飛。

惠勻送粟既歸其直作兩偈

山僧分粟配蒿藜，百億須彌一鉢携。但得十方羅漢飽，不辭身作老金雞。

惠休老去謾論詩，圓澤西遊未有期。但解留連元亮酒，不須料理玉川飢。

寄人

西山相對卧寒齋，耿耿思君不滿懷。比似持雲來寄我，何如君自作雲來。

書護國上方

久知喧寂兩空華，分别應緣一念邪。爲問脱靴吟芍藥，何如煮茗對梅花。

元聲許茶絶句督之

鳳山一震卷春回，想見香芽幾焙開。未辨倩君持券買，故應須我着詩催。

謝人寄茶

寄我新詩錦繡端，解包更得鳳山團。分無心賞陪顛陸，只有家風似嬾殘。

與匀道人蔬飯作兩絶句

道人一計了平生，肯笑寒儒不糝羹。若識先生晚食肉，萬錢何處着羶腥。

牛羊觸藩笋成竹，鵝鶩成群飽倒藤。一飯羅摩未爲孽，要知我是在家僧。

匀道人之玉山戲作兩小詩送之

小雨斂塵芒屩輕，玉峯一點笠邊明。向來目盡鳥飛處，一錫今隨隻影行。

道眼無塵萬景隨，滄江秋色入新詩。歸時人問江南好，只道君行到自知。

宿鷺湖寺和同行勻道人

人間狡兔開三窟，天上夜叉守九關。欲伴衲僧林下住，會須石似此心頑。

題廓見亭

危欄縹緲跨鴻濛，城郭溪山一覽空。何處更容君着眼，大千渾在六窗中。

梅花

春歸幽谷轉微和，已覺粘枝玉蕊多。天女浄香焚月下，相逢依約到無何。

書劍家園壁

梅花夢向笛中殘，子着深枝一一酸。腸斷來遲雙燕子，暗香消歇粉泥乾。

心空無地着塵沙，對鏡何曾一念差。戲取大千歸丈室，未妨衣裓亂天花。

南浦五小詩迎勞二弟

鱗生雨後東西倦，雪落竹間南北枝。將母方勤弟行役，春風應滿錦囊詩。

苟禄勞生不爲身，强顔來此算征人。莫將朝市輕分别，等是低回一閧塵。

堂前春日媚珍盤，稚子相群舞袖斑。斗酒壽親逢一笑，不知身在市門間。

青山北界大江東，了了鄉關在眼中。歸得一廛吾願足，此生初不問窮通。

健碧倚天無數峯，眼前渾似故人逢。問來識面知何處，應在頤齋詩卷中。

和幾叟秋日南浦十絶句簡子莊寄幾叟

心親千里不辭遥，咫尺衡門接市橋。萬卷舌端真歷歷，一丘胸次更囂囂。

平生學道着功深，世事縈人負此心。賴有關西門下士，洛川流派得重尋。

屹屹龜山障末流，藩墻一望渺無由。胸中萬里平生事，肯蹋尋常只麽休。

西翁相對語更闌〔三〕，想見風生席石間。詩就南枝三轉鵲，樽前秋月半啣山。

殘書勸展水沉燒，那有堂前學子嘲。卧讀蕭陳秋夕句，不知烟暝鳥争巢。

凛凛臞仙千載人，當年許卜一枝鄰。天高鬼惡堂堂去，誰識渠儂不壞身。

不見陳公歲又除，七峯深處食無魚。終煩指似龜山路，會使人疑得異書。
一筇楚尾見春風，遥想詩成顧盼中。心逐孤雲天外去，恍疑身在大江東。
沙界豪端久自知，筆鋒一戲更何疑。江南春色花千里，幻入幽人半幅詩。
風雨交交耿夜燈，天涯兄弟對牀聽。莫嫌詩作江南語，一夢家山眼亦青。

答子莊見和

老去温柔失舊鄉，北牕一枕午風長。夢回未覺羲皇下，句好全勝殿閣凉。

答國鎮見迓之什

平津欄檻倚高秋，一掬寒波醉眼流。莫話風流雲散事，九河翻淚若爲收。
淵明把菊對清秋，醉裏詩豪萬象流。畫出多情愁絶處，七峯明滅斷雲收。

次韻答夢得送荆公墨刻

相馬評書世未知，要從風骨識權奇。半山妙墨翻風雨，尚有典刑今復誰。

與許簿同遊南山二首

步携婉娩上巉巖，北望雲山紫翠攙。了了大江東岸路，欲攀風馭脱羇銜。

秋空如水莫留塵，脚底千峯翠浪奔。未暇與君遊八表，且當索酒賦鵾鵬。

遊報國院用壁間韻示同遊二首

招提一葉弄新晴，却信朝簷鵲有靈。猶有幽花堪繫纜，爲言輕手惜飄零。

老僧弥勒久同龕，應笑遊人世味甘。小數何曾工九九，深禪聊欲問三三。

谿橋納凉晚歸小景

誰共谿邊沆瀣杯，驚魚不睡棹歌來。風生蘋末無多子，更待冰輪作伴回。

水精念珠頌

百八么珠水玉寒，客囊無復一錢看。只應袖裏靈山在〔四〕，無數如來轉指端。

卧疾初起示逢年兼簡綽中德粲五首

觀身已作水溶溶，投瓦云何覺病攻。造物小兒真一戲，未妨居士却談空。

病餘都作鶴聯拳，誰識臞儒是列仙。如我角犀將底用？藜羹相對却超然。三君皆卧疾數日，羸甚。

清風白雨灑炎荒，林下聽時恰對牀。一洗微痾何足道，請觀何處不清凉。

蚤歲功名不自量，近從顏禹識行藏。萬錢本是憂時餌，除却簞瓢莫謾嘗。

一溪風月浩無邊，病起吟觴總未便。欲作二豪知未辦，恐君愛我沐猴禪。

以月團爲十二郎生日之壽戲爲數小詩

鳳山團餅月朣朦，老桂橫枝出舊叢。小友他年春入手，始知蟾窟本來空。

夢覺牀頭無復酒，語終甑底但餘糜。已堪北海呼爲友，猶恐西真唤作兒。

駸駸驚子筆生風，開卷猶須一尺窮。年長那知蟲鼠等，眼明已見角犀豐。

生朝樂事記當年，湯餅何須半臂錢。吾算自知樽有酒，汝翁莫歎坐無氊。

校勘記

〔一〕喙紅膚　「喙」，朱玉刻本、四庫本作「啄」。

〔二〕此段原爲大字正文，經考系注文混入，據改。

〔三〕西翁　按，「西」疑當爲「兩」之訛。

〔四〕只應袖裏靈山在　「在」字原脱，據朱昌辰刻本、四庫本補。朱玉刻本作「頌」。

韋齋集卷之六

新安朱松喬年

絶句

宿靈感院二首

現身猶有辛官縁，且作吴門忍辱仙。欲以詩書爲佛事，利生一念幾生前。

浄掃雲房借客眠，折鐺煮粥勸加湌。道人更有超然處，柿落霜林擘鳥殘。

遊南峯贈長老

欲問春歸只意行，亂紅吹盡緑冥冥。道人那管芳菲過，沙刼成灰睡未醒。

小偈呈元聲求博山鑪

鑪峯落日紫烟孤，江上扁舟失夢餘。乞我博山修浄供，要知觸處是匡廬。

徐彦猷寄示詩數章皆隱約世外語詩律深妙豈勝歎仰輒次韻和呈彦猷素富學未壯而棄場屋故詩中極道江湖放浪之樂以動蕩其心志而卒反之以古人出處之義當有隱君子弄舟烟雨之外倚其聲而歌之亦可以一笑也

幽人世路無轍迹，抱此耿耿將安歸。機心一寸焦穀稿，丹頰不爲千鍾肥。
頗憐胸次抱經緯，半縷不上山龍衣。誰知烟雨暗青笠，得意雲水春霏微。
詩逼長江世已稀，滄州未覺此心違。平生却笑陶彭澤，今昔紛紛强是非。
江湖魏闕已一視，孰與蓑笠無危機。遥知避世客相對，落日一談能解圍。
談笑百篇無俗韻，榮枯半世掩衡扉。古人禄隱或金馬，那用故山甘蕨薇。

送求道人永福謁同參二首

枯木巖頭鴻鴈行，十年離别話偏長。歸時裹裹日溪橘，應作雪峯簷蔔香。
拄藤峯頂一長嘯，贈子西行風半帆。想見月生潮上處，新詩歷歷在千巖。

絶句

一笑相從欠我曹，日疲浮禮只徒勞。紛紛閲世真難記，莫是先生眼太高。

懷劉園作

一與劉園别，春風到海隅。墻陰草争緑，留得屐痕無。

和求道人

海角西風撼客牀，熟衣已試九秋凉。同根兄弟久南北，他日燈前話更長。聞大年歸。

衲子詩工骨轉寒，折鐺全勝斗升慳。恐君愛我長沙舞，且復閑中袖手看。

風波舉世正同舟，聊戲乘桴從我由。閉户有時非得已，馮河無補却堪羞。

徐侯寄示古風爲别作三絶句往資一笑

胸中戈甲一敵國，筆下篇章萬户侯。龍門隱吏絶人處，百事隨緣莫莫休。

求田莫問湖海士，得志付與閭閻兒。黄花滿把一尊酒，欲話此意非君誰。

久憶瓊糜薦一盃，玉延猶費著詩催。筠籃不送今年供，應待毗耶遣化來。

某與徐侯有卜居村落之約每誦杜子美白沙翠竹江村路相送柴門月色新之句必相勸亟歸同饗此樂侯今已遷居浮流僕亦尋屋一區冀必得之庶幾遂踐舊約之言乎因作二詩以廣子美之意庚戌六月廿八日〔一〕

午鳩呼夢覺徐徐，細讀牀頭種樹書。自教兒童事農圃，更尋何處欲歸愚。

莫嘆天涯流落身，只今同是耦耕人。江村無物相迎送，一味柴門月色新。

次韻團練君侯新居二詩

江村結屋老垂垂，詩乞榿栽手自移。他日南樓看鵶集，莫忘烟雨狎鷗時。

一錢未辦買雲山，突兀何時屋萬間。歲晚投簪來卜築，柴門分占碧孱顔。

題蛟彎小庵二絶

浮塵不到客眉開，乞食幽人晚未回。相對西山全體現，逢人莫道只空來。

鑿破蒼崖俯碧流，石碕竹筏艤行舟。已邀明月來同宿，下數層瀾寸寸秋。

次雪峯二小詩韻

麗日疎烟破小春，雙峯秀色一番新。要銜天上金雞粟，莫問人間白眼人。

同參卷䘳卧雲根，倒屣相迎月下門。大耳識君遊戲處，不應覓酒向前村。

宣和乙巳題野人陳氏之館

長安調鼎黑頭公，一旦覆餗腰領紅。飰稻羹蔬三萬日，爭如且作多田翁。

書永和寺壁

胸中一壑本超然，投跡塵埃只可憐。斗粟累人腰自折，不緣身在督郵前。

來解征衣日未斜，小軒泉竹兩清華。道人法力真無礙，解遣龍孫吐浪花。

示僧

清溪浄寫碧巑岏，雨後相携石路乾。認取此山孱絶影，他年何處鉢中看。

九日送僧歸龍山

九日相携積翠中，勝遊兼有道林同。枯顱一任君披拂，寄語龍山落帽風。

牛尾貍二首

壓糟玉面天涯見，琢雪庖霜照眼明。投筯羞顔如甲厚，南山白額正横行。

物生甚美世所忌，吹息雪中成禍胎。湯帆卯盃頻下筯，江南歸夢打圍來。

牡丹花二首

餘芳卷地還春去，誰送洛花供眼青。沉香亭北真一夢，今見宗支亦典刑。

鶴林閬苑兩蕭瑟，付與大千沙刼灰。尺五城南花濺淚，詩成看鏡覺摧頽。

種竹報恩院示僧二首

兩翁來往亦風流，還擁紅爐説舊遊。夜半南枝三轉鵲，相看更覺此生浮。

遶屋風篁夢寐清，住山活計幾時成。雲根試手聊親斸，安否他年數寄聲。

洗兒二首

行年已合識頭顱，舊學屠龍意轉疎。有子添丁助征戍，肯令辛苦更冠儒。

舉子三朝壽一壺，百年歌好笑掀鬚。厭兵已識天公意，不忍回頭更指渠。

五言小詩三首

一雨緣南浦，波明柳蔭門。遥知湔裾處，爲我一攀翻。

又

散策橋南路，春容最好時。夢回花滿眼，猶恐是辛夷。

又

牛歸坡草煖，船繫岸花零。白墮尊同卧，黄昏月照醒。

梅花三首

怕見繁枝不忍攀，風卮緑浪雪斕斑。多情一醉年年事，須及疎英的皪間。
江梅凌厲千花上，一笑春風我有詩。白鶴老仙三疊曲，何人得法是横枝。
孤山居士玉梅句，醉客強呼桃杏詩。刻畫無鹽浼西子，法當試我古藤枝。

芍藥二首

露壓珍叢粉自匀，日欹蔫萼態殊真。未成跨鶴腰金去，先醉揚州十里春。
已分春光冉冉過，奇葩好在奈愁何。誰令玉頰紅成點，如意痕深琥珀多。

春日二首

一雷驚起籜龍兒，戢戢滿山人未知。急喚蒼頭斸烟雨，明朝吹作碧參差。
夢和殘月兩朦朧，饒舌幽禽苦喚儂。若説五更春睡好，絶勝騎馬火城中。

夏夜夢中作

萬頃銀河太極舟，卧吹横笛漾中流。瓊樓玉宇生寒骨，不信人間有喘牛。

雜小詩八首

身將雙影背閩山，伴我江南去又還。欲寄道人簷下宿，此身都未以雲閑。

俗學回頭笑畫脂，我今羞悔子何疑。恐輸靈運先成佛，莫學湯休苦覓詩。

松風十里客襟凉，路入江南選佛場。欲問道人三世事，樓鐘重聽未應忘。

江南風物畧知津，便覺詩成筆有神。不向九江看五老，故應猶未是詩人。

紛紛褦襶久相忘，只憶僧齋晝夢長。珍重道人留客語，君家無此北窗凉。

門外山光萬里濃，且將寥落共清風。箇中自有濠梁意，不用磨刀斫眼紅。

道人鉏斧得從誰，無復當年隻影隨。笑我不求千户郡，坐知成佛更難期。

避世山中秖樹亭，緑陰遶舍忽青青。抛書自笑爬沙手，要挽天河洗甲兵。

立春日雷

陌上冬乾泣老農，天留甘雨付春工。阿香急試雷霆手，莫放人間有卧龍。

次韻江謝送花倡酬三首

幽樹團團謝傅家，凌寒方澤共驚嗟。要知折寄殷勤意，鷃鳩那能病物華。
娟娟花竹浄名家，閲世夸毗浪怨嗟。願挈衆生辭熱惱，知君久學妙蓮華。
秉桴何計去浮家，學舞空餘短袖嗟。自笑繽紛蘭佩老，欲將心迹問重華。

寄吴大卿二首

謝公擁鼻憂不免，笑閲乞燔東郭顔。問訊袖中醫國手，不應長與一笻閑。
江村小築興不淺，奈有靈山香火緣。經世心知焦穀頴，歸耕猶恐度公前〔二〕。

吴山道中三首

滿拂春光一番雨，鬧花如海麥摇波。静觀物化知如幻，奈此撩人風物何。

春工試手雨初晴，遥見莓莓曲埭青。問道東陂新漲好，來將衰髮照星星。

仙人不奈笑憑愚，來讀萬籤東老書。勸作南牕傍脩竹，時來借榻卧虚除。

三峯康道人墨梅三首

一枝春曉破霜烟，影寫清陂最可憐。衲被犯寒歸吮墨，也知無地着朱鉛。

冰盤青子渴争嘗，怪有横枝着意芳。等是豪端幻三昧，更煩覓句爲搴香。

緗囊墨本入宣和，林下霜晨手自呵。不學霜臺要全樹，動人春色一枝多。

康畫嘗投進，又爲朱勔畫全樹帳，極精。

溪上

攀緣雲水試青鞋，待得輕陰漠漠開。興在海山孤絶處，溪邊更復幾回來。

辛亥歲，避寇寓長溪龜靈寺。壬子春，聞建寇未平，將携家之福州，度雞嶼洋，寓桐江，因有此句。

送輝雲際二首

三日雨行來欵關，篝燈相語雪霾山。低回俗裏未能免，只有對君非強顔。

認取芝峯鉢中影，要君歸去首重回。相思手折寄千里，想有南枝迎臘開。

九日

點點吴霜入鬢毛，長安落葉又秋高。世間俯仰終難强，歸與兒曹且漱醪。

夜坐

九秋風露浩難平，伍子祠南鶴唳清。坐聽兒曹談往事，世間更覺總忘情。

蓼花

長年心事只悠悠，衰鬢難禁歲月流〔三〕。紅蓼垂垂烟雨裏，不應摇落始知秋。

桃花

核裏黄泥灑石崖，今年繁蕋便争開。遊人要識春多處，但覓紅雲逐水來。

漁父用兒甥韻

緑蓑青篛一身輕，卧看行雲舟自横。米賤魚肥美無度，不知東海正掀鯨。

送山老住三峯寺

未辦同穿犖确行，西風揮手最關情。只應勃窣喧卑裏，認得峯頭嘯月聲。
鉢中忽見三峯影，便覺市塵塵涴人。寄語階前石池水，老夫衰髮已盈巾。

戲代作送住郎

同攀梅蕋便分携，回鴈峯前試綵衣。學就浯溪崖上字，鴈回莫遣信音稀。

寄范伯達

名籍丹丘號散人，何時香火共朝真。只應經世平生意，未合歸愚便問津。

試筆

老來詩思如焦縠，自愧霜毫來故鄉。乞與楊家東心樣，要將掣管試諸郎。

篁竹筍

梅雨冥冥稻已齊，連雲篁竹暗巒谿。短萌解籜登雕俎，錯落黄金騕褭蹄。

冬日桃李華

北風日日卷塵沙，桃李凌寒強自葩。莫作春光流轉想，要知枯枿是狂華。

題范才元湘江喚舟圖用李居仁韻

天涯投老鬢驚秋，夢想長江碧玉流。忽對畫圖揩病眼，失聲便欲喚歸舟。

題趙守中江行初雪圖

江闊雲垂滿袖風，急須下馬一尊同。正應無奈催詩雪，句在渠儂擁鼻中〔四〕。

校勘記

〔一〕廿八日　「日」字下朱玉刻本有雙行小字注：「浮流今之延平永安縣。」

〔二〕度公前　「公」，朱玉刻本作「君」。

〔三〕衰鬢　「鬢」，朱玉刻本作「病」。

〔四〕按朱玉刻本卷六終了有「詩餘」一首，據詞意，當爲朱玉補入，今録如下：

詩餘

醉宿鄭氏館閣調寄蝶戀花。按鄭氏館閣即誕育文公之所，此詞原集未載，見南溪志。

清曉方塘開一鏡，落絮飛花肯向春風定。點破翠奩人未醒，餘寒猶倚芭蕉勁。擬託行雲醫酒病，簾捲閑愁空占紅香逕。青鳥呼君君莫聽，日邊幽夢從來正。

韋齋集卷之七

新安朱松喬年

奏議〔一〕

上皇帝疏一首〔二〕

臣愚不肖，蒙恩備數館閣。退無職事可以効區區思慮之勞，進不得預於外廷論議之末。退循尸素，俯仰跼蹐。竊聞神宗皇帝嘗語直史館蘇軾：「凡在館閣，皆當爲國家深思天下所以安危治亂之故。」竊惟熙寧之初，朝廷清明，海内無事，而神祖憂勤戒懼，深詔承學之臣，垂精延訪，總攬群策，孜孜如此。伏況陛下踐艱難之運，讐敵僭竊之患，日至於邊鄙，臣於此時待罪中秘書，不自薄陋，效其涓埃，亦臣所以事陛下，惓惓之義不能自已，幸陛下裁赦。

日者，邊臣失律，偏裨刼其士卒以畔，此誠邊鄙之大釁，讐敵僭竊之人日夜禱祠以求而不可得者。弓勁馬肥，必且帥我蝨賊以來，蕩摇我邊疆，理勢之必然，不待智者而後知也。

爲國計者，方當上下相與罄竭思慮，厚集兵力，彌縫其闕，庶幾可以遏其奔衝，徼極觀釁，制虜之命。今乃竊聞執事之臣私憂過計，懼扈從之單寡，盡攝盱眙、合肥之戍，聚之國都。夫宗廟至重，今行在空虛，誰何之衛？有所不備，誠執事者所宜深憂而亟圖之。臣輒論撤戍之不可者三，而卒効其愚以獻，惟陛下裁擇其中：

自古國於東南者，必西據襄沔，東倚淮泗，以爲扞蔽。吴、魏之際，孫權屢悉其國兵，身自將之，以攻魏之新城。後世或以謂權雖國於東南，未嘗一日忘求逞於中原。臣有以知其不然者。曹操於此時擁百萬之衆，挾天子而令諸侯，權豈不知操之未可與争鋒，而吞噬之意哆然而不少衰者，蓋我有淮、肥之障，然後東南可以安居而無事。是以陳氏南唐之末世，淮壖盡失而後國隨之。昔人必争之地，今皆幸爲我有，若繕城隍，聚禾粟，選將總兵以戍之，雖敵人悉其腥羶自送以來，亦不能取。而無故捐之以資寇，他日雖欲復取，其可得乎？此不可之一也。兩軍相持，尺寸之地必争，故曰畫地而守之，先退者敗。劉、項相抗於成皋，漢兵時有顛沛，然高祖終不肯左次而少却，蓋我爲敵所乘，將求措足之地而不可得。故官渡之役，袁紹之支軍既覆，狼狽北走，是以曹公能不數年而取其國。今兩城之戍既撤以南，雖曰量留士馬，然兵力輕微，不足以捍敵。若虜帥長驅以來，量分偏師，綴之城下，馬馳卒奔，不信宿而至江北。衆心一摇，雖有甲士十萬，尚安所施？建康無城守之備，四方勤王之師未至，必不坐而受圍，未知車駕將安所稅？此不可之二也。淮南累年以來設置官吏，使之翦除荆棘，建立官府，以招徠安集流冗之民。今流民歸業與四方之來自占而受田者，在所有之，亦唯恃有王師屯營之衛，是以肯盡力穡事而獲享其土利，養生送死之餘，亦足以供有司之賦役。此上下相資，公私同利，古今不易之道也。今聞朝廷斂兵自守，將無所恃以爲安，若非撤屋、屠牛，捐棄生業，南走以求生，則少壯相率渡淮而北。陛下之有司他日雖欲喻以恩意，使復其舊，其誰肯信之？蜀先主曰：「濟大事必以人爲本，今人歸吾，吾何忍棄去？」今斂兵自衛，捐地不守，與棄民何異？臣實爲陛下重惜此舉。此不可之三也。此三不可者，願陛下少留聖思，明詔大臣早思所以區處之宜，天下幸甚！

臣謂肥泗之疆不可撤備者，非謂京師不必宿衛也。盱眙、合肥各屯以精甲三萬，亦可以固吾圉矣。吴錫見守廬州，又益以楊沂中之衆，合肥兵力亦不輕矣。今既召張俊扈蹕，但料擇精壯三萬，選將使守盱眙，其餘使俊悉將以來建康，外則邊鄙無釁，關健牢密，内則宿衛精強，聲望隆赫。今冬正使虜僞相挻，必可以無事。何則？我有二戍之重，使犬羊之衆傾國送死以來，其敢輕越吾重兵以深入爲寇乎？若其冒昧衝突，前有長江之阻，二戍之兵更出抄其饟，伺便擊之，可使疋馬不得返。若不敢輕進，頓兵堅城之下，野無所掠，餉道艱阻，久將蟄隘不能自拔。吾有精甲在内，而又外據長江之險，觀敵釁而徼其利，謀國之策可以萬全。詩曰：「雖有絲麻，無棄菅蒯。雖有姬姜，無棄焦萃。」惟陛下留神裁幸，昧死再拜！

論時事劄子

一

臣聞人主以一身託於四方之上，而百辟卿士爲之奔走率職而無敢後者，豈非恃君臣之大義，有以防範固結於其間。莊子曰：「天下有大戒二」、「臣之事君，義也」、「無所逃於天地之間」。如人食息呼吸於元氣之中，一息之不屬，理必至於斃。苟無以防範固結於其間，則爲人上者不能一日保其天下國家，斯民之生死，社稷之安危，實於是乎！在古先哲王，既以建德敦化，尊尚名節，以勵風俗、明人倫，必先求魁磊骨鯁、沈正不回之士置之朝廷。平居無事，正色立朝，則姦萌逆節銷伏於冥冥之中；一朝有緩急，則奮不顧身以抗大難，亦足以禦危辱陵暴之侮。是以神器尊嚴，基祚強固，由此道也。仰惟陛下憂勞側席，率勵衆志以圖中興，其事未易以悉數。若夫士溺於俗學，而君臣之大義不明於天下，學士大夫缺於忘身徇國之節，豈非今日之患甚急而至大者歟？東漢自建武、永平之治，崇奬德義，知所後先，一時風俗以名節相高，雖以曹操之姦雄，窺覦漢室，終身有所畏忌而不敢肆。然則忘身徇國之士，又曷可少哉！區區管見，竊謂陛下宜深考建武、永平所以善俗獎士之方，明示好惡於百辟卿士中，博求魁磊骨鯁有沈正不回之操者，布之内外。非獨以收尊主庇民之功，亦足以風示四方，興起廉隅，東漢之盛，何以加此！取進止。

二

臣聞人主操慶賞刑威之柄，以御天下之智力，如運諸掌，蓋所以處之者，必切中於理，然後有以深服其心，是以無爲而不成善乎。裴度之言曰：「今淮西盪定，河北底寧，承宗斂手削地，宣武輿疾討賊，豈朝廷之力能制其命哉？直以處置得宜，能服其心耳。」儻使人懷耿耿不滿之意，以非上之所建立，則雖事之至易而無難者，亦何由而成？仰惟陛下總攬群策，圖濟艱難，于兹八年，謂宜求所以深服天下者，莫若垂精延訪，盡臣下之謀。夫大昕之朝，裁決萬機，侍立逡巡之間，雖有嘉謀至計，未必皆能罄竭以自効於上。唐制：天子閒見大臣，輒開延英，坐論從容，數移晷刻。仁宗皇帝慶曆中召大臣於天章閣，賜坐給札，使條具其所欲施行者，是以人人得竭其所懷，而反復議論之間，足以周知情實，曲中事機，以至識慮之淺深，亦足以察知其才智之所極。是以天下之事，小大畢舉，而便文自營，竅言無實者，不得容於其間。百弊悉除，天下久安，由此故也。竊謂今日宜修舉延英慶曆故事，時以閒燕博延群臣，必皆削去瑣細無補、闊疎難行之言，而求所以安危治亂之故，卓然可施於實用者，總攬參訂，次第施行。政令之出，上不厭服，莫敢腹非而竊議，雖強大驁桀不可指麾者，皆將屏息退聽，徯志趨事之不暇，而無敢旅拒。天下之事，將無足爲者。取進止。

三

臣聞天下之治亂非有常也。方海内無事，上恬下熙，而人主無惻怛求治之意，則必因循苟簡而溺入於亂。傾側擾攘之日，君臣相與側身焦思，率勵衆志，勤勞庶慎，天下亦未嘗不治。臣竊觀陛下以聰明睿智大有爲之資，踐艱難之運，累年於此，汰斥冗瑣而興其俊良，與圖恢復戡定之勲，以大庇元元於無窮，宜其功化宣昭，讐敵斂衽。顧内則不能無以生民窮困爲憂，外則不能無虞於僭竊。意者陛下殆當抗聖志於高明，而汲汲講求宗廟社稷所以經遠持久之計，使海内乂安，而車攻復古之詩作不足以爲難也。臣嘗謂自昔中興之君，漢光武可以爲法，而晉元帝、唐肅宗可以爲戒。元帝東渡，以羈旅爲國，日不暇給，而賞刑失中，強臣跋扈，晉室終以不振。肅宗雖復兩都，急於罷兵，不遑遠慮，終唐之世，不能取河北。蓋皆志趣卑近，苟且徼幸一時之功，趣過目前而不及於經遠持久之謀，是以功烈止於如此。光武既清大憝，四方僭亂以次削平，方講藝論道於戎馬之間，選建德誼之士，序之群臣之右，非特紀綱維持，足以垂裕來世，風俗之美，庶幾三代之盛。臣不勝區區，願効涓埃之誠。竊謂陛下聖志先定，而垂精詢訪以輔睿聖日躋之學，申明紀律以張皇國威，敦奬節義以厚美風俗。以民心爲基本，則務安静而勿摇；以忠良爲腹心，則使竭節而勿貳。臣有以知讐敵僭竊之不足以爲憂，而保宗廟社稷無疆之休，以追配漢建武中興之盛，將必由此。臣忘其疎賤冒進狂瞽，惟陛下裁赦而擇其中。取進止。

四

臣聞善謀天下者，必先立天下之大勢。大勢既定，雖疆埸之虞一日百變而不足以爲憂。苟惟不然，雖庶政毛舉，萬目畢張，而無補於得失之數。漢有南北軍及期門、羽林諸校之兵，悉聚京師，而騎士材官散處郡國，緩急出羽檄以召之，所以處天下輕重之勢，其審如此。竊觀今日王師之在行在者，東憑淮泗，中控襄沔，西保隴蜀，屯列要害，聲援相及。陛下六飛憑江，指授諸將，天威所加，士氣百倍，天下形勢之所在既畧定矣。臣聞周廬缺屯衛之師，則扈從單寡，非所以嚴宗廟；帥府乏士馬之饒，則聲勢微弱，不足以衛王室。竊謂陛下宜少垂聖思，明詔大臣倣西漢之微意，按顯德之故事，蒐柬四方材力健武之士，以補宿衛之缺，爪牙設張而宗廟尊嚴，亦足以潛銷四方之變。遴選智畧威望之臣以帥諸路，使之蒐閲文武，汰簡將士，進可以扞蔽京師，敵王所愾；退可以生制匹夫，號謼之亂。然則宗社之安，雖太山而四維之不足以爲喻。惟陛下留神，赦其狂瞽。取進止。

五

臣竊惟陛下纂御，于兹累年，側身修行如周宣王，推誠御物如漢光武。斯民脱塗炭鋒鏑之患，日夜企竦以望休息。四方賢材馳騖而起，孰不願効尺寸之長，以助陛下大有爲於今日者。雖朝廷規爲之志未始少衰，然事無大小，每病於不立，而不能悉如聖志之所欲。陛下欲攘夷狄，則逆胡驁桀，盗據都邑，而未有撤警之安；欲銷盗賊，則江嶺之寇鈔暴累歲，而未有殄滅之期；欲足國用，則餽餫日滋，入不支出，而未有善後之策；欲寬民力，則耕桑之民終歲勤動，而未有蓋藏之積。陛下憂勤恭儉無一日之懈，而中興之烈未有卓然可見者，臣雖孤賤，常不勝憂憤而深惟其故。自昔王者承積弊之末流，兼受歷世之猥，紀綱廢壞，上下猜阻，宜若儳然不可以終日。一旦赫然奮發剛斷，輔以賢智，收已失之權綱，歸之王室。威令既振，四方萬里之遠，將奔走承序之不暇，尚何病事之不立乎？唐憲宗承德、順秕政之餘，方鎮狃於姑息，小不得志，輒相與合從以逆京師，提兵四出，侵敗王畧。既用杜黄裳、裴度之謀，誅齊、蔡，翦夏、蜀，四方之諸侯斂手聽命，無敢旅拒者。周世宗以美偉絶人之資，灼知累世亂亡之所繇，將帥偃蹇，士卒驕暴，翻覆之變，起於談笑。既料簡士卒之罷惰者汰斥之，選其精勇以補宿衛。戰於上黨，斬奔北之將，而易以用命者。并淮南，下三關，王師所向，無不如志。仰惟陛下欲伸威夷狄，以大庇元元於無窮，則莫若以威令之必振爲先務。誠能並進忠賢，總攬權綱，懲陵夷委靡之禍，革姑息苟且之政，深詔大臣，凡朝廷所以立經陳紀，品制云爲，必務爲經遠持久之計，期於安國家，利社稷，合天下之正義，而毋郵匹夫徇私之怨。則雖驁桀之虜，將斂衽而退聽。然後天下之事，惟陛下之所欲爲。周宣、漢光之烈，臣待罪史氏，執筆以俟。取進止。

六

臣聞將以謀人之國，而求有所逞於讐敵。自古有天下國家處於離合之際，其謀議之得失，今可覆視者，非一人也。爲待時之説者，病其玩日愒歲而至於媮；喜進取之謀者，病其行險妄動而及於敗。二者不能相通，而常處其一偏，是以成功不可見而偏受其弊。臣嘗爲之説曰：莫若自治以觀釁。苟吾所以自治者未至也，敵雖有可乘之釁，而我不可以動。我能自治矣，敵無釁而妄動，幸而勝，則疲民以逞而根本摇；不幸而敗，則僨軍於外而社稷危。可不慎哉！詩云：「迨天之未陰雨，徹彼桑土，綢繆牖户。今此下民，或敢侮予！」孔子曰：「能治其國家，誰敢侮之？」孟子曰：「及國家閒暇，明其政刑，雖大國必畏之矣。」惟能日夜厲精，率勵衆志，是以未嘗不待時也，而不至於媮。范蠡曰：「强索者不祥。夫吴，君王之吴也。王若蚤圖之，其事又將未可知也。」又曰：「從時者，猶救火追亡人也，蹶而趨之，唯恐弗及。」惟其審知彼己，必順天道，是以未嘗必進取也，而不及於敗。詩人、范蠡之言，通爲一而無所廢。謀人之國而其逞於讐敵，其有不得志者乎？臣仰惟國家艱難以來，虜僞相挻，邊不得徹警。往年江上之捷，日者僞劉之廢，中原之釁可謂大矣。而吾終未肯求有所逞，豈非以行險妄動爲不可以不戒，而於吾所以自治其國家者，將益求其至歟？今日之勢，雖未至於危機交急，亦可謂迫矣。謂宜斷自聖志，思聖人愛日之義，憂勞庶政無須臾之怠，凡事之故常非天下所以安危者，悉歸之有司。輔相大臣相與一心，戮力經營思慮，明禮義、正綱紀、除弊政、振偷俗，撫循凋弊之民，淬礪士大夫而責之以職業，凡皆以求吾所以自治者。然後謹察四方之變，投隙而起，安受其燼，以致天地之殛，雖有智者，亦不知爲敵謀矣。以陛下聖學之高明，固已灼知古今興衰得失之數，臣不勝惓惓，効其涓埃，惟陛下裁赦。取進止。

七

臣竊惟陛下踐艱難之運，自始初政清明以至于今，憂勤恭儉，日慎一日，而兵革未息，亭障多警。欲信威四夷，則戎律未舉；欲寬邺民力，則兵食方急；欲澄省冗官，則軍賞猥多。是以陛下雖有大有爲之志，而至於發政造事，以爲天下經遠持久之計者，皆未遑暇間者。天啓戎心，畫地數千里悉歸於我，雖異時之變未可以預知，意者天其以禮悔禍，使陛下間於憂虞，而大有爲之志將有所伸，此萬世一時也。然天下之事每以難立爲患，若嚮一夫獨見之言而畧衆口異同之論，則政令之發，其效未睹，而人皆能出其私智以非上所建立。是以上下未及饗其利而害先見，雖欲持之以堅忍不變之心，其勢有所不能。竊謂謀始大鋭而憚於博盡異同之見，事之難立無足怪者。方漢盛時，有大征伐，必下公卿、將軍、中二千石、博士、議郎雜議，人人得效其見聞，以研究是非利害之極致，然後天子稱制以決之。是以上無愆令，事無遺策，衆志厭服，而功暴當世。謂宜自今陛下將欲發政造事，既與大臣謀謨於上，又使卿士大夫罄竭思慮，畢陳於下，然後總攬群策而裁處其中。將舉天下之事，惟陛下之所欲爲，庶幾立經遠持久之計，以幸天下。取進止。

八

臣竊聞多事以來，獻言于朝，以學校爲請者不一。然吴中非定都之所，又有調度不足之患，天下孰不知陛下未始忘此，顧有所未遑爾。臣不勝過計私憂，聞之孟子曰：「學則三代共之，皆所以明人倫也。」人倫明於上，小民親於下。自頃國家多故，士大夫處於成敗之間，大抵皆有自恕苟生之心，而闕於伏節死難之義。風節陵夷，俗化衰替，則國從之。是以斯民尊君親上之意亦有所不至〔三〕，而其爲亂也輕。人倫之不明，爲禍蓋亦博矣。然則設爲庠序，育天下之材，而摩厲之以德義，崇奬其志行之有耻者，以明示好惡，使父子君臣之倫大明於天下，亦今日之所不宜後也〔四〕。取進止。

九

唐設武舉而得郭子儀，周世宗詔藩鎮擇取材武之士，悉送京師，縱有負犯，不問所從來，遂以兵強天下。竊惟陛下方總攬群策，率勵衆志，以濟艱難，而虜僞相挻，師兵在行，謂宜開設武舉，蒐拔將材，須洞曉韜鈐而可責實用，長於綏御而士卒樂從，出入行陳而志氣不懾者，隨材賦任，必有可觀。又明詔州郡諸軍，百姓中有武健驍捷者悉送行在，所汰簡練習以補禁衛之缺。四方之奇材武力悉聚京師，則本彊末弱，可以消匹夫山林之變，侍衛雄盛則爪牙備設，國威自振。惟陛下留神裁幸。

參堂劄子

某竊聞周顯德中，唐人使劉仁贍守壽春，以世宗之英武，窮兵力於城下，僅乃克之。夫以周師之強，畏壽春之議，其後莫敢越淮而南窺者，誠地有所必争也。世宗既克壽春，惡其地險，非中原之利，徙州於下蔡。今國家駐蹕東南，觀釁俟時以圖恢復。區區管見，仁贍所守實爲要地，謂宜增濬城隍，戍以重兵，擇將使守之。倘壽春卓然有可恃之備，則自淮以南，務農積粟，蒐閱武備，以爲北伐之根本，恢復之功，指日可冀，豈特限逆虜之深入而已哉！

上宰相論淮西事

竊聞合肥之兵擁脅主帥，棄城郭而野次。以勢料之，當出三策：先遣閒人通耗僞豫，挾其妻子席卷北去，一也；敵人猜阻，入北不受，徘徊山澤，以待招撫，二也；曠日持久，芻糧乏絶，横流四出，掠奪四鄙，或突據城邑以争一旦之命，三也。竊觀自古南北之時，飜城提兵叛入于敵國者不可勝數，惟能以長計制其後，故雖邊鄙震動，而不能爲根本之患。以某觀之，使其席卷而北，僭竊之寇能收其桀黠以來，蕩摇我邊疆。當簡拔將帥，厚集兵力以待之而已。將卒老幼無慮數萬，雖徒手張拳猶可慮，而況執鋭而被堅乎？若入北不受，當有悔過而自新者，宜遣近臣之忠信長厚通達大體者，往諭恩指，示以寬大。雖有長惡不悛，不能自反者，亦當較計利害，以來歸命。其尤可憂者，或四出鈔暴，突據城邑，將外連姦鄰以間吾釁，則其爲患也，持久而未艾。然諸將之名位相軋，無所禀命，士卒之心反仄未安，逆順相半。謂宜密諭諸帥，厚其禮命，以開其向化；多設反間，以潰其腹心；屯據要害，以制其侵軼；堅營清野，以絶其資餉。然則雖復陸梁，旬月之間，其勢終亦安能有所至？不勝惓惓，獻其千慮之一，惟廟堂圖之。

上趙丞相劄

某紹興四年備數館閣，僕射相公初預大政。聞諸道路，相公論當世之士可以與於斯文者，間及無聞之名氏。仁人君子，方其道德，佐人主大有爲。竊自隱度，未有可以補助下風者，艱難甫爾，亦懼未暇器人於文字之間，是以躊躇躑躅，終不敢有獻於左右。兹蒙推擇，待罪東觀，効其編摩，以奉令承教於史氏之末，特蒙借之詞色，許悉其不腆之文以備觀省。方今四海之士，抱尺寸之長，孰不願爲當世之材以自著見其名氏者？顧某何人，得此於門下？可謂榮幸！某自兒童，知喜文藝，年及冠，去場屋，未嘗一日而捨筆研也。流落僻左，中原賢士大夫之所不至，徒景慕古人而無師友之益，落筆纚纚自喜，心知去道益遠，未始以爲是也。行年二十七八，聞河南二程先生之餘論，皆聖賢未發之奥，始捐舊習，祓除其心，以從事於致知誠意之學。雖未能窺其藩籬，然自是所爲文，視十年之前，無十之三四。甲寅之秋，身罹大難，荼毒流離，自分必死，而又盡室飢寒之憂，朝不謀夕，事之可以分其思慮者，未易以一言盡也，於是視十年之前，無十之一二。蓋今箱篋之間，偶免於覆瓿者，皆少作可愧無用之詞。去夏蒙朝廷收召，寄家建州之浦城，乏賃僕之費，僅能襆被以來，書史不能携一字，而況少作可愧無用之詞乎！相公稍寬旬月之譴，已走僕喻妻孥使掇拾草藁以來，當繕寫以塵燕几。儻矜其陷溺於蹇淺篆刻之日久，悔而學道，未有聞也，而收教之相公樂育人才之意，孚於天下豪傑之士，將有聞風而興起者矣。

代人劄子

臣聞自昔阻長江之險而國於東南者，皆非得已也。東漢之衰，曹操既以安輯兗豫，日出其兵以征伐四方，孫氏捨江介之岩阻，將安所據依以争利於中原也？故曹操之兵號爲無敵於天下，蓋嘗身悉其武鋭，方洋淮泗之上，阻濡須而不得進。然吴人未始一日而自安，蹈瑕履釁，以争利於新城、合肥之間者，殆無寧歲。彼其一時君臣相與謀其國，可謂審矣。蓋淮泗者，江左之屏蔽也。吾方國於東南，而外無屏蔽之足恃，顧欲畫江以待敵，此陳唐之所以不能國也。晉建元以來，大抵祖吴氏之餘謀，其間得失之數、所以安危存亡者，亦可以鑒矣。陛下撫中興之運，于兹累年，六飛憑江，指授將士，方且安集江淮，以張恢復之勢。臣於此時，誤被選擇，奉使淮右。竊惟今日立國之大計，必有成算，非疎賤所能知。然兩淮累年賊馬蹂躪之餘，城邑單外而保障未立，田萊荒蕪而流冗未還，公私力屈而儲峙空虛。冀得仰憑威靈，少假歲月，使臣得竭其區區，以奉承朝廷之命令，庶幾於江淮屏蔽之固，有補萬分之一。取進止。

校勘記

〔一〕奏議　「奏議」下，朱玉刻本有「劄子」二字。

〔二〕上皇帝疏一首　「上」下，朱玉刻本有「高宗」二字。

〔三〕不至　朱玉刻本作「未至」。

〔四〕亦今日之所不宜後也　「後」下，朱玉刻本有「者」字。

韋齋集卷之八

新安朱松喬年

策 策問

試館職策一道

對「天下有常勢，非人之所能爲也」。自古恢復大業之君，雖其憑藉積累之基有厚有薄，祖宗德澤之在民者有淺有深，然皆徒手掃地，無尺寸可挾之資，而卒能有所立。惟能因天下之勢，審擇至計而固執之，以求合夫當世之變，而皆不足以爲難也。是以姦人矯誣，竊弄神器，國命移奪，大統中微，而不足以爲難。干戈之釁，起於骨肉，裔夷投隙，蕩遥中夏，而不足以爲難。五大在邊，尾大中乾，強藩阻兵，提戈内指，而不足以爲難。此漢、晉、有唐中興之君，所以趣時合變，而各有所立。考其行事而質确其成功，雖未易與創業之君同條而語，亦各因其一時之勢如此，而不可誣也。昔之君子蓋嘗有以少康爲賢於漢高帝，而評創業中興之難者矣。世徒見夫草昧之初，四方之姦豪圜視而起，必有挾智勇絶人之資者，與之驅馳角逐於矢石干戈之間，崎嶇百戰，次第削平，而後定于一，則曰：此創業之難也。承奕世之弊，先王之澤微矣，猝然有非常之變，發於智慮之所不及，乃欲徐起而振其弊，疏剔荒穢，支柱傾摇，以求趨於安全順治之地，則曰：此中興之難也。蓋嘗論之，謀國有得失，而成功無難易。方經營纂集之初，其勢如洪河巨川，横流於中原，突蕩衝擊，分裂四出，自常人觀之，雖欲拱手終日以求遏其勢之萬一而不可得。智者因其勢而利道之，積之於其所當止，投之於其所欲趨，孰不靡然以聽吾之所爲者，曾何難易之足云哉？

方新莽之盜漢也，漢之遺臣屈首屏息以聽命之不暇，一時英豪不勝其憤，投袂而起，舉恢復之師者，曾未及有爲而奔走折北，一敗塗地。光武與南陽故人，因下江之衆，屠尋邑百萬之師於昆陽之下，遂夷大憝，不失舊物，而漢中興。方群胡之亂華也，劉元海起晉陽，石勒起上黨，符、姚、慕容次第争奮。元帝東渡，總其雋乂以爲耳目、股肱、心膂。内則王導、周顗立經陳紀，以安輯邦家；外則賀循、顧榮喻德宣譽，以鎮服同異，卒以襟憑江、漢，垂裕來世，而晉中興。天寶幽陵之變，河南、北淪没，二京不守。肅宗起靈武，以羽檄召勤王之師。李光弼、郭子儀以朔方之兵徇三河，以收趙、魏，張巡、許遠合豪傑之力嬰睢陽，以蔽江、淮，卒以芟夷安、史，汛掃九廟，而唐中興。是三君者，雖功烈之崇卑不同，其本末始終可考如此，是宜明問以謂所遇之時、所因之勢有所不同，不可以一概論也。

迹夫生民以來，天下之變備矣，積功累仁，享國長久莫如周，而宣王號中興，本末終始見於詩之二雅。然核左氏之語，則南國有敗績之師；驗范曄之論，則克戎淹歷歲之久。蓋雖未能純於文武之序，而豈後世遭變之君所能及哉！誦雲漢之詩，其辭憂迫勤懇，則有以見其側身修行，惻然有應天感民之實，百姓所以愛戴歸往而不忍忘也。誦南征北伐之詩，其詞切直而奮厲，則有以見其將卒協心，卒乘輯睦，此蠻荆、玁狁所以莫敢不震動疊息，而華夏乂安也。誦「侯誰在矣，張仲孝友」之章，則有以見在人主之左右者，咸懷忠良以善王心，而無沮撓事機，妨功害能之行也。誦「吉甫作頌，穆如清風」之章，則有以見謀謨帷幄之臣，莫不相與協和精白以圖事功，而無權利相軋，冒疾讒慝之行也。以至民不安其居，大夫爲之還定安集，劬勞于野而不怨，則見於詩之鴻鴈。君臣相與愛日待旦，以樂事勸功，而無玩歲愒日之意，則見於詩之庭燎。此其所以承厲王之烈，而文、武之業未墜於地，赫然中興，播於詠歌。其所以致之之道，焯乎其不可誣，蓋如此也。若夫擇其善而懲其違，察其始以要其終，蓋有不純於文、武之序者，後之君子，將酌古以施今，不可以不論也。是以不知以佚道使民，而使爪牙之士不得養其父母，而有轉予于恤之歎，有如祈父之所刺；不知建德以保民，病其離散，料于太原，有如仲山甫之所譏。以至怠于千畝之籍，不知務農以敦本，而撓敗及之。然則淹日持久而功烈不終，無怪乎如左氏、范曄之所記。

歷觀古者中興之君臣，將以大有爲也，必相與憂勤惕厲，戮力一心，撫事機之會，日計其進，而歲計其成。將欲圖是功也，則必有是事，事立矣，而功隨之。未有泰然無事，而聽其自爲者也。譬如築室，自始基以至於成。譬如稼穡，自始耕以至於穫。理之必至，不愆于素。築室而草創，則必有震風淩雨之憂；耕稼而鹵莽，則必有凶年飢歲之患。如周宣王，其合於先王之道也，足以致中興。其不純於文、武之序也，亦足以致克戎之不易。後之承前緒而當危亂之後者，可以不鑒哉！

恭惟國家祖功宗德，涵育區夏僅二百年，方將系隆復振於夷狄侵陵之餘，收遺民於鋒鏑煨燼之中，與之竭力以圖恢復。明問乃謂欲因今之勢而圖回之，何劇何易，孰後孰先，搜拔賢能之方，設施政事之統，必有卓至之論，悉之究之，以備采擇。嘗謂自古天下國家興亡有至計，而國勢之强弱，兵力之盛衰，土地之開蹙，不與焉。一曰順民心，二曰任賢才，三曰正綱紀。非以國勢、兵力、土地之三者爲無與於興亡之數，蓋非興亡之所繫故也。衛之孱微，而季子知其後亡；楚之敗亡，而逢滑知其必復。則國勢之强弱，非所論也。吴克齊師，而子胥有天禄亟至之憂；越棲會稽，而范蠡決定傾與人之計：則兵力盛衰，非所論也。天寶之功，拓地至廣，而無救潼關之敗；奉天之守，無地寄足，而終摧長安之寇：則土地之開蹙，非所論也。然則天下國家興亡之至計，蓋有在矣。孟子曰，三代之得天下，得其民也。得其民者，得其心也。大哉，斯民之心乎！自古興王所籍以爲立國之基本，而無敢輕犯焉者也。是故思祖宗之所以得其心者，而纂述其志；鑒往事之所以失其心者，而毋踐其轍。以至發政揆事，制令出法，必皆求合於所謂至愚而神者，是以可以使之蹈白刃、赴湯火，而不可與爲亂，夫誰與之敵？所謂順民心者，此也。

天下未嘗無賢才也，失所以任之之道，則漢唐之季，舉天下之賢才而錮廢翦棄之，王室亦衰；得所以任之之道，則百里之國，而强鄰暴國莫敢肆不義於其君。是以兼聽博采而務其並進，委任責實而要其成功，然後舉天下之事，唯吾之所欲爲，無不如意。所謂任賢才者，此也。

自天子至於庶人，等級相承以建邦家，蓋有綱紀以維持聯屬於其間，是以長久而不亂。若夫風憲之威振，而朝廷清明；邪枉之門塞，而朋黨銷伏。嚴刺舉之責，使姦凶者不得以病民；申紀律之威，使驕惰者不得以冗食。夫何患天下之不治，寇讐之不滅哉！所謂正綱紀者，此也。

歷考前世興復之君，謀國膺變之方，雖不可毛舉，其要不出於此三者。是以我有卓然可恃之備，然後察其四方之變，徐起而應之，扶衰而錯之盛，補壞而復於全，其必由此矣。傳曰，「君子愛日」，語有之：時難得而易失。惟上之人實圖之。謹對。

策問八首

一

天下未嘗無非常之變也，然有國有家者或因變以成功，豈非在其君臣相得之際哉！小白遭無知之變，而管仲相齊以霸諸侯；勾踐脱會稽之難，而范蠡佐越以滅吳；昭王承之、噲之亂，而樂毅佐燕以報齊。是皆傾擾困蹙之餘，自他人觀之，疑若傀然不可以終日，而三君子之爲其君謀也，僅若寓物鄰家而明日取之，無不如志。觀其謀國應變之方，雖不可以毛舉，然莫不有一定之計，君臣相與固守而力行之。蓋夷吾之霸齊，是制國寓軍之法而已〔一〕；蠡之圖吳，是驕敵以待變而已；毅之報齊，是求諸侯之援而已。夫謀其國與謀人之國，苟無屹然不變之計，而依違俛仰以僥倖於倉卒之間，亦見其疎也。

國家承平垂二百年，比緣姦人擅朝，腐夫弄兵，馴致戎夷内侮之禍，寔有宋臣子萬世必報之讎。恭惟聖天子憂勞側席，日延外廷之議，其深謀至慮不得而知也。敢問諸君亦有一定之計，當固守力行而不變，如古人之爲其君謀者乎？夫考古以施今，非謂其已陳之迹意其圖，回內外本末緩急之序，當有可言者，有司願與聞焉。

二

天下有大戒二，無所逃於天地之間：父子主恩，君臣主義。如人呼吸食息於元氣之中，不可以須臾離也。自古志士仁人非苟自輕其生，以立區區之私義而已，蓋深畏夫君臣之義廢，則爲人上者不能一日保其天下國家。斯人之禍可勝言邪！靖康之變，殉利賣國，交臂以事賊者，非失職不逞之流，皆朝坐燕與謀帷幄而柄廟堂者也。今君臣方相與經營以圖中興之業，其概未易以一言盡，乃若學士大夫闕於伏節死難之義，豈非今日之患甚急而至大者歟！敢問何施而可以救此？唐至德復兩京，群臣汙僞者，三司條罪，差爲六等。重者誅死，識者不以爲過。而或謂長賊姦、堅逆節，以爲用法太深之咎。是非之説安在？請試言之。

三

李晟之軍于渭橋也，韓滉鎮浙西，漕米萬斛往餽之，晟師實賴以成大功。當是時，天子在興元兩河之間，逆藩悍將往往與賊相首尾，舟行所經數千里，莫敢睥睨，僅若從枕席上過而無翕合之失。其規畫調護之方，豈無有可考者邪！

屬者，陝西五路之兵，數以捷告，復遣上相之〔二〕，重開幕府，以經畧淮肥，天其或者祚宋以中興之業，行當撫定三河，克復舊都，王師百萬必仰東南之饋，如滉之規爲有可考者，亦子大夫所宜素講也。

四

古者兵出而在行，則有前茅慮無之警；整而就列，則有隅落鉤連之固；止而在壘，則有候遮扞衛之嚴。要以使敵人莫能得吾間，然後三軍不可敗而將軍安。故兵法曰：三軍以戒爲固，以怠爲敗。今夫自漢以來，號知兵、後世祖述其説以爲不可及者，莫若韓信、曹操。信方堅壁修武，漢王脱成皐之圍，自稱使者，晨馳入信壁而奪之軍。既滅楚陔下，則又襲奪其軍於定陶。操方圍鄴，袁尚使李孚入鄴城，出入歷重圍而操之軍中不知也。蓋嘗疑其方連百萬之衆，謂宜候望精明，樞機周密，無可乘之隙，而乃使人歷其几席之側而莫之寤，此與棘門、霸上之軍何以異？有如肘腋之間，姦人伏刃竊發，則將何以待之？不知後世猶以爲深於兵法者，其故何也？無乃雖有是事而不害爲知兵歟？諸君宜極論其所以然者。

五

自古君子必爲執御之學，而國馬之富，足以爲騑服之備。是以戰未有不用車者，固有易之以徒而徼勝一時者矣，而非其正也。後世遂易之以騎。其以騎易車者，亦有知其所始者乎？左氏雖喜言陳法，其載一時卒乘偏兩之制備矣，而未始及騎。然太公告武王十勝九敗之詳，其說在六韜之戰騎。武王之時，有其法而絕不見於春秋之世，此又何說哉？或曰六韜非周書也，戰國知兵之士祖其餘論而推廣之，設爲問對，以極兵家之變。今觀其書，知畧横出，雜以奇詭，有諰諰然憂天下之諸侯合而軋己之意。聖人之用心，其必不然矣。然遂斷然以爲戰國之書，則又何以質之？故因以推原騎戰之始，與夫絕不見用於春秋之世及六韜之可疑者，而訪之二三子。

六

古之君子所以大過人者，方日不暇給，必爲經遠持久之計，是以雖目前之功不可見，而常享歲計之效。漢光武講議論道於投戈息馬之間，晉中宗建武之元，披荆棘以立朝廷，亟立太學，使貴遊之胄肄業焉。菁菁者莪之序曰：「君子能長育人材，則天下喜樂之矣。」孟子曰：「學則三代共之，所以明人倫也。」方時多事，四方賢智固已馳騖而四起，然後來之英，未有陶冶成就之方以爲異日之儲，將何以善後？君臣之大倫不明於天下，士大夫不以苟生爲耻，而闕於伏節死難之義，則有大物者，誰與共保其天下國家？然則育人材以廣多士之儲，明人倫以起義烈之風，學校其可緩邪！國家駐蹕東南以圖興復，而於崇立庠序獨未遑暇，今欲建官定員，延四海之孝秀，而摩厲之以德義，其亦可乎？或曰方戎夏交捽，邊不得撤警，箕斂以供軍，猶懼不贍，而何暇及此？是以願與諸君評之。

七

書曰：「后非民罔使，民非后罔事。」夫君民之相求，非相爲賜也。斯民釋其厭惡而求其所依歸，審固其心力，以聽上之政令而不敢辭者[三]，以上之人能爲之去其穢而爲之主也。王者亦恃斯民歸我之心，以爲立國之基。是以社稷久長而國家安，此三代之所同也。戰國之世，棄德音而不務，衛鞅之佐秦，顧獨美田廬，而久復除，以傾三晉之民，刼之以勢，狃之以利，要以使之非耕戰則無以要利於其上，生齒日衆而國富強，故能四世有勝，以一天下。雖非王者之盛節，蓋未有不以民爲本者。上方志恢中原，而天邑有盜據之虜，日稔其惡。凡今自拔左袵之中，携持而來歸者，皆祖宗積世涵育之遺黎裔胄也。吾所以勞來安集之，豈徒鎮撫其惓惓之意而已？攘夷狄而復境土，將必基於此。今欲搜其雋良，黜其嵬瑣，收恤其鰥寡介特之無告者，使之安其居，樂其業，而無羈旅流落之歎，此亦學者之所宜素講也。敢問何施而可以臻此？

八

戰國之世，齊愍以技擊彊，魏惠以武卒奮，秦昭以鋭士勝。荀卿曰：「此皆干賞蹈利之兵」，「未有安制矜節之理也。」雖秦之鋭士，不足以當威文之節制。嗟夫，有國家者，雖未能去兵，而無古人節制之法，糜爛其民，以争社稷一旦之命，是豈仁人之用心也哉！諸葛亮以區區新造之蜀，歲出其師以窺魏之關中，軍出之日，天下震動，而國人不憂。論者以謂雖威文節制之師無以過。夫以魏兵之強，未能加秦之鋭士，而亮終不能少騁以得其志，此又何説哉？唐既一天下，異時控弦之雄，憑陵邊疆，患苦中國者，偏師深入，亟斂手而就禽。兵威之所加，鞭笞百蠻，莫不如意。中世盗起幽陵，兩河横潰，蓋有屹然提孤軍以當乘勢猋疾之鋒，無敢犯躐其師徒者。比斂兵而據險，賊雖垂涎以睨京師，逡巡而不敢進。一時之將，蓋庶幾有得於古人節制之意。皆有遺法，著在方册。諸君其推明荀氏立言之指，攷此數公部分教勒之法，有合於古人，而條析其勝負得失之所以然者，爲有司索言之。

校勘記

〔一〕寓軍之法而已　「軍」，朱玉刻本作「兵」。

〔二〕復遺上相之　「相」，朱玉刻本作「將」。

〔三〕以聽上之政令　「聽」下有空格，朱玉刻本作「在」。

韋齋集卷之九

新安朱松喬年

書

代人上郡守書

竊以明天子閔仁遠民，思有以鎮綏之，輟閤下於臺端之重，付以一州。視事未幾，塗炭之遺民，人人自以爲將被惠澤；困於貪暴之吏、抱抑屈而不得申者，人人自以爲有所赴愬；州縣之吏，潔操行、抱才諝者，皆奮迅澡祓，人人自以爲將受知於下執事。某於此時，實備下吏，竊嘗自念士之仕於州縣者，雖其志不足以及遠，然上之則欲扶持柔良，折伏姦暴，獄訟必毋失其平，施舍必毋失其中，稱朝廷所以委使之意以求知於上。下之猶欲整簿書，急期會，期於無過，以免訶譴詰責之辱。又不及是而愈下，則刑戮斥逐加之而不以爲過。今政和，建之下邑也，剽盜之後，民無蓋藏，且闢公門，訟訴之牒不能十數，常賦之輸，比他邑或不能十五。無豪宗大姓陵轢細民，以廢亂政化。地斗入東南，與温、福爲境，又非孔道共億厨傳之費。以某之庸疎處于此，竊自隱度，以爲奉令承教，或可以無過聽於下風。今者廼聞閣下有意督過之，深恐進見之際迫於威嚴，區區之意造次不能以自達，輒以尺書控愬於下執事。

某少失先人，與老母相倚爲命，今行年逾七十矣。今夏暑方甚，府中遣使持檄敦迫赴官，冒大暑扶侍上道，到官未幾，得寒暑之疾，妨於飲食，寢興須人，至今未平也。方得疾之初，山邑無醫藥，回皇怵迫，莫知所以爲計。適聞大旆入境，念當具圖籍抱符鑰，跪起屬吏之末，庶幾咨禀條教，聽受約束，仰稱閣下具宣明天子德澤之意。欲前不能，進退維谷者累日。夫親疾之所以亂其方寸者如此，則獄訟施舍，簿書期會之間，容有精力之所不周，照察之所不及，雖加之以刑戮斥逐，其孰以爲不宜？乃若某之情，則猶有可言者。韓延壽爲東郡太守，嘗出，臨上車，騎吏有後至，敕功曹議其罰。門卒建言曰：「今旦明府命駕，未出，騎吏父至府門，不敢入。吏趨出省父而見罰，得毋虧大化乎？」閣下方崇獎名教，以整頓人物，必將有處於此。以閣下望實之重，督責之精明如此，而某平昔之志，亦粗欲求知於世，不至自棄於没没無聞之地。而蕞爾之邑，非有難集而不可爲者，儻假之以旬月之期，以閣下之靈，老者飲食起居漸復於舊，敢不勵精畢力，僵仆無所避！若猶吏治弛廢，過惡暴列，將投袂自刻，以聽命于有司。閣下雖加以虧除寬免之惠，亦不敢承也。

答莊德粲秀才書

某頓首：昨屈車馬甚寵，顧區區未能欵扣所聞。辱惠書，禮盛志謙，雖不敢當，然近世大學之道蕪廢，士無貴賤，徇世相師，千百一範，莫知孰使陶之者，不自量其愚不肖，竊有憐之之意。

頃來尤溪甫兩月，雖獲遍拜邑中之士而未詳也。索居深念，惟小人之歸是憂。乃有識明志高，傑然自拔於流俗如吾友者，其爲欣幸，未易具道。夫仕而志學，如農夫快一朝之飽而釋終身之耕，殍於溝中，可立而俟。然則仕而志學猶飽而念耕，亦不足道也。

抑聞之先生長者：禮記多魯諸儒之雜説，獨中庸出於孔氏家學。大學一篇，乃入道之門。其道以爲，欲明明德於天下者，在致知、格物，以正心、誠意而已。其説與今世士大夫之學大不相近。蓋此學之廢久矣，自周衰，楊墨雖得罪於聖人，然乃學仁義而失之者。以至申韓儀秦之説勝，而士始決裂聖人之藩墻，以阿流俗之所好，至漢文、景之盛未衰也。以至于今，蓋嘗有以斯文爲己任者起而倡之。然世方嬰於俗學，以自強屹乎其不可攻也。某方急於禄養，未能往究其所學，是以或聞吾友之言，凜然敬歎，若居夷而聞雅，雖未詳其節奏之工，然卓然於吴歈楚謡之中而不可亂也。

書曰：「知之非艱，行之爲艱。」夫問塗而之盲，則知亦豈易哉！以吾友之明，苟以德爲車，而志氣御之，則朝發軔乎仁義之塗，而夕將入大學之門，以躪中庸之庭也。如某之駑，憂且追後乘而莫及，其何以相吾子？在勉之而已！若舍此而問塗，則今之學士大夫皆知津矣。未即欵晤，自愛之望。

上唐漕書

某嘗不自揆，以所學乎古者，妄論天下之勢。以謂一介之士，斂然自修於環堵之中，其勢力輕重不足較於世也明甚，至其風聲氣俗，則有天下盛衰理亂之所繫者。蓋嘗竊怪先王之時，其士君子皆敦厚朴實，温然而自重，富貴利禄若不足以介其意。而後之君子髣髴其餘風者，何其少也！其一時號爲名卿才大夫者，名雖滿於天下，而道不足以善當世之俗；勢雖臨於一時，而德不足以悚來世之風。上下相持以入於弊，而風聲氣俗不可復振，無足怪者。三代而上，其詳不可盡知。然詩書所傳，猶可想見。士之退處於陋巷者，時君世主招以弓車，聘以幣帛，有非其物者欲見且不得，而況可屈乎？故上之求其下也不敢輕，非獨一日之勢有加乎士者不敢輕，蓋雖天子不敢輕也。故士之自待也不敢不重。詭遇而貪得者，出不容於朝，歸不齒於鄉。故下之望乎上者，不敢以己之所不至者徼幸於一時，而皆止於至足之分。蓋在上者尊德樂義之誠不如是，其至不足與有爲；而士之自立於世者，不如是，不可責以有爲也。後世不然，上之則有科舉誘之於前，使之決道義之藩，以阿世俗之所好；下之則有薦舉推之於後，使之園廉恥之隅，以徇私意之所欲。其間固不能無卓然自信，異於孟子所謂凡民者，然積習日久，百世一範，而猶責其有爲於世，其亦疎哉！嗟夫，此豈獨士之罪也。

嘗讀成湯禱桑林之詞，有曰士失職者。知士固有職，必求所以充之。蓋其從事於六藝之文，而歷觀古今治亂興亡之變，隱之吾心而不遠，質之聖人而不戾，達之當世而不悖。此士所學乎先王之道者也。是道也，得之心，得之身，發之言，推而被之天下，無二焉。士惟有得於是也，抗顔不讓，自任以天下之重，而君子不以爲誇；待之不以其禮，則翩然去之，而君子不以爲傲；與天子周旋，以圖回四海，而君子不以爲泰；抱關擊柝，寸禄是營，而君子不以爲汙。士之職如是其重，而不知學先王之道以充之，命曰：失職之民。故愚以謂士之風聲氣俗有與天下之勢相關者，在於士之自重與否。而其失職而可罪者，又將推之而責之在位之君子。恭惟執事以絶人之賢方進爲於聖世天子付使者印，使來閩中。以言乎民，則入城生齒之衆，執事兒子撫而龍蛇驅者以億計；以言乎吏，則領挈衡稱，輕重升黜在於一言者以百計；以言乎權，則天子所寄以耳目，而事無巨細，人無賢不肖，皆得以言於上，則亦在位之君子也。以某觀之，不知其他閩中之吏苟賤爲甚，自蹈汙衊，少所愧恥，上官一不得意，則呵叱慢罵，辟易不敢仰視。雖其間有修絜才諝之吏，得免於此者蓋寡，則亦無恠乎士之不知所以自重也。

恭惟執事執古之道而行今之世，固與夫今之所謂君子者異。故以某之愚且賤而敢進其猖狂之説，以謂風俗之美惡，係於有位之君子，而使夫士之自重者得少挺其志，不至於失職而可罪，則執事其任之。

某，江南草茅一介爾。既冠，與有名於吏部，來閩中，今七年矣。不肖之名字蓋未嘗掛當路之齒，豈敢妄自比於士之自重者？蓋自度其疏頑無所用於世，雖有好古之志，而於先王之道未有聞也。挾不足之資以求之於人，實懼獲罪而不敢。比來尉尤溪，爲邑僻左，雖辱在庇臨，莫緣奔走於下風，望顏色而受約束，心以事荒，舊業蕪廢，是以滋不敢有意於當路之君子。然竊嘗講聞執事之美，有嘉祐、慶曆間公卿之餘風，其責僚吏必以公，事未嘗以其私；忘部使者之尊，以禮知名之士，此其可以情告而理扣也。故敢推廣其所聞於古者風俗之所關，而以其責歸之執事。若某者，其亦失職而可罪之士也。顧何足以與於此？蓋嘗聞其説云爾。其或市骨求駿、式蛙求勇之意，願自隗始。將見風俗之變，人人知自好以求附於餘光，而勢足以加士者不得僕隸視其下，其稱於天下之勢蓋不小矣。則執事之建立，所以善天下而竦後世者，爲如何邪！

謹復料理十數年來古律詩若干篇，繕寫以爲獻。此古人以爲賢於博奕而已者，若夫不自揆而論治道、言世事者，欲求教而未敢也。夫以下邑之尉卑且賤，世所不數，平日未嘗爲起居之問，一旦以書冒言上下相待之勢而不以爲嫌，蓋方以古君子之所建立有望於執事，而不以流俗之屑者自疑，是亦古之道也。禮僭言高，愧慄惟命。

上趙漕書

某少賤貧，進不能操十百之金貿易取貲，以長雄一鄉；退不能求百畝之田於長山大谷之中，躬耕以爲養。反顧其家，四壁蕭然，溝壑之憂近在朝夕，途窮勢迫，計無所出，乃始挾書操筆，學爲世俗所謂舉子場屋之文者。其言決裂繁碎、支離曼衍而不宿於道，無用而可笑，不待詳説可知也。

既冠，試禮部，始得脱去。當是時，年少豪鋭之氣，方俯一世而眇萬物，向非有禮義法律羈束於其後先，必且追隨一時之俠，揮金使酒，馳騁而嘯呼以自快其意而後已。惟其不得騁，故斂其使氣以玩世者，而一寓於詩。蓋嘗以爲學詩者，必探賾六經以浚其源，歷觀古今以益其波，玩物化之無極以窮其變，窺古今之步趨以律其度，雖知其然而病未能也。

竊嘗歎夫自詩人以來莫盛於唐，讀其詩者皆粲然可喜，而考其平生，鮮有軌於大道而厭足人意者。其甚者，曾與閭閻兒童之見無以異。此風也，至唐之季年而尤劇，使人鄙厭其文，惟恐持去之不速。夫詩自二南以降三百餘篇，先儒以爲二南周公所述，用之鄉人邦國，以風動一世，其餘出於一時公卿大夫與夫閭巷匹夫匹婦之所作，其辭抑揚反復，蹈厲頓挫，極道其憂思佚樂之致，而卒歸之於正。聖人以是爲先王之餘澤，猶可見其髣髴，足以聳動天下後世，故刪而存之，至今列於六經，焯乎如日月。春秋之世，列國君臣相與宴享朝聘，以修先君之好，往往賦古人詩以自見其意。觀時稱情必當其物，不然有君賦之而臣不拜，其謹且嚴如此。而晉、鄭垂隴之會，鄭之諸卿皆賦詩以屬趙孟，而叔向因以知其存亡興衰之先後，其言之驗，若合符然。蓋心者禍福之機也，心取是詩而口賦之，雖吉凶未見於前，而神者先受之矣。至漢，蘇、李渾然天成，去古未遠。魏、晉以降，迨及江左，雖已不復古人制作之本意，然清新富麗亦各名家，而皆蕭然有拔俗之韻，至今讀之，使人有世表意。唐李、杜出，而古今詩人皆廢。自是而後，賤儒小生膏吻鼓舌，決章裂句，青黃相配，組繡錯出，窮年没齒求以名家，惴惴然恐天下之有軋己以取名者。至其甚者，恃才以犯上，罵坐以貽譴，擯斥顛沛，足跡相及，此何爲者邪！

嘗聞之夫子曰：「詩三百，一言以蔽之，曰思無邪。」嗟夫，聖人之意，其可思而知也。

夫王者，正心誠意於一堂之上，而四海之遠以教則化，以綏則來，以討則服，與夫僖公牧于魯野，而其馬皆有可用之姿，蓋本一道。而詩三百之意，聖人取一言以盡之，乃在於此。後之學者不深惟古人述作之旨，而欲以區區者自名曰詩，誠可憫笑！某也何足以議此，徒以少日嗜好之篤，學之而不至也。深惟學將求媲於古人，不本是求而唯末之齊，亦見其勞而無功矣。

恭惟執事高文奥學，標準一世，其主盟吾道，推轂後進，蓋有先世之遺風。方持使者節，控引一路，微勞末技日效於前，以希奬拔，而某以菽水之意，竊禄僻邑，未嘗得拜伏於下風。得於傳聞，不肖名氏似嘗掛齒牙之餘論，得無有稱道少日率爾之作，以欺執事者乎？篆刻可悔，方竊自毒，雖知唐詩人之區區者爲可笑，而求以庶幾夫聖人之意，此非執事，將安所質之？竊觀執事大筆餘波，溢爲章句，句法峻潔，而思致有餘，此正如韓愈，雖以爲餘事，而瑰奇高妙固已超軼一時矣。非深得夫聖人所取於詩之意，與夫古今述作之大旨，其孰能至此？某願聞一二焉，故輙料理十數年所學爲古律詩五七言若干篇，繕寫塵獻，譬諸博奕，或可以奉公退之一笑。昔宋廣平之沈下僚也，蘇味道爲綉衣直指使者，一日見廣平梅花賦，驟稱於朝，始爲聞人。且廣平宏毅開濟之姿，雖其未達，宜已表世而傑出，豈其屑屑於一賦以求知於人？而味道於此亦復捨其大而稱其細，豈非藴諸中者，必逢時而遭，變而後見，強聒而自鬻者，君子之所賤，而文字之美可一見而決以爲階乎？廣平則某豈敢議，然執事望臨一時，四方之士希一言以軒輊於世，則其區區自獻而有望於門下者，亦士之常分，而君子之所恕也。文凡論僭，今之君子或有所不容，若夫古人上下相求之義，非執事誰望邪？賤職自縻，未由面請頤誨，惴慄俟命。

上李丞相書

某聞今世游談論説之士，未嘗不以人材不足爲患。某獨以謂今世之所患者，非乏材也，君臣之大義不明于天下，而學士大夫闕於徇國死難之節，豈非今日之患甚急而至大者歟！蓋父子主恩，君臣主義，是謂天下之大戒，無所逃於天地之間，譬如有生之類，食息呼吸於元氣之中，一息之不屬，理必至於死。先王設爲禮樂、政刑，所以維持膠固者甚備，而夫子、孟軻之徒，道既不行於天下，退而與其徒講説論著，丁寧深切至矣。遺澤餘風被於末世，時有一節之士，力爲奇詭絶特之行，鼎鑊在前，刀鋸在後，攝衣而從之，乃不啻若牀第之安[一]。亂臣賊子斂手變色，莫敢肆不義於其君，豈特苟輕其生，以立區區之私義而已哉！蓋深畏夫君臣之義廢，則爲人上者不能一日保其天下國家，生民之禍豈復有烈於此者乎？

夫惟今日之勢，將御天下之智力以除寇讐而安國家，必務明君臣之義以厲天下，使天下響應景從，奮不顧死以徇王室，則必有大臣焉以唱之。建安之初，曹公奉天子都許〔二〕，披荆棘而立朝廷，海内之士争出所長以叶成謀主，豈復有漢室也哉？於斯時也，諸葛孔明摧藏畎畝之間，視士之輻輳於魏者，不啻若臭腐腥羶之在前，方掩鼻疾趨而過之，惟恐其浼己而見汙焉。一朝得豫州，决策立談，兼取暗弱，倡大義於天下，祀漢配天而大敵震動。廣明之亂，僖宗入蜀，大盗據宫闕，生民糜爛，四海蕩覆，藩鎮勤王之師愕怡相顧，皆意唐室不復振，逡巡而左次者相望也。王鐸爲諸道都統，檄書所至，霆擊風馳，壯士增氣。王處存、李克用之徒决死力戰，惟恐居後，遂夷大盗，克復京師。今夫生民以來，尊君戴上之心與生俱生，未有知其所以然者，不幸淪於久衰之俗，刼於積威之餘，既久而其氣索然以憊，則雖有可用之材布滿於天下，而不能有所濟。有一人焉，命世之傑者，鼓動而風厲之，則天下之中材皆可以立事。故孔明、王鐸皆當王室之衰而各能有所成就。世徒見其功烈之盛，謀謨之偉，而莫知大本之所在，在於倡君臣之義，以立士大夫徇國死難之節而已。

有宋之盛，萬里一姓，垂二百年。一時人材，尺寸短長皆得自効，而賢知妄庸雜處於其間，皆可以安坐談笑而取富貴，其於士大夫可謂無負矣。頃者京師之變，虜人輕去巢穴，犯吾國都，其勢至逆也。四方按兵相視，莫肯攘袂争先以决一旦之命。而塗地之餘，徇死貪生、交臂以事寇讐者，非失職不逞之徒，皆朝坐燕與、謀帷幄而柄廟堂者也。大義不明而風節淪喪，自開闢以來，亦有甚於此者歟！則夫明君臣之義以厲天下，必有命世之傑焉以倡之，非僕射吾誰望邪！

恭惟僕射相公始爲史官，方朝廷以言爲諱，指陳闕失，姦諛震動，遂得罪以去。又歸而爲侍從，當宗廟社稷危疑𣏾杌之際，不動聲氣，親決大策，既已庶幾於再造王室矣。至靖康、建炎之初，群邪並進，争爲誤國之計以售其姦，獨僕射所建白皆天下國家所以安危之大計，至今焯然在人耳目。非徒其言不用，又放竄而瀕於死。且身雖流落而益尊；食祠官之禄，優游江海，而望益重。身去朝廷，無殺生賞罰之柄，而天下之善類有戮力王室之志者，皆以爲歸。自非深明先王所以維持膠固天下之道，與夫子、孟軻之所丁寧深切者，其孰能至於斯歟？某江南匹夫爾，跌宕塵埃，少所合於世，今也樂道僕射之德業風義，以風曉當世，矻矻而不知止，以求齒於賓客之末，抑將考質舊聞，而求策其所未至。若夫慨今援古，飾説獻諛，以希一日之睠，豈獨某所不爲，亦豈僕射所望於天下之士也哉！

上胡察院書

某江東書生也，素無他技能，又去爲州縣之吏，益碌碌不見齒於流俗。獨嘗究觀載籍以來，天下國家興亡治亂之變，與夫一時君子所以應時合變先後本末之序甚備。思得考質是非，以上下其議論。而山海崎嶇之間，王公貴人之所不至，太守部刺史去朝廷、遠尊嚴，亢絶氣息，茀然不復可近。又家素貧，俯仰水菽之養，朝不謀夕，勢不得一日釋去以從先生長者遊。然考之詳，則其自信也篤，自信篤，則其合於世也益難。此其所以婆娑山林，甘忍窮寂，雖久而不敢悔也。

今者乃聞天子仁閔塗炭之遺民，而使察院撫諭一方。色仁氣温，不間微賤，專爲朝廷訪求得失，蒐拔人材，以稱廟堂急治之意。雖使事有指，而區區過計之憂，竊願有獻於執事。

某聞古之爲天下國家者，雖其積累之厚薄有逆有順，有短有長，而其意指規模，未嘗不爲子孫萬世之計。蓋未有俯仰依違，苟度旦夕，曾不爲終歲之備而可以爲國者。衛文公之封於楚丘，勾踐之脱於會稽，蕩覆之餘，君臣徒手，掃地赤立，惟其大計已定，故上下相與，堅忍卑辱，痛自抑損而不敢少變焉。是以皆能有所成就而垂裕後世。苟惟不然，譬如千金之家，不知堅據田園廬室之便以滋其材力，而強讐暴客並起而乘之，則又捨而之他，是雖有陶朱、猗頓之財，亦終以窮困而莫知所税。今君臣相與經營中興之業，其概未可以一二數也，然獨不知今日之意，但欲襟憑江、漢，控引荆、吴，以保東南而已乎？抑當克復神州，汛掃陵闕，據中原而撫三河也？某聞之，不取關中，中原不可復也。不取荆、淮，東南不可保也。夫三秦之固，勢擅天下，自古得之以興者不可悉數，而唐最近，請言唐事。天寶之末，安禄山舉幽陵之師以踐河南。唐既亡矣，肅宗治兵朔方，指麾諸將，席卷兩京，遂定三河。朱泚之逆，唐又亡矣，德宗駐兵漢中，引荆、吴之征賦，卒滅泚而復京師。廣明之亂，唐又亡矣，僖宗西幸成都，方鎮倡義之師歃血争先，而大盗竟平。夫惟漢中之勝，背負巴、蜀，左控關、隴，西連氐、羌，兵勁用饒，形利勢便，進可以據上流之阻，退可以待四方之變，故唐更三亡，不失舊物。竊聞今張宣撫陝西之師數以捷告，若以六師之重通道荆、襄，循漢沔以赴興元，結連拓跋，控引五路，因宣撫之師東嚮以收中原，一年而定關、陝[三]，二年而復大梁，不四五年而天下定矣。正使逆虜之餘息猶可以陸梁，彼憂吾之議其後也，其能深入爲東南之患乎？

若夫出於下策，而但欲保有東南，此雖聖君賢相之所不爲，而亦不可以無説。夫長江之阻，西距西陵，東至京口，僅二千里。聚兵而守，則可撓之地多，而其隙易乘。緣津而列兵，則力有所不足，故孫權之保建業，東攻新城，西攻襄、漢，以抗曹公。而永嘉之後，下及梁、陳，用武之盛者，至以江、漢之舟艫西入河、渭。蓋東攻新城、西攻襄漢者，所以保建業、而必争中原者，亦僅足以守東南而已。今不進次建康，治兵訓武，北争荆、淮，收遺民於煨燼鋒鏑之餘，與之戮力，以圖興復，而但蹙處一方，費日月於道塗，退既無所據，進又不能有尺寸之利，未知漂漂者竟何如邪？雖然以元子、劉裕之威，北震關、洛，而不能有所立，唐更覆亡至於再三，而宗社不隕，天下之形勢亦可以觀矣。執事將以使事歸報兩相國，或訪所聞，則願以告焉。

上李參政書

某聞古之君子，將售其所長以求合於時者，造作言詞以要當世。其説曰：王公大人，必借譽於貧賤之士，以成其名。貧賤之士，必借勢於王公大人，以發其身。眉陽蘇子，立論以矯之曰，此韓子之夸詞也。漢高不喜儒，不害爲明主。衛、霍未嘗薦士，不害爲名公卿。今吾自以爲王公大人不可以一日而無吾也，彼將退而考其實，則亦無乃未至於斯歟。嗟夫，世之君子各建一偏之言，後學風靡而不復考評至當之歸，貴賤之勢日以乖睽固拒，而不復合天下國家之治，終有愧於古者，有由也夫！

某嘗爲之説曰：士無所求於王公大人。士而有求於王公大人者，天下之賤丈夫，而非吾所謂士。王公大人雖無所待於天下之士，而其勢乃當汲汲以求天下之士。夫士方隱約於鄉黨，身修於家，而國人化之。上稽先王，下論歷世，卷之足以善一身，舒之足以善天下，世雖不吾以，而環堵簞瓢之適，雖南面王，樂何以加之？子思孟軻之徒，至使君擁篲操幣？因執事以求見而不可得，何至僕邀以借區區之勢爲哉？下至衰世，士不復講明道義之要，而惟勢利之徇，乃無以異於賈儈之交手爲市，隱之以三代之法，是謂失職之民，而何足謂之士？至於先達之君子，自外爲一郡；等而上之，至於爲天子之宰，位愈隆則責愈重，責愈重則求助益廣，蓋挾一夫之智力以御無窮之變，而求善其後，雖聖智不能。是以物色詢訪，唯恐一士之不吾與，網羅披剔，置之胸中，而天下之事無足辨者。秦穆公曰：「如有一介臣，斷斷兮，無他技。其心休休然，其如有容。人之有技，若已有之。人之彦聖，其心好之，不啻如自其口出。寔能容之，以能保我子孫黎民，亦職有利哉！」孔子删書，以爲法於後世，而不遺區區之秦，良以是哉！夫以士之無求，而必責先達之君子以有求於士，其説疑若相悖而不相爲用。然是説之行也，使天下有樂道忘勢之士，然後能助其上以有爲；上有好善尊德之誠心，然後能御天下之智力以立事，天下國家其庶幾乎！

某江南鄙夫也，家無伏臘之給，而有俯仰之養。食初命之禄十有五年，而無尺寸之進。流俗馳騖之士，相與比而姍笑之。誠自度其疵賤之資無所用於世，未嘗敢有意於當世之君子。屏居讀書，於聖賢之事業，粗見首尾，雖未敢自謂有所樂乎此，蓋亦庶幾於不苟然者。竊聞頃者當路之君子，厭薄士類以事之紛，多進大猾，有叔孫先生之遺風。其急功利、尚拳勇，又與王、楊、蘇、史無以異。聽於下風，不勝區區畎畝之憂。恭惟參政大資，當四海文物之富，以德業之盛，蹴天下之俊乂，周旋兩禁，多士風靡，艱難之初，進陪國論，勳在鼎彝，文在典册，才高天下而禮益恭，望臨一世而志益謙，負至足之勢而無矜伐廣大之色。海內之士，景仰歸依，奔走誦説，惟恐居後。豈非以能容彦聖有技之士，使子孫黎民有保焉者望於明公乎？今方食侍祠之禄，逍遥泉山之下，雖碌碌一介，亦躬與之爲禮。而某適有冗賤之役，寄食於海上，獲與諸生摳衣賓客之末，儻收而教之，使得游道德之場，以增益其所未至，亦云幸矣。意者，明公大忠壯烈，當復進爲於世，豈能忘情於天下之士？顧愚不肖，何足以與於此？抑聞之孟子曰：「孔子不得中行而與之，思得狂狷之士。狂者進取，狷者有所不爲也。」夫狂狷，聖人之所不廢，明公亦有意乎？干冒皇恐。某頓首再拜。

上謝參政書

某少而苦貧，束髮入鄉校，從鄉先生游，學爲世俗所謂科舉之文者，藐然兒童爾。又方汲汲進取，校得失於豪釐間。然獨喜誦古人文章，每竊取其書玩之，矻矻而不知厭。鄉先生呵而楚之，不爲改也。於是時，固已厭薄其學，以爲無所用於世，而無足盡心也。既冠，試禮部，始得謝去場屋。中更憂患，端居無事，復取六經、諸史與夫近世宗公大儒之文，反覆研覈，盡廢人事，夜以繼日者餘十年。其於古今文章，關鍵之闔開，淵源之渟滀，波瀾之變態，固已得其一二矣。間嘗自念士之於學，要以求爲聖人而後止，推所以善其身者以治天下國家。此豈口耳筆墨之蹊徑所能至哉！考之以先王之法，觀之以大道之序，則前日之悦可耳目，如金石絲竹、黼黻青黃者，無乃未足以進於此歟！

昔者竊聞之，學未有無師者也。學而無師，雖不無一至之得，責之以遠道則泥，質之以大方則惑，用以趣時合變則膠戾而無所合。是妄意臆決之説，雖復憊精疲思，而道日遠矣。然生晚地寒，無東西南北之資，聞先生長者之風，而不及瞻望下風者固多。孟子曰：「誦其詩，讀其書，不知其人可乎？是以論其世也。是尚友也。」嗚呼，此非獨友説，亦師説也。竊聞往者三川之間，程氏兄弟推本子思、孟軻，以中庸爲宗；而司馬文正公考正經史，深於治道，皆卓然有功於聖人之門。蓋嘗誦讀其詩書，考質於師友，而聞其畧矣。夫達天德之精純，而知聖人之所以聖；誠意正心於奥突之間，而天下國家所由治；推明堯、舜、三代之盛，修己以安百姓，篤恭而天下平者，始於夫婦，而其極也，察乎天地；此程氏之學也。尊德教，賤功利，奬名節，端委廟堂，則忠信恭儉足以刑。主德於四方，而朝廷尊；燕處于家，則孝友廉讓，足以化其國人；其酌古以準今，則治亂存亡之效，如食粟之必飽，食堇之必斃；此司馬氏之學也。程之門人，其高第稱謝氏，不及見也。新鄭晁公嘗受學於司馬之門，往以事遊鄭，拜晁公于溱、洧之上。時方冥惷，不能有所質問，而今皆逝矣。

古語有之曰：「想望丹青，不如式瞻儀刑；諷誦詩書，不若親承風旨。」恭惟參政大資，伊、傅王佐之學，宗本六經，網羅百氏，陶毓精粹，以善其身，發揮德業，以善天下，固以質之聖賢而無愧矣。視學於程氏者，實爲近屬，而晁外舅也。周旋二公之間，其師友淵源，妄意臆決之説，豈能窺測其萬一哉！日者，自天子之丞弼，奉身而退，優游江海之上，言皆六藝之英，而動有禮義之節，所謂承風旨而瞻儀刑者，此正後學所當汲汲以爲依歸，而不可後也。而某方迫於禄養，有幸摧之役於海上，雖不獲躬笈篲、奉几杖，以朝夕承謦欬於左右，輒因謁者摳衣賓客之後，因道平日區區竊有意於古人之學，與夫宗慕依歸之意，以贄于下執事。參政或收而教之方，且求其放心，條理舊學，以丐薰沐於函丈者，將繼此以進。不然，其將與趨走之賤士跪起降升，旅進旅退，以希一顧之寵。此亦士之貧賤者之常分，而無可憾者。

伊尹曰：「予天民之先覺者也，予將以此道覺此民也，非予覺之，而誰也？」古之君子，於後學如此。其汲汲也，豈獨誘掖成就一時之材，蓋其祇畏天命，不遑寧居如此。明公其得辭乎！干冒皇恐。某頓首再拜。

上趙樞密書

會有言事者論臣僚投獻文字干進。不果投。

某未聞有一日埽灑之勞於門下，然聽於下風，閣下論天下之士可以與於斯文者，無聞之名氏必在數中，以此久欲纂摭平昔骩骳之文，因介紹以贄見于下執事。復念自勝冠以來，妄嘗有意於古人爲己之學，回視少作之可愧者，雖無揚雄篆刻之工，而有其悔，誠不願以此自見於當世，而況君相憂勞於廟堂之上，方總攬群策，率勵衆志，以圖恢復，尤不當器人於篇什語言之間。是以區區所欲効於執事之前者，又無因見焉。

日者，天子擢閣下本兵柄，又以四路之地東抵河、華，西包巴、蜀，外連隴、阪，南盡荆、漢，延袤數千里，使閣下以一節護諸將，節度其進退，自太守部刺史，有所黜陟，遂行不請，權任憂責，可謂重矣。或謂閣下負四海之望，當在廟堂，調護根本。某獨以爲不然。頃者，宥密之臣，襲其家學，進誤國之計，謂秦、蜀、襄、沔之得失不足爲吾輕重，是以漠然寘於度外以至今。賴宗廟社稷發寤聖心，絀其説不用。夫虜人保三秦而分兵亟肆以疲我，其意未嘗一日而不在東南。使不幸而秦、蜀之郊有蟻漏可乘之隙，則東南將無錯足之地，尚何中原之可議也哉？使閣下敉寧反側，綏輯畔换，拊循士大夫，東向以揚祖宗之盛德遺烈，則中興之功猶可以歲月冀。此某所以雖有受知門下之幸，方以天下之勢爲憂，而不敢致私怨於遠其所依歸也。區區管見，懷不能已，敢不以告于下執事？

夫身去朝廷而任事于外，外有垂涎側目之虞，危機交急，間不容息。內則率勵士大夫各率其職，以奔命于邊鄙，是以其勢不可以不專，其權不可以不重。權重而勢專者，人主之所甚惡，而間言易入。人惟無所欲也，人皆求得其所欲，而勢有所不獲，則失職者衆而讒慝宏多。積衆口之讒以投易入之間，此天下之危機，仁人志士之所深患也。君子於此，必求同心一德之助，使在人主之側啓迪聰明，以善其心，而無妨功害能之意，是以功成而國家可保。詩曰：「侯誰在矣，張仲孝友。」吉甫征伐四方，而在王所者如張仲，以調護於其中。夫是以能展四體以徇國而無後患。裴度以太原之師討鎮人，元稹之徒沮梗於其中，是以巨猾逋誅，終不能有所立。方鋒鏑交於原野，而以事機之會有望於朝廷。在人主之左右者，小有不合於其心，則顰笑俯仰顧盼唯阿之間，亦足以敗吾事，固不在於堅持力争，然後足以快其私也。爲閣下計，凡今廷臣有如張仲可爲同心一德之助者，顯言於上而厚結其意，必求有利於國家而無忌乎吾之成功，然後吾無内顧之憂，而得以悉意於疆場之事。今日之慮，孰急於此？其次，莫若宏德義、殖忠信，以折窮詐極凶之虞。

世常患儒者之言迂緩而不切於事，至觀羊祜、陸抗，處傾側擾攘之勢而雍容拱揖，乃有三代王佐之餘風，然後知先王所以得志於天下者，必可行於後世而無難。古之君子，處敵國相傾之間，覆人之軍不足以爲武，夷人之城不足以爲強，唯能秉天下之大義，以優柔浸漬乎斯民之心〔四〕，使其欲釋我而不可，夫誰與吾敵？降及後世，以苟爲道，凡可以譎敵而得志者，雖屠百萬之衆而獲須臾之安，亦泰然安爲之〔五〕。秦以區區虎狼之強，號爲無敵於天下，纔息未定，而子孫爲戮，由此故也。是以後之君子，於羊、陸之事竊有取焉。虜人自覆京師，橫行中原，飲馬於江海之濱，猶徜徉四方，歉然有所不滿之意。雖拓跋、耶律之暴，不極於此矣〔六〕。善觀天下之勢者，必因吾之所短，以求出於敵人之所不能。爲今日計，謂宜按羊、陸之規，務宏綏御之畧，毋必屑屑於功首俘獲之間〔七〕，要使淪陷之民知吾所以從事於兵革者，凡以欲拔吾於塗炭，而非以爲利，使其咆哮吞噬之勢不得逞而索然以憊，將不折而自亡。是謂日計之不足，歲計之有餘，有不可忽也！

抑又聞之，矯枉者必過於直。君子之於道，求中焉而已矣。苟有意於矯，是亦未免乎私也。往者西帥之失，正坐自詭大功之必成，是以自今觀之，不能無夸大之過。今若懲既往之失，過自貶損，恐精彩銷伏而士氣不振。君子之向慕於是人也，唯恐其無成功，是以不勝過計之憂。閣下幸留聽，或有取一二焉。某頓首再拜。

校勘記

〔一〕乃不啻若牀笫之安　「乃」原作「之」，據四庫本改。

〔二〕曹公奉天子都許　「曹」原作「冑」，據四庫本改。

〔三〕關陝　「關」原作「闕」，據四庫本改。

〔四〕以優柔浸漬乎斯民之心　「柔」朱玉刻本作「游」。

〔五〕亦泰然安爲之　朱昌辰刻本、四庫本無「安」字。

〔六〕不極於此矣　「極」，朱昌辰刻本、四庫本作「及」。

〔七〕毋必屑屑於功首俘獲之間　朱昌辰刻本、四庫本無「必」字。

韋齋集卷之十

新安朱松喬年

序記題跋

録曾祖父作詩後序

唐人陶雅爲歙州，初克婺川。天祐中，吾祖以雅之命主婺川輸賦，總卒三千人戍之，邑屋賴以安，因家焉。是爲婺川吴郡朱氏之始祖。邑有朱氏沛國郡。蓋初來於歙之黄墩，今歙民有朱氏秋祭或用魚鱉者，皆族也。家婺源者，貲産甚富，有三子，事南唐，補丞旨常侍之號，其後多有散居他郡者。家父劍溪府君即其曾孫也。即劍溪府君，諱甫，字全美者，曾祖之父也。繼其居第二百年不徙。今普濟寺前。

府君有從兄，陵，貫之〔一〕。少孤力學，有時名，咸平中以鄉薦試南宫不利，還家，隱於卜肆，不求聞達。天聖中老死。無嗣，府君爲治後事。今未知其墓。

劍溪府君少俶儻，事繼母甚謹。嘗從兄學詩，知其大要。大中祥符甲寅歲，宫贊杜公爲婺源，使居吏籍二十年。明於法律，而鄉里無怨言。景祐甲戌，辭吏事，歸治生業，雖煩劇中，賦詩自如也。嘗自集其詩，得三百餘篇，諸族中往往有之，但不甚全耳。自爲一序，効王元之爲潘閬詩序體。其詩立意教化而不苟作，識者以爲自成一家。享年七十有六。三男，二女。松行曾祖蘆村府君，其季子也。惜其無以自發於世，因序其後以貽子孫，有起家者，爲光揚之。嘉祐五年庚午，仲春既望。男從手從辰。序。此蘆村府君所作序也。丁酉政和八月十二日重録。

送程復亨序

廣平程某復亨謂予外兄，從予遊於閩者二年，予語以安逸憂患，知之詳矣。將歸省其母及其祖母，其可以無言？司徒文子問於子思曰：「親喪三年未葬，則何服？」子思曰：「三年而未葬，則服不除也。」故告之一曰：「葬吾舅而後加吉服。」

夫子失魯司寇，將之荆，先之以子夏，申之以冉有曰：「喪不欲其速貧。」古之君子以失位於諸侯曰喪，喪不欲其速貧，若是其急也。故告之二曰：「葺爾居以寧爾親。」

蓬生麻中，不扶自直；植之榛莽，則與之靡然。故告之三曰：「非爾父之類者勿親也。」江出岷山，自荆之楚，汪洋千里而至于海者，大川三百，小川三千以爲之助也。故告之四曰：「廣學問以資見聞。」傳曰：「宴安鴆毒，不可懷也。」君子非獨惡懷安之敗名，惡其敗性也[二]。故告之五曰：「勿懷安。」禮曰：「男子生則以桑弧蓬矢射天地四方，示志也。」夫不貲之軀，豈其浮沈鄉里而名不稱！故告之六曰：「無忘四方之志。」

夫齊之善味者，淄、澠之合能辨之。淄、澠之合，均是水也。子歸矣，他日執經而來問予，能入於常流而不變其味乎？尚能爲君辨之。宣和辛丑八月某日，韋齋朱某序。

送日者蘇君序

小雅之詩「天之生我，我辰安在」，説者謂所值歲時、月日、星辰六物之吉凶。然則推步人生時之所值，以占其貴賤壽夭，自周以來有之矣。後世卜筮、𥅕相、地理之學多著於世，而六物之語時或見於簡册，自賈誼、王充皆有禄命之語，詳其旨，殆與説詩者之意合。呂才雖著論痛詆其誣，可以救一時湛溺之弊，而天人之精微，才不及也。然以其學焯然名世者蓋鮮。至唐，殿中侍御史李虛中始以造詣精奥之思，盡發其祕，其説見於韓退之之墓誌，曰：「以人之始生年月日所直日辰支干，斟酌其人壽夭貴賤，百不失一二。」今之譁世邀利之徒，皆祖述其書，而未聞有窺其關節機牙者。蓋其爲技，兼五行星曆家之學，既以日時推其分至、氣節之淺深，以步日月五星之所次，又以其五行之生死、王相、清濁、愛惡，參稽錯徵，銖稱寸較，以處其所賦之賢否厚薄。是以其言汪洋虛無，而不可執持。間有不合，則曰：「是時豈植表下漏之所定乎？」此所以視諸家之技，尤難見其工也。近世士大夫束書不學，而汲汲趣合於世，唯恐不及，故此技多售，而其言亦往往而合。吾常悼其然而不能救，太息而已。

福唐蘇生以技來見，因以所識十餘人之歲時評之，蓋十得八九。吾意挾他術也，而窮其說，則皆有理，與吾所聞於古者不甚相遠也。豈偶然邪？不然韓退之所稱何以過？然吾方將營百畝之田，躬耕於深山長谷之中，共爲子職，以求其志，視一世富貴，何啻浮雲之過目，而生廼謂我且進爲於世。吾既歎其有學而多中，念斯言之將不驗也，故識以遺之。生名巘，病目，視不踰尺，以故不能馳騁其技於四方云。靖康丁未四月望日，新安朱某序。

富沙驛記

紹興十年，今右朝請大夫郭侯瑋來守建安，不爲苛皦之政，郡以無事。則曰：「建爲州，南控兩越，北走江、浙，士大夫取道于我者日至，而無所於館，則問舍於逆旅。昔晉平公爲諸侯盟主，銅鞮之宫數里，而隸人之垣以羸諸侯，君子譏之。今吾於居處、遊觀不敢有增，而館舍無所，其若四方之賓何？」如是營表故行牙廢址子城西南，而屬役於其屬葉顒、趙伯喇。以九月甲子經始，訖役於十一年三月丁巳。土木之工以日計者，凡六千二百，而民莫之知也。庭户嚴顯，堂室靚深，昏明寒燠，皆適人意。又東南列四舍於門外，食息之所頒，不問館人，畢有無闕。則雖車馬奔湊而猥至者，皆免與市人役夫肩隨踵躡於囂塵塗潦之間。附驛之南，列屋三十楹，積其餼，以憊木朽塈剥〔三〕，墉缺而甓毁，丹漆黝堊之憒闇圮落者，以時繕之。余方食崇道之禄，來客於建。郭侯曰：「願有紀也。」三代之有司，治其廬舍，委積以待賓客者備矣。蓋秉禮立制，而受之官師，細大具舉，而豐省有度，此所以爲先王之法，非後世所能及也。去古浸遠，士之甘嗜進趣者，羸詘之不知而困弊，所恃以稱賓客之爲故又不及是。則或視事之荒堙廢墜于前者不肯一舉手，媮得避慊之便以誘後人。均之二者，其處心之私一。然則爲今之吏，能舉事以便人，非役志以干譽而求益也。而民不以爲病，則既難矣。於先王之法，又庶幾不失其遺意，雖欲不書其可乎？新安朱某記。

建安縣敕書樓記

建炎初，詔州縣官寺趣無乏事，他不急之役悉禁，毋得以勤民。建安縣廨自火于戊申之盗，仍寓於民居，湫隘單露，於令所以賦政百里者甚不足以稱。中又更盗賊廢亂，至煩王師，群盗始次第伏誅。是以凡五六年猶不克以詔書從事，而復於其舊。紹興四年，今左朝請大夫長樂石君廉來爲令，汙萊浸闢，閭里昭蘇，始營表縣治故址。度材致用，百役皆興，未幾而堂廡庫獄與凡令所以聽訟宴客者，不侈於舊而皆備。獨門未及作，而石君受代以去。

後三年，今令左承事郎括蒼葉君蒔至，曰：「閈閎卑痺而風氣虧疏，前令所不暇，非以吾諉也。吾又趣過目前，而曰待後之人，寙不共事，不已甚乎！且異時遵用建隆詔書，即門爲重屋，取凡制敕，庋而藏之其上。今無所於藏，而置之他所，甚非有司尊嚴象魏、謹守章程之意。」乃作新門，而因建所謂敕書樓者。十年正月某甲子始作，訖於三月之某甲子。以工數之〔四〕，蓋三千而羸。嚴正高明，父老來觀，莫不豫然動色而相謂：「縣有大役，乃無一吏持符囂讙吾里中者。蓋令隱吾民脱命九死之餘，日入於困窶而將無以生也，恕思而勤撫之。斯役也，猶不吾及，況於奉己厭私之爲乎！」於是相率來請文以爲記。

夫置吏以爲民也。吏遍於天下，而柔良介特之民不獲其所者尚多，則材者少也，吏材矣。私志未泯而惻怛之誠不至，則頤指嚬笑之間，有能乘之以齮齕吾赤子者，而況於官有大役乎？君子之觀政也，得其素乎於民者，而於舉事焉驗之，則庶幾矣。然則茲樓之役，其亦足以觀夫！

尊勝院佛殿記

始予客政和，往來建安，必舍於城東所謂尊勝禪院者。廈屋百楹，清邃纓濁，常灑然忘其漂泊之勞。去之十年而再至，則盜火之餘，草出垣端，庭穢屋庫而不可入。其徒出没於蓬藋荆棘之間，皆慘慘無人色。是時主者非其人，土物之出入不可知，恬瘠其衆而自封也。已而執事者案見其罪，斥去，而以今浄悟大師祖源易之。源數主閩寺，輒棄去，廬於南山之巔，澹然蓋將老焉。

歲在庚申，予罷官行朝，寓居建溪之上，而源來見，曰：「吾將首爲殿以居佛，度費錢三百萬，當勸吾州之人有志於善者，使之樂捐所餘以助我。是役也成，君必爲我記之。」予曰：「記易事耳。建土瘠而人生理薄，又數經盜，自朝廷常閔閔焉赤子視之，非常賦也，不忍有所斂，將安所取三百萬以佐子乎？雖然，子必勉之。子能勸子之人施錢以爲殿，而我不能施文以爲記乎？」源曰：「建人自變亂以來，行伍田廬之姦媮快一時，福不盈眥，族夷鬼飢，不見蹤跡。吾儕方在水火鋒鏑之間，不自意全，今乃復得甘食美衣、虞樂仁聖之澤，非宿植善本，則何以至此？皆將率德蹈義以道迎善祥，鄙争吝嗇之俗視昔者則既瘳矣，庶幾可以廣吾師勸道群生之意，而幸有所立。此吾所自詭而不刻也。」明年，既成，土木之工若干，偉麗工巧，不損其舊。蓋州之善士某人爲之倡；而佛菩薩像之費，則助教吴公與獨任之。

嗟乎，人之可與爲善，雖蕩析困苦，萬折而不變，此天賦之秉彝，未有知其所由始者也。仁人君子不絶於當世，其勢可以鼓舞一世，而納之於善，宜不足爲難。然所謂移風易俗，使天下回心而向道者，或曠世而未之見，此又何説歟？予既樂道建人之易與爲善，因附之以所疑，以風曉在位者，又嘉源之不惢其志也。爲之記其年月，豈獨以少壯所遊而不忍忘也哉！

清軒記

余少時未更憂患，視天下之物瞀然不以屑意，而尤少所合。建陽劉文伯獨繾綣從余遊，唯恐後已。而余以貧，隨牒四方，僕遬衆人之後，厄窮卑辱，無所不嘗。亦聞文伯以鄉舉試禮部，時時書來相勞苦，意不少衰。余既稔於世故，寓居建水之上，蓋將老焉。見文伯試於鄉有司場屋條對之文，條鬯精密，無中年衰憊之氣。既又無所合以歸。書來曰：「比即居之東，闢屋若干楹，花藥在列，蓺竹以爲陰，榜曰『清軒』。間於疾疢，取書史誦於其間，客至淪茗論文，悠然不知日之夕也。子爲我記之。」余方汩當世之垢汙，恨無饘粥之田可以歸耕，庶幾跌蕩萬物之表。文伯之歲事雖靳靳僅足，顧方汲汲求決得失於匹夫之手，而不能無介然於胸次，此殆於余所謂厄窮卑辱者，未之嘗爾。文伯有田廬以爲歸，異時倦游而反，方徜徉此軒，誦壁間之記曰：「有是哉！」可以油然而一笑也。新安朱某記。

跋山谷食時五觀

右魯直食時五觀語，予受而行之，猶有愧於藜藿，而況於王食乎？今録以示諸弟，而贊之以三語，曰：知恥可以養德，知分可以養福，知節可以養氣。孔子曰：「我欲仁，斯仁至矣。」豈欺我哉！宣和壬寅五月二十八日，建州龍居院上方書。

戒殺子文

政和七年秋，予方寓學雲溪之上，聞溪上王氏婦死，一日夜而復蘇。亟往問之，具言所見，云死之日，方入室，有二吏候於户間，趣之行沙莽中，不知日之早晚也。忽至一城，通衢列肆如大都市，凡其祖先與其親戚之死者皆驚怪，相問勞。吏引至官府西廊吏舍，舍中簿書盈屋。一吏按簿問婦：「汝非歙州婺源縣俞氏女乎？」曰：「然。」具問其祖父名與鄉里，皆非也。舍中吏愕然相顧曰：「是郡縣姓氏之同者。」呵二吏復往。須臾，一婦身血淋漓，四五嬰兒攀緣牽挽而至，兒狀甚忿切。吏審以州縣姓名祖諱皆是。指語王氏婦曰：「此婦凡殺五子，冥司以其子訴冤甚，不待算盡，呼之，吏誤呼汝。歸語汝鄉里親戚，慎毋殺嬰兒，人間容以幸免，此不汝赦也。」二吏復送婦及河，推墮水中，乃蘇。尋問於所見追婦家，死以其日矣。

余聞之曰：冥漠之事，不可得而知也。吾鄉之人，多止育兩子，過是不問男女，生輒投水盆中殺之。父母容有不忍者，兄弟懼其分己貲，輒亦從旁取殺之。冥追之悮，果然乎？則不可知。不然，其亦託以竦寤斯人也耶！嗟夫，人倫之愛，孰如父母之於子者？始生之嬰，未及咿嚶而忍置於死，父母兄弟幾何不相率而相殘。先王之時，未成人而死者，以殤禮葬之。未成爲人而無辜以死，猶云可傷，況夫出腹而殺之！無辜而可傷，豈不甚哉！

自予來閩中，聞閩人不喜多子，以殺爲常，未嘗不惻然也。無故殺子孫，官有法甚明，顧牽於習俗之昏，則雖有法而不能勝。夫法有所不能勝，則亦何事於吾言？然吾聞吳道子畫酆都之變，都人不敢屠宰者累月。夫人固不可以法勝，而可以理動者。庖宰且可罷，況其天性之愛乎？是未可以厚誣斯人，而懸斷其必不可告也。故取王氏婦所見次第之，雖然予文之不工，豈能使人讀之聳然，如見道子之畫哉！其亦區區之意，有所不能已也。他日將有語其子孫者曰：「活汝者，新安人朱喬年也。」或由此也夫！

校勘記

〔一〕陵貫之　朱玉刻本作「名陵字貫之」。

〔二〕惡其敗性也　「性」原作「姓」，據朱玉刻本、四庫本改。

〔三〕以憊木朽壂剥　「憊」，四庫本作「備」。

〔四〕以工數之　「工」，原作「二」，據朱昌辰刻本、四庫本改。

韋齋集卷之十一

新安朱松喬年

表 疏 啓

代謝獎諭表

仰申華祝，實間謠頌之言；方恐堯辭，亟拜都俞之詔。俯從人欲，曲荷天慈。中謝。切以爲天下君，既擁三靈之祐；使聖人壽，實繫四海之心。矧冒寄於承宣，久叨承於扈從，敢期日月之照，不遺臣子之誠。伏遇皇帝陛下，克享天心，永作民主，接昌期於千歲。已幸親逢，讀細札之十行，更勤寵賁。臣無任〔一〕。

代賀冬表

化日初長，方謹羲和之日〔二〕；潛陽來復，灼知天地之心。恭惟皇帝陛下，蓄德粹剛，撫時嘉謐。靈承天紀，孚祐含生；茂對時行，道迎叶氣。肆鴻儀之亞歲，斂諸福以錫民。臣久荷寵光，誤叨眷寄。佩竹符於江海，遥効嵩呼；瞻黼坐於雲天，亦同星拱。

又

潛陽獨復，至日舒長。推神筴以驗時，降年有永；得天正而紀曆，卜世其昌。恭惟皇帝陛下，道邁古初，仁均普率。于帝其訓，方斂福以錫民；與時皆行，自履長而納祐。明庭星拱，誕舉鴻儀；列辟嵩呼，茂膺殊祉。臣久膺郡寄，阻奉朝紳。宣化海隅，幸同於率舞；傳觴玉座，但想於登歌。

代賀道君皇帝表

斷自宸心，進陟元后，神器有託成功；不居雖天，實啓其衷，唯聖不失其正。華夷慶抃，今古罕聞。恭惟道君陛下，運撫昌期，心凝至道。躬後天之曆數，以丕冒于下民。得率土之歡心，方永承於景命。遽傳元聖，退適希夷。下陋周唐，初非盛德之舉；遠追堯舜，不以大物自私。一德享天，蕃釐有繼；重明在御，垂祐無疆。臣方守郡符，阻陪庭列。褰裳高蹈，神馳汾水之游；向日微誠，願効華封之祝。

代賀天申節表

謳歌歸啓，本曆數之在躬；壽考祝堯，信天人之合契。祥開載夙，慶浹含生。中賀。恭惟皇帝陛下，德紹文謨，功承武烈。穰穰大福，既膺億萬之年；翼翼小心，自銷九六之會。行宅中而居正，永躋壽以宜民。臣方荷朝恩，外將使指。邈瞻天仗，方馳魏闕之心；下酌民言，願獻周詩之祝。

代進銀狀

膺圖霄極，集鴻祐於三靈；受計殊庭，効多儀於萬國。前件物祥標瑞牒，品列貢書。瞻邇堯天，虔效奉觴之祝；阻陪禹會，心馳執玉之朝。

又

柔祇出寶，彰一人有慶之符；方物充庭，罄萬國多儀之享。稽貢書之列品，亞上幣以稱珍。川委嘉祥，申祝乾坤之壽；天臨正宁，莫陪玉帛之朝。

代謝賜對衣金帶表

齊官出笥，躬膺三服之珎；漢詔錫金，腰適萬釘之麗〔三〕。寵光曲逮，衰朽增榮。伏念臣頃自布韋，浸塵紳組。凝嚴列侍，曾微華國之稱；艱棘周旋，蔑効捐軀之志。驟從外服，擢置貳卿。分符亟畀於江藩，隸職愈親於宸極。重忝便蕃之錫，曷酬衣被之私。此蓋伏遇皇帝陛下，圖回中興，總攬黎獻，不忝身章之寵，式昭闓寄之隆。恩寔重於解衣，未知報稱；悸雖深於垂帶，曷副憂勤。

代進哲宗皇帝實録表

若稽先王，昭示來世。追述功德，蓋賴聖神之繼承；蒐輯見聞，具存文武之方册。垂光無極，奕世所同。恭惟哲宗皇帝臨朝尊嚴，初政淵默。内承太母，已形孝治之風；外倚宗臣，遂啓升平之運。延登衆正，賓服四夷。屬邦誣力，肆於紛更；故國事遂，歸於紹述。追攷一時之異議，皆非當日之本心。仰惟皇帝陛下，撫時多艱，躬德甚盛。始初踐祚，已明崇慶擁右之功；推本承祧，又述先朝孝友之志。廼因間燕，時御遺編。念疑信之異傳，典刑未泯；察詆誣之無據，邪正自分。博延諸儒，採纂前記。臣方尸宰事，夙被德音。初乏整齊舊事之能，仰倍褒廣前烈之意。至於芟夷猥釀，補綴闕遺，雖叨典領之榮名，寔藉編摩於多士。龍輿御曆，欣正論之顯行；麟趾卒篇，懼前修之難繼。

天寧節功德疏

九清垂祐，爰開兆聖之辰；一德承休，永撫出寧之運。人神胥賴，夷夏交欣，矧冒寄於承宣，敢虔伸於頌祝。當渚虹之慶節，遵蕋簡之真科。仰祈不宰之尊，必致無疆之壽。伏願皇帝陛下，永作民主，克享天心，睿德日新，福禄川至。推仁溥率，躋壽域以康寧；儲思穆清，配道樞而長久。

又

月旅辰移，節復臨於盈數；天旋日轉，民久跂於清塵。輙緣愛戴之誠，虔致禱祈之懇。仰惟大覺，洞鑒微衷。伏願宗祐垂休，龍天薦祉。旄頭隕地，坐知胡運之窮；緑耳籋雲，即見皇輿之復。益崇睿算，永燕宸思。

又

跡環天下，雖夙慕於真遊；恩浹人心，自難忘於善祝。驟及言名之日，具輸徯后之誠。仰冀覺慈，必從衆欲。伏願上天眷顧，諸佛護持。平國成功，歸饗九州之養；華封效祝，永膺萬壽之期。興運有開，遺民胥賴。

天申節功德疏

執衡司序，寔開申命之祥；膺録御圖，自享後天之曆。敢資善祝，仰叩覺慈。少伸螻蟻之誠，曷報乾坤之施。伏願皇帝陛下，無疆介壽，有截歸仁。大輅天旋，行執望賢之轡；靈旗星焕，亟班涿鹿之師。丕冒神州，同躋壽域。

謝福州祈雨疏

常暘爲災，南畝告病。民瀕溝壑，諒軫佛慈。政戾陰陽，寔繇吏責。僧伽大士法身常住，願力無邊，降升人天，運用悲智。伏願洞昭精悃，深憫疲羸。並告山川之靈，大敷雷雨之施。一蘇焦槁，式副歸依。

代請水白馬鱔溪廟疏

靈區峙勝，大庇一方。神物效祥，普滋萬彙。睠兹南畝，適告亢陽。用竭蠲誠，具嚴法供。恭叩九淵之邃，就分一勺之清。仰蕲顧依，即告霑足。訖成豐歲，永賴神休。

謝林郎中啓

學政師門，方幸解顔之進；剡章天陛，忽披薦墨之光。盛德曷酬，溢言難稱。仰衝知獎，但積愧懷。伏念某衆謂迂愚，自知凡陋，徒以弱歲，知慕古人。才不逮而志强，空仰聖門之高遠；親方强而養闕，苟脱名場之險巇。忍爲小人而折腰，蓋規斗粟以糊口。既素志之不立，媿先民其已疎。顧流俗孰能知其心，惟聖賢必有處於此。頃陪下邑之屬，獲事大夫之賢。羽翼未成，將仰勤於伏鵠；鏌鋣自獻，輒敢效於躍金。雖禄薄以不充，幸職卑而易稱。奉承懈緩，已逭遣訶。送逆差池，又叨庇護。俯憐衰拙，何敢望於君子之門；曲恃仁明，有以安其不肖之分。兹爲幸會，更被薦論。黼黻華章，聳觀衆目；蒯菅陋質，假重一言。愧溢心涯，恩超望表。兹蓋伏遇某官，德業久大，材猷偉明，望臨一時，學貫千載。久隆眷注，方此踐揚。念報恩之孰先，急援能之爲務。趦趄自棄，曾微根柢之先容；特達深知，蓋出權衡之公舉。惟致身之文學，懼不克堪；若飾吏之廉勤，或能自勉。某敢不益進其學，求稱所蒙。苟不辱於門闌，願永煩於陶冶。私門修謝，愧免俗而未能；直道方興，知復古之有漸。過此以往，未知所裁。

賀中書胡舍人啓

伏審光奉制恩，典司書命，伏惟慶慰。伏以元聖御歷，中興撫期。方秉武節之嚴，芟夷亂畧；允資文德之助，叶濟艱難。惟太微裁成於化元〔四〕，而内史贊襄於基命。道王德意，咨訓誥之丁寧；宣國威靈，法雷風之鼓動。素推鴻筆，果簡清衷。恭惟某官，邦家典刑，人物冠冕。謀三斷國，素蘊蓄於經綸；騰實蜚聲，久周旋於敭歷。凜霜臺之風采，靡聞背闕以諠譁；竦玉斧之威稜，孰敢按兵而顧望。亟自三長之選，進班六押之崇。入侍凝嚴，具輸忠讜。搴英華於淳古，救骫骳於斯文。衆正既興，並增廊廟之重；丕平可冀，頓釋畎畝之憂。豈徒畢協於師言，即見進陪於國論。某久於宗慕，特荷獎憐。試吏馳驅，厭魚鹽之瑣碎；受知感激，覺肝膽之輪囷。默自揣於衰蹤，期永煩於元造。未由趍拜，徒切傾瞻。

賀福州張參政啓

伏審肅奉制恩，出臨侯屏。奉丹書而造膝，方渴於嘉猷；擁玉節以偃藩，暫煩於舊德。凡依庇幬，居切懽忺。恭惟某官學富經綸，望隆諧弼。凝嚴列侍，素高華國之文；艱棘周旋，益勵匪躬之操。方聖神之踐運，躐俊乂以奮庸。席儁望以九遷，人無異論；奏膚公於兩社，帝所仰成。惟長樂之名藩，占全閩之奥壤。笑談樽俎，從容雖異於平時；襟帶山川，鎮撫允資於重望。惟國勢之安危繫輔相，而廟謀之本根在朝廷。諒膺枚卜之求〔五〕，即有追封之召。某尚貪升斗，久辱沉塗。識太白於天津，敢論疇昔；見茂宏於江左，幸託微生。自憐冗瑣之蹤，阻拜熒煌之座。邈瞻旌棨，方聯少吏之下陳；仰累陶鎔，願借大鈞之餘力。歸依之悃，敷述奚周。

賀程待制知温州啓

伏審甫趨召節，亟拜綸恩。延對西清，雖渴嘉猷之告；偃藩東道，重違榮養之求。諒惟物望之僉諧，豈獨私悰之欣屬。恭惟某官材高國棟，望重耆英。踐履純明，凛奉身之一節；風猷强濟，歷盡瘁之百爲。越從寄注之嚴，出總委輸之寄。被恩言於三錫，素簡清衷；席畯望以九遷，待周華貫。丐便親輿之養，就分帥閫之符。俘狂寇之鱷鯢，出遺民於塗炭。果膺號召，益見惟明。陟降殊庭，副仄席輟飡之歎；藩宣外服，有擊鮮戲綵之歡。度少惕於名邦，即進櫻於密務。某門闌下列，鄉黨晚生。鑿枘不謀，了無心於經世；斗升自役，方苟禄以逮親。誤蒙收録之恩，因有攀緣之意。陰虬自躍，儻密會於風雲；朽木難彫，或蒸成於芝菌。永言欣懌，莫罄敷宣。

謝謝參政啓

温言曲薦，逮筦庫之下陳；窳質何堪，被鈞陶之餘力。靖惟淺陋，曷稱褒揚。伏念某早守孤經，亟慶未仕。一行作吏，久困於抱關；三釜逮親，愈勞於負米。晼晚坐嗟於急景，低回益愧於初心。友黨譏訶，何異土牛之留戀；天涯流落，真成木偶之漂浮。念方力學於古人，深耻自同於流俗。蹈立身之矩矱，非以干時；問行道之權輿，付之造物。勉從吏役，來算商緍。義命所存，敢懷不屑之意；會計雖當，實有昜汙之憂。仰藉庇存，稍寬督過。而冀少稽於歲月，求歸即於田園。絶希畯乂之游，自審奇屯之分。何期誤舉，驟激濡衷。而況抱槧石渠，羽儀上國；横經文席，領袖諸儒。永惟盛德之所加，終懼溢言之難副。此蓋伏遇某官，斯民先覺，吾道主盟，綜九學之淵源，作三朝之心膂。入陪國論，濟川瀆而得舟航；出布藩條，釃江河而灌尋尺。搜揚群彥，翊贊中興；俯睠衰遲，特垂獎引。某敢不追尋舊學，勉企前修。登李膺之門，既塵品目；游薛公之閣，妄意攀緣。儻坯冶之無遺，或桑榆之可冀。過此以往，未知所裁。

賀謝參政除萬壽侍讀啓

伏審介圭入覲，前席延登。西學貪賢，方渴謀猷之告；殊庭庀職，聿彰体貌之隆。明命誕敷，輿情胥慶。伏以事師古而有獲，傅説稽首以復王；義勝欲而必昌，太公奉書而端冕。惟君正而國定，蓋源澈則流清。仰陪資訪之勤，允屬典刑之充。緝熙聖學，纂前哲之永圖；眷倚宗臣，修本朝之故事。恭惟某官，學臻聖奥，望冠耆英。經國高文，遠追大訓；亮天賢業，簡在淵衷。道德被於布韋，既廣成均之化；精忠貫於金石，又高社稷之功。亟協師虞，進聞大政。謀王斷國，士多誦於格言；尊主庇民，世已蒙於高澤。方當陽之備重，遽請外以均勞。詔甫趨於暑行，恩復延於晝接。西清入侍，聳觀列辟之儀刑；東閣薦開，行正台階之符采。某久於宗慕，特荷眷知。聞道師門，常預解顔之進；飛章天陛，誤沾薦墨之餘。竊自附於下風，期永依於元造。閔卑棲於莞庫，已藉褒揚；拔滯迹於泥塗，尚繄簡記。依歸之素，敷述奚周。

上綦翰林啓

卑棲冗屑，絶跂崇高。久掃迹於英躔，粗安愚守；竊馳心於德宇，貪附下風。雖稽履舄之瞻，尤結藩墻之想。恭惟論思密勿，陪侍穆清，躬令德以考祥，固靈襟而擁福。伏惟某官，當世師表，斯文典刑。忠精自結於主知，風采聳聞於輿誦。豫扶衰之大義，奮經世之遠猷。陞四禁之華典〔六〕，册造於大訓；陟貳卿之峻德，名冠於中臺。力祈勞逸之均，暫佩藩宣之寄。蕭生補外，甫慰遠民；陸贄居中，久懸睿想。亟膺號召，入副詳延〔七〕。忘前席之勤，日親帷幄；被解衣之寵，望絶臣鄰。惟文章關世道之盛衰，而詔令宣朝廷之德意。反醇醲於慶曆，益知皇運之隆；體深切於正元，彌識人心之固。側聽吉辰之獻，遂符獨對之言。式厭具瞻，豈唯孤願。伏念某陟道殊淺，賦材疎卑。强顔升斗之營，悵流光其將晚；冥心尺寸之進，信適俗而已踈。顧方縻冗役之勞，何敢援同年之契。寅緣過聽，簡記衰蹤。仰惟鑒裁名教之宗，方以長育人材爲樂。曾未遑於擁篲，輙妄意於攀鱗。拳曲無庸，將前求於檃括；悍堅不棄，冀仰累於坯鎔。永惟宗慕之深，尤劇歸依之素。願言珍嗇，前對寵光。

謝館職啓

拜嘉明命，叨給札於禁林；試可中宸，驟策名於藏室。脱冥煩之宂役，廁清切之英游。祗荷甄收，良深震愧。竊以上聖御曆，中興撫期。方秉武節之嚴，芟夷僭亂；允資文德之助，叶濟艱難。纂逸典以宣猷，闢英躔而儲止。庶幾封殖，以俟選掄。惟先王大訓之所藏，縻歷世彌文之咸在。圖書襞積，黄墨紛綸。本原四目之神靈，聿稽於詁訓；儲正六書之變革，精覈於聲形。冀因點勘之勤，益廣見聞之富。向非多識天禄之奇字，深探酉陽之秘文，搜蒐葉於名山，釘金根於往牒，則何以刊收四庫，綜産九流？如某者，名實不揚，人門俱下，抱孤經而干澤，堅脱名場；遵三尺以在公，亟縻吏役。皇皇從食，冉冉趨塵，僅成旋劾以不堪，雖復傭耕而何憾？值潢池之方熾，伏鑰里以深藏。被檄行臺，算商瀨海。爲親而喜，忘宂瑣之卑棲；援上何階，固崇高之絶跂。已分甘於遠屏，誤垂簡於旁招。貝齒長飢，空羨公車之粟；塵蹤易隔，阻趨宣室之庭。姑自信於奇屯，方日須於罷遣。將改轅於下澤，遂掃軌於修門。俄被恩言，俾程薄技，追煖姝之舊學，取笑大方；緝觳觫之蕪辭，深慚少作。寧酬發策，甫就著篇。大手旁觀，駭群公之堵立；皇明俯燭，備清燕之衡程。仰惟聖學之高明，内省寡聞而隕越。敢期睿奬，加錫俞音？追飛群玉之峯，獲肩於衆彦；討譯曲奎於畫，博攷於前言。望不素然，恩誠有自。此蓋伏遇某官材高經濟，望重弼諧。推至公之心，整領人物；收群策之助，圖回事功。施及安庸，濫塵揀拔。咸池在御，不遺曹、鄶之詩；華衮所褒，遂署春秋之責。某敢不益堅難進之節，盡讀先見之書，潛心聖門，尚友先哲。辨魯魚之謬，何足報於生成？澤霧豹之文，尚少勤於長育。過此以往，未知所裁。

代魏侍御謝提刑啓

承流千里，方竊於誤恩；託庇二天，更塵於華薦。辱言已重，引分非宜。伏念某受材迂疎，遭世休顯，玷華塗之下列，昔何補於涓埃。得支郡之左符，今已慾於膂力。民有豐登之樂，心無撫字之勞。苟幸庇存，敢蘄褒薦。温言曲被，實踰黼黻之華；陋質何堪，但增菅蒯之重。此蓋伏遇某官，立中道以待物，慕上臣以事君，方榮路之峻躋，眷衰蹤而俯録。顧竭其智力，雖無以儒飾吏之材；然老於詩書，粗有學道愛人之志。稍寬訶詰，加惠初終，儻無愧於成言，其敢忘於厚德？過此以往，未知所裁。

代陳參政回李丞相謝轉官啓

伏審上流作屏，方賴於折衝；當宁念功，亟聞於遷秩。牢辭屢却，成命莫回，未遑慶牘之修，先拜温言之寵。恭惟某官，德業久大，謀謨忠嘉，方初政之清明，首陪興運；既遠民之安集，允藉壯猷。已紓西顧之憂，彌重仰成之體。餘威所憺，式訛姦宄之心；序爵更崇，益注聖神之意。而乃久持謙柄，愈厲高風，豈惟務式於一時，固已紹隆於前哲。某方嬰重責，竊企下風。股肱惟人，大懼天工之曠；京師蒙福，尚沾河潤之餘。感佩之悰，敷宣罔況。

謝宫觀啓

食而聽事，久勤覆露之私；嘖有煩言，重荷陶鎔之賜。得郡自試，蒙恩不貲。乃猶瀝懇而有言〔八〕，亟獲奉祠而自屏〔九〕。捫心知幸，御施不忘。伏念某卷曲之材，分甘捐棄；亨嘉之會，理絶覬覦。志氣凋零，但恬然於義命；神明憒耗，既蕭颯於顛毛。偶給扎於玉堂，遽飛纓於蓬渚。叨塵郎選，託備史官，自抵譴訶，卒煩調護。矜其趨走之舊，假以息偃之安。鬻澼絖之多，方蒙裂地；穰其支離之臂，獨勉受功。然方當宁焦思而憂勞，衆賢致身以馳騖。積糜廩稍，苟逭馳驅，既永負於食功，復何殊於罔利？亟縮畏事，覺精鋭之坐銷；懷安敗名，顧豢養而自歎。素飡之刺，流汗以慚。此蓋伏遇某官，功高宗臣，德媲元哲。謀合天意，方宣厭難之威；身爲國基，實佩扶衰之寄。整領人物，叶圖事功，將躋四海於丕平，猶軫一夫之不獲。有如庸器，亦託下風。將絶企於修門，未知報稱；尚激昂於末路，不至惰媮。

問候張丞相啓

去違門墻，積有歲月。託身埏埴，分苦窳之無庸；遠跡泥塗，固高明之絶跂。欲布瞻依之悰，懼干凟瀆之誅。方竊伏於海濱，敢徹聲於從史？恭惟覃辭論道，均逸撫封，翕受至和，具膺多祉。伏以某官，道契天則，身爲國基。當軸處中，則多士豫附，而功日起；假鉞居外，則大敵震動，而人不憂。方廟算之少勞，尚天誅之未決。即承晝接，無憚暑行，下副具瞻，仰寬焦思。某久深宗慕，昔荷甄收。誤蒙方底之書，俾趨交戟之陛。甫正中都之秩，薦陪藏室之游。而憒眊寡聞，樸愚自信，思金躍之戒，每佁儗而厚顔；亡穎出之奇，但摧藏而卒歲。莫知報效，自抵譴訶，職是負薪之憂，猶曠没階之禮。曆日其吉，趨風匪遥，班作礪之篇，行見進揚於休命；賦衰裳之什，尚無使至於他人。

謝人書啓

海市征商，偶繼西溪之躅；士車税鞅，幸瞻東魯之風。更辱高文，以爲先贄。褒同華衮，既假寵於衰蹤；報乏南金，徒深銘於厚意。

謝人詩啓

久厭斗升，欲乘桴而浮海；幸瞻冠履，殆忘肉以聞韶。更塵黼黻之文，坐增菅蒯之重。念雜佩相酬之未暇，徒有報章；雖賦詩見屬之過宜，敢忘拜賜。

定婚啓爲甥丘肖。

竊伏閭閻，久心傾於德義；幸同土壤，敢自附於婚姻。伏承某人，婉娩多儀，柔嘉有則。某兄孫某，藐是弱質，粗知義方。惟節春秋，莫忺相其饋祀；肆求伉儷，使撫有其室家。兹拜成言，賜之内主，既襲祥於吉卜，用委幣於高閎。軒冕照人，雖大族非吾偶也；蘋藻有奉，抑先君實寵嘉之。

校勘記

〔一〕臣無任　朱玉刻本「任」下有「云云」二字。

〔二〕羲和之日　「日」，朱玉刻本作「照」。

〔三〕萬釘之麗　「釘」，朱玉刻本作「金」。

〔四〕惟太微裁成於化元　「成」字原脱，空一格，據朱玉刻本、四庫本補。

〔五〕諒膺枚卜之求　「枚」，原作「放」，據朱玉刻本、四庫本改。

〔六〕四禁　「禁」，朱玉刻本作「座」。

〔七〕詳延　「詳」，朱玉刻本作「祥」。

〔八〕瀝懇　「瀝」，朱玉刻本作「歷」。

〔九〕奉詞　「詞」，朱玉刻本作「祠」。

韋齋集卷之十二

新安朱松喬年

行狀　墓誌銘　祭文

先君行狀

公諱森，字良材，姓朱氏，世家歙州之黄墩。七世祖天祐中以陶雅之命總卒三千戍婺源，邑屋賴以安，因家焉。曾祖甫〔一〕、祖振、父恂，皆不仕。公少務學科舉，既廢，不復事進取。既冠而孤。他日歲時子姓爲壽，舉先訓戒飭諸子〔二〕，諄諄以忠孝和友爲本。且曰：「吾家業儒，積德五世，後當有顯者。當勉勵謹飭，以無墜先世之業。」已而嗚咽流涕，以奉養日短爲終身之憂。胸中冲澹，視世之榮利泊然，若不足以干其心者，家人生産未嘗掛齒。子松遊鄉校，時時少得失，無所欣戚。家既素單，久而益急，或勸事生業，曰：「外物浮雲爾，無庸有爲也。使子賢，雖不榮，於我足。不然，適重爲後日驕縱之資爾。」獨見松從賢師友遊，則喜見言色。其篤於道義，而鄙外浮榮，蓋天資云。晚讀内典，深解義諦，時時爲歌詩,恍然有超世之志。與人交,無賢否,皆得其懽心;然胸中白黑了然,人莫能名其爲通與介也。以年月日卒於建州政和之官舍,享年若干。娶程氏。三男:松舉進士,迪功郎,初尉政和也;次檉;次槔。二女,未適人。將以某年月日寓葬于政和護國院之側。謹狀。

楊遵道墓誌銘

公姓楊氏,諱迪,字遵道,南劍州將樂人,今徽猷閣待制、提點西京嵩山崇福宫某之長子也。曾祖某,不仕。祖某,累贈朝議大夫。公爲髫兒已能力學,指物即賦,凛然如成人。既冠,益貫穿古今。孝友和易,中外無間言。平居無喜愠色,至急人乏困而樂;其爲善,則矯然敢爲,必極其意而後已。與人辨論,綱振條析,發微詣極,冰解的破,聞者斂聳。退而察其私言,若不能出諸口,故無賢不肖愛敬之,蓋度不身踐,不苟言也。里有貨訟不決者連年,公一言而兩家爲之平。其誠信於人如此。崇寧三年侍徽猷官荆南,歸展先塋,八月甲子次于邵武之傳舍,以疾卒。年若干。

初,熙寧中,河南二程先生紹絶學於孟氏不傳之餘,四方學者顧俗學而自悼,遊其門者惟恐後,獨徽猷與二三公號入室。公方遊大學,聲出等夷,一旦棄不顧,抱經遊于伊川之門,以邈然少年周旋群公之間,同門之士咸斂手以推先。伊川少然可,雅器許公。公於易、春秋尤爲精詣，嘗曰：「人之不可無學，猶飢渴之於飲食。苟不知其方，則常患乎異端之溺人。人孰不知此，而卒蹈之者，習俗昏之也。」又嘗謂世論莊周怪誕，喜詆聖人，此正自淺陋，何足以議周也！大要周於聖人之道畧見圭角，遽欲廣己造大而不能自持，至分遊方之内外以爲二。豈知夫聖人精義入神者，乃所以致用；利用安身者，乃所以崇德乎？凡著其所得及商畧古今，爲文數百篇，今有十一二藏于家。二程先生既没，天下師尊其道者，推楊氏，謂徽猷公龜山先生，不敢名。而公負超詣絶人之資，充世其學，雖世之望公也則亦然。乃不幸而蚤世，豈非命也耶！

公没，孤尚幼，後若干年始克葬公于某州某縣某鄉某山之原。娶葉氏，朝議大夫致仕祖武之女。配公無遺德，以喪母致疾，先公三年卒。子男三人：雲舉進士，二早夭。雲與予相好，學業志操能世其家者。以舅氏，撫州司馬曹氏儋年之狀來請銘〔三〕。予不及識公，自來閩中，多從龜山門下士游，間論近世學者，至公，皆曰：「吾不及也。」謹爲之銘。

銘曰：斯文盛衰，天實命之。有嗜其徑，異端乘之。道堙不治，以與聖違。有志於得，俗學惽之。以見自私，乖戾莫施。孰爲毅然，莫乘莫惽。天蓋祐之，使與斯文。屹屹龜山，淵源伊洛，如星之斗，以表後學。公爲之子，妙質夙成。目濡心淳，食息訓經，不躐不陵，師訓是程。軌道以趨，不畔墨繩。行滿鄉黨，世孰知之。遺文蔚然，不可瑕疵。胡不百年，以究其業？齎志莫陳，方壯而折，天其或者，尚相公子。我銘幽竁，以告來世。

承務郎致仕卓公墓誌銘

去建陽而南十里，泉竹深静，岸谿而廬者，有宋隱君子、承務郎致仕卓公之所築也。公既孤，置家事不問，奉母夫人居焉。養葬盡禮，不跡城邑者三十年。某視公季子特立爲同年兄，幸獲升堂拜公，退而語世之士大夫以謂，古之常德君子俯仰不怍者，如公，蓋望其表而知之。宣和五年夏六月過門，則公以四月乙未捐館舍矣。入哭公柩而退慰其孤。且稱遺命將以九月十日襄厝于洞源之塋，屬予銘之。予視諸孤，藹然不勝哀，不忍以荒拙辭。

謹按，卓氏本福唐。今爲建州建陽人者，自公七世祖徙也。曾祖某、祖某、考某，皆不仕。公諱某，自元舉少力學，無不通，已而語人曰：「吾家子，其可以膄臘不共爲親憂？」去治俯仰之養。友誨一弟，經紀其孤，無可憾。皇考屬疾，有異僧過門，察公憂甚，授丹篆符。詰朝，失僧所在。自是尊信内典。晚益精詣，訓釋其書，發明爲多。既丁皇考憂，不御葷酒。終制，燕居寢食有常，蕭然一室，晏如也。心平氣和，未嘗面短人，然無賢不肖尊畏之，鄉黨至無訟云。季子學問浸有聞，時時小得失若弗聞者。至試，不利禮部，始手書古人詩開勉之。平生折券不勝計。繼室魏氏之亡，公方主家事，窶不能斂，猶有誣其自私者。未幾誣者嘔血疾首，陪死于庭。識者異之。嘗有巨商告公，有家難，將亟歸。從者偶語，有見圖意。以精金一篋寄公去，不索劑約。踰年復來，出篋示之，封識宛然。先是營壽藏，一日遣人芟闢其道。頃之，得疾。謝醫祝，書四句偈示諸子，超然非世間語也。時季子以迪功郎爲越之山陰丞，飭書別之，已乃坐逝。蓋公所建立非易以死生動，而況於義利之際？然猶不及於疑且謗，真爲善之難哉！生平忠信勤約，務要以身先子孫，故諸子暨孫皆兢兢佩先訓，端飭自立，而其季遂以學行卓然爲聞人。其奉身信道有無愧古人者，非特見公訓子之方，厚施而必報，深蓄而徐發，其在兹耶？

公享年若干，重和改元，霈然以年及格而子藉吏部得今官。初娶張氏，男五人，其四曰某、某、某。女二人，長適王亮，次適王舜。孫皆舉進士。孫男女合十人。公猶子宣教郎、知南康縣雄實狀公行。某視公，丈人行也。顧文字之不能工，何以震耀潛德，而燕賢子之心？謹誌而銘之曰：

以婾自愚，世顧曰智。我求有常，久不克值。有隱卓公，抱一陸沉。德義爲佩，而閟其音。居然環堵，鄉鄙是效。不貴以驕，曰公師保。夜旦死生，泊無戚欣。相彼儻來，何直浮雲。匪躬之嬴，肆惠于後。以學發身，公實有子。洞源之樊，公柩所宅。有來承休，質此幽刻。

謁廟文

涖官云始，蠲日告虔。柢栊靈祠，恭陳薄薦。仰蘄聰直，昭鑒潔誠。冀我寵綏，汔無災害。

代福州禱雨諸祠文

七閩之農，鑿山隄海以爲田。雨暘之節，小失其常，則有旱沴之憂。今兹春夏以來，陽亢而雨慳，高者源泉涸枯而不可耕，下者又爲海鹵之所浸蝕。溝壑在前，民今其懔懔，敢佈腹心于我明神，惟神秩于明庭，廟食兹土。斯民歲時奔走，饋祀世世，而無敢怠者，凡以神能佐佑陰陽，易凶爲豐，以免於饑饉流殍之故也。惟神奮張威靈，誕布甘澤，以答斯民之望，吏亦預受其賜。

又

春秋書「不雨」，傳曰：「書不雨，閔雨也。」嗟乎，爲今之吏，雖未能無愧於民，以干陰陽之沴，而豈敢忘閔雨之意哉！屬者，雨濇暘驕，種不入土，三農告病，懼不免於溝壑，是用齋祓，精虔引慼，瀝懇控告於我有神。惟神孚佑一方，克享饋祀，尚哀斯民搏手之急，密會山川之靈，誕敷雷雨之澤，庶幾今秋猶得中熟。民既得以餘力，奉公上之征賦，長民之吏，受職之神，皆無愧於斯人者。歲時潔醴豐牲以承，事神世世，其有斁乎！

代謁先聖祝文

某聞先王所以治天下國家之道，無不在於學。而生民以來，未有如夫子者。某肅將使指，惣計閩部，服官之初〔四〕，齋祓進見於學，悉延諸生，與之瞻望，跪起于素王之庭，豈獨昭示斯民，興其蒙被道德之澤之意？抑今干戈甫息，公私困竭，蓋將詢事選言，求庶幾於君民兩足之訓？仰止墻仞，其敢不虔。

代謁諸廟文

惟神受職明庭，實司民命，孚祐此土，以無災害。兹總委輸，奉將使指，涖司云始，敢薦微誠。

告贈官文

某罪逆不天，未及伸區區烏烏之養〔五〕，而奄罹酷罰。大息未報，永懷身之憂。一念及此，心肺摧裂。恭承餘訓，備官于朝。乃紹興七年，歲在丁巳，天子有事于明堂，祗見天地，以祖宗配，發號赦天下，追榮百執事，有列位于外朝之親。而某方備數館閣，於是贈先考承事郎、先妣太孺人，今既三年矣。方縻官于兹，若朝夕未以曠敗即罪而得去朝廷，當躬持封家詔書及命服以告于壟下。南望楸梓，長號雨泣，謹因槱之政和以告。

焚黄文

紹興七年，天子有事于明堂，天地報況，祉福盈衍，遂推恩大夫士之有列位于朝者，而及其親，非獨廣孝治之風，亦所以慰人子欲報罔極之意。某於是時雖未有朝位，而備數館閣，有司案故事，以考、妣承事郎、孺人之命告于第。某不肖，不足以荷先訓，蒙被封冢之寵，而久官行朝，又不即奔告以無失時，迺淹留至于今。慙懼感咽，不知所言。恭惟神靈不昧，尚膺天子，丕顯休命。

祭丘君文

猗嗟丘公，市隱之倫，紛攫金而争先，炯懷璧以自珍。超獨懷於德義，外不亂其光塵。樂怡怡兮自適，坦蕩蕩兮無垠。韙承家之子弟，服義方以資身。吾來閩歲八周，悵識公其何因？惟先君之仲女，婦子舍而通姻。方言還而在道，篚覿幣而未陳。忽奉訃以來告，奄捐俗而返真。嗟乎，天之不淑，胡獨折此善人？念此往哭其何，及爲喪七而廢飡。傾聞公之晚歲，頗玩志於竺文，了一世之泡幻，盱生死如夕晨。曾其躬之不贏，天以燕其後昆。方世胄之有奕，矧先德之未泯。嗟惟公復何憾，悼生者之號寃，馳斯文以侑奠，庶冥漠之或聞。

代鄭德與祭龜山先生文

道喪千載，聖遠言堙。矧曰國家，莫善其身。三川之郊，篤生至人。公甫筮仕，摳衣其門。聖有遺訓，俗學所霾，手摩層雲，日星昭回。六十餘年，學者有師，斯文所寄，天亦耆之。靖康初元，天子側席，擢從史氏，來長諫列。國勢危安，廷議中式，有懷必獻，曰此予責。帝在淮海〔六〕，始初清明，日御詩書，渴見老成。白髮蒼顔，歸侍邇英，如周武王，丹書是承。得謝言旋，田里燕息，有言有行，四海是式。謂當期頤，難老永錫，執餽乞言，福我王國。云何一卧，遽告易簀。邦人涕洟，朝野大息。嗟哉冥頑，多難所嬰，避影趨風，久愧未能。越自世父，執經師庭，德義之契，施及晚生。惟先君子，謀謨密勿，天嗇之年，勲著王室。公畀銘章，黼黻金石，幽竁是藏，以詔無極。盛德之賜，曷酬萬一，祖祭有期，來從執紼。帝懷元老，天不憖遺，奠觴一哀，豈獨吾私。

祭鄭龍巖文

我尉尤溪，少未聞道，不安厥官，跌宕物表。維賢宰君，不我瑕疵，美疾潛去，砭之藥之。比稍有聞，追悔何及！見容則多，賢哉師德！九仙之别，俯仰六年，公官龍巖，手書見存。知我倦游，日困羇窶，督以赴銓，舊家來寓。來官公鄉，日訪代期，阻闊十舍，跂予望之。重九之書，粲然累紙，既再涉旬，與訃俱至。嗚呼哀哉！公與人交，通介之間，外同光塵，涇渭了然，達於民政，心爲衡石。清畏人知，不求赫赫。勝日婆娑，萬事一尊。考評書詩，有流有源。展矣古人，宜壽宜貴。豈期微痾，一卧遂蜕。位高疾顛，基薄崇墉，播惡遺臭，形渥而凶。公齋令名，全歸墉下，位雖不充，不充無憾。欒欒諸孤，甫以喪歸。身有吏責，往弔不時。德義之隆，追懷永慨。孰知予悲，寄此一酹〔七〕。

校　勘　記

〔一〕曾祖甫「祖」下，朱玉刻本有一「惟」字。

〔二〕舉先訓戒飭諸子 「舉」字上，朱昌辰刻本有「母」字，四庫本「舉」字作「母」。按，據文意，當以朱昌辰刻本爲是。

〔三〕撫州司馬曹氏 「氏」原作「事」，據朱昌辰刻本、四庫本改。

〔四〕計閔部服官之初 「閔」，四庫本作「閩」。

〔五〕鳥烏之養 「鳥烏」，四庫本作「烏鳥」。

〔六〕原本衍「王」字，據文淵閣四庫全書本、朱玉刻本删。

〔七〕按朱玉刻本卷十二終附與外父祝公書，録如左：

與外父祝公書此書原集未載，見家乘，今附入。

松奉孃父幸安。小五娘九月十五日午時免娠，生男子，幸皆安樂。自去年十一月初在泉州權職官，聞有虜騎自江西入邵武者，遂棄所攝，携家上政和，寓壟寺。五月初聞龔儀叛兵燒處州入龍泉，買舟倉皇携家下南劍，入尤溪，而松自以單車下福唐見程帥。在福唐聞賊兵破松溪隘，駸駸東下，已入建州，攻南劍甚急，又匆匆自間道還尤溪。六月十四日蚤到縣，而賊兵已在十數里外矣。幸二舍弟已搬家深遁，是日即刻與縣官同走至家間所遁處。賊在延平爲官軍所破，倉皇自山路欲遁下漳泉，至此非其本心也，過縣更不駐，不甚害人，亦不縱火。家中上下幸皆無恙，而隨行及流寓舍中衣服文字之類，皆無所損失，比他人爲尤幸也。七月間方還縣，而甌寧土寇范汝爲又出没建劍之間，其衆數千，官軍遇之輒潰。諸司不免請官招安，以還狀受犒設，將散其衆。無何，大兵自會稽來，必欲進討。昨日方報，大兵冒昧入賊巢，喪失數千人，賊勢又震。大路自今夏以來，未嘗有一枕之安。此懷如何！得程壽隆近書云，鄉里頗擾擾，不詳言其故。度切近江淛，其可憂當不啻此。唯聚糧深遁，勿以一毫珍幣自隨，乃爲上策。此中雖城居，但日夕爲遁入深山之計，生意草草，凡事苟且，不知百年未滿之間，如此者更幾時而後定耶。來書謂松懶於從仕，非也。中世士大夫以官如農夫之於田，其敢惰耶？但未能赴行在間，閩中所有，不過權局，遠不過三五月，道里有遠近、便不便，携家即厚費，獨行又非便，是以且此跧藏，意亦欲俟來春無事，一走會稽，見當奉報。晉道帥福，辟得一員屬官，須京朝官，大年又未參部，一切差遣皆疑，是以皆參差也。裘四久此，頗忠戇可任。繼忤逢年，當擾攘中，遂不告而去，情理不復可耐。今此復來，察其意色，不復可制蓄。每日來就食，而夜宿客舍。然地遠，難得人力來往，彼此資以通耗，且羈縻不絶，猶冀尚可鞭策爾。方賊至，六月間在村中，裘四亦在彼，數使人呼之不至，却妄云松在福唐未還，又云賊破福州，皆妄言也。婺源先廬所在，夢寐未嘗忘也。來書相勸以歸，俟國家克復中州，南北大定，歸未晚也。

文公全集内跋吏部府君與祝公書即此篇也。可見當時家無藏藁，至文公六十四歲方得見之。跋云：「内弟祝康國出示先君子與外大父書，熹之不肖，於是始生，故書中及之。今六十有四年，捧玩手澤，涕血交零，敬書其後而歸之。紹熙癸丑十二月七日孤朝散郎、秘閣修撰、主管南京鴻慶宮熹謹書。」

玉瀾集

新安朱槹逢年撰

次韻梅花

陰陰雪意雲垂地，曳策微行傍清泚。眼明横路出江梅，烟瞑沙寒迷表裏。當年一夢山月明，依約瑶臺見仙子。俗緣掣肘意未了，弄出飛瓊亂紛委。摩娑銅狄豈須話，滄海揚塵固其理。花神縱步來閬苑，羞怕唐昌偷玉蕋。回風自作粧半面，泣露真成愁齲齒。相看一笑豈易得，分與天香更清美。那知脱屣塵寰去，頃刻蓬萊三萬里。黄昏誰伴醉鄉歸，天色無情淡如洗。

次韻寄求道人

天工憒憒春無力，桃李顰心少顔色。夢中矯首望三山，我是東南未歸客。岩壑交游人姓支，相思江月半成規。遥知草木代説法，豈是畫餅隨兒嬉。此身分不過朝市，何日相泛拂衣袂。豈容陶令載白蓮，會作鄭虔書落柹。

二詩寄德粲并簡内觀諸友

春風本自掣肘去，那更病留過一旬。滿眼山川雖不改，連天桃李已成塵。銀河誰與洗兵馬，寶唾安能泣鬼神。悵望故人分雪此，飛雲落日在綸巾。

九淵亭上二三子，見説年來事事新。隔水不容招手喚，曲窗已有畫眉人。酴醾香好急携酒，鶗鴂聲繁催送春。笑我江南未歸客，飄然天地一閑身。

寄人

一牛鳴地兩禪林，霧雨初晴翠靄深。熟路緣溪穿窈窕，疎鐘喚客出嵚嶔。未求黄卷成功處，且辦青山避世心。悵望不來還獨返，秋風聊作暮雲吟。

十月上休日示求道人

老禪獨卧千岩表，枯木寒雲伴此身。只倚藜根作詩本，肯分秋色與騷人。心源落落故難合，筆勢翩翩想絶倫。記取濠梁斷金語，三山好處要傳真。

因蹈元看竹了軒因用去年方字韻作此

淇澳、渭川那復夢，而今天遣出南方。要觀大節須霜雪，莫説此君無肺腸。照水形容殊不惡，臨風言語一何長。山僧豈識留連意，千里故人逢異鄉。

和德粹三絶

平生樂事在三餘，不管梧陰過玉除。絶尾忽參嫠緯句，風塵今日正愁予。

心賞南樓一味凉，波光山影上藜牀。莫言体國非吾事，好夢不能千里長。

未坐他年百尺樓，浮雲身上且悠悠。眼高四海騎鯨客，不見長安亦解愁。

三山次潘静之升書記韻

客路那知歲月長，掀眉一笑苾芻房。且傾徐邈聖賢酒，不問陳登上下牀。雲影翻空迷海嶠，秋聲隨夢到江鄉〔一〕。明朝各聽船窗雨，猶憶枯棊戰四郎。

邈書寄出與李知哲唱和詩次韻

邂逅招提頓客輈，十年塵土且休休。三人月下從渠便，二老風流到我不。南北只今無好語，山川如許更悲秋。故應賸作鏘金句，莫羨群兒萬户侯。

老兵種菊以詩謝之

蔬畦雨徑策勲時，徙種鄰墻菊兩枝。九日無人過朱放，十分擧酒酌王尼。花裁栗玉秋風健，香近龍涎曉夢知。負口不應還負眼，長鑱煩爾鎮相隨。

鄭德予同遊桃花山次韻

江村卜築路斜斜，模寫癯仙四壁家。聞道讀書忘肉味，不緣避世宿桃花。青山自作千年調，白眼空驚一望賒。欲買雞豚投近社，烟蓑雨笠寄生涯。

春紅萬樹抱山斜，落落真源自一家。雲起坐中疑有雨，酒行杯面恐飛花。塵緣未斷心雖勝，他日重來約尚賒。畧倩淵明記遺事，武陵今不在天涯。

九日與客語慨然有廬山之興

九日黄花笑白頭，分將牢落付林丘。半川暝色聊償夢，别領秋聲旋寄愁。江國經年成浪語，匡廬入手是真休。未能免俗須登陟，睨視元龍百尺樓。

草堂諸陳同遊崧山精舍晃仲携琴先歸用壁間韻

來伴秋風十日閑，筆端久已識波瀾。煩君一醉雙風月，乞與兒曹白眼看。破塵妙語慰畸人，鶴緣深衣雨墊巾。獨自抱琴山下去，石橋月色爲誰新？

三山次鄭德予韻

日脚微明雨脚疎，誰將雲夢賦相如？西南山好君知不？一見全勝讀異書。何日歸舟片葉輕，白鷗相伴艫微鳴。只應潮打蓬窗處，已作離騷一半清。

次韻梅花兩絶句

一月尤溪烟雨濃，玉梅渾作玉人逢。江南他日摘香處，莫忘雲間雙髻峯。

清淺彎環遶故墻，一身將影理殘妝。西施俗處無人見，冷落吴宫溪水香。

徐彦猷以仇池詩句爲韻作詩十四章見示答之

徐侯筆下波濤寬，新詩示我清且閑。誰能辛苦學飯顆，格轍已到元和間。春寒十日不出户，坐想江柳分烟鬟〔二〕。東坡老仙有奇句，析韻琢句光斕斑〔三〕。疾雷一洗牛蟻鬪，羯鼓畧驚桃李頑。周郎知音亦已久，仲車着語誰當删。大招六鈞古稱重，汝自力弱無由彎。胡爲坎坎事唫點，今古可笑兒童孱。鄉關春物入意匠，水光花氣相回環。莫嫌衆口亂如沸，當見三耳生其顔。嗟吾和詩雖已晚，識君妙意存高山。告君詩妙須飲酒，社甕一醉寧當慳。彦猷戒酒，常云：「人言吾詩好，即飲酒。」

寓居南軒

雲氣披猖月意孤，冬青倒影上庭隅。燈横老薺蛾方去，書掩新芸蠹已無。一世盡知關魯酒，十年不擬歎齊竽。支頤坐覺疎星没，獨扣龍頭瀉酪奴。

答戲昭文梅花

臘到方留此日寒，雨多未覺過雲殘。共驚臺柳葱葱去，獨抱園花細細看。洗面不勞千點雪，薰衣剩破一分檀。詩人窮苦誰料理，只倚東風酒量寬。

乙丑臘月十七日立春

自數今年臘，天饒半月春。酒船欺白首，桃壓笑青唇。避地疎同隊，一作黨。逢人試問津。傷心穿豺虎，未肯盡奔秦。南山收宿雨，鱗甲一番新。

延平道中

一溪春漲午晴初，日透波光緑浸裾。却憶孤山山下路，石橋清澈看叉魚。雲間三十六峯高，北望思歸夢亦勞。來客雙峯莫相笑，少低吾眼爲兒曹。

舟次黿湖阻水因由董山

山雨疎疎心又驚，起瞻天色斗微明。他年一枕江關夢，知憶蓬窗此夜聲。

一川黄濁寫崐崘，苦恨南溪不盡吞。三老亦知行意速，時時插竹記沙痕。

拂拂朝霞到客舟，苦疑雨意在鳴鳩。好峯天半元相識，且作僧牀挾策遊。

夢好山晴曉不知，船邊今日見鬚眉。向來快寫崐崘地，元有薰風緑盡時。

向年舟自三山上延平和人韻兩絶

春江一月困楊舲，醉夢無人與唤醒。欲識故交金石處，相逢詩裏眼猶青。

春風一夢收桃李，雙燕不知愁絶時。卧向蓬窗飽聽雨，無人識此是新詩。

元英折蕙柚花

白玉繁花五葉芳，春風吹盡洞庭霜。河西道眼分明處，識破此中知見香。

乙丑除夜寓永興寄五二姪一首（四）

殘臘避新正，疾馳不可鞚。梅花相行色，更以風雨送。傷哉緑林豪，支派出章貢。薦食今幾年，金帛既充棟。王旅走山澤，魄散失飢凍。空聞米粟廉，不救干戈痛。冥冥紙錢底，千室羅盎甕。祀先不暇嘗，一夜驚入夢。書生口擊賊，自愧脱嘲弄。經營華陽馬，想像丹穴鳳。融融聲教中，焉得餘此衆。由基執弧矢，鼷鼠何足中。浮烟起南舍，春事行倥傯。桃寒強破蕋，鳥静獨成哢。詩情寫物色〔五〕，心匠與折衷。章草簡阿戎，溪頭試微諷。

僕自以四月十四日自延平歸所寓之南軒積雨陰濕體中不佳二十五日夜夢至一處流水被道色清絶若有欄檻而無屋宇有筆硯皆浸水中予驚問何地旁有應者曰此玉瀾堂也夢中欲取水中筆硯作詩詩未成而覺意緒蕭爽殆不類人世雞已一再鳴矣因賦此

蘧蘧飛夢過雲鄉，物色清輝眼界長。閶闔未招金馬士，蓬萊先立玉瀾堂。千尋濯足衣裘冷，六字哦詩筆硯香。當與瑶池作同社，紅巾青鳥兩相忘。

贈周功崇

閩嶺浮沈二十年，歸心日夜夢江天。謾題甲乙煩君看，若説功名只自憐。造物小兒知薄相，箇中老子已忘筌。一笻聞作東南去，豈欲求人左海邊。

悼鄭彦繼書墓亭

蒼梧翠栢泣西風，尺冢巍然宿草中。寶劍何心求季子，隻雞今日過橋公。麟經有味人誰識，鶴陣論功氣自雄。欲拂蒼厓寫奇節，陳琳㩁手語言工。

竹醉日懷故山

一室真容膝，一作「不彌畝」。何人客子猷？土浮迎竹醉，雲净對山羞。無地青歸幌，他年翠繞樓。且從鄰寺去，烟雨一作「雨外」。看沙鷗。

繁暑

繁暑不可度，病餘少見招。投鄰借軒卧，信手得書饒。壽我藥雙笈，驚人詩一瓢。醒心憑雪鷺〔六〕，只恐日薰銷。

大食瓶

窳質謝天巧，風輪出鬼謀。入窑奔閼伯，隨舶震陽侯。獨鳥藏身穩〔七〕，雙虹繞腹流。可充王會賦，漆簡寫成周。

春寒

人道春寒早繫舟，楚山一夜雨瀏瀏。此生削跡江邊路，嫩緑紛紅只自愁。

夏夜極凉

素簡久辭夜，清風先戒秋。稻深群蛤吠，草暗一螢流。舌在殊無計，心空尚有求。按圖尋分野，楚尾見吾州。

六月二十日二十一日立秋。

天涯明月見秋風，錯莫誰驚碧樹空。豈意楚山招隱處，盡歸蜀客廣騷中。釣魚聊爾針方直，乞米茫然帖自工。獨卧南軒聽南澗，蠻花猶作杜鵑紅。

尤溪縣之南李花千樹無一雜木春時嘗飲其中酒家小軒可愛不知何故不曾作詩追賦二首明年修故事當書之壁間〔八〕

橋外茅茨好，相過問酒錢。李花今若此，白髮自茫然。落日雲千步，春風雪一川。明朝記來處，石澗響濺濺。

又

見説小軒久，無人唤我來。直如春力快，故遣客懷開。玉立花千樹，霞翻酒一盃。江陵二月尾，襟韻信難陪。

春間小詩書趙園壁追録之

柳態隨時秀，花容近酒輕。緑牕京洛語，蓋抹早鶯聲。

又

小語不知夕，幽香無盡時。影寒人欲醉，明月照酴醿。

又

自得春風信，開懷待此花。餘寒固艱棘，今夕雪斜斜。

又

夜月閫杯淺，春風楚製輕。故鄉空費夢，來此聽谿聲。

夜坐池上用簡齋韻

落日解衣無一事，移牀臨水已三回。斗沉北嶺魚方樂，月過秋河鴈不來。踈翠庭前供答話〔九〕，淺紅木末勸持盃。明明獨對蒼華影〔一〇〕，莫上雎陽萬死臺。

平津

西風扶病上江樓，老眼凄迷一色秋。帆影戛雲追斷鴈，角聲吹月舞潛蚪。栽培白業初無路，點檢青山始欲愁。左海此中纔咫尺，何年烟雨解扁舟。

九日與數客登善福院之絶頂晚飲茗飲閣予以病先歸賦十二韻

風日迫佳節，一川秋意昏。臨高分石磴，却立數煙村。楚製隨雲物，蠻花照酒痕。龍山嗟未久，藍水想空存。鴻鴈頻收唳，茱萸幾斷魂。拍肩尋熟路，登閣換餘樽。鍾梵規繩闊，親朋笑語温。加籩携海嶠，聞笛憶鄉園。夢記南柯守，兵看左角奔。詩凡羞晉宋，髮短任乾坤。汝輩禪心起，今生道眼渾。不知東嶂外，灧灧湧金盆。

秋日

嗚鵰初歇樹猶陰，黄菊紅榴色轉深。管領秋風有今日，留仙群稱辟寒金。簸弄天風髮彩凉，西河一笑問吴剛。借君玉斧煩輕手，留取箇中秋影香。山静溪回樹緑晴，鷺群點點雪分明〔一二〕。影沉寒水初無意，只是魚兒獨自驚。

葵道人之三山

君家雙峯下，祝髮事香火。豈無遠遊志，困此萬山裹。坐閲腰包中，未接話已墮。翩然問知津，九仙入風柁。冥冥荔枝浦，華屋紛砐硪。邂逅儻逢渠，周旋寧作我。閉門造車語，雖陋佛所可。他年笑相視，此計無乃左。

次嶺上壁間韻

雲卧雙峯柢對亭，黄塵縈拂玉梅驚。春風一棹歸來早，誰作窗間擁鼻聲。

春風

一舉造物手，萬生和氣中。酒邊排雪意，詩裏要春風。了了誰孤起，滔滔我即空。試詢三世事，猶有讀書功。

折山道中六言寄湧翠道人

折山有路可上，他日雲藏萬家。用處何曾觸石，一禅指頂天涯。
雲暖網横危磴，日沉舟泊平沙。欸乃一聲歸去，炊烟遥起蘆花。
牛卧黄茅岡底，鷺歸紅葉村邊。可是太平無象，溪橋醉舞華顛。
玉梅無意相惱，嗾人烟雨疎疎。擬寫箇中妙處，語煩不到西湖。
草枯蟲躍驚響，溪静魚行閃光。只麽時時管帶，可須細細商量。
既有女名靈照，何妨自作維摩。要見諸天辦供，問他風月山河。

寄龔十三

支頤獨楫北窗風，怪事泛今咄咄空。簡策不知春色晚，山川渾落戰塵中。花飄茵席三生浄，草入池塘一句工。想見楚龔懷我處，扁舟遨蕩夕陽紅。

穀雨

大點紛林際，虚簷寫夢中。明朝知穀雨，無策禁花風。石渚妝機巧，烟蓑建事功。越禽牢閉口，吾道寄天公。

磻叟書云牡丹酴醾已盡胡不歸

客次驚衰白，歸期先牡丹。空枝兼病力，啼鳥問愁端。平日長相憶，東風忍不看。冰容亦零落，唯是有春寒。

姚大本以李義山詩韻作詩題息軒繼作

隱几心疑水，携盂影照山。六窗開畔岸，一榻埽中間。栢子方饒舌，花枝忽解顔。定餘牛自牧，夢起蝶相闗。閶闔初無路，蓬萊别有班。藏舟知夜失，面壁竟西還。老矣從他笑，公乎伴我閑。体坤詩更好，分寸許躋攀。

書報國壁向年寓學於此嘗見虹下飲溪中復聞子規

昔與春風來此時，携書齔齔伴兒嬉。山晴欄楯投雌霓，身病林巒號子規。短髮蕭蕭吹易盡〔一二〕，長江滚滚去何之。欲追舊事無言説，更作三生石上期。

蓋竹與陳和仲昆季

玉樹成群不可攀，謾將牢落待蒼山。五年分手河梁外，一夕連牀風雨間。梅蕋凌寒春欲動，酒杯無力病相關。朱、陳自古同鄉社，更約青雲作往還。

寄夢肇

滄海横流無處安，只今且作夢中看。豈須遊戲兩蝸角，收此微茫一彈丸。老境懷人山宛轉，春風着物鬢摧殘。窮愁似與詩增氣，嚼雪敲冰字字寒。

辛酉五月望簡陳和仲

秀出雪峯一千衆，挽回廬阜三十年。赤烏白馬吐傑句，黄花翠竹通幽禪。竺師不假報文度，鑿齒本自知彌天。可憐烏石嶺下路，榕葉炯炯凝雲烟。

用東坡武昌寒溪韻三篇同楊良翰。

漫郎古邑埋蒿萊，五柳合抱何人栽？浯溪未作天寶頌，爽氣已壓南昌梅。蘇公鄧公先後到，一時玉立高嵬嵬。扁舟載酒渡江水，千山軟翠昏樓臺。窪尊抔飲追太古，雲荒石老無紛埃。歸來玉署念赤壁，側身西望銀濤堆。英辭傑句相震發，尚記野鳥窺空罍。只今却數未百載，蟲篆想見留巖隈。中原膻腥雜夷夏，淮北城壘生莓苔。公乎天與濟世具，曷不手引梟鸞開？空遺筆力配元祐，頓覺紙上千軍摧。禁中頗牧知在即，號令前日頒風雷。丹青元向大羽出，貂蟬要自兜鍪來。數公文字雖勝絶，莫使變作離騷哀。

東坡謫官未放回，桃花不繫玄都栽。機牙愛觸造物手，五見江雨肥江梅。扁舟一笑凌浩渺，瘦筇結伴登崔嵬。窪尊故事逢浪翁，烏篆真迹追浯臺。次山有浯臺銘見六一集。漂流長有北闕夢，邂逅果踏東華埃。玉堂夜直對同舍，金燭照座花成堆。帝觴雨露澆舌本，忽憶樊口傾山罍。聯詩共刻醉眠處，至今寶氣蟠巖隈。關西夫子獨好事，掖垣行即吟蒼苔。斯文突過元祐上，已覺萬丈光芒開。臨風弔客感赤壁，公瑾孟德俱彫摧。英雄割據亦兒戲，安用七筯驚蚊雷。東坡羽化不復返，浪翁何日成歸來？鸚鵡洲前舊時路，寒波荒葦令人哀。

故園山水真奇哉，三徑蘭菊當年栽。自嗟流浪不知返，江城曉角愁吹梅。詩書邀我忽半世，車轂前却連崔嵬。試尋夷路到聖處，馬力已竭煩輿臺。去天尺五吐傑句，孔丘盜跖俱塵埃。坐疑蓬島尋丈爾，扁舟徑入浮雲堆。肩摩嵇、向挽焦、賀，欲倒瀛海爲尊罍。夢中失脚在何許，千里閩越天南隈。隻身形影自相弔，俯仰馬鬣迷青苔。蘭階彫謝知葉落，荆樹慘淡無花開。向來愚公不自度，一手欲以太華摧。那知天目山頂露，兒啼下眎雲間雷。華亭黄耳竟安在？遼東白鶴還飛來。終尋三十六峯去，要假聶許平餘哀。

感事

大弓竊陽氏，神鼎淪泗淵。何須識微士，周魯必不全。武庫一朝火，斬蛇逐飛烟。傷心睨前事，氐虜定紛然。

又

山川非晉土，悲泣効楚囚。一語強自慰，凄迷望神州。刺史下荆水，司農來石頭。土園管夷吾，過計非私憂。

又

元規負康濟，徒手嬰群雄。兵從歷陽來，無地逃姦鋒。誰乎死社稷，千載一卞公。英風與義氣，建立成江東。

雪梅各一首。

去年雪欺客，平地一尺深。謝遣東閣花，那顧西牀琴。故人初不知，屋側乃見尋。悠然振永起，誰復明此心。

又

寒梅卧烟雨，山澤有奇氣。六龍扶翼之，月袂攬雲襂。先生九疑仙，心識真筌秘。裁詩作花骨，瘦浄乃可貴。

道中

疢憂劬征行，金火方抵捂。宵分餉群僕，乘月問前路。小兒何自至，櫬我陳洲渡。暗浪擊層崖，平沙起驚鷺。莽蒼川花開，蓂蒙山氣聚。物情豈不嘉，悶滯非所遇。鈐語出林表，風期呼我往。尋幽本素志，觸熱詠嘉句。午枕得高深，復覺清景駐。誰云適所願，永乏濟世具。以兹一夢頃，可況百年遇。咄哉郭氏子，破甑尚欲顧。

自作挽歌辭

憂幽坐南軒，萬壑取我囚。疾雷且不聞，焉知草蟲愁。强顔理編簡，閱世如東流。滔滔竟不返，誰復操戈矛。天涯念孤姪，携母依諸劉。書來話悲辛，心往形輒留。先塋託仙峯，山僧掃梧楸。二女隨母往，外翁今白頭。伯氏尚書郎，名字騰九州。仲兄中武舉，氣欲無羌酋。棣華一朝集，荆樹三枝稠。堂堂相繼去，遺我歸山丘。漆園夢方覺，白衣雲正浮。憑陵若蹈空，何處停華輈。故鄉豈不懷，一作「戀」。屋食良一作「亦」。易謀。自我識廢興，於天無怨尤。平生喜聞詩，此詩當挽謳。不須生芻奠，君從二兄游。「漆園」一作「蘧蘧」，「白衣」一作「冉冉」，「正浮」一作「初浮」。

校勘記

〔一〕江鄉　朱玉刻本、朱昌辰刻本、四庫本作「家鄉」。

〔二〕坐想江柳分烟鬢　「想」，朱昌辰刻本、四庫本作「向」。

〔三〕析韻琢句光斕斑　「琢」，朱昌辰刻本、四庫本作「作」。

〔四〕寄五二姪一首　「姪」下，朱玉刻本有「文公行五十二」六小字。

〔五〕詩情寫物色　「情」，朱玉刻本作「成」。

〔六〕雪鷺　「鷺」，朱昌辰刻本、四庫本作「露」。

〔七〕藏身　「身」，朱玉刻本作「心」。

〔八〕不知何故不曾作詩　朱昌辰刻本、四庫本作「惜未曾作詩」。

〔九〕答話　「答」，朱玉刻本作「客」。

〔一〇〕明明　朱昌辰刻本、四庫本作「明朝」。

〔一一〕雪分明　「雪」，朱玉刻本作「雲」。

〔一二〕短髮　「短」，朱昌辰刻本、四庫本作「斷」。

附録一

朱玉序

韋齋公文集十二卷，先文公官南康時刻之於江右，元至正間廬陵劉公性再刻於旌德之學宫，是集行世廣且遠矣。玉愚不自諒，近年類編先文公文集大全一百一十卷，勉強授梓，功浩力綿，未即竣工，每歎韋齋集版本俱亡，未獲卒讀。蓋自宋元而後，閩之建州、南劍兵燹頻仍，迨至我朝，訪之四方，亦無有藏者，僅於家乘内得詩數篇，更從宋選詩會、詩歸各集所鈔不滿百首。玉恨見聞有限，詎海内名宿亦未暇留心重鋟耶？按公卒於紹興癸亥，文公年始十四，因初葬公地每慮其卑溼，至慶元間再遷於上梅里之寂歷山，高厚爽塏，而文公之心始安。公之行狀成於慶元己未，文公易簀前十日猶書及門人楊子直方，免其再致益國周公爲公作墓記，辭極諄摯。文成却寄時，已在文公夢奠後矣。公之事實既詳行狀，而益公又加表著，嘗攷公之生平事蹟，詳稽四十七年之出處通塞，品諸文章，爲建炎、紹興中士大夫之最。因僭輯年譜一册，以冀得元集補入全編，當亦先靈所不加責者也。適客臘有榕城之役，邂逅徐君，指以文集所在，急追尋時，又有先我而購之者。徐君復窮其所向，得之友人陶君案頭，備叙其由，慨以惠我。玉再拜受之。噫，公之集其沈没於塵埃殘帙中，不知其幾更歲月，且以玉遍求於數十年而不得者，今一旦獲之意外焉。捧讀確屬宋本，篇頁點畫，幸未大損，謂非先靈默憑以致之，斷不若是之巧合也。夫醴泉芝艸尚有根源，矧公誕生文公，集諸儒之大成，忍令公之文集不克與文公之集並傳，能無憾耶！兹僅依原本繕寫重鏤，以公海内。其記銘文字皆先哲所錫，贈謚誥敕廼歷朝褒典，合年譜而載諸卷端，是亦遠孫闡發祖功宗德之愚忱，而或可告無罪於僭妄焉爾。徐君諱法，字勤天；陶君諱士銘，字西崖，俱武林讀書君子，客遊三山。玉不敢泯其惠書之雅，故並書之，以志感云。雍正戊申春王正月望日，十七世裔孫玉百拜謹述。

宋史本傳　按，宋史韋齋公與文公合傳，今摘録。

朱松字喬年，徽州婺源人，繇郡學貢京師，登政和八年進士，授建州政和縣尉。丁外艱，服除，更調南劍州尤溪縣尉。秩滿，胡世將、謝克家薦，除秘書省正字。趙鼎都督川陝荆襄軍馬，奏取松爲屬，辭。鼎再相，薦，除校書郎，遷著作郎。御史中丞常同薦，除度支員外郎、史館校勘，歷司勳、吏部郎，兼領史職。與修哲宗實録，書成，轉奉議郎。秦檜決策議和，松與史館同列上章極言其不可。檜怒，風御史論松懷異自賢，以年勞轉承議郎，出知饒州，未上；請祠，得主管台州崇道觀。秩滿再請，命下而卒，年四十七。生子熹。

韋齋記

羅從彦

宣和五年，歲在癸卯之中秋，朱喬年得政和尉，嘗治一室，聚羣書，宴坐寢休其間。後知大學之淵源，異端之學無所入於其心。自知卞急害道，名其室曰韋齋，取古人佩韋之義。泛觀古人，有以物爲戒者，有以人爲戒者。所謂佩韋，以物爲戒者也。人之大患在於不知過，知過而思自改，於是有戒焉。非賢者孰能之乎？予始以困擯未能遂志，因作舫齋陸海中，且思古人所以進此道者，必有由而然。久之，乃喟然嘆曰：自孟軻氏没，更歷漢唐，寥寥千載，迄無其人有能自樹立者，不過注心於外，崇尚世儒之語而已，與之遊孔氏之門人，於堯舜之道其必不能至矣。夫中庸之書，世之學者盡心而知性，躬行以盡性者也，而其始則有「喜怒哀樂之未發謂之中」，其終則曰：「夫焉有所倚？肫肫其仁！淵淵其淵！浩浩其天！」此言何謂也？差之毫釐，謬以千里。故大學之道，在知所止而已。苟知所止，則知學之先後；不知所止，則於學無自而進矣。漆雕開之學曰：「吾斯之未能信。」曾點之學曰：「異乎三子者之撰。」顔淵之學曰：「回雖不敏，請事斯語矣。」而孔子悦開與點，稱顔回以「庶幾」，蓋許其進也。此予之所嘗自勉者也。故以聖賢則莫學而非道，以俗學則莫學而非物。喬年才高而智明，其剛不曲於俗，其學也方進而未艾。齋成而明年使人來求記於余，余辭以不能則非朋友之義，欲蹈襲世儒之語則非吾心，故以其常所自勉者併書之，使人知其在此而不在彼也。或曰：「韋齋之作終無益於學也耶？」曰：古之人固有刻諸盤盂，銘諸几杖，置金人以戒多言，置欹器以戒自滿，聖人皆有取焉。苟善取之，則韋齋之作，不無補也。宣和六年甲辰二月，豫章羅從彦撰。

韋齋銘 有引。　曹　偉

婺源朱喬年尉政和，書來抵偉曰：「吾性卞急，殆不容物，懼其不可以入君子之道。以『韋』名齋，蓋取古人佩韋之義，子其爲我銘之。」銘曰：

革性悍堅，維鞏用牛。揉而爲韋，和熟以柔。我思古人，盤盂有戒。佩玆紳如，式警楯介。市門仙朱，揭而名齋。宴游寢處，俯仰是懷。起予者誰？曰豹與柳。敢廢前修，亦鞭其後。覆羹唾面，不見角圭。怒蠅擣蜂，彼何人斯！吾聞有道，君子薰然。仁慈物不，可得親疎。夫孰得窺，其藩籬也。宣和甲辰春，沙陽曹偉題。

跋韋齋記後

石　憝

吏部朱公尉政和時，命其燕居之齋曰韋。郡之儒先羅公仲素記之，吴郡户曹曹君令德銘之，宣和六年也。至建炎二年，公更調尤溪，榜其齋亦如之。中更兵火，楝宇易置。乾道七年，憝猥當邑，公之子仲晦先生適以事來，憝學於先生者，相與訪故韋齋。所得小室，雖非其舊，而風景不殊，遐想高蹤，歎慕不已。先生亦泫然流涕，因出張舍人所作「齋榜」二大字。憝請揭之，併刻記以成公志。惟公道學高妙，克之於身，洪纖中節，猶懷卞急之慮，而有佩韋之義。夫子曰：「德之不修，學之不講，聞義不能徙，不善不能改，是吾憂也。」公之謂與？乾道辛卯孟冬，會稽克齋石憝謹跋。

韋齋記後跋

朱　熹

先君子每自病其卞急害道，嘗取古人佩韋之義，牓其廳事東偏之室曰韋齋，以燕處而讀書焉。劍浦羅先生仲素爲先君子作記，而沙陽曹丈令德又爲之銘，家藏遺蹟數十年矣。官署中更盜火，無復存。乾道辛卯，熹之友石君子重知尤溪縣事，始復榜而記之。恭惟先君子名齋之意不惟自警，乃其所以垂裕後人者，蓋亦至深至厚而無以加之，則此志不可以不傳於家。而熹躁迫滋甚，尤不可以忘先人之戒。奈熹踐修不謹，陷身危辱，今病且死，大懼無以奉慈顏於地下，故敢輒收輯遺文，藏之家廟，以示子孫，使永永奉承，不至失墜，庶幾得以少伸省僁念咎之萬一。其横渠西銘，實外舅草堂劉先生所授，首尾有先生手筆二十字，造字祝詞，病翁劉先生所作，及秘閣范公手帖，今皆以附於後。三公皆先君子執友，其所以教熹者，今皆不能有以副也。慶元己未五月丙辰，孤熹敬書。

韋齋公年譜

宋哲宗

紹聖四年丁丑閏二月二十三日午時，韋齋公生於婺源之居第。〇按婺源南街故宅左有古井，文公嘗曰：「聞先君子生時，井中有氣如白虹，經日不散，因名虹井。」

公父諱森，字良材，號退翁。〇按退翁少務學科舉，既廢，不事進取。年二十三始生公，取名松，字喬年。居長，行百一。韋齋其自號也。嘗曰：「吾家業儒，積德五世矣，後必有顯者，更當勉勵，以無墜先世之業。」既生公，益自謹飭。

元符元年戊寅

二年己卯

三年庚辰

徽宗

建中靖國元年辛巳

崇寧元年壬午

二年癸未，公七歲。

公童時，每出語驚人，退翁心異之，尤加訓勉。

三年甲申

四年乙酉

五年丙戌

大觀元年丁亥

二年戊子

三年己丑

四年庚寅

政和元年辛卯

二年壬辰

三年癸巳

四年甲午

五年乙未

六年丙申

七年丁酉，公二十一歲。

娶祝氏孺人。○按，孺人爲同郡處士祝公確（字永叔）女。元符三年庚辰七月庚午日生，年十八歸於公。其家世詳文公撰外大父祝公遺事篇。載文公文集第八册。

繇郡學貢京師。○按公未冠，遊學校爲舉子文，即清新灑落，無陳腐卑弱之氣。及遊京師，每屬文，皆膾炙人口。

重和元年戊戌即政和八年，十一月己酉朔改重和。公二十二歲。

春，登王昂榜，同上舍出身。〇按，公既去場屋，始放意於詩文。其詩不事雕飾，而天然秀發，格力閑暇，超然有出塵之趣，遠近傳誦。至聞京師，一時前輩以詩鳴者，往往未識其面而交口相譽。其文汪洋渾浩，不見涯涘，如川之方至，奔騰蹙沓，頃刻萬變，不可名狀，人亦少能及之。公未嘗自是，而恐其去道愈遠，則又取六經、諸子、史書伏而讀之，以求天下國家興亡治亂之理，與夫一時君子所以應時合變先後本末之序，期於有以發爲論議，措之事業，如賈長沙、陸宣公之爲者。且聞閩中儒輩叠出，遂踵遊於建劍間，得從學於柘浦蕭公顗子莊、豫章羅公從彦仲素，而又與延平李公侗願中、藉溪胡公憲原仲、白水劉公勉之致中、屏山劉公子翬彦冲爲之友。得聞龜山楊氏所傳河洛之學獨得古先聖賢之遺意，於是益自刻勵，日誦大學、中庸之書，以用力於致知誠意之地。自謂卞急害道，因取古人佩韋之義以名其齋，以自警飭焉。

宣和元年己亥

二年庚子

三年辛丑

四年壬寅

五年癸卯，公二十七歲。

銓試授迪功郎、建州政和縣尉，八月至任。○按公初仕時，家無餘蓄，嘗以先田百畝質同邑張敦頤先生以爲資，遂奉二親就養於官。仲弟檉，字大年；季弟槔，字逢年，俱偕行。

六年甲辰，公二十八歲。時方臘作亂，陷建德軍及婺、歙、衢、杭等州，故挈家入閩。

是年，羅豫章先生爲公作韋齋記，曹令德先生作韋齋銘。

七年乙巳，公二十九歲。

十二月，丁外艱。○按退翁既就養於官，以是年十二月初一日亥時卒於尉舍，壽五十一。時盜寇未息，途梗不能歸，遂寓葬於縣西二十里護國寺之西偏。

欽宗

靖康元年丙午

二年五月爲建炎元年。

高宗

建炎元年丁未，公三十一歲。

六月，聞靖康之變。○按，公時在制，方與客語，忽有以北狩事來告者，公聞震駭，投袂而起，大慟幾絶。自是王室漂摇，未有所定。寇賊縱横，已無復有當世意矣。

二年戊申，公三十二歲。

三月，服除，更調南劍州尤溪縣尉。七月之任。○按，公尉政和僅二年，服除更調，補前考也。

三年己酉，公三十三歲。

五月，秩滿，假館於鄭氏之義齋。鄭氏名安道，熙寧六年進士。

八月，權監泉州石井鎮。○按公在鎮十一月，聞有北騎自江西入邵武，時眷屬在尤溪，遂棄所攝，携家還政和。

四年庚戌，公三十四歲。

夏，自政和仍買舟携眷下尤溪。○按是年五月初，龔儀叛兵燒處州，入龍泉，破松溪隘，掠建州，攻南劍，六月中方爲官軍所破，遁下漳、泉，而尤溪幸無恙。又有甌寧土寇范汝爲出没建、劍間，自春徂夏，無片枕之安也。

九月十五日午時，生文公於尤溪，假館鄭氏之寓舍。今爲南溪書院。○按公生文公後有書致外父祝公，備言建地賊寇未平，頻遭遁避之苦。書載卷末。

紹興元年辛亥

是年仍避寇，寓長溪龜靈寺。

二年壬子

春，聞建寇未平，將欲携家之福州，度雞嶼洋，卜寓桐江，不果。

三年癸丑

四年甲寅，公三十八歲。

公與内弟程復亨書云：「息婦生男，名五二郎。文公行五十二。今五歲，上學矣。」

二月，召試館職，除秘書省正字、循左從政郎。○按，胡公世將以御史撫喻東南，公謁見而説之曰：「古之爲天下國家者，必有一定之計以爲子孫萬世之業，未有俯仰依違、苟度朝夕、曾不爲終歲之備而可以爲國者也。今日廟堂之上，固必有所謂一定之計議矣。然未知其但欲襟憑江、漢控引荆、吴，以保東南而已乎？抑當克復神州，汛掃陵闕，據中原而撫三河也？蓋嘗聞之，不取關中，中原不可復；不取荆、淮，東南不可保。唐唯不失關中，故更三亡不失舊物。而吴孫氏東攻新城，西攻襄、漢，乃所以保建業。其後桓温、劉裕雖能以江漢舟艫西入河、渭，然既得之而不能守，則亦僅足以保東南而已。然則天下之大勢可知矣。今進既不能以六師之重通道荆、襄，循漢、沔以赴興元，結連拓跋，控引五路，東嚮以圖中原，退又不能移蹕建康，治兵訓武，北争荆、淮，以爲固守之計，而但蹙處一方，費日月於道塗；前不能有尺寸之利，後又無所保以爲安，未知漂漂者竟何如耶？」胡公奇其言，壯其策，歸即以聞於朝，而泉守、資政殿學士謝公克家亦露章薦公學行之懿，不宜滯筦庫。於是乃得召試。而發策者以中興事業之難易後先爲問，公即對言：「自古謀國有得失，而成功無難易，蓋天下國家有至計，而國勢之强弱，兵力之盛衰，土地之開蹙，不與焉。唯能順人心，任賢才，正綱紀，則天下之事將無難之不易。惟上之人惜時愛日，而亟圖之反覆馳騁，出入古今，於此三者加之意焉，則謀國膺變之方，要不出此。」日未昳，累數千言以上，而文不加點。高宗覽而異焉，因有是除。

九月，丁内艱。○按趙忠簡公方以元樞受詔西督川陝荆、襄軍事，欲奏取公爲屬，會太孺人屬疾辭，遂遭喪以歸。而趙公卒，亦不果行。程太孺人以九月二十八日戌時卒於政邑之寓舍，壽五十七，葬政和縣漿溪鐵爐嶺。

五年乙卯

六年丙辰

七年丁巳，公四十一歲。

築建州城南環溪精舍。○按公嘗往來於建、劍間，喜建州山水佳勝，遂築精舍於環沙之上，遷居焉。時文公已八歲矣，童時畫八卦於沙上，即此地。公遊潭陽，見考亭溪山清邃，可以卜居，嘗書之日記。至紹熙壬子，文公年六十三始遷考亭，以成先志，曰滄州晚築。

服除，九月召對，改左宣教郎、除秘書省秘書郎。○按公應召入對時，上已用張忠獻公之策，進次建康，指授諸將計日大舉，以復中原，國勢亦少振矣。公始進見，欲堅上意，以遂中興之業，即奏言曰：「陛下以聖哲之資，撫艱難之運，側身焦思，累年於兹，而民困兵弱，寇僞侵凌，戡定之勳久而未集。意者，陛下殆當抗聖志於高明而輔之以睿智，日躋之學垂精，延訪蚤夜，汲汲以求宗廟社稷經遠持久之計。申明紀律，崇奬節義，而又以民心爲基本，忠良爲腹心，則臣有以知寇僞之不足憂，而恢復大功指日可冀矣。」因論自古中興之君唯漢之光武勤勞不怠，身濟大業，可以爲法；晉之元帝、唐之肅宗，志趣卑近，功烈不終，可以爲戒。反覆切至，而猶慮夫計畫之間或未精審，無以服衆心而成大功也，則又言曰：「人主操大權以御一世，必有所以處此者，唯切中於理，然後足以深服天下之心，是以無爲而不成。今萬幾之務決於早朝，侍立逡巡之頃未有以博盡謀謨之益，使其必當事理以服人心。謂宜畧倣唐朝延英坐論之制，仰稽仁祖天章給札之規，延訪羣臣，博求至計，然後總攬參訂，以次施行，則政令之出，上下厭服，天下之事無所爲而不成矣。」顧又嘗病士溺於俗學而不明君臣之大義，是以處於成敗之間者常有苟且自恕之心，而缺於舍生取義之節，將使三綱淪墜而有國家者無所恃以爲安，則又奏言：「宜鑒既往之失，深以明人倫、勵名節爲先務，而又博求魁磊骨骾、沈正不回之士置之朝廷，使之平居無事，正色立朝，則姦萌逆節銷伏於冥冥之中，一朝有緩急，則奮不顧身以抗大難，亦足以禦危辱凌暴之侮，則庶幾乎神器尊嚴而基祚強固矣。」上悦其言，而於光武、晉、唐之論尤所嘉歎。明日以喻輔臣，且論元帝、肅宗之失，而尤以元帝區區僅保江左，畧無規取中原之志爲誚，乃詔改公京秩，仍典校中秘書，則當時聖志所存亦可見矣。

是年，天子有事於明堂，發赦追榮。以公在館職，有司按故事奉勑贈公父承事郎，母孺人。

八年戊午，公四十三歲。

三月，遷著作佐郎。

四月，復召對，擢尚書度支員外郎，兼史館校勘。○按，御史中丞常公同薦公恬尚有守，可任大事，因復召對。公即抗言：「當今國論不過兩端，喜進取之謀者，既以行險妄動而及於敗，爲待時之説者，又以玩日愒歲而至於媮，二者不能相通，而常墮於一偏，是以成功不可見而均受其弊。然臣竊迹近事，則夫往年江上之捷，日者僞劉之廢，中原之釁，可謂大矣，而吾終未肯求所遑，豈非以行險妄動爲不可以不戒，而於吾所以自治其國家者將益求其至歟？唯宜斷自聖志，深思昔人愛日之義，憂勞爲政，無少怠忽。」又言：「陛下有爲之志未嘗少衰，而天下之事每每病於不立，使中興之烈未有卓然可見之効。臣竊不勝憂憤。而深維其故，以爲陛下誠能並進忠賢，修明紀律，懲陵夷委靡之禍，革姑息苟且之政；深詔大臣，號令所出，必務合於天下之正義，而毋卹匹夫狥私之怨，則威令必振，國勢安強，桀驁之敵亦將斂衽而退聽，尚何病於事之不立哉！」上亦不以爲忤，特命除郎，兼畀史筆。而常公猶以爲此非所爲薦論之本意，再論上前，言甚懇至，然事已行，不及改也。

九年己未，公四十三歲。

歷司勳及吏部員外郎，領史職如故。

入史院，與修哲宗實録，書成，遷左奉議郎。○公至史院，會方刊修蔡卞所撰哲宗實録。而宣仁附傳實公所分，所以辨明誣謗、分別邪正者，於體爲尤重，而公考訂精密，直筆無隱，論者美之。其後顧亦不免頗爲他官所竄易，是以讀者猶有憾焉。

十年庚申，公四十四歲。

春，以年勞轉承議郎，出知饒州，辭，未上。○按，金人亟遣使請和，趙公以議不稍合，亦罷去，而秦丞相檜始顓政事，遂決屈己和戎之議矣。公在史院，亟與同舍胡公珵、凌公景夏、常公明、范公如圭等合辭抗言和不可從，然而國是已定，言無所入。由是公之求去愈力，而檜之怒公愈甚，遂使言者論公獨懷異自賢，陽爲辭遜，爲罪而出之外郡。公去未幾，而金果敗盟，復奪河南地，檜亦不知所謂周章回惑，至於視師之奏，援引乖錯，而不自知。聞者莫不痛詈而深憂之。

請祠，得主管台州崇道觀。○按公請祠既遂，因還屏居建溪之上，日以討尋舊學爲事，玩心於義理之微，而放意於塵垢之外，有以自樂澹如也。公舊喜賦詩屬文，至是非有故不徒作，乃其文氣則更爲平緩，而詩律亦益閒肆，視諸少作，如出兩手焉。

十一年辛酉

十二年壬戌

十三年癸亥，公四十七歲。

三月二十四日辛亥，卒於建州水南之環溪精舍。○按，公疾革，文公年十四，公手書以家事屬少傅劉公子羽，而訣於籍溪胡公憲、白水劉公勉之、屏山劉公子翬，且顧謂文公曰：「此三人者，學有淵源，吾所敬畏。吾即死，汝往父事之，而惟其言是聽。」公没，少傅爲築室於里之第傍，即五夫里，地名潭溪。文公奉母祝太孺人就居焉。乃遵遺命，稟學於胡、劉三先生之門，後三年，白水先生妻之以女。

公没之明年甲子，文公扶公櫬葬於五夫里之西塔山。乾道六年七月五日，遷於里之白水鵝子峰下。後至慶元間，再遷葬於上梅里寂歷山中峰寺之北。祝太孺人後公二十七年卒，壽七十，葬建陽崇泰里後山天湖之陽。

宋光宗追封韋齋公通議大夫暨配祝氏追封碩人誥敕

朕方舍爵書勞，有吾從臣以次第報，則推本世系，及其禰廟，皆寵綏之，亦祭澤也。煥章閣待制、侍講朱熹故父左承議郎、守尚書吏部員外郎、兼史館校勘朱松，少而英發，晚益深造，渡江諸老，多其師友。嘗歷郎闈，秉史筆，力詆和議，緒正謗史。蓋官雖薄，而志在於天下後世也。位不稱德，識者恨之。屬予肇禋，有嚴美報，則爾有賢子，勸講路門，可無褒典，以慰罔極之懷？追錫崇階，用賁泉壤，非以爲生，亦德之稱，可追封通議大夫。

朕既爲卿大夫宏賁禰廟，以侈教忠之報，則母氏與享，可無申錫，使之匹休。煥章閣待制朱熹母碩人祝氏，來字名家，克相夫子，本之純厚，申以敬恭，其仰而事姑，備極順適；俯視媵御，又何其不察察也。是宜篤慶，聿生賢子，蔚爲儒宗，名滿天下，則加以美號，用慰孝思，我有茂恩，宜不汝吝，可追封粵國夫人。

紹熙五年十月□日。中書舍人陳傅良行詞

元順帝追諡朱獻靖公誥敕

考德而論時，灼見風標之峻；覩子而知父，追聞詩禮之傳。久閟幽堂，丕昭公論。故左承議郎、守尚書吏部員外郎、兼史館校勘、累贈通議大夫朱松，仕不躁進，德合中行，遡鄒魯之淵源，式開來學；闡圖書之藴奥，玅契玄機。奏對雖忤於權姦，嗣續篤生乎賢喆。化民成俗，著書滿車。既繼志述事之光前，何節惠易文之孔後。才高弗展，嗟沈滯於下僚；道大莫容，竟昌明於永世。神靈不昧，休命其承，可謚獻靖。

至正二十一年十二月　日

明世宗詔

以宋儒朱松從祀啓聖公廟，令天下學宫一體並祀，通稱「先儒朱氏」。從輔臣張孚敬議。

嘉靖九年　月　日

皇考左承議郎守尚書吏部員外郎兼史館校勘累贈通議大夫朱公行狀

本貫徽州婺源縣萬年鄉松巖里。

曾祖振，故不仕。妣汪氏[一]。

祖絢，故不仕。妣汪氏。

父森，故贈承事郎。妣程氏，贈孺人。

公諱松，字喬年，以紹聖四年閏二月戊申生於邑里之居第。未冠，繇郡學貢京師。以政和八年同上舍出身，授迪功郎、建州政和縣尉。丁外艱，服除，更調南劍州尤溪縣尉，監泉州石井鎮。紹興四年召試館職，除秘書省正字，循左從政郎。丁内艱，服除，召對，改左宣教郎，除秘書省校書郎。遷著作佐郎、尚書度支員外郎兼史館校勘。歷司勳、吏部兩曹，兼領史職如故。與脩哲宗實録，書成，轉奉議郎。以年勞轉承議郎，出知饒州。未上，請閒，得主管台州崇道觀。滿秩再請，命下而卒。紹興十三年三月二十四日辛亥也。

公生有俊才，自爲兒童時，出語已驚人。少長，遊學校，爲舉子文，即清新灑落，無當時陳腐卑弱之氣。及去場屋，始放意爲詩文。其詩初亦不事雕飾，而天然秀發，格力閑暇，超然有出塵之趣。遠近傳誦，至聞京師，一時前輩以詩鳴者，往往未識其面而已交口譽之。其文汪洋放肆，不見涯涘，如川之方至而奔騰蹙沓，渾浩流轉，頃刻萬變，不可名狀，人亦少能及之。然公未嘗以是而自喜，一日喟然顧而歎曰：「是則昌矣，如去道愈遠何？」則又發憤折節，益取六經諸史百氏之書，伏而讀之，以求天下國家興亡理亂之變，與夫一時君子所以應時合變先後本末之序〔二〕，期於有以發爲論議，措之事業，如賈長沙、陸宣公之爲者。既又得浦城蕭公顗子莊、劍浦羅公從彦仲素而與之遊，則聞龜山楊氏所傳河洛之學，獨得古先聖賢不傳之遺意，於是益自刻厲，痛刮浮華，以趨本實。日誦大學、中庸之書，以用力於致知誠意之地。自謂卞急害道，因取古人「佩韋」之義以名其齋，蚤夜其間，以自警飭。繇是向之所得於觀考者，益有以自信而守之愈堅，故嘗稱曰：「士之所志，其分在於義利之間兩端而已。然其發甚微而其流甚遠，譬之射焉，失豪釐於機括之間，則差尋丈於百步之外矣。」又嘗以謂：「父子主恩，君臣主義，是爲天下之大戒，無所逃於天地之間。如人食息呼吸於元氣之中，一息之不屬，理必至於斃。是以自昔聖賢立法垂訓，所以維持防範於其間者，未嘗一日而少忘，其意豈特爲目前之慮而已哉！」是時宣和之季，士之干世至是已無可言者矣。

旋屬靖康之變，中朝蕩覆。公在尤溪，方與同寮燕集，忽有以北狩之問來諗者〔三〕。公聞震駭，投袂而起，大慟幾絶。既而建炎再造，王室漂摇，未有所定。寇賊縱横，道路梗塞，固不暇於博求幽遠，以盡一世人材之用。而公抱負經奇，尤耻自售以求聞達，以是困於塵埃卑辱、鋒鏑擾攘之中，逃寄假攝，以養其親，十有餘年。以至下從算商之役於嶺海魚鰕無人之境，則已無復有當世意矣。

會詔出御史胡公世將撫喻東南，公乃因謁見而説之曰：「古之爲天下國家者，必有一定之計，以爲子孫萬世之業，未有俯仰依違，苟度朝夕，曾不爲終歲之備而可以爲國者也。今日廟堂之議，固必有所謂一定之計矣，然未知其但欲襟憑江漢，控引荆吴以保東南而已乎？抑當克復神州，汛掃陵闕，據中原而撫三河也？蓋嘗聞之，不取關中，中原不可復；不取荆淮，東南不可保。唐唯不失關中，故更三亡不失舊物。而吴孫氏東攻新城，西攻襄漢，乃所以保建業。其後桓温、劉裕雖能以江漢舟艫西入河渭，然既得之而不能守，則亦僅足以保東南而已。然則天下之大勢可知已。今進既不能以六師之重通道荆襄，循漢沔以赴興元，結連拓跋，控引五路，東嚮以圖中原；退又不能移蹕建康，治兵訓武，北爭荆淮，以爲固守之計，而但蹙處一方，費日月於道塗，前不能有尺寸之利，後又無所保以爲安，未知漂漂者竟何如耶？」胡公奇其言，壯其策，歸即以聞於朝。而泉守、資政殿學士謝公克家隨亦露章薦公學行之懿，不宜滯筦庫，於是乃得召試。而發策者以中興事業之難易後先爲問，公即對言：「自古謀國有得失，而成功無難易。蓋天下國家有至計，而國勢之强弱、兵力之盛衰、土地之開蹙不與焉。唯能順人心、任賢才、正綱紀，則天下之事將無難之不易。惟上之人惜時愛日而亟圖之。」反覆馳騁，辯説縱横，出入古今，證驗精博，日未昳，奏篇已上，累數千言而文不加點，高宗覽而異焉。趙忠簡公方以元樞受詔，西督川陜荆襄軍事，欲奏取公爲屬，會太夫人屬疾不果。既遂遭喪以歸，而趙公卒，亦不果行也。

再召入對，時上已用張忠獻公之策，進次建康，指授諸將，計日大舉以復中原，國勢亦小振矣。公始進見，欲堅上意，以遂中興之業，即奏言曰：「陛下以聖哲之資，撫艱難之運，側身焦思，累年于兹。而民困兵弱，虜僞侵凌，戡定之勳久而未集。意者陛下殆當抗聖志於高明，而輔之以睿智日躋之學，垂精延訪，蚤夜汲汲，以求宗廟社稷經遠持久之計；申明紀律，崇奬節義，而又以民心爲基本，忠良爲腹心，則臣有以知虜僞之不足憂，而恢復大功指日可冀矣。」因論自古中興之君，唯漢之光武勤勞不怠，身濟大業，可以爲法。晉之元帝、唐之肅宗志趣卑近，功烈不終，可以爲戒。反覆切至，而猶慮夫計畫之間或未精審，無以服衆心而成大功也，則又言曰：「人主操大權以御一世，必有所以處此者有以切中於理，然後足以深服天下之心，是以無爲而不成。今萬機之務，決於早朝侍立逡巡之頃，未有以博盡謀謨之益，使其必當事理，以服人心。謂宜略放唐朝延英坐論之制，仰稽仁祖天章給札之規，延訪群臣，博求至計，然後總攬參訂，以次施行。則政令之出，上下厭服，天下之事無所爲而不成矣。」顧又嘗病士溺於俗學，而不明君臣之大義，是以處於成敗之間者，常有苟生自恕之心，而缺於舍生取義之節，將使三綱淪墜，而有國家者無所恃以爲安，則又奏言：「宜鑒既往之失，深以明人倫、勵名節爲先務，而又博求魁磊骨鯁、沈正不回之士，置之朝廷，使之平居無事，正色立朝，則姦萌逆節銷伏於冥冥之中。一朝有緩急，則奮不顧身以抗大難，亦足以禦危辱凌暴之侮，則庶幾乎神器尊嚴而基祚强固矣。」上悦其言，而於光武、晉、唐之論尤所嘉歎。明日，以喻輔臣，且論元帝、肅宗之失，而尤以元帝區區僅保江左，略無規取中原之志爲誚。乃詔改公京秩，仍典校中秘書。則當是之時，聖志所存亦可見矣。

不幸適有淮西殺將叛兵之變，中外恫疑，異議蜂起，張公至爲解相印去，而國論遂變，至欲盡撤兩淮之戍，還建康以自衛。公深以爲不可，因率同列拜疏言曰：「淮澠東南之屏蔽，昔人之所百戰而必爭者。今皆幸爲我有，而無故捐之以資敵，非計之得也。若彼乘吾之却，長驅以來，不信宿而至江津，人心一摇，則建康雖有甲卒十萬，亦將無所施矣。且其新民累歲安集，亦既有緒。今乃一朝而棄之，使其老稚狼狽而南來，丁壯忿憾而北去，其失人心以貽後患，抑又甚焉。即以宿衛單寡，必行今策，則願毋庸盡撤，而使合肥、盱眙兩戍所留各不下三萬人，則亦足以固吾圉而折虜衝矣。」疏奏不省。而劉豫果數求援於虜以乘吾隙，議者方以爲憂，而虜反忌豫强將不可制，一旦執而廢之，遂不暇以我爲事。不然，則亦殆矣。自是之後，廟算低回，上下解弛，北伐之謀日以益衰，顧望中原，坐失機會。而明年，車駕遂還臨安矣。

御史中丞常公同薦公恬尚有守，可任大事，因復召對。公即抗言：「當今國論不過兩端，喜進取之謀者，既以行險妄動而及於敗；爲待時之説者，又以玩日愒歲而至於媮。二者不能相通，而常惶於一偏，是以成功不可見而均受其弊。故臣嘗謂能自治以觀釁，則是二者通爲一説而無所偏廢。蓋能夙夜憂勞，率厲衆志，則未嘗不待時而不至於媮；審知彼己，必順天道，則未嘗不進取而不及於敗。謀人之國者，誠能如是以求逞於讎敵而有不得志者，臣不信也。然臣竊迹近事，則夫往年江上之捷，日者僞劉之廢，中原之釁可謂大矣。而吾終未肯求所逞，豈非以行險妄動爲不可以不戒，而於吾所以自治其國家者，將益求其至歟？今日之勢，雖未至於危機交急，亦可謂迫矣。謂宜斷自聖志，深思昔人愛日之義，憂勞庶政，無少怠忽。凡事之故常，非天下所以安危存亡者，悉歸之有司，而日與輔相大臣一心戮力，明禮義、正綱紀、除弊政、振媮俗，撫循凋瘵之民，淬勵士大夫而責之職業，凡以求吾所以自治者，然後謹察四方之釁，投隙而起，安受其燼，以致天地之殛，則雖有智者，亦不知爲敵謀矣。」

初，劉光世守淮西，御軍無法，而寇至輒謀引避。既正其罪而奪之兵矣，尋有叛兵之變，廟議反謂由罷光世使然，更慰藉而寵秩之。張俊守盱眙，方撤戍時，猶命分兵留屯，而俊不受命，悉衆以歸，朝廷亦不能詰。公於是又言：「陛下有爲之志未嘗少衰，而天下之事每每病於不立，使中興之烈未有卓然可見之效，臣竊不勝憂憤。而深惟其故，以爲陛下誠能並進忠賢，修明紀律，懲陵夷委靡之禍，革始息苟且之政，深詔大臣，號令所出，必務合於天下之正義，而毋恤匹夫徇私之怨，則威令必振，國勢安强。雖桀驁之虜，亦將斂衽而退聽，尚何病於事之不立哉？」上亦不以爲忤，特命除郎，兼畀史筆。而常公猶以爲此非所爲薦論之本意，再論上前，言甚懇至。然事已行，不及改也。公至史院，會方刊修蔡卞所撰哲宗實録，而宣仁附傳實公所分，所以辨明誣謗、分別邪正者，於體爲尤重。而公考訂精密，直筆無隱，論者美之。其後顧亦不免頗爲他官所竄易，是以讀者猶有憾焉。

既而虜人亟遣使來請和，趙公以議小不合亦罷去，而秦丞相檜始顓政事，遂決屈己和戎之議矣。虜使名稱既不遜，而所責奉承之禮又有大可駭者，於是衆心共怒，軍士至汹汹欲爲變，夜或揭通衢，指檜爲虜諜。都人汹懼，一時忠智之士競起而爭之，公亦亟與史院同舍胡公珵、凌公景夏、常公明、范公如圭五六人者，合辭抗疏言曰：「虜人方據中原，吞噬未厭，何憂何懼而一旦幡然與我和哉？蓋其紐於荐食之威，動輒得志，而我甚易恐，故常喜爲和之説以侮我。又慮我訓兵積粟，畜鋭俟時，而事有不可知者，故不得不爲和之説以撓我耳。蓋虜人和使即秦之衡人，兵家用之百勝之術也。六國不悟衡人割地之無饜以亡其國，今國家不悟虜使請和之得策，其禍亦豈可勝言哉！而執事者顧方以爲吾爲梓宫母后淵聖天屬之故，遂不復顧祖宗社稷二百年付託之重而輕從之，使彼得濟其不遜無稽之謀而藉躪以逞，將焉避之哉？昔楚、漢相持之際，項羽常置太公俎上，而約高祖以降矣。使爲高祖者信其詐謀而遽爲之屈，則自其一身且無處所，尚何太公之可還哉！唯其不信不屈，而日夜思所以圖楚者，以故卒能蹙羽鴻溝之上，使其兵疲食盡，勢窮力屈而太公自歸。此其計之得失，亦足以觀矣。」其言之切如此，蓋出公與諸公之意，而成於胡公之手。檜雖持其議不少變，然虜人狂謀因是亦有不得盡逞者，論者莫不壯之。然自是之後，邊備遂弛，士氣益衰，而興復之謀上下皆以爲諱，正墮公等所憂撓我之計。

檜顧自以爲得上心，始謀以次盡逐諸異議者，公因是亦數自求引去。而參知政事李莊簡公又嘗欲引以置近班，以是檜尤忌之，固留不許。及虜使再至，獨許歸我河南地。公因輪對，又言：「陛下踐艱難之運十年于兹，雖有大有爲之志，而於天下國家所以經遠持久之計，多有所未暇者。今者天啓戎心，畫地數千里以歸于我，此雖異時之變未可以豫知，意者天其以禮悔禍，使陛下間於憂虞，而大有爲之志將有所使〔四〕，此萬世一時也。然天下之事每病於難立者，正以嚮一夫獨見之言而略衆口異同之論，是以謀始太鋭而用計有未詳也。願考漢廷雜議之法，自今發政造事，陛下既與大臣謀謨於上，又令卿士大夫有忠慮者，亦得以自竭于下，然後總攬羣策而裁處其中，將舉天下之事，惟陛下之所欲爲而無不成矣。」此於前日講和之議，猶欲三致意焉。又念國步日艱，人心未服，而天子無自將之兵，諸道無典戎幹方之實，一二大將人擁重兵，强不可令，事蓋有不可知者，則又數數建言，宜復武舉，責實用，必其洞曉韜鈐、長於綏御者，以儲將帥之才。下州郡選驍勇悉送行在，以補周衛之缺。精擇帥守，使蒐卒乘，以壯藩維之勢。亦皆當世之急務，久長之至計，反復惓惓，不能自已。其於請建大學、明大倫，以倡節義之風而厲苟媮之習，則又平日之所深慮而每言之，所謂如人食息呼吸於元氣之中，一息之不屬，理必至於斃焉者，非若後來諸人承望風旨，但以課試文墨爲粉飾太平之具而已也。然而國是已定，言無所入，由是公之求去愈力，而檜之怒公愈甚。十年春，遂使言者論公獨以懷異自賢，陽爲辭遜爲罪，而出之外郡。然公去未幾，而虜果敗盟，復奪我河南地，悉其鋭師，數道大入，如公所謂未可豫知者。於是中外大震，檜亦不知所爲，周章回惑，至於視師之奏，援引乖錯而不自知，聞者莫不竊笑而深憂之。幸而一時將卒猶有前日束拔蒐練之餘，以故關陝、順昌、橐臯之師連戰大捷，虜乃引退，復議講解，而梓宫母后始得南歸，又如公等所論楚漢强弱之勢。然檜遂掩己失而冒以爲功，公奪主權，肆然無復有所忌憚矣。

公固不能復爲之屈，遂自請爲祠官，屏居建溪之上，日以討尋舊學爲事，手抄口誦，不懈益虔。蓋玩心於義理之微而放意於塵垢之外，有以自樂澹如也。舊喜賦詩屬文，至是非有故不徒作，乃其文氣則更爲平緩，而詩律亦益間肆，視諸少作，如出兩手矣。然公自是不復起，年未五十而奄至大故，善人之類，莫不傷之。其後十餘年間，檜遂顓國秉，大作威福，諸與公同時被逐之人，大者削籍投荒，小亦棄置閒散。迄檜死敗，其幸存者乃起復用，或至大官，而公皆已不及見矣。嗚呼，熹尚忍言之哉！

公性至孝，事太夫人左右無違。友愛諸弟，委曲將就，有人所難能者。與人交，重然諾，不以生死窮達二其心。撫孤甥，教之學，而經理其家事曲有條理，人無間言。接引後進，教誘不怠，聞人之善，推借如不及。至於邪佞嵬瑣、簡賢附勢之流，與己異趣，則鄙而遠之，或不忍正視其面。至其所以施於吏治者，亦皆果決明辨，抑邪與正，無所顧避。顧熹生晚，不及於聞見之詳，故不得而記也。晚既屬疾，自知必不起，而處之泰然，略無憂懼之色。手書告訣所善胡公憲原仲、劉公勉之致中、劉公子翬彦冲，屬以其子，而顧謂熹往受學焉。其志道服膺，死而後已，垂裕後人，不使迷於所鄉者又如此云。所爲文有韋齋集十二卷行於世，外集十卷藏於家。始時吏部侍郎徐公度欲爲之序，略言少日多見前輩，而自得從公及正平張定夫遊，始得爲文之法。會病革，不及脱藁，而今序則直祕閣傅公自得之文也。其論以爲公詩高潔而幽遠，其文温婉而典裁。至於表疏書奏，又皆中於理而切事情，亦爲得其趣者。

公娶同郡祝氏，封孺人，贈碩人。其父處士確有高行。碩人性慈順孝謹，佐公事太夫人於窮約中，未嘗一日不得其歡心。承接内外姻親，下逮妾媵僮使，曲有恩意，後公二十七年卒。一男子，熹，今以朝奉大夫致仕。一女子，嫁故瀏陽縣丞劉子翔，蚤卒。孫男三：長塾，亦蚤卒；次埜，將仕郎；次在，承務郎。女三，其婿脩職郎劉學古、迪功郎黄榦、進士范元裕。曾孫男五，鉅、鈞、鑑、鐸、銍。女九，長適文林郎趙師夏，餘或許嫁而未行也。

公卒之明年，熹奉其柩葬于建寧府崇安縣五夫里之西塔山，而碩人别葬建陽縣崇泰里後山鋪東寒泉塢。然公所藏地勢卑濕，懼非久計，乃卜以慶元某年某月□□日奉而遷于武夷鄉上梅里寂歷山中峯僧舍之北。蓋公之詩嘗有「鄉關落日蒼茫外，尊酒寒花寂歷中」之句。嗚呼，此豈其讖耶！不肖子熹追慕攀號，無所逮及。竊惟納銘幽堂，具著聲烈，以告萬世，蓋自近古以來未之有改。而公贈官通議大夫，正第四品，準格又當立碑，螭首龜趺，其崇九尺，刻辭頌美，以表于神道，用敢追述其平生論議行實之大者如右，以請于當世立言之君子。伏惟幸垂聽而擇焉。謹狀。慶元五年十二月日孤朝奉大夫致仕、婺源縣開國男、食邑三百户賜紫金魚袋熹狀。

宋史館吏部贈通議大夫朱公松神道碑

周必大

祖宗時擇儒學爲舘職，自館職擇侍從，由侍從擇輔相。所謂儒學者，明仁義禮樂，通古今治亂，其議論可與謀慮大事、決疑定策，文章特一事耳。治平中，歐陽文忠公在政府，奏疏如此。尋命宰執各薦士，其效見於元祐之際。高宗方内修外攘，首置秘書省，以儲人才。他有司治事，日不暇給，獨館職涵養從容。要路闕，必由此選。國朝盛舉，乃復見之。新安朱公蓋其一也。

公諱松，字喬年，世家婺源。曾祖振，祖絢，妣皆汪氏。父森，常曰：「吾家五世積德業儒，當有顯者。」後贈承事郎，妣孺人程氏。公生以紹聖四年。兒時出語驚人。未冠力學，繇郡庠貢京師。文體清新，耻於蹈襲。政和八年，上舍登第，以迪功郎調建州政和尉。丁父憂，服除，再調南劍州龍溪尉，監泉州石井鎮。詩名聞四方，他文渾灝流轉，惟意所適。然謂於道爲遠，益取經子史傳，考其興衰治亂，欲應時合變，見之事業。又因師友浦城蕭顗子莊、劍浦羅從彦仲素，而得龜山楊文靖公河洛學問之要，拳拳服膺。每疑卞急害道，取佩韋之説名齋自警。在尤溪聞靖康北狩，大慟幾絶。自是奔走卑冗，假禄養親，無仕進意。紹興初，監察御史胡世將撫諭入閩，公袖書告之曰：「今不自荆、襄赴興元，結夏人，控引五路，東嚮争中原，則當幸金陵，固守荆淮。奈何局促一方，徒費日月，竟將何爲？」世將奇其才，歸薦于朝。會前執政謝公克家守泉南，亦露章薦公學問，不宜滯管庫，遂召試館職。策問中興難易，公乞順人心、任賢才、正綱紀，累數千言，辯論精博。高宗嘉賞，除秘書省正字。

四年二月，循左從政郎。趙忠簡公以元樞都督諸路軍馬，約公入幕。公以親疾辭。尋丁母憂。七年服闋，上已進都金陵。九月，再召對。公勸上抗志高明，垂精延訪，求經遠持久計。遂言中興之君，惟光武克濟大業，可以爲法。元帝、肅宗志趣卑近，宜以爲戒。上明日對輔臣言稱善，且謂光武無可議，肅宗雖優於元帝，然虧人子之行於其終焉，可恨也。特改左宣教郎，除校書郎。是時，吕祉代劉光世統軍淮西，酈瓊擁衆叛去，廟論欲斂兩淮戍兵，衛行都。公率同列疏言不可。亦會虜疑劉豫得叛兵不可制，執而廢之，當路不能乘機會，乃亟還臨安。八年三月，遷著作郎。御史中丞常同薦公可任大事。四月復賜對。公言國論不過兩端，進取者失之疎，玩愒者失之媮，惟自治觀釁爲。上策：願陛下並進忠賢，修明紀律，革姑息，振國勢，虜不足平也。上悦，擢尚書度支員外郎，兼史館校勘。刊修蔡卞所改哲宗實録，公用力爲多。歷司勳及吏部員外郎，史職如故。實録成，遷左奉議郎，磨勘轉承議郎。

趙忠簡公罷相，秦忠獻公當國，決意講和。公與史官胡珵、淩景夏、常明、范如圭合奏：「陛下以梓宫母兄天屬未歸，不憚屈己和戎。曾不思項羽置太公俎上，邀高祖。高祖知其詐，日夜思所以蹙羽者，彼兵疲勢窮，太公自歸。此今日龜鑑也。」秦方惡公異議，參知政事李莊簡公又力援公。屬虜使再至，許歸河南地。公請用漢制，命廷臣雜議，又云二三大將握重兵，將有尾大之患。請復武舉，儲將帥；選驍勇，補周衛；擇守帥，壯藩維；興大學，明大倫，以倡節義，規摹大率類此。秦滋不樂，諷言者論公懷異自賢。出知饒州。十年春己未，上請祠，主管台州崇道觀。和議俄變，秦倉黄不知所措。有郎官代作自解之奏曰：「伊尹告成湯，德無常師，主善爲師。　臣前贊議和，今請伐虜，是皆主善爲師。　如其不濟，則陳力就列，不能者止。　當遵孔聖之訓。」秦大喜，擢郎官爲右史，而不復問所引皆誤也。是時，秘書省寓法慧寺。或大書于門云「周任爲孔聖，大甲作成湯。」秦大怒，疑出於館職，相繼汰去，而引用其黨。公遂不可出矣。

祠滿，再任，命下而卒，十三年三月辛亥也。享年四十有七。公性孝友，於朋友重然諾，不以死生窮達易其志。誘進後學，揚人之善。凡邪佞嵬瑣鄙薄之輩，絶不與交。秦薨，異時名士抑遏竄逐者悉起爲大官，獨公不及，識者惜之。其將終也，手書與所善胡憲原仲、劉勉之致中、劉子翬彦沖，屬其子熹使往受業。其後遂以奥學高文推重當世。今上聞其名，以待制侍講禁中，累贈公通議大夫。初公卒之明年，葬建寧府崇安縣五夫里西塔山，勢頗卑下，乃卜慶元某年某月某日遷葬武夷鄉上梅里寂歷山中峯僧舍之北。公嘗賦詩有「鄉關落日蒼茫外，尊酒寒花寂歷中」之句，玆其識乎？

待制以某先太師爲同年進士，故來請銘。公娶同郡祝氏，處士確之女，贈碩人。事姑孝謹，待内外姻親和順，得其懽心。後公二十七年卒，别葬建陽縣崇泰里後山鋪東寒泉塢。一男，熹也。女嫁瀏縣劉子翔，早世。孫男三：長塾，已亡；次埜，將仕郎；次在，承務郎。女三人：脩職郎劉學古、迪功郎黄榦、進士范元裕其壻也。曾孫男五人：鉅、鈞、鑑、鐸、銍。女九人：長適文林郎趙師夏，餘未行。公平生所爲文有韋齋集十二卷行於世，外集十卷藏于家。吏部侍郎徐度自言少多與前輩游，逮識公及張戒定夫，始得爲文之法，欲爲公集序，未及成；而文士傅自得實爲之，謂公詩高深幽遠，其文温婉典裁，非溢美也。公母弟槔亦負軼才，不肯俯仰於世，有詩數十篇，高遠近道，號玉瀾集云。

銘曰：

信道惟人，窮理以書，合而一之，乃曰通儒。表表朱公，邁往于初，師友淵源，名實允乎。蘭臺史觀，卿材是儲，有昌其言，有宏厥模。人雖我抑，豈無後圖，高皇更化，羣賢畢趨。公則逝矣，齋志弗紓，幸哉有子，播獲菑畬。追爵黄散，肇營新墟，揭以銘章，永鎮龜趺。

右碑文廼宋少保益國公周先生所作公諱必大，字子克，盧陵人，慶元初以少傅致仕。自號平園老叟，謚文忠，有集二百卷，著書八十一種行世。按，文公慶元庚申閏二月二十七日答門人楊子直方書云：「熹病日覺沉重，而醫者咸以爲可治，但服藥，殊不見效，亦付之無可奈何，安坐拱手，以聽天命耳。曾光祖在此備見，當能道之也。此間諸況曲折，亦不暇詳布，渠亦可問也。前書所求妙札，曾爲落筆否？便中早得寄示爲幸。近以書懇益公，求作先人墓碑，不知渠肯作否。若肯作又并書，即不敢奉浼，不然又當有請也。」此書去夢奠十二日耳。益公此作，文公恐未及見；立碑與否，亦不可考。此文係萬曆間十三世孫世澤得之新安文獻集中，亟録歸以補入家乘，今附載公文集之前，以垂不朽云。

朱韋齋先生祠

一　在建寧府城南橋頭，即環溪精舍舊址。公尉政、尤時，往來建州，見山水佳勝，遂築室遷居焉。前有環沙，即文公幼時畫卦處。公亦卒於此。元時有僧建石橋，假精舍爲督工局，後漸更名爲寺。至明成化正德間，子孫白於官，始復其地，重葺精舍以祀公。扁曰「朱韋齋先生祠」。春秋有司如儀致祭，汪公佃記。年久傾頹。國朝康熙乙未，十七世孫玉請建於文公祠内爲啓賢祠，春秋郡守委學官致祭。

一　在建陽縣考亭。明天順壬午，知府劉公鉞、推官胡公緝，奉御史魏公瀚創建，陳公文記。萬曆丁亥重建。戊午議舉祀典，提學岳公和聲照啓聖公例，春秋丁日官設祭品，掌教行祭。國朝康熙丙申，巡撫陳公璸具題捐金三千兩，書院啓賢祠内外一概重新。

一　在尤溪縣治南。公尉尤溪，秩滿假寓鄭氏之館舍而生文公，即此地也。宋嘉、熙間建祠。德祐乙亥恭宗勅賜南溪書院。初公與文公合祀，元至正間分建韋齋公祠於毓秀亭之右門，額曰「閩中尼山」。中爲毓秀亭，廼生文公瘞胎衣處。

一　在泉州府城西南石井鎮。舊名鼇頭精舍。公嘗監此鎮，宋嘉定間鎮公游絳建以祀公。

一　在崇安縣上梅里寂歷山墓下。明嘉靖間廵道王公庭建。

一　在政和縣治溪南正拜山下。公尉署故址，元至正間建。

一　在婺源縣治。原祠燬於兵火，明萬曆丁酉邑令浮梁朱公一桂捐俸重建。文公十三世孫崇沐出己資以佐其成。

一在歙縣治内。設門子一名，年給工食。春秋每祭，動支銀陸兩捌錢陸分，載在邑志。

環溪精舍記

汪佃

前代賢哲之故居遺躅，所以歷世久長，閲廢興而不遂泯者，未有不由良有司之標表作興於其上，亦未有不由其賢子姓敬承遹追於其下。公私相成，彼此協贊，然後功易集，而事有可久。雖中更世故，不無衰歇，而羊存識禮，終克按蹟而修復之。不然墜者日就澌燼，間能興之，旋即蕪没，徒使嗟惋歎恨於故墟耳。吾於韋齋先生城南之祠之興，重有感焉。先生之先，徽之婺源人，世德弗耀。政和八年，先生登進士出身，授建州政和尉。父卒，貧不能歸，因葬其邑。而遊宦往來閩中，始從龜山楊氏門人爲大學、中庸之學。調南劍州尤溪尉，實生文公於其邑。館歷監泉州石井鎮税，循左從政郎。紹興四年，召試，除秘書省正字。丁内艱。服除，召對，改宣教郎，除秘書省校書郎，遷著作佐郎、尚書度支員外郎，兼史館校勘。歷司勳、吏部兩曹，皆領史職如故。以史勞轉奉議郎，以年勞轉承議郎，受知於丞相趙忠簡、趙忠獻二公，未及用而去。秦檜以是忌之，而先生方率同列極論和議不便，檜益怒，出先生知饒州。未赴，丐祠禄。樂建州城南溪山之勝，築環溪精舍，寓居徜徉終焉。舍前溪沙，相傳文公兒時畫卦所也。陵谷變遷，兹地鞠爲榛莽。國朝洪武初，有僧造城南石橋，搆菴其上督工，而精舍之名故在，後遂更名爲寺。成化丙戌，先生十世孫爌白於官，僅復其西隅隙地。正德壬申，孫爀、舉等請於提學餘姚胡君鐸，黜其僧而移佛像於他所，仍其甍，載加葺理，奉先生像於中堂，而文公配焉。「啓蒙」、「畫卦」有亭，「養正」有堂。像設冠裳，凜凜生氣，而舊觀一旦光復矣。然歲時秩祀，尚爲曠典。嘉靖丁酉，其十一世孫，版曹副郎陞復申請於提學貴溪江君以達，檄郡覈實。郡丞婺源汪侯玩署事，實贊厥成。遂以是年秋下建寧，秩諸常祀，廟貌靚嚴，過者必式，籩豆祝號，牲帛粢盛，一供有司，視前有加，永永無極矣。夫精舍之墟，數百餘年廢置，不知其幾，由成化丙戌修復以來，迄今又七十餘載，日營歲拓，始克大備，此固當路諸賢留意儒先之盛舉。而其後裔堂搆之有人，良不可誣哉！夫一舍存亡，若無繫重輕者，況先生位未甚顯，而道未大行於時，今其後人號籲圖復，皇皇若恐弗及，而上官相繼，加飭指爲第一義而不敢後者，豈非以道學源流之地，斯文之興喪，來學之起墮，靡不由之，顧忍等爲彌文細故而漫不加之意哉？抑先生眷眷兹地，至居以終其身，雖有并州故鄉之念，亦以先壟所在，有慕戀不忍遠去者。是乃仁人孝子不忘本始之至情，不獨以其地勝而已。厥後文公奠居考亭，迄今十有餘世，族系繁衍，代有聞人，遂望於閩，實啓自城南。則夫大儒發蹟肇基之地，又不可以尋常例視也。朱子後嗣其敬守之哉！副郎以予濫竽於斯，亦嘗與相兹役，徵言爲記。余不佞，厠史氏後紀事責也，乃不辭而承命。嘉靖戊戌弋陽後學汪佃記石。

韋齋先生祠記

陳　文

建陽縣西三桂里舊有考亭，唐御史黄端公所建，以爲祠先之所。山水清邃，竹林茂密，土膏沃衍。宋尚書吏部郎、兼史館韋齋朱先生歷尉政、尤，過考亭而愛其地之勝，欲卜居不果，其子文公紹熙三年始克繼先生之志，築室居之，即其所居之東北，建竹林精舍，後更名滄洲。前爲明倫堂，又前爲燕居殿，以奉先師孔子及四配像。元至正元年，府通判劉伯顔以公五世孫沂之請，乃輟羡積，得中統鈔千五百緡，屬縣典史以供其事。典史宣劉意於衆，乃翕然趨勸新之，始作文公祠堂於考亭之滄洲精舍。學士虞伯生記之，備言文公之學得孔子删述六經之源流，而折衷羣言以開來學，實國家所當尊信，而教之所由行也。惟其教之浹於人者深，故人之思慕愛戴愈久而愈不忘。而增修其祠宇者，推原其所生曷有已歟！

此韋齋先生祠堂之所由作也。先生家世徽之婺源，文章行誼爲學者師；篤生文公，以闡其家學，而弘夫正教，立人紀，隆世道於愈久，豈小補哉！考亭故無韋齋先生祠。今建寧府推官吉水胡緝蒞政之五年，天順壬午因監察御史安成劉釪、姑蘇顧儼之意，既捐俸爲倡率，先生八世孫洵及邑之人士咸出己資而重新文公之祠。其堂寢廊廡庫廩庖湢之所，先師孔子之燕居、先生之故寢，暨天光雲影亭已廢而頹壞者，俱重修而增新之。垂成而釪兄鉞來守建寧，圖完美之，有加於前，乃請學士彭公記之矣。後二年甲申，鉞與緝又因監察御史餘姚魏瀚、按察副使三衢鄭佑意，始創先生祠，置賢關。既落成，寓書幣請記於予，予惟孔子集羣聖之大成而道貫古今，文公集諸儒之大成而學該經史，後學之所宗，世教之所賴，而誦其訓詁，得其理義，而行其道於當時。其思慕愛戴以興夫祠祀之典，而追崇敬仰之春秋，致奠齋戒思誠，若將見聞其容聲，其亦報本之情，不容已者歟！昔周人郊祀后稷而推本其始生之祥曰：「厥初生民，時維姜嫄。」以其有養民之功也。今既重修文公之祠，而復祠祀韋齋先生者，其亦周人之意歟？周人以養民之利始於稷之播種，而今之任風憲爲郡之正佐者，蓋以教民之經史終於文公而大明也。追祀固宜，況克昌厥後，而前有泝之相成其功，今有洵之光繼其蹟，誠不可以無記，故歷叙而記之。廬陵陳文。

附録二

鄺璠題識

予承之吴邑，嘗手録韋齋先生集若干卷，而訛闕無所于考。比倅新安謁文公于紫陽書院。紫陽，韋齋舊遊地也，因舉其故。通守睢陽陳侯性之乃出是編，與其弟玉瀾集一卷，爰正所録本并刻之。嗚呼，是書始行於南康，再行於旌德，今不傳久矣。新安爲韋齋里居，而後學之仕於其地，欲徵文獻固不可無是書，欲遡本源尤不可無是書，況有裨於風化，願見而不可得者，則是書信不可無也。若夫先生父子昆弟家學之相授受，序跋郡乘已載顛末，復何言？弘治癸亥春二月既望，任丘鄺璠謹題。

朱昌辰跋

先儒獻靖公韋齋集十二卷，暨先逢年公玉瀾集一卷，一刻于淳熙辛丑，再刻于至元丁丑，三刻于弘治癸亥。板藏闕里先祠，歲久漫滅，于世罕行，而世亦罕有購得者。康熙庚寅正月，昌辰求得舊本，急訂魯魚，付之剞劂，而記年月于後。二十世孫昌辰謹記。

附録三

尤袤跋

英偉豪傑之士，生必有所自來，故其亡也，決不泯泯與草木俱腐。觀玉瀾先生之集，顧不異哉！夫得則喜，失則悲，有所不平則怨刺，此詩人之情也。惟深於道者不然，無入而不自得，先生近之。先生少有軼才，自負其長，不肯隨俗俯仰。厄窮踸踔，有人所難堪而其節愈厲，其氣益高。其詩閒暇，略不見悲傷憔悴之態，其視富貴利達真粃糠土苴爾。春風一篇，雍容廣大，有聖門舞雩氣象。感事三篇，慨然見經世之志。自作挽歌詞，齊得喪，一死生，直欲友淵明於千載。至所謂「自我識興廢，於天無怨尤」，非深於道者能如是乎？嗚呼，以先生之才，使其作於聲詩，薦之郊廟，發其所蘊，措諸事業，何愧古人？百不一售，使後世所以知公者，獨此數十詩而已，悲夫！先生有兄曰韋齋，白首郎潛，不究大用，人以爲恨。其詩凌厲高古，有建安七子之風。韋齋之子南康使君，今又以道學倡〔五〕，其詩源遠而流長，信矣哉！淳熙辛丑仲春望日，梁谿尤袤敬跋〔六〕。

朱玉題識

玉瀾集，先始祖承事公第三子所作也。公諱槔，字逢年，舉建州貢元。負軼才，不肯俯仰於世，未仕而卒。其詩高遠近道，原附韋齋公集後，尤公題跋極稱之，敬列於篇端。惜公他文不傳，並生卒年月家乘中亦無攷，兹幸獲原本，得詩八十三首，重新授梓，不使終於淪没，亦可少慰公靈之萬一爾。

紫陽世孫玉敬識

校勘記

〔一〕妣汪氏　此下正訛曰：曾祖妣汪氏下，一本有「繼汪氏」三字。

〔二〕先後本末之序　「末」，原作「未」，據文意改。

〔三〕公在尤溪至以北狩之問來諗者　此段正訛引徐樹銘新本、祠堂本作「公時在制，一日方與客語，忽有以北狩音問來諗者」。

〔四〕而大有爲之志將有所使「使」，正訛作「伸」。

〔五〕南康史君「使」原作「史」，據四庫本改。

〔六〕據朱玉刻本，尤袤跋後有雙行小字及朱玉題識，録如下：

尤公字遂初，常州無錫人。幼穎異，稱爲奇童。紹興八年進士，累官至光宗朝除禮部尚書。卒年七十，謚文簡。有文集六十卷行於世。

朱子全書外編

第肆册

朱子全書

外編

朱傑人　嚴佐之　劉永翔　主編

華東師範大學出版社

〔宋〕張栻 撰 〔宋〕朱熹 編 劉永翔 許丹 校點

南軒先生文集

校點説明

南軒集，張栻著，朱子編。雖不是自己的著述，朱子卻廣事蒐輯，嚴加取捨，爲之傾注了不少心力，向世人展示了他認爲值得留存的張氏著述。

張栻（一一三三—一一八〇），字敬夫，一字欽夫，號南軒，漢州綿竹人，是與朱子同時代的道學家。他是宰相張浚之子，卻毫不沾染貴公子習氣，一生潛心理學，以古聖賢自期。卓爾不羣如此，當是家教之嚴、師承之正、益友之多所致，也是理學流行的時代潮流使然。其父曾問學於程頤的弟子譙定，其師則是湖湘派的創始者五峰先生胡宏，而其友人之中，不消説，最直、諒、多聞的就是閩學的開山者朱子了。朱、張二人並世而生，互相切磋問難，對理學的發揚光大厥功至偉。

南軒以蔭補官，辟宣撫司都督府書寫機宜文字，除直祕閣。孝宗新即位，起用其父張浚伐金。南軒以少年内贊密謀，外參庶務。其所綜畫，幕府諸人皆自以爲不及。曾以軍事入奏，其言引起孝宗的注目。後知嚴州，召爲吏部侍郎，兼權起居郎侍立官。議論多爲皇帝首肯。兼任侍講，除左司員外郎。忤宰相虞允文意，出知袁州。退而家居多年。孝宗念之，詔除舊職，知静江府，經略安撫廣南西路。詔特進秩直寶文閣，尋除祕閣修撰、荆湖北路轉運副使。改知江陵府，安撫本路。以彈劾不報求去。詔以右文殿修撰提舉武夷山沖佑觀。卒時年僅四十有八（見宋史卷四二九本傳）。

陳寅恪先生標舉「獨立之精神，自由之思想」（金明館叢稿二編王觀堂先生紀念碑銘），其實，在我們現在看來，由於不可能不受時代的裹挾，不管陳先生自己也好，他所表彰的王静安先生也好，其精神不可能一無依傍，其思想也未始没有高天厚地而畫地爲牢的局限；不過，只要能自求其是而不曲學阿世，就已充分表達了人格的獨立與自由了。準以此例，南軒其人在宋代也無疑算得上是一位「精神獨立」與「思想自由」的人物。

他雖出五峰門下，卻有亞里士多德「吾愛吾師，吾更愛真理」的態度，例如他對其師「先察識後存養」之説的改造（南軒集卷二七答喬德瞻、卷三二答胡季隨），對其師之父胡安國春秋傳「其間多有合商量處」的評價（南軒集卷二三答朱元晦），對安國之侄胡寅所撰讀史管見「病敗不可言，其中間有好處，亦無完篇」的批評（南軒集卷二一答朱元晦秘書），無不體現了這種可貴的精神與思想。對朱子而言，他也是一位當之無愧的諍友，常與朱子反復辯論，不肯放過他認爲有病和於義未安之處。

朱子最欣賞南軒的是其義利之辨，在爲南軒撰寫的神道碑中，他特别拈出：

其常言有曰：學莫先於義利之辨，而義也者，本心之所當爲而不能自已，非有所爲而爲之者也。一有所爲而後爲之，則皆人欲之私，而非天理之所存矣。嗚呼，至哉言也！其亦可謂擴前聖之所未發，而同於性善養氣之功者歟！（晦庵先生朱文公文集卷八九右文殿修撰張公神道碑）

南軒將禮制視爲天理的體現，他説：

克己復禮之説，所謂禮者，天之理也。以其有序而不可過，故謂之禮。凡非天理，皆己私也。（南軒集卷二六答吕季克）

對於天理、人欲的區分，他提出了功夫之説：

然克己有道，要當深察其私，事事克之。今但指吾心之所愧者必其私，而其所無負者必夫禮，苟工夫未到，而但認己意爲則，且將以私爲非私，而謂非禮爲禮，不亦誤乎！（同上）

在方法上，他提倡「居敬窮理」，認爲：

竊考二先生所以教學者，不越於居敬窮理二事，取其書反復觀之，則可以見。蓋居敬有力，則其所窮者益精；窮理寖明，則其所居者益有地。二者蓋互相發也。（南軒集卷二六答陳平甫）

此與朱子意同，而從南軒的表字「敬夫」上，也可以窺見他對「敬」字的極端重視。

南軒和朱子一樣，思想的發展是有一個漸悟的過程的，他原先在體識、存養的先後上墨守其師之説，即先察識而後涵養。而朱子亦一度贊成之（晦庵先生朱文公文集卷四一答程允夫）；後來南軒樹存養、體察並進之義（南軒集卷二五寄呂伯恭、卷二七答喬德瞻），而朱子則轉爲先涵養而後察識（晦庵先生朱文公文集卷四三答林擇之）。人同而趨異，異仍寓同，既是各人獨立思考所得，也是互相觸發所致。這好比莊、惠互辯，有如匠石運斤成風，郢人立不失容。惠子死後，莊子致有「無以爲質」之歎。聯想起朱子讀南軒遺稿，「廢書太息流涕而言曰：『世復有斯人也耶！』」（南軒集序）想必其心情之沉痛亦同於莊之喪惠。

從文學性方面來講，南軒文筆甚工，不讓朱子。集中的南嶽唱酬序（南軒集卷一五）實際上是極佳的一篇遊記，不遜於任何一位宋代文學名家之作。其詩也不是講義、語録之押韻者，朱子曾説：「久聞敬夫城南景物之勝，常恨未得往游其間，今讀此詩，便覺風篁水月，去人不遠。」歎其「筆札之工，追蹤前作」（晦庵先生朱文公文集卷八一跋張敬夫所書城南書院詩）。以朱子之爲人及朱張兩人之間的關係看來，決非應酬之語。羅大經曾舉出其中的六首，説：「六詩平淡簡遠，德人之言也。」（鶴林玉露卷一三）楊慎引宋人絶句多首，説：「數詩有王維輞川遺意，誰謂宋無詩乎？」（升庵集卷五七宋人絶句），其中包括蘇舜欽、王安石、孔文仲、崔鶠、寇準、郭祥正、蘇轍、朱子、南軒之詩，僅蘇轍舉二首，餘人皆一首，而録南軒之詩多達五首，即羅氏所引六首所含。前後三人，所見略同；今吟味其詩，亦覺清絶。朱子曾説：「南軒文字極易成，嘗見其就腿上起草，頃刻便就。」（朱子語類卷一四〇）可見其天分之高。

南軒集的編定在張栻身後，朱子序云：南軒卒後，其弟張杓「裒其故藁得四巨編」，托朱子「次其文以行於世」，「因復益爲求訪，得諸四方學者所傳凡數十篇」，又發篋「出其往還書疏」，「方將爲之定著繕寫，則或者已用别本摹印而流傳廣矣」。朱子認爲其中「多鄙所講焉而未定之論，而凡近歲以來談經論事、發明道要之精語反不與焉」，「於是乃復亟取前所蒐輯，參互相較，斷以敬夫晚歲之意，定其書爲四十四卷」。可見南軒的少作，多爲朱子編集時摒而不録，因爲他認爲流傳的往往是「學者私所傳録，敬夫蓋不善也，以故皆不著」。不過書札中一些與朱子不同的議論，還是保留了下來，曾爲四庫館臣拈出（見四庫全書總目卷一六一南軒集提要）；有些早期的作品，如潭州重修嶽麓書院記和艮齋銘兩篇也並未棄而不收（見南軒集卷一〇及卷三六）。但的確許多異同之論被删去了，如今只能在朱子文集答張欽夫諸書的引録中得見其略。此本朱序繫年淳熙甲辰（一一八四），最早的著録當是趙希弁的讀書附志。

南軒還有許多爲朱子所賞，卻因觸忌而未能編入的文字，朱子在答胡季隨書中説：

南軒文集方編得略就，便可刊行。最好是奏議文字及往還書中論時事處，確實痛切，今却未敢編入。異時當以奏議自作一書，而附論事書尺於其後，勿令廣傳。或世俗好惡稍衰，乃可出之耳。（晦庵先生朱文公文集卷五三）

所以，嚴格講來，南軒集只是一個大型的選本，歷來許多讀者對未睹南軒著述之全有不足之感。如趙希弁讀書附志就不無遺憾地提了一筆：「朱文公校定而爲之序，然紫巖棊圖跋語之類皆不載于集中。」劉昌詩蘆浦筆記也記下自己得到南軒佚文慤齋銘時的喜不自勝：「右銘不載集中，蓋當時此紙流落，今幸寶藏遺墨。」愛讀一個人的著述，由此而想搜集他的佚文，這也是人情之常。朱子所編張集付梓後，南軒弟子胡大時嫌所收不全，想加以增補，遂與朱子商量，想仍用其序而删去其中有關不收少作的字句。朱子堅決不允，正告他：

序文後段若欲删去，即不成文字。兼此書誤本之傳，不但書坊而已，黄州印本亦多有舊來文字，不唯無益，而反爲累。若不如此説破，將來必起學者之疑。故區區特詳言之，其意極爲懇到，不知何所惡而欲去之耶？且世之所貴乎南軒之文者，以其發明義理之精，而非以其文辭之富也。今乃不問其得失是非，而唯務多取；又欲删去序文緊切意思，竊恐未免乎世俗之見，而非南軒所以望乎後學之意。試更思之。若必欲盡收其文，則此序意不相當，自不必用，須别作一序，以破此

序之説乃可耳。若改而用之，非惟熹以爲不然，南軒有靈，亦必憤歎於泉下也。（晦庵先生朱文公文集卷五三答胡季隨）

不知胡氏後來是否仍買菜求益地將集子編成付印，書闕有間，考索無從。直齋書録解題著録的南軒集，只有三十卷，若係胡氏以四十四卷的朱本爲基礎增補，不可能卷數反而大減，故疑是朱子所説的書坊別本。信中談到的另一個版本，朱子在另處提及時説：「黄州亦有官本，篇秩尤多。然多是少作，可恨也。」（晦庵先生朱文公文集卷五八答宋深之）不過，這些本子後來都散佚無存了，留下的都是以朱編爲祖本的。這樣，朱子所憂慮的「讀者或不能無疑信異同之惑」（南軒集序）便不致出現於今日了。我們這次整理，作爲朱子全書外編的一種，充分尊重朱子的編輯意圖，儘管南軒有許多佚文尚保留在方志、類書和總集裏，也不再以多爲富地去拾遺補闕了。

今存的唯一宋本是宋寧宗時的浙江刊本，可惜只殘存了二十八卷，令人有未窺全豹之憾。不過僅此殘本，其中就有數篇文字與他本大不相同，如潭州重修嶽麓書院記、敬齋記、經世紀年序、孟子講義序、胡子知言序等文皆是。究竟何者是朱子編定時的原貌，想來在祖本重現之前，難以作答。這次整理，我們只能將同題的兩篇文字並列，以供讀者參稽。

諸本相同的是有些篇章都留有空格，這是朱子有意删字留白的。他説：

其間空字，向來固已直書，尤延之見之，以爲無益而賈怨，不若刊去。今亦不必補，後人讀之，自當默喻也。（晦庵先生朱文公文集卷五三答胡季隨）

想來都是些指斥之語，恐觸時忌而遵尤袤之意删去。朱子答尤尚書袤書云：

今承疏示，當以示刊者。有姓字處且令鑱滅，後人亦須自曉得也。（晦庵先生朱文公文集續集卷三）

不過如今這些字若要補全，卻也大爲不易，因爲八百餘年過去，我們已是朱子所説的「後人」之「後人」了，書之闕文姑留待後賢之有考據癖者。

這次整理，即以人稱最爲精審的清康熙四十五年錫山華氏劍光書屋刊本爲底本，校以殘宋本，明嘉靖元年劉氏翠巖堂慎思齋刻本（簡稱劉本）和文淵閣四庫全書本（簡稱四庫本），并以明嘉靖四十一年繆輔之刻本（簡稱繆本），道光二十五年陳鍾祥刻本（簡稱陳本），清吴騫跋、近人傅增湘校清抄南軒先生詩集本（簡稱抄本）等參校。

古人云：「校書如掃塵，一面掃，一面生。」（夢溪筆談卷二五）而點書則更難。書中錯謬，或關學識，或涉粗疏，自屬難免，統望方家時予指正，是爲至望。

二〇一〇年六月　劉永翔　許　丹

南軒先生文集序

孟子没，而義利之説不明於天下。中間董相仲舒、諸葛武侯、兩程先生屢發明之，而世之學者莫之能信，是以其所以自爲者，鮮不溺於人欲之私，而其所以謀人之國家，則亦曰功利焉而已爾。爰自國家南渡以來，乃有丞相魏國張忠獻公倡明大義以斷國論，侍讀南陽胡文定公誦説遺經以開聖學，其託於空言、見於行事雖若不同，而於孟子之言，董、葛、程氏之意，則皆有所謂千載而一轍者。若近故荆州牧張侯敬夫者，則又忠獻公之嗣子，而胡公季子五峰先生之門人也。自其幼壯，不出家庭，而固已得夫忠孝之傳。既又講於五峰之門，以會其歸，則其所以默契於心者，人有所不得而知也。獨其見於論説，則義利之間，毫釐之辨〔一〕，蓋有出於前哲之所欲言而未及究者。措諸事業，則凡宏綱大用、鉅細顯微，莫不洞然於胸次，而無一毫功利之雜〔二〕。是以論道於家，而四方學者争鄉往之；入侍經帷，出臨藩屏，則天子亦味其言，嘉其績，且將倚以大用，而敬夫不幸死矣。

敬夫既没，其弟定叟裒其故藁，得四巨編，以授予，曰：「先兄不幸蚤世，而其同志之友亦少存者。今欲次其文以行於世，非子之屬而誰可？」予受書愀然，開卷亟讀，不能盡數篇，爲之廢書，太息流涕而言曰：「世復有斯人也耶！無是人而有是書，猶或可以少見其志。然吾友平生之言，蓋不止此也。」因復益爲求訪，得諸四方學者所傳凡數十篇。又發吾篋，出其往還書疏讀之，亦多有可傳者。方將爲之定著繕寫，歸之張氏，則或者已用别本摹印而流傳廣矣。遽取觀之，蓋多向所講焉而未定之論。而凡近歲以來談經論事、發明道要之精語，反不與焉。予因慨念敬夫天資甚高，聞道甚蚤，其學之所就既足以名於一世，然察其心，蓋未嘗一日以是而自足也。比年以來，方且窮經會友，日反諸心而驗諸行事之實，蓋有所謂不知年數之不足者，是以其學日新而無窮。其見於言語文字之間，始皆極於高遠，而卒反就於平實。此其淺深疎密之際，後之君子其必有以處之矣。顧以序次之不時，使其説之出於前而棄於後者猶得以雜乎篇帙之間，而讀者或不能無疑信異同之惑，是則予之罪也已夫！於是乃復亟取前所蒐輯，參伍相校，斷以敬夫晚歲之意，定其書爲四十四卷。嗚呼！使敬夫而不死，則其學之所至、言之所及，又豈予之所得而知哉！敬夫所爲諸經訓義，惟論語説晚嘗更定，今已别行。其他往往未脱藁時學者私所傳録，敬夫蓋不善也，以故皆不著。其立朝論事及在州郡條奏民間利病，則上意多鄉納之，亦有頗施行者，以故亦不著。獨取其經筵口義一章，附於表奏之後，使敬夫所以堯舜吾君而不愧其父師之傳者〔三〕，讀者有以識其端云。淳熙甲辰十有二月辛酉新安朱熹序〔四〕。

校勘記

〔一〕毫釐之辨　「釐」，原作「髪」，據宋本、劉本、四庫本改。

〔二〕而無一毫功利之雜　「雜」，原作「習」，據宋本、劉本、四庫本改。

〔三〕而不愧其父師之傳者　「其」，原作「於」，據宋本、劉本、四庫本改。

〔四〕淳熙甲辰十有二月辛酉新安朱熹序　「辛酉」二字原無，據宋本補。

南軒先生文集目録

古詩

卷二 …… 一八

賦詩

卷三……三八

古詩……三八

卷四……五四
律詩……五四

卷五……七八

律詩……七八

卷六

卷八……一三八

啓……一四八

卷九……一五七

卷十……一七二

卷十一

卷十二 …… 二〇一

卷十三 …… 二一三

卷十四……二二三

序……二二三

卷十五……二四一

卷十七

卷二十

卷二十一

卷二十二

卷二十三

卷二十四

卷二十五

卷二十六

卷二十七……四〇八

卷三十四

題跋

卷三十五

卷三十六

卷四十三

卷四十四

南軒先生文集卷第一

詞

風雩亭詞

嶽麓書院之南有層丘焉，於登覽爲曠。建安劉公命作亭其上，以爲青衿遊息之地，廣漢張某名以「風雩」，以繫以詞。

眷麓山之回隩，有絃誦之一宮。鬱青林兮對起，背絶壁之穹窿。獨樵牧之往來，委榛莽其蒙茸。試芟夷而卻視，翕衆景之來宗。擢連娟之修竹，森偃蹇之喬松。山靡靡以旁圍，谷窈窈而潛通。翩兩翼兮前張，擁千麾兮後從。帶湘江之浮淥，矗遠岫兮横空。何地靈之久閟，昉經始乎今公。恍棟宇之宏開，列闌楯之周重。撫勝概以獨出，信兹山之有逢。予揆名而諏義，爰遠取於舞雩之風。昔洙泗之諸子，侍函丈以從容。因聖師之有問，各跽陳其所衷。獨點也之撏志，與二三子兮不同。方舍瑟而鏗然，諒其樂之素充。味所陳之紆餘，夫何有於事功。蓋不忘而不助，示何始而何終。于鳶飛而魚躍，實天理之中庸。覺唐虞之遺烈，儼洋洋乎目中。惟夫子之所與，豈虚言之是崇。嗟學子兮念此，遡千載以希蹤。希蹤兮奈何，盍務勉乎敬恭。審操舍兮斯須，凛戒懼兮冥濛。防物變之外誘，遏氣習之内訌。浸私意之脱落，自本心之昭融。斯昔人之妙旨，可實得於予躬。循點也之所造，極顔氏之深工。登斯亭而有感，期用力於無窮。

謁陶唐帝廟詞

宋淳熙四年，静江守臣張某既新陶唐帝祠，以二月甲子率官屬祗謁祠下，再拜稽首〔一〕，退而歌曰：

溪交流兮谷幽，山作屏兮層丘。木偃蹇兮枝相樛，皇胡爲兮于此留。藹冠佩兮充庭，潔芳馨兮載陳。純衣兮在御，東風吹兮物爲春。皇之仁兮其天，四時敘兮何言。出門兮四顧，渺宇宙兮茫然。

公安竹林祠迎神送神樂章

神之來兮何許？風蕭蕭兮吹雨。悄屏氣兮若思，儼霓旌兮來下。昔公車之自南，民望車以歆歔。今乘駒兮入廟，亦孔悲兮若初。秋月兮皎皎，嚴霜兮凜凜。澤終古兮何窮，噫微管吾其左衽。酌荆江以爲醴兮，擷衆芳以爲羞。歌嗚嗚兮鼓坎坎，惠我民爲此留。神之去何所游，風颯颯挾歸輈。倏昭明兮上征，撫一氣兮横九州。有新兮斯宇，竹森森其在户。嗟我民兮勿傷，公時來兮一顧。有新兮斯堂，竹猗猗其在旁。嗟我民兮勿替，公顧民兮不忘！

賦

遂初堂賦

洛陽石伯元作堂於所居之北，榜曰「遂初」，廣漢張某爲之辭曰：

皇降衷于下民兮，粤惟其常。猗於穆而難名兮，維生之良。翕衆美而具存兮，不顯其光。彼孩提而知愛親兮，豈外鑠緊中藏。年燁燁而寖長兮，紛事物之交相。非元聖之生知兮，懼日遠而日忘。緣氣稟之所偏兮，横流始夫濫觴。感以動兮不止，乃厥初之或戕。既志帥之莫御，氣決驟以翺翔。六情放而曷禦，百骸弛而孰强。自青陽而逆旅，暨黄髮以茫茫。儻矍然於中道，盍反求於厥初。厥初如何，夫豈遠歟？彼匍匐以向井，我惻隱之拳如。

騐端倪之所發，識大體之權輿。如寐而聽，如迷而途。知睨視之匪遐，乃本心之不渝。嗚呼！予既知其然兮，予惟以遂之。若火始然而泉始達兮，惟不息以終之。予視兮毋流，予聽兮毋從。予言兮毋易，予動兮以躬。惟自反兮于理，茲日新兮不窮。逮充實而輝光，信天質之本同。極神存而過化，亘萬世以常通。嗚呼！此羲文之所謂「復」，而顔氏之子所以爲道學之宗也歟？吾友石君，築室湘城，伊抗志之甚遠，揭華榜以維新。命下交兮勿固，演妙理以旁陳。探上古之眇微，得斯説於遺經。謂非迂而匪異，試隱几而一聽。然則茲其爲遂初也，又豈孫興公所能望洋而瞠塵者乎？

飯杞菊賦[一]

張子爲江陵之數月，時方中春，草木敷榮，經行郡圃，意有所欣。非花柳之是問，眷杞菊之青青。爰命采掇，付之庖人。汲清泉以細烹，屏五味而不親。甘脆可口，蔚其芳馨。蓋日爲之加飯，而它物幾不足以前陳。飯已捫腹，得意謳吟。客有問者曰：「異哉，先生之嗜此也！昔坡公之在膠西，値黨禁之方興，歎齋厨之蕭條，乃攬乎草木之英。今先生當無事之世，據方伯之位。校吏奔走，頤指如意。廣厦延賓，毬塲享士。清酒百壺，鼎臑俎胾。宰夫奏刀，各獻其技。顧無求而弗獲，雖醉飽其何忌？而乃樂從夫野人之餐，豈亦下取乎葑菲？不然，得無近於矯激，有同於脱粟布被者乎？」張子笑而應之曰：「天壤之間，孰爲正味？厚或腊毒，淡乃其至。猩唇豹胎，徒取詭異。山鮮海錯，紛糾莫計。苟滋味之或偏，在六府而成贅。極口腹之所欲，初何出乎一美。惟杞與菊，中和所萃。微勁不苦，滑甘靡滯。非若他蔬，善嘔走水。既瞭目而安神，復沃煩而蕩穢。驗南陽與西河，又頽齡之可制。此其爲功，曷可殫紀？況於膏粱之習，貧賤則廢，雋永之求，不得則恚。茲隨寓之必有，雖約居而足恃。殆將與之終身，又可貽夫同志。子獨不見吾納湖之陰乎？雪消壤肥，其茸萎蕤。與子婆娑，薄言掇之。石銚瓦椀，啜汁咀虀。高論唐虞，詠歌書詩。嗟乎！微斯物，孰同先生之歸？」於是相屬而歌，殆日晏以忘饑。

古詩

送八兄

彌旬積雨穗生耳，冬壑未渠收潦水。圍爐情話政爾佳，乃復歸舟行萬里。三年百感臥湘城，風急鶺鴒原上情。豈無他人意獨貞〔三〕，每覺軟語温如春。少年鋭氣凌八區，晚以樂義稱鄉閭。聞人有急若己如，天報兩子雙明珠。小隱卜築蘭溪邊，修篁喬木今參天。是非榮辱不到處，卷書一榻清晝眠。人言壽骨隱修眉，慶事鼎鼎供期頤〔四〕。豈惟宗族託軌範，政倚晚節增光輝。有弟有弟復何爲，杜門讀書人謂癡。故山未遂掃松願，江頭獨立送歸時。

五十遊嶽麓圖

閉門六月汗如雨，出門襏襫紛塵土。文書堆案曲肱臥，夢逐征鴻過前浦。西山突兀不可忘，勇往政須求快睹。朝暾未升起微風，中流呷啞挾鳴櫓。長林秀色已在望，有如出語見肝腑〔五〕。意行愛此松陰直，眼明還喜碑字古〔六〕。高低梵釋著幽居，深穩僊家開閟宇。忽看宮墻高十丈，學宮峩峩起鄒魯。斯文政倚講磨切，石室重新豈無補。危梯徑上不作難，橫欄截出可下俯。惟兹翼軫一都會，往事繁華雜歌舞。變遷反覆寧重論，昔日樓臺連宿莽。邇來人物頗還舊，豈止十年此生聚。泉流涓涓日循除，華表何時鶴來語。炎氛知不到山林，茗盌蒲團對香縷。鼎來杖屨皆勝引，季也亦復同步武。洛陽年少空白頭，三閭大夫浪自苦。一笑便覺真理存，高談豈畏丞卿怒。不圖畫僧聖得知，貌與兒童作夸詡。請君爲我添草堂，風雨蕭蕭守環堵。

次韻伯承見簡探梅之什且約人日同遊城東

江湖漫浪歲年晚，雖有梅花誰寄遠。城中可人獨吴郎，不惜日力供往返。東郭枝頭玉雪明，下有清淺溪流横。新春好趂花前約，莫待飄零空作惡。

張安國約同賦仇氏匾甕酒

人間炎熱不可耐，君家甕酒春未央〔七〕。想當醉倒臥永日，夢遶清淮歸故鄉。後生那得識此酒，從君乞方還肯否？徽州作賦爲欷歔，荆州詩來端起予。

李仁父寄茯苓酥賦長句謝之

岷峩山中千歲松，枝虬幹直摩青空。雪霜剥落中不槁，膏液下與靈泉通。龜趾凫伏自磊砢，金堅玉潔仍豐融。篝明夜取喜得雋，瓷鼎朝聽如吟風。杵成坐上看飛雪，更和酪乳收全功。當知至味本無味，子若服之壽莫窮。巽巖脊梁硬如鐵，冠峩切雲佩明月。百好都隨春夢空，大藥獨傳鴻寶訣。中宵咀嚼不揺頭，玉池生肥噍不徹。憐我百慮形蚤衰，裹贈扶持意何切。丹砂着根謾爾傳，脂澤釀黍計已拙。由來妙道初不煩，此法莫從兒輩説。徑思舉袂揖浮丘，下視塵世真一吷。朱顏留得亦何爲，追逐同堅歲寒節。

和吴伯承

一葦湘可航，風濤逮春深。裴臺咫尺地，勇往復雨滛。窗前幾紅藥，俛首如不禁。悠悠覽物化，了了知予心。卜隣得佳士，問學方駸駸。端如雲間鶴，不受塵埃侵。應門有長鬚，杖策許相尋。匪爲食有魚，杞梗采墻陰。聽我清廟詩，三歎有餘音。洋洋百世下，斯道豈陸沉。君看有本源，發端自涔涔。願君勉勿倦，抱膝試長吟。儻臻名教樂，何必懷山林。新詩尚來嗣，庶以貽規箴。

用前韻送彪德美

嘗嗜貴知味，短綆難汲深。讀書不能發，但自成書滛。況復翻異説，横流渺難禁。豈知言意外，妙此惟微心。初無古今異，歲月謾駸駸。五峰講學地，歎息風雨侵。前時約同途，舊遊愴追尋〔八〕。鳴鳳不可見，修竹餘清陰。斯文天未喪，千載發韶音。春風滿天宇，魚鳥自飛沉。河流貫霄極，芥舟膠寸涔。神交獨吾子，妙處但微吟。文會匪易得，未應歸故林。君無泉石癖，膏肓詎須箴。

再用前韻

元化首萬類，聖學極幾深。有如亞聖賢，尚謹殆與淫。淺見僅一斑，歡喜不自禁。豈知天地全，於穆千聖心。嗟哉我學子，進道宜駸駸。立志務弘毅，異説毋交侵。仁端驗發見，精微試探尋。超然見大體，皎日破重陰。重新鄒魯傳，挽回韶濩音。當年不自勉，與物終堙沉。神龍倏變化，豈復顧泥涔。有來南山友，更唱共迭吟。群材欲封殖，杞梓看成林。慇懃勸學子，逆耳成良箴。

采菊亭并引

陶靖節人品甚高，晉宋諸人所未易及。讀其詩，可見胸次灑落，八窗玲瓏，豈野馬遊塵所能棲集也！前建安丞張君精力未衰，即掛冠，家于瀏陽，有年矣。葺小園爲亭，面南山，來求予名。予名之曰「采菊」，取靖節所謂「采菊東籬下，悠然見南山」。嗚呼！靖節興寄深遠，特可爲識者道耳。

陶公千載人，高標跨餘子。豈無濟時念，斂藏獨知止。歸來臥衡門，無慍復何喜。九日天氣佳，東籬擷芳蕊。舉頭見南山，佳處政在此。地偏心則遠，意得道豈否。張侯謝銀魚，築室娱燕几。小亭才尋丈，景物自新美。頗聞雙瞳清，亦復强步履。不妨數登臨，倚杖看雲起。高詠「悠然」篇，飛鴻送千里。

送楊廷秀

自吾友若人，歎息恨不早。相逢未出語，已足慰懷抱。寒窗逾浹旬，百慮略傾倒。霜晴不留客，别語詎能好。不盡此時情，梅邊試深討。

又

昔人忘言處，可到不可會。還須心眼清〔九〕，未許一理蓋〔一〇〕。辭章抑爲餘，子已得其最。當知鄒魯傳，有在文字外。

又

平生風雨夕，每念名節難。窮冬百草歇，手自種琅玕。吾子三十策，字字起三歎。豈欲求人知，正自一心丹。請哦碩人詩，匪爲樂考槃。

送鮮于大任入成都幕

虞馬昔飲江，扁舟憶同鶩。翁方爲國謀，客以名義故。安危匪前料，得失詎異趣。淮壖渺風雪，王事有程度。息偃多在床，君車不停駐。初無作難色，所立詎愆素。嗟我吴門别，風木歲徂暮。相逢復湘城，往事忍回顧。獨餘後凋心，特立凛不懼。莫邪雖云利，寧作囊錐露？善藏要有待，小試隨所遇。終無缺折虞，豈但走狐兔。吾州得良牧，民力或可裕。本根賴封殖，彊索費調護。從容試長思，取急無窘步。作别忽草草，懷抱復誰付。他時下瞿唐，訪我林下屨。儻於功名餘，更講末後句。

同遊嶽麓分韻得洗字

遊觀不作難，呼舟度清泚。新晴宿潦净，群山政如洗。上方着危欄，萬象見根柢。寒泉自可蓟，况復雜肴醴。高談下夕陽，邂逅玄鑰啟。中流發浩歌，月色在波底。

送張深道

秋風木葉落，送客麗譙東。豈懷兒女戀，愛此趣味同。至理無轍迹，妙在日用中。聞言有不信，渠自馬牛風。吾子實所畏，立志高冥鴻。卓然遊聖門，不受異説訌。切磋豈不樂，愧非斲鼻工。於皇太極藴，精微浩無窮。願言終玩繹，默參玄化功。雖人言底柱險，袖手不敢邇。孰知人心危，毫釐千萬里。由來事物繁，酬酢無披靡。雖云應不難，要且辨真僞。良知本易直，天機騐所起。涵濡自日新，日新乃無蔽。聖學非空言，要領故在此。吾子端發源，所進渺涯涘。我雖念不敏，詎敢忘所止。後會儻有時，深功同舉似。

留題金山寺

長江岷山來，灌注天下半。東行近海門，勇往更瀰漫。蒼巒忽中流，屹立助傑觀。孤根入層淵，秀色連兩岸。我來最奇絶，霜月與璀璨。褰衣到絶頂，恍若上河漢。悠然發遐思，俯仰爲三歎。乾坤無餘藏，今古有長算。更深寂群動，樹杪獨鳴鸛。回頭唤山僧，爲記此公案。

送范西叔教授西歸

乃祖至和間，忠謀書鼎彜。但知陛下聖，豈知吾言危。元祐愛君語，讀者猶涕洟。典刑今不亡，盛德故在茲。歲晚子過我，秀若齋房芝。持身蹈規矩，出語無瑕疵。向來長安道，詎肯舍靈龜。萬里一泮宫，行囊幾新詩。湘山足幽勝，而水清漣漪。登臨豈不樂，邂逅枌榆思。我懶抱僻學，絶絃理朱絲。子獨慕千載，悠然契心期。豈不爲我留，感此節物移。臨岐撫陳編，爲子三噫嘻。高深諒何極，循求有端倪。願言勉事此，奕葉光前規。

王長沙梅園分韻得林字

令君五畝園，不問蓬蒿深。江梅忽秀發，邂逅成賞音。一笑領諸客，掃地坐墻陰。清芳到酒面，落蕋飄衣襟。月出未忍去，起舞獨微吟。人自賞晤耳，問花亦何心。花雖有開落，意則無古今。須君戒勿折，嘉實看成林。

送邵懷英赴召

自君之西來，吾徒獲三益。匪惟欣晤言〔一一〕，望見意已適。俯仰歲再更，交情共金石。翩然别我去，寧復得此客？諸公有推轂，詔下亟傳驛〔一二〕。嘉言久填胸，往覲天咫尺。豈其湘水邊，而可滯六翮？雖深惜别思，敢後天下責。嗟哉善利途，雞鳴分舜蹠。浮雲起毫釐，乃有泰山隔。持身與謀國，兹義貫於一。君侯天資高，遇事無逼迫。所立凛不回，舉手謝物役。保此方寸印，勿受一塵隙。廓然麗昭回，萬象歸指畫。富貴豈君心，事業追往昔。贈言不能工，庶以永無斁。

陪安國舍人勞農北郊分韻得闌字

寒收花尚瘦，風静江不湍。元戎肅千騎，歷覽無留難。好景要徐出，微雲故遮闌。惟春布嘉惠，公豈樂遊觀。厖眉八十老，扶杖來蹣跚。去年幸一稔，何以報長官？酌酒公自勞，得無有愁嘆？嗟哉三章約，所貴簡且寬。黄堂載清静，自覺田里安。須公出妙語，兹遊記不刊。

安國晚酌葵軒分韻得成字

桐花三月寒，風雨滿江城。使君晚被酒，千騎過友生。名談宿霧捲，逸氣孤雲横。揮斥看墨妙，笑語皆詩成。人物有如此，爾輩頼主盟。更呼南隣客，共此樽酒傾。愛我庭下竹，頭角方峥嶸。永懷冰雪姿，寧復世俗情。新篇一湔祓，凡木不足程。願言謹封殖，歲晚長敷榮。

安國置酒敬簡堂分韻得柳暗六春字

桴鼓息荒村，襏襫盛南畝。永日省文書，呼客共樽酒。主人出塵姿，宛是靈和柳。行歸帝所遊，此地豈淹久。

公臥百尺樓，餘子可下瞰。我每奉談塵，汲古得深探。身外皆爲餘，此道要無憾。從渠梅雨天，陰晴遞明暗。

公憎孔壬面，怪石乃寓目。夜堂發深藏，林立驚滿屋。我亦苦嗜此，一見下風伏。何當載而歸，妙策三十六。

堂下列絲竹，堂上娱佳賓。相看夜未艾，樂此笑語真。風流今屬公，我輩但逡巡。文章千古意，翰墨四時春。

同元晦擇之遊嶽道遇大雪馬上作

驅車望衡嶽，群山政參差。微風忽南來，雲幕爲四垂。炎官挾蓐收，從以萬玉妃。庭燎亦何有，尺璧仍珠璣。奇貨我敢居〔一三〕，妙意良自知。林巒倏變化，轍迹平高低。喬松與修竹，錯立呈瑰姿。清新足遐寄，浩蕩多餘思。平生湘南道，未省有此奇。况復得佳友，晤言相追隨。茅簷舉杯酒，旅榻誦新詩。更約登絶頂，同觀霽色時。

詩送元晦尊兄

君侯起南服，豪氣蓋九州。頃登文石陛，忠言動宸旒。坐令聲利場，縮頸仍包羞。却來臥衡門，無愧自日休。盡收湖海氣，仰希洙泗游。不遠關山阻，爲我再月留。遺經得紬繹，心事兩綢繆。超然會太極，眼底無全牛。惟兹斷金友，出處寧殊謀。南山對床語，匪爲林壑幽。白雲政在望，歸袂風颼飀。朝來出别語，已抱離索憂。妙質貴强矯，精微更窮搜。毫釐有弗察，體用豈周流。驅車萬里道，中途可停輈。勉哉共無斁，邈矣追前修。

遊南嶽風雪未已決策登山用春風樓韻

人言南山巔，煙雲聳樓觀。俯瞰了坤倪，仰攀接天漢。勇往愧未能，長吟湘水畔。兹來渺遐思，風雪豈中斷。行行重行行，敢起自畫歎。我聞精神交，石裂冰可泮。陰沴驅層霄，杲日麗旭旦。決策君勿疑，此理或通貫。

校勘記

〔一〕再拜稽首　「首」，原作「手」，據劉本、四庫本改。

〔二〕飯杞菊賦　「飯」，劉本、四庫本作「後」。

〔三〕豈無他人意獨貞　「貞」，劉本、四庫本作「真」。

〔四〕慶事鼎鼎供期頤　「鼎鼎」，四庫本作「鼎鼐」。

〔五〕有如出語見肝腑　「如」，原作「時」，據劉本、四庫本改。

〔六〕眼明還喜碑字古　「喜」，原作墨丁，據劉本、四庫本補。

〔七〕君家甕酒春未央　「酒」，劉本、四庫本作「頭」。

〔八〕舊遊愴追尋　「遊」，原作「時」，據劉本、四庫本改。

〔九〕還須心眼清　「清」，劉本、四庫本作「親」。

〔一〇〕未許一理蓋　兩宋名賢小集、石倉歷代詩選作「未許工雕繢」。

〔一一〕非惟欣晤言　「晤」，原作「語」，據劉本、四庫本改。

〔一二〕詔下亟傳驛　「驛」，原作「譯」，據劉本、四庫本改。

〔一三〕奇貨我敢居　「我」，劉本、四庫本作「吾」。

南軒先生文集卷第二

古詩

陪舍人兄過陳仲思溪亭深有買山卜鄰之意舍人兄預以顯墅見名因成古詩贈仲思

築居湘水濱，歲月亦已久。寧知負郭東，勝處入君手。回環煙塢深，有此溪十畝。朝暾穿林薄，荷氣薰户牖。堂堂吾州牧，下馬唤賓友。主人故喜事，一笑具殽蔌。汲泉泛崇蓮，洗醆傾樽酒。淋漓壁間書，自可傳不朽。我獨留薄暮，並溪時矯首。人言君不偶，此豈落人後。觀君眉宇間，似亦挾所有。隔溪更幽絶，古木蔭高阜。却立望遥岑，四序列鐘卣。買山吾計决，便欲剪榛莠。居然顯一壑，豈羨印如斗。未知隣家翁，還肯見容否。

送然姪西歸二

堂堂希白翁，共惟同出自。百年詩禮傳，名教有樂地。嗟予力未勝，永抱蓼莪意。積累蓋百艱，承家豈云易。惕然履淵冰，中夜耿不寐。協心望爾曹，勉力紹前志。歲晚期有成，庶或保無墜。

自子來見我，倏焉十六秋。一聞沂上音，此意便綢繆。中間豈不別，會合同轉頭。今茲舍我去，萬里不復留。豈不能挽子，懼子爲親憂。六月送歸船，我思與悠悠。愛子剛毅資，不作繞指柔。願子進問學，琢磨須自修。居然知見廣，百病會有瘳。誰謂道云遠，行矣當深求。

送黄子默

元祐不復見，太史今諸孫。人物尚論世，典刑故猶存。酣歌拓金戟，三年佐雄藩。超然車馬中，高韻獨孤騫。永懷白鷗盟，修竹滿故園。得句見眉睫，外慕何足言。顧以感知己，跋馬向修門。朝開英俊途，王度待討論。小試翰林手，乘槎薄崑崙。我懶臥衡麓，秋風擷蘭蓀。交遊歎益落，拭目看騰掀。軒冕豈足貴，政爾名義尊。執手念相聞，此意古所敦。

過胡文定公碧泉書堂

入門認溪碧，循流識深源。念我昔此來，及今七寒暄。人事幾更變，寒花故猶存。堂堂武夷翁，道義世所尊。永袖霖雨手，琴書賁丘園。當時經行地，尚想語笑温。愛此亭下水，固若玻瓈盆〔一〕。晴看浪花湧，静見潛鱗飜。朝昏遞日月，俯仰鑑乾坤。因之發深感，倚檻更忘言。

次韻德美碧泉感舊之什且約胡廣仲伯逢季丘來會上封

相逢傾蓋地，回首歎川上。士窮不足怪，但喜氣愈王。凛然歲寒姿，儒林有龍象。棲遲似隱君，矍鑠真詩將。惟應一彈指，欲了四大藏。舊習想氷消，豈復留餘恙。新篇更紆餘，和氣與醖釀。却思東魯遊，幾載南陽葬。風霜摧宰木，日月隨過浪。豈期經世心，晚歲成獨往。蕭然屋半欹，使我懷抱愴。獨有千載傳，此事可憑仗。細觀宇宙間，何得復何喪。尚期浮雲開，衡嶽來見狀。秋壑采蘭蓀，霜林收栗橡。曉看日浮空，夜賞雪侵帳。更憐二三友，前山屹相望。文會儻來尋，勝踐天所相。妙理須細論，長歌却雄放。褰裳請勿疑，當仁應不讓。

自西園登山

雨後溪重碧，木落山增明。西風肅群物，感此秋氣清。振衣千崖表，俯瞰萬籟生。匪云幽遐慕，政爾未忘情。

路出祝融背仰見上封寺遂登絶頂

我尋西園路，徑上上封寺。竹輿不留行，及此秋容霽。磴危霜葉滑，林空山果墜。崇蘭供清芬，深壑遞幽吹。不知山益高，但覺寒侵袂〔二〕。路回屹陰崖，突兀聳蒼翠。故應祝融尊，群峰拱而侍。金碧雖在眼，勇往詎容憩。絶頂極遐觀，脚力聊一試。昔遊氷雪中，未盡登臨意。茲來天宇肅，舉目浄纖翳。遠邇無遁形，高低同一視。永惟元化功，清濁分萬類。運行有機緘，浩蕩見根柢。此理復何窮，臨風但三喟。

中夜祝融觀月

披衣凛中夜，起步祝融巔。何許氷雪輪，皎皎飛上天。清光正在手，空明浩無邊。群峰儼環列，玉樹生瓊田。白雲起我旁，兩腋風翩翩。舉酒發浩歌，萬籟爲寂然。寄言平生友，誦我山中篇。

晨鐘動雷池望日

浮氣列下陳，天浄澄秋容。朝暾何處升，彷彿認微紅。須臾眩衆采，閶闔開九重。金鉦忽湧出，晃蕩浮雙瞳。乾坤豁呈露，群物光芒中。誰知雷池景，乃與日觀同。徒傾葵藿心，再拜御曉風。

道旁見穫者

腰鎌聲相呼，十百南畝穫。婦持黍漿饋，幼稚走雀躍。辛勤既百爲，幸此歲不惡。王租敢不供，大室趣逋約。雖云粒米多，未辦了升龠。姑寬目前饑，詎有卒歲樂。樂歲尚爾爲，一歉更何托？書生獨多憂，何以救民瘼。

臘後一日尋梅東門外馬上遇雪

羸驂出東郭，静與幽意期。尋梅冷入眼，野路信所之。寒蕚靳未吐，我自愛横枝。雪花忽排空，成此一段奇。歲晚故人闊，天寒鴻雁稀。南國少霜霰，北山多蕨薇。坐看節物改，莫遣心事違。角巾風獵獵，日暮獨吟歸。

雪中登樓分韻得未字

南州冬多温，一雪已可貴。今年臘三白，故足蘇品彙。朝來凭危欄，舉酒聊自慰。翩翩着客衣，漠漠亂雲氣〔三〕。珪璧滿天地，造物初不費。更邀二三友，晤賞見風味。燭至僕尚更，酒苦飲亦既。仍遣探梅花，已坼南枝未？

笋脯一瓶馳寄因和去歲詩爲一笑春笋未盛尚續致也

權門極珍羞，未辨食龍肉。我家湘楚山，籜龍飫奴僕。淮南户户有黄虀，公今徑歸亦不癡。更包笋脯贈行李，定應笑殺長安兒。

湖南使者邵公召赴行在所寓客張某敬賦以餞行李

公來使湘州，氣象日淳美。不爲察察明，自謂平平耳。未須走原隰，但使心如水。儻無耳目蔽，庭户即千里。頃聞上封章，便欲返桑梓。其如矍鑠姿，難着湖山裹。春風一札下，趣往覲天咫。新淥渺滄洲，揚舲一何駛。士方處遠外，憂國抱藴底。寧應立君前，輔車有或柅。煌煌四門開，側席問民疻。百慮願畢陳，高風泚餘子。

次韻元晦擇之雪中見懷

流水浩無息，游雲去不休。我思在何許，起步三徑幽。男子四方志，胡爲守一丘。盍簪未可期，此意空綢繆。平生子朱子，砥柱屹横流。探古獨遐觀，萬象供雙眸。結友得林子，苦心事窮搜。看渠清介姿，便可披羊裘。昔者千里駕，共我風雪遊。永言清絶景，祇以好語酬。居然隔年别，却喜翰墨留。詩來尚記憶，知子不我尤。講習今難忘，離索古所憂。但當勉耘耔，歲晚儻可收。

送甘㻉可大從定叟弟之桂林

季也有行役，我思獨悠悠。親朋非不多，子能從之遊。挂席上湘水，青山挾行舟。籃輿問嶺路，政爾荔子秋。人言桂林好，頗復類中州。近郊多勝槩，雉堞冠層樓。待渠幕府暇，時與同冥搜。吾子有令姿，胸中富九流。處世多齟齬，但當付滄洲。超然擴遐思，詎可耳目謀。願爲百鍊剛，莫作繞指柔。昔人不吾欺，子盍試反求。預想他年歸，此地復綢繆。刮目看二子，一笑紓百憂。

湘中館餞定叟弟分韻得位字

江樓倚夜闌，樽酒留客醉。挽衣更小語，不盡今夕意。吾家德義尊，此豈在名位。勉哉嗣芬芳，停此寬别思。

廣漢黄仲秉即轉運使所治之東作亭扁以楚翠葢取杜陵所謂楚岫千峰翠者屬客賦詩

維衡屹南荒，作鎮自開闢。蟠根結地厚，面勢倚空碧。陂陁數州境，高下相接迹。麓山乃其趾，神秀固未極。定王十里城，處處見山色。知誰長在眼，嗟此塵中客。觀風君獨暇，延納到几席。得句悅忘言，寄興渺今昔。自君之東來，民瘼極深索。仁言徹九關，寧懼虎豹戹。諏詢遍南畆，民肥吾則瘠。築亭一舒嘯，逮此百憂隙。看山黛不愧，隱几亦聊適。寄語後來者，此意當無斁。

三茅觀李仁父劉文潛員顯道趙温叔崔子淵置酒分韻得高字

節物歲云暮，九衢塵滿袍。起我二三友，招要步林皋。仰看冥飛鴻，俯覽千丈濤。石徑上深窈，竹風更蕭騷。杯槃自真率，更起瀉濁醪。歎我會合難，慰我涉歷勞。薰然鄉社遊，飲少意已陶。我亦壽長者，萬里欣所遭。嗟哉事業艱，逝矣日月滔。古義重金石，外物真秋毫。願言共勉厲，勿負岷山高。

寒食前三日野步烏龍山中石上往往多新芽手擷盈匊酌玉泉煑之芳甘特甚有懷伯承兄賦此以寄

披雲得新腴，煑泉聽松風。香永味自真，不與餘品同。悠然薄莫留，歸來殷疎鐘。念昔湘濱游，年年擷芳叢。遲日煦高嶺〔四〕，新雷驚蟄龍。落磑快先啜，鼓腹欣策功。夜燈紫筠窗，香生編簡中。誰與共此樂，臭味有隣翁。揭來七里城，日月轉飛蓬。山川豈不好，予憂日忡忡。酌此差自慰，思君復無窮。

六月晦發霅川廣德兄與諸友飲餞于漁山已而皆有詩贈别寄此言謝

平生苕霅夢，邂逅此登臨。青山秀而遠，溪水潔且深。浮玉千古色，飛鳳何年音。小丘闢荒薈，修竹初成林。居然得此客，領畧還披襟。已歌棠棣詩，更作伐木吟。兄嗟弟行役，友念朋盍簪。情深語更質，意到酒自斟。荷風生薄莫，凉雨洗遥岑。翻然放舟去，别緒故難任。我行日以遠，佳處長會心。作詩寄餘韻，併以謝幽尋。

遊靈巖

我登姑蘇臺，笑指前溪水。水從具區來，古色映清泚。明朝泛舟去，兩岸雜蘋芷。縈紆知幾曲，舉目皆可喜。稻熟千頃黄，秋入四山紫。疎鐘度横塘，青帘穿野市。忽驚秀氣逼，突兀平地起。飛閣出林顛，穹石滿山趾。褰裳上深徑，鳴蟬聲聒耳。木鋳露遐觀，欲進足屢止。梵宫開何年，金碧焕相倚。上方納湖光，千里浄如砥。中峰何亭亭，正爾當燕几。沙闊鷗鷺微，水落魚龍徙。雲遶闔閭邦，草迷於越壘。琴臺俯香徑，不念前王侈。兹山自古今，詎此能爲疻。老松獨堅臥，根株互盤峙。頽然閲滄波，愛此青未已。我來三日留，幽事付行李。領畧寧有窮？登臨聊可紀。

遊惠山

兹泉幾歲月，復此慰渴心。諒惟獨鍾秀，源委來何深。在昔抱幽獨，邂逅逢賞音。希聲聽者難，至味乃可尋。兀坐正亭午，凉風度清陰。於焉有深悟，三歎復微吟。

遊池州齊山

舊聞齊山勝，抱病來登臨。蒼然俯平湖，秀出幾百尋。穹石天與巧，修篁近成林。高攀極巉巖，俯探窮窈深。愛此堅貞姿，摩挲會予心。憶行西湖岸，亦復多嶔崟。頗悵人力勝，刻畫時見侵。誰知醜石面，乃亦變孔壬。何如榛莽間，屹立長森森。天然抱幽獨，妙質逢賞音。支笻到絶頂，孤亭指遥岑。樊川有留詠，兀坐一長吟。

齊山石壁間見林擇之題字緬懷其人賦此

平生子林子，一别今幾春。寧知林壑中，忽見題墨新。巉巉屹蒼石，恍若對其人。徘徊不忍去，我懷誰爲陳。自子來江東，相去亦已邇。謂當復相逢，跂首日望子。云何竟差池，又此隔千里。憑高久佇立，飛鴻渺煙水。

過馬當山

千秋馬當廟，千尋獅子磯。寒風起崖腹，慘澹含陰威。孤帆駕巨浪，瞬息洲渚非。忠信儻可仗，神理兹不違。

題乖崖堂

平生乖崖公，及此拜仿像。凛然風埃外，餘子避英爽。憶公昔正色，抗論指邪枉。念當絶其根，所畏日滋長。晴空轟雷霆，下土走魅魍。云何廊廟姿，半世江海上。徒令治郡聲，迄今滿天壤。論相危及公，亦豈坐倔彊。嗟哉彼隘俗，利欲扼其吭。聞公卓絶風，吐舌仍儻怳。豈知古之人，事業係所養。臨機隨手應，如爬適苛癢。李侯亦高世，希蹤自疇曩。萬里見丹青，高堂闢虚敞。琅琅壁間記，讀者興慕仰。我來歲云莫，霜林振餘響。歎息重徘徊，題詩詔吾黨。

張子囦攜二子西歸求予詩爲賦此以致鄉黨之義

窮冬泝荆江，風急波濤怒。張君一葉舟，追逐任掀舞。時從古岸邊，頗得班荆語。君家岷山下，須眉挾風雨。萬里垂橐歸，問君何自苦。兩兒纔過膝，秀色隱眉宇。昨者試省中，旁觀正如堵。誦書聲琅琅，亦復記訓詁。呼前與酬答，進止良應矩。我爲三咨嗟，每見必摩拊。祝君須愛惜，事業貴有序。美質在陶冶，如器無苦窳。道遠方愁予，速成戒自古。可使利欲風，居然熏肺腑？良心人所同，愛敬發端緒。岷江本一勺〔五〕，東流貫吴楚。但當養其源，日進自莫禦。君歸閉門思，予言或可取。

過洞庭

城頭雞一號，浩蕩風脚回。篙師起相呼，牽帆上高桅。我亦推枕聽，波浪聲轟豗。窗間試一覘，萬頃銀山開。附火且安坐，念此亦快哉。良久天平明，已見金沙堆。泊舟古廟底，喜色動輿臺。我行正長夏，及此歲律摧。通籍恨亡補，敢賦歸去來。所至有何忙，妙處姑徘徊。險阻元自平，鷗鳥亦不猜。萬事有定理，渠謾費安排。明朝上湘水，雪意正栽培。行矣一杯酒，好在故園梅。

次韻陳寺丞建除體

建議了亡補，歸來謝馳驅。除荒城南丘，有田十畝餘。滿城車馬喧，得此逃空虛。平湖永晝静，泉聲雜塤竽。定自非偶然，供我耳目娛。執熱者誰子，來浣塵土褕。破顔爲我笑，共看雲卷舒。危機起於中，胡越生同車。成功妙克己，八荒元一區。收心試參此，得失竟焉如。開緘得君詩，嗜好如我迂。閉門君未可，出處本非疎。

湖南參議宋與道奉祠歸崇安里中賦此以别

憶昔歲丙寅，束書從吾翁。驅車服嶺南，弭節湟江東。湟江地僻左，窮年少過從。邂逅傾蓋友，一笑鑾煙空。秋水泛孤艇，春郊支短筇。琴書適有餘，酬唱寫不供。豈惟吾曹懽，固足愉親容。日月遽如許，于今再星終。中間亦會面，别去復轉蓬。歸來洞庭野，乃此相迎逢。回首歎風樹，欲語悲填胸。愛君堅忍姿，凜凜霜後松。徐公真有常，意味與曩同。而我學不進，長大加愚惷。幸蒙故人惠，苦語相磨礲。梅霖漲宿潦，行李何匆匆。自云祠庭樂，遠勝千户封。將兒更抱孫，綵衣映諼叢。搜奇萃圖刻，攷古羅彝鐘。知君頗挾此，詎信詩能窮。同里有佳人，抱獨環堵中。未妨閒暇日，更共討論功。它時有新得，爲寄冥飛鴻。

嚴慶冑射策南歸迂途相訪六月二十有一日同遊城南書院論文鼓琴煑茶烹鮮徘徊湖上薄莫乃歸明日作别書此爲贈

炎暑盛三伏，駕言得清游。城南才里所，便有山林幽。崇蓮炫平堤，修竹緣高丘。方兹閔雨辰，亦有清泉流。舉網鮮可食，汲井瓜自浮。絲桐發妙音，更覺風颼颼。喜無舉業累，獨有講學憂。逮子閒暇日，微言要窮搜。譬彼治田者，黽勉在勿休。但勤穮蔉功，勿作刈穫謀。雖云千里别，豈無置書郵。祝子時嗣音，慰我日三秋。

長沙歷冬無雪正月十日與客登卷雲亭望西山始見一白莫夜復大作竹聲蕭然是日坐上分韻得雲字

冬温氣苦鬱，玄冥未書勳。薄雪殿餘臘，一夜收楚氛。驩欣想農圃，潤澤到蒿芹。我亦破曉出，唤客來卷雲。蒼蒼西山樹，棲此萬鶴群。爽氣入病眼，幽懷愜前聞。意到自舉酒，語多秖論文。薄莫勢未已，飛花復繽紛。還將蕭瑟聲，一付竹君。洗醆且更酌，清絶未酣醺。

次韻周畏知問訊城東梅塢七首

城東幽事如許，一見定勝百聞。苦雨斜風無柰，斷橋流水餘芬。
誰知牛鐸黄鍾，寡和陽春白雪。如君句法飽參，妙處不關言説。
春意新回庭樹，角聲莫起江城。更着水僊爲伴，真成難弟難兄。
可是看花不厭，城南更欲城東。多謝諸君着語，莫教孤負春風。

堤上已垂新柳，屋邊尚有殘梅。雪盡春生湖水，野航竟日悠哉。

人情自爾變遷，此道不渝燥溼。未妨静處閑觀，要知二五即十。

短筇遍歷溪山，欵段時尋隣里。遇酒聊一中之，得句亦偶然耳。

别離情所鍾十二章章四句送定叟弟之官嚴陵

别離情所鍾，會合意無斁。如何僅踰歲，復賦弟行役。歲律亦已暮，風烈雪漫漫。去路阻且長，念子衣裘單。嚴之水淪漪，其山復蒼蒼。子陵釣游地，草木有餘光。我昔臨此州，民容拙使君。子行爲多謝，慰彼無毫分。别駕亦何事，休戚理則同。但使民受惠，無論别駕功。巍巍孤高亭，念我昔所喟。子也時一登，千載起立志。某在嚴陵，嘗爲宋廣平立孤高亭。義路本如砥，利徑劇羊腸。何以書子紳，世德不可忘。自昔謹交際，人情易因循。敬始以念終，君子貴守身。鄰邦吕正字，質疑時以書。校官有袁子，苦語莫厭渠。藐兹遺體重，相對子與予。祝子以自愛，念不忝厥初。雲滿南陽陌，書藏善和宅。行行重回首，無使歸思隔。送子目力短，朔風吹我裾。心焉獨如結，子也當念予。

平時兄弟間十三章章四句送定叟弟之官桂林

平時兄弟間，未省别離味。别時已不堪，别後何由慰。庭萱既荒蕪，綵綬委塵土。予嘆子咨嗟，寒窗夜風雨。逮此閑暇日，賴有先世書。與子共紬繹，舍去情何如。嗚呼忠獻公，典則垂後裔。遺言故在耳，夕惕當自厲。何以嗣先烈，匪論達與窮。永惟正大體，不遠日用中。履度如履冰，猶恐有不及。毫釐儻不念，放去如決拾。事業無欲速，燕逸不可求。速成適多害，求逸翻百憂。南山有佳木，柯葉有敷榮。願圖歲晚功，大用寧小成。歲晚豈不念，風雨漂摇之。但當護本根，紛紜爾何爲。嶺海坐清静，府公金玉姿。幙府省文書，簡編可委蛇。十步有芳草，會府宜多賢。親仁古所貴，更誦伐木篇。聞之元城公，南州宜止酒。止酒縱未能，少飲還得不？子行日以遠，我思日以長。政或少閒暇，書來不可忘。

芭蕉茶送伯承伯承賦詩三章次韻

與子藝蘭九畹，勝渠賜璧一雙。更碾春風白雪，同看明月清江。

正色可參官焙，妙香還近嵇山。草木叢中清絶，天教散在人間。

春去雲藏嶽麓，梅黄雨漲昭潭。政爾倚欄無那，一甌唤起清談。

賦遺經閣

生世豈云晚，六籍初未亡。向來言外旨，瞠視多茫茫。隱微會見獨，如日照八荒。始知傳心妙，初豈隔毫芒。絶學繼顔孟，淳風返虞唐。讀書無妙解，數墨仍尋行。況復志寵利，荆榛塞康莊。自云稽古功，此病真膏肓。君家屹飛閣，面對群山蒼。匪爲登臨娱，牙籤富書藏。邀予爲着語，會意詎可忘。一洗漢儒陋，活法付諸郎。

三友堂

寒窗政爾念蕭瑟，況復故人疎近音。憑欄爲子賦三友，便覺氷霜千古心。

初春和折子明歲前兩詩

古今同活法，妙處在阿堵。浮雲不作祟，白黑可坐數。窮冬掩關卧，豈爲作詩苦。挑燈讀韋編，至味可深咀。新春風雨中，日日鳩鳴屋。小園政可步，奈此泥涴足。却坐問樽酒，知足乃不辱。一杯竟陶然，敢羡車載麴。

和德美韓吏部筍詩

籜龍春雨後，得勢類乘軒。驟長寧嫌速，駢生詎厭煩。錯連非異族，蒼老見玄孫。色並蒲葵扇，香侵老瓦盆。静依花影轉，新帶蘚文昏。外美看彪炳，中虛騐晏温。出欄俄競秀，侵徑悅孤騫。頴脱錐囊見，森嚴武庫存。風回飄粉霧，龜圻露坤垠。生理知無息，神功本不言。牙籌誰數箇，玉斧莫傷根。錯立環兵衛，周羅儼翰藩。危岑遥寸露，睹浪忽驚奔。勁節回青眼，齊觀壯小園。嚴凝難奪志，霡霂合知恩。蛟鰐蟠深宅，牛羊隱半垣。委蛇隨户牖，撐拄動荎蓀。愛惜滋千畝，高低辨兩番。藐真應莫稱，著譜欲重論。豈止同苞茂，真成後嗣繁。兒童防戲折，口腹謝空飧。深夜共椽燭，清朝列戟門。於菟真筆健，季子屢髯掀。北海雖頻設，南山可盡髠？深培資後賞，獨倚莫消魂。看取炎歊候，清陰蔭午暾。

生辰謝邵廣文惠仁者壽賦

左弧念當辰，藐此卧歲晚。重雲不予蔭，敢望滋九畹。南隣有良朋，敏質快瓴建。進道方駸駸，吐辭看衮衮。妙語極吹嘘，至理屬關鍵。嗟予澹泊好，學植自穮蓘。豈能益涓埃，感子意繾綣。昭然隱微中，當念仁豈遠。起知妙乾體，實理踐坤簡。大易乃在我，亘古當一本。期君得真傳，永以息邪遁。

校勘記

〔一〕固若玻瓈盆　「固」，宋詩紀事卷五七作「炯」。

〔二〕但覺寒侵袂　「寒」，劉本、四庫本、抄本作「冷」。

〔三〕漠漠亂雲氣　「氣」，原作「飛」，據劉本、四庫本、抄本改。

〔四〕遲日煦高嶺　「煦」，劉本、四庫本作「照」。

〔五〕岷江本一勺　「江」，原作「山」，據劉本、四庫本、抄本改。

南軒先生文集卷第三

古詩

五月十六日夜城南觀月分韻得月字

梅收清風來，宇淨寶鑑揭。頻年城南游，未有今夜月。呼舟泛微瀾，游魚亦出没。危榭倒影浮，倚檻凉入骨。舉酒屬西山，寒光動林樾。諸君興未已，南阜上突兀。目極大江流，高情更超越。

三月七日城南書院偶成

積雨欣始霽，清和在兹時。林葉既敷榮，禽聲亦融怡。鳴泉來不窮，湖風豈淪漪。西山捲餘雲，逾覺秀色滋。層層叢緑間，愛彼松栢姿。青青初不改，似與幽人期。坐久還起步，堤邊足逶迤。游魚傍我行，野鶴向我飛。敢云昔賢志，亦復詠而歸。寄言山中友，和我和平詩。

四月二十日與客來城南積潦方盛湖光恬然如平時泛舟終日分韻得水字

澤國盛梅雨，漲潦彌兩涘。常時侵溢患，乃復到城市。納湖迫西闉，衝突固其理。今年築隄防，揵石細積累。艱辛迄崇成，龜魚亦歡喜。節宣有程度，盈縮無壅底。昨宵未没岸〔一〕，民居例遷徙。走馬來問訊，屹若堅城壘。江濤從渺茫，湖光自清泚。小舟足游泳，新荷方蕤蕤。嘉我二三客，共此風日美。相期寂寞濱，雅意淡如水。念言隄防功，得失乃如彼。而况檢身者，詎可忘所止？明朝更哦詩，斯言或當紀。

展省龍塘有作

十年衡山陰，驅馬幾往還。山色如故人，牧豎隨馬鞍。俛伏長松下，清晨涕汍瀾。念昔初拱把，兹焉影團欒。白雲歸何時，日月如轉環。矯首祝融峰，依前倚高寒。於焉百感集，欲去良獨難。

田舍

竹葉帶曉露，茅簷起炊煙。蛩吟枯草根，犬吠壞垣邊。田家亦何營，生理固足憐。風霜摧我稼，稂莠長我阡。卒歲復何念，一飽未補前。我思昔之人，備豫理所先。積倉遍郊野，甘雨盈公田。臨風重搔首，復古何由緣。

舊聞長沙城東梅塢甚盛近歲亦買園其間念欲一往未果也癸巳仲冬二十有八日始與客遊過東屯渡十餘里間玉雪彌望平時所未見也歸而爲詩以紀之

半生客荆楚，歷覽非一隅。寧知城東路，有此梅萬株。瘦馬路曉寒，清風起菰蒲。度溪上平坂，頓覺景物殊。霏雪下晴晝，香霧迷前驅。近坡與遠嶺，玉立同一區。老樹固瑰特，小枝亦敷腴。有如衆君子，彙聚德不孤。精粗無可揀，酥酪與醍醐。千株未覺多，此語信不誣。班荆或小憇，沽酒時一斟。勝賞諒難盡，昭質知不渝。我有十畝園，丘壑正盤紆。念此縞袂侶，歲晚足我娛。來遊自今始，琴書與之俱。回首桃李塲，冷淡莫邪揄。

平父求筍炙既并以法授之乃用往歲張安國詩韻爲謝輒復和答

知君友竹居，寧使食無肉。更哦脯筍詩，句妙騷可僕。南公鮭菜傖父虀，嗜好自爾元非癡。君但相從力啖此，大勝折腰鄉里兒。

題淮陰祠

秦關昔先驅，南鄭豈淹久。夜中丞相歸，平明印垂肘。古來豪傑人，調度出窠臼。登壇一軍驚，六合已在手。從兹看廓清，指揮如運帚。時艱思奇才，廟古酹樽酒〔二〕。出門望長淮，故國長稂莠。風雲正慘淡，人事極紛糾。拘攣儻無累，吾欲獻九九。

時爲桂林之役斜川前一日刑部劉公置酒相餞曾節夫預焉既而劉公用陶靖節斜川詩韻見貽亦復同賦以謝

通籍念無補，先廬獲歸休。所忻三載間，暇日從公遊。城中十畝園，頗復依清流。渺渺送歸雁，翩翩下輕鷗。駕言欲南騖，踟躕眷林丘。况且遠晤言，公唱孰與酬。祖席近佳日，呼客仍我儔。相與千載思，誰復念此不？新詩更紓餘，用以寬離憂。它年南皐約，剥啄時相求。城南有丘巋然，名以南阜，它年當與公歲講是遊也。

送劉樞密留守建康

整駕欲南騖，乃復送公舟。公行民所瞻，願言勿淹留。向來秉事樞，正色有忠謀。坐覺國勢尊，已驗權綱收。如何霖雨澤，偏使及南州。新春紫詔下，聞者寬百憂。誰昇今重鎮，百萬宿貔貅。控江撫長淮，聲勢接上流。吾皇志經畧，此地合綢繆。不應萬全策，歲月空悠悠。先當植本根，次第施良籌。未聞欲外攘，而乃忽内修。幕府方宏開，人才要旁搜。可不念葑菲，惟當別薰蕕。留鑰豈淹久，即歸侍前旒。盡舒醫國手，凋瘵會有瘳。還憶遐荒守，時能寄音不？

淳熙乙未春予有桂林之役自湘潭往省先塋以二月二日過碧泉與客煑茗泉上徘徊久之

下馬步深徑，洗琖酌寒泉。念不踐此境，于今復三年。人事苦多變，泉色故依然。緬懷德人游，物物生春妍。當時疏闢功，妙意太古前。屐齒不可尋，題榜尚覺鮮。書堂何寂寂，草樹亦芊芊。于役有王事，未暇謀息肩。聊同二三子，煑茗蒼崖邊。預作他年約，扶犁山下田。

七月旦日晚登湘南樓

文書稍去眼，日夕進微凉。高樓一徙倚，清風爲我長。漁父蔭深樾，歸人度浮梁。仰看河漢明，俯視羣山蒼。平生會心處，於此故難忘。舊聞水東勝，巖巒發天藏[三]。豈無一日暇，勇往聊徜徉。民瘼未渠補，况敢懷樂康。天邊雲物佳，似復爲雨祥。秋成儻可期，歲晚或自强。當從農家鼓，一歷水雲鄉。

望後一日與客自水鄉登湘南月色佳甚翌日用鄉字韻簡游誠之

一雨五日餘，南州三伏凉。唤客近方沼，笑譚引杯長。相將復登樓，月色在屋梁。念我懷百憂，忽忽髮變蒼。及此少自舒，觴詠未可忘。孤光凛下照，景妙無留藏。沙邊數白鷺，欲下仍翔徉。羣動亦自得，如我四體康。平生子游子，虚白生吉祥。官舍並樓居，登臨筋力强。未可效王粲，居然思故鄉。誠之所居正在樓旁，自中夏以來，每移書獨登。

定叟弟生朝遣詩爲壽

我昔在嚴城，惟子桂林思。舊游復更踐，相望仍今玆。行止不可期，會合何參差。况乃近重九，清杯憶同持。想子撫初度，難忘蓼莪詩。而我獨東向，慇懃頌期頤。祝子以愛身，永佩過庭規。勉子事遠業，昔賢以爲師。安車按節度，中道行逶迤。他年老兄弟，鶴髮仍龐眉。歲晚話平生，期以無媿辭。及此良未易，兢兢願同之。

八月既望要詳刑護漕游水東早飯碧虚徧觀棲霞程曾龍隱諸巖晚酌松關放舟過水月洞月色佳甚逼夜分乃歸賦此紀遊

灕江即湘江，戢戢清見石。其東列羣峰，秋色碧復碧。日出霧露收，草徑上逼側。憑欄揩望眼，已足慰疇昔。更窺巖穴勝，創見爲驚咋。如何數里間，奇觀相接迹。寬同厦屋深，劃若巨靈擘。日月遞光景，風雲變朝夕。石橋幾年成，乳竇時一滴。神龍舊隱處，仰視多辟易。蜕迹凜猶存，隱隱印霜脊。下有澄湫深，餘波漱蒼壁。往者已仙去，來者此其宅。薄晚扣松關，風過聲索索。聊麾車騎退，容我且散策。卻望訾家洲，輕舫度前磧。回首煙樹林，已復掛蟾魄。宇曠浄餘滓，羣物被光澤。何所寄遐思，空巖皎虚白。清輝可一規，水色相激射。天邊與川上，亭亭如合璧。居然廣寒游，不用假六翮。班坐依微瀾，晤賞共佳客。因之想千載，詎有今古隔。簫鼓歸夜闌，觀者粲城陌。往往羅杯柈，班班見殽核。諒因年歲豐，人意少舒適。視爾意少舒，於予亦忻懌。

次韓機幕韻

韓杜有佳句，炯炯如辰星。自昔此邦勝，中土亦飫聽。奇觀今愈多，洞户長不扃。秀色真可餐，腴澤到畦丁。寒巖度輕舫，瘦嶺着危亭。固已小雁蕩，寧復談錦屏。自我來擁麾，每思御風冷。如何半載間，足迹才一經。居然俯仰中，便覺塵慮冥。舊刻暗蒼蘚，往事過奔霆。頗聞煙霞外，往往接神靈。向來羽衣士，吐内誇奇齡。終焉亦歸盡，難留鬢毛青。塞雁度霄漢，沙鷗飛遠汀。大哉天壤間，逍遥各隨形。人生亦何有，泛若水上萍。勿作分外念，但勉明德馨。乘時各努力，日馭不我停。夢回故園好，蘭菊羅中庭。從知靖節醉，遠勝次公醒。

秘閣鄭公移節鄉部置酒餞别詩以侑之〔四〕

嗜僻寡同好，意合難語離。傾蓋今幾年，盍簪愜心期。况復王事同，退食陪委蛇。窺君肺腑中，落落無藩籬。獨有見義勇，褰裳欲從之〔五〕。憂時多苦語，懷古更餘悲。坐使嶺海間，氷雪映清規。我拙倚君重，孤懷良自知。正如乘霧行，不覺蒙其滋。人生豈無别，念此尤依依。維閩號蕃庶，今亦困繭絲。平時里社游，耳目到隱微。想當入境初，不待褰車帷。晝綉匪所榮，民瘼要深醫。看培邦本强，詎止鄉國肥。還歸報明主，廟論資扶持。願堅歲寒節，慰我别離思。

清明後七日與客同爲水東之遊翌朝賦此

平生山水癖，妙處只自知。夙約常寡昧，邂逅愜心期。幅巾與藜杖，安步隨所之。竭來坐官府，頗覺此願違。城頭望羣峯，欲往類絆羈。三春苦風雨，晴日一伸眉。沙邊散車騎，竹輿從嘔咿。獨與三四客，野服相追隨。亭高俯空曠，洞古探環奇。懸崖隱日月，幽壑蟠蛟螭。澗水雜鳴佩，松風發清吹。興來即傾酒，語到亦論詩。聊揩簿書眼，償此閒暇時。所歷固未厭，所感多餘思。昔遊木葉下，今兹緑陰肥。江山雖可識，歲月迺如馳。素餐豈不念，懷安敢云私。歸來耿不寐，欹枕聽晨鷄。

題榕溪閣

寒溪澹容與，老木技相樛。其誰合二美，名此景物幽。太史昔南鶩，於焉曾少休。想當下榻初，清與耳目謀。品題得要領，亦有翰墨留。我來訪遺址，密竹鳴鈎輈。稍令舊觀復，還與佳客遊。樹影散香篆，水光泛茶甌。市聲不到耳，永日風颼颼。所忻簿書隙，有此足夷猶。平生丘壑願，如痼不可瘳。雖知等喧寂，終覺静理優。更思濯滄浪，榕根浮小舟。

送陳擇之

君能千里來，乃作觸熱去。凉秋幸非遥，歸計無已遽。向來文字間，講論有平素。及兹共王事，益得君佳處。幾微獨深窺，圭角本不露。豈期寂寞濱，獲此友朋助。吾邦雖云僻，山水足奇趣。更期休沐晨，相與窮杖屨。匆匆何少悰，咄咄出别語。君懷負丞思，行矣當及戍。我亦念歸歟，霜天收栗芧。後會未可期，往事屢回顧。贈言復何有，獨以此道故。寥寥千載前，達者同一路。所趍固絶塵，所履無虚步。臨深覺居高，仰止有餘慕。要須學滄溟，匯此百川注。他年儻相憶，訪我城南圃。無使歲月深，永思編簡蠹。

止酒

淵明通達士，止酒乃成詩。終焉未能忘，寄意良在兹。勇哉典午君，覆觴無再期。念彼萬乘貴，艱難有深思。况乃一介士，而或志可移。祓齋揆前訓，剛制聖所辭。銘心諒無斁，多言亦奚爲。

斜川日雪觀所賦

行客念故里，勞者思少休。如何歲華新，尚爾天南游。涉五遇佳日，品題自名流。聊復揩病眼，沙邊玩輕鷗。和風着冠巾，春意動林丘。緬懷千載人，孤高諒難儔。亦有一二士，舉酒相勸酬。未知吾故園，草木如此不？政拙甘下考，智短空百憂。賜歸儻蒙幸，舊盟良可求。

静江歸舟中讀書

南風駕小雨，羣山静如沐。吾歸及新凉，所歷慰心目。軋軋柔櫓鳴，卧見山起伏。推枕意悠然，還取我書讀。平生領解處，於焉更三復。老矣百念踈，但欲斯境熟。向來五嶺游，日力半吏牘。小心了官事，終覺媿惸獨。世路自險夷，人情費追逐。翩翩孤飛翼，息蔭望林麓。

張子真楊政光吴德夫追路湘源賦此以別

驅車出嚴關，觸熱歸路長。一雨羣物蘇，吾行亦清凉。灕水自南去，湘流正洋洋。眷言二三友，跋馬勤送將。蕭然短長亭，每語夜未央。張子名家駒，千里方騰驤。楊郎嶺中彦，而能歛鋒鋩。延陵舊所熟，氣味固難忘。向來幕府遊，三秀麗齋房。居然出别語，分袂楚粤鄉。人生會有别，忽悲參與商。獨有贈言意，臨岐更平章。風俗易移人，宦途劇羊腸。千鈞有不守，决去飛鳥翔。要當勉自持，詩書作金湯。他年相會處，刮目看增光。爲謝桂父老，無澤留一方。惟餘石間字，時與洗苔蒼。

登江陵郡城觀雪

黄雲淡四垂，飛雪忽無際。排空風力静，整整若有制。穿林初着花，點瓦已成毳。低連七澤波，遠接關河勢。憑城領奇觀，壯思起病滯。四年領邊州，氣候苦多盭。清秋日昏昏，仲冬雷虺虺。雪花有時零，轉首即開霽。及兹洗瘴眸，天公豈無意。爲邦抱百憂，但願得豐歲。對之一欣然，不飲心已醉。春前尚餘臘，三白或可冀。更約竹間梅，共作歲寒計。

正甫還長沙復用斜川日和陶韻爲别

吾黨有佳士，寡欲自日休。眷言平生志，從我萬里游。披雲度嶺嶠，犯雪臨江流。顧我無定蹤，飄然若輕鷗。兹行雖云遠〔六〕，所欣近故丘。况得與君俱，豈患寡朋儔。有酒君爲飲，有句君能酬。如何舍我歸，頗亦念此不？我老百念冷，獨有謀道憂。臨岐無他祝，簡編細研求。

子遠使君出守廣漢始獲傾葢諸官賦詩贈别某廣漢人也故末章及之

半生落南州，分與岷峨疎。朅來荆江上〔七〕，所忻近鄉閭。吾鄉多雋豪，雜遝來舟車。時從説情話，頗覺中懷舒。中間識胡公，粹美真璠璵。心遠氣自静，語簡意有餘。向來有推轂，入校中秘書。名塲萬夫立，人亟我則徐。拳拳抱忠愛，百慮纔一攄。白雲已在望，思親惜居諸。乞州枌榆邊，政以便版輿。同舍挽不住，清風挾歸裾。觀君進退間，此豈爲名譽。春帆肯小駐，論交良慰予。愛君秉質高，且復富蓄儲。任重則道遠，願言勿踟躕。吾州得賢牧，父老想樂胥。我亦有一廛，徑思歸荷鋤。

李仁甫用東坡寄王定國韻賦新羅參見貽亦復繼作

三韓接蓬萊，祥雲護山頂。涵濡雨露春，呑納日月景。美蔭背幽壑，靈根發奇穎。艱難航瀚海，包裹走湖嶺。仙翁閲世故，未肯遽生癭。相期汗漫游，歲晚共馳騁。願持紫團珍，往扣黄庭境。想翁面敷腴，玉色帶金井。芸芸納歸根，湛此方寸静。清規照濁俗，不惑類楊秉。懸知藥籠中，此物配丹鼎。從今談天舌，不用更澆茗。

外弟信臣總幹西歸駐舟沙岸得半月之歎於其行口占道別

外家源流遠，文物被諸孫。嗟我數年來，頗識佳弟昆。酥酪本同味，蘭芷非殊根。競爽有如此，知當大其門。信也來過我，氣貌清而温。方忻駐足地，中有静者存。皎然明月光，豈復受濁渾。塤篪迭和時〔八〕，此理試共論。

廬山有勝處曰卧龍南康朱使君始築茅亭繪諸葛武侯像於其中以書屬予賦詩寄題此篇

廬山僊靈宅，佳處固非一。頗聞臥龍勝，幽深諒難匹。懸瀑瀉琮琤，石壁兩崒嵂。草木被光輝，波瀾動回没。今年朱使君，下馬恍若失。徘徊領妙趣，指點築茅室。爲愛卧龍名，英姿慨超軼。於焉儼繪事，長風起蕭瑟。髣髴梁父吟，尚想翁抱膝。慘澹風雲會，飄忽日月疾。獨存經世心，千載詎可汩。褰裳欲從之，雲濤渺寒日。

淳熙四年二月既望静江守臣張某奉詔勸農於郊乃作熙熙陽春之詩二十四章章四句以示父老俾告於其鄉之人而歌之

熙熙陽春，既發既舒。翼翼南畝，是展是圖。嗟爾農夫，各敬乃事。往利爾器，誡爾婦子。惟生在勤，勤則及時。惟時之趨，時不爾違。祈祈甘雨，膏我下土。習習谷風，和澤乃普。往即爾耕，惟力之深。往蒔爾苗，勿倦其耘。于日于夕，自遂自達。爾心勿忘，彼生孰遏。惟天之心，矜我下民。民不違天，使爾有成。既穟既實，既堅既好。爾穫既周，先養爾老。保爾家室，撫爾幼穉。既迄有年，復思嗣歲。嗟爾父老，其訓其誡。俾務於本，惟土物愛。不念其本，則越其思。所思既越，害斯百罹。嗟爾父老，其告其喻。爾之有生，君實覆汝。尊君親上，其篤勿忘。小心畏忌，率于憲章。嗟爾父老，教之孝悌。孰無父母，與其同氣。反于爾心，孰無愛敬。即是而推，烏往不順。嗟爾父老，勿替諄諄。其未率從，警厲其身。告以禍患，其使知懼。無俾蹉跌，以陷罪罟。惟國之法，煒煒其垂。使爾知避，豈欲爾施。爾或自陷，予疚予恫。曷使予懷，寘于爾衷。於赫聖主，敷德流澤。布宣弗虞，時予之責。咨爾父老〔九〕，助予念兹。豈予之助，報國是宜。粤以今日，勸相于郊。乃作此詩，以懋爾勞。咨爾父老，尚演厥義。其諷其歌，于鄉于里。俾一其心，服我訓言。擊鼓坎坎，自古有年。

校勘記

〔一〕昨宵未没岸　「未」，劉本、四庫本作「水」。

〔二〕廟古酹樽酒　「酹」，原作「酬」，據劉本、四庫本、抄本改。

〔三〕巖巒發天藏　「巒」，原作「鑾」，據劉本、四庫本、抄本改。

〔四〕秘閣鄭公移節鄉部置酒　「置」字原無，據目録頁及劉本、四庫本、抄本補。

〔五〕褰裳欲從之　「裳」，原作「褰」，據四庫本、陳本、抄本改。

〔六〕兹行雖云遠　「雖」，原作「誰」，據劉本、四庫本、抄本改。

〔七〕揭來荆江上　「揭」，原作「獨」，據劉本、四庫本、抄本改。

〔八〕塤篪迭和時　「時」，原作「詩」，據劉本、四庫本、抄本改。

〔九〕咨爾父老　「咨」，原作「兹」，據劉本、四庫本、抄本改。

南軒先生文集卷第四

律詩

和石通判酌白鶴泉

談天終日口瀾翻，來乞清甘醒舌根。滿座松聲閒金石，微瀾鶴影漾瑶琨。淡中知味誰三嚥，妙處相期豈一樽。有本自應來不竭，濫觴端可驗龍門。

憩清風峽

扶踈古木矗危梯，開始知經幾攝提。還有石橋容客坐，仰看蘭若與雲齊。風生陰壑方鳴籟，日烈塵寰正望霓。從此上山君努力，瘦藤今日得同攜。

讀李邕碑

荒榛日暮倚笻時，歎息危亭北海碑。後輩但知尊字畫，當年不得戍邊垂。豈關貝錦能成禍，祇恐干將不自奇。杜老惜才千古意，如今誰詠六公辭？

登法華臺

山間景物轉流年，臺上風光處處傳。放目便應雲夢小，憑欄平挹祝融巔。忽尋故國占天際，誰看孤舟繫岸邊？百感還將山下去，肯同槁木墮深禪。

謝楊文昭主簿寄詩楊之父紹興間倅建康不屈於兀朮而死

廼翁詈賊氣如虹，千載衣冠起懦庸。雙廟已應同卞壼，佳兒今喜見甄逢。傳郵贈我凌雲句，斷簡知君學古胷。忠孝可全須力勉，策勳寧復羨侯封？楊公血食金陵，正與卞將軍祠相望。

喜廣仲伯逢來會

二阮向來俱莫逆，支笻爲我到山巔。濁醪共飲聊復爾，勝集於今亦偶然。人立千峰秋色裏，月生滄海暮雲邊。高談此地曾知幾，一笑歸來對榻眠。

和黄仲秉喜雨

雨後清泉遶舍流，懸知耘耔遍南州。占相歲事端無恙，勞苦農人亦少休。好句收功經百鍊，彌旬不見便三秋。閒來只願長豐稔，江海白鷗盟共求。

遊道場山次沈國録韻

玻瓈盆外起千鬟，路入空濛紫翠間。心遠最便天宇迥，眼明偏見野雲閒。寒泉宰木留千載，清磬疎鐘度兩山。我亦湘城三徑在，湖邊歸去洗塵顔。

早秋湖亭

澤國今年秋氣早，湖亭清晚獨徘徊。翩翻荷蓋隨風舞，蕭瑟松聲帶雨來。静處豈云身計得，吟邊但覺歲華催。悠悠遠思憑誰寫，多病新來罷酒杯。

賦周畏知寓齋

知君隨寓即能安，久矣家山詠考槃。幕府漫遊從鬢禿，竹窗寄傲有書觀。此身詎可忘三省，世路何妨閲萬端。俯仰周旋皆實理，未應祇向寓中看。

送甘可大

子陵溪水千年緑，猶憶登臨日暮時。子去定能尋勝槩，書來當復慰相思。簡編有味寧論晚，得失從渠莫自疑。也學迂疎教似舅，不應空賦渭陽詩。

送胡伯逢之官金陵

相望數舍已云踈，遠别何因執子袪？漫仕想應同捧檄，舊聞當不廢觀書〔一〕。月明淮水空陳迹，山繞新亭有故墟。暇日更須頻訪古，因來爲我道何如。

寄題建安公梅山堂

梅公山色近庭除，勝日供公几杖餘。千古謾傳棲迹地，當年誰憶愛君書。丹心炯炯元無間，白髮星星不用鉏。待得斯民俱奠枕，歸來端亦愛吾廬。

重九陪詳刑護漕東西樓之集

獵獵西風滿角巾，登臨秋思與雲平。山圍四野高低碧，江繞東城今古清〔二〕。莫恨寒花未堪摘，且忻尊酒得同傾。政須客裏頻回首，細話家山此日情。

次趙漕贈王昭州韻

煌煌金節按江城，驛路梅花正小春。聞説争迎來滿道，定將何術慰斯民？甝棠異日誇南國，懷橘歸時拜壽親。流澤會看均一路，要令治象復熙淳。

九日登千山觀

清晨領客上巉巖，野路衣襟溼翠嵐。九日開尊仍絶景，西風欹帽且高談。地形盤薄一都會，山色周遭萬玉簪。却指飛鴻煙漠漠，故園茱菊老江潭。

和正父遊榕溪韻

隔岸高低露碧山，眼明便作故園看〔三〕。直從榕影度輕舫，更傍溪光撫曲欄。鴻雁來希空悵望，梅花開早未知寒。喜君萬里同情話，明月清風足佐觀。

仲冬朔日登湘南樓復用正父前韻

歷遍江南處處山，嶠南還得倚樓看。化工此地無餘巧，爽氣窮冬更逼欄。官事隨時寧解了，書盟平日未應寒。相逢自有論文樂，只把空杯未礙歡〔四〕。

六月二十六日秀青亭初成與客同集

亭成勝日好風光，佳客攜將共一觴。蒼壁插空千古色〔五〕，高松蔭堤三伏涼。網魚縷膾寒氷玉〔六〕，剥蓮烹鼎甘露漿。便覺故園渾在眼，祇應瀟水似瀟湘。

送韓宜州

頃年未識宜州面，已信諸賢品藻公。幕下從容逢益友，胷中骯髒本家風。一麾且與寬彫瘵，華髮應無慕勇功。從古安邊須自治，人情初不問華戎〔七〕。

鹿鳴宴

從昔山川夸八桂，只今文物盛南州。秋風萬里攜書劒，春日端門拜冕旒。聖世取才先實用，儒生報國豈身謀？且看廷策三千字，爲寫平時畎畝憂。

送宇文正甫

重來能復幾旬餘，臨水登山又送渠。夜雨已知農事好，春寒未放小桃舒。眼前佳處應難盡，别後書來詎可疎？我亦相將歸舊隱，杖藜時復訪樓居。

雨後同周允升登雪觀

一雨端能減百憂，肩輿徑上最高樓。山容浄洗無窮碧，江水新添自在流。已覺春隨花片老，不應身似賈胡留。煙簑風笠南山下，正好歸歟看麥秋。

題邢使君釣隱

使君卜築占芳洲，短檻疎籬處處幽。風月隨時供燕几，笑談終日在中流。翩翩影落來賓雁，漠漠寒生欲下鷗。城市山林俱寓目，問君底處足消憂？

某辱歸父丈惠貺新詩謹次韻末章爲别

淮海相從幾歲年？南州雁不到西川〔八〕。重逢影落煙沙外，却喜身如金石堅。莫嘆武城資莞爾，且看平楚正蒼然。剸繁自是君餘事，毫髮難逃止水淵。

和查仲文雪中即席所賦

方帽衝泥有客來，九衢俗眼莫驚猜。一尊相對十年外，兩脚新從萬里回。壯志未隨衰鬢改，孤懷良爲故人開。雪中細訪梅花發，不用匆匆羯鼓催。

和宇文正甫探梅

天與孤清逈莫隣，祇應空谷伴幽人。千林掃迹愁無那，一點横梢眼便親。顧影莫驚身易老，哦詩尚覺句能新。幾多生意冰霜裏，説與夭桃自在春。

襄州護漕使者張侯寄示所作快目亭記辭多慷慨予讀而壯之且想斯亭觀覽之勝爲賦此

聞説君家快目亭，溢江直上起千尋。昔人事業規模在，故國山河草木深。世態從渠翻覆手，壯圖還我短長吟。會須一展平戎策，始稱平生灑落襟。

送舜臣撫幹表兄赴部

疇昔相看意便傾，重逢更覺眼增明。半生漫仕壯心在，五月長江去棹輕。龜櫝久藏千乘寶，鵬風方快九霄程。公朝兼用人門選，外氏傳家舊有聲。

壽定叟弟

爲邦和氣滿鄉閭，袖手還家樂有餘。案上簡編元好在，閒中日月更寬舒。功名且要身長健，尋尺何求計不疎。好泛菊英斟壽酒，扁舟吾欲賦歸歟。

重九日與賓佐登龍山

曉風獵獵笛橫秋，澤國名山九日遊。萬里煙雲歸老眼，千年形勢接中州。丘原到處堪懷古，萸菊隨時豈解愁。此日此心誰共領，朝宗江漢自東流。

贈樂仲恕

老子曾從先覺游，後來文采繼風流〔九〕。胸中有意窮千古，筆下成章映九秋。塵世利名無着意〔一〇〕，聖門事業要精求。詠歸消息今猶在，魚躍鳶飛會得不？

小園荼蘼盛開伯承以詩見督置酒於此爲增不敏之歎

留連紅紫計無從，晚惜芬芳萬卉空。枕上幾回清夢斷，風前正可碧紗籠。春隨夜雨但三歎，韻入香醪尚一中。長有花開消息在，不應鳴鼓便相攻。

再和

閉門謝客少過從，獨倚修篁傲碧空。忽喜千條發瓊蘂，紛如萬鶴出樊籠。與君前日徘徊久，得句懸知慘淡中。胸次本無愁可着，何爲苦要酒兵攻？

夜讀韋編起欲從，門前流水落花空。春同心事應常在[一一]，月當燈花不用籠[一二]。弔古誰能嗟澤畔，高吟且欲效隆中。君詩似玉無瑕玷，豈有他山石可攻？

市朝車馬列雲從，君自危樓出半空。但覺乾坤增老眼，不妨日月轉空籠。花開花落關何事，江北江南只此中。互出新詩殊未艾，長城尚許短兵攻。

和楊教授

道在無今昔，才難有屈伸。青編知子意，白眼付時人。鏡裏顔容舊，胷中事業新。絶嘆知味鮮，渠自説甘辛。

客少從蒿長，居深懶户開。孤城歲云暮，瘦馬子能來。長策憐葵向，新詩更雨催。相看前日事，此首忍重回？

送少隱兄赴興元幕

出手寧嫌晚，論心本不欺。五年江左客，萬里故園思。肯枉洞庭棹，來尋棠棣詩。固知名義重，豈但慰朝飢。

邊塞連關隴，貔貅罷戰征。幕中須預計，堂上乃奇兵。漢水追前策，秦源憶舊耕。書生亦多事，慷慨試經行。

廉州何使君挽詩

橘井登賢籍，槐宫並俊游。姓名題雁塔，文字上瀛洲。公嘗進卷〔一三〕，召試詞科。青簡窮千載，朱幡但一州。有懷終未試，眼看落山丘。

憶昔湟江上，相逢意便傾。胷中元浩蕩，筆下更縱横。士伏徐公德，人言景倩清。定應鄉里敬，枌社祭先生。

和張晉彦遊嶽麓

齋舫凌煙浦，雲屏入畫圖。日烘花炫晝，風定水明湖。布穀催春種，提壺勸客沽。湘中無限景，賦詠繼三都。

送臨武雷令

詔舉循良吏，時資撫字功。人情平易看，治道古今同。緑野新耕盛，潢池舊習空。便應君課最，名姓御屏中。去路連崇嶺，扁舟上漲濤。不違將母願，敢歎獨賢勞。境静歸凫雁，庭空長艾蒿。不妨頻拄頰，千里寄風騷。

喜雨呈安國

望歲民心切，爲霖帝力均。崇朝變炎暑〔一四〕，舉目盡清新。坎坎連村鼓，熙熙萬室春。北窗凉枕簟〔一五〕，安穩到閒人。

十二月十六日夜枕上聞雷已而大雪

春信梅邊動，雷聲枕上驚。忽看窗紙白，頓覺竹聲清。江海空餘夢，壺觴起自傾。朝來倚樓處，玉樹滿湘城。

過湘潭劉信叔舊居有感

北渚留行客，東陵憶舊侯。池蓮半枯折，風葉正颼飅。事業留千載，英雄去一丘。平生許國志，歲晚詎悠悠？

題唐興寺湘江亭

寺廢蒼崖聳，江回遠岸明。風霜摧翰墨，有唐大中記及詩刻，兵火後沉于潭中。歲月老絲緡。寺右有釣磯。兀坐知茶味，閑行忘去程〔一六〕。長哦伊水句，回首若爲情？鄭都官嘗題詩云：「湘水似伊水，湘人非故人。」

彪德美來會於碧泉有詩因次韻

君臥衡山北，我行湘水濱。相逢還莫逆，清絶兩無塵。勝集追前日，輕陰近小春。濯纓聊復爾，舉首謝簪紳。

上封有懷元晦

憶共朱夫子，登臨氷雪中。劇談無俗調，得句有新功。别去雁横浦，重來月滿空。遥憐今夕意，清夢儻相同？

題福巖寺

擲鉢峰前寺，肩輿幾度來。樓臺還舊觀，杉桂撫新栽。湘水堂堂去，秋山面面開。徘徊千古思，風壑有餘哀。

題南臺寺

相望幾蘭若，勝處是南臺。閣迥規模穩，門空晝夜開。回風時浩蕩，高嶺更崔嵬。謾説石頭滑，支笻得往來。寺多風，二門不可置扉。寺之側有石頭庵。

由西嶺行後洞山路〔一七〕

西嶺更西路，雲嵐最窈深。水流千澗底，樹合四時陰〔一八〕。幽絶無僧住，閒來有客吟。山行三十里，鐘磬忽傳音〔一九〕。

過高臺寺〔二〇〕

着屋懸崖畔，開窗疊嶂秋。半畝雲樹冷，不斷石泉流。茗椀味能永，竹風聲更幽。平生版庵老，得句似湯休。寺之前有雲莊榭，舊車轍亭，侍郎胡公以其妄謬，易今名。記刻不存，必惡其害己者所去也。長老了信有詩名。

宿方廣寺

俗塵元迥隔，景物自天成。山近四圍碧，泉鳴永夜清。月華侵户冷，秋氣與雲横。曉起尋歸路，題詩寄此情。

和黄澧雪中將至長沙

吾道元如砥，人間謾畏途。未容舟泝峽，且泛雪平湖。子孝寧投杼，天回看脱弧。不應從我懶，欲老豆麻區。

人日遊城東晚飯陳仲思茅亭分韻得香字

絶憐梅事晚，與客到林塘。瓦椀村醪釅，杯羹野菜香。舊遊看壁字，新歲尚他鄉。一笑俱真率，悠然意未央。

二月十日野步城南晚與吳伯承諸友飲裴臺分韻得江字

春日煙沙岸，禪房風竹窗。有時傾綠酒，隨處見清江。世路紛多轍，吾生老此邦。千林看不盡，白鳥去雙雙。

與弟姪飲梅花下分韻得香字

日夕色愈正，春和天與香。提攜一尊酒，問訊滿園芳。嗣歲詩多思，懷人心甚長。更須多秉燭，玉立勝紅粧。

十四日陪黃仲秉渡湘飲嶽麓臺上分韻得長字

支筇穿百級，把酒問春光。喬木依然在，幽蘭祇自芳。未當湘水滿，更覺橘洲長。暝色須回首〔二一〕，天涯話故鄉。

王長沙約飲縣圃梅花下分韻得梅字

平生佳絕處，心事付江梅。縣圃今年見〔二二〕，芳尊薄暮開。朗吟空激烈，燒燭且徘徊。

未逐徵書去，窮冬尚一來。

湯總管邢監廟約遊城東酒間求詩爲賦此

春事已如許，客愁空自多。梅花成莫逆，尊酒付亡何。楚楚邢郎子，耽耽老伏波。定應容我醉，耳熱更高歌。

謝胡掾惠詩

一見知心事，旋觀慰月評。慈祥漢循吏，儒雅魯諸生。莫作周南歎，終期冀北程。新詩連夜讀，梅影伴孤清。

除夜立春

積雪陰難解，新梅凍未開。誰知殘臘底，已報早春來。一氣元無息，羣兒浪自猜。短檠非守歲，百感政交懷。

送趙節卿

昭代才難歎，宗盟自有人〔二三〕。千鈞定晚試，一角信逢真。政擬尋梅共，還經折柳新。青雲看穩上，回首楚江春。

二月二十五日登裴臺坐上口占

朝來風雨好，抱病亦登臨。故國江山在，荒城花柳深。憂時空百慮，望遠只微吟。春事如櫻筍，幽盟可重尋。

上巳日晚登裴臺自仲春凡三登

前日看花地，重來對落暉。雨餘山著色，沙没水初肥。寒食家家出，殘紅樹樹飛。還同二三子，及此詠而歸。

長沙郡丞丁君挽詞

廉吏今尤重，朝家詔舉頻。方看千里駕，忽盡百年身。職業憂勞甚，遊從笑語真。空令行路歎，没後見清貧。

和黄仲秉喜雨

雨涼窗户好，佳木正陰陰。畎畝憂時念，乾坤濟物心。引泉聊自照，移竹更親臨。尚想皇華使，風前擁鼻吟。

寄侯彦周

塞雁仍南去，慇懃問耒陽。催科應獨拙，理髮詎能長？邑古絃歌地，年豐魚稻鄉。婆娑還得不？三徑未云荒。

過長橋

西風吹短髮，復此渡長橋。木落波空闊，亭孤影動摇。徘徊念今昔，領略到漁樵。倘有山中隱，憑誰爲一招？

多景樓

疇昔南徐地，登臨北固樓。平原迷故國，滄海接江流。木落煙沙晚〔二四〕，城孤鼓角秋。寄言鷗鷺侶，吾已具扁舟。

金山

萬頃洪濤裏，巍然閲古今。雲煙三島接〔二五〕，花木四時深。亂石維舟住，西風倚檻吟。朝宗知不斷，凄切此時心。

重陽前一日

九日明朝是，清尊强自開。蕭蕭疎雨暗，滚滚大江來。野菊開無數〔二六〕，沙鷗静不猜。何須騎臺飲〔二七〕，此興亦悠哉。

十五日過小孤山

沃野迴千里，巋然突孤標。崖分勢亦裂，江静影頻摇。棲鶻巢何險，盤柯凍不凋。吾行足觀覽，未覺客程遥。

新亭

風景自今古，斯亭今是非？絶憐江水去，還有故山圍。得失同千慮，成虧共一機。所思惟謝傅，不但勝淮淝。

庚申過青草湖

已越重湖險，張颿勝順流。亂雲藏野寺，横網鬧漁舟。物色湖南好，風霜歲晚謀。未知荒歉後，得似向來不？

校勘記

〔一〕舊聞當不廢觀書　「舊」，原作「傳」，據劉本、四庫本改。

〔二〕江繞東城今古清　「江」，原作「紅」，據劉本、四庫本改。

〔三〕眼明便作故園看　「便」，原作「復」，據劉本、四庫本改。

〔四〕只把空杯未礙歡　「歡」，原作「觀」，據劉本、四庫本改。

〔五〕蒼壁插空千古色　「壁」，原作「碧」，據劉本、四庫本改。

〔六〕網魚縷膾寒氷玉　「氷」，劉本、四庫本作「水」。

〔七〕人情初不問華戎　「問」，劉本、四庫本作「間」。

〔八〕南州雁不到西川　「不」，原作「下」，據劉本、四庫本改。

〔九〕後來文采繼風流　「後」，原作「從」，據劉本、四庫本改。

〔一〇〕塵世利名無着意　「意」，劉本、四庫本作「算」。

〔一一〕春同心事應常在　「常」，劉本、四庫本作「長」。

〔一二〕月當燈花不用籠　「花」，劉本、四庫本作「光」。

〔一三〕公嘗進卷　「卷」字原闕，據劉本、四庫本補。

〔一四〕崇朝變炎暑　「崇朝」二字原闕，據劉本、四庫本補。

〔一五〕北窗凉枕簟　「窗」字原闕，據劉本、四庫本補。

〔一六〕閑行忘去程　「行」，原作「雲」，據劉本、四庫本改。

〔一七〕由西嶺行後洞山路　南嶽倡酬集作「後洞山口晚賦」。

〔一八〕自「西嶺更西路」至「樹合四時陰」　南嶽倡酬集作林用中詩前四句。

〔一九〕自「幽絶無僧住」至「鐘磬忽傳音」　南嶽倡酬集作張栻詩後四句，而「音」作「心」。前四句作：「石裂長藤瘦，山圍野路深。寒溪千古思，喬木四時陰。」

〔二〇〕過高臺寺 「高」，原作「南」，據劉本、四庫本改。

〔二一〕暝色須回首 「須」，劉本、四庫本作「猶」。

〔二二〕縣圃今年見 「今」，劉本、四庫本作「經」。

〔二三〕宗盟自有人 「自」，劉本、四庫本作「世」。

〔二四〕木落煙沙晚 「沙」，劉本、四庫本作「莎」。

〔二五〕雲煙三島接 「三」，原作「山」，據劉本、四庫本改。

〔二六〕野菊開無數 「開」，原作「間」，據劉本、四庫本改。

〔二七〕何須騎臺飲 「臺」，原作「馬」，據劉本、四庫本改。

南軒先生文集卷第五

律詩

喜聞定叟弟歸

吾弟三年别，歸舟半月程。瘦肥應似舊，歡喜定如兄。秋日聯鴻影，凉窗聽雨聲。人間團聚樂，身外總云輕。

聞定叟弟已近適迫祀事未能出先遣姪輩往迎書此問訊

漸喜書題近，懸知歸意忙。才聞下湘水，早已過衡陽。雨洗秋山浄，凉生桂樹香。慇懃二三子，策馬爲迎將。

醇叟崇道之喪未得往哭聞窀穸有期輒賦二章以相挽〔一〕

慶席親賢胄，心知道義尊。如何着閒處，終不近修門。三歲成長别〔二〕，微言未細論。人琴俱寂寞，風雨閉丘園。

晚歲渾無事，端居只自如。冰霜澆魄磊，日月老籧篨。山寺留題墨，晴窗罷卷書。從今衡嶽路，忍復過公廬？

故太子詹事王公挽詩二首

大節元無玷，中心本不欺。排姦力扛鼎，憂國鬢成絲〔三〕。方喜三旌召〔四〕，俄興一鑑悲。西風吹淚眼，夫豈哭吾私？

睿主龍飛日，如公舊學臣。忠言關國計，清節映廷紳。歲月身多外，江湖澤在民。當年遺直歎，千古更如新。

詩送陳仲思參佐廣右幕府

舊説桂林好，君今幕府遊。江山資暇日，梅雪類吾州。賁海何多説，安邊更預謀。政應勤婉畫，不用賦離憂。

吕善化秩滿而歸兩詩贈行

令尹三年政，湘民去日思〔五〕。艱難救菑歉，憂瘁見云爲。薦牘今交上，夷途去不疑。正須頻顧省，御者可無辭。

伯氏相從舊，歸來意若何。從渠笑方拙，還我自吟哦。聖有詩書在，人多歲月過。德門好兄弟，夜雨細研磨。

默姪之官襄陽兩詩以送之

默也相從久，吾心念汝多。又爲江漢別，空覺歲年過。氣習須消靡，工夫在講磨。惟應介如石，人事易蹉跎。

潦雨彌旬月，予方念鞠窮。子行何草草，別語又匆匆。漢沔英靈在，江山今昔同。未須登峴首，先合拜隆中。

送零陵賈使君二首

籍甚零陵郡，風流記昔賢。宅存元水部，人識范忠宣。山近地宜竹，溪清岸有泉。官閒時訪古，餘韻故依然。

孝友傳家法，如君好弟兄。祇應推此意，便足慰民情。間歲仍艱食，新書督勸耕。想今瀟水畔〔六〕，惟日望雙旌。

寄曾節夫

曾子别經月，相思如幾秋。不應行役歎，却爲賈胡留。雨後湖光滿，梅邊春意浮。須君細商略，晴日共茶甌。

送周畏知二首

秋冬仍苦雨，旬浹喜霜晴。木末樓臺見，江頭橘柚明。登臨方適意，離别已增情。後夜相思地，寒梅影正横。

半世功名誤，蒼顔幕府游。文辭追楚些，得失付陽秋。薦牘方交上，衡門豈重留。青雲看穩去，快處一回眸。

題伏龍寺壁

少日憶曾到，歸途得小留。回環山寺古〔七〕，蕭瑟柿林秋。道路情無那，琴書可細求。從來士窮達，分付水悠悠。

送外弟宇文挺臣二首

合族情尤重，論交意復深。還爲萬里别，未盡幾年心。佳處應相憶，書來倘嗣音。及時須努力，莫待鬢華侵。

漠漠灘江上，匆匆送客情。平原宵雨溼，絶壁野雲横。世路多新轍，韋編有舊盟。中流屹砥柱，過浪豈能傾。

寄題周功父溪園三詠

聞説亭花好，居然似蜀鄉。色深姿不俗，香淡意能長。高燭留深夜，輕陰護晚芳。何心較桃李，只擬答春光。

右嫣然亭

未識主人面，先爲溪上吟。澄潭依近岸，絶壁聳遥林。領略襟期遠，登臨歲律深。想當軒冕外，三歎有餘音。

右溪亭

溪園平廣處，雅稱雪中游。疎密看千變，高低共一丘。寒知松節勁，静覺竹聲幽。還有故人否，當能着小舟。

右雪亭

曾節夫罷官歸盱江以小詩寄別〔八〕

俗隘寧爲異，言深敢自欺。如何幕中辯，翻作暗投疑。行李秋將半，家園菊正滋。反躬端得味，當復有餘師。

寄趙漕

想得昭潭上，兒童夾道迎。皇華今日使，竹馬舊時情。梅蘂冬前折，山光雨後清。使君桃李客，當爲駐車旌。

送李新州

清絶湘南地，鄉閭見老成。蔽棠方有望，折柳却關情。側聽輿人誦，還新月旦評。相望幸鄰壤，猶得借餘明。

游誠之來廣西相從幾一年今當赴官九江極與之惜别兩詩餞行

游子名家後，天資更敏强。壯懷知自許，遠業定難量。幕府文書簡，韋編趣味長。居然成濶别〔九〕，音寄莫相忘。

士學端成己，工夫要自程。聖門窺廣大〔一〇〕，中德養和平。美玉資勤琢，良才詎小成。心期須後會，拭目更增明。

寄宇文邛州

寄語臨邛守，相望萬里情。由來詩句好，足驗教條清。好古從時詘，爲邦已政成。無尋子虚賦，忠厚詔諸生。

次陳擇之遊湖韻

落日遊魚上〔一〕，青林白鳥過。稻香來隔岸，巖影占清波。招隱何年賦，尋幽此地多。晚凉容縱棹，聽我采菱歌。

送但能之守潯州

循吏古猶少，嶺民今未蘇。丁寧煩詔旨，推擇得吾徒。根本誰深念，詩書計不迂。惟應敦此意，豈但應時須。

送祖七姪西歸二首

萬里逢猶子，中年憶故鄉。只知情話好，豈覺去途長。巫峽波濤壯，秦山檜栢蒼。何能從汝往，佇立看歸艎。

故國非喬木，名家重典刑。飄零念吾黨，寂寞撫遺經。菽水知何病，芝蘭要滿庭。汝歸應記取，爲我話丁寧。

仲春過陽亭

亭古危臨岸，林幽巧近城。煙容隨雨住，花片着溪清。春事已如許，客懷誰與傾。亭前兩好樹〔一二〕，滿意欲敷榮。

堯廟

明祀崇千載，荒山拱萬靈。插天巉絶壁，飛瀑下空庭。繪事存淳古，真風寄杳冥。蘋蘩何以薦，帝德日惟馨。

户曹廬陵胡君引年求謝事予視其精力未衰留之踰年乃今告去不復可挽爲詩送别澹庵君之叔父也〔一三〕

出守嗟何晚，懷歸已倦游。細看渾矍鑠，可是畏伊優。幕下傾三語，山中賦四愁。平生大小阮，來往足風流。

若海運使移節廣東賦詩贈别予每過若海諸郎誦書於旁琅琅可喜爲之重賦

行止非人料，驅馳未席温。傳聞選虜使，端爲慰黎元。瘴嶺農畊少，山城海氣昏。惟勤凋瘵慮，此外更何言。

玉雪明人眼，森然膝下郎。原流知衮衮，誦讀聽琅琅。有子君何慕，他年我莫量。願崇詩禮訓，勿近利名場。

送李崧老歸閩二首

歷數勲賢後，如君到眼希。胸中藴金石，筆下出珠璣。傾蓋嗟何晚，臨流又送歸。他年儻相憶，尋我釣魚磯。

公事妨開卷，遐征念索居。能來數月欵，端爲百憂紓。師友洛川上，人才元祐初。歸來有新益，不惜幾行書。

和定叟送行韻

舊别情何限，重逢意豁然。相看疑似夢，欵語不成眠。但欲燈窗共，其如事後牽。固應回首處，衹在集雲前。

題益陽清修寺

峯勢香爐直，溪流峽水潺。居然一蘭若，喚出小廬山。老木千崖表，孤亭萬竹間。明朝問征路，回首白雲閑。

故觀文建安劉公挽詩四首

憶昨登廊廟，忠言達帝聰。所思惟盡瘁，敢復計成功？半世江湖上，千憂寤寐中。汗青誰秉筆，請考衆言公。

國耻臣當死，公家三世心。忍看垂絶筆，誰續斷弦音？精爽今如在，衣冠恨更深。却嗟蜍與志，處世漫侵尋。

平日多奇節，中間似富公。天從廬墓請，人説救荒功。辛苦培邦本，雍容遏亂鋒。文傳遺奏切，更過子囊忠。

曾是南荊地，他年竹馬迎。旌旂嚴騎士，弧矢盛民兵。細攷規模舊，還知節制明。思公如峴首，同我淚縱横。

追餞馬憲

虜使行原隰，清風伴往還。詩情渾漫興，雪意正相關。許國心何壯，憂民鬢易斑。留連三日語，邂逅十年間。

某以四十字送詳刑使君

拙守荆江上，無人共往還。能來慰牢落，話舊幾間關。冬蟄龍蛇蟄，風林虎豹斑。相期涵養力，直到古人間。

除夕登仲宣樓

懷土昔人志，傷時此日心。長江霜潦净，故國暮煙深。訪古多遺恨，憑欄更獨吟。細看前浦樹，生意已堪尋。

隔墻聞正父鄉飲甚樂偶畏風不預用前韻敬簡

元日忻晴色，新年祗舊心。故人同客裡，鄉話自情深。儘説成都酒，休爲楚澤吟。相逢須痛飲，歲月易侵尋。

劉勝因自襄陽過予渚宫於其歸小詩贈别

骯髒寧多忤，棲遲久倦游。折肱諳世味，袖手惜良籌。日月隆中晚，風煙峴首愁。登臨應慷慨，還解寄詩不？

光弼姪得邑西歸賦詩勉之併示光義二首

共惟二百載，詩禮一門中。冷落吾憂甚，扶持爾輩同。傳心無異轍，隨用不言功。外慕知何極，惟應念祖風。

得邑寧論小，居官最近民。中誠倘無倦，同體會相親。暇日書還讀，清源政自新。吾兄有遺訓，爾輩足持循。

送曾裘父

交舊問何濶，能來浹日留。還尋佳橘頌，惜别仲宣樓。探古書盈屋，憂時雪滿頭。絶思黄閣老，招隱意綢繆。樞密劉公嘗欲以遺逸舉裘父。

帳幹周君桂林相從之舊己亥暮春出嶺迂道相過臨別求予言姑賦此

江北逢新雨〔一四〕，湘南憶舊游。能來慰岑寂，恨不小遲留。日月徒催老，功名浪自愁。惟應編簡樂，在己可深求。

中秋與僚佐登江陵郡城觀月

涼意今年蚤，蟾光七澤多。憑欄共懷古，擁袂獨高歌。風物關山遠，功名歲月過。一尊聊復爾，於此興如何。

遊章華臺

楚國舊雄勝，荒臺今是非。平川留宿潦，蕭寺掩斜暉。木落秋聲急，天高雁影微。凄涼無處問，騎馬踏堤歸。

和元晦擇之有詩見懷

作別又如許，何當置我旁。卷舒書在手，展轉月侵床。合志師千載，相思謾一方。臨風三歎息，此意渺難量。

送范伯崇

堂堂延閣老，遺範見斯人。孝友傳家舊，詩書用力新。人心危易失，聖學妙難親。願勉思弘毅，求仁可得仁。

定叟弟生辰〔一五〕

清秋記弧矢，舉酒頌年長。别去今踰歲，情親秪對床。韋編閒玩味，幕府小徜徉。刮目它時看，光輝映棣棠。

南軒木樨十月〔一六〕

不隨秋月鬬天香，冰雪叢中見縷黄。却得清寒惜花地，少須梅影慰孤芳。

和安國送茶

官焙蒼雲小臥龍，使君分餉自題封。打門驚起曲肱夢，公案從今又一重。

賦鄭子禮壽芝堂

莫向堂中覓壽芝，主人心地本平夷。子孫保此傳家瑞，世享長年自不疑。

喜雨呈安國

懸知雨意未渠已，一夜簷聲到枕間。曉上高樓望雲氣，蟄龍千丈起西山。

早秧出隴蠶已絲，眼中一雨正垂垂。農家辛苦渠能識，請誦周公七月詩。

向來惻怛哀矜意，便覺雨滿乾坤間。城東大士寧關汝，民倚邦侯如泰山。

涼生椽筆試烏絲，妙語便作星斗垂。我亦小窗無一事，細傾新酒和公詩。

自烏石渡湘思去歲與朱元晦林擇之偕行講論之樂賦此

朝來一舸渡湘水，山色横秋真可憐〔一七〕。忽憶去年聯騎客，沙邊搔首已茫然〔一八〕。

道間晚稻甚盛喜而賦此

我行自喜有勝事，夾道黄雲禾黍秋。聞道今年罷和糴，老農卒歲儻寬憂？

墳庵枕上追愴賦此

秋氣惻惻侵户牖，霜林風過猶餘音。八年淚溼龍塘土，展轉不眠中夜心。

晚晴

昨日陰雲滿太空，眼前不見祝融峰。晚來風卷都無迹，突兀還爲紫翠重。

渡興樂江望祝融

日上寧容曉霧遮，須臾碧玉貫明霞。人謀天意適相值，寄語韓公不用誇。

仲秉再用前韻爲梅解嘲復和之

幾年身在水雲間，愈見花邊下語難。猶有故人相慰藉，西山載酒未盟寒。
東君豈是結新知，誰共群芳較疾遲。不但開花高一世，更看嘉實滿青枝。

有懷安國

若人别去已經秋，却見山間翰墨留。獨對西風揩望眼，試從雲際辨荆州。

自上封下福巖道旁訪李鄴侯書堂山路榛合不可往矣

石壁巉巖路已荒，人言相國舊書堂。臨機自古多遺恨，妙策當年取范陽。

下山有作

五日山行復下山，愛山不肯住山間。此心無着身長健，明歲秋高却往還。

廬陵李直卿以復名其齋求予詩久未暇也今日雪霽登樓偶得此遂書以贈顧惟聖門精微綱領豈淺陋所能發祇增三歎

李侯索我復齋詩，此理難明信者稀。要識聖賢端的意，須於動處見天機。

萬化根原天地心，幾人於此費追尋。端倪不遠君看取，妙用何曾間古今。

和張荆州所寄

自古荆州通陸海，祇今學士過青錢。笑譚坐了安邊策，取次成詩盡可編。

詩來千里作春妍，尚記城南五畝園。豈但苔痕留屐齒，故應石上有窪罇。

有時散策過西隣，共向東風憶故人。芙蓉亭下池水滿，敬簡堂前楊柳春。

鍾陵未命千里駕，洞庭亦繫沙邊舟。閉門讀書臥歲晚，世事敢云風馬牛。共父、安國皆欲相招，未能往也。

明時未可廢譚兵，壯歲寧容便乞身？何人爲向沙頭去，憑仗慇懃一問津。

正月强半梅猶未開黄仲秉作詩嘲之次韻

孤芳未分落人間，故向東風小作難。眼底莫容蜂蝶亂，好留明月趁春寒。

水邊疎影幾人知，尚喜詩翁到未遲。怪得尋花心眼別，去年曾賦上林枝。

謝邢少連送葡萄豆蔻栽

君家小圃占春光，眼看龍鬚百尺長。移向樓邊並寒井，明年垂實更陰涼。

留取園中數畝賖，擬栽靈藥謝紛華。兒童今日知翁喜，移得君家豆蔻花。

晚過吴伯承留飲〔一九〕

推門野路竹毿毿，落日天寒相對談。可是主人風韻別，自斟白酒擘黄柑。

校勘記

〔一〕輒賦二章以相挽 「挽」下，宋本、劉本、四庫本有「者」字。

〔二〕三歲成長別 「歲」，宋本、劉本、四庫本作「載」。

〔三〕憂國鬢成絲 「憂」，原作「愛」，據宋本、劉本、四庫本改。

〔四〕方喜三旌召 「三」，原作「二」，據宋本、劉本、四庫本改。

〔五〕湘民去日思 「日」，原作「昔」，據宋本改。

〔六〕想今瀟水畔 「瀟」，宋本作「湘」。

〔七〕回環山寺古 「環」，原作「還」，據宋本、劉本、四庫本改。

〔八〕曾節夫罷官歸盱江 「盱」，原作墨丁，據劉本、四庫本補。

〔九〕居然成濶别 「居」，四庫本作「悵」。

〔一〇〕聖門窺廣大　「窺」，宋本作「規」。

〔一一〕落日遊魚上　「日」，原作「石」，據宋本、劉本、四庫本改。

〔一二〕亭前兩好樹　「兩」，宋本作「多」。

〔一三〕留之踰年　「年」，宋本、劉本、四庫本作「半載」。

〔一四〕江北逢新雨　「逢」，原作「求」，據宋本、劉本、繆本、四庫本改。

〔一五〕定叟弟生辰　「定叟」，宋本作「五二」。

〔一六〕十月　二字原無，據宋本補。

〔一七〕山色横秋真可憐　「真」，宋本作「正」。

〔一八〕沙邊搔首已茫然　「已」，宋本、劉本、繆本、四庫本作「意」。

〔一九〕晚過吴伯承留飲　「吴」，原作「胡」，據宋本、劉本、繆本、四庫本改。

南軒先生文集卷第六

近體〔一〕

某敬采民言成六韻爲安撫閣老尚書壽伏幸過目

里胥不踏桑麻路，桴鼓長閒花柳郵。都在邦君和氣裏，賣刀買犢長兒孫。前時勸君出東郊〔二〕，父老歡呼望羽旄。甘雨便隨車馬到，眼看霑足遍蓬蒿。清坐鈴齋公事稀，春來風日更遲遲。胸中水鏡渠自避，却笑鉦篇徒爾爲。蜀江東下接襄江〔三〕，總是當年蔽芾棠。此地回旋莫嫌窄，且教春色滿三湘。公今卧護足從容，豈有扁舟欲便東。少待政成歸帝所，此邦還在化鈞中。湘民清曉壽邦君，下客慚無句語新。敢述老農歌誦意，一觴持上太夫人。

夜得嶽後庵僧家園新茶甚不多輒分數椀奉伯承

小園茶樹數十許，走寄萌芽初得嘗。雖無山頂煙嵐潤，亦有靈泉一派香。

四月四日飲吴仲立家梅桐花下吴伯承以事不至寄詩來次韻

翠蓋亭邊春色歸，還來把酒及開時。坐無車公歡意少，猶得風前讀好詩。

題湘潭丞黄子辯哦松軒

黄子官居多暇日，吟哦薄暮一窗中。雖無瀌瀌循除水，但覺颼颼滿屋風。

筠州曾使君寄睍中州新芽賦此以謝

黄蘗山前水遠沙，春風吹石長靈芽。午窗落磑飛瓊屑，烏椀翻湯湧雪花。

日長燕寢無公事，忽憶故人雲水邊。包裹甘芳慰幽獨，使君風味故依然。

仲春有懷

青山四面擁江城，暮角聲中淡月明。自倚闌干生白髮，無心行樂趂春晴。

西湖景物元瀟灑，楊柳新來兩岸垂。亦有遊人往來否？不應閒過看花時。

老木高枝不可攀，玉泉飛出半崖間。如何借得清泠水，一洗瘡痍爲解顔。

楚翠亭邊花正開〔四〕，道鄉臺下石崔嵬。主人今有此客否？客亦思君日百回。

想見城南春水深，春來夜夜動歸心。隔墻季子應無恙，爲托飛鴻寄好音。

次韻無爲使君見寄之什〔五〕

江山接境相望近，風雨一春音問疎。安得從公苕霅上，幅巾一葉卧看書。

從呂揚州覓芍藥栽

揚州風物故依然，夢想他時楚水邊。乞與靈根歸自種，梢頭繭栗看新年。

鶴

月底風前意味多，不妨佇立勝婆娑。軒中君子知多少，遣汝乘軒看若何。

望廬山

却望廬山倚梔樓，半空宿靄未全收。蒼然五老獨獻狀，似欲勸人來一遊。

十二月乙卯登岳陽樓丙辰再登

維舟徑上岳陽樓，風雨排空暝不收。明日重來天色好，君山元自翠光浮。

舟行湘陰道中雪作

歲晚歸來風雪裏，有懷端復爲誰開？江清沙白湘陰路，却似當年訪戴回。

登樓

風雨經旬只閉門，朝來倚檻已春深。不知花片飛多少，但覺江城滿緑陰。

題城南書院三十四詠〔六〕

差差竹影連坡静，細細荷風透屋香。午寂睡餘聊隱几，人間何用較閒忙？

新竹成林蕉葉青，隔籬深處有蟬鳴。晚涼更覺長堤静，自遶荷花待月明。

堦前樹影開還合，葉底蟬聲短復長。睡起更知茶味永，客來聊共竹風涼。

新涼物物有精神，静倚書窗聽雨聲。忽憶子綦元未解，强分天籟太麄生。

凌晨騎馬踏新涼〔七〕，來挹湖邊風露香。妙意此時誰共領，波間鷗鷺静相忘。

林塘過雨不勝秋，萬葢跳珠寫碧流。倚檻孤吟天欲暮，更穿芒屩上方舟。

山色頓清秋欲半，湖光更浄日平西。涼風獵獵低荷葢〔八〕，歸翼翩翩度柳堤。

湖邊小築喜新成，秋入西山照眼明。不是厭喧來覓静，四時光景本均平。

秋風颯颯林塘晚〔九〕，萬緑叢中數點紅。若識榮枯是真實，不知何物更談空。

移得幽蘭幾本來，竹籬深處手栽培〔一〇〕。芬芳不必紉爲佩，月白風清取次開。

今年少雨菊花遲，青蕋方開三兩枝。但得悠然真意在，青山何處不相宜。

秋後冬前一月晴，小園佳處日經行。半山木落樓臺露，幾樹霜餘橘柚明。

鐃鼓喧闐十里城，人情正喜上元晴。瘦筇獨立湖邊路，却有白鷗同眼明。

和風習習禽聲樂，晴日遲遲花氣深。妙理冲融無間斷，湖邊佇立此時心。

曉來天氣更清新〔一一〕，獨倚闌干正暮春。花落花開鶯自語，東風吹水細鱗鱗。

花柳方妍十日晴，五更風雨送餘春。莫嫌紅紫都吹盡，新緑滿園還可人。

並湖數畝新疏闢，便有魚兒作隊行。我亦隨流浮小艇，晚涼細看縠紋生。

無言桃李也成陰，葉底黄鸝自好音〔一二〕。一縷爐煙清晝永，韋編卷罷短長吟。

化工生意源源在，静處詳觀總不偏。飛絮滿空春不盡，新荷貼水已田田。

野艇新成尋丈許，柳堤橋浦足周旋。添蓬不但爲遮日，準擬乘涼聽雨眠。

暮從别墅跨驢歸，風雨蕭蕭泥濺衣。出門回首且按轡，細聽泉聲和式微。

陰陰松竹影自轉，午枕無人到北窗。何許狂風來動地，夢回波浪洶春江。

疎竹蕭蕭正雨聲，眼中日影又還晴。鈎窗燕坐夏將半，荷葉已香湖水清。

莫道閒中一事無，閒中事業有工夫。閉門清晝讀書罷，掃地焚香到日晡。

亭畔薰風盡日涼，來從水面過新篁。悠然但覺盈襟抱，千古虞絃意未央〔一三〕。

拍堤水滿草茸茸，盡日野航西復東。欲去未須愁日暮，月明波面更溶溶。

烏雲夭矯風作惡，雷奔電掣雨懸河。須臾天宇復清霽，突兀西山紫翠多。

朝陽初上藕花香，下馬虛亭一味涼。山鳥自呼魚自樂，誰云身世可相忘。

北窗竹簟午陰涼，亦有清風到我旁。還與陶公事同否，未妨諸子細商量。

睡覺西山月正平，荷香不斷曉涼生。園中雙鶴知人意，已作金風警露聲。

西風夜半摧炎暑，曉看雲横天際秋。時序轉移皆妙理，惟應及早戒衣裘〔一四〕。

新涼修竹意愈静，初日芙蕖色倍鮮。物態直須閒裏見，人情多向怏中偏。

四面紅蕖鏡緑波，晚涼奈此野情何。憑城更覺看山穩，入户還欣得月多。

殷雷終日在前山〔一五〕，風捲雲環意作難。薄暮有懷空佇立，忽然飛雨到闌干。

臘月二十二日渡湘登道鄉臺夜歸得五絶

三年不作山中客，纔踏船舷眼便明。曳杖直登千尺蹬，尚欣脚力慰生平。

舊日書堂倚翠屏，只今棟宇尚高明。門前恍若聞絃誦，瀌瀌遶墻流水聲。

道旁老松高拂雲，刳心取明彼何人。説與往來須愛護，雪霜時節看長身。

人來人去空千古，花落花開任四時。白鶴泉頭茶味永，山僧元自不曾知〔一六〕。

湘江歲晚水清淺，橘州霜後猶青葱。歸舟着沙未渠進，且看漁火聽疎鐘。

次韻許深父

日日經行只小園，静揞卬竹聽鳴泉。此時心事向誰共〔一七〕，素壁題詩第幾篇？
西山老木正亭亭，雲影參差陰復晴。手卷殘書天欲暮，聞君剥啄叩門聲。
却向斜坡並柳堤〔一八〕，雙飛燕子正啣泥。紛紛風雨春將半，淥漲平湖橋柱低〔一九〕。
下瞰寒江百尺坡，小松新種也婆娑。栽培擬待凌雲日，眼底浮花奈若何〔二〇〕。
年中一稔願無餘，漸喜徵呼息里胥。贏得閒身學農圃，未妨斜日帶經鋤。

初夏偶書

江潭四月熟梅天，頃刻陰晴遞變遷。掃地焚香清晝永，一窗修竹正森然。

墨梅

眼明三伏見此畫，便覺氷霜抵歲寒。唤起生香來不斷，故應不作墨花看。
日暮横斜又一枝，水邊記我獨吟時〔二〇〕。不妨更作江南雨，併寫青青葉下垂。

謝韓監芍藥

一年春事雨聲裏，十里揚州夢想邊。眼底名花煩折贈，君家風物自嫣然。

龍孫竹生辰陽山谷間高不盈尺細僅如針而凡所以爲竹者無一不具予寘石斛中暮春生數筍森然可喜爲賦此

小竹如針能具體，方春茁筍更堪憐。乾坤妙用無餘欠〔二二〕，隱几旁觀爲莞然。

葉夷中屢以書求予記敬齋予往年嘗爲親舊爲記及銘矣今獨成兩絶句寄之

聰明用處翻多暗，機巧萌時正自癡。若識聖門持敬味，臨深履薄更何之？

向來屢着敬齋語〔二三〕，正恐言多意未明〔二四〕。今日報君惟一句：工夫端的貴躬行。

謝侯彦明惠白蓮栽

添得湖光百畝餘，湖邊早已長菰蒲。更移玉井峯頭種，還有花開十丈無？

青鞋不踏遠公社，偶共濂溪嗜好同。少待薰風開玉鏡，與君來賦月明中。周濂溪有愛蓮説。

書妙應庵壁

窗前新竹浄娟娟，借我風凉一榻眠。試問莊周説鵬鷃，何如洙泗舉魚鳶？

壽定叟弟〔二五〕

今年黄菊開花早，手擷芳新壽一杯。不用南陽三十斛，家山根蒂好栽培。

堂堂自昔源流遠，衮衮方來事業長〔二六〕。駟馬安車遵大道，正須緩轡不須忙。

向來相望各天涯〔二七〕，兩載團圞似舊時。只恐桐江來趣駕，明年把酒又相思。

嶽後步月

衡嶽山邊霜夜月，青松影裏看嬋娟。正須我輩爲領畧，寒入衣襟未得眠。

訪羅孟弼竹園

籃輿嘔軋上荒坡，奈此緣城修竹何？歷眼向來誰復領？買山未覺費金多。

林深谷窈路詰曲，慘澹西山横遠青。想得天寒來獨倚，空雲髣髴下湘靈。

江梅獨立蔭頹墻，苔蘚封枝色老蒼。手剪荆榛增歎息，眼中春意滿三湘。

知君日來修竹底，却課市樓朱墨程。應是禪門嫌揀擇，不論清濁要圓成。是日見孟弼方校市樓簿書。

臘月二日携家城東觀梅夜歸

前日看花正薄陰，重來晴日更精神。莫教容易飛花片，且放千林自在春。

元自陽春無間斷〔二八〕，何人能識化工心。梅邊把酒日近午，鳥語風微花氣深。

晴日東山飽看花，歸來野路已昏鴉。坡頭認得疎籬處，簷蔔林中李老家。

仰看鴻雁思吾弟，連日清游只欠渠。不知千里江南路，亦有梅花似此無？

題庚樓

南瞻廬阜北淮山，下有長江萬頃寒。往事無邊隨去浪，西風有客傍闌干〔二九〕。

城南即事

活泉細引忽盈溝，自遶書齋濊濊流。添得眼前無限思，石橋竹塢共清幽。

一春風雨水平湖，更覺湖心月榭孤。坐看百花開落遍，依然山色對清盧。

東風吹得緑成陰，積雨初收柳絮輕。記取湘中最佳處，橘花開時香滿城。

月榭當湖景最奇，故人千里寄新題。背欄看字成相憶，何日能來步柳堤？元晦新寄月榭題榜。

茅亭水溜四周遭，花木經春一一高。却望西山隔江水，徑思一葉泛雲濤。新亭名東渚。

枕邊風雨過今春，起步園林已緑陰。更向坡頭望湘浦，水雲無際遶遥岑。病起。

次韻劉樞密

朔風漠漠低黄雲，曉看繽紛萬鶴群。爲應農祥眉一展，更將餘力付斯文。

燕寢凝香意自長，不須乘月據胡床。新正更喜身强健，和氣都歸柏子觴。

是日二使者出遊晚凉有作

踈風細雨隨華節，西浦東山總勝游。拙守亦忻凉意好，挑燈清坐讀春秋。

二使者遊東山酒後寄詩走筆次韻〔三〇〕

頗聞東山盛行樂，坐想風前酒興豪。領畧正應胸次别，吟哦更覺筆端高。

綉衣雙節從天下，文字皆稱一世豪。桂山發地凛千尺，新詩與之相並高。

壯歲幾成山水癖，年來袖手不能豪。忽傳燈底詩篇好〔三一〕，但想雲間屐齒高。

次韻范至能峽中見寄

合綰絲綸對紫薇，却捫青壁聽猿啼。祇應許國心金石，蜀道如天亦可梯。

前日從趙漕飲因得徧觀所藏書帖之富既歸戲成三絶簡之

烏雲夭矯天欲雨，虚堂美蔭共徜徉。開奩百軸驚傳翫，更覺人間六月凉。

舊藏自是承平物，新軸收從古道旁。李金之亂，護

人間好事戒多得，防有雷霆下取將。

漕爲寧遠宰，獨守邑不去，以兵行縣郊。視道旁卷帙零亂雜泥土，下馬就觀，多得佳帖。

今古驅馳翰墨場，何人下筆到顔楊。君侯知我有書癖，乞與西臺字幾行。

題馬氏草堂復齋聽雪

前鄰百鬼瞰高明，夜雨華榱歎昔人。却愛君家鴻雁集，還能葺理草堂春。

今古茫茫浪着鞭，誰知聖學有真傳。請君細誦復齋記，直到羲皇未畫前〔三二〕。

平生求友人千里，永夜論心雪滿窗。爲問蒲團聽脩竹〔三三〕，何如一舸泛清江。

送林擇之

遺篇寂寞論心少，一見吾人意已傾。氷雪持身金石志，它年事業更光明。

校勘記

〔一〕近體　宋本、劉本、四庫本作「律詩」。

〔二〕前時勸君出東郊　「勸君」，宋本作「勸向」，疑當作「相勸」。

〔三〕蜀江東下接襄江　「襄」，宋本作「湘」。

〔四〕楚翠亭邊花正開　「亭」，原作「庭」，據宋本、劉本、四庫本改。

〔五〕次韻無爲使君見寄之什　「使君」下，宋本、劉本、四庫本有「尊兄」二字。

〔六〕題城南書院三十四詠　「詠」，宋本作「首」。

〔七〕凌晨騎馬踏新涼　「踏」，原作「路」，據宋本改。

〔八〕涼風獵獵低荷蓋　「低」，宋本作「傾」。

〔九〕秋風颯颯林塘晚　宋本作「西風颯颯池塘晚」。

〔一〇〕竹籬深處手栽培　「籬」，宋本作「林」。

〔一一〕曉來天氣更清新　「更」，劉本、四庫本作「便」。

〔一二〕葉底黄鸝自好音　「葉」，原作「華」，據宋本、劉本、四庫本改。

〔一三〕千古虞絃意未央　「央」，宋本作「忘」。

〔一四〕惟應及早戒衣裘　「戒」，原作「解」，據宋本、劉本、四庫本改。

〔一五〕殷雷終日在前山　「前山」，原作「山前」，據宋本、劉本、四庫本乙。

〔一六〕山僧元自不曾知　「元」，原作「兀」，據宋本、劉本、四庫本改。

〔一七〕此時心事向誰共　「向誰」，宋本、劉本、四庫本作「何人」。

〔一八〕却向斜坡並柳堤　「向」，宋本、劉本、四庫本作「下」。

〔一九〕淥漲平湖橋柱低　「平」，原作墨丁，據宋本、劉本、四庫本補。

〔二〇〕眼底浮花奈若何　「花」，原作「雲」，據宋本、劉本、四庫本改。

〔二一〕水邊記我獨吟時　「時」，劉本、四庫本作「詩」。

〔二二〕乾坤妙用無餘欠　「欠」字原闕，據宋本、劉本、四庫本補。

〔二三〕向來屢着敬齋語　「向」，原作「何」，據宋本、劉本、四庫本改。

〔二四〕正恐言多意未明　「言多」，宋本、劉本、四庫本作「多言」。

〔二五〕壽定叟弟　宋本無「弟」字。

〔二六〕衮衮方來事業長　「衮衮」，原作墨丁，據宋本、劉本、四庫本補。

〔二七〕向來相望各天涯　「向」，原作「何」，據宋本、劉本、四庫本改。

〔二八〕元自陽春無間斷　「元」，原作「兀」，據宋本、劉本、四庫本改。

〔二九〕西風有客傍闌干　「傍」，宋本作「憑」。

〔三〇〕二使者遊東山酒後寄詩走筆次韻　「二」，宋本作「趙」。

〔三一〕忽傳燈底詩篇好　「篇」，原作墨丁，據宋本、劉本、四庫本補。

〔三二〕直到羲皇未畫前　「皇」，宋本、劉本、四庫本作「爻」。

〔三三〕爲問蒲團聽脩竹　「蒲團」，宋本作「滿園」。

南軒先生文集卷第七

律詩

次韻趙漕

中宵憂歲不成痳，一雨爲霖敢自虞？應是行臺借餘潤，故教均澤及樵蘇。

雨聲歷歷來庭户，喜色津津到澤虞。擊壤徑思同野老，名亭詎敢學坡蘇？

和答鄭憲分贈米帖

字中有筆米博士，片紙人間什襲藏。好帖袖歸終日看，從渠車馬鬧康莊。是日中元，傾城出游。

偶作

世情易變如雲葉，官事無窮類海潮。退食北窗涼意滿，卧聽急雨打芭蕉。

偶成至前

公庭過午無餘事，退食歸來默坐時。晴日半窗香一縷，陽來消息只心知。

送鄭憲酒

晴日南山几杖俱，躋高選勝不須扶。也知坐上多佳客，可着青州從事無？

再和

想得經行與客俱，身强寧復要人扶？晚來山色應難盡，十里青蒼看有無。

韓廷玉築亭於官舍之旁園中故多梅亭成會有飛雪予因題其扁曰梅雪蓋取少陵詩語而劉公貢父送劉長官掌廣西機宜嘗用此事有雪片梅花五嶺春之句今廷玉適爲此官於以名亭抑其宜也亭邊花木多吾弟定叟舊植故予於首章及之〔一〕

城陰一徑自深窈，花木成行菊遶籬。細説當時經始事，夢回春草費相思。

南州要是梅開早[二]，北客巡簷偏眼明。一夜飛花來點綴，新亭端復得佳名。

眼底風光正自佳，滯留何必歎天涯。日長況是文書省，且與閒吟對落花。

立春日禊亭偶成

律回歲晚冰霜少，春到人間草木知。便覺眼前生意滿，東風吹水緑差差。

和陳擇之春日四絶

花落花開總可憐，嶠南亦復好風煙。雨餘起我故園夢，漠漠浮鷗水拍天。

年華冉冉春將半，花事怱怱雨滿城。想復東郊變新緑，未妨携酒趁初晴。

泗上當時鼓瑟人，風雩豈是樂閒身。言外默傳千聖旨，胸中長有四時春。

日長漸有簡編樂，春半已將櫻筍來。無數青山相慰藉，有時明月共徘徊。

元日

古史書元意義存，春秋揭示更分明。人心天理初無欠，正本端原萬善生。

從鄭少嘉求貢綱餘茶

貢包餘璧小盤龍〔三〕，獨占人間第一功。乞與清風行萬里，爲君一洗瘴雲空。

茗事蕭疎五嶺中，修仁但可愈頭風。春前龍焙令人憶，知與故人風味同。

初食荔枝

開奩未暇論香味，便合令居第一流。細擘輕紅傾瑞露，周南端復且淹留。

照水依山秖自奇，晞風沐雨借光輝〔四〕。冰肌不受紅塵涴，赬頰從教酒暈肥。

嶺南荔枝不可寄遠龍眼新熟輒以五百顆奉晦叔或可與伯逢共一酌也

荔子如今尚典刑，秋林圓實著嘉名。雖無赬玉南風面，却耐筠籠千里行。

手自封題寄故人，聊將風味赴詩唇。千年尚憶唐羌疏，不汙華清驛騎塵。

壽定叟弟五絶〔五〕

聞説清朝對紫宸，君王側席屢咨詢。惟應民瘼開陳切，故遣分符驗撫循。

聞説嚴人愛貳車，呻吟赴愬賴携扶。從今充擴應無倦，千里疲民待子蘇。
聞説年來更老成，清心寡欲厭紛紜。固知造物有深意，端享修齡看策勳。
秋風想已治歸裝，吾亦扁舟具碧湘。世味祇應皆歷遍，如何兄弟對方床。
年年桂綻菊開時，長憶芳樽共一巵。請誦周人和樂句，全勝三歎陟岡詩。

丙申至前五日復坐南窗憶去年詩又成兩章

依然紅日照窗楣，還是去年消息時。妙理不須尋轍迹，只於生處驗新知。
新晴物物有春意，正值一陽來復時。變化無窮俱是易，探原密處起乾知。

題雉山禊亭

一曲清江正可憐，隔江新竹露娟娟。好風成我曲肱夢〔六〕，起看飛雲度碧天。

夢乘大舸卧泛江湖波濤甚壯醒乃悟其爲雨因成小詩

平生得意白鷗外，歲晚歸心鴻雁俱。蕉葉雨聲喧曉枕，夢成風楫泛江湖。

南嶽庵僧寄上封新茶風味甚高薄暮分送韓廷玉李嵩老

浮甌雪色喜初嘗，中有祝融風露香。徑欲與君同晤賞，短檠清夜正相望。

跋王介甫遊鍾山圖

林影溪光静自如，蕭疎短鬢獨騎驢。可能胸次都無事，擬向山中更著書。

歲晚烹試小春建茶

陽月藏春妙莫窺，靈芽粟粒露全機。煑茶獨啜寒窗夜〔七〕，已覺東風天際歸。

昨過漕臺庭前茶蘼盛開已而詹體仁海棠和章及此因用前韻賦兩章

玉立春深雪不如，生香透骨雪應無。莫遣飄零雜塵土，芬芳留入碧琳腴。

紛紛花片逐風飛，緑幄藏春自一奇。不入時人紅紫眼，却須我輩與題詩。

所思亭海棠初開折贈兩使者將以小詩

未須比擬紅深淺，更莫平章香有無。過雨夕陽樓上看，千花容有此膚腴？東風着物本無私，紅入花梢特地奇。想得霜臺春思滿，一枝聊遣博新詩。

廖憲送牡丹用海棠韻復走筆戲和之

緑葉滿園風雨餘，君家花事嶺中無。眼明見此復三歎，京洛名園憶上腴。報答春光須着語，年來老我不能奇。風前娟好有餘態，未必此花如此詩。

定叟弟頻寄黄蘗仰山新芽嘗口占小詩適灾患亡聊久不得遣寄今日方能寫此〔八〕

瘴雨昏昏梅子黄，午窗歸夢一繩床。江南雲腴忽到眼，中有吾家棠棣香。集雲峰頂風霜飽，黄蘗洲前水石清。不入貢包供玉食，祇應山澤擅高名。坡公貶草茶，未爲確論。予謂建茶如臺閣勝士，草茶之佳者如山澤高人，各有風致，未易疵也。

益陽南境松杉夾道鬱然父老相傳忠定張公爲邑時所植也其間亦有既剪而復生者作詩屬來者護持之

夾道松杉半老蒼，前賢餘澤未應忘。君看直幹連雲起，豈但當年蔽芾棠。

登楚野亭見張舍人題字

英豪自昔多遺恨，人物於今正渺然。來訪舍人題字處，淡煙莎草滿平川。

城南雜詠二十首

納湖

原原錫潭水，匯此南城陰。岸花有開落，水盈無淺深。

東渚

團團凌風桂，宛在水之東。月色穿林影，却下碧波中。

詠歸橋

四序有佳趣，今古蓋共兹。橋邊獨微吟，回首忘所之。

船齋

窗低蘆葦秋，便有江湖思。久已倦垂綸，游魚不須避。

麗澤

長哦伐木篇，佇立以望子。日暮飛鳥歸，門前長春水。

蘭澗

藝蘭北澗側，澗曲風紆餘。願言植根固，芬芳長慰予。

山齋

疊石小峥嶸，修篁高下生。地偏人迹罕，古井轆轤鳴。

書樓

高樓出林杪，中有千載書。昔人不可見，倚檻意何如。

蒙軒

開軒僅尋丈，水竹亦蕭疎。客來須起敬，題榜了翁書。

石瀨

流泉自清寫，觸石短長鳴。窮年竹根底，和我讀書聲。

卷雲亭

雲生山氣佳，雲卷山色静。隱几亦何心，此意相與永。

柳堤

前年種垂柳，已復如許長。長條莫攀折，留待映滄浪。

月榭

危欄明倒影，面面湧金波。何處無佳月，惟應此地多。

濯清亭

芙蓉豈不好，濯濯清漣漪。采之不盈把，悵悵暮忘饑。

西嶼

繫舟西岸邊，幅巾自來去。島嶼花木深，蟬鳴不知處。

琮琤谷

幽谷竹成陰，懸流着石清。不妨風月夕，來此聽琮琤。

梅堤

亭亭堤上梅，歷歷波間影。歲晚憶夫君，寂寞煙渚静。

聽雨舫

風吹渡頭雨，摵摵蓬上聲。欣然會心處，端復與誰評？

采菱舟

散策下亭阿，水清魚可數。却上采菱舟，乘風過南浦。

南阜

湘水接洞庭，秋山見遥碧。南阜時一登，搔首意無斁。

遊嶽尋梅不獲和元晦韻

眼看飛雪灑千林，更着寒溪水淺深。應有梅花連夜發，却煩詩句寫愁襟。

十三日晨起霜晴用定王臺韻賦此

晴嵐開嶽鎮，雲雨斷陽臺。日出寒光迥，川平秀色回。興隨天際雁，詩寄嶺頭梅。盛事他年説，憑君記玉杯。

用元晦定王臺韻

珍重南山路，驅羸幾度來。未登喬嶽頂，空説妙高臺。曉霧層層斂，奇峯面面開。山間元自樂，澤畔不須哀。

馬上口占

向來一雪壓霾昏，曉跨征鞍傍水村。七十二峰俱玉立，巍然更覺祝融尊。

馬上舉韓退之語口占

擾擾人心墮渺茫，更於底處問穹蒼。今朝開霽君知否？春到無邊花草香。

和朱元晦韻

一見瓊山眼爲青，馬蹄不覺渡沙汀。如今誰是王摩詰？爲寫清新入畫屏。

登山有作

上頭壁立起千尋，下列群峰次第深。兀兀籃輿自吟詠，白雲流水此時心。

和元晦馬跡橋

便請行從馬跡橋，何須乘鶴篕叢霄。慇懃底事登臨去？不爲山僧苦見招。

方廣道中半嶺少憩

半嶺籃輿小駐肩〔九〕，眼中已覺渺雲煙。山頭更盡無窮境，非是人間別有天。

道中景物甚勝吟賞不暇因復作此

支筇石壁聽溪聲〔一〇〕，却看雲山萬疊新。總是詩情吟不徹，一時分付與吾人。

崖邊積雪取食清甚賦此

陰崖積雪射寒光，入齒清甘得味嘗。應是山神知客意，故將瓊液沃詩腸。

和元晦後洞山口晚賦

石裂長藤瘦，山圍野路深。寒溪千古思，喬木四時陰。更得尋幽侶，何妨擁鼻吟。笑看雲出岫，誰似此無心？

和元晦雪壓竹韻

山行景物總清奇，知費山翁幾許詩。雪急風號聯騎日，月明霜浄倚闌時。

和元晦懷定叟戲作

路入青山小作程，每逢佳處憶吾人。山林朝市休關念，認取臨深履薄身。

方廣聖燈

陰壑傳聞炯夜燈，幾人高閣費追尋。山間光景衹常事，堪笑塵寰萬種心。

賦羅漢果

黄實纍纍本自芳，西湖名字著諸方。里稱勝母吾常避，珍重山僧自煑湯。

和元晦詠畫壁

松杉夾路自清陰，溪水有源誰復尋？忽見畫圖開四壁，悠然端亦慰予心。

和元晦方廣版屋

葺蓋非陶埴，年深自碧差。如何亂心曲，不忍誦秦詩。

和擇之賦泉聲

試問今宵澗底聲，何如三歎有餘音？堂中衲子還知否，月白風清底處尋？

和擇之賦霜月

月華明潔好霜天，遥指層城幾暮煙。妙意此時誰與寄？美人湘水隔娟娟。

和擇之賦枯木

陰崖虎豹露鬚牙，元是枯槎着蘚花。不向明堂支萬祀，玄冬苦節未須誇。

聞方廣長老化去有作

夜入精藍意自真，上方一笑政清新。山僧忽復隨流水，可惜平生未了身。

賦蓮花峰

玉井峰頭十丈蓮，天寒日暮更清妍。不須重詠洛神賦，便可同賡雲錦篇。

和元晦詠雪

兀坐竹輿穿澗壑，仰看石徑接煙霞。是間故有春消息，散作千林瓊玉花。

自方廣過高臺

兩寺清聞磬，群峰石作城。風生雲影亂，猿嘯月華明。香火遠公社，江湖鷗鳥盟。是中俱不着，俯仰見平生。

賦石廩峰

巋然高廩倚晴天，獨得佳名自古傳。多謝山中出雲氣，人間長與作豐年。

道旁殘火温酒有作

陰崖衝雪寒膚裂，野路然薪春意回。旋暖提壺傾濁酒，陶然絶勝夜堂杯。

和元晦林間殘雪之韻

眼中光潔盡瓊瑶，未覺蔚藍宫殿遥。石壁長林氷筯落，鏘然玉佩響層霄。

和擇之看雪

嶽背三冬雪，真同不夜城。野雲何晃蕩，澗水助空明。行橐多新句，青山有舊盟。堂堂身世事，渠謾説三生。

和擇之福巖回望嶽市

回首塵寰去渺然，山中别是一風煙。好乘晴色上高頂，要看清霜明月天。

福巖讀張湖南舊詩

兹遊奇絶平生事，只欠瀛儒氷雪姿。元是經行題品地，却從山際誦新詩。

和擇之登祝融峰口占

祝融高處好，拂石坐林端。雲夢從渠小，乾坤本自寬。回眸增浩蕩，出語覺高寒。明日重來看，寧應取次還？

和元晦晚霞

早來雪意遮空碧，晚喜晴霞散綺紅。便可懸知明旦事，一輪明月快哉風。

過高臺携信老詩集

蕭然僧榻碧雲端，細讀君詩夜未闌。門外蒼松霜雪裏，比君佳處讓高寒。

和元晦贈上封長老

上方元自好，一榻有餘清。秪趂晨鐘起，寧聞山鳥聲。高僧足幽事，野客富詩情〔一〕。試問峰頭景，今朝作麽生？

和元晦醉下祝融

雲氣飄飄御晚風，笑談嘘吸滿心胸。須臾歛盡還空碧，露出天邊無數峰。

和元晦十六日下山之韻

歸袂隨雲起，籃輿趂雪明。山僧苦留客，世故却關情。小倚枯藤杖，仰聽絶澗聲。如何山下客，一笑已來迎。

和擇之韻

山中好景年年在，人事多端日日新。不向青山生戀着，祗緣身世總非真。

和擇之韻

舊説峰頭寺，真成杖屨來。却尋泥路滑，更喜野雲堆。寒積三冬雪，陽生九地雷。城中幾親友，爲説看山回。

題曾氏山園十一詠

尚絅堂

昔人爲己學，深旨妙隱微〔一二〕。三復尚絅章，服膺願無違。

夕陽臺

日暮天無風，岸巾夕陽中。回首發遐想，明月已升東。

橘洲

我家湘水濱，年年賦徠服。君家百畝田，晚歲千樹緑。

霜傑

種松苦難長，松長還耐久。莫作目前思，但種門前柳。

菊隱

不肯競桃李，甘心同艾蒿。德人一題品，愈覺風味高。

君子亭

嘉蓮秉嘉質，邂逅逢賞音。翁豈玩物者，寄意一何深。

蓼步

扁舟横薄莫，渺渺蓼知秋。家山有江湖，何必賦遠遊。

北山

南山煙雨霏，北山風露多。衣沾非所惜，屨溼知如何。

梅沼

寒梅只自芳，野水有餘清。山空歲云暮，妙意相發明。

桃花塢

花開山與明，花落水流去。行人欲尋源，只在山深處。

吟風橋

橋邊風月佳，俛仰有餘思。無忘履冰心，方識吟風意。

昨日與周伯壽别終夕雨小詩追路

夜雨虚簷響徹明，地蒸衣潤欲生雲。想君渚路頻回首〔三〕，我亦書窗倍憶君。

自西園登山

日光射崖冰雪色，風壑傳響松龍吟。但欣耳目得所遇，不覺山高幾許尋。

校勘記

〔一〕韓廷玉至故予於首章及之　「亭成」二字原無，據宋本及底本目録補。「會有飛雪」，宋本無「有」字。「首章」上「於」字原無，據底本目録補。

〔二〕南州要是梅開早　「要」，宋本作「最」。

〔三〕貢包餘璧小盤龍　「璧」，原作「壁」，據宋本、劉本改。

〔四〕晞風沐雨借光輝　「晞」，劉本、四庫本作「櫛」。

〔五〕壽定叟弟五絶　「五絶」原無，據宋本補。

〔六〕好風成我曲肱夢　「好」，原作「我」，據宋本、劉本改。

〔七〕煑茶獨啜寒窗夜　「茶」，宋本、劉本、四庫本作「泉」。

〔八〕久不得遺寄今日方能寫此　「久」，原作「又」，據宋本、劉本、四庫本及底本目録改。

〔九〕半嶺籃輿小駐肩　「小」，原作「少」，據宋本、劉本、四庫本改。

〔一〇〕支筇石壁聽溪聲　「石壁」二字原闕，據宋本、劉本、四庫本補。

〔一一〕野客富詩情　「富」，宋本作「賦」。

〔一二〕深旨妙隱微　「旨」，宋本作「工」。

〔一三〕想君渚路頻回看　「看」，劉本、四庫本作「首」。

南軒先生文集卷第八

表

謝太師加贈表

日月昭回，燭孤忠於既没；風雷鼓動，詔卹典於無窮。藐然遺孤，重以隕涕〔一〕。中謝。伏念先臣早趨列署，即值多艱〔二〕。痛陵廟之莫扶，歎簪紳之自保。以爲寇讎若此，豈臣子之遑安；義理所存，何利害之足計？會真人之勃起，先百辟以駿奔。奉命於危機洶湧之秋，投軀於衆難紛紜之際。以至進登揆路，盡獲戎車。不憂醜虜之方張，惟懼人心之不正。炳若丹青之誓，率兹縞素之師。雖蒙神聖之深知，亦致奸邪之横戾〔三〕。擯居炎郡〔四〕，中逾二紀之更〔五〕；敢意餘齡，復際重明之運？竊窺睿藴，思復祖疆。願畢効於精誠，冀平清於氛祲。而割地奉讎之論起，合黨締交之謀深。修邊備則指爲費財，講武功則目爲生事。安擬偷安於歲月，曾微却顧於興衰。非惟沮先臣之爲，實乃傷陛下之志。爍金成市，卒賴保全；易簀餘哀，空存感慨。悵歷時之寖久，忽當饋以興思。中旨顯頒，褒章具舉。既極上公之貴，復稽節惠之文。人知忠義之榮，莫不競勸；士喜是非之定，少緩私憂。固將垂訓於邦家，豈但增光於泉壤？此蓋伏遇皇帝陛下，勤儉法禹，聰明繼堯。緯武經文，不暫忘於宗祏；彰善癉惡，用允若於天心。敷揚舊勳，表厲在服。誦温言之曲盡，仰至意之旁孚。臣猥以承家，極兹追往。奉牲以告，知神理之來歆；聚族而謀，念上恩之曷報。惟慕先臣之許國，力圖後日之捐身。

嚴州到任謝表

奉詔中陛，分符近邦。已見吏民，敬頒條教。中謝。伏念臣稟資不敏，涉道未深。誦編簡以窮年，粗守趨庭之訓；雖江湖之屏迹，敢忘向日之心？藐兹憂患之餘，時軫記憐之舊〔六〕。既將詳試以民事，又使密邇於行都。賜對彤庭〔七〕，曲形睿獎。辭闕未更於積日，驅車已届於新封。仰在望之雲天，依歸曷已；顧來迎之父老，責望謂何？此蓋伏遇皇帝陛下，勇智繼湯，聰明法舜。謂意誠心正，澄源雖自於朝廷；然本固邦寧，共理亦資於牧守。夫何迂戇，乃預選掄。惟是此方，素稱瘠土；而其輸賦，獨重他州。編居半雜於山林，稔歲猶艱於衣食。觀其生理，良足興嗟。臣謹當咨訪里閭，推原根本。悉陳利害之實，仰冀恩澤之流〔八〕。視民如傷，用體大君之德意；爲國以禮，更思先聖之格言。

静江到任謝表

還之寓直，假以价籓。祗服訓詞，已臨官次。伏念臣稟資甚戇，涉理未深。徒以蚤被於教忠，故亦粗知於守義。頃由郎省，入侍經帷。方聖主之有爲，思延忠讜；愧下臣之末學，無補高明。居然半載之間，負此素餐之責；獨有孤危之迹，上廑覆護之私。終畀便州，使歸故里。甫及瓜期之近，更叨改命之榮。此蓋伏遇皇帝陛下，愛養人才，重惜名器。謂臣鈍不生事，或可責以撫摩；察臣愚無他腸，示不忍於捐棄。惟是桂林之地，夙專制閫之權。盡護邊蠻，南極嶺嶠。深虞綿薄，莫副使令。臣敢不思既厥心，克共於事。奉法循理，期躬率於遐方；和衆安民，用仰承於皇武。

江陵到任謝表

便私有請，已媿乘軺；改命彌優，又叨分閫。仰承德意，既見吏民。中謝。惟全、楚之上流，實皇家之要屏。居吴、蜀之會，屹形勢之相關；控襄、沔之衝，渺規模之甚遠。自戎馬平寧之後，亦歲時閲歷之多。田土膏腴，莫盡新耕之利；人煙蕭瑟，靡聞舊觀之還。既富庶之未臻，諒恢圖之難濟。孤聖主有爲之志，虚興人望治之心。謀帥之艱〔九〕，於今尤甚。豈兹遴選，乃及微臣。兹蓋伏遇皇帝陛下，明並日中，仁同天大。念臣服於先訓，亦有意於捐軀；謂臣守其愚忠，或可望以立事。肆加明試，不忍遐遺。臣敢不務集衆思，勉圖來効！事君以勿欺爲主，期利害之實聞；禦侮以得民爲先，當本根之力護。庶幾毫髮，仰答乾坤。

進職因任謝表

内閣分華，進其寓直；介藩因任，錫以賚書。既莫遂於終辭，凜不知夫所措。臣某誠惶誠懼，頓首頓首。伏念臣昨承人乏，來守嶺隅。忽坐閱於兩秋，亦既殫於五技。所賴旁流之惠澤，故兹少息於疲甿。吏於其間，譴因以免。敢希誤寵，何有微勞？此蓋伏遇皇帝陛下，以大有爲之資，行不忍人之政。遠邇一視，真傳太上之心；賞罰至公，悉聽國人之論。惟臣不敏，曷稱所蒙？況聞前哲之言，多畏居官之久。非人情狃習之爲慮，實己志怠忽之難防。其幾弛於方寸之間，則害及於一路之廣。反復以念，經營莫寧。敢不履薄臨深，益思謹於侯度；庶幾積銖累寸，或不玷於皇明。

謝除秘閣修撰表

臣某言：先在廣西任日，伏蒙聖恩，除臣秘閣修撰。尋具辭免，奉聖旨不允，已祗受誥命者。奉藩何補，坐費三年；進律之褒，乃蒙再命。控忱辭而莫獲，揣小己以增羞。中謝。伏念臣鈍質無堪，孤蹤難植。備保鄣於遠服，凜危懼之百懷。惟仰恃於聖明，勉自殫其心力。班超之策，但守於平平；陽城之書，固甘於下下。豈期睿獎，薦賜寵光。俯矜塵坌之餘生，俾隸蓬萊之高選。超踰若此，報稱謂何？此蓋伏遇皇帝陛下，器使群才，光被四表。顧未忘於簪履之舊，尚念黯愚；將示勸於牧圉之臣，姑從隗始。榮踰華衮，愧甚循墻。臣敢不勉務樸忠，仰承德意？始終一節，期不負於素懷；驅馳四方，敢或憚於煩使。

謝侍講表

臣拜命中宸，執經西學。雖踵熙朝之故事，實爲儒者之至榮。莫遂懇辭，惟深惕懼。臣某云云。竊以剛健篤實，易稱多識之功；緝熙光明，詩著仔肩之義。蓋典學所以建事，而治國始乎修身。厥惟哲王，乃燭大本。此蓋伏遇皇帝陛下，德先勤儉，政用中和。從善若轉圜，每盡謙虚之道；臨民如御馬，居懷兢業之思。念六籍之格言，爲百王之要範。將求鴻碩，與共講論。顧臣何人，亦預兹選。臣敢不樸忠自許，古義是研。勉殫夙夜之誠，庶幾千慮；儻有涓埃之補，少答大恩。

謝賜冬衣表

出笥分珍，在廷均賜。方此御冬之始，俱懷挾纊之温。中謝。兹蓋伏遇皇帝陛下，子視庶民，天臨群下。遇之有禮，俾知臣節之恭；「豈曰無衣」，獨覺君恩之重。臣等敢不力圖其報，仰稱所蒙。惟公爾以忘私，庶服之而無斁。

賀郊祀表

率時陽復，式展泰壇。配我思成，有嚴熙事。中賀。竊攷前王之典，莫先上帝之郊。明德惟馨，匪備物之爲貴；精意以饗，本一誠以潜通。必知禮樂之原，斯格高升之應。恭惟皇帝陛下，躬行舜孝，業廣禹勤。守位曰仁，允實祖宗之訓；應天以實，克單夙夜之心。兹舉彌文，益昭順福。神靈來燕，穆然聲氣之交；服采駿奔，儼若豆籩之薦。更旁流於沛澤，用永錫於蒸黎。臣等幸備邇聯，豫承明祀。體宸衷之寅畏，敢怠交修；仰帝命之昭融，庶幾無斁。

賀冬至表

律應中聲，候迎長景。宜人神之贊喜，輔宗祏以儲休。中賀。恭惟皇帝陛下，重堯之華，行禹之智。籲俊以尊上帝，歛福而錫庶民。周典是遵，待彼陰陽之定；羲爻默玩，見夫天地之心。臣叨奉藩條，阻陪班綴。天子萬壽，敢忘歸美之誠；王者三微，願廣好生之德。

遺奏庚子二月初二日

臣再世蒙恩，一心報國。大命至此，厥路無由。猶有微誠，不能自已。伏願陛下，親君子，遠小人。信任防一己之偏〔一〇〕，好惡公天下之理。永清四海，克鞏丕圖。臣死之日，猶生之年〔一一〕。

經筵講議

二南之詩，聖人示萬世以制治之本源，乃三百六篇之綱要。如易之首乾坤然。葛覃次於關雎，蓋述后妃雖貴，不可忘其初。處宫室之中，而思其在父母家之時；居富貴之位，而念夫女工之勞。感時撫事，而因以起其歸寧之心。思其節儉敦本、孝愛恭敬，藹然見乎其辭。反復誦詠之，則可以得其趣矣。一章思夫在父母家之時，方春葛延蔓于中谷，維葉萋萋然，其始茂也。黄鳥聚於藂木，其鳴喈喈然，其甚和也。誦此章，則一時景物如接吾耳目中矣。二章「維葉莫莫」，則是葛既成而可采之時也。於是言其刈穫之以爲絺綌，如此服之無厭也。蓋躬其勤勞而享之則安耳。誦此章，則其敦本之意可見矣。三章言其因是以思其父母，告師氏以言歸，污治其燕私之服，澣濯其朝見之衣。「害澣害否」，言何者當澣、何者當否？治其衣服，蓋欲以歸寧父母也。誦此章，則其孝愛恭敬與夫節儉之意，又豈不薰然於言辭之表乎？古者雖后妃之貴，亦必立之師傅以詔之，故此詩言歸，必首以告師氏。而左氏傳亦謂「傅母不在，宵不下堂」，則知師傅之職所以朝夕輔導之也。法家拂士，非惟人主不可一日無，在后妃亦然。誠以人心易動，貴驕易溺，處其極而無所畏憚，則其可憂將有不可勝言者。是以古之明君與其后妃，相與夙夜警戒，而不敢少忽乎此也。臣嘗考周家建國，自后稷以農事爲務，歷世相傳，其君子則重稼穡之事，其室家則躬織紝之勤，相與咨嗟歎息，服習乎艱難，詠歌其勞苦，此實王業之根本也。如周公之告成王，其見於詩，有若七月，皆言農桑之候也；其見於書，有若無逸，則欲其知稼穡之艱難，知小人之依也。臣以爲帝王所傳心法之要，端在乎此。夫治常生於敬謹，而亂常起於驕肆。使爲國者而每念乎稼穡之勞，而其后妃又不忘乎織紝之事，則心不存焉寡矣。何者？其必嚴恭朝夕而不敢怠也，其必懷保小民而不敢康也，其必思天下之饑寒若己饑寒之也。是心常存，則驕矜放肆何自而生？豈非治之所由興也歟？美哉，周之家法也！聖哲相繼，固不待論，而其后妃之賢見於簡編。太王之妃，則姜女也；而文王之母則太姙〔一二〕，妃則太姒；而武王之后又邑姜也。則皆助其君子，焦勞於內，以成風化之美。觀后妃，則太王、文、武之德可知矣。以此垂世，而其後世猶有若幽王者，惑褒姒而廢正后，以召犬戎之禍，而詩人刺之曰「婦無公事，休其蠶織」，蓋推其禍端，良由稼穡織紝之事不聞於耳、不動於心，以至於此。故誦「服之無斁」之章，則知周之所以興；誦「休其蠶織」之章，則知周之所以衰。其得失所自，豈不較著乎〔一三〕？以是意而考秦漢以下，其治亂成壞之源，皆可見矣。

講畢，臣栻復進曰：臣觀三代令主，必知稼穡之艱難，其后妃必知織紝之勤勞。惟其身親之，視民如傷，其心誠痛切也。後來只爲不知艱難，故都不省察，但見目前一事之辦、一令之行，不知百姓流離困苦於下。所以漢唐妄爲興作之君，多在中葉，良由不知艱難所致。周公作七月，反復只說農桑；作無逸，只說稼穡之艱難。要得成王胸中了然，都知許多辛苦曲折，自然朝夕敬畏，惟恐失民心。下情通達，凡事不敢草草，其治所以安固長久。天生民以立君，非欲其立乎民之上以自逸也，蓋欲分付天之赤子而爲之主。人主不以此爲職分，以何爲職分？人主不於此存心，於何所存心？若人主之心念念在民，惟恐傷之，則百姓之心自然親附如一體。若在我者，先散了此意思，與之不相管攝，則彼之心亦將泮渙而離矣，可不懼哉？自古帝王爲治，皆本乎此。後世興利生事之臣，先毁薄此論，謂之陳腐，亦無怪其然。蓋須指此爲陳腐，則彼興利生事之説方得而進。臣嘗譬之，饑必食穀粟，渴必飲水漿，此語似乎陳腐，然饑須食穀粟，渴須飲水漿，不可易也。若以此爲陳腐，却求吸風飲露之計，寧有是理？人主不可以不察。臣又嘗觀後世兩種議論，或云「小害無傷」，或云「要得立事，擾人不奈何」，臣以爲此等議論，乃壞國家元氣毒藥。上云：王安石謂人言不足卹，所以誤國事。臣栻請破前此二者説。臣嘗爲州郡，備見百姓利害，百姓甚易擾動。未論州郡所行，只如知縣妄行出一文字，鄉間擾害百姓有不可勝言者，何况以朝廷之勢臨之。若一事偶未審，草草行出，外間受害又何可以數計？百姓被困毒，得聞於人主之前者，有多少間隔？其受害已不少矣。然則豈可謂「小害無傷」？濟大事必以人心爲本，若未曾做得一毫事，先擾百姓，失却人心，是將立事根本自先壞矣，烏能立哉？然則豈可謂「要立事擾人不奈何」？人主又豈可不察？然而又有一等頹隋苟且之論，借養民之説，却是要玩歲愒日，都無所爲。此反害正論。臣所論先王養民之政，蓋其所施行，具有本末先後，正合朝夕講究，以次行之，非是恬然不爲。臣栻又進曰：古人論治，如木之有根，如水之有源。言治外必先治内，言治國必先齊家，須是如此，方爲善治。臣適論成周家法，自漢唐以來家法之美無如我宋。臣嘗考四后之德，其立甚正，終爲宗廟社稷之福。光獻曹太后，方英宗之初，有功社稷；宣仁高太后，致元祐之治，號爲女主中堯舜；欽聖向太后，建中靖國之初有功社稷；欽慈孟太后，靖康、建炎間，社稷之功又冠前古。以此知本朝之家法，何媿三代？實子孫萬世無窮之法。

啓

謝宰執啓〔一四〕太師加贈

仰祇明詔，追述遺忠。惟聖主明燭無疆，莫掩中天之照；而大臣言乃底績，豈無前席之陳？孤生藐然，有涕滂若。永言先父之志，粤自靖康而來。蓋以爲天理所安，期没身而後已；人臣之義，不與賊以俱生。國餘三户，而可以亡秦；田有一成，而卒能祀夏。苟精誠之自竭，豈利鈍之逆知？惟其不渝，是以克濟。若謀國懷畏愞之見，則事仇甘陵夷之歸。妄希一日之安，莫思千載之耻。三綱不振，萬事曷成？皎若丹心，歷多艱而愈厲；凛乎白首，曾孤立以奚傷？痛易簀之有言，恨枕戈之未遂。孰謂閲時之久，忽形當寧之思。肆命有司，昭加衈典。焚中山之篋，既空讒慝之羣；祭曲江於家，益懋始終之眷。而平章僕射相公扶持公論，翼贊化原。想夫正色於朝，蔚有沃心之助。致此休命，賁於幽扃。豈私門以爲榮，實吾道之增重。某奉書而告，追往更深。記先友以示方來，所願勳名之懿；銘上恩而思報効，敢忘忠義之傳？

答周漕啓

伏審持節載驅，褰帷來莅。道以禮樂，上資周度之聞；雖則劬勞，民有安居之託。共惟某官，以敦厚之禀，負通達之才。學道愛人，夙著撫循之實；正身率下，更高刺舉之風。眷此南湘，寔爲巨屏。湖山清遠，昔稱控制之雄；户口浩穰，尤覺賦輸之劇。雖故歲之幸稔，尚前歉之未償。正資惠存，以底安裕。儻官吏之奉法，自民俗之蒙休。激濁揚清，即聽公平之論；圖事揆策，旋歸獻納之班。某久寓是邦，便同舊里。方衡門之自屏，喜廣蔭之可依。染翰見貽，先辱瓊瑶之贈；造門不遠，行修桑梓之恭。

答胡提舉啓

伏審持節載驅，褰帷來届。送以禮樂，上資周度之聞；雖則劬勞，民有安居之託。伏惟提舉郎中，以疏明之禀，負通達之才。執法漢庭，夙著平反之譽；觀風周道，已聞忠厚之言。載惟推擇之公，實寄丁寧之旨。蓋念兹土，重罹歉菑。尚遠食新之期，居多仰哺之衆。是勤賢德，來布上恩。正兹救患之時，何異拯焚之急。儻誠心惻怛，惟恐一夫之傷；則惠澤周流，自然千里之及。政施有序，風動可期。既寬宵旰之深憂，且召豐年之和氣。遂因成績，入步要津。某昨幸朝班，數瞻風宇。方衡門之自省，喜廣蔭之可依。染翰見貽，先辱瓊瑶之贈；造門不遠，行修桑梓之恭。

答柳嚴州啓

奉詔牧民，方待臨川之次；蒙恩易郡，更叨桐水之除。自揆初心，敢忘素守？已上奉祠之請，輒辭乘傳之行。豈不知在今此州，實拱行闕。仰雲天之在望，知日月之可依。地望既隆，民俗且簡。几席枕湖山之上，簿書雜魚鳥之間。前瞻文正之風流，尚想子陵之節槩。叨逾過分，夫復何言？然某方兹退伏於里閭，且欲從容於學問。斯未能信，敢言輕試於治人？道之難明，祇合静求於在己。庶幾有得，不辱其先。日冀大君之仁，俯從小己之願。豈謂山川之阻，忽勤魚素之攽。敢占蕪辭〔一五〕，少叙鄙意。恭惟知府朝議，以德履之甚茂，全天才之有餘〔一六〕。惟自處期忠厚之歸，故所至以牧養爲事。翱翔中外，益著聲猷〔一七〕。詠中和之詩已騰身於近服〔一八〕；陳治安之策，即趨對於明庭。某未諧先覯之期，徒負告新之意。敢借偃藩之樂，少留坐嘯之娛。秋律既深，霜飈愈厲。願體眷毗之厚，益精調護之宜。瞻頌之深，敷宣罔既。

答胡參議啓

空冀北之野，昔知人物之英；佐湖南之軍，今喜風猷之近。辱書先及，佩意惟深。伏惟某官，以淳茂之資，富通明之學。持心近厚，蔚聞平讞之風；正色不求，雅有安恬之樂。惟瀟湘之都會，控江漢之上流。溪山阻深，户口繁夥。雖民安俗阜，必資元帥之得人；然川泳雲飛，亦賴嘉賓之贊畫。是煩耆德，來慰輿情。諒坐席之未温，即鋒車之趨駕。某深惟亡補，退切自修。好語見貽，知有斷金之義；從游在即，更歌伐木之詩。

答翟通判啓

德門雅望，聖世美才。久更踐於民情，益推高於吏治。出分屏軾，尚淹半刺之權；入佩荷囊，行被九重之眷。知有斷金之義，偶同退鷁之飛。遠勤專价之臨，重辱長牋之貺。褒揚過實，展讀懷慚。千里叙情，所愧非子雲之筆札；一時仰德，未由披彦輔之雲天。瞻頌之深，敷宣罔既。

答竹通判啓

義形辭色，識辨安危。惟險阻之備嘗，宜功名之立致。豈期歲月之久，尚爾淹遲；乃於州縣之間，更煩關決。頃自吴門之別，繼爲南楚之歸。寤寐雖勤，書辭莫及。知有斷金之義，偶同退鷁之飛。兹承專价之臨，首辱朋緘之問。辭旨敷暢，展讀再三；事理分明，惟知感嘆。騏驥伏櫪，無忘驤首之時；鵰鶚在天，更看冲霄之翼。

答嚴州州縣官啓

南爲祝融客，方自屏於江湖；郡枕子陵溪，忽起分於符竹。雖公朝之不棄，在私義之未遑。蓋退而治己，尚多缺然；則出而臨民，其敢率爾？輒上祠宫之請，且惟編簡之求。豈期薰慈，遠貽慶問。三復辭情之美，益增顔面之慙。恭惟某官，議論該深，見聞卓異。素所蓄積，蔚爲瑚璉之珍；暫爾淹遲，莫掩斗牛之氣。未遂同僚之幸，徒勤仰德之懷。愧感之深，敷宣罔既。

答吕太傅啓

兹蒙薰慈，委貺牋翰。不爲華藻，無非忠信之言；歷舉大猷，備著切磋之義。詠味數過，感藏至深。伏惟某官，世德相傳，天資甚茂。立志靡追於時好，行身力慕於昔賢。暫分典於泮宫，益養成於遠器。某相聞雖久，既見末繇。永惟事道之難，莫若求仁之要〔一九〕。考麗澤之象，正資講習之功；誦伐木之詩，益見和平之助。顧驅車之寖邇，知傾蓋之可期。所忻有過之必聞，庶或臨民之寡悔。

答游廣文啓

疏恩北闕，分教南邦。出御史之名門，先聲已著；羣諸生於泮水，講席方嚴。伏惟某官，文采蜚英，豈弟從政。蓄於平素，既以致遠爲心；見於施爲，當有躬行之實。念兹都會，夙多俊良。正資教養之功，庸底作成之盛。識其大者，豈誦説云乎哉？何以告之，亦仁義而已矣。某一違風采，三易歲華。忻聞徒御之臨，首拜牋辭之辱。自慚短翰，曷報勤劬〔二〇〕？即聽名言，少慰孤陋。

回嚴主簿啓

發策大庭，蜚英儁軌。所論不詭，公言允孚。惟皇家設科，本收多士之用；而君子從仕，豈爲一身之謀。故官無尊卑，而報國則均；事無大小，而行志則一。方觀遠業，以慰輿情。先辱貺於辭牋，徒增深於感抱。

答新及第啓

兹審承恩天陛，拜慶親庭。閭里知榮，士友增慰。惟策名委質，當思忠義之勉圖；而學道愛人，豈其利禄之是慕？願擴昔賢之志，永爲鄉國之光。

答新舉人啓

伏承起從里選，遂與計偕。顧兹勸駕之初，是乃策名之漸。惟國之取士，豈將富貴其身；而士之逢時，益厲忠嘉之節。行觀大對，用卜遠圖。願希董子之奏篇，更加剴切；毋若公孫之曲學，徒取譏羞。輒因報貺之辭，少致贈言之義。敷宣罔既，悚惕增深。

答新舉人啓

茲審起從里選，榮與計偕。惟蘊積之素充，宜發揮之有漸。待時而動，豈爲干禄之云；正學以言，斯乃事君之始。蔚辭章之辱貺，惟推轂之何功。報贈不文，謹藏爲好。

謝生朝啓

歲晚而思益艱，蓋重蓼莪之感；齒長而學不進，更深伐木之求。方渴佇於良規，乃忽厪於善頌。意則厚矣，吾惟闕然。敢云初度之光，實積中心之媿。

校勘記

〔一〕重以隕涕　「以」，原作「於」，據宋本改。

〔二〕即值多艱　「艱」，原作「難」，據宋本改。

〔三〕亦致姦邪之横戾　「戾」，宋本、劉本、四庫本作「疾」。

〔四〕擯居炎郡　「郡」，宋本、劉本、四庫本作「服」。

〔五〕中逾二紀之更　「二」，原作「一」，據宋本、劉本、繆本、四庫本改。
〔六〕時軫記憐之舊　「時」，宋本作「特」。
〔七〕賜對彤庭　「彤」，宋本作「昕」。
〔八〕仰冀恩澤之流　「冀」，宋本作「覬」。
〔九〕謀帥之艱　「帥」，原作「師」，據宋本、四庫本改。
〔一〇〕信任防一己之偏　「防」，宋本作「絶」。
〔一一〕猶生之年　「猶」，宋本作「如」。
〔一二〕而文王之毋則太姙　「則」字原無，據宋本、劉本、四庫本補。
〔一三〕豈不較著乎　「著」，宋本作「然」。
〔一四〕謝宰執啓　「啓」字原無，據四庫本補。
〔一五〕敢占蕪辭　「敢」，宋本作「謹」。
〔一六〕全天才之有餘　「天才」，原作「才脱」，據宋本改。
〔一七〕益著聲猷　「聲」，原作「深」，據宋本、劉本、四庫本改。
〔一八〕已騰身於近服　「身」，宋本作「聲」。
〔一九〕莫若求仁之要　「仁」，原作「人」，據宋本改。
〔二〇〕曷報勤劬　「劬」，宋本、劉本、四庫本作「渠」。

南軒先生文集卷第九

記

静江府學記乾道六年春二月

國朝學校徧天下，秦漢以來所未有也。桂林之學，自唐大曆中觀察使李昌夔經始於郊，而熙寧中徙於郡城東南隅。乾道二年，知府事張侯維又以其地堙陋，更相爽塏，得浮屠廢宫，實故始安郡治，請於朝而遷焉。侯以書來曰：「願有以告於桂之士。」某惟古人所以從事於學者其果何所爲而然哉？天之生斯人也，則有常性；人之立於天地之間也，則有常事。在身有一身之事，在家有一家之事，在國有一國之事。其事也非人之所能爲也，性之所有也。弗勝其事則爲弗有其性，弗有其性則爲弗克若天矣。克保其性而不悖其事，所以順乎天也。然則捨講學其能之哉！凡天下之事皆人之所當爲，君臣、父子、兄弟、夫婦、朋友之際，人事之大者也，以至於視聽言動、周旋食息，至纖至悉，何莫非事者？一事之不貫，則天性以之陷溺也。然則講學其可不汲汲乎！學所以明萬事而奉天職也。雖然，事有其理而著於吾心。心也者，萬事之宗也。惟人放其良心，故事失其統紀。學也者，所以收其放而存其良也。夏葛而冬裘，饑食而渴飲，理之所固存，而事之所當然者，凡吾於萬事皆見其若是也，而後爲當其可學者求乎此而已。嘗竊怪今世之學者其所從事往往異乎是。皷篋入學，抑亦思吾所謂學者果何事乎？聖人之立教者果何在乎？而朝廷建學，群聚而教養者又果何爲乎？嗟夫！此獨未之思而已矣。使其知所思，則必竦然動於中，而其朝夕所接，君臣、父子、兄弟、夫婦、朋友之際，視聽言動之間，必有不得而遁者，庶乎可以知入德之門矣。某也不敏，何足以啓告於人，辱侯盛意，勉爲之書。

袁州學記

淳熙五年秋八月，某來宜春。至之明日，州學教授李中與州之士合辭來言：「宜春之學，自皇祐中太守祖無擇實始爲之，今百有二十五年矣。中更兵革，廢而復興，惟是庳陋弗克稱，至於今。守乃慨然按尋舊規，首闢講肄之堂，立稽古閣於堂上，生師之舍皆撤而一新之。將告成，而君侯適來，敢請記以詔多士。」某謝不敏，則請益堅。乃進而告之曰：先生所以建學造士之意，亦嘗攷之乎？惟民之生，其典有五，君臣、父子、兄弟、夫婦、朋友是也；而其德有四，仁、義、禮、智是也。人能充其德之所固有，以率夫典之所當然，則必無力不足之患。惟人之不能是也，故聖人使之學焉。自唐虞以來，固莫不以是教矣，至於三代之世，立教人之所，設官以董蒞之，而其法益加詳焉。然其所以爲教則一道耳。故曰：「學則三代共之，皆所以明人倫也。」嗟夫！人倫之在天下，不可一日廢，廢則國隨之。然則有國者之於學，其可一日而忽哉！皇朝列聖相承，留意教養，所以望於多士甚厚，三代而下言學校之盛，未有若此時也。然則教於斯，學於斯者，其可不深攷先王建學造士之本意而勉之乎？惟四德之在人，各具於其性，人病不能求之耳。求之之方，載於孔孟之書，備有科級，惟致其知而後可以有明，惟力其行而後可以有至。孝弟之行，始乎閨門而形於鄉黨；忠愛之實，見於事君而推以澤民。是則無負於國家之教養，而三代之士風亦不越是而已。嗟乎，可不勉哉！於是書以爲記。今守名杓，實某之弟也。是月庚戌記。

邵州復舊學記

慶曆中，天子詔天下郡邑皆得立學。邵州去王畿數千里，於時亦爲學以應詔旨，而學在牙城之中，左獄右庾，庫陋弗稱。治平四年，駕部員外郎、通判永州周侯敦頤來攝郡事。始至，伏謁先聖祠下，起而悚然，乃度高明之地，遷於城之東南。及其成，帥士者行釋菜之禮以落之，今祠刻具存，可攷也。惟侯唱明絶學於千載之下，學者宗之，所謂濂溪先生者。在當時之所建立，後之人所宜謹守，以時修治，而貽之無窮可也。顧今僅百有餘年，而其間興壞之不常，甚至於徇尋常利便之説，徙就他所，甚失推崇先生長者流風遺澤之意，而於學校之教，所害亦已大矣。乾道九年，知州事胡侯華公歎息其故，與學教授議所以復之者。轉運判官、提舉學事黄侯洧聞之，頗捐緡錢以相其事，於是即治平故基而加闢焉。祠祭有廟，講肄有堂，棲息有齋，前後樓閣翬飛相望，下至庫庾庖湢無不備具，而民不知其費，不與其勞。遣使來請記。某以爲，春秋之義，善復古者是誠可書也。然嘗攷先生所以建學造士之本意，蓋將使士者講夫仁義禮智之彜，以明夫君臣、父子、兄弟、夫婦、朋友之倫，以之修身、齊家、治國、平天下，其事蓋甚大矣，而爲之則有其序，教之則有其方。故必先使之從事於小學，習乎六藝之節，講乎爲弟、爲子之職，而躬乎灑掃應對進退之事，周旋乎俎豆羽籥之間，優游乎絃歌誦讀之際，有以固其肌膚之會、筋骸之束，齊其耳目，一其心志，所謂大學之道格物致知者，由是可以進焉。至於物格知至，而仁義禮智之彜得於其性，君臣、父子、兄弟、夫婦、朋友之倫皆以不亂，而修身、齊家、治國、平天下無不宜者。此先王之所以教而三代之所以治，後世不可以跂及者也。後世之學校，朝夕所講，不過綴緝文辭，以爲規取利禄之計，亦與古之道大戾矣。上之人所以教養成就之者，夫豈端爲是哉！今邵幸蒙詔旨，得立學宫，而周先生實經理其始，又幸而得復其舊於已廢之後。士者游於其間，盍試思夫當時先生所以望於後人者，其亦如後之學校之所爲乎？抑將以古之道而望之也？往取其遺書而讀之，則亦可以見矣。於是而相與講明，以析夫義利之分，循古人小學、大學之序如前所云者，勉之而勿舍，則庶幾爲不負先生經始期望之意，而有以仰稱上之人教養成就之澤，今日之復是學，斯不爲虚設矣。學故有二記。其一治平五年湖北轉運使孔侯延之之文[一]，蓋爲周先生作也。其一紹興二十三年武夷胡子宏之文，雖不詳學之興廢，而開示學者爲仁之方則甚明，皆足以傳後。某不敏，幸以淺陋之辭列於二記之次，實榮且愧云。淳熙元年三月癸巳。

郴州學記

維三代之學，至周而大備。自天子之國都以及於鄉黨，莫不有學，使之朝夕優游於絃誦詠歌之中，而服習乎進退揖遜之節，則又申之以孝弟之義，爲之冠昏喪祭之法，春秋釋菜，與夫鄉飲酒養老之禮。其耳目手足肌膚之會、筋骸之束無不由於學。在上則司徒總其事，樂正崇其教，下而鄉黨亦莫不有師。其教養之也密，故其成才也易。士生斯時，藏修游息於其間，誦其言而知其味，玩其文而會其理，德業之進，日引月長，自宜然也。於是自鄉論其行而升之司徒，司徒又論之而升之國庠，大樂正則察其成以告於王，定其論而官之。其官之也，因其材之大小，蓋有一居其官，至於終身不易者。士修其身而已，非有求於君也，身修而君舉之耳。夫然，故禮義興行，人才衆多，風俗醇厚，至於斑白者不負戴於道路，而王道成矣。國朝之學，視漢唐爲盛，郡縣皆得置學。郡有教授以掌治之，部刺史、守令佐又得兼領其事，亦既重矣；而士之居焉者大抵操筆習爲文辭，以求應有司之程耳。嗟乎，是豈國家所望於多士之意哉！雖教養之法疑若未盡復古，然爲士者豈可不思士之所以爲士者果爲何事也哉？

郴故有學，迫於城隅，湫隘不治，知州事薛彦博、通判州事盧逥、教授吴鎰始議遷改，因得浮屠廢宫，江山在前，高明爽塏，廼徙而一新之。郡之士相與勸率，以助資役。甫逾時而迄成焉，來屬某，願有記。

某惟先王之於學，所以勤勤懇懇，若飲食起居之不可須臾離者，誠以正心、修身、齊家、治國以至於平天下，未有不須學而成者，實生民之大命，而王道之本原也。然而學以何爲要乎？孟子論三代之學，一言以蔽之，曰「皆所以明人倫」也。大哉言乎！人之大倫，天所叙也。降衷於民，誰獨無是性哉！孩提之童，莫不知愛其親，及其長也，莫不知敬其兄；而夫婦、朋友之間，君臣之際，禮儀三百，威儀三千，無適而非性之所有者。惟夫局於氣禀，遷於物欲，而天理不明，是以處之不盡其道，以至於傷恩害義者有之。此先王之所以爲憂，而爲之學以教之也。然則學之所務，果何以外於人倫哉！雖至於聖人，亦曰盡其性而爲人倫之至耳。嗚呼！今之學者苟能立志尚友，講論問辯，而於人倫之際審加察焉，敬守力行，勿舍勿奪，則良心可識，而天理自著。馴是而進，益高益深，在家則孝弟雍睦之行興，居鄉則禮遜廉恥之俗成。一旦出而立朝，致君澤民，事業可大，則三代之風何遠之有，豈不盛歟！又豈可不勉歟！學之成，實乾道四年春二月。

桂陽軍學記

桂與郴地相接，近歲洞甿紛擾之後，甫及安定，郡各建學以舘士，亦可謂知務矣。郴學之成，某嘗爲之記，而桂之士復以請，於是告之曰：嗟夫，學之不可不講也久矣！今去聖雖遠，而微言著於簡編，理義存乎人心者，不可泯也。善學者求諸此而已。雖然，聖賢之書，未易讀也。蓋自異端之説行，而士迷其本真，文采之習勝，而士趨於蹇淺，又况平日群居之所從事，不過爲覓舉謀利計耳。如是而讀聖賢之書，不亦難乎！故學者當以立志爲先，不爲異端訹，不爲文采眩，不爲利禄汩，而後庶幾可以言讀書矣。聖賢之書，大要教人使不迷失其本心者也。夫人之心，天地之心也，其周流而該徧者本體也。在乾坤曰元，而人在人所以爲仁也。故易曰「元者善之長也」，而孟子曰「仁者人也，合而言之道也」，禮曰「人者天地之心也」。而人之所以私僞萬端，不勝其過失者，梏於氣，動於欲，亂於意，而其本體以陷溺也。雖曰陷溺，然非可遂殄滅也。譬諸牛山之木，日夕之間，豈無萌蘖之生乎？患在人不能識之耳。聖賢教人以求仁，使之致其格物之功，親切於動静語默之中，而有發乎此也。有發乎此，則進德有地矣。故其於是心也，治其亂，收其放，明其蔽，安其危，而其廣大無疆之體可得而存矣。此學之大端也，然則其可一日而不講乎？願與諸君共勉焉。學之成，乾道己丑歲三月也。爲之者，知軍事趙公瀚、教授劉允廸也。

欽州學記

安陽岳侯霖爲欽州之明年，政通人和，乃經理其州之學，悉易故之庳陋，廟堂齋廡次第一新。伻來謁記，久未暇也。又明年，其學之教授周去非秩滿道桂，復以侯意來請，且曰：「欽之爲邦，僻在海隅，地近蠻而俗尚利，縫掖之士蓋鮮有焉。惟侯不敢以其陋而鮮加忽也，故新其學以勸之，且求一言以示後，庶或有起也。」某於是而歎曰：是可書也已。

夫所爲建學者，固欲其士之衆多也。今夫通都大邑，操觚習辭，發策决科，肩摩袂屬，必如是而後謂之多士乎哉？殆未然也。夫寡國鮮士亦何病，十室之邑必有忠信之質者焉，其成就與否，則係乎學與不學而已。學也者，所以成才而善俗也。今欽雖僻而陋也，其士雖鮮也，然其間亦豈無忠信之質者乎？無以揭之，曷其昭之？無以導之，曷其通之？爲之嚴學宫於此，詳其訓廸，以夫人倫之教、聖賢之言行薰濡之以漸，由耳目以入其心志，其質之美者能不有所感發乎？有所感發，則將去利就義，以求夫爲學之方，而又以訓其子弟，率其朋友，則多士之風豈不庶幾矣乎！異時人才成就，風俗醇美，其必由侯今日之舉有以發之。請刻記於學以俟。淳熙四年甲午。

雷州學記

廬陵戴君爲雷州之明年，以書抵某曰：「雷之爲州，窮服嶺而並南海，士生其間，不得與中國先生長者接，於聞見爲寡，而其風聲氣習亦有未能遽變者。某惟念所以善其俗，宜莫先於學校。而始至之日，謁先聖祠，則頽然在榛莽中，用不敢遑寧，乃度郡治之西，有浮屠廢居〔二〕，撤其材，即其地少下而得山川之勝〔三〕，殿堂齋廡，輪奂爽塏，凡所以爲學宫者無一不具。用錢一千萬。既成，則延其長老，集其子弟而語之以學之故，某之心亦庶幾其廑者，願不鄙爲記以詔之。」

予嘗觀孟子論王政，其於學曰：「謹庠序之教，申之以孝悌之義。」而後知先王所以建庠序之意，以教之孝悌爲先也。「申」云者，朝夕講明之云耳。蓋孝悌者天下之順德，人而興於孝悌，則萬善類長，人道之所由立也。譬如水有源，木有根，則其生無窮矣。故善觀人者，必於人倫之際察之，而孝弟其本也。然則士之進學，亦何遠求哉？莫不有父母兄弟也，愛敬之心豈獨無之？是必有由之而不知者，盍亦反而思之乎？反而思之，則所以用力者蓋有道矣。古之人自冬温夏凊，昏定晨省以爲孝，自徐行後長者以爲弟，行著習察，存養擴充，以至於盡性至命，其端初不遠，貴乎勿舍而已。今使雷之士講明孝弟之義，於是學而興，行孝弟之行於其鄉，則雷之俗其有不靡然而變者乎？豈特可以善其鄉，充此志也，放諸四海而準可也。然則戴君之所以教者，宜莫越於是矣。乃書以寄之。乾道六年七月十日。

雷州學記

淳熙四年秋，知雷州李侯以書來告曰：「雷舊有學宫，比歲日以頽壞。今焉葺治一新，願請記以詔其士。且希白先生嘗爲是州，宜公之所加念也。」惟希白先生實某之曾大父，至和元年以殿中丞來守雷州，今廳壁題名具存，故李侯援以爲請。然某幸得備帥事於此，所當以風教爲先務。聞雷學之成，雖微此請，固願有以告也，而況李侯之言如此哉，嗟乎！舜、跖之分，善與利之間而已矣。譬之途焉，善則天下之正逵，而利則山徑之邪曲也。

人顧舍其正而弗由，以自陷於崎嶇荆棘之間，獨何歟？物欲蔽之，而不知善之所以爲善故耳。蓋二者之分，其端甚微，而其差則甚遠。學校之教，將以講而明之也。故自其幼則使之從事於灑掃應對進退之間，以固其肌膚，而束其筋骸，又使之誦詩、讀書、講禮、習樂，以涵泳其情性，而興發於義理。師以導之，友以成之，故其所趨日入於善，而自遠於利。及其久也，其志益立，其知益新，而明夫善之所以爲善，則其於毫釐疑似之間，皆有以詳辨而謹察之。如駕車結駟，徐行正逵，所見日廣，所進日遠，雖欲驅之而使由於徑，不可得已。故曰：「少成若天性，習慣如自然。」此學之功也。自學校之教不明，爲士者亦習於利而已，故其處已臨事，徇於便安，而不知其有非所宜安也，於富貴利達，志夫苟得，而不知其有非所宜得也。夫惟徇於便安而志夫苟得，則亦何所不至哉！間視其所爲，雖有涉於善事，而察其所萌，則亦未免出於有所爲而然。至於挾策讀書，亦是意耳，終身由之而以爲當然，是豈人之情也哉！故曰「性相近也，習相遠也」，可不畏歟！夫後之爲治所以不及於古之世，而其人才所以不及於古之人者，常在於是〔四〕。然則學校之教，其所係顧不重矣哉！今李侯既不鄙其士，而新其學宫，然其所以爲教者則又不可以不明也。故予獨以善、利之説告之，使不迷其所趨。雷之士誠能因予之言，如古之學者從事於灑掃應對之際，以涵泳乎詩書禮樂之中，從師親友，久而勿舍，將必有能辨之者，亦非予言之所能盡也。李侯名茆，字叔茂，長沙人。

江陵府松滋縣學記

乾道九年冬，知江陵府松滋縣事余君彦廣以書來言曰：「松滋之爲邑，僻在大江之濱，自兵戈以來，其鄉廬邑居固不能以復舊，而又重以水潦爲患，淪墊遷徙之餘，庶事大抵苟且，而學校爲尤甚。春秋奉祀，幾無以障風雨，青衿散處，莫適所依。六年之秋，知縣事滕君琛始聚材陶瓦，撤其故而更新之。首嚴廟象，備其彝器，已而講肄棲息之所亦以次舉。其明年，彦廣實來，親帥其士者而勸程之，又擇其秀者而表厲之，吟誦之聲藹如也。今年秋，復命甓工結密其地，自廟而及門，又加黝堊之飾於其棟宇，用釋菜之禮以告其成。自惟小邑寡民，不敢爲勞費，第積其力，時而爲之，故與滕君相繼四年之間，而後訖事。願不鄙爲之記，以風示邑之士，庶幾有以作興焉。」

某念今之爲邑者急於簿書期會之報，詳於追胥督責之事，則云舉其職矣。有能慨然於荒寒僻遠之區，留意教養如二君之相繼者，豈不可貴哉！而余君且將求其說以作興其人才，顧雖文字荒陋，有不得辭也，則爲之說曰：先王之教，其大旨見於孟氏之書，曰「學則三代共之，皆所以明人倫也」，又曰「謹庠序之教，申之以孝弟之義」。是知學校以明倫爲教，而明倫以孝弟爲先。蓋人道莫大乎親親，而孝弟者爲仁之本也〔五〕。古之人自冬温夏清，昏定晨省以爲孝，自徐行後長者以爲弟，躬行是事，默體是心，充而達之，不使私意間於其間。親親之理得，而無一物不在吾仁之中，孝弟之道有不可勝用者矣。試以驗於邑之士〔六〕，孰無事親從兄之心乎？誠能相與勸勉，朝夕講磨，以從事乎此，然後知人倫之際，盡其道爲難，而學之不可以已也。士之從事於此，則夫風聲氣俗之所及，閭里小民亦將視効而知勸，畏威而寡罪，以樂趨於淳厚之習，然則顧不美與！嗟乎！是乃先王建學之本意。余君今日之所望於多士者，宜莫先於此也，遂書以寄之。淳熙元年正月。

宜州學記

淳熙四年，某備位廣右帥事，以經畧司主管機宜文字韓璧聞於朝曰〔七〕：「璧清介豈弟，願假守符，俾牧遠民。」詔爲宜州，便道之官。宜爲州被邊，所控制非一。前此爲州者日夜究切備禦，繕治財賦之不暇，莫遑他議。韓侯至官，既舉其職，則慨然念學校委廢，議所以修復之，蓋積累而後成。廟宫既嚴，講肄有堂，生師有舍，門廡庖湢悉具，合境人士歎息誦詠〔八〕，伻來請記。

方韓侯之爲是舉也，或者竊笑，以爲在邊州乃不急之務，且曰宜故寡士，亦何必汲汲爲。某獨以爲不然。蓋爼豆之修，則軍旅之事斯循序而不忒；教化興行，則禍難之氣坐銷於冥冥之中。詩曰：「既作泮宮，淮夷攸服。」是有實理，非虚言也。建學於此，使爲士者知名教之重，禮義之尊，修其孝弟忠信，則其細民亦將風動胥勸，尊君親上，協力一心，守固攻克，又孰禦焉？近而吾民既已和輯，則夫境外聚落聞吾風者亦豈不感動，有以伏其心志、柔其肌膚，其孰有不順？况於秉彝之心，人皆有之，奇才之出，何間遠邇。遠方固曰寡士，然如唐之張公九齡，出於曲江；姜公公輔，出於日南，皆表然著見於後世。宜之士由是而作興，安知異日不有繼二公而出者乎？又安知其所成就不有可過之者乎？然則其可以寡士而忽諸？故於其學之成，樂爲書之〔九〕。

校勘記

〔一〕湖北轉運使孔侯延之之文　「延」，原作「廷」，據宋本改。

〔二〕有浮屠廢居　「居」，四庫本作「宫」。

〔三〕撤其材即其地少下而得山川之勝　「其材即」三字原無，據宋本補。

〔四〕常在於是　「常」，繆本作「當」。

〔五〕而孝弟者爲仁之本也　「弟」字原無，據宋本補。
〔六〕試以驗於邑之士　「驗」，宋本、劉本、四庫本作「諗」。
〔七〕以經略司主管機宜文字韓璧聞於朝曰　「璧」，劉本、四庫本作「壁」。下同。
〔八〕合境人士歎息誦詠　「人士」，宋本作「士人」。
〔九〕樂爲書之　「書之」，劉本、四庫本作「之書」。

南軒先生文集卷第十

記

潭州重修嶽麓書院記

潭州嶽麓書院，開寶九年知州事朱洞之所作也。後四十有五年，李允則來，爲請於朝，因得賜書藏焉。是時山長周式以行義著，祥符八年召見便殿，拜國子主簿，使歸教授，始詔因舊名賜額，仍增給中秘書，於是書院之稱聞天下。紹興初，更兵革灰燼，十一僅存，已而遂廢。乾道元年，建安劉侯珙安撫湖南，既剗蠹夷姦，民俗安靖，則葺學校、訪儒雅，思有以振起之。湘人士合辭以書院請，侯竦然曰：「是固章聖皇帝所以加惠一方，勸厲長養以風天下者，而可廢乎？」乃屬州學教授金華邵穎經紀其事。未半歲而成，大抵悉還舊規。某從多士往觀焉，愛其山川之勝、堂序之嚴，裴徊不忍去，喟而與之言曰：「侯之爲是舉也，豈將使子群居族譚，但爲决科利禄計乎，抑豈使子習爲言語文詞之工而已乎？蓋欲成就人才，以傳斯道，而濟斯民也。惟民之生，厥有常性，而不能以自達，故有賴於聖賢者出而開之，是以二帝三王之政，莫不以教學爲先務。至於孔子，述作大備，遂啓萬世無窮之傳。其傳果何與？曰仁也。仁，人心也，率性立命，知天下而宰萬物者也。今夫目視而耳聽，口言而足行，以至於食飲起居之際，謂道而有外夫是，烏可乎？雖然，天理人欲，同行異情，毫釐之差，霄壤之繆，此所以求仁之難，必責於學以明之與？善乎孟子之得傳於孔氏，而發人深切也！齊宣王見一牛之觳觫而不忍，則告之曰：是心足以王矣。古之人所以大過人者，善推其所爲而已。論堯舜之道本於孝弟，則欲其體夫徐行疾行之間，指乍見孺子匍匐將入井之時，則曰：『惻隱之心，仁之端也。』於此焉求之，則不差矣。嘗試察吾終日事親、從兄、應物、處事，是端也。其或發見，亦知其所以然乎？誠能默識而存之，擴充而達之，生生之妙，油然於中，則仁之大體豈不可得乎？及其至也，與天地合德、鬼神同用，悠久無疆，變化莫測，而其則初不遠也。是乃聖賢所傳之要，從事焉終吾身而後已，雖約居屏處，庸何損？得時行道，事業滿天下，而亦何加於我哉？」

侯既屬某爲記，遂書斯言，以厲同志，俾無忘侯之德，抑又以自厲云爾。二年冬十有一月辛酉日南至右承務郎、直秘閣賜紫金魚袋廣漢張某記。

堯山灕江二壇記

古者諸侯各得祭其境内之山川。山川之所以爲神靈者，以其氣之所蒸，能出雲雨潤澤群物，是故爲之壇壝，立之祝史，設之牲幣，所以致吾禱祀之實，而交乎乎隱顯之際，誠之不可掩也如此。後世固亦有山川之祠，而人其形、宇其地，則其失也久矣。夫山峙而川流，是其形也，而人之也何居？其氣之流通，可以相接也，而宇之也何居？無其理而强爲之，雖百拜而祈、備物以饗，其有時而應也，亦偶然而已耳。淳熙二年之春，某來守桂，按其圖籍，覽觀其山川，所謂堯山者，蟠據於東，氣象傑出。環城之山，大抵皆石，而兹山獨以壤，天將雨，則雲氣先冒其顛，山之麓故有唐帝廟，山因以得名。而灕江逶迤，自城之北轉而東，以達於南，清潔可鑑，其源發於興安，與湘江同本而異派，故謂之灕，而以水娩之，凡境内之水皆匯焉。以是知堯山、灕江爲吾土之望，其餘莫能班也。歲七月，彌旬不雨，禾且告病。先一日齋戒，以夜漏未盡，望奠於城觀之上，曾未旋踵，雷電交集，一雨三日，均浹四境，邦人驩呼，穡以大稔。伏自念山川爲吾土之望，而壇壝未立，禱祀無所，其何以率吾民嚴昭事之意？用惕然不敢寧〔一〕，乃俾臨桂縣尉范子文度高明爽塏之地，得於城之北叠彩巖之後，隱然下臨灕江，而江之外正與堯山相直，面勢回環，表裏呈露，對築二壇，以奉祀事，爲屋三楹於壇之下以備風雨，其外則繞以崇垣，踰時而告成，乃十有二月丁酉，率僚吏躬祭其上，以祈嗣歲。事畢，裴徊喟然歎息，退而述所以爲壇之意，以告邦之人與來爲政者，使知事神之義在此而不在彼，庶有以致其禱祀之實，且得以傳之於無窮云。

楚望記

禮：諸侯望祭其境内之山川，必有壇壝以爲歲時祈報之所。今之爲郡，古諸侯國也。江陵據舊楚一都會，其山雖去郡爲遠，然迤邐聯絡，以屬於當陽、巫峽之間，有自來矣。而其浸則有如蜀江，波濤吐吞，瀰亘千里，長吏所當率民敬事弗怠。而望祭之地乃或有闕，始度寸金堤之會，平曠爽塏，爰築一壇，既高既堅，繞以周牆，扁曰「楚望」，蓋取傳所謂「江漢沮漳，楚之望也」。於其成，率僚屬以告。惟神之靈，佑此下土，時其雨暘，茂乃嘉生，使永無水旱癘疫之憂。惟吏與民，各端乃心，以承以引，無替於厥初，無以非鬼得以紊我常祀〔一〕，神人相保，終古曷窮。遂書以貽來者。淳熙六年正月。

道州重建濂溪周先生祠堂記

宋有天下，明聖相繼，承平日久，元氣胥會，至昭陵之世盛矣。宗工鉅儒，磊落相望。

於是時，濂溪先生實出於舂陵焉。先生姓周，字茂叔，晚築廬山之下，以「濂」名其溪，故世稱爲濂溪先生。舂陵之人言曰：濂溪，吾鄉之里名也，先生世家其間，及寓於他邦，而不忘其所自生，故亦以是名溪，而世或未知之耳。惟先生仕不大顯於時，其澤不得究施。然世之學者，考論師友淵源，以孔孟之遺意復明於千載之下，實自先生發其端。由是推之，則先生之澤其何有窮哉！蓋自孔孟没，而其微言僅存於簡編，更秦火之餘，漢世儒者號爲窮經學古，不過求於訓詁章句之間，其於文義不能無時有所益。然大本之不究，聖賢之心欝而不章，而又有顓從事於文辭者，其去古益以遠，經生、文士，自歧爲二塗。及夫措之當世、施於事爲，則又出於功利之末、智力之所營，若無所與於書者。於是有異端者乘間而入，横流於中國。儒而言道德性命者，不入於老，則入於釋。間有希世傑出之賢攘臂排之〔三〕，而其爲説復未足以盡吾儒之指歸，故不足以抑其瀾，而或反以激其勢。嗟乎！言學而莫適其序，言治而不本於學，言道德性命而流入於虚誕，吾儒之學其果如是乎哉？陵夷至此，亦云極矣。及吾先生起於遠方，乃超然有所自得於其心。本乎易之太極、中庸之誠，以極乎天地萬物之變化。其教人使之志伊尹之志，學顔子之學。推之於治，先王之禮樂刑政可舉而行，如指諸掌。於是河南二程先生兄弟從而得其説，推明究極之，廣大精微，殆無餘藴，學者始知夫孔孟之所以教，蓋在此而不在乎他，學可以至於聖，治不可以不本於學，而道德性命初不外乎日用之實。其於致知力行，具有條理，而詖淫邪遁之説皆無以自隱，可謂盛矣。然則先生發端之功顧不大哉！春陵之學舊有先生祠，實紹興某年向侯子忞所建，至於今淳熙五年，趙侯汝誼以其地之狹也，下車之始即議更度之，爲堂四楹，併二程先生之像列於其中，規模周密，稱其尊事之實。既成，使來謁記。某謂先生之祠，凡學皆當有之，豈惟春陵，特在春陵尤所當先者。趙侯兹舉知急務矣〔四〕，故爲之論述如此，以告後之人。

衡州石鼓山諸葛忠武侯祠記

自五伯功利之説興，謀國者不知先王仁義之爲貴，而競以末塗，秦遂以勢力得天下，然亦遂以亡。漢高帝起布衣，一時豪傑翕然從之，而其所以建立基本，卒滅項氏者，乃三老董公仁不以勇、義不以力之説也。相傳四百餘年，而曹氏篡漢。諸葛忠武侯當此時，間關百爲，左右昭烈父子，立國於蜀，明討賊之義，不以强弱利害二其心，蓋凛凛乎三代之佐也。侯之言曰：「漢、賊不兩立，王業不偏安。」又曰：「臣鞠躬盡力，死而後已，至於成敗利鈍，非臣之明所能逆睹。」嗟乎！誦味斯言，則侯之心可見矣。雖不幸功業未究，中道而殞，然其扶皇極、正人心，挽回先王仁義之風，垂之萬世，與日月同其光明可也。夫有天地，則有三綱，中國之所以異於夷狄，人類之所以別於庶物者，以是故耳。若汨於利害之中，而忘夫天地之正〔五〕，則雖有天下不能一朝居，此侯所以不敢斯須而忘討賊之義，盡其心力，至死不悔者也〔六〕。方天下雲擾之初，侯獨高卧，昭烈以帝室之胄三顧其廬，而後起從之，則夫出處之際固已有大過人者。其治國，立經陳紀而不爲近圖；其用兵，正義明律而不以詭計。凡其所爲，悉本大公，曾無纖毫姑息之意，類皆非後世所可及。至讀其將没自表之辭，則知天下之物欲舉不足以動之〔七〕，所養者深，則所發者大，理固然也。曾子曰：「士不可以不弘毅。」若侯者，其所謂弘且毅者歟！孟子曰：「富貴不能淫，貧賤不能移，威武不能屈。此之謂大丈夫。」若侯者，所謂大丈夫非耶？侯既没，蜀人追思，時節祭於道。後主用廷臣之議，立廟沔陽，使得申其敬。去今千有餘歲。蜀漢間往往有祠奉祀不替，侯之澤在人者深矣。衡州石鼓山舊亦有祠。按蜀志，昭烈牧荆州時，侯以軍師中郎將駐臨蒸，督零陵、桂陽、長沙三郡，調賦以供軍實。臨蒸，今衡陽縣是也。蒸水出縣境，逕石鼓山之左，會於湘江，則其廟食於此固宜。考昌黎韓愈及刺史蔣防詩碑，祠之立，其來遠矣。宋乾道戊子之歲，湖南路提舉常平范君成象始以圖志搜訪舊跡，得廢宇於榛莽中，乃率提點刑獄鄭君思恭、知衡州趙君公邁，乃徙於高明而一新之，移書俾某爲記。某謂侯之名不待祠而顯，而侯之心亦不待記而明。然而仁賢昔時經履之地，山川草木光采猶在，表而出之，以詔來世，使見聞者竦然知所敬仰師慕，當道術衰微之際，其爲益蓋非淺也。惟某不敏，不足以推本侯胸中所存萬一，是則愧且懼焉耳。

撫州重立唐魯郡顔公祠記

唐魯郡顔公，在大曆中嘗爲撫州刺史。宋至和二年，知州事聶侯厚載始立公祠於郡之圃，南豐曾公鞏爲之記。而其地狹隘，歲久，宇且敝壞。紹興十二年，某之伯父滉爲守，即圃之地，相其高阜而徙焉。比三十年，復以頽廢。廢之二年，今趙侯燁寔來，孜視歎息，因其基而一新之。以淳熙三年正月辛酉落成，廟貌儼如，升降俯仰，不迫不陋，使來請記。某惟念公之大節，終始凜然，足以風厲後之爲人臣者，其所嘗莅，廟食是宜。趙侯之舉，知政所本，當有文字登載金石。惟是南豐曾公之文，於公行事論述爲詳，學者之所誦習，故某不復贅於言，獨推本君臣之義而顯詩之，俾時節侑饗，亦庶幾公之志云。其詞曰：

經。粤惟斯人，林林而羣。匪斯之綱，孰條其棼？允毅顔公，千載之特。是篤是明，終始無忒。方在平原，獨嬰賊鋒。糾厥義旅，孰不悦從。洎登王朝，剴言歷陳。治忽攸關，敢毖於音？彼姦眗側，三斥在外。不折彌堅〔八〕，之死靡悔。汝州之使，人諭厥指。公曰君命，予

於皇大倫，首曰君臣。惟天所叙，而敕乎人。忠貫無隱，義寧偷生。敢有或踰，紊我常

奚可避？凛然其辭，豺狼所憚。云何其行，終以不返？身雖可隕，義則不磨。用雖不究，益則已多。立懦激頑，於訓於式。翼彼大倫，詔於罔極。惟是臨川，公所嘗臨。焄蒿悽愴，英烈猶存。有嚴其宫，於今幾秋？圮傾蕪荒，新自今侯。嗟爾君子，來拜來祠。瞻彼言言，盍伏以思？人之好德，相爾秉彝。豈惟思之，無或泚之。擷芳於豆，酌清於巵。祈祐蒸嘗，聲以歌詩。

永州州學周先生祠堂記

零陵守福唐陳公輝下車之明年，令信民悦，乃思有以發揚前賢遺範，貽詔多士。它日偕通判州事贑上曾公廸詣郡學〔九〕，顧謂諸生曰：「永雖小郡，而前輩鉅公名德往往辱居之。如本朝范忠宣公、范内翰公、鄒侍郎公皆既建祠於學宫矣，惟濂溪周先生嘉祐中嘗倅此州，而獨未有以表出之，豈所以爲重道崇德示教之意乎？」

於是教授廬陵劉安世率諸生造府，請就郡學殿宇之東廂，闢先生祠。前通判武岡弋陽方公疇以書走九江〔一〇〕，求先生像於先生諸孫，得之。陳公命零陵宰歷陽高祈董其事而成之。繪像儼然，欄楯周密。既成，屬某爲記。某以晚生，屢辭不獲，敬誦所聞，以廣其意。

先生諱敦頤，字茂叔，舂陵人。歷官凡六遷，至通判永州。用呂正獻公薦，擢廣南東路轉運使判官，改提點刑獄。所臨力行其志，晚以病丐分司，築居廬山下，有溪流其旁，名之曰濂溪，故世稱爲濂溪先生。某嘗聞程公大中倅南安，先生爲獄掾，大中公視其氣貌非常人，與語，果知道者，因與爲友。故明道自十五六時聞先生論道，遂厭科舉之業，慨然有求道之志。伊川年十二三，亦受學焉。惟二程先生唱明道學，論仁義忠信之實，著天理時中之妙，述帝王治化之原，以續孟氏千載不傳之道，其所以自得者，雖非師友可傳，而論其發端，實自先生，豈不懿乎！先生著通書及拙賦，皆行於世，而又嘗俾學者求孔、顔所樂何事。噫！以此示人，亦可謂深矣。後之登斯祠者，睹先生之儀容，讀先生之書賦，求先生之心，真積力久，希聖希賢，必有得顔子之所樂者矣。

濂溪周先生祠堂記 韶州

淳熙二年冬，廣南東路提點刑獄公事詹君儀之以書抵某曰：「儀之幸得備使事，念無以稱上德意，始至，披攷故籍，熙寧中濂溪先生實嘗爲此官，今壁之題名具存〔一〕。儀之雖不敏，敢不知所師慕，且念宜有像設，以詔後世，庶幾來者感動焉。迺度地於治所曲江郡城之内，唐相張公故祠之東，爲屋三楹，以奉祀事。且崇其門垣，大書揭之，嚴其扃鑰，以時啓閉。十有一月告成，願請記。」某讀其書，喟然而歎曰：詹君下車，首爲是舉，可謂知所先務矣，其意豈不遠哉！則不敢辭，而爲之書。按廳壁記所書，先生以熙寧四年正月九日抵官下，是年八月朔旦移知南康軍，在官僅踰半載耳。攷其行事，其見於先生之墓誌者曰：自廣東轉運判官改提點刑獄，不憚瘴毒，雖荒崖絶島，人迹所不至，皆緩視徐按，以洗冤澤物爲己任。未及盡其所爲，而已告病，求守南康以歸。而著作郎黄公庭堅作濂溪詞，亦稱先生爲使者，進退官吏，得罪者人自以爲不冤。以是二者觀之，亦可以想見當時施設之大槩矣。雖然，凡先生之所施設，皆其學之所推，非苟然也。某嘗攷先生之學，淵源精粹，實自得於其心，而其妙乃在太極一圖，窮二氣之所根，極萬化之所行，而明主静之爲本，以見聖人之所以立人極，而君子之所當修爲者，由秦漢以來，蓋未有臻於斯也。故其所養内充，闇然而日章，雖不得大施於時，而蒞官所至，如春風和氣，隨時發見，被飾萬物，百世之下，聞其風者猶將咨嗟興起之不暇。然則即其所嘗臨之地而繪像立祠，以昭示來世，豈非有志於名教者所宜汲汲者乎！使後之人睹先生睟然之容，而攷法其行事，因先生詳刑之心，而究極其淵源，則是祠之建，其爲益固有不可勝言者矣。抑嘗聞先生之論刑曰：「刑者，民之司命，情僞微曖，其變千狀，苟非中正明達果斷者不能治也。」夫中正者仁之所存，而明達者知之所行，果斷者又勇之所施也。以是詳刑，本末具矣。詹君之立祠，爲詳刑者設也，故某復以此繫於終焉。詹君嚴陵人，嘗爲御史臺主簿云。十有二月丁酉記。

南康軍新立濂溪祠記

淳熙五年秋，詔新安朱侯熹起家爲南康守。越明年三月至官，慨然思所以仰稱明天子德意者，首以興教善俗爲務，乃立濂溪周先生祠於學宫，以河南二程先生配，貽書其友人張某曰：「濂溪先生嘗領是邦，祠像之立，視他州尤不可以緩，子盍爲我記其意？」某既不克辭，則以平日與侯習講者述之以復焉〔一二〕。

自秦漢以來，言治者汨於五伯功利之習，求道者淪於異端空虚之説，而於先王發政施仁之實，聖人天理人倫之教，莫克推尋而講明之。故言治若無預於學，而求道者反不涉於事。孔孟之書僅傳，而學者莫得其門而入，生民不克睹乎三代之盛，可勝嘆哉！惟先生崛起於千載之後，獨得微旨於殘編斷簡之中，推本太極，以及乎陰陽五行之流布，人物之所以生化，於是知人之爲至靈，而性之爲至善，萬理有其宗，萬物循其則，舉而措之，則可見先王之所以爲治者，皆非私知之所出，孔孟之意于以復明。至於二程先生，則又推而極之，凡聖人之所以教人與學者之所以用工，本末始終，精析該備。於是五伯功利之習無以亂其正，異端空虚之説無以申其誣，求道者有其序，而言治者有所本。其有功於聖門而流澤於後世，顧不大矣哉！春秋奉嘗，偏於學校，禮則宜之，而况此邦嘗爲先生所領之地，祠像久焉未設，誠缺典也。今朱侯下車，未遑他議，而首及乎此，可謂得爲政之本矣。詩曰：「高山仰止，景行行止。」朱侯之所以望於來者，豈不在於斯乎！雖然，某又有説焉。蓋自近歲以來，先生之書徧天下，士知尊敬講習者寖多，而其間未免或失其旨，妄意高遠，不由其序，游談相夸，不踐其實，反以病夫真若是者，適爲吾道之罪人耳。夫惟淳篤懇惻〔一三〕，近思躬獲〔一四〕，不忽於卑下而審察乎細微，是則爲不負先生之訓，其於孔孟之門墻，庶幾乎可以循求而進也，此又豈非朱侯所望於來者之意乎？

三先生祠記

淳熙二年，静江守臣張某即學宫明倫堂之旁立三先生祠，濂溪周先生在東序，明道程先生、伊川程先生在西序。繪像既嚴，以六月壬子率學之士俯伏而告成，退則進而諗之曰：師道之不可不立也久矣！良才美質，何世無之，而後世之人才所以不古如者，以夫師道之不立故也。凡所謂爲士者，固曰以孔孟爲宗〔一五〕，然而莫知所以自進於孔孟之門墻，則亦没世窮年，倀倀然如旅人而已。幸而有先覺者出，得其傳於千載之下，私淑諸人，使學者知夫儒學之真，求之有道，進之有序，以免於異端之歸，去孔孟之世雖遠，而與親炙之者固亦何以相異〔一六〕，獨非幸哉？是則秦漢以來師道之立，宜莫盛於今也。而近世學者誠知所信慕者蓋鮮，間有號爲推尊，則又或竊虛聲以自高，而不克踐其實，顧反以爲病。是則師道雖在天下，而學者亦莫知其立也。桂之爲州，僻處嶺外，山拔而水清，士之秀美者夫豈乏人？惟見聞之未廣，而勉勵之無從，故某之區區，首以立師道爲急。繼自今瞻三先生之在此祠也，其各起敬起慕，求其書而讀之，味其言，考其行，講論紬繹，心存而身履，循之以進於孔孟之門墻，將見人才之作興，與灕江爲無窮矣。此某之所望也。且獨不見濂溪先生之言乎？曰：「師道立則善人多，善人多則朝廷正而天下治。」嗟乎，某之所望，又豈特於邦之士云哉！敢記而刻諸石。

瀏陽歸鴻閣龜山楊諫議畫像記

宋興百有餘年，四方無虞，風俗敦厚，民不識干戈。有儒生出於江南，高談詩書，自擬伊、傅，而實竊佛、老之似，濟非、鞅之術，舉世風動，雖巨德故老有莫能燭其姦者。其說一行〔一七〕，而天下始紛紛多事，反理之評，詭道之論，日以益熾，邪慝相乘，卒兆裔夷之侮〔一八〕，考其所致，有自來矣。靖康初，龜山楊公任諫議大夫、國子祭酒，始推本論奏其學術之謬，請追奪王爵，罷去配饗〔一九〕。雖當時餘黨猶夥，公之説未得盡施，然大統中興，論議一正，到於今學者知荆舒禍本〔二〇〕，而有不屑焉〔二一〕。則公之息邪説、距詖行、放淫辭以承孟氏者〔二二〕，其功顧不大哉！是宜列之學宫，使韋布之士知所尊仰。而况公舊所臨，流風善政之及，祀事其可缺乎！瀏陽實潭之屬邑。紹聖初，公嘗辱爲之宰，歲饑，發廩以賑民，而部使者以催科不給罪公，公之德於邑民也深矣。後六十有六年，建安章才邵來爲政，慨然念風烈，咨故老，葺公舊所爲飛鴻閣〔二三〕，繪像於其上，以示後學，以慰邑人之思，去而不忘也。又六年，貽書俾某記之。某生晚識陋，何足以窺公之藴？惟公師事河南二程先生，得中庸「鳶飛魚躍」之傳於言意之表，踐履純固，卓然爲一世儒宗，故見於行事，深切著明如此。敢表而出之，庶幾慕用之萬一云爾〔二四〕。

昭州新立吏部侍郎鄒公祠堂記

故尚書吏部侍郎鄒公諱浩字志完，學者稱爲道鄉先生，而不敢斥其名字。在元符中爲右正言，以直諫顯聞。初貶新州。建中靖國之元，入朝爲天子從臣。崇寧二年又貶昭州。某處昭凡四歲，歸，没於常州。其立朝大節，載在史官，播在天下，固有不待紀述而傳者。某獨嘗謂人臣不以犯顔敢諫爲難，而忠誠篤至之爲貴〔二五〕；士君子不以一時名節爲至，而進德終身之可慕。若公始所論諫，蓋亦他人之所難言；而玫味其平生辭氣，曾微一毫著見。方再位于朝，憂國深切〔二六〕，重斥炎荒，凛不少沮，至於病且死，語不及它，獨以時事爲念。方其少時，道學行義已有稱於世〔二七〕，晚歲益爲中外所尊仰，而功不居其成〔二八〕，講究切磋，惟是之從。蓋嘗從伊川程先生論學，而上蔡謝公良佐、龜山楊公時皆其所友也。其任重道遠、自强不息如此，所謂忠誠篤至，而進德終身者，若公非邪？故某樂爲天下後世誦之。淳熙二年秋，清江王光祖爲昭州〔二九〕，道桂，問政所宜先。某告以道鄉先生當有祠，盍圖之？則應曰「諾」。明年春，使來告成，且曰：「郡故有公祠，紹興中守臣陳廷傑所建，蕪荒久矣〔三〇〕，故其地卑陋，亦不足以奉蒸嘗。按郡城之西北，有所謂得志軒者，公所嘗游歷也。下臨長塘曰木梁，廣數十畝。群山環於前，其秀曰龍嶽，舊爲郡士張雲卿之居，公實名而記之，棟宇今無復存者。乃即其地爲屋四楹，繪公像於中，門廡悉具。又葺茅其下，俾張氏之後人居而世守之，敢請記。」某既爲之説〔三一〕，而且有感焉。國家列聖相繼，以納諫容直爲家法。人臣雖甚觸忤，亦不至如前代加以重辟〔三二〕；間有暫貶徙者，旋即復還，且又進用，俾得以名節始終。故扶持公論〔三三〕，培固邦基，雖有賴於多士之助，而其長養成就，實非一日，皆自列聖深仁厚澤中來也。聞公之風者亦復有感於斯乎？

校勘記

〔一〕用惕然不敢寧　「敢」，原作「致」，據宋本、劉本、四庫本改。

〔二〕無以非鬼得以紊我　「以」，宋本、劉本、四庫本作「使」。

〔三〕間有希世傑出之賢攘臂排之　「賢」，宋本作「資」。

〔四〕趙侯兹舉知急務矣　「兹」，宋本作「之」。

〔五〕而忘夫天地之正　「地」，宋本、劉本、四庫本作「理」。

〔六〕至死不悔者也　「至」，原作「致」，據宋本、劉本、四庫本改。

〔七〕則知天下之物欲舉不足以動之　「知」字原無，據宋本補。「之物」，宋本無「之」字。

〔八〕不折彌堅　「不」，四庫本作「百」。

〔九〕它日偕通判州事贛上曾公廸詣郡學　「贛上」二字原闕，據宋本、劉本、四庫本補。

〔一〇〕前通判武岡弋陽方公疇以書走九江　「前」，宋本作「後」。

〔一一〕題名具存　「具」，原作「俱」，據宋本、劉本、四庫本改。

〔一二〕則以平日與侯習講者述之以復焉　「習」，宋本作「共」。

〔一三〕夫惟淳篤懇惻　「淳」，宋本作「惇」。

〔一四〕近思躬穫　「穫」，宋本、劉本、四庫本作「履」。

〔一五〕凡所謂爲士者固曰以孔孟爲宗　「所謂爲士」、「固」，宋本作「所謂士」、「孰不」。

〔一六〕而與親炙之者固亦何以相異　「何」，宋本作「無」。

〔一七〕其説一行　「其」下，四庫本有「時私」二字。

〔一八〕卒兆裔夷之侮　「侮」，宋本作「禍」。

〔一九〕罷去配饗　「去」，繆本作「其」。

〔二〇〕到於今學者知荆舒禍本　「於」，劉本作「如」。

〔二一〕而有不屑焉　劉本、四庫本無「焉」字。

〔二二〕則公之息邪説距詖行放淫辭以承孟氏者　「則」上，劉本、四庫本有「然」字。

〔二三〕葺公舊所爲飛鴻閣　「爲」，原作「謂」，據宋本改。

〔二四〕庶幾慕用之萬一云爾　「慕」字原闕，據宋本、劉本、四庫本補。

〔二五〕而忠誠篤至之爲貴　「至」，原作「志」，據劉本、四庫本改。

〔二六〕憂國深切　「深」，宋本作「彌」。

〔二七〕道學行義已有稱於世　「行」，宋本作「德」。

〔二八〕而功不居其成　「功」，宋本、劉本、四庫本作「公」。

〔二九〕清江王光祖爲昭州　「清」，原作「青」，據宋本改。

〔三〇〕蕪荒久矣　「蕪荒」，劉本、四庫本作「荒蕪」。

〔三一〕某既爲之説　「説」，宋本作「書」。

〔三二〕亦不至如前代加以重辟　「如」，原作「於」，據宋本改。

〔三三〕故扶持公論　「故」，宋本、劉本、四庫本作「顧」。

南軒先生文集卷第十一

記

建寧府學游胡二公祠堂記

學者博觀載籍，尚論古人，攷迹而有以觀其用，察言而有以求其心，則其相去久遠，雖越宇宙，猶恨其不得身親而炙之，而况接吾耳目，近出鄉黨，而其模範典刑，足以師表後學者哉！建之爲州，素稱多士。近數十年之間，御史游公、文定胡公相繼而出，其模範典刑皆足以師表後學，而接於其人之耳目，又未有若是其近者也。是以比歲以來，爲政而知務者繼立。二公之祠於學宮，其所以開示學者，尚論古人，先於其近者之意亦云切矣。蓋隆興癸未，知府事陳侯正同始祠游公於東廡之北端；後六年，轉運副使任侯文薦、判官芮侯燁又以邦人之請命祠胡公，且徙游公之祠爲東西室於堂上，未畢而皆去。又五年，今轉運副使沈侯樞始因其緒而卒成之，而教授王定方遂以書來屬某爲記〔一〕。某生晚矣，雖不及二公而躬拜之，然論其言行，以與同志者共講之，則亦區區之願也。昔者竊聞之，二程先生兄弟唱明道學於河南，東南之士受業于門，見推高弟有三人焉，曰上蔡謝公，龜山楊公，而游公其一也。伊川先生嘗稱其德器睟然，問學日進，政事亦絶人遠甚；而楊公亦謂公心傳自到，誠於中形於外，儀容辭令，粲然有文，望而知其爲成德君子也。元符三年冬，爲監察御史，旋出守郡，事業不得大施，獨有中庸、論、孟説垂於世。考其師友所稱，味其話言所傳，則夫造道之深，流風之遠，蓋有可得而推者矣。至若胡公雖不及河南之門，然與游公及謝、楊二君子游而講於其説，自得之奥，在於春秋。被遇明時，執經入侍，正大之論竦動當世，所以扶三綱、明大義、抑邪説、正人心，亦可謂有功於斯文矣。夫以二公之賢，所立如此，是豈獨建人所得私以爲其鄉之先生哉！今姑以其模範典刑接於耳目而論之，則即夫建學而立祠焉，亦其事之宜耳。自今以來，凡建人之游於學，與夫四方之士往來而有事於建之學者，瞻二公之在此堂也，必將竦然於中，知所敬慕，退而考其言行，以泝其師友之淵源，即其所至，而益究夫問學之無窮，則聖賢之門墻，庶幾其可循而入矣。然則爲是祠者，夫豈徒然而已哉！

静江府廳壁題名記

自秦戍五嶺，漢開南粤，踰嶺以南，次第入中國，爲郡縣。桂州本屬零陵郡，梁天監中始建州名，已而更易，離合不常。唐末升爲静江軍節度，然是時嶺南已分爲東西兩道，而西道所領實在邕管，桂獨得察州十餘。宋有天下，四方萬里罔不臣，規模法制加詳於前代。景祐二年，詔桂州兼廣南西路兵馬鈐轄。後十七年，又詔兼經畧安撫。於是始得顓制一路，地望隆重。其後復建大都督府之號。而紹興初，遂以静江易其州，選帥滋不輕。合一路所領，郡二十有五，其外則羈縻之州七十有二，又其外則諸小蕃羅殿、自杞、特磨、白衣之屬環之，又其外則交趾、大理等國屬焉。其地南入於海，去帥所治，水陸幾四千餘里，其所控御，亦可謂雄且劇矣。然其土素瘠，多荒茅篁竹，風氣異於北，民之生理甚艱，是以賦入寡少，郡縣亦例以迫束。而又並邊非止一面，蠻夷之性不常，赤子龍蛇，交致其恩威，乃克無事，故其任責常重。夫以選之不輕，地之雄劇而任責之常重，居其官者不亦既難矣哉！蓋非特近者之察，將遠者之無不燭焉；非特目前之安，將長久之計其益焉而後可也。然常人之情，往往忽於小而暗於大，鋭於始而怠於終，睹其著而不原於微，望於人者常深，而約於己者常不盡，則其所以綱紀維持於數千里之間者，烏得不曠廼事哉！詩不云乎：「戰戰兢兢，如臨深淵，如履薄冰。」此先王之所以謹乎侯度者也。日朝廷乏使，使某斯帥事且將兩歲，伏自念何所稱塞，而猶得待罪于此，夙夜是懼。暇日視廳壁，舊有刻，悉書前任人名氏，試攷一二，則輒差誤脱畧。廼俾僚吏諸葛昕、吴獵與郡之士加訂定焉〔二〕。蓋自開寶三年王師平嶺南，以樂繼能爲守，至于今凡二百有七載，合七十有六人，書之於石而重刻之。夫攷前政之名氏，以詔其吏民，亦後人之責也。若其人之賢不肖，指而問焉，固不可得而掩，亦足爲方來者之儆也。因併書置州建牧之大畧，且述其所當任者而以自勵焉。在嘉祐中，轉運使李師中常攝帥事〔三〕，攝事本不當書，以其政之美而人之思之也，特附著其間，又以見善善不忘之意云。

南樓記

廣西轉運判官所治便廳之前，故有樓，樓官府之文書，鬱而不治，予每睨而病之。他日過之，則焕然一新矣。詹侯體仁觴予於其上，倚檻而觀，凡四旁之嘉花美木悉獻其狀，而遥岑寸碧，挺然屋山之隅。樓之下爲堂，堂之前爲亭，皆幽雅有趣。予怪而問之，詹侯笑曰：「吾皆因其舊云耳。始吾闢樓之塞而觀之，則其美已具。易其楣桷之腐壞者，與其窗户之隘狹者，周以闌楯，而吾樓成焉。又視其下，居然一堂也，則敞其詹楻而重飾之。前有茀地，去其積壤，而柱之礎存焉，則又因之以爲亭。名吾樓曰南樓，取其面勢所直也；堂曰梅雪，因吾治之故名也；亭曰須友。亭之旁植竹與梅與松，吾將與之友，亦且須吾友朋而共樂乎此也。爲我書其扁且記之。」予嘆詹侯之智，能因其故而損益，不宿勞，不重費，不出户庭而得美觀，是可志也。予於此竊有感焉。嗟乎，物之通塞固有其時哉！向也人所賤棄弗顧之處，一旦而吾曹相與談笑周旋於其間，闢暗鬱爲光明，變荒穢爲整治，此非其時也哉！通塞固有時，然使其不遇詹侯，則歸於廢壞而已，時固存乎人哉！凡物皆然，豈獨是邪！且詹侯方以使指按行一路，一路之郡邑亦廣且夥矣，政事之隳弛，人情之鬱拂，與夫利之所壅，而病之所生，蓋不一矣。詹侯將次第而振其弊，導其鬱，通其所壅，而去其所病，亦若爲是樓，因其故而損益，不勞而有條也，則斯人之所遇，豈不在於斯時邪？抑有待於詹侯者邪？予方賴侯以免於戾，其涉筆而俟也，又豈特記是觀覽之間而已邪！樓之成，以淳熙五年三月五日，提點刑獄事廖侯季能實同予來觀。又十五日，而予爲之記。詹侯，嚴陵人，名儀之。廖侯，南劍人，名邁。予則廣漢張某也。

潭州重修左右司理院記

獄，重事也，欽恤之義著於虞書，其命咎繇曰：「明于五刑，以弼五教。」蓋古者刑罰之設，教化未嘗不存乎其中。聖人之心，固期于天下之無刑也。孔子亦曰：「聽訟，吾猶人也，必也使無訟乎！」使之至於無訟者，其必有道矣。周衰，先王之意不傳，而其法日壞，故又曰：「上失其道，民散久矣，如得其情，則哀矜而勿喜。」夫得其情矣，而繼之以哀矜而勿喜，則反本之思深，忠厚惻怛，所以涵養斯民者爲如何哉！嗟乎！推是心也，使之至於無訟可也。國朝藝祖開基，恫念庶獄〔四〕，首革歷世之弊。其在諸郡者舊有子城院、軍巡院。開寶六年，命子城院毋得收繫，改軍巡爲司寇，始以士人爲參軍，天下巨鎮得置左右兩院者凡十有六。太宗朝復更司寇爲司理。列聖相傳，卹刑之令，史不絶書，雖中遭變故，〔五〕而基祚克鞏，則祖宗所以培植根本者有自來矣。長沙在南方爲一都會。乾道戊子之歲，上命吴興沈侯介來爲牧。侯以簡重惠肅臨民，深惟時詘舉贏之義，節約自己，用財以制。未踰年而爭訟衰，庾庫實。獨念左右院歲久屋敝，煩蒸膠鬱，癘疫間作，顧謂其屬曰：「不幸教化之未孚，民罹于狴犴，或者其情之未得，而横夭之適遭，豈不甚痛！」議更撤而一新之。捐錢四百萬，貿材于山，募民爲役，民爭趨焉，踰時而成，堅久燥實，几以時汛掃滌治之宜，無不具備。某謂此可以窺侯仁恕之心矣。侯屬某爲記，不獲辭，因念治獄所以多不得其平者，蓋有數説。吏與利爲市，固所不論，而或矜知巧以爲聰明，持姑息以惠姦慝；上則視大官之趨向而重輕其手，下則惑胥吏之浮言而二三其心；不盡其情而一以威怵之，不原其初而一以法繩之，如是而不得其平者抑多矣。無是數者之患，郵罰麗於事，而深存哀矜勿喜之意，其庶幾乎！在上者又當端其一心，勿以喜怒好惡一毫先之，聽獄之成，而審度其中，隱於吾心，竭忠愛之誠，明教化之端，以期無訟爲本，則非惟可以臻政平訟理之効，而收輯人心，感召和氣，其於邦本所助豈淺也哉！遂書之以詔來者。

敬齋記〔六〕

誠者，天之道；敬者，人事之本。敬道之成，則誠而天矣。然則君子之學，始終乎敬者也。人之有是心也，其知素具也，意亂而欲汨之，紛擾臲卼，不得須臾以寧，而正理益以蔽塞，萬事失其統矣。於此有道焉，其惟敬而已乎！伊川先生曰：「主一之謂敬。」又曰：「無適之謂一。」夫所謂一者，豈有可玩而執者哉？無適乃一也，蓋不越乎此而已。嘗試於平居暇日深體其所謂無適者，則庶乎可識於言意之表矣。故「儼若思」雖非敬之道，而於此時可以體敬焉。即是而存之，由是以察之，事事物物不得遁焉。涵泳不舍，思慮將日以清明，而其知不蔽矣。知不蔽，則敬之意味無窮，而功用日新矣。天地之心，其在茲歟？學者舍是而求入聖賢之門，難矣哉！至於所進有淺深，則存乎其人，用力敏勇與緩怠之不同耳。吾友臨川吴仲權志於古道，將以「敬」名其所居之齋，而日勉焉。於其行也，書此以贈之，蓋朋友相與警勸之義也。

存齋記

太極動而二氣形，二氣形而萬物化，生人與物俱本乎此者也。原物之始，亦豈有不善者哉！其善者天地之性也。而孟子道性善，獨歸之人者何哉？蓋人稟二氣之正，而物則其繁氣也。人之性善，非被命受生之後，而其性旋有是善也。性本善而人稟夫氣之正〔七〕，初不隔其本然者耳〔八〕。若物則爲氣所昏，而不能以自通也。惟人全夫天地之性〔九〕，故有所主宰，而爲人之心所以異乎庶物者獨在於此也。是以君子貴於存之，存之則在此，不存則孰知其極哉？存之則有物，不存則果何所有哉？故主一無適，敬之方也。無適則一矣，主一則敬矣。存之之道曷要於此乎！誠能從事焉，真積力久，則其所存者將洋洋乎察于上下而不可掩，功用無窮，變化日生，性可得而全矣。吾友呂季克敏而好義，以「存」名齋，其志遠矣，屬予爲之記。若予者，蓋矻矻自保之不暇，而何以善於朋友？然則斯記也，非特以勉季克，且將以自警歟！

弗措齋記

金華邵元通名齋曰「弗措」，以爲朝夕講習居處之地，而求予爲記。其請屢甚，予焉能忘言也。中庸論誠之之道，其目有五，曰學、曰問、曰思、曰辨、曰行。而五者皆貴於弗措。蓋聖學與天地並，高明博厚而悠久無疆也。學者竭終身之力，勉勉不已，猶懼不及，而况於若存若亡、暫作復輟，其何益乎？弗措之義大矣！雖然，入德有門户，得其門而入，然後有進也。夫子之教人，循循善誘，始學者聞之，即有用力之地，而至於成德，亦不外是。今欲求所持循而施吾弗措之功，其可不深攷之於夫子之遺經乎？試舉一端而論。夫子之言曰：「弟子入則孝，出則弟，謹而信，汎愛衆而親仁，行有餘力則以學文。」嗟乎！是數言者，視之若易，而爲之甚難；驗之不遠，而測之愈深。聖人之言化工也，學者如果有志，盍亦於所謂入孝出弟、所謂謹而信、所謂汎愛親仁者學之而弗措乎？學然後知不足，其間精微曲折，未易盡也，其亦問之而弗措乎？思之未至，終不爲己物，盍亦思之而弗措乎？思之而有疑，盍亦辨之而弗措乎？思而得，辨而明，又盍行之而弗措乎？是五者蓋同體以相成，相資而互相發也，真積力久，所見益深，所履益固，而所以弗措者益有不可以已，高明博厚，端可馴而至矣。噫！學不躐等也，譬諸燕人適越，其道里之所從，城郭之所經，山川之阻修，風雨之晦冥，必一一實履焉。中道無畫，然後越可幾也。若坐環堵之室，而望越之渺茫，車不發軔，而欲乘雲駕風以遂抵越，有是理哉！且夫爲孝必自冬温夏凊、昏定晨省始，爲弟必自徐行後長者始，故善言學者必以灑掃應對進退爲先焉。惟夫弗措之爲貴也，吾子毋忽於予言。誠能服夫子之教而用力焉，則希音至味，吾子將自得於心矣。

擴齋記

武夷胡廣仲扁其齋曰「擴」，其友張某敢起古義以告曰：太極混淪，生化之根，闔闢二氣，樞紐群動。惟物由乎其間而莫之知，惟人則能知之矣。人之所以能知者，以其爲天地之心，太極之動，發見周流，備乎己也。然則心體不既廣大矣乎？道義完具，事事物物無不該、無不徧者也。而人顧乃局於血氣之内而自小之，雖曰自小之，而其廣大之體，本自若是，以貴夫能擴也。然而知之之端不發，則擴之之功亦無自而施。故孟子謂「凡有四端於我者，知皆擴而充之矣」。夫惻隱、羞惡、辭讓、是非一萌於中，亦知其所以然乎？知其所以然，則良心見矣。此所謂若火之始然，泉之始達，擴者擴乎此者也。擴之之道，其惟窮理而居敬乎！理明則有以精其知，敬立則有以宅其知。從事於斯，涵泳不舍，則其胸中將益開裕和樂，而所得日新矣。故充無欲害人之心而至於仁，不可勝用；充無穿窬之心而至於義，不可勝用。仁義之不可勝用，豈自外來乎？擴而至於如天地變化草木蕃，亦吾心體之本然者也。故擴者生道也，恕之功也，仁之方也，學者所以求盡其心者也。今廣仲將體夫知之之端，以致其擴之之力，其進也孰禦焉！雖然，世固有不樂狹陋而求以自擴者，不流於放肆則將窮大而失其所居，蓋彼不知其有本也。吾所謂擴者天理之素，而彼所謂擴者人欲之爲也，學者又不可以不辨。

校勘記

〔一〕而教授王定方遂以書來屬某爲記　「方」，原作「遠」，據宋本、劉本、四庫本改。

〔二〕迺俾僚吏諸葛昕吴獵與郡之士加訂定焉　「定」，宋本作「正」。

〔三〕轉運使李師中常攝帥事　「師」，原作「時」，據宋本改。

〔四〕恫念庶獄　「恫」，宋本作「憫」。

〔五〕雖中遭變故　「中」，原作「有」，據宋本改。

〔六〕敬齋記　本篇原闕，據宋本補。

〔七〕性本善而人禀夫氣之正　「夫」，原作「天」，據宋本改。

〔八〕初不隔其本然者耳　「本」，宋本、劉本、四庫本作「全」。

〔九〕惟人全夫天地之性　「全」，宋本作「存」。

南軒先生文集卷第十二

記

無倦齋記

廣西經畧使所治廳事之西偏，有齋直喜豐堂之後，方而虛明，於燕息爲宜，舊以「緩帶」名，予懼其肆也，更題曰「無倦」，且志其故。昔者洙泗之門，子張問政，夫子首告之以無倦；及季路之請益，則又終之以無倦。是知爲政始終之道，無越乎此也。夫難存而易怠者心也。吏者分天子之民而治焉，受天子之土而守焉，一日之間，所爲酧酢事物者亦不一端矣。幾微之所形，紀綱之所寓，常隱於所忽而壞於所因循，纖毫之不謹，而萬緒之失其機，方寸之不存，而千里之受其害。又况欲動而物乘，意佚而形隨，其所差繆復何可勝計，可不畏哉！於是知聖人無倦之意深矣。師也窮乎高明，而懼其所踐之未篤也，故使以居之無倦爲本，而繼以行之以忠。由也勇於進爲，而懼其有所忽也，故既告以先之勞之，及其請益，則繼以無倦。以二子而聖人所以勉之者如此，則在他人其所當從事抑可知矣。雖然，常人之情，往往始之謹而末之慢。守失於終，事廢於久者，蓋多矣，非敦篤乎敬者，其能日新而無斁哉？予於此懼，書于坐右以自警，併以告來者云。

敬齋記

孟氏没，聖學失傳，寥寥千數百載間，學士大夫馳騖四出以求道，泥傳註，溺文辭，又不幸而高明汨於異説，終莫知其所止。嗟夫，道之難明也如此！非道之難明也，求之不得其本也。宋興又百餘載，有大儒出於河南，兄弟並立，發明天地之全、古人之大體，推其源流，上繼孟氏，始曉然示人以致知篤敬爲大學始終之要領。天下之生久矣，紛紜轇轕，曰動曰植，變化萬端。其歸，視斯言若易焉者，而曾莫思其然也。世方樂於荒唐放曠之論，窮大而失而人爲天地之心，蓋萬事具萬理，萬理在萬物，而其妙著於人心。一物不體則一理息，一理息則一事廢。一理之息，萬理之紊也；一事之廢，萬事之隳也〔一〕。心也者，貫萬事，統萬理，而爲萬物之主宰者也。致知所以明是心也，敬者所以持是心而勿失也。故曰「主一之謂敬」，又曰「無適之謂一」。噫！其必識夫所謂一而後有以用力也。且吾視也、聽也、言也、手足之運動也，曷爲然乎？知心之不離乎是，則其可斯須而不敬矣乎？吾饑而食也，渴而飲也，朝作而夕息也，夏葛而冬裘也，孰使之乎？知心之不外乎是，則其可斯須而不敬矣乎？蓋心生生而不窮者道也，敬則生矣，生則烏可已也；怠則放，放則死矣。是以君子畏天命，不敢荒寧〔二〕，懼其一失而同於庶物也。仁壽崔子霖以「敬」名齋，而請予記之。予嘉其志之美也，則不敢辭。吾鄉之士，往往秀偉傑出，而吾子霖方有志於斯道，以與朋遊共講之。予歎夫同志之鮮也，乃今得吾子霖，而子霖又將與其朋友共之，益知吾道之不孤也〔三〕，故樂爲之書。

拙齋記

盱江曾節夫以「拙」名其齋，而請予爲之記。予喟而歎曰：士病於不拙也久矣！文采之衒而聲名之求，知術之滋而機巧之競，爭先以相勝，詭遇以幸得，而俗以益薄。士病於不拙也久矣！頃者始見吾子，望乎容止，退然若不安，聽乎言辭，吶然若不足，意吾子之不馳騖於斯世也。已而旋觀乎吾子之爲，則處己也介而接物也嚴，又有以知吾子之能自守也。今以「拙」名齋，抑子之志如此，而何以予之記爲？雖然，子之求於予也，幾予言之可以輔仁也，抑以子之質之美，子亦有望焉，請試爲子言之也。予聞之，義理之本於天者至精而無窮，氣禀之存乎人者雖美而有限。伊欲究夫無窮而化其有限，舍學何以哉？雖然，所爲進學之方則亦有道矣。古之人於此蓋終身焉，若升高之必自下，若陟遐之必自邇，此其用力豈苟然而已哉！予又病夫學者之不拙也。旁窺而竊取，耳受而口傳，恃臆度而鑿空虛，難之不圖而惟獲之計，序之不循而惟至之必，久之不務而惟速之欲，若是而欲有諸其躬也難矣。予是以病夫學者之不拙也。稽諸洙泗之門，子之家子輿非百世師乎？聖人始以魯稱之，而其於是道終以魯得之，所謂三省其身，自反而縮，與夫動容貌、正顏色、出辭氣，皆其平日所爲用力者也。戰兢臨履，至於啓手足之際而後以爲知免，一簣之未正猶不敢安其終〔四〕，其學之有始有卒，幾於聖而全其天蓋如此，謂於是道以魯得之，非邪？由予前所言士病於不拙者，吾子既無是之患矣；由予後所言病夫學者之不拙者，吾子其率是以勉之哉！請無他求，以子之家子輿爲標準而從事焉，其可矣。若夫安其所已能，而倦其所未進，則爲拘於有限而息乎無窮，是拙之流生害也，吾子其必不然矣。

隱齋記

予弟杓爲袁州，再閲月，以書來曰：「某幸得備位郡守，懼無以宣上之澤於斯民，乃闢便齋於廳事之旁，日與同僚講民之疾苦，相與究復之，於其暇則誦詩讀書於其間，以自培溉，敢請名。」

予嘉其意，爲大書「隱齋」字以寄，蓋取孟子惻隱之心之義。夫所謂惻隱者，惻然有隱云耳。嗟夫！是心乃子民之本也。一日夕之間，几事物之至乎吾前，與夫講論之所及，思慮之所萌，所謂惻然以隱者，如源泉之達，續而無窮，新而有常，流行而不可以已，則其履度也豈有越思？而其施於四境之内者雖不中不遠矣。子其體是心而存之，而充之，勿使有害之者而已。語曰：「君子學道則愛人。」所貴乎學者，以其能愛人也。嗟乎！爲政者苟惟不知是心之存〔五〕，則本既不立矣，雖有過絶人之才智，亦何以觀之哉？抑又有一説焉。人之情，於其始也惴惴然懼其不克也，汲汲然憂其不及也〔六〕，察民之從違而未敢安也，則是心之不存焉者寡矣。及其久也，於意之得而偏，於譽之聞而矜，於令之行而忽，則所謂隱然者，將汨於因循而息於驕肆，政之所繇隳也。嗟乎，可不懼哉！而可不察哉！又其可使箴儆之言不聞於吾耳哉！併書之，使刻寘于壁。

約齋記

約之爲言要也，而有檢束之義。自學者而言，所貴乎趨夫要也，曾氏之「守約」是也；自教者而言，則束之而使之惟要之歸，「約我以禮」是也。然而博與約實相須，非博無以致其約，而非約無以居其博。故約我以禮，必先博我以文。蓋天下之事衆矣，非一二而窮之，則無以極其理之著。然所謂窮理者，貴乎能有諸己者而已。在己習之偏、〔七〕意之私亦不一矣，非反而自克，則無以會其理之歸。博文而約禮，聖人之所以教人與！學者之所當從事焉者，亦無越乎此矣。吾友眉山李塾季修，自幼居其親旁，凡所見聞，無非詩書禮樂之事，上下數千載間，其攷之詳備之熟矣〔八〕。頃年相遇於武昌，求予名其齋，而予以「約」爲言，欲其趨夫要也。季修屬予爲記，而久未暇。非予之未暇也，季修於是時從事於多聞之舉，佔畢編綴，殆忘寢食也，故予無以進其說。今七年矣，蓋嘗抱其所學欲獻之於吾君，而不得以自伸。既而泝三峽，登岷峨，窮江之源，乃將還其親之旁，復與予相遇於江陵。視其色，則愉然不以見抑爲意，且出友人清江劉清之子澄之書以示予，曰：「其言是也，某不敢以復從事於科矣。人不吾知，安焉也；謂吾不能，無傷也。且所當從事者，敢不汲汲？願以請。」意者其殆趨約乎！予於是而爲之記，勉之以博文約禮之事，無慕乎外，無泥於俗，而惟致知克己之思，極力之所至而無有怠忽焉，則予之望也。詩曰：「衣錦尚絅」，惡其文之著也。君子之所不可及者，其惟人之所不見乎！嗟乎，季修其勉哉！

困齋記

弋陽方君耕道謫居零陵，其友廬陵胡君邦衡自海外以書抵之曰：「公取易困卦詳玩而深索之，則得所以處困之道矣。」耕道於是榜其齋曰「困齋」，自號曰「困叟」，其居閒而讀易則謂之「困交」。耕道可謂能尊其所聞矣。在易之繫辭三陳九卦，意義深切，至於困則曰「困，德之辨也」，又曰「困窮而通」，又曰「困以寡怨」。嗚呼！聖人發明處困之義，備盡於此，其惠後世學者至矣，是可不盡心以體之乎！夫窮達者在外者也，理義者在我者也。在外者存於時命，而在我者無斯須而可離。世之惑者於其存於時命者乃欲人力而强移，於其不可離者則違之而忘反，居得則患失，居失則覬得，或能行於其所易，而不能行於其所難，能自保於安逸之時，而有變於危窮之際。是則非其心之正也[九]，窮達亂之也。君子則不然。其心日夕皇皇然，惟知在我者禮義之安而行，寧卹其它！故其處困也，致命而已，於天何怨！順義而已，於人何尤！而反諸其躬，則益念其所未至，惟恐思之不精，益勉其所未能，惟恐行之不力。是君子之處困，抑其進德深切之時也。如斯而後，庶幾爲不負聖人之訓歟！耕道往以直道忤權臣，既而以非罪罹吏議，方且責己自克，好問不倦，可謂知所處矣。而邦衡以危言切論，一貶嶺海近二十年，窮經自樂，浩然以歸，其非有得於斯邪[一〇]？宜乎以此道相切勵也。又聞横渠先生之言曰：「貧賤憂戚，庸玉女於成也。」噫！安知造物者不以是金玉耕道之德乎？此豈特邦衡所望於耕道也。耕道以記文見屬，栻雖晚生，念不爲無契，是以不敢以固陋辭。紹興二十八年春二月戊申，廣漢張某記。

敬簡堂記

歷陽張侯安國治長沙，既踰時，獄市清浄，庭無留民，以其閒暇，闢堂爲燕息之所，而名以「敬簡」。他日與客落之，顧謂某曰：「僕之名堂，蓋自比於昔人起居之有戒也，子其爲我敷暢厥義。」某謝不敏，一再不獲命，因誦所聞而言曰：「聖賢論爲政，不曰才力。蓋事物之來，其端無窮，而人之才力雖極其大，終有限量。以有限量應無窮，恐未免反爲之役，而有所不給也。君子於此抑有要矣，其惟敬乎！蓋心宰事物，而敬者心之道所以生也。生則萬理森然，而萬事之綱總攝於此。凡至乎吾前者，吾則因其然而酬酢之。故動雖微，而吾固經緯乎古之先；事雖大，而吾處之若起居飲食之常。雖雜然並陳，而釐分縷析，條理不紊。無他，其綱既立，如鑑之形物，各止其分而不與之俱往也。此所謂居敬而行簡者歟！若不知舉其綱而徒簡之務，將見先生於所怠，而患起於所忽，乃所以爲紛然多事矣。故先覺君子謂飾私智以爲奇，非敬也；簡細故以自崇，非敬也。非敬則是心不存，而萬事乖析矣，可不畏歟！雖然，若何而能敬？克其所以害敬者，則敬立矣。害敬者莫甚於人欲。自容貌顏色辭氣之間而察之，天理人欲絲毫之分耳。遏止其欲而順保其理，則敬在其中，引而達之，擴而充之，則將有常而日新，日新而無窮矣。侯英邁不羣，固已爲當世之望，誠能夙夜警勵，以進乎此，則康濟之業可大，而豈特藩翰之最哉！」侯曰：「然則請書以爲記，以無忘子之言。」

仰止堂記

武夷宋子飛，蓋游從之舊也，戊寅之夏，自其鄉觸熱來訪予瀟水之上。留既越月，方念無以答其意者。子飛謂某曰：「某家有小堂，面值西山，欲以『仰止』名之，何如？」某曰：「請無以易斯名，而某願爲之記。」子飛曰：「諾。」

子之名是堂也，豈徒取其偉觀乎哉？而某爲之記也，亦豈復叙其境物之勝，抑將因名以達義，庶幾相與之意云耳。噫！人生天地之中，而與天地同體，出乎萬世之下，而與聖人同心，其惟仁乎！詩曰：「高山仰止，景行行止。」夫子蓋歎息焉，曰：「詩之好仁如此。」仁之爲道，論其極致，雖曰舉者莫能勝，行者莫能至，然而聖人之教人求仁，則具有塗轍。論語一書，明訓備在，熟讀而深思，深思而力體，優游厭飫。及其久也，當自知之，有非人之所能與矣。古之人起居寢食之間，精察主一，不知有外物之可慕，他事之可爲〔一一〕，不知富貴之可喜，憂患之可戚。蓋其中心汲汲於求仁而已。是道也，夫人皆可勉而進，而用力者鮮，無他，所以病之者多矣。病之者多，而不求以去之，期爲完人，其以是終其身〔一二〕，豈不大惑歟！故學莫强於立志，莫進於善思，而莫害於自畫，莫病於自足，莫罪於自棄。今子飛既以是名堂，日游其間，將詠「仰止」之詩，以深念聖人之意，當必慨然有感於中，其惟篤信勿移，弗得弗措，期至於古人之域，則如某者亦有望於切磋之益焉，是以樂記之也。

尊美堂記

湖南轉運使判官所治，舊直潭州城之東南，中更兵革，徙于子城之中。比歲復即其舊爲東西兩廳，今且十載矣。東則倚岡阜，來者相繼，立亭觀於上，有登覽之勝；而其西獨病於迫隘，燕閒舒適，無所可寓。又西隔垣，有地數畝，蓋茀不治也。乾道八年冬，建安黄公來爲判官，實治西廳，歷三時興革，刺舉既以次上，而漕事益簡。乃以暇日視其地而加翦闢焉，氣象平曠，若有待者，將規以立宇。會有主管文字廢廳，易之得羨緡，市材輯工，爲堂五楹。僅踰月，郡縣不知，而堂已克成。植梅竹於前，而其後爲方沼，向之茀不治者，一旦爲靚深夷衍之居，于以問民事，接賓客，奉燕處，無不宜者。於是始與其東之亭觀隱然相望，而其迫隘之患亡矣。公獨過某而言曰：「子其爲我名之，使有以垂于後者。」某謝不敏，則不可，請退而思之。它日言於公曰：「公之名堂，豈獨爲是物景之美哉？其將有補於政也？孔門論政之載於魯論〔一三〕，獨所以告子張者反復爲甚詳焉。所謂尊五美者，于以正己而施諸人，蓋無不備，顧爲政者力行何如耳。其曰尊云者，言當謹乎是而不可以慢也，將以尊美名公堂，其可哉！」公曰：「諾，是吾志也。」某又曰：「雖然，不特是也。聖人於五美之後，復繼之以四惡之屏，其儆戒防檢之意深矣〔一四〕。今雖以尊美名堂，而所謂屏惡之義，蓋亦不可不察也。公既以是二者體其身而推於有政，又將以是察夫郡縣之吏而進退之，則善善惡惡之理，庶幾其亦得矣。」公曰：「善哉！請書聖人之言於堂之中壁，朝夕觀覽，以比夫几杖盤杅之銘戒，而子爲之記，俾來者有攷焉。」於是乎書。公名洧，字清臣云。

校勘記

〔一〕萬事之隳也　「隳」，原作「墮」，據宋本改。

〔二〕不敢荒寧　「荒」，宋本作「遑」。

〔三〕益知吾道之不孤也　「益」字原無，據宋本補。

〔四〕一簣之未正猶不敢安其終　「正」，宋本作「易」。

〔五〕爲政者苟惟不知是心之存　「惟」字原闕，據劉本、四庫本補。

〔六〕汲汲然憂其不及也　「然」，劉本、四庫本作「焉」。

〔七〕在己習之偏　「習」，原作「者」，據宋本改。

〔八〕其攷之詳備之熟矣　「備」，宋本作「講」。

〔九〕是則非其心之正也　「則」，宋本作「皆」。

〔一〇〕其非有得於斯邪　「其」，宋本作「豈」。

〔一一〕他事之可爲　「他」，原作「也」，據宋本、劉本、四庫本改。

〔一二〕其以是終其身　「其」，宋本作「甘」。

〔一三〕孔門論政之載於魯論　「門」，原作「孟」，據宋本、劉本、四庫本改。

〔一四〕其儆戒防檢之意深矣　「防」，原作「方」，據宋本改。

南軒先生文集卷第十三

記

一樂堂記

上饒徐衡仲幼育于龔氏，爲龔氏後。長讀書，取科第，事龔氏父母，養生送終，克共其子事。年踰五十矣，游宦四方，求友訪道，有感於昔人正本明宗之義，惕懼不敢寧，乃言於朝，願歸徐姓，詔可其請。方是時，衡仲之父母俱存，合百有五十六春秋，而其伯氏某、仲氏某、及其季某亦皆無故。雍雍愉愉，與其兄弟奉二老者，以爲天下之樂，殆無以易此也。它日，伯氏取孟子所謂「一樂」者以名其居之堂，而衡仲求予爲記。予惟念往歲道岳陽，衡仲適爲其州學官，相與語于洞庭之野，愴然及兹事，予蓋嘉其志，贊其決，而憂其爲世俗之論所移也〔一〕。今衡仲中誠懇惻，卒能成就其志。又爲龔氏調護，立之後人，所以處之者蓋有餘味。義正而恩得，天實相之，且使其親壽考康寧，其兄弟在旁，得全其所謂「一樂」者，固予所咨嗟而樂記也。

原民之生，與萬物並於天地之間，父天而母地，本一而已，而於其身莫不有父母之親，兄弟之愛，以至於宗支之屬，釐分縷析，血脉貫通，分雖殊，而本實一，此性之所具，而天之所爲也。聖人有作，立姓以别其系，嚴宗以謹其承，亦因夫性之自然、理之所不可易者而已。苟惟强離其所系，而合於其所不可合，是豈性也哉！是故神不歆非祀，而民不祀非族，以此坊民。而春秋之時，猶有身爲諸侯而立異姓以莅祭祀，如鄫子之爲者，聖人書之曰「莒人滅鄫」，謂其先無血食之理也，豈不深切著明哉！衡仲其講於此矣。雖然，引義而返其宗，衡仲之能爲也；返而全其所謂「一樂」者，此豈衡仲之所能爲哉！衡仲誠樂乎此也。人倫之際，昔人謂盡其分爲難，衡仲誠勉乎此也。抑孟子之所謂「三樂」，其難必者，吾既已得之於天矣，則夫其二端者又可不深體之乎！予嘗論「三樂」，仰不愧，俯不怍爲本。蓋在己者可得而勉也。詩云：「潛雖伏矣，亦孔之昭。」君子之所不可及者，其惟人之所不見乎！衡仲而力追乎此〔一〕，以至於無所愧怍之地，則上有以寧其親，翕其兄弟，而下有以推類而及人，庶幾乎克全而不憾矣。予因記一樂而併及乎此，亦朋友儆勵之意云。衡仲名安國，今爲連山令。

潔白堂記

劍南陳君自蜀以書抵予曰：「某不幸，今不獲奉供養，深惟所以報親者，惟是澡身瀹德，庶幾終身無玷缺之行，則或可以塞萬一之責。家故有堂，因取周詩白華『孝子潔白』之義〔三〕，名之曰『潔白』，兄弟朝夕其間，以警以戒，敢請爲記。」

予雖未識陳君，而嘗聞之吾友魏掞之元履，謂君直諒，又得君書勤甚，則不果辭。雖然，白華之章句逸矣，其爲義固不可以臆度，獨以予心之所謂「孝子潔白」者而以復于陳君焉。惟人之生，受之天地而本乎父母者也，然則天地其父母乎！父母其天地乎！故不以事天之道事親者，不得爲孝子；不以事親之道事天者，不得爲仁人。傳曰「仁人不過乎物，孝子不過乎物」，此之謂也。然所謂物者果何謂乎？蓋其實然之理而已。實然之理具諸其性。有是性，則備是形以生。性無不善也。凡其所爲，視聽言動莫不有則焉，皆天之理也，性則然矣。是故君子無敢不敬也。非禮則勿視，非禮則勿聽，非禮則勿言，非禮則勿動，將以順保其彝，性庶幾乎勿失。蓋全而生之者此也，其可不以全而歸之乎？此所謂不過乎物，孝子仁人事親之道，而所以事天者也。「潔白」之義，其有取於斯乎！有取於斯，則造次不可忘也，戰兢不可懈也。由盡心以知性，由存心以養性，必期於無媿歉。若曾子所謂「而今而後吾知免夫」，然後爲盡人子之道也。如予之不敏，雖知此義，勉焉而未至，抱罔極之痛，日夜以懼，因陳君之請，而有感於中，敢併取南陔相戒以養之義，願與吾黨之士相戒以潔白，其可乎？陳君往歲奉對大廷，蓋盡言無隱者。今又孜孜然志於古道，充是心以往，吾知其終有以無負於斯堂之名也。然則可不懋乎！陳君名槩，字平甫云。

思終堂記

永嘉郡許深夫從事湖南幕府之明年，其尊父登仕没于官舍，予往弔之。間又往焉，深夫泣而請曰：「及之不天，未丱而喪母。吾家方窮空，既殯而無以葬。逮省事，則日夜究心，不敢寧。歲丁亥，得地于瑞安縣之北曰季奥〔四〕，泣血負土，乃克卒事。于時老父嘗登斯丘而眷焉，顧而曰：『異日我必葬是。』今者不幸至于大故殊州，獨哭數千里之遠。惟是不孝之軀，大懼隕越，賴父之靈，儻獲歸合于兆〔五〕，則將立堂其旁，以爲早暮瞻省、時節祀饗之地，未死之前，敢不勉盡其力！願預請其名與記，庶幾佩服思惟，有以大警其懈惰者。」則又泣。

予既不果辭，乃取禮傳「慎行其身，不遺父母惡名，可謂能終矣」之義，名之以「思終」，且從而記之。夫墓祭非古也，體魄則降，魂氣在上〔六〕，故立之主以祀其精神之極，而謹藏其體魄，以竭其深長之思，此古之人明於鬼神之情狀，而篤於孝愛之誠實者也。然攷之周禮，則有冢人之官，凡祭於墓爲尸。是則成周盛時，固亦有祭於其墓者，雖非制禮之本經，而出於人情之所不忍，而其於義理不至於甚害，則先王亦從而許之〔七〕。其必立之尸者，乃亦所以致其精神而示饗之者，非體魄之謂，其爲義抑精矣。故夫後世以來，立宇於墓道，或立於其側，以爲瞻省祀饗之地，至有援諸古義以爲之名，揭而出之。顧名而思義，比諸几杖盤盂之有銘有戒，君子亦有所取而不廢，以人子之心，拳拳於其親者〔八〕，誠無已也。然則予之名斯堂，豈無旨哉？蓋人子之於親，終其事之爲難也。所謂終其事之難者，亦在於吾身而已。故於其親之没，睹杯棬則捧之而泣，以吾親之所嘗御也；見桑梓則竦然而敬，以吾親之所嘗息也。夫其於物也猶然，而吾之此身乃受之於吾親，而爲親之遺體，然則所以敬其身當何如耶！故身體髮膚，不敢毁傷，不敢以遺體行殆。夫於其形見者其守之之嚴固如此，而其賦是形以生者，蓋以其具是性也，然則又可使之或虧乎？故自視聽言動之不莊不欽，以至朋友之不信，事君之不忠，涖官之不敬，皆謂之非孝。凡一毫有歉乎其中，則爲有辱乎其親，爲其有以害於性故也。故君子戰戰兢兢，每懼或失之，凡欲以順保其性，以無失其身，而無辱乎其親。由是觀之，至於曾子全而歸之，而後可謂之能終其事者矣。所謂行身而不遺父母惡名者，其在斯歟！而世之昧者顧以富貴利達爲足以顯其親，汲汲然求之，曾不知枉道苟得，戕賊天性，莫此之甚，而負乘播惡，恥加遺體，若撻市朝，其得失爲如何哉！是則行身以其道，則雖處貧賤，而其所爲事親者未嘗不得；不以其道，則至於居富貴，而所爲辱親者，蓋益以滋甚矣。自深夫之來湖南，予數與之欵，又於朋游間聞其尊父教飭之甚嚴。以深夫哀之篤而請之廑也，故爲推言人子之道所以終其事者而勉之，使思焉。思而體之，體之而不忘，然後知終之之果爲難也。予抱罔極之痛，夕愓念此，未知所濟。然則今日之所以告深夫者，是亦所以自勵云耳。乾道九年七月二十二日。

名軒室記

或曰：知道矣，而常患其不能長一於己。夫不能長一於己，則道與己尚爲二物也，執柯伐柯，睨而視之，猶以爲遠。嗚呼，是果爲真知也歟？其功未至也。將使己化於道，如水入水，初無有間，以全於天，其必有本要矣，其力行之積歟！道與己尚爲二物，則天理不備。天理不備，而不加省焉，吾見道日有遠己而已，可不畏哉！中庸曰：「苟不至德，至道不凝焉。」道至於凝，則斯能有之矣。惟至德可以凝道。古之人禮儀三百，威儀三千，君臣、父子、兄弟、夫婦、朋友之際，灑掃應對、獻酧交酢，以至於坐立寢食之間，無一而不在德焉，至纖至悉也，所謂成其天理而已。蓋毫釐之間不至，則毫釐之間天理不在。故學而時習之，無時而不習也，念念不忘天理也。此所以至德以凝道也。及其久也，融然無間，涣然和順，而内外、精粗、上下、本末功用一貫，無餘力矣。名吾軒曰「時習」。夫習之有斷絶者，心過有以害之也。心過尤難防，一萌于中，雖非視聽所及，而吾時習之功已斷絶矣，察之緩則滋長矣。惟人安於故常，以爲微而忽焉，而不知此豈可使之熟也哉！今日一念之差而不痛以求改，則明日兹念重生矣。積而熟，時習之功銷矣，不兩立也，是以君子懼焉。萌于中則覺〔九〕，覺則痛懲而絶之，如分桐葉然，不可復續。如此則過境自疎，時習之功專，以至於至德以凝道，顔子之不貳，一絶不復生也。名吾室曰「不貳」。因書此自勉焉。

多稼亭記

歲辛卯之八月，予適毘陵。甲寅，郡守嵩山晁伯彊置酒郡齋〔一〇〕，薄暮登城。城有故亭基，下瞰阡陌，方秋稻熟，黄雲蔽野，相與裴徊縱觀。已而月光皎然，景氣清浄，伯彊舉觴屬予曰：「斯亭，昔人以『多稼』名〔一一〕，某假守於此，歲事適登，君侯辱臨，得以從容一杯，實天幸也。將因而葺之，願爲某記。」明日將行，又以請，且寄聲相趣者三四。

予惟念春秋書法，喜雨者，有志乎民者也，亭名「多稼」，豈無意哉！吏於斯者，以暇時登臨，觀稼穡之艱勞，而念民生之不易，其時之不可以奪，其力之不可以不裕，而又謹視其苗之肥瘠，時夫雨暘之節，以察吾政事之若否。幸而一稔，則又不敢以爲己之能，而益思勉其不可以怠者，閔閔然，皇皇然，無須臾而寧於心，其庶矣乎！吁，是春秋之意也。然則伯彊之復斯亭，豈爲游觀者哉！因書以寄。甲寅之集，通判州事吴興葛謙問與焉。伯彊名子健，謙問名郯。

遊東山記

歲戊寅夏四月己亥，弋陽方疇畊道、廣漢張栻酌餞東平劉芮子駒於永之東山。久雨新霽，天朗氣清，步上絶頂，山色如洗，相與置酒于僧寺之西軒，裴徊遠望。于時零陵張紆公飾預焉，俯仰庭户，忽喟然而歎曰：「噫嘻！此丞相范公忠宣之故居也。」坐客皆聳然起而問之，公飾曰：「公居此時，某始年十三四。某之先人辱爲公客，故某亦得侍公。公時已苦目疾，手執寸許玉，用以摩按，某未之識也，則亟視之。旁有小兒誑曰：『此石也。』公愕然曰：『非也，此之謂玉。』嗚呼！公存誠至於不欺孺子，則公之氣象可想見已。」坐客皆咨嗟。公飾又曰：「公居此西偏，爲屋僅三十楹，蓋與寺僧鄰也。諸孫皆尚幼，它日與寺僧戲，僧愚無知，至相詬罵，直行過公前，語微及公，公漠然若不聞見者。明日，僧大悔慚，踼踖詣求謝，亦卒無一言，待之如初。永之士間有得進見，公循循親加訓誘。一日坐定，有率爾而問曰〔一二〕：『范某於相公爲何親？』蓋斥文正公之名。時二子正平、正思侍旁，悚汗恐懼，衆亦懼。公蹙額，久而曰：『先公也。』言者大恐。已而復以温詞慰其心，後亦與相見不絶。公之度量雖曰天與，其亦學以成之歟！又一日問坐客曰：『郡士之登科者皆歸矣，而某人獨未歸耶？』或曰：『試學官也。』公愀然曰：『吏事近民，精心於此，學之要也，始登科顧求從便安耶？』凡公言簡而深，足以垂世立教，率類此。自奉極儉約，士從諸子游者時命之飯，不過蔬三品，彘胾不掩盤。後有客至，即以分餉，不復更益。某年幼，所記公如此，不能細也。」

於是坐客相與言曰：「江山如昔，公不可得而復見矣，而有如公飾者尚及見公，所記之詳如此，豈易得哉！而斯亭也，經兵火煨燼之餘，屹然獨存。吾曹晚生，亦與聞公之言行，又豈偶然哉！中庸曰：『君子動而世爲天下道，行而世爲天下法，言而世爲天下則。』孟子曰：『聞下惠之風者，鄙夫寬，薄夫敦。』於公其信之矣！」子駒謂某曰：「盍記之，以爲異日傳？」某雖不文，至此其何敢辭也。抑嘗記某庚午歲來永時，寺僧有法賢者，年八十餘矣，謂某言：「范丞相居此，某時爲沙彌，每見公遇朔望必陳所賜書及賜物列于堂上，率家人子弟再拜伏閱。」嗚呼！公之不忘君父至此，所謂在廟堂之上則憂其民，處江湖之遠則憂其君，文正公之心，公得之矣。「請併附于記之末可乎？」皆曰：「諾。」時某弟枃、姪燿、兼偕遊〔一三〕。後一日庚子記。

校勘記

〔一〕而憂其爲世俗之論所移也　「移」，宋本作「屈」。

〔二〕衡仲而力追乎此　「追」，宋本、劉本、四庫本作「進」。

〔三〕因取周詩白華孝子潔白之義　「白」，原作「曰」，據宋本、劉本、四庫本改。

〔四〕得地于瑞安縣之北曰季奥　「季」，宋本、劉本、四庫本作「李」。

〔五〕儻獲歸合于兆　「獲」，原作「復」，據劉本、四庫本改。宋本作「或」。

〔六〕魂氣在上　「魂」，宋本作「知」。

〔七〕則先王亦從而許之　「先王」，原作「志士」，據宋本、劉本、四庫本改。

〔八〕拳拳於其親者　「拳拳」，宋本作「眷眷」。

〔九〕萌于中則覺　「則」，宋本、劉本、四庫本作「必」。

〔一〇〕郡守嵩山晁伯彊置酒郡齋　「彊」，原作「疆」，據宋本、劉本、四庫本改。下同。

〔一一〕斯亭昔人以多稼名　「昔」，劉本、四庫本作「者」，屬上讀，亦通。

〔一二〕有率爾而問曰　「率」，原作「卒」，據四庫本改。

〔一三〕時某弟杓姝爟兼偕遊　「杓」，原作「枃」，據宋本、劉本、四庫本改。「爟」，原作「懽」，據宋本改。

南軒先生文集卷第十四

序

經世紀年序

太史遷作十二國世表，始記甲子，起於成周共和庚申之歲，庚申而上則莫紀焉。歷世寖遠，其事雜見於諸書，靡適折衷，則亦傳疑而已。本朝嘉祐中，康節邵先生雍出於河南，窮往知來，精極於數，作皇極經世書，上稽唐堯受命甲辰之元，爲編年譜。如去外丙、仲壬之祀，康節以數推知之，乃合於尚書「成湯既没，太甲元年」之説。因康節之譜，編自堯甲辰至皇上乾道改元之歲，凡三千五百二十有二年，命之曰經世紀年，以便觀覽。間有鄙見，則因而明之，如孟子謂堯、舜三年之喪畢，舜、禹避堯、舜之子而天下歸之，然後踐天子位，此乃帝王奉天命之大旨，其可闇而弗章？故皆書其服喪踐位之實焉。夏后相二十有八載，寒浞弑相，明年，少康始生於有仍氏，凡四十年，而後祀夏配天，不失舊物，故於此四十載獨書少康出處，而紀元載於復國之歲，以見少康之君臣經營宗祀，絶而復續，足以爲萬代之冠冕。於新莽之篡，缺而不書，蓋呂氏不可間漢統，而所假立惠帝子亦不得而紀元，故獨以稱制書也。以至周文王之稱王，武王之不紀元於國，皆漢儒傳習之謬，先覺君子辨之詳矣，故皆正而書之。漢獻之末，曹丕雖稱帝，而昭烈以正義立於蜀，諸葛亮相之，則漢統烏得爲絶？故獻帝之後，即係昭烈年號，書曰蜀漢，逮後主亡國，而始繫魏。凡此皆節目之大者。嗟乎！世有古今，而古今不間於一息，事有萬變，而萬變卒歸於一原。蓋義理根乎天命而存乎人心者〔一〕，不可没也。是故易本太極，春秋書元，以著其體用，其示後世至矣。然則大易、春秋之義，其可以不明乎！乾道三年正月甲子謹序〔二〕。

附　經世紀年序（宋本）

太史遷作十二國世表，始紀甲子，起於成周共和庚申之歲，庚申而上則莫紀焉。歷世寖遠，其事雜見於諸書，靡適折衷，則亦傳疑而已。本朝嘉祐中，康節邵先生雍出於河南，窮往知來，精極於數，作皇極經世書，上稽唐堯受命甲辰之元，爲編年譜。如云外丙、仲壬之祀，康節以數推之，乃合於尚書「成湯既没，太甲元年」之説。成湯之後，蓋實傳孫。孟子所説，特以太丁未立而卒，方是時，外丙生二年，仲壬生四年耳，又正武王伐商之年，蓋武王嗣位十一年矣。故書序稱十有一年，而復稱十有三年者，字之誤也。是類皆自史遷以來傳習之繆，一旦使學者曉然得其真，萬世不可改者也。某不自揆，輒因先生之曆，考自堯甲辰至皇上乾道改元之歲，凡三千五百二十有二年，列爲六圖，命之曰經世紀年，以便觀覽。間有鄙見，則因而明之。其大節目有六。蓋孟子謂堯、舜三年之喪畢，舜、禹避堯、舜之子而天下歸之，然後踐天子位。此乃奉天命之大旨，其可闇而弗章？故於甲申書服堯、舜之喪，乙酉書踐位之實。丙戌書「元載，格於文祖」。自乙酉至丁巳，是踐位三十有三載也，則書薦禹於天，與尚書命禹之詞合。自丁巳至癸酉，是薦禹十有七載也，與孟子之説合。於禹受命之際，書法亦然。然而書稱舜在位五十載，陟方乃死，則是史官自堯崩之明年通數之耳。夏后相二十有八載，寒浞弑相。明年，少康始生於有仍氏，凡四十年。而後祀夏配天，不失舊物。寒浞豈可使間有夏之統？故缺此四十載不書，獨書少康出處，而紀元載於復國之歲，以見少康四十年經營，宗祀絶而復續，足以爲萬代中興之冠冕。於新莽之簒缺其年，亦所以表光武之中興也。漢呂太后稱制，既不得係年，而所立少帝乃他人子，又安得承統？故復缺此數年，獨書曰呂太后臨朝稱制，亦范太史祖禹係嗣聖紀年之意也。漢獻之末，曹丕雖稱帝，而昭烈以正義立於蜀，不改漢號，則漢統烏得爲絶？故獻帝之後即繫昭烈年號，書曰蜀漢，逮後主亡國而始繫魏。凡此皆節目之大者，妄意明微扶正，不自知其愚也。其他如夏以上稱載，商稱祀，周始稱年，皆考之書可見。而周書洪範獨稱祀者，是武王不欲臣箕子，尚存商曆，箕子之志也。由魏以降，南北分裂，如元魏、北齊、後周，皆夷狄也，故統獨係於江南。五代迭揉，則都中原者不得不係之。嗟乎，世有今古，太極一而已矣。太極立，則通萬古於一息，會中國爲一人。雖自堯而上六闕逢無紀，然上聖惟微之心，蓋未嘗不周流該徧，亘乎無窮而貫於一也。是以春秋書元以著其妙用，成位乎其中者也。大君明斯義則首出庶物，天地交泰，裁成輔相之妙矣。爲人臣而明斯義，則有以成身而佐其主矣。若夫易、春秋之用不明，則經世之旨不幾於息乎？乾道三年正月甲子謹序。

閫範序

天地奠位〔三〕，而人生乎其中，其所以爲人之道者，以其有父子之親、長幼之序、夫婦之別，而又有君臣之義、朋友之信也〔四〕。是五者，天之所命，而非人之所能爲。有是性則具是道，初不爲聖愚而損益也。聖人能盡其性，故爲人倫之至，衆人則有所蔽奪而淪失之耳。雖然，亦豈不可及哉？聖人有教焉，所以化其欲而反其初也。舜之命契曰：「敬敷五教，在寬。」寬云者，漸濡涵養之，使其所素有者自發也。而咎繇亦曰：「天叙有典，勑我五典五敦哉！」勑云者〔五〕，所以正其綱，而敦云者，所以厚其性也。降及三代，庠序之教尤詳。故孟子曰：「學則三代共之，皆所以明人倫也。」「明」云者，講明之而使之識其理之所以然也。惟先王道行於家，而化浹乎天下，萬事以正，萬物以遂，氣志交孚而無不應焉。至於世衰道微之時，而流澤之在人心，不可以壅閼，故詩三百篇發乎情，止乎禮義者，聖人猶有取云爾〔六〕。然則人之所以爲聖賢，與夫聖賢之教人，舍是五者，其何以哉！東萊呂祖謙伯恭父爲嚴陵教官，與其友取易、春秋、書、詩、禮傳、魯論、孟子聖賢所以發明人倫之道見於父子兄弟夫婦之際者，悉筆之於編。又泛考子史諸書，上下二千餘載間，凡可以示訓者皆輯之。惟其事之可法而已，載者之失實有所不計也；惟其長之可取而已，他爲之未善有不暇問也。間日擕所編以示某而講訂焉。未幾而成，名以閫範。

某謂此書行於世，家當藏之，而人當學之也。家庭閨闥之內，鄉里族黨之間，隨其見之淺深、味之短長，篤敬力行，皆足以補。然在學者則當由是書而講明之，以求識其理之所以然者。誠知是書所載，莫非吾分内事，而古之君子皆非有所爲而爲之，則其精微親切，必有隱然自得於中者，雖欲舍是而不由，亦不可得矣。書所登載未盡，伯恭尚繼編云。

論語説序

學者，學乎孔子者也。論語之書，孔子之言行莫詳焉，所當終身盡心者，宜莫先乎此也。聖人之道至矣，而其所以教人者，大略則亦可睹焉。蓋自始學則教之以爲弟、爲子之職，其品章條貫，不過於聲氣容色之間，灑掃應對進退之事，此雖爲人事之始，然所謂天道之至賾者，初亦不外乎是〔七〕，聖人無隱乎爾也。故自始學則有致知力行之地，而極其終則有非思勉之所能及者，亦貴於行著習察，盡其道而已矣。孔子曰：「道之不行也，我知之矣，知者過之，愚者不及也。道之不明也，我知之矣，賢者過之，不肖者不及也。」

秦漢以來，學者失其傳，其間雖或有志於力行，而其知不明，擿埴索塗，莫適所依，以卒背於中庸。本朝河南君子始以窮理居敬之方開示學者，使之有所循求，以入堯舜之道。於是道學之傳，復明於千載之下。然近歲以來，學者又失其旨，曰吾惟求所謂知而已，而於躬行則忽焉。故其所知特出於臆度之見，而無以有諸其躬，識者蓋憂之。此特未知致知力行互相發之故也。孔子曰：「學而不思則罔，思而不學則殆。」歷考聖賢之意，蓋欲使學者於此二端兼致其力，始則據其所知而行之，行之力則知愈進，知之深則行愈達。是知常在先，而行未嘗不隨之也。知有精粗，必由粗以及精；行有始終，必由始以及終。內外交正，本末不遺，條理如此，而後可以言無弊。然則聲氣容色之間，灑掃應對進退之事，乃致知力行之原也，其可舍是而他求乎！

顧某何足以與明斯道，輒因河南餘論，推以己見，輯論語說，爲同志者切磋之資，而又以此序冠於篇首焉。乾道九年五月壬辰朔廣漢張栻序〔八〕。

洙泗言仁序

昔者夫子講道洙泗，示人以求仁之方。蓋仁者天地之心，天地之心而存乎人，所謂仁也。人惟蔽於有己，而不能以推，失其所以爲人之道[九]，故學必貴於求仁也。自孟子没，寥寥千有餘載間，論語一書家藏人誦，而真知其指歸者何人哉？至本朝伊洛二程子始得其傳，其論仁亦異乎秦漢以下諸儒之説矣，學者所當盡心也。某讀程子之書，其間教門人取聖賢言仁處，類聚以觀而體認之，因裒魯論所載，疏程子之説於下，而推以己見，題曰洙泗言仁，與同志者共講焉。嗟乎！仁雖難言，然聖人教人求仁，具有本末。譬如飲食乃能知味，故先其難而後其獲，所以爲仁。而難莫難於克己也，學者要當立志尚友，講論問辨，於其所謂難者，勉而勿舍。及其久也，私欲浸消，天理益明，則其所造將有不可勝窮者。若不惟躬行實踐之勝，而懷蕲獲之心，起速成之意，徒欲以聰明揣度於言語求解[一〇]，則失其傳爲愈甚矣。故愚願與同志者共講之，庶幾不迷其大方焉。

孟子講義序

學者潛心孔孟，必得其門而入，愚以爲莫先於義利之辨。蓋聖學無所爲而然也。無所爲而然者，命之所以不已，性之所以不偏，而教之所以無窮也。凡有所爲而然者，皆人欲之私，而非天理之所存，此義利之分也。自未嘗省察者言之，終日之間鮮不爲利矣，非特名位貨殖而後爲利也。斯須之頃，意之所向，一涉於有所爲，雖有淺深之不同，而其徇己自私則一而已。如孟子所謂内交要譽、惡其聲之類是也。是心日滋，則善端遏塞，欲邇聖賢之門墻以求自得，豈非却行以望及前人乎？使談高説妙，不過渺茫臆度，譬猶無根之木，無本之水，其何益乎？學者當立志以爲先，持敬以爲本，而精察於動静之間，毫釐之差，審其爲霄壤之判，則有以用吾力矣。學然後知不足。平時未覺吾利欲之多也，灼然有見於義利之辨，將日救過之不暇，由是而不舍，則趣益深，理益明，而不可以已也。孔子曰：「古之學者爲己，今之學者爲人。」爲人者無適而非利，爲己者無適而非義。曰利，雖在己之事，亦爲人也；曰義，則施諸人者，亦莫非爲己也。嗟乎！義利之辨大矣，豈特學者治己之所當先，施之天下國家一也。王者所以建立邦本，垂裕無疆，以義故也，而伯者所以陷溺人心，貽毒後世，以利故也。孟子當戰國横流之時，發揮天理，遏止人欲〔一一〕，深切著明，撥亂反正之大綱也。其微辭奥義，備載七篇之書。如某者雖曰服膺，而學力未充，何足以窺究萬一。試以所見與諸君共講之，願無忽深思焉〔一二〕。

附　孟子講義序（宋本）

學者潛心孔孟，必得其門而入，愚以爲莫先於義利之辯。蓋聖學無所爲而然也。無所爲而然者，命之所以不已，性之所以不偏，而教之所以無窮也。自非卓然先審夫義利霄壤之判，審思力行，不舍晝夜，其能真有得乎？蓋自未嘗省察者言之，終日之間鮮不爲利矣，非特名位貨利之慕而後爲利也。此其流之甚著者也。凡處君臣、父子、夫婦以至朋友、鄉黨之間，起居話言之際，意之所向，一涉於徇己自私，是皆利也。其事雖善，而内交要譽，惡其聲之念或萌於中，是亦利而已矣。方胸次營營，膠擾不暇，善端遏塞，人僞日滋，而欲邇聖賢之門牆以求自得，豈非却行以望及前人乎？縱使談高説妙，不過渺茫臆度，譬猶無根之木，無本之水，其何益乎？諸君果有意乎，則請朝夕起居，事事而察之，覺吾有利之之意，則願深思所以消弭之方。「學然後知不足」，平時未覺吾利欲之多也，慨然有志於義利之辯，將自求過不暇矣。由是而體認，則良心發見，豈不可識乎？涵濡之久，其趣將益深，而所進不可量矣。孔子曰：「古之學者爲己，今之學者爲人。」爲人者無適而非利，爲己者無適而非義。曰利，雖在己之事，亦爲人也；曰義，則施之人者，皆爲己也。爲己者，無所爲而然者也。嗟夫，義利之説大矣！豈特學者之所當務，爲國家者而不明乎是，則足以召亂釁而起禍源。

王者之所以建立邦本，垂裕無疆，以義故也；而伯者所以陷溺人心，流毒後世，以利故也。孟子生於變亂之世，發揮天理，遏止人欲，深切著明，撥亂返正之大綱也。其微辭奧義，備載七篇之書。如某者，雖曰服膺，而學力未充，何足以窺萬一。試以所見與諸君共講之，願深思焉。

胡子知言序

知言，五峰胡先生之所著也。先生諱宏，字仁仲，文定公之季子也。自幼志於大道，嘗見楊中立先生於京師，又從侯師聖先生於荆門，而卒傳文定公之學。優游南山之下餘二十年，玩心神明，不舍晝夜，力行所知，親切至到。析太極精微之蘊，窮皇王制作之端，綜事物於一源，貫古今於一息，指人欲之偏，以見天理之全，即形而下者而發無聲無臭之妙，使學者驗端倪之不遠，而造高深之無極。體用該備，可舉而行。晚歲嘗被召旨，不幸寢疾，不克造朝而卒。是書乃其平日之所自著，其言約，其義精，誠道學之樞要，制治之蓍龜也。然先生之意，每自以爲未足。逮其疾革，猶時有所更定，蓋未及脱藁而已啓手足矣。或問於某曰：論語一書，未嘗明言性，而子思中庸獨於首章一言之；至於孟子，始道性善，然其爲説則已簡矣。今先生是書於論性特詳焉，無乃與聖賢之意異乎？某應之曰：無以異也。夫子雖未嘗指言性，而子貢蓋嘗識之，曰：「夫子之文章可得而聞也，夫子之言性與天道不可得而聞也。」是豈真不可得而聞哉？蓋夫子之文章無非性與天道之流行也。至孟子之時，如楊朱、墨翟、告子之徒，異説並興，孟子懼學者之惑而莫知所止也，於是指示大本而極言之〔一三〕，蓋有不得已焉耳矣。又況今之異端直自以爲識心見性〔一四〕其説譸張雄誕，又非當時之比，故高明之士往往樂聞而喜趨之，一溺其間，則喪其本心，萬事隳弛，毫釐之差，霄壤之繆，其禍蓋有不可勝言者。先生於此又烏得而忘言哉！故其言有曰：「誠成天下之性，性立天下之有，情效天下之動。」而必繼之曰：「心妙性情之德。」又曰：「誠者，命之道乎！中者，性之道乎！仁者，心之道乎！」而必繼之曰：「惟仁者爲能盡性至命。」學者誠能因其言而精察於視聽言動之間，卓然知夫心之所以爲妙，則性命之理蓋可默識，而先生之意所以不異於古人者，亦可得而言矣。若乃不得其意而徒誦其言，不知求仁而坐談性命，則幾何其不流於異端之歸乎！某頃獲登門，道義之誨，浹洽於中，自惟不敏，有負夙知，輒序遺書，貽於同志。不韙之罪，所不得而辭焉。乾道四年三月丙寅門人張栻序〔一五〕。

附　胡子知言序（宋本）

知言，五峰胡先生之所著也。先生諱宏，字仁仲，文定公之季子也。自幼志於大道，嘗見楊中立先生於京師，又從侯師聖先生於荆門，而卒傳文定公之學。優游南山之下餘二十年，玩心神明，不舍晝夜，力行所知，親切至到。析太極精微之藴，窮皇王制作之端，綜事物於一源，貫古今於一息，指人欲之偏，以見天理之全；即形而下者，而發無聲無臭之妙。使學者驗端倪之不遠，而造高深之無極。先生於斯道，可謂見之明而擴之至矣。晚歲嘗被召旨，不克造朝。先生之學，體用該備，豈恝然忘斯世者。是書乃其平日之所筆，逮疾病時猶在枕間，意有所到，隨即更定。其言約，其義精，誠道學之樞要，制治之蓍龜也。或問於某曰：「論語一書，未嘗明言性，而子思中庸獨有『天命之謂性』一語。而孟子始道性善。今先生是書，反復論性爲甚詳，無乃與聖賢之意或有異乎？」某應之曰：無以異也。夫子雖未嘗明言性，而子貢蓋嘗識之，曰：「夫子之文章，可得而聞也；夫子之言性與天道，不可得而聞也。」是豈真不可得而聞哉！蓋夫子之言無非性與天道之流行也。至孟子之時，如楊朱、墨翟、告子之徒，異説並興。孟子懼學者之惑，則指示大本，使知所止。今之異端則又異乎古，自謂識心見性，其説開廣，故高明之士往往樂聞而喜趨之，一溺其間，則喪其本心，隳弛萬事，毫釐之差，霄壤之繆，其可勝言哉！先生於此又烏得而忘言也！其言有曰：「誠成天下之性，性立天下之有，情效天下之動，心妙性情之德。」又曰：「誠者，命之道乎！中者，性之道乎！仁者，心之道乎！惟仁者爲能盡性至命。」學者能精察於視聽言動之間，而知心之所以爲妙，則性命之理蓋可默識，而後知先生之意與古人若合符節矣。不然，不知求仁而居然論性，則幾何其不流於異端之歸乎！某頃獲登門，道義之誨，浹洽心府，自惟不敏，有負夙知。序次成書，貽於同志。不韙之罪，所不得而辭焉。

五峰集序

五峰胡先生遺書有知言一編，某既序而傳之同志矣。近歲先生季子大時復裒集先生所爲詩文之屬凡五卷〔一六〕，以示某。某反復而讀之，惟先生非有意於爲文者也，其一時詠歌之所發，蓋所以舒寫其性情，而其他述作與夫答問往來之書，又皆所以明道義而參異同，非若世之爲文者徒從事於言語之間而已也。又惟先生自早歲服膺文定公之教，至於没齒，惟其進德之日新，故其發見於辭氣議論之間者亦月異而歲不同。雖然，以先生之學，而不得大施於時，又不幸僅得中壽，其見於文字間者復止於如此，豈不甚可歎息！至其所志之遠，所造之深，綱領之大，義理之精，後之人亦可以推而得焉。淳熙三年元日門人張栻序〔一七〕。

江諫議奏藁序

諫議江公奏藁凡十有七篇。上章執徐之歲，徽宗皇帝親萬幾，厭朋黨之論，收召豪傑以自近，放逐之臣相繼起南荒。越明年，以建中靖國爲元，思與天下更始。於是公由奉常博士擢左司諫。自以不世之遇，進見拳拳，不敢不盡，有所聞見，言之惟恐不及，而於遠便佞、敦友睦、消黨與、容受直言，尤極反復致意，上往往開納。會姦人得柄，公旋即補外，竄貶流落以死，天下惜之。乃紹興四禩，有詔追録，贈公諫議大夫，制詞有曰：「惟世道之多變，致國論之靡常。是非或出於愛憎，夷險獨持於一節。權寵所忌，竄斥莫還。」嗚呼，公亦庶幾無憾矣！某側聞前輩道公事，云方公在門下，珍禽奇獸稍稍入内苑，奏疏力諫其漸。後數日，上謂公前所論，朕已悉罷遣〔一八〕，時獨一馴鵰不肯去，上以杖擊之，顧内侍刻公姓名此杖上，以志忠諫。然則公言在當時不爲不用矣，一斥不復，豈徽考意耶？而獲伸於紹興，又豈非天也耶？某得此書於公之孫似祖，伏而讀之，不知涕泗之横集。

嗟乎！不有君子，其能國乎？自祖宗有天下，留意多士，仁宗皇帝涵濡長育四十二年，而收其用，爲元祐之政。元祐諸君子雖困厄百罹〔一九〕，而直道隱然，流風所被，論議著見於元符之末〔二〇〕、建中靖國之初，蓋又彬彬如也。元氣不傾，雖裔夷侵食，而中興之日旋踵即見〔二一〕，人才之爲國重輕如此。然則爲國計者，其可忘封殖愛護，伸忠直之氣，遏導諛之萌，以壽天下之脈？而人臣幸登王朝，其又可遲廻利害之塗，自同寒蟬，卒蹈委靡陵夷，以負吾國家耶〔二二〕？郡學教授邵頴慨然鋟版傳後，其所向慕，又可知也〔二三〕。公諱公望，字民表云。

趙氏行實序

戊戌之夏，吾友趙子直以書抵予甚哀，且曰：「先君子不幸而没，惟其隱德實行，世之人鮮克知之，不肖孤大懼失墜，皇皇然裒集，僅成編，願得文冠其首，以信於來者。」

予拜受其書，伏自念頃歲侍先忠獻於餘干，始識子直之尊父，見其貌毅而氣平，心固知其好義樂善君子也。已而子直以嘉言擢上第、官中朝〔二四〕，有直聲；出而臨民，豈弟之實見於行事；持使者節，風績隱然。於是人始攷其源流所自，而益知其父之賢。今又得是編而讀之，慨然如見其人焉。予觀其書，凡一言一行之細，莫不備紀。至於其心志之所存，亦皆推極而究見。若子直可謂盡心於其親者矣！語曰：「父在觀其志，父没觀其行。」若子直於其親，其觀之也亦詳且密哉！

予嘗攷於禮矣。禮有銘，銘者自名也，孝子孝孫所以稱揚其先之美而著之後世者也。蓋其中心汲汲然惟恐夫美之不克章，此衛孔悝之鼎銘所爲作也。今子直之爲，其心豈不本於是哉！然而以人之子孫而稱揚其先，其能以取信於人者，豈非以其實而非誣故歟〔二五〕？夫有善而弗知，知而弗傳，與夫傳之而誣，君子皆以爲恥。予觀子直之於其親，致其知也深，欲其傳也切，而其言則實而不浮也，其信於後，夫果何疑也哉？抑予又聞之，人之欲揚其先之美，未若行其身無負之爲先也。以子直之賢，進德不怠，異時推是心以終報吾君，而發於事業，國人將稱願曰「幸哉，有子如此」，則其爲顯揚也，又孰加邪？又豈有不信之患也邪？若予者求所以無墜乎先訓而無忘乎先志，凛凛焉每懼莫之任也，觀子直之爲，則亦有感於中焉，於是書於其編之首。子直名汝愚。

校勘記

〔一〕蓋義理根乎天命而存乎人心者　「義理」，劉本、四庫本作「理義」。

〔二〕按此文宋本文字大異，今附於篇後。

〔三〕天地奠位　「奠」字原無，據宋本補。

〔四〕而又有君臣之義朋友之信也　「信」，宋本、劉本、四庫本作「交」。

〔五〕敕云者　「敕」上，宋本有「曰」字。

〔六〕惟先王道行於家至聖人猶有取云爾　此段文字原無，據宋本補。

〔七〕初亦不外乎是　「亦」字原無，據宋本、劉本、四庫本補。

〔八〕乾道九年五月壬辰朔廣漢張栻序　此十四字原無，據論語解卷首補。

〔九〕失其所以爲人之道　「失」，原作「夫」，據宋本、劉本、四庫本改。

〔一〇〕徒欲以聰明揣度於言語求解　「言語」，宋本、劉本、四庫本作「語言」。

〔一一〕遏止人欲　「止」，原作「指」，據劉本、四庫本改。

〔一二〕按此文宋本文字大異，今附於篇後。

〔一三〕於是指示大本而極言之　「示」，原作「是」，據劉本、四庫本改。

〔一四〕又況今之異端直自以爲識心見性　「況」，原作「説」，據四庫本胡子知言卷首改。

〔一五〕乾道四年三月丙寅門人張栻序　此十三字原無，據四庫本胡子知言卷首補。按此文宋本文字大異，今附於篇後。

〔一六〕近歲先生季子大時復裒集先生所爲詩文之屬凡五卷　「集」，宋本、劉本、四庫本作「輯」。

〔一七〕淳熙三年元日門人張栻序　「三年」、「門人張栻」六字原無，據五峰集卷首補。

〔一八〕朕已悉罷遣　「朕」，宋本、劉本、四庫本作「繼」。

〔一九〕元祐諸君子雖困厄百罹　「困厄」，宋本、劉本、四庫本作「厄窮」。

〔二〇〕論議著見於元符之末　「見」字原無，據宋本、劉本、四庫本補。

〔二一〕而中興之日旋踵即見　「即見」二字原無，據宋本、劉本、四庫本補。

〔二二〕以負吾國家耶　「耶」，宋本、劉本、四庫本作「也」。

〔二三〕又可知也　「也」，宋本、劉本、四庫本作「已」。

〔二四〕已而子直以嘉言擢上第官中朝　「已而」之「已」字原無，「官」上原有「而」字，據宋本、劉本、四庫本增刪。

〔二五〕豈非以其實而非誣故歟　「豈」下，宋本、劉本、四庫本均無「非」字。

南軒先生文集卷第十五

序

南嶽唱酬序

某來往湖湘踰二紀，夢寐衡嶽之勝，亦嘗寄跡其間，獨未得登絶頂爲快也。乾道丁亥秋，新安朱熹元晦來訪予湘水之上〔一〕，留再閱月，將道南山以歸，乃始偕爲此遊，而三山林用中擇之亦與焉。粤十有一月庚午，自潭城渡湘水。甲戌，過石灘，始望嶽頂。忽雲氣四合，大雪紛集，須臾深尺許。予三人者飯道旁草舍，人酌一巨杯。上馬行三十餘里，投宿草衣巖。一時山川林壑之觀，已覺勝絶。乙亥，抵嶽後〔二〕，丙子，小憩，甚雨，暮未已，從者皆有倦色。湘潭彪居正德美來會，亦意予之不能登也。予獨與元晦決策，明當冒風雪亟登。而夜半雨止，起視，明星爛然，比曉，日升暘谷矣。德美以怯寒辭歸。予三人聯騎渡興樂江，宿霧盡卷，諸峰玉立，心目頓快。遂飯黄精，易竹輿，由馬跡橋登山。

始皆荒嶺彌望，已乃入大林壑，崖邊時有積雪，甚快。溪流觸石曲折，有聲琅琅。日暮抵方廣，氣象深窈，八峰環立，所謂蓮花峰也。登閣四望，霜月皎皎。寺皆版屋，問老宿，云用瓦輒爲冰雪凍裂，自此如高臺、上封皆然也。戊寅明發，穿小徑，入高臺寺。門外萬竹森然，間爲風雪所折，特清爽可愛。住山了信有詩聲〔三〕，云良夜月明，窗牖間有猿嘯清甚。出寺，即行古木寒藤中。陰崖積雪，厚幾數尺，望石廩如素錦屏，日影下照林間，冰墮鏘然有聲。雲陰驟起，飛霰交集，頃之乃止。

出西嶺，過天柱，下福巖，望南臺，歷馬祖庵，由寺背以登。路亦不至甚狹，遇險輒有石磴可步陟〔四〕。躋一十餘里，過大明寺，有飛雪數點。自東嶺來，望見上封寺，猶縈迂數里許乃至。山高，草木堅瘦，門外寒松皆拳曲擁腫，樛枝下垂，冰雪凝綴，如蒼龍白鳳然。寺宇悉以版障蔽，否則雲氣噓吸其間，時不辨人物。

有穹林閣，侍郎胡公題榜，蓋取韓子「雲壁潭潭，穹林攸擢」之語。予與二友始息肩，望祝融絶頂，褰裳徑往。頂上有石，可坐數十人。時煙靄未盡澄徹，然群峰峭立〔五〕，遠近異態，其外四望渺然〔六〕，不知所極，如大瀛海環之，真奇觀也。湘水環帶山下，五折乃北去。寺僧指蒼莽中云，洞庭在焉。

晚歸閣上，觀晴霞，橫帶千里。夜宿方丈，月照雪屋，寒光射人，泉聲隔窗，泠然通夕，恍不知此身踞千峰之上也。

己卯，武夷胡實廣仲、范念德伯崇來會，同游儇人橋。路並石，側足以入。前崖挺出，下臨萬仞之壑，凛凛不敢久駐。再上絶頂，風勁甚，望見遠岫次第呈露，比昨觀殊快。寒威薄人，呼酒，舉數酌，猶不勝，擁氈坐乃可支。須臾雲氣出巖腹，騰涌如饙餾，過南嶺，爲風所飄，空濛杳靄，頃刻不復見。是夜風大作。

庚辰未曉，雷擊窗有聲，驚覺。將下山，寺僧亦謂石磴冰結，即不可步，遂亟由前嶺以下，路已滑甚，有跌者。下視白雲滃浡瀰漫，呑吐林谷，真有盪胸之勢。欲訪李鄴侯書堂，則林深路絶，不可往矣。行三十里許，抵嶽市，宿勝業寺勁節堂。

蓋自甲戌至庚辰凡七日，經行上下數百里，景物之美不可殫叙。間亦發於吟詠，更迭唱酬，倒囊得百四十有九篇。雖一時之作不能盡工，然亦可以見耳目所歷與夫興寄所託，異日或有攷焉，乃裒而録之。方己卯之夕，中夜凛然，撥殘火相對，念吾三人是數日間，亦荒於詩矣。大抵事無大小美惡，流而不返，皆足以喪志，於是始定要束，翼日當止。蓋是後事雖有可歌者，亦不復見於詩矣。嗟乎，覽是編者，其亦以吾三人者自儆乎哉！作南嶽唱酬序。廣漢郡張某敬夫云。

送張荆州序

客問於某曰：「張荆州之行，子將何以告之？」某應之曰：「吾將告之以講學。」客笑曰：「若是哉，吾子之迂也！荆州早歲發策大廷，天子親擢爲第一，盛名滿天下。入司帝制，出典藩翰，議論風采，文章政事，卓然絶人。上流重地，暫兹往牧，所以寄任之意甚重，而天下士亦莫不引領以當世功名屬於公也。夫以位達而名章，任重而望隆，吾子顧以講學告之，不亦迂乎？」

某曰：「子以吾所謂講學者果何也耶？蓋天下之患莫大於自足。自足則畫矣。信如子言，荆州若挾是數者以居，則僕尚何道〔七〕？惟荆州方且退然若諸生，曾無一毫見於顔面，此僕之所以嘆息慕向〔八〕，而講學之説是以敢發也。蓋天下之物衆矣，紛綸轇轕，日更於前，可喜可怒，可慕可愕，所以盪耳目而動心志者何可以數計。而吾以藐然之身當之，知誘於外，一失其所止，則遷於物。夫人者，統役萬物者也，而顧乃爲物役，其可乎哉〔九〕？是以貴於講學也。天下之事變亦不一矣。幾微之形，節奏之會，毫髮呼吸之間，得失利害有霄壤之勢，吾朝夕與之接，一有所滯塞，則昧幾而失節。其發也不審，則其應也必盭。一事之隳，萬事之所由隳也，豈不可懼乎？是以貴於講學也〔一〇〕。夫惟講學而明理，則執天下之物不固，而應天下之變不膠。吾於天下之物無所惡，而物無以累我，皆爲吾役者也。吾於天下之事無所厭，而事無以汩我，皆吾心之妙用也。豈不有餘裕乎？又豈有窮極乎？然所謂講學者，寧有他求哉？致其知而已。知者吾所固有也，本之六經以發其藴，泛觀千載以極其變，即事即物，身親格之，超然會夫大宗，則德進業廣，有其地矣。夫然，故富貴不能淫，貧賤不能移，威武不能屈。居天下之廣居，行天下之大道，致君澤民，真古所謂大臣者矣。然則學其可忽乎？詩云：『如切如磋，如琢如磨。』此之謂也。」

某既以此告客，於荆州之别也，遂書以爲獻。

送岳主管序

岳大用求予贈行之言。予惟大用先世有勳伐於王家，不幸中遭奇禍，海内所歎，而大用兄弟落寞之久〔一一〕，困厄流離，亦云極矣，險阻艱難亦嘗之備矣。天日照臨，舊誣昭白，大用於此時得以自伸〔一二〕，人皆爲大用喜，而予獨有説焉。孟子謂生於憂患而死於安樂。士之處憂患也，日兢兢焉，蹈難而履危，有所忍而不敢肆〔一三〕。生云者，言其良心苗裔之發，是固生道也。若夫由乎安樂之中而不知省察，狃於安則怠，流於樂則肆。怠且肆，則放僻邪侈所由起，其苗裔濯濯而本心淪喪矣。雖然，君子之處安樂也，亦豈得而溺之哉！素其先也，則是心常存，怠與肆無自而滋長，雖處安樂，烏得而溺之哉？以大用之敏爽，試以是自勉，遠業其可既乎！乾道五年二月甲午朔。

之無所，則夫忠義之根於心者油然生矣。一飲食，一起居，皆不忘乎是，凜凜乎惟恐不得嗣

念先世之忠勤，哀當時之禍變，則夫孝愛之根於心者油然生矣；感國家不貲之恩，思報稱

而行之，心豈有二乎〔一四〕？今大用比之曩時，庶幾日趨安樂之地矣，獨願無忘其初焉〔一五〕，

送曾裘父序

予聞南豐曾裘父之名舊矣，所謂直諒多聞，古之益友歟！今年秋始見之於長沙，則非特如前聞，抑有過焉。蓋將潛心夫大學之原，其所至未易度量也。予念世衰，共學者鮮，天資秀美之士往往爲他岐所陷溺而不反，及見吾裘父立志之遠且大也，顧交之心豈不慰哉！然會面未久，而裘父歸，於予心拳拳有不能已者〔一六〕，雖欲無言，得乎？嗟乎！道之不傳也久矣，維天之命，於穆不已，無一息之或間〔一七〕，無一氣之或停〔一八〕，太和保合，品彙流形〔一九〕，則道豈有隱而不傳者乎？其不傳也，人自隔之耳。人奈何而隔之？物欲誘引，偏倚滯吝，拘於形器而不能通也。將以極夫上達之事，豈可不深惟之乎！人受天地之中以生，有是心也。天命之謂性，精微深奥，非言所可窮極而妙其蕴者心也。仁者心之所爲妙

也。仁之意至親切，而親切不足以形之；仁之體至廣大，而廣大不足以名之。然求之之方，夫豈遠乎？即吾視聽言動之著不可揜也，有能於此達其端而會其源，超然得之於形器之表，則洋洋上下，體物不遺，入仁而道不窮矣，極其致則天也。由孟子以來蓋千有七百餘歲〔二〇〕，河南程子實聞而知之。某也學乎程子之門者也，豈能盡窺宮牆之美哉？以其所知而言之，未知合與否也。憂患不文，獨以致朋友切磋之義而因以求益云。異時重逢，相與察日新之得，則斯言亦或有取焉爾。

送方耕道序

莆陽方耕道爲尉善化，予瞯之熟矣。天資耿介，臨事不苟，問於其所部，則翕然稱其清，未嘗擾民也。間從予講論問辨，於其秩滿而歸，既惜與之别，且將有望焉，則從而告之曰：「人之性善，然自非上智生知之資，其氣稟不能無所偏〔二一〕。學也者，所以化其偏而若其善也。氣稟之偏，其始甚微，惟夫習而不察，日以滋長，非用力之深，末由返也。故傳稱强矯。强矯云者，揉而正之也。願耕道無恃夫天資之美，必深察其所偏，致知力行，勉自矯焉，異時相見，當觀氣質變化之淺深，而知學力之進否也。畊道勉之哉！」畊道起而請曰：「某亦頗知病之所在矣，其將何以藥之乎？」予又告之曰：「語所謂『一言而可終身行之者，其恕乎』，而其道乃在於『己所不欲，勿施於人』而已。要須從事於此，乃知聖人之言真爲切要也〔二二〕。升高自下，陟遐自邇，涵泳體察，久而勿舍，則氣之暴者可得而平，量之隘者可得而擴，患其近於薄者將日趨於忠厚，患其失於易者將積而爲敦篤，是則强矯之功也。氣質益化，則天理寖存，睟面盎背，端有不可揜者，學其有窮極哉！如某者方朝夕自矯其偏之不暇，異時亦望吾子有攷焉。」遂書爲贈行之序。

送劉圭父序

武夷劉圭父道長沙省其兄，予獲識之。於其行也，徵贈言之義至於再三。顧予者方自藥其病之不暇，而何足以問所宜〔二三〕？

嗟乎，道二，義與利而已矣。義者亘古今、通天下之正逵；而利者犯荆棘、入險阻之私逕也。人之秉彝固有坦然正逵之可遵，而乃不由之，而反犯荆棘，冒險阻，顛冥終身而不悔，抑獨何歟？血氣之動於欲也。動於聲色，動於貨利〔二四〕，以至於知爵禄之可慕則進以求達，知名之可利則鋭於求名。不寧惟是，凡一日夕之間，起居飲食，遇事接物，苟私己自便之事，意之所向，無不趨之，則天理滅而人道或幾乎息矣。其胸次營營，豈得須臾寧處於斯世？亦僥倖以苟免耳。徒知有六尺血氣之軀，而不知其體元與天地相周流也，豈不可惜乎！雖然，義内也，本其良心之不可以自已者，反而求之，夫豈遠哉！以圭父之才，又盛年〔二五〕，其仕於時也，人固曰宜，而以親疾之故求祠官，方將杜門專意，惟所以承顔節適者是念是圖，而弗暇他顧也，則圭父之心豈與世之長騖於利者比乎！願圭父以是焉觀之，念慮之起，必察其爲義乎？爲利乎？詭遇獲禽，雖若丘陵，吾弗屑也，則所謂良心之不可以已者，將日引月長，既久且熟，幾微毫髮，了然坐判於胸中。私逕永絶，正逵大通，駟馬駕安車，而王良、造父爲之先後，夫孰禦焉！如僕不敏，當策蹇以相與彷彿也。

送嚴主簿序〔二六〕

吾友陳擇之爲予言，其鄉人章君嘗謁端明汪公，請所以教，汪公告以當以正大爲本。章君他日以語東萊吕伯恭〔二七〕，伯恭謂當守斯言。某以爲斯言信美矣，然道之浩浩，要有下手處，在學者於正大若何而存之？盍試思夫人之所以不正大者果何由哉？抑嘗爲之説曰：有所偏黨則不正矣，有所係吝則不大矣。是二者皆私也，纖毫之萌，則正大之體亡矣，是當涵泳乎義理之中，恭敬乎動静之際〔二八〕，察夫偏黨、係吝而克去之，則所謂正大者，蓋可存其體而得其用矣。不然，則於此雖歎美想像之不暇，終亦莫由進也。會吾友嚴慶冑當赴官清湘，於其行也，書以爲贈言。淳熙二年南至前十日〔二九〕。

送鍾尉序

善化尉鄱陽鍾彦昭官滿告歸，求予言。

予頃爲彦昭賦淇澳之首章，請更推其義。昔者洙泗之上，蓋嘗舉是詩矣。子貢問貧而無謟、富而無驕何如？夫子以爲未若貧而樂，富而好禮，子貢則舉「如切如磋、如琢如磨」以對，而夫子以爲可與言詩。嗟乎！子貢誠深於詩者也。然氣質雖美而有限，天理至微而難明，伊欲化其有限而著夫難明，其惟學而已矣。學也者，所以成身也。無以成其身，則拘於氣質而不能以自通，雖曰有是善，而其不善者固多矣。抑其所謂善者，亦未免日淪於私意而不自知也。就其中雖間有所禀特異於衆者，其事業終有盡重爲可惜。何者？天理不明，本不立故耳。嗟乎！恃美質而不惟進學之務，是亦自棄者也。夫貧而無謟，富而無驕，質美者可能；至於貧而樂，富而好禮，非有見乎天理者不能然也。蓋所謂樂者果何樂也耶？而其好禮何以謂之禮也？以樂與好禮，視無謟無驕，其氣象不翅美玉之於碔砆也。夫子開之以大道，而進之以天理；賜所以自省者深矣，故引切磋琢磨以對。賜知夫樂與好禮非學則不能也，若賜亦可謂達也已矣！故大學傳曰：「如切如磋者，道學也；如琢如磨者，自修也。」大學之云道學〔三〇〕，猶言致知也；而云自修，則力行也。致知力行，互相發也。蓋致知以達其行，而力行以精其知，功深力久，天理可得而明，氣質可得而化也。

彦昭慤而静，質可謂美矣，然某謂無以美質爲可恃，誦歌淇澳之詩，而玩味子貢之所聞，而力進乎大學之道，一朝喟然而嘆曰：「淵哉天理乎！大哉學乎！聖人不吾欺也！」則其趣將無窮而不可以已矣。某之不敏，相觀而善，政有望焉。

送猶子焕炳序

姪子焕、炳扶持母喪西還，求予言以自警。焕、炳之祖四十一伯父，雍公第三子也。先公嘗言伯父天資俊邁勁特，十三四操筆爲文章即有聲，入上庠，諸老生争見之。識度不凡，方先公兒時，每期以公輔，且貽之詩，有曰「文武兼資真丈夫」，又曰「許身莫讓稷與契」，其意蓋可見也。見京師繁盛，竊有翁仲銅駞之嘆，指當時貴人京、黼輩謂朋友曰：「此輩行亂天下矣！」所志甚遠，不幸才踰三十，奉廷對，未及唱第而没。先公撫予兄仲隨如子，仲隨亦僅及中歲〔三一〕。嫂氏守節，復不登壽。予兄弟惟不敢忘先志〔三二〕，愛存給育，惟力是盡，在此行也，然亦豈無望於二姪哉？予家起寒素，豫公、雍公以儒學顯。至於我魏公逢時之艱〔三三〕，身任天下之重，德業光顯。予兄弟藐然，惟懼荒墜不克承，抑望於我宗共勉勵，以羽以翼，以無替我家二百年之軌範。上焉親師求仁，發明天地之全，古人之大體，居則講業傳道，出則繼我魏公之業；次焉尤當服孝弟忠信之訓，飭身謹行，無爲門户羞。吾姪之歸於鄉也，治喪事〔三四〕，奉祭饗，事長撫幼，予將有觀焉。念祖先積累之艱勤，而朝夕悚惕，毋放於欲，毋狃於逸，毋交匪朋，毋從事於奢靡，則予有望，予又將察焉。其能久守是也，則復有進焉。嗚呼，尚深念哉。

諭俗文

權發遣静江軍府事：當職到任，訪聞管下舊來風俗不美事件，理合先行告諭下項：

一、訪聞愚民無知，遇有灾病等事，妄聽師巫等人邪説，輒歸罪祖父墳墓不吉，發掘取棺，棲寄他處，謂之出祖，動經年歲，不得歸土。契勘在法〔三五〕，犯他人墳墓〔三六〕，刑禁甚重，豈有自己祖先既已歸土，妄謂於己不利，自行發掘，於天理人情，豈不傷害？牓到日，如有出祖未歸土者，仰限一月，各復收葬，過限不葬，及今後有犯上項事節，並許人陳告，依條施行。

一、訪聞愚民無知，喪葬之禮不遵法度，裝迎之際務爲華飾，壚墓之間，過爲屋宇，及聽僧人等誑誘，多作緣事，廣辦齋筵，竭産假貸，以侈靡相誇，不能辦者往往停喪，不以時葬。曾不知喪葬之禮務在主於哀敬，隨家力量，使亡者以時歸土，便是孝順，豈在侈靡？無益亡者，有害風俗。

一〔三七〕、訪聞婚姻之際，亦復僭度，以財相徇，以氣相高，帷帳酒食，過爲華侈〔三八〕，以致男女失時，淫僻之訟多往往由此。曾不知爲父母之道，要使男女及時各有所歸，婚姻結好，豈爲財物？其侈靡等事，一時之間徒足以欺眩鄉閭無知之人〔三九〕，而在身在家，所損不細。若有不悛，當治其尤甚者，以正風俗。

一、訪聞愚民無知，生子多不舉，在於刑禁至重，前後官司，舉行戒諭非不丁寧，往往習俗未能悛改。人各有生，莫親於父母兒女之愛，何忍至此！男女雖多，他日豈不能相助營緝生計，寧有反患不給之理？以利滅親，悖逆天道。如有不悛，許人告捉，給賞依條施行〔四〇〕。

一、訪聞愚民無知，病不服藥，妄聽師巫淫祀諂禱，因循至死，反謂祈禱未至，曾不之悔。甚至卧病在床，至親不視，極害義理。契勘疾病生於寒暑衝冒，飲食失時，自合問醫用藥治療。親戚之間，當興孝慈之心，相與照管，其隣里人等亦合時來存問。至於師巫之説，皆無是理，只是撰造恐動，使人離析親黨，破損錢物，枉壞性命。上件誑惑百姓之人，本府已出榜禁止捉押，決定依諭條重作施行。

一、訪聞鄉落愚民誘引他人妻室，販賣他處，謂之捲伴。詞訟到官，追治監錮，押往尋覓，緣此破蕩者前後非一，不知懲戒。其捲伴之人，官司自合嚴行懲治外，亦緣細民往往不務安業，葺理農事，多往南州興販，逐錐刀之利，動經年歲不返鄉閭，妻室無依，以至爲他人捲伴前去。自今各仰依分安常，營生自守，保其家室，無致招悔。

右上件事理，並仰鄉民反復思念，遞相告諭。父老長上教飭子弟，共行遵依，以善風俗。或致犯法，後悔難追。各仰知悉。淳熙二年三月日榜〔四一〕。

校勘記

〔一〕新安朱熹元晦來訪予湘水之上 「訪」，原作「詢」，據宋本改。

〔二〕抵嶽後 宋本無「後」字。

〔三〕住山了信有詩聲 「詩」，原作「書」，據宋本、劉本、四庫本改。

〔四〕遇險輒有石磴可步陟 「陟」，原作「涉」，據劉本、四庫本改。

〔五〕然群峰峭立 「然」字原無，據宋本、劉本、四庫本補。「峭」，宋本作「錯」。

〔六〕其外四望渺然 「其」上原有「然」字，據宋本、劉本、四庫本删。

〔七〕則僕尚何道　「何」下原有「足」字，據宋本、劉本、四庫本删。

〔八〕此僕之所以歎息慕向　「之」字原無，據宋本、劉本、四庫本補。

〔九〕其可乎哉　「其」字原無，據宋本、劉本、四庫本補。

〔一〇〕徒是以貴於講學也　「於」，宋本、劉本、四庫本作「夫」。

〔一一〕而大用兄弟落寞之久　「寞」，劉本、宋本、四庫本作「南」。

〔一二〕大用於此時得以自伸　「伸」，劉本、宋本、四庫本作「申」。

〔一三〕有所忍而不敢肆　「肆」，宋本作「忽」。

〔一四〕心豈有二乎　「二」，宋本作「異」。

〔一五〕獨願無忘其初焉　「無」，四庫本作「勿」。

〔一六〕於予心拳拳有不能已者　「拳拳有」，宋本作「眷眷而」。

〔一七〕無一息之或間　「息」，宋本作「氣」。

〔一八〕無一氣之或停　「氣」，宋本作「息」。

〔一九〕品彙流形　「形」，原作「行」，據宋本、劉本、四庫本改。

〔二〇〕由孟子以來蓋千有七百餘歲　「歲」，宋本作「載」。

〔二一〕其氣禀不能無所偏　「能」，宋本、劉本、四庫本作「容」。

〔二二〕乃知聖人之言真爲切要也　「切要」，宋本、劉本、四庫本作「要切」。

〔二三〕而何足以問所宜　「足」字原無，據宋本、劉本、四庫本補。

〔二四〕動於貨利　「利」，宋本、劉本、四庫本作「財」。

〔二五〕又盛年　「又」，宋本作「方」。

〔二六〕送嚴主簿序　宋本無「主」字。

〔二七〕章君他日以語東萊呂伯恭　「東萊」二字原無，據宋本補。

〔二八〕恭敬乎動静之際　「恭敬」，宋本、劉本、四庫本作「敬恭」。

〔二九〕淳熙二年南至前十日　「南」字原無，據宋本補。

〔三〇〕大學之云道學　「云」，宋本作「言」。

〔三一〕仲隨亦僅及中歲　「及」字原無，據宋本、劉本、四庫本補。

〔三二〕予兄弟惟不敢忘先志　「惟」，原作「雖」，據宋本改。

〔三三〕至於我魏公逢時之艱　「艱」，原作「難」，據宋本改。

〔三四〕治喪事　「喪」，原作「襄」，據四庫本改。

〔三五〕契勘在法　「法」，原作「犯」，據宋本、劉本、四庫本改。

〔三六〕犯他人墳墓　「犯」，原作「法」，據宋本、劉本、四庫本改。

〔三七〕一　宋本作「又」，連上爲一條。

〔三八〕過爲華侈　「侈」，宋本、劉本、四庫本作「靡」。

〔三九〕一時之間徒足以欺眩鄉閭無知之人　「眩」，原作「炫」，據宋本、劉本、四庫本改。

〔四〇〕給賞依條施行　「給」，宋本、劉本、四庫本作「支」。

〔四一〕淳熙二年三月日榜　此八字原無，據宋本補。

南軒先生文集卷第十六

史論

漢楚争戰

惟仁義足以得天下之心，三王是也。高帝之興，亦有合乎此，是以能剪暴秦，滅强項，而卒基漢業。方懷王遣將入關，諸老將固以爲沛公素寬大長者，而心歸之，至於三章之約，其所以得乎民者深矣，此非其所謂仁者歟？予每愛三老董公之説，以爲「順德者昌，逆德者亡。兵出無名，事故不成。名其爲賊，敵乃可服〔一〕。」三軍之衆爲義帝縞素，聲項羽之罪而討之，於是五十六萬之師不謀而來，從義之所感也。使斯時高帝不入彭城置酒高會，率諸侯窮羽所至而誅之，天下即定矣。惜其誠意不篤，不能遂收湯武之功。然漢卒勝，楚卒亡者，良由於此名正義立故也。董公蓋深知其理，故其言又曰：「仁不以勇，義不以力。」自留侯而下，陳謀雖多，而皆未之及。嗚呼！董公其一時之逸民歟！

蕭曹相業

蕭何佐高帝，定一代規模，信宏遠矣〔二〕。高帝征伐多在外，何守關中，營緝根本。漢所以得天下者，以關中根本先壯故也，此何相業之大者。又何爲相之初，首薦韓信爲大將，而三秦之計遂定，此亦得爲相用人之體。曹參雖不逮何，然以摧鋒陷陣，勇敢果鋭之氣，而使之治民，乃能盡斂芒角，以清净爲道，遵何約束，不務變更，其人亦寬裕有識矣，此參相業也。然二子惜皆未之學。以高帝之資質，何不能贊助遠追三代之法，創業垂統，貽之後嗣？一時所定，未免多襲秦故，如井田、封建等事皆不能復古。在高帝之世，反者固已數起，此在何爲可憾也。至參但知以清净不擾爲善，而不知吕氏之禍已復著見，當逆爲之處，以折其謀；惠帝憂不知所出，但爲淫樂，不聽政，而曾不能引義以强其君心，爲可罪也矣。

張子房平生出處

子房蓋有儒者氣象，三代之後未易得也。五世相韓，篤春秋復讐之義，始終以之。其狙擊秦政〔三〕，非輕舉也。其復讐之心，苟得以一擊而遂焉，則亦慊矣。此其大義根心，建諸天地而不可泯者也。子房之心，非以功利也，始終爲韓，而漢之爵禄不足以羈縻之，龜山楊先生論之詳矣。故予以爲有儒者之氣象，三代而後，未易多得，此其出處大致也。至於從容高帝之旁，其計策不汲汲於售，而所發動中節會，使高帝從之，有不容釋者。蓋子房非有求於高帝，故能屈伸在己，而動無不得，此豈獨可以知計名哉！夫以高帝之英武，慢侮士大夫，其視隨何、酈食其、陸賈輩皆侮而忽之，至於如蕭相國之功，一旦下之廷尉，亦不顧也，獨於子房蓋敬而不敢慢，順而不可强，則以子房所守在義而不以利故爾。嗟乎！秦漢以來，士賤君肆，正以在下者急於爵禄，而上之人持此以爲真足以驕天下之士故也。若子房者其可得而驕之哉？雖然，以高帝之英武，而能虚己以聽信子房，蓋亦可謂明也已矣！可謂遠也已矣〔四〕！

王陵陳平周勃處吕后之事如何〔五〕

人臣之義，當以王陵爲正。夫以吕后之凶暴，欲王諸吕，其誰扼之！獨問此三人者，蓋亦有所憚也。非特憚此三人，蓋實憚高帝之餘威流澤之在天下也。陵引高帝白馬之盟以對，其言明切，固足以折其姦心，如砥柱之遏横流也。使二子者對復如陵，吾知吕氏將悚焉若高帝臨之在上，且懼天下之變，或縮而不敢，未可知也。彼二子者乃唯然從之，反有以安其邪志而遂其凶謀，既分王諸吕，而吕氏羽翼成就，氣燄增長。然則吕氏之欲篡漢，二子實助之也〔六〕。予謂二子方對吕氏時，其心特畏死耳，未有安漢之謀也。退而聞王陵之責，顧高帝之眷，思天下後世之議，於是而不遑，則有卒安社稷之言耳。雖然，使二子未及施計，先吕氏而死，則是乃畔漢輔吕不忠之臣，尚何道哉！抑二子安劉氏之計亦疎矣。不遏之於爪牙未就之初，而救之於搏擊磔裂之後，觀其閒居，深念與劫酈寄入北軍等事，亦可謂窘迫僥倖之甚，夫豈全謀哉！酈寄不可劫，北軍不可入，吕嬃之謀行〔七〕，則亦殆矣！忠於人國者顧如是哉？人臣之立朝〔八〕，徇義而已，利害所不當顧也。功業之成，不必蘄出於吾身也，義理苟存，則國家可存矣。借使王陵以正對，平、勃又以正對，吕氏一日而尸三子於朝，三子雖死，而大義固已立，皎然如白日，轟然如震霆，天下之義士將不旋踵四面並起，而亡吕氏矣，安劉氏者豈獨二子爲能哉！使人臣當變故之際，畏死貪生，不知徇義，而曰吾欲用權以濟事於後，此則國家何所賴焉？亂臣賊子所以接踵於後世也。其弊至於如荀彧、馮道之徒，而論者猶或賢之，豈不哀哉！夫所貴乎權者，謂其委曲以行其正也。若狄仁傑是已。其始終之論，皆以母子天性爲言，拳拳然日以復廬陵王爲事。然其所以紆徐曲折而卒成其志者，則用功深矣。潛授五龍，夾日以飛，仁傑豈必功業於其身者哉！人臣之義，當以王陵爲正；濟大事者，當以狄仁傑爲法。

文帝爲治本末

文帝初政，良有可觀。蓋制事周密，爲慮深遠，懇惻之意有以得人之心，三代而下亦未易多見也。文帝以庶子居藩國，入踐大統，知己之立爲漢社稷，非爲己也，故不敢以爲己私。有司請建太子，則先示博求賢聖之義，而又推之於吴王、淮南王；有司請王諸子，則先推諸兄之無後者而立之。其辭氣温潤不迫，其義誠足以感人也。凡所以施惠於民者，類非虚文，皆有誠意存乎其間，千載而下，即事而察之，不可掩也。史於其編年曰：「帝既施惠天下，諸侯、四夷遠近懽洽，乃修代來功。」觀諸此，又可見其明先後之宜，而不敢私己，記史者亦可謂善發明矣〔九〕。其待夷狄蓋亦有道。以南越尉佗之强恣，自高帝猶難於服之，而帝特施恩惠，遣使遺以一書，而佗即自去帝制，下令國中稱漢皇帝賢天子，惶恐報書，不敢慢。予嘗詳味帝所與書，則知忠信之可行於蠻貊如此。書之首辭曰：「朕高皇帝側室子也，棄外奉北藩於代。」蓋後世之待夷狄，往往好爲夸辭，於是等皆在所蓋覆矯飾以示之者也，而帝一以其實告語之。彼亦豪傑也，見吾推誠如此，則又安得不服！故其報書首曰〔一〇〕：「老夫，故越吏也。」文帝不以高帝側室之子爲諱，則佗敢以越吏爲歉哉？若吾以驕辭蓋之，則彼亦且慢以應我，必然矣。推此一端，忠信可行於蠻貊，豈不信哉〔一一〕！以文帝天資之美，初政小心畏忌之時，得學道之臣佐之，治功之起豈不可追三代之餘風？惜其大臣不過絳、灌、申屠嘉之徒，獨有一賈誼爲當時英俊，而誼之身蓋自多所可恨，而卒亦不見庸也。故以帝之賢，僅能爲一時之小康，無以垂法於後世。如淮南、薄昭之事，未免陷於刑名之家，衰世之事。至於即位歲久，怠肆亦萌，新垣平之邪説故得以入之。然終以其天資之高，旋即悟也。其終詔有曰「惟年之久長，懼於不終」，蓋可見帝之能察乎此矣。嗚呼，亦賢矣哉！故予猶重惜其諸臣之無以佐下風也。

賈董奏篇其間議論孰得孰失

賈生英俊之才，若董相則知學者也。治安之策，可謂通達當世之務，然未免乎有激發暴露之氣，其才則然也。「天人」之對，雖若緩而不切，然反復誦味，淵源純粹，蓋有餘意，以其自學問涵養中來也。讀其奏篇，則二子氣象如在目中，而其平生出處語默，亦可驗於是矣。以武帝好大喜功多欲之心，使其聽仲舒之言，則天下蒙其福矣，孰謂緩而不切耶？

武帝奢費無度窮兵黷武而不至亂亡前輩雖云嘗論之尚有可紬繹者

武帝奢侈窮黷之事，與秦皇相去何能尺寸？然不至於亂亡者，有四事焉。高帝寬大，文、景惠養，其得民也深，流澤滲漉，未能遽泯。非若秦自商鞅以來，根本已蹶，民獨迫於威而强服耳。此一也。武帝所爲，每與六經戾，夫豈真能尚儒者〔一二〕？然猶表章六經，聘召儒生，爲稽古禮文之事，未至蕩然盡棄名教，如秦之爲。此二也。輪臺之詔，雖云已晚，然詳味其詞，蓋真知悔者，誠意所動，固足以回天人之心。自詔下之後，不復萌前日之爲，思與民休息矣，與卒死於行而不知悟者蓋甚有間。秦穆之誓，聖人取其悔過，列之於書。予於輪臺之詔，每三復焉。蓋以爲存亡之幾所係耳。此三也。惟其能悔過也，故自是之後，侈欲之機息而清明之慮生，是以能審於付託。昭帝之初，霍光當政，述文、景之事，以培植本根，於是興利之源窒，而惠澤復流，有以祈天永命矣。此四也。以四者相須而維持，是以能保其祚。然向使武帝老不知悔，死於熾然私欲之中，則決不能善處其後〔一三〕，雖使賴高、文、景之澤以免其身，旋即殆矣。故予深有取於輪臺之詔，以爲存亡之幾所係也。然其能卒知悔者，則以其平日猶知誦習六經之言，聽儒生之論，至於力衰而意怠，則善端有時而萌故耳。然則其所以不至亂亡者，亦豈偶然也哉！

漢家雜伯

學者要須先明王伯之辨，而後可論治體。王伯之辨，莫明於孟子。大抵王者之政，皆無所爲而爲之，伯者則莫非有所爲而然也。無所爲者天理，義之公也；有所爲者人欲，利之私也。考左氏所載齊威、晉文之事，其間豈無可喜者〔一四〕？要莫非有所爲而然，考其迹而其心術之所存固不可掩也。宣帝謂漢家雜伯，故其所趨若此〔一五〕，然在漢家論之，則蓋亦不易之論也〔一六〕。自高祖取天下，固以天下爲己利，而非若湯武弔民伐罪之心。故其即位之後，反者數起而莫之禁，利之所在，固其所趨也。至其立國規模，大抵皆因秦舊，而無復三代封建、井田公共天下之心矣。其合於王道者，如約法三章，爲義帝發喪，要亦未免有假之之意，其誠不孚也，則其雜伯固有自來。夫王道如精金美玉，豈容雜也？雜之則是亦伯而已矣。惟文帝天資爲近之。然其薰習操術亦雜於黃老刑名。考其施設，動皆有術，但其資美而術高耳，深玫自可見。至於宣帝，則又伯之下者〔一七〕，威、文之罪人也。西京之亡，自宣帝始〔一八〕。蓋文、景養民之意，至是而盡消靡矣。且宣帝豈真知所謂德教者哉？而以爲不可用也。如元帝之好儒生，蓋竊其近似之名，委靡柔懦，敗壞天下者，其何德教之足云〔一九〕！夫惟王者之政，其心本乎天理，建立人紀，施於萬事，仁立義行，而無偏弊不舉之處，此古人之所以制治保邦，而垂裕乎無疆者。後世未嘗真知王道，顧曰儒生之説迂闊而難行，蓋亦未之思矣。

丙魏得失

魏相所存不得爲正，觀其有許、史之累則可見矣。夫欲其説之行而假許、史以爲重，此詭遇獲禽之心，君子不道也。然其爲相，亦有可取者。四方有異聞，或有逆賊、災變輒奏言之，此誠宰相事也。其諫伐匈奴書，有曰：「今郡國守相多不實選，風俗尤薄，水旱不時。按今年子弟殺父兄者〔二〇〕、妻殺夫者凡二百二十二人，臣愚以此非小變也〔二一〕。」凡此在他人不知爲憂者，而相獨知憂之，亦槩乎有聞矣。故予甚惜其進之不能以正也。進不以正則牽制狗從之事必多，而感格正救之風或鮮矣。丙吉深厚不伐，在他人亦所難者，其德厚可稱也。其爲相若寬緩者，雖天資則然，意亦以宣帝之政尚猛，而有矯之之意歟〔二二〕？然抑亦太甚矣。至於韓延壽、楊惲之死，則亦莫能救也。吉見謂不親小事、知大體，二卿之死，夫豈事之小者耶？濫刑若是，其於大體何有？若語其才識，蓋不逮相遠矣。

霍光得失班固所論之外尚有可議否

霍光天資厚重〔二三〕，故可以當大事，而其所以失，則由於不學之故也。人臣之功，至於周公無以加矣，而詩人形容其盛德，則曰「公孫碩膚，赤舄几几」，夫何其温恭謙厚也！是則雖以天子叔父之尊，處人臣之極位，有蓋世之功業，而玩其氣象，豈有一毫權勢之居？而人之視之也，但見其道德之可尊，而亦豈覺權勢之可憚哉？孟子曰「事親若曾子可也」，而後之君子亦曰「事君若周公可也」。如曾子之事親，適爲人子之能盡其分者耳，非有加也；如周公之事君亦然。蓋在其身所當爲者，而何一毫有於己也？周公惟無一毫有於己也，是故德盛而愈恭，事業爲無窮也。光之所建立者〔二四〕，負於其身，横於其心，而不能以弭忘。惟其不能以弭忘，故其氣燄不可掩，威勢日以盛。權利之途，人争趨之，非惟家人子弟、門生故吏馴習驕縱而不可戢，光之身亦不自知其安且肆矣。此凶於乃國、敗於乃家之原也，可不畏哉！故其一時用舍進退，例出於私意。以蘇武之忠節，進不由己，僅得典屬國，而大司馬長史雖如楊敞之庸謬，亦得爲宰相。至於如魏相、蕭望之之才，皆擯不用，田千秋小不當意，則其壻即論死。作威作福蓋如此。陰妻之邪謀未論，其不能白發於後，使其妻邪謀至此，而人敢爲之助，而無復言其姦，則履霜堅冰，馴致其道，夫豈一日之故哉！光至此亦無全理矣。原其始，皆由於其心以寵利居成功，不知爲人臣之分，故曰不學之過也。雖然，後之儒生如班固輩蓋知以不學病光矣〔二五〕，然使其當小利害僅如毫髮，鮮不喪其所守，望其如光凛然當大事，屹如山嶽，其可得哉！然則光雖有不學之病，而其自得於天資者蓋亦有不可及。後之儒生雖自號爲學者，譏議前人，而反無以自立，則亦何貴乎學哉？予謂人才如光輩，學者要當觀其大節，先取其所長而後議其所蔽，反身而察焉，則庶幾爲蓄德之要。不然，所論雖似高，亦爲虚言而已矣。

蕭望之劉向所處得失

望之、更生輔元帝初政，以元帝天資之弱，而外有史、高總朝廷之事，内有恭、顯制樞機之權，二子居其間，可謂孤弱之勢，危疑之時矣。所以處之之道，要當艱深其慮，正固其守，誠意懇惻以廣上心，人才兼收以强國勢，謹其爲勿使有差，密其機勿使或露。積之以久，上心開明，人才衆多，羣心歸而理勢順，庶幾有可爲者。此在易屯膏小貞之義也。而二子處之蓋甚疎矣。其綢繆經理，未嘗有一日之功也，遽白罷中書宦官，其機蓋已盡露而無餘策；既不蒙信用，而中外小人並起而乘之，身之死逐不足道，而當時之事遂不可復救。甚矣，二子之疎也！况其所爲自多不正。用人要當公天下之選，而二子者不惟其賢，惟其附己，不知小人迎合於外者詎可保耶？故以鄭朋之傾邪而使之待詔，至於華龍之汙穢亦欲入其黨，彼蓋有以召之也。在易有之：「君子以遠小人，不惡而嚴。」所謂嚴者，嚴其在我者也。二子處羣小人間〔二六〕，而不嚴如是，其可得乎？袁安、任隗，當梁冀强横之時，非惟不能加害，而卒能去之，以安、隗所處之嚴故也。故史稱安、隗素行高，冀未有以害之，斯言誠有味也，二子曾不知此耶！至於使外親上變事，與子上書，則又其甚矣。予觀二子所執雖正，然懇誠之心不篤，勢利之念相交，以天下之公義而行之以一己之私，蓋不知學之蔽也〔二七〕。吁，可惜哉！然昔人未可以一失斷其生平〔二八〕。若更生經歷憂患，晚歲氣象殊勝於前，處王氏之際，庶幾爲憂國敦篤者矣。

校勘記

〔一〕敵乃可服　「服」，原作「復」，據宋本、劉本、四庫本改。

〔二〕信宏遠矣　「信」，宋本作「亦」。

〔三〕其狙擊秦政　「狙」，原作「徂」，據宋本、劉本、四庫本改。「秦」，宋本作「嬴」。

〔四〕可謂遠也已矣　「遠」，劉本、四庫本作「明」。

〔五〕王陵陳平周勃處呂后之事如何　「如何」，原作「何如」，據宋本、劉本、四庫本及底本目録改。

〔六〕二子實助之也　「也」字原無，據宋本補。

〔七〕吕婴之謀行 「行」字原無，據宋本、劉本、四庫本補。

〔八〕人臣之立朝 「之」，原作「知」，據宋本、劉本、四庫本改。

〔九〕記史者亦可謂善發明矣 「記」，四庫本作「作」。

〔一〇〕故其報書首曰 「首」字原無，據宋本、劉本、四庫本補。

〔一一〕豈不信哉 「豈」，劉本、宋本、四庫本作「可」。

〔一二〕夫豈真能尚儒者 「尚」，原作「向」，據宋本、劉本、四庫本改。

〔一三〕則决不能善處其後 「善處其」，原作「盡善於」，據宋本、劉本、四庫本改。

〔一四〕其間豈無可喜者 「喜」，原作「善」，據宋本、劉本、四庫本改。

〔一五〕故其所趨若此 「故」，宋本、劉本、四庫本作「固」。

〔一六〕則蓋亦不易之論也 「則」字原無，據宋本、劉本、四庫本補。

〔一七〕則又伯之下者 「又」，宋本作「五」。

〔一八〕自宣帝始 「帝」，原作「章」，據宋本、劉本、四庫本改。

〔一九〕其何德教之足云 宋本、劉本、四庫本無「足」字。

〔二〇〕按今年子弟殺父兄者 宋本、劉本、四庫本無「者」字。

〔二一〕臣愚以此非小變也 「愚」字原無，據宋本、劉本、四庫本補。

〔二二〕而有矯之之意歟 「而」，宋本作「其」。

〔二三〕霍光天資厚重　「厚重」，宋本、劉本、四庫本作「重厚」。

〔二四〕光之所建立者　「者」，宋本、劉本、四庫本作「想」，屬下讀，亦通。

〔二五〕後之儒生如班固輩蓋知以不學病光矣　「知」，劉本、四庫本作「嘗」。

〔二六〕二子處羣小人間　「人」，宋本、劉本、四庫本作「之」。

〔二七〕蓋不知學之蔽也　「蔽」，宋本、劉本、四庫本作「弊」。

〔二八〕然昔人未可以一失斷其生平　「生平」，宋本、劉本、四庫本作「平生」。

南軒先生文集卷第十七

史論

西漢儒者名節何以不競

名節之稱，起於衰世。昔之儒者學問素充，其施於用，隨事著見，不蘄於立節而其節不可奪，不蘄乎狥名而其名隨之，在己初無一毫加意也。至於世衰道微，於陵遲委靡之中而有能拔然自立者，則世以名節歸之；而士君子學道未至，則亦以此自負。吁〔一〕，亦小矣！然而名節之稱雖起於衰世，而於衰世之中實亦有賴乎此，使併與是焉而俱亡，則亦無以爲國矣。西漢之儒者，予甚病之。蓋自董相、申公數人之外〔二〕，自餘往往以佔畢詁訓爲儒，無復氣象，上焉既不能推尋問學之源流，而其次又不能以名節立於衰世，其亦何所貴於儒也？考其所自，亦由上之人有以致之。自高帝鄙薄儒生，文、景則尚黄老，武雖號爲表章，然狥其文而不究其實，適足以爲害。至宣帝則又明示所以不崇尚之意矣，則其挫抑摧沮之餘，不復自振固宜。然儒者之學，豈必爲一時貴尚而後勉耶？待文王而後興者，凡民也。漢之儒者自叔孫通師弟子固皆以利禄爲事，至於公孫丞相取相印封侯，學士皆歆慕之，其流如夏侯勝之剛果，猶有明經取青紫之言，况他人乎？蓋其習俗胥靡之陋，一至於此，宜乎王莽簒竊之日，貢符獻瑞，一朝成羣，而能自潔者，班班僅有見於史也。故光武中興，力矯斯弊，尊德義，貴隱逸，以變其風。而中世以後，人才輩出，雖視昔之儒者有愧，然在衰世之中，守義不變，蓋有足尚者矣。至於桓、靈之後，國勢奄奄，羣奸並起，睥睨神器，未敢即取者，亦一時君子維持之力也。然則名節之稱，在君子則爲未盡，而於國家亦何負哉？蓋不可不思也。

自元成以後居位大臣有可取者否

西漢末世，風節不競，居位大臣號爲有正論者不過王嘉、何武、師丹耳，在波蕩風靡之中，誠亦可取，比之光、禹則甚有間矣。然西漢末年，正如病者元氣先敗，凡疾皆得以入之，而皆得以亡之。爲當時大臣者，要當力陳國勢根本之已蹶，勸人主以自强於德，多求賢才以自輔，庶可以扶助元氣，消靡沉痼。若不循其本，而姑因一事之謬、一人之進而指陳之，縱使一事之正、一人之去，亦將有繼其後者，終無益也。故哀帝之末，董賢雖去而王氏即起，遂以亡漢矣。自成帝以來，受病之痼且大者乃在王氏，如丁、傅、董賢之徒，又特一時乘間之疾耳。在位者當深以王氏爲慮。以王氏爲慮，當如予所言，先勸人主以自强於德。自强於德則不宜少有差失，顧反尊傅氏、寵董賢，以重失天下之心，是益自削而增助王氏之勢耳。故莽得以拱手而乘其後。惜當時論者皆不知及此也，可勝嘆哉！

自高帝諸將之外其餘漢將孰賢

漢將誠當以趙充國爲最。凡將之病，患於勇而不詳也。充國蓋更軍事多矣，及聞西羌之事，則不敢以遽，而曰兵難遥度，願馳至金城，圖上方畧。其不敢忽如此。蓋思慮之深，經歷之多，孔子所謂臨事而懼，好謀而成者也。將之病在於急近功也，充國則圖其萬全，陳屯田十二利，持久而爲不可動之計，其規模與孔明渭上之師何以異哉！將之病在於果於殺而不䘏百姓也，充國任閫外之寄，而爲國家根本之慮，要使百姓安，邊圉强，而西戎坐消焉。此殆三代之將，非戰國以來摧鋒折敵者所可班也。反覆究其規模，味其風旨，遠大周密，拔出倫輩。予謂充國在宣帝時，且不獨爲賢將，殆可相也。使其爲相，必能爲國家圖定制度，爲後世思安養百姓，爲邦本計，如魏相輩皆當在其下風耳。

光武比高祖

高祖洪模大畧，非光武所及也。高祖起匹夫，提三尺取天下，光武則以帝室之胄，因人心之思漢而復舊業，其難易固有間矣。而高祖之對乃項籍，亦蓋世之豪也；光武所與周旋者，獨張步、隗囂、公孫述輩，其去籍蓋萬萬相遠也〔三〕。至於韓信、彭越之徒，皆如泛駕之馬，實難駕馭，而盡在高祖掌握之中，指麾使令，無不如意；使光武有臣如此，未必能用也。然而創業之難，光武固不及高祖，而至於光武之善守，則復非高祖所及也。大抵高祖天資極高，所不足者學爾。即位之後，所以維持經理者類皆疎畧，雄傑之氣不能自斂，卒至平城之辱；一時功臣處之不得其道，類皆赤族。此則由其學不足之故也。光武天資雖不逮高祖，而自其少時從諸生講儒學，謹行義，故天下既定，則知兵之不可不戢，審黄石，存苞桑，閉玉關，以謝西域之質；安南定北，以爲單于久遠之計；處置功臣，假以爵寵，而不使之任事，卒保全其始終。凡此皆思慮縝密，要自儒學中來。至於尊禮隱逸，褒崇風節，以振起士氣，後之人君尤未易及此，非特高祖也。嗟乎！以高祖之天資，使之知學爲當務，則湯武之聖，亦豈不可至哉！是尤可歎息也。

光武不任功臣以事

光武之不任功臣爲三公，蓋鑒高帝之弊，而欲保全之，前史莫不以爲美談。以予觀之，光武之保全功臣，使皆得以福禄終身，是固美矣，然於用人之道則有未盡也。蓋用人之道，先以一説横於胸中，則爲私意，非立賢無方之義矣。高祖之待功臣誠非也，如韓、彭、黥布之徒，雖有大功，要皆天資小人，在易之師：「開國承家，小人勿用。」蓋於用師既終，成功之後，但當寵之以富貴，而不可使之有國家而爲政也。高帝正犯此義，是以不能保功臣之終。爲光武者，要當察吾大臣有如韓、彭之徒者乎？則當以是待之。若光武之功臣則異於是。至寇、鄧、賈復則又識明而行修，量洪而器遠，以光武時所用之大臣論之，若三子者類過之遠甚，與共圖政，豈不可乎？顧乃執一槩之嫌，廢大公之義，是反爲私意而已矣。抑光武之所責於大臣者，特爲吏事，大臣之職顧如是乎？惟其不知大臣所當任之職，故不知用大臣之道，而獨以吏事之督責爲憂，抑亦末矣。方當亂定之後，正宜登用賢才，與共圖紀綱，以爲垂世長久之計，而但知吏事責三公，其貽謀之不競亦宜矣！

光武崇隱逸

光武鑒西都末世之弊，故汲汲然崇尚風節，而不忘遺逸之舉，亦可謂知所當務矣。蓋自三代而降，在上者以爵禄而驕士，在下者慕爵禄而求君，故上日以亢而下日以委靡。人君而能降心以求遺逸，則是不敢以爵禄而驕其士，反有求乎士之意，則於克己養德，所助固不細矣。况風俗委靡之中，而見時君所尊禮延納者乃在於恬退隱約之士，豈不足以遏其奔競之風而息其僥倖之意，於風俗所助又不輕矣。在光武時，雖曰舉遺逸，然固有召而不能致，致而不能用者，而其流風餘韻，猶足以革西京之陋，而起名節之俗，則其爲益固豈淺淺哉！語曰：「舉逸民，天下之人歸心焉。」蓋不遺賢於隱逸，則天下之賢才孰不歸心？賢才歸之，是天下之人舉歸之也，豈非爲治之揔要乎？然嘗怪嚴子陵竟不爲帝少屈，何邪？攷子陵之言論風旨，亦非素隱行怪，必欲長往而不反者。彼與光武少而相從，知其心度爲最詳也。意謂光武欲爲當時之治，則當時之人才固足辦之，而無待乎己；若欲進乎兩漢之事，則又懼有未能信從者。不然，徒受其高位，饗其尊禮之虚名，則非子陵之本心也，故寧不就之〔四〕。然而以子陵爲光武之故人，名高一世，而竟高卧不屈，光武亦不敢以屈之，其所以激頑起懦，扶植風化，助成東京風俗之美，人才之盛，其爲力固亦多矣，豈不美哉！

李固杜喬所處如何

李、杜二公精忠勁節，不憚殺身，百世之下凜乎猶有生氣，其視胡廣、趙戒輩真不翅如糞土也。但恨於幾會節目之間，處之未盡要，是於春秋提綱之法講之不素耳。李固方舉於朝，即就梁商之辟。商雖未有顯過，然如固之志業，其進也將以正邦，殆不可以苟也；一爲之屬，即涉梁氏賓客，事必有牽制者矣，此其失之於前也。方質帝之弑也，固爲首相，又質帝忍死有語之以被毒之事，則任是責者非固而誰？質帝既不幸，固便當召尚書發冀姦，正大義，顯言於朝，則忠臣義士孰不應固？冀雖勢盛，然名其爲賊，逆順理殊，蓋可誅也。此間不容髮之時，而固昧夫大幾，獨推究侍醫等，舉動迂緩，使冀得以措手，大義不白，人心日以解弛。其幾既失，故身據大位，當大權，持大義，而返聽命受制於賊，豈不惜哉！此其失之於後也。夫以冀之悖逆，而固且奏記與議所立〔五〕，固豈不知冀心之所存哉？失太阿之柄，而陵遲至此耳。度固之不白發冀罪，非黨梁氏也，恐事之不成無益，故欲隱忍以待清河王之立，庶幾可扶社稷。而不知天下大變，已爲冢宰，理當明義以正之，事之成與不成，蓋非所問。況如前所論逆順之理，冀決無以逭死邪？固之隱忍乃所以成冀姦謀，殺身不足道，而社稷受害矣。若固者，盡其忠國之心，而無克亂之才，可勝惜哉！杜喬在九卿中，若懷是見，必贊固爲之矣。及繼固爲相，已制命於冀矣。相與就死，嗚呼悲夫！

黨錮諸賢得失如何

東京黨錮諸君子，蓋嘉其志氣之美而惜其所處之未盡，重其天資之高而歎其於學有所未足也。方是時，乾綱解紐，陰邪得路，天下之勢日入於頽敗矣。而諸君子曾不少貶以狥於世，慷慨所激，視死如歸，至於患難得喪，寧復肯顧？其志氣可謂美矣。雖然，昔之君子，其出處屈伸之際，蓋各有義。故當困之時，則有居困之道，當屯之時，則有亨屯之法。時不我用，則晦處自修，危行而言遜，其進不可苟也。若乃居位則思其艱而慮其周，扶持根本，漸其圖濟，其爲不可驟也。黨錮諸君子在下則噓枯吹生，自爲題榜，至圭角炫露〔六〕，昧夫處困之道矣。及其有位於朝，不過奮袂正色，擊搏豪强數輩，以爲事業在是矣。又進而居高位，則果於有爲，直欲一施之而不復顧，身死非所問，而國勢愈傾，是又失亨屯之法矣。是豈非有所未盡爲可恨歟？若諸君子之不爲死生禍福易操，其間如李膺、杜密、陳蕃輩，卓然一時，其天資可謂剛特不羣矣。然惟其未知從事於聖門也，故所行雖正，立節雖嚴，未免發於意氣之所動，而非循乎義理之安，出於惡其聲之所感，而未盡夫惻隱之實。處之有未盡，固其宜也，豈非於學有不足歟？使其在聖門，則當入於仲由之科，聖人抑揚矯揉之，其必有道矣。或以爲陳太丘之事爲得其中。以予觀之，太丘在諸君子之中，持心最平，蓋天資又加美焉耳。而其所處張讓之事，亦非中節。在當時隱迹自晦，豈無其方？何至送宦者之葬？此又爲矯失之過，以此免禍，君子亦不貴也。不然，則郭有道乎？識高而量洪，才優而慮遠，足爲當時人物之領袖。然收斂之功，猶未之盡，要亦於學有欠也。不然，則黄叔度乎？言論風旨，雖不盡見，然其氣象温厚，圭角渾然，見之者有所感於心，其爲最高乎？使在聖門作成之，當居顏氏之科矣。

竇武陳蕃得失

竇武、陳蕃雖據權處位，而事當至難：主弱，一也；政在房闥，二也；宦者盤錯，其勢已成，三也。武等雖漸引類於朝，而植根未固，上則太后之心未明禍亂之原，下則中外之情未識朝廷之尊，而武等之謀，但欲速決爲誅小人之計。夫當時宦者雖有罪，然豈無輕重先後之倫？乃一槩欲施之，舉動草草，今日誅數輩，明日誅數輩，輕重失其權，先後失其序，非天討矣。且使之人人自疑，因反締其黨與〔七〕，而速其姦謀，善處大事者顧如是邪？觀朱瑀所謂中官放縱者自可誅耳，我曹何罪，而當盡族滅？使蕃、武施之有道，行之有序，則雖此曹蓋亦有心服者矣。殲厥渠魁，脅從罔治，此待盜與小人之法，而亦天心也。况其所自處者又自有失。方是時，非衆志允從，其何以濟事〔八〕，宦者竊柄已久，人知有此曹而已。爲大臣者要當深自刻苦，至誠惻怛，舉動無失，而後人有以孚信而趨向於我。人心向信，則勢立而形成，然後可以消弭禍亂。而武於靈帝踐位之初，一門三侯，妄自封殖如此，其誰心服乎？故王甫後來亦得以藉口，則可見此曹平日之所竊議，而衆志之所不平者矣。及難之作，雖曰忠義，而無或應之。以張奂之賢，猶且被紿而莫知逆順之所在，則以武平日所爲，未有以慰士大夫故也。蕃雖辭爵，而不能力止武之封，是亦潔身之爲耳，任天下之重顧止如是哉！然予每讀蕃辭爵之疏，未嘗不三復歎息。其辭達，其義正，東京之文若此者蓋鮮，亦足以見其忠義之氣也，可勝惜哉！

兩漢選舉之法

所考兩漢選舉雖已詳，但陽嘉中左雄一事未曾拈出。兩漢選舉猶有古意，左雄之奏尤爲責實。當時雖以限年爲嗤，然是舉所得，乃陳蕃、李膺、陳球輩，卒爲一代名臣。然則雄之所行，豈得爲迂哉？至如嚴謬舉之罰，而自後察選以之清平，則所得固不止於一時也〔九〕。後世取士之法無復先王遺風，有欲行古道如楊綰輩之所建明，則類指爲不可行，胡不以雄之事觀之，其効驗亦可見矣。

晉元帝中興得失

爲國有大幾，大幾一失，則其弊隨起而不可禁。所謂大幾，三綱之所存是也。晉元帝初以懷帝之命來臨江左，當時之意，固以時事艱難，分建賢王以爲屏翰，庶幾增國家之勢，折姦宄之心，緩急之際，實賴其糾率義旅，入衛王室，其責任蓋不輕矣。而琅琊之入建業，考觀其規摹，以原其心度之所安，蓋有自爲封殖之意，而無慷慨謀國之誠，懷帝卒以蒙塵，迄不聞勤王之舉。愍帝之立，增重寄委，制詔深切，而亦自若也。祖逖擊楫渡江，聊復以兵應其請，反從而制之，使不得有爲，則其意不在中原也審矣。坐視神州板蕩，戎馬縱横，不以動其心，不過欲因時自利云耳。愍再蒙塵，懼天下之議己，則陽爲出師之勢，遷延顧望，終歸罪於運餉稽緩〔一〇〕，斬一無辜令史以塞責。赤青之異亦深切矣，吾誰欺，欺天乎？夫受君父之委託而坐視其禍變，因時事之艱難而覬幸以自利，三綱淪矣。惟其大幾既失，故其所以建國規摹亦復不競，亂臣賊子如王敦輩不旋踵而起，蓋其弊有以致之也。使元帝痛懷、愍之難，篤君臣之義，念家國之讐，卒江東英俊，鼓忠義之氣，北向討賊，義正理順，安知中原無響應者？以區區一祖逖，倔强自立於羣豪之間，猶幾以自振，况肺腑之親，總督之任，數路之勢，何所不濟哉？惟其不以大公爲心〔一一〕，而私意蔽之，甚可歎息也。其餘得失予不暇論，獨推其本而言之。

謝安淝水之功

苻堅掃境入寇，方是時，晉室之勢亦甚殆矣。梁、益既非吾有，而襄、沔復爲所破，在他人宜恐懼失措之不暇，而謝安方且從容應敵，不過以江北軍事付之謝玄及劉牢之輩，卒以成功。蓋其方略素定，非僥倖苟然也。安明於用人，考察既精，不以親疎而廢。玄有謀慮，善使人，而牢之勇鋭出衆，安所施置，各得其宜。蓋用兵之道，當以奇正相須。使玄將重兵于後，此正也；使牢之將精兵迎擊于前，此奇也。秦兵既近洛澗，牢之攖其鋒，直摶而勝之，固已奪其心矣。淝水之戰，其勝筭已在目中，故秦兵一退，風聲鶴唳，以至山川草木皆足以懼之，惟牢之先奪其心故也。安之方畧可謂素定矣。惟其素定，故安静而不撓，其矯情鎮物，豈固爲是哉？夫有所恃故耳。至於却上流之兵，又其一奇也。得上流之兵不足以助益，而適足以銷薄聲勢，摇動人心，桓冲是舉亦無謀矣。吾慮既定，一却其兵，而戰士之心益固，國内之情舉安，安見之明且審矣。嗟乎！國之所恃者人才耳。以當時晉室之勢，獨任一謝安，足以當苻秦百萬之師。以予觀之，非特安方畧之妙，抑其所存忠義純固，負荷國事，直欲與晉室同存亡，故能運用英豪，克成勳業，誠與才合故也。大抵立大事者非誠與才合，不足以濟，若安者，其在東晉人物中，傑出者哉！

温嶠得失

温太真忠義慷慨，風節表著，足以爲晉室名臣，古今所共推，不待詳言。然吾獨有所恨者，絶裾之事也。昔之人不以窮達得失累其心，聽天所命而行其性命之情，故或仕或不仕，皆非有所爲也。於其身所處之義當然也。自後功名之俗興，而遷就趨避之説起，三綱始隳而不得其正，雖豪傑之士，一爲功名富貴所誘，失其性者多矣，可勝歎哉！太真少時嘗以孝友篤至稱，一旦奉劉琨之檄，將命江左，母崔固止之，不可，至於絶裾而行。噫！太真有母若此，身固不得以許琨矣。獨不見徐元直之事乎？元直所謂方寸亂矣，蓋其人性不可已者也。而太真獨忍於此乎？若既以委質爲人之臣，當危難而無避可也，將命之舉，豈無他人？太真念母，獨不得辭乎？度其意不過以江左將興，奉檄勸進，徼倖投富貴之機，赴功名之會耳，而其所喪不過甚乎？或曰，使太真不來江左，則寧復有後世之事業？太真固不得以兩全矣。此殆不然。昔人之事業，皆非有所爲而爲之，事理至前，因而有成之耳。若懷希慕求必之心，則其私欲而已，苟可以就異日之事，則凡背君親、賊性命皆可以屑爲，此三綱之所由壞，而弊之所由生也。故伯夷、叔齊固不受其國，夫子以爲求仁而得仁。商之三臣，微子不得不去，箕子不得不爲奴，而比干不得不死，皆素其位而行也。豈直太真之事業爲不足道，就使太真能佐晉室克復神州，一正天下，勳烈如此，浮雲之過太虚耳，豈足以塞其天性之傷也？夫太真順母之心而終其身〔一二〕，雖泯滅無聞於後，顧其所全者大，於身無愧，烏能以此易彼哉？故予謂太真稱爲功名之士則可，尚論古人則可憾矣。

校勘記

〔一〕吁　此字原作墨丁，據宋本、四庫本補。

〔二〕蓋自董相申公數人之外　「數」，原作「教」，據宋本、四庫本改。

〔三〕其去籍蓋萬萬相遠也　「也」，宋本、劉本、四庫本作「矣」。

〔四〕故寧不就之　「寧」下原有「屑」字，據宋本删。

〔五〕而固且奏記與議所立　「與」，原作「興」，據宋本、劉本、四庫本改。

〔六〕至圭角炫露　「炫」，原作「昡」，據四庫本改。

〔七〕因反締其黨與　「因」，原作「於」，據四庫本改。宋本無「因」字。

〔八〕其何以濟事 「以」字原無，據宋本補。

〔九〕之罰至一時 此二十字原脱，據宋本補。宋本「以之」作「以亡」，據文意改。

〔一〇〕終歸罪於運餉稽緩 「於」，劉本、四庫本作「在」。

〔一一〕惟其不以大公爲心 「大」，劉本、四庫本作「至」。

〔一二〕夫太真順母之心而終其身 「夫」字原無，據宋本補。

南軒先生文集卷第十八

説

仁説

人之性，仁、義、禮、智四德具焉。其愛之理則仁也，宜之理則義也，讓之理則禮也，知之理則智也。是四者雖未形見，而其理固根於此，則體實具於此矣。性之中只有是四者，萬善皆管乎是焉。而所謂愛之理者，是乃天地生物之心，而其所由生者也。故仁爲四德之長，而又可以兼包焉〔一〕。惟性之中有是四者，故其發見於情，則爲惻隱、羞惡、是非、辭讓之端，而所謂惻隱者亦未嘗不貫通焉，此性情之所以爲體用，而心之道則主乎性情者也。人惟己私蔽之，以失其性之理而爲不仁，甚至於爲忮爲忍，豈人之情也哉？其陷溺者深矣。是以爲仁莫要乎克己，己私既克，則廓然大公，而其愛之理素具於性者無所蔽矣。愛之理無所蔽，則與天地萬物血脉貫通，而其用亦無不周矣。故指愛以名仁則迷其體，程子所謂愛是情，仁是性，謂此。而愛之理則仁也；指公以爲仁則失其真，程子所謂仁道難名，惟公近之，不可便指公爲仁，謂此。而公者人之所以能仁也。夫静而仁、義、禮、智之體具，動而惻隱、羞惡、辭讓、是非之端達，其名義位置固不容相奪倫，然而惟仁者爲能推之而得其宜，是義之所存者也；惟仁者爲能恭讓而有節，是禮之所存者也；惟仁者爲能知覺而不昧，是智之所存者也。此可見其兼能而貫通者矣。是以孟子於仁，統言之曰「仁，人心也」，亦猶在易乾坤四德而統言乾元、坤元也。然則學者其可不以求仁爲要，而爲仁其可不以克己爲道乎！

記甘露李文饒事

予過京口，登北固山甘露寺，訪求舊迹，及觀曾畋所編丹陽類集，載熙寧中寺僧應夫因治故殿基，獲舍利并李文饒手記云：「寶曆間，創甘露刹以資穆皇之冥福。」文饒有祭言禪師文云：「因甘露之降瑞，立仁祠於高標。」與此記合。予嘗怪文饒不樂釋氏，毁其室廬貌像，沙汰其徒，若真疾惡之者，至其諭張仲武之辭，則又疑其太甚；而觀其奉道士法甚至，則文饒豈真知惡異教者哉？今考甘露刻，所謂建刹以資冥福，此在釋氏説爲最陋者，文饒方且惑之，以此崇奉其君，則文饒之欲絶棄釋氏又豈其本心也哉？以予觀之，文饒雖有才氣，然富貴中人耳。武宗素重道士，故其勢必排釋氏；文饒極力爲此，不過逢迎其君之意云耳。不然，與建刹藏舍利之事何大不類耶？孰知數百載之後，斷刻出於土中，其不可揜有如此者！或曰：文饒謂建刹可以資福，而寧不畏毁刹之招禍乎？殊不知富貴移人之意，豈獨此哉。嗟乎！異端之爲害烈矣，文饒乃以此心蘄勝之，不亦難乎？宜其復之之速且益熾也，予重爲之歎息云。

勿齋説

胡先生之季子大時求予名其讀書之室，予因誦「非禮勿視，非禮勿聽，非禮勿言，非禮勿動」之言，而名之曰「勿齋」。嗟乎！天理、人欲不並立也，操舍存亡之幾，其間不能以毫髮。所謂非禮者，非天之理故也；苟非天理，即人欲已。「勿」者，禁止之辭，收放心之要也。學者所當於視聽言動之間，隨吾所見，覺其爲非禮，則克之無愛焉，慮思力行，由粗以及精，由著以及微，則所謂非禮，蓋將有不可勝克者。克之之至，則天理純全，而視聽言動一循其則矣。「爲仁由己，而由人乎哉」？貴夫勉之勿舍而已。

勿欺室説

山西郭侯子明以書抵予曰：「所居一室，扁以『勿欺』，願得數語，以發其義，庶幾朝夕觀省。」予惟天下之事常壞於誕謾而成於敦篤。古之爲將者質勝其文，實踰於名〔一〕，矜不形而確有餘，雖一介之士且不敢欺也，而况於事君乎？雖念慮之微且不敢萌欺也，而况於見之事爲乎？是以能成功而保其令名。今子明忠勳之胄，以識畧被簡知，方當總統之任，存心如是，予知其異日有以報明主矣。予於漢西京諸將中，最愛營平侯純實重厚，授任于外，爲國家計，不忍便文自營。其所條上，確然無一語虚，無一毫隱；及成功而歸，論兵事得失，復不敢避小嫌以罔主聽。其自守勿欺，終始不渝如此。嗟乎，此誠萬世爲將之良法也，子明勉之哉！

書示吴益恭

子曰：「吾未見剛者。」或對曰申棖，子曰：「棖也慾，焉得剛？」子路問强，子曰：「南方之强與？北方之强與？抑而强與？寬柔以教，不報無道，南方之强也，君子居之。衽金革，死而不厭，北方之强也，而强者居之。故君子和而不流，强哉矯！中立而不倚，强哉矯！國有道不變塞焉，强哉矯！國無道，至死不變，强哉矯！」昔者曾子謂子襄曰：「子好勇乎？吾嘗聞大勇於夫子矣。自反而不縮，雖褐寬博，吾不惴焉；自反而縮，雖千萬人吾往矣。」新安吴益恭來邕州通判，剛決而有慮，臨事不避難，忠義自許，疾惡如讐。予始一見奇之，兩年間督之，云熟矣，而益加敬焉。秩滿親老，不復可留。於其行，會予有期服，不得爲之賦詩以致贈言之意，而中有不能已者，敬書魯論及中庸、孟氏書中三義以詒之。夫聖門所謂剛、所謂强、所謂勇者蓋如此。益恭深思其義而體之於身，于以揉偏而進德。嗟乎，其又可量也哉！淳熙四年八月甲午。

名周集説

玉山周畏知請予名其子，予名之曰集，以義甫字之，蓋取諸孟子養氣之論「是集義所生」者。「集義」云者，積衆義也。積集之久〔三〕，則所謂浩然者生而不窮矣〔四〕。義内也，非外也，所謂「必有事焉」者蓋在此，學者所當講論問辨也。乾道壬辰十一月甲申書于葵軒。

黄鶴樓説

予過武昌，登郡城南樓，步黄鶴故址，覽觀山川，慨然有感。蓋黄鶴名樓，以山得名也。黄鶴之山逶迤起伏，横亘郡城，屬于江滸，見于前人文字間。若浦若磯，亦皆以山名也。而唐圖經何自而爲怪説，謂費文偉僊去，駕鶴來憩于此，閻伯諲記中乃實其事。而或者又引梁任昉所記，謂駕鶴之賓乃荀叔偉所遇，非文偉也。此皆因黄鶴之名〔五〕，而世之喜事者妄爲之説，後來者既不之察，又從而並緣增飾之。樓旁有石照亭，不知何妄男子題詩窗間，遽相傳曰：此唐仙人吕洞賓所書也。文人才士又爲之夸大其事，而蘇子瞻亦載焉當世之説，有羽衣著屐之詩。嗟乎，寧有是理哉！甚矣，世俗之好怪也，雖搢紳大夫之賢者有不免焉，此無它，不明理之故也。使其知始終消息之故，有無虛實皆究其所以然，則豈得而惑之哉！而世之惑者往往曰，天地之間其何所不有。是或有之，未可知也。爲是説者，其病不可復藥。蓋既置之茫昧恍惚、或有或無之域，則不復致思以窮其有無之實，其惑終身而已矣。予嘗愛漢儒之言曰：「明於天地之性者不可惑以神怪，知萬物之情者不可罔以非類。」斯言必有所授，非漢之儒者所能自言也。嗟乎！異端之惑人，蓋有甚烈於斯類者，斯固不足深辨。予獨有感，以警吾黨之士，庶幾知窮理之爲要。而窮理則有道，蓋不可以不講也。

江漢亭説

鄂之城因山，而其樓觀臺榭皆因城。别駕所治之南，憑城而望之，適當江漢之匯。昭武葉才翁與予裴徊觀覽，欲建亭於上，予因以「江漢」名之，才翁請志其始。嗟乎，江漢之水，其源可以濫觴，而其無窮若此之盛。後之登斯亭者，念夫有本者，其不息之積然也，亦庶幾有感乎！才翁名椅。乾道辛卯十有二月朔張某書。

贈熊辯筆説

頃年得溧陽顧綱散卓棗心，制度殊不類近世筆。邇來試使熊辯爲之，蓋不減綱。寒窗作字，十數紙不厭，良覺慰意也。然此筆殆不入時人手，辯不可以難售而詭遇，會有賞音者。

校勘記

〔一〕而又可以兼包焉　「包」，宋本作「能」。

〔二〕實踰於名　「踰」，宋本作「浮」。

〔三〕積集之久　「集」，宋本作「習」。

〔四〕則所謂浩然者生而不窮矣　「矣」字，宋本作「夫」，屬下讀，亦通。

〔五〕此皆因黄鶴之名　「皆」字原無，據宋本補。

南軒先生文集卷第十九

書

寄劉共甫樞密

某幸安湘濱[一]，不敢廢學，無足廑記念。自惟不敏，竊守樸學，顧世衰道微，邪説並作，肯信此者少。獨樞密發慨然之志，而下取及一得之愚，久而益眷眷焉。每念無以裨補萬分，退用愧悚。來教自以爲報人主之心有加無已，而向者之爲有所未慊於中，方將沛然用力於古道。區區聞之，喜且不寐。嗟乎，靖康之變，亘古所無。夷狄腥膻中原四十餘年矣，三綱不明，九法盡廢，今爲何時耶？士大夫宴安江左，而恬莫知其爲大變也。此無他，由不講學之故耳。今樞密以明天子大臣而志乎此道，則某之喜爲如何！雖然，學之難明也久矣，毫釐之差，而千里之謬，其用極天地，而其端不遠乎視聽食息之間，識其端則大體可求，明其體則妙用可充。願樞密勉之。

又

程先生易，得樞密録本傳遠〔二〕，實學者之厚幸。夫所謂易者何哉？聖人之言曰：「生生之謂易。」又曰：「天地定位，而易行乎其中矣。」〔三〕「乾坤成列，而易立乎其中矣。」此豈獨謂此數卷書乎？其必有所謂矣。而此數卷之書〔四〕，所以述其藴也。言有盡，藴無窮。故學者必於言意之表識易，而後易可讀也。胡文定春秋，此路有邵陽本，字差小。栻所看舊日嚴州本謹納去。春秋即事而明天理，窮理之要也。樞密觀此書，取其大義數十斷爲定論，而詳味其抑揚予奪輕重之宜，則有以權萬變矣。

又

湘民望樞密之至，不減赤子之於慈父，使人咨嗟歎仰。然某之愚有敢爲先事之獻者，輒以布之。某觀近世再臨舊鎮者，聲望率減於前。或曰上下玩習之故，某以爲無是理，殆由在我者有忽之之心耳。前者既已得譽，及其復來，將曰此易治耳，是心一萌，則敬肆分，宜乎美惡之不同也。而況樞密今兹之來，勢位益尊，聲名益重，則下民之情將有不敢以自盡者，隔絶壅塞之患，此亦不可以不慮也。易曰：「德言盛，禮言恭。」此言德貴於盛，而禮貴於恭也。伏惟樞密警懼存心，益敬其事，謙虛自處，不負其有，降其辭色，惟恐不及。使匹夫匹婦之情皆得以通，而士大夫有懷皆得以吐露，至于箴規指摘，畢聞於前，而無所謂不敢者，則善政日新而無斁矣。豈惟一路之幸，實經綸之業益以光大，將邦家是賴，而天下之福也。昔人自逆于境，逆于郊，即觀聽其辭色而議之。蓋人心之向背，首謹於兹時，用敢陳于未及境之前，側承風聲，以慰願望。

又

某效職于此〔五〕，亦已十閱弦晦，佩心誠求之之訓，味哀矜勿喜之言，怵惕黽勉，幸而未得罪於斯民。又幸而適遇稔歲，盜賊屏戢，人情頗相安。惟是區區不敢但爲目前計，考究緝理，庶幾萬有一久遠之云補。今最急者，諸州窘匱，無以支梧。一路財計，本可以均濟，其如計臺之壅利何！秋中有請，願與憲漕共究一路財賦底裏，通融均撥，幸蒙賜可，詳細紬繹〔六〕，頗見涯緒。若此論遂定，庶幾諸州官吏有俸，軍兵有糧，而民力因得少寬也。邕、宜諸邊雖幸悉安靜，然野心豈可保？惟當充吾備禦之實，使有隱然之勢，以折其萌，選練親兵，立伍結隊，明其訓習，教以親睦，激以忠義，至於旂鼓器械，皆從一新，收拾强壯，不敢惜費。今所增已近三百，率皆選士，江淮健者視亦無以相遠也。邕、宜將兵亦與選練按試矣，獨患難得好將官，只得短中取長耳。諸蠻一以信義待之，如買馬一事，舊弊革去凡數十事。最害是鹽銀輒虧其輕重，彼顧豈不曉？吾所得幾何，而所喪者丘山。帥司先利夫出剩銀之得〔七〕，受此利啗，而其下官吏悉從而尅減乾没。今先罷出剩銀，正名以率之，而嚴法以核之，必使輕重悉以實，毋得少罔之。招馬官先以此意出塞喻蠻落，舊來馬至，二月末方有來者，而羅殿又四年不來市，正以吏侵牟之之故。今方中冬，數日前邕州已申羅殿將馬千七百疋近塞矣。益知忠信之可行，而在我者誠當自檢也。素荷教誨愛念，輒以及之。自惟孤迹，蒙上使令於此，一日不敢不盡一日之心力，其它非所能計。獨恐淺短綿薄，有所不能勝，又所部闊遠，防虞非一，每懷淵冰之念。鈞慈不忘，誨旨時及，不勝幸願。

又

某承乏遠藩〔八〕，未速罪戾，實惟芘蔭之及。近日鄭憲既行，趙漕物故，兩臺俱闕官，不免兼攝，事緒叢委。然向來兩臺於諸州多興獄事，紛紜淹久，一切觀望，不敢與決，困於囹圄，疲於道路〔九〕，深可憐惻。今得以決遣解釋，頗有次第。又向來會議財賦事，正緣所見異趣者不肯商量，計司虛實，終未知其底裏。今得以考究無遺，始知異趣者前日誠有掊聚爲羨獻意，坐視諸州困極，恬莫之恤，深可歎息。兩日來子細區處，爲一定久遠之計，頗有條理，旦夕徑奏于上。自餘赦條合放而不放、道理不當取而妄取者，悉施行以次蠲卹矣。自惟愚戇，苟一日在職，不敢不究心，此外身之利害，非所遑卹。

又

某少意冒稟鈞聽〔一〇〕：前知光州滕瑞編管在此，其人乃是滕樞族人，比歲自山東來歸正，粗勇習兵事，可以在軍中任使，而虞丞相用之過當，畀以郡符，此豈其才哉！其所以速今日顛隮者，實虞使之然也。然東北人流落，爲可憐憫。其孥尚留江上，在此極栖栖然。今爲差兵校前往般取，欲望鈞慈頣旨，應副一客舟津致其來，俾其骨肉得以團聚謀生，恩賜甚大。其人雖愚，異日可備顔得荷戟之用。伏乞鈞察〔一一〕。

又

某近因到一巖穴中〔一二〕，得石刻載昭陵盛德一事，可以補史之遺，已移置府治廳事，敬以一軸上呈。此吾祖宗家法也，伏想鈞慈三復焉。此邦山巖之勝，誠它處所未見。環城奇觀，柳柳州所謂「拔地峭堅，林立四野」。可盡大槩。然拙守但一涉歷，不欲數出游，時獨憑樓覽觀耳。

又

某輒有愚見，仰裨海嶽。前領鈞翰，其間有云：「自到江上，未見人才。」某竊以爲人才在今日誠難得其備，然而舍短取長，隨才而用，則恐所至亦不容無，而況通都大府乎！甘苦燥冷，惟良醫所擇，叉負偃植，惟大匠所施。伏惟鈞慈洪取人之方，酌采葑之義，庶幾片善寸長，盡歸掄選。又惟樞密高明傑出之資，人之有長，固未易進于前，儻非虛心降己，不忽隱微，懇惻敦篤以招來之，則非惟抱實能者有所不能盡察，而懷高見者彼亦烏肯自售哉！某之區區，以爲天下事要須衆力共濟，乃可有成。伏惟樞密負天下之望者也，故依鄉祈望之切，而不自知其僭越，伏紙皇恐之至。

寄周子充尚書

垂諭或謂人患不知道，知則無不能行。此語誠未完。知有精粗，行有淺深。然知常在先，固有知之而不能行者矣，未有不知而能行者也。語所謂「知及之，仁不能守之」，是知而不能行者也。所謂「知之者不如好之者，好之者不如樂之者」，是不知則無由能好而樂也。且以孝於親一事論之，自其粗者知有冬温夏凊、昏定晨省，則當行温凊定省。行之而又知其有進於此者，則又從而行之。知之進，則行愈有所施；行之力，則知愈有所進，以至於聖人。人倫之至，其等級固遠，其曲折固多，然亦必由是而循循可至焉耳。蓋致知力行，此兩者工夫互相發也。尋常與朋友講論，愚意欲其據所知者而行之，行而思之，庶幾所踐之實而思慮之開明。不然，貪高慕遠，莫能有之，果何爲哉？然有所謂知之至者，則其行自不能已，然須致知力行工夫至到，而後及此，如顏子是也。彼所謂欲罷不能者，知之至而自不能以已也。若學者以想象臆度，或一知半解爲知道，而曰知之則無不能行，是妄而已。曾晳詠歸之語，亦可謂見道體矣，而孟子猶以其行不掩爲狂，而況下此者哉！不識高明以爲如何？問及此間相從者，某邇來退縮，豈敢受徒？但有舊日士子數輩時來講問，亦不過以行遠自邇、登高自卑之方語之耳。所謂晚輩竊假先儒之論以濟其私者〔一三〕，誠如所憂。胡文定蓋嘗論此，然在近日此憂爲甚。是以使人言學之難，非是不告語之，正恐竊聞一言半句，反害事耳。要亦如玉石之易辨，即其行實，夫豈恫疑虛喝可掩哉！文定所論甚詳，備在文集中，曾見之否？

又

垂諭近世學者徇名忘實之病〔一四〕，此實區區所憂者。但因學者徇名忘實，而遂謂學之不必講，大似因噎廢食耳。後世盜儒爲害者多矣，因夫盜儒之多，而遂謂儒之不可爲，可乎？熙寧以來，人才頓衰於前，正以王介甫作壞之故。介甫之學，乃是祖虚無而害實用者，伊洛諸君子蓋欲深救兹弊也。所謂聖人誨人有先後，學者進德有次第，此言誠是也。然所謂先後次第，要須講明，譬如適遠，豈可不知路之所從？不然，只是冥行而已。至如所謂不可以聖賢自期者，則非所聞。大抵學者當以聖賢爲準，而所進則當循其序，亦如致遠者以漸而至也，若志不先立，即爲自棄，尚何所進哉？所欲言者，要須面盡。

又

垂諭子澄所疑，且云禪初不知其得失，不欲隨衆詆之。伊川未窺其閫奥，不敢以言語稱道，足見君子所存之忠信也。第以某愚見，所謂不知其得失者，要當窮究其得失果何如；未窺其閫奥者，當窮究其閫奥果何如。講論問辨，深思熟慮〔一五〕，必使其是非淺深了然於胸次，此乃致知之要，入德之方，豈可含胡閃避而已也。每竊敬歎下風，故所懷亦不復敢隱，有以見教，是所望也。

答湖守薛士龍寺正

講聞高誼之日久矣，近歲見吕伯恭、陳君舉稱説尤詳，每念瞻際，以慰此心。在省中時，亦見辭免審察文字，竊爲諸公言，致賢者之道恐不當如是。已而某亦出關，尚念取道義興，儻可一見，而又差池，徒往來于懷而已。兹辱手字，辭氣温厚，如接眉宇，重篤先契，尤所感歎。即日歲晚雨寒，伏惟撫循有相，台候萬福。某向者備數朝列，雖粗知自竭，而誠意不充，迄無以仰答明主之遇。寬恩保全，獲返先廬，惟知深自省厲，它無足軫念。聞去冬嘗以使指往淮上，想事情之實，悉得徹旒冕之前。所謂「荒田蕪於包占，經理害於無謀」，二語誠切要也。吴興下車寖久，學道愛人之志亦可少施否？某每念時事若此，良由士大夫鮮克務學之故。蓋天理之微爲難存，氣習之偏爲難矯，譬諸射者在此，有秋毫之未盡，則於彼有尺尋之差矣。自惟不敏，惕然夙夜不敢遑暇，思得良友相切磨，以庶幾乎萬一。其願見之心，誠非可以言喻也。報問之始，亦不欲只以寒暄語，惟窮理戒我心之萌〔一六〕，臨事防己意之加，充茂德業，以慰士望。伏紙拳拳。

又

諭及學校之事，此爲政之所當先也。湖學安定先生經始，當時作成人才，亦可謂盛矣。聞欲招陳君舉來學中，此固善，但欲因程文而誘之讀書，則義未正。今日一種士子，將先覺言語耳剽口誦，用爲進取之資，轉趨於薄，此極害事。若曰於程文之外，明義利之分，教導涵養，使漸知趨嚮，則善也。

又

某前年過霅上，時嘗往拜安定先生之墓，荆棘幾不通路，又墻垣頽圮，爲何人所侵，勢有可慮。某意謂宜專責教官掌管，令一家守之，正其封域，勿使侵犯。是時無可告語，今想自賢使君下車之後，已留意矣，謾及之。

答潘端叔

大抵讀經書須平心易氣，涵泳其間，若意思稍過，當亦自失却正理。要切處乃在持敬，若專一，工夫積累多，自然體察有力，只靠言語上苦思，未是也。事親之心，至親至切，古人謂起敬起孝，「起」字更須深體而用力焉〔一七〕。

答潘叔度

所諭讀書平易則簡畧放過，稍思則似做時文，固當如此省察。但所貴於平易者，謂平心易氣，優游玩味其旨，正非簡畧放過也。若夫家庭間事，於已見有阻礙，其間曲折萬端，乃是進修深切處，大要返求吾身而已矣。

與顔主簿

竊觀左右論程氏、王氏之學，有兼與而混爲一之意。此則非所敢聞也。學者審其是而已。王氏之説皆出於私意之鑿，而其高談性命，特竊取釋氏之近似者而已。夫竊取釋老之似，而濟之以私意之鑿，故其横流，蠹壞士心，以亂國事，學者當講論明辨而不屑焉可也。今其於二程子所學不翅霄壤之異，白黑之分，乃欲比而同之，不亦異乎？願深明義利之判，反求諸心，當有不待愚言之辯者，惟深察焉。

答吴晦叔

垂諭太極之説。某妄意以爲太極所以形性之妙也，性不能不動，太極所以明動静之藴也。極乃樞極之義，聖人於易特名「太極」二字，蓋示人以根柢，其義微矣。若只曰性而不曰太極，則只去未發上認之，不見功用，曰太極則性之妙都見矣。體用一源，顯微無間，其太極之藴歟！所謂「太極天地之性」，語意亦未圓，不若云天地亦形而下者，一本於太極。又曰「惟其有太極，故生生而不窮」，夫生生不窮，固太極之道然也。所云「一陰一陽之謂道，繼之者善也」，不若云有太極則有兩儀，生生而不窮焉。言其如此則曰性，言其如此則曰太極，似亦不必如此説。又曰「惟天地及人具此大本」，亦有病。人仁則太極立，而天地之大，萬物之多，皆吾分内耳。詩曰：「予懷明德，不大聲以色。」明德固是心之德，然不可只斷了便休，須要教分明。明之云者〔一八〕，自明也。更默體之，當見有味。

又

近玩味已發未發於日用間，甚覺顯焕，周子誠通誠復之説極有理也。伯逢書來，亦説及善不足以名之之説，某所答曾見否？大抵當時知言中如此説，要形容人生而静以上事却似有病。故程子云：「天命之謂性，人生而静以上更不容説，才説性時便已不是性。凡人説性，只是説得繼之者善也。」此猶云天下之言性者〔一九〕。斯言最爲盡之。蓋性之淵源，惟善可得而名之耳。晦叔意如何？數日來看龜山集，乃知前輩所造如龜山輩，未易輕議也。

又

仁右道左之説，伊川所以有取者，亦嘗思之。仁字對道字而言，乃是周流運用處。右爲陽，而用之所行也；左爲陰，而體之所存也。仁者天下之正理，此言仁乃天下之正理也。天下之正理而體之於人，所謂仁也。若一毫之偏，則失其正理〔二〇〕，則爲不仁矣。道也者，不可須臾離也，可離非道也。道無往而不存。遺書中所謂道外無物，物外無道，即父子而父子在所親，即君臣而君臣在所敬是也，如何離得？人之所以不能體道者，以人爲之私蔽之也。人雖蔽於私，不能與道爲一，然道實未嘗離也。明道與韓持國論克己一段，反復此意甚詳，所宜深味耳。辱垂問，據鄙意言之，要非尺紙可盡，未知是否，却幸見諭。

又

前蒙録寄所答元晦書，得詳讀，甚幸。所謂知之在先，此固不可易之論。但只一箇

「知」字，用處不同，蓋有輕重也。如云「知有是事」則用得輕，「匹夫匹婦可以與知」之類是也；如說「知底事」則用得重，「知至至之」之知是也。在未識大體者且當據所與知者爲之，則漸有進步處。工夫若到，則知至〔一二〕，知至矣。當至之，知終矣，當終之，則工夫愈有所施而無窮矣。所示有云「譬如行路，須識路頭」，誠是也；然要識路頭，親去路口尋求方得，若只端坐於室，想像跂而曰「吾識之矣」，則無是理也。元晦所論知字，乃是謂知至之知。要之，此非躬行實踐則莫由至。但所謂躬行實踐者，先須隨所見端確爲之，此謂之知常在先則可也。撥冗，殊不逮意，更幸悉察。

又

在中之說，鄙意正爾，幸於此涵養焉。元晦太極之論，太極固是性，然情亦由此出，曰性情之妙，似亦不妨。如知言「粹然天地之心」，心字有精神。觀其下文云「道義完具，無過無不及」，固是指性，然心之體具於此矣。伊川謂心一也，有指體而言，有指用而言，而又以喜怒哀樂未發爲寂然不動者也〔一三〕，幸更於此深思焉。太極之說，某欲下語云：易也者，生生之妙也；太極者，所以生生者也。曰易有太極，而體用一源可見矣，不識如何？某向來答元晦中庸之說，後見所示疑處往往有同者，今録呈。渠又有分中庸章句一紙，欲寄呈，偶尋未見。大畧某書中所答者可見矣。明道先生爲條例司屬官，乃是介甫初爲參政時，正欲就其中調護變化之也；後來見他執拗不可回，爲天下害，故在臺中力論之，無非中節也。介甫與人雖是如此不同，畢竟稱其忠信，此可見當時所以調護變化之者，亦無所不盡其誠矣。

又

反復其道，正言消長往來乃是道也。程子所謂聖人未嘗復，故未嘗見其心。蓋有往則有復。以天地言之，陽氣之生，所謂復也，固不可指此爲天地心。然於其復也，可見天地心焉。蓋所以復者是也，其在人，有失則有復。復，賢者之事也，於其復也，亦可見其心焉。若夫聖人生知純全，無俟乎復，則何所見其心焉？妄意，未知是否。

又

近季隨寄「勿齋」隸字并諸詩來，某報之以題榜既設，所冀顧名思義，惟日孜孜焉而後可，因見時警策之幸也〔一三〕。再玩所爲詩，語意固佳，但如「雲潰窗涵月，春回木放花」，只説得克後意味，却於「勿」處少力。觀顔子「請問其目」，而孔子所以告之者正是告克己之目。顏子請事乎此，乃萬世標準，學者但當深告以「勿」字工夫，工夫到後，自會見得。若遽只説克後意味，又恐使之只貪想象之見，工夫滅裂耳。此亦不敢不告，非惟告人，在我所當謹也。

又

樂記「人生而静」一章曰「静」，曰「性之欲」，又曰「人欲」。静者，性之本然也。然性不能不動，感於物則動矣，此亦未見其不善，故曰「性之欲」，是性之不能不動者然也。然因其動也，於是而始有流爲不善者。蓋物之感人無窮，而人之好惡無節，則流爲不善矣，至此則豈其性之理哉，一己之私而已。於是而有人欲之稱，對天理而言，則可見公私之分矣。譬諸水，泓然而澄者，其本然也，其水不能不流也，流亦其性也；至於因其流激，汩於泥沙，則其濁也，豈其性哉！

又

某已作書，偶復檢得舊書一紙，今併報去。夫子答子路、子貢管仲之問，愚意以爲子糾之立非正，管仲可以不死；然其初之從糾，知其不正而從之，蓋亦非矣。其不死於糾而從桓，僅比於背君從讐者爲免耳，非無歉於義也。二子於此，其必講之明矣。夫子但稱其救世之功，問其仁而獨稱其事功，則其於仁也亦可知矣。然使其果爲背君而從讐也，則雖事功亦不足稱矣。抑揚與奪固備於此，更幸詳之。以朱温系統，通鑑亦然，蓋於紀事有不得已焉耳。方其時，正統無所屬，而彼實承唐之後以有中原，則紀史事者烏得而不系之？亦非爲其所成者大也。茗貨之事，亦嘗思之，未得完策，幸更爲精博詢訪評論見告，必有至當之説也。

又

累書皆有所講評，冗迫久未及報。然亦嘗思之，今謾布一二。黄老之學流入於刑名，蓋其翕張取與之意，竊弄造化之機，故其流爲刑名。若陰符經之説，已可見刻薄之意露矣。「天生德於予」，不言命而言德，亦猶「天之將喪斯文」，稱斯文也。蓋其理是如此，聖人之言自爾渾全。若着「自任」兩字，恐却於夫子氣象有所未合耳。井有仁之説，近來思之，當從明道先生説。舊解論語，比更定已六七篇矣。「中虚信之本」，謂信之所以有也；「中實信之質」，謂信之體質也。忠信可以蹈水火，只是言有此理耳，如必欲摭事而言，則宋共姬逮乎火，是固忠信之所行也。「知我者其天乎」，蓋理之不二也，謂常人一念之形，天地知之，似亦無害。蓋自不可掩，非謂天地有尸之者而能知也。忽忽署及大槩，更幸詳之，却以見教。

校勘記

〔一〕某幸安湘濱　「某」，宋本作「栻」。

〔二〕得樞密錄本傳遠　「錄」，原作「録」，據宋本改。

〔三〕生生之謂易至行乎其中矣　以上十八字原無，據宋本補。

〔四〕而此數卷之書　「之」，原作「中」，據宋本改。

〔五〕某效職于此　「某」，宋本作「栻」。

〔六〕詳細紬繹　「紬」字原無，據宋本、四庫本補。

〔七〕帥司先利夫出剩銀之得　「帥」，原作「師」，據宋本、四庫本改。

〔八〕某承乏遠藩　「某」，宋本作「栻」。

〔九〕疲於道路　「疲」，原作「瘦」，據宋本改。

〔一〇〕某少意冒稟鈞聽　「某」，宋本作「栻」。

〔一一〕伏乞鈞察　「乞」字原無，據宋本補。

〔一二〕某近因到一巖穴中　「某」，宋本作「栻」。「穴」，原作「空」，據宋本改。

〔一三〕所謂晚輩竊假先儒之論以濟其私者　「竊」字原無，據宋本補。

〔一四〕垂諭近世學者徇名忘實之病　「垂」，原作「重」，據宋本改。

〔一五〕深思熟慮　「慮」，宋本作「復」。

〔一六〕惟窮理戒我心之萌　「我」，宋本作「成」。

〔一七〕起字更須深體而用力焉　「起字」二字原無，據宋本補。

〔一八〕明之云者　「明」字原無，據宋本補。

〔一九〕此猶云天下之言性者　「云」，宋本、四庫本作「是」。

〔二〇〕則失其正理　「正」字原無，據宋本補。

〔二一〕則知至　「知至」二字原無，據宋本補。

〔二二〕而又以喜怒哀樂未發爲寂然不動者也　「而」字原無，據宋本補。

〔二三〕因見時警策之幸也　「因見」，原作「見因」，據宋本、劉本、四庫本乙。

南軒先生文集卷第二十

書

答朱元晦秘書

示及諸君操舍出入之説，吕子約所論病痛頗多，後一説亦頗得之〔一〕，然其間似未子細。按孟子此章首以牛山之木爲喻，又以夜氣爲説，而引孔子之言爲證，以明人之不可不操而存也。心本無出入，然操之則在此，舍之則不在焉。方其操而存也，謂之入可也，本在内也。及其舍而亡也，謂之出可也。非心出在外，蓋不見乎此也。無時者，言其乍入乍出，非入則出也，莫知其所止也。此大概言人之心是如此，然其操之則存者，是亦可見心初未嘗有出入也。然則學者其可不以主一爲務乎？吕子約之説既誤以乍存乍亡爲感之用，而後説如謂心之本體不可以存亡言，此語亦未盡。存亡相對，雖因操舍而云，然方其存時，則心之本體固在此，非又於此外别尋本體也。子約又謂當其存時，未能察識而已遷動，是則存是一心，察識又是一心，以此一心察彼一心，不亦膠擾支離乎？但操之則存，操之之久且熟，則天理寖明，而心可得而盡矣。

又

某向來有疑於兄辭受之間者，非它也，意謂若其初如伯恭之説，承當朝廷美意，受之可也；後來既至于再，至于三，守之亦云固矣，非尋常辭官者比也。若只是朝劄檢舉不許辭免指揮行下，則是所以辭之之義竟未得達于君前而被君命也。若君命不許辭而使之受，則或可耳。今初未嘗迫於君命也，忽復受之，恐於義却未盡。不知劉樞曾如此報去否？

又

示以所定祭禮。私心亦久欲爲之，但以文字不備，及少人商量。今得來示，考究精詳，甚慰。論議既定，須自今歲冬至行之乃安。但其間未免有疑，更共酌之。古者不墓祭，非有所略也，蓋知鬼神之情狀不可以墓祭也。神主在廟，而墓以藏體魄。體魄之藏而祭也，於義何居，而烏乎饗乎？若知其理之不可行，而徇私情以强爲之，是以僞事其先也。若不知其不可行，則不知也。人主饗陵之禮始於漢明帝，蔡邕蓋稱之，以爲盛事，某則以爲與原廟何異？情非不篤也，而不知禮。不知禮而徒徇乎情，則隳廢天則，非孝子所以事其先者也。某謂時節展省，當俯伏拜跪，號哭掃灑省視，而設席陳饌，以祭后土於墓左可也。此所疑一也。祭不可疏也，而亦不可數也。古之人豈或忘其親哉？以爲神之之義或黷焉則失其理故也。良心之發，而天理之安也。時祭之外，冬至祭始祖，立春祭先祖，季秋祭禰，義則精矣。元日履端之祭亦當然也。而所謂歲祭節祠者，亦有可議者乎。若夫其間如中元，則甚無謂也。此端出於釋氏之説，何爲徇俗至此乎？此所疑二也。大抵今日之定祭儀，蓋將祭之以禮者。苟無其理，而或牽於私情，或狃於習俗，則庸何益乎？鄙見不敢隱，更幸精思，却以見教，庶往復卒歸於是而已。至於設席升降節文，皆甚縝密穩當，它日論定，當共行之，且可貽之同志，非細事也。

又

近伯逢方送所論「觀過」之説來。某前日洙泗言仁中亦有此説〔二〕，不知如何？大抵以此自觀，則可以察天理人欲之淺深；以此觀人，亦知人之要也。岳下諸公尚執前説，所謂簾窺壁聽者，甚中其病耳。伯恭昨日得書，猶疑太極説中體用先後之論，要之須是辨析分明，方真見所謂一源者。不然，其所謂一源，只是臆度想象耳。但某意却疑仁義中正分動靜之説，蓋是四者皆有動靜之可言，而靜者常爲之主，必欲於其中指二者爲靜，終有弊病。兼恐非周子之意。周子於主靜字下注云「無欲故靜」，可見矣。如云仁所以生，殊覺未安。生生之體即仁也，而曰仁所以生，如何？周子此圖固是毫分縷析，首尾洞貫，但此句似不必如此分。仁義中正，自各有義，初非混然無別也。更幸見教。

又

「中」字之説甚密，但在中之義，作中外之中未安，詳蘇季明再問伊川答之之語自可見。蓋喜怒哀樂未發，此時蓋在乎中也。只如是涵養，才於此要尋中，便不是了。若只説作在裏面底道理，然則已發之後，中何嘗不在裏面乎？幸更詳之。又中庸之云中，是以中形道也；喜怒哀樂未發之謂中，是以中狀性之體段也。然而性之體段不偏不倚，亭亭當當者，是固道之所存也。道之流行，即事即物，無不有恰好底道理，是性之體段亦無適而不具焉。如此看，尤見體用分明，不識何如？忠恕之説，如來諭，精義序引亦已亡疑。言仁已載往返議論于後，今録呈。所論一字，若如老子以形而下者言，則可與二三通數；若如知言指道而言，則難於復與器通數二三也。心譬之水一節，某意謂孟子只將水無有不下比人無有不善，意味極完，性情之理具矣。今將心譬之水，去水上用意，差錯許多字[三]，固不爲無義，但恐終費力耳。所論知言中餘説再三詳之，未有疑可復也。

又

「天命之謂性」，所解立言極明快；但「率性之謂道」，竊疑仁義禮智是乃道也。今云循性之仁，則有所謂父子之道，却恐費力，更幸瑩之。又如審其是非而修之，則知之教無不充之類，亦未穩當。兼此首章三語，以某所見，更須詳味伊川先生遺書中語。某亦方欲下一轉語，俟却録去求教也。在中之説，前書嘗及之，未知如何。中者性之體，和者性之用，恐未安。中也者，所以狀性之體段，而不可便曰中者性之體；若曰性之體中，而其用則和，斯可矣。

又

示及中庸首章解義，多所開發，然亦未免有少疑，具之别紙，望賜諭也。所分章句極有功，如後所分十四節尤爲分明，有益玩味。但家語之證終未安。家語其間駁雜處非一，兼與中庸對，其間數字不同，便覺害事。以此觀之，豈是反取家語爲中庸耶？又如所引證「及其成功一也」之下，有哀公之言，故下文又有「子曰」字。觀家語中一段，其間哀公語有數處，何獨於此以「子曰」起之耶？某謂傳世既遠，編簡中如「子曰」之類，亦未免有脱畧。今但當玩其辭氣，如明道先生所謂致與位字非聖人不能言，子思蓋傳之耳。此乃是讀經之法。若必求之它書以證，恐却泛濫也，不知如何？又如云此一節明道之隱處，此一節明道之費處，亦恐未安。君子之道費而隱，此兩字減一箇不得。聖人固有説費處、説隱處，然亦未嘗不兩具而兼明之也。未知如何？

又

按固陵録，游公元符三年十月庚戌除監察御史，今已改定。「攷其言行而泝師友之淵源，體之吾身而明義理之正當」，下句中字固有未安。元晦欲作「即其所至而益求其所未至」，恐亦未安。蓋方建祠作記，使學者知所景慕，而遽云求其所至，則語意似迫露，學者將未能識其所至，而遽指其所未至，在薄俗不得不防其然也。今更定云「即其所至而益究夫問學之無窮」，則可見向上更儘有事，意味似長也，不知如何？

又

仁之説，前日之意蓋以爲推原其本，人與天地萬物一體也，是以其愛無所不至，猶人之身無尺寸之膚而不貫通〔四〕，則無尺寸之膚不愛也。故以「惟公近之」之語形容仁體，最爲親切。欲人體夫所以愛者，言仁中蓋言之矣，而以所言愛字只是明得其用耳。後來詳所謂愛之理之語，方見其親切。夫其所以與天地一體者，以夫天地之心之所存，是乃生生之藴，人與物所公共，所謂愛之理者也。故探其本則未發之前，愛之理存乎性，是乃仁之體者也；察其動則已發之際，愛之施被乎物，是乃仁之用者也。體用一源，内外一致，此仁之所以爲妙也。前日所謂對義禮智而言，其發見則爲不忍之心者，非謂義禮智與不忍之心均爲發見，正謂不忍之心合對義禮智之發見者言，羞惡辭遜是非之心是也。今再詳不忍之心，雖可以包四者，然據文勢對乾元坤元而言，恐只須曰：統言之，則曰仁而已可也。或云天地之心，其德有四云云，而統言之，則元爲善之長。人之心，其德亦有四云云，而統言之，則仁爲人之心，如何？前日所謂元之義，不專主於生物者，疑只云生物，説生生之意不盡，今詳所謂生物者，亦無不盡者矣。在中之義，程子曰：喜怒哀樂未發，只是中也。蓋未發之時，此理亭亭當當，渾然在中，發而中節，即其在中之理，形乎事事物物之間而無不完也，非是方其發時，别爲一物以主張之於内也。情即性之發見也，雖有發與未發之殊，而性則無内外耳。若夫發而不中節，則是失其情之正而淪其情之理。然能反之則亦無不在此者，以性未嘗離得故也。不識如何？

又

觀所與廣仲書，析理固是精明，亦可謂極力救拔之矣，然言語未免有少和平處。謂當循前人樣轍，言約而意該，於緊要處下鍼。若聽者肯思量，當自有入處；不然，我雖愈極力，彼恐愈不近也，如何如何！比見報，承有改秩崇道之命，竊計自有以處之矣。兩日從共甫詳問日用間事，使人歎服者固多，但以鄙意觀之，其間有於氣稟偏處，似未能盡變於舊。蓋自它人謂爲豪氣底事，自學者論之，只是氣稟病痛。元晦所講要學顏子，却不於此等偏處下自克之功〔五〕，豈不害事！願以平時以爲細故者作大病醫療，異時相見，當觀變化氣質之功。重以世衰道微，吾曹幸聞此理，不可不力勉也。有如孤陋，正望切磋之益焉。此外尚有一二事可疑，此便頗速，俟後訊詳列。

又

某近年以來〔六〕，竊見尊兄往來書問之間，講論知見甚異疇昔，每用敬歎，且因得以開益其愚陋者固非一端，獨恨相去之遠，顧以未得詳日用間事爲念。蓋子路有聞，未之能行，惟恐有聞，古之人於其知見之進，則又顧其躬之所履，每患其不及，而惟懼其有所偏焉，故能日新而不疚。此某所以亟欲詳聞用工進德之實，以爲相觀而善之益也。幸共甫之來，可以詢問，則首訪而盡請焉，得之共甫者亦多矣，其所以慰鄙心而增歎仰者固不用言。獨其間有使人不能無疑者，切切偲偲之義，則在所不敢默也。聞兄在鄉里，因歲之歉，請於官得米而儲之，春散秋償，所取之息不過以備耗失而已，一鄉之人賴焉，此固未害也。然或者妄有散青苗之譏，兄聞之，作而曰：「王介甫所行，獨有散青苗一事是耳！」奮然欲作社倉記以述此意。某以爲此則過矣。夫介甫竊周官泉府之説，强貸而規取其利，逆天下之公理，而必欲其説之行，用奉行之小人，而必欲其事之濟，前輩辯之亦甚悉矣，在高明固所攷悉，不待某一二條陳，而其與元晦今日社倉之意，義利相異者固亦曉然。度元晦初亦豈有所取乎彼哉，特因或者之言有所激作，遂欲增加而力主其事，故併以介甫之爲亦從而是之。是乃意之所加，不自知其偏者也。譬之有人焉於此，執權以稱物之輕重，初未至於偏也，或指而告之曰「此爲重矣」，執權者主其説曰：「吾猶覺此之輕也！」於是復就其所指之處增之使重，而其偏始甚矣。且元晦謂介甫青苗爲可取者，以其實之可取乎，抑以其名之可取乎？以其實則流毒天下，固有顯效；以其名則不獨青苗，凡介甫所行，其名大畧皆竊取先王之近似者，非特此一事也。竊取之名而何取乎？且介甫自以其爲鄞縣嘗貸穀而便於民，故以謂可行於天下。執一而不通天下之務，立法無其本，用法無其人，必欲其説之行，故舉天下之異己者盡歸之流俗，於是來合其説者無非趨附之小人。既欲其事之濟，則用其説之合者，小人四出，以亂天下，其勢則然也。介甫初亦用程明道及吕晦叔輩，其意豈不用賢，而以其天資視吕惠卿之徒爲何等哉？惟其欲其説之濟，故擯異而用同，卒至棄仁賢而任羣小也。今元晦見吾行社倉於一鄉爲目前之便，而遂以介甫之事爲有可取，無乃與介甫執鄞縣所爲而遽欲施之於天下者相類乎？似不可不周觀而深察也。比雖爲一事，然明者胸中因人激作而爲之增加斤兩，以至於偏，則懼其有害耳〔七〕。又來者多云會聚之間，酒酣氣張，悲歌慷慨，如此等類，恐皆平時血氣之習未能消磨者，不可作小病看，前書亦嘗畧及之矣。某每念人心易偏，氣習難化，君子多因好事上不覺乘快偏了，若曰偏則均爲偏耳。又慮元晦學行爲人所尊敬，眼前多出己下，平時只是箴規它人，見它人不是，覺己是處多，它人亦憚元晦辨論之勁，排闢之嚴，縱有所疑不敢以請，深恐諛言多而拂論少，萬有一於所偏處不加省察，則異日流弊恐不可免。念世間相知孰踰於元晦，切磋之義，其敢後於它人！况某之不肖〔八〕，朝夕救過不暇，正有望於藥石之言，是亦求教之一端也〔九〕，惟深察焉！

又

某幸粗安〔一〇〕，日往城南水竹間翻閲簡編〔一一〕，或遂與一二士留宿〔一二〕，頗多野趣，不覺伏暑之度。惟是歲月易徂，每懷學不足之憂耳。共甫甚得此方人情，然所以望之者，固不宜少不滿也。開府之初，舉動多慰人意，其樂義之風亦不易得耳。前書所講及與岳前諸友書，於鄙意大抵無可疑。仁説，岳前之論甚多，要是不肯虛懷看義理。某近爲説以明之，亦只是所論之意却似稍分明，今録呈。其間有未安處，某昨得晦叔書，却肯相信，更俟相見與面剖也。

又

來書披玩再四，所以開益甚多。所謂愛之理發明甚有力，前書亦畧及之矣。區區並見別紙，嗣有以見告是幸。中庸所引家語之證，非是謂家語中都無可取，但見得此章證得亦無甚意思，俟更詳之。所改定本，亦幸早示，得以攷究求教。克齋銘讀之無可疑者，但以欠數句説克己下工處如何。敬齋箴皆當書之坐右也。洙泗言仁中「當仁不讓於師」之義，舊已改，「孝悌爲仁之本」、「巧言令色鮮仁」之義，今亦已正，并序中後來亦多換，却納一册去上呈。所謂「觀書當虛心平氣，以徐觀義理之所在，如其可取，雖世俗庸人之言有所不廢，如有可疑，雖或傳以爲聖賢之言，亦須更加審擇」，斯言誠是也。然所謂虛心平氣者，豈獨觀書當然？某既已承命〔一三〕，而因敢復以爲獻也。某近作一拙齋記，并録往，幸爲删之。

安國所寄書册今附去，數見别紙。石屏一枚似勝前，如何？共父之勢，想必此來，異時却易得便，第未知再見之日，懷向殊不勝情耳。中庸集解侯更整頓小字，欲盡移作大字，又恐其間逐句下有解釋，難移向後。侯師聖之説多可疑，然亦有好處也。魏元履，栻兩次作書託虞丞附去，不知何故不達，來諭皇恐，豈有此哉。今復有數字往問其疾，且謝之也。子飛家事聞之傷心，其子之喪，恐亦宜早歸土也。

校勘記

〔一〕後一説亦頗得之　「一」，宋本、劉本、四庫本作「二」。

〔二〕某前日洙泗言仁中亦有此説　「説」，宋本作「語」。

〔三〕差錯許多字　「錯」，宋本作「排」。

〔四〕猶人之身無尺寸之膚而不貫通　「尺」，宋本、劉本作「分」，下同。

〔五〕却不於此等偏處下自克之功　「於」，原作「與」，據宋本、劉本、四庫本改。

〔六〕某近年以來　「年」，宋本作「日」。

〔七〕則懼其有害耳　「其」，宋本作「甚」。

〔八〕況某之不肖　「肖」，宋本作「敏」。

〔九〕是亦求教之一端也　「也」字原無，據宋本補。

〔一〇〕某幸粗安　「某」字原闕，據宋本、劉本、四庫本補。

〔一一〕日往城南水竹間翻閱簡編　「日」字原闕，據宋本、劉本、四庫本補。

〔一二〕或遂與一二士留宿　「士留」二字原闕，據宋本、劉本、四庫本補。

〔一三〕某既已承命　「某」，宋本作「栻」。下同。

南軒先生文集卷第二十一

書

答朱元晦秘書

共父相處二年，心事儘可説，見識但覺日勝一日，亦不易得，作别殊使人關情也。君臣之義，要須自盡，積其誠意，庶幾感通。其間若有一絲毫未盡[一]，則誠意已分，烏能有動乎？孟氏敬王之義，所當深體也。所寄諸説亦畧觀大槩，林擇之思慮甚親，可重可重！鄙意有欲言者不敢隱，容後便一一寫去，共講論也。近來此間相識，却是廣仲、晦叔甚進，德美，已入書院。生徒十五六人，但肯專意此事者極難得耳。

又

辱示書，并見所與共甫書論校正二先生集事備悉，然有説焉。前次所校已即爲改正七八，後來者雖嘗見，共甫云老兄又送所校來，偶應之曰：「若無甚利害，則姑存。此本乃胡氏所傳者。」既而欲取一觀，則亦因循，而共甫亦忘送來，此則不敏之過也。然豈謂胡氏本便更不可改耶？前日答兄書，猶云後來者未曾見也。答書之次日，折簡徵於共甫，而得詳觀，其間當改處甚多。方此參定，又二日，而領來教。若以爲一時答共甫之言忽而不敬，與夫因循不敏之過則可，若謂有私意逆拒人，則内省無是也。今以所校者改正近二百處矣。當時胡家本極錯，已是與諸公校過，常恨此間無别本，得兄校正，甚幸。如定性書前後語豈可無？又如辭崇政殿説書表，當在上殿劄子之後，此極精當，能發明先王正大之體，有益於後學。然其間有鄙意所未安，以爲不當改者，亦不敢曲從，如必欲以泝流爲沿流，猶子爲姪是也。沿乃是循流而下，更無别説，泝流窮源，則可見用力底氣象也，試嘗思之。稱兄弟之子爲姪，無他義，只是相沿稱耳；稱猶子，猶或庶幾焉。當時先生此兩處稱猶子，亦復何害？若謂是文定改此兩處，則胡爲他處不改也？若此等却望兄平心易氣以審其是非焉。已作簡共甫，并亦時有數字注在所校卷子中，想共甫須送往。尚有欲改及可見告者，毋惜，却簽此卷見示，庶成完書耳。栻每念斯道知之爲難；知之矣，請事之功爲難。氣習之不易消化也，而可長乎？人告之以有過則喜，此爲進步於仁，仲由所以爲百世師也，况如淺陋？得來書警策之，甚幸。嗣此無替斯義爲望，栻亦不敢有隱於左右也。讀所與共甫書，辭似如何如何？相察相正，朋友之道，吾曹當共敦之。逆詐億不信[二]，而少含弘感悟之意，殆有怒髮衝冠之象。理之所在，平氣而出之可也，如何如何？相察相正，朋友之道，吾曹當共敦之。

程先生集既有舊本可據，當不憚改，但心疑數處，亦當注「一作」於其下，所以存謙退敬讓之心。下諭敢不深領。

又

共甫之召，蓋是此間著績有不可掩，然善類屬望，在此行也。數日來，聞二豎補外，第未知所以如何。若上心中非是見得近習決不可邇，道理分明，則恐病根猶在，二豎去，復二豎生。不然，又恐其覆出爲惡。若得有見識者乘此時進沃心妙論，白發其姦，批根塞源，洗黨與一空之，然後善類朋來，庶有瘳乎！

又

復和仇虜，使命交馳，痛心痛心！陳應救時通書極知憂國，但未見所以濟之之策。□□□已去復召[三]，却又供職，所不能曉，□□□想數得相見[四]。但今日所謂正人端士固有之，惟是不知學，不敢期望以向上事業耳。湖南緣向來有位者惠姦長惡，養成郴賊，共父到，頗能明信賞罰，上下悦之。今鄂兵集者五千人，若措置得宜，當數月而定。但今時一種議論，待盗賊只知有招安，正如待仇虜只説和一般。此賊蹂踐三路，殺掠無數，渠魁豈可不殲焉？特散其黨與可耳。

郴、桂盗賊幸有平定次第，但安輯反側，撫存凋瘵，正惟匪易。如病癰疽，須消盡毒氣，使血脉貫通，方爲無事。共父甚留意。偶來告有便介，草草復附此。

又

近世議論，真所謂「謀其身則以枉尋直尺爲可以濟事，謀人國則以忘親苟免爲合於時變」。世間號爲賢者，正墮在此中，況其他哉！此風方熾，正道湮微，率獸食人，甚可懼也。吾曹但當相與講明聖學，學明於下，庶幾有正人心，承三聖事業耳。

又

論及「易與天地準」以下一章，細看惟文義聯屬處猶有所未達，方更詳之，恐有定論，幸見教。近看「和順於道德而理於義」，恐正是謂易書之義，蓋與上四句立語同，後一句乃是總括聖人作易，所謂生蓍倚數、立卦生爻，理義皆窮理盡性至命之事也，不識如何？

又

某今夏止酒〔五〕，又戒生冷，意思頗覺勝常年，一味善噉飯耳。昨見所與劉樞書，聞郡中既以再辭之狀申省，今且當謹俟之也。伯恭聞居深山間，想甚勝。向來聚生徒之多，聞亦有議之者，曾得其詳否？伯逢止酒甚勇，在渠誠爲不易也。所諭釋氏存心之說，非特甚中釋氏之病，亦甚有益於學者也，但「何有於我哉」，文義細詳之，只是謂此數者非獨有於我，正欲學者進於此也，故程子謂勉人學當如是也〔六〕。吕氏之説，誠是添字較多。若尹氏謂「人孰能若孔子者哉」，又恐以「若」字易「有」字，亦恐未安也。大意固是聖人示人以近，故以此數者自居。若曰「孰能若我」，則又恐非聖人辭氣耳。「吾有知乎哉？」尋常只承程子之説，若文勢則上一句疑辭也，下一句斷辭也，猶曰「君子多乎哉？不多也」，不識如何？

又

某幸粗安〔七〕，不敢廢學，惟相望之遠，每思講益，殊不勝情耳。近兩書中所講，再三詳之，如中庸章句中所指費隱，雖是聖人尋常亦有説費處、説隱處，然如所指，却有未免乎牽强者，恐此數段不必如此指殺。某方亦草具所見，更定異同處，俟更研究後便寫寄也。仁說如「天地以生物爲心」之語，平看雖不妨，然恐不若只云「天地生物之心，人得之爲人之心」似完全，如何？仁道難名，惟公近之，然不可便以公爲仁。又曰「公而以人體之故爲仁」，此意指仁之體極爲深切，愛終恐只是情。蓋公天下而無物我之私焉，則其愛無不溥矣。如此看乃可。由漢以來，言仁者蓋未嘗不以愛爲言也，固與元晦推本其理者異。然元晦之言，傳之亦恐未免有流弊耳，幸更深思，却以見教。

中庸集義前日人行速附去，不曾校得，後見謄本錯誤處多，想自改正也。序文更幸爲櫽括。其間有云「若横渠張先生則相與上下講論者也」，本作「合志同方者也」，不知如何？如此未穩，亦幸爲易之。劉樞再帥，此間人情頗樂之，今次奏事，所以啟告與夫進退之宜，想論之詳矣。因其迓兵行，附此一紙，它俟後訊。

又

吴晦叔八月間遂不起，極可傷惜。湘中遂失此講學之友，豈復可得！近聞已葬矣。有子方數歲也，想亦爲動懷。伯恭見報已轉對，未知所言竟云何。英州固爲病痛不小，但其去也，殊有所係，近事想悉聞之，使人憂心，不遑假寐。又伏思之，吾君勤儉之德，天必將相之，有所開悟，所恨臣下不能信以發志耳。建康屢得書，亦念歸也。其它遠書莫盡。

又

某已拜書〔八〕，偶有少事，數日來方見李壽翁侍郎申明，乞依舊法〔九〕，義米各樁穀在逐鄉都分中，曾見此文字否？此説殊當，但朝廷下諸路常平司與州郡相度，目前諸人例以爲不可行，可歎！然壽翁所條似未盡，而户部鋪法固已沮之矣。區區之意以爲可行，但須條畫詳密乃可。望兄試爲思而處之，畫項見教〔一〇〕，附此人回，幸甚！聞向來兄在鄉所措置斂散米事，今極有倫理。其間利病甚切，想究復之熟矣，顒俟顒俟。

如湘中辛卯之旱，浮徙者無數。徙者後來得歸十無二三。此説得行，當無此患。文字恐未見，録一本去。

胡明仲論語詳説雖未能的當，然其間辯説，似亦有益於學者也。有欲板行者，於兄意如何？章句或問書中所引周氏説爲誰，某未見此書也。再三思或問所條析，誠恐前輩説中偏處有誤後學，不可以不辯。但一一辯析，恐未能盡，又似太費力，只舉其大者與其條目使人推尋之，如何？然前所寄數紙詳讀，又於愚慮所益固已不少，恨未得盡見之也。蓋其間非獨可正一事一義，於其立言病痛來歷處究極之甚精也。

又

畫僧只是一到城南經營，即爲劉樞閉在湘。春作圖帳，到今未出兩紙，只是想像摹寫，得其大都，其間有欠闕及未似處，今且送往，他時別作得重寄也。書樓山齋方治材未立，南阜未有屋，須他年屋成，即謂之蒼然觀耳。書樓欲藏數百卷書，及列諸先生像，此二字亦求兄寫〔一一〕，當不惜也。

又

向來略有疑於辭受之際者，無他，只爲既已堅辭，後來只是堂中檢坐不許辭免指揮，未曾再被君命，疑以爲未可也。今承來諭，蓋已備曉。但某尋常或慮兄剛厲之過〔一二〕，今寬裕乃爾，足見矯揉之功也。夷、齊事舊承用五峰之説，謂夷、齊讓國，故見伐國事不是，不食周粟，在夷、齊身分上當然，是能全其清者也。因論及，細思之，非謂前日已曾如此，今日更不得如彼，只是清者之見自如此耳，如何？中庸章句如「道不遠人」章，文義亦自有疑，此便即行，容續條去。所謂欲作一略解，甚善。某近來看論語諸書，文義間時亦覺平易中有味處。病後醫者戒以少作文字，未欲下筆。冬間有可求教者，旋寫去。盍簪之樂，時見夢寐，未知何日果遂耶？馳想馳想！

又

胡廣仲一病遂不起，極可傷惜。渠氣本弱，忽苦腿髀之疾，醫者謂腎氣有餘以甘，遂瀉之，自此泄利不止，百藥無効，經月竟至此。弟弱子稚，尤可念。渠邇來雖肯講論，終是不肯放下。病中過此，猶爲及此意。然胡氏失之，亦甚害事也。元履家事如何？某寄賻儀等去已久〔一三〕，都未得其子回信，不知已達否？晦叔在岳下無過，從欲決意來城中，要是渠自當離却婦翁家乃是。伯逢月初已赴江東任。諸公近來無甚講論，德美却來數日，終未能近思也。士子輩間有好資質肯向學者，更看長遠如何，此亦告之以循序務本而已。近來讀繫辭，益覺向者用意過當，失却聖人意脉。如横渠亦時未免有此耳。詩解諸先生之説盡編入，雖是覺泛，又恐學者須是先教如此考究，却可見平淡處耳，如何？

又

某幸如昨〔一四〕，但自家弟赴官，極覺離索之思耳。日夕不敢廢學，第覺向來語言多且易，只欲且做工夫。讀所寄來伊川先生簡語，尤用悚然，不知尊兄意如何？每玩來書，未嘗無警益，愈恨相去遠，未得聚首耳。中庸義遡來細讀，自「誠者天之道」以下尤覺所解有功，前面於鄙意尚多疑處，今復旋具呈。子重編集解，必經商量刊成，願早得之，此書極有益也。傳心閣銘序語誠贅，删之甚佳。尤溪學記此本勝前，前本大抵意不甚達耳。某近爲邵州作復舊學記，其間論小學、大學意，偶亦相類，録呈。今猶未刻〔一五〕，有可見教，尚冀速示也。岳麓書院遡來却漸成次第。向來邵懷英作事不着實，大抵皆向傾壞，幸得共父再來，今下手葺也。書院相對案山〔一六〕，頗有形勢，屢爲有力者睥睨作陰宅。昨披棘往看，四山環繞，大江横前，景趣在道鄉碧虛之間，方建亭其上，以「風雩」名之，安得杖屨來共登臨也？它幾以道義自重。

又

知言疑義，反復甚詳，大抵於鄙意無甚疑，而所以開發則多矣。其間數段謹録呈。今自寫出再看，又覺此內亦有不必寫去者，亦且附往〔一七〕。論語仁說，區區之意，見學者多將仁字做活絡揣度，了無干涉，如未嘗下博學、篤志、切問、近思工夫，便做「仁在其中矣」想像，此等極害事，故編程子之説，與同志者講之，庶幾不錯路頭。然下語極難，隨改未定。方今録呈，亦俟諸老行寄去。讀史管見當併往，近看此書，病敗不可言。其中間有好處，亦無完篇耳。看元來意思，多是爲檜設。言天下之理，而往往特爲譏刺一夫，不亦隘且陋乎？編通鑑綱目極善。以鄙見，每事更采舊史尤佳，恐通鑑亦有所闕遺耳。它懷併須後訊。

又

比聞刊小書版以自助，得來諭乃敢信。想是用度大段逼迫，某初聞之〔一八〕，覺亦不妨，已而思之，則恐有未安者，來問之及，不敢以隱。今日此道孤立，信向者鮮，若刊此等文字，取其贏以自助，切恐見聞者别作思惟，愈無靈驗矣。雖是自家心安，不恤它説，要是於事理終有未順耳。爲貧之故，寧别作小生事不妨。此事某心殊未穩，不識如何。見子飛，説宅上應接費用亦多，更深加撙節爲佳耳，又未知然否？

又

晦叔留此旬餘，備詳動止，繼而游掾來，亦能道近況，欣釋爲多。見前後與諸人論操舍出入之説，剖析極子細，最後答游掾之語尤完。吕子約雖知聖人此四句正是論心，然未能明别其間始終真妄邪正之所歸，故遂指其乍存乍亡爲感用，此其差亦不小，來示似未以此告之耳。近因游掾來，理會出入字，有答之之語，録呈，未知尊意何如。「易與天地準」章，後來愚意亦近是，然不如來説之詳明，更不寫去。近來士人雖亦有漸向裏者，然往往爲邪説引取，大抵是不肯於鈍遲處下工，要求快便，故差錯耳。蘄州之説淺陋，不足動人，自是伯諫天資低所致。若臨川□□〔一九〕，其説方熾，此尤可慮者。吾曹惟當務勉其在己者，若立得無一毫滲漏，則自是孚信，有非口舌所能遽挽回也。伯恭已造朝，兩得書，聞上聰明，肯容直言，但陰盛陽微，未見復亨之象耳，奈何奈何？

又

某食飲起居皆幸已復舊〔二〇〕，向來且欲完養，此數日方出報客。城南亦五十餘日不到，昨一往焉，緑陰已滿，湖水平漫，亦復不惡。方於竹間結小茅齋，爲夏日計，雨潦稍定，即挾策其間也。嘗令畫圖，俗工竟未能可人意，俟勝日自往平章之，方得寄往耳。伯恭近專人來講論詳細，如此朋友，真不易得。但論兄出處，引周之可受之義，却似未然。又向來聚徒頗衆，今歲已謝遣，然渠猶謂前日欲因而引之以善道。某謂來者既爲舉業之故，先懷利心，恐難納之於義。大抵渠凡事似於果斷有所未足耳。游誠之資質確實〔二一〕，有志世故，心實愛之，但正宜爲學，不然，恐未免爲才使。今歸，必首去求見，某以乍出，人事頗多，姑遣此紙，早晚樞帥又自有人行也。孟子解渠却録未畢，樞帥處却將寫了，當衹封呈。餘幾爲道自重。

校勘記

〔一〕其間若有一絲毫未盡 「其」，宋本、劉本、四庫本作「是」。

〔二〕辭似逆詐億不信 「似」，宋本作「以」。

〔三〕□□□已去復召 「已」上，宋本闕三字，今以方空代之。

〔四〕□□□想數得相見 「想」上，宋本闕三字，今以方空代之。

〔五〕某今夏止酒 「某」，宋本作「栻」。

〔六〕故程子謂勉人學當如是也 「故」，原作「政」，據宋本、劉本、四庫本改。

〔七〕某幸粗安 「某」，宋本作「栻」。下同。

〔八〕某已拜書 「某」，宋本作「栻」。

〔九〕乞依舊法 「乞」，四庫本作「祈」。

〔一〇〕畫項見教 「項」，原作「頃」，據宋本改。

〔一一〕此二字亦求兄寫 「二」，原作「一」，據宋本、劉本、四庫本改。
〔一二〕但某尋常或慮兄剛厲之過 「某」，宋本作「栻」。下同。
〔一三〕某寄賻儀等去已久 「某」，宋本作「栻」。
〔一四〕某幸如昨 「某」，宋本作「栻」。下同。
〔一五〕今猶未刻 「猶」，原作「又」，據宋本、劉本、四庫本改。
〔一六〕書院相對案山 「案」，宋本、劉本、四庫本作「按」。
〔一七〕亦且附往 「且」，原作「宜」，據宋本改。
〔一八〕某初聞之 「某」，宋本作「栻」。下同。
〔一九〕若臨川□□ 「川」下，宋本闕二字，今以方空代之。
〔二〇〕某食飲起居皆幸已復舊 「某」，宋本作「栻」。
〔二一〕游誠之資質確實 「游」字原無，據宋本補。

南軒先生文集卷第二十二

書

答朱元晦

通鑑綱目，想見次第甚有益於學者也。垂諭胡致堂所論五王不誅武后事，偶無别本在此檢得，然亦大綱記得。其説武氏誠當誅，畢竟既立其子，難誅其母，如來教所云。至於予奪輕重之間，不過告於唐家宗廟，廢置幽處之耳。然以中宗之昏庸，其復之如反手耳，亦豈是長策？以某愚見〔一〕，五王若有伊周之見，則當時復唐家社稷，何必須立中宗？中宗雖是嘗爲武后所廢，然嘗欲傳位與后父，是其得罪宗廟，不可負荷，已自著見。五王若正大義，於唐家見存子孫中公選一人，以承天序，告於宗廟，誅此老媪，則義正理順，唐祚有太山之安矣，試思之如何？「不復夢見周公」章，恐只當從程子之説，夢寐之間，亦思念周公之事，如見其人，然猶云見堯羹牆之類也。若謂真見周公於夢，周公不可見而見之，夢而有妄，恐非聖人之心也。若傳説，却是世上真有箇傳説，非妄也。「何有於我哉」，某後來只改作「何獨我有之」之意，程子所謂使學者勉進乎此者也。若如向來所謂尹子之説「孰能若孔子者哉」，終恐非聖人辭氣耳。近晦叔理會「久假而不歸，烏知其非有」，謂雖使其久假不歸，亦懵不知非己物。某恐孟子之意，爲此言却是開其自新之路，曰烏知其非己有也，謂至其能久假而不歸，雖未敢便謂其能有之，亦安知其非己有乎？辭氣蓋完全也，如何？九月間，曾拜書送城南圖，并録小詩去，且求書樓大字，不知曾達否？都不見來書説及耳。書樓已成，只是三間，字稍大於月榭可也，願早得之。牛、李所争維州事，當如何處置？温公之説然否？

又

某黽勉爲州〔二〕，不敢不敬，深惟聖人心誠求之，與「以人治人」之義庶幾萬一，而未之能也。幸人情粗相安，蠶麥差熟，丁税，朝廷蠲末等無常産之輸七萬餘緡，稍寬目前，但弊根不除，少須更力論之。惟是興利之臣日進，將恐多所紛更，孤迹其可久於此耶？

又

某出入省户〔三〕，日負素飱，反復古義，不遑寧處。晦叔行時，已畧言所處大槩，有以告爲之是望。區區在此，不敢不盡誠，政恐學力不到，無以感動，惟悚懼耳。正論極微，假借爲此論者，未嘗了然於義理之所在，而徒邅回於利害之末途。自顧藐然之身，其將何以障此波瀾？然苟留一日，不敢不勉，用是瞻仰，有不勝言。伯恭鄰墻，日得晤語，近來議論甚進，每以愚見告之，不復少隱也。

又

日自省中歸，即閉關温繹舊學，向來所見偏處，亦漸有覺，但絶少講論之益，無日不奉懷耳。西銘近日常讀，理一分殊之指，龜山後書終未之得。蓋斯銘之作，政爲學者私勝之流昧夫天理之本然，故推明理一以極其用，而其分之殊自不可亂。蓋如以民爲同胞，謂尊高年爲老其老，慈孤弱爲幼其幼，是推其理一，而其分固自在也，故曰分立而推理一，以止私欲之流，仁之方也。龜山以無事乎推爲理一，引聖人「老者安之，少者懷之」爲説，恐未知西銘推理一之指也。閫範之説極佳，即以語伯恭矣，只如此讀過，誠可戒也。伯恭近來儘好説話，於蘇氏父子亦甚知其非。向來見渠亦非助蘇氏，但習熟元祐間一等長厚之論，未肯誦言排之耳，今亦頗知此爲病痛矣。孟子答公都子一章，要須如此方爲聖賢作用。此意某見得，但力量培植未到，要不敢不勉耳。此話到此，尤覺難説。邪論甚熾，人心消蕩，一至於此！每思之，不遑寢食也。奈何奈何？

又

祈請竟出疆，顛倒絆悖，極有可憂。某月初即求去〔四〕，蓋會慶在近，不忍見大使之至也。自惟誠意不充，無以感動，且當歸去，勉求其在己者。今日大患是不悅儒學，争馳乎功利之末，而以先王嚴恭寅畏、事天保民之心爲迂濶遲鈍之説。向來對時亦嘗論及此，上聰明，所恨無人朝夕講道至理，以開廣聖心，此實今日興衰之本也。吾曹拙見，誠不過此。來書以爲未有孟子手段，且循此途轍爲少悔吝是也。但孟子亦何嘗外此意，特其發用變化别耳。知言自去年來看，多有所疑，來示亦多所同者，而其間開益鄙見處甚多，亦有來示未及者，見一一寫行〔五〕，俟後便方得上呈，更煩一往復，庶幾粗定。甚恨當時刊得太早耳。

又

某出入省户，日愧亡補。所以見告者，所謂實獲我心，但請對之説，容更思之。區區本欲俟轉對，對却在正初，又恐遲耳。自念學力未到，誠意不能動人，只合退歸，勉其在我者。然竊念吾君聰明勤勞，不忍只如此舍去，當更竭盡反復剖判，庶幾萬一，拳拳之心不敢不自勉，惟吾兄實照知之。寫至此，不覺酸鼻也。

又

西銘之論甚精。乾稱父、坤稱母之説，某亦如此看〔六〕。蓋一篇渾是此意也。但所論其間有一二語，鄙意未安，俟更爲精讀深思方報去。所貴乎道者三，上蔡之説誠欠却本來一段工夫，二程先生之言真格言也。某近只讀易傳及遺書，益知學者病痛多，立言蓋未易也。知言之説，每段輒書鄙見於後，有未是處，却索就此簿子上批來，庶往復有益也。近來又看得幾段，及昨日讀寄來者皆未及添入，俟更詳之，得便寄去〔七〕。

又

某邇來思慮〔八〕，只覺向來所講之偏，惕然内懼，而不敢不勉〔九〕。每得來書，益我厚矣。蓋諸君子往往因有所見，便自處高執之固，後來精義更不可入，故未免有病。若二先生其猶一氣之周流乎？何其理之該而不偏，辭之平而有味也！讀遺書、易傳，它書真難讀也。西銘所謂理一而分殊，無一句不具此意。鄙意亦謂然〔一〇〕，來示亦盡之矣。但其間論分立而推理一，與推理以存義之説，頗未相同。某意以爲分立者，天地位而萬物散殊，其親疎皆有一定之勢；然不知理一，則私意將勝，而其流弊將至於不相管攝而害夫仁。故西銘因其分之立而明其理之本一，所謂以止私勝之流，仁之方也。雖推其理之一，而其分森然者，自不可亂，義蓋所以存也。大抵儒者之道，爲仁之至、義之盡者，仁立則義存，義精而後仁之體爲無蔽也，似不必於事親、事天上分理與義，亦未知是否？曾子之言，二先生互相發明，可謂至當。知言疑義，前已納呈，今所寄尤密，方更參詳之。伯恭近日儘好講論。喬拱在此，如此等士人甚難得。潘友端年方十七，而立志殊不凡，皆肯用力。潘今暫歸省，俟其來，皆令拜書去求教。李伯諫、林擇之兄弟各有報書，陳、韓在此時相見，亦肯回頭，但頗草草耳。某近因與喬、潘考究論語論仁處，亦有少説，續便録呈。晦叔猶未得到長沙書。共父想已過九江，探伺渠到家，專人唁之。是時亦得拜書，憂患中正宜進德，此有賴於兄也。今日達官似皆不逮之，故愛之尤深而責之尤重耳。元履所謂但證候小變者，鄙意亦云爾。遺書當更令修治，近與伯恭議，欲取此版來國子監中，儘可修治耳。

又

某備數於此〔二〕，自仲冬以後凡三得對，區區之誠，不敢不自竭。上聰明，反復開陳，每荷領納，私心猶有庶幾乎萬一之望，正幸教誨之及，引領以冀也。講筵開在後月，自此或更得從容，以盡底藴。惟是迹孤愈甚，側目如林，此則非所計也。劉樞歸，想得欵曲，憂患中益得進業〔一二〕，異時當大慰人望。晦叔已行未耶？聞其歸計費力，極念之。亦有一書，不知尚可及否？太極圖解析理精詳，開發多矣，垂誨甚荷。向來偶因説話間妄爲它人傳寫，想失本意甚多。要之言學之難，誠不可容易耳。圖解須仔細看，方求教，但覺得後面亦不必如此辨論之多，只於綱領處拈出可也。不然，却只是騁辯求勝，轉將精當處混汨耳。如何？

又

某十三日被命出守〔一三〕，次日早出北關，來吴興省廣德家兄，翼早可去此。自此前途小憩，殘暑即由大江歸長沙故居。偶見陳明仲，知有的便，具此紙奉報。自惟備數朝列，荷吾君知遇，迄無所補報。學力不充，無以信於上下，歸當温繹舊學，益思勉勵，它皆無足言。惟是吾君聰明，使人眷眷，不忍置耳。

又

某黽勉南來〔一四〕，視事踰旬矣。廣右比之它路最爲廣莫，而彫瘵則最甚。蠻落睢盱，邊備寡弱，日夜關慮，固當以安静爲本，然要須在我有隱然之勢，則安静之實乃可保。方考究料理，不敢苟目前也。遠方法度廢弛，惟以身率之，立信明義，庶幾萬一。諸路土丁，祖宗良法，今虚籍雖存，而其實都亡。方尋繹舊規，若此事有緒，庶幾邊防差壯。誠之已來，未到也。南來朋舊闊遠，殊重離索之歎。偶府中遣人買茶，略附此紙，少定，專人去相看。共父想已到建康，責任甚重，臨行，亦略獻區區也〔一五〕。

又

某守藩倏八閲朔矣〔一六〕，佩聖人「心誠求之」之訓〔一七〕，味「哀矜勿喜」之言，日夜黽勉悚惕之不暇。所幸綱紀粗定，人情頗相信，向又歲事極稔，盗賊屏戢，目前僥倖無它。而環視一路，可寒心事極多。邊備兵政，亦隨力葺理。保甲一事，亦頗有條理〔一八〕。惟是自静江之外，諸郡歲計闕匱異常，甚至官吏乏俸，軍兵乏糧，此亦何以爲郡，坐視民愈困。比有請願與憲漕共考究一路財賦底裏，通融均濟之計，幸蒙賜可，才此詳講熟慮，庶幾有以少寬。然其間曲折亦多，又不敢欲速也。學校略與整修，士子中亦有好資質，時呼一二來郡齋，與之講論，庶知向方。三先生祠甚設，有小記納去。凡此不敢不盡區區耳。官寮其初頗有拘束之歎，蓋習於放縱已久，今却極相安，有樂趨事之意。其間亦有數人慤實可委，其餘隨力使得自展。有不率者，先之以訓督，不悛而後加以法，邇來覺得歛縮者多也。此路向來盗賊之多，正緣配隸之人萃焉，例皆逃逸爲害，比嚴首捕之科，明其賞罰，接踵而至，幾無日無之，收其强壯以爲効用，故少戢也。然廣中之人亦自多犯法徒流，真有刑不足以勝姦宄〔一九〕，使人愧懼。恐兄見念，欲知其詳，故縷縷及之。静江氣象開廓，風氣踈通。覺得無瘴癘寒暄之候，殊不異湘中。環城諸山奇變，柳子厚所謂「拔地峭堅，林立四野」，此語足以盡其大槩。近觀水東諸巖，空明寛敞，惟龍隱最爲勝絶。蓋在小溪之濱，水貫其中，深窈停洑，以舟入焉，石色特青潤，嶙峻變怪，殊可喜也。某日間亦得暇讀書，但覺向來語言多所未安，尤不敢輕易立辭。中庸末章自「衣錦尚絅」而下，反復引詩，明慎獨始終之道，區區朝夕惟從事於此，而未之有進也。誠之在此，極得其助，近亦得暇讀中庸章句。晦叔許一來，已遣人取之，旦夕可到，相與講磨，庶少慰離索也。共父處人回得書，請祠之意甚濃，聞所施爲大抵類長沙。長沙之人，今歲緣茶賊之擾害，人甚思之。但某前書勸渠謙虚，使人得以自盡，人才大小皆有用處，而報書謂「到江上尤不見有人才」，某實懼此語。天下事豈獨智力能辦？通都會邑，豈無可器使者？恐吾恃聰明以忽之，彼無以自見耳，若當大任，恐有所妨。方欲作書述此意，亦望兄自以己意開廣之。今日達官如是公，誠亦不易得，望之深耳。伯恭今次講論如何？得渠書，云兄猶有傷急不容耐處，某又恐伯恭却有太容耐處。

然吾曹氣習之偏，乘間發見，誠難消化，想兄存養有道，如某病痛，多兢兢之不遑，正有望時加砭劑也。陸子壽兄弟如何？肯相聽否？子澄長進否？擇之亦久不聞問矣。無咎昨寄所編祭儀及吕氏鄉約來，甚有益於風教。但鄉約細思之，若在鄉里，願入約者只得納之，難於揀擇。若不擇，而或有甚敗度者，則又害事；擇之，則便生議論，難於持久。兼所謂罰者可行否〔二〇〕？更須詳論。精處若閑居行得，誠善俗之方也。賀州有林君勳本政書，想亦須見，謾附一本，其間固多未盡，然其人一生用工於此，其說亦着本可貴。此外又於其家求得數書，有論屯田項目，亦甚有工。才抄録，續當奉寄。此公所至有惠政，乃是廣中人才之卓然者，殊惜其不得施用也。所欲言甚多，未易殫究，餘見别紙。

校勘記

〔一〕以某愚見　「某」，宋本作「栻」。下同。

〔二〕某黽勉爲州　「某」，宋本作「栻」。

〔三〕某出入省户　「某」，宋本作「栻」。

〔四〕某月初即求去　「某」，宋本作「栻」。

〔五〕見一一寫行　「行」字原無，據宋本補。

〔六〕某亦如此看　「某」，宋本作「栻」。

〔七〕得便寄去　「得」字原闕，據宋本補。

〔八〕某邇來思慮　「某」，宋本作「栻」。下同。

〔九〕而不敢不勉　「而」字原無，據宋本補。

〔一〇〕鄙意亦謂然　原作「亦謂鄙意然」，據宋本乙。

〔一一〕某備數於此　「某」，宋本作「栻」。

〔一二〕憂患中益得進業　「得進」，宋本作「進德」。

〔一三〕某十三日被命出守　「某」，宋本作「栻」。

〔一四〕某黽勉南來　「某」，宋本作「栻」。

〔一五〕臨行亦略獻區區也　「亦」，原作「示」，據宋本改。

〔一六〕某守藩倏八閱朔矣　「某」，宋本作「栻」。下同。

〔一七〕佩聖人心誠求之之訓　「聖人」二字原無，據宋本補。

〔一八〕亦頗有條理　「理」，宋本作「流」。

〔一九〕真有刑不足以勝姦宄　「真」，宋本作「常」。

〔二〇〕兼所謂罰者可行否　「否」，宋本作「久久」。

南軒先生文集卷第二十三

書

答朱元晦

某黽勉於此[一]，亦復一載，幸人情粗相安。惟是思爲久遠之計，早夜不敢遑寧耳。本路鹽法，正緣諸州荒寂[二]，都無甚所入，全仰漕司撥鹽息以爲歲計。往年行客鈔，賣數極不多，却有折米錢甚重，民深病之，因此致盜賊。後來故改爲官般，而罷折米。中間廣東以爲不便而争之，再行客鈔。然所賣數多，蓋要足漕司歲計與諸郡之用，只一二年，鈔大積壓，諸州例窘急，而漕計亦不足，於是復行官般。只以静江言之，若無此，便無以支梧。今静江措置頗有倫緒，不抑賣，不增價，公私皆便之，鹽價反賤於客鈔之時。若諸州俱能如此，則當不至爲害。但諸州漕司撥得息少，彼無以自足，則增抑之事從此而生，故某有前日論奏。後來漕司蔽護，不肯增給。近頗得要領，已再言之，恐可遂也。大抵此路窮薄，祖宗時全仰外路應副，今每歲反應副外路。鄂渚大軍錢、靖州歲計錢及買馬錢合二十一萬緡，則安得不費力？極本窮源而論之，須於此減得，然後鈔法可行；不然，則立致敗闕也。恐欲知曲折，畧此布之。虞帝廟碑已求得季克字，甚古，磨崖比舊刻處乃大勝。蓋舊刻多鏬縫填補，今缺文皆是填補處脱落。今所磨却甚平完，見議下手刊刻也。所寄孟子數義無不精當。某近頗得暇，再删改舊説，方得十數段，候旋寫去求教。可欲之謂善，誠當指人而言，如横渠之説，蓋凡可欲者善而不可欲者惡也。人之所爲有可欲而無不可欲者，則之人也謂之善人。信字亦如來喻，皆是指人而言。如此下語，如何？金聲玉振之説，條理云者，只是有倫緒而不紊之謂。始條理者析衆理於毫釐也，終條理者備衆理於一貫也。若指條理爲脉絡，却恐未順。中庸、大學章句亦已詳讀，有少商量處，須更子細反復也。易説未免有疑。蓋易有聖人之道四，恐非爲卜筮專爲此書。當此爻象，如此處之則吉，如此處之則凶，聖人所以示後世，若筮得之者固當如此處。蓋其理不可違，而卜筮固在其中矣。如蜀莊則專用之於卜筮者也，然亦不敢輕論，俟更深考。山中諸詩紆餘淡泊，諷之不能已，但覺其間猶時有未和平之語，此非是語病，正恐發處氣禀所偏，尚微有存也，更幸深察之。游誠之官期到，行已旬日。其人明決有力，向來良得其助，但義理儘少涵泳，辭色間多與人忤，正須深下工夫乃佳耳。陳擇之今却留此，通曉民事，好商量，但講論多有成説爲礙耳。近見季克寄得蘄州李士人周翰一文來，殊無統紀。其人所安本在釋氏，聞李伯諫爲其所轉，可慮可慮！方耕道聞氣象差勝，舊書辭亦然，可喜。但適遭府公新政，科配諸州錢物不少，渠雖力與之辯，不肯承當，恐蹤迹或不能久安耳。

又

某黽勉所職〔三〕，無補是懼。目前幸歲稔盜息，人情相安，但環視一路，可爲寒心者多，亦切考究，以其大者控陳矣。伯恭相聚討講論，彼此之益甚多，恨不得從容於中也。寄示學者講論一紙。所論萬物皆備一段，意亦近裏。大抵不能反身則自不與己相干，它人飽食，何與己事？反身而至於誠，則樂莫大矣。誠則實能有之也。又論未感時四端混爲一理，却有未安。未感時雖是渾然，而所謂四端之理固已具於中，及其感則形見也。聖智巧力，某後來改舊説頗詳，續録呈。武氏事誠有難處，維州之説，正是鄙心，尚有少曲折，後便併盡。久假不歸，當從晦叔。韓、曾用財之説，甚善甚善。某此間應接賓客民事，通近兩時，又將兩時退而考究，紬繹訪問。此外尚得讀書餘暇，有可見教，不惜示及。

又

出處之計竟何如？須着一出否？孟子解等鋟版得遂，漫去〔四〕。非兄致力，豈能便爾，感幸感幸！向來固屢蒙諭及，是時已復不能收拾，要是因循皇恐耳。近年讀書頗覺平易中意味，向來多言，徒爾爲贅，欲下手痛加删正，終以官守事奪，不敢草草耳。所部自增給鹾息之後，頗可支梧，横斂苛征得以嚴戢。比復有請，漕司輒增撥鹽數，諸州輒增鹽價，並以違制論；諸州將鹽息撥入公庫，充燕飲饋送等費，並坐贓論。已蒙如請行下。又請以見在二十萬緡專樁充漕司買幹鹽本，二十萬緡專備借諸州搬鹽本，此乃是一路根本，一毫不得妄動，每歲終申省。蓋無此，鹽法便倒了，一路便受害，向來幾爲妄吏羨獻，是絶一路命根也，可懼可懼！此請亦已行下〔五〕，同運司措置樁管應濟矣。趙若海若得疏通曉事，便自見此。今日正要漕臣得人，庶幾一定之論可以凝固也。諸邊悉寧，但未陰雨之計，不可不素整。今静江教兵頗成次第矣，邊頭所患少財亦已有請，庶幾規摹悉定，有可繼之實耳。偶有一項錢，爲三邊州請爲回易之本，若得此，三年之間招補將兵闕額，修堡塞，利器械〔六〕，可有永久隱然之勢，無南顧之慮矣。適會新憲到官，未一月而殂，拙者復通攝兩臺，事緒雖多，然凡事血脉究見，不敢不竭鄙心也。續俟聞出處定論，别專人修問次。

又

某丐祠〔七〕，乃不獲命，一味皇恐，已再具請，度必蒙矜允。黽勉於此且三年矣，此間氣燥而風烈，久處其間，豈得無所傷？加以災患悲悼之餘，尤覺費調護。又況事理自當閑退，此請若尚未遂，當更力言耳。然未去間，種種不敢少忽，遠近幸寧静，人情相安，頗覺省力，但義不得不求歸。顧惟主恩曾未有毫髮之報，區區何敢有懷安之念哉！兒子護亡室之喪已抵長沙，以此月葬事，卜地得之湘西山間，某頃嘗見之，頗爲穩密。惟是自失梱助，家事細大無不相關。今凡百悉從痛省，只覺恬静之爲安矣。論語日夕玩味，覺得消磨病痛，變移氣質，須是潛心此書，久久愈見其味。舊説多所改正，他日首以求教。向來下十章癸巳解，望便中疏其繆見示。兄閑中想得專精於文字間，殆亦天意也。中庸、大學章句極含蓄有味，他解想皆用此體。通鑑工夫今何如？有相從者否？近東廣一二士來相見，篤茂可喜，此間士人似未及之，良才美質，何處無也！

又

學中重刻責沈，納一軸并十本去。近思録方議刻，欲稍放字大耳。詹漕體仁孜孜講學，每相見，職事之外即商確義理，殊爲孤寂之慰，其趣向亦難得也。本路州縣間人才尋常不敢忽，有思慮、有才力者亦得數人。有邕州倅吴偁者，雖是粗疎，然忠義果斷，疾惡如讐，緩急可用，亦謾及之。

又

石子重、陳明仲、魏應仲三書煩爲自使轉達。林擇之久不聞問，今何如？近復有何人相從？長遠者誰？誠實肯作工夫耐久者，極難得也。鄭自明直言，亦不易容受，其直固是可喜事，但未見用其言，而自明兩遷矣，在言者亦更須審顧也。趙若海固爲才健，但近來出按諸郡，拘覈錢物，殊有過當處。凡郡之財悉拘入漕司寄樁庫，遂致有無錢支俸散衣處。昨日報却與廣東詹漕兩易，渠尚未歸也，詹却頗有氣味，舊熟識之。但渠素主張行鈔法，渠未見此路利害，得其來，同作一家事，共議其至當，尤幸耳。本路緣數劇盜皆就擒，遠近殊恬静〔八〕。邊上緣向來多是姑息不立，壞却綱紀，近頗修正一二三矣。大抵議論往往墮一偏，孟浪者即要功生事，委廢者一切放倒，爲害則均耳。

又

諭及大學中「人之其所親愛而辟焉」處，當讀作僻字，反復詳之甚顯然，且是上下文義貫穿，無可疑者。其理則於修身齊家極爲要切，易傳所謂妻孥之言雖失而多從，所憎之言雖善爲惡，亦是意也。想静中玩繹，多所發明，恨未得盡扣耳。某數年來務欲收斂〔九〕，於本原處下工，覺得應事接物時差帖帖地，但氣習露見處未免有之，一向鞭辟，不敢少放過，久久庶幾得力耳。冬夜殊得讀書之暇，温繹舊説，見得其間縱有説得是處，亦復少味，益恨向來言之容易〔一〇〕，甚思得閑，從頭整頓過。所欲面承者，蓋非一事也。自甲午病後，雖痛節飲，但向來有酒積在腹間，才飲一兩杯，便覺隱隱地，遂禁絶不復飲，蓋亦効賢者之决也，以此益覺精力勝前耳。於所講論皆無疑，獨易説未得其安，亦恐是從來許多意思未能放下，俟更平心易氣徐察之也。所謂若稍作意主張，便爲舊説所蔽，此豈獨讀易爲然，凡書皆爾；豈獨説書爲然，凡事皆爾。理道本平鋪放着，只被人起意自礙了。然此非是要它不思量，蓋只爲正有害於思耳。

又

某比者蒙誤恩因任〔一一〕，辭而不獲，極用悚皇。但再三思之，事理有不容久冒昧於此，想兄亦悉其詳，身之利害非所問，正恐或至貽害一路。蓋帥司事動涉邊防，而皆係屬密院耳。少俟開正後，當力控陳，其間曲折，遠書未易具布也，兄何以幸教之？本路諸事幸粗定，諸州例頗舒，若得計臺以根本爲念，不爲新奇，不迫以舊逋，庶乎可以望休息。但他人所見類多不與此意同，柰何！然在區區不敢不竭誠盡力也，苟一日未去此，則不敢少忽耳。

又

某新歲來〔一二〕，即欲申前請，適以買馬事方興，不免少待。近已畢事，即日走价控陳，執事者漠然不以爲意。今力具劄子至上前，度可必得請〔一三〕，想當在後月末也〔一四〕。如或尚未得，隨即更請，以得爲期。非惟已分時義所當退閑，兼久處炎方，某頑軀雖幸差健，然恐氣血未免爲所蒸薄。兒子素來氣弱，哀苦之後遂得肺疾，尤非熱地所宜，殊爲之憂慮耳。遠方之人似頗相信，凡百易於號令，比初到甚省力。但朝廷既無相知者，脱有意外，深懼不相應，此尤宜速去耳。詹體仁慤實肯講學，不易得，但未免弱，蓋膽薄而少決。今日善類多有此病，在此每力扶之，終似覺難。以此思剛明之資誠不易得，相與任重行遠，要須得若人輩耳。來諭□□之病〔一五〕，鄙意政謂然，亦屢告之，覺得似安於此，然力箴救之，不可已也。氣禀與家學之説誠然，不能矯正，只是剛明不足耳。□□□一種議論〔一六〕，後生輩淪入心府，已覺流弊，甚害觀□□意亦近之〔一七〕。渠一對之後，又復且隨衆而處，亦何能爲有無哉？此特爲尊兄言之可耳。近得劉子澄書云：□□正似范淳父避世金馬〔一八〕。此是何議論？金馬豈避世之地耶？范淳父當時同温公修書，事自不同，温公所稱，意自别耳。尊兄閑静中玩理甚精，每得來書，論學及政及評品人才，未嘗不犁然有當，而矍然有省，且慨然有歎也。吾曹豈私於所好哉？自覺理有不可易者，要當相與貞固勉厲而已。數年來，尤思一會見講論，未知何日得遂耶？中庸、大學中三義，復辱詳示，今皆無疑，但截取程子之意，似不若只載云「程子曰『此一節子思喫緊爲人處，讀者其致思焉』」，則已是拈出此眼目，使人不敢容易看過矣。如易傳中多有如此等意思，誠解經之法也，如云感通之理，知道者默而觀之可也。更幸詳之。學記得兩石甚堅潤且厚，見磨治刻字，當檢點子細，日俟額字之來耳。所要碑刻文字，寄去數具别紙。林擇之可念，當時似不必如此遠去耳。今亦分俸薄助之，附此便告，幸爲轉達。吴門蹤跡亦見别紙。陳、鄭兩書已付吴德夫，但鄭君已赴銓矣，吴晦叔已葬，子殊幼弱耳。湘中士人有周奭者，舊嘗相從，近來此相訪，頗覺長進，似是後來可望者，蓋天資元來剛介，今却肯作工夫耳，以母老不得久留，今歸矣。有新貴州守陳唐弼過此，頗有志於事爲，於邊防、兵法、屯田等事皆曾講究，乃一有用之才。其父規，紹興間與劉信叔同守順昌者也，亦恐欲知。游誠之時得書否？心極不能忘之，然要須更加鋤治之功耳，亦幸時因書告語，此等資質宜有以成就之。石子重之對如何？後來有何學子及人才中有可見語者？因書却幸筆及。英州兩遣人看之，數日前得書，頗似悔前非，有欲閑中讀書之意，未知如何？又恐爲釋氏乘此時引將去也。義利交戰，卒爲利所奪，君子小人相好，卒爲小人所汨，蓋亦理勢之必然。此渠前日之爲，亦不勝其責也，然誠是終可憐耳。建康數通問否？近日意思作爲復如何？此僻遠，終是疎得音書，且都不知事耳。

又

此間歸長沙，一水甚便，只數日陸行，到清湘登舟，春夏間不十日可泊城南書院堤下矣。學中見刻易傳，湖廣間難得此本耳。近思録中可惜不載得説舉業處，幸寫示，尚可添入。是兄一手所編書，此不欲自添也。舍弟數數拜書否？隱齋着語，願亟見之。

又

前時承書中諭及狄梁公書法甚善，使梁公親聞之，亦當爲法受惡無所辭，此義烏可不立也？管寧之徒亦誠如所示。栻近因讀春秋胡氏傳，覺其間多有合商量處。程先生之説雖少，然總領畧具矣。本路新漕詹君儀之體仁，豈弟愛民，凡事可以商量，又趨向正，孜孜以講學爲事，時過細論，殊慰孤寂。舊在嚴陵相見，頗惑佛學，今却不然，亦得伯恭之力，其人恐有可望也。二廣亦有一二士人肯思慮能自立者，但向來無師承，方告以所當循之序耳。

又

尊嫂已遂葬事否？卜其宅兆，固當審處。然古人居是邦即葬是邦，蓋無處無可葬之地，似不必越它境，費時月，泛觀而廣求也。君子舉動，人所師仰。近世風俗深泥陰陽家之論，君子固不爾，但恐聞風失實，流弊或滋耳。更幸裁之。

又

游掾後來曾相見否？計今已還也。晦叔不知尚留彼中否？中庸後解想已付渠來，甚欲見也。如「道不遠人」章，鄙意以爲須將人字做人心説，亦是旋添入，不若更平易看，只是道初不遠於人之身，人之爲道而不近求之於其身，尚何所爲道？故有伐柯睨視之譬，知道之不遠人，則人與己本均有也，故以人治人。如此看似意味爲長，不識如何？

校勘記

〔一〕某黽勉於此　「某」，宋本作「栻」。下同。

〔二〕正緣諸州荒寂　「寂」，宋本作「寒」。

〔三〕某黽勉所職　「某」，宋本作「栻」。下同。

〔四〕漫去　「去」，原作「出」，據宋本、劉本、四庫本改。

〔五〕此請亦已行下　「請」，原作「情」，據宋本改。

〔六〕利器械　「利」，宋本作「厲」。

〔七〕某丐祠　「某」，宋本作「栻」。下同。

〔八〕遠近殊恬静　「恬」，宋本作「帖」。

〔九〕某數年來務欲收歛　「某」，宋本作「栻」。

〔一〇〕益恨向來言之容易　「益」，宋本作「憐」。

〔一一〕某比者蒙誤恩因任　「某」，宋本作「栻」。

〔一二〕某新歲來「某」，宋本作「栻」。下同。

〔一三〕度可必得請　「請」，原作「得」，據宋本改。

〔一四〕想當在後月末也 「末」，原作「來」，據宋本改。

〔一五〕來諭□□之病 「諭」下原闕二字，諸本皆同。

〔一六〕□□□一種議論 「一」上原闕三字，諸本皆同。

〔一七〕甚害觀□□意亦近之 「觀」下原闕二字，諸本皆同。

〔一八〕□□正似范淳父避世金馬 「正」上原闕二字，諸本皆同。

南軒先生文集卷第二十四

書

答朱元晦

章句序文理暢達，誦繹再四，恨未見新書體製耳。近思録誠爲有益於學者之近思，前此伯恭尚未寄來也。某比改定〔一〕，得語解數篇，未及寫去。先進以後，後來過目，有可示教，一一條示，至幸至望！游誠之誠長進，但向來相聚，見其病多在「矜」之一字，亦嘗力告之，若不痛於此下工，則思慮雖親切，亦終必失之耳。今在彼，動心忍性處多，於渠當復有深益。某若祠請得遂，徑歸城南，温繹舊書，甚幸。但近年極思與君子一相見，何日得爾耶？儻居閑，當漸可圖也。是間學校、廟宇已成，頗爲雄壯。書閣、講堂次第而立，齋廚亦然〔二〕。大抵類長沙學，而木植規範似過之，恐早晚去此，求記不及〔三〕，已令具始末及畫圖〔四〕，旦夕專人走前。它懷此未能具布。

又

某幸粗安常〔五〕，近緣憲漕兩臺俱闕官，不免時暫兼攝，雖事緒頗多，然一路滯獄苛征得以决遣蠲放，不敢不盡心也。向來慮所論，乞增撥諸州一分鹽息錢及增邊州米錢事，會適蒙恩旨施行，因得子細奉承。且爲一路思久遠根本之計，樁貯四十萬緡於諸州，以權衡鹽法，接借本脚，而又措置防異日漕司增鹽、諸州抑賣及妄費等弊頗詳，一一列上。若非今次攝漕事，則亦無由料理得也。此是一路性命所係，前日幾爲小人盡刬以獻。前後文字俟一一録去。此事一定，則拙者欲秋凉後丐歸長沙舊廬耳。虞帝廟磨崖已刻得有次第，前日打得數字謾附呈。兩日以霖雨，不曾打得也。磨崖之傍，近因取石，遂鑿開一巖頗佳，巖之後正臨皇澤之灣。今欲當户爲亭以瞰之，巖曰韶音，亭曰南風，亦恐欲知。中庸集解已成，只是覆尤溪版納一部去。見刻三家昬喪祭禮，温公、横渠、伊川。未畢也。孟子欲再改過，終緣公務斷續，蓋雖退食，其於庶事又有當考究思慮者，不敢放下耳。偶有少事，具見别紙。速遣此价，它未能及，俟碑成再遣人去，正惟爲道義重。

又

某近聞建寧書坊何人將癸巳孟子解刻版〔六〕，極皇恐。非惟見今删改不亭，恐誤學者，兼亦甚不便，日夜不遑。已移文漕司及府中日下毁版，且作書抵鄭、傅二公矣，更望兄力主張，移書苦言之，且諭書坊，不勝幸甚。此价回，欲知已毁之報，甚望之〔七〕。

又

奉教以禮書中不當去冠禮，事甚當。是時正欲革此間風俗，意中欲其便可奉行，故不覺疎略如此，見已改正。如冠禮乃區區久欲講者，當時欲留此一段，候將來商議定耳。比者長沙亦略考究爲之説，其間固多未安，今謾録呈，願兄裁定示誨。此事乃人道之始，所係甚重，所謂冠禮廢，天下無成人也，惟早留意，幸幸！虞廟樂章所以未刻者，緣有少疑。辭固高古有餘味，但如「神降集兮巫屢舞」之類，恐涉於不敬。又此邦之人尚鬼，詭怪百端，恐愚民不識用意之所在，傳訛爲怪異怳忽，故未敢刻，更幸詳之，見教乃得奉承耳。所謂天德剛明，非幹母之蠱者所能開廸，此論之至當。某之愚〔八〕，近思之亦謂然。如□□□輩難責〔九〕，蓋未免要它官職耳，不知寫與伯恭，渠謂如何？若只如□□所執〔一〇〕，恐終無益。

下梢了得个渾身無病痛，出來已是大噉，竟何益也？然此論切不可輕出，已是被人憚吾輩之深，未有益而空先重其疾耳。

又

孟子解板，不謂鄭少嘉全不解人意，早晚賀倅李宗甫歸，當令攜書往見趙守，專辦此事，須煩李君面看劈版。是時亦拜書，煩力一言也。

某已遣人行〔二一〕，偶復記有一事，再此具布。虞廟碑中「盻蠁」字，此間有舊日監本西漢書，檢得甘泉賦中「盻蠁豐融」，乃是從「向」。古字固多通用，遂不復改，幸照悉。

又

語説薦荷指諭，極爲開警。近又删改一過，續寫去求教。私心甚欲一相會，若得至長沙，當有可議耳。伯恭既已轉對，恐當爲去就計。近見臺臣論程學云云，如伯恭在彼，尤不應恝然也。石子重向來聞在三衢辭召命，甚善。今聞已到闕，未知所言何如耳。其它大抵非遠書可達也〔二二〕。學舍已成，方敢請諸邑有行義士人入其中爲表率。嶺外風俗尤弊，雖未易遽正，然不敢不開端示漸，如喪祭婚姻間亦頗有肯革者。理義存乎人心，但患啟廸薰陶之未至耳。

又

論語章句精確簡嚴，足以詔後學。或問之書，大抵固不可易之論，但某意謂此書却未須出〔一三〕。蓋極力與辯説，亦不能得盡，只使之誦味章句，節節有得，則去取之意與諸家之偏，當自能見之。不然，却恐使之輕易趨薄耳。

又

共父一病，遽至薨逝，聞問慟哭，傷痛奈何！積望至此，亦殊未易。時多艱虞，喪此柱石，深爲天下痛惜之。不但朋友相與之私情，想同此心也，奈何奈何！其家事今如何？嗣子頗能立否？凡事相悉倚賴，賢者當亦不惜力也。葬事在幾時？有定期否耶〔一四〕？某義當往哭〔一五〕，適此拘攣，今且專价去，俟到武昌，更再遣往。臨書涕零，不勝情也。

又

某自附陳明仲書後〔一六〕，一向乏便嗣音，惟是懷仰未嘗忘也。秋涼行大江，所至遊歷山川，復多濡滯，今方欲次鄂渚，更數日可解舟。舟中無事，却頗得讀論語、易傳、遺書，極覺向來偏處，取所解孟子觀之，段段不可，意義之難精，正當深培其本耳。修改得養氣説數段，舊説略無存者。得所寄助長之論，甚合鄙意，俟到長沙，録去求教。曾子之説，伊川法則之語深有味，於此看得道字極分明也。知言疑義開發尤多，亦有數處當更往復，及後來旋看出者，併俟後便。此論誠不可示它人，然吾曹却得此反復尋究，甚有益，不是指摘前輩也。上蔡語解偏處甚多，大有害事處，益知求道之難也。

又

某受任上流〔一七〕，到郡恰一月，顧此地在今日至重，豈譾陋所能勝？然亦不敢妄自菲薄，黽勉激昂，期爲遠計。第承積弊之餘，綱紀委地，無一事不當整頓，今頗有條緒，邦人似相信愛。邊備深可寒心，軍政極壞。今軍事在都統，財賦屬總司，所謂帥臣者，其所當爲，要是以固結民心爲本，使斯民皆有尊君親上、報國疾讐之心，則以守固，以戰克矣。此路民貧悴尤甚，它處田多未墾，茅葦彌望，坐失上策，於今幾年。義勇民兵實多强壯，但久不核其籍，且數年不教，其勢因循。見行整頓此事，在於人情亦似樂之，然其間曲折之宜，正須精密乃可。帥司兵但有神勁馬步合千人，騎軍共父所制也。方一新隊伍，嚴紀律，明節制，兵雖不多，要是規模不可不立。荆鄂大軍屯營在此者亦萬五千餘人，非復岳侯向日規摹。近日曾唤來射，亦全不成次第。兵將輩見帥司治軍，似頗有愧色。前此其軍擾郡中，百姓不可言，某務以信義開懷待之，而號令則不可少犯，頗肅然，無敢干者。襄陽去此平原四百餘里耳，然向來虜不曾出此者，以糧運費力之故。顧此亦何足恃，但此間乃吴蜀腰領，自襄陽至此，要當以死守之。往年劉信叔號名將，張安國素豪俊，然爲帥時才聞邊上少警，便倉皇要爲移治江北之計，此乃大繆，不知縱虜使至此，更有甚世界！此皆不知義，亦不知勢也。某孤危之蹤，獨荷主上照見，使爲此來，然實不敢自保其久於此，惟是深懼一日必葺之義，思効萬分。而獨力更無人相助，欲辟一二官屬，未知得與否耳。范伯達夫田文字前日來時遍尋不見，輒更求一本，及兄有可損益於其間者，併願聞之，甚望！

又

懇辭再四，不獲，就國爲宜。一境之民，得蒙被詩書之澤，何其幸哉！某居官如常〔一八〕，但比之静江，應接頗多，殊覺少暇耳。所幸遠近頗寧肅，雨澤沾足，高下之田悉得就耕。京西界中有賊過北界，刼其縣，殺其令，歸途涉本路境，追捕得數輩，梟于境上。其中有虜中官員亡奴過來勾引京西賊刼本縣〔一九〕。天下之惡一也，亦縛送之〔二〇〕。邊頭之人初頗不安，賴此安静。但孤蹤殊不敢自保，然苟尚留此，每事不敢不黽勉。義勇近來振激之，頗覺它時可用，爲之立節制總紀，使各受縣宰節度，寓以階級，向來科擾迎送役使之類並罷，專一令防盗，暇時習武。若今冬未以罪去，當更聚閲整齊之。本路副都統兵寨在此，而身留襄陽，比來此相見，其人乃郭杲，亦明快可與語，問某此間得無爲守備乎？緩急有堡寨否？某應以此間出門即是平原，走襄陽僅六百里，所恃者襄漢立得定折衝捍蔽耳，太尉當力任此事，要兵要糧，此當往助，若放賊入肝脾裏，人心瓦碎，何守備爲？向來劉信叔、張安國皆有緩急移保江北之論，乃大謬也，使賊到此地，何以爲國？守臣但當握節而死耳。渠頗悚然。然某所恃者有此二萬來義勇，所當整頓，緩急有隱然之勢也。今專務固結其心，愛養其力，庶幾一旦可共生死，第一義也。到此半年，所見如此，謾恐欲知。劉寶學志銘，正月半間專遣价走送其家，至今無耗，殊不可曉，今録本去拜呈，恐未之見也。共父遂葬，聞之不覺涙落。渠此間置神勁馬軍及經理義勇兩事可書，但是時爲政，猶未及晚年在建康時耳。

又

仁風義氣，想已周浹四境，重税厚供，想已考究本末，備見求牧與芻，固當然也。某於此有所見〔二一〕，亦不敢以隱，但亦精審而後發耳。辰、沅等五郡刀弩手事，近歲爲誕謾觀望者所害。比列上爲久遠計，諸司皆恐未合，時論雖知其是，有不敢聯銜者，不免徑自以聞，便蒙開可，明主可爲忠言，士大夫往往負之耳。如茶引、會子、上供皆目前大利害，見考究以次陳也。惟是孤蹤不敢自保〔一二〕，然一日必葺之義，不敢少墮耳。義勇事屢承問及。共父向來在此入奏，謂義勇武藝勝大軍，緩急可調發，某實未見其然。然其人多强壯，倉卒足爲荆渚之衛，以壯上流，平時可以捕察盗賊，此則然耳。共父御此輩未免姑息，如免役一事極害事，後來至縣道無人可差役，中下以下户反受深害，今亦修正其事。又縣道不能節度，豈有是理！亦明示節制，使知縣而不任，則去之可耳。比有總首徑申本司保明，差一部將，不經縣道，不免懲治，使知循序，此最要務也。然義勇尋常多有所患，若如率歛等事，一切禁止，所以恤之者固不可不盡，而於節制則不可不明耳。若今冬聚教，某未以罪去，當更一一整頓之。但患武將極難得，亦是近年以來進退在近習之門，所取皆誕謾之輩，壞得人才狼狽，極可慮耳。所諭傳聞之説，甚皇恐，不知何以得此？連日循省，緣初到時承縱盗之後，不免重賞，連獲江湖間積年殺人之賊，以正典刑。又有一賀之美者，乃一路囊橐渠魁，六七年來激茶客爲盗，誤官軍使敗，且假盗以報冤，用此致家貲累鉅萬。一路之人怨毒之深，畏之甚如虎狼，不免逮捕按誅，徙其妻子，盡没其貲，歸之有司而不有之，併按治憲司大吏向來受賂故縱者。今年茶客盡循約束，無一夫敢持兵行於途者，此一事之力爲多，恐或者便以爲嗜殺耳。近數月以來，既幸無新盜，而舊盜已多得，亦無所用刑矣。但昔人哀矜勿喜之意，每切味之，要須使此氣味無間斷耳。尚氣之言，亦每防有主張過當處，亦不敢不聞而警之也。近按一郡守，素來凶險，事極狓猖，不得而已，異時恐亦不在祝大任之下。因思諸葛忠武李平、廖立之事固是公道，然亦由德盛感人之深，乃能致然，每使人愧昔賢耳。

又

幸安職守，今年雨暘以時，可望一稔，盜賊頗戢，刑罰亦省，獨兵戈間弊病非一，掇其尤者列聞，它不遑恤也。兄近來爲況何如？教令既孚，當益無事，且須爲少留否？相從今後有何人？須得暇議論。某此間但有長沙梁仁伯秀才在此〔一三〕，資質亦頗淳篤。近有澧州教授傅夢泉來相見，乃是陸子静上足。其人亦剛介有立，但所談學多類揚眉瞬目之機。子静此病曾磨切之否？亦殊可懼。

又

梁仁伯主簿偕來者，日夕得暇即講論，近頗長進，偶以其祖母病復歸，殊覺落莫。子澄有新功否？甚恨未識之。伯恭聞復喪偶，多難如此，可念可念！有澧州教授傅夢泉者，資稟剛介，亦殊有志，但久從陸子静，守其師説甚力。此人若肯聽人平章，它日恐有可望也。

又

濂溪先生祠記乃遂刻石，對之愧汗。卧龍想見勝槩，欲賦一詩，續當寄上。近作每得之輒有開益。别籍異財榜文甚佳，此間却不至有如此太甚者。大抵近北州民間似易道説，非湖嶺間比也。重九日出郊二十里間，遂登龍山，四顧雲水渺然，亦復壯觀。平原中獨有此山，亦不高，蜿蜒如龍蛇耳。堤岸係一方之命，尋常極草草，夏潦盛時，其不爲魚者，幸耳。近城一堤十數里，最所恃者，今爲之久遠之計，不敢草草也。

又

少惄。比對郡學開一城門，正直江湖。舊有門曰恩波，在近處，久塞，今移於此。緣舊學出門即墻面，今焉開闢，氣象甚佳。因爲樓於上，登覽遂爲一郡之冠，以曲江樓名之。蓋張曲江來爲長史時，有登江陵郡城南樓詩，故用以名，欲求尊兄爲記，幸不惜落筆，以爲此邦形勢之重。樓之下即是白水河，河之外即大湖濼，濼之外即荆江，如高沙湖之類皆在指顧，以至峽州諸山，亦隱隱見於雲水之外也。

又

伯恭近遣人送藥與之，未回。渠愛弊精神於閑文字中，徒自損，何益！如編文海，何補於治道？何補於後學？徒使精力困於翻閱，亦可憐耳。承當編此文字，亦非所以承君德。今病既退，當專意存養，此非特是養病之方也。

校勘記

〔一〕某比改定　「某」，宋本作「栻」。下同。

〔二〕齋廚亦然　「齋廚亦」三字原闕，據宋本補。

〔三〕求記不及　「及」字原闕，據宋本補。

〔四〕已令具始末及畫圖　「已」字原闕，據宋本補。

〔五〕某幸粗安常　「某」，宋本作「栻」。

〔六〕某近聞建寧書坊何人將癸巳孟子解刻版　「某」，宋本作「栻」。

〔七〕甚望之　「之」字原無，據宋本補。

〔八〕某之愚　「某」，宋本作「栻」。
〔九〕如□□輩難責　「如」下二字，諸本皆闕。
〔一〇〕若只如□□所執　「如」下二字，諸本皆闕。
〔一一〕某已遣人行　「某」，宋本作「栻」。
〔一二〕其它大抵非遠書可達也　「達」，宋本作「述」。
〔一三〕但某意謂此書却未須出　「某」，宋本作「栻」。
〔一四〕有定期否耶　「期否」，宋本作「論未」。
〔一五〕某義當往哭　「某」，宋本作「栻」。
〔一六〕某自附陳明仲書後　「某」，宋本作「栻」。
〔一七〕某受任上流　「某」，宋本作「栻」。下同。
〔一八〕某居官如常　「某」，宋本作「栻」。下同。
〔一九〕其中有虜中官員亡奴過來勾引京西賊刼本縣　「本縣」二字原無，據宋本補。
〔二〇〕亦縛送之　「亦」上原衍「本縣」二字，據宋本删。
〔二一〕某於此有所見　「某」，宋本作「栻」。下同。
〔二二〕惟是孤蹤不敢自保　「敢」，宋本作「獲」。
〔二三〕某此間但有長沙梁仁伯秀才在此　「某」，宋本作「栻」。

南軒先生文集卷第二十五

書

寄吕伯恭

某讀書先廬，粗安晨夕。顧存養省察之功固當並進，然存養是本，覺向來工夫不進，蓋爲存養處不深厚，存養處欠，故省察少力也。方於閒暇，不敢不勉。但良朋在遠，每誦一日不可無侯無可之言，未嘗不引領東望也。所示讀書次第皆着實。蓄德喪志之分，誠不可不察。易傳所謂考跡以觀其用，察言以求其心，此語極緊要。近來讀諸先生説話，惟覺二程先生完全精粹，愈看愈無窮，不可不詳味也。來教有云「平時徒恃資質，工夫悠悠，殊不精切」，此可見體察之功。某每思尊兄於尋常人病痛往往皆無之，此在資質固爲美，然在學問不可不防有病。它人所有病痛，却不干學問事，若只坐在此上，却恐頹墮少精神。惟析夫義理之微，而致察於物情之細，每存正大之體，尤防己意之偏，好事上一毫才過，便是私意，如要救正此人，盡吾誠意以告之，從與不從，固不可必也。若必欲救正得便有偏。推此類可見。擴而充之，則幸甚幸甚！相從諸人多長進者否？有書來者，各隨其説，以鄙見答之矣。薛士龍及陸、徐、薛叔似諸君比恨未及識。士龍正欲詳聞其爲人，但所舉兩説甚偏，恐如此執害事。事功固有所當爲，若曰喜事功，則喜事上噉有病。元晦數通書講論，比舊尤好。語孟精義有益學者，序引中所疑曾與商確否？但仁義中正之論，終執舊説。濂溪自得處渾全，誠爲二先生發源所自。然元晦持其説，句句而論，字字而解，故未免返流於牽强，而亦非濂溪本意也。觀二先生遺書中，與學者講論多矣，若西銘則再四言之，至太極圖則未嘗拈出此意，恐更當研究也。此間士子資質好、有意於學者亦四五人，每教以着實，於主一上進步耳。晦叔已兩來相見，非久欲遷城居。岳下相識，如胡廣仲、伯逢亦留意，但向來多是想像懸度，殊少工夫，故病痛多不精進，亦數有書往來也。孟子解雖已寫出，其間毛病改綴不停，正如春草，旋剗旋有，且欲自家體當，遽敢傳諸人。見録一本，它時欲奉寄求益也。仁説所題數段極有開警，别紙奉報，并後來改正處亦録去。祭儀向來元晦寄本頗詳，亦有幾事疑，後再改來，往往已正，今録去，但墓祭一段鄙意終不安。尋常到山間，只是頓顙哭灑掃而已，時祭只用二分二至，有此不同耳。家間方謀建家廟，異時廟成定祭禮，庶幾正當伯恭所考，因來却幸見寄也。它懷非遠書所可盡，有便不惜寄音。

又

自歸抵此，亦既半歲，省過矯偏，但覺平日以爲細故粗迹者，乃是深失銷磨，雖庶幾兢兢焉，惟恐乘間之竊發耳。深味論語一書，聖人所以教人與學者所當用力者，蓋可以見着實務本乃爲至要，才不帖帖地，便使有外之心也。來書所自，察向來之病，其間有云以私爲公，以情爲性者，可見察之之精，更宜深勉於篤敬之功也。向來每見衣冠不整，舉止或草草，此恐亦不可作小病看。古人衣冠容止之間，不是要作意矜持，只是循它天則合如是，爲尋常因循怠弛，故須着勉强自持。外之不肅，而謂能敬於内，可乎？此恐高明所自知，但不可以爲小病耳。語學者躐等之病，鄙懷近來正謂如此，敢不深思而謹之也。今世學者慕高遠而忽卑近之病爲多。此間有肯來講論者，今殊不敢泛告，想渠輩聽某以前説話，覺得有滋味，今却鈍悶，若信得及，却可與講習也。「其言也訒」之説誠然。彼中諸人如何？今次寄來問目，却覺子約會思量，雖是泛然，且須令思量，要是須從此過耳，此亦是自已見得曾如此也。元晦仁説後來看得渠説愛之理之意却好，繼而再得渠書，只拈此三字，却有精神，但前來所寄言語間終多病。兼渠看得某意思亦潦草。後所答今録呈，但渠議論商確間，終是有意思過處，早晚亦欲更力言之。

又

學而篇數段甚有滋益，三段已改過，別録去。「巧言令色」章前已曾改。今送言仁一册去。「父没觀其行」，却恐文意只當於居喪説，若謂泛言行，則父在，固亦當觀其行，但有所不得行，要以觀志爲主耳。論子思摽使者之説甚有味。停蓄鎮重之戒，敢不深佩！以不當憂責爲幸。近世士君子墮在此病爲多，此意殊不厚，非惟先自隔絶，無由感通，存心既爾，若一旦臨事，豈復更有力乎？詳味考槃之詩與夫「志在君也」之辭，使人三歎也。元晦向來詩集解必已曾見。某意謂不當删去前輩之説，今重編過，如二程先生及横渠、吕、楊之説皆載之，其他則采其可者録之，如此備矣。而其間或尚有餘意，則以己見附之。觀魯論中教人以詩爲先，蓋興起情性，使人深篤於人倫之際，學者須是先教存忠厚之心也。

又

某前月半間積寒成疾，勢極危，諸事亦已處置，順聽之耳。一夕氣復，諸證盡退，蓋服熱劑灼艾之力，今幸已復常。病中念平日頗恃差壯，嗜欲少，故飲食起居多不戒生冷，不避風寒，此亦是自輕。觀鄉黨中聖人衛生之嚴，豈是自私？蓋理合如是耳。尋常忽略，亦是豪氣中病痛也。每得來書，未嘗無所開警，所謂威儀辭氣間，豈特兄所當勉，某日從事于此，而每恐其不逮也。曾子所以告孟敬子者最爲親切，每覺上蔡所解語録中所説。猶似未精穩，此要須自家子細下工夫耳。某自覺向來於沉潛處少工夫，故本領尚未完。一二年來，頗專於敬字上勉力，愈覺周子主静之意爲有味。程子謂於喜怒哀樂未發之前更怎生求，只平日涵養，便是此意，須深體之也。氣質居處之説甚善，當深察之，不敢虚來意。此間士子目今亦有向方者，但看長遠如何。文字小小開解，誠不濟事，着實肯做工夫者，乃有可望耳。去年聞從學者甚衆，某殊謂未然。若是爲舉業而來，先懷利心，豈有就利上誘得就義之理！今已謝遣，甚幸。但舊已嘗謝遣，後來何爲復集？今次須是執得定、斷得分明，不然，猶有絲毫牽滯，恐復因循於它日也。亦非特此事，大抵覺得老兄平日似於果斷有所未足，時有牽滯，流於姑息之弊，雖是過於厚、傷於慈，爲君子之過，然在它人視我，則觀過可以知仁，在我自檢點，則終是偏處。仁義之道常相須，要知義不足〔一〕，則所謂仁者亦失其正矣。又如論朱元晦出處，亦似未安。周之則可受，謂不使飢餓於土地，只是來相周，故可受。今乃是受加之官寵，豈有安坐于家而坐享之理？元晦辭不敢當爲合義。但當時託一二不同志者〔二〕，使之宛轉求遂己之請，却似不消得如此添加耳，更幸思之。某舊在臨安，已覺兄之病有此，今復因此二事詳及，推此可以槩見也，如何如何？

又

來書所謂辭氣務令平和，然實處不可回互，此語盡之矣。頃見相識間有好爲調護審細之論〔三〕，退而察之，其實畏怯。名曰憂國，恐只是爲身耳，故臨利害則氣懾志喪，而縈於寵利，則不已焉。知人之難，恐不可以不察也。蓋直前妄發，固爲不是，然於所當然而不然，又别爲之説，恐終不免爲姦而已矣。此論不須爲它人説。思慮所及，因來諭，有發于中，故及之耳。

答彪德美〔四〕

垂諭之詳，再三誦之，政所望於良友者，但鄙意不能無疑。如「自滅天命固爲己私」一段，恐錯斷文句，故失先生之意，已於季立書中言之矣，想必須見，幸更深思。平心易氣，無爲己私横截斷，庶乎其有取也。知言序可謂犯不韙，見教處極幸，但亦恐有未解區區之意處，故不得不白。如云夫子未嘗指言性，子思中庸首章獨一言之，此蓋是設或問之辭，故以「或曰」起之。然云指言，則謂如「天命之謂性」是指言也，其它説話固無非性命之奧，而非若此語指而言之也。故於答之之辭中引子貢之語，以爲夫子之言，無非天命之流行發見也，意則可見矣。更幸詳觀，却以見教。若夫辭氣不足以發，則誠陋之故也〔五〕。來書雖援引之多，愈覺泛濫。大抵是舍實理而駕虚説，忽下學而驟言上達，掃去形而下者而自以爲在形器之表。此病恐不細，正某所謂雖闢釋氏，而不知正墮在其中者也。故無復窮理之工，無復持敬之妙，皆由是耳。某近來反復思之，不可不爲盡言。惟天資慤茂，必能受朋友之實攻，若忽而置之，曰「吾所得自高妙矣」，則僕亦不敢進説于前也。然某之見亦豈敢以爲便是哉？願更講之耳。

答吕子約

來書猶未免欲速逼迫之病。任重道遠，要須弘毅爲先，循循有常，勿起求獲之意乃佳。理義固須玩索，然求之過當，反害於心。涵泳栽培，日以深厚，則玩索處自然有力也。勉之勉之！平時病痛，所貴求以銷磨矯揉之，却不可徒自悔恨，於胸中反添一病。遺書中所謂罪己責躬不可無，却不可留在胸中爲悔，是也。希顔録舊來所編，不甚精切。顔子氣象但當玩味於論語中，及考究二程先生所論，則庶幾得所循求矣。

又

諭及邇來工夫，足見不輟。但所謂二病，若曰荒怠因循〔六〕，則非游泳之趣；若曰蹙迫寡味，則非矯揉之方。此正當深思，於主一上進步也。要是常切省厲，使凝歛清肅時寖多，則當漸有向進，不可求近功也。别紙亦各答去。區區固未必能深益高明，加以所懷非書可究，惟幸深思，有以見復。

又

所謂近日之病却不在急迫，而懼失於因循，此亦可見省察之功。然此亦只是一病，不失之此則失之彼矣。以至於閨門之間〔七〕，不過於嚴毅則過於和易；交游之際，厚者不失於玩則失於過。紛紛擾擾，滅於東而生於西。要須本原上用工，其道固莫如敬。若如敬字有進步，則弊當漸可減矣。楊龜山所舉富公崇深之説，固爲有益於學者，然特拈出此二字，却似未穩。更幸思之。侍旁雜務，於職所當任，豈容少有厭煩忽細之意？惟主敬以立本，而事事必察焉，此學之要也〔八〕。

答胡伯逢

中庸解録未畢，今先寫三段去，大綱規摹如此也，未知如何？垂諭性善之説，詳程子之言，謂「人生而静」以上更不容説，才説性時便已不是性，繼之曰凡人説性只是説「繼之者善也」，孟子言人性善是也。但請詳味此語，意自可見。大抵性固難言，而惟善可得而名之，此孟子之言所以爲有根柢也。但所謂善者，要人能名之耳，若曰難言而遂不可言，曰不容説而遂不可説，却恐渺茫而無所止也。知言之説，究極精微，固是要發明向上事，第恐未免有弊，不若程子之言爲完全的確也。某所恨在先生門闌之日甚少，兹焉不得以所疑從容質扣於前，追悵何極！然吾曹往返論辯，不爲苟同，尚先生平日之志哉！熱甚，近郊已復覺旱，彼中何如？更幾以遠業自重。

答胡季立

垂諭，足見講學之勤，至所願幸。某愚，惟不敢不深潛其思，時有所見，亦未必是也，惟願與朋友共論焉。夫天命之全體流行無間，貫乎古今，通乎萬物者也。衆人自昧之，而是理也何嘗有間斷？聖人盡之，而亦非有所增益也。未應不是先，已應不是後，立則俱立，達則俱達，蓋公天下之理，非有我之得私。此仁之道所以爲大，而命之理所以爲微也。若釋氏之見，則以爲萬法皆吾心所造，皆自吾心生者，是昧夫太極本然之全體，而反爲自利自私，天命不流通也，故其所謂心者是亦人心而已，而非識道心者也。知言所謂自滅天命，固爲己私，蓋謂是也，若何？所斷句則不成文義，失先生意矣，更幸思之，却以見教。

答胡季履

承諭觀史工夫，要當攷其治亂興壞之所以然，察其人之是非邪正，至於幾微節目，與夫疑似取舍之間，尤當三復也。若以愽聞見助，文辭抑末矣。此間士子輩觀通鑑，嘗令先將逐代大節目會聚始末而觀之，頗有意味。如高祖入關、滅項、誅功臣之類，皆作一門備其源流，此亦編得有次第，方欲取前輩議論之精者入於其間也。

又

所諭讀書欲自愽而趨約，此固前人規摹，其序固當爾。但旁觀愽取之時，須常存趨約之意，庶不至溺心。又愽與雜相似而不同，不可不察也。有所發明，毋惜示教。

答胡季隨〔九〕

辱惠書，審聞侍奉平達武林，履候勝福，極以爲慰。諭及日讀二程先生遺書，甚善。要當平心易氣，優游涵泳。所讀其間談性命處，讀之愈勤，探義愈晦，無恠其然。若只靠言語上求解，則未是。須玩味其旨，於吾動静之中體之，久久自别也。歸來所作洙泗言仁序、主一箴録去。所要詩亦寫在别紙。彼中過從爲誰？歲月易邁，人心易危，華盛之地，奪志者多，惟敬自勉，以承先世之業。更祝厚愛，所見所疑，便中不惜頻示。還轅當在何時耶？

又

録示序文，三復，足見所志。雖然，升高自下，陟遐自邇，善學者志必在乎聖人，而行無忽於卑近，不爲驚怪恍惚之見，而不舍乎深潛縝密之功。伊洛先覺謂學聖人當以顔子爲準的，誠明訓也。德門令質，惟益勉之。

又

元晦所編遺書，只是裒聚逐家所編全入之，都無所删也。其間傳録失指者固有之，正要學者玩味耳。若便删去，却殊無意味也。得此等文字，且當服膺沉浸其間，未宜以己意直斷輕議也。

又

所諭二先生遺書，其間固有傳寫失真者，向來龜山欲删正，而迄未下筆，要須究極精微，無所憾者，乃可任此，未容輕議也。今元晦所集皆存元本，在學者亦好玩味，其間真僞，在我玩味之久，自識別之耳。所謂未容輕議者，非是爲尊讓前輩，蓋理未易明，不應乘快便據目前斷殺，須是潛心，若果下工夫，方覺其未易也。只據前人所辨，亦須自家胸中自見得精神乃可，不然，亦只是隨人後贊歎而已。某頃年編希顔録，如莊子等諸書所載顔子事多削去，先生以書抵某云：「其它諸説亦須玩味，於未精當中求精當，不可便容易指以爲非而削之也。」此事是終身事，天地日月長久，今十有二年矣，愈覺斯言之有味，願吾友深體之。他希篤沉潛之功，以輕易爲戒，勉茂遠圖，厚自愛。

又

諭及日閲致堂史論，甚善。秦漢以來，學道不明，士之見於事業者固多可憾，然其間豈無嘉言善行與一事之得者乎？要當以致遠自期，而於人則一善之不廢，是乃擴弘恕之方，而爲聚德之要也，正惟勉之。名臣言行録未有別本可寄，得之即附往。但此書編得未精細，元晦正欲更改定耳。

又

承諭夸勝之爲害，可見省察之功，正當用力自克也。克之之道，要須深思夸勝之意何自而生，於根源上用工銷磨，乃善。若只待其發見而後遏止，將見滅於東而生於西也，正惟勉之。季隨邇來下工如何？聞時往見晦叔，甚有講論否？君子之所不可及者，其惟人之所不見乎。要須深惟尚絅之義，鞭辟儘覺有味也。

又

邇來玩繹，想自不廢，有可見告者否？若入浙因一見伯恭，甚善。近來士子肯向學者亦時有之，但實作工夫耐久者極難得也。且是要鞭辟向裏，如此下工，方自覺病痛多耳。垂諭浩然之氣，工夫正在集義，當於慊餒處驗之。集義以敬爲主，孟子此一段雖不説着敬字，勿忘、勿助長，是乃敬之道也。

答陳擇之

伏蒙賜書，陳義粲然。重惟茲世講學之緒不絶如帶，有如高致，感歎何勝！而某荒疎，不足以辱來問，姑以其所從事焉者試共論之。左右謂異端之惑人，未必非賢士大夫，信哉斯言也！然而今日異端之害烈於申、韓，蓋其説有若高且美，故明敏之士樂從之。惟其近似而非，逐影而迷真，憑虛而舍實，拔本披根，自謂直指人心，而初未嘗識心也。使其果識是心〔一〇〕，則君臣、父子、兄弟、夫婦，是乃人道之經，而本心之所存也，其忍斷棄之乎？嗟乎！天下之禍莫大於似是而非、似非而是〔一一〕，蓋霄壤之隔也。學者有志於學，必也於此一毫勿屑，而後可得其門而入也。然而欲遊聖門，以何爲先？其惟求仁乎！仁者聖學之樞，而人之所以爲道也。有見於言意之表，而後知吾儒真實妙義，配天無疆，非異端空言比也。孟子曰「思則得之」，又曰「求則得之」。左右試取魯論所載，精思而深求焉。某也不敏，尚庶幾切磋之益。

答謝夢得

凡人之病，必有受病之處，雖風雨、暑寒、燥濕之不同，而氣行無間隙不在焉〔一二〕。惟其日引月長，浸而不已，故良醫之治病，必先望其顔色，切其脉理，而究其腑臟之變，以會其微，而投之砭劑，如郢人之運斤，甘蠅、飛衛之射發，無不如意。不幸而秦、扁、和、緩之不遇，而至於病矣，則將何救？嗟乎！病之在身，猶將不遠秦楚之路而求以治之；病之在心，顧獨不思所以救之者乎？左右謂病散在一身而莫知其病之處，此惟弗察之故也。語曰：「觀過，斯知仁矣。」觀云者，用力之妙也。引繩而絶之，其絶必有處，左右試詳思而察焉。凡心之病固多端，大抵皆由其偏而作。自一勺而至於稽天，則若人雖生，無以異於死也。聖賢之經皆妙方也，察吾病之所由起而知其然，審處其方，專意致精而藥之，則病可去；病去則仁，仁則生矣。如某者蓋三折肱而未得爲良醫也，方汲汲然自治之不暇，而何以起人之廢哉？孟子曰：「子歸而求之，有餘師。」多言不足以答盛意。

答劉炳先昆仲

某求去未得，尚爾黽勉。春來，城南花柳每見夢寐中也。聞昆仲相處益雍怡，諸郎亦皆孝謹，知公家門户方昌未艾耳。此間士人伍氏兄弟本章貢人，亦以友睦爲鄉閭所稱重，每延接慰勞，用以風厲其俗也。

校勘記

〔一〕要知義不足　「要知」，宋本作「若於」。

〔二〕但當時託一二不同志者　「託」，原作「有」，據宋本改。

〔三〕頃見相識間有好爲調護審細之論　「頃」，原作「須」，據宋本改。

〔四〕答彪德美　宋本作「又」。

〔五〕則誠陋之故也　「誠」，宋本作「淺」。

〔六〕若曰荒怠因循　「怠」，原作墨丁，據宋本補。四庫本作「忽」。

〔七〕以至於閨門之間　「間」，原作「門」，據宋本、劉本、四庫本改。

〔八〕此學之要也　「此」字原無，據宋本抄配頁補。

〔九〕答胡季隨　宋本作「又」。

〔一〇〕使其果識是心　「是」，宋本作「其」。

〔一一〕似非而是　原作「似是而非」，據宋本改。

〔一二〕而氣行無間隙不在焉　「焉」，宋本作「大」，當在「間」下加逗。

南軒先生文集卷第二十六

書

答喻郎中

長者謂事最忌激觸。然所謂激觸者，要當平心易氣審處其理，期於中節而已。若欲遷就回互，於所當然而不然，枉尋以求直尺，而曰吾所畏者激觸也，無乃終墮於姦邪之域？人欲愈肆，而天理愈滅歟！觀伊川先生解「遇主于巷」一爻，意極明切，後人不知，乃以己私窺聖人之意，其失大矣。長者言重懼學者聽之而惑也，故敢獻其愚。

答李秘監

竊聞除書，復長道山，固爲吾道慶。然而進退去就之義，高明所素講，今日必有以處之，而亦士類之所屬望也。詩曰：「戰戰兢兢，如臨深淵，如履薄冰。」此古人所以周旋乎理義，動中節奏而不失也。辭章儻未報可，則繼此何如耶？辱在下風，所願聞也。

與施蘄州少路

久聞蘄春文物彬彬，有前輩遺澤漸濡未泯也，計士人中器質多美者。鐵錢事如何計？循其理而爲之，不若它人做工作事也。大抵今日人才之病，其號爲安静者則一切不爲，而其欲爲者則又先懷利心，往往貽害。要是儒者之政，一一務實，爲所當爲，以護養邦本爲先耳，此則可貴也。某冒居要藩，日夜悚仄，蓋日勉焉，而未之能有益也。臭味一家，偶及之耳。

答周允升

所論約之説，前書正欲左右從約束、簡約中下工夫。所謂曾子之約，其始亦須由是以進焉。來書謂約束、簡約之云，某之趨此也有日矣，此乃見左右之未能趨約也。如是而遽云曾子之約，只是妄意度量耳。大抵觀書辭多暴露恍惚之語，少沉潛篤實之意，講學不如此也。且當熟讀論語，玩味聖人所以教人與孔門弟子學乎聖人者，則自可見。蓋聖門實學，循循有序，有始有卒者，其惟聖人乎！非若異端驚夸籠罩，自謂一超徑詣，而卒爲窮大，而無所據也[一]。近世一種學者之弊，渺茫臆度，更無講學之功，其意見則類異端一超徑詣之說，又出異端之下。非惟自誤，亦且誤人，不可不察也。五峰所謂此事是終身事，天地日月長久，斷之以勇猛精進，持之以漸漬薰陶，故能有常而日新，誠至言哉！撥冗姑此爲報，幸深思之。

又

所諭尚多駁雜，如云知無後先，此乃是釋氏之意，甚有病。知有淺深，致知在格物，格字煞有工夫。又云儻下學而不加上達之功，此尤有病[二]，上達不可言加功。聖人教人以下學之事，下學工夫浸密，則所爲上達者愈深，非下學之外又別爲上達之功也。致知力行皆是下學，此其意味深遠而無窮，非驚怪恍惚者比也。學者且當務守，守非拘迫之謂[三]，不走作也。守得定，則天理浸明，自然漸漸開拓。若强欲驟開拓，則將窮大而失其居[四]，無地以崇德矣。惟收拾豪氣，毋忽卑近，深厚縝密，以進窮理居敬之工，則所望也。喜左右之志，故屢言之，惟深念焉。

答陳平甫

某自幼侍親來南，周旋三十餘年間，又且伏守墳墓於衡山之下，是以雖爲蜀人，而不獲與蜀之士處，以親友其仁賢，每以是念。往歲得建安魏元履書，始知足下之名，且聞廷對所陳大略，念足下天資剛毅人也，恨未之識耳。雖然，世固有天資之美者，苟不知進乎學，則終身安於其故而已。蓋氣質雖美而有限，天理至微而難明，是以君子必貴乎學也。近得猶子然書，復聞足下超然拔出流俗，志於古道，孜孜不舍，則又歎足下於世衰道微之際，能獨見自立如此，其進也何可量！則願見之心益厪。今得足下書并所論著，連緘累牘，伏而讀之，無非以討論問學爲事，而果有以知足下之所存，甚幸甚惠！惟是不以僕爲不敏，意欲與之共講斯道，而勉爲君子之歸，固所願者。若夫推予期待之過，其實則非所敢當也。僕自惟念，妄意於斯道有年矣，始時聞五峯胡先生之名，見其話言而心服之，時時以書質疑求益。辛巳之歲，方獲拜之于文定公書堂。先生顧其愚而誨之，所以長善救失，蓋有在言語之外者。然僅得一再見耳，而先生没。自爾以來，僕亦困於憂患，幸存視息於先廬，紬繹舊聞，反之吾身，寖識義理之所存。湘中一二學者時過講論，又有同志之友自遠而至，有可樂者。如是有五載〔五〕，而上命爲州，不得辭，繼爲尚書郎，猥以戇言，誤被簡遇，遂得執經入侍，且須都省下士。誠欲自竭，庶幾以報，而學力不充，迄亡毫髮之補。歸來惟自省厲，蓋愈覺已偏之難矯，聖學之無窮，而存察之不可斯須忘也。誦伐木「神之聽之，終和且平」之章，思欲與海内賢士切磋琢磨，庶幾卒以無負初志。然則自治之不暇，又烏能有益於人哉！念辱足下萬里盛意，則亦不敢隱耳。蓋道之不明久矣，自河南二程先生始得其傳於千有餘載之下，今二先生之言雖行於世，然識其真者或寡矣。夫二先生之言，凡以明孔孟之道而已。孔孟之道，其博厚高明，雖曰配二儀之無疆，然其端豈遠於人心而欲它求哉？人病不能推而充之耳。世之聞二先生之言而驚疑竊怪者固不足道，而其間有慕高遠者，則又儻怳虛矜而不循其實，亦爲失其真而已。竊攷二先生所以教學者，不越於居敬、窮理二事，取其書反復觀之，則可以見。蓋居敬有力，則其所窮者益精；窮理寖明，則其所居者益有地。二者蓋互相發也。爲人之要〔六〕，孰尚於此！學而不知其要，則泛濫而無功。二者言之雖近，而意味工夫無窮，其間曲折精微，惟能用力者當漸知之耳。升高自下，陟遐自邇，務本循序而進，久自有所至，不可先起求成之心，起求成之心，則有害於天理。孔子之所謂獲，孟子之所謂正者，政此病也。區區誦其所聞，言不盡意，惟願足下毋忽於卑近以卒至於遠大，則幸甚幸甚！别紙所諭，亦各以鄙意批呈，未知然否。自爾既定交於萬里之外，則不惜時惠音。有箴有誨、有得有疑，一一詳及，勿爲無益之書，所願望也。

答曾致虛

承聞侍旁無事，不廢講論。以致虛資稟之美，而有志斯道，其何可量，甚幸甚仰！惟是某不敏，何足以辱下問之意？來教所及，悚戢何勝。雖然，於左右不敢隱其愚也。所謂持敬，乃是切要工夫，然要將箇敬來治心則不可。蓋主一之謂敬，敬是敬此者也。只敬便在此。若謂敬爲一物，將一物治一物，非惟無益，而反有害，乃孟子所謂必有事焉而正之，卒爲助長之病。如左右所言，窘於應事，無舒緩意，無怪其然也。故欲從事於敬，惟當常存主一之意，此難以言語盡，實下工夫，涵泳勿舍，久久自覺深長而無窮也，不識以爲如何？某去歲作主一箴，謾納呈，有以往復開益，所願望也。

答項秀才

承來金華，從容師友間，當有進益。爲學之方，循循有序，要須着實趨約，自卑近始。度正字亦必常及此，在勉之而已。

答羅孟弼

數日欲答前書，檢未得，但記其間所引濂溪「無欲則静虚動直」之語，念不可不報。所謂無欲者，無私欲也。無私欲則可欲之善著，故静則虚，動則直。虚則天理之所存，直則其發見也。順理之謂直。若異端之談無欲，則是批根拔本，泯棄彛倫，淪實理於虚空之地，此何翅霄壤之異哉?不可不察也。

答蕭仲秉

聞喪事謹朝夕之奠,不用異教,甚善。此乃爲以禮事其親,若心知其非而徇於流俗之議,則爲欺僞,不敬莫大焉。惟致哀遵禮,小心畏忌以守之,鄉曲之論,久當自孚,勉爲在我者可也。

又

生死鬼神之説,須是胸中見得灑落,世間所説不得放過,有無是非一一教分明方得。若有絲毫疑未斷,將來被一兩件礙着,未必不被異端摇動引去。覺得諸友多於此處疑著,正好玩味横渠之説。昨見文集有數處極精切,蓋横渠皆是身經歷做工夫,剖決至到,故於學者疑滯處尤爲有力耳。工夫須去本源上下沉潛培植之功,不然,區區文義之間,一知半解,歲月只恁地空過也。

答戚如玉

垂諭忿怒之病,氣習偏私處,正當深致其力。損卦「懲忿窒慾」。懲之爲言,須思其所以然而懲艾之。先覺謂惟思爲能窒慾，某謂懲忿亦然。若謂正當發時，最好看吾本心，此却有病。本心須是平日涵泳，庶幾私意漸可消磨。若當其發時，如明道先生所謂遽忘其怒而觀理之是非則可，若直待此時看吾本心〔七〕，則天理人欲不相參，恐無力也，更幸思之。

答江文叔

垂諭大學格物之説，顧某淺陋，何足以發高明之思！抑嘗聞之，格，至也；格物者，至極其理也。此正學者下工夫處。吕舍人之説雖美，乃是物格知至以後事，學者未應躐等及此也。雖然，格物有道，其惟敬乎！是以古人之教，有小學，有大學。自灑掃應對而上，使之循循而進，而所謂格物致知者，可以由是而施焉。故格物者，乃大學之始也。因下問及之，併幸詳焉，有以見教。

答劉宰

垂諭識大本、除物欲之説。蓋義理精微處，毫釐易差，故以吕與叔游伊川、横渠之門，所得非不深，而至論中處，終未契先生之意，知未易至也。今學者未循其序，遽欲識大本，則是先起求獲之心，只是想象摸量，終非其實。要須居敬窮理工夫日積月累，則意味自覺無窮，於大本當漸瑩然。大抵聖人教人，具有先後始終。學者存任重道遠之思，切戒欲速也。物欲之防，先覺所謹。蓋人心甚危，氣習難化，誠當兢業乎此。然隨起隨遏，將滅於東而生於西，紛擾之不暇，惟端本澄源，養之有素，則可以致消弭之力。舊見謝上蔡謂透得名利關，便是小歇處，疑斯言太快。透得名利關亦易事耳，如何便謂之小歇處？年大更事，始知真透得誠未易。世有自謂能擺脱名利者，是亦未免被它礙着耳。前人之言不苟然類如此，要用力，乃知之耳。

答游誠之

「出入」二字，更須子細理會。程子曰「心本無出入」，以操舍而言。又曰：「心則無出入矣，逐物是欲。」蓋操之便在此，舍之則不見，因操舍故有出入之云耳。若論人之逐物，蓋因其舍亡，故誘於物而欲隨之。欲雖萌於心，然其逐物而出，則是欲耳，不可謂心也。欲可去而心未嘗無。至於是心之存物來順應，理在於此，又豈得謂之出乎？幸深思之。

又

大抵學者貴近思，若泛濫則有病。近字極有味，宜深體之。未發已發，體用自殊，不可溟涬無别，要須精析體用分明，方見貫通一源處。有生之後，豈無未發之時正要深體之若謂有生之後皆是已發，是昧夫性之所存也。伊川先生語録所論，幸精思之。

答吕季克

原説中弊病似不難見，不知李伯諫何故下喬木而入幽谷如此？如克己復禮之説，所謂禮者天之理也，以其有序而不可過，故謂之禮。凡非天理，皆己私也。己私克則天理存，仁其在是矣。然克己有道，要當深察其私，事事克之。今但指吾心之所愧者必其私，而其所無負者必夫禮，苟工夫未到，而但認己意爲，則且將以私爲非私，而謂非禮爲禮，不亦誤乎？又如格物之説，格之爲言至也，理不遁乎物，至極其理，所以致其知也。今乃云物格則純乎我，是欲格去夫物，而己獨立，此非異端之見而何？且物果可格乎？如其説，是反鏡而索照也。推此一端，其它可見。

答王居之

原説前日吕季克已寄來。觀其言殊無統紀，其所安乃是釋氏，而又文其説。説亦淺陋，本不足以惑人，不意伯諫乃爾。向來與元晦相從，不知講論甚事？其人亦可謂不善變矣。前日答季克書謾録去，今得所示伯諫之語，益知蘄州李君乃是類告子之不動心者，不知既不窮理，如何去得物蔽〔八〕？其所謂非蔽者，未必非蔽，而不自知也。釋氏之學，正緣不窮理之故耳，又將盡性至命，做一件高妙恍惚事，不知若物格、知至、意誠、心正，則盡性、至命亦在是耳。

答章茂獻

來問詳切，思慮講辨要當如此爾。向者見吳德夫説汪端明嘗以「正大」兩字奉告，某謂此意固美矣，然「正大」是指其體，要須有下手處。「弘毅」兩字，乃學者下手處也，與「正大」本相須〔九〕。就其體言之，天理渾然，正且大也；推其用言之，散在事物之間，精微曲折，正大之理無不存焉。學者當默存其體而深窮其用，則所謂弘毅之功不可以不進也。然就學者用工，常患於偏，欲其弘則懼夫肆，欲其毅則懼夫拘，是非弘毅之正也，氣習之所乘也。不在學者初用工，亦無怪其有此，然要知其爲病，而致吾存養窮索之力耳。凡足下之所問，不能一一具報，大意亦略具是矣，幸以此推之而復以告焉。區區每樂得同志相與共講，扶掖其愚，儻或有進，賢者不鄙而辱貺之，某誠知幸矣。

答彭子壽

別紙示以所疑，深慰孤寂，輒據所見奉呈，正望往復之益。第詳觀所論，不喜分析，窮理不應如此。理有會有通，會而爲一，通則有萬，釐分縷析，各有攸當，而後所謂一貫者，非溟涬臆度矣。此學所以貴乎窮理。而吾儒所以殊夫異端也，更幸深思焉。

答沙市孫監鎮

某辱諭伍員廟事，足見致思相助之意，甚幸甚幸。惟是時有古今，而君臣之義無古今也。楚乃伍員之宗國，君臣之義其來有素矣。父以無罪誅，子逃之而勿仕，終身蔬食布衣可也，豈有假手於讎，覆其宗國，快心於其君耶？狄梁公乃與大禹、吴泰伯一例存之，前輩蓋嘗有議論，梁公之賢，偶未之思耳〔一〇〕。今敕額在吴，以慰吴人之思可也，在楚地則不可以施。按祀典，有功德於民則祀之。員於此地，何止無功德而已哉！然復讎之義，又不可不詳講。如今日中原之人本吾宋之臣子，虜乃仇讎也，向來不幸而污於虜，若幸而脱歸，則當明復讎之義，覆虜之宗、鞭虜之尸，所當爲也。若員則家世爲楚之臣子，而以復讎之義自施於君，其可乎哉？使員而果有靈也，其敢饗於兹地乎？此義恐不可不正。來意雖深荷，然皇恐不敢從也，更惟思之。

答陸子壽

某聞昆仲之賢有年矣，近歲得之爲尤詳，每懷願見，以共講益，渺然相望而未克遂，向往可知。忽辱枉教，三復辭義，有感於中。第惟孤陋，不足以當盛意也，然而不敢以虚來貺。講學不可以不精也，毫釐之差，則其弊有不可勝言者。故夫專於考索，則有遺本溺心之患；而騖於高遠，則有躐等憑虚之憂，二者皆其弊也。考聖人之教人，固不越乎致知力行之大端，患在人不知所用力耳，莫非致知也。日用之間，事之所遇，物之所觸，思之所起，以至於讀書考古，苟知所用力，則莫非吾格物之妙也。其爲力行也，豈但見於孝悌忠信之所發，形於事而後爲行乎？自息養瞬存以至於三千三百之間，皆合内外之實也。行之力則知愈進，知之深則行愈達，區區誠有見乎此也。如箋注、詁訓，學者雖不可使之溺乎此，又不可使之忽乎此，要當昭示以用工之實，而無忽乎細微之間，使之免溺心之病，而無躐等之失，涵濡浸漬，知所用力，則莫非實事也。凡左右之言，皆道其用力之實也，故樂以復焉。聖上聰明不世出，真難逢之會，所恨臣下未有以仰稱明意。大抵後世致君澤民之事業不大見於天下者，皆吾儒講學不精之罪。故區區每願從世之賢者相與切磋究之，而盛意之辱，欣幸至于再三也。元晦卓然特立，真金石之友也，然作别十餘年矣，書問往來，終豈若會面之得盡其底裏哉！伯恭一病，終未全復，深可念，向來亦坐枉費心思處多耳。心之精微，書莫能究，布復草草，正惟亮之。

答魏元履

頃寄一書，度到時從者已南轅，不知獲徹否？便中領臨行教字，極荷。秋氣寖清，伏惟歸侍雍容，尊履萬福。兄抗論切直，悚動一時，此書亦庶幾不虚矣，但非惟善言之不用，而遽使直士引去，使人重憂歎耳。聞太學多士有欲閉何蕃之意，亦可見人心所同也。然兄今日袖手却思，當益知天理之難明，人心之難定，而講學之不可一日忘也，則君子之所進，其有極乎！元晦必已相見，請外想遂矣。共父近得旨行邊，今在襄陽也。某幸粗安〔一一〕，日夕不敢自怠棄，但良朋在遠，每懷離索之懼，安得識面，少沃此懷也〔一二〕。適有端便，略此問訊，更幾勉茂德業，厚自愛重。

戊午讜論有人可爲録本否？先得兄所作序及元晦者見寄爲望。

校勘記

〔一〕而卒爲窮大而無所據也　「窮」，宋本作「空」。

〔二〕此尤有病　「有病」，原作「甚□」，據宋本改。

〔三〕守非拘迫之謂　「守」下，宋本有「之」字。

〔四〕則將窮大而失其居　「窮」，宋本作「空」。

〔五〕如是有五載　「有」，宋本、劉本、四庫本作「又」。

〔六〕爲人之要　「人」，宋本作「仁」。

〔七〕若直待此時看吾本心　「時」，原作「事」，據宋本改。

〔八〕如何去得物蔽　「物」，宋本作「拘」。

〔九〕與正大本相須　「與」，宋本作「夫」。

〔一〇〕偶未之思耳　「之思」，原作「思之」，據宋本、劉本、四庫本改。

〔一一〕某幸粗安　「某」，宋本作「栻」。

〔一二〕少沃此懷也　「懷」，宋本作「悰」。

南軒先生文集卷第二十七

書

答李賢良仲信

比承奉對天陛，正學以言，歸拜親庭，榮則多矣。竊在游從，深用慰歎。未及具問，來教先貽，佩戢至意。即此春晚，伏惟侍旁從容，德履勝裕。國家稽古建科，得人爲盛，中雖廢於邪臣，卒莫掩於公議，逮兹舉首，乃得昌言，將必有聞風而起者，幸甚幸甚！雖然，盛名之下難居，而問學之方無窮，責人者易爲言，而克己者難其功，任重道遠，惟益勉之，以副蘄望。某歸來舊廬已三閱月，無事可以讀書，玩味存察，不敢惰弛，惟孤陋少友是懼，每馳情於公家父子兄弟間也。因來，尚警告之。西泝未有日否？臨紙更切依然，重幾良食自厚。

答李叔文

某自舟中草草具謝，爾後不克嗣音，辱近告從審，侍履萬福，慰甚。某歲前抵舊廬，應接殊不暇，數日來方得從事簡編中，但可與講論者極患其難得耳。幸教以少康而下中興説，敬已詳觀〔一〕。少康年次，邵康節皇極經世中以寒浞滅相係於壬寅，是歲或癸卯，少康生，而克復舊物乃在癸未，凡四十有一年。方少康在襁褓，而夏之臣靡固有滅浞而立之之心，經營許久，乃遂其志，若靡者可謂忠之盛者矣。方寒浞在上，澆豷縱横之時，少康獨有田一成，衆一旅，其勢可謂堙微，而卒用以興，其間圖回謀慮，必大有曲折，惜不復傳於後；猶幸有左氏傳所載耳。要之，靡與有鬲氏、有仍氏皆佐少康以有爲者也。若使少康之君臣此數十年中不忍而欲速，則身且不保，而况國乎？惟其潛也若深淵之靚，故其發也如春陽之振，動惟其時者也。恐當以是觀之。燈下布復，它冀旨時厚愛。

答李季修

某别來無日不念，辱近問爲慰。垂示浩氣集傳，足見留意，亦一再觀矣。大抵論學之難，如此等要切處，須涵泳體認，持之以久，方能通達。若只以己意懸斷，則失之遠矣。如蘇與秦之説，辯則辯矣，然只是以聰明揣量，非講學之道也。且是未識心之所以爲心，既未識心，則所謂浩然之氣者安所本哉？本源既差，則其立言何適而非病？縱使時有一二語摸度近是，亦非是也。後生顧豈當議前輩？然講學不可不精於决擇，雖毫髮亦不容放過，况本源初未是者哉？今當本孟子之意，而參以程子之説。孟子以集義爲本，程子以居敬爲先，皆其深造自得者然也。學者於是二者朝夕勉焉，循循不已，則所謂浩然之氣者，淺深當自知之。若不於此下工，遽欲想象强氣體使之充，正是助長之甚者，其爲害反大矣。以直養之説，要將直來養氣，便是私意，有害於養，故孟子只説養而無害，不是將一物養一物也，與涵養以敬自大不同。敬便是養也，敬者心之道，所以生生也，與直字義異，須細味之。所問大學正心之道，克己所以治怒，明理所以治懼，程子固嘗言之。至於憂患好樂，所以治之者亦不越乎此。蓋克己所以治好樂，而明理所以治憂患也。大抵用工處，克己、明理二端而已。如前所云，居敬則克己在其中，集義則明理在其中，亦是二端也。汪玉山所謂二程語録，嘗因探討一事，即爲刊正數處，此論亦未然。蓋在己若見未到，看先生説話未出，却便據己見刊正，豈不爲害？要須平心易氣，深潛默體，於其疑則與師友講論問辨焉可也。諸葛忠武傳録呈，有當删正及當增益者，不惜示及。家亦有集，但殊不類諸葛公語，當非本書。王子思所編似太草草，某中間所載公之語云：「吾心如秤，不能爲人作輕重」，乃得之貞觀政要中，不知向前别曾有處載此否？劉子澄亦得書。仲信令兄必歸侍旁，煩爲致意。某見吾友下問之誠，據鄙懷不敢有隱切，不必示它人也。寒甚，呵筆奉此，更惟自愛。

又

兩兄既皆歸，子職良僊。孟子論事親爲仁之實，蓋人心之至親至切，孰尚乎此！此實問學之根柢也。所諭敬之説，謂用力誠不可怠惰，而向晦宴息亦須隨時。某以爲向晦入燕息乃敬也，知向晦燕息之爲非怠惰，乃可論敬之理矣。

答胡廣仲

向來臨行時所示講論一紙，連日尋未獲，然其略亦頗記得矣。大抵某之鄙意以爲民受天地之中以生，均有是性也，而陷溺之；陷溺之則不能有之。惟君子能存其良心，故天性昭明，未發之中，卓然著見，涵養乎此，則工夫日益深厚，所謂存心養性之妙。然而其見也，是心體流行上發見矣，不是有時而心，有時而性也。此精微處，須究極之，只爲世間人思慮紛擾百出，故無未發之時，自信不及。此話須要以收放心爲先。此意非言語可盡，遠書姑道萬一，試更與伯逢、德美共思，不可以舊所安爲至，更不研窮也某所見亦豈敢自以爲是，亦幸往復焉。

又

龜山所得誠甚弘裕，但宣和一出，在某之隘，終未能無少疑，如劉元城□□□□□□□〔二〕，然以聖門論之，恐自處太高。磨而不磷，涅而不淄，在聖人乃可言〔三〕，自餘高弟如閔子騫，蓋有汶上之言矣。至於以世俗利心觀龜山者，則不知龜山者也，何足辨哉！前輩未容輕看，然吾人講學，則不可一毫有隱爾。

又

來書所謂性善之説，於鄙意殊未安。夫善惡相對之辭，專善則無惡也；猶是非相對之辭，曰是則無非矣。性善云者，言性純是善，此「善」字乃有所指。若如彼善於此之「善」，則爲無所指，而體不明矣。而云如彼善於此之「善」〔四〕，非止於至善之善，不亦異乎？且至善之外，更有何善？而云恐人將理低看了，故特地提省人，使見至善之淵源，無乃頭上安頭，使人想像描貌而愈迷其真乎〔五〕？切幸更精思之也。主一箴之諭甚荷，但某之意正患近來學者多只是想像，不肯着意下工。伊洛老先生所謂主一無適，真是學者指南，深切著明者也。故某欲其於操舍之間體察，而居毋越思，事靡它及，乃是實下手處，此正爲有捉摸也。若於此用力，自然漸覺近裏趨約，意味自别〔六〕。見則爲實見，得則爲實得，不然，徒自談高拽妙，元只在膠膠擾擾域中三二十年，恐只是空過了，至善之則烏能實了了乎？箴之作，亦以自警云爾，更幸察焉，却有以見教是望。正作此書間，又領葉家便价所持帖，尤慰。所諭大學知止知至之説，大略是如此。蓋知止是知其所止，慮而後能得，得是得其所止，未至於得，未可謂知至也。然易所謂知至而曰至之，此知至字却須輕看；而至之者乃大學知至者也，如何？尺紙無由盡意，加以私家有少修造，未能詳，幸察。

答直夫

甚矣，學之難言也！毫釐之差，則流於詖淫邪遁之域，生於其心，害於其政，發於其政，害於其事，可不畏與！世固有不取異端之説者，然不知其説乃自陷於異端之中而不自知，此則學之不講之過也。試舉天理、人欲二端言之。學者皆能言有是二端也，然不知以何爲天理而存之，以何爲人欲而克之，此未易言也。天理微妙而難明，人欲洶湧而易起，君子亦豈無欲乎？而莫非天命之流行，不可以人欲言也。常人亦豈無一事之善哉？然其所謂善者未必非人欲也。故大學之道，以格物致知爲先。格物以致知，則天理可識，而不爲人欲所亂。不然，雖如異端談高説妙，自謂作用自在，知學者視之皆爲人欲而已矣。孟子析天理人欲之分，深切著明。如云今人乍見孺子匍匐將入於井，皆有怵惕惻隱之心，非所以内交於孺子之父母也，非所以要譽於鄉黨朋友也，非惡其聲而然也。蓋乍見而怵惕惻隱形焉，此蓋天理之所存。若内交，若要譽，若惡其聲，一萌乎其間，是乃人欲矣。雖然，怵惕惻隱，蓋其苗裔發見耳。由是而體認其所以然，則有以見大體，而萬理可窮也。内交、要譽、惡其聲，亦舉一隅使學者推之耳。日用之間，精察不舍，則工夫趣味，將有非言語可及者。某愚，而所從事者在是，願高明紬繹而反復焉，庶幾其有益也。念無以復來意，不覺多言，伏紙悚戢。

答范主簿伯崇

書説。比寄酒誥到元晦處，曾見否？某近讀諸誥，反復其温厚和平之氣，深足以感發人。若夫編簡脱誤，可疑處則不必强爲之説也。垂諭仁之説，若只將做周流無滯礙氣象看了，却只是想象。又云其所以然者乃仁也，不知其所以然者果何與？願只於日用間，更因其發見苗裔而深察默求之，勿舍勿棄，當的然見其樞機之所由發者矣。不識何如〔七〕？

答舒秀才周臣

别紙之諭，備見至意。某向者受五峯先生之教，浹于心腑，佩之終身，而先生所造精微，立言深切，亦豈能盡窺其藩？向者元晦有所講論，其間亦有與鄙見合者，因而反復議論，以體當在己者耳，固吾先生所望於後人之意也。如晦叔、廣仲、伯逢皆同志者，故以示晦叔，而晦叔復以示二公，庶幾往返之有益耳。蓋嘗丁寧，不可示之非其人。其間所論有前後之不同者，蓋旋據窺測所到而言，何敢執一而不惟其是之從也？若世俗之人以私意淺量觀者，亦無如之何。但此議論只當同志者共紬繹所疑，不當遽泛示，以啟見聞者輕妄心也。若左右謂以爲成書而傳之，則大誤矣。

答宋教授

講聞令譽爲有日矣，兹辱過訪，開慰可知。且蒙委貺盛文，退而三復，非惟辭氣暢裕，使人歎愛，而有以窺所志之遠大，欣幸曷勝！第某不足以當之也。自惟不敏，雖有志於古道，而晨夕自省，矯偏救過之不暇，其何能有益於人？邇來愈覺論學之難。蓋升高自卑，陟遐自邇，學者多忽遺乎所謂卑與邇者，而渺茫臆度夫所謂高與遠者，是以本根不立，而卒無以進〔八〕。彼蓋未知聖賢本末精粗非二致，而學之有始有卒也。左右謂二程先生之説天下知誦之，而不知習察之功，謂之不傳可也，斯言是也。以左右之高明而欲從事乎此，其何可量！願因下問，紬繹其端，惟不以爲卑與邇而忽焉，則幸甚幸甚！

答俞秀才

垂諭，足見紬繹不輟。所謂一陰一陽之道，凡人所行，何嘗須臾離此？此則固然。然在學者未應如此説，要當知其所以不離也，此則正要用工夫，主敬窮理是已。如飢食渴飲，晝作夜息固是義，然學者要識其真。孟子只去事親從兄上指示，最的當。釋氏只爲認揚眉瞬目、運水搬柴爲妙義，而不分天理人欲於毫釐之間，此不可不知也。自餘並見別紙，幸詳之，有以往復，甚幸！

答喬德瞻

觀來書，有以見玩繹不廢，甚幸。近日學者論「仁」字，多只是要見得「仁」字意思，縱使逼真，亦終非實得。看論語中聖人所言，只欲人下工夫，升高自下，陟遐自邇，循序積習，自有所至，存養體察，固當並進。存養是本，工夫固不越於敬，敬固在主一。此事惟用力者方知其難。來喻謂舊雖知有主一無適之言，至臨時又難下手。夫主一無適，正爲平日涵養，遇事接物方不走作，非可臨時下手也。諭及陸、薛、徐三君〔九〕，恨未之識。敬亭記潘叔昌寄來，方見之。敬則實，實則虚之意，遺書中已有，但虚則無事矣，亦疑傷快了。蓋「無事」字殺此段意思不了。如明道云兩忘則澄然無事矣，無事則静，静則明，便完全近看。惟二先生説話完全精粹，比其它先生不干事，其次則尹，又其次則楊，方到謝上蔡。後生何足以窺前輩，但講論間又不可含糊耳。更以其大者移於小物，作日用工夫，此語大意固好〔一〇〕，亦疑立言有病也〔一一〕。

又

所謂静思與臨事有異，要當深於静處下涵養之功〔一二〕，本立則臨事有力也。某自覺病痛如此，不敢不勉，願與同志者共之耳。

又

來諭克己之偏之難〔一三〕，當用大壯之力，誠然也。然而力貴於壯而工夫貴於密，若工夫不密，雖勝於暫，而終不能持於久而銷其端。觀諸顔子沉潛積習之功，爲如何哉！有不善未嘗不知，知之未嘗復行，非工夫篤至，久且熟者，其能若是乎？別紙一一答去，有以復之是望〔一四〕。

答潘叔昌

來書所謂思慮時擾之患，此最是合理會處。其要莫若主一。遺書中論此處甚多，須反復玩味。據目下看底意思，用工譬如汲井，漸汲漸清。如所謂未應事前，此事先在，既應之後，此事尚存，正緣主一工夫未到之故。須是思此事時只思此事，做此事時只做此事，莫教別底交互出來，久久自別。看時似乎淺近，做時極難。某比作主一箴，爲一相識所刊，其間亦有此意。

又

所論收斂則失於拘迫，從容則失於悠緩，此學者之通患。於是二者之間，必有事焉，其惟敬乎！拘迫則非敬也，悠緩則非敬也，但當常存乎此，本原深厚，則發見必多，而發見之際，察之亦必精矣。若謂先識所謂一者而後可以用力，則用力未篤，所謂一者只是想象，何由意味深長乎？言不逮意，更幸思之。

又

來諭於主一用工，此正所望。若實下手，乃知其間艱難曲折甚多，要須耐苦辛，長遠而勿舍焉，則寖有味，爲仁由己，而由人乎哉？勉之勉之！如某孤陋，正有望於諸友講益也。

答潘叔度

來書得以窺近日所存，甚幸。但以鄙見，尚恐未免於迫切之病。如云以是心事親則爲孝，以是心從兄則爲悌，視聽言動無非是心，推之無所不用其極之類，辭氣皆傷太迫切。要當於勿忘、勿助長中優游涵泳之，乃無窮耳。孝悌爲仁之本，遺書中有一段說，非是謂由孝悌可以至仁，乃是爲仁自孝悌始，此意試玩味之。

又

垂諭吕蘇所苦思慮紛擾之患，大是難事，可見近思之功。主一之謂敬，無適之謂一，持守誠莫要乎此，要是久益有味耳。孝悌爲仁之說，某近來玩程先生「爲仁自孝悌始」之意，極爲精切。若如來説，於事親從兄之時，體孝悌所從出，則仁可識，却未盡。蓋未免將一心體一心之病，更幸深思之。孟子論勿忘、勿助長後引揠苗爲喻，言助長爲多。蓋學者雖或知忘之爲害，而未知助長之甚，故反復言之也。

答潘文叔

所諭雖間有平帖安静之時，意思清明，四體和暢，念慮不作，覺無所把摸，遇事接物則涣散矣。此蓋未能持敬之故。所謂平帖安静者，亦只是血氣時暫休息耳。且既曰覺無所把摸，烏得爲安静乎？敬則有主宰，涵養漸熟，則遇事接物，此意思豈容遽涣散乎？主一之義，且深體之。

答潘端叔

細觀書辭，有務實近本意味，良愜所望。致知力行，要須自近，步步踏實地，乃有所進。不然，貪慕高遠，終恐無益。近來士子亦往往有喜聞正學者，但多徇名遺實，反覺害事。間有肯作工夫者，又或不耐苦辛長遠，若非走作，即成間斷，亦何益也，吾友勉之！論語不可一日不玩味，伊川易傳亦宜細讀。某近年來讀此二書，益覺有深味耳。

答周頴叔

垂諭學者苟有一毫靠外之心，其工夫未得爲真實，是也。但才不近裏，便是靠外，分毫之間爲難察，正當用力，不可易言也。又謂今且據面前識得一字，便勉行一字，非敢求近功，亦是也。但未知今所識者何字，而所行者何字也〔一五〕？它時有便，不惜詳示，庶可往復蒙益耳。

又

來論學貴力行，本無許多事，何言之易也？學固是貴力行，然所謂力行者煞有事。聖門教人循循有序，始終條理，一毫老草不得，工夫蓋無窮也。計必常從正字講論，惟深思而勉之。

答戚德鋭

垂諭心量褊狹〔一六〕，是已太重之病，伯恭相勉看西銘，善矣。第某尋常切謂西銘須是全篇渾然，體認涵泳之，所謂理一而分殊者，句句皆是也。人只被去軀殼上起意思，故有許多病痛，須是體認公共底道理，此所貴日用間實做工夫，却不可想象臆度也。

又

所論居敬，雖收斂此心，乃覺昏昏不活，而懈意漸生。夫敬則惺惺，而乃覺昏昏，是非敬也，惟深自警厲，以進主一之功，則幸甚。

答鄭仲禮

許時過從，别來懷想。自到郡，竭日夕之力，不敢不勉策，但恐終無補斯民耳。連日沛澤，早晚稻皆濟。憂國願年豐，此第一義也。仲禮與伯壽想不廢講論。湘中諸友樂聞者固多，真肯下工夫者爲誰？使人憂之。二友宜力勉也。

又

承書審聞還自莆中，起居一向清勝爲慰。某於此歲半矣，日夜黽勉，將勤補拙，未知還能及民萬分一否。示及所講，深喜相與不廢，想共伯壽常常紬繹，要須栽培深厚，日用間絲髮勿放過，不可只作説話也，仍互相點檢爲佳耳。新刊兩書寄去。中庸之説宜玩味，諸友有可以見示者，皆不惜頻寄。

校勘記

〔一〕敬已詳觀　「已」，宋本作「以」。

〔二〕如劉元城□□□□□□□　「城」下原闕七字，宋本同。

〔三〕在聖人乃可言　「人」原作「門」，據宋本、劉本、四庫本改。

〔四〕而云如彼善於此之善　「云如」，宋本作「如云」。

〔五〕使人想像描貌而愈迷其真乎　「貌」，宋本作「摸」。

〔六〕意味自別　「自」，原作「日」，據宋本改。

〔七〕不識何如　此句原無，據宋本補。

〔八〕而卒無以進　「以」，宋本、劉本、四庫本作「所」。

〔九〕論及陸薛徐三君　此句上，寶真齋法書贊卷二六有「栻頓首啓德瞻祕校吾友：潘叔度兄弟因會致言，晦叔已兩來相見，歲晚可還來城中」三十三字。

〔一〇〕此語大意固好　「此」字原無，據宋本補。

〔一一〕亦疑立言有病也　此句下，寶真齋法書贊卷二六有「栻又上」三字。

〔一二〕要當深於静處下涵養之功　「涵」，宋本作「潛」。

〔一三〕來諭克己之偏之難　「克己」，寶真齋法書贊卷二六作「言持」；此句上，有「栻頓首拜啟德瞻茂才吾友座下：爲别寖久，每用懷想，手問遠貽，慰懌可知也。暑雨，緬惟義履勝福。栻幸爾安常，不必念。承在城中親炙正字，想當日有進益」六十字。

〔一四〕有以復之是望　此句下，寶真齋法書贊卷二六有「其他互見諸書中矣。晦叔多時不相見，却嘗通書。書已寄去。未知再會之日，更希茂勉厚愛。不宣。栻再拜德瞻茂才吾友座下」四十八字。

〔一五〕而所行者何字也　「字」，原作「味」，據宋本改。

〔一六〕垂諭心量褊狹　「量」，原作「上」，據宋本、劉本、四庫本改。

南軒先生文集卷第二十八

書

與曾節夫撫幹

某二十四日到郡〔一〕，適當紀綱解弛之餘，未免一一整頓。今條目粗定，當以身先之。財計空虛，亦頗得端倪。數月之後，民力可寬。邊防尤所寒心，方別爲規模，以壯中權之勢。約束邊郡，務先自治以服遠人。盜賊紛然，初無賞格，亦已明立示信，當有爲効力者。自昧爽到日夕，未嘗少暇，雖差覺倦然，不敢不勉。有齋名「緩帶」，日所燕處，惡其名弛惰，易曰「無倦」。取夫子答子張、子路之語。今早方到英英堂，已略行銓量沙汰矣。其它事未暇一一報去，但自諸司而下，不免愛之以德，不敢以姑息，正恐其間須有咈意者，然亦無如之何。

又

茶賊在禾山二十日，諸軍環視，曾不得一正賊，今日兵將誠足用耶？今聞復出禾山，深慮其越逸，彼中有聞，時幸示報〔二〕。王樞耄及而繆悠，貶未足以塞責，又不知汪汝嘉能辦乃事否？頃見此人生得有福，命亦好，恐爲福將也。壽翁攝帥，一路之幸，且勸令持重，凡百號令，審詳明信乃佳。蓋彼中失信於人久矣，此賊其初失於不招，某蓋嘗入文字於五月初。今既殘害許多將與兵，却不可招。若合大軍五千而不能擒，此則亦無以爲國矣。所論岳祠及與王樞劄子皆好，有以見吾友守義不苟也。壽翁雖不易肯略言，但恐言之不入，亦不濟事耳。此間土剛而農惰，自前月二十八九有雨，至今近旬，已嘗祈求。舊例祈禱無義理，盡削之，只到社壇、風雷雨師壇，及於湘南樓望拜堯山、灕江，遣官寮奉祝板瘞山間，及投江中。今日五更登湘南樓，雷霆倏興〔三〕，下樓雨已下，須臾大集滂沛，過午方止，庭下水深數尺，四郊盡徧，今雨意未已也。一稔可望〔四〕，幸事幸事！庶幾使此邦之人益信土偶之非所當事，而山川是爲神靈也。因書謾及，不必語它人。急發遞至壽翁，欲其排日發探報來，更幸贊之。

又

某昨方奉書，遞中辱示，忽聞有罷命，深所歎息。彼蓋欲借左右以自解免，尚何郵乎公議？想目前得失不以寘胸中，某亦不復道相勸解之辭，吾曹惟有益勉其在我者耳。但今之達官鮮能受盡言，向來所以奉書，亦有不可與言之戒，詳其當時差出，便非好意，正欲尋事相中耳。它日必有能與君辯之者，但辯與不辯，亦不足問，歸家閉户勉學，此有餘地也。

又

左右天資之美，閑處正宜進步，工夫不可悠悠，且須察自家偏處，自聲氣容色上細細檢察。向在長沙，見或者多疑左右以爲簡忽，此雖是愛憎不同，要之致得人如此看，亦是自家未盡涵養變化，異日願有觀焉。某日接事物，恐懼之不暇，甚思城南從容之味也。

又

某到官已半月，覺人情頗相安，綱紀亦粗定，日間事隨手即遣，並不付吏輩，頗自省静。但如學校、軍政、財計，色色廢壞，未免一一料理，要爲着實可繼者耳。諸司向來相與不以誠而以術，府中遇諸縣亦然，今先務立信，上下似亦頗相應也。邊蠻有互相讎殺者，具令逐州以國家好生大德諭之，俾無以小忿自戕生靈。忠信可行蠻貊，拙者所守，惟此而已。惟是凡事不敢不奉法度，上下曠弛陵夷之久，未免少覺拘束，久亦當安習也。

又

前日春祭，親往舜廟，廟負奇峰，唐人磨崖在石壁中，貌象甚古。行禮既終，環視堂廡，則有庫之神在焉，固已甚懼。而唐武后亦勦入廡下，幡帳甚盛，又僧伽一部落亦在焉，不免即日盡投畀廟前江中，庶幾一廟之内，四門穆穆耳。此事獨可爲李壽翁言之。

又

得暇，想不廢玩繹。鬼神之説，横渠正蒙中宜深味之，此直須使胸中了了無疑，不然，它時恐或爲異説摇動也。

又

某承乏亦且一載矣，佩「心誠求之」之訓，味「哀矜勿喜」之言，黽勉之不暇，所幸去歲一稔，嶺民謂數年所無，而積年狡盗，悉就擒勦，人情頗安。惟是區區不敢苟目前，爲之久遠之慮，日夜在懷。保伍法先行於静江，境内極得其効，非惟弭盗，亦且息訟，因漸教以相親睦扶持之意，繼復推之一路，有數州者能料理有方，今又得朝廷斟酌降下，尤幸事也。静江財賦適承空乏之餘，初交割時府中借經司、漕司緡錢共幾四十萬，經司亦坐是費力。一年之間，痛節浮冗，謹密滲漏，今幸支吾，兼支還兩司錢十餘萬緡。去冬米賤，亦頗收糴爲備，幾二萬石。惟招軍治甲，不敢惜費，所收拾强壯刺將兵効用者已近五百輩，部勒教閲，合摧鋒及効用并帳前親兵千二百餘人，頗成軍伍。蓋此路控扼非一，此爲急務也。今郡事極簡，日間多得暇，但環視一路，思慮不能暫釋耳。會議財賦事，朝廷雖已行下而共議之，人與人異見，商量未成，比不免以所見定論再列於朝矣。諸州須得此事定，然後有濟也。諸邊悉幸無他，向來夔州李丈所忌憚之人，今甚帖然。然覊縻之地，與夫蠻獠之鄉，種類寔繁，一以爲赤子，一以爲龍蛇，豈容少忽！而邊備未實，每爲憂耳。士人中亦漸有知向方者，每呼其秀者與之講論端倪一二，更看久之如何。環城勝處誠多，但絶懶出，公務之餘，焚香默坐，間翻書數葉。爲况如此耳，恐節夫欲詳知，不覺縷縷。建安公救荒之政，聞江東之人極賴之，常通問否？此以僻遠，難於相聞也。節夫閑中想進修不輟，察偏矯習，當有新功。中庸謹獨、大學誠意，乃是下工夫要切處，不可悠悠放過也。彼中去崇安不遠，聞欲以暇時一往元晦處，甚善甚善！示及山園圖，反復不厭，便若身履其間，今再賦五章奉寄。雖然，園亦既廣矣美矣，若求增不已，却恐亦爲玩物溺志，要不可不察也。

與吴晦叔

元晦書來，云近看大學中之「其所親愛而辟焉」，「辟」字皆當讀作「僻」字，反復細看，誠如其說。蓋非惟文義上下相接，兼此篇中其餘「辟」字皆當讀作「僻」，不應此字獨異。又其理於修身齊家極爲緊切，乃易傳中「妻孥之言雖失而多從，所憎之言雖善爲惡」之意也，幸更詳之。

又

擇之後來頗肯放下舊說，第於鬼神生死之故，終是疑惑，書來，却云姑欲且寘此疑，專一持敬。某謂此疑方深，動輒有礙，雖欲持敬，豈不間斷分裂乎？窮理持敬工夫，蓋互相資耳。

可齋銘見攜在此，大意皆正，但恐説可欲未甚分明。可欲乃動之端，良心本體也，故伊川謂與「元者善之長」同意，如何？

又

告子之説，某向來解孟子此段，正與來諭同。近因在舟中改舊説，見伊川有云「不得於言，勿求於心」，此觀人之法。心之精微，言有不可便謂不知，此告子淺近處。明道云「人必有仁義之心，然後仁義之氣達於面」，故不得於心，勿求於氣可。此亦似以爲觀人之法也，故有疑焉。幸更詳之，見教。

又

可齋銘俟更詳之，續布聞。告子一段，大意固然。看伊川之意，以爲觀人之法，爲告子説云爾也。某解得一段，容續遣呈求教。近來玩味紬繹，大抵多覺向來看得偏處，始知所謂善學者求言必自近，易於近者，非知言者也，其至言哉！

又

示教久假不歸之説，論甚正。向來解中之語誠有未安，後來亦略有更改處，今復删潤録呈。但來諭固正矣，然如所解，烏知其非有也？謂懵不自知，却恐意義及文勢皆未順。

身之假之，固逈然不同。孟子此語要甚和平，謂使其能久假而不歸，烏知其非己有？蓋非便謂其能有之，亦寧知其不能有耳，語意蓋圓也。假雖是有名無實，若能不歸，則安知其非舍舊而更新乎？解中故云義不係於假而係於不歸。故孟子斯言，蓋進之於善道，而非絶之之辭。文定春秋中一段及此，併録呈，幸更深思之，却以見告。某今夏以來，時時再看語孟説，又多欲改處。緣醫者見戒，未欲多作文字，近日方下筆改正語説，次當及孟子。恐因見其間未安處，不惜一一疏示，相助開發也。所欲言者甚多，每以懷渴，所幾以時自厚。

又

舟梁之論，誠有益於學者。向來所疑，只恐辭氣間微有過處耳。

某已作岳下書，欲遣人問，忽得舍弟信報廣仲下世，傷歎涙落，不能以已。不謂盛年一疾，遽至於此！又念其有志古道，朋遊中所難得，平時相與講論，意望遠大，一朝有今古之隔，使人重痛惜之，不獨爲胡氏歎息也。晦叔交義篤至，尤當爲之動懷。此病只緣湘陰醫者下甘，遂撅了根本，豈有廣仲之弱，反謂賢氣有餘，又從而瀉之耶？如此庸醫，公然妄投劑，理當痛懲之，如何？專遣人去，匆匆僅能作此，它皆未暇及也。

又

季隨處人便辱書，甚慰。醇叟遂爾，使人感傷。挽章甚佳，近來詩律良進也。某亦作兩首，蚤晚寄去。孟子解向來老兄先要盡心，今録呈，煩細看，有以見告，是所望也。某近日無事，亦頗作論語章句，方畢學而篇，續亦旋寄。元晦中庸數章，俟答書了，併往。相去不遠，未即合并，無日不奉懷，何日遂成此來耶？力行近乎仁之説甚緊要，更須細味「近」字爲深長也。克伐怨欲之説，曾細味二程先生之説否？「仁」字須是如此看。伯逢所類遺書中語，已領。劉樞得書，聞十二月間遷入新第，但傳説頗華耳。子飛可傷之甚，前書已報去，不知諸喪今誰與殯葬？孤遺誰與收拾？似亦劉樞之責也。近報黄仲秉以集撰守鎮江，未知何故？它遲後訊。

又

某比來展省先塋，昨晚至止，松楸日茂，永慕之感，惟以涕零耳。本意欲畢事往山前與親舊相欵，適舍弟嚴陵之闕成見任，初與劉樞共勸渠對換此間或近地一闕，而其意堅欲往，已索迓兵。念兄弟相别在即，且欲相聚，不欲久出，故復不果，又恐重屢晦叔，不敢屈來此。

相望一山，徒極悵然，後早即還轅矣。近連得元晦書，亦寄所解中庸草藁來看，猶未及詳閱也。伯逢前在城中，頗欵某所解。太極圖渠亦録去，但其意終疑「物雖昏隔不能以自通，而太極之所以爲極者，亦何有虧欠乎哉」之語，此正是渠緊要障礙處。蓋未知物則有昏隔，而太極則無虧欠故也。若在物之身，太極有虧欠，則是太極爲一物，天將其全與人，而各分些子與物也。此爲於大本甚有害。前臨來，未及詳此，從容間更以告之可也。劉樞近日論交趾進象事，又以上江多旱處，以五萬緡往荆南糴米，就彼輸軍，此却截留合發之數。此等事皆是誠心愛民之實也。求田之説未嘗忘〔五〕，但未有穩當〔六〕，不敢奉告耳。

又

某比復奏請邊州久遠之弊，似聞朝廷已議施行，若得此事濟，則庶幾有可繼之迹，非直一時計耳。新漕凡事却似肯商量，不敢不推誠，更看如何。李伯諫爲異説所惑，遂下喬木而入幽谷，兼其説亦甚淺陋，不知伯諫何爲便爲所動？要是天資窒塞，元晦當時期待之太過耳。

又

别紙數條，一一以鄙見書其下，未知然否？幸精詳之。長物之説，正所欲聞。近來只是買得一石屏及得一觥，其它皆向來几案間日用者也。經營之説，傳者過矣。但健羨之意，雖曰知防，然未免其根在，尚時發見〔七〕。得來誨，極有助，當深加窒治也，欣感欣感！以此益思相聚之樂〔八〕。未間〔九〕，凡有所傳聞，無論虚實細大，幸一一見告，非吾晦叔而誰望耶？幸甚。

又

元晦謂略於省察，向來某與渠書亦嘗論此矣，後便録呈。如三省四勿，皆持養省察之功兼焉。大要持養是本，省察所以成其持養之功者也。

又

和章三復，幸甚。如所謂「花柳共日暖，桑麻經雨滋」，語意佳也。所諭氣禀之説，言語誠恐人致惑，今更云「如羊舌虎，其生已知其滅宗」之類，以其氣禀而知其末流至此，謂惡亦不可不謂之性，言氣禀之性也，如何？日與諸人理會詩，方到唐風。向來元晦所編多去諸先生之説，某意以爲諸先生之説雖有不同，然自各有意思，在學者玩味如何，故盡載程子、張子、吕氏、楊氏之説，其他諸家有可取則存之，如元晦之説多在所取也。此外尚或有鄙意，即亦附之於末。繫辭説亦已裒集。程子精微之論多見遺書中，如論孟精義編類得好，極宜習讀，但書多不帶來耳。近爲曾幹作一記，并數詩，録呈。岳陽附克己銘來，亦附一本去〔一〇〕。

又

示及元晦、伯逢觀過知仁説，正所欲見。某頃時之説，正與伯逢相似，後來見解經義處，惟伊川先生之言看得似平易，而研窮其味無斁。此段伊川但以謂君子之過過於厚，傷於愛，小人之過過於薄，傷於忍。經解本云：「人之過也，各於其類。君子常失於厚，小人常失於薄；君子過於愛，小人傷於忍。」近來嘗下語云：君子之失於厚，過於愛，雖曰過也，然觀其過而心之不遠者可知矣。若小人之過則失於薄，傷於忍。夫所謂薄與忍者，豈人之情也哉？而其失若此，則其所陷溺者亦可知矣。以此自觀，則天理在所精，人欲在所遏也。以此觀人，則亦知人之要也，未知兄看得如何？若如舊日所説，恐傷快了，聖人論仁不如是耳，更幸思之講之，却以見教。示諭所過者化之説，才讀一過，覺程子之説爲有功用也，俟少定，更詳之。

聞見思慮所及并廣西利害有可見告者，不惜逐項筆記，以俟面請。某獨任一路之責，蚤夜不遑，所幸今夏雨澤尤以時，目前遠近頗安帖，向來數事悉已得請，前書已報去。今諸州既少寬，横歛苛訊悉從禁戢，庶幾民力之漸紓也。除諸郡既添鹽息外，海旁數郡乃責鹽之地，而官敷賣鹽，數益增於舊，亦爲鐫削區處，以至海南悉施行矣。區區心力之所及，不敢不盡，亦幸朝廷察見，肯相從耳。前書所諭權攝事，向來正爲求者多〔一一〕，而經司闕殊少，不足以給，想多不滿者。漕司却有闕多，然近來指揮，例罷違法權攝，如廣中用八路法，但可差在本路得替寄居待闕官耳，罷者甚衆，亦有利有害也。陳擇之本欲立秋後歸，自聞此報〔一二〕，不復可留。此公明審有思慮，此處置本路久遠根本之計，一二事極賴其助，甚惜其去也。誠之病痛多，未肯下手醫治，近亦力告之矣。

又

兩日行善化、寧鄉道中，境界可畏，使人不忍開眼。大抵十室五六空矣，其見存者無人色，有位者終未肯沛然拯濟，坐視天民之擠壑，爲之奈何！前在城中，不勝饒舌，昨復移書力説，且封民所食草根去，未知吡動否。

又

歉傷，衡山猶爲庶幾者。晦叔猶未見善化、寧鄉界中耳〔一三〕，不可言，不可言！某向在城中，亦無緣知得子細。振民之事蓋有二端：振濟也，振糶也。振濟須官中捐米以救之，振糶即用上户所認可也。今官中吝米不肯捐，專仰上户之糶，可乎？今潭城諸倉受納已有米近八萬斛〔一四〕，前勸陳帥借此上供米均濟農民乏食者，或借與亦可，却一面具以奏聞待罪，比至獲罪，而十數萬生齒已活矣，况未必獲罪耶？未知渠能辦否耳。若待常平司全永州糴米來濟，則索我於枯魚之肆矣，如何如何？

校勘記

〔一〕某二十四日到郡　「某」，宋本作「栻」。

〔二〕時幸示報　「幸」，宋本作「早」。

〔三〕雷霆倏興　「霆」，宋本、劉本、四庫本作「電」。

〔四〕一稔可望　「望」，宋本作「期」。

〔五〕求田之説未嘗忘　「求」字原闕，據宋本、劉本、四庫本補。

〔六〕但未有穩當　「未」，原作「一」，據宋本、劉本、四庫本改。

〔七〕尚時發見　「尚」，宋本作「有」。

〔八〕以此益思相聚之樂　「益」，原作「蓋」，據宋本、劉本改。

〔九〕未間　「未」，原作「益」，據宋本、劉本改。

〔一〇〕亦附一本去　宋本無「去」字。

〔一一〕向來正爲求者多　「爲」字原作墨丁，據宋本補。

〔一二〕自聞此報　「自」，原作「伯」，據宋本、劉本、四庫本改。

〔一三〕晦叔猶未見善化寧鄉界中耳　「猶」，宋本作「獨」。

〔一四〕今潭城諸倉受納已有米近八萬斛　「受」，原作「愛」，據宋本、劉本、四庫本改。

南軒先生文集卷第二十九

答問

答吴晦叔

遺書云：「自性之有形者謂之心，自性之有動者謂之情。」又曰：「心本善，發於思慮則有善、不善。若既發，則可謂之情，不可謂之心。」夫性也，心也，情也，其實一也，今由前而觀之，則是心與情各自根於性矣；由後而觀之，則是情乃發於心矣。竊謂人之情發，莫非心爲之主，而心根於性，是情亦同本於性也。今曰「若既發則可謂之情，不可謂之心」，然則既發之後，安可謂之無心哉？豈非情言其動，而心自隱然爲主於中乎？又孟子曰：「乃若其情，則可以爲善矣。」若發得是善，固可爲善，脱有不善，如何爲善哉？是皆可疑也。此精微處望明賜剖析。又曰：「人須知自慊之道。」自慊者無不足也。若有不足，則張子所謂有外之心不足以合天心也。此「有外之心」，與禮經「以其外心也」、與文定春秋傳云「心不外者，乃能統夫衆理」皆不同，豈非本心未瑩，猶有人心者乎？抑懷不足之意乎？

自性之有動謂之情，而心則貫乎動静而主乎性情者也。程子謂既發則可謂之情，不可謂之心者，蓋就發上説，只當謂之情，而心之所以爲之主者固無乎不在矣。孟子謂「乃若其情則可以爲善」者，若訓順。弗克若天之若。人性本善，由是而發，無人欲之私焉，莫非善也，此所謂順也。情有不善者，非若其情故也。無不足者，天理之安也，本心也。若有不足，則是有所爲而然，杜撰出來，此人欲也，有外之心也。

規正韋齋意思有偏，誠爲確論。山間同志亦頗有此歎者。如孟子云凡有四端於我者，知皆擴而充之，豈可欲救一時之偏勝而自墮於一偏？併令人不知有「仁」字而爲學乎〔一〕？豈非略於省察之過乎？若使人敬以致知，不妨其爲是也。若不令省察苗裔，便令培壅根本，夫苗裔之萌且未能知，而遽將孰爲根本而培壅哉？此亦何異閉目坐禪，未見良心之發，便敢自謂我已見性者〔二〕。故胡文定公曉得敬字便不差也。明道説曾子告孟敬子之語誠是坦明，所謂於公字上研究「仁」字爲最近，信然，公則能愛矣。

不知苗裔，固未易培壅根本，然根本不培，則苗裔恐愈濯濯也。此語須兼看。大抵涵養之厚，則發見必多；體察之精，則本根益固。未知大體者，且據所見自持，如知有整衣冠、一思慮，便整衣冠、一思慮，此雖未知大體，然涵養之意已在其中。而於發處加察，自然漸覺有功。

不然，都不培壅，但欲省察，恐膠膠擾擾，而知見無由得發也。「敬以致知」之語，「以」字有病，前書中已見此語，未及奉報。不若云「居敬致知」。「公」字只爲學者不曾去源頭體究，故看得不是。觀元晦亦不是略於省察，令人不知有「仁」字，正欲發明「仁」字。如說「愛」字，亦是要人去所以愛上體究，但其語不能無偏〔三〕，却非閉目坐禪之病也，更幸思之。

程子語録云：「復非天地之心，復則見天地之心。」茲乃道非陰陽，所以陰陽者道也，理明辭瑩，無可疑者。而於其後又云：「復其見天地之心。一言以蔽之，天地以生物爲心者也。」而於易傳亦云：「一陽復於下，乃天地生物之心也。」如此，則是以一陽爲天地之心，大與前言相戾，甚非「反復其道，七日來復」之旨也〔四〕。望爲精剖，以祛所疑。

易傳所謂「一陽復於下，乃天地生物之心也」，此語言近而指遠，甚爲完全，蓋非指一陽而言也，言「一陽復於下，乃天地生物之心也」，細味之可見。「一言以蔽之，天地以生物爲心者也」，不知在遺書中甚處，檢未見，但見微言中載此句，而文亦不備，便中幸詳示諭，當更思之耳。畢竟覺得此語未安。「反復其道，七日來復」，不知晦叔如何說？

明道云：「道即性也，若道外尋性，性外尋道，便不是。」又嘗曰：「楊雄規模窄狹。」道即性也，言性已錯，更何所得？夫二人之品固不可同日而語，然其說則一，而其義所以不同者何也？

「道即性也」，此明道先生語，楊雄初無此語也。後段文意乃是謂道即性也，楊雄既不知性，則於道更何所得耳。

子文、文子之事，聖人以清、忠目之，就此事言，只可謂之清、忠，此洙泗言仁之所極是也。然遺書有謂聖人爲之亦只是清、忠，兹又不能無疑，夫聖人無一事之非仁，而乃云爾，何也？又况程子於博施濟衆之下，乃云今人或一事是仁，亦可謂之仁，至於盡仁道亦謂之仁，此通上下言之也，則又與忠、清之説不同，請爲明之〔五〕。

遺書中之意，大要以爲此事只得謂之清、忠，然在二子爲之，曰忠曰清而止矣，仁則未知也。在聖人事或有類此者。以其事言，亦只得謂之清、忠，然而所以然者，則亦不妨其爲仁也。如伯夷之事，雖以清目之，亦何害其爲仁乎？看先覺説話，切忌執殺，不知如何？

程子云：「視、聽、思、慮、動、作，皆天也，但其中要識得真與妄耳。」伯逢疑云：「既是天，安得妄？」某以爲此六者，人生皆備，故知均稟於天，但順其理則是真，違其理則是妄，即人爲之私耳。如此言之，知不膠否〔六〕？

有物必有則，此天也，若非其則，則是人爲亂之，妄而已矣。只如釋氏揚眉瞬目，自以爲得運用之妙，而不知其爲妄而非真也。此毫釐之間，正要辨别得。如伯逢病正在此耳，所答之語，大意已得之。

西銘：「天地之帥吾其性。」帥有主宰之義，不曰心而曰性，何也？

帥是統率之意，原本而言之，謂之性則可耳。

答胡伯逢

明道先生曰：「上天之載，無聲無臭，其體則謂之易，其理則謂之道，其用則謂之神，其命於人則謂之性。率性則謂之道，修道則謂之教。」又曰：「『民受天地之中以生，天命之謂性也。『人之生也直』，意亦如此。」又曰：「『孟子曰『仁也者，人也』，合而言之，道也，中庸所謂率性之謂道是也。」詳此兩説，則是中庸首兩句明道便屬人説矣。而伊川先生乃曰：「天命之謂性，率性之謂道者，天降是於下，萬物流形，各正性命者，是所謂性也；各正性命而不失，是所謂道也。」此亦通人物而言。循性者，馬則爲馬之性，又不做牛之性。云云。所謂率性也。修道之謂教，此則專在人事。伊川之説，則自首兩句已兼人物而言之矣。吕、游、楊之説則同乎明道，侯子之説則同乎伊川，二先生之説所以不同者，如何？

某竊詳所録明道先生之説，蓋明性之存乎人者也；伊川先生之説，蓋明性之統體無乎不在也。天命之謂性者，大哉乾元，人與物所資始也；率性之謂道者，在人爲人之性，在物爲物之性，各正性命而不失，所謂道也。蓋物之氣禀雖有偏，而性之本體則無偏也。觀天下之物，就其形氣中，其生理何嘗有一毫不足者乎？此性之無乎不在也。惟人禀得其秀，故其心爲最靈而能推之，此所以爲人之性，而異乎庶物者也。若元不喪失，率性而行，不假修爲，便是聖人。故惟天下之至誠能盡其性，而人之性、物之性亦無不盡。惟其有所喪失，則不能循其性，故有修道之教焉，所以復其性之全也。明道於人身上指出，要人就己體認耳，然亦豈遂謂物無天命乎？伊川發明其説〔七〕，統體可謂完備矣。侯子解稱兼人物而言者爲明道説，恐此亦必有據。或曰天命獨人有之，而物不與焉。爲是説者，但知萬物氣禀之有偏，而不知天性之初無偏也；知太極之有一，而不知物物各具太極也。故道與器離析，而天地萬物不相管屬，有害於仁之體矣，謂之識太極可乎？不可不察也。伊川不獨解「天命之謂性」一章有此意，遺書中如此説處極多，如説「萬物皆備於我」處亦然，幸詳攷而深思之。區區所見，未知然否？且辭不逮意，惟高明察之。

曰「心有知覺之謂仁，此上蔡謝子之言也。此言固有病」。切謂心有知覺謂之仁，此一語是謝先生傳道端的之語，以提省學者也，恐不可謂有病。夫知覺亦有深淺，常人莫不知寒識煖，知飢識飽，若認此知覺爲極至，則豈特有病而已？伊川亦曰覺不可以訓仁，意亦猶是，恐人專守着一箇覺字耳。若夫謝子之意自有精神，若得其精神，則天地之用即我之用也，何病之有？

謝上蔡之言，固是要指其發見以省學者，然便斷殺知覺爲仁，故切以爲未免有病。伊川先生所謂覺不可訓仁者，正謂仁者必覺，而覺不可以訓仁。侯子師聖亦嘗及此矣。若夫今之學者囂囂然自以爲我知之者，只是弄精魂耳，烏能進乎實地哉！此又上蔡之罪人也。

又曰「以覺言仁，固不若愛之切」，此亦似遷就之説。切謂以愛言仁，不若覺之爲近也。

就愛人上窮究仁之所以愛，宜莫親切於此，所謂知覺者亦在其中矣。

大公之理得，則天地之心即己之心，此語善矣，而其下語云「萬物之體即己之體」，却似未識仁。大公之理四字亦恐未親切。

萬物之體即我之體，立言者之意，乃是仁者以天地萬物爲一體，認得爲己，何所不至之意。大公之理四字也要人看。

解盡心首章云：「理之自然謂之天，具於人爲性，主於性爲心。」又於「人之所不學而能者，其良能也」，解云：「天命爲性，循性曰道，而主於身爲心。」何故言性、心有不同？且「主於身」者似專指軀殼之内言之，「主於性」者似性外有主矣，恐立言未瑩也。

主宰處便是心，故有主於性、主於身之言。然兩處語亦當瑩之，歸於一也。

又曰「若夫爲不善，則是物誘於外，而血氣隨之，性無是也」。然則所謂不善者，是性之所不爲也。夫論性不及氣則不備，而謂不善者，是血氣而非性，可乎？且謂性所不爲，夫誰爲之？

性無不善。謂性有不善者，誣天者也。夫水搏而躍之可使過顙，激而行之可使在山，是豈水之性也哉？此前日所以有「不善者性所不爲」之論，而不自知其過也。夫血氣固出於性，然因血氣之有偏而後有不善，不善一於其偏也。故就氣稟言之，則爲善固性也，惡亦不可不謂之性也則可；即其本源而言之，則謂不善者性之所不爲，乃所以明性之理也。若如來説，則是混天理、人欲而莫別，其故何異於性可以爲善、可以爲不善之論哉？

「萬物皆備於我矣」，解曰：「凡有是性者，理無不具，是萬物無不備也。故程子曰非獨人也，物亦然。」却於「親親而仁民」處解云：「人與人類，則其性同；物則各從其類，而不得與吾同矣。」有牴牾否？竊謂萬物皆備於我，乃仁之道，與天下歸仁之義同。蓋謂人能備之耳。我者指人而言也。昨見知言中有疑議，切所未安。若夫萬物素備之説，別是一義〔八〕。

此難以言語盡，請無横舊説於胸次，玩味伊川先生之言而深體之。

校勘記

〔一〕併令人不知有仁字而爲學乎　「知」，原作「可」，據宋本改。

〔二〕便敢自謂我已見性者　「者」，宋本作「哉」。

〔三〕但其語不能無偏　「能」，宋本作「容」。

〔四〕甚非反復其道七日來復之旨也　「旨」，原作「言」，據宋本、劉本、四庫本改。

〔五〕請爲明之　「爲」字原無，據宋本補。

〔六〕知不膠否　「膠」，宋本作「謬」。

〔七〕伊川發明其説　「説」字原脱，據宋本補。

〔八〕別是一義　「別」，原作「則」，據宋本、劉本改。

南軒先生文集卷第三十

答問

答朱元晦

王驩一段，解之甚精。大抵王驩無足與言者，獨使事若有未至，則當正之，而驩既克勝任矣，此外復何言哉！故曰：「夫既或治之，予何言哉！」

本一而已，二本是無本也。以愛爲無差等，而愛親亦以爲施耳，是非無本歟？儒者之言曰「立愛惟親」，又曰「立愛自親始」。曰「立」云者，則可見其大本矣。

和靖曰：「脱使窮其根源，謹其辭説，苟不踐行，等爲虚語。」石子重云：「愚以爲人之所以不能踐行者，以其從口耳中得來，未嘗窮其根源，無着落故耳。縱謹其辭説，終有疎謬。若誠窮其根源，則其所得非淺，自然欲罷不能，豈有不踐行者哉？」范伯崇云：「知之行之，此二者，學者始終之事，闕一不可。然非知之艱，行之惟艱也。」知而不行，豈特今日之患，雖聖門之徒未免病此。如曾點舞雩之對，其所見非不高明，而言之非不善也，使其能踐履，實有諸己而發揮之，則豈讓於顔、雍哉？惟其於踐履處未能純熟，此所以爲狂者也。又況世之人徒務知之，而不以行爲事，雖終身汲汲，猶夫人也，矧知之而未必得其真歟？和靖之言豈苟云乎哉！

和靖之言固有所謂，然諸君之説，意皆未究也。孔子觀上世之化，曰：「大哉知乎！雖堯舜之民比屋可封，亦能使之由之而已。」知者，凡聖之分也，豈可易云乎哉？傅説之告高宗，高宗蓋知之者，恭默思道，夢帝賚予良弼，非知之者有此乎？此舊學於甘盤之所得也。故君奭篇稱「在武丁時，則有若甘盤」，而未及乎傅説，蓋發高宗之知者，甘盤也。知之非艱，行之惟艱，説之意亦曰：雖已知之，此非艱也，貴於身親實履之，此爲知之者言也。若高宗未克知之，而告之曰知之非艱，則説爲失言矣。自孟子而下，大學不明，只爲無知之者耳。若曰行，則學者事父事兄上〔一〕，何莫不行也？惟其行而不著，習而不察耳。知之而行，則譬如皎日當空，脚踏實地，步步相應；未知而行者，如闇中摸索，雖或中，而不中者亦多矣。曾點非若今之人自謂有見而直不踐履者也，正以見得開擴，便謂聖人境界，不下顔、曾請事戰兢之功耳。顔、曾請事戰兢之功，蓋無須臾不敬者也。若如今人之不踐履，直是未嘗真知耳；使其真知，若知水火之不可蹈，其肯蹈乎？

叔京云：「經正則庶民興。」蓋風化之行，在上之人舉而措之而已。庶民興，則人人知反其本而見善明，見善明則邪慝不能惑也。既人不之惑，則其道自然銷鑠而至於無也。歐陽永叔云：「使王政明而禮義充，雖有佛，無所施於吾民也[二]。」亦此意也。

經乃天下之常經，所謂堯舜之道也。經正則庶民曉然趨於正道，邪説不能入矣。但反經之妙，乃在我之事，不可只如此説過也。只如自唐以來名士如韓、歐輩攻異端者非不多，而卒不能屈之者，以諸君子猶未能進夫反經之學也。如後周、李唐及世宗蓋亦嘗變其説矣[三]，旋即興復而愈盛者[四]，以在上者未知反經之政故也。

第一章：此天人性命之分，人物氣質之禀，所以雖隱顯或不同，而其理則未嘗不一也。

此語似欠。如云「在天人雖有性命之分，而其理則一；在人物雖有氣禀之異，而其體則同」，則庶幾耳。

言率夫性命之自然[五]，是則所謂道也[六]。

是則是自然。然如此立語，學者看得便快了，請更詳之。

修道之謂教。

後來所寄一段意方正，但尋未見，幸别録示。

「修道之君子審其如此」以下。

此一段覺得叢疊有剩句處。以鄙意詳經意，不睹不聞者，指此心之所存，非耳目之可見聞也。目所不睹，可謂隱矣；耳所不聞，可謂微矣。然莫見莫顯者，以善惡之幾，一毫萌焉，即吾心之靈，有不可自欺而不可以揜者。此其所以爲見顯之至者也。以吾心之靈獨知之，而人所不與，故言獨，此君子之所致嚴者，蓋操之之要也。今以不睹不聞爲方寸之地，隱微爲善惡之幾，而又以獨爲合。是二者，以吾之所見乎此者言之，不支離否？

此一節因論率性之道，以明修道之始。

恐當云「因論率性之道，以明學者循聖人修道之教之始」也。

此一節推本天命之性，以明修道之終。

恐當云「推本天命之性，以明學者循聖人修道之教之終」也。大抵天命之性，率性之道，聖人純全乎此，而修道立教，使人由之，在學者則當由聖人修道之教用力，以極其至，而後道爲不離，而命之性可得而全也。

「洪範之初一」至「正與此意合」。

洪範之說，固亦有此意。然似不須牽引以證所言五行、五事、皇極三德，然則八政、五紀之在其間者復如何？引周子之所論，亦似發明其意未盡，轉使人惑，不若亦不須引也。

或曰「然則中和果爲二物」云云，此數句却須便連前文，庶順且備耳。

第二章：隨時爲中。

「爲」字未安。蓋當此時則有此時之中，此乃天理之自然，君子能擇而得之耳。

第四章「道之不行也」至「不肖者不及也」。

所釋恐未安。某嘗爲之説曰：「知者慕高遠之見而過乎中庸，愚者又拘於淺陋而不及乎中庸。此道之所以不行也。賢者爲高絶之行而過乎中庸，不肖者又安於凡下而不及乎中庸，此道之所以不明也。道之不行由所見之差，道之不明由所行之失，此致知力行所以爲相須而成者也。」不識如何？

第五章「執其兩端，用其中於民」：兩端者，凡物之全體皆有兩端，如始終、本末、大小、厚薄之類。識其全體而執其兩端，然後可以量度取中，而端的不差也。

此説雖巧，恐非本旨。某謂當其可之謂中。天下之理莫不有兩端，如當剛而剛，則剛爲中；當柔而柔，則柔爲中。此所謂「執兩端，用其中於民」也。

第十章「强哉矯」：矯，强貌，詩曰「矯矯虎臣」是也。每句言之，所以深歎美之，辭雖煩而不殺也。

此説初讀之似好，已而思之，恐不平穩，疑聖人之辭氣不爾也。然此句終難説。呂、楊諸公之説雖亦費力，然於學者用工却有益爾。

第十一章「素隱」：素，空也。無德而隱，無位而隱〔七〕，皆素隱也。

「素隱」恐只是平日所主專在於隱者也。

第十二章「夫婦之愚，可以與知焉；夫婦之不肖，可以能行焉」：君子之道，造端乎夫婦。男女居室，人道之常，雖愚不肖亦能知而行。夫婦之際，有人所不睹不聞者，造端乎此，乃所以爲戒慎恐懼之實。

此固切要下工夫處，然再三紬繹，恐此章之所謂與知、能行者，謂凡匹夫匹婦之所共知，如朝作夕息、飢食渴飲之類。凡庶民行而不著〔八〕、習而不察，在君子則戒慎恐懼之所存，此乃所以爲造端。如所謂居室人道之常，固亦總在其中，若專指夫婦之間人所不睹不聞者，却似未穩，兼亦未盡也。

第十三章：人之爲道而遠，人不可以爲道，人心之所安者即道也〔九〕。

此語有病。所安是如何所安？若學者錯會此句，執認己意以爲心之所安，以此爲道，不亦害乎？

「庸德之行，庸言之謹，有所不足，不敢不勉，有餘不敢盡。言顧行，行顧言，君子胡不慥慥爾？君子知道之不遠人」至「豈不慥慥爾乎」。

此説費力。某以爲「有所不足，不敢不勉，有餘不敢盡」，惟游子定夫説得最好，當從之。若夫大意則謂道雖不遠人，而其至則聖人亦有所不能。雖聖人有所不能，而實亦不遠於人，故君子只於言行上篤實做工夫，此乃實下手處。

「道不遠人」至「做此」。

費隱之意，第十一章子思子發明之至矣〔一〇〕，來説固多得之。若此二字，凡聖賢之言皆可如是看，似不必以爲下數章皆是發明此二字也。大抵所定章句固多明析精當者，但其間亦不無牽挽處，恐子思當時立言之意却未必如此爾〔一一〕。蓋自此章以下至二十章，元晦所結之語皆似强爲附合，無甚意味。觀明者之意，必欲附合，使之亹通縷貫，故其間不免有牽强以就吾之意處。以某之見，其間聯貫者自不妨聯貫，其不可强貫者逐章玩味意思固無窮，似不須如此費力。章句固合理會，若爲章句所牽，則亦不可耳。自二十一章而下，其血脉自是貫通，如所分析，無甚可議者。

近有人疑「但能存心，自無不敬」，而程子言敬乃以動容貌、整思慮爲言，却似從外面做起，不由中出，不若直言存其心之爲約也。

某詳程子教人居敬，必以動容貌、整思慮爲先。蓋動容貌、整思慮，則其心一，所以敬也。今但欲存心，而以此爲外，既不如此用工，則心亦烏得而存？其所謂存者，不過强制其思慮，非敬之理矣，此其未知内外之本一故也。今有人容貌不莊，而曰吾心則存，不知其所爲不莊者，是果何所存乎？推此可見矣。

一 爲佛學者言，人當常存此心，令日用之間，眼前常見光爍爍地。此與吾學所謂「操則存」者有異同不？

某詳佛學所謂與吾學之云「存」字雖同，其所爲存者固有公私之異矣。吾學操則存者，收其放而已。收其放則公理存，故於所當思而未嘗不思也，於所當爲而未嘗不爲也，莫非心之所存故也。佛學之所謂存心者，則欲其無所爲而已矣。故於所當有而不之有也〔一二〕，於所當思而不之思也，獨憑藉其無所爲者以爲宗，日用間將做作用，其云令日用之間，眼前常見光爍爍地，是弄此爲作用也。目前一切以爲幻妄，物則盡廢，自利自私，此其不知天故也。

論語「何有於我哉」文義。述而、子罕

呂與叔謂我之道舍是復何所有，某舊只解作勉學者之意。後來詳與叔此說文義爲順，亦正合程子「聖人之教，常俯而就之」之意，如曰「吾有知乎哉？無知也」之類也。至子罕篇所云，尤引而示之近，門人果能於此求聖人，於此學聖人，則夫高深者將可馴至矣。

「範圍天地之化而不過，曲成萬物而不遺，通乎晝夜之道而知，故神無方而易無體。」此言聖人事，而結之以「神無方而易無體」，亦猶中庸述仲尼之德，而結之以「此天地之所以爲大」也。神無方，言其妙萬物而無不在也；易無體，言其變易而不窮也。聖人之功用，是乃神之無方、易之無體者也，蓋與之無間矣。

西銘謂以乾爲父、以坤爲母，有生之類無不皆然，所謂理一也。而人物之生、血脉之屬，各親其親，各子其子，則其分亦安得而不殊哉？是則然矣。然即其理一之中，乾則爲父，坤則爲母，民則爲同胞，物則爲吾與，若此之類，分固未嘗不具焉。龜山所謂用未嘗離體者，蓋有見於此也，似更須説破耳。

執其兩端，用其中於民，當從程子之言。前託游掾舉者非。

答胡廣仲

「心有所覺謂之仁」，此謝先生救拔千餘年陷溺固滯之病，豈可輕議哉！云云。夫知者，知此者也；覺者，覺此者也。果能明理居敬，無時不覺，則視聽言動莫非此體之流行，而大公之理在我矣，尚何憒驕險薄之有？

元晦前日之言固有過當，然知覺終不可以訓仁。如所謂「知者知此者也，覺者覺此者也」，此言是也，然所謂此者，乃仁也。知覺是知覺此，又豈可遂以知覺爲此哉？以愛名仁者，指其施用之迹也，以覺言仁者，明其發見之端也。

愛固不可以名仁，然體夫所以愛者，則固求仁之要也。此孔子答樊遲之問以愛人之意。

復卦下面一畫乃是乾體，其動以天，且動乎至静之中，爲動而能静之義，所以爲天地心乎。

至静而動不窮焉，所以爲天地心也〔一三〕。

答陳平甫

不可息者，非仁之謂歟？

仁固不息，只以不息説仁，未盡。程子曰：「仁道難名，惟公近之。」不可便以公爲仁，須於此深體之。

性，太極，太極不動，不動則不見其所以爲仁。心則與物接矣，與物接，則是心應之矣。此古人所以直指心要，曰「仁，人心也」。

未與物接時，仁如之何？

心無内外，心而有内外，是私心也，非天理也。故愛吾親，而人之親亦所當愛；敬吾長，而人之長亦所當敬。今吾有親則愛焉，而人之親不愛，有長則敬焉，而人之長不敬。是心有兩也，是二本也。且天之生物，使之一本，而二本可乎？

此緊要處不可毫釐差。蓋愛敬之心由一本，而施有差等，此仁義之道所以未嘗相離也。易所謂「稱物平施」，稱物之輕重，而吾施無不平焉，此吾儒所謂理一而分殊也。若墨氏愛無差等〔一四〕，即是二本。伊川先生答楊龜山論西銘書當熟玩味。

奔逸絶塵在乎思。

如此等語，皆涉乎浮夸，不穩貼。夫思者沉潛縝密，優游涵泳，以深造自得者也。今而曰奔逸絶塵，則有臆度採取之意，無乃流入於異端「一聞便悟，一超直入」之弊乎？非聖門思睿作聖之功也。推此類察之。

吾心純乎天理，則身在六經中矣。或曰何謂天理？曰飢而食，渴而飲，天理也；晝而作，夜而息，天理也。自是而上，秋毫加焉，即爲人欲矣。人欲萌而六經萬古矣。

此意雖好，然飢食渴飲，晝作夜息，異教中亦有拈出此意者，而其與吾儒異者何哉？此又不可不深察也。

平居以利物爲心，然後此道廣。

孟子只常拈出愛親敬長之端，最爲親切，於此體認即不差也。若曰常以利物爲心，是外之也。曰公天下萬物而不私其己焉則可矣。

人者天地之心。經以論禮，而五峰以論仁者，自其體言之爲禮，自其用言之爲仁。

仁其體也，以其有節而不可過，故謂之禮。禮運「人者天地之心」之言，其論禮本仁而言之也。

欲請足下本六經、語、孟遺意，將前所舉十四聖人槩爲作傳，繫以道統之傳，而以國朝濂溪、河南、横渠諸先生附焉。洙泗門人至兩漢以下及國朝程門諸賢凡有見於道、有功於聖門者，各隨所得，表出其人，附置傳末，著成一書。

某晚學，懼不克堪也。若曰裒類聖賢之言行，聚而觀之，斯可矣。

欲請足下以己精思，探三聖人之用心，又會以河南、龜山、漢上之説，續成上下繫、説卦、序卦、雜卦解五篇，傳之同志〔一五〕，以貽後代。

某近裒集伊川、横渠、楊龜山繫辭説未畢，亦欲年歲間記鄙見於下。如漢上之説雜而不知要，無足取也。

欲請足下本聖人遺意，將禮記雜漢儒説處重加删定，其所删去文義亦勿截然棄之，宜各附置篇末，仍著所以删去之意於語下，以昭示後學〔一六〕。

禮記亦正欲考究，若曰删定，則某豈敢！

欲請足下一言諭猶子然，令往石室等處物色明道、横渠之後，挈與偕行於綿竹義莊内，月加廩給，或於崇慶上院割田與之經紀其生。庶幾大賢之後不至竟日窮年有飢寒之憂，然後隨其資性，漸教以學。

此事深可歎者，蓋有位爲政者之責，某輩在閑，又不當竊取而任之，若與之相識，則或周之教之可也。然來喻則不敢忘。

《二先生論孟説[一七]》

今送經解一秩去，伊川語説在其間。近朱元晦編論孟精義，如二先生凡説及論、孟處，皆具載其間矣。

《文定公春秋傳》

建寧已刊行，某方有一本，它日得之奉寄。今送一秩去。

《五峰先生所著皇王大紀》

五峰未易簀半年前，某見之，求觀此書，云此書千瘡百孔，未有倫序，未可拈出，若病少間，當相與考訂之。後來某得本于其家，殊未成次第，然其論數十篇可傳後便録寄。

《葵軒孟解[一八]》

某歸來，方足成後數篇，又更改舊説不停手，今録序引去。可見此等文字，豈敢云成書，只欲與同志共講論之益耳。它時當旋寫寄姪子然處。

《葵軒語解》

某舊來所解不滿意，自去冬來再以己見下筆，今方七篇。

《洙泗言仁》

寄一本去，有可見告者，不惜疏示。

校勘記

〔一〕則學者事父事兄上　「事兄」，原作「兄事」，據宋本乙。
〔二〕無所施於吾民也　「也」，宋本作「矣」。
〔三〕如後周李唐及世宗蓋亦嘗變其説矣　「矣」字原無，據宋本、劉本、四庫本補。
〔四〕旋即興復而愈盛者　「旋」下原衍「失」字，據宋本、劉本、四庫本删。
〔五〕言率夫性命之自然　宋本無「命」字。
〔六〕是則所謂道也　宋本無「則」字。
〔七〕無位而隱　「位」，宋本作「爲」。
〔八〕凡庶民行而不著　宋本無「民」字。
〔九〕人心之所安者即道也　「所」字原無，據宋本補。
〔一〇〕第十一章子思子發明之至矣　「至」，宋本作「盡」。
〔一一〕恐子思當時立言之意却未必如此爾　「爾」，宋本作「矣」。
〔一二〕故於所當有而不之有也　「之」，原作「知」，據宋本、劉本、四庫本改。
〔一三〕所以爲天地心也　「也」，宋本作「乎」。

〔一四〕若墨氏愛無差等　「差等」，宋本作「等差」。

〔一五〕傳之同志　「同志」二字原無，據宋本補。

〔一六〕以昭示後學　「昭」，宋本作「開」。

〔一七〕二先生論孟説　此則及下「文定公春秋傳」二則原無，據宋本補。

〔一八〕葵軒孟解　此則及下「葵軒語解」、「洙泗言仁」三則原無，據宋本補。

南軒先生文集卷第三十一

答問

答宋伯潛

明道云：「志動氣者什九，氣動志者什一。所謂氣動志者，非獨趨、蹶，藥也、酒也亦是也。」若止以藥與酒與蹶、趨言之，謂之少可也。明道又云：「氣專在喜怒，豈不動志？」夫人爲私欲所勝，喜怒不公，以移奪其志者多矣，而謂氣動志者什一，此則未諭。

所以有喜怒，亦志動氣也，但用喜怒之氣而志益不能自寧〔一〕，是氣復動志也。蓋常人志動氣，而氣復動志，無窮已耳。然自其始動而言，只可謂之志動氣也，惟趨、蹶與藥也、酒也，則是氣先之也。

孟子曰：「可欲之謂善。」伊川謂與「元者善之長」同理，又曰：「乾，聖人之分也，可欲之善屬焉。」剛仲嘗謂孟子言可欲，非私欲之欲也，自性之動而有所之焉者耳。於可與不可之際甚難擇，姑以近者言之。如飲食男女，人之所大欲。人孰不欲富貴，亦皆天理自然，循其可者而有所之，如飢而食、渴而飲，以禮則得妻、以其道而得富貴之類，則天理也。過是而恣行妄求，則非天理矣。故書曰「敬修其可願」，孟子又曰「無欲其所不欲」是也。乾，聖人之分，豈謂聖人之動皆循天理而然歟？以坤爲學者之事，莫是有馴致之意否？元者天德也，孟子所謂善，豈指天理而言歟？横渠又曰：「明善必明於未可欲之際。」未可欲謂大本未發者否？見於可欲，則性之苗裔已發見者，未可欲則本性全體渾然，不容一毫之僞。明之之功何自而先？莫亦當先從事於可不可之際，審擇而固執之否？愚見如此，中心亦未安，恐伊川引乾元處别有深意。

人具天地之心，所謂元者也。由是而發見，莫非可欲之善也。其不由是而發，則爲血氣所動，而非其可矣。聖人者，是心純全渾然。乾，知太始之體也[二]，故曰：「乾，聖人之分，可欲之善屬焉。」在賢者則有積習以復其初。坤，作成物之用也，故曰「坤，學者之事也，有諸己之信屬焉。」今欲用工，宜莫先於敬。用工之久，人欲寖除，則所謂可者益可得而存矣。若不養其源，徒欲於其發見之際辨擇其可與不可，則恐紛擾，而無日新之功也。

答周允升[三]

王通謂夫子與太極合德。若如先生之説，則人與物莫不有太極，詎止合而已。通顧爲是言，殆將太極別爲一物耶？爽竊疑焉〔四〕，於是反復思之，意夫通之説蓋指其初者言之也。當其三才未判，兩儀未分，五行未布，而太極已固存矣。逮夫太極動而生陽，動極而静，静而生陰。陰陽分而兩儀立，陽變陰合，而五行生。無極之真，二五之精，妙合而凝。乾道成男，坤道成女，二氣交感，化生萬物，而人始具此太極矣。逆通之意，其指夫生物之初者言之耶？今夫人莫不具是性也，而盡性者誰歟〔五〕？性中皆有天也，而配天者誰歟？是以中庸之論惟天下至誠爲能盡性，惟天下至聖故曰配天。太極亦猶是也。儻曰太極吾所固有，何合德之云？則配天之説亦非耶？爽嘗譬之日光，凡世間一切物能容光者莫不具日光焉，畢竟空中之日光自若也。今曰能容光者非日光也，固不可也；謂日光盡在是，而空中者無與焉，亦不可也。是故物生之初，太極存焉；生物之後，太極具焉。人雖各具太極，要其初者固自若也，此通所以有合德之説歟？昔者馬上所聞，尚有未諭者，故此諄諄，幸賜指教，使涣然冰釋爲荷。

天可言配，指形體也。太極不可言合，太極性也。惟聖人能盡其性，人極之所以立也。人雖具太極，然淪胥陷溺之，則謂之太極不立，可也。

程子曰：「萬物皆備於我，不獨人爾，物皆然，都自這裏出去，只是物不能推，人則能推之。雖能推之，幾時添得一分？不能推之，幾時減得一分？百理具在〔六〕，平鋪放著，幾時道堯盡君道，添得些君道多，舜盡子道，添得些子道多？元來依舊。」又曰：「萬物皆備於我，此通人物而言。禽獸與人絶相似，只是不能推。然禽獸之性却自然，不待學不待教，如營巢養子之類是也。人雖是靈，却椓喪處極多，只有一件嬰兒飲乳是自然，非學也，其它皆誘之。」又曰：「萬物皆備於我矣，反身而誠，樂莫大焉，不誠則逆於物而不順也。」又曰：「學者必先識仁，仁者與物渾然同體。孟子曰：萬物皆備於我，須反身而誠，乃爲大樂。若反身未誠，則猶是二物有對，以己合彼，終未有之，又安得樂？」此四段皆程子之説。前二説謂人與物皆然，後二説則獨指人而言。據孟子謂萬物皆備於我，未嘗曰物皆備萬物也。如前二説則人與物更無差別，與告子生之謂性何異？夫惟物不能備萬物，故止有一物之用，所以不能推者，只爲合下不曾備得。人則備矣，所以能參贊化育也。至於椓喪處雖多，這裏元來何曾增減？庶民自去之爾。故謂物莫不自天命，莫不有太極則可，謂物皆備萬物，則似恐未可。

既曰物莫不皆有太極，則所謂太極者，固萬物之所備也。惟其賦是氣質而拘隔之，故物止爲一物之用，而太極之體則未嘗不完也。

子貢謂夫子曰：「學不厭，智也；教不倦，仁也。」中庸曰「成己，仁也；成物，智也。」學之與成己，教之與成物，蓋無二事，而或曰仁，或曰知，孰爲定體耶？

中庸與子貢之言，互明仁智之體用也。

龍塘辱指教「學而時習之」當如程子説，時復紬繹，浹洽於中。今人讀語、孟六經若先賢遺書，時復潛泳玩味，因其所啟端，發其所固有，久久涵養，是保是積，此誠可説也。當夫子時，六經未出，聖人教人者亦不至多言，士從之游者或一言而終身行，或數語而終身誦，或以愚魯而竟得之，不知所紬繹者何事？又如語孟精義諸先生之說或各不同，而皆不悖於理，將孰從之則是？

紬繹者謂理也、義也，不必止爲文字。諸先生之說有不同處。當平心體其至當之歸。

通書謂德愛曰仁〔七〕，伊川則謂仁是性，愛自是情。語録亦引「力行近乎仁」，云：「力行關愛甚事？」易傳復之六二曰：「仁者天下之公，善之本也。」語録皆以公爲近仁，未嘗斷以愛爲仁也。然則愛特仁之一事耳，而通書乃云然，近世朱丈之論亦然。此是則彼非，二者必居一，於此欲俾學者識仁之本體，厥道何繇？

力行近乎仁。力行者敦篤切至故也。便以愛爲仁，則不可，然愛之理則仁也。

「觀過斯知仁矣。」舊觀所作訥齋、韋齋記，與近日所言殊異，得非因朱丈别以一心觀，又别以一心知？頃刻之間，有此二用，爲急迫不成道理，遂變其說乎？爽嘗反復紬繹〔八〕，此事正如懸鏡當空，萬象森羅，一時畢照，何急迫之有？必以觀他人之過爲知仁，則如觀小人之過於薄，何處得仁來？又如觀君子之過於厚，則如鬻拳之以兵諫，豈非過於忠乎？唐人之刲股，豈非過於孝？陽城兄弟之不娶，豈非過於友悌乎？此類不可勝數，揆之聖人之中道，無取焉耳，仁安在哉？若謂因觀他人之過而默知仁之所以爲仁，則曷若返之爲愈乎？爽於先生舊說似未能遽舍，更望詳教。

後來玩伊川先生之說，乃見前說甚有病。來說大似釋氏，講學不可潦草。蓋「過」須是子細玩味，方見聖人當時立言意思也。過於厚者謂之仁則不可，然心之不遠者可知，比夫過於薄甚至於爲忮、爲忍者，其相去不亦遠乎？請用此意體認，乃見仁之所以爲仁之義，不至渺茫恍惚矣。

書以中庸名篇，而首論中和之道，然則中和與中庸當何如分？

中庸統言道之體用，中和就人身上説。

「小人之中庸也，小人而無忌憚也」，當從王肅説是？從上蔡説是？

脱一「反」字。

論舜之大知也，曰「執其兩端，用其中於民」，而不及「庸」。述夫子之忠恕也，曰「庸德之行，庸言之謹」，而不及「中」，何也？意其互見耶？亦各示其用也？

言各有攸當。且用其中於民，固所以言庸也。庸德庸言，此庸字輕看。

既曰「中庸不可能也」，又曰「君子依乎中庸，遯世不見知而不悔，唯聖者能之」。必聖者而後能，無乃絶學者之望耶？抑其義異，自不相通耶？

言中庸不可能，乃所以勉學者；唯聖者能之，盡其道爲難。

「仁者人也，親親爲大；義者宜也，尊賢爲大」，先後自有定秩。九經之序則先尊賢而後親親，二者當何如通？

即人心而論則親親爲先，就治體而言則尊賢是急。堯典「克明俊德，以親九族」亦是意。

答彭子壽

「中也者，天下之大本也；和也者，天下之達道也。」朱編修云：「大本者，天下之理皆由此出，道之體也；達道者，由此而出無所不通，道之用也。」龜年竊謂大本者即此理之存，達道者即此理之行，謂之中和，已是說出性情之理。若曰大本者，天下之理由此而出，無所不通，則是大本達道之外，又有所謂理也，不識此言如何？

大本者理之統體。會而統體，理一而已；散而流行，理有萬殊。若曰大本即此理之存，達道即此理之行，却恐語意近類釋氏。萬殊固具於統體之中。

「致中和，天地位焉，萬物育焉。」朱編修云：「敬而無失則極其中，而天地位矣；義之與比則極其和，而萬物育矣。」龜年竊謂未有極其中而不和者，未有天地位而萬物不育者，亦不必如此分說。不識如何？

分說無害。固未有天地位而萬物不育者，然天地位言其體，萬物育言其用，體用自殊，要須分看。但元晦之語不若龜山云「中故天地位焉，和故萬物育焉」爲得解經之法。

「君子時中」，朱編修云：「以其有君子之德而又能隨時以取中也。」龜年竊謂君子精義故能時中。謂之時中者，以其全得此理，故無時而不中，非是就時上取中也。今曰「以其有君子之德而又能隨時以取中」，心切疑焉。

隨時以取中，非元晦語，乃先覺之意，此意甚精。蓋中字若統體看，是渾然一理也；若散在事物上看，事事物物各有正理存焉。君子處之，權其所宜〔九〕，悉得其理，乃「隨時以取中」也〔一〇〕。然元晦云「以其有君子之德，又能隨時以取中」，語却有病，不若云「所貴於君子之中庸者，以君子能隨時以取中也」。

大學曰：「古之欲明明德於天下者，先治其國；欲治其國者，先齊其家；欲齊其家者，先修其身；欲修其身者，先正其心；欲正其心者，先誠其意；欲誠其意者，先致其知。致知在格物。」自物格而后知至，自國治而后天下平，如自本而葉，沿流而下。學者用力之處，莫切於格物致知。而此篇之書，自誠意至平天下，條析甚明，而獨於格物致知無説，朱編修以爲闕文是也。然龜年嘗以爲自平定天下，遡而求之，其極至於格物致知；自物格知至，順而達之，其極至於國治天下平。其間雖節目繁夥，而其道甚要。所謂要道，蓋不過格物致知而已耳。然聖人自誠意而下，又各疏其説焉，非謂格物致知之外又別有所謂誠意、正心、修身、齊家、治國、平天下之道。此蓋聖人深指人以格物致知者然也。故聖人於齊家之條，引書曰〔一一〕：「『若保赤子』，心誠求之，雖不中不遠矣。」此格物致知之最近者也，不識是否？

自誠意正心以至平天下，固無非格物致知事也。然疑致知格物一段解説自須有闕文〔一二〕。

非禮勿視，非禮勿聽。

主一則視聽有其則矣。

人心惟危。

人心因血氣而動，蓋危而難安也。

喜怒哀樂未發謂之中。

喜怒哀樂之未發，無所偏倚，中之所以得名。中者所以狀性之體段，若曰目視、耳聽、手舉、足履，則是已發矣；其無不當者，迺是中節，所謂時中也。

「鳶飛戾天，魚躍于淵」，言其上下察也。

鳶飛魚躍，指道之體用無乎不在也。

盡心知性。

明盡心體之本然爲盡其心〔一三〕，非善窮理者莫之能也。

無極而太極。

此語只作一句玩味。無極而太極存焉，太極本無極也。若曰自無生有，則是析爲二體矣。

堯舜豈無所用其心哉？

豈可謂堯舜無所用心，特動無非天耳。

存神，體也；過化，用也。存神故能過化。過化存神。

行吾法則聽天所命，故富貴貧賤，夷狄患難，無不安也。君子行法以俟命。

答吴德夫〔一四〕

孟子曰：「形色，天性也，惟聖人然後可以踐形。」説者謂踐者履踐也，如非禮勿視聽、非禮勿言動之類，謂之踐形。如此説，恐只是賢人事。一説謂聖人猖狂妄行，蹈乎大方，衆人則爲形所役，聖人則能役形。恐踐字説得費力。又一説：形者事之初萌，色者事之著見，惟聖人能踐之於其初，賢人則必待著見而後用力於其間。此恐説天性字不出。

天之生斯人也，有物必有則。凡具於吾身者皆物也，其中有則焉〔一五〕。踐如踐言之踐，實履之也。凡人雖有形色，而不能踐也，感物而動，不知所以踐之者也。賢人則知踐之矣〔一六〕，由己故也，以我視、以我聽、以我言、以我動也。聖人盡性，從容自中，與天地相流通，故動容周旋無非至理。曰「能」，則猶似用力也；曰「可以」，則見其自然而化，非聖人莫能與也。

上繫曰：「可久則賢人之德，可大則賢人之業。」此一段論乾坤易簡，至於可久可大，可謂極矣，何故止言賢人德業？或謂非聖賢之賢，乃賢於人之賢。

可久可大，賢人之德業也。久大則聖人也矣。

「舜明於庶物。」物，或説謂物則之物，或説謂萬物之物。然則明庶物者，奚獨舜哉？且攷之經，何以見舜之明庶物也？

道外無物，物外無道。舜明於庶物，則萬理著察，一以貫之，卓然大中之域，非生知其能然乎？夫舜起於畎畝之中，一旦加乎羣工之上，徽五典而五典從，納百揆而百揆叙，賓四門而四門穆，納于大麓而烈風雷雨弗迷，非明於庶物，其能然乎？

孟子曰：「口之於味也，目之於色也，耳之於聲也，鼻之於臭也，四肢之於安佚也，性也，有命焉，君子不謂性也。仁之於父子也，義之於君臣也，禮之於賓主也，知之於賢否也，聖人之於天道也，命也，有性焉，君子不謂命也。」

口之别味，目之别色，耳之别聲，鼻之别臭，四肢之便於安佚，豈人所爲哉？是性然矣。而口蕲於美味，目蕲於好色，耳蕲於鐘鼓，鼻蕲於芳馨，四肢蕲於安佚，則是感動於物而爲性之欲矣，故有命焉，而君子不謂性也。蓋貴賤有定分，窮達有定數，隨其所遇，無不得焉，而無欲之之意，則是天理也，故不謂性者，乃所以成性也。父子之恩，主仁而仁，不得於父子；君臣之分，主義而義，不得於君臣。賓主以禮而不接我以禮，賢者宜以知見於世，而邦無道，有不得而知焉。天道在聖人，而聖人固有不遇者，命則然矣。然而是可斷以無可奈何乎？斷以無可奈何，則人道息矣，故有性焉，而君子不謂命也。仁不得於父子，吾致孝以感而已，如舜是也；義不得於君臣，吾致誠以格而已，如周公是也。彼不以禮待我，而在我者盡其待之之道而已。孔子之於陽貨，可見也，知不得自見，吾雖退藏，益精其知以樂其道。伊尹在莘野未聘之時，可見也。天道在聖人〔一七〕，而夫子不得如堯、舜、文、武、周公施而達之天下，然著之六經，傳於門人，兼善萬世，天道流行，蓋無終窮矣。故不謂命者，乃所以立命也。如前所説，若流其性而不本於命，則人欲肆矣；如後所説，若委於命而不理其性，則天理滅矣。孟子之言，所以極性命之微，而同天人之用也。雖然，所以成性而立命者何歟？一則不謂性，一則不謂命，而心之道行乎其中矣，非知仁者其孰能明之？且聖人之於天道，立言與上辭不同。所以然者，蓋明天道即聖人之道，而聖人即天也。

「孔子之謂集大成。集大成也者，金聲而玉振之也。」

孟子言孔子不名一德而集羣聖之大成，非三子之所可及，而又以樂之大成明之。蓋樂之一變謂之一成，大成則其節奏之大備也。金聲而玉振之，節奏可謂備矣，蓋又各有似焉。

金聲有洪殺清濁之殊，聖人之智無所不周者然也。玉振始終如一，詘然而已〔一八〕，聖人之德無所不備者然也。此其先後固自有倫，然自其成者言之，則金玉並奏，知行偕極，不見其始卒有異也。

「金聲也者，始條理也；玉振之也者，終條理也。始條理者，智之事也；終條理者，聖之事也。」

伊川先生云：「此孟子爲學者言始終之義。由其能始條理，故能終條理，猶知至即能至之，知終即能終之。」又曰：「致知，智之事；行其所知而極其至，聖之事也。」據此一節，乃是言學者之事，所以學於聖人者，故因上文「金聲玉振」而言，言學之序如此。蓋聖人則聖智合一，無始卒之異，學者則必知所先後，然後有以入德也。故孟子於此一節，特分而言之，明聖人之智，學者所當先務，必明盡衆理，咸極其至，然後力行以造夫聖人之所以聖者，始終各有條理而不可亂也。智之事，聖之事，猶言學智聖之功夫，非便以爲智聖也。

「智譬則巧也，聖譬則力也。猶射於百步之外也，其至爾力也，其中非爾力也。」

此一節復言聖人之事，以明夫子所以異夫三子者。夫子智聖合一，至而且中矣。然所以至者其力也，所以中者非力也，是巧之功也。是聖人雖曰合一，而智聖亦未嘗不偕極也。若三子徒恃其力而巧不足焉，則雖至而不能以中矣。若顏子者智足以中矣，其力未及至者，一息爾。天假之年，孰謂其不爲孔子哉？

西銘云〔一九〕：「知化則善述其事，窮神則善繼其志。」其旨何如？

西銘發明仁孝，蓋仁人之事親也如事天，事天也如事親，須臾不在焉，則失其理矣。神是心，化是用，然須默識，所謂神則化可得而言矣，能繼志乃能述事也。

校勘記

〔一〕但用喜怒之氣而志益不能自寧　「用」，宋本、劉本、四庫本作「因」。

〔二〕知太始之體也　「太」，原作「大」，據宋本改。

〔三〕答周允升　此篇宋本置於答吴德夫篇之後。

〔四〕奭竊疑焉　「奭」，宋本作「某」。下同。

〔五〕而盡性者誰歟　「性」下，宋本有「也」字。

〔六〕百理具在　「理具」，原作「里俱」，據河南程氏讀書卷二上改。

〔七〕通書謂德愛曰仁　「謂」，原作「論」，據繆本改。

〔八〕奭嘗反復紬繹　「奭」，宋本作「某」。下同。

〔九〕權其所宜　「所宜」，宋本作「時而」，屬下讀，亦通。

〔一〇〕乃隨時以取中也　「也」，原作「語」，據宋本改。

〔一一〕引書曰「書」，原作「詩」，據宋本、劉本、四庫本改。

〔一二〕然疑致知格物一段解説自須有闕文　「説」，宋本作「釋」。

〔一三〕明盡心體之本然爲盡其心　「明」，原作「因」，據宋本改。

〔一四〕答吴德夫　此篇宋本置於答宋伯潛篇之後。

〔一五〕其中有則焉　「其中」，宋本作「而各」。

〔一六〕賢人則知踐之矣　「知」，宋本、劉本、四庫本作「能」。

〔一七〕天道在聖人　「天」，宋本作「夫」。

〔一八〕詘然而已　四字原無，據宋本補。

〔一九〕西銘云　此上，宋本有「叔京云」三字。

南軒先生文集卷第三十二

答問

答吕子約

樊遲問知，子曰：「敬鬼神而遠之，可謂知矣。」所謂知者，知鬼神之德是已。知事乎此則敬，敬則有事乎此矣。有事乎此，勿忘勿助，則鬼神著矣。故其洋洋如在者，狀其昭著云耳。於此知之有所未明，體之有所未盡，迫切而求的見，則愈近而愈妄，愈親而愈非，計度想料，妄而益妄，所謂鬼神之德何從而可識乎？其爲不知，孰大於是！中庸論鬼神之德，始曰〔一〕：「視而不見，聽而不聞。」而又繼之曰：「體物而不可遺。」觀乎此，恐是敬而遠之之旨，敢乞指誨。

遺書中有一段：「或問知鬼神之道，然後能敬能遠否？曰：亦未説到深遠處，且大綱説當敬不惑也。迫切而求的見，則愈近而愈妄，愈親而愈非。」此數語好，但更當深思孔子答子路之意。

敬鬼神而遠之，可謂知矣。惑而信之，非知也；孟浪不信，非知也。能敬能遠，始謂之知。敬而不能遠者，則其敬也生於畏禍與福而已，非所謂敬也；遠而忘乎敬者，則其遠也生於忘禍與福而已，非所謂遠也。二者均於疑以爲有，疑以爲無，非的實有見乎？此兩句固大綱，説示人以知之事，然非知鬼神之情狀，則安能敬而遠之乎？

敬鬼神而遠之，或問伊川：「知鬼神之道，然後能敬能遠否？」先生曰：「亦未説到如此深遠處。」且大綱説當敬不惑。此是玩味經旨之法，若更别生出事，却失了當時意。

氣聚則生，氣散則死。大化一移，升於天者爲魂氣，落乎地者爲體魄。魂游魄降，形質安有？其理固然。然闇處獨行，畏心或生，則疑以爲或有，豈非緣於習俗而中主不立故耶？又豈非隱微之中，神明集舍，而自有不可揜者耶？今固不敢徇於流俗，而返之於理。然孟浪不信，卒然撞出駭異之事，安敢自保其不爲所移乎？如魂魄之影響〔一〕，奪胎受蔭之説，理安有之？然亦當了然無疑，乃爲可耳，窺識彷彿，何得於己？

此等事不可放過，須窮究到實然無疑處。不然，被一兩件礙阻着，或爲異説動了，未可知也。

君子上交不諂，下交不瀆，何以謂之知幾其神乎？

交際易於因循。上交主於恭，過其則斯爲諂；下交主於和，過其則斯爲瀆。能持而不失，非知幾其能之乎？聖人論「介于石」之義，而獨以上下交之事爲言，惟篤實爲己者，知其爲甚切要也。

答嚴慶胄

昔聞五峰先生曰：「心可潛不可用。」然孔子有曰：「羣居終日，無所用心。」孟子有曰：「堯舜之治天下，豈無所用其心哉？」然則孔孟之言非歟〔三〕？又心所以宰萬物者，如用之，果誰用之耶？

言各有攸當，細味其輕重可也。

孟子曰「仁，人心也」，則仁即心矣。然又曰「以仁存心」，似又以心與仁爲二物，何也？夫心也，仁也，果可爲二物歟？

自非中心安仁者，須以仁存心。若如所言，是都不假用力也。

禮曰：「中心斯須不和不樂，而鄙詐之心入之矣。外貌斯須不莊不敬，而易慢之心入之矣。」云「入」者，自外之内之辭也〔四〕。心本在我，何以言入？

心本無鄙詐易慢，而鄙詐易慢生焉。猶水本清，爲泥沙忽雜之也。此須自體之，知其自外入也。

答游誠之

明道先生曰：「發己自盡謂忠，循物無違謂信。表裏之謂也。」又曰：「盡己之謂忠，以實之謂信。忠信，内外也。」九思思之，所謂忠者無自欺也，無自私也。處閨門而爲孝友，處鄉閭而爲謙恭，交朋友而爲信義，推而至於日用之細者，所爲出門如賓，承事如祭，坐如尸，立如齊之類，凡見於所言所爲，發於其中而著之於外者，無有一毫不盡此心焉。所謂信者，是亦此心之發時，因其應事於外而名之者也。處閨門所當孝友，則行其孝友；處鄉閭所當謙恭，則行其謙恭；交朋友所當信義，以至出門所當如賓，承事所當如祭，坐之容宜如尸，立之容宜如齊，因其理之有定，當其可而無違，是之謂忠信。忠信本無二致，自其發於内而言之之謂忠，自其因物應之之謂信，故曰表裏之謂也。明道以此釋曾子之言，曰：「爲人謀而不忠，與朋友交而不信」，爲人謀則謀在我，是亦發於中之意；與朋友交則朋友在外，是亦遇事而應之之意。二先生論忠信内外，大槩如此否？

盡於己爲忠，形於物爲信。忠信可以内外言，亦可以體用言也。要之形於物者即其盡於己者也。玩程子之辭，意義蓋包涵矣。

「林放問禮之本」，伊川先生曰：「禮者理也，文也。理者實也，本也；文者華也，末也。理是一物，文是一物。」注云：「此與形影類矣。推此理則甚有事也。」發之於中，有所見而不可見，名之曰理，故曰本。行之於外，皆得其稱，粲然中理，名之曰禮，故曰文。理譬於形，禮譬於影，形先正則影自正。不知伊川之意如此否？又謂「甚有事」者，不知謂是每一事不問巨細便自各有本末否？

程子之意，謂禮字上有理有文，理是本，文是末。然本末一貫，通謂之禮也。然有理而後有文，曰推此理則甚有事，謂天地間莫不然也。

「居敬而行簡」，不知敬存而簡自行，爲復居敬而尚當行其簡？

固是敬存而後簡行，然亦須居敬而行其簡。

明道先生論持其志，曰：「只這箇也是私，然學者不恁地不得。」九思思之，謂人之有志，不能持之，使常自覺，其所在往往遇事則爲氣所使，顛倒失次，而不能制，與不自知其所以然者，皆志不定故也。使其志常定於内，昭然不亂，必不至遇事而失措矣〔五〕。故志不可不持，持之久而熟，則必須自知〔六〕，以心驗之，未見其爲私。明道謂「只這箇也是私」，其意如何？

才涉人爲便是私，有箇「持」字便是人爲。然學者須從此用工，由誠之進於誠，煞有節次。

或問伊川先生：「必有事焉，當用敬否？」曰：「敬只是涵養一事。必有事焉，須當集義。只知用敬，不知集義，却是都無事也。」九思思之，若能敬則能擇義而行，伊川謂知敬而不知集義爲都無事，不曉其旨。又集義所生，義生於心，不知如何集？

居敬集義，工夫並進，相須而相成也。若只要能敬，不知集義，則所謂敬者亦塊然無所爲而已，烏得心體周流哉？集訓積。事事物物莫不有義，而著乎人心，正要一事一件上積集〔七〕。

明道先生曰：「維天之命，於穆不已，不其忠乎？天地變化，草木蕃，不其恕乎？」伊川先生曰：「乾道變化，各正性命，恕也。」侯子曰：「伊川説得尤有功。天授萬物之謂命。春生之，冬藏之，歲歲如是，天未嘗一歲誤萬物也，可謂忠矣。萬物洪纖、高下、短長各得其欲，可謂恕矣。」九思謂「維天之命，於穆不已」，蓋一元之氣運行無息，所謂天行健者也。以其行健無息，故能生生萬物，而各禀此善意，故曰恕；其在人體之，則曰乾乾。誠意無毫髮間斷，則發見於外，斯能以己推之。以心之所本既善，則應人接物皆如其心，可謂恕矣。觀明道謂「草木蕃」，於伊川言「各正性命」〔八〕，不見有差殊。其在萬物得其所以蕃生，便是正性命，不知侯子何以分輕重，兼謂「維天之命」。爲「天授萬物」者，恐此天命只是天理。伊川所謂在天爲命，不必須是授之萬物始謂之命。故又謂春生冬藏歲歲如是，未嘗誤萬物爲忠，恐此亦只是恕，蓋已發者也。九思所言忠恕與天命，大意是否？及所疑侯先生之言，併乞詳教。

明道之言，意固完具。但伊川所舉「各正性命」之語，爲更有功。忠，體也；恕，用也。體立而用，未嘗不存乎其中。用之所形，體亦無乎不具也。以此意玩味，則見伊川之言尤有功處。侯師聖所説忠字，恐未爲得二先生之意。天命且於理上推原，未可只去一元之氣上看。

孟子稱孔子曰：「操則存，舍則亡，出入無時，莫知其鄉，惟心之謂與！」或問伊川曰：「心出入無時，如何？」曰：「心本無出入，孟子只據操舍言之。」又問：「人有逐物，是心逐之否？」曰：「心則無出入矣，逐物是欲。」九思謂性之在人可以言不動心者，性之已發已形〔九〕，安有無出入？今人對境則心馳焉，是出矣，不必言邪惡之事。只大凡遇一事，而此心逐之，便是出；及定而返其舍，是入矣。兼孟子固已明言其出入爲心矣，而伊川謂心無出入，不知逐日之間有出入者是果何物？又有一處，謂在人爲性，主於身爲心。謂在人爲性，則不可言出入；既曰主於身爲心，凡能主之則在内，不能主之則外馳，是亦出入之意。不知心之與性相去如何？思慮之於心，相去又如何？

心本無出入，言心體本如此。謂心有出入者，不識心者也。孟子之言，特因操舍而言出入也。蓋操之則在此，謂之入可也；舍則亡矣，謂之出可也。而心體則實無出入也。此須深自體認，未可以語言盡之耳。

孔子不悦於魯、衛，遭宋桓司馬，將要而殺之，微服而過宋。伊川先生曰：「孔子既知桓魋不能害己，又却微服。舜既見象將殺己，而又象憂亦憂，象喜亦喜。國祚短長，自有命數，人君何用汲汲求治？禹、稷過門不入，非不知飢、溺自有命，又却救之如此其急。數者之事何故如此？須思量到道並行而不相悖處可也。」注脚又謂今且説聖人非不知命，然於人事不得不盡。此説未是。

既曰並行而不相悖，則是雖遇變與灾，自當盡其在我，以爲消變弭災之道，變之消不消，灾之弭不弭，則不可必。然聖人隨事有以處之，不歸之於命與數而不問者，是謂並行而不相悖。不知注脚何以再言此？得非謂以命與人事爲二致，豈足以明聖人之心哉！當深惟聖人性命合一處〔一〇〕。

若説聖人非不知命，然於人事不得不盡，是命與人事爲二致，豈足以明聖人之心哉？當深維聖人性命合一處。

答俞秀才

修辭立其誠。修辭所以立其誠，意非徒修飾爲也，若修飾則祇不誠矣。平居亦當察此，而聖人獨言於九三者，蓋當危疑之地，處人情之變，辭危則易亢，辭遜則易枉，亦難乎有言矣。於是焉而能修之，則誠立矣。

修辭乃是體當自家誠意，深味曾子之所謂出辭氣者則可知矣。於九三言之者，大抵謂君子之學如是，故能盡乎處上下之道也，不必云「於是焉而能修之，則誠立也」。

蒙以養正，聖功也。蒙童之心，純一而未發，可與爲善，可與爲不善，在所以發其蒙者何如耳。自此養之以正，則易進於德，及其至處則聖人也。

以純一未發之蒙而養其正，可謂善矣。若夫爲不善，則是爲物誘而欲動，非蒙之可與爲不善也，動則失其正矣。

蒙：「山下出泉，蒙。」程先生曰：「水必行之物，始出，未有所之。」此意最深。水由地中行，行其性也；遇險而止，而行之性則未始止也，若積盈則行矣，故曰「盈科而後進」。在人蒙昧之時，而天命流通之理未始止也。若果決其行，涵養其明德而至於盛，乃養蒙之聖功也。

蒙之義只謂泉始出而遇險，未有所之，如人蒙穉未有所適，貴於果行育德，充而達之也。育德之義，尤當深體。

蒙之初六：「利用刑人。」人之昏蒙，不教而誅之，可乎？蓋人之不善，始發而絶之則易爲力，待其已發而後禁則扞格而難勝，故曰「童牛之牿，元吉」。

此爻且詳玩伊川之説。

韓愈所謂上中下三品者，乃孟子所謂才也。才雖不同，而所以爲性則一。孟子論性善，固極本窮源之論。至謂非天之降才爾殊，豈才果不殊耶？抑所謂才者乃所謂性也？才是資禀，性是所以。然性固行乎才之中，要不可指才便謂之性。然孟子所以謂之不殊者，何也？

孟子之論才，與退之上中下三品之説不同。退之所分三品，只是據氣禀而言耳。孟子論才曰「非天之降才爾殊也」，又曰「若夫爲不善，非才之罪也」。蓋善者性也，人之可以爲善者才也，此自不殊。

死生是氣之聚散，鬼神是氣之精者耳。萬物所以自形自色者，即鬼神所見之迹也。程先生謂往而不返謂之鬼，則知方來不測謂之神。鬼神之道，即太極往來之實也。即是觀之，滿虚空中無非鬼神之妙用，而人之所以齊明盛服以臨祭祀者，蓋亦集自家精神，其義固可體矣。天下之理有則是有，無則是無。死生命也，鬼神者，託於幽者也。然周公作書以告鬼神，欲代武王之死，世豈有是理耶？無是理而周公乃行之，亦必有道矣，幸先生詳教之。

鬼神之義〔一〕，須更研究。周公欲代武王之死，只是渾全一箇誠意。至誠可以回造化，有是理也。若夫金縢册祝之辭，則不無妄傳者。如「元孫不若旦多材多藝，不能事鬼神」之類。意者金縢之事則有之，而册祝之辭則不傳矣。

九卦：損，德之修；益，德之裕；復，德之本；履，德之基；井，德之地；恒，德之固；學者用工之實歟？

九卦有次序，履德之基爲先，步步踏實地也。

答胡季隨

遺書云：「有人胸中若有兩人焉，欲爲善，如有惡以爲之間，欲爲不善，又若有羞惡之心者，此正交戰之驗也。持其志使氣不能亂，此大可驗。」不知如何而持其志？方其欲持志之時，而二者猶交戰於胸中，則奈何？

持志者主一之謂。若曰欲持志之時，二者猶交戰於胸中，是不能主一也，志不立也。

又云：「義理與客氣常相勝，只看消長分數，爲君子小人之別。」嘗深思之，謂誠然也。而或云初不可如此分，一言之善則天理矣，一言之惡則人欲矣。切恐其言太快〔一二〕，政如日月之運行，寒暑之推移，恐當進之以漸也。

所謂義理與客氣看消長分數，爲君子小人之別者，謂一日之間，察其所發孰多孰少爾。天理只是天理，人欲只是人欲，都無夾雜念慮。毫釐之間，霄壤分焉，此昔人所以戰兢不敢少弛也。

又云：「所見所期，不可不遠大，然行之亦須量力。」夫以學者力量較之聖人，霄壤異矣。若不一向自期以遠大，而欲量力而行之，恐或至於卑近。而心之所期，與身之所履，分爲兩段矣。恐當先立學聖人之心，日可見之行，皆須爲聖人之事，然後內外貫通耳。

所謂行之亦須量力者，恐學者貪高慕遠，躐等以進，非徒無益，而又害之也。大抵學者當以聖人爲準的，而自邇自卑，循序不舍，斯有進益耳。

又云：「天下善惡皆天理，謂之惡者非本惡。」又云：「事有善有惡，皆天理也，天理中物須有美惡。」孟子曰：人之性善，皆天理也。既非本惡，則人欲矣，恐非天理中物。天理中恐亦着惡字不得。

事物之始，無有不善。然二氣之運不齊，故事物之在天下亦不容無善惡之異。謂之惡者，非本惡，因其不齊而流爲惡耳。然亦在天理中也。所貴乎人者以其能保其性之善，不自流於惡爲一物耳。

又云：「學者須敬守此心，不可急迫，當栽培深厚，涵養於其間，然後可以自得。」今於下工夫之時不痛自警策，而遽栽培涵泳，不知何所栽培涵泳？恐或近於放倒也。

敬守此心，栽培涵泳，正是下工處。若近於放倒，則何栽培涵泳之有？「一日克己復禮，天下歸仁。」蓋是積累工夫到處，非謂只勇猛便能如此，如釋氏一聞一超之説也。

如云尚何序之循，又何必待於自邇自卑而後有進？此等語意，全不是學者氣象，切宜戒之。所謂循序者，自灑掃應對進退而往皆序也，由近以及遠，自粗以至精，學之方也。如適千里者，雖步步踏實，亦須循次而進。今欲濶步一蹴而至，有是理哉？自欺自誤而已。

前日謂一氣之運不齊，故事在天下，不容無善惡之異云者，論氣故不容無善惡之異，且須將程子遺書詳玫精思，未可易而言也。

人固有秉彝〔一三〕。若不栽培涵泳，如何會有得？古人教人自灑掃、應對、進退、禮樂、射御之類，皆是栽培涵泳之理〔一四〕若不下工夫〔一五〕，坐待有得而後存養，是枵腹不食而求飽也。

校勘記

〔一〕始曰　「始」，原作「如」，據宋本改。

〔二〕如魂魄之影響　「魂」，宋本作「沉」。

〔三〕然則孔孟之言非歟　「孟」，原作「子」，據宋本改。

〔四〕自外之内之辭也　「之」，劉本作「入」。

〔五〕必不至遇事而失措矣　「措」，原作「錯」，據宋本改。

〔六〕則必須自知　「知」，宋本作「如」。

〔七〕正要一事一件上積集　「積」字原無，據宋本補。

〔八〕於伊川言各正性命　「於」，宋本作「與」。

〔九〕性之已發已形　「形」，原作「行」，據宋本改。

〔一〇〕豈足至一處　此十九字原作「歟」字，據宋本改。

〔一一〕鬼神之義 「義」，宋本作「理」。

〔一二〕切恐其言太快 「切」，四庫本作「竊」。

〔一三〕人固有秉彝 宋本、劉本作「人人固秉彝」。

〔一四〕皆是栽培涵泳之理 「理」，原作「類」，據宋本改。

〔一五〕若不下工夫 「夫」字原無，據宋本補。

南軒先生文集卷第三十三

題跋

題李光論馮澥劄子

臣伏見臣僚上言，推尊王安石爲名世之學，乞榜朝堂，欲以傾動海内，流播天下，鼓惑衆心。事係安危，義難循默。臣已具論列繳奏外，臣訪聞爲此説者乃諫議大夫馮澥。澥誠腐儒，不達世務，浸淫王氏之説，深入骨髓。平居議論，以安石爲孔孟之流，元符末上書，獨入正等〔一〕，力詆鄒浩，以爲哲廟逐臣，不當復用。懷姦造謗，老而無識。止緣崇寧曾有湟、鄯棄地之謀，爲蔡京所逐，因得虚名。考其素節，無可稱道，究其學問，誠爲頗邪。臣觀王安石在熙寧、元豐間神宗皇帝大有爲之日，創立制置三司條例司。司馬光争論神考之前，因邇英閣進讀，至蕭何、曹參事，光曰：「參不變何法，得守成之道，故孝惠、高后時，天下晏然，衣食滋殖。」神宗曰：「漢常守蕭何之法不變可乎？」光曰：「何獨漢也，使三代之君常守禹、湯、文、武之法，雖至今存可也。書曰：『無作聰明，亂舊章。』武帝用張湯言，取高帝法紛更之，盜賊半天下。元帝改宣帝之政，而漢始衰。由是言之，祖宗之法不可改也。」獨安石專任己能，排却衆論。當時大臣如韓琦、富弼，諫官御史如范鎮、呂誨、范純仁之流，信所謂名世大賢，盡遭斥逐，不仕以去。而任用呂惠卿、舒亶、李定，皆一時傾邪小人，不畏天下之公論，不卹百姓之愁苦，不顧宗社之安危。馴至蔡京、蔡卞合爲死黨，操述作之説，禁錮天下忠賢，掃除祖宗法度。五十年間，言路有防川之蔽，海内多敢怒之民，愁痛無聊，至此極矣。伏自陛下即位以來，破拘攣之説，掃末習之蔽，躬履素朴，持循典故，發政施仁，無一不合人心、當天意者。士大夫思税駕之地，百姓望息肩之期。王氏之學，尚復忍聞之乎？澥職在論思獻納之地，不能以道義裨贊聖聰，反以安石爲大賢，託中道以濟其偏説，假公論以遂其私情，懷姦不忠，熒惑主聽。伏望陛下察其回邪，洞照讒慝，特賜睿斷，罷澥諫職，斥使居外。儻臣所論未合聖慮，臣亦不敢復冒言路，亦乞重行黜責，以爲妄言之戒。冒犯天威，臣不勝惶懼激切之至。取進止。

六月　日朝奉郎、守侍御史臣李光劄子

御批：祖宗之法，子孫當守之如金石。蔡京首唱紹述，變亂舊章，至於今日。可作一詔付吴幵。

臣栻創見靖康翰墨，拊膺痛哭，不知涕泪之横流也。竊惟國家自王安石壞祖宗法度以行其私意，姦凶相承，馴兆大釁，至靖康初元，國勢蓋岌岌矣，而馮澥輩猶敢封殖邪説、庇護死黨如此。傳曰：「爲國家見惡，如農夫之務去草焉，芟夷藴崇之，絶其本根，勿使能殖則善者，信矣。」正誤國之罪，推原安石，所謂芟其本根者，紹興詔書有曰「荆舒禍本，可不懲乎」，大哉王言也！乾道三年秋八月戊戌，臣栻拜首謹書。

題趙鼎家光堯御筆

比覽元符諫臣任伯雨章疏，論列章惇、蔡卞詆誣宣仁聖烈太后，欲追廢爲庶人。誰無母慈，何忍至此！賴哲宗皇帝聖明灼見，不從所請。向使其言施用，豈不蔑太母九年保佑之功，累泰陵終身仁孝之德？自朕纂服，是用疚心。昭雪黨人，刊正國史，雖崇寧之後，迷國猥衆，推原本始，實自紹聖惇、卞竊位之時，而讒慝未彰，將何以仰慰在天，稱朕尊嚴宗廟之意？可令三省取索議藁來上，當正典刑，布告天下。早來朕所喻卿章惇、蔡卞事，此二人罪惡貫盈，須是盡追官爵，子孫親戚並不得與在内差遣。若如此施行，甚不過當。卿更看如何。

覽卿奏，只欲罷黜子孫，不及親戚。卿仁恕過人，朕甚嘉之。然利害極大，若留親戚在朝，但恐紛紛不已，爲善類患。前日卿嘗留身奏陳曲折，恐當絶其本根，勿使能植，則善者信矣。卿可熟思，勿復後悔。早來章僅除外任旨揮，未得施行。

臣栻伏覩，聖詔所云，蓋撥亂反正之宏綱，天下古今之公理，足以貽訓無窮，敢頓首以志卷末。乾道八年三月己巳朔，具位臣張栻謹書。

題太上皇帝賜陳規手敕

臣伏覩太上皇帝賜順昌守臣陳規手敕，下拜感歎。蓋自紹興以來，艱勤積累，至是時虜勢已屈，我師既捷，聲摇京輔，而朝廷講解之議已成矣。臣在省中，太常適上規事，臣以爲彰善癉惡，有國之典。規官雖未應謚，功則當謚，正以是役爲重也。仰惟昭回之章，所以待遇臣下與夫風厲振作之意，誠足以詔萬世也。

跋泰陵祭温公文藁蘇軾　玉堂藁

嗚呼！此泰陵誄司馬丞相之辭也。歲未及朞，綱紀略定，用賢之有益於國之如此。蓋此未朞歲之間，非特足以開元祐一時之治，而所以培植邦本，祈天永命者至矣。嗚呼盛哉！後八十有六年，具位張某謹書。

跋中庸集解

右石𡼖子重所編集解兩卷，某刻於桂林郡學宫。子重之編此書，嘗從吾友朱熹元晦講訂，分章去取，皆有條次，元晦且嘗爲之序矣。桂林學官舊亦刻中庸解，而其間雜亂以他，懼其反誤學者，於是漫去舊版，而更刻此書。竊惟中庸一篇，聖賢之淵源也，體用隱顯，成己成物備矣。雖然，學者欲從事乎此，必知所從入而後可以馴致焉。其所從入奈何？子思以「不睹不聞」之訓著于篇首，又於篇終發明尚絅之義，且曰「君子之所不可及者，其惟人之所不見乎」，而推極夫篤恭之効。其示來世，可謂深切著明矣。學者於此亦知所用其力哉！有以用其力，則於是書反復紬繹，將日新而無窮。不然，譬諸枵腹而觀他人之食之美也，亦奚以益哉？

通書後跋

濂溪周先生通書，友人朱熹元晦以太極圖列於篇首，而題之曰太極通書，某刻於嚴陵學宮，以示多士。嗟乎！自聖學不明，語道者不觀夫大全，卑則割裂而無統，高則汗漫而不精，是以性命之説不參乎事物之際，而經世之務僅出乎私意小智之爲，豈不可歎哉！惟先生生乎千有餘載之後，超然獨得夫大易之傳，所謂太極圖乃其綱領也。推明動静之一源，以見生化之不窮，天命流行之體無乎不在。文理密察，本末該貫，非闡微極幽，莫能識其指歸也。然而學者若之何而可以進於是哉？亦曰敬而已矣。誠能起居食息主一而不舍，則其德性之知，必有卓然不可掩於體察之際者，而後先生之藴可得而窮，太極可得而識矣。

乾道庚寅閏月謹題。

跋遺書

二先生遺書，近歲既刊於建寧，又刊於曲江、於嚴陵，今又刊於長沙。長沙最後刊，故是正爲尤密。始先生緒言傳於世，學者每恨不克睹其備，私相傳寫，人自爲本。及是書之出，裒輯之精，亦庶幾盡矣，此誠學者之至幸。然而傳之之廣，得之之易，則又懼夫有玩習之患，或以備聞見，或以資談論，或以助文辭，或以立標榜，則亦反趨於薄，失先生所以望於後人之意爲逾甚矣。學者得是書，要當以篤信爲本，謂聖賢之道由是可以學而至，味而求之，存而體之，涵泳敦篤，斯須勿舍，以終其身而後已。是則先生所望於後人之意也，敢敬書之，附於卷之末。

跋西銘

人之有是身也，則易以私，私則失其正理矣。西銘之作，懼夫私勝之流也，故推明其理之一以示人。理則一，而其分森然，自不可易。惟識夫理一，乃見其分之殊，明其分殊，則所謂理之一者斯周流而無蔽矣。此仁義之道所以常相須也。學者存此意，涵泳體察，求仁之要也。辛卯孟秋寓姑蘇，書以示學生潘友端。

跋西銘示宋伯潛

人惟拘於形氣，私勝而迷其所自生，故西銘之作，推明理之本一，公天下而無物之不體；然所謂分之殊者，蓋森然具陳而不可亂。此仁義之道，所以立人之極也。學者深潛力體〔二〕，而後知所以事天〔三〕、事親者，其持循之要，莫越於敬而已。乾道八年七月己卯，敬書以遺宋剛仲伯潛父。

跋三家昏喪祭禮

右文正司馬公、横渠張先生、伊川程先生昏喪祭禮，合爲五卷。竊惟道莫重乎人倫，教莫先乎禮，禮行則彝倫叙而人道立。先王本天理，因人心而爲之節文，其大體固根乎性命之際，而至於毫釐曲折之間，莫不各有精義存焉。當是時，人由於其中，涵泳服習，敦龎淳固，蓋有不期而然者。自先王之制日以缺壞，情文之不稱，本末之失序，節乖而目疎〔四〕，甚至於雜以異端之説，淪胥而入於夷，風俗之所以不厚，人才之所以不振，職是故歟！夫冠昏喪祭，人事之始終也。冠禮之廢久矣，未能遽復也，今姑即昏喪祭三者而論之，幸而有如三公之説，其可不盡心乎！三公之所定，雖有異同，然至其推本先王之意，罷黜異端之説，是則未嘗不同也。司馬氏蓋已著書〔五〕，若横渠、伊川二先生雖嘗草定而未具，然所與門人講論反復，其所發明深矣。抑嘗謂禮之興廢，學士大夫之責也，有能即是書探攷而深思，深思而力行，宗族相親，朋友相輔，安知風俗之美，不由是而作興乎？安意可助聖時善俗之一端，於是刻於桂林郡之學宫云。淳熙三年六月甲戌朔旦。

跋符君記上蔡語録

符君生於遠方，及游京師，乃能從上蔡謝先生問學，得先生一語，隨即記録。今傳於家者九十有七章，若符君者亦可謂有志於學矣。予謂當表而出之，以爲遠方學者模楷，故附志於兵部侍郎胡公銘詩之後，使來者當有攷焉。

跋希顔録

某己卯之歲，嘗裒集顔子言行爲希顔録上下篇，今十有四年矣。回視舊編，去取倫次多所未善，而往往爲朋友所傳寫。於是復加考究，定著爲一卷，又附録一卷。蓋顔子之事，獨載於論語、易、中庸、孟子之書，其間顔子之所自言，與夫見於問答者抑鮮矣，特聖人之所稱及，曾子、孟子之所推述者，其詳蓋可以究知也。自孟子之後，儒者亦知所尊仰矣，而識其然者則或寡焉。逮夫本朝，濂溪周先生、横渠張先生出，始能明其心，而二程先生則又盡發其大全，於是孔子之所以授於顔子，顔子之所以學乎孔子，與學者之所當從事乎顔子者，深切著明，而無隱於來世者矣。故今所録，本諸論語、易、中庸、孟子所載，而參之以二程先生之論，以及於濂溪、横渠與夫二先生門人高弟之説，列爲一卷。又采家語所載顔子之言有近是者，與夫楊子雲法言之可取者，并史之所紀者，存之於後，蓋亦曰學者之所當知而已。既已繕寫，則撫而歎曰：嗟乎！顔子之所至亞於聖人，孔門高弟莫得而班焉。及考魯論，師友之所稱有曰「不遷怒、不貳過」而已，有曰「以能問於不能，以多問於寡，有若無，實若虚，犯而不校」而已，自學者觀之，疑若近而易識，然而顔子之所以爲善學聖人者實在乎此，則聖門之學，其大略亦可見矣。必實用其力而後知其難〔六〕，知其難而後有可進之地也。然則後之學者貪高慕遠，不循其本者，終何所得乎？故予願與同志之士以顔子爲準的，致知力行，趨實務本，不忽於卑近，不遺於細微，持以縝密，而養以悠久，庶乎有以自進於聖人之門墻，是録之所爲作也。乾道九年八月九日謹書。

題周奭所編鬼神説後

鬼神之説，合而言之，來而不測謂之神，往而不返謂之鬼；分而言之，天地、山川、風雷之屬，凡氣之可接者皆曰神，祖考祠饗於廟曰鬼；就人物而言之，聚而生爲神，散而死爲鬼；又就一身而言之，魂氣爲神，體魄爲鬼。凡六經所稱，蓋不越是數端。然一言以蔽之，莫非造化之迹，而語其德，則誠而已。昔者季路蓋嘗問事鬼神之説矣，夫子之所以告之者，將使之致知力行而自得之，故示其理而不詳語也。至於後世，異説熾行，譸張爲幻，莫可致詰。流俗眩於怪誕，怵於恐畏，胥靡而從之。聖學不明，雖襲儒衣冠，號爲英才敏識，亦往往習熟崇尚而不以爲異。至於其説之窮，則曰焉知天地間無有是事，委諸茫昧而已耳。信夫！事之妄而不察夫理之真，於是鬼神之説淪於空虚，而所爲交於幽明者皆失其理。禮壞而樂廢，人心不正，浮僞日滋，其間所謂因其説而爲善者，亦莫非私利之流，亂德害教，孰此爲甚！故本朝河南二程子、横渠張子與學者反復講論而不置，夫豈好辨哉，蓋有所不得已也。若夫程子發明感通之妙，張子推極聚散之藴，所以示來世深矣。學者誠能致知以窮其理，則不爲衆説所咻；克己以去其私，則不爲血氣所動。於其有無是非之故，毫分縷析，了然於中，各有攸當而不亂，然後昔人事鬼神之精意可得而求，德可立而經可正也。不然，辨之不明，守之不固，眩於外而怵於内，一理之蔽則爲一事之礙，一念之差則爲一物之誘，聞見雖多，亦鮮不爲異説所溺矣。湘鄉周奭考鬼神之説〔七〕，凡夫子之所嘗言見於易、禮、傳、魯論者悉集之，又取近世程子、張子之書〔八〕，上及於濂溪周子，下及於兩家門人〔九〕，凡語涉於此者合爲一編，以與朋友講求其故。某嘉其志，因書於後。

跋杍山書少陵歌行帖

杍山風流蕭散，如晉宋間名人，其書法亦然，覽之者猶可想見從容談笑時也。

校勘記

〔一〕獨入正等 「正」字原闕，據劉本、四庫本補。

〔二〕學者深潛力體 「力」字原闕，據劉本、四庫本補。

〔三〕而後知所以事天 「所以事天」四字原闕，據劉本、四庫本補。

〔四〕節乖而目疎 「目」，原作「日」，據劉本、四庫本改。

〔五〕司馬氏蓋已著書　「書」，劉本作「言」。

〔六〕必實用其力而後知其難　「必」，五百家播芳大全文粹卷一一〇作「惟」。

〔七〕湘鄉周奭考鬼神之説　「之説」三字原闕，據劉本、四庫本補。

〔八〕又取近世程子張子之書　「取」字原闕，據劉本、四庫本補。

〔九〕下及於兩家門人　「兩」字原闕，據劉本、四庫本補。

南軒先生文集卷第三十四

題跋

西漢蒙求跋

柳宗直輯西漢文類，其兄司馬序其首，有曰「搜討磔裂，攟摭融結，離而同之，與類推移」。世謂宗直是書固足以傳遠，抑有賴於司馬之文有以發之也。東平侯顔明取班史故事及雅馴語，協而比之，他日過予，求爲之序。予謂侯君爲是書亦勤矣，予烏能發之？君家彦周任其責可也。雖然，有求於予，固將以求益也。試言讀史之法，可乎？讀史之法，要當考其興壞治亂之故，與夫一時人才立朝行己之得失，必有權度，則不差也。欲權度之在我，其惟求之六經乎！盍進於斯，而以餘事誦其言語文字之工，莞然一笑，可乎？因書於後。

跋孫子

右唐中書舍人杜牧所注孫子三卷。牧在當時號爲知兵者，親見藩鎮相煽爲盜不可制，國威日削，發憤感激。留意兵法可以教於後世者，無若武之書，於是章分句析，而爲之説。其言皆有所據依，推之事實而可以行。若牧者誠有志當世者哉！蓋君子於天下之事無所不當究，況於兵者！世之興廢，生民之大本存焉，其可忽而不講哉！夫兵政之本在於仁義，其爲教根乎三綱，然至於法度紀律、機謀權變，其條不可紊，其端爲無窮，非素攷索，烏能極其用！一有所未極，則於酬酢之際，其失將有間不容髮者，可不畏哉！若武之書，蓋講乎法度紀律，其於機謀權變之用詳矣。按西漢藝文志，武所著兵法凡八十二篇，圖九卷；牧亦謂武書凡數十萬言，曹氏削其繁剩，筆其精粹，爲十三篇〔一〕。是則今所存者特操所删定耳。牧初雖本操所注，然所自發明者蓋十之九。予得其書於集注中，而樂其説，因次第繕寫。牧本書悉存操説，今不復具。獨其間有涉於牧解釋辨正者，則亦因而併出之。嗟乎！夷虜盜據神州〔二〕，有年於兹，國家讎恥未雪，聖上宵衣旰食，未嘗忌北顧，凡在臣子所當仰體至意，思所以効忠圖稱者，然則於是書其又可以忽而不講哉？予故刻而傳之，願與同志者共焉，此亦牧當時之意也。

跋許右丞許吏部奏議

觀二許公先後立朝，當事會之際，皆力言和議之非，嗚呼善哉！自虜入中國，專以和之一字誤我大機，非惟利害甚明，實乃義理先失。義理之所在，乃國家之元氣，謀國者不可以不知也。

跋戊午讜議

自古爲國必有大綱，復讎之義，今日之大綱也。要不當論其利害之所存，獨念夫君臣父子之義不明，則戴天履地不能一朝處也，則知性與之俱立，若飢之必食，渴之必飲，弗可改也已。雖然，復讎之義固其大綱，而施爲舉措之間，貴乎曲盡。修德、任賢、立政，又復讎之大綱也。不此之爲，而徒曰吾讎之復，有是理哉？故某嘗論今日之事，正名爲先，而務實爲本。蓋名實一事，若夫爲人臣而不思大義之所存，甘心於事讎而不以爲耻，其爲罪固不可勝言；而或借復讎之説，名不正而實不務，欺當時而貽後患者，亦正論之稂莠也，可不察哉！乾道庚寅，始得吾友魏元履所編讜議，三歎之餘，附書於末。

跋温公黼座銘藁

壅蔽者，天下之大患也，古之明王所以致治者，亦去此而已矣。其道莫先於虚己，莫要於任賢。虚己則壅蔽消於内，任賢則壅蔽撤於外，内外無蔽，而下情畢通，泰治所繇興也。先正温國公反復開陳於治亂之際，可謂深切，讀其遺藁，使人流涕。嗟乎！公愛君之心，萬世不可泯也。

題司馬文正公薦士編

右司馬文正公薦士編，起至和之元，盡熙寧十年，凡百有六奏〔三〕，其間多公所親録，而其外題曰「舉賢才」，亦公隷筆也。某來宜春，公之元孫邁出以相示。翻閲終日，起敬起慕。惟公薦士報國惻怛篤至之心，後世觀此編者，亦可以想見萬一矣。

題文正公條畫沿邊弓箭手藁後

右文正公條畫約束沿邊弓箭手事，蓋公在并州佐龐潁公時所具藁也。其察微慮遠、固本防患之意具備。觀諸此，非獨可以窺公制事之權度，抑可得爲國御邊之良法矣。

跋濂溪先生帖

右濂溪周先生二帖。某來桂林，邇先生之鄉，因鄉之士何士先來訪，屬以攷尋先生舊蹟。已而胡良輔持此二帖及家譜石刻來，良輔寔先生姻族也〔四〕。按石刻，先生皇考諱輔成，任賀州桂嶺縣令，累贈諫議大夫，葬道州營道縣營樂鄉鍾樂里。又載濂溪隱居在石塘橋西。先生之兄諱礪，其子仲章，即第二帖所寄者是也。濂溪在其鄉，古有是名，先生晚築廬山下，有溪焉，因亦以名之，蓋示樂其所自生、不忘其本之意。良輔云，鄉之父老相傳，能道先生此意也。某不佞，竊誦習先生之言行，蚤歲獲拜遺像，今又得心畫而藏之，慕仰涵泳，不勝拳拳，敢敬書於左方。

跋上蔡先生所述衡州秦府君誌銘

右上蔡先生所述衡州秦府君志銘。先生克己之嚴，徙義之勇，任道之勁，讀斯文者亦可以想其餘風於辭氣間矣。先生之於言無所苟也，則府君之行事足以取信於來今不疑矣。府君之出劉拯景仁以此刻相示，蓋澗上陳公之書，字畫森嚴，寔歐陽率更書温公碑法，是亦可寶云。

題曾大父豫公思亭記後

皇祐四年，朝論以黎人不寧，擇可爲雷州者。有言曾大父豫公久佐西邊，熟兵事，亟命往守。自四明以數百兵轉海，比至，寇盜屏息，乃以閒暇時延見長老諸生，授條教。始雷之俗未知禮遜，長子之子常爲長，易數世之後，至叔父反拜猶子。公諭以長幼之序，親疎之宜，悉革其舊。又爲之增治城壘，行田積水，爲久遠計，雷人愛敬之。召還，監都進奏院，年踰六十，即以殿中丞致其事。自號希白先生。今家集目中有修城及西湖、思亭三記，皆爲雷時所作，而獨思亭之文存。後百有十五年，公之曾孫某敬書以授知雷州廬陵戴君，且屬爲訪舊刻存否，或可以補海康故事之闕也。

題先忠獻公清音堂詩後

先公書此詩，去易簀纔兩旬。先是，一日游清音堂，步上山頂，下煮泉亭瀹茗，命道士鼓琴，復步下石磴，略無倦意。笑顧某曰：「爾輩喜吾强健，不知吾大命且不遠矣。」次年重九日，泣血追記。

跋貴溪簿廳記

貴溪簿舍之不焚，可以見人情之不遠。彼雖放而爲盜，然其心終有不可盡殄者。爲政者推乎此，亦可以知馴足彌暴之方矣。陸君之爲人，所謂安静之吏，悃愊無華者。詩不云乎：「豈弟君子，神所勞矣。」

跋吕東萊與許吏部詩

許吏部以直道不容於時宰，而其典州持使者節，所至懇懇然，推其學道愛人之心惟恐不及。東萊寄詩，蓋公護漕廣右時也。「豈不在行路，自遠霜露溼。百川貫河來，砥柱乃中立。」誦詠斯言，尚可想味公平生也。

跋趙不遯壽昌堂記

不遯請以所遷官封其母，上方篤孝愛以錫天下，登聞，賜可，是足爲人子之榮矣。雖然，攷諸聖賢之訓，所以顯揚其親者蓋抑有其道，惟反求於身而勉焉，斯有以稱明詔寵光獎厲之意矣。不遯既摘取訓詞之語以名堂，其季不遂出堂之記示某，敬書於後。

跋宇文中允傳

故曲水令宇文中允，吾鄉之前輩先生也。熙寧間，伊川先生之尊父大中公守漢州，以禮致公典郡之學。今兩書具載伊川集中，謂公不以榮利屈志，道義爲鄉里重，非特今人之難，古人所難，則其人不問可知矣。又況司馬文正公與范文忠公相與稱道紀述，皆足以垂信於方來哉？元祐修裕陵實録時，嘗爲公立傳，頗采文正所稱著於篇末。至紹聖章惇、蔡卞得志，改易舊史，乃謂公於法不當立傳，元祐諸人獨以司馬丞相故私公。小人不知春秋賢而得書之義，顧反用私意誣公論，類如此。紹興初，天子命大臣更正史事，盡黜姦臣之説，於是公復得立傳，是非久而自定，此天也。今吾邑綿竹附郭之南有所謂止止亭者，公所歸隱之地也。清泉老木，固亦無恙，而公之風烈，後生知所師慕者鮮矣。嗟夫！君子之仕，本以行道也，非欲貴求富也。昔之人道不得行，則不敢以居其官，若公豈忘世而素隱者哉？身爲縣令，以字民爲職，而扼於勢，不得其職，引而去之，義當然耳。觀公之去，猶以胸中所欲言者爲書獻之天子，則公之心非忘世而素隱，抑可見矣。古之所謂大臣者，以道事君，不可則止。使公而得時與位，則其於古大臣之事，豈不可望庶幾能之邪？世衰道微，仕者狃於習俗，憧憧然以欲貴求富爲心，而君臣之義益以不明。如公之風烈，要當表而出之，庶幾來者有所感動興起，夫豈小補邪？其家將刻元祐、紹興所立兩傳，併以諸公之文附列於後，求某爲書，念不敢辭，而不知其爲僭越也。

跋陳分寧傳

爲吏者受天子之土與民，不幸遭變故，守死其職，亦理之所當然也。然方世之衰，彝倫蕩覆，節義頽廢，於是而有能特立其間不爲之變者，其可貴豈特景星鳳凰比哉？表而出之，以風厲臣子，實爲國家之先務也。建炎中，北虜所蹂踐及於江右，牧守之臣望風逃避，甚至率民迎拜者相屬也。獨分寧宰陳公以區區一邑抗義不屈，斬虜使，期與民守死，卒全其境，使一時不至有秦無人之歎，其有補於世教抑多矣。淳熙四年，公之子義守靖州，以始末傳記文字寄桂林。某讀之慨然，謹附志於左。

題蔣邕州墓誌銘後

予來桂林，首訪其耆舊之賢，則聞蔣邕州之名，且曰邕州非獨行義推於鄉閭，邕州之政，近世所難得也，而予不及見其人矣。已而士大夫有自邕來者，皆曰邕之人至今思公不忘。而溪洞之豪來受事於幕府者，問前牧之善政，亦莫不以公爲首，且咨嗟歎息。至其州之民言之，則又眷焉有思慕之色。予於是歎夫蔣公之賢，去邕且十年，而使人稱之一辭。至於强者服，弱者懷，此豈偶然也哉？及究其所爲，則初未嘗爲姑息小惠。其御夷落，先示以信，號令簡而賞罰明，持身嚴正，表戢邊吏，毋得少侵牟之。至於治民，雖細事必躬親，不以入吏手，務爲安静不擾之政，而其梗悍爲善良害者，則必懲無貸。其所以久而不忘者蓋如此。予嘗怪今之爲吏，其號爲能者，則或以察爲明，以刻爲公，以不邺爲能任，而其號爲賢者，則又或以姑息爲惠，以縱弛爲寬，以模稜爲善處。故其能適以賈怨貽毒，撅害邦本，而其賢反以流弊基患及於後日。嗟乎，此豈真所謂賢能也哉！若公之賢，則庶幾矣。然自中興以來爲邕者不下數十人，而其民之不忘，不過二三人而止，公又近而尤見稱者。則夫公理之在人心，詎可没哉？公之葬，予亡友張安國嘗爲之志，辭甚美，獨恨述守邕事未詳，故予追書之，以授其子礪。

跋鄭威愍事

鄭威愍公守同州，城陷死之，可謂得其死矣。讀公書辭，胸中所處蓋已素定。嗟夫！義之所在，君子蹈之，如飢之必食，渴之必飲，不可改也。若一毫私意亂之，則顧藉牽滯，而卒失其正矣。然則觀公之爲，豈不凛然可貴哉？先公使川陜時，得公死時事爲詳。某侍旁，蓋敬聞之矣。乾道己丑公之孫忱德復以始末見示，輒歎息而書之。

跋范文正公帖

先公舊藏文正范公與朱校理手帖墨刻一卷，某以示汶上劉君子駒，一見咨歎，不忍去手，即摹本寘之篋笥，且屬某志其後。某竊惟文正公平生事業光明偉特如此，及觀此帖，味其辭意，而有以知公處事之周密；玩其書畫，而有以見公日用之謹嚴。此豈非其事業淵源所自耶？晚生何足以形容萬一！然嘗反復於此，而復有感焉。公蓋生二歲而孤，隨其母育於長山朱氏。既第，始歸姓范氏。今所與書者，即其朱姓時從子行也。公雖以義還本宗，而待朱氏備極恩意，既貴則用南郊恩贈朱氏父，以及其諸子之喪，皆爲之收葬，歲時奉祀，則別爲饗。朱氏以公蔭爲官者二人〔五〕，此載在遺事，世所知也。詳觀是帖，其親愛惇篤之意發於自然，蓋與待其本族何異。其於天理人情可謂得其厚矣。只此一事，表而出之，聞其風者蓋可使鄙夫寬薄夫敦也，誠盛德哉！淳熙元年六月既望張某謹題。

跋文正公帖〔六〕

文正范公德業之盛，借使字畫不工，猶當寶藏，况清勁有法度如此哉！至於溫然仁義之言，使人誦歎之不足也。

跋文正公帖

右文正范公帖〔七〕，某得之文定胡公之家〔八〕，以刻於桂林郡齋。某聞君子言有教，動有法〔九〕，其於文正公見之矣〔一〇〕。觀此〔一一〕，雖一時書帖之間，亦足以扶世教垂後法〔一二〕，非德盛者其能然乎？故敬志之以詔來世〔一三〕。淳熙三年元日廣漢張栻書〔一四〕。

校勘記

〔一〕爲十三篇　「三」，原作「二」，據劉本、四庫本改。

〔二〕夷虜盜據神州　「夷」字原闕，據劉本、繆本補。

〔三〕凡百有六奏　「凡」，原作「九」，據劉本、四庫本改。

〔四〕良輔寔先生姻族也　「寔」，原作「是」，據劉本、四庫本改。

〔五〕朱氏以公蔭爲官者二人　「二」，劉本、四庫本作「三」。

〔六〕跋文正公帖　此題劉本、四庫本作「又」，下篇同。

〔七〕右文正范公帖　「右」，原作「此」，據劉本、四庫本、范文正公尺牘卷下改。
〔八〕某得之文定胡公之家　「某」，范文正公尺牘無。
〔九〕某聞君子言有教動有法　「某」，范文正公尺牘作「栻」。
〔一〇〕其於文正公見之矣　「其」，原作「某」，據范文正公尺牘改。
〔一一〕觀此　「此」下，范文正公尺牘有「帖」字。
〔一二〕亦足以扶世教垂後法　「教」下，范文正公尺牘有「而」字。
〔一三〕故敬志之以詔來世　「故」，范文正公尺牘作「敢」。
〔一四〕淳熙三年元日廣漢張栻書　此十一字原無，據范文正公尺牘補。

南軒先生文集卷第三十五

題跋

跋歐陽文忠公書梅聖俞河豚詩帖

文忠公喜誦梅公此詩，且屢書之，抑亦有所感歎而然耶？

跋吴晦叔所藏伊川先生上蔡龜山帖

乾道癸巳歲八月之七日，某伏閱是軸，喟然而嘆曰：嗟乎！學者不克躬見先生之儀刑，既朝夕誦味其遺言以求其志，攷其行事以究其用，又幸而得其字畫而藏之，蓋將以想慕其誠敬之所存而亡有極也，豈與尋常緘藏書帖者比哉！夫聞其風猶使人若是，况於如上蔡、龜山親炙之而稱高弟者乎？併與二公之書而寶焉，抑可見師友淵源之盛矣。

跋王介甫帖

後一帖，大理少卿許遵守京口時王丞相與之書，遵刻之石。始遵在登州論阿云獄事，丞相爲從臣，力主之。自後殺人至十惡，亦許案問，自首減死，長惡惠姦，甚逆天理。今此帖乃謂遵壽考康寧，子孫蕃衍，由其議法求所以生之之故。蓋丞相炫於釋氏報應之説，故以長惡惠姦爲陰德。議國法而懷私利，有所爲則望其報，其心術之所安，蓋莫掩於此，予故表而出之。

跋王介甫帖

金陵王丞相書初若不經意，細觀其間，乃有晉宋間人用筆佳處。但與人書帖例多忽忽草草。此數紙及予所藏者皆然，丞相平生何有許忙迫時邪？

跋王介甫帖

予喜藏金陵王丞相字畫，辛卯歲過霅川，有持此軸來售而得之。丞相於天下事多鑿以己意，顧於字畫獨能行其所無事如此。此又其晚年所書，尤覺精到，予所藏他帖皆不及也。

跋東坡帖

坡公與銀臺舍人帖，殆是行新法時勸其因入對盡所欲言[一]，且曰：「人臣事君，惟有竭盡，庶幾萬一，恐未當以前例爲戒。」讀斯言，凜凜有生氣。士大夫希世求合者固不足問，苟雖有言而懷不自盡，皆徇情惜己，非爲臣之義也，讀斯言亦可以興起矣。

跋東坡帖

坡公結字穩密，姿態横生，一字落紙，固可藏玩，而况平生大節如此哉！竊嘗觀公議論，不合於熙豐固宜。至元祐初諸老在朝，羣賢彙征，及論役法，與己意小異，亦未嘗一語苟同，可見公之心惟義之比，初無適莫也。方貶黄州，無一毫挫折意，此在它人已爲難能，然年尚壯也。至於投老炎荒，剛毅凜凜，略不少衰[二]，此豈可及哉？范太史家藏公舊帖[三]，其間雖有壯老之不同，然忠義之氣未嘗不蔚然見於筆墨間也，真可畏而仰哉！

跋蔡端明帖

蔡端明書，如禮法之士盛服齋居，不敢少有舒肆之意，見者自是起敬。

跋司馬忠潔公帖

右司馬忠潔公帖。惟公仗節仗義，不辱其先。某頃在儀曹，嘗上公節惠應謚法。今獲見翰墨，慨然想其平生，所謂臨風涕零之語，其憂傷之意，夫豈私於身哉？

跋張侍郎帖

右，侍郎張公政和間與成正買公手帖，所論陝西鐵錢事使人歎息。蓋自熙豐用事大臣更變法度，其後祖述之者益以近利爲急，一時觀望，蠭起毛舉，至於無法之不變，而無法之不壞，陝西錢事亦其一也。小人大抵喜更作，務生事，其意欲乘時射利而已，寧爲國家生民計耶？是以歎息。

跋陳了翁帖

了翁忠義剛大之氣高出一世，及觀此帖，處事精密，不忽於細微，益知前輩工夫非苟然也。淳熙乙未歲末盡三日，賀州別駕李宗甫見寄。

跋了翁責沈

責沈者，贈諫議大夫忠肅陳公之所作也。公壯歲未聞前輩先覺之名，迄終身以爲歉，至引葉公之事自責，葉公實沈諸梁，故名其文曰「責沈」。龜山楊先生嘗爲之跋，既足以發明公之盛德矣。反復而讀之，又以見公進學之心尤嚴，於既老之際，徙義之勇，不忽於卑者之言，其虛中克己，皆可以爲後世師法。建康留守劉公得真蹟而刻之，以墨本來寄。某謂斯文之傳，誠有補於世教，獨恐遠方之士艱於得見，乃復刻於桂林學宫云。劉公名珙。淳熙四年六月戊子廣漢張某謹志。

跋李泰發帖

李公以八十之年，流落鯨波萬里之外，而翰墨辭氣凛凛如此，誠一時偉人也。某雖不及識公，展玩此軸，亦足想見其平生耳。

跋了翁與丞相隴西公書

丞相隴西公宣和元年六月論都城水事，自左史謫官沙縣。此諫議陳公所寄書也。丞相精忠大節森然如星斗之在天，而事業實權輿於此。諫議於丞相爲丈人行，今觀書辭，所以相與蓋甚篤。至前輩憂時之念深，故於人才拳拳如此，歛袵三復，敬歎何窮！惟是某嘗竊怪諫議平生於君父大義跬步不舍，其與異教淪棄三綱者不翅霄壤之異矣，顧乃區區樂講於其說，獨何歟？恨生晚，不及親見公質所疑也。

書相公親翰

子曰：「顏氏之子，其殆庶幾乎？有不善未嘗不知，知之未嘗復行。」易曰：「不遠復，無祇悔，元吉。」

甲申孟秋朔，先公次餘干。暑甚，憩趙氏養正堂。每閑暇親翰墨，多寫經書要言，置縑囊中，累十百紙。先公易簀於仲秋，不肖孤哀苦，謹藏遺澤，不忍發讀。越二年，前進士太原陳伯雄來相弔於湘水之上，自以嘗在江淮，辱先公誨言，欲求字畫而歸爲子孫藏。子慟哭開篋，取此紙授之。嗚呼！學聖人必學顏子，則有準的。顏氏之所以爲有準的，何也？以其復也。復則見天地之心成位乎中，而人道立矣。然而欲進於此奈何？其惟格物以至之，而克己以終之乎！嗚呼！此先公之所以教某者，今併以告陳子。丙戌十月甲戌，某敬書〔四〕。

跋尚憲帖

尚公之所以告其知己者可謂切矣。受人之知者不當爾邪？公之没也久矣，讀其書辭，猶覺生意凛然，義理之不可泯也。

跋孫忠愍帖

孫公此數帖，其處死蓋已素定，事豫則立，豈不信乎？自熙寧相臣以釋老之似亂孔孟之真，其説流遁，蠹壞士心，波蕩風靡。中間變故，仗節死義之臣鮮聞焉，論篤者知其有所自來也。觀公訓敕諸子從事經史，大抵以實用爲貴，以涉虚爲戒，其不受變於俗學可知，卒有以自立，宜也。鄂州史君千里寓書，敬題卷末。

跋尹和靖遺墨

和靖先生所居之齋，多以片紙書格言至論，寘於窗壁間，今往往藏於其家，如此所刻是也。反復玩繹，遐想其感發之趣深，存體之工至，而浹洽之味爲無窮也。嗟乎，學者於此亦可得師矣！

書贈吳教授

誠者天之道，敬者人事之本。敬道之成，則誠而天矣。然而君子之學，始終乎敬者也。人之有是心也，其知素具也，意亂而欲汩之，紛擾臬兀，不得須臾以寧，而正理益以蔽塞，萬事失其統矣。於此有道焉，其惟敬而已乎！伊川先生曰：「主一之謂敬。」又曰：「無適之謂一。」夫所謂一者，豈有可玩而執者哉？無適乃一也，蓋不越乎此而已。嘗試於平居暇日深體其所謂無適者，則庶乎可識於言意之表矣。故儼若思雖非敬之道，而於此時可以體敬焉。即是而存之，由是以察之，則事事物物不得遁焉，涵泳不舍，思慮將日以清明，而其知不蔽矣。知不蔽則敬之意味無窮，而功用日新矣，天地之心其在兹與？學者舍是而求入聖賢之門，難矣哉！至於所進有淺深，則存乎其人，用力敏勇與緩急之不同耳。吾友臨川吳仲權志於古道，將以敬名其所居之齋，而日勉焉。於其行也，書此以贈之，蓋朋友相與警勸之義也。

題長沙開福寺

長沙開福蘭若，故爲馬氏避暑之地，所謂會春園者。今荒郊中時得磚甓，皆爲鸞鳳之形。而奇石林立，二百年來，供城中官府及人家亭館之玩，何可數計，而蔽於榛莽，卧於泥池者，尚多有之。當時不知載致何所，用民之力又何可量哉！馬氏父子乘時盜據一方，竭澤聚斂以自封，而又以資其侈靡之用，旋踵而衰，兄弟相讎敵，魚肉惟恐不及，亦其理與勢宜然。今湘岸有淫祠，江中有誓洲，及其交兵詛誓之所，小家自爲蠻觸，祇足以發千載之一笑〔五〕。寺之西祓禊亭下臨湖光，舉目平遠，自爲此邦登覽勝處，不足用馬氏爲汙也。

跋祖慶所藏其師宗杲法語

觀慶之請以父母爲言，而其師特爲拈出。嗟乎，是非秉彛之所存而不可以已者耶？今祖慶刻石蔣山，改父母作生死字。

校勘記

〔一〕殆是行新法時勸其因入對盡所欲言　「因入」二字原闕，據劉本、四庫本補。

〔二〕略不少衰　「略」，原作「路」，據劉本、四庫本改。

〔三〕范太史家藏公舊帖　「太」，原作「大」，據四庫本改。

〔四〕某敬書　「敬」，劉本、四庫本作「謹」。

〔五〕祇足以發千載之一笑　「笑」，原作「呹」，據劉本、四庫本改。

南軒先生文集卷第三十六

銘

困乎齋銘

趙郡李東老結茅於江南，榜之曰「困乎」，求予爲銘。予聞東老之居植竹千本，溪流其間，地偏而趣幽，子將以是爲困乎？東老蚤從名士遊，詩法甚高，方其得意，不復知有塵世事，子將以是爲困乎？以予觀之，殆不然也。

嗚呼困乎！性命之微，言之實難。孰探其源？匪言之艱。天高地下，而人其心。在躬者神，統乎高深。其端伊邇，曷睨以視。當落其華，而究斯理。嗚呼！信其爲困乎也已！

克齋銘

夫子告顔子以克己復禮爲仁，楊子雲曰：「勝己之私之謂克。」子雲蓋未知所以爲克者，故其言迫切而不近。廣漢張某曰：夫子所以告顔子乃終之之事，學者必卓然有見，而後可以用力於克也。清江陳擇之燕居之齋曰「克」，敢衍其義而爲之銘：

惟人之生，父乾母坤。允受其中，天命則存。血氣之萌，物欲斯誘。日削月朘，意鮮能久。越其云爲，匪我之自。營營四馳，擾擾萬事。聖有謨訓，克己是宜。其克伊何？本乎致知。其致伊何？格物是期。動静以察，晨夕以思。良知固有，匪緣事物。卓然獨見，我心皦日。物格知至，萬理可窮。請事克己，日新其功。莫險於人欲，我其平之；莫危於人心，我其安之。我視我聽，勿蔽勿流；我言我動，是出是由。涵濡泳游，不競不絿。允蹈彝則，靡息厥修。逮夫既克，曰人而天。悠久無疆，匪然而然。爲仁之功，於斯其至。我稽古人，其惟顔氏。於穆聖學，具有始終。循循不舍，與天同功。請先致知，以事克己。仁遠乎哉？勉旃吾子。

艮齋銘

艮齋，建安魏元履燕居之室也。在易，艮爲止，止其所也。某嘗考大學始終之序，以知止爲始，得其所止爲終，而知止則有道矣。易與大學，其義一也。敬爲之銘：

物之感人，其端無窮。人爲物誘，欲動乎中。不能反躬，殆滅天理。聖昭厥猷，在知所止。天心粹然，道義俱全。是曰至善，萬化之源。人所固存，曷自違之。求之有道，夫何遠而。四端之著，我則察之。豈惟慮思，躬以達之。工深力到，大體可明。匪由外鑠，如春發生。知既至矣，必由其知。造次克念，戰兢自持。事物雖衆，各循其則。其則匪它，吾性之德。動静以時，光明篤實。艮止之妙，於斯爲得。任重道遠，時不我留。嗟我同志，勉哉勿休。緊我小子，懼弗克力。咨爾同志，以起以掖。

敬齋銘

乾道四年，建安劉公自樞庭出鎮豫章，闢室於聽事之側，朝夕燕處，扁曰「敬齋」。廣漢張某聞而歎曰：公之志遠矣！夫敬者宅心之要，而聖學之淵源也，敢爲之銘以廣公意。銘曰：

天生斯人，良心則存。聖愚曷異，敬肆是分。事有萬變，統乎心君。一頹其綱，泯焉絲棼。自昔先民，修己以敬。克持其心，順保常性。敬匪有加，惟主乎是。履薄臨深，不昧厥理。事至理形，其應若響。而實卓然，不與俱往。動静不違，體用無忒。惟敬之功，協乎天德。嗟爾君子，敬之敬之！用力之久，其惟自知。勿憚其艱，而或怠遑。亦勿迫切，而以不常。毋忽事物，必精吾思。察其所發，以會於微。忿慾之萌，則杜其源。有過斯改，見善則遷。是則天命，不遏於躬。魚躍鳶飛，仁在其中。於焉有得，學則不窮。知至而至，知終而終。嗟爾君子，勉哉敬止！成己成物，匪曰二致。任重道遠，其端伊邇。毫釐有差，繆則千里。惟建安公，自力古義。我作銘詩，以諗同志。

敦復齋銘

復卦之義，以初爻爲重，於畫爲陽，於義爲善，於人蓋君子之道也。二比於初，故爲休復，四應於初，故爲獨復，而三之頻復而厲，則以其非比非應，開其遷善而危其屢失也。上之迷復而凶，則以其處極而最遠，往而不返也。觀諸此，則可見以初爻爲重矣。然則五之敦復奈何？五體順而居中，以中自考者也，故爲敦篤於復。夫能敦篤於復，宜曰吉曰亨矣，而獨曰無悔，奈何？無悔者，戒辭也，以其柔而遠於陽，故爲之戒辭，謂如是乃無悔也。南徐陳希顔舊名其齋曰「敦復」，歲壬辰，與予相遇於長沙，屬予銘。予知希顔有取於儆戒之意也，爲之銘曰：

惟聖作易，研幾極深。惟卦有復，於昭天心。六爻之義，各隨所乘。其在於五，敦復是明。其敦如何？篤志允蹈。順保其中，而以自攷。我觀爻義，厥有戒辭。君子體之，敬戒是資。人欲易萌，天理難存。毫釐之間，消長所分。凡百君子，奈何不敬？祗於夙宵，以若天命。惟積惟久，匪俟乎外。敢曰無悔，庶幾寡悔。

恕齋銘

潭州右司理之治，海陵周俊卿請予名其齋，予名之以「恕」，爲之詞曰：

刑成不變，君子盡心。明動麗止，象著羲經。所存曷先，其恕之云。自盡於己，以察其情。意有所先，則弗敢成。見雖云獨，亦靡敢輕。幽隱之枉，是達是申。毫釐之疑，是析是明〔一〕。俾爾寡弱，無有或困。於爾强慝，靡訹靡遁。及得其情，又以勿喜。古人於此，恕有餘地。我名於齋，意實在兹。嗟嗟來者，尚克念之！

蒙齋銘

番陽余瑞蒙請予銘蒙齋，至於再三，予未有以言也。它日因有感於果行育德之義，乃爲之辭曰：

乾坤既畫，八卦是生。八卦相乘，萬象以明。下坎上艮，其卦曰蒙。其蒙伊何，原泉在中。泉之始萌，其行未達。雖則未達，而理孰遏。君子體之，於以果行。黽勉躬行，動畏天命。泉之始萌，其勢則止。止乃日澄，源源曷已。君子體之，於以育德。篤敬不渝，静保天則。惟養於中，大本攸立。惟敏於外，達道攸飭。内外交修，相須以成。久而有常，則能日新。我銘蒙齋，敢越斯義？惟言之難，實以自厲。凡百君子，有觀於斯。毋忽乎近，尚其懋之！

虛舟齋銘

詹體仁闢齋於便坐，屬予名，以其虛且長也，則題之曰「虛舟」。他日體仁謂予曰：「漆園之説遁而離，吾無取焉耳。在易之中孚『利涉大川，乘木舟虛』，將以是焉體之。」予歎其善思也，則又爲之銘：

心本虛，理則實。應事物，無轍迹。來不迎，去不留。彼萬變，我日休。行斯通，險可濟。孚豚魚，貫天地。曷臻茲，在克己。去其室，斯虛矣。

主一齋銘

成都范文叔以「主一」名齋，予嘉其志，爲銘以勉之：

人之心，一何危。紛百慮，走千岐。惟君子，克自持。正衣冠，攝威儀。澹以整，儼若思。主於一，復何之。事物來，當其幾。應以專，匪可移。理在我，寧彼隨。積之久，昭厥微。静不偏，動靡違。嗟勉哉，自邇卑。惟勿替，日在茲。

南劍州尤溪縣學傳心閣銘

乾道九年，知南劍州尤溪縣事石𡼖既新其縣之學，復建閣於學之東北，買書五千卷藏之其上，而命工人繪濂溪周先生、河南二程先生之像寘於其中，使學者得以朝夕瞻仰焉。新安朱熹爲之名曰傳心之閣，而𡼖又以書請銘於廣漢張某。某竊惟念自孟子没，聖學失傳，歷世久遠，其間儒者非不知尊孔孟而誦六經，至考其所得，則不越於詁訓文義不間而已，於聖人之心，所以本諸天地而措諸天下與來世者，蓋鮮克涉其藩，而況睹其大全者哉！惟三先生生乎千載之後，乃能攷諸遺經，而得其大傳之妙以相授受，然後六經之言，羣聖之心，全體大用，晦而復明，如日之中，萬物皆覩。嗚呼盛矣！某愚不敏，夙嚮往焉，敢以建閣之意、命名之説，洗心拜手，叙而銘之。銘曰：

惟民之生，厥有彝性。情動物遷，以隳厥命。惟聖有作，合乎天心〔二〕。脩道立教，以覺來今。孰謂道遠，始卒具陳。俾爾由學，而聖可成。鄒魯云邈，章句有師。一經皓首，語道則迷。惟子周子，崛起千載。熟探其源，以識其大。立象盡意，闡幽明微。聖學有傳，不曰在兹。惟二程子，實嗣其徽。既自得之，又光大之。有渾其全，則無不總。有析其精，則無不中。曰體曰用，著察不遺。曰隱曰微，莫問其幾。於皇聖心，如日有融。於赫心傳，來者所宗。有屹斯閣，尤溪之濱，翼翼三子，繪事孔明。儼然其秋，温然其春。揭名傳心，詔爾後人。咨爾後人，來拜於前。起敬起慕，永思其傳。於味其言，於考其爲。體於爾躬，以會其歸。爾之體矣，循其至而。爾之至矣，道豈異而。傳心之名，千古不渝。咨爾後人，無替厥初。

顧齋銘

廣漢張某名華陽宇文紹節之齋曰「顧」，且爲之銘：

人之立身，言行爲大。惟言易出，惟行易怠。伊昔君子，聿思其艱。嚴其樞機，立是防閑。於其有言，則顧厥爲。毫釐之浮，則爲自欺。克謹於出，内而不外。確乎其言，惟實是對。於其操行，則顧厥言。須臾弗踐，則爲己愆。履薄臨深，戰兢自持。確乎其行，惟實是依。表裏交正，動静迭資。若唱而和，若影而隨。伊昔君子，胡不慥慥。勉哉勿渝，是敬是保。

讀書樓銘

醴陵丁懸明發請於某曰：「家有小樓，爲羣從講習之所，敢求其名。」某以「讀書」名之，而因銘以告：

洪惟元聖，研幾極深。出言爲經，以達天心。天心煌煌，聖謨洋洋。有赫其傳，惠我無疆。嗟哉學子，生乎千載。孰謂聖遠，遺經猶在。孰不讀書，而昧厥旨。章句是鑿，文采是事。矧其所懷，惟以禄利。茫乎四馳，其曷予暨。嗟哉學者，當知讀書。匪有所爲，惟求厥初。厥初惟何？爾所固然。因書而發，爾知則全。維誦維歌，維究維復。維以泳游，勿肆勿梏。維平乃心，以會其理。切於乃躬，以察以體。積功既深，有燁其明。迥然意表，大體斯呈。聖豈予欺，實發予機。俾予自知，以永於爲。若火始然，若泉始達。推之自兹，進孰予遏。若登泰山，益高益崇。維理無形，維經無窮。嗟哉學子，盍敬念兹。以是讀書，則或庶幾。

葵軒石銘

張子銘葵軒之石，於以出入觀省焉。

正爾衣冠，毋惰爾容。謹爾視聽，毋越爾躬。爾之話言，式循爾衷。爾之起居，式蹈爾庸。敬爾所動，毋窒其通。貞爾所存，毋失其宗。外之云肅，攸保於中。中之克固，外斯率從。天命可畏，戒懼難終。勒銘於石，用儆爾慵。

筆囊銘

司馬文正公貯筆黄囊及紅管筆一枝，今藏太史范氏，文正親題其上，實治平中賜物。淳熙六年敬銘：

厚陵之賜，文正之澤。傳之方來，見者改色。筆瑞吐辭，穀粟萬世。豈惟改色，公心是繼。在昔魏公，世保其笏。謹哉斯藏，惟德其物。

周奭硯璞銘

靡飾於外，含章在中。以時發舒，翰墨之功。君子觀象，於以蓄德。韜其光芒，惟貞靡忒。

箴

主一箴

伊川先生曰：「主一之謂敬。」又曰：「無適之謂一。」嗟乎，求仁之方，孰要乎此！因爲箴書於坐右，且以諗同志。

人稟天性，其生也直。克順厥彝，則靡有忒。事物之感，紛綸朝夕。動而無節，生道或息。惟學有要，持敬勿失。驗厥操舍，乃知出入。曷爲其敬，妙在主一。曷爲其一？惟以無適。居無越思，事靡它及。涵泳於中，匪忘匪亟。斯須造次，是保是積。既久而精，乃會於極。勉哉勿倦，聖賢可則。

四益箴

先君晚歲嘗大書四言以詔杓弟曰：「無益之言勿聽，無益之事勿爲，無益之文勿觀，無益之友勿親。」杓受而藏之惟謹。先君既没之九年，則以請於某曰：「伏自惟念，大懼無以承先君之意，既以『四益』名堂，願兄追述其義，將列之坐右，朝夕儆戒，以庶幾乎萬一。」某奉書而泣，退而爲箴以告之：

若古有訓，聽德惟聰。聞過以改，聞善以從。匪是之聞，則爲無益。諂言溺心，姦言敗德。嗟哉勿忘，敬其朝夕。卓爾有定，聽斯不惑。朝夕之間，何莫非事。事所當事，是爲君子。惟欲之動，則亂於爲。營營何益，擾擾孰知。止之有道，當收放心。曷喻其工，履薄臨深。異説害道，我則弗邇。浮文妨實，我則弗貴。而況末俗，骫論俚辭。當絶於前，勿亂於思。潛心聖賢，博攷載籍。聞見之多，於以蓄德。大倫惟五，友居其一。我觀昔人，敬戒無斁。以狎而比，以順而同。德惟日喪，友亦曷終。必端爾心，忠信是親。神之聽之，終和且平。

贊

漢丞相諸葛忠武侯畫像贊

惟忠武侯，識其大者。仗義履正，卓然不舍。方卧南陽，若將終身。三顧而起，時哉屈伸。難平者事，不昧者幾。大綱既得，萬目乃隨。我奉天討，不震不竦。維其一心，而以時動。噫侯此心，萬世不泯。遺像有嚴，瞻者起敬。

三先生畫像贊〔三〕

濂溪先生

於惟先生，絶學是繼。窮原太極，示我來世。

明道先生

於惟先生，會其純全。天理之揭，聖學淵源。

伊川先生

於惟先生，極其精微。俾爾立德，循循有歸。

于湖畫像贊

是于湖君，英邁偉特。遇事耆然，如箭破的。談笑翰墨，如風無迹。惟其胸中，無有畛域。故所發施，橫逹四出。雖然，此固衆人之所識也。今方袖手于湖之上，盡心以事其親，而益究其所未及，則其所至，又孰知其紀極者耶？己丑夏，廣漢張某書於湘中館。

書伊川先生易傳復卦義贊

天地之心，其體則微。於動之端，斯以見之。其端伊何，維以生生。羣物是資，而以日亨。其在於人，純是惻隱。動匪以斯，則非天命。曰義禮智，位雖不同。揆厥所基，脉絡該通。曷其保之，日乾夕惕。斯須不存，生道或息。養則無害，敬立義集。是爲復亨，出入無疾。

觀虎丘劍池有言

湛乎淵停，其靜養也。卓乎壁立，其自守也。歷四時而無虧，其有常也。上汲而不窮，其用不膠也。其有似於君子之德乎，吾是以徘徊而不能去也。

校勘記

〔一〕是析是明　「析」，原作「折」，據劉本、四庫本改。

〔二〕合乎天心　「合」，原作「舍」，據劉本、四庫本改。

〔三〕三先生畫像贊　此題原無，據五百家播芳大全卷一〇九補。

南軒先生文集卷第三十七

墓誌銘

少傅劉公墓誌銘

公姓劉氏，諱子羽，字彦脩。世爲京兆人，八世祖避五季之亂，徙家建州。曾祖太素，贈朝議大夫；祖民先，任承事郎，贈太子太保。再世以儒學教授鄉里。考韐，任資政殿學士，贈太師，謚忠顯。公以門蔭入仕。宣和末，忠顯帥浙東，盜發睦州，陷諸郡，直抵越。越兵不滿千，而盗且數千，公以主管機宜文字佐忠顯，募民守，卒全其城。入爲太府簿，遷衛尉丞。忠顯帥真定，復辟公以從。女真入寇，圍城數匝，父子相與死守，部分方略，多公之謀，虜不能拔而去，名聞河朔間。除直秘閣。忠顯率兵入援京師，與虜戰，力屈死城下。方是時，爲國死難者蓋鮮，獨忠顯之節甚白。公痛家國讎耻之大義，不與虜共戴天。免喪，以秘閣修撰知池州，改集英殿修撰、知秦州，未行。召赴行在所，除御營使司參贊軍事。時太上皇帝即位三年，苗傅、劉正彦甫伏誅，有平寇將軍范瓊擁兵入覲。瓊在靖康變故中附賊逆亂，知樞密院事忠獻張公與公謀誅之。張公召瓊詣都堂，公叱縛之，致於理，懷敕榜出，撫其衆曰：「所誅止瓊，爾輩皆御前軍也。」衆頓刃應諾，悉麾隸它軍，頃刻而定。忠獻益奇公，及領川陝宣撫處置使，遂辟公參議軍事。公雅意欲圖虜，念關陝要地，而張公一見相知，非偶然者，遂不辭而從。宣撫司至關，據秦州，號令五路。會聞虜窺江淮，議爲牽制，合五路兵進，至富平，與虜遇，我衆不能支，虜乘勝。以前宣撫司退保蜀口，官屬震恐；有建議當保夔州者。公曰：「議者可斬也！宣撫司豈可過興州一步？係關陝之望，安全蜀之心，收散亡，固壁壘，以爲後圖則可。」與張公意合。公單馬直抵秦亭，公遣腹心，訪諸將所在。時虜騎四出，道阻不通，將士無所歸，忽聞公在近，宣撫司留蜀口，乃各引所部來會，軍復振。公命驍將吴玠栅和尚原，守大散關，虜不敢犯。紹興元年夏，始聚兵來攻，玠敗之；秋復來，又大敗之，俘獲以數萬計。宣撫司徙治閬中，公留關外護軍。上知其勞，除徽猷閣待制。明年，玠以秦鳳經略使戍河池，王彦以金房鎮撫使戍金州。二鎮皆飢，而興元帥過爲守備，閉關塞褒斜，二鎮病之。張公亟召玠、彦議事，皆願得公鎮興元，乃承制拜公利州路經略使兼知興元府。公至之日，盡弛其禁，通商輸粟，二鎮乃安。公謂虜用騎兵，利衝突，在我當先栅要地，以勁弓弩待之，蔑不濟者。且以是約二將，獨彦頗易公之説。是歲十二月，虜由商於犯金州，正月至上津，彥出不意，逆戰不能卻，遂焚金州，返保石泉。公遣將馳告玠，玠曰：「事迫矣！當亟徼於險。諸將不能辦，我當自行。不然，是負劉待制。」即越境馳一日夜，凡三百里，中道少止。公移書曰：「虜旦夕至饒風嶺下，不亟守此，是無蜀也。公不前，某當往。」玠即復馳，至饒風，虜急攻數日，死傷如積，更募死士犯祖溪關以入，出玠後，玠還漢中。公與玠謀守定軍山，玠憚之，遂西。公退守三泉，從兵不及三百，與士卒同粗糲，至取草木芽蘖食之，遺玠書曰：「某誓死於此，與公訣矣！」玠得書泣，其愛將楊政大呼軍門曰：「節使不可負劉待制！不然，政輩亦舍節使去。」玠乃從麾下自仙人關由間道與公會於三泉。虜游騎甚迫，玠夜視公方酣寢，旁無警呵者[一]，玠曰：「此何等時，而簡易乃爾！」公慨然曰：「吾死，命也，夫何言！」玠泣下，復往守仙人關，公獨留，爲壁壘於潭毒山上，十六日而成，又數日而虜至。中夜，斥堠將遣人報曰：「虜至矣！」諸將皆失色入白事。公曰：「始與公等云何？今寇至欲避耶？」下令蓐食。遲明上馬，先止戰地，據山角坐胡床，諸將奔至，皆泣曰：「此某等駐軍處，而公先之耶？豈可使虜矢傷公！」即爭代公處。頃之，復有來報曰：「虜退矣！」乃還。方虜入梁、洋，蜀大震，宣撫司官屬爭咎公，有爲浮言相恐動，請徙治潼川[二]，軍士聞者皆怒。公力爲書爲張公言：「某在此，虜決不能越，無爲輕動搖。」張公用公言，乃定。虜遣十五輩賚書與旗來招公及玠，公斬其十四人，令一人還曰：「爲我言於爾酋，來戰即來，我有死，何招也！」先是，梁、洋官私之積，公悉已徙置，虜無所得，糧日匱，前後苦攻，死傷十五六，涉春已深，癘疫且作，遂遁去，爲我師掩擊及墮溪谷死者不可勝計。虜之去四月也，其餘衆不能自拔者悉降，凡十數柵，虜之喪失蓋莫甚於此役。方是時，虜其大酋撒离喝、兀术輩垂涎於蜀，日夜聚謀。所選士卒千取百、百取十。其戰被重鎧，登山攻險，每一人前，輒二人擁其後，前者死，後者復被其甲以進，又死，則又代之如初。其爲必取計蓋如此。惟公與張公協心戮力，毅然以身當兵衝，將士視公，感激爭奮，卒全蜀境。公還興元，分遣官吏，安集勞來，凡潰卒之乘時怙亂山谷間者，悉捕斬以徇。自是兵勢日振，方更恢遠略，然張公已困於讒，公亦尋被罪矣。是歲除寶文閣直學士。四年，責授散官，安置白州。始，吴玠爲偏將，公奇之，言於張公。張公與語，大悦，使盡護諸將，卒得玠力。至是玠上疏納節贖公罪，士大夫多玠之義，而服公之知人。明年，還故官，奉祠。時張公相矣，召公赴在所。又還集英殿脩撰、知鄂州，權都督府參議軍事、宣諭陜蜀。朝議欲合諸道兵大舉，公自蜀還，歷諸邊，盡得虚實，謂且當益繕治，廣營田以俟時。朝廷欲遂用，公顧親年浸高，力請歸養，以徽猷閣待制如泉州。泉素難治，番商雜居。公下車肅然，無敢犯。有事涉權倖者，立論奏釐正之。亡何，張公去位，言事者觀望論公，復責散官，安置漳州。以郊祀恩得歸，會江上擇守，起公爲沿江安撫使、知鎮江府。虜入寇，公建請清野，盡徙淮東之人於京口，填拊得宜，人情不摇。謂樞密使張俊曰：「異時此虜入寇，飄忽如風雨，今更遲回，是必有它意。」已而果欲邀和。及遣使來，揭旗於舟，大書「江南撫諭」。公見之，怒，夜以他旗易之。翼日，接伴使索之甚急，公曰：「有死耳，旗不可得！」及其歸，遣還之境外。張俊以公料敵及治狀聞，有旨復待制。和議成，公謂宜及無事時講脩淮漢守備，厲器械，治舟楫，其言甚悉。宰相秦檜忌之，諷言者論罷，復以祠禄歸。十四年十月二日遇疾，没於正寢，享年五十。積官右朝議大夫，以子貴贈太師。娶熊氏，贈福國夫人，再娶卓氏，贈慶國夫人。子珙，克世其家，復以忠義識略被今上眷遇，嘗爲同知樞密院事。識者不以劉氏三世宦達爲衣冠之盛，而以忠義相傳不替愈大爲家國之光。淳熙四年，珙爲建康留守，病且革，自力作書與其友張某，以銘公墓爲屬。某蓋公所從忠獻張公之嗣子也，奉書而泣，且無所從辭。於是取公弟子翬舊所狀行實，掇其大節，次第之如此。

惟公慷慨自許，每有捐身殉國之願。當事之難，衆人惶撓失措，公色愈厲，氣愈勁，遇事立斷，凛不可犯。尤長於兵，料敵决機，殆無遺筭，得將士心，皆願爲盡死。其爲政發姦摘伏若神，所治不畏强禦。而天性孝友，恂恂接人樂易，開口見肺肝。輕財重義，緩急扣門，無愛於力，振人乏絶，傾貲倒廩無吝色。姻親鄉黨昏喪悉任其責。闢家塾延名士以教鄉之秀子弟。吏部郎朱松疾病，以家事託，公築室買田，居之舍旁，教其子熹與己子均，卒以道義成立。平生再貶徙，處之怡然，不以介意。而其許國之誠，則至於没而不懈也。嗚呼偉哉！公以是歲某月某日葬於崇安縣五夫之原，某之爲銘，蓋後公没三十有五年也。公孫二人：學雅，承務郎；學裘，尚幼。孫女二人：長適將仕郎吕欽，幼未行。銘曰：

寒沍凛冽，喬松挺節。艱危反側，志士秉烈。允毅劉公，孤忠業業。國恥家讎，刻骨泣血。誓不同天，心焉如鐵。縛袴從戎，思奮其伐。虜方鴟張，闖蜀門闑。紛紛鄙夫，縮避一轍。惟公矢謀，充贊於決。身當兵衝，横遏力折。衆駭失色，我怒貫髮。驍將突兵，怙以奮發。羯酋力窮，黁走竭蹷。迄全蜀疆，如器無缺。伊人是恃，豈險難越。不寧蜀全，關輔可挈。投機於征，以冀日月。巧言害成，揵手孰掣。空令父老，談説嘖嘖。禾戎議興，公膺如噎。守臣舉職，妖旗莫揭。歸卧於家，忠憤曷洩。嗚呼中年，竟隕此傑！歲踰再紀，精爽森列。嗣德有光，公志益晰。我爲銘詩，追勒其碣。

吏部侍郎李公墓誌銘

淳熙三年九月庚戌，秘閣脩撰、知夔州兼夔路安撫使臨川李公以疾没於州治之正寢。五年，其孤鞏以同郡曾季貍所狀公行義來請某銘[三]。平時蓋欽公之爲人，且在賡右，與公相望僅再歲，接公行事爲詳。既不克終辭，乃叙而銘之。公諱浩，字德遠，一字直夫，家本建昌人，其徙臨川方再世。曾祖之遇，祖玩，皆不仕。考彥，以公贈朝奉大夫。公自幼入鄉校，嶄然異常兒，未冠，有文名。中紹興壬戌進士第。是歲，秦熺挾宰相子以魁多士，同年多往見之，或拉公行，毅然卒不往，調饒州司户參軍以歸。連丁内外艱，中間爲襄陽府觀察推官僅踰年，及免先大夫喪，調全州州學教授，改監行在雜買場門，實二十七年之冬，時秦檜蓋死矣。明年主管刑工部架閣文字，改勑令所删定官。論者争言秦檜時事無巨細，一切更改。公白宰相執政：「蚩尤五兵，李斯篆隸，苟便於世，亦不當以人廢。」方檜在時，公義不爲之屈，及其身没事變，所論及如此，則公存心平實，蓋已可見矣。又明年改秩，除太常寺主簿，尋兼光禄丞。輪對，首陳無逸之戒，且論宿衛大將恩寵太過，嬰兒過飽，恐非其福。太上皇帝感其言，宿將旋就第。自檜扼塞言路，士風寖衰，及太上總攬萬機，激厲忠讜，而餘習猶未殄，朝士多務緘默。至是百官轉對，公與王十朋、馮方、查籥、胡憲始相繼有所開陳，聞者興起，太學之士至爲五賢詩以述其事。然公自是亦不安於朝，請祠以歸，主管台州崇道觀。今上即位之歲，以太常丞召至闕，首論聖學，以爲人主務學則其餘嗜好無間而入矣。時忠獻張公督師江淮，而宰相有異議者從中多所沮抑，公引「張仲孝友」之詩及仁宗用韓琦、范仲淹、詔章得象等故事，乞戒諭朝廷同寅共濟。俄兼權吏部郎官、御史。尹穡附宰相湯思退，以公故嘗爲思退所知，欲扳引共擠忠獻，於是薦公。及對，乃明示不同之意，思退、檜皆不樂。踰歲，始正除吏部員外郎，兼皇子恭王府直講。其後宰相召同爲郎者四人，欲有所進用，最屬意於公，公不發一語。明日，同舍皆遷，公如故。其在王府，多所裨益，且因事以及時政，書之於册，幾上或見之，王亦愛重公。它日，公補外，累年以歸。王聞之，欣然謂僚屬曰：「李直講來矣！」蓋公之誠意有以感動也。爲郎踰年，會浙河水灾，詔郎官管職以上條時政闕失。公歎曰：「上憂勞求言，此豈可失也！」即日奏書，指論近密，且併及宰執奉行、臺諫迎合、百執事顧忌畏縮之罪，反復數千言，近世論事傾倒剴切，未有其比，聞者皆縮頸。上優容，曾不以爲忤，而執事者忌之甚，白外補，得知台州。州有揀中禁軍五百人，朝廷置訓練之官，其人貪殘失衆心，不逞者乘間謀作亂，露刃立堂下。公曰：「若等欲爲亂乎？請先殺我！」衆色駭，曰：「不敢！」乃徐推其爲首者四人黥徙之，迄無事。公倉卒應變，坐折姦萌，聞者益歎儒者誠有用於世也。天子以爲能，除直秘閣。並海有宿寇，久不得，公募其徒自縛，以贖罪，即得其渠魁。未幾召還，復爲故所居官。初公在台，有豪民鄭憲以貲給事於權貴人之門，爲一郡害，會姦利事發，械繫死於獄，盡籍其家，徙其妻子。至是權貴人者教其家訟冤，且誣公以買妾事，言者用是擠公。它日宰執將進呈文書，同知樞密院兼樞參知政事劉珙越次奏：「李某爲郡，疾惡太過，獲罪豪民，爲其所誣，臣考視其本末甚白。」上顧曰：「守臣不畏强禦，豈易得耶？」珙曰：「士氣不振久矣，若更沮李某，是終不復可振矣。」上問章安在，珙袖出之，遂留中不下。而大理觀望權貴人，猶欲還其所没貲，併以爲台州議刑太重。上親批其後曰：「台州所斷委得允當，鄭憲家貲永不給還，流徙如故。」公乃安。明年，遷司農少卿。時朝廷和糴米凡八萬石，而董事者有所憑恃，賤糴濕惡以欺没官錢，户部不敢詰。公視事，即奏請下有司治。大理附會，聽户部以支爲盤。公力争曰：「是非徒惠姦，且虧軍食。」上是其議。會大理奏結它獄，上忽顧輔臣曰：「棘寺官當得剛正如李某者爲之。」已而卿缺，又曰：「無易李某。」遂除大理卿，兼同詳定一向勑令。故事，寺獄空，上表賀，公獨不奏。先是，公在司農時，嘗因面對，陳經理兩淮之策。至是爲接伴使，還奏曰：「臣親見兩淮可耕之田盡爲廢地，心實痛之！」條畫營田便利甚悉，且併謂：「近日措置邊事甚爲張皇，一時誕謾之徒言虜勢衰弱，踊躍自奮，甚者爲剽攘以挑境外。此何益，徒有害。願戒將吏嚴禁防，無速近功，無規小利，日與大臣脩明治具，固結人心，持重安静，以待虜釁。」公之意以謂主上英明有大有爲之志，執事者所當奉承講究爲務，實經久之計，以卒成聖志。廷臣中誕謾者但爲欲速之説，而其苟且者又欲一功不爲，適足以害遠謀，玩歲月，故再三條陳營田便利，以爲是恢復根本之策，在今日所當汲汲而爲之也。上每改容嘉納。

宰相方議遣泛使，公與辯其不可，至以官職訹公，公怒，以語觸之，且力求外，以直寶文閣知静江府、主管廣南西路安撫司公事。命下之日，尚書郎有入對論擇帥事者，上欣然顧之曰：「如廣西朕已得人矣，李某也。」又諭大臣曰：「李某營田議甚可行，而大臣莫有應者。」公至鎮，勤於民事。郡舊有靈渠通漕運，且溉田甚廣，近歲頗堙塞，公命疏治之，民賴其利，立石以紀。邕管所隸羈縻安平州，其酋恃險凶横，聚兵謀爲邊患。公遣單使開心見誠，諭以禍福，引赦使自新，即日叩頭謝過，焚撤水栅受約束。前帥建議於宜州境南丹州置買馬塲，朝廷用其議，下經略司。公力争其不可，遂止。衆謂南丹買馬之議若行，其爲廣西生事取釁，有不可勝言者，非公言之力，朝廷亦未悉其利害如此也。朝廷又令市象于交趾，公復力争。及公去，經略司竟往市，交趾遂因此驅以入貢，所過爲擾，人始服公之明。

治廣二年，召還入對，論俗不美者八，其言曰：「陛下所求者規諫，而臣下專務迎合；陛下所貴者執守，而臣下專務順從。所惜者名器，而僥倖之路未塞；所重者廉恥，而趨附之門尚開。儒術可行而未免有險詖之徒，下情當盡而未免有壅蔽之患。期以氣節而偷懦者得以苟容，責以實効而誕謾者得以自售。」上嘉納之，且詢所謂誕謾之人，公以實對。翼日謂宰相曰：「李某直諒。」遂擢權尚書吏部侍郎。

時政府有怙寵竊據者，又有附之同升者，從臣中又有爲之役者。公之造朝，已甚側目，且巧爲語以鉤致，公皆厲色，辭以拒之，於是相與謀使言者論，以公謂寘之近列，必變亂白黑，未及正謝而罷。是歲冬，提舉太平興國宮。明年夏，夔州路以缺帥聞，上顧念公，乃除秘閣脩撰，以寵其行。

部有思州，亦羈縻也。其守田氏與其猶子爲貳者不協，且起兵相攻。親草檄遣官諭之，二人感悟，歃血家廟，盡釋前憾，邊以妥安，蓋與廣西安平州一律。公之爲謀，大抵欲以誠意銷患於未然也。

在鎮踰年，以疾請祠，改提舉隆興府玉隆萬壽宮。命未至而公没矣。享年六十有一。積官至朝奉大夫。監司奏公盡瘁其職以死，特贈集英殿脩撰。公之葬在撫州金溪縣歸德鄉靈谷山之原。娶饒氏，封宜人，後公八月而卒。子男四人：鞏，脩職郎、潭州司理參軍；肅，廸功郎、潭州益陽縣主簿；蔚，將仕郎；遵未仕。女六人：長適奉議郎、知袁州萍鄉縣事王謙，次適降授廸功郎、前湖南安撫司准備差遣曾搏，次適鄉貢進士姚彬，餘未嫁。孫四人，孫女三人。有文集、奏議、王府講議藏於家。

公少時力學爲文章，及壯歲更留意義理。其仕於朝，慨然以時事爲己任，見政有缺失，用人有憸佞，忠憤感激，所言多切至。生平不事表暴，未嘗勉强色詞，故不知者多以爲傲，或以譖公，上曰：「斯人無它，在朕前亦如此，非爲傲者也。」小人憚之，謀所以害公者無所不至，獨賴上終始照見保全之。其爲郡奉法循理，律己甚嚴。自嶺右歸，裝無南物。視其奉養，自爲布衣至侍從未嘗有異，風望整整，人不敢干以私。然以是故，悦公者少，不悦者衆。及聞其死，則識與不識皆歎息曰：「奈何失一正人！」蓋以天資質實，不徇於外，而涵養渾厚，不以利害動心，故遇事有力，奮發忠言，無所回撓，所謂古之遺直者，若公非耶？

銘曰：

士或不競，枉尺直寸。以同爲和，以怯爲巽。垂紳立朝，噤莫肯言。就有欲言，亦弗究宣。謂予有待，實則患失。曾是詭隨，乃曰弗激。此風流行，非國之福。不有君子，孰振孰篤。我觀李公，披腹敷陳。反復無隱，心乎愛君。衆駭縮頸，君則容之。娼恚實繁，聚而攻之。是保是用，惟天子明。匪天子明，臣言曷伸。嗟哉若人，古之遺直。我作銘詩，以詔罔極。

校勘記

〔一〕旁無警呵　「呵」字原闕，據三朝北盟會編卷一五八引補。

〔二〕請徙治潼川　「川」，原作「州」，據劉本、四庫本改。

〔三〕其孤鞏以同郡曾季貍所狀公行義來請某銘　「季」，原作「李」，據劉本改。

南軒先生文集卷第三十八

墓誌銘

工部尚書廖公墓誌銘

紹興九年，詔以延平廖公爲御史中丞。方是時，宰相秦檜當國，謀爲植黨固位之計，欲假臺諫之力，斥逐異己者。公先亦爲相所薦，及居言路，侃然守正，無所承望。每因奏事，論君子小人朋黨之辨，反復切至。相遣人風之，則答曰：「有言責者不得其言則去，枉道徇人，非吾志也。」會有故從官嘗委質叛臣之廷，以與相有姻，故歸自虜境，除資政殿學士、提舉醴泉觀使，奉朝請。公顯奏其惡，愈觸其怒。又嘗從容建白：「願起舊相之有人望者，處之近藩重鎮。」相聞之曰：「是欲寘某何地耶？」公以言不行，上章乞歸老，改工部尚書。其繼公爲中丞者，受風指劾公，上念公忠直，俾以徽猷閣直學士奉外祠，其明年迄致其事。於是廖中丞之名重於天下。

公諱剛，字用中，順昌縣人。曾祖諱隱，祖諱丕，以公故贈承務郎。考諱懋，任朝請郎，累贈通奉大夫。三世皆以淳質自守，孝義相傳，樂善好施，爲鄉黨所親依。公治家有法，資禀静厚，濟以涵養。自爲布衣時，嘗從其鄉人、故諫議大夫陳公瓘游，又嘗從侍講楊公時問學，故其後立朝行己，具有本末，蓋非偶然者。初登崇寧五年進士第，歷縣主簿、州判官、録事參軍、教授，凡五任，改秩調漳州司録，就除國子録，擢監察御史。時方争鶩於進取，公足跡未嘗及權門。已而以親老引外，得知興化軍。

靖康初，以右正言召，未赴，遭通奉君憂。服闋，又以工部員外郎召，以母疾辭，會劇盗起旁郡，樂禍者相煽，縣之官吏悉逃去，鄉民扣公門求活，公以信義徧喻從盗者使反業。既而復有郡盗自旁縣來據井落，殺掠人，勢熾甚。部使者日以檄屬公〔一〕，公遣子遲入賊中，喻以禍福。其渠領素聞公名，旬月間相率從命，餘黨悉散遣。先是，朝廷遣制置使將軍兵來，玩賊不時討，及聞公既撫定，則欲攘其功，遣偏將規圖傷害，至則執遲，注刃於頸，公不爲動，卒悔謝而去。除福建路提典刑獄公事。未幾，召爲吏部員外郎，遷起居舍人。以撫賊事增一秩，公曰：「以此受賞，非本心也。」卒辭之。

上方向儒學，公奏帝王之學不當如文士所爲，願去末學之無益，專務正心誠意以福天下。除權吏部侍郎、兼侍講。奏乞罷遣高麗使，又條陳屯田便利，皆切當時事宜。遷給事中，遭内艱。服闋，還瑣闥舊職，時紹興四年也。朝廷旌別淑慝，推究章惇、蔡卞迷國本末，追貶其身，且召其子若孫不得官於朝。於是章傑自郎官出知婺州，章僅自寺丞提舉江東監事。公封還詔書，謂如此豈足以示懲，有旨悉與之祠。明年，遷刑部侍郎。

初，公之曾大母享年九十有三，大父享年八十有八，皆及見耳孫。餘亦多壽考，累世以華髮奉養。公舊嘗名堂曰「世綵」，諫議陳公播之聲歌，士大夫從而爲詩者甚衆，緝之盈編，至是乞以所當遷官贈大父，且曰：「臣逮事大父，教以忠孝，念無以報。」因述家世事始末，上嘉歎而可之。宰相忠簡趙公方務推廣上孝愛之志，遂以世綵集進，奏曰：「陛下以孝治天下，凡人子之欲顯其親者莫不曲從，固知陛下念親未嘗少忘。今復覽廖氏事迹，伏惟聖懷不無感歎。」上它日謂公曰：「觀世綵集，誠人間美事也。」其書至今人間樂傳之。

又明年，以久在朝列，力請外，除徽猷閣直學士、知漳州。郡人素以侈靡相尚，昏葬例踰制。公下車，首立條約，且親爲文以訓告之，風俗爲變。在郡一年，應詔上封事，乞早以建國公正皇子之號。大略謂：惟誠足以動天地、感人心，今意雖有屬，而名未之正，恐未足以慰幽顯之望。

是歲，以年將七十，請謝事，時已降詔旨矣。詔書趣行至闕，則有中司之拜，首奏：「臣職在搏擊姦邪，當思大體。若乃捃拾細故，矜一得於狐兔之微，則非臣本心。」又奏：「經費不支，盜賊不息，事功不立，命令不孚，及兵驕官冗之弊蓋不一。其原則在於一人之身，若意誠心正以臨照百官，則是非不紊，邪正洞見，天下之弊可次第而革矣。」又奏：「人君之患莫大於好人從己。若大臣惟一人之從，羣臣惟大臣之從，則天下事可憂矣。」又論當遠佞人，且劾從臣中爲佞之尤者。時大將恃功希恩，所請多廢法。公隨事論列至於四，至肅然知畏。凡公奏論，皆本於誠實，務先大體，踐其初言類如此。方是時，善類倚公少安，至所言漸廣，卒爲時宰所擠去。自公之去，言事者類皆承望，而搢紳竄逐者相繼矣。

公謝事三歲，以十三年正月壬寅没於正寢。累官左朝奉大夫，封順昌縣開國男，詔以中大夫告其第。是歲十二月壬申葬於其居溪之南鳳山之原，從治命也。娶張氏，封淑人。子四人，長遲，嘗任朝散大夫，知邵武軍，後公二十七年卒；次過，今爲朝散郎，前知梧州；次遂，承議郎，前知化州；次蘧，朝散郎，廣南西路提點刑獄公事。孫男十五人。諸子遇郊恩，累贈公少傅。公自少時，居母謝氏喪，已有聞於鄉黨，長事繼母陳氏以孝謹稱。撫育其弟甚恩，先世舊産盡推以與弟及猶子。居家儉約，雖貴不改寒素。居官以清簡率下，不事威嚴，人服而從之。平時不觀無益之書，不爲無益之文，蓋其所存，每貴於實用躬行而已。某爲兒童，侍先公忠獻旁，側聞公之名。及忝廣右帥事〔二〕，公三子適皆爲郡於所部，而其季又爲朝廷選用，以使旨來治於桂。暇日求公奏議讀之，削藁之餘，僅有存者。一日，愀然以公墓誌銘爲屬。某自念晚生，其何敢任，而請愈力，顧不得而辭。於是首著公之大節，而次第其平生如此，實淳熙四年冬十月，蓋去公之没三十有四年矣。銘曰：

廖氏之先，家於太原。唐季避難，甌閩是遷。惟閩之廖，自公而著。豈以其位，惟德之故。公之清德，壯老一節。持身立朝，氷玉之潔。人搴其華，我掇其實。躬行是尚，如漢萬石。靡慕於寵，靡撓於勢。進無隱言，退不茹愧。謝事於家，而名益崇。惟其守道，是以亢宗。有寧其宫，公則命之。溪山所環，後則宜之。奕奕其後，孔蕃且昌。克念其德，以篤不忘。

王司諫墓誌銘

乾道己丑歲，某被命守嚴陵，驅車入境，俯仰其山川，而想子陵之風，詠「仰止」之章，且意夫人才代出當不乏也。既視事，則進長老、諸生而問近世鄉先生大夫之賢者，則得二人焉，曰諫議江公、司諫王公，皆以風節論議顯聞於世，爲鄉里所重。已而司諫公之子、今筠州史君來訪予，又得從問其父事甚詳，恨未能與嚴之人表而出之也。越三年，予屏居湘潭之上，筠州走書以清江劉清之之狀來請銘公墓。以予曩日之所敬，固不得以荒陋辭也，乃叙而銘之。

公諱縉，字子雲。王氏系出琅琊，晉司徒導南渡，始家江左。其後有居睦州桐廬者曰朐封，仕唐爲和州刺史，生肅清主簿洵，洵生梁烏程丞耕，耕生周明州衙推仁鎬，因家於明，而處者爲嚴州分水人。

公踰冠遊太學，中崇寧五年進士第，調歙州司法參軍，議獄以忠厚稱。移池州石埭令，斷訟，民服其明。方田法行，旋以不實罷，而石埭之民請以公所均爲定。用薦者改宣教郎、知婺州浦江縣。神霄宫初建，觀望者競爲侈費，邑當置下院，獨取之遠鄉，僅以充數而已。主者加詰，公曰：「朝旨不言城内外，縣境有觀而舍之，吾非違御筆也。」辟監杭州鹽倉、臨安縣市易務，知温州永嘉縣，調監池州永豐監。丁内外艱，會邑人翁漆乘亂聚衆，剽新城，令不以時應，盗益熾。新城求捕且急，令遽調松村保甲，以謀不素，大擾。吏懼莫知所爲，則以告公行義素爲鄉里所信，即日挺身往諭。已而縣得漆與其二子誅之，衆乃定。苗傅、劉正彦南遁，有詔起復公部松邨民丁追之，公以終制辭焉。大駕在永嘉，從臣有以公應詔，權吏部郎官。方移蹕草創之際，公請許詣選者得以闕自言，而爲定其宜，士無滯留，而官不曠廢。

以論事忤宰相，出知英州。時二廣多盗，郡有土豪，公縻以職秩，結以恩信，得其死力，所捕致無不克宜。章賊尤熾，公縱諜者諭以利害，他日賊過郡境，以俚語戒其徒曰：「無犯吾佛。」曹成蹂踐湖南，爲岳飛所敗，走桂而東，破連州，衆號數萬，廣東大震，科調紛然。公獨如平時，客問所以然，公曰：「吾州無兵無城，寇至，但當登譙門諭之以禍福，否則以死繼之。處之既定，故寢食甚安耳。」寮屬請退保，公曰：「吾守土吏也，退將焉往？」卒以静鎮，全安一境。

御史循行，上公治行第一，有旨遷官。秩滿，令入對。會朱丞相勝非當國，雖故鄉監官至都堂，亦使趨庭自列。公顧不肯，勝非怒，虜方在邊，擬公至滁州。朝議皆言王公忭范丞相去之南荒，今方來歸，又置之北鄙，何邪？改知虔州，召爲金部員外郎。旋以選知温州，加直秘閣。陛辭之日，太上謂公未得去朝廷，即拜監察御史。既謝，擢殿中侍御史，時紹興五年五月也。

公首陳正紀綱、嚴法守、明賞罰、立軍政、廣儲蓄、厚風俗，冀爲經久之謀，且援古事以申諷諭曰：「晉武平吳，天下既定，何曾語其子曰：『吾每宴見，未嘗聞經國遠圖。』此亦今日之憂也。因言湯以七十里而有九有之師，惟仁足以得天下之心，夫豈以地之廣狹、勢之强弱哉？而書之言曰慄慄危懼，若將隕於深淵，惟湯畏天保民，此所以天下歸之，雖狹而廣，雖弱而强也。於是東南大旱，而江湖爲甚。公慮所以賑卹之者，如伸枉濫、寬繫纍、禁科斂、緩逋負、免穀税、通糴舩、瘞殍者，其論奏甚備。而尤所拳拳者，以常平之法名存實廢，借允之不撥還，支移之不收納，此所以坐視凶荒而莫之救也。至推其本原，則願詔大臣以燮理之事，飭清躬以脩省之意，論極剴切。

六年二月，遷右司諫。公言聽忠言於艱難之時易，受直言於平定之後難，况寇讎未殄，願毋以目前暫無事而忽芻蕘之言。又因對言：「明皇即位之初，焚錦繡珠玉於殿前，厲精政事，以致開元之治；及侈心一動，窮天下之欲，以致天寶之禍。非初之難，而終之難也。陛下憂勤恭儉，圖濟中興，往歲金翠之禁自内庭始，天下風靡，而近者庫藏供瑇瑁，坑冶採青緑，未必以爲器玩設飾之用。然恐下之人妄意好尚，緣類而至，願深戒明皇之失，終始惟一，以永無疆之休。」上爲之改容嘉納。六月，臨安地震。公言：「地震駐蹕之所，豈非天心仁愛，著陰盛之戒邪？女子、小人、夷狄、盗賊皆陰類也。女子、小人則遠之，夷狄、盗賊則備之，恐懼祗畏，以應天心，此先哲王所以中興也。」又言：「陛下纂承，十年於兹，頻歲豐稔，僅足糧餉，一有小歉，民已流移。蓋耕者寡，食者衆，軍政未立，國用未節故也。謂宜詔大臣參酌祖宗舊制與每歲出納之數而均節之，抑僥倖以靖衆志，薄税歛以寬民力，爲久長之計。」

上幸姑蘇，軍屯淮上，逆賊驕雛，方肆陸梁，而主帥有慢令不赴機會者。公請奮周世宗、我太祖之英斷，以勵其餘。又言：「今所與共濟艱難、復大業者二三大臣耳，或出而總戎，或處而秉軸，交脩政事之間，進退人才之際，謀慮有不相及，則初意未必盡同。苟無私心，惟其當而已。蓄疑敗謀，理必不可。願戒大臣，俾同心同德，絶猜間之萌，恊濟國事。」公以大臣不和爲憂，比終歲再三言之，至謂執政間有於賊馬南向之時，倡爲抽軍退保之計，上則幾誤國事，下則離間宰臣，言尤至切。又言：「軍興以來，多爲一切之制。今盜賊粗定，上下内外宜守成憲。而舊弊之未革者，如官資之轉行、過犯之改正、差遣之審量，皆用特旨廢定法。遠方監司守臣措置自肆，姦贓抵罪，鞫治既白，或不行法，止從輕比。若此類紀綱不立，法令不信，雖宵旰焦勞，未見可以爲治也。」張俊營第建康，廣袤，占民居，公請密敕俊自還之。内侍李琮，童貫壻也，恩旨復許其仕。公言梓宫未返，天下痛憤，忍令童貫壻再仕乎？所言多採用。兵部尚書吕祉護諸將於淮上，公請於都督府屬官中選知兵者助之謀議，且留軍中撫循訓練，通將士之情。未幾酈瓊叛，祉死之。先忠獻公時爲宰相，臺諫議以擇帥不善爲責，公曰：「司言責者獨不任其咎乎？且以是進退大臣，非知大體者也。」既而章交上，公獨論：「劉光世屯淮西，士卒數萬，惟王德一軍忠勇敢戰，餘皆驕惰自肆，不可用也。一旦以德踵光世之後，酈瓊等憚其威嚴，訴於朝，既爲之改命，而召瓊等赴行在，乃懷疑貳，相率北去，則潛爲此謀有日矣。張某引咎求罷，方防秋之際，二大將又入奏，而朝無宰相，無乃未可乎？」章再上，不報，求補外，復以直秘閣知温州。

先是，日食之變，詔求直言。臺臣有語公者曰：「上任我輩言路，而外求直言，建此議者必懷姦。」公曰：「日食求直言，故事也，豈以臺諫而廢？」及是又諷公：「曩趙丞相之去，我二人不擊，故不遷。今臺諫媒孽，右相勢已摇，吾與君遂言之，則同升矣。」公正色拒之。至是反劾公觀望，欲爲後圖，公聞之笑曰：「吾老矣，不願目前之利，乃爲後圖，不亦左乎？」坐落職奉祠。

公在言路，知無不言。每謂人才實難，多事之際，尤宜爲朝廷愛惜，以故不專彈擊，而惟論安危利害大計與所以啟悟君心者。上嘗稱公中正不阿，得諫臣體。它日，言事者有不稱，上曰：「王某論事可思。」即復直秘閣、知常州。淮上戍軍經從有攘民羊及誣民爲盜，縛之去。公追得民與羊於舟中，獨不得軍卒姓名〔三〕，貽書誚主帥，卒以三輩徇河上，聞者服焉。會有故從官歸自虜中，蓋嘗仕僞庭，據吾京邑而爲之守者，過郡，公惡之，不爲禮，力求見，公面詰媿之。而宰相秦檜與之親厚，歸而泣訴，檜怒，十一年春，以公主管台州崇道觀。州人惜公去，以爲循良之政，前人莫及也。州舊有河貫子城，達於倉後，或堙塞。公請於朝，開深以便輸，至今賴之。退歸幾二十載，恬然自樂也。積官左朝奉大夫。既告老，以郊恩賜三品服。

二十九年六月己酉，與親戚笑語如常，時語其家人曰：「心中無一事，時至可行矣。」夜分而逝，享年八十七。九月甲申，葬於縣之分水鄉茅山之原。公天資忠厚，事親從兄，誠意篤密，子孫侍側，燕居笑談，必寓以訓敕。治縣八年，因無庾死者。去官，人思之不忘。雅不喜求請，及公之存，子孫悉從吏部選，無詣堂者。其行義尤爲文定胡公、翰林學士朱公所知，皆嘗論薦於朝。劉清之曰：「嘗得公遺書，所謂霜臺諫垣藁者，合九卷，讀之累日，深惟既往之是非易定，而當時之毁譽難公也。觀前輩奏篇，至毁譽之際，雖元祐忠賢猶惜其是非之未定焉。而公書手跡具存，繫以時日，皆可依據，至所尊信必天下鉅人，所排黜必其自絶於善人之類者，非唯當時，迨今實然，而後知公之所言蓋有見於中，非苟然也。」

配詹氏，贈左光禄大夫良臣之女，贈碩人，後公一年卒。子男二人：日休，右承議郎、權發遣筠州軍州事；日勤，左朝散郎、權發遣處州軍州事。女四人：長適右廸功郎邵希仲，次適左朝散大夫翟軿，次夭，次適右廸功郎詹煥。孫男四人：璩，右從政郎；玭、珙皆右廸功郎；珌未仕。孫女六人，曾孫男女十一人。銘曰：

士或遠實，浮華是滋。凡厥言行，曷據曷依。觀公平生，惟實之務。陳言諫省，質直靡媿。有所毁譽，皆心所安。久而益信，是則爲難。其在郡邑，悃愊平夷。惟其有常，去輒愈思。其在閨闈，孝友融怡。豈惟其家，鄉黨是儀。子陵之山，千古蒼蒼。清芬不磨，惟公之藏。

校勘記

〔一〕部使者旦以檄屬公　「旦」，原作「且」，據劉本改。

〔二〕及忝廣右帥事　「忝」，原作「添」，據繆本改。

〔三〕獨不得軍卒姓名　「卒」，劉本、四庫本作「士」。

南軒先生文集卷第三十九

墓誌銘

夔州路提點刑獄張君墓誌銘

君諱棁，字仲山，於予爲從兄，實同高祖。予家自唐嶺南節度使由曲江徙長安，國子祭酒由長安徙成都。再世，高祖諱文矩，早捐館舍。夫人楊氏，挈孤依外家於漢之綿竹，今綿竹之張皆由高祖出也。君曾祖諱絢，祖諱鈞，考諱注，俱隱德不仕。考以君升朝恩封承事郎致仕，累贈正奉大夫。君未冠游鄉校，貢京師，入太學爲内舍生，預國子薦。靖康之難，間關歸故鄉，就類省試，登紹興二年進士科。已而丁内艱。免喪，遊東南。值先丞相忠獻公督師江上，辟君主管機密文字，以軍事入對，改承奉郎。湖寇平，用幕府功遷宣教郎，以親老丐歸，授潼川府路轉運司主管文字。秩滿，成都府路制置使席公益辟幹辦公事，未數月丁正奉公憂。服闋，通判參州，又通判夔州，未赴，權四川總領所撥發船運。至夔才兩月，以臺檄權知忠州。還夔，秩滿，通判峽州。丁所生母太碩人憂，差知資州，未及赴。服闋，知榮州，改知蜀州。秩滿入對，知隆州，中道改洋州。歲中除利州路提點刑獄公事，又徙夔州路。再歲請祠，有旨令入奏。行次荆渚，得請，主管台州崇道觀。即日西還，以疾没於巴東，享年七十有四。積官至朝請大夫。

君資禀淳茂，於勢利泊如也。方忠獻公督師，君以幕府，入對，論爲國當先自治，當上意。忠獻且器之，而君顧以親老力引歸。已而忠獻去國，爲時相所忌，併與族人抑之。君以資考連得倅貳，率遠次，且愈下，不屑也。其自蜀州入對，上即位之三年，方留意牧守，訪問再四，貴近有欲見之者，迄不往，授小州而歸。晚被召命，而祠請已再三上矣。平時官情大略如此。

其爲政大體本於忠厚愛民，不苟其職，而不爲赫赫名利之爲〔一〕。州三面阻澗，懸絶數十仞，自北山引水入城，承以木溜，雜泥滓，牛馬飲，民以爲病。君至，始以陶易之，甃三井以瀦之，爲宇以覆之，題其額曰「惠民」，至今賴其利。是時提舉司欲以它郡置場貿茶，君謂郡並邊，每歲以茶之晚生者易蠻馬，今爲場，使夷人知茶味，必得此而後市，則將何辭？論再三，議卒詘。其攝事總幕，益昌大水，軍儲並江不没纔數尺，君身當其衝，督役夫日夜築治，廩以完，廼請徙置高原，今南倉是也。其在忠州之歲，又會大水入郛郭，君先期令民徙，雖州治亦以舍，計口予食，親撫存之，民賴以活。忠素彫弊，獨以鹽課裨歲用。君會一歲用度出入，以其餘代下户輸上供銀數千兩，人尤德之。其在蜀州，州素苦重額，累政積負緡錢，總賦者方務聚斂，督趣急如星火。君視民力困，不忍剥取，寧以身受責。總賦者遣其屬至郡，鈎考微隱，首校公帑籍，迄無一毫私，獨劾君首議抗拒，爲諸郡倡。朝廷察見始末，使寬朞限以補，總賦者迄無如之何。郡有大辟，獄具，而君獨疑其贓未得。一夕夢至何處若神祠者，有大事「疑」字，驚而作曰：「必是獄也！」審究之，果主家給囚以不死，使之承，追逮遂服。蓋其惻怛之誠，雖夢寐不忘也。時北邊方用兵，總賦者議調西州民轉餉。君謂有三不可：西州賦重於三路，不待調夫，民力已疲矣。自蜀至利，役夫徒手走千里，始得負糧而行，又千里乃至西和，古人以爲千里饋糧，士有饑色，今且倍矣，獨奈何？且劍、利調夫，一人之費爲錢八萬；西州道遠，費必倍。以一夫十六萬錢計之，直米五十碩。古人以三十鍾致一碩爲困民，今以五十碩致六斗之粟，利害又相絶矣。卒寢其議，一路賴之。其在洋州，異時逋户反業，得貸牛出租於官，合諸州累欠至三千餘碩，總計者用爲實數以給軍，邊民至破産不能償，君列其事於朝，悉得免。郡歲受民租，總賦者輒對糴以給軍。先時民輸一石以七合爲羨，其後並縁十倍之，至是又欲以七升爲額。君曰：「作法於貪，其弊將可窮邪？」力沮止之。其持節利路，興、洋間多營田，與民田錯，官軍怙强爲擾，田且多荒。

君上其事于宣撫使，請令民亦得佃耕，農穀用以廣。蜀饑，流民至關外者甚衆，按視賑給，且廣糴以平穀價，使皆得食。知樞密院虞公允文時爲宣撫使，每咨訪以事，君率正論，一不及私。再三爲言成都路預借之弊，朝廷非不申敕，而迄不能止，蓋以諸郡例空乏無以塞責，則巧爲之計；今不若盡攷其用度出入之實上聞，而有以寬邺之，則預借可戢，民受實惠矣。其後諸州卒得蠲減，實君發其端。其在夔路，於獄事尤切切，首下教禁戢四事：拷掠無得過數，繫治無事踰律，訊問必躬臨，疾病必以實。合一路之獄凡六十有五，禁囚百三十事。令下才閲月，以獄空聞者三十八所。夔、恭兩州合欠經制緡錢至二萬七千有餘，君謂赦令之下有所蠲，獨此不得邪？言於朝，併他路得免。其不急於催科，而篤於厚民類如此，亦異於俗吏所爲矣。

君孝友恂恂，幼事正奉公甚謹。中歲以來，率婦子奉所生母曲盡其意。居喪以毁瘠聞。治家有法度，不事華飾，不爲戲言，不忍言人過。鄉人尤親且敬之，不敢干以私。待族黨有恩，視其尤困乏者，推居官所得俸以給之。女兄及族弟之女貧不能行，君收撫嫁遣，比君没，哭之如父。少長，從忠獻公，公每愛其慤實，時時從旁推揚蜀之賢士大夫，而未嘗以語人。教子弟諄諄不倦，每曰：「爲人當植立，貴勢不可恃也。居官當廉謹，己欲不可縱也。治家當勤儉，衆財不可私也。此吾平生之所身履而以望於子弟者。」其所存亦可槩見矣。

君娶李氏，先君卒，累贈宜人。四子皆業進士：光弼以君蔭得廸功郎，充四川提舉茶馬司准備差遣；次光遠，將仕郎；次光裔、光顏。四女：長適廸功郎房鐸，早卒；次以廢疾不行；次適何如川；次適黎時雍〔二〕，皆爲進士。内外諸孫男女合十九人。以淳熙元年十有二月甲寅朔葬於縣之武都鄉。光弼等萬里遣來請銘。

予惟念自幼從先公周遊四方，於宗族闕敬。方君在忠獻旁時，予蓋未省事也。丙子之歲，忠獻在疚，君來省侍于長沙，始獲從君語。是歲忠獻入蜀，又獲欵也。顧其氣象猶有前輩重厚典刑，足以儀刑鄉黨，使後生小子消浮薄之習，不謂十九年間不復見君，而君亡矣。予既憂患之餘，念宗族日落，棠棣「脊令」之詩實感厥心，如此又何以辭？銘曰：

其德也，器厚而不窳。其藴也，櫝實而不窶。其用也，泉澤而不淤。其傳以銘，匪今於古！

直秘閣詹公墓誌銘

自頃國家承平日久，士大夫豢於寵利，無捐軀殉國之志〔三〕，狃於宴安，諱言兵事，一旦戎馬入中原，相視愕眙，不過爲畏避偷生之計，仗節死義，罕有所聞，至其謀國，則以退怯爲得筭，事讎爲全策，風俗至此，夫豈一朝夕之故哉！然而其間天資忠義，務爲實用，不汨於習俗，有志於當世者，亦豈無其人？顧有而絀於時論，又不克盡其用，爲可歎慨，若詹公是也。

建炎初元，公通判鞏州，虜騎再渡河，狙脇陜洛，長驅至秦隴，將及鞏，郡守假它檄去。公即日合兵民七千人，授甲登陴。虜至城下大呼趣降，公命以勁弩射之，圍合數重，部分既定，歸與家人訣曰：「自國門直鞏九郡皆不守，吾守死矣！」竭家資犒軍，謂其父老曰：「我已與家人訣爾，當共助我！」皆感激，争出金穀。虜盡力攻五日，不能破，會公所乞熙河兵至，與虜戰，殺其酋三人，遂遁去，城卒全。紹興初，苗傅等甫伏誅，虜勢憑陵，諸將有憤激戮力之意，有司顧以調度不給爲憂。會大饗明堂，已下詔矣，公時從招討使，慨然奏疏，大略謂：「靖康之禍，人神共憤，久矣。今大敵在前，國勢不立，與其崇孝饗之虚文，曷若厲復讎之大義。請停大禮，悉以其費佐軍，督諸將分道攻守，以慰祖宗在天之靈。繼志述事，孰大於此！」事雖不行，識者韙之。

丞相張忠獻公督師〔四〕，遴選時彦，首辟公掌機事。劇賊楊么據洞庭〔五〕，奉檄先走鼎州，度事所宜〔六〕，條上悉中機會。方是時，虜挾我叛臣日窺邊，諸將列屯淮漢，幕府議軍事曲折，有非文檄所能傳者，必委公往諭意，析理會情，無不切當。蓋公舊爲河州士曹，故將王淵爲寨主，捶將校至死，郡守欲加罪，公曰：「小校犯階級，是不可以常人論也。」卒免之。

王公感激，平生事公如父兄。張俊、韓世忠始淵部曲也，故其言尤爲諸將所信，忠獻以是任之。

公善將兵事，嘗佐世忠解濟州之圍。行至熙河，聞虜騎已南，公曰：「卒遇敵，進退何據？當駐山陽，以佚待之，一戰可勝。」世忠鋭意，不能從，師至宿遷，果潰，自是愈心服。劉光世之罷兵柄也，尚書吕祉往蒞其軍於合淝。公已去幕府，貽書忠獻曰：「吕尚書之賢，固爲一時選，然於此軍恩威曲折，卵翼成就，恐不得與前人比。兼此軍今已付王德，德雖有功，而與其下酈瓊輩故等夷耳，恐有中不能平者，願更擇其偏裨素爲軍中所親附者使爲德副，以通下情。」忠獻然其言，未及行而酈瓊以叛聞。公明審有謀類如此。

自忠獻去國，和議興，公不復用。有薦之於時相者，時相方謀和亟，惡言兵，乃曰：「詹君而賢，何乃樂從兵間耶？」嗟乎，是豈知公心者哉！及虜暫歸河南地，見大夫無可使，則又謂公有守犖勞，俾以使指往關中。時公年高矣，親舊争勸無行，公曰：「朝廷名爲撫舊疆，吾雖老，敢辭乎？」曰：「然則無以家行乎？」公曰：「人情危疑，使者不以家行，是重之也〔七〕。」即日盡室引道間關入境，延父老問疾苦，布德意。會虜敗盟，不克終事。蓋其慷慨徇義之意，至老不衰。其爲人本末大略如此。所謂天資忠義，務爲實用，不汨於習俗，而有志當世者，若公非耶？而絀於時論，不得盡其用以死，則可不爲之歎息哉！予故特表而出之，世之君子必有能辯之者。

公諱至，字及甫，嚴州人。曾祖瑀，贈正奉大夫。祖詢，不仕。父安，學行爲鄉里所尊，以累舉恩，仕爲浦江簿，贈宣奉大夫。母太碩人余氏。公中崇寧元年進士乙科，授泗州推官、河州推官，徙士曹參軍，改秩，監在京廣衍倉，通判濰州，易南京留臺，通判永静軍及鞏州。召未對，除陝西轉運使，以親老辭。改御營平寇左將軍隨軍轉運判官，主管臨安府洞霄宫。起爲江淮招討使司隨軍轉運副使，知常州，改徽州，辟州督府主管機宜文字。以幕府功，除直秘閣。忠獻將薦於上，會太碩人有疾，力辭歸。遭内艱，服闋，提舉台州崇道觀，知處州。言者希時相意，論公與諸將善，坐是罷。起爲永興等路提點刑獄公事。後復丐祠，以崇道歸。紹興十年，以微疾没於其家之正寢，享年六十有八。初娶何氏，再娶許氏，俱封令人。子男三人：攸之、仰之、倬之，並右從事郎。孫光祖、紹祖、似祖、興祖、昭祖。女長適廸功郎潘淵明，次適承節郎方守中，次適承務郎王興義。是歲十月甲子，葬於遂安移風鄉新邨之陽。積官至左中奉大夫，封建德縣男。

公自幼沉厚寡言，外樸中敏，孝友尚義。居太碩人之喪，鄉黨以爲法。育伯兄孤孫如己子。孀妹來歸，爲之區處生事，兒女婚嫁皆得所。宗族之貧無所給者，曰：於我衣食，死於我葬。以至外姻亦賴以濟。度量恢廓，喜怒不形，而人亦莫敢犯。奬借後進，聞一善若出於己，有不善爲之憂，委曲諷曉之，雖甚不肖，亦知愧。訓誘子弟，不欲傷恩，反復諄諄不憚。故凡其宗族與其鄉之人，生則相與愛敬，病則合力祈禳，終則至於流涕，此豈偶然哉！公於書無所不讀，讀輒不忘。務以躬行爲主，考論禮樂制度，往往得經意。尤喜推原歷代治亂得失之故。藴蓄深厚，發爲文章，雅健追古。其得意時，操筆如風，及讀之，雖宿致思者不能及。其藁隨多散失，所裒拾僅得瀛山集十卷。詹氏系本南陽，五代時有避亂來嚴之建德者，實公始祖也。其二子復徙遂安：一居遂安之原，至公凡九世；一居新安之原，亦同邑也。自宣奉公糾族講學，而詹氏始多秀士。及公益敦篤。懼兩原子弟世遠日疎，乃立二老祠，每歲季春，悉合其少長奉祀，事已，相與飲酒，序親愛以無忘厥初，雍雍然也。又爲之立墓祭之式，使後人世守之，其尊祖糾宗之意甚備。詹氏人才之盛，抑未艾也。公季弟曰棫，仕爲宗正寺丞，於公蓋同志者。公之葬，狀公行事甚詳〔八〕，兩銘文未有所屬。後三十有四年，歲在戊戌，宗丞有子曰儀之，今爲廣西轉運判官，與帥張某聯事講學相好也，於是始以屬某，而某實公所從忠獻公之嗣子也，乃不克讓，爲之論次如此而銘之。銘曰：

猗若人之好脩兮，懷瑾而爲美也。不隨俗而風靡兮，厲秋霜以爲志也。羌視讎而弗疾兮，己獨斯之恥也。紛懷生以自營兮，子何艱之避也。周旋於羽檄之間兮，抑將以伸其義也。凜自信之不疑兮，曾習俗之何晲也。勒銘以昭之，後人之興起也。

通直郎致仕向君墓表

開封向氏自文簡公相真宗，天下稱賢，其家始大。於後欽聖憲肅皇后作配神宗，母儀三朝，其族益光顯，人才亦接踵而出，始終與國並昌。靖康女真之變，二帝北狩，衣冠南渡，一時仗節死義之臣僅可屈指計，而建炎之元，守死淮寧，風烈暴白者，實文簡四世孫忠毅公也。忠毅死時，其家幾亡噍類。第四子沈適以逆婦於故侍讀文定胡公之家，獲免於難。君即沈也，字深之云。

君生名門，資禀静厚，既受室於胡氏，日親文定之教，薰陶義理，步趨矩度，益以成其德。獨痛家國禍難之酷，終身於禄仕蓋泊如也；至於春秋復讎之義，則不能以忘於中。無路自伸，積憂薰心，早衰多病，以至没齒，識者惜之。自宣和中用叔中奉公子褒恩補登仕郎，紹興中始授右廸功郎、監潭州南嶽廟，又十五年復爲添監釐其務。有劉昉者安撫湖南，嘗希時宰意，誣奏君叔父秘閣公子忞。至是昉復來，君即引去，適改君湖南安撫司准備差遣，迄不上也。君念所生母李氏自淮寧相隔，歷歲久遠，迎養禮絶，遵律追服，率禮無違，服除，申畀前命。言者論忠毅淮寧之飾，訪其後人，尚書下符促赴闕。君以時方多虞，已又抱痾，養身崇德，無辱其先，庶幾足矣，希寵徼進非所願也，竟不往。前後凡五監潭州南嶽廟，最後以上登極恩轉右從政郎。在法，選人六考致其事，則通朝籍，君覬得以追賁李氏，即引疾請，會新制，止得改次等。已而嶽廟理考，故人之在朝列者爲之請，乃更授右通直郎致仕。拜命才八日而君没，未及爲李氏言也，聞者尤傷之。

君孝友端諒，奉先致嚴，居家有制，爲人謀必周，主財用必公，制事敏而詳，接物簡而和。居處服用，取適可而止，視外營末趣、紛華盛麗，舉無足以撓其中。蓋其天資之美，而亦薰習之力也。君事秘閣如事父，間關百爲，備極勤力，深愛和氣，小心畏忌，奉承幹蠱凡四十年，人無間言。始忠毅死事，朝命官其後六人。以其一奏季弟鴻，鴻君蓋淮寧脱死於襁褓中者，自餘悉以聽秘閣之命畀其族人，而君之子士行，秘閣又以郊祀恩先已諸孫而及之。推此可見其叔父猶子相與情義之篤也。故侍郎胡公寅每咨嗟語人曰：「若向深之之事叔父，可以爲人猶子之法矣。」秘閣自南渡以來，聚族而處，甚恩，既没，君復率諸弟守其遺訓，綱紀輯睦如初。

乾道七年四月十八日微疾没於正寢，享年六十有四。是歲六月葬於衡山縣紫蓋鄉梅橋山，祔於忠毅公塋側。君曾祖考綬，故西京左藏庫使，祖考宗琦，故太中大夫，贈少師；考忠毅公子韶，故中奉大夫、知淮寧府，贈通議大夫，賜謚。君之配胡氏，文定公之女，賢德懿範，爲閨閫之表。子男六人：曰士行，廸功郎、前荆湖南安撫司准備差遣；餘皆夭。女四人：長適通直郎、江南東路轉運司主管文字胡大原，次適將仕郎劉無忌，次適蕭澥，次適趙維，皆進士。孫男二人：公頤、公顗。淳熙二年，士行以大原所狀君行來曰：「先君没四年矣，而墓表未立，敢泣以請！」某惟念如君之賢，實中心平日所敬者，獨懼文字不足以稱耳，而尚何辭！乃爲之銘。銘曰：

有赫其門，國之休兮。有美其質，羌好脩兮。被服名教，言行周兮。蘙闢百罹，抱隱憂兮。世所趨慕，匪予求兮。湘江之湄，獨夷猶兮。終莫克如，尚奚尤兮。曷以詔後，表于丘兮。

校勘記

〔一〕而不爲赫赫名利之爲 「利」，原作「黎」，據四庫本改。

〔二〕次適黎時雍 「時」，原作「如」，據劉本、四庫本改。

〔三〕無捐軀殉國之志 「志」，原作「忠」，據劉本、四庫本改。

〔四〕丞相張忠獻公督師 「師」，原作「帥」，據劉本、四庫本改。

〔五〕劇賊楊么據洞庭 「么」，原作「公」，據劉本、四庫本改。

〔六〕度事所宜　劉本、四庫本作「度事宜所」，「所」字屬下讀，亦通。

〔七〕是重之也　「是」，原作「自」，據劉本、四庫本改。

〔八〕狀公行事甚詳　「甚」，原作「其」，據劉本、四庫本改。

南軒先生文集卷第四十

墓誌銘

通判成都府事張君墓表

君張氏，諱椿，字大年，漢州綿竹人。曾祖諱紘，贈太師、冀國公；祖諱鉞，舉孝廉；考諱濩，隱德于鄉閭，贈朝散大夫；妣宜人蔡氏。君幼孤，家徒四立壁，備極艱苦，而挺然有志於爲善。某之祖妣秦國夫人實收而教育之，逮長能自立，鄉黨稱之。忠獻公既貴，鄉里家事俾君任責，君謹守家訓，杜門讀書，身率宗族，公租及時先輸，無一事至官府。輕財好施，勇於爲義。視親婣之祭祀昏葬不能自給甚者，即助之，後生子弟之不率訓者切厲之，紛争不能自决者平處之，小大畏伏。屢試進士不遂，後亦不復往。忠獻公知其可以居官，遂使來南，用叔父徽猷公混致仕恩，補將仕郎，君時年五十餘矣。旋授右廸功郎、都大提舉坑治鑄錢司檢踏官〔一〕。未上，會省員罷。故開府儀同三司劉公錡帥荆南，辟爲松滋縣令。縣更兵火之餘，重以水潦湮墊，徙治，田萊多荒。又地産茶，方春，他路惡少私貨者執兵器旁午，甚至剽略殺人，官爲屯禁旅守要隘，盗益羣行抵捍，莫可遏止，令闕官且十年。君得檄，歎曰：「世豈有不可爲之邑哉？」至則以撫輯爲先，罷横斂，絶關禁，令商旅通行自如，榜諭盗使速自新反其業，其烏合游手願從軍者請於府爲効用，願耕者官給牛種爲營田，盗以是衰。則又推廣保甲法而行之，民欣然從令，盗無所措足。則上其事於朝，朝下之府，略施行於它縣，荆南至今民兵之盛，發端自此。然君於此思慮極詳密，猶恨其説未得盡用於時也。縣歲調夫築堤，費不貲，吏並緣爲姦，旋即決壞。君詳視向所築率退就淺近，不當其衝，更進，塞要害，冒大雪躬臨之，迄於堅實。明年秋大水，堤不没數尺，比退，無尺寸圮，邑人謳歌焉。乃新夫子廟宫，率諸生講誦，公居庫庾，次第一新，松滋自是始成官府。會府增戍官軍，符諸邑治舍，君獨以不擾集事。虜寇邊，它邑人例多逃徙，境内獨倚君安堵。及將去，庫有餘貲，以代下户租。既去，人思之。轉從事郎。中書舍人劉公珙薦君可任繁劇，差知建康府江寧縣。縣在府下，應接期會急星火。君先立科條，示以恩信，卒以整治聞。兵部尚書虞公允文制置荆襄，辟君爲准備差遣，用薦者改宣教郎，幕府事有未便，輒盡言。公命提舉激賞庫。掌庫者武吏，公所親信，異時無敢孰何，君獨勾稽究治，或以爲過。既代公者乃小人，搜剔費用隱微，卒不可得，公始歎得君助爲多。授夔州路轉運司主管文字。

會轉運判官周升亨傅會大官，以舟運蜀馬，一路騷動，且將盡核羡財以獻。君推誠勸止非一事，至其甚不能遏，則不敢署文書，且與之辯，曰：「昔稱善理財者不過知取予耳，今知取而不知予，獨奈何？」使者大怒，捶吏逼公署，迄不可，則無知之何。時敷文閣侍制王公十朋帥夔，素以剛正自任，每多君，曰：「使爲屬者人人如張君，上之人寧患過舉耶？」終身稱道推揚不置。已而馬運卒不可行，使者以罪罷，且死，君致其孥則盡力。君在職，嘗以臺檄攝知大寧監，半載，遠人安之。秩滿，通判成都軍府事。連帥吏才有餘，第所尚或偏，寮屬少年争爲刻新以求婚。君居其間，處以静厚，其怙勢妄動者輒面折之，帥亦頗憚焉。屺山之下堰水爲利最全，獨歲一葺，君適董其役，盛冬勞苦，不減松滋治堤時。或以君年高，勸少休，君曰：「民命所繫，使身可寒，亦爲之何勞耶？」在職二歲，堰獨完。方是時，虞公已爲相〔二〕，其親黨有爲邑府下者，自帥以下反曲意奉之，君行縣，獨問以職事，叱責之不顧。平生大抵直諒不回例如此。使得高位以行志，則其卓然表見者又可量哉！

以乾道六年九月七日微疾没於官舍，享年六十有九。累官至承議郎。以八年十月甲子葬於綿竹永祚鄉之原。配范氏，成都華陽人，儉順之德，實宜於家，後公三年殁。子男三人〔三〕：然，廸功郎；次熙、次嵤。長女適鄉貢進士范子脩策，二女適廸功郎宇文紹莊，其仲季夭。孫男四人。淳熙三年冬，熙以然所記録其言行走桂林，請予爲表。予與君同曾祖，惟銘之義，始於鍾鼎，然與史異。記曰「銘之義，稱美而不稱惡」，此孝子孝孫之心也。至於後世，溢美過甚，而無以取信，然則宗族之間自爲之，抑可信乎？予謂惟其實而已。實之所在，雖親何嫌？抑其親者又觀之審也。若夫誕書妄紀，雖疎庸何信？故予於此不復辭。而如吾兄之賢，予實親見而熟誦之〔四〕，於茲之述，蓋有所不能盡也，嗟夫！

訓武郎趙公醇叟墓誌銘

君諱師孟，字醇叟，胄出昌陵，燕懿王之七世孫也。懿王生冀康孝王，康孝生丹陽僖穆王，僖穆生南康脩孝王，脩孝生崇温獻公，五世皆居嫡長。温獻諱令圖，是爲君之曾祖考。祖考諱子野，終襲慶軍承宣使。考諱伯莊，繇宫邸爲外官，終右朝請大夫、知道州。君生而秀異，長無貴驕之習，以孝友稱，用承宣公恩補官。紹興壬子歲調監永州祁陽酒税。秩滿，用宗室恩得監潭州南嶽廟。自是之後，寓居南嶽蕭寺中，屋僅數椽，被服不減寒士。無他嗜好，獨與簡編對，潛思博玫，矻矻忘晝夜，其於國朝法度興革廢置利害靡不周悉，至於天文、象數、卜筮、篆籀亦無所不通，論古今事纚纚可聽。間即游歷溪山以自娱適，蓋無復後進意也。

逮于壬午歲之春，先公忠獻留守建康，薦君才可以任事，操可以厲貪，願易文階，擢寘清近，以爲公族勸。有旨令赴在所，而君時已抱疾，喟然曰：「固願一見君父，効愚忠，其如疾何！且幸得託公族，竊厚廩，召而不行，國則有刑。」乃扶持越數驛，引疾以歸。蓋自始求退，以至於終，凡任嶽廟者五，主管台州崇道觀者四，其恬於進取如此。

始君來南嶽，會文定胡公之家在焉，君聞所講伊洛餘論而心慕之，與文定季子仁仲先生遊餘二十年，其間講論問辨，固非一端，而君自謂吾斯終未有所安也，故先生之殁，君哭之尤哀。然而君方年少時，性剛而氣鋭，遇事輒發，不可少忤；及見先生長者以來，閒暇静養，至於中歲，意象循循，寬厚和易，未嘗有忿色愠辭見於外，識君者皆謂與疇昔爲異人〔五〕，則學力之所變化亦可知矣。

於後有室家之戚，歷時而情未能遣，君頗病之。一日晨起，灑然有喜色，家人怪而問焉，則笑不答，已而語其友曰：「吾今而後始爲不負此生。平時滯吝，氷解雪消，其樂有不可名言者矣。」蓋自是以爲所得不疑，有隱几據梧之意。家事亦不甚經念，時獨旁觀老釋之書，囅然一笑。晚苦末疾，以乾道壬辰九月十七日終於所寓之正寢，享年六十有四。其年冬，君之友胡寔狀其行使來告曰：「醇叟不幸死而無子，將以十二月壬寅葬於衡山蘭橋之原，惟是所以詔來世者敢請。」某念往來湘中，熟君舊矣，義固有不得辭者。重惟習俗之弊，搢紳大夫往往競於寵利而不能自克。如君近出公族，抱負才業，而退然終身，孜孜求道，無所歆慕乎外，抑亦可尚也已，是宜銘。君積官敦武郎。配王氏，先八年卒。獨有二女：長適將仕郎張衍，次適右廸功郎柳州洛容簿范子文。君無恙時，或勸宜以時定嗣子，君曰：「兄弟有子，先人不乏祀，是亦足矣。」而識者尤悲之。銘曰：

世俗爭鶩，已獨處兮。公族烜赫，己踽踽兮。天資剛強，變寬裕兮。夫豈偶然，學所致兮。生以其常，死曷悸兮。勒銘於丘，示來世兮。

教授劉君墓誌銘

前贛州教授開封劉君靖之，淳熙五年四月二十四日以疾没於家。後三月，其弟前太常寺主簿清之葬君於廬陵先墓之側，書來請銘。頃予居長沙，聞章貢有學官始至，登講肆之堂，視其旁列繪像凡五六，皆近歲太守、部使者，即日撤去，進諸生而告之曰：「若亦知濂溪周先生嘗通判是邦乎？先生百世師也，學者所當尊事。」於是以其處爲先生祠，使誦習其書。問其姓名，而知君之爲賢。

今得清之所寄行録一編，大抵皆贛之士紀述君之言行。謂君之教人，首務正其趨向，月校其士以行義爲先，視其文論治道而尊管商，談學問而涉佛老，言時事而忘讎敵者，必痛抑力排之。終日坐直舍，雖休沐亦或不出。講質問辨者相踵，與之反復無少倦。有一善輒屢奬而申勸之，有不善，爲之愀然曰：「吾教之不至也。」以故多所感動，凡學之事，小大悉有條理。致其鄉之老成者使分教席下，向有濫居其職者輒漸自引去。士爭趨於學。益市書它州使之讀，而丐增其廪以食之。自太守、部刺史以下見其惓惻，無敢於紊其學政者，故君得以行其志。贛之士知有爲己之爲重，恥言利而趨於義，君之教爲多。故其去官，爭欲留之而不能。比其死，奔走往哭，又爭爲紀其言行，欲其有傳，夫豈偶然也哉！予於是而歎君雖在下位，而能不苟於職如此，且觀其所以教而知其志之遠且大也，則爲按其録而書之。

君字子和，本臨江人，五世祖太子太保式自臨江歸京師。曾祖斅，故朝議大夫、贈太中大夫；祖武賢，故承議郎；考滁，故通直郎致仕。母趙氏。君資禀冲淡而温厚，中紹興甲戌進士第。初任吉州司户參軍，兼掌獄事，即不爲詭隨。更尉邵武，上官文符之下，有病民者不輕以行。及得贛學教授，待次凡五年，益用力於經史，講論先覺師友淵源。及其居官，則推己之所從事者而與其士共之。秩滿改官。遭繼母裴氏憂，未及禫而君死矣。病且革，戒其家曰：「喪事勿用異説。」享年五十有一。娶趙氏，有子曰仁季，女一人。惟劉氏自國朝開基以至於極盛之際，世有顯人，名在國史，忠厚雍睦之風相傳，以至於今，世系益遠，而家法不衰。君之兄弟又能克篤其敬，相勉以道義，藹如也。大家子孫能世守如此者，其亦鮮矣。予雖未識君兄弟，而與君之弟相與書辭往來，有講論之好，來求銘君墓至五六，辭甚苦，有不得而辭焉。銘曰：

世之論者以郡教授爲不急之官，以予觀之，使得其人，則於其州可以成才而善俗，顧不急哉！贛之學，自紹聖間有賢者曰李朴先之實臨其官，今八十有餘年矣，而士猶稱之不衰，及君，又見稱曰：「是可繼先之也。」豈不賢哉！予故表而出之。

欽州靈山主簿胡君墓表〔六〕

惟建州崇安胡氏至文定公而始大，其上世皆居里中。文定公宦遊荆楚歲久，皇考宣義公淵歿〔七〕，葬於荆門，紹興初，因徙家衡嶽之下。於是二弟寔從，仲曰安止仕爲朝奉郎，生子寔字廣仲，是爲君。君雖生晚，不及親受文定之教，而自幼敏茂，氣識異於常兒。年甫十五，從家塾習辭藝，從兄五峰先生宏察其質之美也，從容告之曰：「文章一小技，於道未爲尊。所謂道者，人之所以生而聖賢得之所以爲聖賢也。吾家文定之業，子知之乎？」君拱而作曰：「某不敏，固竊有志乎此，願有以詔之。」先生嘉其志，樂以告語。君雖素羸多疾，而矻矻自力不肯置，由是所見日以開明。先生之歿，君獨念前賢淪落，且懼緒業荒墜，慨然發憤，見於辭色，孜孜訪友，惟恐不逮，講論反復，以求至當。議論貴決白，不爲含糊摸稜態。其居家雍睦而有制，閨門内外無不敬愛之。或諏其所以致此，則曰：「家道之失和平，皆由小知自私害之。吾一以公心惻怛居其間，故無事耳。」始朝奉公殁，時幼子寓僅垂髫，君撫育教訓，恩意甚力。輕財好施，意氣豁然。舅之子貧無所依，君收養之終身。以至族姻之不能自振者，賴君區處調護非一。而其好善疾惡亦本於天資，親朋有過，盡言不隱。雖甚愚窒，不忍棄，必反復開導，至其以非意相犯，則恬不與較。平時誦習文定公春秋之説，尤患末俗統系殽亂，每舉「莒人滅鄫」之義，言意深切。其操心主於忠厚，爲學謹於人倫，貴日用而恥空言。行事之可見者大抵如此。早以門蔭補將仕郎，殆將二紀，約居恬然，不急仕進，近歲始就廣西銓選，得欽州靈山縣主簿，亦未上也。乾道九年秋，因事至湘陰，得疾，堅痞在腰股間，醫者誤以快藥下之，則益甚，亟歸舊廬，以十月庚辰殁於正寢，享年三十有八。娶黄氏，知鄂州抗之女。子男二人：大同、大有，皆幼。一女才及笄。君之殁，士之識君者莫不爲德門惜。君之賢，至其所居鄉里之細民亦曰：「何善人之不壽也！」予與君交幾十五年，志意相合，歲時會遇，與夫書尺往來，無非以講論切磋爲事，則予之惜君，又豈常情可比哉？嗟夫！學者之病固非一端，以予觀於近世，其大者有二焉：貪高慕遠，則不能循序而有進；負己自是，則不能降心以從善。是二者，抑學者之所甚病也。數年以來，瞷君熟矣，蓋務實趨本，自反於卑近，而虚中求益，不私其故常，予是以知其所造將不可量也，孰謂天之降年止於斯邪！學力而未極其成，才高而未著於用，予之所深痛也，予豈不知脩短之有命耶？是歲十二月癸酉葬於衡山縣雲密峰之東，從其先君之兆。其友同郡吴翼以狀來求表墓，明年乃克爲之。淳熙改元九月戊申述。

吴監廟墓誌銘

予自爲兒童時即識吴君子通，胸中坦夷，善談論，豈弟人也。平時游公卿間，以忠信自將，一見即欵熟，久不以榮悴改。自予先公與丞相趙公當國，開督府，嘗辟君蒞軍士之食及有疾病者。逮予家居湘中，君還自北，即復來登門。先君貶陽山，陽山窮僻多癘氣。時秦檜擅權，熖烈原火，忌疾特甚。先公屏居闔關不與人相聞，雖向來故吏亦有莫敢以書至前者。君獨屢入嶺求見，見必留久而後去，年歲間必復來。太夫人在長沙，君南來〔八〕，必待安問，復視先公飲食顔色寧健否，歸以告。君又與樞密折公善，折公貶郴，君亦每道郴問勞欵曲。方憸人帥潭，網羅善類〔九〕，搜抉細故以諗檜。君堂堂往來遷客間自若，不顧也，先公與折公皆作詩稱道之。其激義蓋如此。君諱芾，子通字也。其先自武夷徙家湘潭。曾祖惟忠、祖仁信、父仲明，皆業儒。君少而孝友，既孤，事母訓弟，有聞於其鄉。母病瞽踰紀，君精意療治，一日復明如初，人以爲孝誠之感也。游京師，聲譽籍籍縉紳間。廣西經略使呂源辟君自布衣補官爲屬，凡所以資源者甚至，其可知者，如料莫公晟有它意，欲消患未然，及并省平、觀二州以寬支移之擾，力行法禁以革泉貨出徼外之弊，廣人稱之。盜曹成破，臨賀餘黨未去，君以檄疾馳入城，保其資糧數十萬得無失。使者議狀其功，君力辭焉。出嶺調官，既入督府，復就版曹辟，爲諸路回易總領司主管文字。已而從路公允廸往南京，陷於虜，深自晦其能，亦屢以疑似坐獄，不爲屈，竟得脱歸。請祠返故居，遂不復出仕矣。

君論事纚纚，聽者忘倦。練習典故法令，以至山川險易、財賦本末出入皆甚悉。而又特精於醫。始君少時，父病瀕死，而醫無良，且玩視邀重利，君慨然閲素問岐伯、盧、扁之書，久而得其妙。視脉如洞見五臟，詳察其所以然，而投之劑無不應，如甘蠅飛衛之射、郢人之運斤。蓋心悟神解，非庸醫守紙上語者所能睥睨髣髴也，計所全活不可勝記。在京師時，士大夫私識其治法成書，相傳以爲異。及歸湘中，鄉黨尤賴之，人有持金帛報者，即謝不敢受。家四壁立，處之澹然。

紹興辛巳八月五日終於家，享年七十有五。是歲是月祔於先塋，實衡山武陽鄉。娶黄氏，先君卒；再娶陳氏。子以宗、林宗、元宗，孫伯騏、伯熊、伯驥。女長適奉議郎李茆，次適左廸功郎、鼎州教授王起宗，季適進士曠楊。林宗屢來求予志。予自念往在瀟湘，君每登堂拜太夫人，予以綵衣侍重親。俛仰十五年間，風木之悲，遂成永感，撫事追昔，痛如何言！而於君之誌有不得辭也。又念予嘗從先公旁聞君道虜事甚詳，云人心厭虜，思念我宋不忘，見父老屏處聚語，有或至流涕者。嗟乎，此非國家它日恢復之本邪？近世士大夫計較利害强弱，畏虜如虎，曾不思天下莫强於義理，況祖宗德澤滲漉之深耶？予因叙君事，憶君所嘗道者，而喟然有發於斯言云。銘曰：

嗟乎！體魄藏於斯，魂氣則無不之也。咨爾子孫，歲時瞻省，以謹以護。致饗於家，以敬以事，以無忝於嗣。

教授魏元履墓表

故台州州學教授魏君元履之喪，新安朱君熹既爲之志以内諸隧，而其子孝伯復以書來請表於墓。某雖聞元履之風而未及識，獨時以書往來，相與之意蓋有不待傾蓋而得者。又聞元履將殁，若以此屬於予，則於孝伯之請，反之於心，誠有不能已者，故不復敢以荒陋辭。元履諱掞之，舊名挺之，後更今名，則字子實，然以元履行。今爲建寧府建陽縣人。父大名隱德不耀，故禮部侍郎胡公寅嘗志其墓，述其世系甚詳。元履自幼立志不羣，方是時，建寧多儒先長者，元履始入郡庠，事籍溪胡先生憲，先生器之。已而遍從諸長者游，間又適四方，所交一時名卿賢大夫多丈人行，故聞見日廣，而聲稱亦日著。其爲學慨然企慕古先，於書無所不講，而於歷世治亂興亡得失之故與夫本朝故事之實有所諳究。爲文章長於論議。善談説，聽者無倦。其居家孝友恂恂，謹喪祭，重禮法。於親黨邺死字孤，雖貧，極其力而爲之。其居鄉，遇歲饑，則爲粥以食餓者，且請於官爲之移粟，閭里賴之，視鄉人有不葬其親者，請富與之期，貧與之費，賴以掩者亦以千計。其有不舉子者，則爲文以告戒之，細民亦多爲之感動。其與人交盡其情，然不爲苟合，長善救失，惟恐不及。後進有一長，必亟稱而力推之；位望尊重者，苟有不合己意，亦面質不置。大抵其爲人於義最隆也。

方年壯時游江淛間，過衢，客郡守章傑之家，會故相趙忠簡公之喪歸自海外，傑雅以私怨趙公，且希秦檜意，逮治其家人，勢烈如火。元履獨慨然以書誚傑，長揖而去，傑亦無以害也。其天資疾惡，勇於爲義類如此。元履兩以鄉舉試禮部不第，福建路安撫使汪公應辰知建州，陳公正同知其賢，相與論薦，復爲時相所尼，不得召。居數歲，詔舉遺逸，轉運判官芮公曄率其僚與帥若守六人者以鄉人所狀行義聞，有旨特徵之，時宰相陳公俊卿實當國也。元履辭既不獲，乾道四年十二月用布衣入見，條當世之務，首論脩德爲立政之本，繼以正人心、養士氣爲言，以爲恢復之道，要必以是數者爲先。上獎歎開納，勞問移晷，翼日詔賜同進士出身，授左廸功郎、守太學録。異時學官多養望自高，不與諸生接，亦不復省學事。元履就職，則日進諸生而誨語之，視其屋有弊壞弗支者，亟請於朝而葺之。

其春釋奠於先聖，職當分獻先賢之從祀者，則先事白宰相：「王安石父子以邪説亂天下，不當祠，而河南程氏兄弟倡明絶學，以訓方來，其功爲大，請論奏屏去王安石父子，而追爵程氏，列於從祀爲允。」它日又白：「太學之教豈當專以浮言取人，宜隆德行，尚經術。其次猶當使之通習世務，以備官使。」皆不聽。元履念上恩厚，言雖不見用，未忍去也。於是時事有係安危治亂之幾，而自宰相以下無敢救正指陳者，懷不自已，每抗疏力言之，至於三四；不報，則移疾杜門，以書切責宰相。宰相病之，遂因元履之請，予告使歸。既行，則罷爲台州州學教授，五年六月也。

元履歸而喟然曰：「幸得遇明主，學力未至，無以感悟効報萬一，當益自勉而已。」舊榜其書室曰「艮齋」，至是日處其間，紬繹舊學，將求其所未至〔一〇〕。士子有從之游者亦不之拒，而元履病矣。病且革，顧念君親，處理家事，無一語謬。其母游氏視之，不巾不見也。戒其子：「毋以僧巫俗禮浼我。」招其友朱君熹，至則盡以終事爲託。以九年閏月壬戌歿於正寢，年五十八。娶劉氏，同郡徵士勉之兄女，先十九年卒；再娶虞氏。子男二人：孝伯長，國學進士；孝聞尚幼。所爲文章及論議合數十卷藏於家。嗟乎！習俗之弊久矣，惟一己之便利是圖，而其它有不遑卹也。若元履，平日制行，以急病讓夷爲心，一旦起布衣，有列於朝，則無隱君父，言衆人之所不敢言，其比於區區自謀者，相去豈止十百而已哉！而世或以近名訾之，抑昌黎韓子所謂怠與忌者，非邪？雖然，使元履而天假之年，益充其所志，以進其所願學，則其所成就發見，又豈止於是而已邪？予是以歎惜而書之。淳熙元年五月戊申廣漢張某述。

校勘記

〔一〕都大提舉坑冶鑄錢司檢踏官　「踏」，原作「校」，據劉本改。

〔二〕虞公已爲相　「已」，原作「以」，據劉本、四庫本改。

〔三〕子男三人　「三」，原作「二」，據劉本、四庫本改。

〔四〕予實親見而熟誦之　「誦」，劉本作「講」。

〔五〕識君者皆謂與疇昔爲異人　「異」，劉本、四庫本作「易」。

〔六〕欽州靈山主簿胡君墓表　「表」，原作「誌銘」，據劉本、四庫本改。

〔七〕皇考宣義公淵歿　「宣」字原闕，據劉本、四庫本補。

〔八〕君南來　「南來」，劉本、四庫本作「來南」。

〔九〕網羅善類　「網羅」，原作「羅網」，據劉本、四庫本乙。

〔一〇〕將求其所未至　「求」，原作「來」，據繆本改。

南軒先生文集卷第四十一

墓誌銘

宇文史君墓表

君氏宇文，諱師獻，字德濟，世爲成都人。曾祖宗象，贈太師、魏國公；祖邦彦，任尚書屯田員外郎，贈太師、蜀國公；考粹中〔一〕，任尚書左丞，累封南陽郡公，贈少師。宇文氏受姓系世之詳，已見於少師墓碑，故參知政事楊公椿之文。始少師與其弟簽書樞密院事虚中俱以文學論議被遇固陵，極翰墨之選，煒然一時。少師晚歲歸安於蜀，蓋倦於世故矣。長子師牧賢而有文，不幸早世，少師念之甚。君是時方童穉，已挺然不凡，日讀書講問，娱侍于前〔二〕，少師每爲慰釋，謂是兒且長，殆能繼二父之業〔三〕。少師故時賓客多英俊，見者莫不竦然，謂宇文氏復有子矣。少師捐館舍，君甫年十有二，執喪盡禮如成人。事妣福國夫人黄氏，奉承顔色不懈，而自奉極儉薄，人不知其爲貴公子也。季父直龍圖閣時中素重許可，尤器君，懋以問學。先用樞密公思補承務郎，服除，差監潭州南嶽廟。考滿，知漢州德陽縣丞，改知綿竹縣丞。暇則慕崔斯立之爲，痛掃溉，以種學績文爲事，且從其鄉之老成故工部尚書員外郎李公良臣及其秀士黄鈞、李流謙游，聞見益以廣，聲稱益以著。已而兩丞銓部，以微文俱不報，更從外銓，擬監漢汁邡縣酒税，居其官惟謹。改監漢州在城商税務，未上，會詔從臣各舉所知，楊公春時爲尚書兵部侍郎，以君博學有守聞，有旨召赴行在，時紹興三十年也。君念福國夫人年高，不忍遠去，力辭，差潼川府路提舉常平司幹辦公事，未上，改成都府轉運司主管文字。丁内艱，哀慕幾不能自全。免喪，楊公已在政府，力挽君陳下，亦竟不前，差四川安撫制置使司幹辦公事。歷事兩帥，其前者寬縱多慢，君據義不撓；其後者威嚴或過，君彌縫其闕，幕府歸重。先忠獻公雅知君，言於朝，遷知簡州。簡故少事，君復臨以安静，民甚便之。歲歉，飢民爲盜，連數郡，君所部先事區處得食，迄無從寇者，以暇時掇論時事之要，編白於朝，宰相亟稱之。未滿秩，移知綿州。綿爲大州，適承頽弛之後，帑庾匱甚，君獨整科條，察蠹弊，節用度，未幾而經常不缺。郡舊有冤獄，佃人殺主之僕而誣其主，外臺執偏見不釋，主家死於獄者三人，其它亡辜逮繫死者又以十數。方春天爲雨雪，地爲震，歷兩使者不能決，更送君所。君詳究其牘得情，數語折之，佃人引服，致之法，人謂可以少謝死者冤也。事益省，即理緝學校，舍其士者〔四〕，行鄉飲酒禮，使敦長幼之節。在郡再歲，樞密使王公炎宣撫四川，以請改知閬州，錫賚書甚寵。閬故嘗爲宣撫使所治，地尤重，事且夥。君先立之規模，上下趨令惟恐後，率以夜漏未盡數刻，秉燭出視事，不以爲勞，亦不覺有疾苦狀。一夕與客評論書史自苦，既寢，家人輩聞喘息苦不屬，亟視已不能語，醫不及進藥而終，享年四十有七，實淳熙元年七月二十日。積官承議郎，以郊恩賜五品服。娶郭氏，故朝議大夫、知辰州黄中之女。子男一人，曰紹訓。女二人：長適唐剛文〔五〕，次許適梁秩，皆進士。是歲十有二月晦，歸葬於廣都縣靈溪鄉，附於蜀國公塋側。

君天資忠厚平易，與人交久而不厭，或少忤亦未嘗衰，家居婢僕不見其惡聲厲色；而至蒞官之際，則簡嚴自守；所謂柔而有立者。伯兄既早世，事嫂甚謹，待猶子恩義無間言。嗜讀書，稽考至忘晝夜。論事貫穿今古，爲文辭贍蔚有餘地。所著甚多，藏其家。初，君以二父世科爲念〔六〕，刻苦習進士業，爲進士者多推稱之，兩以鏁聽試類省，輒下，益力，後雖已領州符，猶不置，蓋終其身以是爲歉。某嘗以謂，自先王教胄子之法壞，大家世族不得盡成其才，其下者苟從禄利，不樂親文墨事；至其間讀書欲自表見者，則又不屑其世禄，顧反以從進士覓舉，得之爲榮。噫！昔之人所望於胄子者豈爲是哉？若君居家孝友，涖官廉平，温厚博雅，於以進德，孰能禦之！顧區區猶以是爲歉，何哉？

某之先妣夫人實爲君從女兄，故某於親黨間講聞君行義爲詳。紹訓奉其母命萬里致書請銘，不敢辭。銘曰：

宇文入蜀三百年，支垂派别族益蕃。少師弟兄大厥門，迭執鴻筆司皇綸。二府聯登體貌尊，君生其家頎而温。被服儒素遠世紛，編簡浩博資剖論。部符二州民所恩，外若坦易守則敦。人言餘慶兹實存，誰其挽之排帝閽。哀哉玉立歸丘原，萬里方駕尼其轅。尚有銘詩貴來昆。

承議郎吴伯承墓誌銘

乾道六年七月十八日，右承議郎浦城吴君卒於長沙之寓居，年五十二。其子洵以治命奉其喪祔君之母夫人方氏之兆〔七〕，其年冬，遣書走告於尚書左司員外郎、侍講張某曰：「先君藴蓄不克施，懼遂泯没，相與厚善莫如公，惟是所以詔來世者，敢再拜哭授使者以請！」某讀其書，泣而諾之。

君諱銓，字伯承。大父朝議大夫獻可，以科第起家。父奉議郎知常，游於諸侯幕，以才術聞。君以大父恩補官，嘗兩試春宫及宏辭科，筮仕監潭州户部酒庫。其調江陵簿及知巴陵縣事，皆以故不上，而奉祠南嶽及崇道者前後凡五，中間用薦者改秩，暨覃恩遷官，賜五品服。所歷僅如此。君事親孝謹，終喪即澹然無復仕進意，不忍遠墳墓，朔望展省嗚咽，迄終身不衰。天資狷介質直，疾惡如讎，不妄交，少不知己意，輒拒不納；親黨朋友有過不忍茹，即告語之。以此爲賢者所重愛，而其間不知君者亦往往怨訕，君不恤也。遇其急難困苦死喪，輒推衣食資財以助，無吝色。築居湘濱，有亭樹華竹之勝，而名其堂曰「思親」，蓋其終身之思誠敦篤乎此也。嗜讀書，吟誦日夜不息。深於離騷，爲詩慕陶、謝紆餘閑澹之趣。其思甚苦，至所得意，心開目明，忽不知歲月之度也。以是居湘城蓋幾二十年。

君娶万俟氏，右僕射卨之女。初僕射自沅州召還，將倚以爲相，道長沙，君爲言天下事極剴切，且勸以無畏縮不言負上。及僕射得政，數以書招君，卒謝不往。親若舊有官於朝者，即不欲以書往來。然其居間每慨然有憂時之志，爲政於潭者往往就君問所宜，君爲言田畝間民所患苦，未嘗不纖悉反復，若有闕失，亦未嘗隱。方其仕時，部使者雅聞其名，交薦之。其間有不可者，輒謝不受，方曰士固當擇所託也。能自立蓋如此。

病且革，無它言，獨勉其子以學，且戒曰：「我死，毋得用浮屠氏。」是亦可見其所存已。長子洵，將士郎；次沂；幼未名。女三人。孫男梓。予與君寓居鄰墻間，一二日輒步相過，議論酬唱甚樂，别未一載而遂志君墓，悲夫！銘曰：

有特其資，不假其施。有蔚其文，不顯其聞。歸于其宮，曰從於親。尚其孝思，以永嗣人。

賈仲山墓誌銘

乾道庚寅之歲，新零陵守賈君訪予於休沐舍，泣且言曰：「森之弟仲山不幸不起疾，念其殁且無聞，以嘗獲從游，敬請志。」率五六日一來請。自予居湘中有年所矣，始聞仲山兄弟君家友睦，愉愉如也，已而皆識之，久且厚。予讀書城南，仲山適亦葺其居與予鄰，日相過也。去年予來守新定，仲山跨馬送予渡湘，行數十里不忍舍。予顧見其形色特瘁，且丁寧勞勉之。别未半歲而以訃聞，予固悲之，而其兄之請勤懇如此，予雅重其兄弟，平日相與之歡，又不忍拒其兄之請，於是乎書。

君諱林，仲山其字也。其先真定人，後徙鄭，自鄭徙郢才四世。曾大父公直，仕爲中散大夫；大父諱節，爲顯謨閣直學士，顯於時；父澡，爲通直郎；母張氏。君蚤歲能屬文，長而值靖康之亂，奔馳江湖間。晚以叔父瀛死事恩，得初品官，歷撫州宜黄縣主簿、邵州軍事推官。所至以能稱。其聽訟剖析迎刃，大抵得其情。歷陽張孝祥治有聲於時〔八〕，其守撫及安撫湖南，率致君，任以事輒辦，率部使者薦於朝，改宣教郎，調知常德府龍陽縣事，未及上。享年五十有三。君一子，甚慧，年甫十二而夭，又一歲而君殁，爲可傷也已。君喜讀史，居閑自抄凡數十萬字，皆成誦云。銘曰：

聚散氣也，修短命也，始終理也。氣不能不離，命則不可違，而理則萬古之真也。

張氏墓誌銘

建昌南豐曾氏近世有君子曰發，字信道，仕爲吉州教授，友睦之行推於其鄉。鄉之人皆謂信道固賢，抑有内助以成其德焉爾。信道之配張氏，其先舒州人。曾祖鼎臣，贈太子太傅；祖復貫，贈太子太師；父激，故朝散大夫、知南安軍。夫人幼孤，鞠於叔父尚書右丞澂之家。天資静肅，不妄笑語，右丞公賢之，親爲擇配。信道時爲掾臨川，中書舍人吕公本中、尚書郎計公昕亟稱之，遂以歸焉。曾君之父樂施，家以施而匱。夫人自貴族入其門，躬履勤儉，不忽細故，莊敬而順，喜怒不見於色，小大無間言。信道既殁，教子持家，弗墜厥訓。晚歲家益饒，而夫人約素不改其舊，寢帷至四十年不肯易，一簟亦更十餘年，完緝殆徧，今其家俱保藏之，以訓示後人。然在夫人秉德有常，非其所勉强然也。

淳熙二年，天子奉觴前殿，推恩海内，夫人以子摶故得封太孺人。後一年而寢疾，一夕語家人輩曰：「吾疾殆不瘳矣，衣在某笥，衾在某笥，宜亟治具。」又曰：「某嫗吾嘗使之織，未歸其直，宜即償之。」明日又視具曰：「毋哭徒溷我！」廼終。蓋其平時專静，故死生之際能如此。是歲十月甲申葬于其鄉龍水之原。子男五人：長曰持；次摶，登隆興元年進士第，從政郎、前荆湖南路安撫司准備差遣；次挹、擴、擬。女嫁文林郎洪蘩。孫男八人：克、冕、覽、兖、寛、允，餘未名。孫女七人。擯在湖南時從予遊，狀夫人之行來請銘，不得辭。銘曰：

專静而常，惟婦之臧。儉德之光，世篤勿忘。

宜人王氏墓誌銘

淳熙二年秋，安陸宋文仲與其弟剛仲書來告其母夫人八月辛酉歿於袁州教授官舍，以喪歸葬，求予銘。予辭未果，又書來曰：「閏月癸酉既畢窆事矣，敢請立諸墓。」爲辭甚哀。予念文仲兄弟從予游有年矣，其哀亡已，誠不忍拒也，則爲之書。夫人姓王氏，六世祖太傅明，佐藝祖有勳勞，在太史。曾祖臨，事仁宗爲寳文閣待制。祖承，提舉利州路常平事。父恪，爲漢州雒陽令〔九〕。母解氏。夫人適右朝議大夫、知德慶府宋許，生兩男子：文仲，廸功郎、全州清湘縣主簿；剛仲，廸功郎、袁州州學教授。一女，適承事郎、監饒州景德鎮税万俟傳。孫男女凡七人。累封宜人。享年五十有八。德慶君之殁先夫人九年，葬於衡州衡陽縣五馬山之原。夫人之葬，寔合祔焉。

夫人幼孤，事母稱孝。既嫁，事姑以恭肅聞。相德慶君，周睦内外有恩意。德慶君殁，處家事嚴整，教子有法度，見族黨飢寒者，矜念施與惟恐不及。平時待接長幼，一以忠信爲主。聞人有善，喜見辭色，再三爲其子言之不置。按文仲之述其大槩如此，徵諸親友之所聞無異，乃係以銘。銘曰：

惟宅之安，無有後艱。惟安且久，以右厥後。

故安人常氏哀詞

晉原鮮于廣大任少母安人常氏。大任在襁褓，而常氏去其家；既冠而知之，則常氏歿矣。大任追念，哀疚蓋骨立。宦游四方，中歲歸故里，重惟生不得其養，歿又不知其處，無以塞其悲也，寄書友人張某，俾爲詞而紓之。詞曰：

孰生無母兮，予獨甚悲。赤子婉孌兮，母實鞠之。哺乳以節兮，燥濕是宜。子不能言兮，母實心之。冬之冽兮，母予温之。夏之炎兮，母予凉之。母實瘁兮兒則肥，嗟母之恩兮曷其報之。子匍匐而欲步，子嘔嘔而將語，子未能識母兮，毋胡爲而舍子而遠去。子則於母兮何知，諒母心兮念兒以忘飢。年燁燁而浸長兮以思，撫予躬兮曷自。孰告予以所從兮，乃始滂乎其以泗。宗有承兮義則貞，堂有君兮恩或難伸。逮子既克知兮，則母已逝而不可見矣。予惟罔極之哀兮，其曷予已。嗟呼！母生，子不得婉愉於膝下；母歿，子不得俯伏於幽宫。徒白首兮鄉社，滴清淚兮何窮。地久兮天長，日升兮月常。嗟夫〔一〇〕，此天下之至情也，固爾難忘！

校勘記

〔一〕考粹中　「中」，原作「巾」，據四庫本改。

〔二〕娱侍于前　「于」，原作「子」，據劉本、四庫本改。

〔三〕殆能繼二父之業　「父」，四庫本作「公」。

〔四〕舍其士者　「舍」字原闕，據劉本、四庫本補。

〔五〕長適唐剛文　「文」字原闕，據劉本、四庫本補。

〔六〕君以二父世科爲念　「父」，原作「文」，據嘉慶四川通志卷四四改。

〔七〕其子洵以治命奉其喪祔君之母夫人方氏之兆　「喪」，原作「襄」，據文意改。

〔八〕歷陽張孝祥治有聲於時　「祥」，原作「詳」，據劉本、四庫本改。

〔九〕父恪爲漢州雒縣令　「縣」，原作「陽」，據宋史地理志改。

〔一〇〕嗟夫　「夫」，劉本、四庫本作「乎」。

南軒先生文集卷第四十二

祝文

祈雨

服嶺以南，土剛而農惰。夏秋之交，數日不雨，已或告病。求神雖瀆，理不容緩。伏惟矜惠下民，早沛甘澤，周及四境，俾克大濟。豐年之報，敢不敬脩！

謝雨

近以農夫望歲[一]，有請於神，蒙神降休[二]，沛爲甘澤，浹洽周徧，一稔有期。更惟神惠，終以幸賜，吏當虔恭，益思不懈，以承靈貺。堯山灕江自「降休」下云「應不旋踵，沛澤周洽」。

祈晴

霖雨連仍，勢猶未已。深虞浸溢，有害秧麥，早夜不遑，用走控告。伏惟矜此下民，賜以開霽。惟神之惠，俾克敬承，吏之不恭，敢不修省！

祈雨

春且盡矣，民將蒔田，而時雨少靳，土膏不滋。歲事所係甚重。是用奔走，控告明神。伏惟矜憐，沛以甘澤，周徧浹洽，克濟南畝，寔惟神休。吏之不恭，敢不修省！

謝雨

涉春以來，時澤未應，深虞農事之艱，奔走控告，神答如響，雷行雨霈，連日未已。民得以服事南畝，吏得以少寬百憂，神之賜其何以報！雖然，苗既蒔矣，將秀之；既秀矣，將實之。實而堅，穫而周，始得以徧充吾民之腹，而克應公上之須〔三〕。然則自今以往，歷夏及秋，雨暘之節，各適其可，無或少愆，而後吏之責塞，不至數瀆於神，某實惴惴焉。惟民之凋瘵，方歲之豐，猶或不舒；惟神之聰明，其所臨饗，實依乎民。吏或有罪，願止罰于身，而無貽於民也。

祈雨

惟今之歲，賴神之休，早稻既穫矣，而彌旬不雨，禾之晚者，秀而未實。一簣之功，正在今日，是用奔走控告。沛澤之賜，惟神終惠之。

祈雨

惟兹晚稼，既視其生長，以至於今，亦且穗矣，必待一雨之沛而後成實，乃或靳焉，害於垂成。惟神之仁，獨不矜此，豈人事有以干陰陽之和歟？政有不平，刑有不中，驕怠之或萌，實長民者之責，惟民之寡弱，獨何與此？盍降罰於吏，無苦其民〔四〕。今兹一日不雨則有一日之傷，事既迫矣，號呼於神，惟神其哀念之！

謝雨

近以時雨有愆，祈請於神。蒙神降休，應以甘澤。尚祈終賜，俾遂有秋。敢不殫誠，仰祇神惠！

祈晴

維時初冬，氣當揫斂。廼者癸酉之夕，雷電交作，陽縱不收，繼爲霖雨，亦既彌旬。穀之登場者未暴，深虞其積而壞也，用走祈於神。所冀開霽，以成其終，導和致順，無爲民災。敢不敬省人事，以承休嘉！

謝雪此用之祭社，其祭稷神前四句云：「惟稷有神，司我下土。斡旋生育，功用莫禦。」餘同。

惟邦有社，實司其土，闔闢陰陽，呼吸風雨。民所憑依，國有彝禮，凡我命吏，敢不敬事。兹冬而温，氣或乖忤，陽驕不收，壤燥靡附。來牟何賠，癘疫是懼，奔走以告，俯伏傴僂。先以嚴霜，知神意許，釀陰連朝，雲同天宇。粲然雪花，上下飛舞，風無虚號，氣有和豫。載積載零，遠近周溥，沴氛一空，嘉祥來下。音户。物意昭蘇，土膏沮洳，既釋近憂，亦寬遠慮。嗣歲其有，兆端已豫，何以報神，正直是與。勿替引之，神日聽汝，俾我大田，有富無窶。嗚嗚其歌，坎坎其鼓，農夫之誠，神所惠顧。

祈雨

惟兹之歲，已屆暮春。時澤未洽，麥苗就槁〔五〕。穀種不入，人心皇皇。吏用恐懼，奔走以告。惟神之仁，哀此下民。沛以甘雨，雷動風行，周溥霑足，以開有年。敢不敬恭，克承休德！

謝雨

近以時澤未應，控告于神。惟神哀民之生，賜以甘雨，俾克舉趾于南畝，爲惠曷勝！惟是自兹以往，農事日興，所望雨澤相繼，仍迄開於有年。惟神幸賜之以不倦，惟吏恪承之弗敢怠，惟民欣戴之何有極！

謝雨

近以雨澤未溥〔六〕，薦有控告，賴神之靈，連獲嘉應，久燥之壤，悉得就耕，謹再拜以謝。惟是農事之難，自兹以往，苗而秀，秀而實，所仰於雨澤大霈蓋源源也。惟神幸終賜以成有年，謹再拜以祈。

謝雨祈晴

夏至之日，某以南畝望雨，控告於神，賴神之靈，應不旋踵。今既半月，沛澤不翅有餘矣，而連綿不已，陰氣未收，復懼爲下田之菑，是用再有請於神，望即開霽，以終其賜。夫久晴而乞雨〔七〕，積雨而丐晴，其爲請誠若無厭者，惟神矜此下民，赦吏之瀆，而有以俯徇之。自今以往，伏願五六日至於旬時雨暘相須，無過與不及，保我嘉穀，以迄於有秋，則實拜神之大惠。吏之修省，其敢弗虔。

秋祭

兹以素秋，恪修常事，在禮所當報而不祈。惟是中秋以來，久愆雨澤，今稻之傷者雖不及事，然土壤堅燥，澤氣不升，實預懷嗣歲之慮。敢因以請，早賜甘澤，兆開豐穰，實惟神之休。

社壇

某被命來守此邦〔八〕，政有闕謬，願降灾於厥躬，而無以疵癘於斯民。惟明神實鑒臨之。

社壇

某恭承皇命，來守遐藩，視事之初，祗見壇壝。惟神克相，惠綏此民，政有乖戾，罰止某身。

社壇

惟雨暘寒燠之時與不時，雖司乎神，而寔係於人之爲。某以不敏，來守此邦，懼智慮有所弗逮，惟神寬之。至其自作之愆，則願降罰於身，而無以傷乎民，則惟神之明。

楚望

名山大川，神靈莫測，望祀之典，敢不敬恭！肇始二壇，用伸祈報。惟神歆格，佑我下民，俾雨暘時若〔九〕，歲事登濟，罔有菑害，以闡神之休。惟吏謹當率民奉事，自今以往，終古無斁。

祭烏龍山神

竊惟古者諸侯各祭境内之山川〔一〇〕，嚴其壇壝，潔其幣牲，以致吾誠焉耳。後世立之棟宇，設爲像貌，其失甚矣。仁安之山，實鎮兹土，風雲變化，雨我百穀，是爲神靈，民所依賴，而嚴祀之所曠然未講，其何以收聚？誠意克有感通，肇建兹壇，亦既訖事〔一一〕，謹率僚屬再拜以祠。惟神昭相，俾雨暘以時，嘉生無癘，吏雖不敏，敢不率民敬事，永以無替！亦惟神之休。

諸廟

某被天子命，來守此邦，靖共爾位，正直是與，顧雖不敏，敢不敬斯言！惟神實鑒臨之。

祭勾芒神

惟時新春，陽氣肇舒，乃出土牛，以首農事，致祀於神，實曰彝典。惟神孚祐，時其雨暘，順乃嘉生，賜以豐年，其敢忘神之德！

祭海陽山

嗚呼！海陽之山，呼吸雲氣，維邦之望，而民所恃。嗟嗟晚稼，亦既成穗，屬時驕陽，垂成莫遂。惟神至仁，矜此樵悴，觸石膚寸，一境是庇。沛爲甘澤，成我豐歲，孚於下民，永荅神惠。

祭諸廟

惟兹稼穡，幸底有年，戴神之休，敢忘思報！謹以季秋，聿脩常事，惟神鑒臨，終惠賜之。

唐虞二帝

兹以素秋，恪修常事，威顔不遠，俯伏祇承。

灘江堯山

在禮，諸侯得祭其境内之山川，惟山川之靈，能出雲雨，故爲禱祀之所依。堯山、灘江，此邦之望也，而壇壝未立，修敬無所。兹以夏秋之交，近旬不雨，農夫望歲之切，用敢瞻望再拜，以致悃誠，且遣官僚捧祝以告。伏惟神靈惠孚，沛爲甘澤，俾克有年。圖報之脩，其敢復後！

秋祀堯山

兹以季秋，萬寶告成，謹遣官僚，敬修常事。仰惟神靈，賜以鑒格。

堯山灕江二壇

惟江山之神，實爲此邦之所瞻依，而壇壝禱祀無所，某用是懼。虔度高明之地〔一二〕，肇新規模。及兹而成，謹率官僚，俯伏以告。惟神孚鑒，佑此下民，俾歲屢豐，物無疵癘。吏當率民敬事，其永無斁。

虞帝祠

惟斯民之所以生〔一三〕，斯世之所以立，翳人倫之教是賴，而聖人實人倫之至也。帝之盛德，冠冕萬代，固豈下臣所敢贊述？蒼梧之野，謂帝嘗臨，夤緣此邦，獲奉廟祀。某蒞官之初，適修常事，周視棟宇，缺壞弗稱，悚栗汗下，不敢荒寧。肇新規模，茲焉獲考，敬率官僚，俯伏以告。惟帝之澤，化育並行，動植蒙賴，何有窮極，敢云此邦，獨私其賜？

有虞氏二妃

惟神唐帝之女，嬪於有虞，協德聖神，垂則萬代。新宫肇建，内闔是嚴，修祠於春，敢率彝典。

大成殿

某以愚陋，被命臨民，早夜恐懼，未知所濟。惟當精思聖經之法言，體而行之，庶幾萬一，得寡於罪悔。視事之始，敢祗見於學宫。

文宣王

某恭承皇命，來守遐藩。視事之初，祗見於廟。爲政之方，備嚴經訓。雖曰不敏，敢不夙夜敬思力行，庶幾萬一！

先聖

某以承學，濫兹爲邦。視事之初，祗見於廟。佩居敬行簡之言，推學道愛人之志。雖曰不敏，敢不夙夜，庶幾萬一！

先聖

廟學新成〔一四〕，謹率僚吏與鄉之士行釋菜禮。敢不再拜稽首，思所以祗若明訓！

先師

廟學新成〔一五〕，謹率僚吏與鄉之士行釋菜於先聖，敢以先師兖國公配。

先聖

兹新棟宇，亦既告成，敬奉神像，即安于宫〔一六〕。

蜀漢昭烈帝祠 孱陵

惟帝痛宗國之荒墜，憤讎賊之憑陵，顛沛百罹〔一七〕，信義不舍。至於賢哲願爲之佐，英雄樂效其死，規摹宏遠，夫豈偶然！天若祚漢，豈無其成？雖曰不終，正理曷泯？眷言茲地，昔所遲回，風烈猶存，焄蒿悽愴。有廟以祀，典禮則宜，藩臣經從，敢不修敬！

嚴子陵祠

某以愚陋，被命來守此邦，竊仰先生高風於千載之上。視事之始〔一八〕，恨拘印紱，不得躬走祠下，敬遣廸功郎、嚴州州學教授鄭某往致一奠。

祭嚴先生

某竊惟此邦之所以重於天下者，以先生高風之所存也。雖舊隱之地，祠像具設，而學宮之中，乖嘗獨曠，其何以慰學士大夫之思？乃闢東偏，肇始祀事。嗟乎！世遠道散，寵利相希，而事君之義益以不明。惟先生曾不以一毫動其中，啟世祖貴德尊士之心，成東京砥節厲行之俗，流澤遠矣！翳我多士，克承繹之。

丞相萊國寇忠愍公祠〔一九〕公安

國有大議〔二〇〕，發言盈庭。紛紛鄙夫，蹙縮經營。豈國之愛，惟謀厥身。從違之間，興喪所分。不有英哲，孰相其成。一言之決，九鼎莫傾。允矣萊公，社稷之臣。定計澶淵，功垂日星。匪功之艱，其見克明。惟見之獨，勇莫我嬰。黄蓋一張，虜膽已醒〔二一〕。是曰廟勝，豈幸之云。彼纖雖巧，寧屈其伸。是非之公，久焉益新。蕞爾兹邑，公所嘗經〔二二〕。民之愛公，孔悲以忱。有翦者竹，爲之發生。我來拜公，起而涕零。才難道遠，孰起九原？何以昭之，不在斯文〔二三〕。

校勘記

〔一〕近以農夫望歲　「近」上，五百家播芳大全文粹卷八五有「某」字。

〔二〕蒙神降休　「休」，原作「沐」，據劉本、五百家播芳大全文粹卷八五改。

〔三〕而克應公上之須　「上」字原闕，據五百家播芳大全文粹卷八五補。

〔四〕無苦其民　「無」，原作「而」，據五百家播芳大全文粹卷八四改。

〔五〕麥苗就槁　「槁」，原作「稿」，據文意改。
〔六〕近以雨澤未溥　「近」上，五百家播芳大全文粹卷八五有「某」字。
〔七〕夫久晴而乞雨　「乞」，四庫本作「祈」。
〔八〕某被命來守此邦　此句上，五百家播芳大全文粹卷八四有「敢昭告於社稷之神」八字。
〔九〕俾雨暘時若　「時若」，原作「若時」，據四庫本乙。
〔一〇〕竊惟古者諸侯各祭境内之山川　此句上，永樂大典卷二一九五〇有「維乾道六年歲次庚寅五月辛亥朔十四日甲子，具位謹以牲幣清酌，致祭於山之神。某」三十四字。
〔一一〕亦既訖事　「訖」，原作「迄」，據劉本、四庫本改。
〔一二〕虔度高明之地　「虔」，五百家播芳大全文粹卷八四作「爰」。
〔一三〕惟斯民之所以生　此句上，五百家播芳大全文粹卷八四有「某謹以牲醴致祭于虞帝之祠」十二字。
〔一四〕廟學新成　「廟」上，五百家播芳大全文粹卷八三有「伏惟」二字。
〔一五〕廟學新成　「廟」上，五百家播芳大全文粹卷八三有「伏以」二字。
〔一六〕即安于宫　此句下，五百家播芳大全文粹卷八三有「敢告」二字。
〔一七〕顛沛百罹　「百」，原作「不」，據劉本、四庫本改。
〔一八〕視事之始　「視」，原作「祀」，據劉本、四庫本改。

〔一九〕丞相萊國寇忠愍公祠　「萊」，原作「菜」，據四庫本改。

〔二〇〕國有大議　此句上，五百家播芳大全文粹卷八四有「丞相萊國寇忠愍公」八字。

〔二一〕虜膽已醒　「醒」，原作「醒」，據五百家播芳大全文粹卷八四改。

〔二二〕公所嘗經　「嘗」，原作「常」，據劉本、四庫本改。

〔二三〕起而涕零至不在斯文　此二十字原闕，據五百家播芳大全文粹卷八四補。

南軒先生文集卷第四十三

祭文

祭虞雍公

惟公起自遠服，進登王朝。適逢禦敵之辰，曾靡辭難之色。攘袂獨奮，力折凶渠之鋒；驅車四馳，偏當邊圉之寄。式符眷意，遂正鈞衡。堂堂漢相之容，赫赫周民之望。方三年之坐閱，指萬里以言歸。顧寵光之至隆，在近世而莫比。豈期疾遇，遽以訃聞。帝所咨嗟，士增歎息。某之愚戇，嘗勤推轂之懷；論有異同，正惟公議之報。輒遣薄奠，用將鄙誠。公之英靈，實所臨鑒。

祭汪端明

嗚呼！公之盛名蓋四十年，有如黄鍾大吕，歸然在懸。使未攷擊，人之望之，亦知其爲衆樂之先。惟平日之所履，每務倣乎昔賢。不與世以交鶩，不絶俗而孤騫。獨好義以欵欵，而懷忠之拳拳。苟片善之足取，必挽後而推前。或所趣之有違，敢妄假於色言。顧規模之若是，豈斯世之其然。昔棲遲於下僚，窮師友之淵源。逮顯用於王朝，論據經而不偏。實衆芳之所宗，蔚佩蘭而握荃。屢賦政於藩方，亦惠澤之究宣。晚卧柯山，静觀其旋。方玩心於義經〔一〕，不自放而益虔；隱聲實之逾隆，竚側席之招延。何大命之止斯，歎莫返於逝川。痛易簣於蕭寺，無居宅之一椽。嗚呼！前輩風流，於今邈焉。典刑云亡，後生孰傳！念言愚蹤，公所知憐。義篤金石，久而彌堅。書猶在手，人隔九泉。屬拘印紱，奔走莫緣。孰知予悲，涕泗洏漣。〔二〕

祭劉樞密共甫

謹爲位致祭於故留守觀文樞密劉公之靈：惟公德業孚於上下，威望著於華夷。宜秉國鈞，以輔明主。天不憗遺，人之云亡。夙蒙公知，尤重傷痛。爲位家塾，慟哭寫哀。

再祭

嗚呼哀哉！六月甲子，喪我元臣。如其可贖，何直百身！蓋積天下之望已久，而閲天下之故已深。其明決足以斷謀於俄頃，而剛毅足以任重於千鈞。忠誠孚於君心，惠澤浹於斯民。威名慴乎姦宄，義蓋動乎三軍。使之主廟堂之上，固足以厭患於未形；而置之排難解紛之際，不俟施爲已足以折衝於精神。國虧柱石，人失典刑，此有識之士所以爲天下惜而至於泣涕沾巾者也。嗚呼哀哉！忠顯之烈，感乎幽明。貳卿之忠，不忌請纓。公自壯歲，念其家聲。虜馬飲江，扈從時巡。國有大政，抗論前陳。由斯而來，蔚其直稱。出身而刑，國有大人〔三〕。及其分閫，潢池息兵。遂登紫樞，以翼政經。收綱端本，用尊朝廷。凛然正色，公言是伸。復牧於藩，所至續聞。救荒之政，近世莫倫。旋觀設施，靡黷靡棼。左右具宜，久而愈新。江湖轍環，幾老於行。人望公歸，帝圖厥勤。豈不用公，未極於成。嗚呼哀哉！夫子知我，匪契之云。我之於公，惟義是親。相勉相厲，期報吾君。情深意得，有同弟兄。言念作別，乙未之春。我車入南，公往江濆。眷焉不舍，語何諄諄。豈期一闊，而隔死生。精爽在目，我言孰聽。嗚呼哀哉！義當奔走，送公歸輤，屬其拘攣，王事有程。哭公家塾，載遺此文。禮雖不豐，公鑒其誠。

三祭

嗚呼哀哉！公之云亡，既踰再時，匪今之悲，百年之思。故歲之冬，始奉遺墨，一見流淚，繼之以哭。墨淡行斜，如公疲薾，誦公之言，則何昭晰。始云國恥，抱恨九原，勉予忠義，以報吾君。中言先公，銘志未立，豈無他人，命予以筆。末復繼書〔四〕，囑弟及子，嗟予何人，乃託以死。精爽在上，耳聞公言，顧雖不武，敢怠勉旃。銘詩脱草，遽遣薦陳，獨塹荒蕪，曷詔不泯。貽書平甫，期守公訓，告於二子，罔墜厥命。惟元晦君，實公所敬，無求於外，惟晦是聽。公之息女，當擇於歸，顧予雖遠，願與聞之。凡公所命，當以復公，薄奠是將，告於公宫。

祭唐待制立夫

惟公清夷粹温，抗志千古。文辭深嚴，穆我王度。獻納雍容，有感無忤。遇民如兒，伊教匪怒。及臨事會，不改平素。人方忽忽，己獨有裕。嗚呼！惟公之賢，世或知之，而鮮克窺其微。蓋據梧隱几，獨得忘言之妙；故飢食渴飲，俱不外乎天機。殁無怛化，則亦其宜〔五〕。先君與公道義之交，豈獨賓客之敬。藐然孤生，早辱過聽，推其所懷，於公莫隱。方抱鉅痛，公復云亡，東望鄱水，有涕淋浪。免喪之初，念篤先友，敢遣蕪詞，侑此卮酒。

祭王詹事

惟公天與勁特，世推忠純。正色立朝，姦邪所憚。其於當今大義，胸中見之甚明，非苟然假竊者比也。蓋自發策大廷，至於殁齒，凡十五年，凛如一日。去年之春，復來造朝，身雖已病，愛君深篤。惟昔先人，雅器重公，藐然孤生，晚蒙公知。去違朝路，曾未幾日，遽聞來訃，越在道途。迄今定止，始克遣一觴之奠。蓋爲兹世痛公之亡，而非獨下交之私情也。

祭張舍人安國

某率某官某就城北祓禊亭爲位〔六〕，致祭於亡友舍人張公之靈〔七〕。嗚呼！去年此時，送公湘濱，豈期今兹，哭公失聲。英爽在目，交情不忘，邈不復見，我涕以滂。惟公天姿，邁偉發越，而不壽考，以昌王國。今兹之哭，豈吾黨私？醴肴匪多，公其臨之！

再祭

嗟乎，如君而止斯耶！其英邁豪特之氣，其復可得耶！其如長江巨河，奔逸洶湧，渺然無際，而獨不見其東匯溟渤之時邪！又如驊騮緑耳，追風絶塵，一日千里，而獨不見其日暮税駕之所耶！此某所以痛之深、惜之至而哭之悲也。惟君起布衣，被簡遇，十年之間，入司帝命，出領數路，文章之煒燁〔八〕，政事之超卓，多士之所共知，亦不待某之贊歎。惟其孝友恂恂，朝夕則恪〔九〕，人有不得而盡知者。方自荆州歸，某以書抵君，謂及此閒暇，專意承志，實進德修業之要，君深以爲然。孰謂曾未數月，乃有此聞！某傾蓋荷知，久而罙篤，言有勁切，君不以爲迂，此意何可忘也。道阻且長，不得往哭，遣致一奠，孰知予悲。

祭姚端明

惟公早試劇煩，見才猷之敏劭〔一〇〕；晚登廊廟，覩寵數之便蕃。方新十國之瞻，遽作九原之隔。凡茲民吏，孰不傷嗟！某昔歲朝班，嘗奉笑言之疑；如今官守，幸遵規畫之餘。念託契於交承，敢異情於生死！遠將一奠，少見鄙誠。

祭王侍郎嘉叟

惟靈彊毅自立，克大其門，進登王朝，無所附麗。從容造膝，有見不隱，帝稱其直，士歎其忠。豈期臥家，遽以訃告，凡百君子，孰不嗟痛！矧惟交舊，嘗辱論心，爲國惜賢，揮淚無已。道阻且遠，莫獲走前，一奠不腆，少致此誠。嗚呼哀哉〔一一〕！

祭黄侍郎仲秉

嗟乎，孰謂仲秉而止於斯耶！念言鄉曲之契，萬里相遇，意好特深。迨茲朝著，志同有幾？握手憂國，言靡及私。僕之去國，君則愴然，謂子之行，予胡可久，本期有補，寧爲潔身？嗟乎！斯言琅琅，猶昨日事耳。去年君歸，道荆鄂間，數寄手書，眷焉不舍，豈期抵舍，遽以訃傳。始聞其疑，已乃深痛。善類之喪，士所共嗟，矧惟下交[一二]，情其能已！嗟乎仲秉！温厚而文。立朝有忠益之譽，爲政有平理之稱。遠業未久，中道遽止，嗟乎痛哉！敬遺薄奠，遠致鄙誠，執事占辭，隕淚盈紙。

祭查少卿

嗟嗟元章，而止斯邪！修短有命，亦奚以悲，惟其所有，未克究施。昔之觀人，驗於其私。君之在家，孝友融怡；出而臨民，則具是依。人之有才，患不克勝，惟君敏才，遇事風生。而能自持，以蹈準繩，博見洽聞，貫穿古今。發於文辭，温潤老成，尤長論事，纚纚可聽。蚤登道山，嘉言有稱，持節蜀道，撫循春温。中外踐更，名實攸敦。前年之秋，萬里來歸。往臨秦淮，軍民具宜。人曰賢勞，君靡難辭。云何一疾，遂以訃家。逮茲踰年，竟老煙霞，訃音初傳，駭愕嘆呀。念昔幕府，傾蓋情親，竭來同朝，友誼采深。憂時許國，則識君心。邂逅歸舟，班荆共語。覺君病餘，未渠復故。怪君臨別，感慨如許。嗟嗟元章，有志未遂。尚約卜廬，湘水之涘，豈期一别，而乃永已。君弟在荆，銜血星奔；君孤藐然，孰誨孰存？哭遣此奠，君乎不聞。

祭吕郎中

嗚呼！前年之春，識公嚴陵。望其容，藹然有慈祥豈弟之氣，知其臨民之不苛也；聽其言，纚然多故家遺俗之事，又知其世守之不忘也。别後之書，情何篤也！訃音之傳，痛何遽也！况於令子，友義爲深，一奠之禮，敢以薄而廢耶〔一三〕？

祭費檢正

惟公植德敦静，蓋徐公之有常；秉心曠夷，實師德之無競。奉職外服，去愈見思；列官王朝，久不改度。方矚持符之拜，遽遭偃月之疑，猶冀護藩，豈期易簀？某夙蒙睠予，託在葭莩，祇增百感之深，莫前一酌之慟。禮雖不腆，情則可知〔一四〕。

校勘記

〔一〕方玩心於羲經 「方」字原無，據五百家播芳大全文粹卷九五補。

〔二〕涕泗洏漣　此句下，五百家播芳大全文粹卷九五有「尚饗」二字。
〔三〕出身而刑國有大人　五百家播芳大全文粹卷九四作「出而典州，治本重人」。
〔四〕末復繼書　「末」，原作「未」，據五百家播芳大全文粹卷九四改。
〔五〕殁無怛化則亦其宜　五百家播芳大全文粹卷九六作「存没無懼，化則亦宜」。
〔六〕某率某官某就城北祓禊亭爲位　此句上，五百家播芳大全文粹卷九六有「惟年月日具位」六字。
〔七〕致祭於亡友舍人張公之靈　五百家播芳大全文粹卷九六「致」上有「敢」字，「舍」上有「宫使顯學」四字。
〔八〕文章之煒燁　「燁」，原作「煌」，據劉本改。
〔九〕朝夕則恪　「恪」字原無，據五百家播芳大全文粹卷九六補。
〔一〇〕見才猷之敏劭　「劭」，原作「卲」，據四庫本改。
〔一一〕嗚呼哀哉　此句下，五百家播芳大全文粹卷九六有「尚享」二字。
〔一二〕矧惟下交　「下」，原作「卜」，據劉本、四庫本改。
〔一三〕敢以薄而廢耶　此句下，五百家播芳大全文粹卷九六有「尚享」二字。
〔一四〕情則可知　此句下，五百家播芳大全文粹卷九六有「尚享」二字。

南軒先生文集卷第四十四

祭文

祭萬二提刑兄

惟公植德忠厚〔一〕，持身謹嚴。早策名於儁科，遂蜚英於賢軌。對揚天陛，蓋嘗膺綸綍之褒；周旋坤維，所至有袴襦之詠。爰因郡最，益究外庸。漢水詳刑，茂著平反之實；夔門易節，有增刺舉之光。方聞趨召之恭，忽駭抱痾之報。竟茲奄忽，實重痛傷。載惟門户之衰，正竊棣棠之庇。永言流涕，莫喻此情。恨以阻修，無因奔走，一奠不腆，鄙誠是將。

祭黄運使清臣

惟靈敦厚爲質，而德慈祥。惟其所歷，阻難備嘗。故於民情，尤所究詳。景倩真清，徐公有常。將命嶺海，以身律荒。移節來湘，風采載揚。於彼原隰，馳驅靡遑。謂當終更，歸近帝旁。如何一朝，而奄云亡。賓席方設，語音琅琅。得疾俄頃，見聞駭傷。下逮閭里，攀嗟徬徨。某之所居，實邇門墻。奔走弗及，執手涕浪。念言傾蓋，意味則長。與人之周，是固難忘。疇昔勝日，從容豆觴。豈期於今，來哭公堂。一奠不腆，中誠是將。

祭趙養民運使

惟靈寶源積慶，列鼎傳家。宣化承流，飛聲籍甚。盤根錯節，游刃恢然。爰入對於昕朝，遂結知於宸扆。出綸示寵，持節分華。民瘼旁咨，豈憚驅馳之遠；邦財益阜，生取斂散之權。何一疾而弗瘳，不終更而歸報。王畿結綬，未酬葵向之廑；夜壑移舟，遽起薤晞之歎。某雅承契好，兹共官聯。笑語如存，忽驚於永已；酒肴不腆，少寄於餘哀。

祭蕭殿撰

惟公氣和而節剛，言訥而行敏。視之退然，初若不能，及其當可言之地，論議切直，風采凜凜，中外聳然，豈非庶幾乎仁者之勇耶？某頃在朝列，每見公憂時惻惻，備形辭色，心竊期之。已而平日之言，率皆可復，益知其所守有素，非苟然者。來使湘州〔二〕，某適在遠。方嗟再見之難，豈謂九原之隔。書猶在手，訃忽來傳〔三〕。爲時惜賢，臨風隕涕。一奠遺致，少述鄙誠。

祭宇文使君三十一舅

惟靈席慶鼎鍾之門，留心韋布之事。跡其壯歲，蔚然懿文。況德履之素寬，復天下之有裕。宜昌遠業，克繼先猷。方小試於偏州，固已稱於惠政。未結王畿之綬，忽移夜壑之舟。宣室受釐，不復賈生之召；桐鄉奉祀，空留朱邑之名。某適守遐方，遽承來訃。載誦渭陽之什，涕隕盈襟；緬想佳城之阡，心馳紼紼。

祭魏元履

嗟乎！仕於王朝，自一命而上，皆得一論疏時事，此古之義，而亦祖宗詔也。君起布衣，服在學省，忠言屢發，率關大體。在他人方且蹙蹜畏避，君輒先之，亦可謂毅然有立矣。世之議者羣起而求多於君，此蓋無足怪。然君自退歸以來，益務自修，以書抵予，謂將講學，進所不逮。予得之而嘆息〔四〕，以爲君異日之所成就，其又非予所可量者，而孰謂天不復假之年耶！君雖未遂傾蓋之願，而君相與之意則甚厚，豈謂竟不克識君耶！一奠往致，以紓予情。

祭儲經屬

惟靈早以藝文，有聲場屋；晚游幕府，簡默自將。故鄉渺然，羈懷莫寄。因循一疾，遂至沉綿。獨資同僚，共舉終事。嗚呼！可哀也夫！

祭秦致政

某來桂林，首訪鄉之老成，而將問政焉，人士同辭，以公爲稱首。公雖已枕疾於家，罕接人事，然如珠玉之在山淵，游於其間者亦足以借其輝潤。惟公起自兹土，取科第。歷事以忠厚廉直稱。亦嘗典州，有澤於民。已乃謝事於未衰，優游鄉閭，子孫滿前，安恬獲福，克享上壽，在公庶幾乎無所恨矣。然公之云亡，後生失儀刑之尊，吾黨乏咨詢之益，是用嘆傷，爲之流涕。不腆一奠，聊寫此誠。

祭甄總管

惟靈早以忠義赴乎功名，方排難解紛之時，有投機應變之智，慷慨辭氣，感動三軍。謂當究於設施，乃繼遭於排抑。逮於晚歲，再逢當寧之知；旋即九原，莫展據鞍之願。考先世平江之牘，想一時共濟之人，念事會之多違，歎奇才之難得。屬茲假守，適值喪舟，薄奠薦誠，臨風增愴。

祭賈仲山知縣

惟我別墅，與君隣墻，春朝秋夕，幅巾徜徉。湘西之别，我獨憂君，藹然其癯，顧言愛身。甫茲半載，遽以訃傳，推案愕眙，繼以泫然。惟君之才，疏通而敏；惟君之行，友睦以謹。曾未究施，而止斯耶！道阻且長，予之悲耶！

祭邢致政

嗚呼魯仲，生而多艱。暫仕輒歸，已乃掛冠。其才有餘，蓋可撥煩。曾不少試，老於家山。間止名堂，惟適之安。窗户明潔，日對孱顔。坐上客滿，不空杯柈。且復重義，周人急難。謂享壽康，而年亦慳。我家長沙，殆若鄉關。故舊益落，爲之涕潸。昔來茲堂，舉酒相看；今來茲堂，帷白旐丹。嗚呼哀哉！

祭經幹八兄

嗟哉吾兄，生也多屯。惟生之艱，宜永厥齡。胡亦嗇之，而止於斯。命也不齊，其孰爲之。乙酉之夏，過我湘濱，撫我苫塊，話言諄諄。爲我久留，去則不忍，舟中之別，有淚如隕。我觀吾兄，齒髮未衰，願言愛身，相逢有時。兄復一笑，子言甚真，我健且武，當復南征。側聞還家，有以自娱。釃酒擊鮮，賓筵則都。謂當婆娑，樂此晚歲，豈期訃來，駭痛曷已！邈在萬里，走哭無從，寄此一觴，酹西南風。〔五〕

祭宋子飛參議

哀哉子飛，而至然耶！孰無憂患，君何酷耶！始聞哭子，繼曰悼亡，念君之親，白髮在堂。曾未幾日，亦以訃傳，想若曷任，摧荒曷全。作書吊君，下筆不忍，道阻且長，畏聞來信。哀哉子飛，身竟隨之，臨風泫然，爲君涕洟。如君吉德，所遭乃爾，惟命不濟，孰主張是。連陽識君，今兩周星，離合不常，交情愈親。湘岸之别，自夏徂秋，詩墨未乾，君已不留。有纍者殯，誰其收之？婉孌兩孫，誰其周之？里有賢公，隣有君子，話言平生，當亦任此。我獨在遠，莫克奔馳，一奠往致，哀哉子飛！

祭南康四九兄

嗚呼！同祖兄弟，今存四人。惟兄能文，自於妙齡。意其遠大，以翼吾門，僅守一州，才未克伸。豈謂兹朝，乃傳訃音，驚惶慟哭，痛心原鴒。爲位一奠，哀哉此情〔六〕！

同前

嗚呼哀哉！惟兄早歲，秀發而文。秦國之恩，篤於諸孫；忠獻之愛，視子攸均。矧惟伯父，寔艱寔勤，未究之業，付之吾兄。謂當遠大，以翼以承，如何中道，車折其輪，僅歷一州，莫覩厥成。嗚呼哀哉！某之於兄，少長相親，論文講藝，豈無友生。霅川之别，慘焉酸辛，視兄之容，澁而不榮。酒酣諄復，願言愛身，少屏剛劑，以致和平。孰期一疾，竟以此傾。嗚呼哀哉！於今幾年，遠寓霅濱，鴻雁莫聯，每傷予心。矧兹永訣，痛復可任！念當挈歸，以近榆枌，乃聞知命，留葬是云。嗚呼哀哉！遺字見屬，奉之涕零，將絶泚筆，又何剛明。嗚呼哀哉！屬拘印紱，奔走不能，向風長號，薄奠是陳。猶子幼弱，念言惸惸，敢不扶持，兄言是遵。尚惟英爽，其或來歆。〔七〕

祭胡廣仲主簿

惟君孝友之德，篤乎天性，問學之志，自乎初年。疾惡見其公心，臨事知其審慮。謂當遠大，以究所成，如何一朝，遽止於此。聞訃之始，痛恨則多，豈惟歎德門失承家之賢，抑亦吾黨失同志之助。交遊歲夕，重以昏姻，往哭未能，薄禮先致。涕零橫臆，言不復文。

祭吴晦叔

嗚呼！惟君早登五峰之門，即捐進取之習，從事義理。今幾二十年，思慮益親，操履益固。而其曉悉人情，通練世事，持之以忠信，行之以周密，蓋有用之實才，而進學之良資也。豈謂一旦止於斯耶！某與君論心，爲日亦久，切磋講究，友誼金石。訃音來傳，泣下莫止。嗟乎！任道之艱，而同志益落，此予之所悲而且憂也。官守所拘，未能往哭，一奠遺致，言不復文〔八〕。

祭外姑何恭人

惟靈生於相家，來嬪德門，奉饋采藻，克謹晨昏。如賓之敬，婦道則宜，逮夫晚歲，有光母儀。允矣三德，協于彤史，胡不百年，永庇孫子。憶在柔兆，獲拜於堂，辰幾一周，有淚淋浪。我悲終天，靡怙靡恃，起尋渭陽，痛復抵此。傷哉道遠，一慟莫前，薄禮將誠，靈其鑒旃。〔九〕

省墓祭文

某往者惟念古不墓祭之義，每來晨省，號哭於前，不敢用世俗之禮，以行其所不安，而其中心終有所未滿者。近讀周官，有祭於墓爲尸之文，乃始悚然。深惟先王之意，存世俗之禮，所以緣人情之不忍，而使之立尸以享，所以明鬼神之義，蓋其處之者精矣。今兹用是敬體此意，爲位於亭，具酒肴之薦，以寫其追慕之誠。惟事之始，不敢不告。俛伏流涕，不知所云，惟考妣之神實鑒臨之。

校勘記

〔一〕惟公植德忠厚　「公」，劉本、四庫本作「兄」。

〔二〕來使湘州　「州」字原闕，據劉本、四庫本補。

〔三〕訃忽來傳　「忽」，原作「意」，據劉本、四庫本改。

〔四〕予得之而嘆息　「得」，原作「德」，據四庫本改。

〔五〕酹西南風　此句下，五百家播芳大全文粹卷九九有「嗚呼哀哉，尚享」六字。

〔六〕哀哉此情　此句下，五百家播芳大全文粹卷九九有「嗚呼哀哉，尚享」六字。

〔七〕其或來歆　此句下，五百家播芳大全文粹卷九九有「嗚呼哀哉，尚享」六字。

〔八〕言不復文　此句下，五百家播芳大全文粹卷一〇〇有「嗚呼哀哉，尚享」六字。

〔九〕靈其鑒旃　此句下，五百家播芳大全文粹卷一〇〇有「尚享」二字。

附録

直齋書録解題卷一八别集類下　［宋］陳振孫

南軒集三十卷，侍講廣漢張栻敬夫撰。魏忠獻公浚之長子。當孝宗朝，以任子不賜第入西掖者，韓元吉、劉孝韙，其入經筵，則栻也。

讀書附志卷下别集類三　［宋］趙希弁

南軒先生文集四十四卷。

右張宣公栻字敬夫之文也。朱文公校定而爲之序。然紫巖碁圖跋語之類皆不載於集中。

世善堂藏書目録卷下宋元諸名賢集　［明］陳　第

張南軒集三十卷

季滄葦藏書目文集

［清］季振宜

宋張南軒集四十四卷，宋刻。

絳雲樓書目卷三宋文集類

［清］錢謙益

張南軒集三十卷

四庫全書總目卷一六一集部十四别集類十四

南軒集四十四卷浙江鮑士恭家藏本

宋張栻撰。栻字敬夫，廣漢人，丞相浚之子，以蔭補官。孝宗時，歷左司員外郎，除祕閣修撰，終於荆湖北路安撫使。事蹟具宋史道學傳。栻殁之後，其弟杓裒其故稿四巨編，屬朱子論定。朱子又訪得四方學者所傳數十篇，益以平日往還書疏，編次繕寫，未及蒇事，而已有刻其別本流傳者。朱子以所刻之本多早年未定之論，而末年談經論事、發明道要之語反多所佚遺，乃取前所蒐輯參互相校，斷以栻晚歲之意，定爲四十四卷，併詳述所以改編之故，弁於書首，即今所傳淳熙甲辰本也。栻與朱子交最善，集中與朱子書凡七十有三首，又有答問四篇，其間論辨斷斷不少假借。如第二札則致疑於辭受之間；第三札辨墓祭、中元祭；第四札辨太極圖説註；第五、六、七札辨中庸註；第八札辨游酢祠記；第十札規朱子言語少和平；第十一札論社倉之弊，責以偏袒王安石；第十五札辨胡氏所傳二程集不必追改，戒以平心易氣；第二十一札辨論仁之説有流弊；第四十四札論山中諸詩語未和平；第四十九札論易説未安，是從來許多意思未能放下；第五十四札規以信陰陽家言擇葬地。與胡季隨第五札又論朱子所編名臣言行録未精細。朱子並録之集中，不以爲忤。又栻學問淵源，本出胡宏，而與朱子第二十八札謂胡寅讀史管見病敗不可言，其中有好處，亦無完篇；又第五十三札謂胡安國春秋傳，其間多有合商量處。朱子亦並録之集中，不以爲嫌。足以見醇儒心術，光明洞達，無一毫黨同伐異之私。後人執門户之見，一字一句無不回護，殊失朱子之本意。至朱子作張浚墓誌，本據栻所作行狀，故多溢美。語録載之甚明。而編定是集乃削去浚行狀不載，亦足見不以朋友之私害是非之公矣。論張浚者往往遺議於朱子，蓋未核是集也。劉昌詩蘆浦筆記駁栻堯廟歌指堯廟在桂林失於附會，其歌今在集中，蓋取其尊崇帝德而略其事實。昌詩又録栻慤齋銘，稱栻奉其父命爲其弟杓作，本集不載，檢之良然。然栻集即杓所輯，不應反漏，考高斯得恥堂存稿有南軒永州諸詩跋，曰：「劉禹錫編柳子厚集，斷至永州以後，少作不録一篇。南軒先生永州所題三亭、陸山諸詩，時方二十餘歲，興寄已落落穆穆如此，然求之集中則咸無焉。豈編次者以柳集之法裁之乎？」然則栻集外詩文皆朱子删其少作，非偶佚矣。

晦庵先生朱文公文集卷八九右文殿修撰張公神道碑　［宋］朱　熹

淳熙七年春二月甲申，秘閣修撰、荆湖北路安撫廣漢張公卒于江陵之府舍。其弟衡州使君杓護其柩以歸葬于潭州衡陽縣楓林鄉龍塘之原，按令式立碑墓道，而以書來謂熹曰：「知吾兄者多矣，然最其深者莫如子，今不可以不銘。」熹嘗竊病聖門之學不傳，而道術遂爲天下裂。士之醇慤者拘於記誦，其敏秀者衒於詞章，既皆不足以發明天理而見諸人事，於是言理者歸於老佛，而論事者騖於管商，則於理事之正反皆有以病焉，而去道益遠矣。中間河洛之間先生君子得其不傳之緒而推明之，然今不能百年，而學者又失其指。近歲乃幸得吾友敬夫焉，而天下之士，乃有以知理之未始不該於事，而事之未始不根於理也。然又不得盡其所爲，而中道以没，不有考焉以垂於世，吾恐後之君子，將有憾於吾徒也。熹之愚固不足以及此，然於共學輩流偶獨後死，矧定叟之所以見屬者又如此，其何以辭！顧以疾病之不間，後五六年，乃得考其事而叙之，曰：

公諱某，字敬夫，故丞相魏國忠獻公之嗣子也。生有異質，穎悟夙成，忠獻公愛之。自其幼學而所以教者，莫非忠孝仁義之實。既長，又命往從南嶽胡公仁仲先生問河南程氏學。先生一見，知其大器，即以所聞孔門論仁親切之指告之。公退而思，若有得也，以書質焉，而先生報之曰：「聖門有人，吾道幸矣。」公以是益自奮厲，直以古之聖賢自期，作希顔録一篇，蚤夜觀省，以自警策。所造既深遠矣，而猶未敢自以爲足，則又取友四方，益務求其學之所未至。蓋玩索講評，踐行體驗，反覆不置者十有餘年，然後昔之所造，深者益深，遠者益遠，而反以得乎簡易平實之地。其於天下之理，蓋皆瞭然心目之間，而實有以見其不能已者，是以決之勇，行之力，而守之固，其所以篤於君親，一於道義而没世不忘者，初非有所勉慕而强爲也。

少以蔭補右承務郎，辟宣撫司都督府書寫機宜文字、除直祕閣。是時天子新即位，慨然以奮伐仇虜、克復神州爲己任。忠獻公亦起謫籍，受重寄，開府治戎，參佐皆極一時之選。而公以藐然少年，周旋其間，内贊密謀，外參庶務。其所綜畫，幕府諸人皆自以爲不及也。聞以軍事入奏，始得見上，即進言曰：「陛下上念宗社之讎耻，下閔中原之涂炭，惕然於中，而思有以振之，臣謂此心之發，即天理之所存也。誠願益加省察，而稽古親賢以自輔焉，無使其或少息也，則不惟今日之功可以必成，而千古因循之弊，亦庶乎其可革矣。」上異其言，蓋於是始定君臣之契。

已而忠獻公辭位去，用事者遂罷兵與虜和。虜乘其隙，反縱兵入淮甸，中外大震。然廟堂猶主和議，至敕諸將毋得以兵向虜。時忠獻公已即世，公不勝君親之念，甫畢藏事，即拜疏言：「吾與虜人乃不共戴天之讎，向來朝廷雖亦嘗興縞素之師，然玉帛之使未嘗不行乎其間，是以講和之念，未忘於胸中，而至誠惻怛之心，無以感格乎天人之際，此所以事屢敗而功不成也。今雖重爲羣邪所誤，以蹙國而召寇，然亦安知非天欲以是開聖心哉？謂宜深察此理，使吾胸中了然無纖芥之惑，然後明詔中外，公行賞罰，以快軍民之憤，則人心悦，士氣充，而虜不難却矣。繼今以往，益堅此志，誓不言和，專務自强，雖折不撓，使此心純一，貫徹上下，則遲以歲月，亦何功之不成哉！」疏入，不報。

後六年，始以補郡。臨遣，得復見上。時宰相雖以恢復之説自任，然所以求者，類非其道，且妄意公素論當與己合，數遣人致慇懃，公不答。見上，首言：「先王之治，所以建事立功，無不如志，以其胸中之誠，足以感格天人之心，而與之無間也。今規畫雖勞，而事功不立，陛下誠深察之，日用之間，念慮云爲之際，亦有私意之發，以害吾之誠者乎？有則克而去之，使吾中扃洞然無所間雜，則見義必精，守義必固，而天人之應，將不待求而得矣。夫欲復中原之地，當先有以得其百姓之心；欲得中原之心，當先有以得吾百姓之心。而求所以得吾民之心者，豈有它哉，不盡其力，不傷其財而已矣。今日之事，固當以明大義、正人心爲本，然其所施有先後，則其緩急不可以不詳；所務有名實，則其取舍不可以不審，此又明主所宜深察也。」

明年，召還。宰相又方謂虜勢衰弱可圖，建遣泛使往責陵寢之故，士大夫有憂其無備而召兵者，皆斥去之。於是公見上，上曰：「卿知虜中事乎？」公對曰：「不知也。」上曰：「虜中饑饉連年，盜賊四起。」公又對曰：「虜中之事臣雖不知，然境中之事則知之詳矣。」上曰：「何事？」公遂言曰：「臣竊見比年諸道亦多水旱，民貧日甚。而國家兵弱財匱，官吏誕謾，不足倚仗。正使彼實可圖，臣懼我之未足以圖彼也。」上爲默然久之。公因出所奏書，讀之曰：「臣竊謂陵寢隔絶，誠臣子不忍言之至痛。然今未能奉詞以討之，又不能正名以絶之，乃欲卑詞厚禮以求於彼，其於大義已爲未盡，而異論者猶以爲憂，則其昧陋畏怯，又益甚矣。然臣竊揆其心，意其或者亦有以見我未有必勝之形，而不能不憂也歟？蓋必勝之形，當在於蚤正素定之時，而不在兩陳決機之日。」上爲竦聽，改容稱善，至于再三。公復讀曰：「今日但當下哀痛之詔，明復讎之義，顯絶虜人，不與通使。然後修德立政，用賢養民，選將帥，練甲兵，通内修外攘、進戰退守以爲一事，且必治其實而不爲虚文，則必勝之形，隱然可見。雖有淺陋畏怯之人，亦且奮躍而争先矣。」上爲歎息褒諭，以爲前未始聞此論也。其後又因賜對，反復前説，上益嘉歎，面諭：「當以卿爲講官，冀時得晤語也。」

時還朝未期歲，而召對至六七，公感上非常之遇，知無不言，大抵皆脩身務學、畏天恤民、抑權倖、屏讒諛之意。至論復讎之義，則反復推明所以爲名實之辨者益詳。於是宰相益憚公，而近倖尤不悦，遂合中外之力以排之，而公去國矣。蓋公自是退居三年，更歷兩鎮，雖不復得聞國論，而蚤夜孜孜，反身修德，愛民計軍，以俟國家扶義正名之舉，尤極懇至。於是天子益知公可用，嘗賜手書，褒其忠實，蓋將復大用之，而公已病矣。病亟且死，猶手疏勸上以親君子、遠小人，信任防一己之偏，好惡公天下之理，以清四海，克固丕圖，若眷眷不能忘者。寫畢，緘付府僚，使驛上之，有頃而絶。

嗚呼！靖康之變，國家之禍亂極矣。小大之臣，奮不顧身以任其責者，蓋無幾人。而其承家之孝，許國之忠，判決之明，計慮之審，又未有如公者。雖降命不長，不克卒就其業，然其志義偉然，死而後已，則質諸鬼神而不可誣也。

始，公出幕府，即罹外艱。屏居舊廬，不交人事。會盗起郴、桂間，聲摇數路。湖南帥守劉公珙雅善公，時從訪問籌策，卒用以破賊。還朝，爲上極言公學行志業非常人比，上亦記公議論本末。除知撫州，未上，改嚴州。到任，問民疾苦，首以丁鹽錢絹太重爲請，得蠲是歲半輸。召爲尚書吏部員外郎、兼權左右司侍立官。時廟堂方用史正志爲發運使，名爲均輸，而實但盡奪州郡財賦，以惑上聽，遠近騷然，人不自安。賢士大夫争言其不可，而少得其要領者。公亦爲上言之，上曰：「正志以爲今但取之諸郡，非取之於民也，何傷？」公對曰：「今日州郡財賦大抵刦刦無餘，若取之不已，而經用有闕，則不過巧爲名色，而取之於民耳。」上聞之，矍然顧謂公曰：「論此事者多矣，未有能及此者。如卿之言，是朕假手於發運使以病吾民也。」旋閲其實，果如公言，即詔罷之。

兼侍講，除左司員外郎。經筵開，以詩入侍，因葛覃之篇以進説曰：「治常生於敬畏，亂常起於驕淫。使爲國者每念稼穡之勞，而其后妃不忘織紝之事，則心之不存者寡矣。周之先后勤儉如此，而其後世猶有以休蠶織而爲厲階者，興亡之效，於此見矣。」既又推廣其言，上陳祖宗自家刑國之懿，下斥當時興利擾民之害詳焉。上亦歎曰：「此王安石所謂『人言不足恤者』所以誤國事也。」

俄而詔以知閤門事張説簽書樞密院事，公夜草手疏，極言其不可，且詣宰相質責之，語甚切。宰相慚憤不堪，而上獨不以爲忤，親札疏尾付宰相，使諭指。公復奏曰：「文武之勢誠不可以太偏，然今欲左文右武以均二柄，而所用乃得如此之人，非惟不足以服文吏之心，正恐反激武臣之怒也。」於是上意感悟，命得中寢。然宰相實陰附説，明年，乃出公知袁州，而申説前命，於是中外讙譁，而説後竟謫死云。

淳熙改元，公家居累年矣，上復念公，詔除舊職，知静江府，經略安撫廣南西路。廣西去朝廷絶遠，諸州土曠民貧，常賦入不支出，故往時立法，諸州以漕司錢運鹽鬻之，而以其息什四爲州用。以是州得粗給，而民無加賦。其後或乃奪取其息之半，則州不能盡運，而漕司又以歲額責其虚息，則高價抑賣之弊生，而公私兩病矣。公始至，未及有爲，專務以訪求一道之利病爲事。既得其所以然者，則爲奏以鹽息什三予諸郡。又因兼攝漕臺，出其所積緡錢四十萬而中分之，一以爲諸倉買鹽之本，一以爲諸州運鹽之費。奏請立法，自今漕司復有多取諸州，輒行抑賣，悉以違制議罪；其敢以資燕飲、供饋餉者，仍坐贓論。詔皆從之。

所統州二十有五，遼夐荒殘，故多盜賊。徼外蠻夷俗尚讎殺，喜侵掠，間亦入塞爲暴。而州兵皆脆弱慵惰，又乏糧賜，死亡輒不復補，鄉落保伍亦名存而實廢。邕管斗入群蠻中，最爲重地，而戍兵不能千人，獨恃左、右江洞丁十餘萬爲藩蔽，而部選提舉巡檢官初不擇人。公知其弊，則又爲之簡閲州兵，汰冗補闕，籍諸州黥卒伉健者以爲效用，合親兵摧鋒等軍，日習而月按之。悉禁它役，視諸州猶有不足，於糧賜若凡戈甲之費者，更斥漕司鹽本羡錢以佐之，申嚴保伍之令而信其賞罰。知流人沙世堅才勇，喻以討賊自效，所捕斬前後以十百數。又奏乞選辟邕州提舉巡檢官，以撫洞丁。傳令溪洞酋豪，喻以弭怨睦鄰，愛惜人命，爲子孫長久安寧之計，毋得輒相虜掠，讎殺生事。而它所以立恩信、謹關防、示形制者，亦無不備。於是境内正清，方外柔服，幕府無南鄉之慮矣。

朝廷買馬横山，歲久弊積，邊氓告病，而馬不時至，至者多道死。公究其利病，得凡六十餘條。如邕守上邊，則瀕江有買船之擾；綱馬在道，則緣道有執牽之勞；其或道死，則抑賣其肉，重爲鄰伍之患。是皆無益於馬而有害於人，首奏革之。其他如給納等量支券之姦，以至官校參司名次之弊，皆有以究其根穴而事爲之防。由是諸蠻感悦，争以其善馬來，歲額率常先期以辦，而馬無滯留，人知愛惜，遂無復死道路者。

上聞公治行，且未嘗叙年勞，乃詔特轉承事郎、進直寶文閣再任。五年，除祕閣修撰、荆湖北路轉運副使，改知江陵府，安撫本路。湖北尤多盜，州縣不以爲意，更共縱釋，以病良民。公入境，首劾大吏之縱賊者罷之，捕姦民之舍賊者斬之，群盜破膽，相率遁去。公又益爲條教，喻以利害，俾知革心，開其黨與，得相捕告以除罪。其餘禁令方略，大率如廣西時。於是一路肅清，善良始有安居之樂。郡去北邊不遠，雖頗有分屯大軍，而主兵官率常與帥守不相中。帥守所將獨神勁親兵及義勇民兵若干人，比年亦廢簡閲，不足恃。公既以禮遇諸將，得其歡心，而所以恤其士伍之私者，亦無不至，於是將士感悦，相戒無輒犯公令。每按親兵，必使與大軍雜試，以相激厲。均犒賞，修義勇法，使從縣道階級。喻以農隙閲習武事，以俟不時按驗而加賞罰焉。其後團教，則又面加慰諭，勉以忠義而教以敦睦。首領有捕盜者，爲奏補官。由是戎政日修，而士心亦益感奮。會有獻言於朝，請盡籍客户爲義勇者，公慮惑民聽，且致流亡，亟取丁籍閲之，命一户而三丁者乃籍其一，以爲義勇副軍。别置總首，人給一弩，俾家習之，三歲一遣官就按，它悉無有所與。且爲奏言所以不可盡取之故，闔境賴焉。

辰、沅諸州，自政和間奪民田募游惰，號刀弩手，蓋欲以控制諸蠻，而實不可用。中廢復修，議者多不以爲便，詔與諸司平處列上。公爲奏去其病民罔上者數條，詔皆施行，人亦便之。並淮姦民出塞爲盜，法皆處死。異時官吏多蔽匿弗治，至是捕得數人，仍有胡奴在黨中。公曰：「朝廷未能正名討賊，則疆埸之事，不宜使數負吾曲。」命斬之以徇於境，而縛其亡奴歸之。北人歎其理直，且曰南朝於是爲有人矣。信陽守劉大辯者，婺州人也，怙勢希賞，誘致流民，而奪見户熟田以與之，一郡洶洶。公爲遣吏平章，乃定。及是聞北人逐盜有近淮者，則又虚驚，夜棄城郭，盡室南走數十里，軍民復大擾。公方劾奏之，而朝廷用大辯請，以見户荒田授流民。事下本道，施行如章。公復奏曰：「陛下幸哀邊民，前詔占田已墾者，不復通檢；其未墾者，一年不墾，乃收爲營田，德至渥也。今未及期，而大辯不務奉承宣布，反設詐諼，虧國大信，以濟凶虐。且所招流民不滿百數，而虚奏且十倍。請并下前奏，論罪如法。」章累上，大辯猶得易它郡以去。

蓋方是時，上所以知公者愈深，而惡公者忌之亦愈力。公自以不得其職，數求去不得，尋以病請，乃得之。然比詔下，以公爲右文殿修撰提舉武夷山冲佑觀，則已不及拜矣。卒時年四十有八。柩出，江陵老稚挽車號慟，數十里不絶。訃聞，上亦深爲嗟悼。四方賢士大夫往往出涕相弔，而静江之人哭之尤哀。蓋公爲人坦蕩明白，表裏洞然，詣理既精，信道又篤，其樂於聞過而勇於徙義，則又奮厲明決，無豪髪滯吝意。以至疾病垂死，而口不絶吟於天理人欲之間，則平日可知也。故其德日新，業日廣，而所以見於論説行事之間者，上下信之至於如此，雖小人以其好惡之私，或能壅害於一時，然至於公論之久長，蓋亦莫得而揜之也。

公之教人，必使之先有以察乎義利之間，而後明理居敬，以造其極。其剖析開明，傾倒切至，必竭兩端而後已。所爲郡必葺其學，於静江又特盛。暇日召諸生，告語不倦。民以事至廷中者，亦必隨事教戒，而於孝弟忠信、睦婣任恤之意，尤孜孜焉。猶慮其未徧也，則又刻文以開曉之，至於喪葬嫁娶之法，風土習俗之弊，亦列其事以爲戒命。閭井各推耆宿，使爲鄉老，授之夏楚，使以所下條教訓厲其子弟，不變，然後言之有司而加法刑焉。在廣西，刑獄使者陸濟之子棄家爲浮屠，聞父死不奔喪，爲移諸路，俾執拘以付其家。官吏有犯名教者，皆斥遣之，甚或奏劾抵罪。尤惡世俗鬼神老佛之説，所至必屏絶之。蓋所毀淫祠前後以百數，而獨於社稷山川、古先聖賢之奉爲兢兢，雖法令所無，亦以義起。其水旱禱祠，無不應也。

平生所著書，唯論語説最後出，而洙泗言仁、諸葛忠武侯傳爲成書。其它如書、詩、孟子、太極圖説、經世編年之屬，則猶欲稍更定焉而未及也。然其提綱挈領，所以開悟後學，使不迷於所鄉，其功則已多矣。蓋其常言有曰：「學莫先於義利之辨，而義也者，本心之所當爲而不能自已，非有所爲而爲之者也。一有所爲而後爲之，則皆人欲之私，而非天理之所存矣。」嗚呼，至哉言也！其亦可謂擴前聖之所未發，而同於性善養氣之功者歟！

公之州里世系已見於忠獻公之碑，此不著。其配曰宇文氏，朝散大夫師中之女，事舅姑以孝聞，佐君子無違德，封安人，前卒。子焯，承奉郎，亦蚤世。一女，長適五峯先生之子胡大時，次未行而卒。孫某某，尚幼。後數年，胡氏女與某亦皆夭。嗚呼，敬夫已矣！吾尚忍銘吾友也哉！銘曰：

鬬尹之忠，文子之清。匪欲之徇，而仁弗稱。孰的孰張，以詔後學？公秉厥機，如寐斯覺。自時厥後，動罔弗欽。孝承考志，忠格天心。唯孝唯忠，惟一其義。惟命有嚴，豈曰爲利。群邪肆誕，公避而歸。兩鎮餘功，以德爲威。帝曰懷哉，汝忠而實。姑訖外庸，來輔來拂。上天甚神，曷監而遺？彼頑弗夭，此哲而萎。往昔茫茫，來今不盡。求仁得仁，公則奚恨。

宋史張栻傳卷四二九

張栻字敬夫，丞相浚子也。穎悟夙成，浚愛之，自幼學，所教莫非仁義忠孝之實。長師胡宏，宏一見，即以孔門論仁親切之旨告之。栻退而思，若有得焉，宏稱之曰：「聖門有人矣。」栻益自奮厲，以古聖賢自期，作希顔録。

以廕補官，辟宣撫司都督府書寫機宜文字，除直祕閣。時孝宗新即位，浚起謫籍，開府治戎，參佐皆極一時之選。栻時以少年，内贊密謀，外參庶務，其所綜畫，幕府諸人皆自以爲不及也。間以軍事入奏，因進言曰：「陛下上念宗社之讎恥，下閔中原之塗炭，惕然於中，而思有以振之。臣謂此心之發，即天理之所存也。願益加省察，而稽古親賢以自輔，無使其或少息，則今日之功可以必成，而因循之弊可革矣。」孝宗異其言，於是遂定君臣之契。浚去位，湯思退用事，遂罷兵講和。金人乘間縱兵入淮甸，中外大震，廟堂猶主和議，至勑諸將無得輒稱兵。時浚已没，栻營葬甫畢，即拜疏言：「吾與金人有不共戴天之讎，異時朝廷雖嘗興縞素之師，然旋遣玉帛之使，是以講和之念未忘於胸中，而至忱惻怛之心無以感格于天人之際，此所以事屢敗而功不成也。今雖重爲羣邪所誤，以蹙國而召寇，然亦安知非天欲以是開聖心哉。謂宜深察此理，使吾胸中了然無纖芥之惑，然後明詔中外，公行賞罰，以快軍民之憤，則人心悦，士氣充，而敵不難却矣。繼今以往，益堅此志，誓不言和，專務自强，雖折不撓，使此心純一，貫徹上下，則遲以歲月，亦何功之不濟哉？」疏入，不報。

久之，劉珙薦於上，除知撫州，未上，改嚴州。時宰相虞允文以恢復自任，然所以求者類非其道，意栻素論當與己合，數遣人致殷勤，栻不答。入奏，首言：「先王所以建事立功無不如志者，以其胸中之誠有以感格天人之心，而與之無間也。今規畫雖勞，而事功不立，陛下誠深察之日用之間，念慮云爲之際，亦有私意之發以害吾之誠者乎？有則克而去之，使吾中扃洞然無所間雜，則見義必精，守義必固，而天人之應將不待求而得矣。夫欲復中原之地，先有以得中原之心，欲得中原之心，先有以得吾民之心。求所以得吾民之心者，豈有他哉？不盡其力，不傷其財而已矣。今日之事，固當以明大義、正人心爲本。然其所施有先後，則其緩急不可以不詳；所務有名實，則其取舍不可以不審，此又明主所宜深察也。」

明年，召爲吏部侍郎，兼權起居郎侍立官。時宰方謂敵勢衰弱可圖，建議遣泛使往責陵寢之故，士大夫有憂其無備而召兵者，輒斥去之。栻見上，上曰：「卿知敵國事乎？」栻對曰：「不知也。」上曰：「金國饑饉連年，盜賊四起。」栻曰：「金人之事，臣雖不知，境中之事，則知之矣。」上曰：「何也？」栻曰：「臣切見比年諸道多水旱，民貧日甚，而國家兵弱財匱，官吏誕謾，不足倚賴。正使彼實可圖，臣懼我之未足以圖彼也。」上爲默然久之。栻因出所奏疏讀之曰：「臣竊謂陵寢隔絶，誠臣子不忍言之至痛，然今未能奉辭以討之，又不能正名以絶之，乃欲卑詞厚禮以求於彼，則於大義已爲未盡。而異論者猶以爲憂，則其淺陋畏怯，固益甚矣。然臣竊揆其心意，或者亦有以見我未有必勝之形，而不能不憂也歟。蓋必勝之形，當在於早正素定之時，而不在於兩陣決機之日。」上爲竦聽改容。栻復讀曰：「今日但當下哀痛之詔，明復讎之義，顯絶金人，不與通使。然後修德立政，用賢養民，選將帥，練甲兵，通内修外攘、進戰退守以爲一事，且必治其實而不爲虛文，則必勝之形隱然可見，雖有淺陋畏怯之人，亦且奪躍而争先矣。」上爲歎息褒諭，以爲前始未聞此論也。其後因賜對反復前説，上益嘉歎，面諭：「當以卿爲講官，冀時得晤語也。」會史正志爲發運使，名爲均輸，實盡奪州縣財賦，遠近騷然，士大夫争言其害，栻亦以爲言。上曰：「正志謂但取之諸郡，非取之於民也。」栻曰：「今日州郡財賦大抵無餘，若取之不已，而經用有闕，不過巧爲名色以取之於民耳。」上矍然曰：「如卿之言，是朕假手於發運使以病吾民也。」旋閲其實，果如栻言，即詔罷之。

兼侍講，除左司員外郎。講詩葛覃，進説：「治生於敬畏，亂起於驕淫。使爲國者每念稼穡之勞，而其后妃不忘織紝之事，則心不存者寡矣。」因上陳祖宗自家刑國之懿，下斥今日興利擾民之害。上歎曰：「此王安石所謂『人言不足恤』者，所以爲誤國也。」

知閤門事張説除簽書樞密院事，栻夜草疏極諫其不可，旦詣朝堂，質責宰相虞允文曰：「宦官執政，自京、黼始，近習執政，自相公始。」允文慚憤不堪。栻復奏：「文武誠不可偏，然今欲右武以均二柄，而所用乃得如此之人，非惟不足以服文吏之心，正恐反激武臣之怒。」孝宗感悟，命得中寢。然宰相實陰附説，明年出栻知袁州，申説前命，中外諠譁，説竟以謫死。

栻在朝未期歲，而召對至六七，所言大抵皆修身務學，畏天恤民，抑僥倖，屏讒諛，於是宰相益憚之，而近習尤不悦。退而家居累年，孝宗念之，詔除舊職，知静江府，經略安撫廣南西路。所部荒殘多盜，栻至，簡州兵，汰冗補闕，籍諸州黥卒伉健者爲效用，日習月按，申嚴保伍法。諭溪峒酋豪弭怨睦鄰，毋相殺掠，於是羣蠻帖服。朝廷買馬横山，歲久弊滋，邊氓告病，而馬不時至。栻究其利病六十餘條，奏革之，諸蠻感悦，争以善馬至。

孝宗聞栻治行，詔特進秩，直寶文閣，因任。尋除祕閣修撰、荆湖北路轉運副使。改知江陵府，安撫本路。一日去貪吏十四人。湖北多盜，府縣往往縱釋以病良民，栻首劾大吏之縱賊者，捕斬姦民之舍賊者，令其黨得相捕告以除罪，羣盜皆遁去。郡瀕邊屯，主將與帥守每不相下，栻以禮遇諸將，得其驩心，又加恤士伍，勉以忠義，隊長有功輒補官，士咸感奮。並淮姦民出塞爲盜者，捕得數人，有北方亡奴亦在盜中。栻曰：「朝廷未能正名討敵，無使疆埸之事其曲在我。」命斬之以徇於境，而縛其亡奴歸之。北人歎曰：「南朝有人。」信陽守劉大辯怙勢希賞，廣招流民，而奪見户熟田以與之。栻劾大辯詐謾，所招流民不滿百，而虚增其數十倍，請論其罪，不報。章累上，大辯易他郡，栻自以不得其職求去，詔以右文殿修撰提舉武夷山冲佑觀。病且死，猶手疏勸上親君子遠小人，信任防一己之偏，好惡公天下之理。天下傳誦之。栻有公輔之望，卒時年四十有八。孝宗聞之，深爲嗟悼，四方賢士大夫往往出涕相弔，而江陵、静江之民尤哭之哀。嘉定間，賜謚曰宣。淳祐初，詔從祀孔子廟。

栻爲人表裏洞然，勇於從義，無毫髮滯吝。每進對，必自盟於心，不可以人主意悦輒有所隨順。孝宗嘗言伏節死義之臣難得，栻對：「當於犯顔敢諫中求之。若平時不能犯顔敢諫，他日何望其伏節死義？」孝宗又言難得辦事之臣，栻對：「陛下當求曉事之臣，不當求辦事之臣。若但求辦事之臣，則他日敗陛下事者，未必非此人也。」栻自言：前後奏對忤上旨雖多，而上每念之，未嘗加怒者，所謂可以理奪云爾。

其遠小人尤嚴。爲都司日，肩輿出，遇曾覿，覿舉手欲揖，栻急掩其窗欞，覿慚，手不得下。所至郡，暇日召諸生告語。民以事至庭，必隨事開曉。具爲條教，大抵以正禮俗、明倫紀爲先。斥異端，毁淫祠，而崇社稷山川古先聖賢之祀，舊典所遺，亦以義起也。

栻聞道甚早，朱熹嘗言：「己之學乃銖積寸累而成，如敬夫，則於大本卓然先有見者也。」所著論語孟子説、太極圖説、洙泗言仁、諸葛忠武侯傳、經世紀年，皆行于世。栻之言曰：「學莫先於義利之辨。義者，本心之當爲，非有爲而爲也。有爲而爲，則皆人欲，非天理。」此栻講學之要也。

子焯。

[清] 黄宗羲　全祖望

南軒學案序録

祖望謹案：南軒似明道，晦翁似伊川。向使南軒得永其年，所造更不知如何也。北溪諸子必欲謂南軒從晦翁轉手，是猶謂横渠之學于程氏者。欲尊其師，而反誣之，斯之謂矣。述南軒學案。梓材案：是卷南軒文集，蓋謝山所補，其餘則黎洲原本也。

五峯門人楊、胡再傳。

宣公張南軒先生栻

張栻，字敬夫，一字樂齋，號南軒，廣漢人，遷于衡陽。父浚，故丞相魏國公，謚忠獻。先生穎悟夙成。少長，從五峯胡先生問程氏學。五峯一見，知其大器，即以所聞孔門論仁親切之指告之。先生退而思，若有得也。五峯曰：「聖門有人，吾道幸矣！」先生益自奮勵，以古聖賢自期，作希顔録以見志。以蔭補承務郎。紹興間，忠獻出督，奏先生充機宜。以軍事入見，上異之，除直祕閣。丁父憂。服闋，長沙、郴、桂帥守劉公珙薦于朝，除知撫州，改知嚴州。奏言：「先王所以建事立功無不如志者，以胸中之誠有以感格天人之心而與之無間也。今規畫雖勞，事功不立，陛下誠深察之，亦有私意之發以害吾之誠者乎？」明年，召爲吏部郎，兼侍講。時相方謂敵勢衰弱可圖，先生奏言時猶未可，上爲歎息褒諭。其後因賜對，反覆前説，帝益嘉歎，面諭：「當以卿爲講官，冀時得晤語也。」會史正志爲發運使，名爲均輸，實盡奪州縣財賦，遠近騷然，士大夫争言其害，先生亦以爲言，上閲其實，即詔罷之。除左司員外郎，仍兼侍講。講詩葛覃，進説：「治生于敬畏，亂起于驕淫。使爲國者每念稼穡之勞，而其后妃不忘織紝之事，則心不存者寡矣。」因上陳祖宗自家刑國之懿，下斥今日興利擾民之害。帝歎曰：「此王安石所謂『人言不足恤』者所以爲誤國也。」知閤門事張説除簽書樞密院事，先生夜草疏極諫其不可。旦詣朝堂，責宰相虞公允文曰：「宦官執政，自京、黼始。近習執政，自相公始。」先生奏再上，命遂寢。然宰相實陰附張説，明年，出先生知袁州。先生在朝未期歲，而召對至六七，所言皆修身務學，畏天恤民，抑僥倖，屏讒諛，于是宰相憚之，近習尤不説。退而家居累年，孝宗念之，詔除舊職，知靖江府，經略安撫廣南西路。治聞，詔特進秩，直寶文閣。尋除祕閣修撰、荆湖北路轉運副使。改知江陵府，安撫本路。嘗與朱子書曰：「郭杲問此間得毋爲守備乎，緩急有堡寨否。某應以此間出門即平原，走襄陽僅六百里，所恃者襄、漢立得定，折衝捍蔽耳。太尉當力任此事，要兵要糧，此當往助。若教賊入肝脾裏，人心瓦碎，何守備爲。向來劉信叔、張安國皆有緩急移保江北之論，乃大謬也。賊到此地，何以爲國守臣，但當握節而死。渠爲悚然。然某所恃者，有此二萬義勇，所可整頓，緩急有隱然之勢。今專務固結其心，愛養其力，庶幾一旦可共生死。」雲濠案：與朱子書一節，謝山稿從南軒集中摘録，標識「此節當移載傳内」，今爲補入。湖北故多盗，先生首劾大吏之縱賊者，捕斬奸民之舍賊者，令其黨得相捕告以除罪，羣盗皆遁去。會信陽守劉大辯怙勢希賞，先生劾請論罪，不報，即以不得其職求去，詔以右文殿修撰提舉武夷山沖佑觀。病革，猶手疏勸上親君子，遠小人，信任防一己之偏，好惡公天下之理。先生有公輔之望，卒年四十八，世咸惜之。先生爲人坦蕩明白，表裏洞然，詣理既精，信道又篤。其樂于聞道而勇于徙義，則又奮勵明決，無毫髪滯吝意。故其德日新，業日廣，而所以見于論説行事之間者，上下信之，至于如此。著有論語、孟子、詩、書、太極圖説，經世編年等書。嘉泰中，賜謚宣。景定初，從祀孔子廟庭。修。

宗羲案：湖南一派，在當時爲最盛，然大端發露，無從容不迫氣象。自南軒出，而與考亭相講究，去短集長，其言語之過者裁之歸于平正。「有子，考无咎」，其南軒之謂與！

藏園群書經眼録卷一四集部三 〔近人〕傅增湘

南軒先生文集四十四卷 宋張栻撰 存二十八卷

宋刊本，十行十七字，白口，左右雙闌，版心上記字數，下記刊工姓名，卷中貞、桓、敦、擴字缺末筆。刊工有鄭春、江漢、方中、方淳、方茂、方忠、徐大忠、江浩諸人。前朱元晦草書序七行。鈐有「曲阿孫氏七峰山房圖籍私篆」長方朱文、「朱文石史」朱、「青霞館」朱、「曲阿仲子」朱各印。

按：是書缺一至四卷，三十三至四十四卷，共缺十六卷。當時進呈者以二十九至三十二各卷剜改爲一至四卷，以充完帙。沅叔。（丁卯七月查點故宫藏書所見。）

南軒先生文集四十四卷 宋張栻撰 存卷一至三

明初刊本，十二行二十字，黑口，四周雙闌。鈐有「天禄琳琅」、「天禄繼鑑」、「乾隆御覽之寶」、「五福五代堂寶」、「八徵耄念之寶」、「太上皇帝之寶」各璽印。（壬戌）

南軒先生文集四十四卷　宋張栻撰

明刊本，十二行二十字，黑口，四周雙闌。前有朱元晦序。

此本失前後刻書序跋，未知何時所刻，然觀其雕刻風氣，當爲弘治時所刊。有人以朱筆校過，有跋：「南軒先生文集，宋張栻撰，此明初刻本，甚罕。辛巳秋叚宋本校，小題低三格。宋本每半葉十行，行十七字，白口，雙魚尾。昔見元刊半葉十二行，行二十字，黑口，與此同，惜存第七八兩卷。首尾鈐『乾隆御覽之寶』，『太上皇帝之寶』，『五福五代堂寶』，『八徵耄念之寶』，『天禄繼鑑』等璽。此明覆元本，完整如新，可珍也。南華館主識於燕京。」鈐有「巢經簃藏書印」、「如皋沙元炳印」，又月河莫氏藏印數方，皆近人也。

按：此刻罕見，余藏明刊本二部，皆與此不同。沅叔記。（文禄堂書，辛巳歲暮取閲。）

△一一四〇六

新刊南軒先生文集四十四卷　宋張栻撰

明嘉靖元年劉氏翠巖堂慎思齋刊本，十二行二十三字，黑口，四周雙闌。前淳熙甲辰朱熹序，序後題「時皇明嘉靖壬午元年孟冬之月吉日翠巖堂京兆劉氏慎思齋重新刊行」。序後小木記刊南軒小傳。次目録，目下題「翠巖劉氏慎思齋刊」。本書首葉題「翠巖堂慎思齋刊」，卷尾有「翠巖堂」三字陰文横木記。

按：此本壬子春得之上海，最爲罕見，其刻工頗似慎獨齋，蓋必刊於建寧，故一時風氣使然也。

沅叔。

南軒先生文集四十四卷　宋張栻撰　　△一一四〇七

明刊本，十行二十字，白口，四周雙闌。卷一首題「知州後學繆輔之刊」，是嘉靖時邛州刻本也。

鈐有「葉氏菉竹堂藏書」、「曾在寶是堂」、「二褎收藏」各印。（鳳山遺書，己收。己巳三月）

南軒先生詩集七卷　宋張栻撰　　△三九五

舊寫本，十二行二十字。目録後卷七下記云：「下有文集三十七卷不及盡録」，是仍從全集鈔出，非别有單行本也。

鈐有「海寧陳鱣觀」朱、「鱣安校勘秘籍」朱、「吴騫幼字益郎」白各印。

末有「乾隆辛丑春日從海昌書舟得之藏於拜經樓」、緑筆題識一行。（吴仲懌家藏書，甲戌十月二十五日津估持以相示。）

藏園群書題記卷一五集部五宋别集類三校宋本南軒先生文集跋　［近人］傅增湘

宋刊本南軒先生文集，存卷五至三十二，凡二十八卷，舊爲清宫所藏，天禄琳瑯前、後目未經著録，今圖書館檢出，庋存於壽安宫。每半葉十行，每行十七字，白口，左右雙闌。前有朱子行書序，半葉七行。「貞」、「桓」、「敦」、「擴」皆缺末筆。刊工姓名列板心下方，有鄭春、江漢、江浩、方中、方淳、方茂、方忠、徐大中諸人。有「曲阿孫氏七峯山房圖籍私篆」長方朱文大印，「朱文石史」、「青霞館」、「曲阿孫仲子」朱文各印。昔人以卷二十九至三十二剜改爲第一至第四，以充全帙，當時典籍者竟未之察也。

余請於圖書館，持蜀中翻華刻本對勘，凡八日而畢。補卷五自西園登山五律一首，卷十一敬齋記一首，卷十道州重建濂溪周先生祠堂記脱文二十四行，卷三十答陳平甫書中條答五則。其文字詳略視世行本迥異者，爲潭州重修嶽麓書院記、經世紀年序、孟子講義序、胡子知言序各篇。其餘奪文訛字，殆不可計，余别撰校記存之，此不贅述也。丁卯七月十二日藏園居士記。時逭暑暘臺山清水院中。

宋槧南軒先生文集跋

［近人］昌彼得

南軒先生文集殘存二十八卷，宋張栻撰，宋寧宗間浙江刊本。版匡高二〇·八公分，寬一六·三公分，每半葉十行，小註雙行，行均十七字。左右雙欄，版心白口，雙魚尾。上魚尾下題「南軒集某（類）卷幾」，亦偶有省書名但題類名及卷數者；下魚尾下記每卷葉次，再下記刻工：鄭春、江漢、方中、方淳、方茂、吴津、江浩、方忠、徐大中等，或單記名或姓。宋諱「慎」、「敦」、「擴」諸字，偶缺末筆，不甚謹嚴。卷二第十一葉、卷六第三葉及第十八葉之後半葉、卷二五第十葉、卷二七第十三葉等四葉又半缺佚，乾隆中内府仿原式抄配。首冠淳熙甲辰（十一年）朱熹序及總目。每卷首行頂格大題「南軒先生文集卷第幾」，次行低二字題類目，第三行低四字題篇題，第四行起正文則頂格書。每卷末尾題以隔一行刻爲率，亦間有隔三、四行不等者。

栻字敬夫，號南軒，四川廣漢人，徙居衡陽，中興丞相魏國公浚長子。穎悟夙成，少師胡五峯宏，宏告以孔門論仁親切之旨，乃益自奮勵，以古聖賢自期，作希顔録以見志。以廕補官，除直秘閣。以劉珙薦知嚴州，改吏部員外郎，迭知袁州及静江、江陵二府。所至郡，大抵以正禮俗、明倫紀爲先，斥異端，毁淫祠，而崇社稷山川古先聖王之祀。調右文殿修撰提舉武夷山神佑觀，淳熙七年病卒，年僅四十八，謚曰宣。朱熹祭其文有云：「家傳忠孝，學造精微。外爲軍民之所屬望，内爲學者之所依歸。治民以寬，事君以敬，正大光明，表裡輝映」（朱文公集卷八七）。實足以表其一生之學問事功。熹又稱其「道學之懿，學世醇儒」（卷八一跋張敬夫所書城南書院詩），故宋史列之道學傳。栻一生事蹟具載朱熹所撰神道碑（朱子集卷八九）及楊萬里撰張左司傳（誠齋集卷一一五）。所著有南軒易説、癸巳論語解、癸巳孟子説、諸葛忠武侯傳、南軒文集等俱傳於世。南軒文集，宋世流傳凡有兩本，一本三十卷，見直齋書録解題著録，一本四十四卷，見趙希弁郡齋讀書志附志著録。按朱子序稱：栻没之後，其弟杓裒得故藁四巨册，請朱子論定。朱子以其中所録多非晚年論定之作，乃訪得四方學者所傳數十篇，又益以平日往還書疏，於淳熙十一年定著爲四十四卷，尚未繕寫藏事，而已有用别本摹印而流傳者。陳録所載之南軒集三十卷，殆即以張杓所輯之故藁别本而刻傳者。此三十卷本僅見於明季陳第世善堂及錢謙益絳雲樓兩家書目著録，後此未再見有收藏者。

朱子編定之四十四卷本，係依體分。卷一至三，古詩附詞、賦，四至七律詩，八表，九至十三記，十四至十五序，十六至十七史論，十八説，十九至廿八書，廿九至卅二答問，卅三至卅五題跋，卅六銘、箴、贊，卅七至四一墓誌，四二祝文，四三至四四祭文。熹曾序之，序文除冠傳世書首外，見載朱文公集卷七六。趙希弁云：「朱文公校定而爲之序，然紫巖基圖跋語之類，皆不載於集中。」則是朱子於故藁有所刊削也。其本自元以降，遞經翻刻。四庫簡目邵懿辰標注謂路小洲家藏有元刊本，惟未見諸家著録。明代有弘治、嘉靖中京兆劉氏翠巖堂及明季繆輔之三家刻本，清代則有康熙中無錫華氏及道光、咸豐中四川兩次遞翻華氏本，明清諸刻本今俱傳世。南軒道學醇儒，故後世亦有輯其集中道學之文以單行者。可考者，最早有元初虛谷方回所輯南軒集抄，其本無傳，僅存方氏序文，載有桐江集卷一。於明則吴郡聶豹嘗輯南軒文集節要八卷，有嘉靖刻本傳世。於清則張伯行輯張南軒文集七卷，通行有正誼堂全書本。

宋代刻本僅清初季滄葦曾藏一帙，尚是四十四卷足本，載其書目，後代迄未見於諸家著録。本院所藏殘帙，則是天壤間僅存之宋槧。此本僅冠朱序，別無刻書序跋，不詳何人何時所梓。考其刻工中，如江浩、江漢、方茂、方淳、方忠諸人，俱見於寶禮堂及日本靜嘉堂藏淳熙三年嚴州官刻本通鑑紀事本末，復以書中避宋諱止於「擴」字，故吴君哲夫撰本院宋本圖録，定此本爲南宋寧宗時嚴州刻本。然考此本刻工方中及鄭春二人，又於孝宗時嘗參與雕鐫所謂衢州本蘇轍古史，見寶禮堂宋本書録，本院亦藏其本；鄭春復見於本院藏黄唐本周禮註疏及寶禮堂著録之南宋監本公羊疏二書光寧之際修補刻工中。又刻工方茂亦復參與慶元六年雕刻之八行本春秋左傳正義，見中國版刻圖録。八行本周禮註疏、春秋左傳正義二書刻於紹興府，而監本當付梓於臨安。故此諸刻工多屬南宋中葉浙江地區之名匠，鄰近地區雕版，多延聘通力合作，因之此本是否即刻於嚴州，在尚未獲積極之史料或刻書序跋以證明，尚未敢必也，然其爲浙江官刻，應可無疑。按元陳衮重整西湖書院書目中，載有張南軒文集之書版。元世祖下臨安，盡取浙江及江西諸郡官版，即宋國子監舊址，設置西湖書院以掌管之。此書版既列載其目中，應是官刻，但未能定何郡耳。

此帙殘存卷五至三十二凡二十八卷，估人欲充全帙，遂剜改卷二十九至三十二答問四卷爲卷一至卷四，並抽换删削總目及剜改朱熹序文四十四卷爲二十八卷，以泯其迹。遂至總目及正文不能相應，僞迹顯然，適徒見其心勞力拙也。首四卷大題剜改卷次上鈐有朱文石史印記，則作僞者尚出之前明坊估也。昔傅沅叔嘗取此帙以校清蜀中翻無錫華氏本，舉其異同云：可「補卷五西園登山五律一首，卷十一敬齋記一首，卷十道州濂溪祠堂記脱文二十四行，卷三十答陳平甫書中條答五則。其文字詳略視世行本迥異者爲潭州嶽麓書院記、經世紀年序、孟子講義序、胡子知言序各篇。其餘奪文訛字，殆不可計」。見藏園羣書題記續集。吴君哲夫曾以此本校本院别藏明弘治本及文淵閣四庫本，謂此本卷七較少律詩三首，卷二五少答二篇，遂以爲末世各本别有所據。竊以傳世古本編次悉同此本，其自宋本出實無可疑。或所據係出傳録抄本，偶有訛亂，遂補録各類之後，如卷七多出之西園登山一首，實即卷五所少該題律詩之第二首，補刻於後者。因此本不全，尚無從斷其是非。僅就所存各卷，於諟正傳本之訛奪，有莫大之藉助焉。

是帙原裝爲二函十六册，藏置壽安宫。乾隆時整理各宫藏書時，遂補録缺葉，去襯紙，重裝爲一函四册，今函中尚附四十五年抄補改裝記録籤條二紙，唯無寶璽，蓋尚未選入昭仁殿天禄琳琅書藏中。書中每卷首尾鈐有「曲阿孫氏七峯山房圖籍私篆」朱文長方印、「朱文石史」朱文方印，又别偶鈐有「曲阿孫仲子」、「青霞館」二朱文方印。孫育字思和，號七峯，江蘇丹陽人，行二。由文士貢太學，遊王鏊、楊一清、靳貴之門，皆愛其才，以賈洛陽稱之。搆七峯山房，工詩文翰墨，與唐寅、祝允明齊名。屢困場屋，以筆札取士官直文華殿中書。有七峯山房集六十卷，見清光緒丹陽縣志文苑傳。「朱文石史」乃華亭朱大韶藏章。大韶字象玄，舉嘉靖二十六年進士，選庶吉士，授檢討，改南雍司業。性好藏書，廣蓄宋板，搆樓城東北，置圖史，朝夕觀覽。事蹟具國朝獻徵録王弘誨撰行狀。「青霞館」印不詳何人所鈐，疑爲明吴縣湯承彝，生平無考。